上海圖書館 編
陳建華 王鶴鳴 主編

上海古籍出版社

中國家譜資料選編

經濟卷

陳絳 整理

國家清史編纂委員會・文獻叢刊

圖書在版編目(CIP)數據

中國家譜資料選編. 經濟卷/上海圖書館編; 陳絳整理. —上海: 上海古籍出版社, 2013.11
(國家清史編纂委員會文獻叢刊)
ISBN 978-7-5325-7089-8

Ⅰ.①中… Ⅱ.①上… ②陳… Ⅲ.①家譜—史料—中國—古代②中國經濟—經濟史—史料—古代 Ⅳ.①K820.9②F129.2

中國版本圖書館CIP數據核字(2013)第245396號

國家清史編纂委員會·文獻叢刊
中國家譜資料選編·經濟卷
上海圖書館 編
陳 絳 整理
上海世紀出版股份有限公司
上 海 古 籍 出 版 社 出版
(上海瑞金二路272號 郵政編碼200020)
(1) 網址: www.guji.com.cn
(2) E-mail: guji1@guji.com.cn
(3) 易文網網址: www.ewen.cc
上海世紀出版股份有限公司發行中心發行經銷
上海中華商務聯合印刷有限公司印刷
開本787×1092 1/16 印張55.25 插頁5 字數1,379,000
2013年11月第1版 2013年11月第1次印刷
ISBN 978-7-5325-7089-8
K·1809 定價: 298.00元
如發生質量問題,讀者可向工廠調換

予以深入的考證，也不加甄别擇取，而是一仍其舊。即使有些資料的真實性存有疑問，也不會隨便删改。“傳信傳疑”的原則使家譜的纂修更傾向於資料的“堆積”，纂修者多數情況下不用重新撰寫，只需專注於对以前的各種資料的編輯，大量的没有經過任何修改的資料因此得到了保存。可以説，家譜中的這些未被纂修者改動的資料，還保持了它的原样，實際上具有原始檔案的性質。比如明清家譜，宗族爲避免日後財産歸屬的糾紛以及保護族産免遭他人侵佔，按原文刻入了不少各時期的契約文書，以作憑證。家法族規也是如此，依文刻入，不妄加修改。

三、記載的連貫性。宗族修譜最主要的内容是世系圖録，隨着本族人口的不斷繁衍，修譜若干年後將会續修，一般定爲二三十年大修一次，把前次修譜後新出生的族人和已去世的族人卒年、葬地等資料補入。假如某宗族長年不修譜，將被視爲不孝子孫。中國的族譜正是在這樣一種續修模式下，内容得以連綿不斷地擴增。家譜的續修不僅擴充了世系圖録，而且使新出現的其他一些有關本族的原始資料得以及時地增入，充實了家譜内容，保證了宗族資料的完整以及宗族歷史記載的延續。在各類内容中，譜序、凡例、族産等資料，往往是舊有和新出的一同刊載，連續性最爲顯著。比如王逢泰等修的《[江西婺源]太原雙杉王氏宗譜》(1924年孝睦堂木活字本)和倪易書等修的《[浙江金華]龍門倪氏族譜》(清光緒五年刻本)，都録有歷次修譜的凡例數篇。尤其是譜序，一譜同載多篇者常見，十餘篇乃至二十餘篇也不足爲奇。中國有續修方志的習慣，但續修的頻率之高、同類内容的連載之多，都無法與家譜相比。資料的連續性，使同類記載相集，或者一事多記，無疑有助於人們更爲清晰地瞭解被記對象的發展演變之過程。

但是，家譜文獻的缺陷也是非常明顯的。宋代以後，宗族熱衷於修譜，目的是想通過家譜來維繫和强固宗族羣體。這一特定的宗旨給家譜纂修體例帶來了缺陷，即出現了家譜的兩大弊端——揚善隱惡和攀附顯貴。纂修者認爲，祖先的劣跡或不良一面應該略而不書，爲尊者親者諱，而對能夠光大門庭的人物和事蹟則須大書特書，甚至不吝溢美之詞。家譜纂修者還常常不顧史實，追奉古代同姓的名儒大臣爲自己的祖先，如朱氏皆奉朱熹爲始祖，包氏則以包拯爲先祖。到了清代，此風愈演愈烈，幾成常態。此外，不少纂修者粗知文墨，缺乏應有的文史知識，家譜中的人物地名、官爵稱謂、源流遷徙等内容，與史籍比勘，錯誤之處屢屢可見。例如敘述姓氏起源，往往參照同姓的他人族譜，互相抄襲，不加考證，訛誤脱謬，不一而足。正因爲有這些缺陷，家譜資料是否屬於信史，遭到了部分學者的懷疑。清黄宗羲認爲“天下之書最不可信者有二”，其一即爲“氏族之譜”①。儘管如此，家譜資料整體的史料價值卻不容否定。就是黄宗羲也没有全盤抹殺家譜的價值，稱始遷祖之下爲可紀之世，②又稱“家傳足補史氏之闕文”③。對家譜文獻的缺陷所造成的不良後果應分而論之，所謂的“揚善隱惡”，關鍵在於隱惡，它違背了中國史家主張的秉筆直書的原則，致使宗族的部分歷史因人爲的因素而缺載；而“攀附顯貴”的爲害則較爲嚴重，它不是單純的缺載問題，而是僞造世系，冒認祖先，屬無中生有的虚構。明清時，很多纂修者對此就不以爲然，爲真實地記録歷史，將本族的最早先祖定爲始遷之祖，不再追溯無法證實的遠祖世系。

毫無疑問，家譜是一個寶庫。然而長期以來，由於受到種種的制約，對它的整理研究，基本還停留在初始階段，已遠遠落後於其他學科。對家譜資料加以系統整理，並將它刊印出版，公之於衆，對繁榮學術文化，推動社會學、經濟學、歷史學、譜牒學等的深入研究，都有積極的意

① 黄宗羲：《南雷文定三集》卷一《淮安戴氏家譜序》。
② 黄宗羲：《南雷文定四集》卷一《唐氏家譜序》。
③ 黄宗羲：《南雷文定三集》卷一《錢退山詩文序》。

總　　序

中國家譜源遠流長。它起源於先秦，經過漫長的發展，至清代達到了鼎盛，在安徽、浙江、江蘇、湖南等地，幾乎村村修譜、姓姓有譜。這一最具有平民基礎的歷史文獻，其數量之多、影響之廣，爲其他史籍所不能比擬，與正史、方志構成了中華民族歷史學大廈的三大支柱。

家譜，又稱族譜、宗譜、家乘、家牒、世譜等，是記載同宗共祖血親羣體世系、人物、規章和事蹟等情況的歷史書籍。它的價值，歷來爲史家所認同。清人章學誠説："夫家有譜，州縣有志，國有史，其義一也。"①將譜牒與正史、方志相提並論。梁啟超的論述則更爲具體，認爲族姓之譜"實重要史料之一。例如欲考族制組織法，欲考各時代各地方婚姻平均年齡、平均壽數，欲考父母兩系遺傳，欲考男女産生比例，欲考出生率與死亡率比較——等等無數問題，恐除族譜家譜外，更無他途可以得資料"②。近代，潘光旦、羅香林等學者付之實踐，在研究、利用家譜資料上多有建樹。

家譜的價值之所以得到史家的肯定，實取決於它的資料本身。自宋代歐陽修、蘇洵修譜以來，私修家譜取代了官修譜成爲家譜的主流。在修譜方式、記載對象、纂修體例等方面，私修譜發生了一系列的變化，並進而促使家譜資料形成了有别於其他史書的一些特點。

一、内容的獨特性。中國家譜除少數統宗譜、聯宗譜外，極大部分是一宗一族的家譜。這些以記載宗族歷史爲主體的史書，發展到明清時已成爲宗族的"百科全書"，所記内容範圍非常寬廣，有序跋、凡例、修譜名目、宗族源流、祖先畫像、恩榮録、族規家訓、祠堂、墳墓、世系、傳記、仕宦録以及藝文、族産、行輩、五服圖、領譜字號等。因所記對象與他書不同，其中很多内容爲家譜所獨有，或者少載於其他史書。如宗族源流、祖先畫像、族規家訓、祠堂、墳墓、世系、族産、行輩等資料，都具有鮮明的家譜文獻特徵。同樣，傳記、藝文等資料，除少量的名人傳記和名人作品採輯於正史、方志、别集等外，大多係家譜原作，可補他書之缺。以藝文爲例，收入家譜的藝文，其作者多爲名不見經傳者。與正史等所載的騷人墨客或中舉有功名者相比，他們没有什麽社會地位，更無名望，其作品的内容或爲當地的民俗風情，或爲與宗族有關的事務等，反映了一種帶有地域性的宗族文化，並且這些作品多僅載於家譜，不見於其他文獻。

二、資料的原始性。"信以傳信，疑以傳疑"是家譜的傳統纂修原則。在私修家譜興盛時期，除非有不得已的原因，這一原則一直爲纂修者所秉承，引導着纂修者制定體例、記録事實。宗族纂修家譜，素材主要取自於歷年宗族内部積累的舊資料以及新出的資料，或者採自其他史書中有關本族的記載。宗族内部的舊資料包括前代世系、族規家法、舊譜序、舊凡例、舊有契約、詩文、人物傳記等。新出的資料除了兩次修譜之間新生、已亡族人的記録外，還有新譜序、新墓圖、新契約等。以往，續修家譜最常用的方法是在老譜之上增加新内容，很少對舊譜資料

① 章學誠：《章氏遺書》卷十四《爲張吉甫司馬撰大名縣志序》。
② 梁啟超：《中國近三百年學術史》第十五章《清代學者整理舊學之總成績》。

義。《中國家譜資料選編》正是爲滿足這一文化需求而編纂,以期通過系統的選輯與整理,向學界提供一部具有較高利用價值的家譜原始資料集。

那麽如何對家譜資料進行輯録呢?

中國家譜的内容非常豐富,對於宗族的人和事,幾乎是無所不包。本編是資料選集,顯然不可能囊括所有的家譜内容,因此必須有所輯有所棄。所輯所棄需要一個標準,這個標準應當建立在資料的價值之上。家譜記載的主體是宗族歷史,衡量它的史料價值,縱向要看能否反映宗族興盛衰落之過程,横向要看宗族的各項事務是否得到應有的揭示,同時還要充分考慮資料的獨特性。進而言之,凡是有關宗族歷史的資料以及譜學本身的資料,而這些資料又爲其他文獻所不載,可補他書之闕,具有較高的史料價值,皆在我們選輯的範圍之中。反之,那些可信度較差的或史料價值不高的資料,則不予選輯。比如家譜中的先祖畫像,多係族人依照自己的想像繪成,與先祖的實際面貌相差甚遠。這些畫像,對於宗族或可起到緬懷先人的作用,但不能當作史料利用。實際上,明清時期一些修譜者就拒絶將祖先的畫像刊入譜中,認爲胡亂繪畫先祖肖像實是對祖宗的不敬。又如"修譜名目"、"領譜字號"等,它記録的只是修譜者和領譜者的姓名,與宗族史無關。凡此種種,皆無可取之處,未加採輯。需要指出,"世系圖録"雖然史料價值極高,但不作處理無法直接利用,只能捨棄。本編所輯録的家譜資料,按其内容分爲十一卷,依次爲凡例卷、序跋卷、傳記卷、詩文卷、家規族約卷、禮儀風俗卷、經濟卷、家族源流卷、教育卷、圖録卷、漳州移民卷。各卷的内容,又根據資料的實際情况,有多有少,成卷規模不求劃一。

中國家譜浩如煙海,現今究竟存有多少,很難有一個準確的數字。主要原因是中國家譜出自於民,也藏之於民,大量散藏於民間的家譜,其數量無從得知。公共藏書機構所藏之譜,因不會進入流通領域,藏量相對穩定。經初步統計,目前國内外公藏機構藏有中國家譜四萬餘種。其中宋元版的家譜不超過十種,明代有三百餘種,而所存極大部分皆爲清代、民國時期的家譜。這些家譜中,各地所修的數量相差也甚爲懸殊,浙江、江蘇、湖南、安徽等省纂修的家譜最多,邊遠地區和當時經濟文化相對落後的地區所修之譜則較少,個别省份更是寥寥無幾。以《中國家譜綜合目録》收入的家譜爲例,該書共收録 1949 年前的中國族譜 14719 種,而其中浙江家譜 3521 種,江蘇家譜 2151 種,湖南家譜 1549 種,安徽家譜 1236 種,分别佔總數的 23.92%、14.61%、10.52%、8.4%,四地的家譜之和佔總數的 57.45%,而遼寧、廣西、雲南、陝西、天津、甘肅、北京、吉林、海南、黑龍江、寧夏、内蒙古、香港、澳門等地區族譜藏量之和僅佔總數的 2.38%。此外,各個姓氏的家譜數量也相差很大。如李、王、張、陳等大姓家譜,其數量是稀少姓氏的數十倍至數百倍不等。因此,存世家譜的這些狀況,必然會直接影響到資料的選輯,並反映在被輯資料中。比如由於現存的明代家譜稀少,故而選輯的資料只能以清代、民國的爲主;同樣,從地域、姓氏來看,修譜較多地區和大姓的家譜,被輯資料的絶對數量自然也就較多。雖然我們在選輯時作了適度調整,在資料價值相等的前提下,優先輯録明代等現存數量較少的家譜,但只是盡力而已,因爲這種不平衡是不可避免的。

至於所輯家譜的來源,現存的中國家譜數量,決定了"地毯式"的普選方式是不可取的,選輯資料只能局限於可控的範圍内,並有所側重。具體來説,本編是以上海圖書館的藏譜作爲基礎,然後再重點選輯國家圖書館、湖南圖書館、北京大學圖書館、美國猶他家譜學會和日本東京大學東洋文化研究所等單位所藏之譜。另外,還有針對性地擇取了廣東中山圖書館、陝西省圖書館、甘肅省圖書館、雲南省圖書館、四川省圖書館等單位的具有地方特色的家譜,以補缺漏。

本項目於 2001 年正式啟動,三年後獲國家清史編纂委員會立項。項目告竣,我們有太多的感謝。復旦大學歷史系楊立强教授,立項伊始,就參與了本編框架以及選輯條例的擬訂。然而痛心的是,楊先生未能見到本書的出版就因病辭世。安徽省社會科學院歷史研究所朱玉龍研究員,自始至終參加了本編資料的初選工作,他扎實的功底、嚴謹的治學方法以及孜孜不倦的精神,給人留下了深刻的印象。國家圖書館孫學雷、北京大學圖書館張玉範、湖南圖書館尋霖、廣東中山圖書館李玲等人,對本項目的熱心支持也令人難以忘懷。在此,我們要向所有爲本項目提供幫助的人士,表達深深的謝意。最後,特別要向上海圖書館王鶴鳴研究員致以敬意,從項目的策劃到落實指導,無不凝聚了他的心血,厥功至偉。

本編編纂歷時十年,儘管我們努力爲之,但還是留有不少的遺憾。譬如,鑒於家譜數量巨大,選編者無力查閲所有的家譜,肯定會遺漏不少的珍貴資料。再者學力有限,錯誤疏漏,在所難免。我們真誠地希望廣大讀者不吝指正,同時也希望讀者能從本編中獲得所需的資料,這對我們來説是最大的欣慰,也是我們的編輯初衷。

陳建華

2011 年 5 月

總　則

1. 本編所選資料皆採自家譜，凡刊載於其他文獻中的相關資料不予採輯。

2. 本編資料除《漳州移民卷》外大都輯自 1949 年前編纂的家譜，新修譜中成文於 1949 年之前的資料，酌情收入。

3. 本編按類彙輯，分爲十一卷。每卷正文前刊有總序、分卷專序以及凡例、目錄。

4. 本編收入的資料皆加新式標點。原有標點者，一般不予改動，有明顯錯誤的徑改，不作標識。

5. 本編資料以原文照錄爲原則。内有殘缺、脱落之字，以“□”符號代替。由於各種原因無法辨識之處，用“■”表示。

6. 文中明顯錯字，錯字加圓括號，後再用方括號標出正字。如有衍字，則加圓括號。行文中有明顯脱字，則增補之，并加方括號。

7. 避諱字一般不作改動。

8. 原譜以簡體字排印者，一律改排繁體字。

9. 原文較長而未分段者，編者可據内容適當分段。

10. 所輯篇章或無標題，編者據文擬加。

11. 每篇資料於篇末標注其出處。資料出處包含纂修者、譜名、版本三項内容。

12. 各卷資料編次方法由編者按内容酌定，以便於查閱爲主旨，不强求統一。

13. 各卷視情編製分卷索引，附於卷末。

序

本卷輯録家譜中經濟方面的有關資料，並略爲分類，以便省覽。現將各類内容作簡單介紹。

家譜一般必有關於祠堂的記載。祠堂是家族祭拜祖宗、追思先德的場所，也是睦宗收族、聯繫族親的紐帶。它在維護和鞏固家族血親關係方面起著關鍵的作用。正由於祠堂資料在家譜中所占比重最大，份量最多，本卷選録與祠堂有關的資料乃酌分爲建祠修譜、祠産公積、祀田嘗業、墳山墓地等數類，涉及建祠緣起、祠堂規模、建築形制、修建費用、修建資金來源（個人捐獻或房派分攤）以及祠堂管理。祠堂購地和修建用費以及祭祀活動、祭器用具和修譜費用等，則多少反映了當時的物價水平。

祠堂財産除了房屋，主要是土地。在中國傳統社會（含從傳統向現代轉型時期社會），土地是最基本的生産資料，土地佔有關係是最主要的生産關係。祠堂佔有土地包括祭田和義田兩部分。祭田，亦稱祀田，它連同地基、房産、山林等，其收入用於祭祀先人，統稱嘗業。祭田既是祠堂擴建和維修的物質保障，也是祠堂維持祭祀活動得以經久不廢的經濟支柱，所謂"田因祀而永固，祀有田而長存"。祭田一般來自後裔捐獻，如無錫尤氏一族原無公款，清嘉慶初年流芳聲巷支經理祠事者自捐租三石爲通族倡，遂得集成祭田十九畝許。《尤氏宗譜》稱："祠之有田，實自此始。"也有個人顧慮身後無人上墳祭掃，爲自己預置祭田。如尤氏二十九世升漢臨終前别提租田四十畝爲祭田，供自身歿後子孫春秋上墳祭掃。升漢同輩文浚亦於生前自置田二十畝，備後人祭掃。定興鹿氏乾隆年間有祭田五頃二十九畝許，每歲租錢約計京錢三百餘千。祭田所收田租用於每年祭掃，歸各房派輪流承值，承值者若不照規辦祭，即被除革，以後永不許與祭、與管。田租若有贏餘，則添置田畝，以豐祀事。如湖南湘潭樊村黄曰炎蓄積公資，營放生息，陸續增置祀田百餘畝。

義田和祭田一樣，也是全族的公共財産。如果説，祭田用於祭祀祖先，重在"祭祖敬宗"，通過紀念死者以維護族親的血緣關係，那麽，義田用於濟貧賑饑，重在"收族睦親"，通過賑恤生者，同樣起著團結族親的作用。江南地區海寧查氏嘉慶年間有義田二千餘畝，金山錢氏、常熟趙氏、蘇州程氏均有義田一千餘畝之多。義田提存田租，除用於祭祀，主要賑恤貧乏，包括養老、恤孤，資助嫁娶、喪葬，周濟窮乏，資助考試等（專爲考試而設的庠産、學田，另見《教育卷》，本卷不録）。爲了管理祭田和義田，有些家族還設立義莊，或設立穀倉，恤災備患，在荒年歲饑，積穀平糶。"平糶不比分胙（祭祀後分祭品給子孫後裔），分胙則不論貧富，按丁均給；平糶專爲接濟貧丁而設，多平糶一日，則貧丁多一日接濟"（《順德大良鄉龍氏振恤規定與章程》）。這是祭田和義田的主要區别。

不論祭田，還是義田，許多家族都訂立嚴格的章程規約。如祭田條規一般規定祭産係屬公産，不得擅賣，倘有擅賣，雖係子孫，亦以盜賣官田論。此外，對於祭祀日期、祭器保管以及財務管理等也都有明確的規定。義田的章程，一般包括關於發放物件、給米數額、發放時間、管理人選等的詳細規定。

爲了承擔祭祀活動的費用，一些家族還成立了名目繁多的族親組織，如：清明會、中元會、冬至會、積穀會等，爲此，本卷專列祀會和宗族組織一類。其中湘潭朱亭何思本堂族務委員會、江蘇江陰郁氏宗祠祠産保管委員會以及浙江鄞縣張氏旅滬同宗會等，其設立目的已超越辦理春秋祭掃，不再是傳統的祀會，按其組織章程，已經更具有近代性質，甚至是近代的社團了。

田賦是宗法社會國家的主要財政收入。各户按田畝完税，完税形式有貨幣（銀兩）或實物（穀米）兩種，具體税額已散見祭田、義田等各件。本卷所收田賦資料，僅限於綜合性的記述，如《永康縣清田賦記》、《浙江四明賦税》、《邵陵姚氏田賦》、《興平張氏田賦》數件。《福州通賢龔氏支譜》載《上蔣方伯論鹽法得失書》一文，揭櫫清代鹽政利弊，可供鹽政史研究者參考，故予以收録，作者佚名，當爲龔氏先人所撰。家譜中罕見涉及徭役者，偶有數份（鋪遞、屯差），本卷亦酌予收録。

不少家譜輯録先世購置寺廟、庵堂資料，這些資料反映佛教在中國社會的普遍存在和深入人心，它在文化史上的意義重于經濟史上的意義。如湖南羅氏本族歷代修建的寺、庵、廟、殿竟有三十六處之多。這些資料也記録了寺廟的土地佔有關係以及因廟産而引起的糾紛，所以也將其作爲經濟資料而録入本卷。

田産房産類指不屬於祠産的個人或家庭的財産。這一類輯録了若干財産轉移的契約（杜賣契）。這些契約除載明田業房産明確的坐落四至界址外，一般還强調：一、出售前必先儘問親族上房人等，“俱稱不受”，乃可浼請中人尋找買家。二、買家承受爲業後，有權自行處置，任憑陰葬陽修、守售聽便，收糧輸税、過户應差，均由買家負責，與賣家無涉。三、一切陋規雜費，包括親疏酒勸，俱在正價之内，均由賣主承擔。四、賣主保證無買賣不清、重賣重典情事，也無逼勒、誆壓、準折等情。五、此項交易賣方心甘情願，不得翻悔，永不加價，永不言贖。由此可見，買主一般處於强勢，規定對賣主的權益給予充分的保護。

財産分割類中有一部分是遺産繼承。本卷收録的析産文書有分約、分卷、分關、摽撥、議約、預囑、遺言等不同名稱。分割（或繼承）的財物一般爲田地和房屋。此外，如蘇州張九堂乾隆年間到蘇州經商，經營布匹帽子，積蓄資本開店，他生前預囑分割的財産便主要是店業，而不是田産。雲陽程氏民國初年析産，除田産、房産外，還有川路股票、彰德紗廠股票，由此亦可見此時中國的社會經濟已開始由傳統向現代的轉型。

中國傳統社會的經濟基礎或基本的經濟部門是農業。部門經濟類首録《寧鄉唐氏耕田九法》，此件列述每年春種秋收生産過程的注意事項，可視爲農業生産經驗的簡要總結。與農業生産密切相關的是水利。爲此，河工是歷代當政者的一項重要政務。《河工告成疏》（見《海昌朱氏宗譜》）是明代弘治年間一名工部官員上奏皇帝的政績報告；《復馬慕遽書》則是鄉人請其籌款並主持治理家鄉蘇北河道淤塞的私函（見《江蘇鹽城孫氏宗譜》），均有一定的史料價值。農田灌溉，常常引起家族間對水利的爭奪與糾紛。沅江胡氏明初落業沅江，管湖爲業，捕魚爲利，湖業各房均分；黄梅李氏三户分開七里湖，開墾淤田；寧鄉歐陽氏自明代以來歷管沖天湖數百年，清代嘉慶以來代有争訟，直至上世紀30年代初始判決結案。這些争水訐訟的内容在家譜中亦不乏反映。本卷將其歸爲部門經濟類水利部分。修壩築堰、修閘築堤，設立碼頭、渡船等，亦作爲水利歸入部門經濟類。至於近代工礦業，如貴州于德楙清光緒年間隨出使日本大臣徐承祖出國，回國後受命延聘東洋礦師襄辦礦務，所撰《滇南辦礦記》（收入《于氏家譜》），是中國近代礦業史的第一手資料。《江蘇江陰陳氏宗譜》關於陳大同鐵工廠創建與經營經過，雖作於1949年後，但所見家譜中現代工業史料極少，故也作爲特例收入。交通部門包括修橋築路、設立茶亭等，多作爲家族公益事業而載入家譜。其他經濟部門如漁業、鹽業，有兩份資料，即《四明漁業》、《四明鹽業》（均見《四明朱氏支譜》）不妨與本卷地方經濟類中《四明物産》參閲合觀。

家譜爲人口問題研究提供了第一手資料。家譜按世次、房派登録人名，若每一家譜中，逐個整理統計，可以看出相關家族各房人口累世增減人數、年齒壽命以及遷徙流向等動態情況。但這樣浩繁的工作非本卷所能承擔。因此本卷只選載部分家譜中原已整理綜合的人口統計表，包括房派、世次、生殁、壽考等。

從本卷祠産、墳山、庵堂以及個人田産房産各類，還可見到若干有關財産轉讓的契約和案件糾紛的訴訟文書（訟呈、判詞等法律文書）等一些原始資料。

家譜記載一家一族史事，綜述當地經濟概況者見諸方志。本卷選輯僅見兩篇。一爲《四明朱氏支譜》，一爲《蒼南縣鄭氏文化志》。前者詳細記載浙江寧波農産、水産、礦産及植物等，頗有史料價值；後者分别記述鄭氏所在浙江蒼南鄉間居民自清代、民國時期至1949年建國以後衣、食、住、行方面的變化。該志出版雖在1949年後（1997年鉛印本），鑒於家譜中此類資料極少，故亦酌録殿末。

陳　絳

2013年5月，上海

時年八十五歲

凡　　例

一、本卷選輯家譜中有關經濟方面資料，依其内容，分爲建祠修譜、祠産公積、祀田嘗業、墳山墓地、祀會與宗族組織、義田、賦役、庵産、田産房屋、部門經濟、財産分割、人口、地方經濟等十三類。

二、各種家譜以有關祠堂資料爲最多，爲考慮各類份量適當平衡，故將此類資料略分爲建祠、祠産、祀田、墳山等數類，各類多有交叉混同，難以嚴格劃分。

三、義田原屬祠産，現另列一類，但僅限於賑饑濟貧等，有關義學庠産歸《教育卷》，本卷不録。

四、田産房屋係指屬於個人家庭部分，其屬於祠堂者，歸於祠産類。

五、本卷輯録家譜，除個别外，限1949年以前出版者。1949年以後的家譜一般不録。

六、原譜中凡異體字、俗字等，均依本書統一規定處理，不另作説明。

七、同一份家譜原件中數目字有繁體、簡體混用的情況，如"一""二"，或作"壹""貳"，如"嘉靖拾捌年十月十六日"，"共種子弍拾六石五斗捌升"，今悉依原件，不加統一。

八、家譜原件多係從右至左直行刻印或排印，今改横排，因此，原稿中凡有"同右""如左"字樣，應爲"同上"或"如下"，今亦悉依原件不改。

目　録

一、建祠修譜

二、祠産公積

三、祀田嘗業

四、墳山墓地

五、祀會宗族組織

六、義　田

七、賦　役

八、庵　產

九、田產房產

十、部門經濟

十一、財 産 分 割

十二、人　口

十三、地 方 經 濟

一、建 祠 修 譜

湖南益陽郭氏祠堂碑

始遷祖廟碑乾隆五十六年冬月，總管柱、昭、暨三房管首刊

古來仁人孝子，杯棬之微，動思先澤，矧棲神之地，血食之源，先人拮据所遺，自食其德於數百年之久，爲子孫者，可不知其來有自乎？我族自始祖宣義公宋季由江右遷益，於今五百餘年矣。螽斯繁衍，爲益巨族。雖支分散處，幾不相識，每至春秋祀事，不期而聚，其維繫之故，實賴祠堂之建、義田之存也。溯自八世祖瓏公於前明修輯家乘，未及營祠。至鉞祖備價貼出縣東南門祖地一所，族衆備價贖回前地，以爲家廟，春秋致享。兹以祠址、義田，歷年既久，特稽現存確據可徵悠遠者節叙。詳明紀略，勒石祠屋，俾族衆共曉源流，益昭慎重矣。義田在治南，地名南田坊，原係我宣義公開墾之業，傳至中和公曾孫璁公。公無出，捐爲公祠祀産。故名曰義田。時族人楊祖等議立家規，三房輪管。嘉靖十六年，謙祖、諵祖以家規具呈巡撫東橋顧公，准移縣憲鄭公尚印給永遵。但義田被廢者三次。其一次，族有不肖者賣出，族祖楊公等訟理，族力贖回。其二次，輪至世鏗祖接管，查田被周姓佔出多畝，鏗祖苦訟無濟。天啓三年，鏗祖孫魯賢祖呈明管縣事本府孫清，復詠祖、譓祖復申家規輪管。其三次，康熙三十六年，族又有藉管私賣者。時祥生、正卿、方昇三公出控，未申於世。獻廷忿稟力爭，亦負屈。譓祖曾孫宏岱祖合致、禮、中三大房公議，原價加倍贖回。其價雖族衆公捐，而多寡懸殊，簿叙合約悉據，故物幸還。此康熙三十六年事也。康熙二十四年，重修祠宇，經費甚鉅。其有捐金竣事者，亦詳合約。今之新祠，則又乾隆三十二年瑗齡公等重修改作者也。嗚呼，祀田祠址，皆我始祖數百年前所創遺，棲神以之，血食以之，非甚盛德，其孰能垂久不墜若此其遠也哉。凡我族衆其世世志之勿忘。

刊録祖遺議約碑道光九年己丑季春月刊

立義田以敦風化，族長郭楊等。竊有郭氏始祖，派出汾陽王子儀之後，有曰三十七世宣義者，宋季由江西吉安路安福州澄塘社小嶺頭徙益陽於今，十有一世。自始祖以來，忠厚克家，樂於耕讀。自四世祖郭子和以文章登進士第，以後子孫讀書明理。今幸後裔郭謙、郭諵兄弟，俱領鄉薦，思其先世德澤，同族本支益振，起其尊祖敬宗之心，水木本源之義，特詣欽差巡撫都老爹顧前，具呈前事。蒙批：看係尊祖睦族美意，仰縣即拘户長并才賢者，議立家規，永遠遵行。具由，繳此。奉分巡老爹張前，亦據所呈蒙批：見尊祖合族之道，崇孝惇義之舉也，仰縣查行。此繳。俱蒙仰縣行拘族長楊等到官，着令作速議處回報。依奉拘令户族人丁郭世録等會議，將舉人父郭世鉞原備價貼出縣東南門首祖地一所，前面横計七丈四尺，後面横計九丈一尺，進身一十九丈五尺，衆議湊備原價贖出前地，措辦木料、磚瓦，於上起蓋宗堂一所，設立始祖并四世

宗親牌位。一世而下，立大宗子郭世焯主祭，有功德者祔食，依期祭奠，所謂報本追遠之禮。及有始祖開墾本縣二十三都地名南田坊田二百畝，内一百畝，先年有族郭貴賣與廂民王詔、周廷樸，止存一百畝。見在告首到官，蒙差老人梁甫等臨田簽踏，明白撥付，併作義田。其郭貴已故，遺男貧乏無力，令合族子弟量其貧富，分爲次第，湊出價銀贖回本田，連前共貳百畝。當官仰令子孫趁時督發人工耕種。又於宗祠對面，起立牌坊一座，舖面四間，豎立碑誌。兩傍起立義倉，逐年收租貯積，推選户丁郭世銘、世潮、世鑲、世鏗、世茂、世煌輪流收掌。置立文簿一扇，但有財穀佃租，並各處置應用儀物等項，登註於上，以便稽考，庶無侵尅之弊。其舖店召人賃住取利，以供香燭之用，永爲定規。每遇歲時春秋祭祀，督率各房男婦以禮拜奠。餘剩財穀，凡遇户内冠婚、差徭、公私等項，不能措備者，即便處給倉穀周濟，共成其事。仍立家規條款、牌扁諭悉子孫，各存義心，睦宗族、敬父母、序長幼、恤孤貧、務耕讀、崇素儉、禁爭訟、完賦税、守法度，永爲良民，庶幾下不失祖宗遺訓，上不負上司作興，亦不許藉衆恃勢，越理非爲。中間若有故違不遵，或有黠傲不服者，合族舉首，輕則拘送祠堂，跪對祖先，量情責罰，重則送官，痛加懲治，以警其餘。爲此除將議過前項緣由呈繳，赴老爹鄭前，蒙批：看得議處周悉，義足嘉尚。仰原勘老人梁甫、族長郭楊立約呈繳，以憑給帖，永遠附照。蒙此，查得本户人丁繁衍，各住星散，無憑約束。故立此戒約，每分給與一張，永爲執照，以便子孫查驗遵用。嘉靖十六年十一月初八日，印給。

南田坊義田碑

天下義之至重者，無過忠、孝兩端。故《孝經》一書定君父之大節，以昭千秋大義。士君子出而在國樹績宣猷，義之寓於忠者也；處而在家敦親篤族，義之寓於孝者也。是二者，雖世有深沉，要皆不可磨滅焉。我姓自汾陽衍派，世居豫章之安福州。至三十七世宣義公，宋季挾重貲來遊湘南，愛益陽山水之勝，遂占籍焉。今爲益陽始祖，傳五世，誕致、禮、中。〔中〕字子和，試進士，傳七世而迪生洪、淳、淮、浚、溶。淮公之子璁，將地名南田坊産業水田以爲宣義公之義田，計一百一十畝，隨置城東五馬坊店基老岸五間、河岸五間，收租以奉禴祠烝嘗及祠堂各費。於嘉靖十六年，譓等具呈上憲，請立家規，歷傳世守。此盛業也，重舉也。至康熙二十八年，承丈七十二畝三分，水田大小荒熟一百二十七坵，糧歸在城里，立户郭義田，熟糧二石一斗一升五合五勺，荒糧三斗四升五合五勺。至康熙戊寅，族有不肖將田私售，有洪、淳、溶嗣孫宏德等，隨商致、禮二房，不忍先業遺棄，備價贖回。迄今二十九年。冬足春升，義之必不容廢滅，我祖在天之靈必默相陰騭者也。但懼世久年湮，前車是鑒，而朗遂等用是粤稽本末，叙文勒石立碑，垂諸來禩。議擇賢能管理，恪守家規。《禮》云："君子雖貧，不鬻祭器；雖寒，不衣祭服。"況如斯之義，而可不珍重世守耶。亦惟祈我族衆以義始義終，無效此不肖之前尤以蹈不義也已。

兆琳五世祖中和公祠堂碑

古不墓祭。自天子至庶人，皆得立廟以享尊親。其道何哉？聚子姓於一堂，顯示以報本追遠之義，即隱動其惇宗睦族之情。族睦而天下自平，此先王用意之深且遠也。我支祖中和公傳世二十有二，丁男九千有奇，可謂極椒繁之盛矣。惟祀典尚屬缺如。雖每年春禴秋嘗，附祀於始祖祠内，而專祠不立，終無以昭誠敬而篤睦親，仁人孝子心滋慨焉。前清宣統庚戌九月，購得益城貓背郋彭姓屋基一所，爲公祠址。山水清奇，氣局宏廠，與公墓地僅隔資江一水，誠祠墓相依之勝境也。明年三月，醵費捐貲，鳩工庀材，量地勢、審建暨，後爲享堂，堂之右爲厨室，堂之左爲小花廳。從花廳下曲轉爲回樓，樓前爲拜亭。亭前爲大官廳，廳之東爲大花廳。廳西爲倉房，諸葛古井在焉。出官廳數十武，爲大門，高二丈有奇，門兩傍爲樓房，窗櫺四啓，吐納空氣，登樓眺望，先壠儼在目前，孝敬之心油然而生。總計爲宅三進，大小三十三間，經營五載，始告成功。費錢壹萬二千餘緡。昔蕭何造未央宫，窮極壯麗，堅漢祖定都之志，後世不以爲侈。吾輩斯祠，雖稍涉華靡，妥先靈而展孝思，情也、禮也、義也，非僭也。夫子孫有功而不用之先祖，是謂忘本，忘本不祥。中和公距今六百年矣，一旦得斯祠以表彰，雖販夫走卒，皆知我郭氏之有中和公，公可謂不朽矣。尤異者，祠事方興，革命軍起，各省糜爛，川、陜、鄂、贛、皖、甯、閩、粵，焚殺尤慘。爲問昔日之名門巨族尚有存焉者乎，曰無幾也。爲問當年之城郭宫室依然無恙乎，曰非舊也。吾輩尤得耕於斯，讀於斯，聚族屬於斯，相與成祖宗不拔之基，是何得天之厚歟？抑先人積累之深，有以貽之也？爰述其事之本末，並助費各支祖暨房衆好義諸名，泐於石，以備後之覽焉。

安榮閣支祠碑嘉慶十二年丁卯二月　日刊

昔人有言：莫爲之前，雖美弗彰；莫爲之後，雖盛弗傳。我族自宣義公居益，至世鉞祖於縣東關五馬坊，備價貼出祖地一，所以爲合族家廟，誠義舉也。其葬珍祖月明山，術稱名地。嗣後謙、[illegible]、謚三祖掇巍科、登仕籍，明嘉靖十六年，呈上憲立家規，請印給。後解組歸，建閣於縣西關，名曰安榮閣，又建奎璧聯輝坊，登於邑乘。是又三祖之義舉也。迺時事變遷，閣幾莫保，賴謙房清齡、康齡，謚房江齡、起聖、起寅，訟官備價而閣還。又義舉之見於五祖者也。越乾隆二十九年，謙房師禹、席珍、友松、价俟、士佩、士英，[illegible]房維明、元音、行必，謚房萬階、其誠，如上裔儒相昭，宅安耀祖。譜載照銀係股斜率三房捐置月明山墓産，繼置時來村黄鰍隆三處墓田，以供祭費，義舉於諸公再覯焉。第支祠未建，上年議約建祠，因月明山墓址狹隘，而五分嗣孫追仰先德，公義勃興，將私贖安榮閣捐爲鉞祖支祠，三祖祔享，五祖配焉。以後恪守成規，永遠無異。豈惟鉞祖其自宣義祖而下，實嘉賴之，德無不報，此理之常。鉞祖倡修宗祠，今復祠之於閣，先澤流傳，後嗣榮盛，異時子孫將必媲美於前矣。謹誌此以示不忘。

重光貴州支祠碑

南宋之季，始祖宣義公自贛入楚，流連資水，遂家益陽縣治。十五傳至祖海門公，諱起濤，嘉靖中牧民定番。時黔疆不靖，公用兵平夷是邑，授任於斯。故鄉人有重奠巖疆之頌。廉明好施，身後蕭然不能歸，遂家於黔省。元配袁太夫人生伯祖曉堂公，諱東昭，早世。先府君以重光承嗣，繼配南太夫人生吾祖父虚堂公諱鑑昭，時年未及冠也。家貧不能延師，閉門自課。道光丁酉，舉於鄉，經術湛深，樂善不倦。念無師之苦，尤殷殷以奬勸後進爲事，一時名士多出其門，至今猶有聞風興起者。没於古州榕城書院，時吾父甫十一齡也。先祖妣黄太夫人，苦節訓讀，以軍功保訓導，正學自勵，志趣宏遠。生依母爲命，凡母所志，罔不曲體，家貧未嘗缺甘旨。黄太夫人病，刲股入藥，往往得救。疾革，哀毁泣血，痛不欲生。每一躃踊，慘動隣里。及葬，匍匐數十里外，鄉人萃觀，一聞呼墓悲聲，靡不爲之墮淚，相與稱其地爲郭孝子冢墳云。迄今父老傳述其孝行尚多出涕者，皆至誠之所以動人也。壬戌榷釐龔灘，卒於差次。先妣陳太夫人，罄括所有，飌戚好扶櫬歸，躬營葬事畢，攜幼弱寄食外家者十有四年。此中日月棘地荆天，吾母朝夕述先德，垂訓重光等，時有所營動。雖不能光大前業，尚未敢踰越止軌。是郭氏入黔三世，世有清德。先妣亦三世苦節，實無忝資水家風，延及重光兄弟。先兄用光不禄，先母氏逝，重光一線獨承，責無旁貸，自顧匪德不足承先，遑言啓後。大懼再傳而後，子孫不知先澤，將數典而忘之也。由是創立支祠於黔垣虎巷之牝右偏，立節孝祠，以奉祀吾母，再啓北園左偏築室，率子姪依祠而居，用備述舊德。後之入斯祠者當追念根本，反觀心志，能有於此自警自勵，不墜屢世之積也。古人謂子孫賢，族將大。俾重光可以對先人，實有望於後之來者。貴筑錢登熙篆額，并書石。大清宣統三年歲次辛亥孟夏月，重光謹述。

重光先妣節孝祠碑

母氏陳太夫人，秉性慈孝，矢志堅貞。半生苦節，幼即備歷艱境。外祖父芑園公，春闈遠没，母纔數齡。隨外祖母毛零丁度日，即能曲慰母心。稍長隨諸舅讀，聰穎獨出，深解經義，至老不忘。年十九，來歸先府君。先王母黄太夫人治家嚴，先君純孝，吾母隨從順侍，一門雍睦。未幾有外戚來依，朝夕進讒，幾失先王母歡。三年疑謗，吾母從未出一怨言，致一辨詞。先王母徐悟讒説，體愛吾母，更逾初至。此實先王母明督慈惠，亦吾母積誠感格，有以致此。自先王母逝世，先君痛無生趣，未於厚也，於禮於情可通也。予觀廷振凡所議論英發，皆本諸子史，尤長於陰陽星數，有氣概不屈於人，有儒者風，故其教子事親、敬宗、睦族如此也。予作縣三年，儘知其爲人，是故記之。明正德丙子秋七月吉旦。

瀍洲公王氏祭田記

《王制》：大夫士宗廟之祭，有田則祭，無田則薦。惟有田者，既祭又薦。新如春夏韭麥、秋冬黍稻之類，皆出於田也。古人重祭祀，故將營宫室，必先立祠堂。計現田畝，勘其二十之一以爲祭田。此朱氏家禮，即《王制》之意也。由是觀之，祭田之置，孝子賢孫有志古禮者，所當盡心。東村王氏，世爲長沙巨族。厥祖諱奎者，奉公守法，以户役累，將户田賣散。迨至縣令公時，早承庭訓，種學績義，發身鄉貢，筮仕郎官。慨先世遺業爲人所得，遂以禮開論，復取百畝爲王氏祭田。於是立約聞官，命子孫謹飭者主之，歲收其所出，以給祭用。戒族躬耕力穡者，不得私賣。此田之大畧也。每歲薦時，物有常品，遵朱氏《家禮》，祭畢，合宗族長幼宴飲，使知禮義和睦，一倣鄭氏家規。此祭之大畧也。公襲祖考餘慶，榮進今秩。惓惓乎奉先思孝，因時追慕，著存不忘於心，可謂善繼述矣。謙忝公舊愛，蒙公不鄙庸愚，命爲田記。竊聞古之田制，卿以下必有圭田，所以奉祭祀。故曰："惟士無田，則亦不祭。"故子爲士則祭以士，子爲大夫則祭以大夫，此通禮也。近世禮廢，士大夫非富貴者不復有祭田。今縣令公能敦古禮，置此祭田以尊祖敬宗之孝，貽厥孫謀。視彼怙侈之家，田連阡陌，但知爲口體之奉，及於報本追遠儀節，恝然不加意者，烏可同日語哉。猗若公承德象賢如此，永言孝思，孝思維則又如此。王氏祖考地下有聞，當含歡瞑目矣。縣令公將來禄位壽考，昌熾多益，不占有孚。昔人所謂"但存方寸地，留與子孫耕"，當爲縣令公誦之。王氏子孫當念縣令公之用心，而毋忘先世之德澤。謹記。

（郭鳳鏡等《[湖南益陽]益陽郭氏溶公支譜》 1921 年木活字本）

浙江諸暨浣江酈氏譜田碑記

歲戊子十一月既望日長至，祠祭畢，羣昭穆咸在。文洞父行如圭、兄行兆桐者離席，揖而謀諸衆曰："吾宗關祀事者，先後捐款，歷可指數。惟葺譜一項，掣肘極矣。有議及而莫或應者，費踰千金故也。如圭與兆桐竊有願焉，敢告。"越十三日丙寅朔，設尊迎城鄉長老，燕于廳之東。捐己田二十六畝，爲譜田，量歲入之多寡，子母增廣之，約十年爲期，十年不能，則十五年，十五年不能，至二十年，週而始之，乘而除之，惟捐田仍留，毋稍紛更。時文洞與席聞謀，參末議。果爾，丁繁不礙貧，祭田不復爲譜事累。後雖千百世，支派可井井有條目，如木有本則不摧，如泉有源則不竭，息以久而漸裕，澤以約而轉普矣。蓋祖宗有世業，子孫之福也。子孫有懿行，祖宗之澤也。斯舉也行，真漢世河間獻王所云"實事求是"者。且我族自乾隆壬寅，祠宇重焕，本有赢資，故丙午、庚午兩次葺譜，經費概出自公。迄災沿租房，訟累祭田。甲申之舉，田丁兩派，兼及婦口，以至城鄉觀望、老幼異議，幾有分譜之虞。得非有心者所俯首而長歎耶。今有高一族之行，不吝財，不事浮，其處心積慮，雖昔之立義田以濟人、設義塾以課讀，不是過也。第天下事衆擎易爲力，尚望同志有人，課花收息，得以坐定支干，則甲申之勞，適開永逸之基。何懼乎丁繁費大，譜或至後世而竟分歟。然憑藉固有基，而出納倘不得其當，又安望異日之沛然裕用，足以永資宗人，慰倡捐者無已之心耶？謹立規制田號如左，願族之賢達者相繼而善其後焉。由是世世勿替，俾後之收族敬宗者，譜益加密，得所藉手，不復爲度支虞。則是田之獲益，豈容得以意言盡哉。文洞喜不自禁，敢應長老之囑，敬筆以記之。

一、是田花籽，每年隨時酌售，以便續置田畝，其錢永不存放，絶日後弊竇。

一、修譜之年，將續置田畝公共議價契賣應用，其原捐田不得變易。

一、每年續置田畝，凡戤押與一切未絶産業，概不收受，以便隨時轉售。

一、吾族丁口繁衍，每次譜費有增無減，第恐限於田畝，每逢修葺，務尚節儉。所有餘資，仍作母産，俾漸積漸充，斯層累日上。

一、是項賬目進出，議立簿三本，祠中與原捐家各執一本。定期十一月十日，合同揭算登記。

道光九年歲次己丑仲吕月吉旦。

（酈銘訓等纂修《[浣江酈氏宗譜]》 1934 年暨阳永思堂木活字本）

陝西郃陽邑侯楊老父母建祠碑文

海宇先生以武榜起家，累官至總府。其奇績偉畧，足以勒旂常而銘鐘鼎者，余不殫述。獨憶郃邑僻處窮山，原上之田人知負耒耕耳。外而崇谿深壑，類以砂磧棄之。自先生教以開渠之法，溉田數百畝，郊郭一帶稻禾離然，人食其利。試思韜鈐之士，捍禦國難足矣，乃留心民瘼至此，是先生大有功於民也。《典》云："有功德於民則祀之。"永馨俎豆，誰曰不宜？但來令此土者，以考成太急，朝蒞任而夕罷官，不暇申請，且猶有傍撓之慮耶。僅俯遂輿情，建祠立碑，以使邑人知奉香火。至從祀聖人之庭，尚以俟後之同志者。

大清康熙二十年，歲次辛酉三月吉旦，賜進士第、知三水縣事古厭次楊謂言立。

吾邑山川奇錯，鬱乎蒼蒼。議者以爲多出偉人奇士。自漢唐以來，彰彰史册者，兹不更贅。獨明海宇杜公之事蹟□□不彰。余故不辭荒繆，而□之□其傳曰：海宇杜公者，中鄜名族也。與南陽公諱□强者爲從昆仲。南陽公以儒業顯，公諱應魁，海宇其字也。幼而奇異，及長，貌魁傑，善騎射，有先識遠畧。明萬曆以武科起家，後衛指揮，平洮、河，破李崮堡，斬桑木等關，皆奮勇先登，所向披靡。後登進士，當路薦之，專委薊東練兵事務。曉暢戎機，深中事宜。居無何，以性素剛，爲權奸袁崇焕中傷。遂罷官閒居。雖角巾草履，而心乎國家，常題其門聯曰："進則治國，退則修己。"時人咸謂有古名將風。崇禎中，李自成猖狂于豫。公善天文，知明不復綱。每言時事，恒慷慨自許。奈時不能用，公亦不肯枉道求合。遂肆意園圃樹蓄，視吾邑淤地頗多，教民樹稻，至今人獲其利。後總督孫傳廷征河南，旌旗蔽天，公笑謂所親曰："朝廷用人如此，事可知矣。"崇禎壬午卒。議者謂公若起，明祚當不遽絶，信哉。余生也晚，不獲拜公於一堂，俊偉之畧，不能盡識，偶因縣父母楊公立碑建祠，又欲崇祀鄉賢，因未久任而罷。謹識其畧。迄今風吹故壘，鐵馬猶嘶，春□□□□髯尚豎，繼公而興起者何人乎。余每爲之三嘆。

贊曰：白虎之精，玉壘之靈。雄偉桓桓，爲國干城。下盡地□，上應天星。山高水長，後世典型。

邑後學世姻馬一謹識。

（杜伯村等纂修《［陝西郃陽］杜氏世系》　清康熙三十九年抄本）

甘肅蘭州金城顔氏祠堂牌坊

顔氏建修牌坊牆垣記

張蘊素

余嘗閲顔氏家乘，喟然嘆興曰：此吾蘭之巨族而秉禮者也。自始祖正千户諱勝者，除授於蘭，遂家焉。有以武功名者，有以文章顯者，其最著者，莫若進之鋭公，以鄉進士任河南新鄭尹，惠政清名，大震於一時。迨其後枝葉繁衍，不無賢否，非教不可，爰擇老成練達、才德兼優者爲一家長，視家政，無論兄弟子孫皆敬憚之，即祖若伯叔，亦咸聽命焉，不敢稍犯其令。世代相承，蘭之人無一不羡顔氏家法之善也。傳至今如心仲愜孔公者，家長中之傑出者也。試觀其雨潤霆威，而即知其冰清鐵冷，尊祖敬宗之誠，時發於意言之表。其始祖佳城後有祠堂，雖已傾圮，而遺址尚存。前有牌樓門之號，而坊之湮没於蒼煙荒草中者，其來久矣。公嘗履其地，思其名，時深廢興之慨，因欲起而振興之，遂聚族而謀曰："世未有無其物而名其地者，吾欲建新坊，以副舊名，可乎?"衆曰："唯唯。"又曰："地基甚隘，吾欲擴其地而始行之。"丹如君時爲季首，亦在其座，少負英氣，豪俠男子也，應聲而起，助園地二畦無難色。公起百謝曰："成吾志者，實子也。"又買善孔寧如園地四畦，價銀七兩，建木坊一座，葺磚牆一十四丈，上牆六丈，擴地修祠，輪奂一新，□然改觀。子姪兄弟額首稱慶，祖功宗德可藉此坊而不没也。且推公之置祭器以瓴甋培植前人之碑，率皆皇皇勤事之意，則可與昔之錫桂諸公並傳不朽。丹如君一持家政，不忍没公之功，囑余爲文以表於石。既忝相知，敢以不文辭，走筆記之。其助地與買地之銀糧，每年認銀六分，並記於石，以爲後之子孫守。且爲之贊曰：

其象巍巍，其氣鬱鬱。誰之佳城，顔氏之域。以堊以黝，而昌而熾。繄起弊而振衰者誰，咸曰惟公之力。

歲進士鄉眷弟張蘊素頓首拜撰。

時康熙五十九年歲次庚子夷則穀旦，户首丹如等立石。

金城顔氏祠堂記

任兆熙

國家所以重世族、崇門蔭者，非獨謂其紆金紫、侈輕肥，以誇耀單門也，蓋必其孝友家政，培本暢支，黨正閭胥，翕然觀聽，有足以維持風教於不衰者，然後喬木之勢彰，而維翰之義固。皋蘭襟喉隴右，控引河西，秀嶂蜿蜒，黄流帶繞，所謂英俊之域，紱冕所興，固不獨長安一隅也。其間岐嶷繼體，老成奕世，魁岸豪杰，不一而足，乃余所倚爲桑梓者，則城南顔氏之一門。而顔氏之義舉，則建祠尤其大端也。謹按顔氏自復聖而下，代有偉人。暨勝國初年，以武德將軍遷徙於蘭者,乃其在鉅野一支也。余初至蘭城,謁太史氏静峰梁公,因獲交孝廉西圃黄公。適武德裔孫秉元、秉淦相繼來余門,秉元尤静峰太史素所識拔士也。太史出所制孝婦程氏傳授讀,而南川公之宰新鄭,則孝廉叙次謹嚴,鉅儒操持循良,經濟本末俱見。其他經明行修之士,更復林立膠庠,英英日上,猗歟盛哉,何善良之彙爲一族也。太史謂余曰:"君知顔氏之家法所由立乎?其世系繁衍,不下數百户,而二三耆碩,勤勤懇懇,悉率一篤親睦族之教,祠堂一區建立塋後,月朔必薦新,四仲立時祭,祭畢受福,長幼以序,姻婭駢集,相與話桑麻、敦詩禮,所謂冠婚必告,有無相通,視明允蘇氏族譜亭所記載,殆駸駸乎過之。今其祠密邇白虎山之右,盍往觀諸?"余曰:"諾。"厥明齋沐,至其地,則門閾靚深,庭廡蠲潔,杯斝羅列,俎豆莘莘。堦以前笏立穹碑,覼述世澤,虬松合抱,攫挐盤空。肅然展拜,髣髴見古昔盛禮喜樂,而親與其鏗鏘揖讓之盛者。嗚呼,觀於此者,孝弟之心可以油然而生矣。伊川先生曰:"凡事死之禮,當厚於奉生者。"横渠先生曰:"宗法立,則人知統系所自來,而恩義立。"兹顔氏崇本守身,一唯其家前訓是式,秋霜春露,僾見愾聞。我知承先裕後,凡夫洪都之操行、介卿之器局、秘監之通經、平原之決獄,繩繩繼繼,黼黻皇猷,當不啻如太史孝廉所述者。由是觀之,顔氏之興,蓋日新而正未有艾也。余遠涉金城,濫竽課讀,尠見寡聞,而甚幸吾鄉復聖之裔,其遷於西陲者,尚紹聞前緒不墜也。爰不揣固陋而爲之記。

賜進士出身、原知醴泉縣事、蘭山書院教籍山東任兆熙撰文。

乾隆戊子十月朔日,家長秉俊、季首翠如、秉恭、鈞玉立石。

金城顔氏重修祠堂記

顔鳳泰

壬午夏六月,先祠工竣,舉族賀翩。翩於家政毫無禆益,而修理家祠,亦即前已修者而潤色之,以體我族叔審源公之意也。緣公于雍正乙酉,奉命西征,過蘭祀祖,聚衆言曰:"祠堂之建由來久矣,而今剥落已甚,余有志焉而未逮。余族中有能倡義者,願蠲貲以助厥事。"後因出塞不果。乾隆壬戌,族叔穆如君建修大庭五楹,規模較前潤如,而門窓諸務,則鳳臺兄繼成焉。至後平如叔建左庭,鳳翥兄建右庭,家祠之成固衆家長之力,而啓之者,審源公也。夫審源公身膺重任,當王事靡盬之時,猶以祖祠爲重,可謂忠臣而孝子者也。然不踵餙增華,非所以妥先靈也。既商之族衆,咸樂從之。即日助銀二十餘金,遂興工修飾。丹艧其樸素,紗糊其窓櫺,繪之題之,焕然一新,昭其文也。噫!以此瑣瑣者而勒石,豈首功歟?蓋不忘繼諸家長,一體審源公尊祖敬宗之心云爾。且示後之首事者,知祠宇之壯觀,非一人之力,並非一時之事,時加修葺,勿致損壞,是余所望也夫。

庠員十二世孫鳳泰撰文。

時乾隆二十七年歲次壬午秋七月吉日。十二世孫家長鳳翩立石。

遷修祠堂記

乾隆乙亥十月朔,鳳翥率衆祀祖畢,議家政。族衆以祠堂告成推爲翥功。翥作色而言曰:"是何言歟?以祠成而推功于余,非所以報祖功宗德也。且斯堂之成,倡之非余一人,修之亦非一世。今不得不將歷年積累經營、拮据艱難之意,爲我族人言之。康熙壬戌歲,族叔璲如公重建小祠三間，至乾隆壬戌，風雨剥落，勢將傾圮。時堂叔穆如公應户事，慨然有修祠志，慮地狹無以擴規模。而族叔栢如、松如兄弟，慨獻園地二畦無難色。於是遂重建新祠五楹於舊祠之後，門牖諸務未備。迨後族弟鳳臺始竣其功。至翥經理家政，因既有新祠，不宜更以舊祠蔽之，故改立舊祠以爲陪庭，而新祠之垣墉亦爲塗塈完全，此則肯堂肯構之原委也。特以天地之間，新故無常，無繼志之人，則新者將故，有繼志之人，則故者亦新。惟望後之理户事者，時率族衆而修葺之，遠繼璲如、穆如二公營造之志，近繼栢如、松如二公輔助之志，而家祠可永固焉。即門牆旁舍神道，亦無不即時而修固矣。非然，始新而終傾，非獨廢前人經營艱難之苦，而並廢報祖功宗德之意也。”言既，族衆唯唯，遂命鳳泰記其事，以勒諸石。

時乾隆二十年歲次乙亥暢月穀旦，十二世孫家長鳳翥立石。

重修廊房記

顔鳳淮

家祠東西廊房一十四間，重建於康熙壬戌歲，董其事者，璲如君也。迄今年遠日久，牆垣傾圮，使不重修，何以蔽風雨而重祀事乎？淮首事，謀之族衆，皆鼓舞歡欣，情願助資，遂收制錢二十餘千，舊家長秉傑出存貯錢十一千。淮遂補東廊磚牆五丈八尺，土牆二丈五尺，房之上下，俱各墁磚；西廊牆垣雖固，房蓋已塌，亦照東廊修理，因資不敷，地磚有缺，以俟後起者完備焉。共費制錢四十餘千，勒石以示後世，豈曰自矜，亦以見我顔氏祠堂自勝國以抵於今，幾五百載矣，凡庭舍門窓，臺基陪庭，遠而彌固，久而彌新者，率皆諸家長繼繼承承，時修時葺之所致也，俱有碑記可考。淮忝繼其后，亦欲效諸首事者，見可修即修，勿致推諉延日也。是爲記。

時乾隆乙未陽月吉旦，十二世孫家長鳳淮、季首鳳契輝、秉優玉楚立石。

置買公田記

張蘊素

辛丑中秋，顔子松如因賀節過余乞記。余曰：“記何事？”曰：“余族有公應之煩，深以爲累。遞年合族幫助工食，不免誅求。自予兄爾魁公長其户，因歷年公費羨餘，除續買石塊三百餘車，預備補葺墳牆外，尚貯銀三十餘兩，置買族叔帖孔水地三段，約計三畝。各地四至載在契内，不瑣贅。擇人租種其地，額銀一錢一分八釐五毫，秋、夏糧五升二合，租種人上納，有閏之年，出租銀五兩二錢，無閏之年，止出租銀四兩八錢，以爲我族公應之資。自此以後庶使子子孫孫不至受誅求之害矣。至完官丁銀，歷年派收多寡不等，今亦於豐嗇酌宜，每年每丁制錢七十五文，私不過累，公亦可辦，永爲定例。夫人因事以見德，夫事即小以知大。若爾魁君者，可謂顔氏之良家長也。設出而宰一邑，即謂一邑之良邑宰也；出而守一郡，即謂一郡之良郡守也。余喜而走筆記之，勒石壁間，以垂不朽。

癸未歲進士張蘊素撰。

康熙歲次辛丑菊月吉旦，家長丹如立石。

書公田後

張秉惰

余讀范文正公《義田記》，竊嘆贍族之道，體祖宗均是子孫之心，盡善盡美，無遺憾矣。然必資富而後所濟者廣。余家公田固其遺意，而惜乎力薄，充公之外，所賸無幾。故族之貧難者，莫沾餘潤。嗚呼，同一孫子，而使饑寒交迫，無以養親育子，安乎否乎？余家現在無貴顯者，固不能一人獨成其志，倘效常熟楊氏義莊，藉衆力共勸厥美，緩急相通，一如范、楊，則衣食足而廉恥興，又孰不願爲祖宗之良子孫哉。余謹誌之，以望後世極力擴充，方不失一本九族之道焉耳。秉惰謹識。

（清顔秉隋等纂修《[甘肅蘭州]金城城顔氏家譜》 清嘉慶十七年刻本）

浙江海寧花園朱氏祖祠修屋置産碑記

吾宗自始祖徙居花園，歷數百年。子孫以千計，餕餘合食，盤食無算，而祭産不支，歲惟春一祭，值祭者，猶苦其繁。至于祠宇修理之費，往往苦無所出。順治初年，十二世孫履泰字叔寧，捐銀一十二兩，助修後堂。至康熙丙辰歲，祠宇朽蠹將傾，議修未定。十三世孫一茂字季瑞者，慨然創分修之議。合族長幼，咸以爲然。于是南北各支，人自爲理。而季瑞則董其成焉。數月之間，廟貌聿新，寢成孔固。事不煩而功成，祠宇既葺，適當議祭之期，季瑞復慨然曰：《禮》云："惟士無田，則亦不祭。"安有千百香火而祭産全虚，可以久遠不廢乎。因相與停合食諸費，以爲置産之資。季瑞又身任其事，二年之内，用價七十七兩伍錢，共置士默田一十七畝一分，明支明用，任勞任怨，宗人咸服其公。至于田之在祠者，向有十四世孫朝瑛字康流助銀一十兩湊置。十四世孫朝瑞田六畝，十五世孫秀士田三畝七分。又有隨字號田一十畝，係十三世孫一是字近修所助。同號田一十畝，係十四世孫昇字方菴所助。又有墳僧洪範助田三畝一□，清理歸之祠下。並無尺寸之土，名存而實亡者。通計新舊祭田共六十三畝四分一釐五毫。歲時祭費，寬然有餘。又以有田無莊，用二年租息，托十五世孫爾篪置基地一畝，搆建莊房二所，其與昔日紛紛無定議者，已幸有成焉。嗚呼，繼自今凡我子姓，賴祖宗之靈，得時榮遇，願效法前人，量爲捐助，以爲可久之計。其或祠宇傾頽，仍踵行前法，各支分任，則數百年之舊祠，永世勿替，而數千丁之子姓，孝思不匱矣。倘有祠下子姓私占祭産，及侵漁公物，沮壞良規，神共殛之。

（纂修者不詳《[浙江海寧朱氏宗譜]》 清海寧朱氏刻本）

湖南長沙洪塘房楚氏重修譜牒券約

雍正甲寅八人倡修券約

立券約人：九皋、郢瞻、餘萬、榮陛、六兼、安石、廷稽、芝石。吾洪塘楚氏，自康熙三十五年，修叙譜牒，於今近四十年矣。生齒滋繁，舊牒闕畧。我等欲謀重修，事至鉅、任至重也。幸龍田衝與洪塘二處祭田公租頗有存留，可充此費，不須如他族派丁收銀，致滋紛擾賠累之弊。今憑房長公議，將龍田衝，自雍正九年起，洪塘自十年起，二處公租俱留爲梓人刊印紙札之用。公派我等八人董成其事。比將此二項銀穀分給我等八人經收，勉爲承任。一經手領照加二行息，陸續支用。倘有不敷，聽取下年公租，不得派累族人。此係睦族大典，自今日爲始，以至譜牒告成之時，凡百事宜，皆係我等八人竭力幹辦，不得互相推諉，亦不得假公濟私。倘有此等情弊，祖靈昭鑒。務期一心一德，成此遠模，使前有所承，後有所守，無失吾舊家世德，幸甚幸甚。須至券約者。

雍正十一年十二月初二日立。

三修族譜捐貲數目序

捐資，美名也。金石竹肉之會，因果檀越之緣，皆待衆而成。其不惜竭囷廩、傾囊篋以奉之者，豈非其事可樂，而心恥居人後也哉。家乘乃一族之鉅典也，上爲祖宗千載之計，下爲子孫百代之謀。以視快俳優於一時，紿妄想於三生，其爲事輕重大小何如也。夫荷祖宗之精靈，得有此身，家號素封，輿馬烜赫，亦云幸矣。顧有揮擢自如，舉一切可喜可樂之事，金錢動縻數十，曾不爲祖宗擲秋毫者，有市獪成性，逡巡觀望以阻撓爲得計者。嗟乎，根本之地，人所難忘。所爲若此，清夜自思，能無愧乎。吾族風最近古，人多慕義。自壬辰倡議續修以來，即書立串約四支，共捐銀壹伯五十兩。去歲冬，方有事於剞劂，旋復捐銀貳百兩有奇，蓋不待勸勉之勞，無事奔馳道路之苦，輸助如恐不及。甫歲週，即從容談笑，以底於有成也，不良可嘉歟。因爲别其多寡，詳其本末，備好義者知所勸，其不好義者對之赧顔面熱云。

三十七年捐銀數目

淵祖派下：捐銀叁拾兩，至四十二年冬加利叁拾兩，共收頭利銀陸十兩。

灌祖派下：伯希支捐銀捌兩，柳希支捐銀十叁兩，懷前支捐銀十三兩，松亭支捐銀十叁兩，仰南支捐銀十三兩，共捐銀六十兩。至四十二年冬加利陸十兩，共收頭利銀壹百貳十兩。

滾祖派下：作霖支捐銀十壹兩捌錢三分，又從雲、繼昭私幫銀叁兩一錢柒分，共十五兩，朝宗捐銀五兩，希盛捐銀十兩，共捐銀三十兩。至四十二年冬，加利三十兩。共收頭利銀陸拾兩。

滄祖派下：星寰支捐銀十五兩，至四十二年冬，加利十五兩，共收頭利叁拾兩。斗寰支捐銀拾伍兩，至四十二年冬，該頭利共銀三十兩。四十三年只收若韶捐銀十兩，謨輝銀叁兩肆錢六分半。

四十二年捐銀數目

淵祖派下：命申捐銀十五兩，在朝捐銀二兩，周書捐銀壹兩，定侯捐銀壹兩，正九捐銀貳兩，天敏捐銀壹兩，其周捐銀一兩，卓林捐銀五兩，五常捐銀壹兩，臣章捐銀二兩，肇嗣捐銀壹兩，采芝捐銀肆兩貳錢。

灌祖派下：伯希支，肇熊兄弟捐銀貳兩，臨遠捐銀壹兩。柳希支，顯紋捐銀陸兩，謂周捐銀三兩，謂宗捐銀貳兩，謂山捐銀二兩，廷獻捐銀五兩，廷瑛捐銀十兩，廷祥捐銀十兩，世基捐銀一兩五錢，臣五捐銀九錢四分半，謨洪捐銀一兩，如添捐銀一兩零六分。懷前支，有佐捐銀三兩，榮登捐銀三兩，雲錦捐銀一兩，芝珍捐銀一兩，鳴九捐銀一兩二錢。松亭支，餘萬捐銀貳兩，元良捐銀四兩，亦韓捐銀四兩，漢題捐銀肆兩，植周捐銀四兩，籓清捐銀三兩，克非捐銀三兩，聘三捐銀三兩，從心捐銀二兩，致明捐銀八兩，廷輝捐銀貳兩，明漢捐銀二兩，漢陽捐銀五兩，定朝捐銀二兩，禮甫支捐銀五十兩。

仰南支派下：國正捐銀貳兩五錢，西周捐銀三兩，萬周捐銀貳兩，佩乾捐銀壹兩。

滾祖派下：從雲捐銀四兩，秉忠捐銀四兩，朝宗捐銀四兩，山友捐銀四兩，輝典捐銀一兩，一心捐銀壹兩，大松捐銀一兩，萬一捐銀五錢。

滄祖派下：世周捐銀拾兩，知希捐銀貳兩，光廷捐銀貳兩，任常捐銀貳兩五錢，用武捐銀五錢，盛植捐銀十五兩，大山捐銀五錢，肇旦捐銀肆錢三分，添疇捐銀貳兩，金山捐銀七錢陸分。

十二派孫大光謹記。

（清楚自然纂修《[湖南長沙]洪塘房楚氏六修譜》 清光緒十四年長沙新平堂木活字本）

江西豫章羅氏祠紀

省祠創自康熙丁酉年，首事光平、中極、秉仁、克祖、秉元、光召、秉德、夢龍、克復、秉鉞、秉恭、興渭、光桓、光旻、興績、興鼎、興襄、光裳、秉發、興邦、秉珏、興連、興壽、秉玉、曰陞、國珽、大度、大宗、銓、秉鈞、興祚、秉昆、興麟、啓昇、秉翰、秉仁等，憑中閔雨參並街隣地保王在兹等，立契買到江南太平府當塗縣典商蘊廣濟土庫房屋二大所、一小所，並餘地一塊，後路火巷房屋一間，通圓子廟橫街，前臨官街，後界南昌縣馬房，契載價銀一千四百兩。因樂捐之項不齊，至其控經藩府首事者磨累五年，至辛丑正月，差押甚迫，有進賢縣之伯齡説合，進賢伊縣令張諱棟丁憂來省，將南一所花廳典銀一百一十兩，又將祠前店屋八間典吴舜臣銀一百六十二兩，至三月初十日，兑清價銀，始得進祠，懸匾進主。業將各團樂捐數目，鐫石祠側紀之。後張令服滿進京，催贖典價，將又另典。時有南昌湖溪維機出銀三十兩，柏林、邦彦十兩，季元十兩，幽蘭、叔達十兩，深洞、元聲十兩，山前、子和五兩，武溪、于陸五兩，亘古、繩武二十兩，進賢、伯齡十兩，出銀取契。現有衆立文契，雖存屋付衆管，此項銀兩今載創建頭門碑上，以爲樂捐。迨見譜牒年久，於乙卯年，連名單知修譜，又歷五年始成。至祠店因循未贖。乾隆三年，柏林、其友之父聖瑞，覘質店價少租多，婪利私贖，得利十有餘年。丁卯科，議創頭門，復又單知各郡各團，登簿捐銀，向其取贖，殊其友聽孚萬主膽婪利，措執不與衆贖，乃敢串兄天祥兇踞祠屋，霸管四年，收租肥己，各團來祠者不與住坐。至己巳年，會同進賢漢忠、建昌縣永修、豐城興傑等呈府呈縣，押逐孚萬、天祥取遵出祠有案。又訟一年，祠之霸踞由此而清。至庚午科，恐質店年久事變，日後難以取續，只得邀集同志紳士，宜黄羅琛瑞、金人傑，新建興芬、克揚，奉新克經、克晨，都昌羅俊，並原建祠首事南昌自新，新建繩武，連名於庚午科八月十八日呈控南昌縣顧主訟累半年。至臘月初三審斷，回贖押令三日繳價。初六繳價領契，趕其年向大利。十六日拆去店屋，創建頭門。二十四日上樑，因費不敷，至辛未年三月十七日起柱。兩旁店屋，不期南邊牆倒，將頭門枋柱壓碎。時首事繩武在南首牆邊，指示石匠定磉牆，倒壓在石中，頭身石土約有二三尺深，在旁觀者無不駭然。彼時雖昏，似覺有虎形之物罩身，約有一個時辰，尋者失所。時有志局姓韓名忠者，指示搬去土石而出，毫髮無傷。萬人俱謂祖宗有靈，如此顯應。首事者被壓得全，又議復創，衆皆踴躍樂從，挪銀買木賒磚，砌過兩旁石牆，共費五百三十餘金。晝夜趕創，擇四月十二日子、丑二時，豎柱上樑。祠門宏廠，規模可爲大觀。現今立議分管，以杜侵漁。春秋二祭，祠門兩旁有店二間，收租存供祭祀。門創祠修，焕然一新。自此家聲大振，駟馬堪容矣。因爰筆直書，詳記始末。

乾隆十六年五月□日，首事公述。

（羅竹山纂修《[江西豫章]羅氏宗祠第五局重修祠志録》 1935 年重修羅承祐堂石印本）

湖南中湘韶山毛氏祠基契並捐名

祠　基　契

立契出賣田地、屋基人毛价人，同弟良有、宗山、羽翩等，今因於乾隆六年，叔爾達、彝生、特英、育萬、康子等主修族譜，譜竣，屢命體、陽等修建祠宇，以妥先靈，迄今因循六載，未有確議。今春族弟在陽、體仁等，既經袖領，豈昧前勳。延術卜吉，看得价人住宅下首荒屋基一隻，連住熟田三分正，銀一分二釐，當憑族衆浼中李旻文賣與族衆，以爲建祠之所。當日議定時價銀貳拾肆兩。比日係价人兄弟親手領訖，並無短少分釐。自賣之後，任族衆於基内，上齊古路，下齊三分坵，前後九丈，縱横六丈，内建置創造，价人兄弟無得異言。其丈尺之外，族衆不得越界，仍付价人兄弟管理。今恐無憑，立此賣契一紙，付與户族體仁、在陽，於祠内勒碑爲據。

憑中李旻文。

憑族衆天叙、禹績、仍黄、輝昇、錦生、亢宗、九牧、盛治、甸侯、次琦、右玉、育萬、明上、天日、魁南、在位、東輝、堯森、啓明、聲玉。

乾隆二十年七月初八立筆人价人代筆，弟金如。

建祠司事捐金名目碑

主修户首次琦、育萬、體仁、在陽、价人，監修甸侯、明上，掌簿書金如，掌錢穀中洋、書紳，催收東輝、亢宗、禹績、鳴岡、子清、象南、北溟、登盛、尚志、中叙、六吉，兼辦若鰲、在位、魁南、叶瑞、大有。

次琦銀十兩，次章銀二十兩，體仁銀十兩，孔删、名雅各銀八兩，大有、任年各銀七兩，次珪銀六兩，甸侯銀四兩，魁南銀三兩四錢，錦生、禹澤各銀三兩，文尊銀三兩六錢，子迎、子質、正萬、在位超萬各銀二兩五錢，禹績、子平、東輝、子粹、六吉各銀二兩，承周、清冕、君美、必榮各銀一兩五錢，佑生、彝生、禹功、子貽、子成、乘殷、咸長、世才、國才、景耀、子忠、子法、飛九、北溟、瑞仁、九成、軌如、云禮各銀一兩，自達銀一兩六錢，子清、上九、元升、達可各銀八錢，顯周、克相、子興、子伊各銀六錢，庭萬、毓芳、越凡、子厚、又馮、星翼、子堅、鳴州、周章今名智遠、鳴岡、子玉、魏指、子亮、運悦、又新、明萬、國明、尚志各銀五錢，北辰、三命、儀生、師孟、中叙各銀四錢，自廉、康生、魁年、熙成、子海、盛治、世良、在臣、子樸、楚子、公怡、雲程、子茂、子林、子文各銀三兩，中洋、緒黄各銀三錢三分，子賢銀四錢五分，聖書銀三錢五分，中和諱方濬銀三錢二分，九占銀九錢二分，在河銀一兩司赤銀九錢七分，國珍銀一兩，毛阿黄、克範氏男體仁、甸侯子敬持、子慈昂銀二十兩，琦室張氏男方禮曾進貢銀一十兩，毛張氏男大有、任年銀三兩，毛廖氏銀一兩，毛周氏男方權明銀一兩，毛周氏男方仁、禮、義、智銀一兩，敬行、備五各銀十兩，天叙、价人各銀二十兩，育萬銀十兩，峻極銀八兩，亢宗銀五兩，匪石、明上、金如各銀三兩，明揚銀二兩一錢，聲玉銀二兩四錢，有章銀二兩，于朝、右玉各銀一兩五錢，爾達、雲松、九牧、雲鶴、秉厚、鳴岐各銀一兩，楚玉銀一兩三錢，良有銀六錢，正音、漢星、豈凡、衛封、師遠、錫美、宗孔、揆一、嘉嶽、景賢各銀五錢，叶端銀三錢，榮遂銀三錢，武梁銀一兩四錢，二交銀八錢，維實銀三錢，定輝銀三錢，哲人銀三錢，輝昇銀四錢，國友銀六錢，運宸字拱辰銀三兩，運寀字亮工銀二兩，克明銀四錢，維哲銀三錢，庭德、庭佑各銀五錢，啓明銀一兩，商孟、若庵、子常、若鰲、仍黄、天日、玉書、玉麟、玉章、玉言、玉庭、萬才、四極、聖功、帝選、維山、登盛、克家、大武、文飛、聲聞、功虞、功顯、定榮。已上二十四名，原碑衹刊其名，未註其銀，不敢妄增，以存其實。

乾隆二十八年癸未歲仲夏之月吉日立，嗣孫羽翯書。

（清毛祖星《[湖南湘潭]中湘韶山毛氏二修族譜》
清光緒七年西河堂木活字本，2003年複印本）

湖南沅江王氏建祠合約

乾隆二十四年十二月二十日，憑中人皮之繼，賣主王藩、周南、金錫田祖遺分受基地、山場壹所，前後直出，出賣與闔族王焕若、式鎮等建祖宗祠堂，界載東前後以本牆本脚直出爲界，西以前後公牆公脚直出爲界，後山東抵有容山堤直出爲界，西以本堤直出爲界，前以塘𡍼爲界，後以山崐爲界。下首大山四股，壹股係北邊東角下截水竹園週迴，以堤爲界，楓樹園週迴以堤爲界。價載壹伯零五兩整。

乾隆三十五年十一月十二日，憑中人皮之繼，賣主王士林、卓冠、殿邦，祠堂西邊牆脚磚瓦，前後直出，士林兄弟分受一半，出賣與族長王焕若、式鎮等建修祠堂，界載前以塘𡍼，後抵後山，價載錢壹拾伍仟整。

一、祠宇基地，在四都郎荆堤保内，坐落地名三姑託，係思襄房公置。

一、沙嵴頭賦土一所一户王坤秀，東抵官河，西抵風堆園，南抵連花塘，北抵洋泉湖爲界。並風凸園一隻，週迴以堤爲界，俱係瑚公房五大股公業。

十一世孫大禮謹繪逢識。

（王立政、王功泮等《[湖南沅江]王氏五修支譜》 1948年太原堂木活字本）

湖南益陽湯氏祠堂

祠 堂 圖 説

祠堂建於兹，歷有年矣。東抵文學兄弟基地爲界，北抵山溝爲界，南抵公塘，西抵静園公基地，有石樁爲界。量過弓口，前闊九丈一尺，後闊九文零五寸。自道光丁未秋，厚其垣墉，高其閈閎。次年洪水氾濫，千家洲堤潰，祠宇亦潰。水退旋即鳩工修治，迄今百餘年矣。樹木依然，基址依然，門閭閥閲俱復依然。願後人重加補葺，雖歷千百世，無故宫禾黍之感、頽垣荆棘之悲。世運有盛衰，而廟貌巍然不改，斯爲仁人孝子之用心，而宗祊可以常保矣。故爲説以誌於後。

城内大宗祠

縣治東關内大宗堂，係本真、守祧、本盛公祠三大支嗣孫，於乾隆三十二年，接賣徐姓舖屋基地改修。我本真公房係分一半，守祧、本盛兩房係分一半。五十年，我房祖墓毛家山與曾姓搆訟，費用不敷，將墓田二石七斗五升付入三大支公管。其股法仍照老額。五十二年，立有合約爲據。嘉慶十一年，接受曾達先、維城等毛家山堤内外屋基，及水田四斗五升正。道光四五年間，將祠堂前近街舖房改作前棟，本盛、守祧捐費，碑石具載。本盛房捐地名黄獺港董司橋，水田三石。修整之後，贚有餘資。至七年，接受周常操地名黄家坪水田一石五斗八升七合。三處水田共七石七斗八升七合，糧載户名湯宗祠，每年掌管首士完納。今將買屋文契及兩次合約、武廟借牆呈詞碑語，詳載於左。

立永賣房屋、舖店、基地、牆垸、園土文契人徐依紫，今因離城就鄉，合家商議，情願將本城東門内自建舖店住居，彫餙木瓦屋五進，各處偏廈、過亭、上下欄干、各堦石、地磚、天井、格門、樓房、板梯、地板、彫壁，並内外門扇、銅鉋鐵紐、基地、園土、東西磚垛牆、前後横直磚牆，一並在内，前後兩界俱抵官街，左抵關帝廟屋基爲界，前後直出，右抵老屋巷爲界，前後直出，四界之内，寸土寸木、片石磚瓦不留，一概出售。儘問親房人等，俱稱不便，浼請中人陳又伊等，召到本邑湯姓闔族承買爲業。當議時價九五色銀肆伯陸拾叁兩貳錢整，包頭畫字出屋各項等費一並在内，就日銀係徐人親手領訖，屋付湯人居管，兩相交扦明白。此係實銀實契，並無謀准重行典賣各情。業有不明，賣主向前理論，不與受業人相干。今欲有憑，立此永賣房屋、舖店、牆垸、園土文契一紙，付湯族永遠爲據。

計批：左右兩牆，前後俱直出官街，在左僧人不得藉廟稱牆有分，在右徐人不得藉有老屋，亦稱牆有分。屋後横牆外係契内園土，日後湯姓修牆，照老牆直出後街，挖脚砌修。在左僧人不得有阻，在右徐人不得有阻。此批。

憑中人陳又伊、徐位三、符迪先、孫國輔、覃少、湯人藩俱押，同男其令代筆，其會、其喻俱押。

乾隆三十二年十一月十九日立筆押。

正瑞、庸少、吉士、進三。外税契銀壹拾三兩八錢九分六釐。

立公議合同湯氏子孫元友、吉士、進三、正瑞、垂遠、安綏、人藩、庸少等。我族自得姓受氏以來，源遠流長，其始遷濱陽也，子孫繁衍，星羅碁布，本真公子孫散居於筆架山、南塘冲、南道塘、蔣子塅、五里牌、朱菱湖、缺堤嶺、蘇家垻。守祧公子孫散居於百家塅、千家洲、沙頭、湯家垸、趙家坪、門樓山、羅家河、鄢家垸、王家坪、蕭家垻、白石塘。本盛公子孫散居於湯家冲、夾流溪、蓋頭冲、桐梓山。因傳世寖遠，支分派别，無由考其世系倫序，以故前年各修支譜，未昭畫一之典。今糾集各支子孫等，於乾隆三十二年十一月内，購本城東關内徐依紫舖店房屋五進，周圍磚牆，前後俱抵官街，左右垛牆直出爲界，四抵契載明白，以爲祠宇。修理及器物雜項，約費銀陸百兩，本真公子孫捐修一半，出銀叁百兩，守祧公子孫出銀貳百兩，本盛公子孫出銀一百兩，兩支共捐修一半。擇今三十三年十一月長至前一日之吉，奉主入祠，自一派以下各以世次序昭穆，春秋致祭，子孫永遠遵行。今欲有憑，立此合同四紙，各執一紙爲據。

計批：宗祠文契收執，此批。

本真公房子孫元友、於道、正元、信交、維周、淡如、正瑞、人藩、庸少、睿九、茂林、光溢，

守祧公房子孫吉士、巨煊、維翰、錫嘏、必文、榮耀、垂遠、南薰、世殷、榮臨、魁武、玉光、元

達、建中，

本盛公房子孫進三、國俊、士三、松恒、二佑、楚山、序庠、安緩、郁榮、世友、文炳、祖武、文繡、元聘。

宗祠合約四紙，壹號付吉士收，二號付進三收，三號付正瑞收，四號付庸少收。

乾隆三十三年十一月十五日十四派孫進三筆。

立合同三支子孫等，今因祠内公接永信公房所購十七里毛家山旁田畝、屋場、園土、湖分兩契之業，價三百一十二千正，當將原契畝册付祠。書有付約，推首事人南薰、垂遠、組印、巨卿收存。自後此業仍照祠宇各項舊例，本真公房一半，守祧並本盛公兩房一半，三支均管。今恐人心不一，書立合約三紙，三支各執一紙爲據。

計批：原契付約畝册，南薰手收。

憑證人王壽世、徐曙光、蔡曙初。

同場立合同人鳳廷、正瑞、祖武、楚賢、大材、於道、淡如、昭舜、國庵、知才、懷英、建邑、元聖、勉夫、仕三、人藩、光溢、紫誥、建興、南薰、垂遠、錫嘏、佐商、必讓、巨卿、廷章、蓋南、尹班。

本真公房，一號必讓收。守祧公房，二號垂遠收。本盛公房，三號組印收。

乾隆五十二年二月十六日，組印筆。

城内修武廟，借大宗祠牆圍，吴興達、謝本等所稟案據，爲認借允借事。城内武廟借湯祠牆圍加修合式，恐日后年久，人心不古，藉借修爲罩佔，反負今日湯祠允借之意，只得刻辭於石，刊石於牆，只得抄粘碑詞附稟方憲。但前街面垛牆係照湯祠門面，永不借修。懇准備案上稟。

牆上碑詞

是牆係湯人接受徐姓之業，契載清晰。因武廟屢借加修，恐日後滋擾，只得公勒碑石，以免爭端。牆係湯牆，無庸異議。但有傾頽，武廟修培，不得牽扯湯人。至前面垛牆，係湯門面，斷不借修。並抄粘附稟，以垂不朽。

創置祠田記

天下難爲之事，恒成於强有力之人。爲之而無力，有力而不爲，或力爲之而見奪於旁觀之議論排擠，雖事之至易者，莫能致之。我祖榮、茂二公分居蘭市沙頭，其子姓則星羅碁布，日以繁衍，而祀事闕如，無奮然起而爲之者。嘉慶丙子，緣譜費不敷，榮公房鑑屏公與先君子暨先伯松亭、族翁、玉田等二十七人，共捐銀貳佰七十兩。嗣譜成，頗有餘貲。鑑屏公慮祠堂之不修也，祭田之不備也，先人之弗享也，以其餘經理生息，尋置祭田百餘畝。又歲收其息權子母。公業蒸蒸日上，至今祠宇修，春秋享祀不忒，重修舊譜不勞糾金。豈惟棟等受其錫，其自榮、茂二公以下實嘉賴之，非彊有力而能不受排擠，獨爲其難如是耶。夫士當束髮受書，感古人行誼，亦興懷名教，動口談本源不衰，一旦涉世途，徘徊仕路，輒汲汲富貴名利，舉平昔孝友之良、性天之愛，不知消歸何所。即力可爲功先人、增宗族光，而志願莫存，亦漠然不爲之所，蓋比比矣。以視鑑屏公之爲，其賢不肖何如也。公素性明達，才具揮霍。幼讀書，援例入成均，非其志也。哲嗣傲蘭、愛山，有聲庠序，能繼父志，孫曾輩皆遠到器，人方擬之瑶環瑜珥，信乎功人有後，而天之所以償其力者未艾也。今因續譜告竣，謹著祠田顛末於篇，後之人覽此公圖，不忘先德，且心公之心,亦奮然鼓其力,以勉夫仁人孝子,則公之所及又遠矣。《詩》曰:“孝子不匱,允錫爾類。”其是之謂乎?

咸豐七年丁巳歲月穀旦,必茂公房下懋楝等公識。

(湯允懽等修《[湖南益陽]益陽湯氏五修族譜》 1936 年石印本)

湖南寧鄉傅氏省城始建公祠合約等

省城始建公祠合約

立合約文略、予良、師姜、玉彩等。吾族自潞公擢授岳州知府,兄澄與公隨任,落業巴陵,厥後子孫繁衍。宣德年間,分徙長善、陰瀏、醴陵、湘潭、甯鄉、桃源各處,雖親疏不同,皆二公分派。奈遠徙異地,竟致一本而類途人。前數年間,天位、以敬、文登等,念切本源,倡議建祠修譜。此尊祖敬宗之美意,略等雖老,甯辭跋涉。因細考支派,傳諭各房,莫不欣然樂從。旋於本年八月,價值東長街王姓房屋舖面八間,内正屋二進、横屋四進,價銀伍百兩,此時衆心雖踴躍,登簿捐貲者不少,而徘徊觀望者亦多人。兹長邑予良房、甯邑文耀房,現在交銀足價,餘俟衆力擎舉,共興土木,修家乘。凡我伯叔昆弟既列毫端,須速解囊一擲。若未經寫簿,毋慳吝以儉祖宗。想敦倫睦族,人有同情,我四人各志圖爲,不得始勤終怠,不得親疏異視,不得濫收他族,亂吾宗支,不得假公濟私,希肥囊橐。倘有各情,宗祖在天之靈,其共殛之。至於各房交銀,公擇草潮門字天位者,殷實老成,親書收字,加以圖書鈐記收領,轉交首事經營。其文契亦天位收管。成功之日,另立合約,泐碑序列。户首房長,家政森森,庶築野增光,雲臺生色矣。

計開各房首事:長沙縣,師成、政和、尊德、文登;甯鄉縣,調元、玉潤、叔宸;湘陰縣,敬安、萬英、文榜;湘潭縣,廷朝、廷美、學登。

乾隆四十一年九月初二日立。師姜鉗合,長邑柞山、學山代筆。

公祠前契

立契傾心永賣房屋基地人王元烈,同男觀民,今因以業易業,父子商議情願將自置長邑東長街屋基一所,浼中徐玉光、杜又善等説合傅公族等,承買修造公祠。憑中議定實價九五色銀伍百兩整。其銀比日眼同原中,三面交清。王人父子親領。其屋南抵王宅牆垛,北抵千壽寺小巷,西抵李姓菜園,東抵官街,週圍以牆爲界。内有厠屋一棟,後面小棟正屋二進,前後廂房,捲棚、過道、書齋等,所有椽枋、頂棚、門扇、格莊、實壁、舖櫃各樣,以及四抵内空坪、花苑、水井等項,寸土寸木,概不存留,並無重典互混、吞謀準折等弊。自賣之後,永聽傅人管理,不得續贖異言。今欲有憑,立此文契一紙,交傅公族收執爲據。

憑中人杜又善、李千吉、徐玉光、李拔萃、傅經武。

見交人孔有本、曹幹武、鄧極中。立筆人王元烈。

乾隆四十一年八月二十一日。

公祠後契

立契絶賣房屋、基址人張彬園,同弟從卿,今因棄業就業,難以設湊,兄弟商議,得將自置長邑東長街房屋前後三進,並門片、窗格、水梘、雜屋、後苑俱全,掃土出售。儘問親房伯叔人等,俱稱無銀不便。再三浼請中人傅朝英、寅亮、胡如九、靳宏楊等,説合長郡傅公族承買爲業。當日憑中三面得受實價布平九五色銀柒百肆拾兩正。其銀係彬兄弟從場親手領訖,了完前項,以及包頭押字挂襯一并在内,外不具領。此係實銀實契,願賣願買,並無重典謀買、互混不清等弊。其屋前抵官街,後抵羅宅己分圍牆,左抵豐宅己分牆爲界,右抵傅族公屋爲界。四抵俱有己分磚牆爲界。比日扦踏明白。自賣之後,聽傅人守售更改,起造居賃自便,永無續贖異言。倘有節外生枝,俱係出筆人理落,不與買主相干。今欲有憑,立此絶賣文契一紙,並上手老契二紙,交傅公族收執爲據。

憑中人靳宏楊、傅寅亮、傅正洪、胡如九、傅朝英、傅旭亭、傅華德、傅以珍、傅冠儒,見交人李介庵。立筆人張彬園。

嘉慶九年十月十五日。

林市支祠契

立契絶賣屋宇、基地、門片、窗格、樓板、鼓皮、圍園、魚塘、菓木、樹木、牆圍等項人劉其章,今因遺業就業,夫妻父子商議,願將自置本邑四都十區道林市住屋及左右舖屋共肆進,前抵官街,後抵牆圍外古路爲界,左抵陽祠,右抵姜祠爲界,屋後左邊牆圍内生魚水塘一口,菜園壹隻,其菜園抵界,自姜祠後圍牆起,邊古大路直至保家樓姜姓田邊,下抵張姓古樓邊,古樓旋轉,抵陽姓屋角,週圍以老牆爲界,以上屋宇、基地、水塘、菜園,四至抵界内,俱係獨管。凡屬接受及自造屋宇,概行掃售。儘問親房人等,俱稱不便。衹得再三浼請中人許玉美、黄樹滋、袁正泰等,説合傅嚴山向前承接爲業。當日憑中得受時值九五色銀肆伯柒拾兩正,係劉親手領訖,未少分釐,並押字包頭扦典出屋一概在内。此外不得另生枝節。自賣之後,任傅永遠執契管業,或住或賃,或守或售,聽其自便。劉人永無續贖異言。此係甘心絶賣,並無存留隱匿。倘有存留,日後查出,仍歸傅管。如有互混不清,及重行典當,係出筆人理落,不與受業人相干。今欲有憑,立此絶賣契一紙,與傅嚴山收執爲據。

計批:此業已轉售文耀公各嗣孫作公祠。毫未存留,契發公收。嚴山筆。

嘉慶九年三月初八日,劉其章筆,同男惟吾、錫九。憑中黄樹滋、許玉美、袁正泰。

林市支祠紀案附息稟

余族道林支祠,前面之垛舊係魚尾藻,與左鄰歐陽祠同。光緒十一年冬,我祠修整,將前垛改爲漢文藻,以致歐陽爭論,將抵伊祠之垛戳毁。當鳴團理論,團保不力,並無解釋,垛不便修。

至丙戌三月,不得已,以藉寄强佔事,並諱垛佔垛事,屢稟署事邑尊景天相,案落工房經承黄晴溪,已將赴訊,經都楊毓麟等奉邑尊命,從場和解。閲歐陽祠契,係乾隆四十五年曾姜氏偕男某出筆,割賣與陽。契載前抵官街,後抵塘邊,左抵自牆,右邊前後兩垛獨管。是憑伊契文,右邊只有前後兩進兩垛。前進明垛,後進暗垛,而無四垛。若佔余祠之垛,則四垛矣。余祠之屋,亦係曾姓於乾隆末年出售。歷數姓以至余族。契載左抵陽祠,右抵姜祠,四至抵界獨管。其契當是照老書新。曾姓割售與陽之時,余祠之屋尚是曾姓自住,豈有先將自己正屋垛壁賣與别人,而自己正屋虚懸無着之理。今姜祠現係木柱,伴我祠另架,並不於我祠寄縫。我祠四進,左右垛壁均係一線砌成,配匀四印字,向癸、丁正線出向,而歐陽祠字向丑、未偏線出向。垛若屬伊祠,則何不合伊祠之向,而合我祠之向?且歐陽若佔此垛,不特與伊祠字向契據大不相孚,其高矮偏正長短,亦與伊祠不合。伊即寄搭于我祠垛,豈得遂佔此垛,爲伊祠垛乎?據此,則興訟,我祠未必不能取勝。但須官勘,一切費用不資。因依都團楊毓麟等,顢頇了局。息訟息稿,因陽姓不肯明説垛歸傅管,止得渾含説之,其稿另録附後。如此了局存案,亦未喫虧。後有能者,伴此息照我所剥道理,此垛不愁不歸我祠。日後修整漢文樣式,不必再改。因散事人着陽人已將伊祠之垛均改作漢文故也。倘陽人再行多事,必須興訟,務宜伴前案説來。謹將細故縷悉登載,書此以待後之賢能。

丙戌七月上浣之七日,七十一歲老人書卿氏筆記。

楊毓麟李揞卿等稟

爲稟懇息銷事。歐陽祠與傅祠爭垛一案,傅俊三等以藉寄强佔事稟,歐陽源茂等以背佔反誣事訴,均准在卷。某等仰體大公祖息訟德意,從場解釋。查閲二比契據,兼察形勢,其垛自有攸歸。且兩祠建成,多歷年所,着令各自照契管理。惟日后修整,不得另斟樣式。二比均已允協,甘願出結休息,理合稟懇賞賜銷案。萬代公侯,須至稟者。

和息後陽祠未將垛改漢文,我祠復將抵陽祠之垛修整,陽人又戳毁。我祠復控,陽復訴,堂訊陽人被責,因都總楊毓麟未到,卒未結案。後我祠復修垛,陽亦未再毁。

(《清傅德正等主修[湖南寧鄉]傅氏三修支譜》 清光緒三十年清河堂木活字本)

湖南湘潭射埠譚氏建祠合約

立合同領銀人銅盃房譚溢清祖嗣孫十合、珺治、珺儀、五合、珺瑞、四合、珺玖等,緣我族田心、銅盃、甕塘三房,昔年公立合約修譜建祠。譜已三房合修,而祠因基不就,故未合建。因田心溱清祖嗣孫一房私建祠於田心坪,我銅盃亦在任家坪建祠。聞甕塘瀟清祖房嗣孫亦欲建祠,是以兩房合議,雖田心一房私建祠宇,而我兩房均願共爲一祠,以篤親親之愛。就將祠内清算修祠之費,併地基銀共一千四百兩整,甕塘房派出銀七百兩整,係銅盃嗣孫同場親領,未少分鼇,彼此甘願,均無異言。自立合同、領銀之後,其祠宇無分左右上下,概屬公管。至若祠基,前有田坵抵趙塘爲界,後有田畝並竇竹塘,俱屬祠内管,抵徐人田邊爲界,左之上下均以老壕墹抵趙人牆外隙地爲界,右之上有田畝,右之下與袁墓毗連,右之上下均以老壕墹抵張人菜土爲界。比日扦點明白,毫無互混。其祠宇俱屬溢、瀟二公嗣孫共管。自近裝修,油漆粉飾及後入主併置祭器,再起上棟,凡祠内一切事件,俱屬兩房均派,毋得彼此推諉。合同情節難以縷晰,總恃一脈共體木本水源,永篤百世之好,光前裕後,合增一族之輝。今欲有憑,立此合同一紙付與甕塘嗣孫永遠爲據。

批明約内"立"字起至"甕"字止,長青筆。"塘"字起至"言"字止,見賢筆。"自"字起至"下"字止,朝清筆。"概"字起至"年月日"止,見賢筆。應中筆批。

憑户戚劉文藻、朱定祥、譚聲振、張應龍、譚汝作、應中、見賢、本立、象坤、十合、獻彩、五合、彩雲、四合、萬美、尊一、克俊、漢超、

嘉慶十四年九月二十六日,銅盃房房長清萬、寓美、作琴、清兆、朝清,經管方俊、長清、昇文、中和同筆立。

(譚述亮纂修《[湖南湘潭]湘潭射埠譚氏五修家譜》 1943 年木活字本)

湖南長沙陳氏祠堂文契

立契傾心掃賣房屋、園土、水塘、地基、樹木、花卉人劉應龍,同弟應魁,今因公私交迫,無從設辦,兄弟商議,願將祖遺己分城内十四舖地名綈馬椿房屋一所,土磚木架瓦屋一棟三間,前木瓦門樓一座,後土築毛屋一間,門窗、格扇、鼓皮、頂棚、街石各樣俱全,前苑大槐樹二隻,柏桂石榴五枝,後苑大棗樹二隻,前後各樣花卉俱全,左首屋傍長園一隻,園内柑橘、枇杷、雜樹共二十株,再後又有大園一隻,水塘一口,前後左右俱以土牆爲界,後抵湯、蕭二姓,前抵官街,左抵蕭、張、湯三姓,右抵劉姓,四抵分明,前後園土、屋基一並在内,儘問親族,俱稱不便,浼請中人宋炎宗、劉應禄,出售與本邑陳族四大房公買爲祠。當日憑中三面清點明白,陳人出備時價九五色銀八十五兩正,係劉人兄弟親手領訖了妥。前項其中並無互混不清、重行典賣情弊,陳人亦無吞謀準折勒買等情。自買之後,任聽陳族永遠作祠,劉人永無異言。倘有互混不清、重行典賣,及外人節外生枝,概係出筆人承躭,不與買主相干。今恐無憑,立此賣契一紙,並老契五紙,均付陳族永遠收執爲據。價足契明,外不具領。

乾隆二十四年十一月初七日,立筆人劉應龍同弟應魁、男萬朝、叔可立、文輝、文林、兄弟應爵、應相。

此係四大房公置祠堂,另招異姓看守。凡我族姓止許來往寄寓,不得攜眷往居,有污祖先,違者公罰。議約霍山自收老契五,係芾占收存,此契又西收存。

憑中劉應禄、宋炎宗,見交胡萃峯、夏繼黄。

立契傾心吐賣房屋、園土、地基、水井人劉應龍,同男萬興,今因公私逼迫,父子兄弟商議,

願將祖遺己分茅屋一棟三間，門片、窗格俱全，屋基一塊，水井一口，園地一圍，概行出售。儘問親房人等，俱稱不受，浼請中人劉子音説合陳族四大房承接爲業。陳族出備時價九五色銀一十五兩，劉人憑中親手領訖。其屋比日扦割明白，地基右抵鄔宅牆，左抵陳宅牆，後抵夏宅門巷，四抵明白。劉人並無互混不清、重行典當，陳人亦無吞謀準折等情。此係實銀實契，兩相情願。劉人日後不得稱贖稱續。倘有節外生枝，俱係出筆人理落，不與陳族相干。今欲有憑，立此賣契一紙，付陳族永遠收執爲據。

乾隆三十一年十二月初四日立筆人劉應龍，同男萬興。

憑族文其、文林，憑中劉子音，憑街隣張國佐。

祠側炭圓店頂字：

立出頂字人陳劉氏，同男冬有，原昔年氏夫福臨所頂邱姓炭圓店招牌什物，及自置曬樓器皿等項，氏因前年與祠搆訟，今蒙邑侯孫憲斷氏將招牌什物曬樓，概係頂歸公祠敦序堂管理，令公祠出備頂價錢，及押字錢、搬家等費錢，合共錢叁百柒拾串文正，當堂如數給氏母子親手領訖，永斬葛藤。自頂之後，任聽公祠頂貿自便，毋得異言。恐後無憑，立此出頂字壹紙，付公祠收執爲據。

計批：邱姓頂字一紙，氏因遺失，日後尋出作爲廢紙。此批。

光緒十六年庚寅四月十四日，陳劉氏同男冬有立筆。

（清陳盛連等主修《[湖南長沙]陳氏五修族譜》　清宣統二年敦序堂木活字本）

江蘇鎮江京江余氏創建祠堂碑記

余氏宗祠在鎮江府城南門内善濟一坊，尤唐巷後門外空地一塊，照壁牆一堵，大門一進三間，左首牆門内大廳一進三間，照廳一進三間，穿堂一間，寢室一進三間，右首耳門内書廳一進三間，共計平屋十六間。其房係先祖景姜公自置住宅，嗣後先伯考愛圃公移居磨刀巷，先考漢桓公移居荷花樓巷，是房出典與趙姓居住。趙姓轉典與馮姓，馮姓轉典與嚴姓，價銀肆伯伍拾兩整。後有劉姓欲買者，憑中估值，價銀陸伯伍拾兩整。先考漢桓公卻之，曰："此吾父之卜居也，棄之不忍，願留以建宗祠焉。"而志卒未果。不孝等常懷此念，遲之又久，至道光壬午年春，邀同闔族弟兄共商斯舉。約需銀壹仟餘兩。公議三大房派捐，覲光同弟一分，捐銀叁伯兩，星齋同弟一分，捐銀叁伯兩，理和同弟一分，捐銀叁伯兩，共得銀玖伯兩整。數猶不足，左佩願自捐銀伍伯兩，以給其用。甲申年春，備價贖房，翻蓋更新。及秋功竣，顔之曰"余氏宗祠"，而前人之志乃於是乎遂矣。予因述其顛末，勒之於石，以示後人，俾知兩世經營創建之苦心，且望後之有力者仗義捐貲，以供修理之費，以贍祭享之資，庶得廟貌常新，祖宗來格矣。是爲記。

時大清道光四年歲次甲申孟冬月穀旦，十二世孫燮頓首謹識。

（清余丹樓等纂修《[江蘇鎮江]京江余氏宗譜》　清光緒三十年京江永言堂木活字本）

山西平定白氏新建家廟祭田碑記

州有白氏貴胄，望族也。自宋元以來，先後繼美，滋育昌熾，載在家乘，不待詳紀。明洪武二十四年，彦功公舉孝廉方正，歷任浙江昌化縣知縣，陞楚府審理正。嗣後科甲蟬聯，政猷鴻懋，簪纓勿替，屢沐皇朝殊恩，迄今幾廿世矣。世繼冠裳，皆祖德宗功之所及也。使不建立家廟以奉先祀，何以見馨香供俎豆、侑神靈也。舊時華巘庵西有家廟一所，係翰林院庶吉士、歷官陝西布政司使道徵公建，棟宇宏廠，樓高數丈，號曰“摩斗”。不數年，道徵公與子太僕寺卿、晉親王郡馬慶五公同占夢焉，咸以爲於州主有礙，遂毁之。迨後因崇禎間遇變，而不得補葺，是以未立焉。越數傳而工役未興，不獲覘榱桷矣。今十六世孫鹽運司知事效易，克紹前休，慷慨好義，建修新廟；又十八世孫殿甲，虔誠孝敬，追遠報本，恐祭祀之無貲而祀事廢也，鼎力經營，不憚煩勞，捐募祭貲。出貲者念餘家，公置東溝村地畝作爲祭田。每年按次祭祀，袛用一家。約定於正月初一日，潔治祭供，香燭齊備，二十餘家輪流畢，周而復始，永以爲規，誠盛舉也。夫莫爲之前，雖美而弗彰；莫爲之後，雖盛而弗傳。今子若孫，興水源木本之意，與春露秋霜之思，上以體先人，下以貽後世，俾世世仰廟貌之崇隆，供粢盛之豐潔，洵可謂孝思不匱者也。殿甲屬余爲文，非善於爲文，第念是舉也，隱而不宣，則孝子仁人之心，轉恐久而湮也。因爲俚言，以記不朽云。捐貲祭田者，開列於後：

十五世發祥、天秩、發珠、有銀、存智、發銀、萬億，十六世效易，十七世鳳翔、映珍、鶴雲、鳳崗、也詩、聚奎，十八世發明、無敵、應金、鳳朝、祥雲、殿甲。經理效易、鵬程、也魯、榆耀、殿甲。

賜進士出身、敕授文林郎、江蘇蘇州府震澤縣知縣事、前景山教習姻眷晚生黄翼堂謹撰。

例授文林郎、丙子科舉人、吏部候選知縣、借補臨晉縣教諭姻晚生李律書丹。

道光十三年歲次癸巳，五月十三日吉時立石。

（白文英、白鳳章等續修《[山西平定]白氏家乘及續編》 1916 年石印本）

安徽涇縣王一本堂新捐享録序

王思孝

嘗讀《易》至王假有廟，而知萃之爲義大也。蓋子孫之精神，即祖考之精神，非廟無以聚之，非財無以改造更新而拓大之，非人無以經營積累而落成之。顧財何以聚？不生不聚，不節不聚，不捐不聚。王氏城東迎仙坊一本堂，雍正八年夢嘉、宗楷諸前輩買胡氏住屋，改爲十三王宗祠，此萃之始也。至乾隆四十三年，加捐三千有零，各分領本生息。四十四年，買田收稻，所謂不捐不聚、不生不聚者,此也。其時董事者,觀前則有雨霖、家勗、丁潭、起元、夢槐、厚岸、立僑、家修、星潭、時均、秉倫、大坑、洪蒲、麗文、孤峰、元岳、汝多等,皆各分司事之人也。嘉慶十五年放賬息不能收,討賬之人自十月十一起,十三散支消火食一百零八兩四錢四分。十六年十月初十,思孝至祠與祭,諸父老堅留督理祠事,稽查舊規,蕩然無存。於是新立規條十六本,散作執據。此時革弊有八:一、禁賭,二、減無事□席坐食之人,三、管賬人不許移錢,四、本族不借錢,五、還本者讓本年息,六、邊米現完,現票不得掇用,七、抄契十六本散執,八、自行炊煮減膳。十八年,孤峰、珍一寶賢入班,兩人見前此管賬者用公錢,俱不能還原,二人自誓太祖之前曰:有起一毫貪得之念者,祖宗共誅殛之。自嘉慶十五年至道光十年,買市房、祠基、竹園各業四千九百有零;嘉慶二十一二年間,孝製序文,振興文教,會課約費五伯餘兩。後因路遠者不來而止。所謂不節不生者,此也;所謂不節不聚者,此也。八年祭散,爲祠乏正門,孝一人在祠,與冠文元杰議買前屋未盡之股,既成,通知各分,敬製序文,勸捐錢享錢一萬五千有零。書信請丁潭詩文超衆、才能果決之耕三鋆,即並請厚岸昭亭廷琛、觀前殿臣琛、大坑燦華人煒、檀嶺華國文章,皆清正勤敏,各盡所長。所謂非人不能經營,積累而落成者,此也。奈珍一十一年建造起工,十二年四月往和州,不得竣事,然其經始之功,有不能没者。十八年十月,新廟既成,堂廡寢室,金碧輝煌,始祖分祖,昭穆一堂。《易》所謂假廟者,其在斯乎。永貞悔亡,利有攸往,順天命者,其在斯乎。萃之時義大矣哉。吾願凡屬大獻公後裔,勉爲蓄道德而能文章,處則爲端人,出則爲正士,與《易》所謂萃而上者謂之升,不有合歟。是爲序。

時道光十九年十月十九日,星潭八一老人慕堂思孝識。

(清王思孝、王承波等補編《[安徽涇縣]王一本堂享録》
清光緒三十年補編清道光二十二年木活字本)

江蘇龍溪盛氏祠堂規約

一、正饗堂三間,每間一龕。中龕凡五層,層爲世奉五世父子,不並位於龕,設層以别之。歷城侯爲金陵世祖,延一公爲金陵二世祖,首列之,追所自也。故奉遷常一世祖系於延一公下,不另龕。三傳至芳公,爲我族長房、次房、末房三大支所自出,均奉中龕,統尊也。原譜以延二公無考,延三公爲花墅分支,松公爲森墅分支,仲球公子泰公爲懷南分支,皆不載,故不列祠,義不敢混也。左右龕各四層,奉四世至七世。長支用章公奉左龕,次支元章公、末支順章公,奉右龕。所謂合姓分支,以上正祭也。堂之後爲寢室,設主焉,以妣配,正祭則請之。凡主於原譜書娶缺無氏者,仍缺之,不敢妄增也。堂之左右爲夾室各一間,今改堂後左右爲夾室各一間。左奉達尊,右奉貞節,改名旌顯。並記以條例,勒諸石。設龕凡自八世下,與條例符者,列專祭也。堂南爲前饗堂,左右各三間,今改堂之左右各三間。爲左右支祠。每間一龕,序以世。自八世下俱列焉。凡入達尊祠者,仍列以紀世次。惟於位之旁註别之。左祠奉長支,中龕爲長房大分,左龕爲長房二分,右龕爲長房三分,右祠奉次支、末支,中龕爲次房大分,左龕爲末房大分,右龕爲末房小大分，小二分，是謂分祭，不設主。凡妣，各自爲祭，不以配。禮從降合姓分支以下，不敢與上敵也。堂下東西側爲左右廡，各三間，今改左右支祠後各三間。爲左右寢室，設龕。除原譜書娶缺無氏不列外，餘如前饗堂式，序以世。其入貞節改名旌顯。祠者，列亦如之。仍分祭，所謂祭於寢是也。門之右爲祔室，今改敦睦堂，右三間爲義祠。自七世下譜中書無嗣，及在長殤之列書早卒，凡世系有曲鈎者奉焉。仍設龕爲位，以世序，祭皆列，是謂祔食，不列配。有娶，仍附書娶，義不忍没，不列之列也。

一、支祠中，凡子孫滅倫乖理、作奸犯科，以及盜賣祠産，例應議削、議革者不入。其妻與子仍入，不以一人棄也。惟該氏夫名削革，不書某人配，書某人母。其出從釋道者，原譜雖書其名，不入，妻與子仍入，并書某人配。至有失身倡優奴隸，原譜削其名，並妻子不書，均不入，示絶也。其三代以後，子孫能改過自新，方入。凡子孫出贅，或出繼外姓，或隨母别嫁已易姓，不歸本宗者，不入。其歸者仍入。徙居外郡，或外邑子孫無考者，不入。有考者仍入。凡異姓入繼，如外甥、内姪、女壻，或乞養不識姓名，及醮室攜帶前夫之子以爲子者，雖經議準入譜，其本身及子孫仍永遠概不入。如有孝弟昭彰、置身通顯，爲達尊中德與爵應列者入，並入達尊祠。其後嗣子孫均不入。異姓無嗣，有仍以本族子爲子者，本族子及其所生子孫入。達尊有齒，異姓之齒不入。譜例，異姓無宗長，無分長，其子孫雖屆輪不能也。凡以上例不准入者，雖無嗣亦不得在祔食之例。

一、寢室中聘未成婦者不入，改嫁者不入，被舅姑及本夫出者不入。凡娶醮婦或妓女不入。側室無論有子無子不入。惟其子孫以官爵不拘何項，請有封贈者入。嫡死爲其夫扶正者入。節孝者入，並入貞節改名旌顯。祠。凡列貞節改名旌顯。祠無嗣者入。異姓子婦不入，節孝者入，亦並入貞節改名旌顯。祠。

一、馬公橋、曹村橋東莊二分，道光十三年，經族人訪得馬公橋爲次房，二西分，曹村橋東莊爲次房，大東分，俱入譜。原議此二分相隔年久，宜各自專祠，奉主入譜，不入祠。緣我祠當時創建，係本支捐助，與該二分無涉。嗣後永遵此議。二西分、大東分各支，仍入譜，毋庸入祠。有與祭者仍聽。

一、凡奉位入祠者，應以現在世次最長者爲準。兄弟行者入，以下則否。近日此禮不明，伯叔拜姪，伯叔祖拜姪孫，殊非是。兹議於前饗堂下東西爲左右廡，凡未輪入之位，無論爲達尊、爲祔食，俱暫列左廡，今改暫列左右支祠側龕。其配即在右廡暫列，今改暫列左右寢室側龕。均屆輪入時，分别正位焉。貞節不得越次入寢室，准於該祠龕側列位爲貞節勸也。今議仍俟輪入時列位。凡位有定式，宜一律惟入達尊祠，及爲達尊配之得有封贈，并入貞節改名旌顯祠者，高以别之。該子孫先期稟明宗長查照。凡輪入各位，核與譜載，諱某、字某相符，並年齒應否例准恩賚，遵式更正，傳知該分長驗明，再行擇日彙進并祭，不得混填混入。違者議罰。

一、祠内毋許寄儲物件，並不得暫借居住。桌凳祭儀概不借給。除朔望時祭開正門外，餘日出入側門。族中有鈎引匪徒，飲博作踐祠宇者，議處。

以上各約規，凡我族人永宜世守懔遵，毋忽。

道光三十年歲次庚戌冬十月，十二世孫宗長隆率合族謹議。

右祠堂規約，爲曩年先大夫所手定比次。改建祠堂，設位處量爲更改，並因祠旁無隙地，不克另建義祠。改於敦睦堂右三間爲義祠。兹已於各條下分别註明矣。再祠規十四世以下，均不得越次入正位。除前屆十四世貞節一人，已於旌顯祠龕側列位外，今屆旌表忠義貞節，十四世以下人數較多，勢難概於龕側列位。議俟輪入時，再行列入達尊、旌顯祠，庶於祠規不紊云。

同治癸酉春仲十三世孫康謹識。

（盛文頤主修，盛渤頤纂修《［江蘇常州］龍溪盛氏宗譜》 1943年武進敦睦堂木活字本）

湖南醴陵醴南思劉氏宗祠記

宗祠之建築與修整記

蓋聞君子將營宫室，宗廟爲先。誠以妥先靈而後人乃得安也。我定公由沙田劉家山遷居田心，樂業於斯，後人於此即建以祖堂。迨子姓蕃昌，明初衆議改建爲宗祠，以原有祖堂窄狹，文分願以公基捐爲建祠基地，并募款興工，尅期而祠成。斯時僅一進也。迄清雍正四年，羣龍、金聲、宗夏、瑞周等，以祠宇規模過小，乃倡建後進。除原有老祖堂坪外，左基地八間係嗣分所捐，右一間爲勝分所捐。因之大興土木，增建陝垣，補修簷宇，而先人之靈寢以安。至同治三年，族人復欲恢宏祠宇，光大門閭，一致主張增建前進，推卓特、叢菊、祥光、雪美等董其事，以贊襄者頗踴躍，係購就祠前大坪，外立五門，内分三進，不越歲而告成，殆齊心合力之功也。由是祠之大規模遂確定矣。左爲泉公享堂，右建燕毛横廳，廳之上側有房二，大廚房一，廂房一，廳之下側有大倉厫二、廚房一、房間一，前進右邊正屋一，及左右園門屋各一，蓋已四次增建，幾費經營，其用心也無不周，其需用也乃無不備矣。豈徒壯觀瞻而已哉。洎乎光緒二十九年，歲在癸卯，因歷時已久，牆壁不免有污損，僉以整修爲急務。世欽、秉剛、俊高等董理斯役，于祠内增豎大石柱六對，並加以丹青粉飾之功，祠宇焕然一新矣。民念二年，星齋、紫山、曉亮、象新等，於祠前增築圍牆以改良風水。現祠宇巍然，而風雨飄摇，日就頹廢，後人當知創業難，守成亦不易，因而奮勉，按時以修葺之，庶斯祠之不朽也。

中華民國三十二年癸未仲秋月穀旦，闔族公識。

附録永禁挖煤約

立編合同永遠封禁公私契業挖煤約。劉定公裔文蔚、見賢、光榮等，緣屋後私山，於道光末年，因崩裂出煤。比時由私山取挖，漸及公山，並未取租，遂至祖墳墓受傷。族人稟封搆訟，沐栗憲斷，令封禁，族人允遵無異。嗣因覬覦難免，族議將鴨婆衝脚下無碍山側一面，任其開挖，亦未取租。兹該處煤盡，挖者一概停止，願同封禁。合族集議，憑戚鄰楊德昇、賀德九、楊錫朋等，將劉姓有煤之處，無論公私契業，永遠封禁，不准開挖。如有恃横戕傷，公同稟究，不得狥庇。夫煤雖日用之物，日使開挖任意，必致廬墓受傷害無底止。今我族齊心封禁，后能永遵，各處祖墳及祠宇住宅俱不受戕傷之害，則今日封禁之力，誠不小矣。恐口無憑，編立合同，永遠封禁公私契業挖煤約三紙，每房各收一紙爲據。

同治十二年七月二十三日，立編合同永遠封禁挖煤約文蔚、見賢、光云，均押。同塲儀典、卓特、秋茂、篤美、增京、攸元、炳蔚、邦彦、祥翠、得路、映春、祥光、維馨、桂七、光應，均押。憑戚鄰賀德九、楊錫朋、楊德昇。

天字號桂七收，地字號映春收，人字號卓特收。

中華民國三十二年癸未仲秋月重梓。

判　詞

康熙二十六年丁卯歲，外甥楊開明、開臣，將母柩盜葬劉定楊家源成金土，致劉帝德、劉言丕控縣主賴諱超彦，蒙審判語録後：

審看得劉帝德、劉言丕之祖劉定有墳山一所，坐落楊家源，上屬楊才可所管，下屬劉定所管，界至分明，原與楊開明、楊開臣並無干與者也。因康熙十年禁山致詰告，前任徐發各家親友和息。劉定、楊才可念係瓜葛，而楊開明等遂得樵採於其間。此亦可以足□其意矣。乃得隴望蜀，混將其母柩進葬劉山。此劉帝德等盜葬勢占之控，其能已乎。庭訊之際，中證各供，鑿鑿可據。本應按律究擬，押令遷葬，但念開明之母，乃劉門之女，情有可原。相應斷令楊開明、楊開臣出銀貳拾兩，交給劉帝德等，免其遷葬，以全兩家親親之誼。嗣後楊開明等止許祭掃，再不得進葬犯禁。永爲遵守，毋得異説。取供立案。

康熙二十六年□月□日立。中華民國三十二年癸未仲秋月重梓。

十姓共同管禁雲巖山林規約

立編永定會規禁長山林，以杜侵廢合約，賀昶榮裔、周政孫裔、熊彰受裔、彭富卿裔、劉定裔、潘旻裔、汪譚綬裔、劉彰寶裔、楊邦欽裔、李清保裔等，緣我十姓同居井里，管持雲巖叢林，歷數百餘年矣，叨神聖福庇匪淺。寺内瞻敬香燈，向召高僧主持，其於列神捐會報功者有之。惟四月初八日，乃佛祖誕辰也，思欲捐會慶祝。自咸豐年間，十姓商議，將雲巖山内殘敗樹木變售，共得錢伍拾串文，内將貳拾串給與寺僧，以爲守山旌奬之貲。僧念神靈棲處，理宜守禁護蔭，不敢領賞，轉將該錢退還。遂與十姓之叁拾串，合成佛祖一會，公擇經理掌放生息。除逐年祀神一切用費，陸續增置田租拾零石。慮恐日後人心不古，弊漏叢生，致以妥設章程，保全久遠。嗣後掌管會項，十姓輪流，兩姓一屆，三年一交，各擇公正人理事，上承下接，毋許扯□侵漁，致干廢墜。倘支離不楚實，問該姓賠還，毋得循碍。遇佛祖誕期到，每年額給齋席費錢叁串文，食穀伍斗，由經理調辦。十姓除經理外，各姓額客一位，先行帖請，午刻赴寺祀神飲福。務宜恭誠，毋得苟簡。若會内錢穀出入用度，按事調佈，毋得藉端耗散。至山上神靈重地，永禁僧俗開穴葬墳，及繞圍樹木，保全蓄禁，毋許妄行砍伐。倘遇天災，雪壓風折，經理登山看明。除寺燒用外，料木出息均歸祀管。倘有僧俗藉災殘敗，公同鳴究，庶幾神棲此地，荷枌榆之蔭者益盛，會賴成城報功德之大者，亦垂永遠矣，豈不懿歟。

同治十三年甲戌季冬月穀旦，立編永定會規禁長山林以杜侵廢合約，彭富卿裔月花、楊邦欽裔雲藻、周政孫裔文浦、汪譚綬裔春蒲、賀昶榮裔静山、潘旻裔英如、熊彰受裔養初、劉彰寶裔新發、劉定裔體全、李清保裔墨林刊立。

賀翼庭　熊松垣　劉魯子　周星垣　彭吐廷

從場同編約人潘壽珊、汪子田、楊用吾、劉子香、潘性全、劉明華、李夢庚、楊松亭、僧耀傳。

（劉維潘等《[湖南醴陵]醴南田心劉氏八修家譜》 1943年敦倫堂木活字本）

江蘇金壇李氏修祠捐助志記畧

捐助者，善舉也。捐助而修整宗祠，尤善舉中之至正者也。憶道光庚子，月庵伯典修宗譜，先百泉府君暨雪香兄贊襄其事，譜届成矣，爰欲整齊神座，以廣孝思。而廟貌雖尊，棟宇漸傾，則祖宗將無以永其棲托也。於是建議修葺，冀歸完美。但工程煩重，不易爲力。幸賴各分宗親慨然捐助，得貲若干，又因其款未收，未遑立碑，作捐助一志以附於譜末。其共捐錢壹百肆拾叁千者，西岡也。共捐錢壹百伍拾陸千伍百伍十者，直里也。共捐錢柒拾千者，鶴科也。共捐錢貳百壹拾捌千肆百者，五巷也。共捐錢肆拾陸千陸百者，土山也。共捐錢壹百拾柒千者，直長也。共捐錢叁百千零壹千肆百者，董溪也。共捐錢陸拾千零肆百伍十者，文清橋也。共捐錢貳拾陸千陸百者，三星也。共捐錢叁拾肆千柒百者，湯莊、柴墩、湖溪也。共捐錢伍拾陸千壹百者，堯塘。捐錢叁千者，墩上。捐錢拾千者，羅村也。捐錢貳拾千者，順成橋也。捐錢叁拾千者，李塔。捐錢拾千者，希墟。捐錢壹千陸百者，石樓岡也。捐錢貳拾千者，朱陽。捐錢捌千者，清水蕩也。捐錢叁千者，奔牛黄巷也。共捐錢貳百千者，東埠頭也。共捐錢壹百肆拾陸千陸百者，湟里、禮塔、水北、夏溪也。共捐錢貳百肆拾捌千肆百者，吕城也。以上統共捐錢壹千玖百貳拾肆千柒百文。殷實之家固欣然樂助，小康之户咸勉力捐輸，斯誠不忘根本之善舉也。月庵伯既棄世，先府君又病廢，亦蟠房祖與尚德兄齊集此款，協心修整，以成其事。歲次丙午，宗祠焕然一新。蓋不但祖宗靈爽有棲托，而歲時肸蠁，遠近來歸，一脈宗親，得以别尊卑而敦雍睦，豈不懿哉。即將樂善芳名細刊於碑，誰曰不宜。然卒不果立，兹當兵燹之後，重修譜牒，爰將捐助一志另刊，以爲後之崇本者勸。復爲記畧，以代口碑云。

光緒元年仲夏月，三十八世孫秉陽謹記。

（清李秉陽等纂修《[江蘇金壇]李氏宗譜》 清宣統元年木活字本）

甘肅天水秦州張氏宗祠家廟記

建宗祠記

吾族自國初已分四房，其居州西關三陽後巷者爲二房。二房永吉、永明，道咸間先後歿，無嗣，有遺宅在巷東南，長十丈五尺，濶前二丈一尺，後二丈五寸。至同治間，墻屋零落。吉、明從兄子申印，從兄孫登階、登第、登奎，暨二房屬世英等，議以其地爲建二房宗祠，藉綿二公禋祀，迄未果。光緒辛巳，復建前議，議僉同。於是申印暨英各出資二百緡，登階與其弟登甲、登瀛出資三百緡，登奎與其弟登峰出資一百緡，共資千緡，卜吉本年三月初二日興工。正東爲堂三間，以奉安木主；背堂爲屋二間，爲藏器所；堂前爲庭三間，爲飲福地。又前南爲廚房三間，北爲司計房三間，西南爲厠，西北爲井，門居正西，兩旁爲守者屋，各一間。落成於九月重九日，費錢八百八十緡，賸錢一百二十緡，分存原出資者之家，歲權子母，半留補葺之需，半供祀事之費。所謂二房宗祠者，蓋於兹果成矣。雖然二房與他三房派分，而祖一也。既隆報本追遠之思，宜廣收族敬宗之義，引而親之，庶有以懌先人而維本支乎。以故祠中首位始祖木主，次位四房祖宗木主，又次位永吉、永明公木主，並申印以次諸人各祖考木主，共木主一十有□，皆酌理準情而立之者也。嗣遇通族生有名位，與夫實行孚衆、實德及人並慷慨樂輸、光益祠事者木主，當以次增入，否則不許，以嚴禮制而勵後昆。他房子孫歲時一體與祭，惟一切事當歸二房永遠輪流經理，不得諉勞他房，致滋嫌隙。其他禮數器數，另簿條列，兹不登記。

裔孫二房申印，率子姪登階、登第、登甲、登瀛、效渠、效曾、登奎、效閔、登峯等，敬謹督工；世英敬謹撰文并書。

光緒歲次壬午季夏穀旦立石。

創修家神廟碑記宗祠經費附

張世英

吾州有圖像楮素，下列浮屠，幾於無家不世祀者，俗號之曰“家神”。殆當時乞靈有感，從而尸祝之者，其下列浮屠，殆亦吾甘卓尼喇嘛摩頂愈病，戴其德者，相率供養，歲以爲常之例。累世相沿，弗敢或異。即有達者後起，亦附敬其所尊之例，不擬祭非其鬼之倫，謂無非孝先之一端也。習者不察，至有家神有廟，祖考反無祠者；家神圖像，祖考竟無主者；又有同廟享祀，正位家神，而祖考爲之附者。夫能爲家神立廟，其人之不貧賤也可知，而祖考而附家神，豈其援前代祠堂制嚴之例，而姑爲是，以遠僭竊之罪也哉。我朝《會典》内俱載品官家祭之條，苟敬繹而奉行之，曷不可者。吾族家神繪像者三軸，二不知其所始，一登甲等曾祖母章氏、父母家舊所崇祀，登甲等祖某病篤，禱之得愈，從此歲歲迎祀於八月望日者也。光緒壬午歲，吾族創建宗祠，次年世英作宰陕西之甘泉，閲六年，丁憂歸里，見宗祠後室奉安家神。每宗祠祭日暨朔望，拈香必先神後祖考，固猶是敬其所尊之義，特報本追遠之誠，孰如祈福禳禍之切。相習久之，必至主家神，而賓祖考，是教之亂本末也。於是謀之族衆，用錢六百緡，買宅宗祠西北，寬三丈三尺，長九丈三尺餘，門户室堂，去舊更新。中西厦屋三間妥神，屋前對廊三間，廊前大門三間，後西下室三間，南厨房，北廊各三間，西南井，器具粗備，費錢七百九十緡。先是效渠故父印輸銀五百兩，世英輸銀壹仟貳百兩，金鑑故父登階暨登甲、登瀛、鈞輸銀壹仟叁百兩，恒价故父登第輸銀五拾兩，共銀叁仟兩有奇。以壹仟兩易錢，買雙橋水磨油房；以壹仟幾百兩歲權子母，用供宗祠祭祀歲修，暨守者工食、貧族昏葬以及里長老人各事之需。斯廟之作，厥輸之所餘也。其歲修各費，則酌分祀費之少半焉。是役之興也，世英已服闋赴官，登甲獨立成之。登瀛、效渠、效曾、登峯、金鑑、恒价輩，相與助之，作於光緒壬辰歲八月，於是内外神明各得所矣。當興工之初，世英寄書族衆，每以廟制宜朴畧，如塾祀先師之規爲言。非好畧也，非務瑣也；儉德之難崇，而侈習之易滋也。且以報本追遠之誠，不敵祈福禳禍之切，抑而矯之，庶幾子子孫孫有舉莫廢，仍是敦我孝思，敬其所尊，不同祭非其鬼，本末先後之序不至顛倒而錯亂也。《詩》曰“求福不回”，求以此也；《記》曰：“祭則受福”，受以此也。後有作者，其以世英之言爲不謬否。

光緒二十年四月八日西厢里張五甲世英記於陕西鳳翔縣署。張金鑑敬書。

大清光緒二十一年歲次乙未秋八月　穀旦。

（清張世英纂修《[甘肅天水]秦州西厢里張五甲張氏宗譜》
清光緒三十四年渭南縣署刻本）

江蘇句容戴氏建祠修譜帳目

辛巳年收拾承恩堂等用帳

出錢七千五百七十三文，還庚辰三月接穀城新譜塾用費。

出錢九千七百零八文，刻捐簿訪單紙張印色。

出錢七千四百十二文，辛巳年九月初七日告廟議話酒席用。

出錢一千八百文，莊上辦酒，請立本道生用。

出錢一千一百文，壬午正月十九，議話茶點知單，力。

出錢一千一百文，臣道小工。

出錢三百二十八文，伊衡手信力牛燭。

出錢十三千二百文，買筒板木料。

出錢四百文，買板進城川費。

出錢一千一百文，裝板船力。

出錢一百文,船夥酒錢。
出錢二百文,搬板木,在湖熟茶點。
出錢二千二百文,搬板木兩天夫力。
出錢二千三百五十四文,買紙筆刷印草譜格式。
出錢二千四百二十文,木匠工價。
出錢一百文,大小鐵釘。
出錢二千四百四十二文,瓦匠工價。
以上懋勳經手,總共用錢五十三千五百三十七文。

壬午開局置買用物油漆、桌椅用帳

出錢五千五百文,買鍋碗、刀鏟等用物。
出錢三千三百五十六文,開局酒席。
出錢一千零三十文,竹厨一張、竹床一張。
出錢五百二十文,板櫈四條。
出錢一千二百文,水桶浴盆吊桶。
出錢一千三百二十文,小皮帳箱一隻。
出錢一千二百十文,毛竹打篾篘兩扇。
出錢四千零三十二文,杉木筒板。
出錢二百六十文,糊窗槅皮紙壹刀。
出錢一千二百文,杌子四張。
出錢一千二百文,水缸一口。
出錢一千二百文,錫洋炊一把。
出錢二百二十文,陳木匠板櫈兩條。
出錢一千六百六十八文,石灰、紙觔、玻璃、瓦。
出錢三千八百十八文,漆桌几寶座桐油熟漆。
出錢九百五十文,鐵搭茶几寶座。
出錢八百三十文,烟煤、砂紙、苎麻、猪料。
出錢一千一百零二文,信封八行印色筆墨。
出錢五千九百八十八文,續買盃碗、茶炊用物。
出錢三千六百文,漆茶几寶座工價。
出錢二千二百文,朱瓦司墁地工。
出錢二千五百六十文,陳木匠裝板打門工。
出錢一千一百文,印譜系格式。
出錢二千四百六十九文,永清貨帳。
以上嘉猷、有華、馨山經手,共用錢四十八千五百三十三文。

壬午三月至甲申九月局費用帳

出錢一千四百二十四文,辦酒請燮卿。

出錢八百七十二文,壬午兩次催丁茶點知單力。

出錢三十三千三百二十文,壬午三月至十二月零用水菜雜費。

出錢三十八千八百四十文,癸未正月至十二月,零用水菜雜費。

出錢二十五千三百八十九文,甲申正月至九月,零用水菜雜費。

出錢二千八百七十文,譜司開工會茶辦酒。

出錢五千九百四十文,臣道立慰挑地小工力。

出錢八十八千二百七十文,壬午三月至甲申九月,食米三十六石二斗七升。

出錢一千六百九十文,糯米五斗五升。

出錢一千六百文,小麥一石。

出錢九千文,譜司柴草。

出錢七千七百文,板炭。

出錢四十七千二百八十三文,木柴、茅草。

出錢五十一千五百六十六文,茶葉、烟紙。

出錢五十五千四百六十八文,食鹽、豆、麻油。

出錢十四千一百三十文,剃頭。

出錢二十一千一百九十文,源興酒帳。

出錢一千六百文,洋布做篷。

出錢一千一百四十文,鍋兩口、爐鍋一口,譜司用。

出錢四百八十文,大小鍋蓋。

出錢四百四十文,洗臉盆四塊。

出錢五百二十文,菜刀、鍋鏟、火箝。

出錢六百五十六文,茶壺、大碗、茶盃、缽子。

出錢二千八百零九文,圍腰、手巾、信袋布。

出錢一千七百二十九文,癸未添置零物。

出錢五千三百七十四文,癸未雜工、信力、洗衣。

出錢十一千二百文,豆腐。

出錢一千七百七十文,甲申添買零物。

出錢一千五百文,裱對。

出錢六十千二百四十二文,公興肉摺。

出錢六千四百二文,楊正芳肉帳。

出錢一千四百五十文,曹怡興煙帳。

出錢二十五千五百六十八文,萬華貨摺。

出錢二十五千三百四十二文,元盛貨摺。

出錢五千九百三十二文,查萬興煙摺。

出錢六千五百十五文,甲申雜工、信力、洗衣。

出錢六百三十文,稲摺四條。
出錢五千文,春榮經手,付兆春,至宋河盤川用費。
共用錢五百七十二千八百五十一文。

油漆承恩堂並蓋草房用帳

出錢十三千文,旭成由益陽辦來桐油兩件。
出錢四千三百九十八文,銀硃顔料、烟煤梔子。
出錢一千七百八十四文,洋布灰補用。
出錢十四千七百六十文,漆司油漆做牌工價。
出錢二千四百五十文,木司做牌並欖工價。
出錢一千五百五十文,粉墻石灰、紙觔、烟煤。
出錢一千九百二十文,瓦匠粉墻工價。
出錢十二千五百四十文,杉槁二十九根,船力在内。
出錢三千五百六十文,竹竿蘆柴。
出錢三千文,贖友五老太草房地基。
出錢二千五百六十文,葢草房小工。
出錢五千四百文,草房瓦木兩匠工價。
共用錢六十六千九百二十二文。

譜紙棕墨等用帳

出錢二百三十一千零二十文,料半譜紙一百六十二刀。
出錢四百二十文,下紙力。
出錢十二千八百八十文,毛邊白關拖藍本黄。
出錢六千二百十五文,鎖線十五兩二錢三分。
出錢三千二百八十八文,緑辮帶十五子。
出錢一千一百文,大小骨千三百八十個。
出錢三千五百四十文,裱套細板觔兩塊半。
出錢六千零五十文,裝訂紙觔。
出錢八千零十六文,竹布十六疋。
出錢四千二百文,棕。
出錢十四千九百六十文,慶沅經手,辦家訓墨十五觔。
出錢一千六百四十文,林大船裝紙水脚,並帶物酒力。
出錢十一千五百三十二文,板欖廿六條,杉板五丈。
出錢二千二百文,楊船裝杉板欖水脚。
出錢一千二百文,嘉猷棣薌進省路費。
出錢八百文,推紙板車力。
出錢四十九千文,譜匣三十五個。

出錢二千四百文,譜匣喜資。
出錢六百文,立松往溧陽路費。
出錢一千零五十文,臣道進省添紙路費並挑力。
出錢五百文,晉卿進省買線板觔路費。
出錢一千九百八十文,銅環鈹三十五付。
出錢二千二百文,銅匠包譜匣工價。
出錢八百文,銅漆司喜資。
出錢八千八百零九交,慶沅經手,辦聯圍椅搭。
出錢四千零二十四文,慶沅經手棕薦拜墊。
共用錢三百八十千四百二十四文。

譜司工價

出錢二百九十六千八百文,譜司工價。
出錢二千二百文,開工喜錢。
出錢二千二百文,刻新序像、贊喜錢。
出錢二千二百文,譜司送花紅。
出錢一千四百文,裝訂開刀酒錢。
出錢一千六百三十四文,譜司收工酒席。
出錢一千零八十文,木司做刻字板工。
出錢一千一百文,送譜司車力。
共用錢三百零八千六百十四文。

纂修校對俸

出錢一百零一千四百文,伊衡纂修俸。
出錢一百千文,棣薌纂修俸。
出錢三十九千六百文,與權謄録校對俸。
出錢六千五百文,馨山校對俸。
出錢十千三百八十文,冠庭校對俸。
出錢四十千八百文,立銀立招火房工價。
出錢十一千五百文,打雜工價。
出錢五千三百八十文,甲申十月至乙酉四月,看祠工價。
出錢六十三千一百文,問棵借用。
共用錢三百七十八千六百六十文。

甲申十月祀祖迎譜用帳

出錢八十四千文,演戲五臺。

出錢二千二百文,班内中臺。
出錢二千二百文,參堂喜封。
出錢二千七百七十文,班内雜費。
出錢四千八百五十文,溧水寫戲,並殷拆郭莊廟茶點路費。
出錢十二千三百文,接箱脚力。
出錢二千四百文,貼唱宗戲。
出錢三千三百文,租戲臺。
出錢一千一百四十文,棣薌經手當利。
出錢一千二百文,進省路費。
出錢二千七百五十文,租台頂三付。
出錢二十千零一百四十八文,猪三頭,計重二百五十一觔十三兩。
出錢十三千八百二十四文,柴草板炭。
出錢十五千八百六十文,食米並秈稻十四擔八十觔。
出錢十一千三百七十二文,水菜雜用。
出錢十千文,燒酒三百六十觔。
出錢五千九百六十二文,烟、茶葉。
出錢一千一百七十四文,鹽、醬。
出錢一千四百文,料酒、醋。
出錢四千零五十六文,永生店帳。
出錢十一千三百二十五文,松茂店帳。
出錢六千八百文,茶厨工。
出錢四千四百文,鼓樂吹手。
出錢一千四百文,木匠搭臺。
出錢四千七百三十九文,信力雜工、送臺小工。
出錢六百五十文,鐵門、鈸圈、釘銅、燈盤。
出錢四百三十文,换鍋一口。
出錢二百三十七文,在省刻字。
出錢一千六百九十五文,帖扎緑紅紙。
出錢一千四百五十文,燈籠、高照竹竿。
出錢一千七百五十二文,紅洋布、彩手巾、抹布。
出錢八百零四文,馨山、與權兩次進城用。
出錢一千三百三十文,海菜。
出錢七百七十六文,蜜(錢)〔餞〕供糕。
出錢七百三十文,木耳、素菜。
出錢二千一百二十二文,豆腐。
出錢二千二百文,板鴨。
出錢三百九十九文,雞。
出錢七千九百二十八文,魚。
出錢二百五十六文,買碗賠人。

出錢七百五十六文，燈繩、麻繩。
出錢四百七十文，左堂差役。
出錢二千二百文，左堂席儀。
出錢九百文，王順照門。
出錢七百五十文，更夫。
出錢一千八百八十文，租被。
出錢三百五十文，租牲口。
以上永清、佐卿經手。共用錢二百六十一千六百三十五文。

迎譜後各帳

出錢二千四百文，杏南經手，貼訪單用費。
出錢三千七百十八文，杏南經手，送做序禮。
出錢一千五百零二文，杏南經手，送寫序禮。
出錢五千七百六十文，辦穀城接譜酒席。
出錢二千四百五十文，甲申十一月至乙酉四月，看祠食用。
出錢三千四百三千九文，辦酒請雍樹臣先生，託帶重慶譜，並立本領譜。
出錢四百文，做重慶譜套匣。
出錢九百五十一文，包譜布袱、麻繩。
出錢一千六百五十文，送沈晴川先生寫序禮。
出錢二千五百七十四文，送帶西安譜至漢口禮。
出錢一千九百文，修葢草房。
出錢四百文，儒鴻送譜力。
出錢一千二百文，立巧進城兑收重慶捐款路費。
出錢四千八百三十六文，希賢經手，在漢請陶桂生先生。
共用錢三十三千二百文。

乙酉年重建承恩堂前進西牌樓

出錢四百四十文，朱巷看房料、牲口、車力。
出錢一千零五十五文，會茶知單力等。
出錢一百三十二千文，木匠包工包料。
出錢五百三十二文，開工花紅、香燭、鞭爆。
出錢四十二千一百二十文，瓦匠包二百三十工。
出錢四十三千零十八文，買老瓦二萬一千四百六十六塊。
出錢九百七十六文，箕子秧籃、箍桶。
出錢二十千零四十文，石灰三十七擔二十觔。
出錢一千九百二十文，立巧手石灰三百六十八觔。
出錢七千八百文，粗板觔五百觔。

出錢一千一百五十二文，細紙觔三十二觔。

出錢二百十文，弦苎線。

出錢六百文，糯稻草、蘆柴。

出錢三千一百文，石匠工價。

出錢二千六百六十九文，上梁花紅燭爆、酒肉、饅首。

出錢一千六百六十八文，上梁瓦木、石工喜錢。

出錢二千六百文，墻上鐵把拾個。

出錢一千二百文，樑上鐵把、火漆、松香、鐵絲、麻布。

出錢四百七十六文，桐油。

出錢一千六百二十文，烟煤。

出錢一千四百四十文，連釘磚搭。

出錢一千五百八十文，瓦頭一百十八對。

出錢四千八百文，瓦木匠犒酒費。

出錢四百八十文，方磚。

出錢一千一百七十文，磨磚三百三十四塊。

出錢三千二百文，獸頭。

出錢三千九百文，望磚。

出錢二千四百文，裝門工料。

出錢六千文，裝板工價。

出錢一千二百文，閥閱喜錢。

出錢一千二百文，木枋兩根。

出錢四千八百六十文，粉墻工價。

出錢二千四百文，粉墻紙巾、烟煤、廣膠。

出錢三百二十文，年下帖掛香燭。

共用錢三百千零零一百四十六文。

總共用錢二千四百零四千五百二十二文。除用，淨存錢四千九百三十九文。

出錢七千七百三十文，光前裕後，印訂紙墨工價、火食、雜用。

除上存淨透用錢二千七百九十一文。杏南塾付清楚。

光緒丁亥年憑十三分公存蘇州光興處，領譜英洋貳拾元，説明俟承恩堂興工取用。臣檀棣薌保。

（清戴立訓等纂修《[江蘇句容]戴氏宗譜》 清光緒十年木活字本）

浙江慈東馬徑張氏重建永思堂各户捐款

善述堂助洋叁千肆伯元，又徐氏樂助洋壹千元，又宓氏樂助洋壹伯元，又鄭氏樂助洋壹伯元，又劉氏樂助洋壹伯元，佑啟堂助洋陸伯元，又刁氏助洋壹伯元，又葛氏助洋壹伯元，又華氏助洋壹伯元，又廉氏助洋壹伯元，震來助洋伍伯伍拾元，又邵氏助洋貳伯元，善善堂助洋伍伯元，壽房助洋叁伯元，信房助洋壹伯陸拾元，竹房助洋壹伯元，鴻源助洋伍拾元，斯樫妻莊氏助洋伍拾元，永善堂助洋陸拾元，貞房助洋伍拾元，義房助洋伍拾元，翰香助洋伍拾元，斯樫助洋伍拾元，增壽助洋伍拾元，增恩助洋伍拾元，家瑞助洋伍拾元，錫祺助洋伍拾元，竹房助洋壹伯元，鴻源助洋伍拾元，斯樫妻莊氏助洋伍拾元，永善堂助洋陸拾元，貞房助洋伍拾元，義房助洋伍拾元，翰香助洋伍拾元，斯樫助洋伍拾元，增壽助洋伍拾元，增恩助洋伍拾元，家瑞助洋伍拾元，錫祺助洋伍拾元，岐山助洋肆拾元，梅房助洋叁拾元，錦章助洋貳拾元，延康助洋貳拾元，肇章助洋拾伍元，斯鴻助洋拾伍元，延湘助洋拾伍元，肇嘉助洋拾元，肇桂助洋拾元，斯基助洋拾元，富生助洋拾元，勤齋助洋拾元，宏銑助洋拾元，仁安助洋拾元，春生助洋拾元，安和助洋拾元，宏初助洋拾元，錫祚助洋拾元，寶芳助洋伍元，振龍助洋伍元，小叙助洋伍元，采之助洋伍元，富生助洋拾元，勤齋助洋拾元，宏銑助洋拾元，仁安助洋拾元，春生助洋拾元，安和助洋拾元，宏初助洋拾元，錫祚助洋拾元，寶芳助洋伍元，振龍助洋伍元，小叙助洋伍元，采之助洋伍元，念初助洋伍元，肇林助洋伍元，斯珍助洋伍元，斯瀚助洋伍元，斯曠助洋伍元，寶臣助洋伍元，宏聚助洋伍元，守堅助洋伍元，錫高助洋伍元，祥春助洋伍元，梅舫助洋伍元，肇松妻姜氏助田伍畝捌分正，基成妻徐氏助田四畝正，文采妻姚氏助田捌畝伍分正，

東、南、西、中、後、北六柱，每丁四角，竈六角，共捐洋肆伯念陸元貳角正，統共捐洋捌千捌伯伍拾陸元貳角正。

光緒二十八年歲次壬寅四月日，經理菰生、厚甫、聽彝、百銘、子雲、志舜、雪峣、静僊、子蕃、震來、督工肇慶、斯珍。

（張宏訂等主修，張宏湘等協修《[浙江慈溪]慈東馬徑張氏宗譜》永思堂1926年木活字本）

浙江鎮海沈氏建祠

建 祠 捐 啟

竊維吾族由慈北沈師橋西桂堂祠下遷居今地，及予歷九世，閲三百有餘載，聚於斯者，已逾八十家。雖不得侈言蕃盛，然亦非零落衰敝者矣。但向無祠宇，引以爲憾。前堂弟一興司馬有意及此，曾於昆季析産時，將公産項下，撥出數千金，留爲建祠之資。舉款零存，權其子母，以待充其費，而議建築。奈志未竟而卒，慨已。厥後司馬之子德康部郎欲成乃父之志，復將本房公産田内相地度勢，於宅之東偏得地五畝零，撥歸宗祠，填築基址，將及建造，詎意基甫立而部郎忽病心悸，旋即捐館，齎志以没，尤可慨焉。夫宗祠闔族事也。司馬父子既欲獨力創於始，而予等若不協力圖厥成，不亦深爲可羞者耶。且令一家認費獨建，各家不籌協助，誰無祖考，誰非子孫，將何以對先人而安厥心也。爰與各房長及子姓輩公同議定，擬就宅之東偏原填之地，平基築墻，先架正廳五楹，奉安主位，約計需費五千金之數。尚有兩廊門樓，以及庖舍餘屋，則視籌款多寡，應否增營，再行定議。今幸司馬之孫光照，及其姪德庠、德庚，仰承先志，將前提存之款，首先慷慨撥助多金，則賴有此大數外，還望我同宗子姓，既仰荷祖宗德澤，得致蕃衍，各贍身家，尤當量力佽助，踴躍相從。行看集成鉅數，以蕆厥事，庶幾妥先靈而蔭後嗣，不但上以報列祖之德，亦下以增吾族之光矣。是爲序。

時在大清宣統三年閏六月上澣吉旦，第九世孫宗長一鋆甫顯章謹啟。

宗祠告成紀念

本祠於民國四年乙卯七月廿七日豎柱上樑，起造正廳五間。次年丙辰四月加造前進大門及圍墻，於丁巳春正月落成。三月初十日奉主陞座，演戲三永日，以誌慶賀。

宗祠坐壬向丙兼子午。宗長一鋆監造。

宗祠建築帳略

玆將建築正廳五間、前進五間、大門圍墻，及平地在内，總數如下：

一付土作	洋一百四十一元一角七分
一付石作工料	洋一千零七十元零九角七分
一付木作工料	洋二千四百五十二元三角
一付水作工料	洋一千二百八十二元四角八分
一付漆作等	洋五百四十九元八角九分

一付進主費　　　洋一百二十元零六角二分
一付雜用丁巳止　　洋三百三十七元八角九分
共付洋五千九百五十五元三角二分

宗祠收入捐款

自清宣統三年辛亥閏六月起，至民國六年丁巳十二月止捐款：

智房　洋一千七百卅三元	一鋆顯章洋一千一百零八元
一宋寶楚洋四百元	一機寶南洋二百五十元
一模廉卿洋一百元	一榔松盛洋五十元
一材翼卿洋四十元	一杏松齡洋十二元
一楷蟾香洋十元	一東阿東洋十元
一棣墨卿洋八元	一壽矮雲洋六元
一楀曉茅洋六元	一林鯉卿洋六元
一楝寶興洋四元	一颸寶林洋四元
一樑寶藏洋三元	一權謹甫洋三元
一貫福慶洋三元	一澄寶福洋二元
德澄佐卿洋一千元兩次	德潤俊卿洋二百五十元
德源仁卿洋二百元	德孝惠成洋一百零六元
德坤炳坤洋二十五元	德順寶仁洋二十五元
德淵偉卿洋二十元	德誠洋二十元
德標桂生洋二十元	德瑶如才洋十六元
德琛渭川洋十元	德鵬仁法洋六元
德煐瑞甫洋六元	德鴻有法洋六元
德煜瑞豐洋六元	德音世才洋六元
德華善福洋六元	德利洋六元
德驥連生洋六元	德才榮才洋六元
德槐炳生洋四元	德豐永陞洋三元
德榮繼福洋三元	德照永年洋二元
光宣宵琛洋二十元	光隆書懷洋六元
光宸彩堂洋六元	光祥書元洋六元
光暄繼林洋二元	

共收捐款洋五千五百五十六元連灶捐在内
收神主捐　　　洋一百二十五元四角五分
收利息銀水　　洋二百七十三元八角七分
兩共收洋五千九百五十五元三角二分抵付建築合訖
以上收付洋數，自宣統三年辛亥閏六月起至民國六年丁己十二月底止。
智房於光緒二十五年己亥，特助基地，量計五畝零七釐六毫。
一鋆同侄德澄於戊午年合助建築西㾼脚平屋五間餘。

德澄於戊午年助舖明堂等石板,連工連料全堂。

宗祠碑記

吾族向無宗祠。清光緒二十五年,族弟薏馨曾捐地五畝,未及建造而卒。耿耿予懷十餘年矣。辛亥夏,族弟一宋倡捐四百金,吾兒德潤、德源、吾姪德澄等,亦各出囊金,歷壬子、癸丑、甲寅,連另籌共得捐四千金矣。予因思生活程度漸高,百物日見昂貴,建祠之舉不可再緩,遽於乙卯年秋七月,先建正屋五楹,次年丙辰夏四月,加建前進大門及圍墻。至本年春正月告竣,三月奉各栗主陞座。共用銀六千圓,其經費不足之數,係予與德澄解囊蕆事。後之人如能崇其祠宇,宏其規模,則予等尤有深望焉。宗祠坐壬向丙兼子午。

民國六年丁巳冬日宗長一鋆記。

(沈俊卿纂修《[浙江鎮海]鎮海沈氏宗譜》 鎮海沈三善堂1937年鉛印本)

陝西興平張氏宗祠

祠居村中南,其址北向,房三間三座,基如房而止。

原址係五世大林所捐,在今祠之東,基一間半,房一座,舊日爲存儲軍器火藥之所,歲久爲風雨所漂,房已坍圮不可用。今祠爲第一支支祠舊址,建祠之時,因原址規制狹隘,兑易今址,計長六丈六尺,寬三丈一尺。經始於光緒三十年二月初旬,落成於三月初旬。任輦車牛、欒輸將者,皆吾在宗之人,無費,亦不計工。其他如房木磚瓦及一切零星小費,共用錢三百餘緡,皆取之宗人,伯兄仁齋總理,建議創始,鳩工(庇)〔庀〕材,均出伯兄一人之手。三兄禮軒襄辦,是歲動居省城大學堂,爲性理門教習,未與其役。鄉約際唐、富才督工。祠成後,爲二人皆舉鄉飲耆賓。

中奉闔族先祖。闔族共十支,以第一、第二分次,年代湮遠,文獻無徵,支之先後,無可考稽。謹按祖之遠近,爲支之前後,共製紙軸十幅,支各一軸,以書其高、曾、祖、考,而書奉祀人於右邊下旁。更製宗祖木主,少前居中,以示追而愈遠,且使無祖者有祖,無孫者有孫,篤本源、勵後嗣焉。

一支祠居東。今祠本第一支原祠舊址,玆歸闔族,故以支祠改置於東。建祠時,第一支認款三分之一,每遇年關祭期,懸奉容軸,從舊典也。

西奉義祖。凡有義舉於吾祠者,必思報焉,況義舉之在吾祖乎。義舉有二:一豪富貴盛,一鰥寡孤獨。夫吾族有豪富貴盛,皆吾先祖之所留遺,既豐於財,路遇貧寒,且思濟焉,況先祖宗祠之重乎?如捐助歲修,或割施祭田,在與者雖無德色,而受者豈遂能忘報耶?吾族有鰥寡孤獨,皆先祖所顧而心愴者,然於祠内無絲毫裨補,亦難動闔族之感情。如貲財或田地、或莊房,念己身無後裔之可遺,移捐祠内,爲歿後謀棲神之所,當亦闔族所哀矜而樂許者。二者有施,均不可以不報,故名義祖而配享焉。

廟　碑

關帝廟。在村東北隅，三間兩座，東向，不知創始於何日。花門之變，前殿焚於火。光緒初年鳩工重修，前殿祀關帝、爲臣稱帝，僭矣，神有知，弗享也。二郎；後殿中祀菩薩，均非禮也。關帝祀典雖載，非民間所得祀，二郎、菩薩，祀者不知何據，均宜等諸淫祠而擯之。兩旁文昌、藥王、馬王、牛王，雖非不可祀之神，皆宜去泥像，製木主，於歲時伏臘，藉修祈報之禮可耳。凡老嫗少婦，均不宜入廟拈香，致褻神靈而輕祀典。

孺人貞節碑。道光十九年孺人孫康廉立，邑貢生吴朝陽撰，監生吴玉麟書，文具一支譜，不備録。其詩略曰："夙懔冰霜志，卒全節孝名。芳徽光邑乘，允矣女中英。"

伯良先生德行碑。光緒二十三年立，故舊門人署名者一百三十餘人。咸陽舉人劉光蕡撰文，邑舉人徐懷璋書丹。文具一支譜，不備録。銘語略曰："茂陵舊邑，屬右扶風。叔皮知命，遂大厥宗。固文超武，并峙爲雄。横渠崛起，初志亦同。河湟結客，折節勵躬。父天母地，胞與疲癃。學純志俠，振我關中。關中氣厚，鬱積蘢葱。越數百年，先生追蹤。先生諱芳，字曰伯良。孝友於室，任卹其鄉。教子有法，文騰武翔。藝通算術，武舞戚揚。先生家塾，類古黨庠。藝能莅事，武足自强。聞風興起，振我疲氓。邊風凜凜，海水茫茫。浩劫誰挽，欲訊彼蒼。"

論曰：區區鄉村，無甚大建置，前代巨室差勝者在農商耳。學問官爵，古今大建置，多以是著。無卓卓可傳述者，豈少之不傳耶？弗敢誣也。書廟，即所祀，可驗風俗；書碑，揚前徽，用勸後人。宗祠以外，可述者此耳。其他如墳墓、如學校，雖有建置，既别爲類，弗此廁也。隸吾宗者，倘能發憤，迪前人光，爲族中有不朽之建樹，亦今日編輯者所拭目望已。

（清張元勛等纂修《[陝西興平]張氏宗譜》　清宣統三年尊經堂刻本）

湖南瀏陽林氏睦宗修祠

産　業

古者立宗廟以妥先靈，必置産業以繇祀事。蓋産業者，財用之所出也。財用足而後禮儀克備。我族未建祠以前，捐貲置田三十餘畝。廿年積聚，復擴充捐款，以立家廟、增祀田。凡爲報本計者至深且遠，誰司出入，安可不善經紀哉。志"業産"第八。

原置産業

一、觀音塘街後石園子屋宇全所，并餘基地坪，街口沙螺灣田種三石正，不計坵數，原納正米一石八斗正，係光緒庚寅十六年契買族人魁鳳叔姪之業，計價九伯串文。又沙螺灣田種二斗正，原納正米七升三合正，亦是年契買族人魁萬之業，計價六十串文，共收佃户大批錢一伯二十八串文，歲入額租六十四石，雞租六觔正。

一、桑樹灣田種二斗正，原納正米一斗正，係光緒乙未二十一年契買謝永錫之業，計價三十串文。其田先年洪水衝破，作過水圳，無租。

續購産業

一、沙螺灣祠基田種二斗五升，原納正米一斗三升正，係光緒丁未三十三年接買魁鳳之業，計契銀四十四兩正。立契一紙，又祠門首與運興兑田一處，於戊申年，各立兑换字一紙。

一、沙螺灣祠左邊田一處，計田穀五石，原納正米七升，係光緒戊申三十四年契買魁鼎公裔福榮運興之業，計價銀三十兩正。又宣統己酉年，復買福榮田一坵，計種二斗正。原納正米一斗二升，計契價一伯三十串文，共收佃户大批錢十三串文，歲入額租五石二斗五升正。

一、石子碑受權公老屋門首田一處，計種八斗，原納正米四斗八升正，係宣統己酉元年價買族人遇淳之業，計契價銀二伯三八兩正，收佃户大批錢三十二串文，歲入額租十六石正。

一、觀音堂樟樹下高塝面田種一石，原納正米六斗正，係宣統庚戌年接買魁鳳之業，計契價銀二伯七十四兩正，收佃户大批錢四十串文，歲入額租二十石正，雞租二觔正。

一、沙螺灣圳背田種三斗正，原納正米一斗七升，於民國癸丑二年接買福榮内魏氏之業，計契價一伯二十四串文，收佃户大批錢一十二串文，歲入額租六石正。

一、石子碑白馬大王門首田一處，計種四斗，原納正米二斗四升，於民國癸丑年接買受權公後裔遇和、遇環、儒洪、儒國、儒珪、遇雲、芹善等之業，計契價一伯三十六串二伯文，收佃户大批錢十六串文，歲入額租八石正。

一、洪家山田業三處，計種一石七斗，原納正米八斗五升。又屋上首泉塘一口，屋後山場一處，於民國乙卯四年，接買最久堂後裔盛榮、增榮、鼎興、三興之業，計契價錢七伯八十串文，收佃户大批錢六十八串文，歲入額租三十四石，雞租三觔正。

思孝産業

一、沙螺灣圳背田業一處，計種七斗，原納正米三斗八斗正，係光緒戊申年接買謝國疆裔楫才、彬才、松才、棹才之業，計價銀一伯三十二兩正，收佃户大批錢三十串文，歲入額租十五石正。

（林魁稚等《[湖南瀏陽]瀏東林氏睦宗修祠志》 1918年忠秀堂木活字本）

湖南長沙三峰曹氏祠堂統計表

祠堂	房	地名	距縣治道里	祠産	祭期
玉溪公祠	十八房建	長沙省城西長街		田四石，歲入租七十石，銀四百五十元	冬至
福一公祠	章	湘潭南九都五里上阜塘古儺塘灣	七十里	銀五千元	十月十五
北泉公祠	章	湘潭南九都五甲芳思塘	七十里	銀一千元	十月初一
彦高公祠	高	長沙清泰鄉蛛絲園官塘坳	一百里	歲入租十三石	冬至
彦萬公祠	萬	湘陰茶木壠	六十里	田五石，歲入銀五十元	三月初三、七月十五、十月十五
仲文公祠	金	湘陰翁家洲	六十里	歲入租六十石	冬至
仲明公祠	金	湘陰翁家洲	六十里	歲入租十石	冬至
彰采文采公祠	金	湘陰上架城	五十里	歲入租一百七十石	中元十月初二
文采公祠	金	湘陰下架城	五十里	歲入租三百石	清明中元、十一月初一
廷禄公祠	金	湘陰百畝托	五十里	歲入租五十石	清明中元、冬至前二日
受三公祠	受三裔建	益陽城内五馬坊		銀一千二百元，歲入四十元	三月十二、九月十二
行時公祠	禎	益陽十八里石頭舖	十三里	田八石，歲入租百石	二月十五
應朝公祠	禎	益陽十八里朝南村	二十里	田十石有奇，歲入租百三十石	清明、九月十五
述文公祠	禎	益陽十八里栗樹山	二十里	田二十五石有奇，歲入租三百六十石	三月十四、八月二十五
芝葵公祠	禎	益陽十八里東塘灣	十九里	田三石有奇，歲入租四十石	清明
芝茂公祠	禎	益陽十八里鄢家山	二十里	田十三石，歲入租百九十石	三月初一
芝蓮公祠	禎	益陽十八里栗樹山	二十里	田二石六斗，歲入租三十四石	三月初二

（續　表）

祠堂	房	地名	距縣治道里	祠産	祭期
芝懋公祠	禎	益陽十八里羊牯嶺	二十二里	田七斗有奇，歲入租九石	三月十五
成珩公祠	禎	益陽十八里栗樹山	二十里	田五斗，歲入租六石	二月十一
士杰公祠	禎	益陽十八里栗樹山	二十里	田三石有奇，歲入租四十石	二月初十
士偉公祠	禎	益陽十八里田莊灣	二十五里	田五石五斗，歲入租六十石	九月二十七
彦祥公祠	祥	益陽十八里胡家河	十七里	銀五百元	九月初十
肇信公祠	祥	益陽十八里曹家河	十五里	田三石，歲入租三十六石	九月初十
行鳳公祠	祥	益陽十八里曹家河	十五里	田七石，歲入租九十石	九月十二
國朝公祠	祥	益陽十八里曹家河	十五里	田十三石，歲入租四十石	清明
大華公祠	祥	沅江大潭口關王村	三十里	田四石八斗，歲入租五十石	三月十五、九月十五
大榮貴公祠	祥	沅江大潭口市上	二十五里	銀五百元，歲入五十元	
大銓公祠	祥	益陽十八里蟠龍巷	十五里	田三石有奇，歲入租四十石	寒食
名卿公祠	祥	益陽十八里曹家河	十五里	田四石，歲入租六十石	寒食
嘉友公祠	祥	益陽十九里杉樹坪	三十里	田一石，歲入租十二石	五月二十五
榮賢公祠	志	益陽十五里楊泗廟	三十里	無經費，由各支祠擔任	二月十五
彦志公祠	志	益陽十五里楊泗廟	三十里	田一石	二月十五
文榮公祠	志	益陽十五里楊泗廟	三十里	田八石	清明
道真公祠	志	益陽十五里楊泗廟	三十里	田十石	清明
九峯公祠	志	益陽十五里楊泗廟	三十里	田四石	清明
新山公祠	志	益陽十五里楊泗廟	三十里	田十五石	清明
甲元公祠	志	益陽十五里楊泗廟	三十里	田四石	清明

（續　表）

祠堂	房	地名	距縣治道里	祠産	祭期
子奇公祠	志	益陽十五里楊泗廟	三十里	田三石	清明
有志公祠	志	益陽十五里楊泗廟	三十里	田三石	清明
東坪公祠	志	益陽十五里楊泗廟	三十里	田二石	清明
西麓公祠	志	益陽十五里楊泗廟	三十里	田二石	清明
義賓公祠	志	益陽十五里楊泗廟	三十里	田五石	清明
良富公祠	志	益陽三里鸕鶿渡		銀二百元	清明、十一月十五
仲教公祠	志	益陽九里曹家稜		銀四百元	清明、冬至
允生公祠	志	益陽三里板溪		銀五百元田一石	清明、冬至
家彬公祠	志	益陽三里朱家村		銀七百元	清明、冬至
家祐公祠	志	益陽三里黄龍嘴		銀三百元	三月初三、十一月十八
敦化公祠	志	益陽三里牌樓灣	百四十里	銀六百元	清明、冬至
盛事公祠	志	益陽九里高橋	百里	銀六百元	清明、冬至
必富公祠	志	益陽東門外	一里	銀五百元	無定期
鐊公祠	志	益陽十五里蛇形山	三十里	田一石五斗	寒食
祖遺公祠	志	益陽十五里楊泗廟	三十里	田九石	
玉亭公祠	志	益陽十五里仰天坡	三十里	田一石二斗	清明
龍崖公祠	志	益陽十五里蛇形山	三十里	田一石三斗	清明
心卓公祠	志	益陽十五里南村	三十里	田一石	清明
二江公祠	志	益陽十五里南村	三十里	田四石	清明
石渠公祠	志	益陽十五里西公村	三十里	田一石	三月初四

（續　表）

祠堂	房	地名	距縣治道里	祠産	祭期
靜齋公祠	志	益陽十五里鑼鼓村	三十五里	田六石	三月初十
龍隣公祠	志	益陽十五里貓村	三十六里	田六石	三月初二、九月初五
岳峯公祠	志	益陽十五里鑼鼓村	三十五里	田一石五斗	二月初六
雲亭公祠	志	益陽十五里貓村	三十六里	田三石	二月初五、十一月十五
晀亭公祠	志	益陽十五里栽松村	三十五里	田一石	二月初八
梅村公祠	志	益陽十五里貓村	三十五里	田三石	三月十一、十二月十二
錫圭公祠	志	益陽十五里南村	三十里	田三石	清明
谷香公祠	志	益陽十五里橋上灣	三十里	田七石	三月初一、七月十四
半學公祠	志	益陽十五里烏龜塘	三十里	田一石五斗	清明
啟曙公祠	志	益陽十五里頓石村	三十里	田五石	清明
孔昭公祠	志	益陽十五里峙山口	三十里	田五斗	清明
彦達公祠	達	益陽十八里羊牯嶺	二十里	田八石，歲入租六十石	二月十五
如星公祠	達	益陽十八里九烈山	三十里	田七石，歲入租四十石	清明
庭相槐公祠	斌	益陽廂外里黄湖邊	二十里	田二十七石	寒食、八月十六
庭桂公祠	斌	益陽在城里牛下坡	十五里	田二石	二月十五
彦鼎公祠	鼎	湘潭西鄉下五都五里堆曹家坪	十五里	田一千零六十畝	七月初九、十月十五
永禄伯操公祠	慶	長沙新康鎮楚塘	七十里	銀五千元	二月十五
伯操公祠	慶	寧鄉二都曹家衝	三十里	銀三千元	十月初十
啟清公祠	慶	長沙河西六都	九十里	銀二百元	中元
彦邦公祠	邦	瀏陽北鄉三十一都曹家坪	六十里	歲入租四十石	冬至

（續　表）

祠堂	房	地名	距縣治道里	祠産	祭期
帝兆公祠	興	長沙河西六都良棧曹家灣坳頭山	七十里	田一石三斗	清明
萬涵公祠	興	長沙河西六都良棧曹家灣北衝塘	七十里	田一石三斗	冬至
貴公祠	堯華合建	長沙小廟衝	四十里	田一石	清明後一日、十月初六
彦堯公祠	堯	長沙省城寶南街		銀三萬元	冬至
君凡公祠	堯	長沙萬壽鄉梅子灣	四十里	田七石	清明、十月初五
伯遠公祠	堯	長沙廟坡	三十里	田二石	寒食、十月初一
伯敬公祠	堯	長沙順口湖	三十里	田四石，歲入七十元	清明、十月
明昇公祠	堯	長沙夏家塘	五十里	田二石	清明前二日、十月初十
二交公祠	堯	長沙萬壽都廖家山	三十里	田一石五斗	清明、十月
仕尚公祠	堯	長沙胡家嶺	五十里	田三石	清明、十月
載文公祠	堯	長沙七寶衝	七十里	田三石	清明、十月
錫祥公祠	堯	長沙蒲塘	四十里	田一石二斗	清明、十月
昌代公祠	堯	長沙清塘坪	四十里	田三十石	清明、十月
景商公祠	堯	長沙梅園衝	七十里	田一石二斗	清明、十月
永昌公祠	堯	長沙雜藪塘大坡	四十五里	田一石二斗	清明、十月
升俊公祠	堯	長沙周家衝	四十里	田一石五斗	清明、十月
元素公祠	堯	長沙河西烏包塘	六里	田二石五斗	清明、十月
元碧公祠	堯	長沙傅家嘴	三十里	田四石	清明、十月
際會公祠	堯	長沙周家衝	四十里	田一石二斗	清明、十月
周典公祠	堯	長沙七里衝	四十里	田一石三斗	清明、十月
維商公祠	堯	長沙牛欄衝	六十里	田二石	清明、十月

（續　表）

祠堂	房	地名	距縣治道里	祠産	祭期
星耀公祠	堯	長沙栗家衝	五十里	田四斗三升	清明、十月
廷魁公祠	堯	長沙夏家塘	五十里	田一石二斗	清明、十月
柏公祠	堯	長沙梨梨市	三十里	田二石五斗	清明、十月
桐公祠	堯	長沙龍喜鄉楓藪	七十里	田二石	清明、十月
傑公祠	堯	長沙五美鄉灌衝	七十里	田一石	清明、十月
南湘公祠	堯	長沙五美鄉枇杷衝	八十里	田一石	清明、中元
椁公祠	堯	長沙龍喜鄉腰塘	七十里	田二石	清明、十月
桓公祠	堯	長沙萬壽鄉曹家坪	三十里	田一石	清明、十月
禧亭公祠	堯	長沙萬壽鄉東尾塘	四十里	田二石	清明、十月
南村公祠	堯	長沙萬壽鄉口口	六十里	田一石二斗	清明、十月
碩士公祠	堯	長沙萬壽都盤鹿衝	四十里	田五石	三月初十、十月初九
光訓公祠	堯	長沙荷包壠	六十里	田三石五斗	清明、十月
匯理公祠	堯	長沙茶園	四十五里	田六斗	清明、十月
辰雨公祠	堯	長沙河塘	四十五里	田三石	清明、十月
東曉公祠	堯	長沙鹿塘	四十里	田一石	清明、十月
秋圃公祠	堯	長沙黄花壩	四十里	田一石	清明、十月
霽樓公祠	堯	長沙石竹衝	四十里	田一石	清明、十月
泰階公祠	堯	長沙羅卜衝	四十里	田一石五斗	清明、十月
光潤公祠	堯	長沙荷塘坪	三十五里	田一石五斗	清明、十月
南甫公祠	堯	長沙龍喜鄉	六十里	田六石	清明、十月
碧池公祠	堯	長沙荷塘坪	三十五里	田一石二斗	清明、十月

（續　表）

祠堂	房	地名	距縣治道里	祠産	祭期
福生公祠	堯	長沙瞿家衝	三十五里	田二石	清明、十月
松林公祠	堯	長沙墻上	三十五里	田三十四石	清明、十月
克榜公祠	堯	長沙春華市	六十里	田二石	清明、十月
正朝公祠	堯	長沙田地坡	四十里	田一石	清明、十月
華公祠	華	長沙老屋埸	四十里	田四石	清明前十日、冬至
尚允公祠	華	長沙平塘	四十里	田一石五斗	清明、中元、十月
恒山公祠	華	長沙培塘	四十里	田一石二斗	寒食、中元、十月初九
良旦公祠	華	長沙山塘	三十里	田五斗	清明前三日、十月初四
國元公祠	華	長沙曹家坪茶園	三十里	田二石	寒食、七月十四、十月初十
翰芳公祠	華	長沙曹家坪港邊上	三十里	田二石	清明、七月十五、十月初十
彦端公祠	端	瀏陽紗帽塘	十五里	銀二千元	十月初一
崇教公祠	靖	長沙萬壽鄉古港妙坡	五十里	田五十畝	清明、冬至
仲芝公祠	靖	長沙新康鎮	六十里	田一百十五畝	二月十五、七月十三、十月初十
晉璧公祠	靖	長沙新康鎮格塘	七十里	田一百九十五畝	二月十四、十月初十

上表統計祠堂一百三十三，玉溪公祠堂一、受三公祠堂一、貴公祠堂一、章房二、高房一、萬房一、金房五、禎房十、祥房九、志房三十八、達房二、斌房二、鼎房一、慶房三、邦房一、興房二、堯房四十三、華房六、端房一、靖房三，此外尚有公屋一百三十二所，章房十二、萬房二、金房二、禎房六、祥房十三、志房二十一、達房一、鼎房二十四、慶房十二、興房一、堯房十八、華房八、靖房十二。附記於此以備考。

（曹祖熙等輯《[湖南長沙]湖南三峰曹氏通譜》 1919年長沙曹氏鉛印本）

江蘇蘇州洞庭安仁里嚴氏勸修譜略

勸 修 譜 略

吾族宗譜自文石公輯定後，迄今代有達人，未加纂輯。豈皆漠不關心乎？亦各有志未逮耳。謹讀公著譜敘末云："嗣是爲我雲礽稍知文學，當必介意於斯，毋忘某之慺慺云。"則公之有待於後人，亦可謂惓惓矣。凡在同宗，孰不掩卷嘆息，自愧不可爲人哉。雖其間不乏敦本之人，捐有鉅款，而皆以贍族爲先務，不暇兼顧及斯。計自嘉慶年來，先後捐祠不下萬金，方期義莊得敷支應，商議此舉，行將有日。迺聞近歲莊中開支一切，設遇凶歲，仍形不足，正不知修譜一舉，將待何時也。惟念支派愈繁，則纂愈急，願子孫千億，人人存此心，時時設此想，以慰文石公在天之靈，則敬宗收族，庶乎近焉。不辭鄙陋，略誌數語，或後之覽者，亦將有感於斯篇。十五世孫福保謹誌。

捐 啟 稿

我洞庭東山安仁里嚴氏始祖伯成公，至五世祖太守公而族大，七世祖文石公實始作譜。公自序有曰："觀譜而知我某之子孫也，我祖名望如是，我敢爲不肖玷辱之耶。由是而幡然悔艾，譜實發之。袒免雖絶，觀譜而知某某吾長行，坐隅行後，不敢以悖慢加之，以興撝讓，譜實資之。"又有曰："譜宜以時增益，則著代明。嗣是爲吾之雲礽，稍知文學，必介意於斯。毋忘某之慺慺微意云。"旨哉言乎。承先德、啟後人，孰有過於此言者乎。嗣是，九世族祖問渠公諱昌禄，一修於前明崇禎乙卯，十三世族祖燦侯公諱有文，再修於前清乾隆己巳，十四世族祖一峯公諱明璞，三修於嘉慶己巳。俱未鋟板，率手録成帙，藏之於家，傳諸後人，故世不多覯焉。自前清嘉慶己巳迄今民國戊午，已閱一百有十年。瓜綿椒衍，生齒日繁。中更兵燹，移家遠方，往往而有族之士大夫，久思重修，限於財力，事不果行。今者孟繁賢裔倡議興修，率其弟、其姪，慨捐洋貳千元，并在滬寓，邀集族人會議。一時歡欣鼓舞，全體贊成。惟閱時百餘年之久，散居數地者之多。兹事體大，通盤籌算，約共需洋一萬元左右。如斯鉅款，端賴衆擎。凡我族裔篤念本根，厚愛宗族，人人爲族中一份子，即人人有應盡之義務。所期慷慨捐輸，玉成美舉。但得早一日集款，必能早一日蕆事。善哉乎，尊祖敬宗收族之道在是矣。是爲啟。

洞庭東山嘉德堂嚴氏宗祠謹啟，十六世孫吾馨、國芬敬譔，十世孫經募

己未十一月登《申報》新聞報廣告稿。

洞庭東山安仁里嚴氏修譜廣告

我嚴氏始祖伯成公，至五世祖太守公而族大，七世祖文石公，實始作譜。前清嘉慶己巳第三次纂修，後迄今百二十年，未曾賡續。子姓繁衍，中更兵燹，移家外縣者不少。現議重修，凡我本族各將世系名字、官階、生卒、墓葬、妻子詳報本總匯所，以憑編次，費短期促，勿遲遺漏，切要。

東山翠峯路昭德堂嚴氏修譜總匯所吾馨氏白。

安仁里嚴氏重修家譜通告

我嚴氏始祖伯成公，至五世祖太守公而族大，七世祖文石公實始作譜。前清嘉慶己巳年第三次重修後，迄今百二十年，未曾賡續。子姓繁衍，中更兵燹，移家外埠者不少。現議重修，凡我族裔各將世系、名字、官階、生卒、墓葬、妻子詳報本總匯所，以憑編次，費短期促，幸勿遲延遺漏自誤，是爲至要。

東山翠峯路昭德堂嚴氏修譜總匯所吾馨國芬白。

（嚴慶琪等纂修《［江蘇蘇州］六修江蘇洞庭安仁里嚴氏族譜》1931年中華書局鉛印本）

江西萬載下院王氏建祠記

蓋聞敬宗莫若收族，收族莫若建祠。我玟政公子孫蕃衍，處居星散，自粵遷萬以來，從未建有支祠。即將先年起立冬至會置買上院莊屋壹棟，上、下二進并左右橫屋，合族商議暫行修飾，製神龕以安香火，立爲政公支祠而肇祀焉。前後田山均係政公祀産，廣闊四圍，正龍正脉，氣象堂皇。或曰聚寶盆形，信非誣也。即行傳諭各房，踴躍捐輸，集腋成裘，以全美舉。待斂捐資豐厚，足敷應用，移舊更新，諏吉興工，重建家廟，以興祭祀而崇報本。庶上可以妥先靈，下可以裕後昆。有心敬宗者，何樂而不爲之哉。但冀族人慷慨樂輸，勿吝目前之小費，以失久遠之巨計。皆羨吉宅均沾庇蔭，將見房房丁財秀發，後裔綿遠，非惟族人幸甚，而先祖亦幸甚焉。今將四修家乘爰訂筆而誌之牒云。

時民國八年歲次己未仲冬月穀旦，候補醫官十六世嗣孫嘉言謹識。

（王行謙等編輯《［江西萬載］萬載下院王氏族譜》 1947年三槐堂木活字本）

江蘇無錫錫山錢王祠復建志畧

一、祠之起原

始祖武肅王宗祠，在惠山寺門左，地爲堠山支漢章公所捐。祠建自乾隆四年己未，由未堂公主議，仿杭例，請祭列入祠典，其詳載在錢氏家書及堠山中丞兩譜宗祠志中。敬考祠志，爲獅巖公、敬直公、誠齋公同編，中載公文碑記、祠田、棧屋、祭祠儀注、祠圖，均祭、免徭兩帖，祔享紀事、捐田後裔看管筆據等。可知諸先祖之敬宗收族、締造之不易焉。

二、最初建築

最初建築，頭門一座、光遠樓三楹、過路一架二門一座、五王殿三楹，左右厢樓各三楹，錦樹樓三楹，南街樓二楹，又廊樓三楹。其中光遠樓爲未堂公、敬直公捐建。五王殿爲獅巖公、未堂公、衛封公，各偕弟捐建。錦樹樓爲海州支沭陽鳴和公助建。餘則通族集資公建者也。

三、拓地建築

道光七年丁亥，梅溪公暨合族宗人，集資購得祠旁空地四間，改建頭門三楹，其上爲御書樓、下樓横懸祠匾，匾字古雅，相傳爲宋朱子所書。門階二級，旗杆石兩對，門樓之東沿街樓二楹，樓下爲半閣式，窗檻之下用花崗石六層精築。今取其燼餘殘石，移砌殿堂階下，留作紀念。

四、拓地再建

光緒二十四年戊戌，祖耆公、孟安公、雲組公、顯廷公、掄之公暨合族宗人，集資購得平田四分八釐四毫，建慶系堂三楹，見山樓三楹，飲福樓三楹，飲福樓下擬開向東大門，築成正門式。慶系堂堂基不敷，則拆去光遠樓之左半以補之。光遠樓上原爲中丞支飲胙之所，樓上少去一半，即以樓下一半易之。

五、舊祠被燬

民國十四年一月十八日，即舊歷十二月二十四日，潰兵乘火車由丹陽退至吾邑。後八日，他軍又踵至。當時城門緊閉，城外各處有兵。迨一月二十七日即正月初四日晚間，守恒正率自衛團巡城，見西方火光接天，再三探問，方知惠山鎮大火。火自祠之東北方起，由街東延燒至街西秦園頭門，火遂向南延燒市肆，終至全祠被燬。後二日守恒因紅十字會事務，縋城而出，事畢，急至惠山宗祠調查被燬狀況，但見餘烟未熄，太息表歎而已。

六、設壇致祭

舊祠燬後，春秋兩祭到鴻聲里租賃木屋兩造，掃地設壇，謹敬致祭。而飲胙諸事，則假借鄰祠。惟吾邑普通祭期爲仲春、仲秋之上戊。我祠未燬之前，亦在上戊，燬後因便於假借鄰祠，則改爲仲戊焉。

七、議建新祠

倡議復建可分爲兩時期：第一期在乙丑年舊正月初八日，由守恒請子泉孫卿叔等，在崇安寺無錫市學務處商議，收拾殘磚瓦石，并發起復建事宜。當時曾將宗祠被燬狀況，留一攝影。後由兵災善後局將瓦礫場圍以竹籬，繼由孫卿叔等函請城鄉各支後裔，在崇安寺左無錫市公所商議復建。開會數次，均因兵事關係未果。第二期爲民國十七年戊辰三月九日，即夏曆二月十八日仲戊春祭日，薌侯同守恒倡議復建。即於祭後假鄰祠開會，由合族發起復建。當時公舉籌備員七人。

八、籌備復建

籌備員爲守恒暨錫侯、鳳高、贊卿、薌侯、漢鈞、大椿諸宗台。籌備事項共爲四大類：一、復建經費，二、應先建之屋宇，三、招工人承包，四、函請各支舉定代表。當時公推守恒草定計劃書，并定籌備時期，以開合族大會。舉定代表，并産生工程員爲止。

九、舉定代表

閏二月二十五日，假惠山小學開合族大會，籌備員宣布分年建築計劃書，暨承包工人之經賬圖樣，并存款、房租、抵借三項，可得經費洋七千三百六十圓。惟復建時商榷之處甚多，請各支推定代表，以便商榷進行事宜。當即推出各支代表，并公推仞翔、鳳書、伯圭爲代表主任。又恐族大人衆，容有不周，即登報廣告，補舉代表等事。是日并舉定前任籌備員即續任爲復建工程員。

十、分掌職務

復建之事務殷繁，工程員專司建築工程。凡代表會産生後之籌款，由代表會主之。他如附祀諸先祖之神牌，以及各種之祭器，由代表會另舉人籌備之。而工程員中亦由贊卿之提議分股辦事。遂推定守恒并錫侯、鳳高司工程，贊卿司會計，薌侯司文牘，漢鈞、大椿司庶務，以專責任焉。

十一、復建次序

第一期復建門樓三楹，後廊三架，慶系堂三楹，左廂三架，五王殿三楹，左廂樓二架，右廂樓五架，東市房六幢，南市房六幢，竈間三間，以及圍墻、天井、街道、溝道等。惟五王殿慶系堂之前面裝修，因經費關係，公議緩裝。而錦樹、見山、光遠三樓，則定由第二期、第三期建築焉。

十二、增加高度

第一地盤高度，門造則加高九寸，慶系堂加高八寸，天井加高一尺二寸，五王殿加高九寸，南市房加高六寸，第二屋宇高度，門樓加高二尺，慶系堂加高一尺，五王殿加高四尺六寸，南市房加高三尺。其餘高度，悉仍其舊。

十三、議改屋基

門樓樓板收進三架，改做屋頂。三彎椽大軒以便直懸祠匾，樓後廊加闊三尺，增加屋頂三彎椽大軒。慶系堂前後軒增添三彎鶴頸式大椽，并添建左廊三架。五王殿全用殿式，周圍柱木較舊日放大，惟東市房因市政局取締道路交通關係，南段讓進六尺，北段讓進三尺。

十四、改建市房

東街市房，舊爲正門式。清光緒間建築時，原備後日向東開正門之用。惟本祠相傳全祠爲鳳形，向南開正門，形勢較雄壯。故東街門屋舊本出租生息，今因經費關係，公決改造市房六幢，南街樓樓下原係廚房，現今亦因經費關係，暫改市房。

十五、保存古碑

五王殿中，原有祠堂記二大石碑。碑經火灼，字多剥蝕。今用磚石鑲邊，仍嵌殿墻中。殿右廂中，原有祠産碑記，今僅存燼餘，碑尺方亦仍嵌右墻中。惟見山樓中慶系譜序碑石，後日復建時，尚擬謹敬保存。而鐵券、金塗塔兩石刻，以及御書碑，僅存燼餘石灰，并没字石片，無可收拾矣。

十六、工人承造

各種工程由工程會詳細計劃,并由守恒依次草定計劃書,交合族大會公決。即由工程員招各工人開具經賬,先後交代表會審查,并由代表會指定承包之人,再由工程員、代表員協同,言明實價,并簽定承攬。

十七、建築方式

本祠五王殿舊日建築畧仿殿式。今改爲全用殿式。惟吾邑能造殿宇之工人甚少,邑人均推重香山人,而工程、代表兩會亦同此情。故本届建築由香山人李乾泰承包。所用材料石則多用金山出品,木則除花工樓板外,多係杉質。他如磚則用大料,瓦則用加六,而水木石之工作,則務取雅觀,并堅牢耐久。

十八、籌集經費

復建經費,共籌得存款洋四千元。長城門下房租洋三百六十元,魚行場房租洋拾貳元,惠山新市房租洋一百十二元,又舊租洋十元,莊息洋五十八元八角一分,惠山新市房頂首洋六百三十五元,魚行場加得頂首洋一百元。三月初十日,合族大會,議決由代表會籌募月一分息公債洋一千九百二十一元,閏二月二十五日,合族大會議決,將長城門下月租抵息,向錫侯借洋三千元。七月初十日,合族大會議決,將惠山新市房租、魚行場房租抵息籌借款項,即於十月十五日由整理會鳳高、錫侯、大椿、贊卿、伯圭、孫卿、漢鈞、仲蝦認墊洋五千元。十二月三十日,又由錫侯暫墊洋二百另玖元四角,共計籌集洋一萬五千四百十八元二角一分。

十九、監察工程

此次工程,雖由守恒暨錫侯、鳳高、贊卿、薌侯、漢鈞、大椿七人排定日期,每日某人到工場監督,并請代表會各代表輪值,按日到場,共同監督,并在祠附近預備遠道代表諸宗台之宿膳。惟工程委員七人車資膳費,均由自備。

二十、工作時期

二月十八日春祭時,舉定籌備員。閏二月二十五日,舉定工程員,即於三月二十四日開工,四月初七日定磉,四月二十二日豎柱,五月十六日上樑,八月朔日屋頂完竣裝修,亦備中間工作,共歷百二十餘日。惟灶屋及零星小件并油漆等,均在秋祭後工作矣。

二十一、諸事公開

本届工程,凡復建之範圍、地盤之變更、基屋之高度、承包人之去取、工料賬之折扣、結算賬之找價、零星款之稽核、工作場之監察等,均由工程員提出,合族大會或代表大會暨整理會協同辦理,共同決定。計共開籌備員會五次,工程員會十二次,代表員會七次,合族大會并臨時會六次,整理會已開四次。

二十二、恢復祭儀

五王龍牌,由工程員在開工時謹敬製備,附祀諸先祖神牌,及各種祭器,因工程員無暇兼顧,由族中另舉念祖、希藺、秋農、紀程、競標、曉初、少坪、渭漁等置備。一時同心協力,分途進行。至九月十五日,即夏曆八月初二日,上戊秋祭期,諸物齊備,即行新祠開祭禮。守恒同工程會、代表會諸宗台奔走半年,守恒一人計到工場已將近百次。此時喜出望外,當時曾撰聯云:“西臨惠麓,東望錫峯,祠宇喜重新,吴越五王億萬年,馨香俎豆;派衍梁溪,源分浙水,雲礽欣愈盛,堠湖兩系千百世,華貴簪纓。”惟聯詞欠佳,附記之,以識欣喜之意云爾。

二十三、繼續建築

第一期復建,除五王殿、慶系堂前檐長槅,因經費關係緩裝外,又有錦樹樓、見山樓、光遠樓,尚未恢復。原定計劃在第二期、第三期恢復。頃有人倡議,在本年春祭後,光遠樓由中丞支復建,見山樓由湖頭、堠山、馬橋三支復建矣。

二十四、公議整理

八月初二日秋祭後,開合族大會時,公議整理祠中諸務。遂公舉孫卿、伯圭、暨守恒爲常務,錫侯、大椿、來章、鳳高、漢鈞整理祠產,贊卿、紀程、席儒、競標、渭漁管理租息,曉初、鏡清職掌祭務,仞翔、士英、鳳書、仞千、仲嘏調查墳塋,薌侯、秋農職掌文書。共舉二十二員。

二十五、整理祠產

前列復建經費,其中存款房租莊息,可爲實存之款。市房頂首,或可照俗例,上頂下付。各支公債,雖定月息一分,惟中有志願作爲捐款者,其抵借、墊款兩項,爲數固鉅,惟祠田項下包收租人,言定一年中出淨銀九百元,除支祭費,年約銀三百元外,尚有餘款可逐年還債,即可逐年收回房金。甚望整理祠產諸宗台,其注意焉。

二十六、樂觀厥成

見山、光遠兩樓,雖有復建之議,而錦樹樓及樓下之珠還草堂尚付缺如。惟吾族既大,人數亦多,則志願建築此樓者,諒必大有人在也。守恒不才,忝列工程員中,幸諸位工程員、代表員、整理員暨合族宗人同心協力,俾得克底於成。今於彙刊經費清册時,爰將復建之經過,畧述梗概,并將宗祠之原始,及歷年之修築,附誌卷首,以備族中諸宗台之瀏覽焉。

中華民國十八年歲次己巳春正月,裔孫守恒謹述。

(陶世鳳等纂修《[江蘇無錫]陶氏宗譜》 1931年木活字本)

江西安福城北�橋劉氏祠堂表

名稱	地址	建造年代	祀產
晉安成太守祠	安福北鄉笪橋劉家巷	創造未詳,清同治年間重建,祀始祖遐公各派基祖、歷代名賢。	向無祀產。光緒末年,由祖藉族人道五石屋,族人仲生、龍雲、族人雨辰籌捐恢復祭典,修理寢堂,薄置田產,勉供冬至祭費。民國十九年,被匪摧殘。近年抗戰八載,兵隊駐紮,主龕皆毁,祠將傾圮,田久荒廢。尚望各族賢達篤念本源,急謀救濟。
時問公祠	廬陵縣山頭	清雍正元年初建,乾隆癸未重修。	田租勉供祭費。
龍雲劉氏大宗祠祠中棟匾額爲敘倫堂	安福龍雲下村雅立	明嘉靖庚寅,由都御史孟捐貲、顧捐基址重建,祀始祖遐公各派基祖。	祭田向來不多,勉供祭費。若遇旱災,尚須臨時設法補助舉行,冬祭歷代名賢,民國初年重修。
敬宗堂	龍雲本村	建創重修均不詳。祀存中公以下各支祖。	每年田山產業,除供祭費外,稍有儲積。

（續　表）

名　　稱	地　　址	建造年代	祀　　産
承啟堂	龍雲本村洲上	清雍正二年建。祀能公以下各支祖。清末祠傾祭廢。迨民國十七年，由雨辰首倡，捐貲購置住居，改造入主，復祭。旋因匪亂，主位被毁，祭久停廢。	向有田租甚微，今皆荒廢。
最樂堂	本村	年代以後均不詳。祀志禎公以下各主位。	
嘉樂堂	本村雅立	祀志淵公以下各主位。	
和樂堂	本村新屋下	祀志達公以下各主位。	
德美堂	本村山裏	祀子剛公以下各主位。	
濟美堂	本村洲上	祀如林公以下各主位。	
光裕堂	本村山裏	祀貴溪公以下各主位。	
四教堂	本村塘基上	祀彦謹公以下各主位。	
積慶堂	本村洲上	祀彦恂公以下各主位。	
仁本堂	本村院下	祀彦忠公以下各主位。明成化間創建。順治丙申修理，康熙壬戌增建三進，雍正甲寅復重新之。	以上各祠祀産，向不充裕，每年勉支祭費外，並無儲積。 按龍雲下村各支多有私祠，以祀其先，不及備載。
敘倫堂	廬陵清水老居	明正統六年由宏節、務寬等倡建。清咸豐四年重修，光緒己丑被回禄復建。民國十九年，毁於匪。二十九年由理堂、鈺生、鳳鳴等捐貲重修，建祀基祖濳公以下各支主位。	田租勉供祭費。
五葉堂	同上	清乾隆丁亥重建。	
嘉會堂	同上	年代不詳。	
愛敬堂	同上		
繼志堂	同上		
敬勝堂	同上	以上年代均不詳。	以上田租勉供祭費。
仁壽堂	清水田岸上	民國十二年，由理堂捐貲獨修，祀南山公以下各主位。	田租除供祭費外，稍有餘積。
思親堂	清水老居	乾隆乙亥建。	
謙吉堂	同上	年代不詳。	
五美堂	同上	道光己酉建。	
世德堂	同上	明正德三年建。	
惇敘堂	同上	年代不詳。	
山輝堂	同上	清道光己巳年建，民國壬子改建。	以上祀産勉供祭費。
敦厚堂	清水田岸上	光緒十一年建。	田業除供祭費外，稍有餘積。
賨和堂	清水老居	明成化間由長髯創建，清康熙辛未由夢龍等重修。民國壬子年由省輝獨力捐貲復修。三十二年，由省輝第四子鳳鳴獨力出貲百萬元重新擴大規模。祀長髯公以下各主位。	田業除供祭費外，稍有餘積。

（續　表）

名　稱	地　址	建造年代	祀　産
劉氏祠	衡山九字一區新莊町		田租十三石四斗。
成龔公祠	郴縣竹園背		田租一百石。
劉氏宗祠	安仁梅嶺灣		田租十餘石。
劉氏宗祠	安仁平山舖	清嘉慶五年建，民國二十年年重修。	田租勉供祭費。
劉氏宗祠	宜章車田派 祠在城内局前街	年代不詳。	田租勉供祭費。
伯通公祠	宜章笆籬車田村中		田租二十餘畝。
儀公祠	宜章車田上首江邊		田租三十餘畝。
齊公祠	宜章車田村中部		田租二畝。
佐公祠	宜章車田下首江邊		田租十餘畝。
敬公祠	宜章車田村中部		田租數畝。
太姑祠	宜章車田下首江邊		田租十餘畝。
建公祠	宜章車田村上首山邊		田租三畝。
偉公祠	宜章車田村中部		田租十餘畝。
開公祠	宜章車田村中部		田租三畝。
軒公祠	宜章車田村中		田租二十餘畝。
欽選公祠	宜章車田村前面河邊		田租十餘畝。
明選公祠	宜章車田大巷尾		察莊一所，收穀十餘石。
高公祠	資興第一區蘭溪鄉上彭坑黄邱坳		田租三百餘桶。
劉氏祠	汝城牛田		田租十石。
劉氏宗祠	衡山岳後界牌	田租數十石。	
大惠公支祠	衡陽西鄉界牌		田租數十石。
劉氏宗祠	衡陽觀音山派，坐落衡山六區貫塘	明中葉創建。民國初年由定州等倡議重建。	田八畝。
劉秀公祠	衡陽觀音山派下，祠坐落湘鄉四區高梘	清乾隆辛巳年建，道光壬寅重修。	田租十畝。
劉氏家廟	衡陽觀音山	清光緒十七年建，祀萬受公以下。	田租二十畝。
劉俊公祠	衡陽福政鄉二區劉家灣	民國六年建。	
恭租學堂	衡陽福政鄉二區金盈垣	民國二十一年建。	

（續　表）

名　稱	地　址	建造年代	祀　産
吉公祠	湘鄉塘沖		田租六畝。
劉氏祠	安仁第四區大麓鄉第三保穿石門		田租六畝。
劉氏宗祠	安福石屋派祠	原祠傾圮。清乾隆壬子重修。禮迺公以下各主位，又之遴公祠在縣城内北正街，光緒丙申被回禄，今存基址。	田租一百六十八桶，現僅敷完糧之用。
兩潤堂	湘潭十一都二甲粘米港西岸	祀居軒公基祖以下兩房支祖。	泰山泰尚兩房田租，合計四十畝。
思敬公祠	衡山大塘叢林沖		田租一百餘石。
劉氏宗祠	衡山海字一區板橋舖絲茅沖		平斗租一石五斗。
劉氏宗祠	衡陽自治第八區醒獅鄉水口	蒸西水口派五房公建。	田租數百石。
劉氏宗祠	湘潭橋頭西沖		田租十畝。
劉氏宗祠	茶陵石溪船形里		田租一百五十畝。
宜興公總祠	衡陽溪田		田租三百餘石。
劉氏祠	茶陵顔江沖		田租二畝四方。
劉氏祠	茶陵三門灘鄉社祠前		祀産僅可供春秋二祭之貲。
劉氏宗祠	茶陵獅江鄉三門灘	謨定二派合貲公建。	
劉氏宗祠	茶陵虎溪鄉東隴		田租八畝。
文智公祠	衡山岳北柏樹灣		田租三十五石。
道暹公祠	衡山岳北井塘	清光緒甲午年建。	田租可供祭費。
劉氏宗祠	茶陵溪水郁堂村	明成化年間建。清雍正乙卯重修。嘉慶戊辰增修。民國十九年，由廣漢倡議復加整理。	
劉氏宗祠	湘潭第六區純塘		田租六十八畝。
劉氏宗祠	衡山宗字十九區鴨婆坳		田租三石。
劉氏宗祠	湘潭第六區太平鄉藍下村		田租六十畝。
庭芳公祠	蓮花第四區塘上村		田租十八石。
劉氏祠	茶陵指江白沙		田租一十七石。
劉氏宗祠	茶陵楊梅塘		田租十六畝。

（續 表）

名　　稱	地　　址	建造年代	祀　　産
劉氏祠	茶陵南城文星門内	清同治丙寅年建。	田糧一石六斗三升，舖宇三棟藏收租穀及佃金，僅供每年二祭之費。
茂春公祠	茶陵黄前園		田租一百石。
茂德公祠	茶陵城内五美橋		田租八十石。
劉氏祠	湘潭中路舖南衝		田租一百九十畝。
發源公祠	湘潭楊柳衝蛇形嘴	清咸豐四年建。	田租十二畝。
劉氏祠	郴縣塘溪派祠設城内學後街	清道光壬寅年建。	田租八十餘畝。
劉氏宗祠	郴縣竹園北	清光緒二十四年建祀成龔公以下。	田租六十餘石。
劉氏宗祠	茶陵沙瀨	祀基祖元旺公以下各支祖。	祀産多寡不等。
約吾公祠	湘潭茶舖園上石嘴頭		田租百百餘畝。
劉氏宗祠	醴陵清安舖露華山		
劉仕公祠	醴陵清安下舖		
劉佐公祠	醴陵油田新屋		
劉亮公祠	醴陵露華山		
劉隆公祠	醴陵爛泥沖老屋		
劉高公祠	醴陵劉家灣老屋		
劉超公祠	醴陵清安上舖		
劉苑公祠	醴陵流碧橋老屋		
劉寵公祠	醴陵向家沖老屋		
劉華公祠	醴陵山背沖		
劉新公祠	醴陵劉家灣		
劉後公祠	醴陵油田老屋對岸茶山		
劉緒公祠	醴陵油田新屋佐公祠左		
益公祠	汝城文明良田老屋		田租二十石。
欽瑞公祠	汝城文明良田洞心		田租十五石。
名登公祠	汝城文明良田排上		田租十二石。
劉氏祠	茶陵平水樟樹下		田租十餘石。
劉氏祠	攸縣九牛港		田租三十餘石。
劉氏宗祠	茶陵奎斗坐落本村	清嘉慶二十三年建。	田租十八畝。
路溪劉氏祠	蓮花路口村	明朝創建，清光緒庚子重修。	田租十二畝。

（續　表）

名　稱	地　址	建造年代	祀　産
永昇公祠	醴陵東二區白兔潭牛形山个字嶺下		田租二百六十二石。
啟宗公祠	攸縣河都龍湖		田租十五石。
劉氏宗祠	茶陵深溪派坐落竹茹里	民國二十九年建。	
思望公祠	永新三門前	民國丁巳年建。	田租八畝。
信卿公祠	同上	民國丁卯年建。	田租十畝。
永保公祠	同上	清嘉慶辛酉年建。	田租二十畝。
西保公祠	同上	清嘉慶年間建。	田租三畝。
東泉公祠	同上	光緒年間建。	田租四畝。
石溪公祠	同上	光緒年間建。	
國珍公祠	同上	咸年間建。	田租五畝。
君徵公祠	同上	民國辛未重修。	田租二十畝。
日新公祠	同上	民國己卯重修。	田租三畝。
傑生公祠	同上	光緒年間建。	
克涵公祠	同上	民國丁丑重修。	田租十二畝。
宏基公祠	同上	同治乙丑建。	田租十畝。
自章公祠		光緒丁亥年建。	田租十畝。
嘉會公祠		咸豐年間建。	田租十畝。
文源公祠		光緒年間建。	田租二畝。
慶華公祠		民國癸丑年建。	田租二畝。
盛停公祠		民國戊申年建。	田租四畝。
伊肇公祠		民國戊辰年建。	
西華公祠		民國甲子年建。	田租四畝。
首朝公祠	埠前上街	乙丑年建。	田租五畝。
輝卿公祠	埠前中街	壬戌年建。	田租四畝。
升猷公祠	三門前本村左	光緒戊甲年建。	田租五畝。
敦倫公祠	永新山塘派坐落新老居中心點	清同治乙丑年重建。	
正本堂	永新山塘老居中間前排	清光緒丙子年重建。	
敬愛堂	同上	光緒壬寅重修。	
篤親堂	老居上	清道光癸未年建。	
善繼堂	篤親堂左		
維周公祠	老居中間老居下		
仲博公祠	老居下	光緒辛丑年建。	

（續　表）

名　　稱	地　　址	建造年代	祀　　産
宏昂公祠	仲博祠左	光緒己酉年建。	
楚公祠	大居村		
繩振堂	上新居村		
敬順堂	中屋		
克紹公祠	禾山村		
禮隆公祠	永新十九都夢山村		
怡親堂	永新十都思村		
思善堂	同上		
正經堂	泰和轉江本村下首	民國甲寅年重修。	
劉氏宗祠	湘潭長湖派	清光緒丙午，大水沖倒，由英璧將自置淦田石泉灣住居概捐作祠基重修。	
穎公祠	廬陵沙隴派本村		田租勉供祭費。
劉氏宗祠	邵陽雷灣鳳形山麓	清同治年間，由蔚文捐貲倡建，祀基祖振仕公派下主位。	由蔚文偕弟榮宗捐田三畝，現合計十畝。
德生公祠	邵陽雷灣塘沖山	光緒初年建。	田租五畝。
賜福公祠	邵陽雷灣大沖	光緒末年建。	田租十畝。
蔚文公祠	老雷灣	民國二十九年建。	田租十二畝。
榮宗公祠	本宗祠上首	民國五年建。	田租十二畝。
中洲公祠	攸縣西門下首江横街第一關津口内	明嘉靖年間由文浦倡建，清康熙丁酉重修。	除提充區學外，現約田租二十八畝，勉供祭費。
鬣眉劉祠	攸縣中湘一都四甲劉家灣	明天啟年間植公由中洲徙居，後子孫就住屋文寢室。清光緒甲午，增前棟並中堂。	田租三十餘畝，與歐陽合辦國民小學。
劉祠	汝城文明良田派祖益公祠坐落良田	清康熙三年建。	田租八畝。
劉祠	老屋汝城洞心	乾隆十一年建。	田約十二畝。
劉祠	汝城文明排上	乾隆三年建。	田約二十畝。
敬修堂	廬陵大路口		田租三十畝。
世德堂	邵陽小沖雙江右岸	清雍正年間建。民國二十五年傾圮，由獻廷、巨侯等倡議募款重修。	田租歲收五百餘石。
漢宗堂	衡陽曲高坪町甘家莊	清道光丁酉建。	歲收租穀約三百餘石。
良慶公祠	醴陵東鄉陳家坊		田租六十石。
盛公祠	醴陵東鄉陳家坊		田租六百石。
劉氏宗祠	鄠縣大橋頭	民國辛巳年建。	

（續　表）

名　稱	地　址	建造年代	祀　産
劉氏宗祠	茶陵潞溪湖塘		歲收租穀十餘石。
劉氏祠	衡山岳後大鵬涼亭塘		祀産勉供祭費。
劉氏祠	廬陵幢溪南潭頭村		田租八畝。
劉氏祠	廬陵梟潭		田租五十畝。
劉氏祠	廬陵吉安固江聚順堂		田租五畝。
劉氏祠	安福拓湖前頭山		田租八畝。
劉氏祠	吉安固江		田租七畝。
劉氏祠	吉安固江		田租八畝。
劉氏祠	廬陵幢溪長橋村		田租二十畝。
劉氏祠	吉安固江		田租八畝。
劉氏祠	邵陽鴨山園大塘沖	清道光戊申年建。	田租百餘石。
層崖公祠	吉安固江大路口		田租三十畝。
愛敬堂	安福南鄉上城	創建未詳，祀謙公以下八堂各主位。清乾隆庚重修。	田租勉供祭費。
劉氏總祠	邵陽第三區達德鄉高樓小沖		田租一石五斗。
天定公祠	湘潭永青鄉第九保橋頭灣	清嘉慶丁卯年建。	原有祭田十畝，現以三畝提充學租。
四門公祠	湘潭分脈坑栗樹塘	清光緒十四年建。	田産七畝五分。
星漢公祠	湘潭分脈坑瓦葉塘	清光緒十九年建。	田産十八畝。
日美公祠	湘潭分脈坑陳故塘		
高軒公祠	湘潭分脈坑栗塘		
劉氏宗祠	湘潭碧泉鄉第三保大屋場	清同治六年建。	田租三十畝。
劉氏宗祠	湘潭錦石鄉第四保下屯灣	清宣統三年建。	田租二十六畝。
傳經堂	衡山縣城北正街	清康熙五十一年建。	勉供祭費。
承業公祠	衡山既字十九區四斗湖	民國甲子年重建。	提作學租外，勉供祭費。
石培公祠	同上	清光緒末年建。	同上。
振吾公祠	衡山既字九區白竹埠	民國乙丑年建。	同上。
六順堂	衡山九字九區店門前茶園		

（續　表）

名　稱	地　址	建造年代	祀　産
自公祠	攸縣荷甲陂新碰塘	清光緒甲午重建。	除提充區學外，約田二十二畝撥育才會。
彦偉公堂	自公祠附近	民國乙亥年建。	約田十九畝，提充獎學金。
順高西富二公祠	荷葉塘坪里	民國壬戌年建。	順祠田約二十畝，以半數提入育才會。西祠田除撥區學外，約田十七畝，以半數提入育才會。
劉氏宗祠	衡山大橋鄉第一保清水塘	清乾隆戊子年建。祀繼孫公以下各主位。	
劉氏宗祠	茶陵西城學門前		田租六十石。
劉氏宗祠	衡山西正街		田租百石。
劉氏祖祠	衡山牌樓紫霞鎮東岸仙陂町		田租六十畝。
濟寧公祠	寧遠環儀堂		田租十畝。
濟銘公祠	寧遠八里橋		田租十畝。
濟興公祠	寧遠華石磐		田租十畝。
劉生公祠	衡陽洪羅廟寅堂	清同治八年建。	各有田産。
劉孝公祠	衡陽台元寺東岸	清光緒二十九年建。	同上。
柳溪公祠	同上	民國元年建。	
鼎盛公祠	衡山石灣		以上四祠田租勉供祭費。
美吾公祠	同上		
正海公祠	湘潭楊柳沖	民國二十三年重修。	田租二十畝。
正沛公祠	同上	清光緒二十八年建。	田租十一畝。
天禄堂	湘潭朱亭河西坪上	清乾隆三十年建。遠祀遐祖，近祀承美祖及貴賢祖衍派三房各主位。又分廣惠、紫山兩房，惠居朱亭，紫居衡山梘頭坪，新勝居湘潭嚴衝大塘，新瑞居淦田青塘。天禄堂係廣惠、勝瑞裔所建，紫山裔另在梘頭建有祠宇。	田租五十畝。
藜光堂	湘潭淦田青塘	清光緒四年建。遠祀遐祖、承美祖、貴賢祖，近象楚公衍派盛、賢兩房各主位。	田租四十畝。
濟舟公祠	寧遠黄家洞		田租十畝。
劉氏祠	衡山潛字七區大界江		田租七石。
劉氏宗祠	資興南鄉江口	明萬曆二十八年建。	
劉氏宗祠	郴縣城外龍骨井	清乾隆三年建。	
劉氏宗祠	郴縣瑶林鄉坪鄉洞	民國三十年建。	以上三祠田租俱無。
劉氏祠	衡山于字二十七區旺春灣		田租十石。

（續　表）

名　稱	地　址	建造年代	祀　産
劉氏祠	衡山蓮花嶺		田租二十畝。
潢公祠	衡山廣東橋		田租十二畝。
劉氏祠	衡山周家沖樟木塘		田租八十石。
劉氏祠	衡山栗字十六區馬蹟橋沛然屋場		田租二十餘石。
賢厚享祠	衡山九字七區殺馬沖		田租二十四石。
劉氏祠	衡山海字十二區青山		田租十五石。
朝和公堂	衡山潛字十區界江		田租六石。
劉氏祠	衡山于字十九區夏家沖		田租十石。
劉氏祠	衡山于字三區劉家坪		田租四石二斗。
鼎昊公祠	衡山潛字三區石橋宋家	民國甲子年重建。	田租十六石。
爵山公祠	坪衡山既字十九區堆子沖	民國辛酉年建。	提充學租。
劉氏祠	衡山九字十五區逼水灣		田租三十石。
中洲劉祠	攸縣西門下過江星都横街		田租六十三石。
劉氏祠	衡山于字九區嶺坡市		田租二十四石。
劉氏祠	衡山海字十一區楊田		田租十二石。
紹先公祠	衡山東鄉巄峰頭		田租三十石。
劉氏祠	沅江大東鄉普庵堂對門		田租十二畝六分。
劉氏祠	衡山于字二十八區夫人橋		田租五十石。
層峰公祠	衡山雲集新街		
劉氏祠	衡山黄花橋		田租三石五斗。
繼安公祠	衡山潛字十二區石江沖	仙南派五房公建。	田租二十四石。
貴倫公祠	衡山雲字七區朱家灣		田租六石。
貴仙公祠	衡山石江沖		田租三十石。
海信公祠	衙山青山沖		田租十二石。
青子公祠	衡山潛字十四區曲尺塘		田租二十石。

（續　表）

名　稱	地　址	建造年代	祀　産
添珂公祠	衡山珍珠堆		田租六石。
蓮遥公祠	衡山字十一區蓮塘灣		田租十石。
凱堯公祠	湘潭第三區空靈鄉香竹		田租十石。
仕周公祠	湘潭第三區空靈鄉竹沖		田租五石。
添玉公祠	衡山潛字二十七區楊梅		田租五石。
獻楊公祠	衡山潛字十一區潭家壠		田租十二石。
劉氏宗祠	衡陽上四都派祠落坐西鄉渣江塘坳	清乾隆五十三年建。	田約四十畝。
以立公祠	廬陵澧田	清光緒十六年重建。	田租略有。
劉氏家廟	衡山北正街	銅鼓市房漢芳公倡建。	田租一百石。
劉氏宗祠	醴陵丁家坊		田租二百石。
劉氏宗祠	安仁蓮塘	祀夢應公以下各主位。	田租三十石。
劉氏宗祠	安仁淀頭	清乾隆十一年建，同治三年重修。	田十三畝。
積德堂	安福南鄉浮山店上	祀基祖貴良派下各支主位。	田約二十畝。
種德堂	同上	祀種公位下各主。	田租十五畝。
公正堂	同上	祀稇公位下各主。	田租四十畝。
承德堂	安福浮山良嘉山	祀程公位下各主。	田租六十畝。
鍾元公祠	武岡八區五睦鄉三閣園田垻		
粹祖公祠	邵陽大東鄉洪福橋陂丁村	清嘉慶十九年建。咸豐六年增修。	田租五十石。
大任公祠	邵陽大東鄉洪福橋消夏灣	民國二十二年建。	田租二十石。
太乙祠	衡山梘頭坪虎形山下	清康熙五十三年建，祀梘頭房基祖。	田租二十一石。
藜照堂祠	衡山孔字二十區宏道寺左側	清光緒三年建，祀梘頭房支祖甫公。	田租六十八石。
三公祠	衡山道字二十七區藤水沖		田租六石。
劉氏祠	蓮花樊溪村		田租一百二十石。
德潤公祠	湘潭柴塘沖	清道光五年明義倡建。	田租一百一十畝。
劉氏總祠	醴陵北鄉寨下		田租四十餘石。
源漢公祠	醴陵東鄉莊埠樂山		田租三十餘石。
九俊公祠	醴陵東鄉莊埠栗山		田租五十餘石。

（續　表）

名　稱	地　址	建造年代	祀　産
富道公祠	永興金陵鄉凫塘板沖		田租四百三十餘石。
德亮公祠	永興曹家沖		田租一百畝。
鍾佐公祠	永興三户五陵塘	清嘉慶年間建，咸豐時重修。	田租一百五十石。
正明公祠	永興靄帶	清咸豐年間建，民國二十年重修。	田租一百石。
正暘公祠	永興朗山	清道光年間建。	田租六十石。
文秀公祠	永興六甲祖住	清道光年間建。	田租七十石。
子才公祠	永興黄連橋	清道光年間建。	田租一百二十石。
思清公祠	永興易家	民國初年建。	田租十石。
子高公祠	永興高城頭		田租四十石。
文惠公祠	永興馬田	民國初年建。	田租二十石。
思萬公祠	永興馬田	民國十一年建。	田租七十石。
安定公祠	永興石街		田租十石。
瑞輔公祠	永興里家池江霞沖西沖		田租三十石。
德賢公祠	永興板櫟上		田租四十石。
德政公祠	永興板櫟中		田租四十石。
潤公祠	永興板櫟下		田租三十五石。
永融公祠	永興城下洞		田租四十五石。
斌晨聰房祠	永興天塘第四區樟樹市		田租二十五石。
以德公祠	永興古城		田租三十五石。
季寬公祠	永興油榨墟		田租二百石。
新輯公祠	瀏陽南鄉金响市	明時創建，清乾隆二十七年重修，堂名敦木。	除提充辦學外，勉供祭費。原有租穀餘二千石，匪亂後及近年征實，入不敷出，祀事幾停。
劉氏總祠	宜豐天寶會市	明宏治甲寅創，清康熙癸巳重修，乾隆五十八年再行修復，規模宏廠。民國十八年，遭兵燹。二十年，恢復尚未完整。	
和珍公支祠	宜豐天寶大樓房會市		田八百餘畝，紙料山場五十號。
天定公祠	宜豐天寶上四房會市		晚田六百餘畝，紙料山場十號。
榮公祠	宜豐天寶會市		田約三百餘畝。
積厚堂	永新洲塘村右		
德清公祠	瀏陽縣福定鎮田坪	清同治三年甲子重建。	原有田租百畝，除以十分之六提作蘇溪、江東、遠橋三小學基金外，餘悉提作獎學基金。

（續　表）

名　稱	地　址	建造年代	祀　産
德清公墓廬	瀏陽縣普蹟鎮牌樓灌草衝	民國十年重建。	原有祀田十五畝，除以三分之二提作小學基金外，餘悉提充獎學基金。
文忠公祠	瀏陽縣普蹟鎮蘇家坊	清宣統元年重建。	祀田已全數提作蘇溪小學經費。
文信公祠	瀏陽縣福定鎮江東	清道光十年改建。	祀田十三畝，現已全數提歸江東小學。
文遠公祠	瀏陽縣普蹟鎮遠橋	清光緒二十八年建。	原有祀田現已全數提歸遠橋小學。
順智公祠	瀏陽縣福定鎮北衝	清宣統元年經始，越三年告成。	田租十二畝，現已提歸崇本小學。
順恭公祠	瀏陽縣福定鎮江東	民國十四年乙丑建。	原有祀田十五畝，現已提十三畝歸恭普小學。
廷昂公祠	瀏陽普蹟鎮蘇家坊	民國二十一年改建。	祀産已全部提作蘇溪小學經費。
廷邦公祠	濟陽普蹟石嘴迴鎮		祀産已全部提作蘇溪小學經費。
廷瀶公祠	瀏陽普蹟鎮心田	民國三十四年改建。	祀産已全部提作蘇溪小學費。
崇本堂	瀏陽平山	民國十年八月建。	除提充族學基金外，勉供祭費。
劉氏宗祠	醴陵黄田		稍有祀田。

（劉桂芳等主修、劉謙等纂修《笪橋劉氏總譜》 1947 年鉛印本）

江蘇江陰始祖延陵季子公祠

祠在申港鎮西，即季子墓地也。宋慶元中，封昭德侯。明洪武初，昭去封號，題木主曰“延陵季子之神祠”。建於宋，至明正德五年，知縣王鉼請於巡按御史謝琛，始列祀典。隆慶五年，知縣劉守泰修、武進鄭鄤題額曰“至德第三人”。楹聯曰：“星斗夜寒君子墓，風雷時護聖人書。”謂十字碑經雷雨斷而復完也。請聖祖御書“讓德光前”額。祠中堂，奉季子像，前爲十字碑亭，又前爲謝恩樓，後爲守祠僧舍。乾隆間，知縣蔡澍重修，咸豐十年燬。惟碑亭巋然獨存。同治初年，里人捐建頭門五間，十二年，署縣林達泉、金吴瀾相繼捐廉，詳請建復。總督李宗羲倡捐於前，官紳士民暨後裔續捐於後，由省垣工程局檄委朱之幹監造。以是年興工，越明年落成。捐數不敷，復由金吴瀾捐廉竣工。其制頭門五間、享堂五間、船廳三間，附以從屋，外繚周垣，内栽花木。至以後修葺，由各大憲捐銀生息。巡撫吴元炳捐銀一百兩，侍郎彭玉麐捐銀五十兩，提督吴長慶捐銀二百兩，知縣沈偉田復詳準在冬漕項下，每年捐錢五十千，光緒元年爲始，及撥申港、虞門、後梅三鎮，停止義塾田畝，以充經費。申港鎮一百五十餘畝，後梅鎮四十餘畝，虞門鎮四十餘畝。(録邑志。)

(吴聘璐纂修《[江蘇江陰]延陵吴氏宗譜》 1948 年鉛印本)

二、祠 產 公 積

安徽歙縣吴清山汪氏祠産訟案

清康熙四十四年殷姓侵佔免徵地址訟案

吴清山汪氏祖廟，世奉免徵，載之鱗册，刊之譜牒，彰彰可考。康熙四十四年，有項里册蠹殷德弢、殷胡衍，劣蠹殷錦瀛、殷之鳳，串同地棍殷懷光、殷棣友等，擅改印册，强佔免徵。經支裔吉士等呈控邑侯，驗明舞弊屬實，殷姓狡謀百出，復以該祠名義，並支衆百餘名，朦稟府尊，爲之袒護。吾族振祖等百六十人出而續控府。因殷姓强盛，且攝於其先達尚書公之勢，仍袒庇不究，改册反以祠爲兩姓共祀，遷就調停。致支裔瑞彫等屢控不直，又經支裔瑞麟等控經藩、臬二憲，飭府查審，始荷秉公斷詳。

府詳文

江南徽州府爲詳覆事。奉憲台批：汪瑞麟等聯名呈控殷德弢等私佔免徵廟址一案，仰徽州府查報，等因。奉此，遵即行縣，提犯到府，當堂研訊各供。查看得汪瑞麟等之呈控殷德弢等私改印册，委實欺君虐神也。緣伊祖汪公諱華者，當隋末擾攘之際，起兵保障歙、饒等六州。唐初奉土歸命，嘉其勳績，即授六州都總管，特封越國公，尋晉王爵。追及所生，致邀崇典。查萬曆年間鱗册，及一都二圖九甲清册，載明免徵吴山廟字樣，係地字十五號，計税九分七釐九毫，班班可考。惟殷德弢所執一甲之册，見業下則止註“神基”二字。且更换新紙五頁，與各册互異。是以汪之子孫爲祖清業，訟殷德弢等爲改册侵佔也。查據殷德弢、殷胡衍互諉，且供廟屬彼村水口，明末傾圮，爲伊姓捐貲修葺，本朝又經重修。然此乃地方奉祀土神爲香火起見，亦緣汪氏守支式微，又因廟前之屋爲殷棣友租賃，開張紙馬雜貨店面，未免堆積褻神。汪氏稽查，係殷姓出賃，因而訐訟。經卑府批縣詳覆主敬之説，亦庶幾息訟甯民之善策。就經卑府批允在案。今汪瑞麟等以此地原屬免徵，而殷德弢等所執之册，改爲神基。雖該縣當堂弔驗，用硃筆批明，而當日未爲釐正。蓋以免徵荷累朝之特典，而神基則屬可公可私，恐日後漸至泯没。此汪氏子孫所以上瀆憲轅耳。卑府奉批查議，遵即弔查各甲之册核對，悉註免徵吴山廟，是殷姓之私自擅改明矣。改册滅典，本應究處，應否從寬，出自憲恩。其地字十五號，計地税九分七釐九毫，仍請照舊簽注免徵，庶使汪姓永得保守祠墓。至於廟神，向爲村人奉祀。凡歲時伏臘，不獨殷姓聽其瞻拜，即此地衆户，均得一體祀禱。汪氏支裔，亦不必拘乃祖之祠墓，以阻抑嚮往之誠，可也。是否允協，伏候憲台察核，裁示遵行。奉江南、安徽等處承宣布政使司李批：據詳，殷德弢、殷胡衍私改印册，殊屬舞弊，仰各責三十板，革去册書。餘如詳行。仍取具發落，遵依報察繳。

康熙四十五年十一月。

（汪慰纂修《[安徽歙縣]重建吴清山汪氏墓祠徵信録》 1925年刻本）

湖南湘潭中湘韶山毛氏祠産

震公碑文

粤自我祖震公大人，承先裕後，刱業韶山等處荒熟水田約計數百畝。自成化十八年八月十五日鬮分，俱已清楚載在譜牒。惟公支所居八十一區青山坳内，即今公葬之木梓山連近處也。山地恪守祖訓，歷來公共，未經分晰。念其木本水源，墳冢叠砌。祖宗潑血之地，豈宜輕視乎。故先年族兄彝生、次秩等，矢志欲爲勒碑，以杜後人之爭端。因族修家乘，遞建祠宇，種種美繼，有志未逮。近來子孫繁衍，人心不一。欲不爲之載明，正恐世遠年湮，公私難辨。是以韓等奉先嚴命，敬率父老子弟，逐一清楚。公私明白，著之於石，永垂後代。庶源清而流亦清，公私辨而爭端息。名分正而族姓睦矣。是爲誌。

計開公項於後：

一、山地滴水衝滑油灘，係栗山公子孫共管。

一、李伯衝，係燦京、漢勝子孫管理。

一、屋場焦家衝，係子粹與鳴九兄弟照分管理。

一、翼卿祖屋場，係子清兄弟與子粹管理。

一、何家園屋場，係象南之子與魁任照分管理。

一、馬鞍衝屋場，次章與名雅兄弟獨管。屋宇、山地，讓卿子孫照鬮管理。祖冢不得侵犯。

一、木梓山祖墳禁界鋸木隮崙峺起，至曾家山崙峺爲界。上齊崙頂，下齊山脚爲界。

一、干溪坪屋場、塘地、山林，栗山、青山、凹山得一半，少山得一半管理。

一、公田地名流江衝、曾家山、王田坳、横衝子、大橋邊、門首、大塘、鋸木隮，大、二、五三房公管。

一、祖老屋場，大、二、五房公管。餘外大小屋場，俱屬公共。至若山内園圃，俱已分管。凡新擢，其地公共。

乾隆二十六年辛巳六月中澣，合房公刊豎祠。

一、三房公管木梓山山地、屋基、園土等項，自青山坳起，上至王田坳止，曾家山、桃興隮、横衝子一切山地，除子清、子粹、象南住屋，神堂後俱屬公共。自子清屋後起，上至蘆茅坑對岸墳山嶕、塘衝直下烏龜嶕，除焦家衝子粹契買鄒人外，一切俱屬公管。其象南住屋隔基，中吐一星星蕊，祖墳叠叠，止宜有禁，毋得侵伐。

一、凡震祖山地，統屬震房子孫公共，不得私行賣買，據爲己業。陽修陰葬，聽各自便，毋得阻當。其歷有頂管者，山林任管主蓄禁砍伐。葬墳者不得藉公藉冢滋擾。

一、栗山公相遺滴水、滑油兩衝，右齊飽飯屋場右隮溝起，左齊恨鶯石起，四圍騎崙倒水爲界，係栗房子孫獨管，各房無分。碑册叠據，歷有規條。世當恪守。

一、公山進葬聽便，但不許騎牽斬截，昭穆不分，尊卑不辨。如有藉公亂規者，公同處罰。

一、震祖祠基，前後左右雖有分管，總屬公業。後起賢能，有志恢制，配修祠宇，該管主理應爲公忘私，毋得阻論。

一、流江衝公山，一衝兩岸，騎崙倒水爲界，上直至黑石寨崙頂，俱屬公共。

震公房田山老册言

我房震祖衍派，今已十三系矣。椒條蕃大，有徙居上湘甯鄉者，有往蜀家焉者，譜載烺烺可考也。乾隆十二年戊辰秋，奉族移交祖地王田坳等處墾田七畝三分，計租八斗。十四年始迨至二十七年，以康錦名字報上案載七畝三分，用費公銀一十六兩五錢，均沐恩免，永不升科。二十八年，公議將木梓山出判，價買太平坳公業，餘銀掌蓄。至三十八年，價買曾家灣公業。五十一年，價買鐵陂。其三處祭産，執契載晰，毋庸重贅。其公山抵界，註載朗然。自石垻子、蚌殼山、石觜起騎崾至青山坳、鍋廠塘，直上鋸木隮崙頂、曾家山、老庵峒，騎崙分水，王田坳、元武衝、横衝子、桃興隮、紗帽山，騎崙直下飽飯屋場。又塘衝一帶，上到懶坐觀音峯尖，右直下笑天、獅子山觜，左直至烏龜觜。又流江衝，上至黑石寨頂，一衝兩岸，直至衝口流江塘山觜，左從牛練塘崙頂，騎崙直下大坳，上白沙灘，齊蝦蟆塘，横過鑿龍坳，騎崙直至榔樹隮頂，下至田邊，概屬公山，盡屬震祖子孫人人公共公管。其有干溪坪、馬鞍衝、大屋灣、何家園、大水屋場、焦家衝等處老屋，祠有老碑，刊載明白。其四處公共山地，自前輩朝士、文方開墾以來，隨完公租，以正名分。而山税册廢，姑無論焉。第山税雖停，公私明晰，毋敢爲私。自應子子孫孫永耕永守，即或有耕管不及，衹許本房子孫頂管，不得出頂外房。如有違悖，公同究治。至於耕管墾田，名户不一，兼有更易，另開田租名户册於後。

皇清乾隆六十年乙卯秋九月中浣穀旦，闔房嗣孫公立。

（清毛祖基《[湖南湘潭]中湘韶山毛氏二修族譜》
西河堂清光緒七年木活字本 2003 年複印本）

湖南寧鄉溈寧龍氏祠基祠産

湖基塘祠基祠産接受周桐舫出售契約

立契掃賣産業人周桐舫，今因移就，奉母命合室商議，願將祖遺父分己分東字號昔年接受成茂林一契，及兑就西字號之業，寧邑四都九區地名湖基塘，又名凫橋塘之業，荒熟新墾水田共計四十畝，住屋湖橋塘瓦屋正雜一全，宅内外單雙門片、桁[illegible]、樓栿、扛樓、窗格、窗門、花格、樓板、鼓皮、頂笐、響壁、推門、地板、天井、闌干、院廁、磉柱、磉墩、斗窗、槽門、圍墻、菜園、園土、瓜堆、塘魚、溝池、糞蕩、禾坪、地坪、基地、隙地、山林、古棗、桂果、松杉、竹木、雜樹，一概俱全。住屋後内外圍山、下首岕圍山，均以壕堤爲界，俱屬獨管。其塘凫橋塘、門首月塘一口，圍内麻園塘一口，已墾作田，並東魚池在内，西魚池一口外，新塘一口，均係獨管。又凫橋塘生蓄、車放、灌塘，照額管理。又楊家灣門首月塘、杏子塘、楊家塘、顔家垻、牛欄塘、大水垻，照額順逆車放、搭梘注蔭，澈泥無阻，席草垻一座獨管，凫橋塘門首灌水古圳一條獨管，塘下過水古圳一條，及各處邀水過水灌水古圳，均照額管。其田另立攊單，册載四都九區周麓松名下，正餉銀五錢七分六釐正。以上等項，概行掃售。儘問親疎，俱稱不受，浼請中人許鴻達、李德岩、周谷芬、蔣玉昌、周達泉、龍瑞芝、龍雨蒼、龍勿欺、龍瑞昌、龍振安、龍善風等，説合龍敦厚堂承接爲業。得受常洋價銀一千八百二十元正，並包押起佃出屋上首花紅費，一概在内，毫無雜費。當日係桐親手全領，未少分釐。此係甘心情愿，並無謀勒準折等情。比日憑中攊交，毫無互混。如有不清，係出筆人理落，不與受主相干。價足契明，外不具領。自賣之後，所接成茂林兄弟之業，已載未載、已攊未攊，毫無尅存，永無續贖異言。今欲有憑，立此絶賣掃售契一紙，並老契分關，附龍收執爲據。

計批：周桐舫原存屋後圍山内廢穴陰地一處，齊塋心發尺裁尺過量，上五丈，左五丈，右齊楊姓墳禁，下齊丁姓墳匡，旋至趙姓墳禁止，任周守售進葬，不入契内。此批。

計批：祖母州老太君葬住屋後大圍山，墳禁上抵楊姓墳禁，左抵趙姓墳禁，右抵丁姓墳禁，下齊塋心。發尺裁尺二丈五尺。此批。

計批：住屋後大圍山坐勢，右側繼母陳氏存壽藏一所，禁步裁尺過量，前後左右各方二丈。此批。

計批：丁、吴、楊、趙四姓墳禁，均照發現契批存。此批。

計批：李通園業内荷葉塘，及塘下上、中、下垻三座，至白花井止，均照老契注蔭。此批。

憑中証周兆松、李德岩、周谷芬、崔養源、龍文炳、龍瑞芝、龍卓庭、龍勿欺、周麟松、龍善風、周復香、龍杏林、龍雨蒼、龍清河、蔣玉昌、許鴻逵、周達泉、龍長生、龍貴松、龍振安、周蓮舫、周以成、龍瑞昌、周秋皋、龍桂林、龍喬生、龍舜卿、龍翔高。

立全領字人周桐舫，今憑契内中證一干領到契内田價常洋一千八百二十元正，係桐親手全領，未少分釐。所領是實。此據。

民國七年陰曆五月初十，周桐舫押立筆，在堂母陳氏押。

周桐舫攊單字

立攊單字周桐舫，今將凫橋塘田業掃售龍敦厚堂管理。所有田畝等處，理合攊明。計：攊得凫橋塘業園内秧田大坵一坵四畝，係湖橋塘水車放注蔭，凫橋塘下臘樹坵一坵一畝半，通開坵一坵，下小長坵一坵，方崽子一坵，共三畝半。培樋坵一坵、土地坵一坵，共二畝。兔一畝一坵，崽子一坵，共二畝。弓背坵一坵，崽子一坵，共二畝半。此十坵十一畝半，均係湖橋塘水車放注蔭，澈泥無阻。麻園灘一連四坵，又新墾一坵，窖坵一坵，共田五畝。此五坵五畝，麻園塘外，新塘、湖橋塘車放注蔭。又接受龍方武兄弟紅花坵一坵、小坵一坵，共四畝。楊家塘、杏子塘、蓆草垻車放注蔭無阻。又秧田塝上張天田三坵，共四畝。均湖橋塘外新塘水車放注蔭。麻羅灘下二畝坵，一坵二畝，凫橋塘水車放注蔭。東爪坵荷包坵二坵一畝，楊家塘、杏子塘車放注蔭。大螺頭坵一坵，係湖橋塘大水垻、牛欄塘水注蔭車放無阻。此攊。憑契内中證一干。

民國　　年　月　　日，周桐舫筆立。

周桐舫發憑字

立發憑字人周桐舫，今將祖遺前後分關，及接成姓之業，一概掃售。所有新老契據，開列於後。成茂林售周雲帆印契一紙，周桐舫分關一紙，楊萬清售龍國章印契一紙，譚國臣售丁無疆印契一紙，吴公卓售趙子高印契一紙，趙維常售丁無疆印契一紙，趙邦文售丁維城印契一紙，劉東武售丁祖錫印契一紙，劉榮山售許明朗白契一紙，許時敏售楊承綦印契一紙，楊承綦接龍方武印契一紙，楊階雲接丁祖錫山地印契一紙，楊綦緒接丁祖錫尾契一紙，田單印契一紙，全領頂項共二紙。楊文錦給長孫白契一紙，楊士雅分關一紙，又抄楊士秀東字號分關一紙，楊文錦分關一紙，楊洪章歸管字一紙，楊廷佐歸管字一紙，楊平階歸管字二紙，許春山售龍青云尾契一紙，龍青云售楊承綦尾契一紙，龍鵬萬售丁無疆印契一紙，龍有經售龍曙天白契一紙，龍三畏售龍大受白契一紙，又龍大受售龍世傳白契一紙，楊步雲售成茂林契一紙，發憑字一紙，田單字一紙，全領字一紙。以上老契，憑契内中證一干，均已發交龍敦厚堂收執，此據。

計批：楊文錦給長孫綸熙白契一紙，又許春山售龍青云尾契一紙，又龍青云售楊承綦尾契一紙。此三紙未發交龍收，日後不得執出，向湖橋塘業異論。

立遺失頂項字人周桐舫，今將祖遺前後分關，及接受成姓之業，一概掃售。所有新老契約，發交龍收。今遺失棗樹字約及老契，日後毋得向湖橋塘業主異論。此據。

憑中證一干。

民國　　年　月　　日，周桐舫立筆。

瑞芝公將湖基塘田四畝兑就河衝祠份原接叔華田山兑契

立兑管契人龍瑞芝子姪合室商議，今將接受龍玉蘭父子寧邑四都九區，地名湖橋塘，水田四畝六分四釐，土名竹山坵一坵，原小坵一坵，係竹山坵間，出兑歸龍敦厚堂公祠管理。公祠將本邑四都二區，地名河衝，祠下首水田四畝，土名齋婆蕩坵一坵，廟七分坵一坵，杉樹崽子一坵，大小共計三坵，並大圍外荒山一側，兑歸瑞芝子姪管理。水照契注，餉照契完。比日擇點明白，毫無互混，倘有不清，各自理落。自兑之後，二比均無反悔異言。恐口難憑，立此兑契一紙，並新老契據交互收執爲據。

計批：第八行點大字一个。此批。

鉗合爲憑

憑族衆紹南、桂林、雨蒼、瑞昌、敬夫、佐庭、華得、翔高、玉林、梅村、兆南、善風、勿欺、舒甲、在利、文炳、心田、子潮、玉蘭、振安同押。

民國　　年　月　　日，命男頌墀筆。

附龍玉蘭接受周桐舫割售印契

立割賣水田契人周桐舫，同男禹山、九皋等，合室商議，願將祖遺父分及與母弟關分，坐落寧邑四都九區，地名湖橋塘，原接成茂生一契之業，内割售水田四畝六分四釐，計大小二坵，土名竹山坵一坵，原小坵係竹山坵間出。儘問親疎不受。再四浼請中證憑成舜階、崔震川、崔養源、謝茂森等，説合龍玉蘭父子接受管理。當議時價九一湘元銀二百五十五兩正，包起佃上首花押等費在内。係桐親手領訖，未少分釐，外不具領。其田比日踏攁明白，水係湖橋塘、大塘，照額車放注蔭，澈泥無阻。湖橋塘出水垻港，照額注塞無異。水係同蔭同乾。册載四都九區周麓生户下，照科正餉銀七分二釐正，任龍更名完納，守售自便。所有原接成姓老契，因存田尚多，未便批註給發，不得藉端滋異。此係情願，並無謀準等情及續贖反悔異言。恐口無憑，除將鬮約鉗合，並摘抄東字號所管水田坵塖外，立此割賣契一紙，附玉收執爲據。

計批：第四行添管字一個。此批。

立全領字人周桐舫，今領到龍玉蘭田價湘元銀二百五十五兩正，係桐親手領訖，未少分釐，所領是實。此據。

憑中證周六泉、周麟松、成舜階、謝茂森、周兆松、周達泉、崔震川、崔養元同押。

民國四年八月二十日，周桐舫押立筆。

河衝祠基契約

立契出賣田人龍曙天，今將接受鵬萬河衝田一坵，係開墾無糧，出售公族，以作祠基。當得價銀三十二兩，係曙天親手領訖，未少分釐。自賣之後，服通族捐銀公管，永無異言。立絶契一紙，付族公同爲據。

清乾隆三十一年六月十七日，立筆曙天。

憑旦昇、瑞周、映斗書。

（龍鴻標主修《[湖南寧鄉]溈寧龍氏六修族譜》 1936年敦厚堂木活字本）

湖北江陵畢氏祠産契約

契約房屋

立永賣文約人陳懷崑子載樑，今有自置瓦房一所，坐落西城内便河橋西首，坐南朝北，瓦舖面三間，舖板、大門兩邊地板、頂板，全屏牆一座，門樓全瓦，廳房三間，格扇、板壁、窗户、全廳後屏牆一座，門樓全，水井一口，木欄全瓦，正堂三間，格扇、板壁、兩房頂板全，前後兩房門全，内神龕一座。又正房後瓦房三間，門板俱全。後園地一段，周圍樹木全。共牆左抵夏宅，前至正堂，後止係夏宅正堂，後至後堂山牆止，係本宅。又圓牆一段，至白石止，係孫宅。白石後至小官廟後，係本宅。右抵蕭宅，前舖山牆至舖後屏牆止，係蕭宅。屏牆後至正堂後止，與蕭處在公正堂後到底，俱係蕭宅。前抵街心，後抵小官廟。因移業就業，情願請憑中親許篤庵兄陳右希在内説合，合盤托出，永賣與畢友三名下管業居住。當日畢處出備時值價銀三百二十兩整，折席面議。香火業主諸事一並在内,其銀係崑父子眼同中親接訖清白,並無逼勒準折情由。此係自賣己分,不與房族子弟人等相干,亦未包占他人寸土。自賣之後,從聽畢處興工修造,百爲無阻。恐口無憑,立此永賣文約,與畢處管業爲據。

四址抵界:前抵街心,後抵河心,左抵夏宅,右抵蕭宅,直後至小官廟牆脚。憑中親許篤庵押,兄陳右布押。

見價人劉用庵押、李召周押、郭鏡江押、許舜陶押、齊瞻雲押、朱祈銓鉀。

左鄰夏椿齡押,右鄰蕭子明押。

乾隆三十二年五月二十六日,陳懷崑同子載樑立押。

隨即税契完銀九兩六錢。契尾係布字丁一千二百十七號,紅契上蓋有"湖北布政司"印一顆半,"江陵縣"印三顆半。

謹按:此契係我高祖啓泰公字履安、號友三於乾隆丁亥年購置,迄今宣統庚戌已一百四十三年,幸子孫世守,傳至元孫承紘,於宣統二年歸併與承緗改建江陵□氏宗祠,以期子孫永保。是年承紘於四月初三日封寄到京,承緗因見其破爛不堪,託能匠細心裱就,得稱完璧,意甚快焉。

宣統二年庚戌四月初十日,元孫承緗記於北京達智營寓次。

立歸併約字人七世元記承紘,於光緒癸卯冬價受八世家瓊姪、德鏞孫等老宅瓦房基地一所,坐落荆州西城便河橋,坐南朝北,門面前舖面一重三間,櫃台順山全,大門、舖房、門樓、地板、窗户、水程裝板全,天井一個,屏牆一道,門全,雨搭一個,屏門全,天井一個,廳屋一重三間,當面格門、屏門全。兩邊屏門、前後房門、窗户、水程望板、地板全。天井一個,水井一口,石欄全。屏牆一道,門全。正堂屋一重三間,天井一個,兩邊廂房,連對樓週圍樓板、地板全。神龕一座,當面格門、屏門、樓門全。前後房門、廂房格門、窗户、水程、廂房、抹牆板全。後簷牆一道,門全。天井一個、廚屋一間,窗户、水程、前後門全。欄杆一道,私堂屋一重三間,當面格門、屏門、樓板全。兩邊屏門裝板、前後房門窗户全。簷牆一道,門全。天井一個,雨搭一個,廁屋一間,又雨搭一個,簷牆一道,門全。縱横廂房六間,格門、房門、窗户、裝板全。天井一個,廁屋一間,雨搭一個,後門全。垸牆一道,前起街心,後抵小關廟脚牆止。绛帳台公塘一口,以塘心爲止。左山牆抵聚興質,前至正堂屋,後止係聚興質正堂屋後至圍牆止,係本宅直抵至小關廟後止。右山牆抵劉宅舖面山牆,至舖後屏牆止,係劉宅屏牆。後至正堂屋後止,與劉宅在公正堂屋後,至後園止,俱係劉姓所有。寸磚、寸木、寸瓦、寸石,一齊合盤托出。今因移就別置,情願請憑本家兄弟、姪孫等,函商説合,歸併與貞記管業。當日三面議定,時值價銀一千兩整,係承紘眼同中証親手領訖明白,不少分毫。自歸併後,聽憑貞記興工動土,自住佃人,或作公産,修祠堂,百爲無阻。不得藉端異説。此係歸併自置房産,不與親房户族人等相干。中間並無逼勒准折情由,亦未包佔他人寸土。所有折席、畫儀、香火、轉業等一併在内。恐口無憑,立此歸併約爲據。老契並繳(現寄存京寓)。

四址抵界:前抵街心,後抵塘心,直抵小關廟牆脚,左抵聚興質,右抵劉姓。

憑中堂兄印川押、胞姪家璋押、姪孫德鏞押、胞弟少衡押、承繽押、承繒押、家瑜押、家瓊押、家珏押、堂姪家鈺鉀。

宣統二年五月十五日,七世承紘親筆立。

契約祭田

立永賣荒山文約字人李開泰玉，今有祖遺荒山一段，坐落地名大北門外李家灣東首，計丈二分，係荒山無糧。今因移就別置，情願請憑中人李開遠在内説合，出賣與畢亨記名下管業當差。當日三面議定，時值價錢捌串文整。係李姓眼同中證親手領訖明白。自賣之後，聽憑畢姓點穴安葬，填補築圍，栽插樹木，陰陽兩便，百爲無阻。此係自賣己分，不與户族人等相干，中間並無逼勒准債情由，亦未包佔他人寸土。所有過山酒禮、折化托轉，一併俱在價内。恐口無憑，立此永賣文約字爲據。

計開四址抵界：東抵無業古墳，北抵無業古墳，西抵無業古墳，南抵魁姓田邊。憑中人李開遠押。

又批：填南方糞坑土工錢二串文，又西南角李開遠糞坑錢一串五百文，又草場面前木子樹二根，安葬時須伐去，幫錢四百文。

大清光緒十二年九月二十七日立。

又南方糞坑，横計一丈四尺，直計八尺，係旗營魁家義讓有魁家，扎廉訪鳳池印、勒哈哩曾署湖北臬司。回信爲據。畢姓曾備水禮用錢三串文。此契存亨記。

此項李家灣塋地，係七世承綬，於前清宣統庚戌年捐入宗祠。

立永賣陸田陰地文約人馬子權，今有祖遺糧田一分，計丈六分，坐落地名西關外倒流橋西南首，糧隨載馬一三四甲花名馬秀柄户内，過撥完納。因移就别業，情願請憑中人朱帖臣等在内説合，除賣與畢貞記管業。當日三面言定，出備時值實價紋銀二十兩整，有賣主親手領訖，明白收清無欠。自賣之後，從買主點穴安葬。挖圍立碑，興工動土，栽插樹木，百爲無阻。此係自賣己分，不與户族人等相干，亦未包佔他人寸土。中間並無逼勒情形。其有托業、畫移、轉主一併在内，恐口無憑，立此賣約爲據。

此田一形計丈八分，馬姓留存二分，以作墳基外，六分均歸畢姓管業。

四址抵界：北抵馬姓田界，西抵馬姓墳地界，東抵戴姓澗邊界，南抵羅姓田溝。

憑保人湯治才。

光緒十七年三月十五日立。

當年四月過户。畢貞塋、馬一甲立本里糧户執照一紙，計秋一升五合，麥無，銀一分八釐，米六合九勺。

契税布字丙二千八百七十五號。此契存貞記。

此項倒流橋塋地，係七世承緗，於前清宣統庚戌捐入宗祠。

（畢承綬等續修《續修江陵畢氏族譜》 1913年石印本）

湖北黄岡萬氏祠堂契

立大賣基地約人程尚文，今因别置少湊，情願將自己基地一所，前抵塘田，後抵地壍，東抵屋山脚，西抵祠堂山脚，四界分明，憑中説合，出賣於萬老爺合族爲業。議定九九價錢二十三千整。比日親領。自賣之後，聽憑買主興造，無得異説。其有酒券，一併在内。恐後無憑，立此爲據。

乾隆四十五年八月二十八日親筆。

正契。憑中嚴仲周、邵對佐、程象明。

立换約人程尚文，因祖遺基屋一段，坐落蔣家沖，與萬氏祠田基屋相連。今將變置，除踩分萬祠佃基外，不足一家興造。憑中酌議，情願將祖遺水田五升，坐落中嘴承早稞七斗五升，晚稞照例，水係隨田灌溉，與萬祠换出佃基。其糧各歸本户。自换之後，基屋聽程人安置，田聽萬祠經管。兩無異説，恐後無憑，立此爲據。

憑中邵對佐、程文選。

乾隆十二年十二月二十七日親筆。

黄方田水田，坐落柳家堤彎南首廟沖東塝路邊，一斗二升，水係稻場塘灌溉，民米三升九合六勺，賣於萬姓姚家寨祖上爲業。憑中人柳祚明、邱永記、蕭興法、萬協和、萬成愷、萬星梅，議定九八大錢十六串文。

光緒二十四年十二月十二日立。代筆柳祚明。

（纂者不詳《[湖北黄岡]黄岡萬氏心齋公宗譜》 1947 年木活字本）

湖南平江葉氏公積祀産源流

平江葉氏公積源流序

爲通族合積公同嚴約，以光宗祖，以廣事功事。竊維我族啓祖仁重公，由江右武寧遷蒲圻，轉徙平江燕額嶺下，後名葉家洞，歷今四百餘年。荷祖宗之靈，忠厚傳家，生齒蕃衍，支分派别，丕振箕裘。其間氣數之盛衰,人事之得失,大造無私,而人定亦可勝天也。所可慮者,一族之中貧富之不等,智愚之不齊,一旦有事於祖宗,或續世系於譜牒,或建家廟於族間,與夫春秋祭祀,設席公堂,苦學成名,損資奬勸,俱要臨門派費,逐户取辦。人即慷慨樂從,往往因一時拮据,有美莫舉,有善難行,志氣之士恒多扼腕。今上沐國朝熙洽之化,時皆禮義之風,人慕創垂之緒。於是經文等糾聚族好,捐資積聚,已屬有年。爲此合行酌奪,嚴爲積累。上遞下承,輪流派管。每年至十二月二十四日,仗公赴會,不得違悮。聚少成多,積小致鉅,以晻致明,以微致顯,世人徒誇蓄積之厚,蓋藏之裕,原非一日事也,蓋有漸以致之矣。所賴我族人一心一德,力行弗懈,行見聚沙爲阜,集腋成裘,宗族光明,其前途正未易量也。第恐日久則人心散漫,年深則管首難承。隨家厚薄,因人派領,日後源遠流長,事業發揮,肖子賢孫,廣事功以光宗祖者,可拭目以觀厥成矣。是爲序。

乾隆四十三年十二月二十四日,存德堂經文謹書。

計開:合族公積糾首經文、周文、懷遠、玉璧、倫安、奇珍、孔學、文傳、明良、榮賢、義來、餘慶、學才、東奇、振元、良才、楚能、秀昌。

平江葉氏祠堂祀産源流序

吾葉氏自仁重公於明洪武時,由江右武寧遷業於斯,累世蕃衍,碁佈一方,故名之曰葉家洞。曩自先公分房以來,强弱不一,不能不各私其家。所以先靈寢食之堂、蒸嘗之典缺焉莫備。至十三世經文公惓懷先澤,于乾隆五十年商諸族衆,以族治事餘資派捐而補益之,集銀一十九兩一錢七分。是時同志共事者,周文、辱遠、玉璧、懷遠、孔學、倫安、明良、文傳、東奇、義來、振元、楚能、學才、良才、餘慶,及吾父榮賢公是也。將銀輪流積聚,由是漸積成多。自乾隆五十九年至嘉慶七年,共置買田種三石五斗三升,去價銀二百七十二兩四錢,收租玖拾玖小石正。嘉慶十二年丁卯正月,議修祠堂,卜基上上大坵。其田係族光清兄弟之田,用銀七十八兩,置族曉堂桑樹、坵田,種五斗,與伊兑换上上大坵,亦屬五斗。長坵糧九升八合,上一截兑族義來黄泥圳田種斗半,係爲上棟之基,下一截係爲兩廊下棟門首餘廠之基,用銀三十八兩。置族星照黄泥圳田,種斗半,糧二升一合一勺,係爲中棟之基。四置田糧,均刊碑誌,是年正月興工,十一月落成。十四年己巳,始行裝修油漆,置辦棹橙各件,前後用銀一千五百三十六兩零。通族捐銀七百五十六兩三錢五分,用族積銀伍百三十八兩八錢四分。借神會銀五十二兩,借用八十九兩一錢六分。十四年起,蘇州會銀一百兩,祠堂内共用銀八百兩正。其所借貸會銀,屢年將祠堂所收租穀出糶相還。至嘉慶二十年乙亥,始清餘錢三十三千三百七十三文,並後屢年租穀出糶積聚,迄今二十三載。除完糧餉、祭祀、修砌祖塋、幫輯家乘、補修祠堂、幫送入學、捐納旗傘、修治出入道路,以及公事應用酒席、演戲等項之外,接置田種一十五石有零,收租四百八十餘石,並前共計收租五百八十石零。噫,吾族祠産可謂厚矣。由此推行,其致富也又何難乎。然則,其致富矣,將何爲哉。必也厚祭祀以敬所尊,設義學以廣其教,奬科第考試以育人才,遇荒歉則減價平糶以濟族貧。其有婚姻之莫完、喪葬之莫舉者,則周恤以全之,如是則成義族矣,不亦美乎。伏念先人造端於始,吾輩繼起而成之,不負先人之願,後之任是事而繼起者,必如吾輩之不負先人而後乃可耳。予因將積聚原本,歷置田畝、糧租,逐一校註明白,俾後人視之,瞭如指掌焉。

道光十八年戊戌歲夏月吉日,十六世裔孫明紀、善林氏校纂,命男集梧謄書。

嘉慶十二年丁卯建修宗祠，議派八門半承辦各門首事：曉堂、善林、應中、對揚、光清、富元、瓊姿、忠容、堯典、芳桂、學才、清臣、迪羣、永齡、高風、義來、振元、理文、錦揚。

八門半合捐銀七百五十五六兩三錢五分。用族祭銀七百八十兩。

（瑞盞主修、葉培元總修《［湖南平江］平江葉氏族譜》 1935 年鉛印本）

浙江仁和馮氏公産大略總記

余家自南渡來，再經鼎革。六世祖以上，雖家譜可攷，而支系單乏，頗無多人。至六世祖始，生有六子，而二、六兩房早夭，三房（山）〔出〕贅（莧）〔筧〕橋。迄今傳衍，不過數人，又皆式微，不能自立。十數年來，長房一支僅存一二人。今所存者獨有四房一支及五房，爲吾之高高祖滿公一支而已。通計二支現在子姓尚不滿五十人，再攷六世以上，墳塋俱莫知處所。自六世祖以後，始置有飲馬橋徵地八畝四分零，爲本家葬地。至余祖滿公，以生齒漸繁，不便祔葬，遂另置江干六和塔土山八畝餘，作歸藏所，而長房、四房則仍在飲馬橋。其墳地糧税在飲馬橋，則四房之懋修伯一人獨辦，而六和塔則余五房之子孫輪辦。嗣後約在故明隆萬之世，尋置公産三間，在祖基新宫橋左側，原價百金。大抵四房子孫捐費十之二三，五房子孫捐費十之七八。公議取租以抵族中門户公共之用。司其事者，則四房之子孫也。不意日久法忘，而公産之息，竟爲司事者衣食其内。若公共之門户錢糧，則仍派之族衆。馴至數十年不可復問。吁，可歎也。迨康熙丙午，公産更遭回禄。司事者復以地與人搆屋，而分其僦值之半爲餬口計。至壬子歲，則懋修伯之子文先兄，又故且絶。而飲馬橋之糧税益復無屬。余不得已又起而仔肩之。族中自虎文、偉伯二姪，諒爲資助。甲寅以後，併虎文亦經告止。强半之費，十年來則余一人所獨任也。至康熙辛酉，司事者告殞，而存子回昭，又龍鍾無後。余懼此産之久而迷失也，同再從兄家千商酌，向各房鳩費償搆屋者，而公産始完璧以歸焉。後之子孫勉力世守，慎勿存私，具見繼述之美，果有好義急公，能擴充其事如范文正公義田之舉，則又余兄弟二人之所厚望也。自愧弇鄙不文，謹述其大畧如此。時康熙癸亥年立春次日訒菴老人昌言同兄士駒敬述。

（清馮嗣英續修《［浙江仁和］馮氏家譜》 清乾隆三十四年刻本）

湖南湘鄉二都胡氏田山屋宇契據

録胡心禹等印契

立契出賣田塘、屋宇、基址、山林、竹木、園土、糞蕩、壩圳人胡心禹、自新、樂善，同男胡一正、希賢、魁士等，今因公私逼迫，無從出備，只得兄弟父子商議，願將祖遺地名陳家屋場平里塘水口衝荒熟水田壹拾畝，大小共計貳拾貳坵，横屋壹宅，大小五間，並雜屋等項，糧載二都四區胡衆户下完納正餉一半，浼請中人胡致中、九如等出賣與潤卿祖之嗣孫二、三、四、六、七、八、九、十房下承受公管爲業。比日憑中三面議定，時值價銀貳百壹拾捌兩正，就日銀契兩交，其銀係心禹兄弟親手領訖，並未短少分釐，故未重書領限。其陳家屋場、水口衝荒熟田糧，及屋基、山地、塘壩、園土等項，心禹兄弟分下一筆掃售，並未尅留寸土，此係甘心出賣。任聽公房管理行止，出業人永無異言。如有互混不清，重行典當，係出筆人理落，不與受業人相干。今欲有憑，立此賣契，並繳老契合同共五紙，付公房收執，永遠爲據。

其田畝、水路、山界，載於契後。園門下一坵二分，蕭家大坵背上二坵三分，蕭家塘下，一連二坵一畝三分，葫蘆坵一坵二分一畝，坵一坵一畝，伴塝坵一坵，一畝井坵一坵，當上一小坵，共一畝五分，井坵下二坵一畝，靈官壩邊一坵五分，水口衝黄土塘背上一連三坵，一畝五分，黄土塘當上一連四坵一畝，水口衝秧田内二坵五分，平里塘尾荒田三坵，照分管理。其平里塘、灣子蕩、水口塘、門首塘二張，蕭家塘、馬家井照田原額車戽，蔭注無阻。其門首下塘蕭家塘共二張，生放與舜綜、皆禮共管各半。平里塘生放照分管理。糞蕩二隻，其園土居中一連二塊，上東齊下面壕基直上，西齊壕基爲界，下東齊壕西齊陳人墳下水溝邊爲界，土下蕩一隻獨管。其山地老屋後，上齊老壕直上，下齊老壕水溝，直上崙頂，擢坑爲界。下首山一塊，頂齊騎崙，下齊田邊，左右擢坑爲界。貼屋後老壕内餘側一塊，與陳人老五分公管。水口衝屋後壕外毛栗埂，右齊壕坑，直上騎崙，左齊水溝，直上小尖峯，擢坑爲界，與舜綜、皆禮共管各半。

乾隆四十八年十二月初五日，立筆胡心禹、自新、樂善、魁士，同男姪一正、希賢、宫池、九明，均押。

録胡玉有印契

立契出賣田塘、屋宇、基址、山林、樹竹、園土、糞蕩、壩圳人胡玉有、揚名、南州、金玉、重器、高舉兄弟等，今因公私逼迫，無從出備，衹得兄弟商議，願將祖遺地名陳家屋場平里塘下水田一坵，水口衝塘下二坵，荒熟水田一畝八分八釐，大小三坵，其水路車放注蔭，照依老額，正屋一間，四分得三，糧載二都四區胡衆户下完納，正餉照分，浼請中人胡魁士、教學等，出賣與潤卿祖之嗣孫二、三、四、六、七、八、九、十房下承受公管爲業。比日憑中三面議定，時值實價銀四十兩零九錢八分正，當日銀契兩交。其銀係玉有、金玉兄弟親手領訖，未少分釐，故未重書領限。其陳家屋場、水口衝荒熟田糧，及屋基、山地、塘壩、園土等項，玉有、金玉兄弟分下一筆掃售，並未尅留。此係甘心出賣，任聽公房管理，永無異言。如有互分不清，重行典當，係出筆人理落，不與受業相干。今欲有憑，立此賣契，並繳老契壹紙，付公房永遠收執爲據。

綜公分下山地、竹木、園土、田塘、壩圳生放、糞蕩、屋宇、基址，俱係四分得三。南州批。

乾隆五十六年十月初二日，立筆胡玉有、南州、金玉、揚名、重器、高舉，均押。

録胡致中等印契

立契出賣田塘、屋宇、基址、山林、樹竹、園土、糞蕩、壩圳人胡致中，同姪胥雋，叔姪父子兄弟，今因公私逼迫，無從出備，祇得叔姪商議，願將父遺地名陳家屋場水田四坵、水口衝田一坵、荒熟水田二畝五分、大小五坵，其水路車放注蔭，照依老額，正屋一間，糧載二都四區胡衆户下完納，正餉照分，浼請中人胡魁士、教學等，出賣與潤卿祖之嗣孫二、三、四、六、七、八、九、十房下承受公管爲業。比日三面議定，時值實價銀五十四兩五錢正。當日銀契兩交，其銀係致中叔姪親手領訖，並未短少分釐，故未重書領限。其陳家屋場、水口衝荒熟田糧，及屋基、山地、塘壩、園土、糞蕩、竹木等項，致中叔姪分下一筆掃售，並未尅留。此係甘心出賣，任聽公房管理，永無異言。如有互混不清，重行典當，係出筆人理落，不與受業相干。今欲有憑，立此賣契，並繳老契吐退共三紙，付公房永遠收執爲據。

乾隆五十七年十二月初九日立，胥雋筆，均押。

録胡友山印契

立契出賣田塘、屋宇、基址、山林、樹竹、園土、糞蕩、壩圳等項人胡友山兄弟、廷秩兄弟等，今因棄業就業，祇得友秩兄弟叔姪等合口商議，願將父遺父分地名平地衝陳家屋場平里塘下田屋、門首塘背上一坵、秧田一坵、下一畝坵一坵、水口衝園内二坵、大小共五坵二畝五分，二處水田，其水路車放注蔭，照依老契管理。正屋一間，糧載二都四區胡衆户下完納，正餉照分。浼請中人胡魁士、教學等鉗訂胡潤卿祖之嗣孫二、三、四、六、七、八、九、十房下承受公管爲業。比日憑中三面議定，時值價銀五十四兩五錢正，當日銀契兩交，其銀係友秩兄弟叔姪領訖，並未短少分釐，自賣之後，友秩兄弟分下一筆掃售，並未尅留。此係甘心出賣，任聽公房管理，永無異言。倘有互混不清，重行典當，係出筆人理落，不與受業人相干。今欲有憑，立此賣契壹紙，付公房永遠收執爲據。

乾隆五十九年十一月二十六日立，胡友三、廷基筆，均押。

録胡定國印契

立契出賣田塘、屋宇、基址、山林、樹竹、園土、糞蕩、壩圳等項人胡定國，同男紹英等，今父子合口商議，願將自置地名平地衝陳家屋場平里塘下蕭家塘當上蕭家大坵一連二坵，水口塘下二坵，秧田園内一坵，共田二畝五分，大小五坵，其水路車放注蔭，照依老契管理，正屋一間，糧載二都四區胡衆户下完納，正餉照分，浼請中人胡魁士、教學等鉗訂胡潤卿祖之嗣孫二、三、四、

六、七、八、九、十房下承受公管爲業。比日憑中三面議定，時值價銀五十四兩五錢正，就日銀契兩交，其銀是定國父子領訖，並未短少。自賣之後，定國父子分下一筆掃售，並未尅留。此係甘心出賣，任聽公房管理，永無異言。倘有互混不清，及重行典當，概係出筆人理落，不與受業人相干。今欲有憑，立此賣契一紙，付公房永遠收執爲據。

乾隆五十九年十一月二十六日，立筆胡定國，同男紹英，均押。

（胡傳戴主修，胡傳謨等纂修《[湖南湘鄉]湘鄉二都平地衝胡氏續修族譜》1937年木活字本）

湖南瀏陽萬古塘劉氏祠産

閩武宗祠祀産誌畧

聖王之以孝治天下也，建七廟之制，時修除黝堊，以致袷禘蒸嘗之禮，下逮公卿士庶，亦得各立祠宇，以享其祖宗。非但爲觀美也，敦本返始，義隆自遠也。故伊川六禮之修，家必有廟，廟必有主，以崇祀典，以依神靈，禮莫重焉。余族自一派祖三郎公肇基而後，積德累世，至守庸公而發其祥，登金榜，任烏臺，尋蒙國恩，榮及三代，是足以表見於後世，而庇賴其子孫矣。爰以其席先人之餘澤者，上報先人，而祠堂之制於是乎舉。爾時印纍纍、綬若若，裸獻登降，用光俎豆者，盡屬國家餘恩所逮也。我祖考鑑之，慰可知已。顧自建祠以來，蓋三百餘年於此矣。其間遞修遞造，幾經屢次，及我國朝鼎革，兵燹頻仍，堂基灰燼，爰於康熙六年内復規前制之高下廣狹，構造落成，致使廟貌焕然復新。而我祖宗靈爽，不仍有實式憑焉者乎。嗟乎，水源木本，悠然可遡。尊祖敬宗，人有同心。誰無祖先，誰非子孫。倘顧兹祠而不思愛思敬，以生仁厚之念者，必非情矣。第恐歷年久遠，其制易湮，將無以爲後人承緒之地，因鐫昔年所遺定制，以昭兹來許。其祠堂坐對，係乾山巽向，上棟高二丈一尺九寸，廳堂横三丈六尺，直三丈，上棟前簷四尺，後簷三尺，前棟高一丈五尺九寸，廳横六丈七寸、直一丈一尺，前簷三尺一寸，左簷二尺九寸，右簷二尺九寸。其地基，左築磚牆爲界，牆内空地一丈二尺，山脚下坎上牆外有糞缸地壹塊，原屬祠地；右築磚牆爲界，牆内空地一丈零五寸，前至大路爲界，後至祖祠來壠爲界。左右山崗、地基，俱屬祠内管業。凡此定制，實我祖宗所傳，而永無異議者。具載於此，非徒以杜侵漁之端而已，亦冀後之子孫共切仁孝之懷，以無忘前人遺業。修堂儀、謹禋祀，重本篤親，恩明意美，則將來之德行文苑，以與我祖後先輝映者，固可拭目而俟矣。若夫祠中祭享，其出入之經，多寡之程，列諸譜末，可按而知矣，故不復贅云。

時康熙四十七年戊子端月之吉，嗣孫得名、漢肅、錕、肇璧同撰，嗣孫歲進士兆泰參。

閩武祠墓祀産録

一、義甫、永旺二公祠在武邑東城内，計屋二進，上棟堂屋，左右正房二間，天井一隻，前棟正廳左右正房二間，耳房餘基在内。

一、義甫公祠宇，一所在武平城内疊福巷，計屋二進，右邊廈房二間，天井一隻，前至地坪在內。乾隆五十八年，廷章公捐大鑼一合，去價錢五千文，後傾頽。咸豐二年重修，將崇習公嘗業山内松樹出售以作修葺之資。適與鍾人清理墳界，廷章公後裔共又捐錢壹千四百文。

一、祠内百福費共百股，每股捐花邊一元，巖前共二十股，廷章公捐花邊五元，各房捐花邊十五元。買田一契，每年收租壹石半。春祭交入縣祠收納，每股頒胙肉壹斤二兩。

一、灌公祠在高坊大嶺下，計屋二進，上廳一間，天井一隻，前廳左右正房二間，前至照牆。乾隆二十六年，廷章公捐大鑼一合，去價銀六兩正，交康壽、月壽帶歸。道光二十六年换樑，廷章公後裔捐錢壹千文，照來錦字交。

一、合邑總祠内在西門文明坊，道光八年同姓各族公建，内奉灌公、傑公、行文公、廷章公四公神主。捐燈油錢陸百文，照祥、盛揮交所派捐項，一派祖湘坑湖祠内出；二派至八派，疊福巷祠内出；九派至十四派，廷章公後裔捐花邊二元，十五派，廷章公後裔捐花邊二元二，共四元。

一、新祠在武邑大井頭。咸豐二年費首湘坑湖，慶宜總管，留將坑文成，内奉萬五郎、灌公、行文公、廷章公四公神主。共捐錢貳千叁百七十五文。

一、湘坑湖掛掃費，道光二十一年二月内，廷章公後裔捐錢叁千文，交魚溪尾翔公後裔祥盛收。

一、香花坳獅形山場壹嶂，六派祖源深公、妣廖老孺人合葬，午山子向，兼丁癸三分分金。有碑。

一、茜塘背，永宗公存留祭掃嘗田。

一、黄竹坑王棟湖山場二嶂，乾隆四十五年公買，族姪鶴壽之業，爲十四派祖崇習公嘗業。廷章公捐銀三兩，交慶壽、恩科、新科手帶歸。

一、三派祖至八派祖墓，係漁溪尾並官陂上大嶺下，逐年公同掛掃。

一、九派祖至十四派祖墓，係大嶺下掛掃。

一、十派祖至十七派祖墓，每年交穀三石七斗五升，托大嶺下逐年掛掃。

附録連寶賣契

立賣終放地契人劉連寶，今因吉用，情願將有終放地壹穴，坐落土名“竹山背”、“烏坵窟”，塘面上終放地壹穴，坐西向東，左與上興公地相連，右與鍾家爲界，四至分明，今托中送與本家上興公出首向前承買。三面言定，地價銅錢壹拾捌串文正。一買一賣，二比心甘，所賣以後，任從上興公子孫管業，賣人不得異言。恐口無憑，立賣終放地爲照。

在場弟伯寶，説合中梁天乾，在見親朱才富。

本日榮錦實領地價錢壹拾捌千文正。

道光二十四年八月二十二日立賣終放地契人連寶，命男榮景筆。

上興公祀田

乾隆二十一年八月十七日，買大嶺下廷昇田壹契，土名坐落池鹿湖馬後頭下分，原計禾税貳秤正，載正米壹升正，大小上下壹拾叁坵，去價銀捌兩五錢正。

乾隆四十九年二月二十九日，買慶奪、乾壽墾田壹契，土名坐落“塘子尾”大路面上田壹坵，其田蔭注係右邊古圳，任從買人放蔭。去價錢壹千文正。

乾隆四十九年三月初九日，買梁壽田骨壹契，土名坐落高坊上屋門首，原計禾税叁秤正，載早租穀貳石柒斗正，載正米貳升五合正。其田大小一連三坵，上與羅正遠田相連，加增帖壹紙。去田骨價錢壹萬貳千文正。

乾隆四十九年七月初九日，買梁壽田皮一契，地名高坊上屋門首，大小一連叁坵。上與羅正遠田相連，原計禾税叁秤正，載早租穀貳碩柒斗正。其田蔭注，係庵邊石砌路坡水，此水作三分開，廷章公田管二分，梁壽田一分。去時值田皮價錢壹萬陸千文正。

乾隆五十年正月十九日，買梁壽、應壽田壹契，土名坐落高坊上屋門首壩背，原計禾税貳秤正，大小貳坵，下與羅姓田相連，載正米壹升正。又老契壹紙。去價錢壹萬肆千文正。

以上租穀共計肆碩柒斗五升。

一、上興公田業，原有正米四升五合，嘉慶十一年，武邑乾照公飛來正米四合五勺，共計四升九合五勺。咸豐元年十一月二十八日，貴寶將已分田業賣與二圖一甲鍾恒興户下，代飛售去上興公正米四合一勺五鈔，當幫去貴寶錢壹千文。貴寶立有收幫撥售字爲據。同治二年四月初七日，貴寶又因賣田無糧，將上興公名下正米二升三合，飛售與巖一圖五甲練亦興户下完納，幫去貴寶錢陸千文正，貴寶立有議約合同爲據。上興公户内仍存正米二升二合三勺五鈔。鍾廷禄退還廢契壹紙。劉連寶、進寶賣烏坵窟塘土窨一契，至二十四年又立賣終放地壹契。以上契約選科收存。

録閩武木嶺下祠墓祭掃祀産原由

贖崇習公蒸嘗議約此係初立之約，載之以便查閲。

立議字人彭城郡嗣孫廷章、衡山梁壽等，緣因崇習公有嘗山松木一處，土名坐落峢子頭，於乾隆四十四年冬被羅姓强砍露佔，四十五年二月内，經官理論，蒙捕主勘訊，後經親目處釋，將羅姓陳廣坑之山天水流落，俱一賣與崇習公大嘗内爲業。但經官用費銀錢，並買羅姓陳廣坑之銀錢無所出辦，當日叔姪商議，即將崇習公嘗田一處，土名坐落烏坵窟塘面上，計税五秤正，賣與姪燕山爲業。時值田價銅錢貳萬捌千捌百文正。幸賴祖宗有靈，忽於四十九年正月内，往外瀏陽縣廷章嗣裔桃壽等回歸祭祖，因思崇習公缺少嘗費，慷慨辦出銀錢，向燕山處續轉此田，以爲崇習公永遠祭掃之資。日後三房子孫照丁分胙。及崇習公上年有山業等項，亦係三房公共，日後三房嗣孫不得異言，生端滋事。恐口無憑，立議字爲照。

今將崇習公嘗田、嘗山處所，開列於後：

一、有田一處，坐落烏坵窟塘，計税五秤正，租穀叁石壹斗。

一、有陳廣坑山一處、黄楝湖山一處、黄竹坑山一處，有文契三紙，廷蘭收一紙玉山名下，行山收二紙陳廣坑並岐山名下。

一、有峢子頭山鹿湖裏禾坪崗山一派。

一、批崇習公嘗田、嘗山，俱一、三房嗣孫公共批照。

在場人梁雲朗、姪赴科秉筆，陸科字。

乾隆四十九年二月二十八日立議字，嗣孫行山、廷章、梁壽、文山、岐山、得山。

（清劉選科等《［湖南瀏陽］楚南瀏陽萬古塘劉氏族譜》 清同治三年務本堂木活字本）

湖南湘鄉新園唐氏宗祠公儲

公儲爲祖宗血食所需，侵漁乾没，必有餘殃，固已。我族尤有宜鄭重者，自緇流恣釁，祀産蕩然。端方祖倡建祠宇，猶無祀田。金聲祖起按户勸收，權子母有年，始置山塘田。量德祖踵理數十年，公慎節儉，得廣寺衝田。諸先輩洵苦心矣哉。嗣後子姓日繁，諸費莫足。庚戌增益之産，皆自敦本急公之心來也。兹將券約都坊創制源委，逐一登録。願後起者念累代之難辛，無廢墜而有恢張，則先靈慰甚，闔族幸甚。

湘街老祠源委

乾隆三十二年十一月二十四日，端方祖倡買湘街崑崙總四牌樓唐必德瓦屋一宅三進十一間，並後園土，去價銀一百兩整，三十五年，修作祠堂，前爲大門，内爲廳，旁爲房，中爲屏，過屏爲庭。上爲中門，最上爲寢室，兩翼俱爲房，合族供祀。八十年因連年水浸屋朽，至道光三十年，移建葫藪雙江口。又數年，下葫藪世冕公一枝，分歸錦市唐家湖。憑衆品得價去，其祠宇祀田始歸新園族下獨管。嗣因歲修維艱，典守需費，同治二年，合族議將神主移祀三坊，新祠老祠售許姓，以其價退新祠之佃信八十兩。

山塘坳契約

立契絶賣田塘、屋宇、山林、園土、麻兜、樹木等項人王大也，今因公私逼迫，無從出備，母子合口商議，情願將置地名山塘坳荒熟水田七畝，莊屋一宅，水塘三張，山林、土畲、麻兒、樹木等項，糧注三區，册名王大也，奉上丈過弓口一畝七分，餉一錢，南漕照派，出立召約，浼請中親王正高、唐際盛等，召到唐宗祠向前承受爲業。比日三面議處，唐金聲等將糾捐族穀，折銀時值紋價一百一十三兩整，是王大也親手領訖，並未短少分釐，亦無逼勒準折等情。其田界自屋下手口檀樹牌，山邊小坵上蕩坵，抵王人田，至陳園，下自塘爲界，其山界陳人下手壕外山，一面抵王人田邊，騎崙倒水爲界，屋側對門抵陳山，騎脊直上抵王人山，週圍騎崙壕基倒水，直至屋下手，抵王人檀樹牌，小窩壕坑爲界，比日憑中親扦踏，界址分明，水係塘水注蔭，陰陽一並掃賣，並無尅留寸土。自賣之後，任唐更名晰數，陽修陰葬，(桃)〔挑〕擔開挖，王人無異。糧從五十五年起，係唐完納。今欲有憑，立此絶契一紙，付唐宗祠永遠爲據。

其王人墳一冢，穿心二丈。並批。

乾隆五十四年十一月二十日，王大也筆押立。

自東臺廢弛，司宗祀者，皆解私槖從事，甚難爲繼。金聲祖傾心倡捐，從升斗起科，權子母，十三年得買山塘田畝，而族之跅跎者且以寫隔難之。祖於公祠不惜屈膝以解其惑，信乎有實心者自獲遠報也。先靈得此始安，族祀得此以基，繼自今司事者宜如何盡心也。是田見佃錢四十五千文，每年約收鄉斗穀九石七斗。

寺衝契約

立契絶賣田塘、屋宇、山地等項人王希賢，今因棄業就業，情願將地名寺衝，祖遺父分鬮内荒熟水田二十畝，屋宇、田宅、牛欄、雜屋、穀倉、門壁、神龕、大小水塘四張、山地、樹竹、園土、麻兜、糞池等項，糧書三坊三區，册名王演章，正餉六錢八分五釐，南漕照派，概行出售。儘問上首親房，俱稱不便，出立召約，浼請中親潘青峯、彭中魁、譚紫封等，召到唐宗祠承受爲業。比日三面議處，將唐量德所領公銀，併拚山銀，共成田價四百兩整，就日銀契兩交。銀係希賢親手領訖，並未短少分釐，亦無逼勒準折等情。注水本衝塘水並泉水，俱係獨注獨管。其田界前憑河港，上下左右俱抵山脚爲界，毫無互混。其山界左憑衝口河港，自田角直上唐量德壕基，騎崙至山頂轉下右邊，騎崙倒水，抵唐經權壕基邊山，直下河港爲界。比日憑中扦踏清白。此業一筆掃賣，並無尅留寸土寸木。糧從五年起，任唐更名晰數，陽修陰造，王人永無異言。今欲有憑，立此絶契一紙，付唐永遠爲據。

衝尾山内葉人墳一蔸，上齊墳腦二丈，右憑垦邊三丈，左齊峗脊，下憑蔸上，墳前横過左峗心壕堋爲界。並批。

道光四年九月十三日，王希賢筆押立。

祠田前衹山塘數石，租人祭難備物。量德祖掌蓄山林四十餘年。迨道光甲申，始變價增購寺衝産業，其殷勤積管，實心調護，迄今可概想也。是田原佃銀二百兩。道光癸卯，流芳祖承理，除挑塘整港，勘外節續減退銀七十兩，嗣又減退銀五十兩。今得錢百二十千文。歲約收鄉斗穀三十三石二斗，其餉合上王大也，共更三坊三區唐宗祠正銀七錢八分五釐。

雙江口左頭契約

立契出賣田塘、屋宇、山地、樹竹、園土、注垻等項人王芳芝，同男靜忠、以覺等，今因遺業就業，夫妻父子合口商議，願將先年祖父所買三坊地名上葫藪蠶衝口外雙江口唐家老屋場，契内水田三十畝正，横瓦屋二進，上下鼓皮花格神龕、火簷、包皮、門頁、前後地坪、界憑神堂，中分左邊一頭，雜屋、園土、溝池、學堂、基址、門石各項全，所及門首注塘一張，各占一半，册名王遠週，六錢六分八釐，又七區王遠週二錢五分四釐，南漕照派，書立召約，浼請中親朱勝瑞、王載萬等，召到唐仲和後裔唐清泉、劭周，同姪作屏、星洲、萬秀兄弟，四股公買爲業。是日憑中得受唐人價銀五百兩整，係芳芝父子親手領訖，未少分釐，亦無逼勒準折等情。其田從門首港起，七畝坵一坵，伴上一長坵，又段中二条坵，又貓公坵及下一條坵，横當二尖坵，邊河岸直下沙蔸坵，上五畝坵，又上長二畝坵，共十一坵，上抵王人田，左右憑河心爲界，其水路屋上手河港泉井上，老額壩一座獨注，上接九家衝長流水，照額圳放車七畝大坵及各坵，至沙蔸坵止，壩尾抵石橋中，壩外人不得車塞。又蠶衝鐵公峗口港壩、樟木壩簝、葉壩、九江廟大垻，及老契内各垻注蔭，照額車戽聽便。至老額垻及各垻注契内田有餘，歷係放下黄土垻上田注蔭，外人不得横截，其山界從正屋後石墈丈餘外起，沿中背左邊山脚，照老壕直上半牌，齊老壕上崙頂，騎崙脊壕，轉至曾家垻屋後杉山頂，騎崙脊下山脚田邊，包下手背外爲界，内面齊塘園屋基爲界。又譚家岭口泉井上田墈，右邊對田塍白石頭，直抵杉山壕基，騎脊壕轉至瓦屋後反坳岭心，憑中挖坑直出岭口塘田邊，伴田轉下出衝口，白石頭爲界。出賣之後，任唐更名税納，陽造陰修，已書未書，餘坪、餘地，及田邊泉井，概付契管。王人毫無尅留，並無續贖生異。倘有重行典佃，上首坵界互混，俱係出筆人理落。甘心掃售。今欲有憑，立此賣契一紙，與唐人永遠爲據。

其有屋後山内中牌父墳一冢，憑塋心起，上三丈三尺，下二丈九尺，左二丈，右七尺爲界。譚家岭口山内中牌窨窖一穴，横直穿心三丈爲界。

道光二十七年二月初九日，王芳芝同男均押筆立。

湘街老祠，至道光中年基址湫隘，棟宇摧頹，有曰宜移易榱桷者，有曰宜益木揞捂者，比頷之，益深慮之，慮補苴罅漏，豈妥侑久計乎。適雙江老業召主急，謀之族，則不及，取之公，則無措。乃請之家君與賓亭、有道、作屏、星洲、萬秀兄弟四户合買於未議移祠之先。此皆勇於見義，誠於培本，非有爲而爲也。是歲冬祭，商之闔族，以作祠基，翕然稱善。遂合議將契内段中二長坵，在王人界内者，田三畝，壆作一坵，派餉銀九分四釐，四户合存，增爲仲和祖墓田，其二十七畝，派餉銀八錢二分八釐，並瓦屋、山林、基地，捐入公祠，永作祀田。該業去契價銀五百兩，契外去頂項銀六十兩。税契謝中酒席和事，共去銀八十三兩七錢。訟事遞息，共用去銀四十九兩八錢。案存管三坊税科許姓。前後共去銀六百九十三兩五錢。四户合出銀四百兩，原受佃銀二百兩，自丁未至辛亥，租穀除完餉，得銀九十八兩五錢，品完九十三兩五錢之項，餘銀五兩，亦歸入新祠用數。該田比得佃信一百八十兩。同治二年，減退銀八十兩。現今合右頭得佃信錢一伯一十千文，約收鄉斗穀四十二石二斗。其仲和租墓田，辛亥歲繳退吴佃銀二十兩。該田未受佃信，其租穀比仍捐入祠内妥公。自同治初，仲和祖位下經管，始如田收租，歲歸穀四斗入祠，帶完糧餉。

雙江口右頭契約

立契出賣田塘、屋宇、山林、竹木、園注、壩等項人王子維、以忠、拱照兄弟，今因人衆，不便合管，合口商議，願將先年祖接唐家老業三坊，地名上葫蘆衝口外雙江口一字牆屋場田業一契，父鬮分正横瓦屋二進，上鼓皮、花格、神龕、火箸、包皮、門頁、前後地坪、憑神堂中分坐右邊一頭雜屋、園土、溝池、基址、槽門，及門石各項，門首水塘一半、槽門外品田二畝一坵，杉山垻中垻水注蔭，其山界本屋後中背右邊山脚抵唐人界，老壕阬山半牌，老横壕至崙頂，邊壕右直下屋上手窩心口，隨山脚沿下園壕爲界，册名王仁也品餉七分，南漕照派，書立召約請中黄燦朝、唐若量、朱勝瑞、王楚英等，召到唐世後公位下經管流芳、星洲承買，以作祀産。比日憑中得受唐人價銀一百兩整，係王人兄弟親手領訖，未少分釐，並無逼勒準折等情。自賣之後，任唐更祱，陽造陰修，王人永無續贖異言。倘有重行典佃，上首互混，俱係出筆人理落。今欲有憑，立此賣契，與唐永遠爲據。

屋後王人祖母墳一冢，憑塋頂起，左右上下各二丈爲界，李人窨窖一個，憑王人墳下界起直下三丈四尺左右，憑塋頂起，各一丈七尺，側牌以忠妻墳一冢，憑塋頂起，左六尺，右二丈，上下各一丈五尺，又杉山垻水注蔭王祥彩田五畝，由門首塘憑田窖櫃過注。

道光二十八年十月十三日，王子維、以忠、拱照均押立。

是年王姓召售急甚，惜無公資，合勸作洲兄弟承受。其田祠惟受右頭屋山，及田二畝，去價銀一百兩，契外稅銀十八兩，謝中酒席送情復領，共錢十八千三百四十文。係司事墊妥。庚戌年，始收族上捐輸清訖。又契尾批：李人窨窨，原係流芒契管。光緒庚寅，備價歸祠。此契與上契合更三坊六區唐四合，正銀七錢三分八釐，七區唐四合二錢五分四釐。仲和祖田餉在内。

木瓜段祖山外餘地契

立文契字人汪育萬，同姪彩堂、瑞堂，今因唐氏墳山毗連，育萬叔姪兄弟合口商議，甘將祖遺契關管地名同風五都莫家段倒坐瓦莊屋右側後園土小塘一張，溝池一張，墾田二坵等處餘地，請憑中親葛錦堂、王輝階、唐清墭等，出賣與唐東軒後裔經管。清友、若量、流芳、長青等承受，以爲護墳之地。比日三面議定，時值價銀八兩整，是汪人叔姪兄弟親領，未少分釐。其界從右邊唐人墳山脚齊，葛人田邊横過直抵王人墳山，壕基轉上，憑汪人老壕脚横過直上，抵唐人墳山交口爲界。比日眼同扦踏，四抵分明。倘有界内混雜抵當，均係出筆人理落，不與受業相干。自賣之後，任唐人陰修陽造，掌禁砍代管理。今欲有憑，立此賣契一紙，與唐東軒後裔永遠護墳爲據。憑中均押。

咸豐八年九月十二日，汪彩堂、瑞堂，均押筆立。

先年賣山後，古樹一顆，至八年追取其價，得買祖山左外餘地田山一契，現得佃資花銀二十元、錢二十千文，每年約收鄉斗穀八斗。

桐子園右邊捐契

立捐契人執厚堂房下劭周、望重、春臺、藎臣、義聚、祥峯等，原先年價買桐子園墳山右邊山地、屋宇、田園，以培思軒祖塋墓，其二契去價錢三十千零八百文，係敦厚堂房獨備。今因族衆星居，願將該山憑族清友、若量、應緒、宗何、連山等，捐入祠内公管，任族義葬。其佃資係祠公承，其屋稅入祠公收，永爲闔族公業。恐後無憑，立此捐契一紙，付族收執永遠爲據。憑族某某均押。

咸豐十年長至日，敦厚堂命藎臣筆立。

該地本係文菴祖公業，後以構屋遞居成私。近因外人覬覦，敦厚堂房因備價復買歸公。原得佃資錢十二千，今每年約收稅錢千四百文。嗣後當念祖塋重地，永遠不許再稱私業。

津貼學費田契舊譜係考費田，今考試已停，歲移租津貼學費。

立契兑田捐田春湖，率男業溥、業洵、業準、孫懋遠、庥遠、橅遠，原同治四年先考有道公捐潭邑十四都三甲古塘衝杉山灣田業，契内水田十畝，屋宇、園土、溝塘俱全，原得佃規銀三十兩，逐年收村斗租穀七石八斗，捐入新園祠内，永作族内士子應試卷費。因該田與所捐養老田、育嬰田共契，今將契接從弟春溪二甲華表衝田四十畝内，以十畝兑古塘衝捐田，並加捐田六畝，歲收額租村斗穀十三石，以充族祠考費。該田與義學田，及仲和公祀田，共契田塘、屋宇、山林，均共管。合佃共得佃規錢二百串，糧餉係義學承完。山内樹柴歸義學出賣。界址詳義學田，其原捐古塘衝田兑，充養育經費。憑房衆書契與族祠爲據。

光緒九年　月　日春，湖氏筆立。

一、歲收租穀，暫照正簿。近年規例，子弟入高等小學，歲給穀四斗；村入縣中學，歲給穀八斗；村入省中學及同等中學，歲給穀一石；村由省送京師大學，從優酌給。

杉山壩捐契

立契出賣山地人唐西齋，今將先年得買白門樓本屋對岸杉山壩山地一塊，儘問親房上首，無人承受，請中朱勝瑞、王三元、唐芝和、音和、衢頌等，賣與從叔作屏、星洲承受管理。三面議定，值價錢九千八百文，其山界下憑杉山垻下齊山坑，横截抵王界，直上崙頂，又從崙頂騎脊直至山塘坳邊山側牌人行大路，抵陳田塝，沿出河岸山脚，及餘坪，小田、河中爲界。就日錢契兩交，憑中扦清界址，毫無互混，價係西齋親領未少。自賣之後，任叔掌禁管理，並無反悔異言。今欲有憑，立此賣契一紙，付叔永遠爲據。

憑中均押。

重批：本契田山，憑春湖、春溪、惕生、懿齋、月槎、信臣、實甫、欽齋等，遵先父星洲公遺命，捐入倫鑒堂祠，任族照契永遠管理。勉齋、子鈞，同姪幢吉、崧甫、藪麟、小春批。子鈞筆。

道光三十年十二月十六日，唐西齋筆立。

桃樹塘唐家灣約契

立契出賣田山、屋宇、園土、塘壩、溝池、水注等項人沈必友，同男新塘、發堂、興塘、孫玉連兄弟等，今因移就，合口商議，將祖遺契管鬮分，及兑受二都地名北衝口唐家彎下手嵴上茅屋一宅，横雜屋宇址基、神龕、桁桷、樓栿、門壁、窗户、門頁、園土、地坪，四至餘地俱全，屋後山一塊，上手條山一所，唐家彎山一分，契管鬮分細屋方坵一坵，兑受姪新福石頭坵一坵，及兑胡達軒鴨婆坵一坵，共田三坵，計三畝，餉載二都五區沈書寧六分四釐二毫、六區沈騰芳四分九釐六毫，南漕照派。儘問親房上手，俱稱不受。因該處原係唐姓舊業，是以央請中親沈及軒、沈鳴岐、沈新田、何夔圃、唐靜齋、唐子鈞、唐月槎等，訂向唐倫鑒堂承受爲業，以作該處墳冢墓田。憑中議處，時值價銀九十六兩整，是必友父子公孫親手領訖，未少分釐，並無逼勒準折等情。就日銀契兩交，三面扦點。其田係屋右側禾坪外石頭坵一坵，連下鴨婆坵一坵，禾坪下鑑子塘外細屋方坵一全坵，水係托塘橋子蕩垻、金家大塘、鑑子塘，均生放車擔，儘底無阻。其大塘照依分跡管理。其山自屋下手園圍，隨朱家灣壕脚，纏壕上山，横過照沈朱氏墳下小壕，直抵胡人田角，又由胡田角上山騎脊，抵胡人山界，轉下抵金家大塘，塘頭爲界，又屋上手金家大塘、條山一全嵴，唐家變山一所，三股占一，概行出售。如有界抵互混，重行典當，概係出筆人理落，不與受主相干。餉從辛卯年起，任唐更名析完，恐口無憑，立此賣契一紙，並鈔契、兑契、鈔鬮，與唐永遠收執爲據。憑中均押。

光緒十六年十二月初九日，沈必友同男孫等筆立均押。契尾光緒庚字五百五號。

立契出賣水田、塘垻字人沈新福夫妻，合口商議，甘將祖遺契管鬮分二都桃樹區，地名北衝口唐家灣七分田一坵，土橋下上本户田一坵，共二坵二畝，糧載六區，册名沈騰芳户内，晰正餉銀玖分整，南漕照派。儘問親房，俱稱不受。該田原屬唐姓舊業，請憑中証沈及軒、新田、鳴岐、唐靜齋、筠廬、子鈞等書立召約，召到唐倫鑒堂承受爲業。議定時值價銀一百兩整，是新福親手領足，未少分釐，並無謀買逼勒準折等情。其田三面眼同扦點清白，其水路托塘水橋子蕩水，盡底車戽注蔭無阻，生放照額，又大屋塘水大垻、新垻、樟樹垻、螃蟹蕩，均車戽無阻，櫟山背鋤挖無異。糧從癸巳年起，任唐晰數完納更名。是賣之後，永無反悔異言。田上儻有重行典當，係出筆人理落，不與受業相干。今欲有憑，立此賣契一紙，並繳唐益端兄弟老契一紙、抄關一紙，付唐人收執，永遠爲據。憑中沈及軒、鳴岐、新田、唐靜齋、予鈞、筠廬均押。

光緒十八年壬辰十一月三十日，出筆人沈新福押，立命姪沈玉湘代筆押。

立割賣山地、竹林、樹木等項人沈新田、沈新福兄弟，同男姪沈玉湘等，甘將祖遺父分契關管理湘西二都桃樹下區，地名唐家彎山，一面歷作三股，編天、地、人字號，新田父分佔天字號一股，新福父分佔人字號一股，其地字號一股已售唐倫鑒堂。玆新田兄弟父子叔姪合口商議，浼請中親沈及軒、必友、唐子鈞、靜齋、春溪等，合將父分天、人兩字號所佔唐家灣山地各拈一股，訂向唐倫鑒堂承受管理。三面議定，山地價錢十千文整，折銀五兩。比日錢契兩交，是新田、新福兄弟、男姪親手領訖，未少個文，亦無謀買逼勒等情。價足契明，領不重書。其界址上抵崙壕，下齊田邊，左右均抵胡人山界爲界。扦點清白，毫無互混，並無尅留寸土寸木。自賣之後，任聽唐倫鑒堂掌禁砍伐，陽造陰修，永無反悔異言。恐口無憑，合立此賣契一紙，付唐收爲據。

計批：山内沈敬堂討葬墳一冢，只有插掛。沈玉蓮筆批。

憑議穿心一丈，不得藉墳進葬。玉蓮又批押。

憑中親沈及軒、唐子鈞、沈必友、唐靜齋、唐春溪均押。

光緒十七年辛卯十二月初五日，出筆人沈新田押，新福押。命男姪沈玉湘押立。

謝經魁願送護墳丈界契

立願送護墳丈界字謝經魁兄弟等，今因唐倫鑒堂春湖、筠廬、炎烈等之十五派祖妣石氏、十八派新埜公，查閲唐譜，原葬景慶三坊霜板橋蛇形山，又名青龍背，癸山丁向，一堆兩棺，歷無批載。現在唐姓清冢，憑金靜菴、楊賜卿、劉申甫、章綬青等書立認冢字，付謝收執。而經等願送丈尺其界，憑唐人祖墳塋心起，上二丈，右憑塋心起一丈三尺，左憑塋心起一丈三尺，右憑塋心起斜下對壽峯之祖墳界七尺五寸，左憑塋心起，斜下對晴浦墳界七尺五寸，下憑塋心起一丈一尺，正當晴浦、壽峯祖墳兩冢隙地之中，若唐人修砌拜台，止准横量五尺爲界。比得情錢二十六千文正。自送之後，界内任唐人修管，唐人永遠不得進葬，並不得侵佔界外。今欲有憑，立此付唐收執爲據。

憑金靜庵、楊賜卿、劉申甫、章綬卿。

光緒十七年十一月十八日，謝經魁押，俊煇押，芸閣押，芸藩、芸窗筆立。

一、糧餉

三坊三區唐宗祠　上三錢九分五釐　下三錢九分整

三坊六區唐四合　上三錢七分　下三錢七分

三坊七區唐四合　上一錢三分　下一錢三分五釐

湖西二都五區唐墓田　上三分四釐二毫　下三分整

湘西二都六區唐墓田　上七分整　下六分九釐六毫

一、租税

山塘坳歲收穀九石七斗　雞一隻　魚五斤

寺衝歲收穀三十三石二斗　雞一隻　魚十斤

祠莊歲收穀四十二石二斗　雞二隻　魚十二斤　稈十六隻

唐家灣歲收穀三石

木瓜段歲收穀八斗

鲚魚觜歲收穀四斗

杉山壩歲收穀四斗

木瓜段前屋歲收錢一千二百文

木瓜段後屋歲收錢一千四百文

桐子園右屋歲收錢千四百文

彪家觜歲收錢六百文

以上租税照見在録入,以便闔族通知。日後或有贏縮,不得執爲定規。

一、祠器

點銅錫香爐花瓶一堂五尊,重四十斤,邦璨、邦瑛、傳瑩兄弟捐。

大鍾一尊,重二百斤,邦玟捐。

大鼓一尊,邦驊捐。

大罄一座,邦桂捐。

銘曰:"其中虚,其外圓。其質重而堅,其聲清越而悠然。一息千秋,永無變遷。供之家廟,依我祖先。庶幾夙夜,可共告虔。"

大罄一尊,業澈、業伸、業滂、業仕、業佩、業徽、業洊、業嶡、業僖、業巍、遠銓,遠劼,遠樾、遠讚同捐。

紅花瓷盞三十,箸三十,調羹三十,油楪三十,茶杯三十,甆瓶三十盛蔬果,小盌六十盛湯飯,大盌六十盛饌肉,俎八盛牲,錫酒壺兼尊勺二,元酒尊一,茅沙盤十,毛血盤一,錫茶壺一,胙盤一。

以上祭器傳愷捐半。餘係公置。

紅花菜盌一百,紅花酒令一百八十,紅花調羹六十,紅花油楪七十,紅花茶杯四十,刻字竹筷六十雙,業澈、業滂、業仕、業徽、業聲、業洊、業嶡、業僖、業瀍、業潑、業樹、業豐、業豫、業樅、業榮、業棐、遠詒、遠讚、遠詳、遠敦、遠致、遠效同捐。

敬祖祭器爲先,毋爲他用,毋許假借。倘有損失,當事即須賠補。

燕私甆器五十席,執厚堂錢二千文,金萬錢一千文。清友、在章、久萬、宗瑞、人和、傳瑩、永太、從龍,各錢四百文。

餘 係 分 補

紅漆(卓)〔桌〕三十二,紅漆凳八十七,老祠舊漆凳二十八,粗(卓)〔桌〕二,粗凳八,舖板九十,舖架三十二,獨架二十,祝版四,盥盆四,大鍋四,飯提六,瓶甑二,大淅米桶一,汲桶二,什櫃一,睡櫃二,紅漆條(卓)〔桌〕一,香案一,紅圍(倚)〔椅〕十六,茶几八,大長香案一,綉花紅綢燈一對,紅漆(卓)〔桌〕二,紅漆凳六,又(卓)〔桌〕面十張,凳面三十,宗高捐。

紅擺倚八,紅圍倚八,傳愊捐。

紅嗶嘰(卓)〔桌〕帷二,邦弼捐。

綉花(卓)〔桌〕帷一,邦丞捐。

硃紅洋布倚搭十八,坐褥十八,香案長(卓)〔桌〕圍一,祝案小(卓)〔桌〕圍三,業佩捐。

初祖前,"念兹厥初"匾。

又聯云:"邈乎百代,惟此春露秋霜兩爲感;天然一本,敢以支分派别二其心。"宗南立。

廳中"羽儀足式"匾,老祠爲金聲祖置,移立新祠。

廳中前,"倫鑒在兹"匾,端方祖爲老祠置,移立新祠。

廳左,"維德永世"金漆匾,邦藩捐立。

廳右"彝訓昭垂"金漆匾,邦協捐立。

廳左前"貞壽祥瑞"金漆匾,亦政堂立。

廳右前"仁孝足法"金漆匾,閤族爲青橋立。

廳上石柱金漆聯,蘆埜房業潛、業溥、遠渠、遠庥立。

"溯新園自桃塘以開基,望隆西晉,祀肇東臺,七百載精英斯萃,昭穆遞分,淵源世代著湘上;卜湖藪之雙江而聚族,業紹金城,謀詒莒國,五十年堂構重修,輪奂增美,光大門閭待後來。"

廳中石柱金漆聯,傳慊捐立。

"緬祖先數代,若心祀事,繼繼繩繩,迄于今,咸仰厥敬宗收族;在我後一念,嗣德前人,皇皇惕惕,雖不敏,當勉爲孝子賢孫。"

廳上金漆聯,邦慶率男傳惇立。"倫鑒紹家聲,當勉爲孝子悌弟;新園恢世業,大要在讀書耕田。"

廳中金漆聯,邦枝兄弟捐立。"得故土,構新祠,水解回頭,山知望祖;從後代,追先列,倫垂人鑒,業紹金城。"

廳中金漆聯,新埜房傳柄,爲光緒壬寅年重修祠廟立。"五十載堂構重新,踵事增華,因者當爲創者許;千百年精英昭格,入廟思敬,僾然有見愾然聞。"

廳前金漆聯,邦璨率男傳揀立。"退讓著清風,冀北勳高傳百代;音容思此日,湘西源遠到雙江。"

端方祖壽屏十二片,佚二。

守祠人每早於正寢、正廳,與土神三處,上香獻飯,夜復上香燃燈,遇朔望加以酒果。而酒果香油之費,經管照常給之。凡經管族長、房長有事來祠,每(粲)〔餐〕飯食,給穀一升。薪蔬錢八文。非司事之人,守祠者不得招留。

(纂修者不詳《[湖南湘鄉]新園唐氏七修族譜》 清康熙五十六年倫鑒堂木活字本)

湖南邵陽魏氏公産

萬一公祀會各處田産於後:一、六都金字寨鄧家冲庄屋一所、正屋一棟,與劉鏡藻各半,憑中堂直出，管左邊，又左邊接連樓一棟、牛欄、豬圈、厠所，及禾坪、圍牆一並在内，一、鄧家冲庄屋門首魚塘一口，一、鄧家冲、麥子冲口上竹山一片，一、鄧家冲庄田一處，共約實租二十九碩。

文隆公老祀會各處田産於後：一、本都趙家茶山塢實租二碩，一、本都油榨冲實租二碩，一、本村朱泥壩祠前實租一碩伍斗。

文隆公新祀會各處田産於後：一、本都油榨冲實租九碩，一、本都高毛冲實租五碩，一、本村觀音閣實租三碩五斗，一、本村朱泥壩實租二碩二斗五升，一、本都陸家橋豬肚坵，實租六碩一斗三升，與萬一公、必政公、再和公各會合佔。一、三都趙家冲實租五碩。

必政公祀會各處田産暨山塲列後：一、楓溪江捧掌山山塲十餘障，一、本村水尾橋實租六碩二斗五升，一、本村才冲實租八碩，一、本村坳下山實租七斗五升，一、本都陸家橋實租三碩一斗四升與萬一公、文隆公、再和公各會合佔。一、趙家冲實租六碩六斗，一、北陵牛形豆子租四升。

再和公、宗茂公祀會各處田租於後：一、石山灣中間屋塲，實租二碩五斗，一、楊梅山槽門首大路下魚塘一口，實租一碩五斗，一、本村潭灣裡實租三碩五斗，一、沙洲上實租一十一碩，一、觀音閣六公祠後實租一碩五斗，一、趙家洲頭等處實租十三碩，魚塘山塲在内。一、孫家隴實租三拾五碩五斗，與加玉公會合佔，本會佔五分之三。一、趙家冲實租六碩五斗，一、麻績橋黄口坵老租十碩，一、杓欗街後實租一碩五斗，一、新平㙓租五斗，一、朱泥壩舖地租四碩五斗五升。

加玉公老祀會各處田産於後：

一、孫家隴實租二十一碩一斗七升，與宗茂公會合佔，本會佔五分之三。一、孫家隴舖地租四碩，一、本村金星觀後實租六碩五斗。

加玉公冬至會田産於後：一、學堂灣，灣口上田租五碩五斗，一、桃樹灣實租八碩伍斗。

才彰公、方泉公祀會田産於後：一、龍家灣實租二十五碩。

隆山公祀會各處田産於後：

一、大氹莊田租五十一碩五斗，一、朱泥壩舖地租三碩三斗三升三合，一、楊梅山實租九碩八斗三升，一、潭背實租三碩五斗，一、金梘銀槽口上田租五斗。

振寰公祀會田租及各處公産列後：

一、郡城西直街儒榮坊試舘一所，並左右舖屋四間，一、四都南山寺後殿一棟，一、知止庵寺院一所並左右山塲數障，一、知止庵門首田租二十餘碩，一、楓溪江捧掌山山塲數十障，一、趙家大氹實租一十一碩一斗二升，與敬承公會合佔，本會佔三分之一。一、水尾橋實租二碩七斗五升，一、楓溪江播租苞穀五碩二斗五升，一、趙家冲實租三碩二斗。

敬承公祀會各處田産列後：

一、趙家大氹實租三十三碩三斗七升半，與振寰公會合佔，本會佔三分之二。一、水尾橋實租七斗五升，一、趙家冲實租三碩，一、塘頭灣豬肚坵實租三碩四斗。以上田畝坵角抵至未及備載，均照老據管業。

天如公祀會各處田産、坵角抵至列後：一、金潭龍溪冲，土名祖山平水田大小二十二坵，播土水圳在内，上左上中抵前川公會畬上，右抵松生堂山脚，及星閣田角下，左抵聖帝會田下，右抵星閣田，左抵前川公會山，右抵星閣田；一、金潭吉山冲口上水田大小二坵，上抵永慶堂山脚，下抵小溪中心，左抵嘉猷堂田及日星田，右抵契内田坎及署生堂田坎，同處田角上水田一坵，上抵永慶堂山脚，及維道堂播坎，下抵小溪心，左抵契内田，與署生堂田及星晉田，右抵小溪；一、吉山冲坡子石水田大小十坵，上抵樂慶堂番坎，下抵樂慶堂田，左抵櫄園田與路橋會田及樂慶堂田，右抵子良播坎；一、吉山冲學堂冲水田大小十一坵，上抵維道堂播，下抵契内田，左抵怡怡堂山脚及子良山脚，右抵尹姓田及怡怡堂山脚，同處田下左邊毗連水田大小九坵，田上墦一塊，上抵榮升墦坎，下抵怡怡堂田，左抵人行大路，右抵榮升山脚與子良山脚，及契内田；一、石龍廟茶亭後左邊水田一坵，上抵常能堂田及益泰齋田，下抵聖帝會田，左抵科光田，右抵繼善田。

巖棲公祀會各處田産山塲坵角抵至於後：

一、白芽山梓木甸莊屋一所，五槝四間又横屋一棟，牛欄、豬圈、厠、屋基、白地在内，後、左均抵本會山，前抵本會田，右抵本會山及田；

一、梓木甸隔冲舖背後庄屋門首水田一處，上抵本會山，下抵契内江，左抵本會山及本會園土，右抵廖姓墳山脚，憑土坎横過契内水圳；

一、梓木甸土名長冲、秧田冲、鳳形山、月形山等處水田一處，上抵本會山，下抵契内江及水口，左上抵本會山，左中抵廖姓山，憑土坎横過契内水圳，左下抵契内江，右抵本會山；

一、梓木甸田螺山水田一處，上抵本會山，下抵遷發山，左抵李奥六堂山坎，右抵本會山；

一、梓木甸石子�水田一坵，上、左、右均抵本會山，下抵遷發山；

一、梓木甸長冲，左右接連荒田冲、竹山冲、鳳形山、秧田冲、桐子塢槽月形山、六穀冲等處，毗連杉山一大障，上抵廖恒俊與廖福壽山，憑尖峯大界分水，下抵本會田，左上抵廖福壽山，左中抵魏姓陽姓山，均憑隴分水，直下横路，左下抵本會山及廖姓墳山，憑小隴分水直下本會荒田，右上抵廖恒俊山，憑隴分水，右中抵魏子知堂山，憑大界分水，右下抵魏成初堂山，憑隴分水，直下横路，由路横過，直上月形山，憑隴分水直下契内水口；

一、梓木甸隔冲、田螺山、石子坳、横子冲庄屋背後等處，毗連山塲一大障，上抵陽姓、魏姓山，憑横路直下，分水爲界，下抵本會田，左上抵遷發山，左中抵廖福增山，與廖述和山均憑隴分水爲界，左下抵李奥六堂山，憑隴分水及契内墦坎，直下本會田，憑田角直上抵遷發山，憑隴分水，直下人行路及本會田，横過至石坎，現復抵遷發山，憑小隴直下溪江，右抵本會山，憑隴直下抵廖姓墳山，憑小隴爲界；

一、金潭楊梅山官廳裡屋門首左邊荷包坵，水田一坵，上抵蘭谿田坎，下抵堯農堂田，左抵嗣業田，打樁爲界，右抵小溪心；

一、金潭棕樹下杉樹坳水田大小十五坵，上左抵龍姓田坎，上中抵碧崖堂田坎，上右抵崇炬堂墦坎，下抵小溪心，左抵杖信堂田角坎，右抵崇炬堂魚塘；

一、湴塘灣大魚塘一口，塘下首左邊塘坎上默深公桅子磴塲地基一塊，長二丈四尺，濶一丈二尺，其魚塘與桅子磴地抵至以祠堂論，上左抵柳城堂塘坎，上中抵春濃堂墳圈石脚，上右抵柳城堂塘坎，下抵忠六田，左抵人行大路，右上抵春承堂園牆坎，右下抵春城堂田，其塘基坎上首横綫，自左至右長十二丈三尺，下首横綫長九丈九尺，左邊直綫長八丈二尺，右邊直綫長六丈九尺；

一、金潭雷打石水田一坵，抵至以河水論，上抵人行路，下抵穀吾田，左抵穀吾田及雲門堂田，右抵美堂公裔田，及穀吾田；

一、金潭學田灣；

一、金潭龍溪冲，俗名觀音坐，蓮山一障，上抵尖峯，下抵朱姓田及前川公田，左抵朱姓山，右抵應賓山，均憑隴分水爲界。

忍甫公祀會各處田産坵角抵至列後：

一、金潭湴塘灣長田上菜園一隻，抵至以河水論，上下右均抵湘裕田，左抵忠六田；

一、金潭沙洲上老屋門首水田一坵，抵至以河水論，上抵屋塲牆外白地，下抵慎敏田，左抵

詒善田,右抵隆敏田;

一、金潭沙洲上屋對門大路上水田一坵,抵至以河水論,上抵春城堂田坎,下抵勸吾堂田,左抵春城堂田及益吾堂田,右抵人行大路。

默深公捐旗匾會田產,坵角抵至列後:

一、金潭檀株樹下大井田水田二坵,實租五碩,上抵連芳堂田及勤佩田,下抵江,左抵篤吾堂塹基,右抵人行路及溪江,粮米五升二合,收入本甲旗匾户當納。

默深公捐香燈田,地名坵角,抵至列後:

一、朱泥壩加玉公祠後水田大小六坵,約租五碩,抵至以大河水論,上抵茂公佑公會園牆坎,及紀公房墳山脚,下抵國香田,左抵加玉公祠磚牆脚,右抵紀公房墳山脚及忠六田坎,祠堂後厠屋基地一並在内;

一、金潭水尾橋陳家院宅屋門首水田一坵,實租六碩,抵至以大河水論,上抵朱氏外婆會田及象發田,下抵石峯公祀會田,左抵人行大路及陳家院宅塹基,右抵隆公積穀坊田及則堯田;

一、羅家坳屋後土名孟公坵水田一坵,接連墦土在内,抵至以坐田論,上抵忠六田坎,下抵紀公房墳山坎,左抵華德堂塹基,右抵忠六田。

廟垱上碑記碑存萬一公祠

一、金潭觀音閣廟垱上樹山一大障,毗連垱下牛眠氹一口,又樟樹園及化錢坪等處,均係闔族公地,爲本村上游第一層門户。凡廣、彬、隆三大房廬墓所在,至爲重要,務宜種植樹株,以培風水,永禁伐木劈枝,挖土鑿石,及葬墳等事。違者處治革逐。特泐諸石,以垂久遠。

中華民國二十八年己卯歲魏氏闔族公立。

默深公捐賓興會田產碑記碑存萬一公祠

族中賓興會四都水西花樹莊田租五十四碩,道光十三年癸巳冬,默深公與同胞伯叔季兄弟,奉先大夫遺命捐也。科名中人皆受其惠。第原莊久灰燼,就佃俵耕。光緒丙子夏,增置東冲公德排田租一碩五斗。乙巳冬,又置潤室屋塲基地白地,原始迄今七十有餘歲矣。雖捐有契、買有契,其坐落地名坵角抵界,簿據亦瞭然,防世遠難稽,光緒三十三年秋,公詣踏明。爰述巔末而勒石誌之。當納本甲倚萬户糧米四斗二升九合九勺,扣官銀五錢九分,存米七升三合一勺,經首早完。宣統元年中秋吉旦刊。

庄田坐落地名坵角,抵至列後:

一處地名潤室屋塲莊屋一所,正屋一棟四榻三間,牛欄、豬圈、厠屋俱全,又橫屋一棟三榻兩間,四圍板壁、毛蓋及基白地一並在内,上抵陽姓山,下抵陽姓冬至會田,左抵陽姓山,右抵魏姓墦。

一處庄屋對門地名公德排水田大小五十二坵,約穀地十八碩,墦數片,上抵陽姓山,下抵王姓山及劉姓田墦,並土地會田,左抵胡、陽二姓田,右抵陽姓冬至會田;

一處地名橫冲橋子邊人行路下水田大小二十一坵,約穀地七碩,上抵人行路及陽姓田,下抵溪心,左抵檀神樹及水口,右抵胡姓田,及溪邊坎;

一處地名老梨灣水田大小十九坵,約穀地八碩,墦土數片,上抵魏旺仁田,下抵陽姓田,左抵陽姓田，右抵契内墦及陽姓墦；

一處地名檀神樹邊人行路下水田十八坵，約穀地四碩，上抵人行路及陽姓田，下抵溪心，左抵契内田及陽姓墦田，右抵水口田；

一處棣樹坪水田大小十七坵，約穀地十二碩，墦土數片，上抵旺仁墦，下抵溪心，左抵劉姓田墦，右抵契内田；

一處楓木背水田大小二十二坵，約穀地五碩墦土數片，上抵劉姓墦，下抵魏旺仁田，左抵人行路，右抵劉姓墦坎；

一處水西學堂邊水田大小三坵，約穀地九碩，上抵王姓田，下抵溪心，左抵王姓田，右抵旺仁田；

一處檀神樹對門水田大小十八坵，約穀地三碩，上抵陽姓冬至會墦，下抵溪心，左抵陽姓冬至會山坎及會田，右抵苦株樹及山墦；

一處苦株樹下水田五坵，約穀地二碩，上抵王姓水口及劉姓山，下抵溪心，左抵水壩，右抵劉姓田；

一處玉米山水田大小三坵，約穀地三碩，上抵劉姓田，坎下抵溪心，左、右均抵劉姓田坎，同處玉米山水田大小五坵，約穀地十碩，上抵陽姓田，下抵劉姓田，左抵陽姓山，右抵陽姓墦坎；

一處椿花樹下水田二坵，約穀地三碩，上抵王姓田，下抵溪心，左抵王姓田，右抵魏姓田及溪心；

一處玉米山，山一片，上抵大界分水，下抵溪心，左、右俱抵陽姓山，憑小隴分水爲界。

加玉公祠香田碑記

是田係宗祠所固有也。歷年以其所入買香若干，朝夕爇而祝之。中因經理失宜，竟成烏有。衆等醵錢贖歸，田在祠右，共計一坵，秋收得穀一碩零。照舊買香爇祝，庶幾一線相傳，千古無盡，而田以香名者，醵錢買田之子孫名亦俱香云。

計開：宗茂公、宗紀公、永祚公各捐錢一串文，永崇公、大公公、正蒙公、正省公、正中公、正文公、正典公、正國公、志明公、任公、佐公、熙公、邦什公、邦修公、邦檡公、慶邦公、三達公、勗侯公各捐錢四百文。

道光七年歲次丁亥仲春月上浣之吉。

添儒公山塲抵界列後：

一、譚家寨山塲一大障，上抵大界分水，下抵忠六墦，憑横路横過，左抵知受山，憑乾坑直下，右上節抵順生堂山憑隴分水直下，右中節抵忠六山墦下，一節抵碧岩堂山。

元益公祀會田産坵角抵至列後：

一金潭麗家冲口墳山左邊水田一處，大小六坵，穀地四碩五斗，上抵憲文堂田，下抵禮畊堂田及憲文堂田，左抵憲文堂田，右抵墳山脚。

大紳公山塲抵至列後：

一、金潭麗家冲口小龜形山塲一處，上抵碧巖堂山墦，及知受堂山，下抵憲文堂田及錫珩墦，又及祖椿公山，憑挖坑爲界，左上一節抵錫珩墦，左下一節抵憲文堂田及水圳爲界，右抵麗家冲入行路。

默深公捐加玉公祀會田産碑記

道光十六年，裔孫源捐錢六十串文，得買金星觀後水田一坵，約租八碩，歸入瓚公會内，永遠祭祀之需。其田抵至，上抵劉姓墳山及依主田，下抵觀後石牆坎，左抵吉初田，右抵金星觀田。田上糧米五升，收在興瓚户内當納，契付德性收。

默深公捐修整金梘銀槽青葉樹下大園裏墳山田産碑記碑存加玉公祠

瓚公乾溪坪及大園裏一帶墳山，僱人看守修整，兼修整青葉樹下二處墳山石坎田碑，裔孫源出錢一百四十串文，買田租十八碩，其田坐落金梘銀槽口上大小毗連五坵，浮苗七畝，去價錢一百二十六串文，粮米九升，新立厚培户當納，契付彦綱收。

道光二十一年丁丑歲刊碑記未載抵至，誠恐世遠遺失，用特採明，刊載於後。

墓廬田業坵角抵至列後：

一、大園裏墓廬一所，五槕四棡，前有園土一圈，左有魚塘一口，其屋塘園抵至，前抵魏屏南田，後抵文彬公房捐與親睦學校田，左抵建白公房會田及鏡仁堂田，右抵魏連生田及彬公房捐，與親睦學校田；

一、金梘銀槽口上大路下毗連水田大小五坵，抵至以大河水論，上抵鄒篤慶堂田及塹基下人行大路，下抵魏水海田，左上抵鄒篤慶堂田，左下抵人行大路及魏水海田，右上抵鄒篤慶堂田，右中抵水海田，右下抵宗茂公會田。

金梘銀槽大園裏青葉樹下墳山禁葬碑記

文隆公裔，今因金梘銀槽大園裏兩處墳山已葬如鱗，近年每葬一棺，竟傷踏二三棺，甚至四五棺不等，見者惻然。爰同會議，嗣後無論原壙窨塚及有傷碍，永禁進葬兩處山内，並不准挖坑取土。如有强葬盜葬者，定即將所葬之棺改扦，將葬主革逐，地師捆送，如敢抗違，以及從中把持者，公同稟官澈究。臨事不得推卸。其青葉樹下墳山兩座，永禁進葬。墳山邊上下左右田内，不准接邊幫砌進葬，致失本山形勢，以傷元氣。若於左邊田内葬墳，必要隔墳塲老坎三尺，遠砌地盤。如接邊砌葬，照樣啟扦革逐，其田充公，决不徇情。除立合約據六紙，每房各執一紙，及金梘銀槽、大園裏立碑示禁外，特刊碑於祠，以垂久遠。計收合約知受、子允、春皆、貴喜、益皆、慶相。

光緒三十三年丁未二月吉日，文隆公裔同立。

默深公捐文昌閣檢罩田産碑記碑存加玉公祠

内閣候補中書源出錢二十八串文，買田租五碩二斗五升，其田坐落朱泥壩右邊，大小毗連二坵，浮苗二畝，出價錢三十二串文，粮米五升二合，新立厚培户當納。契付符收此田有歸贖字。

道光二十一年辛丑六月吉日。

碑記未載抵至，兹特採刊於後：

一、石峯公祠右邊土名回龍街魚塘一口，抵至以大河水論，上抵石峯公墦，下抵勗吾堂基地，左抵人行大路，右抵回龍街人行路；

一、同處魚塘下水田一坵，抵至以大河水論，上抵加玉公祠新冬至會田坎，下抵石峯公祀會田，左抵振寰公房大氹窟及壽頤田角，右抵契内人行路。

邵北獅子塘墳山碑記

八世祖考隆山府君暨十一世祖妣建白婆康，遠年所葬郡北地名田家渡、獅子塘、油蔴冲山之陽，所有墳山園土等産，已碑記儒榮坊。兹復刊録於左：

一、獅子塘、油蔴冲墳山一大障，上憑頂分水爲界，下抵契内園，左右抵鄧福壽山；一、墳山脚下園一大圈，上抵墳山脚，下憑高坎抵鄧姓田，左邊有塹基一帶，塹基外抵鄧福壽山，右抵契内竹山；一、園右毗連竹山一障，上有塹基一帶，塹基外抵鄧福壽山，下抵鄧姓田，左抵契内園，右抵坎下契内人行路；一、竹山右邊坎下毗連園一大圈，上憑坎抵鄧壬五墦下，憑溝坑抵鄧孝三墦，左抵契内人行路，右抵江。

以上各抵界，光緒二十二年三月初十日，佃人鄧國青、竹青、明生、東林等，憑團鄰復立請字，詳載無訛。

儒榮坊碑記

郡城中魏氏向無試館，覔寓維艱。乾隆初，約園公查知振寰公有舖在鐵爐巷，清出變賣，得錢少許，歸商公裔，捐費購此基地。創修正屋二進，過亭、厨房俱備。車君名閑者題曰儒榮坊。又修外面舖六橺左右，各舖二橺，中敞大門。以今視之，當費錢二千幾百串，不立碑，不謂功，公道也，遠慮也，後世子孫無論祖父捐錢與不捐錢，皆得同寓，永相和好，無庸再贅。今因振寰公之名不可殁，前輩之意不可忘，特立此碑，俾知此舘緣起，其捐錢名數久遠莫稽，前輩本不期表白云。

光緒甲申仲夏月，矩心、益陔、愛仕、望仁。

儒榮坊碑記

此舘係振寰公遺業，舖一進，在鐵爐巷。乾隆初，正字班前輩清出變賣，得錢少許，歸商公裔，捐費購此基地，創修正屋二進、舖一進。不立碑。舖租每年錢六串文，爲出城檢蓋費。越百餘年，舖漸頹圮，屋有破壞。我坦齋公出己貲，補修正屋，牆瓦、板壁，從新修舖六橺左右。各二橺，中敞大門，懸科貢匾，内立振寰公神主，共費錢八百餘串。由是舖租每年得錢二十四串，歷無短少。坦齋公不取分毫，以填己貲，亦不立碑。蓋素解“陰德”二字，不思表白也。今恐歲久失傳，特書此識不忘云。

光緒乙酉仲春月，忍甫、炳蔚、連貴、戴亨、卓猷、紀瑾、炳枏、允恭。

附記：儒榮坊公産，原係振寰公五房子孫共有之業。同治間，經如岡公房石農公整修一次，約費錢數百串文，未刊碑。

南山寺碑記

南山古寺，創自有宋前，前人誌之詳矣。吾祖魏公諱楚朝、字振寰，生平好善樂施，於本朝康熙元年壬寅捐穀十碩，蓋罩正殿。癸卯捐資修建後殿一棟、左右僧房共四棟，碑碣朗存刊載，至悉彼時欲置田畝，有志未逮，迄今近百年矣。殿宇僧房正待修補，庚午春，我公子孫仰體祖志，共捐銀六十兩零，修補殿房約用銀二十九兩，隨買本鄉四都苦竹山下首，土名豬肚坵，水田一坵，計苗柒分零，去價銀三十一兩，付住持輸粮耕種，以給本寺香燈之費。今當告竣，公議勒碑，聊遂先人之志，稍慰在天之靈。而萬古南山，亦後先增輝矣。所有捐修銀兩數目，刊列於左。捐貲金名，繁不備載。

乾隆十八年，歲次癸酉季夏月，玄孫都沐手撰書。

南山寺碑記

南山寺創自前明，殿後轉角三層樓一座，左右横屋四棟，係我十世祖振寰公所建，年久傾圮。屢經前人補葺，歲癸酉，復籌議庀材鳩工，將横屋四棟，删朽添新，改成兩棟。圍牆瓦蓋，亦改舊觀，奉我公神主及諸佛像，均安原位。奈我先輩所捐田産不多，難以綿香燈於勿替。曉園堂與予同志，慨然輸金，合買四都田租。其坐落坵角、抵至、粮米，均載，後歸寺經管，爲香燈計，亦爲飯僧計。余老矣，恐久而無考，商勒諸石以誌之。

同治十二年祭酉冬月穀旦，魏思十、曉園堂同立，魏石農撰。

計開田租於後：四都地名羅家坪，水田一坵，穀地五碩；四都地名高家灣，水田一處，約租十二碩。

衛龍堤碑記

楊家冲外牌坊邊一帶，係青葉樹下祖塋，行龍處與河近。歷年洪水推及護砂，身久擬築隄保衛，恐費浩，獨力不能持。本年秋八月，偶與房屬商，皆欣然解囊。須臾醵金近千貫，迺鳩工攻石，小春中浣，掘地深數尺以安脚，腊底蕆成。計自卯子江起至四十里横路邊止，共長一百一十八丈。内經身協修上與下兩截，合長一百零六丈，用錢一千六百七十串有奇。由是堤堅石壁，波静金灘。感助予者之殷，爰鎸石以誌其慷慨。醵貲金名繁，不備載。

光緒十八年，歲在壬辰十二月吉旦，董事守身謹譔並書。

衛龍隄禁碑記

此隄保衛青葉樹下祖塋，關係甚大。遠年洪水折衝，不惟田屋傾塌，且龍脈受傷。壬辰冬，醵貲修砌，用成鉅款。歲甲午，漏水穿隄，補砌又費多金。公議沿隄一帶田畝，概留餘地二尺寬，永禁犁鋤。如果故違，致此隄再有傾洩，公向田主照樣修完，決不徇情。此議。

光緒二十二年春月，茂公裔同立。

復修衛龍隄碑記

青葉樹下衛龍隄，原修於光緒壬辰冬，建白公裔用款，碑載不贅。又繼善堂用錢四百緡有奇。己亥夏，水氾隄傾，議修復。緣公蓄不敷，延迄癸卯，得樂輪並按糧籌派。秋九月，始鳩工，別水道、復舊隄，增新隄，合費千餘金。甲辰秋工竣，爰將釀貲勒石以誌。釀貲金名，繁不備載。

光緒三十一年，乙巳歲首夏吉旦，宗茂公裔立。董事守身謹譔並書。

天如公祀田記

十一世祖考天如公、祖妣鄧氏婆遺業，僅存龍溪冲田租四碩。清明祭掃費尚不敷，曩年均由巖棲公會内彌補。迨光緒二十年甲午，思闕堂、倚雲堂各捐錢一十六串文，移星捐錢四串文，徵貴房捐錢八串文，並新增會名，每名入錢三百三十文，釀貲放借，用權子母。至光緒二十八年，始增置求善兄弟地名吉山冲田租十六碩，去價錢一百一十二串二百四十文、粮米八升九合，在本甲魏仁聚户内當納。光緒三十二年，又置福臣地名石龍廟田租四碩五斗，去價錢四十二串二百四十文，糧米二升四合，在本甲魏建廷户内當納。由是祀産頓增，届清明敬修時薦，尚冀後賢繼起，歆祖德勿昧先恩，共展孝思，相承勿替。我祖在天有靈，必錫無窮之福矣。是爲記。田業坵角抵至載前。石峯公祀會所有産業，壬戌夏公同踩明抵至，恐世遠遺忘，特刊碑以垂久遠。

一處家廟内外基白地周圍磚牆一大圖，東抵冬至會田，及契内田，西抵小坎，南抵契内墦，北上抵宜山堂、水源堂田坎，北下抵契内田。其家廟西有小坎一帶，原係水圳，只許過水，永遠不許開挖栽種。

一處家廟北向水田一坵，東抵滌蒼田，西抵人行路，南抵人行路及契内田，北抵芑鮮田毗連水田一坵，二共租穀六碩，東抵滌蒼田坎，西抵人行路，南抵冬至會田，北抵契内田。

一處家廟南向上一節園墦一圈，東抵契内小池，及契内墦，西抵溪江，南抵契内墦角，北抵水源堂塹基坎，毗連小池一口，池上墦一片，並家廟南向磚牆外墦土數塊在内，二共租穀壹碩二斗五升，東抵人行路，西抵契内墦，南上抵清秀墦，南中抵清秀屋基地，均埋碑爲界，南下抵文昌會及裕昆兄弟塘，北抵家廟磚牆。

一處涎塘灣巖棲公祠右邊水田一坵，田上墦土數塊，共租穀壹碩五斗，前抵三鑑堂塘基，石後抵三鑑堂墦坎，左上抵巖棲公祠磚牆坎，左下抵巖棲公祀内墦，右抵三鑑堂横樓磚牆脚，均埋碑爲界。

一處杉樹坳園内，上一節左邊墦土三町，租穀二斗五升，上抵巖棲公山，下抵契内墦，左抵塹基外山，右抵春承堂墦，憑墦漕直上灰樁爲界毗連，中一節墦數塊，租穀五斗，上左抵契内墦，上右抵春承堂墦坎，下抵水源堂墦灰樁爲界，左抵柳城堂山脚，右抵塹基外山。

一處茶園裡山墦一處，租穀二斗五升，上憑隴分水，下抵峯青公田，左抵春承堂墦，憑墦漕直上，挖坑爲界，右抵二怡堂墳山，憑隴直上。

一處水尾橋陳家院子屋下手水田一坵，土名四畝坵，並田上水圳田在内，穀地二拾碩，上抵加玉公祠燈油會田，及契内園，下抵光禄田，及爐壽田，左上抵契内田坎，左下抵思十堂田坎，右抵魏敞仕田，毗連水田二坵，穀地三碩，上抵長園公園塹基，及契内園，下抵思十堂田坎，左抵光禄田角，及思十堂田坎，右抵契内田，接連陳家院宅後屋塌白地墦土一處，上抵同春墦坎，下抵契内田，左抵魏姓墦，有牆塹爲界，右抵瓚公會田。

一處地名老米冲莊屋一所，約租穀五十碩，正屋一棟、四榀三間，左右水星各一間，左邊横樓一棟，三榀兩間，並牛欄、豬圈、厠屋，及樓後牛欄塌基白地，禾坪在内，均係木裝瓦蓋，右邊園墦一只，並塹基外人行路，下墦一帶在内，屋前魚塘一口，前抵契内田，後抵契内山坎，左抵契内田，右抵詒善田。

一處屋後山一座，又接連右邊山兩障，並樹竹柴薪、墦土在内，上憑大界分水，下抵契内莊屋，及右邊園墦，左上抵趙姓山，憑小隴直上，左下抵陽姓田，右上抵朝陽庵山，憑隴直上，右下抵積雲山及怡善田。

一處莊屋門首水田一段，穀地二十碩，上左抵三元會及岳侯會田坎，上右抵契内人行路，下抵三元會及岳侯會田，左上抵三元會及岳侯會田，左下抵趙姓冬至會田坎，及契内山坎，右抵契内山坎。同處屋對門山一片，上抵人行路，下抵契内田，左抵趙姓墳山，右抵趙姓冬至會田。

一處莊屋左邊田墦一處，穀地十二碩，上抵陽姓田坎，下抵契内人行路，左上抵契内山邊，左中抵三元會及岳侯會田坎，左下抵趙炳南墦坎及喜幫會田角，右抵陽姓田坎，及契内山墦坎。

一處南洲坮水田一段，穀地五碩，上抵契内山下抵喜帮會田，左抵趙姓田，及王祥禄田，右抵三元會岳侯會田坎，及趙炳南墦田上山一節，上抵趙姓墳山，下抵契内田及三元會岳侯會田，左抵趙姓田，右抵契内田。

一處東山垤下水田數坵，穀地五碩，上抵契内墦，下抵趙都鑒田，左抵契内山墦，右抵契内山。同處山墦一障並田，右邊山一墻在内，上抵小尖峯，下抵契内田，左上抵思十堂墦，左下憑高坎，横過人行路，直下趙都鑒山，右抵趙姓山，憑小隴分水直上。

一處莊屋下手白蟻山排上水田一處，田下接連墦土一塊，上抵契内山，下抵竹園堂田，左抵趙良縉田角，右抵契内田。同處毗連水田一處，二共穀地八碩，上抵趙姓山，下抵竹園堂田，左抵契内田，右抵趙姓山嘴小田。同處田上山一障，一窪兩隴，上憑大界分水，下抵契内田，左抵朝陽庵山，憑契内田角直上，右抵趙姓墳山，憑隴直上。

一處鼓鑼坮橋亭下水田一段，並墦土井氹，及右邊排上田在内，穀地十八碩，上抵橋亭石坎，及茶亭白地，又及契内禾坪坎，下抵竹園堂田，左上抵人行路，左下抵竹園堂田，右上抵契内山墦脚，右下抵茶亭山脚。同處舖屋基白地一塊，實租穀五斗。上抵契内山坎，下抵契内水圳，左抵茶亭禾坪，右抵契内園墦。同處山墦一大障，並樹竹柴薪在内，上憑分水爲界，下抵契内舖地基，及契内田，左抵積慶公舖後高坎，右抵思十堂山，及茶亭山，憑隴分水爲界。

一處鼓鑼坮正隴裡，土名禾稿塘水田三坵，穀地十二碩，上抵竹園堂田，下抵趙姓田，左抵竹園堂田坎，右抵竹園堂田坎，及趙姓田坎。

一處龍衣冲水田一隴，穀地十八碩，田上墦一塊，上抵思十堂山墦坎，下抵竹園堂田，左抵契内田，右抵趙姓墳山脚，及趙姓田。同處左邊水田一隴，穀地三碩，上抵思十堂山墦坎，下抵契内田，左抵茶亭山脚，右抵思十堂山脚。

一處大界上土名乾冲水田一坵，穀地六碩，上抵竹園堂田坎，下抵竹園堂塘，左右均抵竹園堂山坎。

一處地名趙家隴西冲正隴裡，土名檀山樹下水田一段，大小六坵，穀地二十四碩，上抵繼善堂田坎及趙朋直田坎，下抵趙書起田，左抵魏姓會田，右抵小溪江心。

一處趙家洲頭六公會田，租穀内佔實租穀二碩六斗八升。

以上祀産,内民國十五年基高學校捐去水尾橋陳家院子水田一處,穀地二十碩正,又趙家隴西冲正隴裡水田一段,穀地二十四碩正,又趙家洲頭六公會内,實租穀二碩六斗八升。

約園公祀産

一處坳下山墳山左邊墓廬一所,前後墦土數塊,並左邊平上墦土在内,毗連水田數坵,又墳山後田一帶,並上下墦土在内,共約田租穀墦租穀八石正。

一處四十里下四方坵水田一坵,約租穀一石五斗正。

一處雷打石水田一處,約租穀四碩正。

金村公祀産

一處民國十二年癸亥五月十七日,得買鄒世豪地名竹筒尾墳山後新塘冲,毗連水田數坵,約租穀壹拾貳碩正,又墳山前園墦租穀一碩五斗正。

一處竹筒尾墳山左邊江家氹下節遺業樹山一障,又民國二十四年乙亥三月十二日,得買鄒益興地名江家氹,接連遺業樹山一大障,墦土在内,又新修墓廬一座。

一處金潭北陵灣水田一處,約租穀一十碩零七斗五升。

一處金潭石山灣謝家屋塲水田數坵,並謝家凸乾田墦土,楊冲平墦土在内,約田租墦租穀十一碩二斗五升。

筠林公祀産

一處金潭北陵灣慶餘田墳山前後,右水田乾田數坵,及左邊野豬窠水田數坵,並狗鉢堆邊水田一坵,及小溪江上半邊田水田一坵,又研子舖水田一坵,共約租穀二十一碩二斗五升正。又墳山後樹山數障、墓廬一所。又民國二十四年乙亥十一月初二日,得買魏春奎地名龍尾槽廟冲墳山前水田大小四坵,並右邊平上墦土在内,實租穀二碩正,並子之澣、之渥,及出撫子綗鴻祀産在内。其長子之綗祀産,坐落趙家隴大畝田水田一坵,約租穀一十三碩正,次子綗泰祀産坐落隆四太屋冲莊田内,己份田租穀二碩三斗三升三合。

矩心公祀産

一處隆六西山猿背冲墓廬一所,並田塘、山墦、樹竹、柴薪等産在内,約租穀六碩正。

一處金潭舒家坊蓮花形墳山前左右水田數坵,並近買窰門前田,及柑子坵田在内,約租穀二十一碩正。

廣公房公産列後於左:

一處右高冲大山裏山一大障,上抵尖峯,分水爲界,下抵田,左抵劉姓山,憑大隴分水爲界,直下萬一公田爲界,右抵鄒姓墳山,憑隴分水爲界,直下人行路,每年課租穀一石二斗五升。

一處右高冲大屋冲山一大障,上抵大界,分水爲界,下抵如松塹基,横過山脚,左抵彬、隆兩房山,憑照面平中心,直下前川公田爲界,右抵益皆公山,憑隴分水,直下爲界,每年課租穀二斗五升。

一處燕峯庵庵堂一所，兩正兩横，左邊横屋一棟，牛欄、豬圈、厠屋，上下左右週圍山塲墦土一並在内，田租一十二碩正，永爲慈善。

一處地名車竹寨山一大障，上抵尖峯寨坮上地點樹株一並在内，下抵田，右抵文彬公山，憑隴直下，及藴仁堂園壍基挖坑爲界，左抵仁讓堂山，騎隴分水爲界。

一處地名石牛欄山一大障，其山抵至，上抵大界分水，下抵春鰲堂山，憑小路横過，埋石爲界，左抵柏訓山，騎隴分水，右抵彬公房山，騎隴分水爲界，接連劉家冲聖帝會山。一大障，上抵大界分水，下抵田，左抵水海山，及登華山，騎隴分水，右抵柏訓山，騎隴分水，下抵田墦土在内。

一處地名園樹冲山一大障，上抵大界分水，下抵田，左抵意園堂山，憑漕合水直下爲界，右抵後昌兄弟山，憑隴分水爲界。

一處地名下園樹冲山一大障，上抵大界分水，下抵漕，憑合水直下，抵漋静田，右抵後昌兄弟山，憑小隴直下抵墦角，左抵水海山，憑深坎直下合水爲界，接連田螺山山一大障，下抵水海山，憑坎直下，墦土數塊在内。

一處地名大舒公冲山一大障，上抵大界分水，下抵賜生墦及陽輔吾田角，左抵塢漕，憑合水直下，右抵雨訓兄弟山，騎隴分水爲界，接連左邊山一大障，上抵大界分水，下抵陽輔吾田，左抵培發山脚，右抵輔吾山，憑塢漕合水爲界，墦土數塊在内。

一處地名井冲界六爺山，山一大圈，上抵大界分水，下抵榮藩田，左抵人行大路，右抵樵園山，騎隴分水，接連左邊檀山冲山，一嶂上抵大界分水，下抵禮訓山，憑小隴分水，右下抵塢漕，合水爲界，右上抵衆善亭下首，憑隴分水，又接連井上山一嶂，左抵人行大路，憑牆坎爲界，下抵牆坎，接連祖坪山。一障上抵界，下抵田，右抵樵園山，左抵人行大路。又井上左邊山一障，上抵大界分水，下抵六公會田，左抵雙慶堂山，挖坑爲界，墦土數塊在内，右抵後昌兄弟山。

一處地名蕭家冲右邊山一障，上抵大界分水，下抵春連堂園壍基，及春鳳田，左抵仁讓堂山，及樂敘墦，右抵大敘山挖坑爲界。

一處地名竹山坮墳山一大障，上抵大界分水，下抵人行大路，左抵湯箴公山，右邊接連六爺山公山。一大障上抵分水，下抵早一堂園壍基，及人行路，右抵三治堂山，憑隴直下分水爲界。

八世祖添梅公公産列後於左：

一處地名高塘山，莊屋一所，杉樹山數大障、數隴、數塢，上抵尖峯，大界分水，下抵江心，左抵振寰公房犬形山後第一尖峯，憑隴分水，直下漕坑，合水至江心爲界，右抵魏曙和頤蓀龍姓山，憑大界分水直下江心爲界。

一處地名車田灣，清明會所佔莊屋一所，一正一横，牛欄、豬圈、禾坪，魚塘一口、菜園一隻、莊屋左右墦土數塊。屋左邊茶園裡山一大障，以冲水論，上抵魏洪福忍義堂山，憑小隴分水直下爲界，下抵龍南田，田左抵魏鏡仁堂山，憑隴分水爲界，右抵塢漕，及莊内墦，接連右邊山。一大障，上抵忍義堂山，憑小隴分水爲界，下抵龍姓墳圈，又接連屋後山。一嶂上抵大界，分水下抵莊屋壍基，右抵龍姓墳山，直下横坎爲界，又莊屋右邊山一障，上抵魏玉隆山上中節，左右抵龍姓山，下抵龍姓墦，及莊内山墦。又一處地名劉家冲山一大障，上抵大界分水，下抵莊内田角，左抵龍高公山，憑小隴分水，直下漕坑，合水爲界，右抵龍姓山，憑大界分水，直下爲界。

一處地名東山垤鵝公氹莊屋一所，一正一横，牛欄、豬圈、禾坪、槽門、魚塘二口、園土在内，莊屋前後左右，杉樹山一大障，上抵尖峯，大界分水，下抵莊内田，左上一節抵魏鏡仁堂山，憑隴分水直下土地界，左下節憑徵裔公墳圈，左抵爛牛灣會山，直上大界，横過土地界爲界，右憑古廟直下，憑隴分水，横過梅公莊屋，及魏姓山田爲界。又庄屋一所，四榀三櫚，牛欄、豬圈一並在內。每年議租穀七斗五升正。

一處地名黄膽冲清明會所，佔山一大障，上抵大界分水，下抵春奎山，憑漕坑合水直下爲界，左抵春奎山，憑下隴直下漕坑爲界，右抵春奎山，直下槽坑，有大石爲界。

文廣公積穀坊田産於後：

一金潭舒家坊田，租穀伍碩正。

一金潭老栗坪田，租穀二碩正。

一金潭左高冲田，租穀一十一碩五斗正。

附録廟岇上文契於後：

立契出賣山壿樹木人魏啟名、雙生叔姪，今因家下要錢支用，情願將資深堂所存地名塘邊灣廟岇上山壿樹木一障，上抵寬宏連貴山，及階芝牆坎，下抵廟下人行路，左抵出業人壿，及松堂塋地，並及哲源松堂田，右抵出業人老屋基坎，及出業人屋塲出入路，並及出業人小塘坎，四抵分明，要行出賣。憑中賣與萬一公清明祭會後裔名下，承買爲業。當日三面言定，時值價銅錢一十一千四百文正，就日親手領足，未欠分文。自賣之後，任從通户人等掌禁培植，不准砍伐開挖，恐口無憑，立此賣契一紙，永遠培植風水爲據。

其山壿内樹木大小共記五十隻。

咸豐八年四月十六日，立契人啟名、雙生。

中人德賢、敏吾、寬宏、松堂，啟名親筆。

附註：民國二十六年經合族新竪界碑數塊。

附録：石馬江魏氏茶亭田租于後。茶亭有碑記。

一金灘舒公冲水田大小三坵，浮苗五分。

一、尹家灣粘禾氹水田一坵，又同處水田一坵，契均付樹綱收。

一、茅絲江水田一處。

一、湴塘灣屋門上首水田一坵。

一、才南背屋門首，土名油草坵水田一坵，契均付世第收。

一、長田裡花樹下水田一坵，租二碩，内得買一碩，契付連捷收。

（魏丙榮主修《[湖南邵陽]邵陽魏氏族譜》 1939 年大石堂木活字本）

江蘇無錫陶氏祠基訟呈

祠基訟呈

具稟職員陶文熙、監生陶文經即小大官、生員陶文彬、監生陶文杰、從九品陶文炳、監生陶文多、童生陶文彪、童生陶文英、浙江候補典史陶恭壽、生員陶光濟等，爲盜賣未成，藉圖貽害，陳求察核儆刁事。竊職等始祖文憲公建祠惠麓燒香浜，春秋致祭，兵燹屋燬存基。前於道光二十七年祠鄰陳鳳發將祠右基屋三間之對契，抵借錢十四千文。迨去冬伊孫陳洪根云，有屋蠹。顧步雲勸將此基賣與李公祠。因碍陶姓置周姓基地隔斷，欲職等偕賣圖成。竊念祠基公産，理無私賣。既爲不孝，合族何甘，斥未從順。乃洪根蠻稱累伊不成，聳母來家恃悍凶吵。當邀金邑本圖地保吴順泰勸回後，遂央該處地保李錫記，又經伊叔陳仁林屢次來城相懇，議找洋四十元，連前抵借，合銀三十四兩。約在惠山茶坊書立絶契，價由地保李錫記交割，中證咸集，公共書押，傳訊可證。詎陳洪根先已將抵基三間外，並冒認中間陶祠基，臆欲盜賣李公祠起造，雖未立契成交，曾有空言之約。情因糧止一分二釐，核地不符，故勸職等併賣。今既找絶陶祠，實有朦李之愆，是以捏言希圖唐塞。既蒙庭訊，猶敢妄供貽害。殊不思職等宗祠基地先後價買，均有印契、糧單鐵據。臨審呈驗，豈容妄指。如此逞刁，情殊可惡。既蒙飭提，爲亟抄粘各據，並繪基圖陳剖。伏乞電鑒，傳集中證，察訊明誣，儆刁肅法，戴德上稟。

光緒九年二月十三日訴。

批：錫邑尊裴公大中。

陶文經等稟批據訴，難保非飾詞搪抵。况置産須出於兩愿，陳洪根前已將此基情愿賣與李公耑祠，何能復邀中向該職等找絶。此明係勒逼所致。本縣訾訪此案，全係户書陸寶倫從中指唆，實屬膽玩已極。案經飭提，虚實對簿自明。候催差勒提通案人證，澈底研訊究辦。該職等仍將原契呈案，毋得聽唆。羅列多名，砌詞狡瀆。至臨訟報税，例有明條。並候諭飭該税房知照。圖暫附抄粘，不作爲憑。仍揭還。

光緒九年二月廿三日。

祠基訟呈

具稟職員陶文熙銜名同上第二狀。等爲奉批呈據再剖，環叩鑒核明誣事。竊李耑祠家屬李忠稟解陳洪根兜賣圖悔株連職等一案。職族宗祠建立有年，雖丁多祠窄，未嘗覬覦鄰基。即今李耑祠所控基地八間，除陳洪根央中找絶三間外，餘係陳洪興、周培元兩户於道光十五年、同治八年先後賣入陶祠執業。非但出於兩愿，現有印契、糧單，而洪根尚敢冒認兜賣，致啟訟端。既蒙飭提，合行抄據剖晰。沐批置産須出於兩愿，陳洪根前已將此基情愿賣與李耑祠，何能復邀中向該職等找絶。此明係勒逼所致，等因。誠如憲批，足見明察。但陳洪根所得伊祖陳鳳發抵基三間，毘連陶基，不接李祠地。雖冒認糧難虚得，故欲職等偕賣，既未允洽，明知李祠不合，遂復邀中找絶。職等因嫌瓜李，故於惠山茶坊立契，價由該處地保交割。當時中證咸集，合里皆知。咫尺李祠，豈獨無聞。據控威逼，非誣而何。且職族寒素，威勢毫無。乃陳洪根聽信顧步雲唆聳，藉圖漁利分肥。殊不思虚詞易架，秦鏡難逃。若陸寶倫等並非原中，何忍旁累職等聯名稟訴。因事涉祠基，陶文經不過值年經管，職等情難坐視。若謂臨訟報税，當時循例投房，尚未興訟。既沐仁憲知照，還求吊契察核。陳洪根兜賣李耑祠，既有八間，何以找絶職等僅有三間。核數不符，誣可槩見。抄粘不作爲憑，遵呈印契、糧單，伏乞電核下情坐誣，超累一族，戴德上稟。

光緒九年三月十三日訴。

批：陶文熙等批，查閲所呈印契，係周培元於同治八年，賣與陶錦初起造祠堂之産，與現在控爭基地無干。其舊單檢核家屬李忠及陳洪根稟詞號數相同，且老單既存，斷無原契又遺失之理。此中亦難保無影射情弊。案已催提，孰虚孰實，一俟户書提到，自能嚴究水落石出。據呈前情，着俟先行勒提陸寶倫到案，嚴訊澈究察辦。至所稱陳朱氏賣契，投税時尚未興訟。究竟此契係於何年月日交房，並候飭着税承明白查復。該職等要知訟則終凶，慎勿任聽書保刁唆，以致將來噬臍莫及。懍之切之。單契粘附。

光緒九年三月廿三日。

祠基遞呈

生員陶文彬、監生陶文經、職員陶文熙、生員陶光濟等，此稟面遞李鶴章之子經楞九月十八日。爲敬呈節畧，藉達下忱，上祈詳察事。竊晚等始祖文憲公諱安，係明太祖功臣，籍隸安徽當塗縣，建立專祠。厥後子孫遷錫，遂建分祠於惠山。兵燹後屋燬基存。去年冬祠鄰陳洪根將基地三間，央伊叔陳仁林等絶賣於敝祠。即在惠山茶店立契，投縣納税。今年春洪根冀得重價，意圖反悔。然此三間之地，與尊祠隔絶不通。遂將敝祠道光十五年向陳洪興置得之三間，冒認己産，並作八間，售與尊祠。以致晚等與陳洪根控縣有案。今尊祠業已落成，諒無用此數椽廢棄之地。榮禄公爲國朝中興之良佐，文憲公亦勝代開國之名臣。况同爲皖省之英賢，共建隆祠於惠麓，既有鄉誼，亦屬鄰居。可否捨此數椽無用之地，俾敝祠希附末光，並垂不朽。倘尊祠必用此地，晚等亦可商之合族，由敝祠書立契據，謹售尊祠，以報榮禄公恢復錫城之德。但不能任洪根一地兩賣，致長刁詐之風。兹值台從莅止，用敢徑達下情，並繪呈圖説，伏維鑒核示遵，不勝感激待命之至。

祠基訟呈

生員陶文彬、監生陶文經、職員陶文熙、生員陶光濟等，爲割地求息，環叩斷價雪誣超累事。竊職等始祖文憲公諱安明，太祖功臣，籍隸安徽當塗縣，當時奉勅建立專祠。厥後子孫遷錫，建分祠於惠山燒香浜。兵燹後屋燬基存。去年冬祠鄰陳洪根將基地三間，央伊叔陳仁林爲中，再三來説絶賣於陶祠。當在惠山茶店立契，陳洪根與伊母陳朱氏一同畫押，並無異言。今年春駭聞又將此基地三間再賣於李公祠，並將職等歷次續置單契可證之五間，一併混朦盜賣，且捏誣職等阱逼勒賣之名控縣，爲先發制人之計。經職等檢呈單契控訴在案。前任汪公祖始駁終勸，未經主斷，延擱至今。職等素無勢力，何能威逼，且茶店立契，衆共見聞。阱逼勒賣，顯係捏誣。竊思宗祠之地尺寸與人，即爲不孝。然思李榮禄公恢復錫城，職等所當感戴，且與先文憲公有桑梓之情，姑聽親友説勸，不敢固執迂見。自愿書立契據，將周姓五間並洪根三間共八間，售與李公祠，聽憑論值給價，並求提究陳洪根，以懲盜賣誣控之刁風。爲此並繪基圖，聯名環叩老公祖大人估地核價，雪誣超累。合族戴德上稟。

光緒九年十月。

祠基銷案呈

具稟職員陶文熙、監生陶文經、生員陶文彬、生員陶光濟等，爲祠基允協環叩銷案事。竊職等始祖陶文憲公祠，坐落惠山燒香浜。兵燹後屋燬存基。去年冬祠鄰陳洪根將基地三間絶賣陶祠，忽圖翻悔，致啟訟端。職等呈明印契、糧單在案，未經訊奪，轉瞬至今。竊念訟則終凶，遂聽從親友説勸，割地求息。公同會勘，界劃清楚。除靠李公祠沿河牆脚地基一間九尺外，前造四丈四尺，後造四丈二尺，基歸陶姓。其餘祠基，俱送李公祠，當即立契畫押。議得價錢三百千文正。自送之後，任憑改築，永無異言。爲此披瀝下情，伏乞電鑒，俯准銷案。合族戴德沾仁上稟。

光緒九年十一月廿三日，領到錢三百千文正，另有收票投案。銷結完案。

（清陶㛍等纂修《[江蘇無錫]陶氏支譜》 清宣統元年木活字本）

浙江會稽長樂施氏祠産

祠産總叙

兹者纂修宗譜爲收族計，然闔族子姓遠徙者多，而在本村者，我廉公派下九房，不過三四房而已。其子姓繁盛者，三派爲最，蓋英大房、豪四房、价九房也，餘則寥寥耳。有田捐入宗祠辦祭者，亦惟此三派，而春秋分、清明三節祭祖掃墓後飲胙者，亦三派之子姓居多，惟時嘈雜太甚。查九分與三變，當初必緣丁多分辦，故九分收九分所捐之田租，三變亦然。有條不紊，改良歷久。今九分三派之子姓愈繁，若因循不改，則祭無思敬之誠，飲多載號之態。于是英公派下首議改良，議定分辦。自丙辰年起，祇收本房捐入田租，派下輪值，立有祭簿，詳載一切章程。豪、价兩房，與夫三變，聽其自由。惟祠基、墓基，及兩派各房捐入祠産，不得不一一載明於譜。倘有不情不規等事，闔族俱可干涉而保護之，照譜例不得推諉云。

計開公有不動産之祠基：

會稽四都一圖施宗祠户内，日字田一畝五分三釐。坐落本村西岸木橋南首。此係康熙年間所購建祠之基地，糧歸九分值年房統完。

又四都一圖施尊三户，日字田四分正。坐落宗祠後進，南首，與宗祠毘連，南至河。此係英大房天喜公之墓基地，及墓外餘地，捐入宗祠。課均歸祠董完，以上總計壹畝九分三釐，連三變捐入之祠基壹畝四分正，共祠基計三畝三分三釐，當勒石於寢室廊左，三變捐田見下。

計開公有不動産之墓基：

會稽四都五圖施軔昭户，辰字田壹分四釐。坐落大墳漊底西首，車水溝之北。此乃始遷祖並二世祖、三世祖之墓基地，課歸祠董完。

會稽四都一圖施宗祠户，内，日字田壹畝零五釐八毫。坐落本村五十三房之横西田中墩地，土名"眠狗墩"，西有土埂一支，若尾形，向南。此係向遺祖産，十一世祖乾貞公之墓基。課歸值年房統完。以上兩共計墓基田壹畝壹分九釐八毫。俱當泐石于寢室廊北。

計開大房英公派下捐入宗祠之歲修田：

會稽四都五圖施宗祠歲修户律字田壹畝八分一釐七毫。坐落任家埠，走路東靠塘第三爿。此係二十一世祖沅芳公捐入。課歸祠董完。泐石南耳廳之右。

又四都五圖施宗焕户荒字田三畝一分。坐落漁港南坂，土名"犁軛灣"。此係二十二世祖焕章公遺命其子捐入。糧歸祠董納。勒石于廟門外南壁。

又四都五圖施宗陽户辰字田貳畝正。坐落仙人橋東垸南首。此乃二十三世祖青陽公遺命其嗣捐入。現仍德周公户承糧，後當改撥宗陽户，輸賦歸祠董。泐石同上。

東江宋家團施春林户辰字田一畝九分。坐落王家埭，堰橋西垸，北首第一爿。此乃二十三世祖薪傳氏之室毛氏捐入。承賦歸祠董。附泐于沅芳公碑記上。

以上四共計歲修田捌畝八分一釐七毫。皆廉公派下英大房捐入之公産。

計開九分英大房派下捐作修譜兼修墓之公産：

東江宋家團施宗聘户辰字田貳畝正。坐落宋家漊羅家西北下。此田原有聯爿，今仍德明户承糧。因未找絶，俟我絶後，過入宗聘户。課歸祠董納。此乃二十三世聘三氏捐入，爲預籌修譜之款。當勒石于寢室之廊左。

東江嵩灣團施宗濟户諾字田貳畝三分。坐落王家埭，童家屋後。此係二十三世乃濟氏捐入，爲修譜兼修墓之田。祖墓自十一世起至二十二世，共十二代，其本支直接之祖墳應修者修之。課歸本房祠墓完。當勒石寢室左廊。

以上兩共計田四畝三分。

計開東大房英公派下捐入宗祠本房輪值辦祭公産：

會稽四都二圖施天喜户辰字田四畝正。坐落雙碰橋東首南岸。此乃二十二世祖天喜公派下捐入。課歸值年房完糧。泐石于廟門外南壁。

會稽四都五圖施宗荆户日字田三畝五分。坐落大團雙港橋北垸後。此乃二十三世荆山公之嗣捐入。納課暫歸捐裔，由值年房繳還收租。泐石廟門外南壁。

三江所業中團施宗德户諾字田貳畝九分。坐落王家埭新興埠南岸。此係二十三世茂松氏即乃鼇氏捐入。承糧歸值年房。當泐石于寢室廊左。

以上三共計祭田拾畝零四分。

計開九分豪四房派下捐入宗祠之祭産：

會稽四都一圖施宗祠户由士美户過入。日字田七畝九分六釐六毫。坐落仙港白龍橋東岸。賦歸值年房納。此係十五世祖養心公捐入之祭田。勒石于廟門外廊左。

又四都一圖施宗祠户由士美户撥入。昃字田貳畝七分五釐五毫。坐落澤樂塘頭北首真武殿之基地並殿後餘地，今作鹽舍、柴場基。承糧歸值年房。此乃十五世祖養心公捐入之祭産。

以上兩共計祭田拾畝零七分二釐壹毫。

計開九分价九房捐入宗祠之祭産：

會稽四都二圖施宗祠户昃字田三畝四分四釐。坐落本村仙人橋北首，王號照墻南首。課歸值年房完。此係十九世祖則明公元配金母捐入祭田。勒石于北耳廳之廊左。

會稽四都五圖施宗祠户由禹九户撥入荒字田四畝三分九釐五毫。坐落傅家埭渡船頭東岸。課歸值年房完。此乃十九世祖士華公元配馮母捐入祭産。另有碑記于北耳廳廊左，又有馬山鎮後綉鞋底雙河港，並漊三個菱蕩基一塊，係十八世祖殿選公捐入。糧歸捐裔納。

計開三變魁公派下捐入宗祠之祠基：

會稽四都一圖施魁公户日字地三分正，又四都五圖日字田貳分正，又地玖分，以上三共壹畝四分，連上九分廉公派下捐入施宗祠户之日字田壹畝五分三釐，共計祠基貳畝九分三釐。坐落本村西岸木橋南首。此係十九世祖殿文公於嘉慶年間購增之基地，添建宗祠所剩南首餘地一埭，地上有四方肥池一口，俱捐入宗祠爲公産。

計開三變魁公派下捐入之歲修田：

會稽四都五圖施學田歲修户辰字田六畝壹分貳釐。坐落陸家埭東莊漊。課歸祠董納。此係殿文公捐入宗祠爲歲修田。勒石廟門内左壁。

計開三變魁公派下捐入宗祠本支輪值之祭産：

會稽四都一圖施魁公户月字田八分二釐五毫。坐落甯桑。承糧歸值年房，計銀一錢三分五釐、米一升九合。此係二十世祖大興公捐入。

會稽四都五圖施魁公户月字田壹畝八分零六毫。坐落宣□西港沿。又田二畝零貳釐三毫，又田貳畝三分七釐七毫，又田三畝八分八釐，俱坐落韓家埭。又田四畝三分，坐落韓家港。又辰字田貳畝壹分八釐七毫，坐落新殿號東。又田四畝零九釐，坐落王家漊。又田三畝零四釐八毫七絲五忽，坐落東漊底北岸。八共計田念壹畝八分三釐六毫七絲五忽。連祠地完課銀三兩六分、米四斗二升四合，俱歸值年房完納。

會稽四都五圖施宗祠户辰字田三畝九分。坐落九家橋北首，邵家漊鰷魚灣頭，土名“聖筊”，六畝之半爿田。此係二十二世崧生公元配陳母捐入。課歸值年房。納勒石廟門内南壁。

（施聘三纂修《[浙江紹興]會稽長樂施氏宗譜》 1917 年善繼堂木活字本）

湖南益陽曹氏公祠

先祖嘉友公公業記

先祖嘉友公，於前清光緒丁丑，率我先伯鳴岐、先父鳴瑞，價值十九里杉樹坪周姓田二十八石，並荒山餘地湖坪不計其數，己卯歲，先伯去世，理家政者，惟先父。越乙酉，我先父順從先祖命，與先伯子文邁等，將所置周業，擬行分析。當是時，除歸兩房私有外，猶存有公業，若茅柴山、八角山、楓樹山、婆婆山、大山等處，公業也。祇可爲物故者藏形骸，欲求生息，毫無有也。僅楊梅湖湖坪壹廂，横寬拾五弓，直長五拾弓，雖每年畧收草利，恨不敷祭掛之用。厥後治熙成立，適各堰加修，至於齋公村堰。因加修取土，在我大山公地，開出田壹坵，計種七升貳合七勺叁撮。寒塘中堰加修，在我茅柴山公業取土，開出八斗坵、嵛裡田壹坵，計種七升三合九勺捌撮。又開五斗坵北角田壹坵，計種五升五合九勺六撮六抄。合計田貳斗零貳合陸勺七撮。陸抄至己亥冬，治熙與胞兄文質，將樓子灣門首糞宕一隻，扦兑上長湖陳姓湖坪一廂，横寬貳弓五分，長徑河邊，皆存爲公業。近年來公田與公坪均有生息，不第可濟公用，而且大見餘裕。由是推之，倘更加積累，即欲構堂而奠我公，斯終有何難哉。爰記其顛末於譜，令後之理是公者，皆知其所由來焉。所有管理法臚列於左。孫男治熙謹記。

成炳公公屋祭田記

成炳公之有公屋祭田也，其始基由公没日留田一石，以爲修培墳墓之資，後以租息所入，歲有盈餘，步升公等復從而擴充之，於是漸積漸多，乃於前清光緒中年，契置族方選兄弟坪卡田宅，復契置李姓大厦堰水田五斗有奇，合而計之，共田三石五斗、屋宇一頭，葺而新之，妥先靈而春秋祭祀。倘孫子同心協力加意保存，則祠宇之建，即在目前也。凡我四房後裔，不得從中覬覦也。是爲記。成炳公嗣孫公識。

詔禄公公田記

詔禄公之有田，公田也，始於先父兄弟析箸時，留上嶺坪水田四斗五升，爲祖母陳膳養之費。祖母没後，公田重佃，收息無多。清光緒初，先伯廷漢子孫分去田四分之一，賣與堂兄文典，後數年，商之文典，仍將此田歸公。公備價二十餘串，立有契約。廷漢子孫亦照田價多少，如數品清。嗣後訂簿四本，永留爲詔禄公公業。所收租息，公權子母，復濟以游家壠墓田所入，遂漸有餘資。清宣統初，公議規章，有分子孫不種公田，不借公款，所有赢餘，公同掌放，留爲他日建祠設祭之基。今當四續支譜，特將原委申明，載之譜牒，俾後之子孫，知所自來，而加意保存、加意擴充也。孫男佑熙，偕姪明法謹識。

附録詔禄公公田管理法

一、公産公資，有分子孫，不准耕種借貸。如有强佃强借者，公同理斥。

一、掌管須擇賢能，以三年、五年爲限。限滿另擇妥人接管。交卸時，須清算數目，毫無蒂欠。如有欠項，公同追取。

一、公上所收租息，少則公權子母，多則賃田置産，子孫不准瓜分。

一、公款除燒包修墓，及子孫發達、畧予獎賞外，餘事不得動用。若修宗祠、修譜各大事，可會商族人，畧提款津貼。

一、公上所收租息，及一切用動，於年終清算。簿載明白，不得蒙混不清。

斗山公公田記

先父斗山公、先母王氏，生佑熙兄弟七人，其五人遷居南縣，其二人尚居故園。前清光緒辛丑，兄弟析箸時，先父母已去世。佑熙兄弟同然一詞曰："先父母當日田産不多，勞苦萬分。供給一家數十人衣食之用，後因洞庭淤地可植嘉禾，率我家人遷居其地。近來年歲豐穩，蓄積漸多，南縣腴田亦置數處。家人衣食分種，各能給之。當留故園之田，爲建祠設祭之地以報之。"於是訂立合約，派人經理。當是時，上嶺坪、大永堰兩處水田，雖留一石六斗有奇，然虧莊錢三百餘串，僅收租一石八斗。佑熙等慎權子母，復濟以詔禄公分來餘款，遂將公田重莊一一退盡。

現在每年可收租息二十餘石，倘後人善爲經紀，則建祠設祭，此事不難觀成也。今當四續支譜，特將原委説明，載之譜牒，俾七房子孫各懷報功之願，而加意維持擴充也。男佑熙、佐熙、暨孫明都、明泉、明河、明善、明誠公誌。

附録斗山公公田管理法

一、公田共計壹石陸斗柒升四合四勺七抄正，係孝、弟、忠、信、禮、義、廉七房分産時所留。由七房永遠保存，無論何人不得瓜分變賣。

一、公田租穀七房公同經收。除每年公用外，有餘則儲爲購買地基及修造祠堂及墓廬之用，再有餘則儲爲祠堂祭器及種種義舉之用。無論何人不得瓜分。

一、公款收支，每年于歲首將去年收支數目公同核算，登簿一次。每房立簿一本，交互登載，以昭信守。

一、公款有分子孫不准移挪借貸。若萬不已時而欲挪用，亦照外間大例生息，每年一清。

（曹佐熙等修《［湖南益陽］益陽曹氏彦祥房四修譜》 1917年務滋堂木活字本）

四川峨邊葛氏宗祠地租祭費

計開宗祠地租作爲祭費人名數目録後：

葛劉氏　地租苞谷壹石伍斗　王　章　地租飯谷壹石整
周清廷　地租鮮米壹斗整　葛　萬　地租苞谷　斗整
葛朝舉　地租苞谷壹斗五升　王忠元　地租苞谷貳斗整
劉三合　地租苞谷壹斗貳升　葛上李　地租苞谷貳斗整
柏楊林山地乙股苞谷分收　金廠坡山地□股，苞谷分收，鑫山承認祭酒一座。
葛上程一正施入宗祠山地乙股原當價□叁拾伍千文，坐落九龍廟苞谷租叁斗。

茲將祭費地租錢提入盂蘭會首事經收列後：

林鶴軒　地租錢壹千文　苟榮先　地租錢貳千文
周守烈　地租錢壹千文　陳璧光　地租錢貳千文
貴顯榮　地租錢貳千文　葛一林　地租錢叁千
嚴玉書　地租錢叁千文　葛永禄　地租錢叁百
童應田　地租錢叁百文　傅占龍　地租錢陸百文
嚴　順　地租錢陸百文　老君會　地租錢叁百文
尹羅氏　地租錢肆百文　闕光甫　地租錢陸百文
葛盛榮　地租錢伍百文　陳錫五　地租錢壹千陸百文
葛良王　地租錢肆百文　李明順　地租錢陸百文

張漢臣	地租錢陸百文	宋應福	地租錢壹千文
葛一坤	地租錢陸百文	李星魁	地租錢肆百文
葛上程	地租飯谷肆斗整	葛一乾	地租飯谷叁斗正
王洪順	地租飯谷壹斗五升	余世昌	地租飯谷壹斗五升
黄彭氏	地租飯谷叁斗整	葛良銀	地租飯谷叁斗整
唐黄氏	地租飯谷叁斗整	王木匠	地租飯谷叁斗整
廖興趙	地租飯谷叁斗整	趙銀山	地租飯谷壹斗正

以上祭費地租錢共拾玖千貳百文，提入盂蘭會首事經收承辦，經功超度，上界預存錢拾千文，交與下界各房輪流報换。又飯谷租貳石陸斗，均歸值年祭主經收辦會。如有私吞，滅會不辦者，祖宗鑒察，絶子滅孫。後世經首之人，其各凜遵。

計開白甲林開荒地租提作看祠人口食列後：

梁耀廷	地租苞谷叁斗	沈月壽	地租苞谷叁斗
帥貴元	地租苞谷壹斗五升	葛一清	地租苞谷壹斗
葛一超	地租苞谷壹斗	葛一濤	地租苞谷五升
羅永祥	地租苞谷五升	謝全成	地租苞谷貳升
喬金山	地租苞谷五升	代廷三	地租苞谷壹升
張傳宣	地租苞谷叁升	廖長喜	地租苞谷貳升
盧九成	地租苞谷貳升	陳珍華	地租苞谷壹斗五升
黄世清	地租苞谷貳升	周岐山	地租苞谷壹斗
王南廷	地租苞谷貳升	王捶手	地租苞谷貳升
趙天成	地租苞谷壹斗		

以上地租，提歸看祠人葛上甲承收。苞谷壹石貳斗，作爲經理焚獻口食一切費用。外餘苞谷，歸值年首事經收，以作祭費。

（葛朝君《[四川峨邊]葛氏宗譜》 1918年寫本，2000年影印本）

祠 田 記

余少時聞先君子云：輔侯公祠田，舊有千二百餘畝，擬建義莊，以裕後昆。旋以蕭家橋各房遽生齟齬，不得已而析之，僅存墓田數畝，市廛數間，以供祭埽。洪楊構難，烽火頻仍，蒸嘗既廢，祠宇亦隳。先叔祖苓香暨本生父左田、叔父寶欽公，恐祖宗靈爽之不安也，謀所以葺之，而艱於費。乃不憚煩勞，倡議集捐。然慷慨者卒尠。時族叔允之公夫婦已前卒，遺産百有餘畝，僅存一女鳳寶。親族既爲之立嗣，又以鳳寶伶仃無依，爲撥奩田二十餘畝以資衣食。比年將及笄，遽卒。族人遂議以奩田充入公祠，用是少卿叔祖母亦慨捐二十畝，各房繼起捐入者又二十餘畝，並原有之田，共得六十六畝三分五釐。自此後祠宇始克重新，祭享亦稍豐腆。清宣統二年，由亡弟我春添置三畝，合計之，爲六十九畝三分五釐。噫，先叔祖竭半生奔走呼號之勞，而後有成，不亦難乎。今余老矣，緬懷往昔，益增感怍。爰以譜事將竣，弟侄輩既以祠田畝數詳列如右，聊書數言於末云。清源謹識。

輔侯公祠田

豐一場九都九二圖，覘字號田四畝一分；

豐一場九都十一圖，超字號田十一畝五分，驤字號田九畝四分；

豐一場九都十三圖，東字號田三畝；清宣統二年添置。

南二場八都二圖，兄字號田四畝四分，弟字號田三畝二分；

南二場八都四圖，車字號田十四畝六分，肥字號田五畝四分零五釐，輕字號田四畝；

南二場八都五圖，同字號田八畝七分；

南三場中十四都十三圖，毛字號田一畝。

共計祠田六十九畝三分五釐。

以上祠田若干畝，由先祖父暨先堂伯左田、賓欽協力集捐，後歸先堂兄我春經管，旋爲堂兄晏如暫代董理。今夏堂兄星槎、堂侄頌文、禪伯輩推余爲經董。既不獲辭，乃將畝數詳細綜核，刊列於譜，以資考證云。清澧附識。

（孫克盛等續修《[江蘇句容]句曲丁莊孫氏原修宗譜》 1922年木活字本）

湖南益陽劉氏財産統計表

公別	坐落	祠宇估價	田畝估價	山畝估價	合計	合族合計
處志	十　里 水白坊	一 六〇〇	三 二一〇	八 四八	八五八	
在明	二十里 千家洲	一 一〇〇	二 一四〇		二四〇	
清雅	九　里 李逢郙	一 二〇〇	二 一四〇	二 一二	三五二	
永宣	石井頭 墾一灣	一 三〇〇	三 二一〇	一〇 六〇	五七〇	
世[illegible]much	九　里 石井市	一 一〇〇〇	二 一四〇	八 四八	一一八八	
應明	石井頭 墾二灣	一 二五〇	三 二一〇	三 一八	四七八	
日昇	石井頭 墾一灣	一 一八〇	三 二一〇	八 四八	四三八	
日顯	九　里 石頭坪	一 二〇〇	三 二一〇	九 五四	四六四	
日僊	九　里 石井市	一 六〇〇	一六 一一二〇	一〇〇 六〇〇	二三二〇	

（續　表）

公别	坐落	祠宇 估價	田畝 估價	山畝 估價	合計	合族 合計
欽賢	石井頭 趙家山	一 一〇〇	一 七〇		一七〇	
欽鎮	石井頭 左家灣	一 五〇		三 一八	六八	
欽贊	九　里 石井市	一 六〇〇	八 五六〇	三〇 一八〇	一三四〇	
欽頂	石井頭 崇山園	一 一三〇〇	三 二一〇	二〇 一二〇	一六三〇	
欽顱	石井頭 袁家邨	一 四〇〇	一 七〇	二 一二	四八二	
欽頤	石井頭 滿房祡	二 一五〇〇	一 七〇	一六 九六	一六一六	
向武	九　里 松山溪	一 三〇	一 七〇	一〇 六〇	一六〇	
向睿			三 二一〇	一〇 六〇	二七〇	
向誾			一 七〇	二 一二	八二	
向圜	石井頭 喜烟邨	一 一二〇	一 七〇	一八 一〇〇	二九〇	
向闐	九　里 石井頭	一 五〇〇	四 二八〇	八 四八	八二八	
向連	三　里 水溪灣	二 一六〇〇	八 五六〇	四〇 二四〇	二四〇〇	
向佳			二 一四〇		一四〇	
向偕	九　里 石井市	一 六〇〇	三 二一〇		八一〇	
士鑑	穿天坳 橋　邨	一 一〇〇	三 二一〇	一〇 六〇	三七〇	
士廣	石井頭 船形灣	一 六〇		二 一二	七二	
士穉	石井頭 滿房祡	一 三〇〇	六 四二〇	五 三〇	七五〇	
士富	九　里 石井市	二 一二〇〇		一一 六六	一二六六	
士聞			一 七〇		七〇	
士斌	石井頭 喜烟邨	一 八〇	一 七〇	一〇 七〇	二二〇	
士綸	石井頭 楊家坪	一 三〇〇		三 一八	三一八	
士紹	石井頭 趙家山	一 四二〇	二 二四〇	三〇 一八〇	七四〇	
士緒	九　里 大水田	一 二〇〇	三 二一〇	二〇 一二〇	五三〇	

（續　表）

公别	坐落	祠宇 估價	田畝 估價	山畝 估價	合計	合族 合計
繼服	穿天坳 橋　邨	一 一二〇	四 二八〇	一五 九〇	四九〇	
繼鵬	石井頭 株樹邨	一 一〇〇		二 一二	一一二	
繼杰	九　里 石井市	一 二〇〇	四 二八〇	二五 一五〇	六三〇	
繼儀	九　里 石井頭	一 三〇〇	一 七〇	二 一二	三八二	
繼侃	石井頭 李公祡	一 一〇〇		二 一二	一一二	
繼繪	石井頭 趙家山	二 四八〇	四 二八〇	七〇 四二〇	一一八〇	
繼遂	石井頭 楊家灣	一 一四〇	一 七〇	三〇 一八〇	四九〇	
繼緗	九　里 沙田灣	一 二〇〇		一二 七二	二七二	
繼郁	九　里 小沙灣	一 一一〇	一 七〇	三 一八	一九八	
繼郢		一 一〇〇	一 七〇		一七〇	
繼郡			一 七〇		七〇	
繼鏜				三 一八	一八	
繼材	石井頭 老屋邨	一 五五〇	一 七〇	五〇 三〇	六五〇	
繼周	石井頭 油子迯	一 五六〇	二 一四〇	一六 九六	七九六	
繼彬	三　里 嘉禾邨	一 一五〇	二 一四〇	六 三六	三二六	
繼質			二〇 一二〇	一二〇		
繼鳴	石井頭 趙家山	一 一〇〇〇	二 一四〇	二八 一六八	一三〇八	
開泰	石井頭 璺一灣	一 二〇〇	二 一四〇	二 一二	三五二	
珖泰	九　里 楊村邨	一 三〇〇	六 四二〇	二〇 一二〇	八四〇	
琿泰	九　里 南峯邨	一 一五〇	一 七〇	四 二四	二四四	
疇泰	九　里 楊材邨	一 二〇〇	二 一四〇	一〇 六〇	四〇〇	
禄泰			二 一四〇	一〇 六〇	二〇〇	
鯤泰	石井頭 璺二灣	一 一七〇	三 二一〇	三〇 一八〇	五六〇	

（續　表）

公别	坐落	祠宇 估價	田畝 估價	山畝 估價	合計	合族 合計
兆泰			一 七〇	四 二四	九四	
沂泰				九 五四	五四	
道泰	九　里 南峯邨	一 一二〇〇	五 三五〇	四 二四	一五七四	
溢泰			二 一四〇	三〇 一八〇	三二〇	
岐泰			二 一四〇	二八 一六八	三〇八	
正泰			二 一四〇	一六 九六	二三六	
颺泰			一 七〇	五〇 三〇〇	三七〇	
雁泰		一 三〇〇	五 三五〇	一〇 六〇	七一〇	
治泰	石井頭 趙家山	一 九六	三 二一〇	二 一二	三一八	
誠泰	九　里 龍　洞	一 七〇	一 七〇	一〇 六〇	四〇〇	
維泰	三　里 磨子隆	一 一〇〇	二 一四〇		二四〇	
逵泰	三　里 丁家灣	一 三〇〇	一 七〇	二 一二	三八二	
進泰	九　里 郭家祡	一 一二〇〇	六 四二〇	一六 九六	一七一六	
峨泰	三　里 湯家邨	一 二〇〇	四 二八〇	五 三〇	五一〇	
嶠泰	九　里 七里邨	一 一二〇	三 二一〇	二〇 一二〇	四五〇	
祐本			二 一四〇	三 一八	一五八	
視本	九　里 大南邨	一 四〇〇	三 二一〇	一〇 六〇	六七〇	
鶴本			二 一四〇	六 三六	一七六	
位本	九　里 □鴨隆	一 三〇〇	三 二一〇	三〇 一八〇	六九〇	
跟本			一 七〇	二〇 一二〇	一九〇	
校本	九　里 圓通菴	一 五〇	五 三五〇	一〇 六〇	四六〇	
庚本		一 一六〇		八 四八	二〇八	
祥本			一 七〇		七〇	

（續　表）

公别	坐落	祠宇 估價	田畝 估價	山畝 估價	合計	合族 合計
培本			一 七〇		七〇	
利本			一 七〇	七 四二	一一二	
映本			一 七〇	七 四二	一一二	
曠本			一 七〇	七 四二	一一二	
涓本		一 二〇〇	一 七〇	三 一八	二八〇	
芷本		一 一六〇	三 二一〇	三 一八	三八八	
垌本			一 七〇	三二 一九二	二六二	
崲本	三　里 騮驊邨	一 八〇	三 二一〇	四 二四	三一四	
瓚本				八 四八	四八	
峻本	三　里 虎頭隆	一 一五〇	一 七〇	三 一八	二三八	
嶺本			一 一四〇	三 一八	一五八	
敦本	石井頭 趙家山	一 九六	三 二一〇	二 一二	三一八	
致本	九　里 周家邨	一 一二〇	四 二八〇	一四 八四	四八四	
成詩			二 一四〇	二 一二	一五二	
成詔			二 一四〇	二 一二	一五二	
成著			二 一四〇	三 一八	一五八	
成祖				一〇 六〇	六〇	
成彩				一〇 六〇	六〇	
成德				一〇 六〇	六〇	
成麟				一〇 六〇	六〇	
成達	石井頭 戴家灣		三 二一〇	五 三〇	四四〇	
成渥		一 一二〇	二 一四〇	六 三六	三九六	
宗雲			二 一四〇	六 三六	一七六	

（續　表）

公別	坐落	祠宇 估價	田畝 估價	山畝 估價	合計	合族 合計
宗祈	石井頭 老屋邨		二 一四〇		一四〇	
宗印	石井頭 老屋邨	一 二六〇	一 七〇	四 二四	三五四	
宗郁	丁家灣 六斗邨	一 八〇	一 七〇	二 一二	一六二	
均菴 義渡	三　里 石人塘	一 一二〇〇	八 五六〇	三 一八	一七八八	
鶴亭 義渡	三　里 石人塘	一 二四〇	三 二一〇		四五〇	
楊泗公	附世琛 公　祠		三 二一〇		二一〇	
劉楊公	九　里 穿天坳	一 二〇〇	一 七〇	一〇 六〇	三三〇	五〇〇〇二

私有財産統計表

房別	户數 估價	田畝 估價	山畝 估價	合計	合族合計
基泰	三 一〇〇	二 一四〇	二 一二	二五二	
孝泰	四 一八〇	八 五六〇	八 四八	七八八	
開泰	五 二五〇〇	三三 二三一〇	一〇〇 六〇〇	五四一〇	
宏泰	一 四〇		二 一二	五二	
繩泰	一 八〇	六 四二〇	三〇 一八〇	六八〇	
診泰	一 二八〇	六 四二〇	六〇 三六〇	六八〇	
珖泰	二一 七七二〇	五二五 三六七五〇	八四一 五〇四六	四九五一六	
琿泰	四 八〇〇	三〇 二一〇〇	六〇 三六〇	三〇六〇	
疇泰	一七 二八〇〇	一五〇 一〇五〇〇	二六〇 五〇四六	一三四五六	
禧泰	二 五〇	三 一二〇	二〇 一二〇	三八〇	
褕泰	一 三〇	二 一四〇	一五 九〇	二六〇	
禎泰	三 二〇六	六 四二〇	八二 四九二	一一一八	
誨泰	二 二〇〇	五 三五〇	七〇 四二〇	九七〇	

（續　表）

房別	户數 估價	田畝 估價	山畝 估價	合計	合族合計
諺泰	三 八〇〇	二六 一八二〇	三五〇 二四五〇	五〇七〇	
朝泰	二 一四〇		一六 九六	二三六	
咸泰	一 四〇	四 二八〇	一六 九六	四一六	
嗣泰	一 三〇		二 一二	四二	
茂泰		二 一四〇	五 三〇	一七〇	
宜泰	一 二〇		五 三〇	五〇	
鯤泰	二 一六〇〇	八六 六〇二〇	六〇 三六〇	七九八〇	
鰻泰	一 一〇〇	五 三五〇	一 六	四五六	
鮒泰	八 一一〇〇	八 五六〇	一六 九六	二六二〇	
鰲泰	一 四〇	一 七〇	二 一二	一二二	
鯨泰	一 五〇	八 五六〇	二五 一五〇	七六〇	
俊泰	一 五〇	二 一四〇	三 一八	二〇八	
玟泰	三 一五〇	三 二一〇	三 一八	三七八	
起泰		五 三五〇	三 一八	三六八	
琿泰	二 三〇〇	八 五六〇	二〇 一二〇	九八〇	
羽泰	一 二八〇		一〇 六〇	三四〇	
珴泰	一 六〇		五 三〇	九〇	
昊泰	一 六〇	一 七〇	三 一八	一四八	
世泰	四 三六〇	八 五六〇	一六 九六	一〇一六	
光泰	五 一二〇〇	一〇 七〇〇	一〇 六〇	一九六〇	
兆泰	四 一〇〇〇	一五 一〇五〇	三〇 一八〇	二二三〇	
紋泰	三 四〇〇	一〇 七〇〇	一〇〇 六〇〇	一七〇〇	
源泰	一 八〇	三 二一〇	七 四二	三三二	

（續　表）

房別	户數 估價	田畝 估價	山畝 估價	合計	合族合計
沂泰	四 六二〇	一六 一一二〇	二〇〇 一二〇〇	二九四〇	
泛泰	三 二四〇	四 二八〇	六〇 三六〇	八八〇	
益泰	一 四〇	一 七〇	五 三〇	一四〇	
道泰	四 二四〇〇	四〇 二八〇〇	一〇〇 六〇〇	五八〇〇	
雲泰	五 二六八〇	五〇 三五〇〇	一二〇 七二〇	六九〇〇	
際泰	一 一三八		二 一二	一五〇	
永泰	一 二四〇	八 五六〇	二〇 一二〇	九二〇	
念泰	四 七八〇	一五 一〇五〇	三〇 一八〇	二〇一〇	
升泰	三 六八〇	三〇 二一〇〇	二〇 一二〇	二九〇〇	
順泰	一 三三〇	七 四九〇	一〇 六〇	八八〇	
濱泰	一 一三〇	二 一四〇	五 三〇	三〇〇	
和泰	一 三〇〇	八 五六〇	七〇 四二〇	一二八〇	
恕泰			一六 九六	九六	
溢泰	四 九二〇	一八 一二六〇	八〇 五〇〇	二六八〇	
岐泰	二 三〇〇	六 四二〇	七〇 四二〇	一二四〇	
正泰	二 二〇〇	一二 八四〇	六〇 三六〇	一四〇〇	
飇泰	二 八〇〇	一〇 七〇〇	六五 八〇〇	二三〇〇	
星泰	一 四〇〇	八 五六〇	三二 二〇〇	一一六〇	
誥泰	二 九八〇	三六 二五二〇		三五〇〇	
鴻泰	三 三〇〇	一一 七七〇	六〇 三六〇	一四三〇	
鶴泰	一 五六〇	三六 二五二〇	八〇 四八〇	三五六〇	
鸧泰	三 八〇〇	一二 八四〇	四二 二五二	一八九二	
鴈泰	六 一一二〇	九五 六六五〇	一二六 七五六	八五二六	

（續　表）

房别	户數 估價	田畝 估價	山畝 估價	合計	合族合計
鵡泰	二 三七〇	一二 八四〇	一八 一一〇	一三二〇	
鵬泰	一 一〇〇	二 一四〇	一〇 六〇	三〇〇	
鴞泰	一 四〇	二 一四〇	一〇 六〇	二二〇	
淙泰			一二 七二	七二	
祖泰			一四 八四	八四	
德泰	二 五二〇	一二 八四〇	二八〇 一六八〇	二〇四〇	
運泰	三 六四〇	一八 一二六〇	六〇 三六〇	二二六〇	
詒泰	二 三四〇	一一 七七〇	三〇 一八〇	一二九〇	
勳泰	四 一三〇〇	七二 五〇四〇	二四〇 一四四〇	七七八〇	
誠泰	一二 二九〇〇	二四〇 一六八〇〇	六〇〇 三六〇〇	二三三〇〇	
鳳泰	一 七〇	一 七〇	二 一二	一五二	
蔭泰	一 一八〇	九 六三〇	六 三六	八四六	
伽泰	一 三〇	一 七〇	二 一二	一一二	
維泰	四 一二〇〇	三〇 二一〇〇	九 五四	三三五四	
逵泰	八 一三六〇	六〇 四二〇〇	五〇 三〇〇	五八六〇	
進泰	一二 二四〇〇	一一〇 七七〇〇	五〇 三〇〇	一〇八二〇	
輔泰	四 三六〇	二〇 一四〇〇	三〇 一八〇	一九四〇	
治泰	二 一二〇〇	一六 一一二〇	四〇 二四〇	二五六〇	
峻泰	一 八〇	三 二一〇	二〇 一二〇	四一〇	
嶧泰	二 二八〇	一六 一一二〇	二四 一四四	一五四四	
峨泰	五 一〇〇〇	三〇 二一〇〇	六〇 三六〇	三四六〇	
嶠泰	三 一二〇〇	一八 一二六〇	五〇 三〇〇	二七六〇	
韜泰	一 一二〇	七 四九〇	三〇 一八〇	六七〇	

（續　表）

房別	户數 估價	田畝 估價	山畝 估價	合計	合族合計
親泰	二 二四〇	一二 八四〇	三二 一九二	一二七二	
覩泰	一 二五〇	六 四二〇	四〇 二四〇	九一〇	
添泰		二 一四〇	一四 八四	二二四	
湘泰	一 一五〇	二 一四〇	一〇 六〇	三五〇	
任泰	一 一六〇	八 五六〇	四二 二五二	九七二	
皋泰	三 一〇〇〇	六〇 四二〇〇	八五 五二〇	五七二〇	
健泰	一 二〇〇	一 七〇	二五 一五〇	四二〇	
盟泰	一 二五〇	八 五六〇	四一 二四六	一〇五六	
恒泰	三 五〇〇	三 二一〇	一二〇 七二〇	一四三〇	
遐泰	二 九〇〇	四五 三一五〇	一三〇 七八〇	四三三〇	
逸泰	一 二四〇	八 五六〇	五〇 三〇〇	一一〇〇	
甫泰	二 六〇〇	二四 一六八〇	一〇 六〇	二三四〇	
斗泰	三 四八〇	二〇 一四〇〇	一〇 六〇	一九四〇	
秉泰	一 四〇〇	五 三五〇	二〇 一二〇	八七〇	
舉泰	三 九〇〇	五 三五〇	四〇 二四〇	一四九〇	
量泰	一 八二〇	五〇 三五〇〇	八二 四九二	四八一二	
峯泰	四 八二〇	二〇 一四〇〇	三〇 一八〇	二四〇〇	二六〇九一八

（劉中濬等纂修《[湖南益陽]劉氏五修族譜》 1932 年彭城堂木活字本）

浙江盤谷高氏貴六公房私産

公産統計表

古者宗以族得民，故大功異居，而同財有餘，則歸之宗，不足則資之宗。雖然，孟子言士無田則不祭。是卿大夫以下，無所謂祭田也。至於義田以贍貧窮，書田以獎學士，此則後人因井田既廢而創此以聯族屬也。莊子所謂名生於不足者，非歟。我高氏自遷祖以來，世禄於朝，祭田較豐於他姓，至義田惟南屏公多置百畝，今亦並入祭産中。若書田則累世各支多寡不等。玆統表之見玆義雖屬後起，而未嘗不可以獎薄俗。於以知吾祖之貽謀於孫子者，其用意亦深矣。

世次	梅月公	竹廬公	蘭室公				清甫公	光璧公
田名	祭書義	祭書義	祭書義	祭書義	祭書義	祭書義	祭書義	祭書義
祭稱	知祭	知祭	蘭祭				鳳祭	泉祭
畝數	百二十 三十	百二十	十一				十	三
世次			南屏公	春巖公		聞忠公	鳳篁公	光奎公
祭稱			尚祭	春祭		虚祭	脩祭	雁祭
畝數			百四十	三十		四	二十	三十
世次				東野公		聞傅公		
祭稱				東祭		甌祭		
畝數				四十一 二七		四		
世次						奉山公	鳳都公	光宣公
祭稱						奉祭	玉祭	宣祭
畝數						三	一	十七
世次				西渠公	横川公	如英公		
祭稱				史祭	川祭	英祭		
畝數				二十五	二十四	十二		

世次			愛竹公			師尊公		
祭稱			盤祭			後祭		
畝數			二十二			田二分		
世次						兆禧公	宏亦堯公	
祭稱						慶祭	堯祭	
畝數						四	二	
世次								式雲鵬公
祭稱								步祭
畝數								四
世次							宏謨公	式齡公
祭稱							承祭	千祭
畝數							十	八
世次						兆順公	宏俊公	式珍公
祭稱						履祭	康祭	賨祭
畝數						三十一	四十二	十五一
世次							宏望公	
祭稱							順祭	
畝數							十一	
總計	知祭系二七〇	蘭祭系三〇	尚祭系四七〇九	盤祭系二二三	合共八〇一、三分			

私産統計表

封建之代八家同井，民不得私有寸土。自秦人廢井田，開阡陌，聽民别籍異財，於是天下始有貧富。漢董江都嘗欲限民名田，而不能果行。則夫民之各私其産者，殆勢之所必然乎。貴六公有子四人，然傳至四世，析而爲十九支，傳至九世，析而爲九十四派。設爲其子孫者，非擴而大之，則生齒日增，而土田有限。區區遺産，分潤幾何。況以現今之社會，柏拉圖共産主義既不能驟行，則惟有保護私權，務求增進其財産，或可以奬一族之人心歟。今表私産，不詳紀各户，約最近七世以著其大槩云。

房别	支别	派别	行屬	畝數	總數
蘭室公房	友訓公支下第九世	廷鴞公派	國程式明		
			國宰式彬		
	友典公支下第九世	廷麈公派	應簪式俊	約田五分	
			式傑	約田三十二畝	
			應管式靈	約田二畝二分	
			式榮	約田五十四畝	
			式光	約田五十畝	
			式佐	約田一十四畝	
			應管式鳳	約田二畝	
			式泮	約田一畝	
			式業	約田十畝	
			式富		
			式真	約田一十二畝	
			式夏	約田二畝	蘭室公房 共一百七十八畝零七分
述菴公房	友璣公支下第九世	廷紳公派	鳳雛式謙	約田二十畝	
			式調	約田二十二畝	
			式訥	約田六畝	
			鳳篁式雲鵬		
			式雲鵠	約畝田一百畝	
			式潤	約田三畝	
			式沛	約田五畝	
			鳳鄆式雲	約田四畝	
			式楠	約四田畝	
		廷舉公派	鳳都珍式	約田百六十五畝	
			式崇	約田四畝	
			式昌	約田三十畝	
			鳳瑞式□	約田一十四畝	
			式明	約田二十七畝	
			式光	約田一十四畝	
			鳳來式佑	約田之畝	
			式錦	約田九十二畝	
			鳳羣式齡	約田百二十五畝	
			式純	約田四畝	
			式朱	約田五畝	
		廷愉公派	鳳輦式深	約田一十四畝	

（續　表）

房别	支别	派别	行屬	畝數	總數
			鳳霞式録	約田十一畝	
			式鋐	約田三畝五分	
			式璧	約田七畝	
			鳳翩式道	約田一十七畝	
			式猷	約田四畝	
			鳳贈式升元	約田三十八畝	
			鳳登式政	約田五畝	
			鳳璟式松	約田四畝	述菴公房 廷紳一百六十四畝 廷舉四百九十畝 廷愉九十八畝五分 共計七百五十二畝五分
愛竹公房	友詔公支下第九世	廷鯉公派	鳳儔式玉音	約田一畝	
			式志	約田二十畝	
			式陞	約田三畝	
			式芳	約山田二畝	
			鳳儀式禮	約田十畝	
			鳳鍼式青	約田三畝	
			鳳錫式發	約田六畝	
			式寬	約田二畝七分	愛竹公房四十七畝七分 統計九百七十八畝九分

（高誼纂修《[浙江樂清]盤谷高氏貴六公房譜》 1935年朱墨套印本）

湖南衡陽三甲左氏公產志

族之大事在祀與學。犧牲之肥、束修之供，非産莫措。産之裕竭視乎人，而報本追遠，育才進德，雍睦任卹之效隨之，可忽乎哉。述公産志第七。

翼經堂公産

清道光乙酉，重修宗祠，增建昭穆廟，鄉、城兩房先賢，慮續修之不易集事也，壬寅、癸卯、甲辰三年，按房攤捐穀十二石，積放生息。至丙午秋，本息至三十五石零。名祠堂公，俗謂之檢屋公。嗣先後置田産二十五處，租十餘石。民國十九年，撥歸家規公田七畝零。二十六年，六修族譜，議借售田九畝七分，以助剞劂之費。今存田五十一畝，升租七十石零。詳《契約彙編·祠堂公記》附。

我族舊有祠而規制頗隘。道光甲申、乙酉，合族集貲，更新而恢廓之。前廳三、後廳三，中始祖廟，左昭廟，右穆廟，賢達節孝分祀昭穆廟之前堂。費金巨萬，鳥革而翬飛，足以妥先靈、型後葉矣。惟歲月悠遠，風雨剥蝕，修葺之難，同於創始。壬寅冬，族衆議捐穀存放生息。鄉房穀二石，内大頭沖房四斗，井頭房四斗，南沖房調甫、志宇二公各二斗，西塘房四斗，弓仔房四斗，城房穀二石。癸卯、甲辰二年，捐穀如例。合本穀十二石正，名祠堂公，推耀南、弨然領放，雲嗣、名魁繼之，正衡、端臣爲監理。至道光二十六年秋，本息穀至三十五石零，簿三本，兩大房領放經管，各執一本。兩監理共執一本。每年十二月二十日入祠清算，登簿經管。三年交替，穀石務須入祠内公倉。倘有侵蝕，除追復外，公同議罰。祖宗靈爽，在在在旁，吞噬者昭察之，廉公者庇佑之，形影之隨凛凛焉，焉所逃哉。十代孫洪權記。

譜公公産

清乾隆壬子歲，初修族譜，塞橋房支祖困夫公捐銀九十五兩三錢一分。各房相繼樂捐，剞劂以成。二修，月塘房支祖月溪公予告在籍，捐貲獨多。三修，捐募綦難，五年迺蕆。光緒丙戌四修，每丁捐錢三百二十文。推砭愚、芝垣二公徵收。貧而丁繁者，羅掘艱辛，愍焉閔之。議任事人日食錢六十文，外出半日照扣。譜成祭告，不用梵法追薦，以資撙節。餘錢二百五十餘千文，置黄丫塘田七畝零，爲譜公。砭愚、養吾任經管十四年，置田七處。二十六年，榮封興起。繼任置田五處，共五畝四分。砭愚爲之記。又友臣捐煙竹塘壠下田一處二畝，嗣續置田十一畝零。宣統三年五修後，存田三十一畝零。民國二十六年六修，計廿餘年租入本息僅存百五十餘金。公議售田十三畝零，借售翼經堂公田九畝零，共價洋一千　百　十　元，屬丁夷變，遷延爲役。二十八年，復售田八畝整，價七百三十元整，仍不敷用。由鄉房公捐國幣四百元，城房公捐國幣七百元，及家規公餘款彌補之。冬十月譜成，實存田　畝，升租　石　斗。詳契約彙編。

家規公産

民國十九年族綱會成立，議由翼經堂公撥田七畝零，租九石四斗，爲家規公産。至二十八年，經管聚甫、明山結算，歷年存款二百一十七元，撥作六修族譜之用。田租存詳契約彙編。

翼經小學校公産

鄉四房公産

鄉四、城六兩房，清康熙時，公置祀田於二十七都八區五里牌之騎虎塘，計四十六畝有奇，租五十六石六斗。乾隆八年，公議分管。鄉四房並弓仔房分田二十畝九分六釐，又鄉四房私置田十畝五分，議本支大頭沖、井頭、南沖三房分管。旋大頭沖房於三分佔一，内摘田一畝七分五釐，售歸三房公管。四十七年，南沖房售田三畝三分三釐歸公。四十九年，公置田二畝。五十四年，置田三畝五分，共租四十三石三斗。是爲四房原有公産。道光丙戌，重新祠宇，兩房合祭。鄉房租入無多，費鉅款絀，筆山公洪權慨然倡議，每丁捐錢四十文，穀一斗，捐者至二百九十三人。公推素文公洪絢領放生息。至十一年，得本息穀八十三石五斗。修令、洪璨、德盒、昌壽、修詳等領放，仍以洪絢總其成。至十五年，存穀四百餘石，始置田業。至咸豐初，共置田七十七畝五分零，租八十四石一斗五升。經管則德炳、德秩、洪訏，而洪權督飭監理，勞勣實多。是爲四房捐積公産。道光　年，鄉、城兩房議將騎虎塘出售。鄉房得價錢七百六十掛，隨以原價置承天坪龍家塘家亦作丫。二處田六十四畝，租七十餘石。嗣是歲有增益，兩公田業至二百餘畝。光緒初，經管某某等，擅售碑石邊宗祠門首，陳福堂、王丫塘、承天坪等處田一百六十餘畝，僅存龍丫塘田四十二畝，亦以債務抵押。租虚祀闕，其人亦侘傺徂謝。子姓式微，或遂爲若敖之餒矣。光緒三十年，興起公肇程任經管，復置田　處　畝　升租　石　斗，勤劬擘畫，蓋十餘年而後集事。歲月遷流，賢聲難繼。愾焉念祖，是在仁人，今存田租，詳《契約彙編》。

大頭房公産

井頭房公産

井頭房公産三：曰捐積祀由公。清咸豐六年，闔房議每丁捐穀一斗，錢二十文，得穀十石零二斗，錢二千零四十文，逐年積放，置田租二十餘石。曰新積公産。咸豐八年，鄉四房出售公田井頭房掘分錢十三千四百十四文，又識茂折穀錢一十六千四伯文，聯芳、耀憬、繡雲、靖菴協議，購穀二十三石五斗五升，積放，置田七畝零。同光間經管失人，産亦凋敗。興起公肇程繼任，革弊起衰，舊業拓矣。田租詳契約彙編。曰義學公産。民國二十五年，堯洲、作人等，倡房衆捐積捐名入房譜，丐全志爲記，入學校志。各支房公産：曰玉台公祀産，公遺存田十一畝三分，爲慶吾公及公清明祭費。經理德清等先後續置田十一畝七分。咸豐、同治間，售吳家嶺田念餘畝，祀事幾廢。光緒末，興起公肇程任經理，克己從公，盡復舊業。田租詳契約彙編。曰次達公祀産。公爲玉台公季嗣，咸豐間，玉台公經理，售吴家嶺田業，瓜剖自肥。餘錢一十七千一伯文，歸昌培、昌堂，二公不受，捐爲曾祖次達公祀産。基金比購穀一十九石，銖升累積，置田十九畝八分六釐，興起、三槐、恒舒、茂林、吉人、松山經理贊襄，並瘁心力。田租詳《契納彙編》。

南沖房公産

西塘房公産

西塘房公帑。清道光壬寅以前，罄用無存，是年房裔洪闓、洪發、昌壽、昌化等，議將西塘老屋前荒坪墾田一號，額租四斗，逐年積放。光緒初榮爵、肇饌任經理。書之匡贊之，置田一處。十五年，肇禮、庠英、國棟繼任，置田二處。民國初，鶴軒、光暄、繼任，置田二處，共三畝五升，養吾、步卿、光曜、柏華、頌卿、松林，一德同心，或任經理，或未任經理。公産之興，皆有力焉。田租詳《契約彙編》。

城六房公産

城六房，清康、乾間，分管騎虎塘公田二十五畝零，租三十六石。乾隆二十七年至三十六年，經管敍五、君茂、文炳、君楊、美士、步雲、效美、維楚、千育、兩儀等，先後置田一十三畝六分。三十七年至五十八年，經管重菴、君楊、光遠、福三、耕心、向學、綏安、效美、美士、步雲、維楚、千育、兩儀等，先後置田三十三畝七釐四絲五毫。嘉慶十七年至同治末，經管世凝、惟理、魯玉、林玉、士升、建寅、開來、德柄、惟楚、廷貴、曼卿、載元、洪端、德星、九成、經夫、濟川、天亨、有高、孝敏、洪意、海潭、昌永、麟書、義成、作堂、洪富，先後置田五十九畝三分。又道光末，公售騎虎塘田掘佔業價錢九伯六十掛，積放至咸豐八年，置承天坪田四十三畝，新田沖、廟山沖、菱角沖三處田五十四畝四分。光緒二十五年，經管經夫、連陞置田七畝。民國二十六年、二十八年，先後置鐵絲塘田三十六畝零。光緒九年，撥義學公田四十餘畝。民國十年，撥翼經小學校田十餘畝。二十八年，續撥義學公田四十餘畝，補助六修族譜經費，售田　畝　升。今存田租，詳《契約彙編》。

城六房義學公産

清光緒　年，房裔經夫、芝垣、砭愚等，集合房公議，由城六公撥田租七十餘石，爲六房義學公田。宣統三年，六房公置郡城試館，借撥本公廟山沖、菱角沖二處田業出售。民國二十五年，經管潔清、少剛，售浪頭沖、喬陂壠二處田三畝四分。二十八年四月，房綱會議議決，由城六公加撥田四十餘畝，共田七十八畝九分二釐，租一百二十三石六斗四升，地名、坵號、租額，詳《契約彙編》。

城六房救濟公産

清同治五年，鄉、城兩房立約，停祭後筵席三屆，每年各捐穀一百石，公同積放，爲重新祠宇、購置郡城試館之用。事不果行。城六房獨積三年，置田一十六畝五分零，定名曰六房捐積公。經夫、砭愚、芝垣、榮封、翊丞遞任經理，增置田十餘畝。(宜)〔宣〕統三年，購牌頭房子元郡西關外陽字號住宅爲試舘，又購劉姓基地，修造舖面，息借牌頭房各公帑，及義學公售田價洋，節次償還。民國初，因房内子姓借住試舘，往來郡垣者，或不得食宿之便，衆頗不平。二十五年將試舘售牌頭房，株木山公舖面售山塘房遠山私管，共業價一千三百餘元。株木山公依議代放本房肄業各校學生學費外，售田　畝　升，歸城六公抵償業價。遠山業價則六房子姓任意均分，遂歸烏有。二十八年，售蕭家門首田五畝八分，代償六公債務。是爲城六房祀産。公六房捐積公混合時代，是年四月房綱會議議決，由城六公撥田　畝　升，連同厚有田共三十三畝六分，租四十六石七斗五升，移作本房慈善事業，更名城六房救濟公。田畝、地名、坵號、額租，詳《契約彙編》。

牌頭房公産

牌頭房公産三：曰株木山公。二世祖晟公葬株木山，故名。舊有塘土税，清乾隆間，因佃户漚糞壞塋旁，廢土减税。咸、同間，洪水淹塘，税屢闕，祭費支絀。同治七年，闔房捐銀二十兩有奇，積放生息，置田二畝五分八釐。嗣經管榮封、砭愚等，續有增置。民國二十六年，承置六房公試舘，價七百餘元，改建晟公墓廬。工料費洋千九百有奇，虧累頗巨。公議售田抵價。今存田租，詳《契約彙編》。曰牌頭房義學公。光緒末，合房議於株木山公撥田租五石八斗，爲本房成名公佽子姓讀書膏火，及諸生鄉試川資。民國二十八年，房綱會議議決，由株木山公加撥田畝共新舊田十三畝六分，租十九石六斗，更名曰牌頭房義學公。地名、坵號、額租，詳《契約彙編》。曰杉山公。晟公妣龍太夫人葬杉山，祔百六十餘塚。康熙五十六年，先困夫公經管騎虎塘，公租存本房兩年掘分穀四石四斗，積放生息，至五十九年八月，得穀一十四石二斗。是年建宗祠，本房攤派公費，支去穀七石二斗，存穀六石九斗，息放至雍正十二年，得銀三十九兩六錢，倡合房公私捐銀六十四兩七錢。自捐銀五十八兩一錢一分，購置左修賦田一十畝七分，爲杉山公産，供本山修理墳塋、春秋祭費，及西鄉子姓南來謁墓伙食之用。公自爲合約，禁子孫充任經管，以杜把持侵蝕。約歲久佚。同治初，修理杉山墓廬於屋壁中得之，在天爽靈，實式實憑。嘉、道、同、光間，先後增置田數十畝，經夫、榮封、砭愚、芝垣、莢垣、進臣、翊丞功最多。田租詳《契約彙編》。

各支房公産：曰承德公四世祀産。四世祖璋公贈承德郎，故曰承德公。公祖孫四世，舊無祀産。民國二十年，茂林、霍山、福明、鉛松、葦青、常春等，倡捐銀四百餘元，峙石公捐田三畝二分，積放生息，購置田八畝六分。捐名、田租，詳支房譜。

曰青雲公祀産。公裔居長樂花山。嘉、道間，祀田至百餘畝。雲樵、常茂、藝菴諸公，先後積累購置，膏腴彌望，祀舉人和，擘畫之勞，耿耿耳口。民國元年，移建祠宇。民國二十　年重新之。羅掘艱辛，售田償債。孝思不匱，産雖落不足慮也。今存田租，詳支房譜。

曰青岑公、翊明公父子祀産。民國十四年，葦青、鉛松、福明、常春等倡議，由峙石公捐田五畝，各房捐錢四百餘千，積放十餘年，購田一十一畝一分。捐名、田租，詳支房譜。

曰峙石公祀産。龜山自西塘公葬後，祔數十墓。翊明公置祀田一十四畝五分，租一十七石四斗，爲祭祀及看山費。雍正初，公裔峙石、基仲兩房，收歸私管。各有移售。乾隆十四年，公立合約，僅存山前民田五畝九分租七石四斗。嗣悉售歸峙石公裔獨管。即今存六弓仔田一號，莊名左世公，道光後經管季玉、臣藩、培元、見遠、周臣、雲濤、砭愚、超羣、峩樓等，先後增置田三十餘畝。地名、坵號、租額，詳支房譜。

曰基仲公祀産。基仲房裔售龜山祀田後，餘數畝守之，至今弗失。田租詳支房譜。

曰東軒公祀産。民國七年，堯生、鉛松、愛林、常春等倡，捐錢百餘千，積放生息，除逐年祭費外，今存銀一百二十元。捐名詳支房譜。

曰禮中、帝書兩公，暨芳亭、嗣四公祀産。洪市房舊有祀田四畝八升七角。中、書兩公三分佔二，芳亭公嗣三分佔一。道光末，中、書兩公裔蘭洲、芝坦等經管。公産頗有增置。田畝、租額，詳支房譜。

曰塞橋房祀産。甲、困夫公祀産。長樂巡口橋牌樓灣公莊，原存困夫公祀租二石三斗。民國二十一年，因公莊窵遠，減租加金，以便管理。公裔松、恕、日三房，共得銅元錢八伯六十八千二伯八十文，連同減餘原租二石二斗二升，積放生息，待置田業。乙、松、恕二公祀産。光緒中，海門公獨力創建家廟，祀松、恕二公，而恕齋公裔至昌字輩，闕松操公單傳三代，至熊光公，生開軒公、維新公、寶臣公、海門、笛樓公五子，命維新公兼承恕齋公祧。維新公生榮懷公，榮懷公生梓洲、梓材、梓庭三子，皆兼祧産，爲熊光公五房公産，祧亦爲熊光公子孫兼承。民國二十七年，五房協議，以梓材子才緒專承恕齋公祀，於熊光公祀田内摘田二畝給才緒，爲過房出撫紀念。於長樂公田内摘常年租穀壹拾碩整，永爲松、恕二公祀田。立約公同簽名，繕二紙，一紙給才緒，一紙黏存公簿備查，約入支房譜。丙、日省公祀産。舊存長樂牌樓灣公莊内，田租八石。民國二十五年，堯生命男又沖、就農、就重、姪幼儒、幼賢、幼桃等摘賡樂堂老屋門首田　畝，爲公位下六世祀田。坵號、租額詳支房譜。丁、熊光公祀産。咸豐初，熊光公五房析産，原存長樂、梅山沖兩處公田數十畝，嗣梅山沖田先後兩次出售，長樂田於墓祭用費外，餘租分收分管，久未專存祀田。海門公悉屏己産，創建家廟，隆禮明禋，推及伯祖，而公實爲祀主。於是始廟食有祀産焉。是廟則恕、松兩裔千齡百禩，將事駿奔之所，田則熊光五房公同管理，供祭興學之業，皆海門公肫肫純孝，承先啓後之功。食其澤者，宜何如哉。除撥義學田外，今存田租，詳支房譜。戊、熊光公裔義學公産。民國十九年，五房公議，由熊光公提撥田租四十石，永爲五房義學公産。租入四分之三，支拂養正小學校經費，四分之一積放生息，擴置田業，俟充裕時，補助肄業中學以上各學生學費。田畝、坵號、額租，詳支房譜。已、開軒公夫婦祀産。民國二十八年夏，仲庇生命男全志、全行，以本房搧佔長樂公租，爲考開軒、妣劉太孺人，及身夫婦身後祀田。全志爲記。田畝、租石，詳支房譜。庚、寶臣公祀産。光緒中，公叔子教之出承海門公兼祧，承受田二十畝。教之公捐爲公及妣徐太孺人夫婦祀田。田畝、坵號、租額，詳支房譜。辛、海門公夫婦祀田。海門公悉産歸公，未留升勺之田，爲身後祭費。公没，兄開軒公命於家廟公田内，提出田八十畝，給承祀四房爲遺念。民國二年，五房協議，提家廟公管子塘莊田十二畝，歸還海門公爲祀産。妣馮太宜人自産置一百九十畝有奇，分授四撫房外，存田二十畝有奇，爲祀産，地名、坵號、租額，並詳支房譜。壬、笛樓公祀産。民國二十年，庇生捐布袋沖山嶺一片，售價五十餘元，積放生息，待置田業。現存金額，詳支房譜。

曰竹牌塅房公産，甲、珂公暨春、年二公祀田。光緒中，經夫倡置珂公祀田四畝六分，春、年二公祀田四畝。坵號、租額，詳支房譜。乙、光所公祀田。康熙時，公裔三房析産。公存田一畝四分五釐爲祀産。乾隆末，增置田九畝零。嘉、道間，增置田五畝零。嗣後續有增益。地名、田畝、坵號、額租，詳支房譜。丙、光所公裔義穀公。光緒末，翊琴、寶臣、荻垣、進臣三公倡，志、均、恒三房捐穀三十五石五斗，倣社穀例，夏放秋收，名曰“義穀”。至丙午年，除虧耗外，得穀一百六十五石。議總經集其成，散經分其任。如有拖欠，責親屬及本房散經墊賠。翊琴爲之記。現存穀石及記，並詳支房譜。丁、光所公裔家規公。嘉慶初，匡衞公創立家規，同治初，恒餘、希賢、玉龍、經夫四公重訂之，以罰款置田一畝二升積放。至光緒時，增置田一畝二升。地名、坵號、租額，詳支房譜。戊、之蘭公祀田。允春公裔居長樂大水園，丁闕。允年公裔鏡堂、惟義、名山、恒舒、曰魁諸公代售公裔正衡所遺已典之瘠田九畝，款存光所公生息。旋置田七畝九分，永爲公系祀田。地名、田畝、租額，詳支房譜。己、子申公祀田。公舊遺墾田一號，租五斗。光緒初，售舖基塘分價錢八兩五分，積至十一年乙酉，置田九升，又鏡堂公倡捐穀四石，置田一畝，爲祭費及修理燕窩山支祠之用。地名、坵號、租額，詳支房譜。庚、繩武公祀田。公舊遺田七號，租三石。守常、大受、大定三公，及恒舒、恒餘二公，銖積黍累，先後共置田租三十餘石。光緒六年至宣統三年，青雲、維揚任經理，而賨臣公總其成。廉公同德，月贏歲羨，增租至百石有奇。地名、田畝、租額，詳支房譜。辛、希伯公四代祀田。道光末，公裔搵分大禁山公穀五斗。鏡堂、良弼二公經管積放，至咸豐間，置田一畝，又希伯公遺存墾田六分，次商公遺存墾田二號，租四斗，積放至光緒末，置田租五石六斗。又雲程撫昌連爲子，捐墾田五分積放，續置田租八石五斗。永泰、繼賢二公墾游宫廟，田租三斗積放生息，置田租四石二斗，合計四公祀田十畝弱，鏡堂、經夫二公父子積累實致之。經夫爲之記。詳支房譜。壬、在三公祀田。公裔五房，於嘉慶季年售公管杉山，有望公議存錢八百積放。嗣德禊公捐穀一石積放，至道光癸卯，置田二畝零爲祀産。地名、坵號、租額，詳支房譜。

山塘房公産

山塘房自昪公九世至君勑，生勔、秀、玉、樑四公四房。舊存祖遺公田六畝零。清道光、咸豐間，經管德定、慶安、衡峯、玉龍、東山、德環、楚南、德連、如泉、桂林、確言、德信、彩文、清也等，先後增置田六畝四分二釐。光緒四年，經管義泰、九成，增置田一畝二分五釐。地名、坵號、租額，詳《契約彙編》。支房公産。曰周、水二公祀産。繼周、季水二公裔，居清水塘。修德二代，捐人丁谷十餘石積放生息，置祀田十畝零。自後添丁一名，捐谷一斗，永爲定例。田畝、租額，詳支房譜。曰茂、照二公祀田。季水公舊遺白石沖田數號，道光初，出售他姓。名茂、必照二公裔，將田價及逐年租入積放，置祀田七畝零。旋搵分各管。茂公先後增置田四畝九分八釐，照公負債變售。今存田畝、額租，詳支房譜。曰昌傑公祀田。昌傑公遺存二十七都三區清水塘右頭何姓墳山下圓坵田一號，本田下泅古坵田一號，共田二號、苗六分整，係淺陂大塘新塘放車注陰，年納實谷一石二斗，糧已出售，無佃金給撫。子肇發耕種，永不變售。房衆以公善人，宜有祀，悫並詳志及支房譜。

（左宜等主修、左雏麟纂修《[湖南衡陽]衡山三甲左氏六修族譜》
1939 年翼經堂木活字本）

湖南安化劉氏總祠産業

一、祠背後土五塊，民國十八年編修祠誌，合繪圖一幅。列爲一、二、三、四、五五號，其一、二、三號三塊土，上抵通雷總小路，有小竹墹，下抵祠植柞樹，及高墈下譚姓土，左抵小路及高墈下譚姓土，墈下竪有界碑，右抵梁洪泰土。其四號土一塊，上抵本祠五號土，及劉啓賢土墈，下與右均抵小路，左抵譚德爲土，有界碑二。此内塝上爲五號土一塊，東塝抵本祠四號土，及楊六成屋右餘土，南抵劉啟賢土，西抵彭長琅土，交角處有界碑。北抵小路，及楊六成屋後三角土塝下，豎有界碑。上列四、五兩號土，即各族譜上所載猴子衝者是也。

一、祠左偏陳家墳山下土二塊，誌圖列爲一、二兩號。其二號土一塊，東抵小路，外陳姓公土，南憑土塝小路，下抵陳姓公土，西北均抵陳姓土塝，内有古墳一塚，挨土右角，内小衝佃户劉啟貴自建矮屋一所，土前及左右環植荊棘，豎有界碑。又二號土一塊，東抵小路，南抵譚德潤茅屋後，及巷口住屋，後有界碑二，西抵進街大路，蓄有荊棘堈，北抵陳姓土塝。

一、總祠大門首右邊毗連舖屋三棟。

一、總祠大門首左邊毗連舖屋二棟。

一、挨祠由斯道側門上邊毗連舖屋三棟。

一、得捐小衝天祥公裔萬程公二甲總挨祠左巷子邊舖屋一棟。

一、民國十八年收買劉啓貴佃耕陳家墳山下祠土，内自建住屋一所。

一、祠左偏進街大路邊工廠一棟，係祠誌圖列陳家墳山下第二號土一塊，由梁星輝、劉明烈等於民國　　年所租建，每年議納大斗地課穀柒碩正。

一、民國三十年得買蘇純、洪永興總中節老岸邊舖屋一棟。以上共計舖屋拾棟。（租金隨時漲落，未便拘時分載。）又、住屋一所，又、工廠基地一座。

一、新化永溪村能琇公裔興榮公，於清乾隆四十九年，由西蜀榮歸拜祖，奉捐安化常安黄砂保芙蓉舖，得岸田大小兩坵，原載三坵，曾家垻水注蔭，東抵劉啟洪、啟武、啟木田，南及西抵小溪，北抵劉明習暨教南田，糧米一斗貳升，每年佃納租穀壹碩捌斗正。

一、安化、常安小衝天祥公裔禧萬公兄弟，於道光二年奉捐黄砂保芙蓉西衝臺上田大小五坵，窖坵垻水注蔭，東抵劉明安田，南抵劉明安暨周啓名田，西抵周懷悌田暨塘，北抵譚寅初田暨荒土坖，又二坵，東抵荒土坖，南抵各人共塘，西抵小堈，北抵譚寅初田。原載九坵，現只七坵，共糧米一斗七升。又、周姓墳山邊塞田一坵，東南抵周懷瑞田，西抵荒土角垂下坑，北抵周姓墳山，及人行路，由白茅洞凸上田架梘，放注糧米三升。上列共田八坵，每年佃納租穀二碩六斗正。

一、清光緒十□年，得買小衝劉鹿賓、常安二區溪南上團跳石埠羅塘灣田大小二坵，東抵扶勝醮會田及土，及劉自成釘船廠，南抵水圳外劉自成田，西北抵傅書生田。又二坵，東抵河流，南抵小溝及傅書生田，北抵劉發財公田，均由冷水井及塘水注蔭。共糧米二斗三升五合，每年佃納租穀八碩六斗正。

一、清光緒二十四年，小衝天祥公裔子真公，奉捐常安二區廖團張家灣田一坵，由汪家井水灌注，東抵廖篤芝及廖太平田，南抵廖太灼及廖獻芹公田，西抵廖姓墳山，下放水圳，及廖福隆公田，北抵塝下。路外許復鑒田。糧米八升，每年佃納租穀二碩四斗正。

一、中華民國元年，小冲天祥公裔子春、子真兩公，奉捐湘鄉集祥鎮四十二都宏化里毛家塘田大小三坵，東抵劉明凡及劉啟順田，南抵劉啟順田，西抵劉啓顯田及共塘，北抵謝玉燭田。又、石嘴上田大小二坵，東南抵冬至約會田，西抵小冲公田，北抵劉啟朋田，均係大松樹下獎泥塘水分注。糧米九升五合，每年佃納租穀三碩二斗正。

一、中華民國元年，得買白楊塘劉德名公裔常安七區芙蓉西衝隴裏田一坵，東抵人行路，南抵劉明義田，西抵溪流，北抵劉啓庠當，與鄭相梓田，由横路垻水沿溪，得岸水圳架梘放注，糧米一斗零五合，每年佃納租穀四碩整。

一、中華民國二年，得買腦頭灣劉明興常安七區芙蓉舖上手隴中田一坵，東抵劉錦堂暨劉明楚田，南抵劉教南田，西抵劉敵庠田，北抵劉教南田，由巒峯壩水注蔭。糧米一斗二升，每年佃納租谷三碩一斗整。

一、中華民國三年，得買奬江、劉和、位剛三公裔常安七區坪上蕭家壠田土一契，因範圍較濶，蕭、王、梁各姓參佔，有田抵界，未便備載。查照民國十八年編修祠誌繪爲上下兩節，田圖摘録之。計上節圖田大小二十九坵，大塘一口，小塘一口，及大壩堝井水放注。下節圖田大小十坵，塘一口，及大壩堝井水注蔭，列有號碼爲記。披閱祠誌圖，自知其詳。計共田三十九坵、塘三口。糧米八斗，每年佃納租穀二十三碩九斗整。惟大塘一口，其水與底王中心三股佔一。

一、中華民國三年，得買奬江、劉和、位剛三公裔坪上蕭家坖對門油子坖土三塊，原與田係一契，别繪一圖。其圖列一、二號二塊土，東抵劉敵瑶土，南抵蕭德浩茶土，及蕭德業塘與土，西抵便路，坑外蕭德業土，北抵蕭德浩茶土。一號土周圍計二百五十七步，二號土周圍計二百二十四步，三號土一塊，東抵蕭源清、源財山土，南抵劉啓明山土，及劉敵學墳山土，周啓瑶土，西抵王中祥松山土，北抵蕭源輝茶土，周圍計二百零四步。附批：其土歸佃田，佃户搭耕，不收租金。

一、中華民國二十年，得買劉碧芹安化馬王鄉第三保第八甲協和大坵田一坵。坐向右邊田一坵，公塘一口，魚份照股鮮放水份，儘底同注同乾。又有井水注蔭，東抵出業人田，南抵出業人與履中田，西抵明恕田，北抵梁益中田，糧米二斗一升，每年佃納租穀八碩正。

一、民國二十年，得買吴光瀚安化、常安七區奬江才子堋三聖殿舖對門河邊田一處，大小八坵，又上面荒田一坵，牛角壩水放注，及火燒壩水車注。又接連山土一大障，上抵劉姓山土及水圳，下抵河流，左抵騎脊，暨劉啓勇土，右抵河道，糧米四斗七升五合。每年佃納租穀壹十貳碩正。

一、民國二十年，得買劉明璋常安七區島石土井隴童光美老屋門首田一契，大小六坵，石井水注蔭。東抵老屋下首山，及童光前公田、童光洋田，南抵吴立森田，西抵河港，北抵童清澄及吴光述田。糧米一斗六升，每年佃納租穀七碩正。

一、民國二十年，得買劉文煌常安二區東軒邊田一契，計屋場坵、月光坵田兩坵，中間塘水，及東軒邊井水車注，東抵榮邦公及明和田，南抵敦本堂及梁學謨田，西北抵大路塝脚。又龍頸上田一坵，對門山公塘水車放，同注同乾。東抵明德田，南抵鱸魚山邊蔭埠照舊，西抵榮詩公田，北抵長株山。又長田山田一坵、小公塘一口同注，魚份照谷担派放。東抵長株山暨龍頸上田，南抵榮詩公田暨行人路，及懋毓田，西抵學田，北抵鎮公田及長株山邊水圳，糧米八升，每年佃納租穀七碩六斗正。

一、民國二十一年，得買劉啓宋常安七區坪上蕭家屋對門上手魚田一坵，係大壩塘井水，及各人公共塘水注蔭。上抵受業人與出業人田，下抵受業人田，左抵受業人田，右抵王可定田。糧米六升，每年佃納租穀二碩四斗正。

一、民國二十一年，得買劉從榮公裔常安二區跳石埠曾家隴田一契，計上節接連田大小四坵，東南抵出業人田塝，西抵劉仁南田，北抵傅書生田，又中節接連田大小二坵，東抵劉茂生田塝，南抵傅勝光田塝，西北抵劉、吴兩姓學田。又下節接連田大小二坵，東南抵傅書生田塝，西抵廖篤芝田，北抵筒供井渡會田。上共田八坵，均係蝦蟆井水注蔭，糧米二斗二升。每年佃納租穀八碩正。

一、民國二十五年，得買劉明榮常安二區跳石埠曾家隴田一契，大小二坵，蝦蟆井水放注，東抵渡船會田，南抵梁經盈田，西抵黄篤承田，北抵梁經盈田。糧米一斗零五合，每年佃納租穀三碩六斗正。

一、民國二十六年，得買總祠背後右邊梁鼎望硝廠後青磚牆一大扇，牆脚下基地直長一片，東抵受業人後龍，南抵受業人坑下，西抵出業人土，北抵受業人土坑下。

一、民國二十九年得買劉秀遠公裔常安七區島石凉水井荷包大坵田一坵，上抵榮堂田，下抵水坑，左抵仁、義二公田，右抵河溝。糧米一斗三升，每年佃納租穀二碩四斗正。

業人田塍西抵劉仁南田，北抵傅書生田。又、中節接連田大小二坵，東抵劉茂生田塍，南抵傅勝光田塍，西北抵劉、吴兩姓學田。又、下節接連田大小二坵，東南抵傅書生田塍，西抵廖篤芝田，北抵筒供井渡會田，上共田八坵，均係蝦蟆井水注蔭。糧米二斗二升，每年佃納租穀八碩正。

一、民國二十五年，得買劉明榮常安二區跳石埠曾家隴田一契，大小二坵，蝦蟆井水放注。東抵渡船會田，南抵梁經盈田，西抵黄篤承田，北抵梁經盈田。糧米一斗零五合，每年佃納租穀三碩六斗正。

一、民國二十六年，得買總祠背後右邊梁鼎望硝廠後青磚牆一大扇，牆脚下基地直長一片，東抵受業人後龍，南抵受業人坑下，西抵出業人土，北抵受業人土坑下。

一、民國二十九年，得買劉秀遠公裔常安七區島石凉水井荷包大坵田一坵，上抵榮堂田，下抵水坑，左抵仁、義二公田，右抵河溝，糧米一斗三升，每年佃納租穀二碩四斗正。

統計上載田産捐與買，共十六契，大小九十四坵，糧米三碩一斗九升五合，租穀一百碩零零六斗正。土産寬狹共一十一塊（奬江才子坳對門山土一障算内），除陳家墳山下坐右挨進街大路左邊土一塊歸佃建築外，實共十塊。惟祠後土五塊，陳家墳山下土壹塊，節年議納租金若坪上油子塅土三塊，漿江才子塘對門山土壹大障，歸佃田佃户搭耕，不收租金。

（劉振原主修《［湖南安化］劉氏六修族譜　1946 年乙藜堂木活字本）

湖南寧鄉冷水井黄氏祠産變遷紀要

近十年來中日戰爭相持八載，城鄉物價奇昂。地方捐派繁重，而鄉教育産款大多出自祠廟收入。本祠及所屬各房支祠公會，除各地捐派不計外，被提學租谷年約七百石以上。歷届經值，凡公忠者鑒於收不敷支，不願接任，負責整理；其徇私圖利者，則變産加信，乘機浮報，甚至祠有傢具、器皿，任意搬去，不交不報。因而前人苦心經營之祠産，公會有敗壞不可收拾者，有敷衍祭祀、但圖口服者，逐一檢查，但增感慨。上年清明節，族人決議整理。今後自應按步推進，期於實行。本届續修族譜完成，甚望公忠族人一致起來，從事財産之整理。爰紀變遷大略，俾後之人有所參考。

宗祠契管田産，數近千石。自族首　　等任内，先後變賣洞古衝、王子塘、雲蓋寺等處，典出鄧家崙祠田全部，即十六派雪嚴公配李宜人捐出湯家塅田租九十石，作養老考費之用，亦經變賣無遺。今存宗祠附近祠田,全部又經鄉教産會年提租穀四十二市石,廖家牚全部田業正進伴進信規,計銀洋四千元以上。墳山脚下祠田,捐作南彭族學基金,除年提租穀一百二十石外,尚待付息。犁頭牚、貫石隥兩份祠田,及與韶田,公共管夾耙塘水田,年收租穀亦僅十餘石,收入鋭減,支出浮濫,宜其祠務廢弛。上年秋間,設計整理後,戊子年秋收可得淨租穀一百零九石有奇。今後祭祀、歲修、田賦三項,如果經理有方,監查嚴密,不至再加信規,或典賣田産。

宗祠財産,除田業外,凡鐘、鼓、磬、鐸、棹、櫈、檯、櫃、碗碟、鍋鑼、缸鉢,及公用竹木器具,應有盡有。軍興以來,過軍難民相率進駐,毁損遺失不在少數。而族人乘機搬去者,近亦無可查考。上年着手清點,僅留破棹面六張,大櫃一張,書棹一張,長抬盤一隻,鐘、鼓、磬、鐸各一架,白石銅花罩香爐一件,藍花磁燭臺,香爐三件,宗堂格門前楝樓板欄杆亦多破壞殘缺,新建扛廳規模尚宏,然自改建族校講堂,勢將傾倒。兹惟酌量財力,分别緩急,修理添置,仍應嚴守列册移接之成規,公選賢能而公忠之族人繼續經理,以復舊觀而裨來哲。

各房支祠公會財産,迭催列報,未見詳確之陳述。然推測情勢,大多不能撑持。其能保守以維祀典者,必有公忠而賢能之族人領導經理,對内不任濫用浮報,對外不受勒派强索。今後整理祠産之責任,付與祠産整理委員會。往者即可不追,未來宜知鑒戒。

祠産整理要點列左:

一、詳查各房支祠公會,現有産款實在數目、負債及贏餘情形,分房列册備查。

二、各房支祠公會,如有出典、出賣祠田之必要,須詳敍理由,報候整委會許可,方能立契。

三、各房支祠公會,已被提學田若干,屋宇、山場若干,年納學租若干,統限於戊子年中秋前,列報整委會存查。

四、各房支祠公會,現用公紀簿,每逢清明節送由族長,提交整委會查核蓋章。如有濫支,責由經值人賠償。凡不送核者,以濫支論。

五、三修譜刊載各祠契約,如田地已經出買者,由整委會查明,於宗祠收存天字號族譜第二十二、二十三兩本,蓋用紅戳,註明作廢。

六、整理祠産委員會,爲本族永久組織。其委員每五年選舉一次,每次選委員七人、候補委員三人。

(《[湖南]寧鄉七都七區冷水井黄氏四修族譜》 1948年榮祖堂木活字本)

湖南瀏東謝氏宗祠産業

産　　業

産權以契約爲據。我祠嘗産及教育基金,訂有契約。此疆彼界,批載詳明。然恐世遠年湮,或有遺失,致無稽攷,持彙志之,以垂久遠而保産權,且以紀前輩創業之艱,爲後起守成之據。志産業第八。

列宗祀産業

清道光五年,價買黎允升瀏陽縣北門城牆巷即今子雯路屋宇餘基全所,計業價錢叁佰串文正。立有印契一紙。

一、清道光十二年,價買謝海發兄弟地名小洞屋宇田山一莊,田種肆拾伍畝,原糧正米貳碩陸斗,業價錢壹仟貳佰串文正,立有印契一紙。

一、清道光十五年及二十年價買謝海發兄弟地名小洞彭家衝屋宇田山一莊,田種貳拾伍畝,原糧正米壹碩陸斗柒升伍合,業價錢陸佰壹拾捌串文正。立有印契二紙。

一、清道光二十二年,價買謝春烈地名鵝嶺下蠏形灣田山屋宇一莊,田種貳拾貳畝,原糧正米壹碩肆斗叁升,業價錢伍伯壹拾串文正。有印契一紙,其田于民國壬午年賣出,田種五畝,原糧正米叁斗貳升伍合,與謝文津仍存田種壹拾柒畝正。

一、清咸豐六年,價買涂儒秀地名王家舖屋宇田山一莊,田種陸拾伍畝,原糧正米叁碩,業價錢捌百叁拾串文正。立有印契一紙,其田老志及契簿均載六十五畝,而歷任經理莊佃簿,並買謝接棠草鞋衝田種二畝統計,只有田種五十畝,其田畝數不相符合,無從稽考。今於民國壬午年,賣出田種五畝七分五釐,原糧正米叁斗四升五合,與謝能懷現在實存田種肆拾肆畝貳分伍釐。

一、光緒三年,價買謝潤棠兄弟草鞋衝田種貳畝,原糧正米五升,業價錢柒拾貳串文正,立有印契一紙。其業併入王家舖莊批佃。

一、清光緒十六年,本祠與永嘗祀合買李耐閒李湘三地,名白石橋大屋,屋宇田山一莊,田種伍拾畝,原糧正米貳碩柒斗,正業價錢壹仟捌佰陸拾串文正。立有印契一紙,其田租息與永嘗祀平均,收納糧亦平均推收。屋宇、塘壩如遇修理,共同負責。其田山屋宇,本祠一分,于清宣統辛亥年,撥歸東山學校,糧亦推除。

一、老祠志所載清同治三年,價買謝接棠、謝潤棠、謝怡慎堂、林魁長,及光緒八年價買謝耀仁、十六年價買謝耀清等馬家段田種,共計貳拾捌畝壹分伍釐,除建祠平基外,仍存田種壹拾肆畝伍分,原糧正米壹碩壹斗捌升貳合伍勺,又祠堂門首圳背菜園土一處。

一、清光緒二十六年價買謝耀淮、耀浚兄弟觀音堂朱家大坵垛子屋上首壕外田馬家段田,共計田種八畝,原糧正米肆斗柒升。其田除於民國庚辰年,賣去朱家大坵田種貳畝伍分,原糧正米壹斗伍升,與光宗祀,又賣去田種柒分伍釐,原粮正米肆升伍合,與謝同春外,仍存田種肆畝柒分伍釐,原糧正米貳斗柒升伍合。

一、收培文祀地,名王家舖上横圳、下大路面田壹坵,計田種壹畝柒分伍釐,無糧。

光宗祀産業

一、民國初年,價買施傳九地名黄種壩下田種肆畝伍分,原糧正米貳斗柒升。

一、民國初年,價買謝先才地名楊梅壠田兩坵,田種陸畝,原糧正米叁斗陸升。

一、民國庚辰年,價買列宗祀地,名觀音堂路碑邊朱家大坵田一坵,計田種貳畝伍分,原糧正米壹斗伍升。

一、民國丙戌年，價買謝同春地名觀音堂街口礡湖坵田一坵，計田穀陸碩，又垛子屋門首田一坵，計田穀叁碩，二共田種貳畝貳分伍釐，原糧正米壹斗陸升五合正。

東山學校産業

一、接收列宗祠培文祀捐來地名南邊施家新屋下首，樟樹下屋宇田産一莊，計田種貳拾貳畝，原糧正米壹碩叁斗貳升。

一、接收謝仙娘祀捐來地名南邊施家新屋下首，樟樹下田種伍畝，原糧正米叁斗正。

一、接收列宗祠捐來地名白石橋，依訶坐勢，右邊大屋田山一莊，計田種貳拾伍畝，原糧正米壹碩叁斗伍升正。

一、接收永嘗祀捐來地名白石橋曾爪坳田種壹拾畝，原粮正米陸斗正。

一、接收三興祀捐來地名白石橋，依河坐勢，左邊大屋上首河邊田一處，計田種壹拾伍畝，原糧正米捌斗正。

一、接收四沐祀捐來溪頭圍屋下首四方坵田兩坵，計四種叁畝，原糧正米壹斗捌升正。

（謝文棟纂《[湖南瀏陽]瀏東謝列宗祠志》 1948年寶樹堂木活字本）

江西宜豐城南漆氏財産

漆氏之先積德累仁，潘衍子姓之計，無微不至。如義學也，籌荒也，號舍也，此皆落落大者。其他亦有美必備，詒厥孫謀，盡矣極矣。子若孫宜如何矢公矢慎，謹守勿墜。立財産以便稽核焉。

名稱	坐落	管業範圍	收益	賦額	所有權之由來	開始管業時期	屬於祠或會
田	流源	共租二十六石三斗三升	早晚穀壹拾石餘		得買本族雅祠	乾隆二十七年	大祠
田	西橋背	共早晚租五十七石九斗	早晚穀壹拾三石餘		雅支久徵内室彭孺人助	同	同
田	港背楊林	共早租七石	早穀乙石餘		得買本族啓風	同	同
田	芳塘子午堆	共早租六石	早穀二石餘				同
田	塪頭老古庙	共早租二十八石	早晚穀五石餘		應兆應紹助	道光丁亥年	同
田	雙庫鄉庫前	晚租壹拾五石	晚穀七石餘				同

（續　表）

名稱	坐落	管業範圍	收益	賦額	所有權之由來	開始管業時期	屬於祠或會
田	垴頭彭家屋	晚租五拾二石	晚穀二十石餘		得買胡克有龔道梓等	乾隆乙丑丙寅	同
田	中村	晚租二十七石	晚穀八石		得買三隍庙真君會	民國癸未正月	同
田	南木槽	晚租壹百零二石陸斗	晚穀二十三石		同　同	同　同	同
田	傳家坪	早晚租二十一石五斗五	早晚穀九石		得買本族日檠	乾隆五十八年	同
田	茶坡	晚租四十二石九斗	晚穀乙十九石		得本族珠光及胡景奉等	乾隆庚戌	同
樹竹山	洪源槽	數木號			雅支助		大祠
田	豬婆嶺	晚租五十六石	晚穀二十六石		得買本族暹盛兄弟	嘉慶乙亥年	昌聚會
田	茜港中紀園	早晚租五十石七斗	早晚穀二十六石		雅支子桂助	乾隆三十二年	昌聚會
田	楊家	早租二十三石四斗	早穀九石		得買蔡倫	嘉慶二十五年	昌聚會
田	大佘坪	早晚四十石	壹拾石餘				
田	上横嶺	晚租二十八	晚穀九石				同
	兩路口	晚租	二十四石				同
田	敖橋竹垣裏	早租二十九石五斗	早穀十四石		尉支扶助内室周恭人助		永聚會
田	淩田	共租四十石四斗八升	穀七石零				同
竹樹山	楓源坑雷公洞	雷公洞貼右相連竹樹山			得田鄒何臬男鼎修	乾隆四十二年	同
		五堝十敗					同
田	建上樟坡	晚租三拾石	晚穀八石餘				紹祠
竹柱山	黄岡鄉白水槽	數號					同
田	上横嶺	晚租二十八石	晚穀九石				急公會
田	滋源	晚租十六石			雅文兆泰内室熊宜人助		民國助鎮獎學

（續　表）

名稱	坐落	管業範圍	收益	賦額	所有權之由來	開始管業時期	屬於祠或會
田	黄坡泉	早租十八石	早穀六石				保墓會
田	黄泥坪	早晚田二十二石五斗	早穀四石餘				天字社
田	茜港	晚租十一石一斗	晚穀四石餘				人文會
田	大畲坪	晚租十四石一斗	晚穀四石				人文會
田	況家堖	晚租四石	無				同
田	潭浦段	晚八石	無				同
田	塔前		無				同
田	雙庫鄉庫前	晚租十五石	晚六石餘				同
田	湖東	晚租九石	晚穀三石餘				人會
田	淩田	共租四十石乙斗六升	早晚穀八石餘		雅支學海内室劉宜人助		譜會
田	西鄉五里牌	晚租十五石乙斗六升	穀二石				譜會
田	雷峰尖						同
田	東源	早晚租三拾四石四斗	早垸穀八石餘				永繼會
田	港背楊林	六石五斗	早穀乙石				務本會
田	茶嘴上	晚租五石	穀乙石				務本會
田	樓下邊	租十三石	無				民國助鎮獎學
田	潭港	租三十餘石	穀六石				務本會
田	曹家嶺	晚田六石	無				務本會
田	淩裏	晚租五石	晚穀七斗餘				同
田	八都辛田	早晚租一百八十石	早晚穀四十餘石		恭盛助		永傀會

（續　表）

名稱	坐落	管業範圍	收益	賦額	所有權之由來	開始管業時期	屬於祠或會
田	西橋背	晚租四十七石乙斗	早穀七石				籌荒會
田	大畲坪	早晚二十九石	穀五石餘				同
田	東源	晚租十餘石	無				同
田	潭港	晚租乙百六石五斗	晚三十餘石				同
田	槽口	石晚五十石	穀三十二十四石				同
田	禪寺	租九十五石	晚穀四十七石餘				同
田	沙裏嶺	石晚租四十五八石	石穀十四五石				同
田	曹坑	石租五十二石	穀十一餘				同
田	火田	石租五拾五石	晚穀十二石餘				同
田	茜漕	石租五十五石	穀六石餘				同
田	芳源	石租二十六石	穀七石				同
田	横板橋	晚五十一石	穀二十二石				同
田	嚴撫	石租六十石	穀十六石				籌餘會
田	背港	租十三石八斗三升	早穀四石				崇本會
田	車上	租一百廿四石乙斗	早晚穀四十餘石				同
田	逍遥冷水塌	穀六十二石	穀十一石				同
田	庫前大平嶺	石租六十一石	穀三十餘石				號舍會
田	車上	早晚六十八石	穀十三石餘				義學會
田	潭浦段	晚租十八石	晚乙石餘				同
田	業家塌	早租二十六石三斗	早八石餘				新燈會

（續　表）

名稱	坐落	管業範圍	收益	賦額	所有權之由來	開始管業時期	屬於祠或會
田	尖山嶺	早租十石零二斗	早二石餘				同
田	雙峰山	晚租貳石	無				新燈會
田	柴源	晚租十八石	晚穀貳石餘				義學會
田	刁櫪藍田	租一百卅六石乙斗六升	早晚穀三十三石餘				號舍新燈朋官

店房字號	坐落	管業權狀地號	權益	地價稅額	所有權之由來	開始管業期間	屬祠或會	附記
日字號店	西街	一三五一			尉支啓銑助		大祠	收益及地價稅
月盈字號	同	一三三八			同		同	額二欄因法巾
未列字	西卯外	證明書號一四一五			承租熊竹林祠地		新燈會	關係未能確定
昃字號	西街	一二七二					大祠	與雅祠朋管
宿字號	中金街	零七五八					同	
列宸字號	貞節坊	零七三四					同	
寒字號	同	與列張字同一權狀					同	
來字號	同	零七三七					大祠	地基熊姓承租
暑字地基	同	七八九					同	熊淡祠接儲租
往字號	同	七二六					同	
秋字地基	紹南翁前	七二五					同	黃姓承租
收冬字其	正修公前	七九					同	易大祠承租
藏字號店	胡祠前	七八七			承買老燈會基	民國三十五年	同	
閏餘字基	柏樹巷街	六六四					同	熊德泰衆承租
成歲字基	柏樹巷街	與閏餘字同一梘狀					同	熊竹林祠承租

（續　表）

店房字號	坐落	管業權狀地號	權益	地價稅額	所有權之由來	開始管業期間	屬祠或會	附記
律吕祠字	柏樹巷街	六六三零六六一					大祠	馮姓承祖
陽雲字基	同	六四九					大祠	馮姓承租
騰子號店	上柏柱巷口	六四五			承買本祠老燈會基	民國三十五年	同	
致字號基	東街	四一三					同	熊雲軒翁承租
雨露字號	老衙前街	一一七七			民國己卯重新建造		同	
結字號	老衙前街	一一七五					大祠	
爲字號	老衙前街	一二七三					大祠	
霜字浮座	西關外				承租熊竹林祠地基		同	
劉字號基	西橋背	一六					大祠	
緒字號	貞節坊						紹祠	
續字號	紹南翁左側	七二七					紹祠	
南字地基	紹南翁右側	七一九					同	本族勉臣翁租
宗字號基	城隍庙前	六七一					同	鳴盛會承租
世澤長恩	老衙前右側	一二三七					同	地基
承北闕春	柏樹巷街	與宗字號同一權狀			紹南祠原址改建		同	

三房癸産店房源流序

統　文

吾族志銘公六世祖彦璋，與弟彦圭，支分南北，籍異軍民。自元季卜居城南，建立祠宇，生子三，長用常翁，次忠常翁，季端常翁。後支嗣綿遠，惟用、忠二公，忠公長子誠文，其支稍微，次則城雅、誠賢，歷世相傳，人文蔚起，書香遠大。故祠中店舍、山田、器用等項，原與長房用翁三股均助，列爲三房。爾時文翁植下無力與會，厥後嗣孫日樟於乾隆九年出祭，需十六兩入祠，以奉支祖。文翁孝思可嘉，故三房共許其與祭受胙之外，而業産均不得□□焉。前萬曆七年，北房彦圭植下出銀，歸南祠生息，分爲四房，一同支費，歷有年矣。乾隆二十二年，賢翁植下嗣孫郡伯、啓銑，自滇歸里，助銀入祠，四房共銀一百六十兩，存衆生息。乾隆二十五年，北房因事不協，銀分四股之一，以去餘三股銀，仍買北房店舍，又外足銀十兩，專爲用、雅、賢三房祭需之助，北房嗣後不得而與也。自始祖遷南以來，子姓藩衍，仕宦科名蟬聯鵲起，被澤無窮，宜常修祀典，共展誠孝。故合三房子姓，僉同商(義)〔議〕，將業産店房界址開明，壽之梨棗，以垂百世久遠之模。後之管理者，尚其慎始慎終，秉公如一，則親親尊祖、敬宗睦族之道，於以咸正罔缺，而木本水源，有不長衍其慶也哉。

按此序光緒甲辰譜缺落，今見於乾隆庚子譜，因補載之。

(漆孟卿主修《[江西]宜豐城南漆氏十修族譜》 1995 年打印本)

安徽天長官橋張氏公益設施

張氏家族傳至十一代，分六房，已成爲官橋地方有聲望的大族，因子孫蕃衍，房丁增多，族中出現貧富懸殊、賢愚不等現象，十一世祖潛智公爲了維護家族聲譽，爲後代造福，深謀遠慮，從五房中提取 1982 畝田地，爲家族公益田産，以作對祖宗的祭祀、後代的教育、貧困户的救濟、運糧的支出，以及修橋、家菴布施等各種公益事業的費用，具體安排爲：

1. 祭田 151 畝，五房一年一轉輪流收租，用於辦理春秋祭祀。祭祀前由長房發出公告："張氏家族×月×日祭祖。主祭人：×××"到時長房至五房族人集中到宗祠舉行祭祀儀式，長房長子(孫)主祭，由收租辦理祭祀者供給中茶點心和晚酒各一餐。宗祠在現在的良玉村高莊，磚瓦結構的四合院，前後各 3 間，兩廂各 2 間。大門對聯："馨香百世，俎豆千秋"。祠堂門頭匾："陶孟高風"，對聯"繩其祖武，貽厥孫謀"。六房在現在的良玉村另立一所三間正屋，兩間廂房的小祠堂，每年清明節，六房中夏家衝、良玉莊、蘆壩、於窪等支系的部分族人到小祠堂祭祖，由祭田的佃户供應中面晚酒。

2. 宗祠香火田 44 畝，租谷用於祠堂侍奉香火。

3. 墳田 44 畝，用於修墳掃墓和看護墳墓人的生活費用。

4. 學田 202 畝，租谷用於辦學堂(稱義學)，族人不分貧富，免費入學，清代叫"家塾"，門頭白凡石刻字横匾是清道光二年(1822)太傅阮元親筆題寫的"張氏家塾"四個隸體字。民國 17 年(1928)改稱承啓小學，校門對聯："瓚承先緒，佑啓後人"，門頭横匾仍爲阮元寫的"張氏家塾"，有 2 名教師，1 名工友。民國 25 年(1936)成立校董會，13 人組成，推選 1 名董事長，全權負責收學田租谷辦學。義學地址，在現在的官橋老街北頭，水庫滚水壩之南，磚瓦結構的四合院，前後五間，兩廂各 3 間，前 5 間是一間走道，其餘 4 間是教師宿舍，辦公室和貯藏室，右廂 3 間叫地樓是教室，後 5 間是義倉。左廂 3 間是文昌殿，清光緒三十年(1904)裝修。

5. 義倉田 287 畝，收的租谷放在義倉(義學後進 5 間)，用於族中孤苦貧困和灾荒缺糧户的救濟。

6. 船田 504 畝(被長房占去 252 畝),開始租谷作爲兩條運皇糧船雇人及運輸的費用,以後没有運糧船了,就作爲族人福利收入,五房輪流收租,連收 5 年,25 年一轉。

7. 橋田 44 畝,租谷用於維修官橋小河上的拱形石橋,此橋關係到方便揚州到天長主要通道的交通,是明代嘉靖 42 年(1563)張凱建。民國 2 年(1913)長房先祖張有采重新拆建,造橋用的條石從江南崑山開採,用船裝運,經長江、過高郵湖,運至秦欄,然後用獨輪車運到官橋。費用近萬元銀元,比原來的石橋更加壯觀,成爲官橋一景。民國 32 年(1943),抗日遊擊隊爲阻止日本侵略軍掃盪拆毁。

8、庵田 63 畝,作爲張氏家廟——張家庵的廟産,用於僧人生活,招待施主,侍奉香火和維修房屋、神像等費用。每年農曆四月初八如來佛誕辰和六月十九日觀音生日張氏家族去進香,由庵内供應一餐素齋飯。

以上各種公益設施和田産,民國 26 年(1937)以後被族人分光,建築物也先後拆散派完。

(張延年主修《安徽省天長市官橋張氏家譜》 1999 年鉛印本)

三、祀田嘗業

浙江海昌鵬坡陸氏祭祀文書

支給官錢春秋祭祀劄付

浙江嘉興府景泰三年閏九月廿二日，承奉浙江等處承宣布政司使劄付爲民情等事。禮房準别卷付承準禮部以字二百五號勘合前事，禮科抄出嘉興府知府舒敬言事一件，爲激勵忠良事。切見本府在城東隅有廟基一所，(古)〔故〕老世傳爲唐陸贄宣公故宅，歷代碑誌現存。宣德年間大理寺卿胡槩差至本府詢訪是實，與之重建廟宇，求其子孫在廟居住，春秋令其自備祭祀。今雖有田三十餘畝，落在水鄉，與廟相離寫遠，不能自種。遞年皆召人佈佃討租、納糧供輸之外，不能辦祭。臣切詳陸贄在唐德宗之時，由監察御史召爲翰林院學士，遭朱泚之難，從駕西幸奉天，每令草詔徵兵入援，言詞切直，誠悃動人。雖狂將悍夫，聞者無不感激揮涕。及至山東，宣布赦書，士卒聞之亦爲感泣。故王武俊、田悦等，皆去王號，上表謝罪。神策河北行營節度使李晟，首以孤軍入援，内無資糧，外無救援，惟以忠義感激將士殺敗賊泚，卒致興復長安，肅清宫禁，鑾輿旋復，唐祚再安者，皆由陸贄以筆舌勸上引過罪己，挽回人心之所致也。其功豈淺鮮哉。先儒謂其智如子房，而文則過；辯如賈誼，而術不踈。斯言信矣。如蒙乞旨勅該部計議春秋祭祀，就於本府官庫内支給官錢，收買牲醴祭祀，庶使天下後世知吾胡崇德報功之心、顯忠遂良之意，無間於今古，而爲臣子者，亦知所激勵云。具本該通政使司官，于奉天門奏，合着禮部抄出，會官議。奉聖旨"是。欽此欽遵"。抄出到部，會同各部、都察院、通政使司、大理寺、六科給事中，議得合準所言，宜從該衙門查勘定奪施行，未敢擅便。景泰二年八月二十七日，各官于奉天門奏奉聖旨"是。欽此欽遵。將準言事件合行本司轉屬一體欽遵施行。備付行，仰本府照依勘合内事理，欽遵施行。欽此"。擬合立石永遠欽遵。

景泰六年九月吉日，嘉興府知府延祥、同知侯康遠、通判龐端、鄧鏞，二十代孫陸頡立石。

承管書院帖文

嘉興府爲呈訴辨明事。據嘉興縣民人陸楠賫執抄白，本縣問過陸瑜等招，由赴府告稱，楠係陸宣公嫡派長房，遺下書院一應房屋，併碑田叁拾畝，應該承管贍辦香燭奉供，告乞給帖執照，庶無失所等情。據此，案查先據陸恩告詞，已經批仰秀水縣張縣丞查究回報。去後續據申開，問得犯人陸瑜招稱，瑜始外祖陸宣公遺下書院一所，坐落秀水縣，在城南隅靈光坊，年遠坍頽，宣德四年間，蒙欽差大理寺少卿胡按臨重建，置有祭器、供橇桌杌、酒罇桌各一隻、祭桌二隻、銅酒罇、銅酒杓各一個、銅爵三隻、木燭臺四個、漆盤八个，牲匣漆方盤、滌牲盤各二個，神像一幅、紅紵幔一床，並田叁拾畝，贍辦香燭。碑記現存。行取瑜今故外曾祖陸奇一應承管。伊因無子，將瑜故祖甥男劉文通、從姓陸文通繼業。傳生故伯陸頑、故父陸顒、生故兄陸瓚並瑜，陸頎生今故，陸瑺在逃，陸諄、陸瓚生今在陸祥，一向繼管。弘治八年間，陸瑺將已追在官銅酒罇一個，當與在官狀外郁旻，是伊故父郁紳，得銀廢用。弘治十八年間，有陸瑺義男陸□，關領廚役盤纏銀四十兩解京，現今在彼當役不缺。正德三年，有姪陸祥今逃，義男陸方亦領秀水縣廚役盤纏銀四十兩解京。着役批廻訖。正德五年間，有兄陸瓚思□□□有今在官。陸錦即陸楠，係嫡派長房，告蒙分巡大人楊處行取前來，着認承管。因書院東基地已蒙起造。按察分司似此窄狹，蒙將三賢堂空地令着自行蓋房暫住。後瑜因見宰牲堂坍塌，亦不合自用工本改造房屋三間，租與在官楊愷、江祖住過。正德十三年十月内，陸諄因見秋糧無辦，伊不合將碑田五畝典與未到楊富，得銀四兩八錢。有今具呈二房陸恩緝知，將銀取贖訖。陸方在京□逃，行文勾取。正德十四年三月，内蒙縣行拘陸祥解補伊弟未到。户丁陸貴到京，陸祥令伊頂名赴部轉發光禄寺，審得不係陸祥，就將陸貴收留，在彼着役。批廻銷照。今蒙府主老爺按臨書院，看得房屋坍塌，要行修葺，陸續發米六石九斗，着令在官陸江收貯聽用。後蒙府取用過米四石餘米，二石九斗在於書院，後□陸江蒙欽差主事大人蘇差往淮安地方公幹，不在，瑜就不合擅將數米二石二斗食用。在官郭松知見餘米七斗，現在陸江回家，知得稟蒙原委丁縣丞拘追，問陸恩因知瑜擅用官米，懼累伊，就不合添稱盜賣磚瓦木植，及多增官床、桌子、校椅等虛實情詞，赴府主老爺處。呈蒙批：秀水縣張縣丞查究回報。致蒙行提瑜等，並在官親族陸珉到官，逐一審得碑田叁拾畝，俱現存。其祭器，俱年遠無存。着瑜等賠償還官。及蒙審得，陸楠即陸錦，係宣公嫡派長房，應着承管書院一應房屋並碑田，贍辦香燭奉供。瑜與陸祥係異姓，與楊愷、江祖俱着令搬出另住等情。據此將各犯依擬批仰該縣發落外，擬合就行。爲此，合給帖付陸楠收執，聽令前項書院一應房屋並碑田叁拾畝，俱與管業，毋得違悮不便。須至帖者。

右給帖付宣公長房嗣孫陸楠即陸錦收執，准此。正德十四年十月初五日給帖。

（清陸振之纂修《[浙江海寧]海昌鵬坡陸氏宗譜》　清咸豐四年刻本）

湖南義門陳氏祭田

祭　田　記

凡人報本而興祭祀，典貴有常，族無祭田，終將無祭。是以爲人後者，欲申仁孝之思，莫先祭田之置。我族自閩徙楚，散居各邑，典祀何常。乾隆十九年，歲在甲戌，幸族祖文珍悟此，遂與明兮、天木、朝班訂簿，沿户勸族捐貲，以義是取，無不樂從，輪流生息，集腋成裘。至於三十年歲次乙酉，接買六都十區地名沙泉壩彭家灣衛左複姓田山一契，爲每歲蒸嘗之需，而後祭可悠久。不謂族衍丁繁，恭逢盛世，既有以基之於始，得有以守之於後。今也歌於斯，哭於斯，聚族於斯，要非始於諸公之力，何以得至於斯。敢亦述厥由來，以是而誌於斯。

時嘉慶十一年丙寅歲，十二系孫可圓氏誌。

祠田蔡知龍出筆老據

立契出賣田塘、屋基、山壩、園土人蔡知龍，今有玉潭三地名沙泉壩彭家灣父業一所，荒熟水田一伯五拾畝，大小水塘五口，横塘一半張家，一半又共一分屋場二隻，册載三都三甲蔡之英户内，糧捌斗八升肆合肆勺一抄，一甲蔡彭益户内，糧叁斗陸升五合。近因差務浩大，公私迫切，難以支持，母子商議，將本田出售。儘問親族人等，俱稱不買，召到里民張星承受爲業。憑中劉兵卿當日得受田價銀陸兩整，當日銀契兩交。其田並無重行典買，亦無謀準等情。自買之後，概付張人管理，蔡無寸草之分。扦踏四抵明白，出筆之後，如有房族異言，係出筆人向前承領，不與張人相干。今恐無憑，立契付張爲據。契内田畝，原屬公共同，弟辟公備價貼明，一概永付弟管，㞢無寸土。此批。

憑弟柱臣、姪君兆。

康熙十九年三月初二，立筆人蔡知龍、堂母朱氏，兄雲㞢筆。

祠田張肇周出筆老據

立契出賣田塘、屋基、園土，以及山場、竹木、屋宇、壩圳人張肇周，同弟在邦、難幾、配乾，今因公私逼迫，難以設湊，母子兄弟商議，情願將六區祖遺父分及私置民田壹伯貳拾畝，坐落地名彭家灣、册載六都十區户名張煋熌，正餉一兩二錢九分四釐，又張旭户下正餉壹兩五錢正出售。四遠召人不就，儘問親房人等，俱稱不受。浼請中人楊廷光、楊廷照，説合本都里民左魏禄價接爲業。當日得受時值價銀陸伯八拾兩整，係張兄弟親手領訖，並無短少分釐。出筆之後，任左更户輸納，陽葬陰修。除批之外，寸土寸木水石不存。此係甘心情願，實無謀準逼勒等情。如有互混不明，以及重行典當，出筆人向前理落，不與受業人相干。今恐人心不古，立此賣契一紙附左，永遠收執爲據。

張家壩與張照額注蔭，横塘與張、胡照額注蔭，封筒壩譚人貳分，左與張公共照額車放注蔭，沙泉壩額車一張，左與張車蔭，其茆崙竹山塘，左與張公共車放各半。父墳及伯母墳塋冢南邊，以塴爲界，各三方堰外，各留二丈，不在契内。其道口至圳邊任張砍伐進葬，左人不得蓄禁。屋後墳塋三冢，堰外各留四尺，不在契内。張廷昇墳塋共七冢，各方堰外存留二丈，任張進葬。李宅墳塋一冢，西南以堤爲界，各二方，堰外各存一丈。張家坝尾胡人熟田五畝車蔭。檀樹山一隻，王人一半，不在契内，任王砍伐進葬。腰塘注蔭，胡田一坵。

乾隆元年十二月初二立，筆人張肇周，同弟在邦、配乾、難幾。

東抵小壩楊田爲界，南抵港塴爲界，西抵胡袴裩坵爲界，北抵譚田、張田爲界。

堂兄張師黄、張仕齊、張禹千。價足契明，外未具領。

憑楊廷光，中楊廷照。在場董秀生、李岐友、左松亭、喻松山、銀翰文、石堅士。天字五百五十五號業户左魏禄。乾隆三年十一月二十四上納。

立合同字人譚敬先，情與魏禄元、張煋熌，爲因封筒壩下堵壩，與陳渭江搆訟，恐後費用推委，是以先合約。自立合約之後，費用或多或少，魏、張出銀一股，譚出二股，彼此同心合意，各吊各出。如有推委不出費者，倘若和妥，陳人山内取笮無分，堵壩車注無分。恐後無憑，立此合約二紙,各執一紙爲據。

憑王旭瑎、張肇周。

乾隆二十一年九月十五日,譚敬先立押。

祠田魏西勳出筆守業據

立契出賣田塘、屋宇、舖店、基地、山場、荒坪、園土、竹木、菓樹、壩圳、車埠、糞蕩、堤垣等項人魏西勳,同男天輔、天佐、竹溪,今因移業就産,是以父子商議,情願將父遺及私置水田壹處,坐落地名彭家灣,鬮分張家壩荒熟水田共七十三畝,大荒園二隻,夾巷壹條,住宅瓦屋兩進連兩廂廈,横屋一進,上下過亭板倉二間,木架牛欄二間,舖屋一進,及門窗、户扇、板壁,册載六都十區户名魏西勳户内,正餉一兩四錢六分正,一概悉行掃售。儘問親房人等,俱稱不受,再三浼請中人張肇周、陳明兮、陳天木、陳朝班、魏如德、魏萬端,説合出賣與陳良貴,向前承買爲業。當日憑中三面得受時值價銀八伯陸拾兩正,並包頭押字、扦田酒席、潤筆、搬居出屋等項,一概在内,毫無外費,其銀即係魏人父子親手領足,並無短少分釐。價足契明,外未具領。其田山四抵界址,比日憑中扦踏,交割清楚,抵界載明。契後自賣之後,一賣千休,寸土寸木,毫髮無存,概服陳人管業,任陳人税立更户輸納,陽修陰葬,聽便施行,魏人永無異言。此係傾心口吐,並無謀勒准折等情。其田果係鬮分股下之業,不與親族人等相干。倘有互混,重行典當,及親族人等外生枝節,毫忽不清,係出筆人向前理落,不與受業人相干。今恐人心不古,親立絶賣契一紙,附陳人子孫永遠收執爲據。

計批:原有老契二紙,係魏萬端收貯。住宅、秧田、水塘一口,檀樹塘一口,胡莊宅上首荒園二只,夾堤巷一條,俱係陳獨管。又,張宅門首竹山塘一口,陳與張公共放魚管理各半。其水係張、魏車放不致滙涸,存水畜魚。又,栗山塘一口,陳人放魚放水,魏華國兄弟車注栗山塘邊田三坵止。又,横塘壩一座,陳人照額放注,張、魏、胡三姓車放。封筒壩一座,歷係三股,譚人二股,陳、張、魏公共一股。其一股内,陳人分下一半,張、魏二姓分下一半。又,陳人張家壩一座,止有張人車放水田拾坵,魏華國兄弟止車注壩邊之田,壩尾胡人僅車注田五畝,其壩塘至左右高㮶,直透逆上(紙)〔抵〕謝家壩基止。其水俱屬孫人獨管,外人點滴無分。沙泉壩車埠一個,輪流車注,陳人兩日兩夜,張人一日一夜。其田東至自斜形坵起,出小壩抵楊宅牆爲界,南抵以港逆上,透至陳自張家壩,直至尾上爲界,西以陳自六畝坵抵王堤魏田爲界包轉,北接陳自楚玉長坵、中坵,射出靴坵、邊子坵、斜形坵,轉至獨斗坵,直下五升坵,透接自八畝坵,接東抵斜田坵止。外有遊魚灣,譚莊屋下首堤邊譚人方坵下,陳人一連茶盤坵二坵,門首鎗桿坵一坵,計田五畝。其水由譚田經過,放注毋阻。

陳宅門首簑衣壩,楊、王修作,其餘俱係陳管。此批。

憑中場魏帝言、陳朝班、魏萬端、陳文珍、譚巨高、楊九五、王清世、張肇周、魏如德、陳明兮、羅達五、謝光遠、馬傑羣、李成章、陳天木、王旭珉、楊平衡、張禹千、魏華國、魏以能。

乾隆三十年十月初一日,立契魏西勳,同男天佐、天輔、竹溪筆。

良祠譜局田業係歐陽澍蘭出筆守業據

立契割賣田業人歐陽澍蘭父子,今因移業就業,與兄鏡秋兑業,合室商議,將六都十區地名彭家灣,割出小壩水田拾畝四升,係張家壩水注蔭,册載户名陶世豐,正餉二錢六分正,今概行出售。儘問親房人等,俱稱不受,只得浼請中人鄧桂庭、楊亮臣、歐陽紀堂、歐陽菊巖、歐陽王巖,説合陳良貴公嗣孫房下承接爲業。當日憑中得受田價錢貳伯六拾千文正,並一切包頭押字、扦田、酒席、潤筆、起佃在内,毫無外費,係歐親手領足,未少個文。其田就日扦割。坵名沙坵、鵝冠坵,兩接腦下五升下尖坵、方坵,共計六坵,係張家壩水照額車放,獨管注蔭,無得阻擋。倘有互混不清,有出筆人向前理落,不與受業人相干,並無存摘,實係心甘出售,並無謀勒等情。自割賣之後,任陳陽修陰造,聽陳自便,永無續贖異言。今欲有憑,立此割賣田契一紙、兑契一紙,付陳收執,永遠爲據。

計批:契内點三字改二字,添契字,此批。

憑中場人歐陽幹澄、鏡秋、智湖、澍芝　歐陽百祥、梅巖、喜巖、春巖

陳如春、瑞松、石溪、初甲、執衡、麓莊、鳴和、少元、廣軒、必登、九如、秀林、必有、懋林、復初

價足契明,光緒七年十二月二十日本筆。

(陳文欽等《[湖南寧鄉]義門陳氏四修族譜》 1936年德星堂木活字本)

浙江上虞范氏置會稽皇甫莊祭田

壘山公動支族内祭銀五兩四錢。又,敘一兄、敘二兄、敘三兄、守二兄,各助銀二錢,夫十九叔、彦二兄、兼三兄、兼十兄、道四兄、堯六姪,各助銀一錢。又,道二兄、大十一兄、大十二兄、學三姪,各助銀五分。共義助一兩六錢,通共七兩。付彦二兄、敘一兄往皇甫莊買仲五房雨字一千三百八十三號内田一畝,用價六兩,回一兩。壘山公恐後往祭者缺費,另發自己銀一兩,共二兩,付彦二兄悉放收息。每年正月十二日,往府城爲路祭費。如有餘剩,積出作本資放。如人多缺用,則動支祭銀補足,不使去者賠償。識之。

時萬曆戊子孟春,衆議公具。

(清范德峻等纂修《[浙江上虞]古虞金壘范氏宗譜》 清光緒十年木活字本)

浙江江山衢江下睦陸氏祭田記

青田墓祠祭田記

象山先生陸文安公,諱九淵,字子靜者,金谿青田里人也。先生之學,以本心爲宗,以先立其大爲功,以神會而至之爲則。其言如震霆破山,百蟄照蘇,如曜靈行空,幽隱畢照,如取道夷康,人皆可由。驟而聽之,使人毛髮灑淅,即而究之,坦然平實,而淵乎莫知其底止。良傅早歲讀其書,慕之。時方習舉子業,章尋句摘,未有專志,又觀他書,往往於先生之學,指目爲禪,心不能無疑,低徊十餘年而未有所定。已迺見先輩論學,稍知反身求之,證諸五經四子,以及濂洛諸大儒之書,而後然於先生之學非禪也。夫一陰一陽,滃勃轇轕,萬物肖形麗色,而靈明之竅,際天蟠地,無微無顯,無内無外,無古無今,聚爲有象,散入無形,無所不入,無所不通。鍾之人而其命曰心。心也,性也,天之命也,以神用者也。古之聖人,生而神凝,其次昧爽顧諟,仰思待旦,於天之明命,唯恐失墜。夫是以通志成務,熙工亮績,上經天,下緯地,燦然成章。於天下文之用,於是爲大。載籍者,因而記之云爾,亦謂之文,而非專指此以爲文也。文者神之寓,亦非專指文以爲神也。由神而之文,由文而之載籍,展轉加遠,而呫畢訓詁之習起,莽然求諸紙上,蒐獵於名章,數度草木蟲魚之間,而以號於人曰:聖人之神固如是,辟之摶土刻木,章服而被之以爲人,其果人也乎。洙泗之言人也,鄒孟氏之道性善也,夫固吾人之命脉,而問學之宗統也。先生盡掃浮説,直指本心,粹然洙泗、鄒孟氏之旨,而儒者顧禪視之。嗟乎,亦嘗究禪之爲説也耶。夫禪,亦人也。天之降才,其初亦非爾殊也。儒曰心性,禪亦曰心性;儒曰惺惺,禪亦曰惺惺;儒曰活潑潑地,禪亦曰活潑潑地。此幾於無辨者,顧其教之所從起,儒主於經世,故合天地萬物以爲身;禪主於出世,故外天地萬物以爲身。合天地萬物以爲身,故曰義、曰公,外天地萬物以爲身,故曰利、曰私。先生拒之嚴而辨之精矣。當宋盛時,舂陵周茂叔倡學,程伯子從而和之,曰無欲故靜,曰大公順應,曰勿忘勿助,不用絲毫人力,與先生之言先後若合符契。若必以先生爲禪,則濂溪、明道之云又何以哉。先生生於青田,卒於荆門,歸葬青田。宋紹熙中,金谿令王有大買田十五畝,以供先生之祀,邑又别有三陸祠,祀先生兄梭山子美,名九韶,復齋子壽,名九齡,合先生爲三陸。嘉靖九年,用禮官議進先生從祀孔子廟庭,嗣後表坊樹宇,人知鄉方而祠田未有增置。嘉靖己未,巡按東泉鄭公以觀風至,謂邑有名儒,而祀事非稱,非崇重先賢風勵後學之意,檄分守參議姜公廷頤出贖金百五十,行知縣張子喬相買田六十畝有奇,合前爲田七十七畝有奇,已又檄同知蔡君元偉履畝覈實,畫圖以報。知郡事陳侯元炎又以公意鐫石鋟梓,以防欺隱,而屬良傅爲之序。惟公崇勵之意如此,其至我邦人士,暨先生之後人,尚追惟先生辨志之教,以求無負。鄭公,名本立,蘭溪人,所至風裁甚著,此舉尤有裨名教云。

明皇嘉靖三十九年,歲次庚申正月二日,同郡後學徐良傅謹撰。

重修宋儒陸象山先生廣置祭田恤後記

予嘗謂聖賢之道脈相傳,如人世祖宗血脈之相傳,惟其肖而已。故千古命世之儒學,必辨宗。宗旨明而統系正,聖賢之性及儒術之淺深,以此衡之,不爽毫髮。譬人之繪像者,或擬其鬚眉,或描其形體,終不若得其神者之爲肖也。慨自虞廷以十六字開萬世道學之祖,而孔子承以在兹開宗振鐸,直以仁之一字貫之,其及門庶幾者,殆惟顔子一人耳。孟某氏倡絶學於鄒魯間,宗統孤行於戰爭之季。孟子没而斯道不絶如綫。周元公奮起千載之下,以無欲主靜立教,秦漢以來道統再闢,元公力也。比我象山先生生元公之後,負絶代聰明,盡黜支離,默契本體,其言曰:"東海有聖人出焉,此心此理同也;西海有聖人出焉,此心此理同也。"又曰:"欲知自下升高,須辨只今真僞。"信斯言也。雖孔子復生,其能有加於此乎。夫道無大不包,無小不入。天以之清,地以之甯,日月以之明,四時以之行,浩漫宏衍,迄無紀極。使必事事物物而求依循之方,雖窮千歲之壽,奚可得哉。然反求諸心,則至近至切,至易至簡,即愚夫愚婦,立地可爲堯舜,五尺之童,皆可以羞桓文。雖無文字,公案皆可以典謨,訓誥盡爲註脚,何患絶學之難繼,聖域之不可入也。宋諸儒並任道之正,然不明於宗,輒妄詆之爲禪,故當時惟紫陽先生知之。後乎紫陽,入我明,惟王文成闡其學而光大之。故自文成出而青田之學明,青田之學明而孔顔孟子之道益著矣。是青田,顔氏宗子也。論者因謂姚江亦青田功臣也。邇來直指見平張公,以晉名家來按兹土,過邑,式先生里居祠墓,慨然以重道崇儒、興起後學爲己任。先生祠墓舊有田,遂緣舊額,廣以新增若干畝,數粟入歲,可百鍾。且曰:吾令賢者後免於孫叔氏負薪之誚,毋甯唯是,亦表先賢之風勵來學,使學人嚮方,咸知孔子正宗,顔首嗣之,而先生遥接其宗之嫡脈者與。抑仁度嘗聞之先宗伯云,先生聞京師告急,正在講席,即命從者取剪刀去其指爪,習弓矢,以示四方之志。今建酋負嵎彈丸之地,狡焉狂逞,動淹歲月,聖天子拊髀而思得侍御公仗鉞臨戎。侍御公募兵調食,奮然計必滅此朝食,他日之勳勒彝常可知,非聞先生而興起者乎。先是撫臺大瀛包公學窺本始,振揚風教,甫下車,首以先生烝嘗爲問,捐廩質田若干畝,以供祠祀。陸道炯炯照鄉曲間,而方伯洪公、臬憲李公、副憲祝公,暨郡守張君、邑令崔君,皆恪承兩臺德意,而相爲羽翼,均有功於名教者。小子寡昧不文,忝先生里中後進,又不敢以不文辭,乃拜手颺言,謬哆一班。授陸生若祀出租入之多寡盈縮,邑令業經召工梓石,惟謹惟是。陸氏賢子孫世世守之,以無泯侍御公之大惠,是所厚望焉。是爲序。

皇明萬曆四十八年,歲次庚申孟秋吉旦,賜進士第、中憲大夫、提督鴈門等關、兼巡撫山西等處地方、都察院右僉都御史、邑後學吴仁度記。

(清陸鴻模等修《[浙江江山]衢江下睦陸氏族譜》 清光緒二年木活字本)

江西萬載黄氏合同議約

君陵神岡寶石上陳建溪爲新立合約,以永醮祀事。肇祖桂堂公、柱國公,自大唐迄今七百餘載,歷有祠規,從無混亂。近因兵燹之後,人心懈怠,至甲辰三月,各支來醮,寶石宗人互相推托,殊失大家體統。今後新立繩規,僉出管首九人,串立福、禄、壽字號,輪流值祭。當年收租,管首者除正供錢糧外,其餘租穀、預備酒肉糍米等項,仍照舊例供祭,無得互推。如至臨期有悮,管首自願罰銀二兩供祭。自後寶石子孫宜聽尊長統率。倘有强梗,以祠規懲治。如再頑抗,定呈官究治,決不寬恕。謹約。

康熙三年,甲辰歲三月十七日立。

立合同議約人北谿位、若鑑位、愛吾位、發吾位、明卿位、臺所位、詩十九位、勝吾位、明甫位、周二位、欽宇位、國入六位。俱有花押。

皇清乾隆元年,歲次丙辰季春月穀旦,宜南支下子孫敬刊。

(黄家云等總裁《[江西萬載]萬載黄氏族譜》 1943年江夏堂木活字本)

江西萬載唐氏祭田

若賢公祭田序

我祖于樂公承父如春公,于康熙八年,得買劉國祥漸源坑、甘塘坑、大關嶺各處山場赤契據,被孫姓妄佔數十載。于樂公别房子孫毫無錢斗以資公用,苦我賢公子孫。各斗錢用,惟三房天質公出錢較多,懋積公出錢更多數百金,衆難補還。是以各房商議,懋積公之子兄弟四人,另補一房,合賢公支下共作五房,立簿伍本,編立仁、義、禮、智、信合同字號,各執一本爲據。其衆遺産業各處田土,擇以公正殷實之人起放生息,以爲燒紙祭掃之資。每年臘月廿四日,公同結賬,註明各簿。其一切衆事務,必通聞酌議,不得私相受授,日后衆起浩大,建祠宇、興祭祀、立義學、育人材,豈不盛歟。而我子孫始終如一,莫懷異心,自必祖宗默佑,長發其祥,否則神明鑒察,天命不佑。如此相親相愛,同心同德,庶各房繼繼承承,永興祭祀於不朽云。是爲序。

公議花紅盤費於后:

文武游泮,花紅錢肆千文。

補廩，花紅錢四千文；優拔副貢，花紅錢八千文。

文武舉人，花紅錢二十千文。

文武進士，花紅錢四十千文。

文武翰林、侍衛，花紅錢八十千文。

主事、中書，花紅錢六十千文。

文武鼎甲，花紅錢一百二十千文。

程儀

文武童生院試，每名程儀錢二百文。

生員歲科試，程儀錢二百文。

方武鄉試，程儀錢二千文。監生録有遺才者如之。

文武會試，程儀錢十二千文。優拔副恩歲五貢進京朝考如之。

賢公祭田契

立杜賣田山、屋宇契人劉國祥，今因正用無措，願將祖手所管漸源坑、甘塘坑、大關嶺直下山場，並冷坲前田四百把，要行出賣。先儘親房人等，無人承交，請中召到唐□□承買爲業。當日三面言定，時值價銀捌兩正，即日契銀兩交，不欠分釐，所收是實。自賣之後，任從買人管業。今欲有憑，立此杜賣契，永遠爲據。

中人孫仰梅、高中立、朱秉正、羅克昌、孫仰珍。

康熙八年十二月初十日，劉國祥筆立。

乾隆十九年呈官有案。

賢　公　誌

木不可忘本，水不可忘源。我若賢公所管冷坲前一帶山場，前被孫姓混爭，搆訟數載，始得完璧歸趙。然舊物雖還，其中用費不少，爰集族衆妥商，權賣數處與子孫，以補訟費虧欠。夫所賣之業，既係搆訟恢復其錢，又係補訟虧欠，我賢公子孫，應體此情，以敦和睦，所有郭家坑屋後鳳形老墓山牛皮形、象形腦、蜈蚣形，以及上下蛇形等處山場，係歷來葬墓之所，其間或有可葬佳城，任若賢公子孫踩踏，買主不得强阻，是亦木不忘本、水不忘源之意也。謹誌。

嗣孫德馨謹誌。

允言公祭田序

從來善創者要貴善繼。高祖允言公有文家坑山一嶂，祭田百餘把，一切禴祠烝嘗省嗇，用之聊供資費。大小鄉試程儀，游泮發越諸項花紅，當衆公議，畧列章程，類由先進艱辛積儲，前可以光，後可以裕。爲後嗣者務宜公忠自矢，不可玩視。每歲帳目核清。有餘少則生息，多則製業。前可由十而至百，後亦可由百而至千、至萬。建祠宇、妥先祀，庶幾其有日矣。

元孫師介、景皋、梁敬譔。

公議花紅盤費於後：

文武游泮，花紅錢二千文；
補廪，花紅錢二千文；
優拔副貢，花紅錢六千文；欽賜副舉如之；
恩歲貢，花紅錢四千文；
文武舉人，花紅錢十千文；欽賜舉人如之；
文武進士，花紅錢二十千文；
文武翰林、侍衛，花紅錢四十千文；
主事、中書，花紅錢三十千文；
文武鼎甲，花紅錢六十千文。

程儀

文武童生院試，每名程儀錢二百文；
生員歲科試，程儀錢二百文；
文武鄉試，程儀錢一千文；監生録有遺才者如之；
文武會試，程儀錢六千文；
優拔副恩歲五貢，進京過朝考如之。

天質公祭田序

祭田創自古人，於今爲烈。得不謹遵其盛軌耶。我曾祖天質公，共有祭田二百餘把，前人創制百餘把，經余手管後，亦僅制六十餘把。業既無多，所以祭掃盂蘭佳節，概從儉嗇。大小試程儀、游泮、中舉花紅暫爲給之，而未定章程。惟恐後日所入不敷所出也，俟衆再增實後，共爲斟酌，永爲定式，我輩務宜慎始慎終，體先人之遺意，使繼繼繩繩於勿替焉。是爲序。

曾孫師介敬譔。

毅齋公祭田原序

先君在日嘗引韓子"莫爲之後雖盛不傳"之語，勉予爲人。旨哉斯訓，非思深慮遠者，弗能也。予齡今六十有一耳，曾見鄉鄰親族中祖父勤儉，自持有置田數千數萬者矣，及其子孫，未幾而數千者，地無立錐也。又未幾，而數萬者亦然。有積金累千累萬者矣。及其子孫，未幾而累千者，身無絲毫也。又未幾，而累萬者如之。噫，此爲之前者置田積金，可謂盛哉，胡轉瞬間一敗至此。無他，子若孫忘先人創業艱難，不知稼穡，不事詩書，逞驕奢、縱淫逸，莫爲之後故耳。觀乎此，安得不歎先君之善教宜凜，而其爲人可法哉。先君性孝友剛直，喜讀書，年十七，以世業無多，廢學力田，披戴星月，不以爲勞，衣食菲惡，反若可甘。勤儉歷數十載，始得置産數千。然儉於養身，豐於教子。少宰筠谷辛老夫子，天下之望也。告養在籍，設帳龍江，命予從遊，不惜費蓋力田好學，先君夙志也。嘉慶初年七十餘，始將田産分授予等自理，另除濠田米篩坲莊田九百三十把，爲身後祭掃公用貲。於戲，先君爲裕後計者，何詳且遠也。爲之後者，何其幸也。今所收田租，自祭掃公用外，頗有餘錢。能無體其苦心，立法管理，永保世業於弗替乎。爰與諸姪籌議，酌定章程，備載譜帙，允爲家規。凡此皆敬遵先君遺訓以立言，俾世世子孫展卷瞭如，惕然於前人創業之不易，庶幾恪守祖訓，同心同德，匪惟管理盡善，使祭産日增，且樸爲農、秀爲士、勤耕苦讀，懲奢戒惰，罔蹈雖盛弗傳之覆轍，允爲孝子賢孫，以光前而裕後也。豈非予所厚望哉。是爲序。

男蕢敬撰。

附原祭田莊屋山塘並學田

一、米篩坊莊田一千一百三十把，其九百三十把，長爲祭田，以供祀事。其二百把，長爲學田，子孫遊泮者收此田租，一人遊泮，則一人專收；數人遊泮，則數人分收。祇許收租一百二十桶，不許發佃自耕。若其人已去，或高發，亦不得收田暫附祭産。

一、米篩坊瓦莊屋一棟、四榻、三間、兩傍陪屋數間，空基、菜園、屋後竹木山一嶂、山下滻塘一坵，又鯉塘坑松茶樹山一嶂，滻塘一坵，又米篩坊田上松木山一片。

附續買祭田莊屋、田把、坵塅

一、柯柱坪遲田壹千把，又荷柱坪莊屋捌間。

一、冷坊前人形山下，上乙早田二坵，下乙早田壹坵，計十五把。

一、冷坊前人形山下，團坵早田二十把一坵。

一、冷坊前油蔴坵，早田六十五把四坵。又墩上屋背早田五十把三坵。

一、冷坊前下塅豬婆坵早田九十把一坵，併水圳在内。

一、冷坊前郭下早田四十把一坵。

一、冷坊前橋下早田六十把一坵。

一、冷坊前筒車頭早田四十把一坵。

一、冷坊前江仔背早田三十把一坵。又橋仔下早田十把一坵。

一、冷坊前下院坑遲田七十把。

一、冷坊前屋左側早田四十把一坵。

一、冷坊前店仔門首早田二十把二坵。

一、冷坊前石嘴頭早田二十把一坵。

一、冷坊前鰍形上早田三十把二坵。

一、祠右側屋一所，四榻三間，兼猪欄、糞宕，餘基在内。

一、冷坊前龍背上早田五拾把壹坵，淡坵遲田拾把壹坵。又淡坵上遲田二十把壹坵。

一、冷坊前排上早田三十把壹坵，又牛皮形遲田拾把，不計坵數。

酌定事宜八則

一、經管會事，立合同大簿四本，於四房中擇公正者各一人共理，各執簿一本。其中擇一尤公而且明者專司出入，一切流水簿附焉。每歲祭畢後二日，將一年出入租穀錢數，當衆算明算畢，各出大簿登記，務須字出一手，毋得有違，否則重罰。

一、領借會内銀錢，必擇四房中富而可領借者領之，已擇者不可推謝，未擇者不得强借。其錢訂定每百千文，週年加利錢拾五千文，銀如之。收取期滿，不得拖延。未滿不得遽逼，倘有不遵,罰之。

一、清明祭墓,凡成丁登山親拜者,每人酒食錢五十文,未親拜者,勿與幼童。八歲以上者,如之。

一、臘月祭畢燕飲。凡斯文童生、尊房長暨辦事諸人俱得與席。外四房各一席,頒胙照大祠例。

一、凡程儀,童生縣府院三試,每試六百文;生員歲科兩試,每試六百文;生員貢監鄉試,六千文;舉人進京會試,六十千文;優拔貢赴朝考,六十千文;恩歲副貢,進京考職,三十千文。

毅公事宜續

一、凡花紅童生游泮,二十千文;附生補增二千文;附增補廩,十千文;優拔副貢,四十千;文恩歲貢,二十千文;白民捐職監,十千文;文庠捐貢,二十千;文武庠捐衛千職,二十千文;凡屬捐者,公議帶照,當祠驗實,給領花紅。中舉八十千文;解元一百二十千文;欽賜舉人八十千文;副榜四十千文;欽賜副榜四十千文;中進士一百二十千文;會元一百六十千文;點主事、中書、學正,一百六十千文;翰林二百千文;傳臚二百四十千文;探花二百八十千文;榜眼三百二十千文;狀元三百六十千文。

一、凡晉享,自裕字派至洪字派,均請主同祀。其洪字派以下晉配享者,十六千文;晉祔享者二千四百文。

一、凡中元焚楮,裕字主牌四塊,廷字主牌二塊,錫字主牌一塊,洪字主牌一塊。公議自洪字牌止,其洪字派以下,晉配享者二塊,晉祔享者一塊。

毅齋公崇祀堂記

高祖毅齋公力田興讀,數世書香,延綿弗替。道光丙午年,創建寢堂,屢年享祀不絕。同治辛未年,又建中棟。前棟工程浩大,用費多金。各房子孫恐祭祀有缺,於是與長房禮成、寶孫,二房榮貴、榮集,三房楚珍、瑩珍,四房家伯龍門、先君育甫諸前輩起立崇祀堂,以興祭祀。彼時又另抖錢文致祭先祖,一連數年,俎豆馨香,似可對祖宗而無愧矣。其所集股之錢生放起積,迄今已有六百餘金,現置冷坊前早遲田壹百壹拾把。凡我後人能矢公矢慎,繼長而增高,斯不負前人起會之苦心焉。是爲記。

民國甲寅年,嗣孫炳光撰。

計開田把坵塅於後:

一、大關嶺下行路上早田叁拾把,不計坵數。排上門首、路下早田二十把一坵。下塅籠裡遲田六十把一坵。

(唐炳光等修《[江西萬載]萬載唐氏族譜》 1914年晉陽堂木活字本)

河南商丘宋氏祭田記

祖塋祭田碑記

《周禮》有冢人之官,正墓位,蹕墓域,守墓禁。凡祭墓爲之尸,先王緣人情之不忍,而萬世之禮文,由之以定。蓋神依於主體,魄藏於墓。厥重惟均,仁人孝子固宜並致,其追遠之誠而不容恝也。吾家自福山公立祀先會,而文康公繼之。其後廢而復舉,舉而復廢,率醵錢爲牲醴之資,而族姓之豐嗇不同,故難久行而不替。犖雖馳王事於四方,未能歲時伏臘追隨於諸父伯兄仲叔季弟之間,□□隴而修饋祀,然心切切然未嘗不寤寐念之。謀□□□其祭之法,蓋莫如祭田之設也。按塋田故有□□計其冢墓之所占,蓋已過之,故犖與弟□□己公益之以一頃九畝二分六釐七毫矣。而其賦役舊期以服官者承之。假使後世盛衰靡常,有一日無服官之人,則又將奈何。此亦不可不籌之於早也。故今犖又自設守冢田一頃,應每年賦役之外,而供牲饌楮醴之費,諒無憂矣。況其倡之於前,必有續之於後者,田益多則祭益豐,而祭之有餘,又可以修祠宇之頹,贍族人之困,濟婚喪之所不能舉。祖宗在天之靈,庶幾可以無怨恫乎。夫犖非敢薄前人之制而更之也,變而通焉,要不失前人之意焉耳。然則繼志述事,豈必拘拘循成例乎哉。凡厥孫子,誰無木本水源之思。尚其永念犖志,有加無損,慎勿將來仍復取之,置祖宗而不顧也。凡有願入祭田者,請次第鐫之左方,其卜是田爲塋兆者,計用一畝。買鄰近地一畝五分易之。不然,恐將來墓田多而祭田寡矣。此又不可不遠慮云。

康熙二十五年端陽日,整飭直隸通薊永平等處地方、兼管屯田驛傳海防河道漕糧餉務税課倉場、山東按察司僉事加六級七世孫犖撰。

文康公塋祭田碑記

事有不可不早慮而預圖者,蓋經久之難期也。《易》不云乎,君子作事謀始,始之不謀,而欲終之無弊,顧可得乎哉。犖幸嗣守先文康公之遺緒,而沐其餘澤,入侍明光出領方面,一門皆清華之選,而子輩又循循守禮法,無蕩陵之習。一再傳之,家聲知不遽墜也。雖然後世烏可永保哉。每見故家之子孫有不肖者,析田爭産,輒至於祖宗藏體魄一席之地,而亦裂之。其墓頭之一草一木,亦皆人人有分,可以斬而取也。及夫秋霜春露,則若敖氏之鬼餒而弗恤焉。嗚呼,尚忍言哉。犖家幸席舊業,莊敏公福山公之家法未替,文康公之教澤猶新。感時物而興孝思,登壟畝而虔妥侑,固弗之敢斁矣。即墓田隧道之賦役,固無慮有不供應者。然而終非經久之謀也。除墓田舊有一頃七十九畝六分五釐五毫之外,犖復設祭田一頃,供徭賦之餘,可以辦烝嘗之獻也。從此子孫世世承之,無得割爲己有,以取不孝之罪,而歲時之享祀永爲典型。敢曰犖謀始之功哉,實文康公之福佑遠矣。

康熙二十五年端陽日，整飭直隸通薊永平等處地方、兼管屯田驛傳海防河道漕糧餉務税課倉場、山東按察司僉事加六級男犖撰

西陂墓田暨郭邨祭田記

少師公卒於康熙癸巳之歲，踰年卜葬於西陂居宅之南。西陂土高而美，隋河環繞其旁，樹木蓊鬱。少師公生平所流連而憩息者。地本舊遷葉夫人曾先葬於此，營其壙合葬之，承先志也。又合以筠生母薛淑人焉。仲兄督學公祔葬於東側。諭葬爲朝廷榮典，所以旌有功以爲鄉里儀型者，規模不得狹小。統前後左右計，墓境地百畝有奇。四旁隙地爲守塚人生計，顧春秋祭埽之費缺然弗講，非所以垂久遠、奉烝嘗之意也。向於讀禮之餘，偕兩兄暨諸姪酌議置郭邨集地五百畝有奇，以爲祭田。去西陂二十里許，莊房數楹，每歲交掌事者彙收，其物力納税之外，修墓及祭祀貲用，無不於是乎給。《詩》曰：春秋匪解，享祀不忒。今而後，其庶幾矣。樂春一園，樹木皆先人手植，亭榭皆先人親築。且西廊之間，神像在焉。河邊芰梁亭、放鴨亭，尤先人日夕徘徊憑眺之所。廢修墜舉，總給於祭田之中。古禮凡祭先齊，齊三日，思其所樂，思其嗜好。夫君子之於其親也，且視之於無形，聽之於無聲，恭敬之誠，施於桑梓。況亭臺廊廡，猶不啻有愾聞而僾見者，敢弗珍惜之乎。雖然尤欲其守而勿替也。記有之，君子雖寒不衣祭服，雖貧不鬻祭器。嗣是凡祭田所入，園亭所有，我子若孫其兢兢以侵漁踐蹋爲戒。或有假公濟私、據爲己有者，雖分毫沾溉，皆得以不孝之罪罪之，務期久而彌新。用昭我先公之明德於不朽，而筠等區區不盡之孝思，亦藉兹以永存矣。今因續修家乘既成書，援筆約畧記之，附於簡末，以爲後人明鑒焉。時乾隆己未冬月，長至之第一日也。筠謹記。

（清宋筠纂修《[河南商丘]商丘宋氏家乘》 清乾隆四年刻本）

浙江金華東山傅氏祀田議約

議約

立托約人沛九百六十九府君樓氏，情因夫君遺下産業，除四子均分外，僅留田二號一坵七斗、一坵三斗，共計一石。土名新屋門前，原取爲祭祀之計。不料目下次子爲佳不肖，將得股産業蕩費，恐其又將所取祀田，背地寫押。爲此設席，懇託祠理並地保親房家長立約，將田刻譜鳴祠，以便永遠祭祀。如後再有妄行授受者，俱作誘騙理論。恐後無據，立此託約存照。

雍正七年六月　日，立托約傅門樓氏祠長雲祥、叔盛、爾稷、其輝、惟耀、文卿、齊先、商賢，親房家長友揚、友裴、合美、型公、子蕃、子習、漢升、儀翔。

追祀七代二祭議約

立議約孫沛森焜等，爲補報祀先事，議得先王制禮，本乎人情，人情之深，遠而難已者，莫如源本之思。所以禮之踵事而曰起事，類在崇祀之典。凡以情之所至，不可使禮有不及也。我族

自萬廿七府君創始，迄今二十餘世。祖考、祖妣兩祭而外，多設特薦。始祖之生卒忌辰則祠有墓薦。第九世祖能一府君，則屬派有特薦，九世祖而下，或捐資、或貽祀産，俱各有薦。獨是兆、偉、曾、榮、華、遠、德七代先祖考妣，畧焉不備。於情爲闕如，即於禮爲缺典。且時常想念萬行以前，來從何自，愀然心惻，慨然廓然，欲奉祀而無從焉也。惟此七世承始祖之基，衍後世之澤，遺跡未泯，風徽猶在。乃今闕略於前，後人返之，於情實有難已者。特欲各設墓薦，於勢不能。且各處塚封錯雜壘壘，多難稽實。緣此立議書押，援捐資之例，各捐銀若干，拈鬮序次，以次領值。每歲出息十分之二，以充薦資。於清明、冬至二大節前三日，設二祭，定其品物，致祭於輪值者之中堂。輪值者先期三日，預發知單，以便夙戒，臨日早集成禮。定於每歲清明之薦，薦畢隨將所領子母交付下手，其祭品另出分貲五分辦供。至九年十八人輪值祭完。計子母若干數，諒可置産，以産租輪值。其時日禮節永如前，週而復始，弗替引之，以垂祀事於無窮。有不如式，共罰無貸。須知議約者。

時康熙二十九年十一月　日，十八世孫爲植拜撰。

輪值祭孫名列後：本達、本鍾、本鎬、爲植、爲槺、爲棲、爲杜、爲槲，爲□、爲鼎、爲楮、爲欓、爲序、爲□、爲楙、爲琳、爲檆。

康熙三十七年，用價三十六兩，置買祀産兩坵，計租五十七秤十觔，一坵下祝塘裏橋頭一石五斗，租四十五秤。

（傅以梯等主修，傅以枝等纂修《[浙江金華]東山傅氏十九修宗譜》 1921年木活字本）

浙江諸暨黄凝樓氏續置祀田

璋七十六公續置祀田並育賢田記

顯祖璋七十六公，自雍正間舊譜已載有祀田，閱今六十年，增置田二十餘畝。凡正旦拜節，分給餅錢，以及清節掃墓，給生熟胙，一應費用，俱取給于此。第念我顯祖四子，大臨公蜚聲黌宫，爲通族青雲發軔，今子姓既衆，繼書香者，自宜獎勵。各房長玹、玿、璇等議，續置祀田，内酌立五畝零，以爲永遠庠産。規則文全、武半，其已經入學者，無論告病、丁艱，以及給頂，俱一體均收。如有貢出中式者，議不再給。立議三紙，三房各執一紙，永遠存照。謹將育賢産細號畝分載後：

懷字四百六十五號，田六分二釐五毫，炭子隖；五百六十九號；田一畝，鼓架坵；氣字七百四十八號，田一畝一分三釐三毫，下沙田；七百五十八號，田八分，七分；弟字七百十九號，田二畝二分三釐六毫，河頂坵。

乾隆癸卯秋月　日立，祀孫盛芝、茂龍、晉楚、佩信、舜五、公儒、公義、魯山、公發。

東溪義和議單

立議單祀孫玿、璇、瑭、珊等，竊念義和之設，上推祖先慈惠之厚意，下啓宗派聯屬之深情，典至隆焉，誼至渥焉。《易》有之：利者義之和。惟利物足以和義，言不以利爲利，以義爲利，則物無不利而協於和義。"義和"嘉名實昉諸此。吾祖瑋七十六公夙有庠産穀二十石收領，代不乏人。至道光初年，老成凋謝，繼起有待，將穀石存貯，又益以瑄七十九公祀穀五石、瑄九十六公祀穀十石、瑄百八公祀穀十石，子母生息，陸續置産。幸有租籽五十餘石，因商議設立義和，藉以承先而啓後，並邀集闔族尊長，爰議規制，伏望房分子姪同心經理，以義相先，庶乎和氣致祥，而隆隆日新焉，則義之善矣。爰立議單三紙，各房分執。俟葺家乘，載諸譜牒，並列條約如左：

一、前立庠産二十石，現仍存貯生放，待入泮有人，照舊收領。

一、讀四書者給束修錢五百文，讀經者錢八百文，作文成篇者錢壹千四百文。

一、考費縣試給錢三百文，府試錢五百文，院試錢七百文，歲考錢壹千文，鄉試錢三千文，會試另議。

一、掛紅錢入泮納監者錢四千文，中式者錢七千文，中進士者錢十千文，中鼎甲入詞館者另議。

一、考費掛紅錢，文武一體同給。

以上各項視歲豐歉量入爲出，其承值當年照前所幫穀石，三房五股輪流。

道光二十四年八月　日，立議忠賢、遵傳、傳岳、尚國、曰富、慎傳、瑭富、樹穀、維佐。

玭三十三太公祀田記

羅門之羅牧門之漁，孔子式之，爲其存禮也。禮莫重於祭，祭必出於田。公堂之躋，即前日獲稻之夫。髦士之蒸，即平日耘耔之子也。我高祖玭三十三公貽燕及今，家無異業，笥有賜書，其長房以貞孝旌異。次即岳房憴憴，懼玷冠裳，若小明之君子，致戒於安息。三房振公麟麟，且首補弟子員，爲一族青雲發軔。四房父子繼超膠庠，醇風不怠。五房名碩輩出，懷經協術，存志邵遠。豈非恢台之下，必無菸邑之葉耶。所可憫者，獨長房之允嗣弗永，奚以慰祖宗一體之靈。衆議零置繼祀長房田數畝，附原祀清明田，輪房祭掃。如缺長房之祭，即罰田穀，不與以胙。載在譜略如是，則不繼而猶繼。所云忠信之遺，必無匱祀矣。是在後起者，恪守無隕越，以不失本房長厚之遺，則頌麟德於不衰。預知汴舞翔棲也。

順治甲申季春吉旦，六館庠孫勝岳謹記。

玭三十三府君賢産議單

立議祀孫盛芝、晉楚等，緣我顯祖玭三十三府君，閱今一百八十餘年，子姓繁衍，詩禮傳家，有自來矣。祀事未敢或缺，而育賢産一項，未經議及，何以示勸。議於祀内酌田拾畝零，立籲俊户，以作賢産，爲鼓舞人材至計。向有規則，文全武半，給頂者不予。今議給頂者照未給頂者一體均分。爲此會同房長謹將所立賢産，細號畝分，刊載如左，以照永遠恪遵。

計開細號：

坐弟字三百三號　　田三畝四分三釐四毫　　瓦窑坵

四百四十九號　　田三畝一分五釐　　塘口六畝
五百九十一號　　田一畝　　五斗
七百六十九號　　田二畝二分一釐七毫　　二畝
乾隆四十八年桂月　　日立。祀孫盛芝、祥禄、晉楚、元勳、滄北、服采、茂龍、哲文、良慶、配中、價維、如南、公義。

（清樓肇春等修《[浙江諸暨]黄凝樓化宗譜》 宣統元年惇倫堂木活字本）

安徽懷寧程氏祀田契據

立議約合同戒約，程氏祠堂下福公廣通、廣進子孫夢臯、夢宥等，情因大窪祀田於康熙四十五年以來，乃福公、賢公派作三股公管，至四十七年，有賢公一股不肖子孫夢暹等，背族衆盜賣祀田五斗三升，通、進子孫同仇共舉。蒙縣主批斷，福股贖田全祀。今福股遵批，備價贖田，童叟公議戒約合同，永遠福股祀田，但賢股子孫無得紊入。福股管理祀田，其祠堂内祀田一担六斗、水塘二口，及墳墓、山場、屋宇、園地等項，當憑族尊面立此約。日後福公墓下通、進二股對同管業，積租修理祠堂。原祠堂内有田畝六畝五分四釐，人丁半丁每年取租輸納，無得貽累繼後通、進雲礽，士人當遵孝義，永祀先靈。倘後無憑，立此議約合同，一樣二紙，各收一紙，永遠存照。共計田數四坵、花地大小七塊。又照。

康熙四十八年十一月初八日，立議約合同通股、進股程夢宥、夢臯、遇岳、祀、冉、吉、憲、麟、偉、顯理，俱押。

族尊程述可、纘文、上乘、汝憲、有舜、相可，俱押。
爾立、次玉、其武、次公、錫蕃、瑞三，俱押。

（程氏合族纂修《[安徽懷寧]程氏重修宗譜》 1932年木活字本）

湖南湘潭中湘油麻嶺馮氏祀田

嗣韓公祀田契據公字嗣韓，號相可，可號守園

立絶契出賣田塘、屋基、山林、園土人顔萬友，同弟江友，今因公私交迫，無從出辦，兄弟商

議,愿將父遺十一都六甲一百三十六區荒熟田一十二畝,壄餉一錢九分,坐地名張家衝栗山塘,計荒熟塘六口、荒屋基一隻,山林騎崙倒水爲界,欲行出賣,儘問親族人等,俱稱無銀不受,再三浼中馮士宗、顏二陶行言,召到馮相可向前承接。當日得受田價紋銀二十兩整,係顏人親手領訖,並未短少分釐。其田土、山林比日扦踏明白,除本宅屋場墹外,概係馮人管業,顏人未存寸土。所出所受,二家甘願,其田並無逼勒準折等情。如有節外生枝,出筆人理落,不與受主相干。今恐無憑,立此爲據。

契明價足,領不重書。憑中證馮士宗、顏二陶、顏尊一。

康熙五十三年十二月十六日立,顏萬友押,同弟江友押。老額並新壄合共田作二十四畝。

嗣韓公繡雞塘祀田契祠内額名佑啓堂

立絶契出賣田塘、屋宇、基地、禾場、牆圍、山林、山嶺、園土、竹木、溝池等項人孫婦馮阿何,命男燕山、孫紫華,今因移業就業,是以母子商議,愿將祖遺分關内所存十一都七甲地名谷田壠之繡雞塘民熟額田九畝,俱係團州壩水放車注蔭其田,獨斗坵一坵一畝,台上一坵二畝,又一坵一畝,細蛇坵一連三坵,氹坵二畝,屋側藕蕩一坵,大蛇坵一坵,背上崽子一坵,焚字爐一坵,共計大小田十一坵、水塘一口、溝池三隻、茅屋一進,副屋門枋板壁,概係俱全,屋後園土、竹木一圍,以大壕墹爲界,册名馮年,正餉銀二錢六分,南漕照派,概行出售,寸土寸木不存。浼中齊廷章、何作相、陽經方等,勸合守園公五房嗣孫承接。比日憑中三面得受時值田價銀三伯一十兩整,係孫婦母子親領,不少分釐。其田坵畝墢扦點明白,毫無互混。未賣之先,並無重行典當、謀奪等情。自賣之後,聽五房公上更名税契完餉,管理施行。其有上首一概在内。如外生枝節,係出筆理落,彼此甘願。今恐無憑,立此絶契,並老契合約共五紙,付五房公上永遠收執爲據。

其有何人墳塋,俱照老契無異,其二畝下古甽一條,照額放注。此批。

憑户戚中正何德音、周宗海、齊廷章、陽鴻翥、陽經方、馮繼武、何作相、馮甘霖。

嘉慶十四年六月,馮阿何命男燕山、孫紫華押立。

(馮鎮嵩等纂修《[湖南湘潭]中湘油麻嶺馮氏六修族譜》 1933年木活字本)

安徽懷寧河間凌氏祀田

公田契據

立杜賣田契人凌子友,今因用度不湊,父子商議,情願將本莊所存大隔下田種二坵,計種八斗,壕田四坵,計種二斗五升,共田六坵,計種一擔零五升,水例山廠,屋宇、糞宕、稻場、石磙、園圃各項，俱係十股之一，在欽四圖一甲，册名凌俊，由内當差，比日憑中立契出杜賣與本心公股内名下，以爲祀田耕種爲業。當日得受田價紋銀　　整，比親領訖，通家勸儀，俱已在内。外不立領。自賣之後，聽公堂另召耕種，送納本年差糧。一賣一杜，永不贖加。此係自意情願，併無逼勒等情。今欲有憑，立此杜賣田契，永遠存照。實載民畝　　正，其田俱登使大隔水例魚泥。

乾隆七年六月初二日，立杜賣田契人凌子友、男繩武、秀文、烈士俱押。

憑中程天映、凌聖宗、張美武、李紹孔、黄有珍、李文從俱押。

立杜賣田契人凌子友，情因用度不湊，父子商議，情願將祖遺田種四担六斗五升，坐落高家嘴，内截三石五斗，實載民畝　　正，在欽四圖一甲，册名凌俊，由内當差，所有田種、坵塅塘塥、水例山厰、屋宇、園圃、稻場、石磙、糞宕、餘基、隙地等項，另立水程明白，憑中立契，出杜賣與本心公股内名下以爲祀田，耕種爲業。當日得受田價紋銀　　整。比親領訖。其有差糧公堂完納。彼此情願，各無異説，併無逼勒等情。今欲有憑，立此杜賣田契，永遠存照。

乾隆二年六月初三日，立杜賣田契人凌子友，男至忠、至義、至榮俱押。

中見人李紹孔、楊浦還、李文從、程天映、李玉遠、凌聖宗俱押。

計開水程於後：

一、田種三石五斗，坐落高家嘴，實載民畝　　正。

一、門首早稻田大小六坵，秧田在内，載種五斗五升。

一、塥邊遲秧田一坵，載種一斗。

一、塥邊早稻田一坵，載種三斗五升。

一、坂中大遲稻田一坵，又壕田一坵，共栽種一担。

一、下塥上一連三坵，栽種七斗五升。

一、塥下大小壕田六坵，栽種一斗。

一、河嘴田大小一十六坵，栽種六斗五升。

一、門首大塘一半，水利魚泥。

一、大塥上下二口，公使水利魚泥。

一、瓦屋五間半，堂屋在内，一半憑龍口直出。

一、草屋房二間。一、糞宕一個。一、稻場一個。一、石滾壹條。一、山廠一片。

一、屋後山廠一塊。俱係新立，封墩管業。其有餘基、隙地、寸土尺木無遺，門窗户扇俱全。

一、槽門傍瓦屋一間，在李又從契内。又照。

乾隆二年六月初三日，立水程凌子友，男至榮、至義、至忠俱押。

中見人李紹孔、李玉遠、李又從、程天映、楊浦還、凌聖宗俱押。

以上所載，兩契共田種肆担五斗五升，内截田種二石，出售與操於同治二年，如數贖回。因在契内，吐退契紙，無庸再刷。

立杜賣田契人凌惟燕，今將分受田種一坵，計種二斗，坐落本莊小塘下三斗頂，頭載民畝一畝正，本圖本甲凌大賓名下當差登使，小塘水例魚泥，憑中出杜賣與本房六股公堂名下永爲祀田。比得時值田價八數錢　　串文正。親領足訖，外不立領。自賣之後，即聽公堂另召收租管業，毋得異説。其有高堂勸儀，以及叔嫂酒勸，俱係親領分派，不干公堂之事。一賣一杜，永不加贖。此係自意情願，併無逼勒等情。欲後有憑，立此杜賣，永遠存照。

乾隆三十九年三月初三日，立杜賣田契凌惟燕押，代筆殿元押。

憑中叔烈士、程恒泰、弟陞普、劉孔皆俱押。

立杜併田契人凌馬氏，今因年老，情願將分受本莊小塘下並塥邊田四坵，計種三斗，水照古例，實載民畝一畝四分，在本圖本甲凌大賓，由内當差，隨田山廠一片，東至公堂山，南至墳壙，西至江姓山，北至江姓田邊，四至明白，界内並無遺留，憑中立契，盡行杜併與六股公堂名下爲業。當日得受時值田價八足錢　　文。親手收訖，另立有領。一併一杜，永不言加，永不言贖。自杜併之後，即聽公堂管業。送納本年差糧。倘有需索酒勸，盡是出併者承管，不干公堂之事。此係自意情願併，無逼勒等情。今欲有憑，立此併田契永遠存照。

乾隆四十九年三月十八日，立杜併田契凌馬氏押，代筆凌萍齋。

憑中馬廷獻、程恒泰、操良義、程國泰、叔公凌烈士、凌陞瀛俱押。

立杜賣田契人張朝選，今因脱小就大，父子商議，情願將分受凌家大塥邊坐莊田種坂中間路下四方田一坵，計種二斗，墈上熟地在内，登使大塥水例魚泥，屋上首山塘启田二斗，内一半坐落西頭，計種一斗，登使山塘水例魚泥，門首桃樹墩，上堀土田一坵，計種一斗，登使團塘水例魚泥，共田三坵，共計種四斗整，水路總由古溝灌蔭，實載民畝一畝六分，在欽三圖七甲張嗣偉，由内當差，憑中立契出售與凌本心公堂支下，即今上莊，另召耕種爲業，送納次年差糧。比日三面議定田價足錢　　文整，親手領訖。倘有親疎人等爭索酒勸，併重複典當，盡是賣者一力承管，不干買主之事。一賣一杜，永不加贖。今欲有憑，立此杜賣田契，久遠大發存照。

嘉慶二年十月十五日，立杜賣田契人張朝選押，代筆張朝俊押。

憑中張雝鳴、凌指陞、張占鰲、張朝舉、程大勇、程國泰、程祥瑞、程懷豐俱押。

以上高莊田種，於光緒年間，因公費不敷，將該業内截田種七斗三升，出售與丁五義堂墓下爲業。又於光緒年間，截田種屋宇、山廠一契，出售與江榮堂名下爲業。所有大契吐退、總收過畝單，及一切各項契據，除繳付外，其餘仍存郭青公後裔領收。

立杜賣田契人查占鰲、步鰲、母子兄弟商議，情願將祖遺分受凌莊荒熟田種六石，坐落凌家橋上所，有田名坵塅担斗升，合蔭塘水例山廠，樹木牆垣、屋宇、園圃、糞宕、餘基、隙地、稻場、石磙，以及在莊雜項，俱照水程管業，併不存留尺木寸土，實載民畝　　正，在欽四圖十甲，册名查志學，由内當差，憑中立契，出杜賣與凌本心公堂爲業。即今上莊另召耕種，送納次年差糧。比日得受時值田價足大錢　　正，親手領訖。自賣之後，倘有親疎爭索酒勸，併重複典當，盡是賣者一力承管，不干買者之事。一賣一杜，不加不贖。今欲有憑，立此杜賣田契，永遠存照。

嘉慶五年十一月二十八日，立杜賣田契查占鰲、步鰲，男紡衡、文臣押。代筆查鳳騰押。

憑中聶朝彩、曹孔緒、朱文光、查邦彦、玉禄、邦孚、張星山、黄啓坤、張清源、李會中、王裕舉、查孔晏、華國、善長、查大啟、楊立梗、凌坤運俱押。

計開水程：

一、田種六担，田名坵塅，開列於後：

一、凌人荒屋基前第二坵，靠山邊田一坵，計種一斗五升，登使門首塘水例魚泥。

一、凌人墳山上首靠山邊荒田一連三坵，共計種一斛，墈上熟地，周圍園壩、柴薪在内，俱登小塘水例魚泥。

一、大塘前横蘿蔔田一坵,小塘下西塝大荒田一坵,背上小田一坵,共田三坵,計種三斗,登使小塘水例魚泥,由山邊古溝灌蔭。

一、小塘稍第一坵,計種五升,登使上下小塘二口,水例魚泥。

一、小塘沖第四坵、第五坵,共二坵,計種三斗五升,登使大小二塘水例魚泥。

一、門首大塘启一連四坵,共計種九斗,大塘低涵口秧田一坵,計種五升,俱登大塘藕塘,二塘水例魚泥。

一、藕塘启一連二坵,凌人墳前長緉一連二坵,共計種三斗五升,登使藕塘水例魚泥。

一、勝伯窪屋基門首大荒田一坵,計種二斗第三坵田一坵,下首墳山嘴田一坵,共計種二斗,登使栗樹塘水利魚泥。

一、李家塝藕塘二涵口第二坵,下一連二坵,計種二斗,二涵口第三坵,下一連三坵,計種三斗,塍下熟地在内。

一、古塘東掛塝一連三坵,計種一斗,俱登藕塘水例魚泥。

一、凌人墳前第三坵,大頭秧田一坵,計種二斗,第四坵,長秧田一坵,計種二斗,登使大塘水例魚泥。第五一連三坵,計種三斗五升,頂頭小田併塍下熟地在内,俱登藕塘水利魚泥。

一、屋後凌人荒田下一連二坵,計種一石,照契登使水例魚泥。

一、古塘沖一連三坵,共計種六斗,登使古塘水例魚泥。

一、古塘西靠塘邊一連二坵,計種二斗五升,登使藕塘水例魚泥。

一、民畝實載　　整。

一、倘遺漏田頭地角,日後查出,盡付買者管業。

一、田埂樹木,盡賣無遺。塘埂樹木對管。

一、上首園壩外山廠一片。

一、大塘西角憑園壩頭直上嶺脊分水,南憑小塘南埬直上嶺脊分水,俱係新立,封墩爲界。

一、勝伯窪園壩外周圍山場二片,新立封墩爲界。

一、在山樹木,盡賣無遺。

一、本莊屋宇,通前至後,憑龍口直出東頭獨管。門窗、户扇、圈底、糞窖、倉厫、鍋臺俱全,包垣内外花果、竹木、熟地、荒廠、糞宕獨管。

一、稻場石磙、塘埂、樹木對管。

一、勝伯窪莊屋一所,隨屋各項門窗、户扇俱全,周圍園壩、花果、竹木、稻場、石磙、園圃、糞宕、餘基、隙地獨管。

嘉慶五年十一月二十八日,立水程查占鰲、步鰲俱押。

憑中曹孔緒、聶朝彩、黄啓坤、張清源、李會中、查孔晏、邦彦、俱押。鳳騰筆。

查莊大契二張,契尾水程批帳各項,再總共二十紙,郭青公裔領收。一均慶堂祀田,係六股公置。今俊股微弱,所有高莊併棉花園、墳塋數處,日後祭掃公墳,務帶祭掃,不得以無嗣藉口。振雲捐足錢三千文入公,以爲香煙之資。

道光十三年,杜買凌譚氏凌家橋上老屋莊横塘下第七坵田一坵長三斗,西頭大沙田一坵、皂角塘背團田一坵,共田三坵,共計種四斗七升半。在莊官房瓦屋,一連三間,草屋半間,實載民畝一畝五分五釐。

道光十三年杜買恭美上老屋莊門首團秧田一坵,又小秧田一坵,共田二坵,計種一斗,實載民畝五分二釐。

道光十三年，杜買和美上老屋莊新塘二涵，小四方田一坵，小田上蕎麥田一坵，共計種一斗，實載民畝五分二釐。

咸豐六年，杜買兼善小河灣凌莊麻石塘東團田一連三坵，棉花田一連三坵，老秧田一坵，又西塝團田一連二坵，共田九坵，計種七斗五升，在上東拐草屋二間，實載民畝三畝正。

同治十一年，杜併占梅小河灣凌莊洪水塘西頭田一坵，計種一斗五升，實載民畝六分有準。

以上大契，總收各項契紙，俱係郭青裔領收。

五祀公契録領收。

玉僩公、惟軼公

道光二年併道光七年兩契，買禮中屋下塝七斗半截，坐落東頭，計種三斗五升，載民畝一畝七分六釐。

道光十一年，買禮中正房一間。

雲華公、九師公

道光　　年，買悉照養魚塘西壊田一連四坵，共計種二斗五升，門首菜園邊田一坵，計種五升，共田三斗，實載民畝一畝五分正。

道光十二年，買修俊新塘涵子口田一坵，尖田一坵，共田二坵，計種一斗五升，實載民畝七分八釐。

道光十九年，買慶善新塘下東塝三緉田一坵，四緉田一坵，共田二坵，計種一斗五升，實載民畝七分八釐。

九師公

道光六年買可傳兄弟老屋門首窑塘下第三田長田一坵，計種二斗五升，實載民畝一畝五分。

道光　　年，買廷英新塘启田一坵，計種五升，新塘下第三田一坵，計種一斗，養魚塘東塝高涵口田下田一連四坵，計種一斗，共田六坵，計種二斗五升，實載民畝一畝二分七釐。

道光十三年，買廷章新塘沖第二田一坵，計種一斗，實載民畝五分二釐。

道光二十年，買魁元學堂塝大油菜田四股之三，計種一斗五升。

道光二十一年，復杜買魁元大油菜田所存四股之一，計種五升，共田二斗，共畝一畝零四釐。

一、養魚塘西壊墾田三坵，計種一斗五升。

同治元年，杜併廣和姪四喜小河灣凌莊河邊恩稻田一坵，計種二斗五升，實載民畝一畝正。

同治二年，杜併容臣上老屋莊楓樹田一坵，内南頭計種一斗二升半，實載民畝六分五釐。

同治五年，杜買得才老屋莊新塘沖下第七坵田一坵，内截西頭，計種一斗五升，又二緉田一坵，計種八升，共田二坵，計種二斗三升，民畝一畝零六釐一毫。

同治十一年，杜併盛祥小河灣凌莊稻場前大田，内分東邊田一坵，墳後槖盤田一坵，共田二坵，計種四斗，實載民畝一畝六分有準。

以上契紙，俱係郭青裔領收。

木公契據

立吐退人鄭汝彦等，情因先年祖父接買凌人祖業田種八担二斗五升，坐落獨山脚下，與伯父、身父各分田種四石一斗二升半，實載隨田民畝　　正，在受三圖四甲，册名鄭遐，由内當差。今因脱小就大，早晚母子兄弟商議，情願托中出吐退與凌九師公名下耕種管業。比日三面議定，時值田價紋銀　　整。當日親手領訖，外不立領。其田聽凌人即今上莊耕種管業。送納次年差糧，倘遇編審畝，聽凌人收户便差，鄭人無得異説。及有田種坵塅，蔭塘水例魚泥山廠，界至荒坦基地、園圃、糞窖、稻場、石礣、瓦草房、屋門、窗户扇各項等件，並無遺留尺木寸土，盡行一概俱照鄭人新立水程管業。自成之後，倘有内外親疎人等，需索酒勸，及有重複典當，盡是鄭人一力承管，不干凌人之事。此係二意情願，並無逼勒等情。今欲有憑，立此吐退，永遠存照。

康熙五十八年十月初二日，立吐退鄭汝彦、汝賢、汝登、汝貞俱押。

中見人胡聖遺、聖臣、李有榮、鄭子佩、汝試、汝英、程宗文、黄公美、凌齊賢、君樂、丁勝玉、黄憲侯俱押。

立水程人鄭汝彦等，今將水程開列於後：

一、田種四担一斗二升半，坐落獨山下。實載民畝　　正。

一、山窿西塝田一連三坵。

一、新田下大小七坵。

一、新田上一連十坵，新田一坵。

一、荒塘上田大小五坵，小塘一口，公興公使水例。

一、老屋基一半，立有峯墩。

一、新塘角新開田二坵。

一、余家園内田大小四坵。

一、新塘下宕田左右一連十坵。

一、屋後田大小六坵。

一、余家塘下田種一片，大小不計坵數。

一、凌人墳後稻場田一坵。

一、余家塘一口，獨使水例魚泥。

一、新塘一口，公使水例魚泥。

一、西邊屋宇，憑龍口直出，草屋五間、瓦屋四間，門窗、户扇俱全。

一、糞窖内外大小二個。

一、宅傍菜園一個。

一、屋後上首新開園一個。

一、稻場一個，獨管。

一、石礣壹條，公用。

一、屋後餘基，立有峯墩。

一、南邊山場一片，前憑河溝，上憑獨山脚，後憑立有封墩，中憑古墩直下，立有封墩爲界。

一、余家園後山場一塊，四至憑中立有封墩爲界。立此水程存照

康熙五十八年十月初二日，立水程鄭汝彦、汝登、汝賢、汝貞俱押。

憑中程宗文、黄憲侯、鄭子佩、胡聖遺、凌齊賢、君樂、汝試、明賢俱押。

立杜賣田契人查鳳儀，今因用度不湊，祖孫商議，自意情願將祖置勝伯窿李人墳山脚過水田一坵，計種二升，查人山脚四方田一坵，計種一斗，大灣田一坵，計種一斗五升，靠藕塘東角一連二坵，計種三升，共計種三斗，登使栗樹塘水例魚泥，又將藕塘湫口田一坵，計種一斗五升，李家塝路下小長田一坵，計種五升，共計種二斗，登使藕塘水例魚泥，又將續置凌人山脚灣田一坵，路下長田一坵，團田一連三坵，古塘東角一連四坵，屋基田一坵，共計種五斗五升，登使藕塘

水例魚泥，古塘高涵口秧田一坵，凌人墳山脚田一坵，大路邊沙田一坵，計種一斗五升，登使古塘水例魚泥，以上祖遺，並續置共田一担二斗，實載民畝二畝一分，在欽四圖十甲查鳳由内當差，送納次年差糧，在上山廠一片，自藕塘角横上憑嶺脊峯墩分水直下，抵凌人墳山，界石爲界，山邊熟地盡行在内，憑中出售與凌心木公位下爲業。比日三面議定，時值田價足錢　　文整，親手領訖。外立領收。此係自意情願，並無逼勒等情。倘有重複典當，並親疎人等需索酒勸，盡是賣者一力承管，不干買者之事。一賣一杜，永不加贖。自賣之後，無得異説。今欲有憑，立此杜賣田契，永遠存照。

道光　年十二月十五日，立杜賣田契查鳳儀押。代筆查鴻翠。

憑中黄禮山、查學長、盛長、楊玉貴、凌試高、查翠元俱押。

同治九年，杜併賣傳凌家橋老屋莊横塘下第四田内截北頭計種一斗二升半，實載民畝八分有準。

一、六房公存李家牌李莊山廠二片，大塘稍山界西，由窪西抵效孔峯墩，直上過嶺脊，憑程姓封墩，北憑人行路，東至劉姓封墩，南至李人封墩，界趾爲界，内於同治五年開葬一穴，另有禁議。又屋後山界四至，南至李人墳界，西至方本仁封墩，直上過嶺脊，北至程人峯墩，直下至路爲界，東至效孔封墩直下爲界。

另家立貴，具承看一紙。

一、存凌家橋上老屋面前山一塊，南至佩股山，東至岫青山，西憑王人山，北齊田邊爲界。

以上所有契券，俱係郭青裔領收。

一、福祺公堂鬮得查莊勝伯窪大灣田一坵，計種一斗五升，古塘東塝長田一坵，計種五升，隨田水例魚泥山廠柴薪熟地，照股均管民畝三分五釐。

又李家牌李莊置買楓樹宕田一坵，計種五升，老秧田一坵，計種五升，台子田一坵，計種五升，大塘前田一坵，計種一斗，共田四坵，共計種二斗伍升，在莊東頭小房瓦屋半間，隨田水例魚泥，山廠、餘基各項，照股均管，民畝一畝。

一、修禮公存厝基吉地一處，坐落井欄頭凌莊張家塘東邊，俱以公存老界爲界。内有小田二坵，門首磚刀田一坵，共田三坵，計種六升，以爲禮公祭祀之費。自存之後，永不變賣，公同保祖，亦不得私種私收藉口。今請憑族中鐫譜存照。

（清凌壽山等《[安徽懷寧]河間凌氏族譜》　清光緒二十七年敦倫堂木活字本）

浙江紹興王氏助田增祭序祭規序

素菴公派孫承堯助田增祭序

蓋聞《周禮》垂燕饗之文，意存報本；《月令》著獻酬之典，理重順時。是以儀容穆穆，不愧孝子仁人;聲管將將,咸懔秋霜春露。庶幾揖讓升降,惟明德之馨香;蘊藻蘋蘩,覺至誠之慤著。堯仰叨祖宗庇蔭,敢忘水木淵源,爰遵祖母徐氏訓令,於增置節愍公祭田十餘畝外,並增置素菴公祭田五畝、興垂公祭田十畝,又補買世宗公原有祭田廿四畝零。其興垂、世宗二公祭規照舊承值,惟我素菴公墓在王沙,道路遠長,子孫繁衍,舊有資産不敷所用,因將新增田稍價,歸與塋内值年輪管,以爲清明掃墓之資。至坂號畝分,俱已載入譜内,不贅。爰將應增品物注明於後,俾世遠年湮,知田之所由來,與祭之所由增,故總其顛末而爲之序。

中華民國六年二月　日。

姻末袁書笏謹識

勝三公助祭序

我族二世祖勝三公,自始祖雪溪公遷剡之靈芝鄉,迄公復徙居剡西東王即趙馬,遂樂山水,連辟江西提舉不就後,即其地卜葬焉。世傳謂永明寺即其古兆,乃幾世閥閲,不事生産,問所謂祭祀,終渺不可知。後八世祖鹿峯公宦成回里,體念二世祖勝三公及三世祖昌一公並厝東王,祀典久曠,誰上邱墓,不數世子孫盡屬無知,何能忍此,將吴村坂田二畝撥入助祭。洎大房賓鹿公致仕歸,復將宫前坂田三畝零增而大之,自是久曠之祀秩然重興。第念我祖勝三公後系名學、名海二公,名學公派即趙馬王氏,名海公派世居縣後。我祖久曠之祀得以復舉,皆係名海公派孫撥田助祭,公議每年清明掃墓,名海公派嗣長給豬首壹口,紳衿二名各給生胙二斤,又另給生胙念觔歸名海公派。祀墳者念人分給,以不忘祖上撥田助祭美意,永以爲例。名學公派雖有年齒尊長,毋得更改翻易,妄相覬覦。凡我子孫,繼繼繩繩,永歸和好,庶幾祀典孔明,世守勿替云爾。是爲序。

艇湖公祭規序

我族艇湖公,二房之俊傑也。出仕湖廣通山縣令,後致仕歸,資不自私,與兩弟均分,造居室及書院,捐資同葺宗祠,課子及孫,俱食廩餼,真剡中之赫赫者。乃未幾子孫衰乏,以致數代墳墓盡屬荒坵,求一帋紙錢而不可得,不亦深可惜哉。康熙己酉仲春,族傑微之、鞏生、岐生等談及絶祀,言之痛酸,一時倡率,得族中叔伯兄弟一十四人各捐己資,以修其祀,連年不廢。後又慮其未必久也,爰集衆議,將公墓龍首荒地一爿出售與新昌縣章龍宇,得穀四石,生放置産,以爲永遠之計。及后老成謝世,幸有華生等輩接踵而起,矢公整理,協力擴充,置産立祭。嗚呼,此祭原非二房艇湖公遺産,實吾三房前數人惻怛懿行、裒貲生息所置也,故今六十餘年,祀守勿替,由來舊矣。但世遠年湮,誠恐本源莫識,根脈罔知,紛紛視爲祖宗遺徽,相忘於先人美舉,而以爲公同得分者,容或有之。嗣後其田地惟前捐資者一十四人之子嗣輪流承祀,毋得爭,一以執繼前跡,一以著衆力,善繼善述,彰彰乎百世可也。

雍正六年歲次戊甲十一月,履齋命旦謹識。

捐資姓氏列後,計開:宗禧字寧之,宗周字用之,宗顯字微之,國維字鞏生,國華字闇生,國寵字謙生,國新字岐生,國蘄字永生,國芹字雍生,國哲字睿生,國經字倫生,國賢字獻臣,國容字默生,國成字彦生。

艇湖公祭産:

王沙坂第七十一號，由四田拆二分另。民國廿一年修省道佔去。

宫前下坂第三百十二號，地一畝四分八釐四毫；第四十八號，地一畝九分一釐九毫。改田。

牛欄下坂第五十六號，地一畝正。

謝墓中坂第六號，山拆五分正。

鬮定值年目次列後：

己酉年微之房值。

庚戌年寧之。裔孫待新，道光壬辰稍田不值祭，衆議除革，不得與祭、與管。

辛亥年雍生。

壬子年獻臣。

癸丑年岐生。裔孫世照，道光乙未稍田不值祭，衆議除革，不得與祭、與管。

甲寅年彦生。

乙卯年永生。

丙辰年睿生。

丁巳年鞏生。

戊午年謙生。

己未年默生。

庚申年闇生。伊孫逢勳，乾隆甲戌年糧祭不值，衆議除革，永不許與祭、與管。

辛酉年用之。

壬戌年倫生。派孫待燿，乾隆己丑年糧祭不值，衆議除革，永不許與祭、與管。

已上週而復始。

祭期定於清明後十日，凡承值者每年照規辦祭，祭畢將熟胙拾觔，惟先世捐資諸公並派下與祭者各給一分。又案酒三桌，只許捐資子孫每脚一人，同禮生輩均到值祭家用酒飯等物，歡飲而散，其餘與祭者槩不許同散。

雍正六年歲次戊申十一月冬至日立單。

艇湖公續增祭規序

今立續增祭規，緣艇湖公有塋地一爿，坐宫前下坂，土名墳庵后，與爾占房己地毘連，其地勢上首高擎，下首低窟。乾隆四十七年間，占房向衆面懇，將上首己地統匯爲塋産，下首塋地從中腰截匯占房爲己業，以便開田。衆皆應允，占房送酒資錢七百文。是時咸若、載覃、藎臣三人同議，是祖祭田尚少，祭禮尚薄，欲將此錢生放添産，毋庸分散。但僅錢七百，亦甚難生息，於是三人各捐己資一千，具錢三千七百文，同心協力經放。至乾隆五十年間，用價足錢六十千文，買得十九、二十都西鮑莊田二坵，土名大長埭，計田二畝九分零。又用價足錢二十千文買得同坂田邊田一坵，土名外長埭，計田一畝正。要知此産係咸等各捐己資，玉成其大。長埭田二坵歸與咸、載、藎三人輪管，以爲新正供主之資。其小長埭田一坵歸與塋内十二人，加入清明祭内輪管。至應增品物，注明於後，凡我同人，嗣後各宜照規承辦，無得依舊稀疎。噫，艇湖公適遭氣運之難延，已同蓼六之忽諸然。昔有十四人倡祭於前，今又有三人續增於後，則清明、新正兩祭孔明，亦世世引伸弗替矣。第恐世遠年湮，莫知此産之從來與此祭之由增，故略總其始末以誌之。是爲序。

大清乾隆五十八年歲次癸丑桂月上浣之吉，裔孫增廣生元春謹識。

又艇湖續增祭産序

我族二房艇湖祖，明嘉靖間明經上舍，作令通山。解組後倡建宗祠，設立書院，課子及孫，皆食廩餼，迄今猶仰其芳徽焉。奈不數傳，而派屬墳塋皆荒茂草，此亦氣數使然耳。自本朝康熙己酉年，寧之公、微之公、岐生公、彦生公等糾集族中同志一十餘人，裒資生息，每届清明，瞻塋祭掃。至雍正戊申年，華生公、奕文公、爾錦公等始置塋産，以圖久遠，議立祭規。爾姬公敘文以弁其首，所載祭品、享祀務祈豐潔，無如後則競趨於儉嗇矣。此甚非先人創始之至意也。今又增置田畝，不增加品物，則祭規中所向有者，當以實辦，不得仍習於虚假計利以害義耳。爰將三桌案酒中應用魚肉雞等物酌定斤數，以便照數承辦，毋得仍蹈希疎焉。裔孫邑庠生念祖謹識。

新增清明祭産

王沙坂八十一號，由一田一畝一分七釐。民國廿一年修省道佔去，剩地一爿。

元旦供主會田

王沙坂七十七號，由一田二畝八分八釐八毫。

此田係咸、載、藎三人輪管，今載房契，絶併藎臣。

（王世鍾等纂修《[浙江紹興]剡溪王氏宗譜》 1936年敦倫堂木活字本）

廣東清遠兩岳朱氏嘗業

白牛逕

上岳下岳始遷祖第六世太封君諱子英，乃宋進士，官任大理寺評事朱文焕公之裔孫也。元末避亂，由省城詩家里遷回上岳，建立屋塲居住。價買總土名白牛逕，全庄山塲、樹木、税地、税田，小土名東峜、西峜、大茅田、小茅田。香粉峜、斬田尾、拖沙峜、獅子尾、桐油峜、大小峜、風門、糖片、崩岡、木魚潭、大逕等處，四水歸源。其界址東至徐家山塲爲界，西至劉家山塲爲界，南至坑内一帶朱姓糧田，北至英德縣分界爲界。其山米原貳石四斗，載在朱觀保朱泰户，其田糧載在朱怡堂户。歷來管業無異。至有清雍正九年，逆佃李德沛、陳東祥等，挾先年私批種藍不遂之嫌，妄指我兩岳祖業爲官山，混詞冒承。後我兩岳聞其事，上岳公舉紳士朱朝隆、朱明世、下岳公舉朱大任、朱大經，共四人具呈稟官。蒙府憲查核批示云："查勘白牛逕一概山塲田地，向係兩岳朱姓批商管業，先年李德沛胞兄李作英私批種藍，經朱姓稟明，會同封禁，確係朱姓世守之業。惟山多糧少，應由朱姓添承官米捌石。至李德沛等冒承朱姓税業一照，應追繳塗銷”云云。於是我兩岳紳耆遵批造册，添承白牛逕山米捌石。分撥湼二六甲朱可富户肆石，湼二六甲朱紹科户米肆石。蒙大憲行縣，給山照一張以爲據。

白牛逕山照録列

清遠縣正堂加三級夏崇謙，爲上遵各憲批斷，恭叩廉明全恩，賞照添承祖業有賴事。據朱朝隆、朱明世、朱大任、朱大經等稟稱：蟻等有祖遺税山，土名白牛逕，四水歸源，向載朱觀保朱泰户等山米貳石肆斗。歷年係蟻等批商抵納。禍因雍正九年，突遭李德沛、陳東祥，因先年私批種藍不遂，遂妄指蟻等祖業爲官山，混詞冒承，套照詳陞。幸府批駁查明。蒙廉明蒞任，查勘前山向係朱姓批商。即李德沛之胞兄李作英私批種藍，經朱朝隆等稟明，會同封禁，確係朱姓世守之業無疑等。詳奉府批：着朱朝隆等添之事，歷年不休。厥後蒙鄰鄉公正紳耆出而調處，理勸各私家所管田地及租，一概退賣與兩岳太祖管業，以免混雜。而兩岳子孫亦姑念各家亦曾用過資本，只得由嘗銀並湊集銀，提出補與各家，以昭平允。故各家亦寫回字據。自後永遠不得霸收。如今而後，凡白牛逕一概山場田埊，俱歸兩岳朱怡堂永遠管業焉。玆將各私家立回賣契。備載收後。十契録列。

第一契

立義讓斷賣田契人朱揚繁等，今有祖遺兩岳同管税山，總土名白牛逕，四水歸源。内因揚等名下税田，坐在山内佃耕，日久山田毗連，至生異論。是以房内叔姪商議，願將白牛逕山内土名西冚、高埔、夾冚、埔曹對冚、白猴冚、茅寮、高埔仔等處種子田段，共租穀伍拾叁石九斗五升，秋糧民米貳斗七升三合，載在湼二三甲朱大成户内，又秋糧民米七升五合，載在湼二三甲朱以仁户内，一應義讓，盡賣出兩岳始祖文焕公永爲嘗業。自願即日邀集合族衿耆昆繁、啟祥、麟祚、莪合、燦鵬、安行、本用、超烈等，言明寫立文契收回，時值價銀壹百陸拾兩正，司碼兑交，簽書洗業，一應在内，同日銀契兩相交訖，不欠分釐。此係揚等房内叔姪情願義讓盡賣，並非債折、逼勒、蒸嘗、膳口等情。揚自賣之後，所有白牛逕内揚等名下田段、種子、租糧，俱歸兩岳同管，寸土不留，任由兩岳裔孫批佃收租，割米過户，辦納糧差，永遠管業。日後毋得異言，(恢)〔翻〕悔生端索贖等弊。其上手契照有别業，未便交執。日後亦不得藉端生事。今欲有凴，立寫斷賣田契一紙，交兩岳始祖子孫，永遠收執爲照。

在塲簽字人朱超烈宜愷、本用安行莪合、燦鵬昆繁啟祥、麟祚、士雄，同賣田收銀人朱淮蟾、青、凌觀、漢華、汪桐青，立寫義讓斷賣田契人朱揚繁，命男暉青的筆。

第二契

立義讓斷賣田契人朱啟祥、麟祚、允賢、禧達、贊繁、鍾靈、賜靈，今有祖父遺落經分名下税田，土名大湮肚散石坑、大茅田、小茅田、拖沙冚、香粉桐、油冚石台豬等共種子壹拾四石，租秤穀壹拾九石，又土名小王洞承官米捌石在案。乃李德沛等冒陞不遂，翻顧轅訴屈事，瞞控藩憲，批候府憲查報。經遵提赴審，蒙府憲審斷，一如廉明公判。轉奉藩憲，奉批：李德沛、陳東祥冒承朱姓税業，逞刁翻控，殊屬可惡。如詳應照重律熱審減等發落，冒領印照追繳塗銷。該處山塲，給朱朝隆、朱明世、朱大任、朱大經等照舊管業，仍飭該縣遵照前批，勘定界址，取其山隣土老甘結。加具印結，備造四至科則，以凴彙報陞科可也。隨奉臺票經具土老甘結，四至科則遞繳。奉批候轉申在案。但案奉壹德憲恩，李德沛等銷照發落。即蟻等前繳該山糧部告示，亦經現在具領，案已歸結。惟添承官米捌石，事屬上下兩岳均承。乞將此米捌石，分入湼二六甲朱可富、朱紹科二户。票行總書註册科徵，賞給印照，以便遵照輸收，奕世沾恩等情。並開山場四至册一本，内開總土名白牛逕、小土名東峘、西峘、大茅田、小茅田、香粉峘、斬田尾、掩沙峘、獅子尾、桐油峘、大水峘、風門、塘片、崩岡、木魚潭、大逕等處，四水歸源。東至徐家山場，西至劉家山場，南至坑内朱姓一帶糧田，北至英德縣分界。如到縣，據此當批查案，給陞在案。除另詳行回分户派征外，合給執照。爲此，票給業户，朱朝隆、朱明世、朱大任、朱大經等，即便遵斷，照依添陞官山米捌石，派陞湛二六甲朱可富、朱紹科二户輸納，山場遵界址永遠管業，毋得藉照越界影佔。如有土棍仍敢冒佔陞科，許即稟究，均無有違。須照。右附執照朱朝隆、朱大任等。

雍正十一年八月初九日，户典承。

兩岳始祖白牛逕税田契録

兩岳始祖文煥公，討元殉節。後二世祖繼賢公隱居清遠横石里，置買小洞、溋涌，金斗角、小塘橋，清水塘等處田地，以爲嘗業。元末太封君子英公避亂，遷回於上岳下岳居住。買受白牛逕内，四水歸源。税山税田，歲收額租穀柒百餘石。故自元而明而清。歷來是上岳下岳子孫收租，爲春秋祭祀之用。不料事積久而弊生。至乾嘉時代。上岳各私家亦云有田在逕内，因而爭執。以致兩岳太祖竟與上岳各私家有雀角三份大墶、瓦田寮、大水峘、白蛇峘，共額租穀壹拾九石壹斗五升，種子叁石五斗，秋糧民米貳斗六升，載在湛二鄉六甲朱廣立户内；又民米叁斗，載在湛二鄉六甲朱灼户内。因該田坐在兩岳税山，總土名白牛逕山内，佃耕日久，山田毘連，至生異論。兹浼族老衿耆宜愷、燦鵬、超烈、本用、莪合、昆繁、麟祚等理勸，啟等兄弟情願將上載糧田墩盡讓賣出兩岳始祖朱文煥公，永爲嘗業。言明價銀，二家允肯。即日臨田看踏，集佃認租明白，寫立文契。當中收回田價銀壹百五拾六兩二錢正，司碼兑交，簽書洗業，一應在内。同日銀契兩相交訖，不欠分釐。此係啟等叔姪情願讓賣出衆，並非債折、逼勒、蒸嘗、膳口等情。自賣之後，有啟祥等名下白牛逕内田畝、種子、租糧，俱歸兩岳同管。寸土盡賣，任由批佃收租，隨便割税收米，過户辦納糧差，永遠管業。日后毋得異言翻悔，生端索贖等弊。其上手印照，係别業相連，未便交執。日後不得藉端生事。今欲有浼，立寫斷賣田契一紙，交兩岳子孫永遠收執爲照。

在旁見交銀人朱揚繁烈魁、朱莪合祥超，同賣收銀人朱賜靈麟祚覺超，代書契人松官正，立義讓斷賣田契人朱啟祥指模。

嘉慶十七年二月。

第三契

立義讓斷賣田契人朱上華、悦智、悦南、悦恭、上文叔姪等，今有兩岳同管税山，總土名白牛逕，四水歸源，内因上華等有税田在山内佃耕，日久山田毘連，至生異端。是以房内叔姪商議，情願將白牛逕内土名上下灣大墶、西坑、高埔、仔長田、炭窟、曹對峘、鹿壇、果園埔等處，共租秤穀九拾捌石柒斗，秋糧民米四斗三升，載在湛一四甲李成材户，今盡讓賣出兩岳始祖朱文煥公，永爲嘗業。自願即日邀集合族衿耆朱燦鵬、宜愷、超烈、本用、啟祥、麟祚、莪合、昆繁等，言明價銀，寫立文契，當衆收回。時值田價銀叁百九拾肆兩捌錢，司碼兑交，簽書洗業，一應在内。同日銀契兩相交訖，不欠分釐。此係上華等叔姪情願義讓盡賣，並非債折、逼勒、蒸嘗、膳口等情。上華等自賣之後，所有白牛逕内上華等名下田畝、種子、租糧，俱歸兩岳同管，寸土盡賣，任由兩岳裔孫批耕收租，割米過户，辦納糧差，永遠管業。日後毋得異言翻悔，生端索贖等弊。其上手契照係别業相連，未便交執，視爲故紙。日後不得藉端生事。今欲有凴，立寫永遠斷賣田契壹紙，交兩岳始祖子孫永遠收執爲照。

在場簽證人朱峩合烈魁、朱祥超建宏，同賣收銀人朱悦金章、悦寬，立斷賣田契人朱悦恭的筆。

第四契

立義讓斷賣田契人朱明世、璞寧，今有祖遺兩岳同管税山，土名白牛逕，四水歸源。明世等名下税田坐在山内，因佃耕日久，山田毘連，至生異論。是以房内叔姪商議，自願將山内名下土名楊柳樹田壹大段，種子四石，額租秤穀肆拾壹石，秋糧民米叁斗八升，載在滘一四甲朱殿卿户内，一應義讓盡賣出兩岳始祖文焕公永爲嘗業。即日邀集合族衿耆朱昆繁、朱啟祥、朱麟祚、朱峩合、朱燦鵬、朱本用、朱安行、朱超烈等，言明價銀，寫立文契，收回田價銀壹百陸拾壹兩正，花銀司碼兑交簽書洗業，俱在價内，同日銀契兩相交訖，不欠分釐。此係明世等房内叔姪情願義讓盡賣，並非債折、逼勒、蒸嘗、膳口等情，世等自賣之後，所有白牛逕内明世等名下田畝、種子、租糧，俱歸兩岳同管，寸土不留，任由兩岳裔孫批佃收租、割米過户、辦納糧差，永遠管業。日后毋得異言翻悔，生端索贖等弊。其上手契照係别業相連，未便交執，視爲故紙，日後不得藉端生事。今欲有凴，立寫永遠斷賣田契一紙，交兩岳始祖子孫，永遠收執爲照。

在場簽正人朱士雄揚繁、燦鵬、本用宜愷、朱祥超超烈，同賣收銀人朱元岳烈魁滄岳。

嘉慶十九年四月十六日，立寫斷賣田契人朱祖林的筆。

第五契

立義讓斷賣田契人朱淳堂，有與厚園圍叔姪同管輪年值管名下税田，土名白蛇冚企山脚崩岡口大墶等處，共種子五石二斗，名下每歲折實額租秤穀貳拾石，秋糧民米貳斗，載在滘二、三甲朱陳教户内，因該田在兩岳税山，總土名白牛逕，内佃耕日久，山田毘連，至生異論。兹凴族内衿耆宜愷、燦鵬、超烈、本用、峩合、昆繁、麟祚等理勸，淳堂子孫情願將上載租糧田塅，讓出與兩岳始祖朱文焕公，永爲嘗業。言明價銀捌拾兩正，司碼平兑，二家允肯，即日臨田看踏，集佃認租明白，寫立文契，當衆契銀交訖，不欠分釐。此係淳堂子孫情願讓賣出衆，並非債折逼勒蒸嘗膳口等情。自賣之後，所有淳堂與厚園圍輪年同管該份之白牛逕内田畝，種子、租糧，俱歸兩岳同管。任由批佃收租，隨便割税過户，辦納糧差，永遠管業。日後毋得異言反悔，生端索贖等弊。其上手印照，係别業相連，未便交執。日後不得藉端生事，至淳堂子孫止係將此與厚園圍叔姪同管名下之該田，讓賣出衆，其經分自己名下該處山口左右田塅，不入讓内，合併聲明。將來族衆毋得藉契混爭。今欲有凴，立此斷賣田契一紙，交兩岳子孫，永遠收執爲照。

同賣接銀人朱昺君、朱博文。立義讓斷賣田契人朱淳堂，命男博厚的筆。

嘉慶十九年四月二十五日。

第六契

立義讓斷賣田契人朱樂廷，今有祖遺兩岳同管税山，總土名白牛逕，四水歸源，内因樂廷有税田坐在山内，佃耕日久，山田毘連，至生異論。是以夫妻商議，願將白牛逕内土名燈心冚。生牙冚、香粉等處種子田段，共租秤穀七十八石二斗二升，秋糧民米貳斗四升八合七勺，載在滘二三甲朱元興户内，今盡讓賣出兩岳始祖朱文焕公永爲嘗業。自願即日邀集合族衿耆燦鵬、宜愷、超烈、本用、啟祥、麟祚、昆繁、峩合等言明價銀，寫立文契，當衆收回，時值價銀叁百壹拾二兩八錢，司碼兑交，簽書洗業，一應在内。同日銀契兩相交訖，不欠分釐。此係樂廷情願義讓盡賣，並非債折逼勒蒸嘗膳口等情。樂廷自賣之後，所有白牛逕内樂廷名下田畝、種子、租糧，俱歸兩岳同管,寸土盡賣,任由兩岳裔孫批佃收租,割米過户,辦納糧差,永遠管業。日後毋得異言,反悔生端索贖等弊。其上手契照,係别業相連,未便交執,視爲故紙,日後不得藉端生事。今欲有凴,立寫斷賣田契一紙,交兩岳始祖子孫,永遠收執爲照。

在塲簽證人朱燦鵬、朱宜愷、朱超烈,立寫斷賣田契人朱樂廷的筆。

嘉慶十九年四月十六日

第七契

立義讓斷賣田契人朱才良、朱成鋁,今有祖遺經分名下税田,土名瓦田寮、剃刀灣、楓木塱、小黄洞、坡頭肚、大汪茅田口、牛角峾等處,共種子貳拾六石五斗捌升,歲收額租穀九十石零六斗九升,秋糧民米捌斗二升,内湛一、四甲朱順成户載民米五斗四升,湛一、四甲朱積成户載民米貳斗八升,因該田坐在兩岳税山,總土名白牛逕,佃耕日久,山田毘連,至生異論。兹凴合族衿耆宜愷、燦鵬、超烈、本用、峩合、昆繁、麟祚等理勸,情願將上載租糧田塅,讓出兩岳始祖文煥公永爲嘗業。言明價銀,二家允肯,即日臨田看踏,集佃認租明白。寫立文契,當衆收回田價銀叁百五十五兩五錢六分,司碼兑交,簽書洗業,一應在内。同日銀契兩相交訖,不欠分釐。此係才良與成鋁情願義讓出衆,並非債折逼勒蒸嘗膳口等情。自讓之後,上載田段,任由兩岳批佃收租管業,隨便割税,過户辦納糧。日後毋得異言反悔,生端索贖等弊。其上手印契别業相連,未便交執,至若山口才良名下税田,土名牛猩廟,前後約種子七石,餘又横壆仔下税田約種子貳石,餘及鋁名下税田,大蛇峾、小黄洞,約種子貳石餘,現佃曾開全、唐連明耕未賣,尚在山之内,仍舊照佃收租管業,合並書明,以免後論。今欲有凴,立寫斷賣田契一紙,交與兩岳房子孫,收執爲照。

在傍見交銀契人朱庠超、烈魁、朱揚繁、士雄、朱元岳、峩合、朱贊繁,同賣接銀人朱才良正,立義讓斷賣契人朱成鋁的筆。

嘉慶十九年五月初四日。

第八契

立義讓斷賣契人朱志達、德良、庠超、作超、潤超、德宣等,有祖遺兩岳同管税業,土名白牛逕,四水歸源,内因志等祖名下税田,坐在山内,佃耕日久,山田毘連,至生異論。是以房内叔姪商議,願將山内名下小土名天塘窩、牛屎,逕馬茶山、高橋罕、銀坑、鹿菴塘等處,共種子田坵共租秤穀九石一斗,秋糧民米五升,載在湛一二甲朱昊恩户内,今一應義讓,盡賣出兩岳始祖文煥公,永爲嘗業。自願即日邀集合族衿耆昆繁、啟祥、麟祚、峩合、懿階、悦智、燦鵬、安行、本用、超烈等,言明寫立文契,收回田價銀叁拾六兩四錢,司碼兑交,簽書洗業,一應在内,當衆銀契兩相交訖,不欠分釐。此係志等房内叔姪情願義讓盡賣,並非債折逼勒蒸嘗膳口等弊。志等自賣之後,所有白牛逕内志等名下田畝、種子、租糧,俱歸兩岳同管,寸土不留。任由兩岳裔孫批佃收租,隨便印契割米過户,辦納糧差,永遠管業。日後毋得反悔,生端索贖等弊。至上手印契,係别業相連,未便交執,視爲故紙。日後不得藉端生事。今欲有凴,立寫斷賣田契一紙,交兩岳始祖,永遠收執爲照。在塲紳耆朱燦鵬、本用宜愷、麟祚、燦和昆繁、超烈、士雄安行、朱啟祥峩合,同賣收銀人朱景超、文開、(玉)〔王〕顯正,立斷賣田契人朱志達等的筆,代筆人兆徵正。

嘉慶拾九年四月十六日。

第九契

立義讓斷賣田契人朱慕君等兄弟,今有祖遺兩岳同管税山,總土名白牛逕,四水歸源,因慕等有税田坐在山内佃耕，日久山田毘連，至生異論。是以兄弟商議，願將白牛逕内，土名瓦田寮、大水冚、剃刀灣、木魚潭、墨盤、大墶等處種子田墢，共租秤穀八十九石六斗六升，秋糧民米六斗五升五合，載在滘二叁甲朱定昌户内，又民米貳斗，載在滘三叁甲朱象新户内，今盡讓賣出兩岳始祖朱文煥公，永爲嘗業。自願即日邀集合族衿耆燦鵬、宜愷、超烈、本用、啟祥、峩合、昆繁等，言明價銀，寫立文契，當衆收回時值田價銀叁百五十八兩六錢，司碼兑交，簽書洗業，一應在内。同日銀契兩相交訖，不欠分釐。此係慕等兄弟情願義讓盡賣，并非債折逼勒蒸嘗膳口等情。慕等自賣之後，所有白牛逕内慕等名下田畝、種子、租糧，俱歸兩岳同管，寸土盡賣，任由兩岳裔孫批佃收租，割米過户，辦納糧差，永遠管業。日後毋得異言反悔，生端索贖等弊。其上手契照係别業相連，視爲故紙。日後不得藉端生事。今欲有凴，立寫斷賣田契一紙，交兩岳始祖子孫，永遠收執爲照。

在塲簽證人朱烈魁、朱峩合、朱祥超，同賣收銀人朱愛彦君、立寫斷賣田契人朱慕君的筆。

嘉慶二十年四月十六日。

第拾契

立義讓斷賣田契人朱士雄、士昌、士葵、吉松、廷漢等，今有祖遺兩岳同管税山，土名白牛逕，四水歸源，内因士等有名下税田，坐在山内，佃耕日久，山田毘連，至生異論，是以兄弟叔姪商議，願將山内名下税田土名牛夾、下銀嘴、鹿壇楓、木塱西坑、横塘仔、大墶、桐油冚、岡埔蛇、臯大水冚、松仔下木魚潭等處，共租穀壹百捌拾壹石正，載在滘二三甲朱應昌户，秋糧民米壹石四斗，又滘二三甲朱陳教户，民米五斗四升，一應盡讓，賣出兩岳始祖文煥公永爲嘗業。自願即日邀集合族衿耆安行、本用、超烈、昆繁、麟祚、啟祥、峩合等，言明寫立文契，收回時值價銀四百六拾五兩正，司碼兑交，簽書洗業，一應在内，同日銀契兩相交訖，不欠分釐。此係士等兄弟情願義讓盡賣，並非債折逼勒蒸嘗膳口等情。自賣之後，所有士等山内名下田畝、種子、租糧，俱歸兩岳同管，寸土不留，亦任由兩岳始祖批佃收租，割米過户，永遠管業。日後毋得異言反悔，生端索贖等弊。其上手契照未便交執，視爲故紙，日後不得藉端生事。今欲有凴，立寫斷賣契壹紙，交與兩岳始祖永遠收執爲照。

在塲簽證人朱本用宜愷、燦鵬、啟祥燦和、昆繁、安行峩合、麟祚、楊繁超烈，同賣收銀人朱士葵。立義讓斷賣田契人朱士雄的筆。

嘉慶二十季四月十六日。

已上十契，白牛逕租共實額穀柒百零九石四斗柒升，兩岳朱怡堂共用價銀貳仟肆百捌拾兩零叁錢六分正。滘一六甲朱怡堂户收入。十契民米伍石捌斗叁升壹合七勺。

兩岳始祖嘗竈雍正十壹年朱長祚筆記

税田租，坐在土名小洞，原額租穀肆百捌拾石，定乾租銀叁拾六兩，用沛國戥收。該税叁頃叁拾九畝叁分，糧米伍石七斗玖升六合八勺六抄四撮。因順治三年丙戌，佃僕背主，兩鄉親屬浼武岡李芳叔請兵，即將此嘗田寫立契券，作爲謝金。踞此租者三十三年。幾墜先祀，不(已)〔亦〕剜肉醫瘡乎。復將白牛逕税山招客開柴，時康熙十八年歲次己未，至二十三年甲子，湊成山租銀壹百兩。幸得嘗田贖回。迨至三十九年庚辰，轉批定乾租銀四十二兩。公議兩鄉分收，上岳鄉收銀壹拾陸兩，下岳鄉收銀壹拾陸兩，爲各房先祖之用。尚剩租銀壹拾兩，以爲兩岳輪拜始祖辦祭品之貲。如甲年輪至上岳房拜掃，清明前二日，具柬請下岳紳耆十五人到墓陪祭。祭後敘福。如乙年輪至下岳拜掃始祖，例亦如上。小洞佃人，預日在始祖墳邊搭棚廠，備桌俟候焉。

金斗角原税七十八畝三分,該額租穀壹百貳拾石,折銀壹拾貳兩,加一碼兑。

小塘橋、清水塘,均兩岳輪收。

(朱雲章輯纂《[廣東清遠]兩岳朱氏族譜》 1925 年石印本)

福建晉江顔氏蒸嘗

報本追遠,莫綦於祭。粤稽往昔,率從簡約,雖古人之尚質乎,亦蒸嘗之未備耳。迨及左相都諫出,而營建創置,而祠墓二祭彬彬矣。滄桑遷界,子姓聚散不一。肇煙堂之祭,見于思安公之記者,如彼其儉也,矧墓祭乎。雖經擴清,欠負累累。至永齋諸公重建思敬堂,倡爲捐金進主之例,而蒸嘗畧備,敬能脩左相都諫之舊制也。厥後子姓樂義,雖器皿暫有捐充,而蒸嘗復日削矣。耑司非不有總簿也,撓其權者且居奇也,故總簿亦視年豐歉爲盈縮。賴淇瞻叔孝思不匱,踵事增華,廟宇聿新,祭器不假。几緣一事,價且廿千,爐缾蠟檠,值逾四十,其他可知矣。客歲捐金貳百,倡脩譜牒,宗人附名樂題。淇瞻叔遂並吴節母銖積百金,遵遺命,助蘋蘩,於是公計閩粤捐項,除譜費外,存銀貳百餘兩,盡置實業。祠墓祭加豐,而直年仰給,總簿皆綽有餘資矣。夫蒸嘗豐約因乎時,而祀業增損由總簿,苟勾當得人,矢公慎,勿狥隱,動必聞衆榜,淑除以公稽,舉餘貲而加置,則總簿者祖宗克家之子也。若嗜利濫充,或委靡隨人,前車不實,蒸嘗其何賴焉。敬將現業詳列于左:十五世孫倬識。

蒸嘗總賬

隆慶六年二月,用銀壹兩,買得晉江九都山頭堡張孚賢地壹坵,受種壹斗,坐陽紫山,配産米壹升,契共肆紙。

萬曆三十三年　月,用銀玖兩柒錢,買得葉斗南繳賣張孚明等荒山壹所,坐九都陽紫山,契共叁紙。

崇禎二年四月,用銀壹兩伍錢,買得朱工台地壹段伍坵,坐九都陽紫山,載産米壹升,契共叁紙。

崇禎七年閏八月,用銀叁兩伍錢,買得張振平地壹坵,受種壹斗伍升,坐九都陽紫山,土名大石兜,載産米貳升叁合,契並佃批共叁紙。

崇禎十年三月,用銀　兩伍錢,買得張振震册地壹坵,受種柒升伍合,坐九都陽紫山,土名大埔墘,載産米壹升叁合,契共叁紙。

康熙五十四年十月、五十五年五月,共用銀伍兩,買得張鳳千、學聖等地伍坵,共受種叁斗伍升,坐陽紫山,契叁紙。

康熙五十四年十一月、五十六年三月,雍正元年十一月,共用銀捌兩捌錢,買得張學聖地玖坵,共受種叁斗叁升伍合,坐陽紫山,契共肆紙。

康熙五十四年十一月、五十六年七月,共用銀柒兩壹錢,買得張鳳志、鳳千等地伍坵,共受種貳斗柒升,坐陽紫山,契共肆紙。

康熙五十四年十一月、五十五年四月，共用銀捌兩陸錢，買得張鳳廷地捌坵，共受種叁斗貳升陸合，另山埔壹所，坐陽紫山，契共叁紙。

康熙五十四年十一月，用銀捌兩，買得張金星地叁坵，受種貳斗壹升伍合，坐陽紫山，契貳紙。

康熙五十七年二月，用銀叁兩柒錢，買得顔伏英地壹坵，受種壹斗叁升，坐陽紫山，契貳紙。

康熙五十七年十二月，用銀陸兩，買得張鳳廷地肆坵，受種貳斗伍升，坐陽紫山，契壹紙。

康熙五十七年十二月，用銀伍兩貳錢，買得張學海地叁坵，受種叁斗，坐陽紫山，契叁紙。

康熙五十八年正月十一月、六十年九月六十一年，共用銀玖兩肆錢伍分，買得張鳳志地柒坵，受種肆斗陸升，坐陽紫山，契伍紙。

康熙五十八年正月，用銀貳兩，買得顔與魁、與發地叁坵，受種叁斗，坐陽紫山，契叁紙。

康熙五十八年二月，用銀玖兩捌錢，買得張金星地伍坵，受種叁斗貳升，坐陽紫山，契貳紙。

康熙六十年二月、雍正二年七月，用銀貳兩，買得陳福娘地肆坵，受種貳斗，坐陽紫山，契貳紙。

康熙六十一年八月，用銀貳兩叁錢，買得顔興義地壹坵，受種壹斗，坐陽紫山，契貳紙。

康熙六十一年八月，用銀捌錢肆分，買得十都壁谷黄世忠地壹坵，受種柒升，坐陽紫山，契壹紙。

康熙六十一年八月、十二月，用銀肆兩肆錢叁分，買得張都嫂地叁坵，受種貳斗陸升，坐陽紫山，契陸紙。

康熙六十一年十二月，用銀壹兩叁錢，買得張世傳地壹坵，受種壹斗，坐陽紫山，契壹紙。

雍正三年正月、八年二月，用銀拾兩零柒錢，買得張世傳地柒坵，受種伍斗捌升，坐陽紫山，契貳紙。

雍正八年三月，用銀壹兩伍錢，買得許勉老地壹坵，受種伍升，坐陽紫山，契貳紙。

雍正八年八月，用銀壹兩伍錢，買得顔郎英地壹坵，受種□□□，坐陽紫山，契壹紙。

乾隆五年八月，用銀伍兩，買得山頭張文老地貳坵，受種壹斗伍升，坐陽紫山後，契叁紙。

以上産悉依丈量册收入。

南安

康熙四十七年正月，用銀壹百零陸兩，買得霞亭十十二世孫克瑄克珍田，計貳拾玖石壹斗，每石每年載租壹百陸拾觔，坐落南安三十七都攀鱗里田鄉，土名行上、深内、厝後等處不等坵數，載産米捌斗柒升叁合。計開：

一、田壹坵，坐行上，租壹石肆斗。

一、田壹坵，坐深内，即門口，租柒斗伍升。

一、田壹坵，坐後溪，租壹石。

一、田壹坵，坐大岸下，租伍斗。

一、田壹坵，坐行上，租伍斗。

一、田貳坵，坐深内，租柒斗伍升。

一、田壹坵，坐行上，租壹石叁斗伍升。

一、田貳坵，坐行上，租貳石肆斗。

一、田壹坵，坐行上，租貳石肆斗。

一、田壹坵，坐壩内，租壹石伍斗。

一、田壹坵，坐前行，租肆斗。

一、田壹坵,坐前行,租壹石陸斗伍升。以上原佃施恩。

一、田壹坵,坐前行,租柒斗。

一、田壹坵,坐田中厝後,租壹石伍斗。

一、田壹坵,坐油園,租叁斗。

一、田壹坵,坐油園,租壹石陸斗。

一、田壹坵,坐厝後,租貳石肆斗。以上原佃陳賀。

一、田壹坵,坐田中厝後,租柒斗。原佃陳妙。

一、田壹坵,坐深内,租壹石壹斗。原佃。

一、田貳坵,坐行上,租壹石捌斗。原佃柯泰。

一、田壹坵,坐行上,租柒斗。

一、田壹坵,坐田中厝口,租柒斗。

一、田壹坵,坐油園,租肆斗。以上原佃曾元。

一、田壹坵,坐深内,租叁斗。原佃柯添。

一、田壹坵,坐行尾,租壹石貳斗。原佃蔡大。

一、田壹坵,坐深内,租壹石壹斗。原佃蔡大。

康熙四十七年正月,用銀貳拾兩零伍錢伍分,買得十四世孫洪隆田拾貳坵,計肆石伍斗伍大,每石年載租壹百陸拾觔,坐落南安三十七都九溪鄉董塘等處,載産米壹斗伍升捌合。計開:

一、田叁坵,坐門口洋土口一斗仔坵二斗坵,租貳石壹斗。

一、田肆段,大小玖坵,坐土名潭仔坵、深田、員坵、一寮仔並下坵、大菁園、深田仔、三尖仔、坵仔頭,共載租貳石肆斗伍升。現耕洪球。

康熙四十七年二月,用銀壹拾貳兩捌錢伍分,買得北鎖十四世孫　即冏曦田貳坵,載□□□□,坐落南安三十七都九溪、董塘鄉。又本里地,另載配晉南産米契一紙。計開:

一、田壹坵,坐土名三斗後塘,租壹石。佃洪球。

一、田壹坵,坐土名三斗後塘,租叁斗。佃謝戀。

一、□江,用銀陸拾壹兩肆錢,買得十三世孫鍾瑛繳買田地伍□,□□斗玖升,坐落晉江四都官橋、田邊、吕厝鄉等處,共配米銀壹錢柒分,鄉□□□,契共捌紙。計開:

一、田壹坵,受種貳斗捌升,坐吕厝鄉,土名陳水洋。原佃蔡典,現耕蔡森。

一、　壹坵,受種貳斗伍升,坐田邊鄉土名糖廍。原佃李昭,現耕李光煇、李保生。

一、地壹坵,受種壹斗,坐後宫林。原佃鍾居,現耕李才、李𢋈。

一、地貳坵,受種貳斗,坐田邊鄉,土名新晉口。原佃家賡老,現耕林印、林才。

康熙十年九月,用銀肆拾兩,買得十二世孫啓致田共伍□,□叁石伍斗叁升,載租叁　柒百貳拾觔,坐落晉江五都宫前、午安後溪鄉等處,配産米□□叁升,契壹紙。計開:

一、田壹段伍坵,受種叁斗貳升,坐佃林。

一、田壹段叁坵,受種壹斗叁升,坐石頭坵。佃陳標。

一、田壹段貳坵,受種貳斗貳升,坐山仔下。佃陳良。

一、田壹段壹坵,受種叁斗,坐嶺頭埔。

一、田壹段叁坵,受種壹斗伍升,坐後坂。

一、田壹段貳坵,受種壹斗伍升,坐山柄。

一、田壹段壹坵,受種伍升,坐後坂。以上四段佃俱陳嫣。

一、田壹段壹坵，受種壹斗，坐後坂。佃陳。

一、田壹段壹坵，受種貳斗，坐寮口。佃林壬。

一、田壹段壹坵，受種壹斗，坐後坂。佃陳三。

一、田壹段壹坵，受種壹斗，坐後坂。佃即。

一、田壹段貳坵，受種壹斗柒升，坐壇仔口。佃陳。

一、田壹段壹坵，受種捌升，坐溝後。佃偶仔。

一、田壹段壹坵，受種捌升，坐苦飯内。佃偶仔。

一、田壹段壹坵，受種壹斗，坐大井。佃坑尾个。

一、田壹段貳坵，受種壹斗，坐大井。佃謝良。

一、田壹段壹坵，受種壹斗伍升，坐石路下。佃林端。

一、田壹段壹坵，受種捌斗，坐□坑。佃林。

一、田壹段壹坵，受種壹斗，坐姑壩。佃長。

一、田壹段壹坵，受種壹斗，坐田水邊。佃謝文。

一、田壹段壹坵，受種壹斗，坐大石内。佃陳。

一、田壹段壹坵，受種壹斗伍升，坐地後。佃林子午。

一、田壹段壹坵，受種壹斗伍升，坐溝後。佃陳僯。

一、田壹段拾叁坵，受種貳斗，坐桔樹内。佃王粲。

一、田壹段肆坵，受種壹斗伍升，坐後坑。佃張良。

本里

一、地壹坵，受種柒升，坐御史溝，見耕遠老男江英，契買俟查。

一、祖丈田壹坵，受種捌升，坐大宗前坑。現耕上房良使。

一、祖丈田　坵，受種壹斗，坐大宗前坑。現耕上房立老。

一、祖丈地叁坵，今作壹坵，受種叁斗，坐牆圍内。現耕西悌。

康熙十二年，用銀壹兩貳錢，買得十三世孫鍾瑞地壹坵，受種貳斗，坐御史溝，契貳紙。

康熙十二年九月，用銀壹兩貳錢，買得十三世孫正暉繳正契賣地壹段貳坵，受種貳斗，坐御史溝，契壹紙。見耕東上房遠老男江英。

康熙二十年十月，用銀陸兩，買得十三世孫鍾蘭地壹坵，受種壹斗叁升，坐尚賢店後大路邊，契叁紙。現耕西課老。

康熙四十一年十月，用銀拾陸兩，買得十二世孫元凱、元彬田肆坵，共受種肆斗，坐烏鴨頭並大宗前，契壹紙。計開：

一、田貳坵，受種貳斗陸升，坐烏鴨頭。現耕孫才。

一、田壹坵，受種壹斗，坐烏鴨頭。現耕孫旺。

一、田壹坵，受種肆升，坐大宗前。現耕。

康熙四十七年，又買得十四世孫冲即冏曦地肆坵，坐落本里牆圍内，契載同賣□合壹紙。計開：

一、地叁坵，今作伍坵，受種貳斗伍升，坐牆圍内。現耕西良使。

一、地壹坵，受種　　，坐鐘坑頭。此坵思敬因求風水成局，撥鴻磐坊前地對换，現耕北鎮麟老。

康熙四十八年十月，用銀伍兩貳錢伍分，買得本都庵前鄉尤裁亨田壹坵，受種壹斗伍升，坐落庵前土名東坑後沙園，佃尤禹。契叁紙。

雍正五年正月，用銀拾兩，買得十三世孫鍾樞田貳坵，受種壹斗捌升，坐落本里福埔坑，契並欠字貳紙。現耕上房習老。

雍正八年七月，用銀壹佰肆拾兩，買得施六相公田地壹圍不等坵，另魚池貳口、樓壹座並地基，坐落安海柯厝坊前。現耕鄭岳興。

崇禎元年七月，用銀肆拾兩，買得君咸小屋壹座，大小壹拾玖間，晒宅仔壹所，坐落大宗西畔榕樹下。屋因兵燹毁倒，僅存挫基，今作菜園收税，契貳紙。計開：

一、上房良使耕貳升。

一、上房麟老耕捌升。

一、上房尊老耕壹斗。

一、上房發老耕伍升。

一、香公耕。

順治九年正月，用銀貳兩捌錢，買得君陳小屋壹座，坐大宗右畔倉庭。此業因遷界，屋蓋焚燬，今存此基，契壹紙。

康熙貳拾年十月，用銀伍拾伍兩，買得西房十三世孫鍾蘭地基壹所，又書房壹座，叁間地基，坐在大宗東畔，契壹紙。上房爲老税壹間。

雍正七年八月，用銀伍兩，買得十四世孫迪麟書房壹座貳間，門窗户扇全，坐大宗東畔，契壹紙。

雍正九年八月，用銀捌兩，買得霞亭房十三世孫鼎佺店地基壹連捌間，每貳落，坐尚賢相公宫東畔大路墘，契壹紙。計開：

一、王良興税壹座。

一、林忠興税壹座。

一、蔡順興税壹座。

一、霞亭佑舍税壹座。

一、陳月興税壹座。

一、鄭妙興税叁座。前曠後蓋。

雍正九年十二月，用銀壹兩，買得霞亭房十四世孫式昭店地基壹連貳間，並曠地壹所，坐尚賢訓庭大路墘西畔，契壹紙。

祖店地基拾貳間，坐尚賢相公宫前西畔。計開：

一、陳二興税前壹間。後曠。

一、西良使税前壹座。

一、西良使鳳使税前叁間。

一、西和老税後壹間。

一、西倫老税後壹間。後曠上三間。

一、西旋老税前壹座。

一、又西旋老税前壹間。

一、東上助老税後壹間。

一、西良使税前壹間。

一、西琛老税後壹間。

一、曾佛興税前壹間。

一、西繩老税後壹間。

一、西會老税壹座，又税前壹間。後曠。

一、西鋭老税前壹間。後曠。

乾隆五年，用銀叁大員，買得東上房十三世孫鐘助、鐘聘地基壹所，坐大宗祠東畔，契壹紙。

乾隆五年、六年，自己起蓋店屋拾座，坐西門内靖西宫前後，每座貳落。地基原買柯厝坊前田地園内。計開：

一、謝晚興税前半座。内典半座，坐宫前。

一、洪賽興税壹座。坐宫前。

一、許乞興税壹座。坐宫前。

一、店壹座。坐宫前。

一、店壹座。

一、店貳座。

一、洪賽興税前半座、後半座。

一、陳祖興税前半座，林禮官税後半座。

一、連增老税壹座。

以上六座俱坐宫後。

乾隆八年十月，用銀伍拾兩，典得十三世孫鍾鎰店佃壹間，坐安海舊街九節坊下西畔第肆間，契壹紙。西房台老現税。

乾隆八年十二月，用銀叁拾兩，買得施店屋壹間，門窗户扇全，坐安海舊街吴厝巷上西畔第十四間，契壹紙。現税客店蔡球老。

乾隆八年十二月銀壹百玖拾陸兩，買得施□□店屋五間，門窗户扇全，坐安海舊街，契壹紙。計開：

一、店壹間，坐聖殿巷口上東畔第貳間。現税店客王成老。

一、店壹間，坐進士坊下東畔第叁間。現税店客柯報老。

一、店壹間，坐進士坊下東畔第肆間。現税店客林榜老。

一、店壹間，坐進士坊下東畔第伍間。現税店客許猛老。

一、店壹間，坐進士坊下東畔第陸間。現税店客陳聰老。

康熙十年正月，用銀叁拾陸兩，買得十二世孫啟光、啟藻、啟維、啟潤、啟敬等繳賣林胤京等店屋壹座，直透二落，坐泉城晋江縣前照牆後，原税店客黄參觀契壹紙、認批壹紙。

祖丈田坐晋江七都横坑鄉，土名土地口、井仔、横坑頭、沙墩等處，共受種乙石零五升。計開：

一、田一坵，坐土地口，受種壹斗。佃陸景。

一、田一坵，坐井仔，受種壹斗伍升。佃陸禮。

一、田一坵，坐井仔，受種壹斗。佃陸福。

一、田一坵，坐横坑頭，受種壹斗伍升。

一、田二坵，坐横坑頭，受種貳斗。另灌注一口。佃陸秀、陸潛、陸保、陸萬。

一、田一坵，坐沙墩，受種貳斗貳升。佃李南、蔡進。

一、田一坵，坐沙墩，受種壹斗叁升。佃李愿。

（清顔亮洲等纂修《［福建晋江］顔氏族譜》 乾隆五年抄本）

江蘇無錫尤氏文簡公祭帑祭田

惠山文簡公祠官祭帑銀帖

無錫縣正堂魏爲遵防護事。本年十一月十九日蒙前陞府胡、蒙布政司彭，奉署督部堂莊批：本司呈詳，無錫縣前任李令均編祭銀案内，漏造尤文簡公等祠祭銀，先經詳奉院憲批飭，隨經飭行查詳，前由據府詳覆，各祠名蹟昭著，難以删除，應請仍照原詳，在於學租項下動給，按期備辦，以光祀典等緣由。奉批，據詳已悉，仍候撫部院批示繳，等因。又奉蘇撫部院莊批開：據詳已悉，仍候督部院批示繳册存等因，各到司。奉此，合行鈔詳轉飭，仰府即便轉行遵照毋違等因，到府，行縣奉此合行飭知。爲此帖給該祠裔知悉，遵照憲行，在於學租項下，每祭按期動給銀壹兩玖分肆釐陸毫柒絲叁忽，春秋二祭共給銀貳兩壹錢捌分玖釐叁毫肆絲陸忽。該祠裔届期赴學領銀備辦，聽候本縣親詣致祭，以昭誠敬，毋違。須至帖者。

乾隆二十年十二月　日帖。

按：先是乾隆十一年有均祭議，知縣李公衹以吴泰伯、張睢陽等十六祠詳覆定額。邑紳士復以所漏三十八祠呈請，藩憲檄縣行查，知縣王公乃請於均給十六祠編銀内通融致祭，各祠事得允行，我先文簡公祠亦居其一，詳見《錫金邑志》卷十二《祠祀》門。當時曾作文，勒石於華孝子祠内，此碑今尚完存。至乾隆十六年，知縣魏公復給帖遵守焉。其帖向藏承賢橋沙巷口支，嘉慶初歸我曾祖太占公收存，道光八年交與大婁巷支啓堂公楹接管，道光二十七年又交與城南支漢階公焞接管，粤寇之亂燬於賊。兹依惠山記續編所載，補録原文如左。光緒庚寅，流芳聲巷支二十九世文濬識。

文簡公祠祭田小引

吾族惠山公祠春秋祭享，向屬城南支主持。其事爰少經費，無力辦理，且墻垣日就傾頹也。嘉慶丙辰，堃父太占公與城南支堯章集議，倡捐修葺祠宇，焕然告成。後自置祭田，並勸各支捐置田畝，於是自行管理，俾歲時得以享祀，不忒修葺維勤，祠内應需之物畧爲備具。父卒，堃承其事，勿怠勿忘。至道光八年間，交大婁巷鶩湖支啓堂弟接管，時合族纂修宗譜，陡門支又捐置田畝，一併承接支值。是時也，祭田裕矣，祭具備矣。後之人問，誰爲倡之者，欲其不忘堃先人肇造之意、族衆集腋之功，咸知爲大公至正之道也。謹將田畝字號細數刻之譜中，一以資稽考，一以防差謬云爾。道光歲次辛卯孟春，二十七世孫堃謹識。

嘉慶四年重修文簡公祠及置祭田碑記

始祖文簡公祠建於惠山泉亭右阯，自宋迄今，歷朝崇祀，歲久傾圮。乾隆五十三年，城中支裔孫耿光暨佩蓮適丁憂在籍，遂與維熊及六堡支肇型，徧告各支，捐貲修葺。工未竣，而耿光服闋蒞任，肇型、佩蓮復相繼没。數年間，風雨飄零，將就傾。裔孫耿光、維熊及城南支楠焕等，詣祠計估工料，出貲倡始，復捐合族，以次竣工。顧念春秋享祀、歲時修理，諸費浩如，恩帑之外，並無抵辦，因勸各支捐置祭田二十畝，歸維熊掌管，庶幾祀事無闕。謹將各支捐田細號，勒石開明於左。

公置男字叁百伍拾號，平田壹畝玖分貳釐叁毫，租貳石肆斗。

城中支文瀛，城南支香山、堯章合置方字壹千壹百伍拾貳號平田貳畝正，又方字壹千壹百叁拾伍號平田叁分肆釐玖毫，共租叁石正。文瀛壹石，香山壹石，堯章壹石。

小章家橋支置方字壹百叁拾肆號平田貳畝肆分壹釐肆毫，租叁石。

圖裡支承啓置天字柒百柒拾號平田捌分叁釐叁毫，又天字壹千肆百貳拾柒號埨壹分捌釐，租壹石。

流芳聲巷遷便民橋支緝齋公諱耿光，置女字肆百柒拾貳號平田壹畝貳分伍釐，租壹石正。

流芳聲巷支太占公諱維熊，置廉字貳百伍拾柒號平田貳畝陸分柒釐壹毫，租貳石正。

西漳支置聖字柒百零柒毫平田壹畝壹分柒釐肆毫，又聖字陸百玖拾捌號平田肆分捌釐，租壹石柒斗；又置方字壹千壹百肆拾捌號平田貳畝貳分壹釐陸毫，租貳石肆斗。

六堡支置騰字　號貳畝貳分。

流芳聲巷支亦亭公諱筠，置田壹畝肆分。舊譜云：因佃頑無租，於嘉慶十三年賣得價十二千文，祠内公用。

嘉慶四年八月穀旦謹立。此碑今嵌惠山公祠頭門之右。

按吾族素無公款，嘉慶初，流芳聲巷支太占公經理祠事，首與緝齋公自捐租叁石，爲通族倡，遂得集成祭田拾玖畝有零。祠之有田，實自此始。除騰字田有名無實外，共計田拾柒畝陸分玖釐。

道光十年續捐祭田記

我尤氏自文簡公建祠以來，族中所捐祭田入不敷出，迄今僅餘若干畝。兹當輯譜之後，又加捐田若干畝。凡主持其事者，必須公舉其人承接支值一切費用備載於簿，稍有餘貲，則酌爲取息，積有成數，則妥爲置産，爲子孫者不得乘便營私。特立各支細號租額於右。

陡門支岐玉，置號字玖百玖拾柒號，叁分玖釐壹毫，租肆斗伍升；又置號字壹千捌百叁拾壹號，壹畝叁分肆釐壹毫，租壹石叁斗；又置雨字叁百柒號，壹畝肆分捌釐柒毫，租壹石貳斗伍升。

陡門支岐鳴，置珠字肆百念壹號，平田捌分柒釐陸毫，租壹石；又置珠字壹千肆百玖拾號，平田壹畝柒分肆釐叁毫，租壹石柒斗捌升；又置珠字壹千伍百零壹號平田肆分肆釐，租伍斗；又置往字捌百零陸號平田捌分肆釐，租壹石；又置號字貳千壹百拾捌號，平田陸分捌釐，租柒斗伍升；又置露字柒百念叁號，田壹畝柒分柒釐捌毫，租壹石柒斗伍升；又置雨字叁百零柒號，田壹畝肆分捌釐柒毫，租壹石貳斗伍升。

陡門支嘉臣，置往字陸百捌拾玖號，平田陸分叁釐肆毫，租捌斗；又置夜字玖百拾捌號，平田玖分，租壹石貳斗。

道光歲次庚寅捐田拾貳畝伍分玖釐柒毫。

以上道光十年陡門支新通譜時，捐助公祠祭田阡號原數也，後大婁巷支啓堂公楹將此田售去，以所得價改置閏字號田，今將阡號列左：

閏字玖拾貳號，平田壹畝貳分，租壹石伍斗。

閏字叁百念陸號，平田九分正，租壹石。

閏字肆百拾號，平田肆分壹釐，按便民橋支廣仁交來租簿作叁分捌釐柒毫，而道光念柒年大婁巷支啟堂所開細賬則作肆分壹釐，今依細賬録刻。租伍斗。

閏字肆百拾柒號，平田壹畝壹分壹釐貳毫，租壹石壹斗。

閏字肆百拾捌號，平田叁畝肆分玖釐柒毫，租肆石整。

閏字肆百陸拾叁號，平田柒分玖釐；又肆百叁拾壹號，平田貳分陸釐壹毫；又肆百陸拾肆號，平田貳分零貳毫，租壹石伍斗。

閏字肆百念伍號，平田捌分肆釐玖毫。此田因連荒無租，於光緒二年由便民橋支廣仁經手售出。所有租簿上有廣仁手筆親注，云：此田坐落寺頭蓋巷後背張塘河灘上，向係荒田，錢糧賠累，爲此公議於光緒二年賣與蓋聽賓，得價七千。此錢因吴塘墓事用虧，撥入墓賬。光緒四年六月初九日廣仁識。按以上廣仁親筆共六十六字，在公祠租簿之第廿一頁。

按以上閏字號田共玖畝貳分貳釐壹毫，乃從前經理公賬之人將道光庚寅新捐之號、雨、珠、露、往、夜六字田售出，而以所得之價改置者也。其所以售出改置之故，想必因田荒佃頑，是以如此核計。閏字田數較原捐田數少叁畝叁分柒釐陸毫。以劣田易良田，自不能仍足原額，亦無怪其然。吾族公祠自嘉慶初我曾祖考太占公諱維熊與城南支堯章集議倡捐，修葺祠宇，復自置祭田，並勸各支捐置田畝，向由太占公自行管理。道光八年，我胞叔祖蓉川公諱堃倡議修譜，不暇兼理，乃交與大婁巷鶩湖支啓堂公楹接管。至道光念七年，又由大婁巷支轉交與城南支漢階公焞接管。當道光念七年交賬之時，曾由大婁巷支抄有文簡公祠細賬一册交與漢階，其賬至今尚存祠中。查閲賬中所載祠田，但有閏字田阡號，而無號、雨、珠、露、往、夜六字田阡號，是可知號、雨、珠、露、往、夜六字田之易爲閏字號田，實在道光念七年以前，其爲大婁巷支啓堂公所經手出調，毫無疑義。惟究在道光何年售出、售與何人，則須觀户書及糧書推收舊册，乃可知其詳細耳。吾邑雖經兵燹，而售册之完存者十居八九，稽查甚易。此次續纂家乘，本擬向各圖户書及各圖糧書取册查明，一一附注譜中，乃未及舉行，而手民已催促付梓，遂姑從畧，心殊歉然，補查而增注之，是所望於後之續修者。流芳聲巷二十九世文濬識。

嘉慶四年祭田碑列有六堡支置騰字田貳畝貳分，向無號數，亦無租數，至今無着，附誌於此。

光緒庚寅續置祭田記流芳聲巷二十九世文濬旭齋

吾族向無公積，故雖通族共祖之墓，如孔山文簡公墓，然其墳糧、祭掃祗由集賢坊一支獨任，乾隆、道光兩譜所載，彰彰可考，無他費無所出故也。祭之有田，自嘉慶中我曾祖太占公維熊倡捐始，而道光庚寅我叔祖蓉川公堃復勸失修支派捐而擴之。然兩次所置，除有名無實者不計外，實僅貳拾陸畝玖分有零。春秋二戊，籩豆之實，牲牢之供，酒醴之設，有司、僕從之犒，祠丁、廚役之賞，以及神前守歲之燭，看管年例之金，祠基漕糧之輸，咸取給於斯。加以孔山墳糧、祭掃，素歸集賢坊捐辦者，自道光後併入祭田項下開支。而祠宇惟同治間大興土木，曾告助於同宗。近年重建饗堂、後軒，亦由我支捐貲興築。其餘尋常修理，皆於祭田中動用，以此無歲不虧,無祭不賠。文濬自承平以來,經管祠事,幾三十載於兹,雖屢出貲津貼,然車薪杯水,於事何濟。通族人丁,不下數千,而分任其勞者,惟廣仁兄文瀾。自兄卒後,艱鉅之責,悉在文濬一身,將欲置而不問歟,苦無肯接管者,將欲勉以自勵歟。而歲月愈深,虧短愈甚,綿力有幾,何能支持,且終非久遠之計。光緒己丑,兒子桐適修宗譜,因命撙節度支,冀稍有贏餘,或可爲祠墓推廣公積。而桐亦奉命維謹,庚寅五月遂得撥刻譜洋銀一百四十七圓,增置致、露兩號田六畝八分九釐,與製祭器、脩祠宇二者同時並舉,一時稱盛事。方冀遇有良田,再行續購,乃頑族鬧祠之事忽起,稟官究辦,酒飯烟點,所費不貲,而局中日用亦頓增巨,加以購復祠後基地,又移去洋銀二百五十圓有零,自此經費日形支絀,而續置祭田一事,於是不得不作爲罷論矣。今將致、露兩字田號列左,並書其緣起告我後人焉。

致字一百九十八號,低田二畝五分九釐三毫,租二石五斗。

致字六百零三號,低田八分一釐一毫,租八斗五升。

致字五百五十九號,平田八分,租八斗。

致字一千九百七十八號,平田八分八毫,租一石。

露字六百八十五號,低田一畝,租一石。

露字六百七十六號,低田八分一釐一毫,租一石。

以上共田六畝八分九釐五毫,租七石一斗五升。

小章家橋支升漢公祭田記

廿九世文濬旭齋

墓之有祭,由來尚已。《周禮·冢人職》云:甫竁,遂爲之尸。又云:凡祭墓爲尸。甫竁謂初葬時,然其後復别乎,甫竁而曰凡祭,則可見祭不一,祭而歲時省掃舉概焉。後世不察,動疑祭墓爲非古,雖大儒若朱子不免疑之,何其疏也。摶土爲像,刻木爲主,且必竭誠盡敬,矧體魄所在,顧可忽之,無是理矣。雖然父祖之祭夫人知之,而稍遠者或怠焉,何哉?色笑所不逮則情不切,子姓非一人則互相諉,用度或不給則絀於貲。三者兼而祭掃以懈,祭掃懈而墓以蕪且廢矣。伊古來生齒之繁,奚啻恒河沙數,林林總總。身殁孰不有墓,而傳至十世以外者,億兆中曾不得一二,無他子姓祭掃,懈而遂以蕪且廢也。由此觀之,欲墓之久遠,必先爲祭掃籌久遠之方。而苟無公積,祭掃亦未有能久遠者,則祭田之設烏可緩也。若升漢者,知此意矣。升漢,諱步瀛,小章家橋人,待制廿九世孫也。性慷慨好義而艱似。續娶妻陳氏,生女三:長、次適鄒,幼適陸。納妾三,相繼早逝。又納妾章氏,一索得女,復無子。光緒九年九月病且易簀,乃詔陳氏至牀前,遺囑以堂兄永清第三子廷楨、睿清第四子濬智、福清次子爾梅並嗣爲後,而所遺田産,除以分撥嗣子與已嫁、未嫁女,並償宿逋辦大事,以及陳氏膳養、喪費、造墳、安葬費外,别提租田四十畝爲祭田。並諭章氏在日,則於此田中取息膳養,殁則三房嗣子輪年經管,供春秋祭掃,永遠不得抵押與變賣焉。嗚呼,思深而慮遠矣。余嘗慨我尤氏名墓載志乘者凡八,惟文簡墓以有獨任糧賦者,至今得完,而雲耕公墓亦於光緒初復舊,餘無一存者,凡以無祭掃公積故也。使諸墓皆如升漢置有祭田,何致若此?是以我支自祥軒公於嘉慶間倡捐爲公祠置田,隨復自置祭田數畝,至今世守。而余曩亦嘗自置田貳拾畝,備後人祭掃費,升漢此舉何其先得我心也。所尤難者,章氏既能恪承夫意,弗墜弗替,而三嗣子復皆箕裘克紹,奉遺命惟謹。而爾梅尤老成練達,庚寅纂譜,内外諸務悉賴支持,事之有成,實資其力。將竣之時,爾梅敘祭田大畧,請爲之記。

余嘉升漢善自籌久遠之方，而爾梅等更能以先人所以籌久遠者垂示久遠焉，真所謂善作善述者也。因録其田號於左，以詔後起。

君字三百零三號平田一畝，又四百三十二號三畝三分六釐五毫，又四百九十一號二畝一分三釐五毫，又五百十五號二畝五分四釐五毫，又七百五十三號三畝四分七釐六毫，又七百五十七號二畝三分五釐，又七百六十三號二畝二分五釐，又七百六十四號九分，又七百六十五號一畝，又七百七十一號一畝，又七百七十三號原田三畝九分七釐五毫，又七百八十一號一畝四分，又七百八十二號一畝二分，又七百九十二號平田一畝一分八釐一毫，又七百九十六號九分三釐五毫，又七百九十八號四分一釐四毫，又八百廿九號一畝一分五釐，又八百三十號四分五釐四毫，又一畝四分七釐二毫，又一畝四分七釐二毫，八百三十四號二畝四分九釐二毫，九百八十一號一畝，五百廿五號原田一畝二分五釐，五百四十號五分，八百零七號一畝三分九釐。

流芳聲巷祥軒公墓祭田記

二十九世文濬旭齋

古者邦墓之地域，掌於墓大夫。考《周禮》墓大夫之職，令國民族葬，而掌其禁令，帥其屬而巡墓厲，居其中之室以守之。其法制嚴密如此，故雖子姓不必歲歲至，而官爲保護，自無遺失之虞。三代後冢墓不復設官，族葬之法置不講，所謂墓地者，大率不過於山野覓一吉壤，即就而安窀穸焉。而山野之遊手無賴者，日耽耽其中，遇其墓之子姓而歲時必省，祭掃不輟也，則相約不過問。或其墓而祭掃者不數數至也，斯覬覦之心起焉，數年不來，相約而夷之矣。姑無論其他，即如我尤姓，名墓載志乘者何可勝道，然惟孔山文簡公墓至今獨完，以有集賢坊獨任墳糧祭掃故也。此外則雲耕公墓，亦於光緒初清釐復舊。餘若許舍山五湖公墓、東孔山莊定公墓、西禧守元公墓、章山休齋公墓、惠麓迴溪公墓，無一存者。無他，墳糧莫之輸，祭掃莫之往故也。我曾祖祥軒公有鑒於此，故當嘉慶中倡捐爲公祠購置祭田，而後隨復自置田陸畝有零，至今公之墳糧、祭掃賴以支給焉。子姓苟能世守勿墜，過此以往，雖歷億萬年，而馬鬣不改可也。然則公所以佑啓我後人者，可不謂詒謀盡善哉。公諱維熊，字太占，墓在錫邑南鄉開化區上扇第二十八都五圖軍嶂山赤石嶺下，《邑志》：白茅山在軍將山西南，有嶺通五浪諸山，曰赤石嶺。即此。坐落談字二十一號，山田一畝五分，尤禮亨户辦糧。其地與我嗣祖考季川公、先考平階公裡山大王廟後之墓僅隔一山腰，過山即是。春秋祭掃兩墓，如在一處，甚近便也。祭田阡號詳列於左：

天字一百四十一號，平田一畝三分二釐三毫，冬租一石五斗，夏麥三斗，尤太來户辦糧。坐落金邑一都一圖。

離字二百三十號，平田一畝三分九釐，冬租九斗五升，夏麥一斗九升，尤禮安户辦糧。坐落金邑五八四圖。

廉字三百七十六號，平山二畝六分六釐八毫，冬租二石八斗，夏麥五斗六升，尤禮安户辦糧。坐落金邑五八七圖。

訓字一千六百六十號，平田八分八釐四毫，冬租一石一斗，夏麥二斗二升，尤利亨户辦糧。老租簿作壹畝壹分。坐落金邑五四一圖。

以上共田六畝二分六釐五毫，每年收冬租六石三斗五升、夏麥一石二斗七升。

自置本房祭田記集賢坊支二十九世文濬旭齋

墳墓者子孫根本，根本不培，枝葉未有能茂盛者。爲子孫而不以墳墓爲急，非獨不孝之甚，實自絶其根本者也。然年遠之後，往往有子孫不必不肖、墳墓遺失無蹤者，何哉？生齒繁而推諉以起，錙銖較而費用無着故也。試即我尤氏諸名墓證之，孔山文簡公墓以有集賢坊支任其墳糧祭掃，乾隆、道光兩譜皆載。至今獨爲完善，餘則雖如五湖、莊定、休齋、守元、廻溪諸墓並載志乘，而茫無可考。此可見漕賦不輸、祭掃不勤，即墳墓亦因之不保，而辦糧、祭掃二者，其關係實非淺鮮也。昔曾祖祥軒公深明乎此，故嘗自置祭田陸畝有零，凡公裔奉公祀者至今賴之。吾今倣其遺意，特置號、之兩字號田十九畝六分有零，提作本房祭田，將來吾墓辦糧、祭掃皆於此取給。凡吾之後人，如修築博齋、琴泉、思琴、瞻雲、爾欽、聖生、昉周、德滋、樊川、季川、平階十一代祖墓及辦糧、祭掃，咸准動用此租。吾千年後，桂、桐、樑三房子姓輪年經管，倘得贏餘，隨時添購田畝，敢有私收肥己者議罰。田號、租數詳列於左。

號字一百二十七號，平田一畝七分九釐三毫，租二石。號字二百零一號，平田七分八釐三毫，租九斗。號字五百九十五號，平田一畝五分一毫，租二石。號字一千四百六十號，低田二畝五釐五毫，租二石。號字二千一百十二號，平田一畝五分三釐七毫，租一石六斗。號字五百五十八號，平田二畝五分六釐，租三石。號字十號，平田九分三釐一毫，租一石。號字一千六百廿一號，低田一畝一分二釐五毫、浞田四釐，租一石二斗五升。號字五百三十九號，平田一畝八分五釐，租二石一斗。號字六百六十五號，平田一畝二分六釐七毫，租一石一斗。以上坐落錫邑青城上扇九都一圖。之字五百廿三號，平田一畝八分，租二石。之字五百廿九號，平田七分五釐，租八斗。之字五百三十一號，平田六分，租七斗。之字五百三十二號，平田一畝零七釐，租一石五斗。以上坐落金邑南延上扇第四十都一圖。

以上共田十九畝六分七釐二毫，租二十一石九斗五升。

（清尤文濬纂修《［江蘇無錫］尤氏宗譜》 清光緒十七年遂初堂木活字本）

江西萬載王氏祭田

祭田原説乾隆丙子年

朝　祖

我族祭祖，往時每於臘月初二日行禮。今定議酌以冬至日爲期，庶合乎古人祭始祖之義。然一切費用，必須銀錢。若無祭田，錢何從出，勢不能久。幸邇年來祠内陸續得買祭田，又買店房二間。田有租穀，店有貲錢，祭祀用外，存留以充公用。今將田契、店契照數一一具載於譜。

其契當衆交與族長輪流收拾。但祭祀有各房值年管理，而祭畢會宴，亦古禮也。《詩》曰“廢徹不遲”。諸父兄弟備言宴私，又曰“爾殽既將，既醉既飽”。所謂均沾神惠、篤宗親也。近聞有將酒席自行包整，而菲薄其酒殽，分其羨餘者，大失古人設宴之意。嗣後務須豐儉適宜，則式飲式食，人具醉飽矣。至于田租店貲，又必公擇四人共管，不得侵蝕肥己，冒濫開銷，衆心始服。每于祭祀之後，當衆清算，現存若干，收穀若干，載明公簿。及有借放，亦須擇人方可允借。每月加二利息，務於冬至前半月交還。稍有拖欠，必滋物議。上無以對祖宗，下何顏以見族人。又予嘗在祠内，與族衆諸君言，我族祠基前後逼窄，中間上下兩廡，亦不舒長。若得公正數人，將祠内銀兩年年清楚放收，積至累百盈千，相地之長且廣者而遷改焉，則允稱壯觀矣。然予年老且衰，又無力。姑附書於此，以俟後之有志者。

續置祭産記乾隆乙卯年

崇　納

予讀康熙丙申譜載，議買祭田一則。有曰：“惟士無田，則亦不祭。”禮也。近來世家望族，下至鄉曲庶民，皆崇報本反始之義，莫不公立祭田，匪是不能垂諸久遠。我族建祠以來，春秋祭祀不舉，大是歉事。各房所借禁銀，必須追催全完，修理祠宇，自應急公効義。至于派過修譜丁銀，費用有餘，即當生息，以爲買田之具。然後歷世祭祀，繼承勿替。但我八甲德清公，原買二十都五圖地名淡裏遲田二百二十把，其糧現在東都三圖八甲汪允慶户，原載浮米一石三斗二升，至今世守。合將田租令八甲值年禁首收拾，以助祭費，則此田爲祭田之基等語，葢是時止有此田，無一遺錢。毅庵公所以復有寢室闕如之嘆。中經二十載，至雍正庚戌，族衆始捐金竪造寢室，舉行祭典。又慮租少不足供祀事，於是公議權將淡裏田售價生息，發借八甲子姪。計子母復歷多載，乃于乾隆二年，始買高車西關外二處田，共四百三十把。由是錙銖累積，續買族人店房、田産，共計田若干把，崇奉祭祀，並備試卷、遊泮、花紅、鄉試、程儀、當差使用之費，則今日之廣此祭田也始。自德清公，中又經諸先輩權宜而變通之，乃克漸次增益。邇年來既新祠宇，頗稱壯觀。今復重輯譜牒，不派丁錢費用。又數百餘金，俱藉田租、店租，積累所致，揆厥由來，要皆德清公之留貽遠也。後之君子，毋忘所自。謹出入節濫，費愈加擴充，以光大前人之業。世世崇祀，優獎人才，豈不休哉。

德清公祠文契開載於後

清乾隆二年，汪祠契買劉三英出賣高車等處早遲田，共一百三十把，冷家坑遲田一百把，計二坵；金星早田二十把一坵，冷家塅早田十把一坵。去價銀四十四兩五錢正。中人劉世掌、汪克佐俱押。

清乾隆二年，汪祠契買龍孟衡、季衡兄弟出賣西關外石板塅早遲田，共三百把。計香爐坵遲田三十把一坵，欄塅坵早田三十把一坵，山下早田廿把三坵，黄土墈早田四十把三坵，大元裏遲田二十把一坵，石板塅遲田三十把三坵，(大)〔夫〕子廟早田四十把二坵，棚背早田三十把一坵，高坊上遲田五十把二坵，中古坵遲田十把一坵。去價銀九十兩正。中人辛維之、辛允彬、汪克佐俱押。

清乾隆五年，汪允慶契買汪華名出賣朱家畈石板塅二處早遲田，共一百八十把，計黄泥坑蔭注塘一坵，四分之一放水，西門外旱田三十把四坵，上至汪大元田，下至劉姓田，左右俱至山。老虎坑田二十五把四坵，上至劉姓田，下至汪大元田，左右俱至山。宋家畈江下田二十把三坵，內二坵，上至郭人田，下至汪雲會田，右至塋塍與宋姓田，左至汪漢侯田下一長坵，上下俱至汪人田。黄泥坑廿把三坵，上至劉人田，下至汪人田，左右俱至山。石板塅橋仔頭三十把一坵，上至郭人田，下至汪人田，右至汪人田與宋人田，左至劉人田。石板塅江仔邊田十五把二坵，上下俱至汪人田，左至宋人田，右至江。袁家山遲田三十把一坵，上至劉姓田，下與左俱至宋姓田，右至山。去價銀七十五兩正。見族長盛章、源有、賢及、偉士、廷遠、仕尚、以成、可浴、雲會，俱押。

清乾隆十六年，汪允慶契買汪漢侯叔姪出賣温三關曾家瓏二處田，共五十把。計温三關三十把四坵，曾家瓏廿把一坵。去價銀廿三兩正。見族長盛章、成上、尹作、道則、建勳、餘慶、九昌、學齡、德修，俱押。

清乾隆十七年，汪允慶契買汪百川出賣石板塅遲田三十把三坵，又楊州廟下二禾田四十把一坵，二共七十把。去價銀三十七兩正。見族長盛章、尹作、源聚、漢侯、易肇、道則、允昌、春齡、學齡，俱押。

清乾隆十七年汪允慶契買汪雲集出買黄泥坑遲田三十把，宋家畈屋側田二十把一坵，二共五十把。去價銀二十二兩五錢正。見族長盛章、百川、漢侯、尹作、源聚、道則、偉伯、學齡、易肇，俱押。

清乾隆十九年，汪允慶契買汪承宗、文肇、會肇、耀宗等，出賣宋家畈門首屋側旱田四十把，連塘在內，共計二坵。去價銀二十三兩二錢正。見族長盛章、漢侯、百川、尹作、春齡、允昌，俱押。

清乾隆十九年，汪允慶契買汪百川出賣朱家畈門首二禾田共一百四十把，連塘在內，計門首六十把一坵，屋側田四十把三坵，屋側魚塘四十把二坵。去價銀八十一兩二錢正。見族長盛章、易肇、源有、尹作、岷山、春齡、允昌、漢侯、秀榮，俱押。

清乾隆二十二年，汪允慶契買汪百川出賣宋家畈房屋基土上下二進兩廊，計六榀，逢廳直上，一半坐向右邊三分之一，併厝屋四榀，其基土三分之一，以及餘土、菜園、門前餘土，俱各一半，內三分之一，右邊菜園另管一片，俱各在內。去價銀九十兩正。見族長盛章、尹作、易肇、岷山、建勳、源有、允昌、正宗、春齡，俱押。

清乾隆三十一年，汪德清契買汪榮陞和集賢儒兄弟等出賣石板塅鮑家下石基土一片、土屋一棟，計四榀，併左右厝屋後塍，上左邊平土一塊，上至山脚，下至田塍，左至路，右至田爲界，連本屋基石在內。又樑上燕荒土一片，上至宋人墓，下至石塍，桐樹爲界，左右俱至山脚爲界。去價銀九兩正。中人汪百川、運開、能述，俱押。

道光十四年，汪德清契買汪朝斐公子、孫連科、萬壽、榮科等出賣三都二圖汪家坑口路下荒田，通水道圳一，直上至買人田來水圳，下至行路去水圳，左至劉人田，右至行路。去價錢四千文正。中人汪池臨、運靈、松和、鴻翎，俱押。

道光三年，汪德清契買宋珍、孫鄉賢會衆出賣石板塅、汪家坑等處旱遲田共二百三十把，計汪家坑旱田五十把一坵，上至曾人田，下至曾人田，左至行路，右連水圳至山脚；汪家坑帶仔坵旱田十把一坵，上至劉人田，下至劉人田，右至山，左連水圳至行路；老虎坑遲田四十把一坵，上至陳人田，下至劉人田，右至城隍廟田，左至象形山脚；宋家巷旱田四十把二坵，併來水圳，上至劉人田，下至張人田，左至鮑家山，右至宋人田；牛字灣遲田四十把一坵，上至鮑人田，下至辛人田,右至郭人田,左至陳人田;佛子嶺遲田五十把二坵,上至城隍廟田,下至張人田,左右俱至劉人山爲界,併黄沙圳在内。去價錢二百三十千文正。

以上各處,共田一千一百九十把,分發三佃耕作。佃户卓文祥,額租谷五十一石五斗正;劉良興,額租谷四十一石五斗正;劉秋柏,額租谷二十二石正。

内劉良興所佃之田四百二十把,於清同治乙丑年,合祠商議,撥與達觀公管業,田把、坵塅,開載於後:

汪家門首早田一百二十把,牛字灣遲田十把,宋家畈門首路下土田廿把,老虎坑遲田二十把,月形山下遲田二十把,冷家坑遲田一百把,狗形山下遲田三十把,汪家坑内早田一百把。

清乾隆十六年,汪允慶契買汪濟川出賣赤陂早遲田共七百五十把、莊屋一棟計四榀、板倉一隻計二榀、猪椆、牛欄俱全,及有山場空土、地基、菜園、樹木等項,俱各與汪開仕平管。至於莊屋、板倉、猪椆、牛欄俱係二家各造,日後各管各業。計門首五把一坵,門首秧田二十把二坵,長坵二十把一坵,高家門首十把一坵,桐樹下十五把一坵,對門鄧家橋五十把二坵,社前三十把三坵,梘下三十把一坵,烟山下十五把一坵,八斗路下四十把一坵,又二十把二坵,剻坵四十把二坵,苧麻土下七把一坵,石漈里十五把一坵,易家墓三十把一坵,屋後背土坵二十把一坵,東坑一百一十把十三坵,茅山下二十把二坵,河塘尾二十把一坵,河塘中二十把四坵,井邊三十把二坵,定子坵四十把三坵,聾掘陂四十把一坵,嚴坑口二十把一坵龍蕩坵四十五把三坵,撫下二十把一坵,鐵爐下二十把二坵,張家塘五把一坵。去價銀三百八十兩正。中人汪禹奠、餘慶、真禮、繼鳴,俱押。

清道光五年,汪允慶契買高明祖出賣赤陂後塅鈎形背早田五把一坵,上至汪人祖墳山田土,下至汪人田,左至汪人田,右至山爲界。去價錢四千文正。中人高春秋、諶細毛、汪發業,俱押。

清道光二十一年汪允慶契買汪啟宗、岱宗兄弟出賣赤陂九斗陂早遲田八十五把五坵,上至高人山圳,下至江墈,左至高人田,右至江墈,九斗陂水蔭注;又兼下早田七把半一坵,上至高人田,下至高人田,左至路,連圳在内,右至高人田;又井坵遲田十把一坵,上至汪祠田,下至高人田,左至高人田,右至高人井;又赤陂門首早田七把半一坵,上下俱至高人田,左至賓興堂田,右至汪祠田,俱門首陂水蔭注。以上共早遲田一百一十把。去價錢七十九千文正。中人汪能成、高啟貴、鄺益成、諶細伲,俱押。

清道光二十二年,汪允慶契買高開京出賣赤陂交井上早田十五把,相連二坵,上至高人田,下至買人田,左至高人田,右至汪人田;又白竹山早田十把一坵,上至汪人山,下至高人田,右至汪人山,左至水圳爲界。以上共早田二十五把。去價錢三十二千文正。中人汪洪德、高清和、高其合、諶細伲,俱押。

清道光二十二年,汪大祠契買高科龍同姪閏發出賣赤陂無口荒田十把,連二坵,上至行路,下至買人田,左至水圳,右至學田,連買人田。去價錢三千文正。中人汪發妹、諶細伲、高橋子,俱押。

清道光二十二年,汪允慶契買高開美出賣赤陂潭下行路橋頭早田二十五把,計一坵,上至江墈水脚,下至高人田,左至高人田,右至江墈水脚,併墈上樹木在内。去價錢三十三千文正。中人高其合、高鳳春、諶細伲、汪洪德,俱押。

清道光二十五年,汪德清祠契買高其士出賣赤陂鱺坑口早田三十把一坵,上至汪姓田,連水圳圳塍在内,下至賣人田,左至連水圳在内,右至高人田爲界;籠塅坵早田二十把一坵,上至買人田，下至高人田，左至連水圳，圳塍在内，右至後殿會、孤魂會田爲界。以上共田五十把，計二坵。去價錢六十千文正。中人諶細伍、汪松和、高雙鳳俱押。

清光緒二年，汪大祠契買高其蘭出賣赤陂冬坑遲田十五把，連二坵，上下俱至買人田，左至高姓山塝，右至買人田，及江脚爲界；泉水岩一口，上至買人田，下至契内田，左至高姓山塝，右至汪人田。去價錢一十二千三百文正。中人高升明、諶細伍、汪有和、汪文光，俱押。

清乾隆二十三年，汪德清祠契買汪慶生出賣赤陂魚塘一坵，楊家屋基土一片，上至汪祠土樟樹爲界，下至契内塘爲界，左至洪喜厝屋爲界，右至高姓墻脚爲界。去價銀六兩正。見族長百川、盛章、漢侯，俱押。

清乾隆六十年，汪允慶契買劉鶴和同姪光庭、昭庭，出賣赤陂菜園、屋基、山場等，原與汪允慶平管，今將屋後山場一嶂，併山脚空土、餘土、樹木在内，去價銀八兩正。中人宋喜雲、鮑超庭，俱押。

以上共計田九百九十把。清道光二年，高日綿駁去伊住屋左側菜園一隻，汪姓莊屋右邊傍高姓荒園熟土一長小片；高日綿將己管赤陂後背窰下遲田四十把一坵，駁與祠内管業。大共田一千零三十把。佃户諶秀生，額租八十六石正。

清乾隆十八年，汪允慶契買汪繼源出賣黄花嘴早田五十把三坵，去價銀二十一兩正。見族長盛章、百川、繼鳴、道則、餘慶、秀榮、建之、允作、漢侯，俱押。

此處田計五十把，佃户李謨福，額租谷二石二斗五升。

清乾隆五十一年，汪允慶契買丁鼎茂、王紹龍合同出賣三都三圖地名南關外張家塘早遲田二百九十把，併瓦屋一棟七橺、六長間，左邊厝屋一直、板倉三間、倉樓二間、扶梯一扛、店屋一棟、牛欄一只、右邊横屋一棟、正屋前毬場一片、門樓、圍墻、門樓外曬場一片、下至塘爲界；又正屋後左側灰屋一間、花園一隻，右邊猪椆一棟、花園後欒林、樹木、竹山一嶂，竹山左側小園一只，上至路，下至塘，左上至張人土，左下至塝爲界，右至路溝爲界；屋右側菜園一隻，計麻土一片在内，上至張人土，下至溝，左至路，右至張、辛二人田；又園土後荒土一塊，上至辛人塍，下至張人土，左至張人塍，右至辛人塍；又竹山右側樹山一塊，上至張人塍，下至路，左至張人塍，右至現在買人園爲界；又屋側早田四十把一坵，併廁窖一隻在内，上至張人田，下至張人塘，左至唐姓田，右至路；又江背早田八十五把一坵，上至僧人田，下至郭人田，左至郭人田，右至汪人田；又田下遲田五把一坵，上至張人田，下至汪人田，左至買人田，右至江；又早田五把一坵，上至郭人田，下至張人田，左至僧人田，右至買人田；又圳下早田五把一坵，上至辛人田，下至巢、郭二人田，左至圳，右至郭人田；祠堂背早田三十把一坵，上至唐人田，下至路，左至張人園，右至張人田；又早田二十五把一坵，上至鄧人田，下至郭人田，左至鄧人田，右至劉人田；又早田五把一坵，上至辛人田，下至塘人田，左至張人田，右至辛人田；塘背遲田三十把二坵，上至鄧人田，下至張人田，左至圳，右至張人田；又遲田二十把二坵，上至圳，下至周人田，左至圳，左至張人田；又淡塘尾遲田二十把一坵，上至張人塘，下至龍人塘，左至塝買人田，右至圳；又早田二十把一坵，上至張人塝，下至買人田，左至塝，右至張人塝爲界。去價銀二百五十二兩正。中人王椿富、辛善謨、張安子、辛元卿、張元貴、巢虞和，俱押。

清嘉慶八年，汪德清祠契買張紀常同姪經盛、經仁等，出賣張家塘壇背下園菜園一隻，併四圍樹木、灰堵、糞窖、薯窖在内，上至張人菜園汪姓基土，下連塍至張人田、買人田，左至張人園土，右至買人基土爲界。去價錢十六千文正。中人易有光、易經調、張宏敷、張經升、張安子、宋應占，俱押。

清嘉慶十二年,汪德清祠契買汪福元出賣張家塘楊柳塘下早田一百把,蔭注塘一口,計楊柳塘下坡仔頭五十把四坵;蔭注塘一口,上至凌人田,下至唐人田,右至江仔,左至陳人田爲界;又中塅五十把四坵,上至彭人、張人田,下至劉人田,左至張人田,右至唐人田爲界。去價錢一百二十四千文正。中人凌高、作猷、斯喜、作章,俱押。

以上共田三百九十把。清光緒十八年,宋宜齋駁去張家塘、淡塘尾伊管土墈下早田一坵,宋宜齋將伊管三都三圖桐樹坵早田一坵,駁與祠内永遠管業。佃户張啟大,額租谷四十三石五斗正。

清道光十一年,汪允慶契買汪蔚文出賣一都三圖榨仔下早遲田共一百二十把,計六坵,柴陂溝水蔭注,計灣裡門首早田二十把一坵,上至辛人田,下至易人田,左右至俱辛人田;又早田三十把一坵,上至易人田,下至巢人田,左至辛人田,右至辛人田;又早田十把一坵,上至巢人田,下至李人田,左至辛人田,右至巢人田;南城廟下早田二十把一坵,上至彭人田,下至巢人田,左至廟山,右至劉人田;蕉柴門首早田二十把一坵,上至易人田,下至郭人田,左至山脚,右至江;軍坑裡遲田二十把一坵,上至顔人田,下至易人田,左至顔人山,右至張人山爲界,去價錢一百三十五千文正。中人巢交鳳、鍾發龍、汪端和、汪鳳鳴,俱押。

清道光十三年,汪德清祠契買汪騰文出賣一都三圖垳仔上早田二十把,計一坵,上至買人莊屋門首,下至田,左至彭人灰堵,右至田爲界。去價錢十二千文正。中人鍾發龍、汪綬元、汪興萬,俱押。

清道光十三年,汪德清祠契買汪京文出賣垳仔上榨下早田一百二十把,計門門首五十把連二坵,併土田上至易人田,下至易人田,左至江脚,右至巢人田;井下四十把一坵,上至辛人田,下至陳姓田,左至彭人山,右至巢人田;均坑裡、遲田二十把一坵,上至陳人田,下至高人田,左至晏人山,右至張人山;下榨門首五把一坵,上至彭人田,下至李人田,左至彭人田,右至江脚;又五把一坵,上至李人田,下至易人田,左至易人田,右至江脚。去價錢一百二十千文正。中人郭考雲、鍾發龍、汪興萬、汪綬元,俱押。

清道光七年,汪德清祠契買汪騰文出賣一都三圖高塘坑口早田四十把一坵,上至李人、易人田,下至李人、辛人田,左至李人山揭人田,右至江;又黄土墈早田十把一坵,上至易人田,下至江左,至巢人田,右至李人田土;又翼仔上早田三十把五坵,上至辛人、李人田,下至辛人、易人田,左至江,右至高人田;又桂花樹下早田二十把一坵,上至易人田,下至高人田,左至韓人田,右至易人山;又茶殼坑遲田十把一坵,上至辛人田,下至辛人田,左右俱李人山爲界。以上共田一百一十把。去價錢一百六十千文正。中人汪蘊山、綬元、笏珍、能成,俱押。

清道光十二年,汪德清祠契買汪騰文兄弟出賣一都三圖垳仔上瓦莊屋一棟,計四榻三間,兩邊拖厝伸手屋後拖厝併欒林、竹木、山場、門首毬場、屋側塘一坵,上至屋後山一嶂,中至李人山,下至屋前雜姓田,左至易人滴簷直上,右至何坑鐘姓田角,直上爲界;上首對門横山一嶂,上上截至横路外李人山,上下截至三層墈上李人山,下至郭人田,左至堝尾李人山,契内山右至郭人田;又相連窩颾土一塊,上至嶺脊,分水下至郭人田,左至易人山,右至契内山;又山嘴頭土田四坵在内。去價錢五十千文正。中人汪文元、汪蘭谷、汪運靈、鐘發龍,俱押。以上共計田二百五十把。佃户鍾啟子,額租谷三十六石五斗正。

清道光九年,汪德清祠契買宋裕登出賣烏溪門外右側盧家坑蠏形側早田一百一十把,一帶相連六坵,併路下一坵;又相連塘仔一口在内,上至唐人田,下至林人田,左至汪人、辛人田;又汪人、林人田,右至郭人田、汪人山;又唐姓塘上田一坵,上至辛人田、下至唐人田,左右俱至辛人田爲界，均登小水蔭注。去價錢一百六十六千文正。中人周有元、汪發懋、宋禄仔、辛茂祥，俱押。以上計田一百一十把，佃户汪隆福，額租十一石正。

清道光二十三年，汪大祠契買汪能成出賣烏溪門外早田二十五把一坵，登社令陂水蔭注，上至大保堂田，下至汪人田，左至江，右至行路爲界。去價錢七十六千文正。中人汪發懋、汪魁元俱押。以上計田二十把，佃户汪春和，額租四石正。

清咸豐四年，汪德清祠契買汪宋氏同男元和、春和，出賣烏溪門内早田六十把一坵，東至城，西至易布政墳山，南至吴公講堂田，北至彭、劉二姓田爲界。去價錢一百千文正。中人汪慶瀾、汪運靈、郭元士，俱押。以上計田六十把，佃户汪元明，額租六石正。

此田清同治乙丑年，合祠商議，撥與達觀公管業。

清道光二十四年，立付約嗣孫汪軒雲，今因考妣牌位配祀宗堂，遵祠定例，應奉實扣錢一百九十二千文，但邇年祠中公項應用有餘，正在置買業産，爰將己手所創地名竹渡碓背早田一百把計五坵，上至圳，下至圳，左至江，右上至高姓田，右下至碓屋，飛簷滴水爲界；連江對門早田十把計三坵，上至聞人田，下至高人田，左至聞人田，右至江爲界，共額租十四担，憑中估價恰與享錢之數。彼此相當，情願將此田契據付與德清公祠，永遠奉祀香火，實爲兩便。所有田上糧米，現在歐陽增瑞户内過除輸納。其田小水俱登蕎麥坑、王家坊、雷公堵三陂水放車蔭注。自付之後，任從發佃耕作，收租管業。今欲有憑，立此付約存照。

見族人起鵬、能成、兆祥、偉珍、鳳鳴、發科、運靈、采岐、翰孫，俱押。

以上計田一百把，佃户聞化興，額租谷十四石正。

清道光十六年，汪德清祠契買汪辛氏同男翰孫、孫增培、增吉，出賣一都五圖牛路陂油榨下一帶山塲，上至大路，外高姓山爲界，下至山脚下窨前雜姓田塝爲界，左至山脚牛路陂，直下雜姓田墶爲界，右至山脚下淡坑，直下雜姓田塝爲界，中間窩嶺嶂墩未行悉載内。惟楊柳窩至高姓土田爲界，白石坑至起元書屋塘塝爲界。其餘凡屬牛路陂大路以下、窨前以上一帶山塲，所有茶桐、竹木、柴草，並各處荒熟花土在内，惟界内白石坑上汪仙公墳，横直各五丈，象形辛姓墳，横直各一丈五尺，犬形象形老墳，剋除未賣；又山内坐南向北瓦屋全棟，計四橺三間，及屋前左右毬塲在内。去價錢百六十千文正。中人汪偉珍、開文、起鵬、運靈，俱押。

清道光十七年，汪德清祠契買揭華龍出賣一都二圖茅山裏揭姓門首熟土一片，東至揭人土，西至水圳，南至揭人田，北至揭人土；又仇家墓熟土上下二片，上片東至揭人會土，西至龍姓田，南至揭人會土，北至行路，下片東至揭人土，西至易姓土，南至行路，北至揭人會土。去價錢三十千文正。中人汪有成、揭茂龍、汪洪德俱押。

清道光十九年汪德清祠契買郭朝珍、廷珍，出賣十九都一圖澄渡長窩尾熟土一長窩，坐北向南，上至坪上劉人土爲界，下至土圳外諶人土爲界，左上截至土墶，土圳倒水，諶人土爲界，下大半截至劉人山腰行路爲界，右至買人山爲界；又茶山一嶂一堖兩墩，上至劉人土爲界，下至窩岩諶人土爲界，左至買人土爲界，右至嶺脊倒水墶外諶亮青山爲界。去價錢三十五千文正。中人諶廷榮、諶細伢，俱押。

清道光二十八年，汪德清祠契買諶細伢出賣澄渡無尾坑窩土上下二塊，上至李人土，下至李人土，左右俱至諶人山脚爲界。去價錢二十千文正。中人高淩興、汪居敬，俱押。

清道光二十七年，汪德清祠契買王貴龍出賣四都一圖磨刀礵山土一大嶂，上至張姓山，下至王姓山，左至逢垠王姓土，右至路外陳姓土，惟山内原有墳二穴，止許來山挂掃，不得接葬。去價錢七十二千文正。中人汪龍珍、張元培、王德魁、王龍連、劉外龍、王龍吉，俱押。

清道光二十四年，汪德清祠契買郭道孫出賣下岐塅筲箕窩房屋山土土田，計莊屋廳面左側長房一間，相連牛房一間，其正廳、晒塲、菜園、屋前後左右餘土、杉雜欒林土塝，俱三股平管。莊屋側下首山土一片，上至小塝爲界，與汪人平管；下至鄭人土，並汪人墳山小塝，及劉人田，左至汪人墳山爲界，右至小塝爲界，又連土田一坵，上至汪人土，並汪人墳，下至水圳，左至鄭姓土，右至汪人田，並土爲界。去價錢六十千文正。中人周金龍、汪發茂、彭秋桂、陳丹鳳俱押。

清咸豊四年，汪德清公祠契買汪長吉出賣筲窩土墻瓦屋一棟，六股之一分管，右邊廳面房一間，門首菜園、晒塲、四圍空地、欒林、竹木、雜樹，六股之一；又門首熟土二片，上至汪人土，下至周姓田，左右俱至汪人土；又路上熟土一片，上至汪祠土，下至所買路，下土左右俱至汪人土爲界。去價錢三十八千文正。中人汪洪德、容和、龍珍、壽昌、致廣，俱押。

清咸豐十年，汪德清祠契買汪致廣、秀彦等出賣筲箕窩上首花土二大片，上至汪祠土，下至汪祠山，左至宋人土，右至周人土；又屋後左側花土一塊，四至俱汪人土，併屋後樹木、屋前毬塲在内；又屋坐向左邊花土、屋基、糞窖、薯洞，併土塝在内，上至相連契内土，下至汪祠土，左至汪祠土，右至汪祠毬塲；又屋門首園土二塊，四至俱汪人土；又莊屋廳間三股之一分管。去價錢二十九千文正。中人汪鳳和、汪里生、郭連珍，俱押。

清咸豐三年，汪允慶契買汪致廣出賣筲箕窩墳山側屋背花土一大片，上至行路，下至汪人土，左至汪祠墳山，右至屋後土塝爲界。去價錢十八千文正。中人汪鳳和、郭新貴、汪貴三，俱押。

清乾隆四年，汪允慶契買汪家修同姪孫隱達、奇峯兄弟，出賣雙虹橋頭西岸上首第二間店一間，併上連椽瓦、下連地基在内，前至官街，後至河，右至賣人店基，左至郭人店基，其店貲原額，二間共銀七兩。今自乾隆五年爲始，衆議二間同收齊與賣人，各收三兩五錢。倘日後復行豎造，將二間基土于後，背江岸腰處左右平分，各人起豎不復爭濶寸土。那時店錢各人議貲收取。去價銀四十七兩正。見族長盛章、玉生、廷遠、偉士、源聚、建勳、克佐，俱押。

清乾隆三十七年，汪允慶契買汪際超出賣雙虹橋頭西岸石普庵廟側店房一間，併上連椽瓦、下連石磉地基、中連門壁，舖櫃、吊樓在内，前至官街，後至河，右至雙虹橋西岸挑水巷，左至允慶公衆先年契買店爲界；又傍左相連一間，係八甲允慶公業，其店基土與己店基土，原屬平管；我父貲賃開張，店内底脚亦經胞兄倒歸己擘，悉賣與允慶衆爲業。去價錢一百二十四千文正。中人汪學齡、汪學圃有押。族長堯文、源有、士尚、敷奏、廷選、運開、萬程、濬源、均恩均押。

清乾隆十二年，汪祠契買雲會漢侯序立出賣福壽坊陳家樓側店房一間二槅，上連椽瓦，下連石磉、地基在内，前至官街，後至錢人店，左至陳祠店，右至郭人店爲界。去價銀四十五兩正。族長盛章、百川、賢及、以成、禹奠、餘慶、尹作，俱押。

清乾隆二十八年，汪允慶契買汪公粱、公長、公普、公英兄弟出賣福壽坊後街祠前石墻土庫房廳一棟，計六槅，併上連椽皮，下連地基，中連門壁户牖在内。先年公成兄弟同文瀾已將逢廳直上一半出賣與盛章、繼鳴管業。今公長兄弟暨姪孫雙英鬮分，得西邊逢廳直上一半過廊基土一間，併西邊原化玉得買晏姓斜角土一塊，横直計一丈，兄弟應有一半，及門首門樓基土路下園土、魚塘，俱各四分之一，計祠前石墻土庫房廳一棟六槅，與盛章繼鳴平管。連過廊基土，前至官街，後至官街，左至繼鳴基土，右至定宜墻脚爲界。去價銀一百四十七兩正。族長盛章、漢侯、濬源、繼鳴、萬程、定宜、濟川、百川、均恩，俱押。

清嘉慶三年汪允慶契買汪敷奏樹幟景唐等出賣大祠側西邊空土一片上至老墻外城隍廟土下至老墻外官街左至本祠墻基右至老墻外郭姓基土爲界去價錢三百千文正。中人汪周培、大猷、樹勳，俱押。

清道光十年，汪允慶契買清景雲、魁選、元江、發畝、清貴、起鳳、發鈞等，出賣福壽坊後街裏汪祠門首照牆外房屋一棟，計四榀三間，右邊土㾃屋一直，上連椽皮瓦蓋，下連石磉、地基，中連門壁、户牖，並門首毬塲、石橋，及有西邊斜角土，横直計一文，並門樓基土路外，園土、魚塘俱各四分之二，上至汪姓石照墻，下至行路，左至盛、繼二公土墻，右至汪人石牆爲界。去價錢二百四十五千文正。族長鈴瑞、偉珍、能成、馥彦、池青、笏珍、騰文、鳳鳴、綬元，俱押。

清道光元年立合同約人在允慶祠、池青、春甫等，與高日綿，今將汪祠管赤陂反樹下高日綿住屋上棟左側菜園一隻，上連土牆，外滴水下至高日綿㾃屋滴水，及棗樹兜邊，左至行路，右至高日綿屋基；又汪祠店背山汪姓莊屋右邊傍高姓荒園熟土一長小片，上至汪祠衆山齊塝爲界，下至胡家園角上行路，左至汪祠衆土，二比撮堘，直上直下爲界，右至高姓荒園爲界。所有界内些微竹木，一併在内，以上二處，憑衆駁與高日綿管業，而高日綿將己管赤陂後背窖下遲田十把一坵，該處水路照舊圳放蔭，上至高開彦田，下至汪發龍田，左至高開彦田，右至水圳爲界，憑衆駁與汪允慶祠管業；及有該處田契，因别業相連，未繳，日後不得執契生端，田上税粮浮米，在二十都五圖八甲高日綿户内過除輸納。此係二比情願，田土價值，俱各相當，無庸另補。自駁之後，永遠汪管田、高管土，兩無翻異，併不得藉駁越佔寸土，永遠存照。見駁人汪能成、諶細仛、高啟叙、盧正發，俱押。

清道光十三年，立合同駁約盛章、繼明二公支下子孫，今將大祠門首右邊石墻外，先年與祠合管斜角土一丈，二公所管一半，一併駁與大祠管業。大祠門首左側石牆外，下截餘土一直，駁與盛章、繼鳴二公管業，永無翻悔。恐口無憑，立此駁約，永遠公私存照。見駁人汪池青、汪賢瑞、汪復彦、汪能臣、汪鳳鳴、汪騰文、汪運靈，俱押。

清嘉慶五年，立駁約人汪梅穎、梅安、發沛、緣有己管地名赤陂廟背園土一片，今有八甲祠内踩踏豎造莊屋，其園土横相比，其直欠一丈餘尺，外補大樹四株，此係二比情願。自駁之後，任從祠内豎造，無得異説。今立駁約二紙，各執一紙爲據，此照。見駁人汪敬恭、蘊山、廣泰、敏行，俱押。

清道光二十一年，立駁約僧西屏山住持、佛緣、佛心兄弟，緣寺内三元堂所管汪家坑旱田十把，近因田面各管山場開荒耕種，以致沙水無從出路，兹田將廢。爰集堂衆商議，公懇汪祠所管坑内旱田十把，内立圳一條，通流沙水，所有廢狹汪祠田把，將堂内本坑與汪祠相連旱田十把内，二比眼同挑平立堘，照依濶狹補還，彼此永無翻異。此照。見駁人宋學成、辛任夫、龍榮章，俱押。

清咸豐二年，立租地基帖人周洪發，今租到汪大祠所管塢石江周祠側墳山地土，坐向左邊周人屋側，餘地横四尺三寸，直一丈一尺四寸，租來添造㾃屋，即日付過穩租錢五百文。其錢無利，日後汪祠地基要還，自願將屋(折)〔拆〕去，將穩租錢收轉，決不霸踞。恐口無憑，立此租帖存照。見租人周仁興俱押。

清同治六年，立助業進享約嗣孫初祥、陽初、文初、庭壽、庭海、文庭、秀庭、菊書、啟書、善慶等，緣我大高祖易肇公先年有功宗祠，今蒙族紳公請配祀宗祠。除易肇公本身功名，併叙功，折扣外仍應出香火錢五十六千八百文；又易肇公之父家修公，亦未進享，今易肇公既已進享，而家修公不獲享此明歆，我等爲子孫者，於心不安。爰合同商議，敬將家修公神主一同配祀。除折扣外，又應出香錢六十一千四百四十文，二共錢一百一十八千六百四十文。公衆無措，只得將易肇公先年與祠中所駁祠門首階下左側原易、繼二公基土一片，祠中移建書屋五榀四間，連椽皮、瓦蓋、桁樤、楝栿、樓板、穿枋、門壁、窗户、石磉、地基、前後餘土、㾃屋各業，掃數助與德清公衆管業。三面言定，抵作配享錢一百三十千文正；又補底串錢七百九十三文，除兩抵外，祠中仍應找出錢十二千五百五十文。已經我等概行親手收足，不欠分文，併書字酒禮出屋退基各項在內。自今助業之後，所有易肇公名下原管祠首、階下左側屋土等業，分毫未曾尅除，任聽德清公支發賃，住坐修整，豎造折卸移易，我易肇公子孫決不生端異説，一助干休，永無增找回贖。今欲有憑，立此助約，永遠公私存照。見族長連三、誠軒、聯祥、允宗、松和、惠吉、康文、賢書、禄元、鳳和、端賢、增壽，俱押。

清同治六年，立以屋進享約人汪家修支下子孫汪禮和、起和、初祥、陽初、文初、義由等，緣我大高祖家修、高祖易肇、曾伯祖廣萬，均應配食宗祠。先年因家貧無力，未能如願。今將後街老屋賣與辛姓，做六房祠。除三股平分外，所餘無幾，而三享又不能不配。爰合支商議，將乾隆年間與大祠駁管祠頭門外，坐向左邊官街下書屋一棟，計四榀三間，前後左右横屋四間，廳後寢堂一間，左邊落厫一間，祠屋前餘基一片，門樓屋一間，出入行路，凡先年所駁祠中之業，掃數盡行歸還宗祠。但家修公除三次八折外，應出享錢六十四千八百四十文，易肇公除二次八折，又敍功折錢外，應出享錢五十六千八百文，廣萬公除二次八折外，應出享錢七十六千八百文，又代席代胙錢二十四千文，大共應出錢二百二十六千零四百文，除將書屋抵享，照祠中駁約作錢一百三十千文，仍應找出錢九十六千零四百文，其屋補抵錢，先年祠中亦並未有，今仍照舊，不得增取。惟我等所應找三祖享錢，今當族衆概行付清，不欠分文。自今進享之後，此屋永遠歸宗祠管業，聽憑發住收賃，修整折卸豎造。我家修公支下子孫，決不敢生端異説，即我大高祖、高祖及曾伯祖，亦永遠配祀宗祠，血食千秋，福蔭後裔。恐口無憑，立約存照。見族連三、誠軒、得軒、康文、聯祥、禄元、增侃、梧岡、松和、允宗、鴻翎、端賢、良卿、斯彦、逢壽，俱押。

清光緒十八年，立駁换約人宋宜齋，緣汪大祠管有早田一坵，在張家塘、淡塘尾，與我所管該處花土塅下相連，其田上至我土塅，下至汪大祠田郭姓田，左至我土塅郭姓田，右至我土塅爲界，合祠集議，自願永遠駁與我宋宜齋管業，而我將大南門外三都三圖桐樹坵早田一坵，上至宋姓土，下至汪姓田，左至辛姓田，右至宋姓田，其田照原陂水灌注，永遠换與汪大祠管業。二比之田大小，憑中眼同相若，其糧各照原完納。自駁之後，栽培、蓄植、耕種、豎造，百爲動作，各聽其便，不得阻撓異説。今欲有憑，合同互立駁换田約，各執一紙，永遠爲據。見駁人盧照五、劉仕傑、宋文珍，俱押。

（汪玉海等《[江西萬載]萬載汪氏族譜》 1914 年木活字本）

湖南湘潭射埠譚氏祀田

銅盃灣珺治房珺儀房私捐祀田合約

立合同房長人治房七人：登一、登二、登三、登四、登五、登七、登八；儀房三人：登常、登福、登(芝)〔文〕,於乾隆十九年甲戌歲仲秋月,長房登一因念吾族子孫繁衍,皆由祖宗庇佑,而後人之祭祀,何其淡薄若斯也,於是糾集合同内人等,各名捐祀穀兩斥,共成五碩,取公名"十合",交經管運昌、青山、紹彩、清水四人,矢公無私,每年放積生息不已。至乾隆三十一年冬月,將約穀算清,賣銀一百兩。公議接買周瑞宣軍田十畝,坐地名射埠後任家壩,價銀一百一十五兩,册名更"譚十合"。將佃銀湊成找清周宅田價餘銀二十兩,任係經管放積後交南川,作盛青萬。各房賢能旁爲贊勸厥事,清查數目,不得妄爲爭競。田契係清水經收。今憑户首文選等公立合同,所爲和睦九族,攸隆祭祀。有分者不得欺弱擯出,無分者不得恃強攙入。世世子孫,式好無尤,代代祭祀,有隆無替。是爲永遠雍睦成風也。今欲有憑,立此合同四紙,各收一紙,永遠爲據。

收合同四人清林收第一、泰然收第二、清海收第三、一匡收第四。

乾隆三十二年丁丑二月十四日,十合公立。

又

乾隆四十六年孟冬月,十合公議接受紹彩一契,軍民田十畝,坐地名心塘,價銀一百六十兩整。比年,又接受徐國傳、秀實叔姪一契,軍田八畝,坐地名任家坪,屋基園土俱全,價銀一百一十五兩整。册名更"十合"。至乾隆四十七年季冬月,糾集十合人等,一概算清,餘銀一百二十四兩,憑户首瞻山等另擇經管南川,作盛清萬,領放生息書。

立合約三紙,各收一紙,永遠爲據。

收合同人友交、萬沾、四維。

乾隆五十一年丙午冬月吉旦,十合祀田附刻。

十合原委

合者何? 洽乃心也,洽心何以必十? 以十人洽心如一心也。十人謂何? 昔者我學勝祖生子三:長曰忠睿,次曰忠麟,三曰忠蒧。睿之孫登一、登二、登三、登四、登五、登七、登八,蒧之孫登常、登福、登文。此十人者,于乾隆十九年甲戌歲,各捐穀兩斛,共成五碩,逐年生息,兩房合積公資,忠麟支裔不與焉。乾隆三十一年,將穀賣銀一百兩,接買周瑞宣任家壩軍田十畝,價銀一百一十五兩。乾隆四十六年,接買紹采心塘軍田十畝,價銀一百六十兩。是歲又接置徐國傳、徐秀實任家坪軍田八畝,價銀一百一十五兩,廬墓、園土、塘壩、注蓄河水、車埠、糧餉俱以契爲據。乾隆五十二年,族修譜已刻合同,垂今七十八年。所有祀田二十八畝,歲收租穀,原屬睿、蒧兩房,擇人經管。除輸正供,以作大宗祠祀費,及清明、冬季兩節掛掃之費,子孫毫無覬覦。其間因公負債,收租無幾,左支右絀,大費籌謀。不敢妄摘祀産半畝,出售外人,體先意也。兹續譜牒,彙輯齒録,由忠睿派下遞及忠麟、忠蒧派下兩支,以睿、麟、蒧爲同胞三人,蒧居季不得不後於麟支輯而録之也。或曰蒧裔齒録後於麟支,而祀産合於睿支,可乎? 曰:可。禮産者,世世守之無變者也。蒧裔即不綿其傳,而祭於祠、掃於墓,睿裔必任其事,以體先人雍睦之意,以存後嗣仁孝之心。況睿、蒧之裔垂今,登二、登三、登常、登福、登文五支,亦久無似續其存焉者,登一、登四、登五、登七、登八,僅五支也。十合之名,歷久不渝,蓋守洽心之義於不替云。

十合公接張國楨射埠河老兩岸基地契

立絶契出賣舗市基地,領錢人張國禎、國昺、光彩、曉村、温泉等,今因移就,存摘基地,是以我兄弟商議，願將十五都一甲地名射埠，下舖基地一所、河老兩岸，上抵徐人垛壁，前直至江心，後直至瓦子塘心，下抵李人垛壁，前直至江心，後直至瓦子塘心。內有譚姓河車埠一個、水圳一條至田，竹木俱全，欲行出售。儘問親疏，俱稱不受，只得再三央中徐廷獻、張五惇等行言，説合譚十合公經管承二、承倫、祖燮、祖黄、祖振等向前承接。比日三面議定，時值價錢一十六千文整，係張人兄弟親手領訖，未少個文。清理上首包藏晝字，概在價内，未賣之先，並無重行典賃、謀奪逼勒準折等情，既賣之後，任聽譚人修造屋宇、圍園、作菜，管理自便，永無異言。其基地前後上下四至抵界，比日扦清明白，毫無互混，如有互混不明，出筆理落，不與受主相干。所出所受，彼此甘願。今欲有憑，立此絶契一紙，並老契共二紙，付與譚人永遠收執爲據。

批明“立”字起至“契“字止，國昺筆；餘係曉村筆。此批。

憑中證王文輝、徐廷獻、張五惇、張席儒。

價足契明，領不重書。

同治　年　月　日張國禎、國昺、光彩、曉村、温泉筆立。

十合公接雲桂田業契約

立絶契出賣田塘、筒車壩河、車埠水圳等項領銀人譚雲桂，同男德華等，今因移業就業，合口商議，願將先年價接十五都一甲，地名朱家灣，洲上水田三畝，計大小二坵，係萬皮塘、新塘、鐵舖塘、謝家塘、馬蝗塘蓄放照分，並筒車壩水照分照額，隨田車放注蔭，河埠水圳照分通流無阻。册名朱文博，扣正餉銀四分，南槽照派，概行出售。儘問親房人等，俱稱不受，央中證譚以德、薫朝等行言，召到本支十合公經管承倫、春華、春和、國瑞等，向前承接。比日三面得受時值田價銀五十三兩整，係雲桂父子親手領訖，未少分釐，包藏晝字、清理上首，概在價内。未賣之先，並無重行典當謀奪逼勒準折等情。既賣之後，任聽受業更名輸税，管理自便，並無續贖枝節異言。其田比日扦點明白，毫無互混。如有互混不明，係出筆理落，不與受主相干。所出所受，彼此甘願，兩無反悔異言。今欲有憑，立此絶契一紙，並老契，概付與十合公永遠收執爲據。

憑中證譚以德、譚薫朝。

價足契明，領不重書。

光緒三年　月　日，譚雲桂命男德華筆立。

十合公接朱修全田契

立絶契出賣田塘、牛車埠、筒車、水圳等項領銀人朱修全、修河，同孫男德杞等，合口商議，今因移就，願將十五都一甲，地名射埠，後壟中洲上契内摘售水田細五斗一坵，計三畝五分，係萬皮塘、鐵舖塘、謝家塘、馬蝗塘水澈底車放注蔭，筒車水照分注蔭，其河車埠水圳通流各塘水注蔭，均係照額無阻，册名朱文博，正餉銀七分四釐，南漕照派，概行出售。儘問親房人等，俱稱不受，央中證譚友銘、朱金山等行言，説到譚十合公位下經理尚志、振東、壽田、文炳等向前承接。比日憑中三面議定，得受時值田價銀六十六兩整，係朱人兄弟同孫男等親手領訖，未少分釐，包藏晝字、清理上首，概在價内，其田比日扦點明白，毫無互混。如有互混不清，概係出筆理落，不與受主相干。未賣之先，並無重行典當、謀奪、逼勒、準折等情，既賣之後，任聽譚人經理，更名完税，管理自便，朱人永無續贖異言，出受甘願。今欲有憑，立此絶契一紙，並抄老契一紙，付與譚人收執爲據。

價足契明，領不重書。

憑中證譚彦祥、雲桂、友銘、玉田、朱桂森、朱金山、朱江漢。

光緒二十年八月　日，運昌代筆立。

十合公接張阿歐陽任家坪田契

立絶契出賣田塘、屋基、屋宇、山林、竹木、園土、溝池、壕圍、禾坪、餘蕩、餘地等項，領價人張阿歐陽，同男正興、正和、正發、正副，及姪孫俊林、孫俊傑等，今因移業就業，合口商議，願將夫祖父遺業，及夫兄弟自置各股分關内十五都一甲，地名任家坪，水田八畝，其田正屋後竹山外五斗坵一坵，計五畝，田外自實竹塘邊起，隨田包圍宅壕，右旋至豬樓塘邊，又從秧田尾起，壕堋隨田繞至門首止，堋内秧田一坵，計一畝二分，豬樓塘一口，蓄注三股之二，挨連大溝，四隻門首，堋外水圳一條，由圳上蕩坵一坵，計一畝二分，蕩坵大路下田崽子一隻，王瓜塘邊上下田崽子二隻，三坵共計六分，屋後實竹塘一口，蓄注三股之二，門首月影塘一口，蓄注獨管，均係隨田注蔭車放，照額澈底無阻。瓦正屋一進四縫，前後六間，左頭以開珊垜壁爲界，上憑風簷，下齊屋脚，右頭廚房、碓屋、柴屋、灰屋、豬樓屋、廁屋，一連五間，横屋基地一所，糞蕩一隻，屋内板樓倉一間，盡頂倉門，鑿板俱全，桁櫞，樓栿、倉杠照樑、裝修神龕、窗檽板壁、内外門框、包皮門頁、照面傘柱、磉[illegible]石磴、前後堦基、壁脚周圍現成砌石禾坪，左頭挨開珊垜壁起，直下至塘邊出入路徑，通流無阻，屋後竹山一園，各色竹木俱全，山左頭挨開珊垜壁，直上旋至壕堋邊，周圍堋上堋外，竹木俱全，隨田洲土水路水圳，通流無阻，餘蕩、餘地、菜園、菜土，一應俱全，册名長右八屯張若宗，正餉銀四分，加津照派，欲行出售，儘問親支人等，俱稱無銀不受，再三央中劉文卿、歐陽選卿等行言，召到本都本甲譚十合公位下經理向前承接，憑中證三面議定，得受時值田價九一元銀二百兩整，包藏畫押，清理上首，一概在内，毫無外費。係我母子、姪孫眼同親手領訖，未少分釐。其田坵、畝塅、屋基、屋宇、塘圳、壕圍、山林、竹木、餘坪、餘地，坐落四至抵界，比日憑中證扦點明白，除批存墳禁外，毫無摘存，寸土寸木、勺水點石，概行掃售。如有遺漏，均屬譚人契管。未賣之先，並無重行典當、謀奪、準折等情，既賣之後，任聽譚人更名稅契，管理自便，永無續贖異言。如有互混不清，及上首親長外房人等另生節枝，概係出筆理落，不與受業相干。出受甘願，彼此無異。今欲有憑，立此絶契一紙，附上首老契並分關共三紙，付與譚人收執爲據。

批明“立”字起至第九行“間”字止，正和筆，餘係玉泉代筆。歐陽選卿筆批。

憑中證張美石、張遵山、劉彩成、陽選卿、劉文卿、譚友銘、譚文炳、張玉泉立。

價足契明，領不重書。

光緒二十年　月　日，張正發、正副、正興、正和、俊林、俊傑筆立。

洽三公田廬記

洽三，非先人之字也，何以名公？以洽之義取三合也，合何取乎三？我珺治祖派下今存五支，此公之合積，乃登一、登四、登五三支子孫洽心積公資，其登七、登八支子孫不與焉，故曰“洽三”也。三支經管爲何？登一支光軾、登四支光昰、登五支光渚，三人倡各支而洽之也。其公資何以始？咸豐八年冬，三支子孫各支派捐穀一碩，生息蓄爲公資。然僅此可成公耶？昔者，張公塘尾出水左側，承霍父子於公基建草廬，一進兩横，門首懇田三坵二畝。後於光緒年間，三房子孫將草廬基地新墾田一坵一畝，另就公地創建瓦屋一進一横，合共田三畝。其山界屋右抵郭姓壕基，左抵劉人壕基，上齊騎崙，下齊田邊，界内禾坪、菜土，亦無不備，歸作三支公業。自是公有田，田有廬，霍之子耕其田，略納公租，居其廬以俟終老，不忘開創洽於仁也，不肥私以瘠公，亦光前而裕後，異日田園益闢，祭掃尤隆，又洽於義、洽於體也。稱曰"洽三"，公後之人當顧名思義，此心永洽不渝，亦(鳥)〔烏〕能限其積累乎。是則我等日夜切心而望焉者矣。登一、登四、登五三祖派下裔等公記。

批明本公光緒十三年接買譚阿胡田七分，光緒十四年接買譚德致田四畝，兩契均登刊四修譜。民國二十一年，捐歸族立新民學校田六畝，永作校産。民國三十一年冬，三房經理族人等因族校增籌學款，及五修譜牒費用，復將公屋一棟、田七畝售歸與房内應明管理。本公僅存原開方坵一坵、公屋後山地一方，作爲基礎，以俟後人蓄積而復擴充之。洽三公經理子孫公記。

合五公接蒻民張弓塘田契

立絶契出賣田塘、壩甽、山嶺、山林領銀人譚蒻民，同男光燦兄弟等，今因無從出辦，是以父子商議，願將十五都一甲，地名張弓塘，祖遺鬮分内民熟時田七畝一坵，係張弓塘、中塘、下塘照分注蔭，軍熟時田三畝一坵，係馬家壩水照分車注，共計二坵，山嶺軍民照分鋤挖管理，民册名譚四維，正餉銀二錢，南漕照派，軍册名譚青山，正餉銀六分，加津照派，欲行出售，儘問親支人等，俱稱不受，只得央請户戚譚玉衡、譚擇仁、楊則榮等行言，説合本祖青山子孫向前公接。比日憑中三面議定時值田價紋銀二百三十二兩整，係民父子眼同親領，未少分釐。其田比日扦點明白，毫無互混。未賣之先，並無重行典當。既賣之後，任聽青山子孫更名稅契完餉，以及包藏畫字，上首脱業，一概在内，毫無外費。出受甘願，永無續贖枝節異言。如有互混不明，係出筆人理落，不與受主相干。今欲有憑，立此絶契一紙，附付與合五子孫收執爲據。

憑中證楊則榮、譚玉衡、譚擇仁。

嘉慶十九年十月初十日，命男光燦押筆立。

合五公接買徐盈升茅家背山地契

立絶契出賣山地領錢字人徐盈升，同姪晨二、祥一，緣先年祖遺分鬮内十五都二甲地名茅家背山地一所，因家務逼迫，難以自守，欲行出售，儘問家族親房人等，俱稱不受，央憑中證賓萼聯、徐詩誠行言，召到譚合五公位下嗣孫光薪、光達、光宗、光岑等向前承接。當日出備山價大錢一十八千五百文整。錢係徐盈升、晨二、祥一眼同親手領訖，未少分文。其山挨譚人祖墳，抵胡人壕堋，直下纏徐人田邊，至月形山斗米塘，纏夾壕坑透迤，直上至山頂，騎崙分水爲界，騎崙至右抵徐人坡邊，直下田邊，纏田邊繞至胡人堋邊，直上抵譚人墳山爲界。未賣之先，並無侵佔、謀奪等情。既賣之後，任聽譚人安塋進葬，修擢自便，徐人不得異言。倘有分鬮内互混不明，出筆理落，不與受主相干。今欲有憑，立此絶契一紙，付與譚人永遠收執爲據。批明徐人墳塋一冢，憑塋心過量各方一丈爲界。又批山内左側馮姓墳一冢，並無丈尺，聽其掛掃。此批。又批明契内墳塋一冢，註有丈尺，今憑李漢章、徐三楚等契載，丈尺之墳圍禁於外，其山内止有徐姓墳五冢,並無丈尺,任聽徐人掛掃。徐作雲筆批。

憑中證徐照南、譚以德、徐敬亭、賓萼聯、徐詩誠、劉春臺、徐崇德、譚竹軒。

同治八年　月　日,徐照南代筆立。

合五公接在州槐灣賴梓衝田契

立絶契出賣田塘、屋宇、基地、水圳、車埠、溝池、壕圍、山嶺、竹木、曬坪、隙地等項人譚在洲,同男繼薰、繼芳兄弟等,願將父分十都四甲,地名槐灣,鬮遺兄弟,並自置高茅屋業及開墾田,共計一百四十二畝,於前光緒十一年我兄弟分析,遵父遺命内摘給繼薰長孫田二畝五分,餘皆作三股品分。我分管之業,除前年售王姓外,僅存槐灣對港田九畝,並長田在内,後於光緒十五年,與弟潤齋兑賴梓衝鬮分内水田一十畝。該田對就多少價值,已於對契内找訖。潤弟今因移就,願將所對之業欲行掃售,册名李洪清割過,正餉銀一錢八分九釐,加津照派,儘問兩弟,俱稱不受,央中徐詩誠、譚少卿、譚元發等行言,説合本房合五公經理德明、德璀、德琮名下向前承接公管。比憑中證,得受九一元銀二百二十兩整,並包藏、畫押、清理老業,概在價内。係我父子親領,未少分釐,當日三面扦清,田畝自所兑之屋上首起,至下過水圳邊止,一流無間,大小不計坵數,共田一十畝,衝内蔭塘二口獨注獨管,又上欄塘一口,照出售王士元契蓄注,澈底車放無阻,茅莊屋一棟,一進兩横,裝修俱全,山嶺自屋下窊側排直上山頂騎崙,繞至衝尾田窊心,直下田尾止,上齊山頂,下齊山脚至基地,圳埠、溝園、山林、曬坪、隙地,寸土寸木概歸公受管理,毫無剋存。未賣之先,並無重行典當謀折等情。既售之後,仍聽合五公更名,完税自便,永無續贖異言。如有互混不清,係出筆人理落,與公無干。今欲有憑,立此新契一紙,並未税潤齋對契一紙,分鬮一紙,與本公位下經理,永遠收執爲據。

批明其管業新老屋契,潤齋尚存有田,不便批給,概存潤齋收存。後光緒二十八年,潤齋將田業售與袁姓,新老契據均給發與袁人收。此批。

憑中證譚元發、譚國瑞、潤齋、潤亭、徐詩成、譚文焕、集亭、譚少卿、譚金萬、達江。

光緒十九年　月　日,譚在洲押筆立。

合五公接胡敬庭茅家嘴田契

立絶契出賣田塘、港壩、注蔭、屋基、禾坪、園土、山嶺、壕圍、竹木、溝圳、塘魚、蓄放等項領銀人胡敬庭等,兹因調債需銀,我兄弟合口商議,願將祖遺十五都二甲濫泥壩衝口茅家嘴鬮分己分,並續接堂叔田屋,及堂叔等之堂屋廢基、後塝山嶺、壕圍、竹木等項,合成時熟水田五畝一分,其田坐山出衝左壠大路上邊,挨塘邊水田二畝五分一坵,又廟嘴楓樹坵下第三坵田,乃七斗坵分塞坐上面一坵二畝六分,均係清水塘一口、門首塘一口,澈底車放注蔭,照額無阻,及大港餘水蓄放照分,茅家嘴屋基一所,後塝山嶺上抵譚人墳禁,前抵塘邊,左依老壕水圳,由土地廟嘴隨壕轉上,仍抵譚人山界,又自界起,向右依壕直出,挨徐姓塘塝田邊爲界,挨界水圳一條堂過,册名胡瀧潮,割過民正餉銀上下忙共一錢三分六釐整,南漕照派,欲行出售。儘問親屬,俱稱不受,再三央中唐秀泉,説合譚合五公位下經管德明、德河、德璀等承接爲公。比憑中證,得受時值田價九一元銀一百兩整,係敬庭兄弟眼同親手領訖,未少分釐。其田山、屋宇、基地起止抵界,比日扦點明白,毫無互混。如有不清,係出筆人理落,不與受主相干。寸土、勺水、片石、微木，毫無剋存。未賣之先，並無重行典當謀(等)〔奪〕準折等情，既賣之後，聽業主更税、完餉、修建，永管保墓，永無續贖枝節異言。所出所受，彼此甘願。今欲有憑，立此絶契一紙，並分鬮老契一紙，概付與譚合五公經理，永遠收執爲據。

憑中證胡遠林、胡仕發、胡榮華、陳東亮、譚約吾、唐秀泉、譚海珊、譚文炳、譚友銘、少卿。

價足契明，領不重書。

光緒二十年　月　日，胡炳南押代筆立。

五合公接徐竹樓銅盃灣田契

立契絶賣田塘、壩圳、水注、車埠蓄放、基地、園土、溝池、禾場、隙地等項，領價銀人徐竹樓，同男永贊等，今因移業就業，合口商議，願將先年接受徐庭瑞鬮分内十五都一甲，地名銅盃灣，水田一十一畝五分，其田因通塞增長不一，照依時名扦清，自大王壩挨山脚邊一連三坵，今通作六斗一坵，計六畝，馬家壩邊四斗坵一坵四畝，大王鮆六斗坵下第三坵，挨譚五合公三斗坵下斗半坵，一坵一畝五分，均係大王壩、馬家壩、軍塘水注蔭車放，照額照分，澈底無阻，軍塘樋下水圳一條，一路繞至大王壩邊，隨田放注經過，通流無阻，又銅盃灣挨譚五合公屋左側基地一所，禾坪、園土、溝池，與家蓋南、亮思公三股佔一，隨基地居右一邊，基地門首細塘一口，蓄放與譚五合各半，又品作三股照分，銅盃灣大塘一口五股，品作三股照分，册名茶右一屯，徐作聖正餉割過，完餉銀二錢一分三釐，加津照派，概行出售。儘問親支人等，俱稱不受。再三央中譚子詮、徐子宜等行言，説合譚合五公位下經管桂亭、東甫、桂森承接爲公業。比憑中證言定，得受時值田價九一元銀三百零五兩整，係我父子親手領訖，未少分釐。清理上首書名畫押，概在價内，毫無外費。四至抵界，比日扦點明白，寸土、寸木、勺水、點石不存，一概掃售。倘有遺漏，查出仍歸契管。如據有隱匿，日後執出無用。未賣之先，並無重行典當謀奪逼勒準折等弊。既賣之後，聽受業更名輸税，施爲自便，永無續贖枝節異言。名押自親書，毫無互混。如有不清，係出筆理落，不與受業相干。出受兩願，恐口不憑，立此絶契，附抄老契二紙，並抄鬮一紙，付與受業永遠收執爲據。

批明契内摘售水田四畝，與家友銘父子分管，其田計四斗坵一坵，係契管塘壩水注蔭，照分得受價銀一百三十兩整，割過正餉銀並加津，照田科派。日後房内人等毋得違異。此批。

憑中證徐瑞生、譚子詮、徐仁甫、徐集華、郭春南、徐子宜。

價足契明，領不重書。

光緒三十二年　月　日，竹樓筆立。

附批：光緒十三年合五公接受家德文十五都一甲銅盃灣水田五畝，契載明晰，已於二十八年刊入本房支譜。三十二年，德文之子繼明兄弟再三懇將田業贖歸鬮照。依老契鬮據，並新立吐退字樣，歸繼明收執管理無異。此批。

合五公存劉文藻回批字

立回批字人劉文藻，今價接譚受日十五都一甲，地名大王山，田業契内批載正屋後山，内譚予元、子焉兄弟兩棺一堆，憑塋心起裁尺過量，上二丈、左一丈五尺，右三丈五尺，下三丈，抵屋後墈下，左側廢穴一堆，憑穴心起裁尺過量，上二丈抵子元公兄弟左羅圍外，下二丈五尺，抵山脚下園中,右二丈五尺,左二丈五尺,兩堆俱以窖石爲界。界内任聽譚人安塋、蓄禁、管理自便。今欲有憑,立此回批字契一紙,鉗契與譚人收執爲據。

憑契内中證譚以道、汪拔萃、譚克俊、譚尊山、劉道源、譚炳南。

道光十六年四月　日,劉文藻筆立。

恢先公田廬記

涓江之南距六十里,有射埠焉。埠之西南,距數里有銅盃灣,係明初我譚氏來潭祖之屯業處。故其子姓之支系,遂以銅盃名。蓋人以地棲,地以人傳也。厥後椒聊繁衍,生齒日增。該處田山、屋宇,有係公管者,有屬私管者,指不勝言。我十三派祖恢先公諱光渚者,生子四:長祖和、次祖鍾、三祖碱、四祖聲。公先年所遺銅盃灣老屋中棟,計四縫三間,由下棟出入,屋右禾坪下藕田一坵,大溝禾坪照分。此係武、聲得受鬮分之剋存業也。嗣後武、聲兄弟相繼下世。風微人往,堂構猶存。而武、聲又乏嗣,和、鍾之裔因念創造爲艱,守成當慎,爰將上年所存藕田之租穀二碩行息,並屋宇議存,爲恢先之公,以善繼前人之志,永垂後嗣之規。自是公有廬,廬有田,他日侖奂增輝,馨香並薦,武、聲雖無嗣,不猶之有嗣乎。後之子若孫,其亦善承之可也。是爲記。

位下嗣孫德俊、德潤、德濡、十六派繼銘、子詮氏譔。同姪繼明、繼榮等同識。

五合原委

忠麟祖生則侍、則佑。侍無配,佑字天佐,妣陳氏,生子七人:登科、登甲、登發、登榜、登第、登榮、登任。惟科、甲、任三房蕃衍至今,昔名爲五合者。乾隆十九年甲戌歲,各捐穀四大斗,蓄積成公,乃科、甲發榜,任五祖爲之也。乾隆二十三年戊寅冬,接買登科大王背茶右一屯田三畝三分,軍塘壩水,照分注蔭,正餉八分二釐。三十四年己丑,又價買瞻山老屋灣茶右一屯田三畝五分,計二坵,大塘注蓄,正餉六分,以上共田七畝。乾隆五十二年,刊入族譜。乾隆五十五年,公備價銀二百零四兩,接受瞻山崇德茶右一屯,額田八畝五分,計散工坵三畝半,屋場坵一畝,下五斗一坵一畝,係門首大塘放車澈底蓄魚,十七股之一,廟背一坵一畝半,大王壩及軍塘車注澈底,崇德分陀腦坵一坵二畝,係大塘澈底注蔭,軍正銀一錢六分,加津照派。中棟屋坐左一半,小溝一隻,上首菜園一磜、大溝一隻,有尾契。嘉慶五年,公備價銀二百八十五兩整,接買玉衡父子田一十五畝,長右八屯正銀二錢二分,茶右一屯正銀四分半,計檀樹坵、過水坵門首小坵各半,背上五升坵共二畝,大塘車放澈底蓄魚,十六股之二,軍塘照分放注。馬家壩一坵二畝,係馬家壩車注,及大王壩放注,灣塘邊六斗坵,係灣塘車注澈底蓄放,十五股之一。後背一坵三畝,新塘澈底車注蓄放一半,灣塘邊三坵二畝,係灣塘、蔡塘、皮塘車注澈底,蔡塘蓄放三股之二,門首長溝坐右一半,菜園一隻,以坑爲界,前左以牆爲界,右抵大塘邊,左横屋後溝池一隻,屋後山嶺照分修挖,正屋、横屋等項俱全,有尾契。其田山、屋宇,均坐十五都一甲射埠後銅盃灣,後因負欠,摘售田六畝妥事。道光十一年,備價銀一百兩,接買克繩六斗坵,係灣塘並塘内坑井,澈底注蔭,蓄魚照分,門首藕塘一半,菜土二聯,軍正銀三分。道光間,草莊屋一棟,與徐共堂屋,徐坐左一頭,五合坐右一頭。因二十七年冬,佃户失火,莊灰燼焉。其基地憑堂屋心脈劈分,掘坑窖石爲界。徐管坑左,譚管坑右。咸豐六年,五合於坑右新修基地,建公廬一進兩横,用費錢四十六千。凡五合所置造之田塘、壩圳、山地、餘坪、屋宇、溝池等項,昔五房共管,今則惟登科、登甲、登任三房子孫公管,以綿我忠麟祖之祀事。他日增置祀産,其光裕共爲後人期也,後人勉乎哉。

登科祖派下經理克繩、玉生、恢緒、竹軒,登甲祖派下經管光禕、光山,登任祖派下經管光震、光晉。三房嗣孫等同誌。

民國三十一年,因族校寬籌基金、提産及修譜費用,無從出辦,三房經理子孫合口商議,摘出水田壹拾叁畝,公屋居右横屋一縫,售歸與房内曉雲管理。又摘出田水起量三尺五寸,直下抵徐人菜園,墈邊爲界,五合公管,與我禾坪相連。扦清之後,各管各基,均無互混。今欲有憑,立此扦清字一紙,鉗五合公經理扦清字較收爲據。

此明兩下横屋後簷滴水中共管,其餘基地均無修造作溝。國瑞筆批。

憑户族漢文、國瑞、榮桂、文炳、文焕、德濡。

光緒二十二年十月二十七日,文焕鉗,命男德裕押筆立。

四美公楓樹隮墓田記

邑之上十七都三甲,地名楓樹隮者,芝奇之孫咸宜、世洪、久照、九日等接劉載福之業也。宜父開擁、洪父開徙、照祖開銘、日祖開詠,此四房者,先年各捐資蓄積,顔之曰“四美”。咸豐四年甲寅夏,以價銀一百兩接置劉業,有田十五畝,塘注獨管,茶左四軍正銀三錢,茅廬一進兩横。廬外兩山排闥,時送青來。溯其脈自烏石寨開幛,層巒疊嶂,迤邐至東台山,由烏石塘、燕子塘諸峯過,峽之玄行龍入隮尾左,結聚於中鞝。回顧烏石高峯,咸宜夫婦曁世洪、久照俱瘞於中鞝,九日則安窆於廬對岸老壕之旁乳上。其山之四址抵界,契載甚晰。兩岸騎崙有老壕圍遶茂林修竹,緑杉與紅樹相掩映,丹田與翠岫相盤旋,所謂美在其中也。每歲清明,四房祭掃,歲收租穀,徐輸正供,以妥公事,餘則廣置膏腴,他日生聚益繁,田園益闢,人傑未有不由于地靈者。書此以爲之記。

五典公田廬記

邑之十五都射埠後西北隅,有曹家塘。塘之右坳上正北向南,有茅廬一進兩横,廬之後山嶺一圍,廬之前有田二畝,自黄泥塘之下,環繞至腰塘背上,大小共八坵,係我銅盃支忠麟裔五典公諱承徽之遺存業也。五典公生子七,曰:光弼、光進、光南、光至、光錫、光聞、光舞,雖析居各處,而歲時伏臘,酬酢往來,樂敘天倫,依然雍睦一堂,而無爾虞我詐。一日乃羣相謂曰:我先考創業爲難,吾輩當守成不輟。先年所得該田租税,固各自藏之。繼自今議將田屋存爲我五典之公,以備掛掃不時之用,厥明年癸卯歲始事。嗣是以後,將見愈積愈增,以恢宏先業,垂裕後昆。其閥閲正未艾也。是爲記。繼銘識。

四合公接萬理高漢衡田契

立契甘歸公管字人譚萬理,今因移就,願將父接十五都下一甲高漢衡王墨林契管九畝,衡尾摘受老額田三畝,計一連三坵,後陸續田邊間地開墾,約有二畝,今共計田五畝,外上蔭塘,一口獨管,惟田下泉塘一口,每年車注一潑水,由王存田畝堤圳經過,通流無阻,册名譚鎮江民正銀六分,南漕照派。其山嶺由九畝衝、腰塘塘頭,右横截直上山頂,抵黄人壕基,挨壕騎崙,東纏譚雍九堂壕基,直至衝尾山頂,向南依黄人所管山界,左旋一路騎崙至腰塘,左岸以塘頭横截周圍擢修壕基爲界。扦點明白,毫無互混。該山内果雜、松杉、竹木均備。後父又建茅莊屋一棟,一進兩横,副雜屋二間,土倉一座,以及桁樤、樓栿、窗户、門片、砌石、坪園、溝蕩、墻壁等項俱全。先年已擬作父母保墓,今因未娶,恐後無人,央憑户族雲桂、元發等,甘願歸本房四合公位下子孫管理。比日得受經理焕文、海添、文漢、履祥,時用九一元銀一百二十二兩整,係我親手領訖,未少分釐。其田未賣之先,並無重行典當、謀奪、逼(勅)〔勒〕等情。既賣之後,任聽四房人等,其田或另佃外姓,其屋或門書四合公祠,其山作四房公管。凡來進葬者,無得騎頭牽脚,侵犯左右羅圍,以杜先後進葬爭論。今恐無憑,立此甘歸公管字一紙,並接王人尾契一紙,全領字一紙,與四合公位下經理永遠收執爲據。

批明第一行"萬理"本筆,餘係潤生代書。少卿筆批。

批明新屋對岸下左角内譚先葬鎮湘祖墳一冢,剋存尺丈,上至下四丈,左至右二丈一尺,係裁尺過量。少卿筆批。

憑户族國材、國瑞、用儀、文焕、元發、雲桂、少卿、潤生、壽田、曉初。

光緒二十二年十月二十七日,萬理。

(譚述亮纂修《[湖南湘潭]湘潭射埠譚氏五修家譜》 1943 年木活字本)

浙江金華東山傅氏懷義堂議約

立議約懷義堂,情因長房鉅百五十八府君派下光萊等,原有始助田八斗,土名上荷塘,背租十六秤,給胙八觔,於康熙年間因佃人累次欠租,有累助主賠墊,將此田出賣已訖。田價助主自己領去,其租錢助主年年交清不欠。先年糧辦亦俱算訖。光萊等因年老,恐後代子孫不知先人緣因。故於乾隆四十六年二月間,交出田價廿三兩五錢七折於懷義堂。公議每年將此錢利抵租助主,不必自交租銀。其胙永遠照依舊例。日後毋得再向懷義堂算糧,亦不得另生枝節。恐後無據,立此合同議約二紙,懷義助主各存一紙存照。

乾隆四十六年四月　日,立議約義堂頭首。

文公、亢宗、克昌、良元、應亨、宗敘、吕中、瑞玉、帝佐、公堅、映美,祠理益仕、達公、聖行、志堅、文清、永慶,峻山筆。

(傅以梯等主修,傅以枝等纂修《[浙江金華]東山傅氏十九修宗譜》 1921 年木活字本)

湖南寧鄉麻山湯氏隆房桂支祭田記

《禮》曰:"士有田則祭。"是祭爲報本之禮,而田實致祭之資也。我支自始祖至愛所公諱師相,凡拾壹派矣。育子君玉諱正燮,君玉開派四房。迄今子孫蕃衍,何莫非愛所公忠厚所留貽。愛所没葬潭邑七都梅湖新屋場上手。越乾隆戊子,遷葬本都狹山口,而君玉亦自石湖垇遷葬於斯,伴父左合冢,同午山子向。先祖有知,當亦自幸其爰得我所矣。墓山下祭田四畝,本下屯胥腴業。先是康熙年間,各房合志派捐,雖遠不逮,公祠祭産之盛,而春禴秋嘗,亦得藉以不替。第歷來田租子粒,因房下家計多艱,除每年祭費外,餘俱酌分。故無貯蓄。繼自今酌議,經管掌持,輪流交遞,以期銖積寸累,擴充於後,誠盛舉也。特刊於譜,以定章程。後之嗣孫或豐嗇之不均,亦固其所而於祭田所出,謹守此規,毋復希蹈前轍,則不惟享祀永賴,而祖若宗之靈爽,實式憑之矣。祭田顧不重哉。

乾隆五十年乙巳二月上浣之吉日,桂支十五派與侯一位氏謹記。

(清湯昌繼纂修《[湖南寧鄉]麻山湯氏六修族譜》 清咸豐九年雙桂堂木活字本)

河北定興鹿氏祀田

謹案:都轉公置祀田五頃二十九畝,爲祭祠、埽墓之需,呈縣存案,立法周備。後不知何人典出,僅存彭各莊地九十三畝。壯節公官黔時,贖回侯官營地一頃九十四畝、史家莊地五十二畝。今將初譜所載段落暨原定條規詳載於前,而以現存畝數暨支銷章程附列於後,願我族姓永奉烝嘗,世守勿替,是有厚望焉。

祀　田　記

吾家自始祖卜居江村,歷年四百。明季兵燹之後,播遷無定,恒産蕩然,雖科甲、仕宦代不乏人,而家無祠堂,墓鮮祭田,報本追遠之禮缺然。先人屢欲建興,俱限於力,而齎志未逮,大約皆貧爲累也。荃自束髮讀書,即與同學諸昆仲議,將來通籍後,當節廉俸、建家祠、置祭田,以妥先靈,而聯子姓。迄今年逾半百,筮仕二十餘年,竟無所成就,仍貧之爲累也。因念事難驟成,當就其所已能者,由漸而積,或克有濟。自抵任山右後,十餘年來,已曾陸續置薄田數百餘畝,收其租籽,以作每年春秋丁祭忠烈祠及清明祭埽備物散福之用,其餘則以補家居昆仲子姪薪水之不足。但不立定章程,恐無以垂諸久遠。今將所置地畝,悉爲祭田,開列一册。另易公産糧名,存之公所,歲議主掌之人妥爲經理,凡每歲春秋丁祭、清明祭埽,皆取給於此所餘之項,積至數年,即可營建家祠。至昆仲子姪日費所需,仍隨時分廉俸以供之,儻荃仰邀祖宗庇蔭,年力不驟至衰頹,勉盡職守,歲積廩禄之餘,或能續置公産,則家塾、義莊可由漸而舉,是則荃所中心刻厲、不遑寧息者也。因記其事於石。乾隆五十一年歲次丙午仲春穀旦荃識。

規　條

一、此田既爲祀田,即係公産,因將地糧過於公産名下,並造册二本,呈明縣署,過硃用印,一存官,一發交本族董事,輪流收執。儻有擅賣擅買,雖係子孫,亦以盗賣官田論。

一、經理祀田,擇族中誠謹能事者爲董事,更擇一人爲之副,凡收發支銷,商同妥辦。一年事畢,董事結算交代,即以副者爲董事,另舉一人爲副。每歲更换輪值,皆於孟春上旬公議,如本族不得其人,可延親友一人佐理,其於一切簿册、公件二人皆署名。

一、田共計五頃二十九畝七分零,現在每歲租錢約計京錢三百餘千,從九、十月間收起,冬底收竣,預擇城内殷實舖户,隨收隨寄。董事不得存入私宅,滋人議論。除祠祀祭埽向舖户支用外,其餘錢文自二月起至十二月止,作一分行息,次年孟春結算清楚,另擇一家生放,一年一更,庶無日久拖欠之弊。

一、鹿氏公産圖記一方,凡應存貯之册籍及文契字筆等項用之。公産出納圖記一方,凡出入銀錢帳簿及收支底簿等項用之。每歲上下交代之日,眼同結算,務將管收除在分列明晰,加以圖記。儻有侵漁,除如數賠償,仍分别議罰。

一、現在每歲租籽所入,除祠祀祭埽封納錢糧支銷外,應餘京錢二百數十千文,照數生息,積久即可陸續增置田畝,並祠堂有當修葺之處,亦可取資於此。

一、董事一歲薪水銀　兩,副董事一歲薪水銀　兩,按季分支。將來田多租裕、事日加繁,再議酌增。

一、有擅種不交租籽者,無論同姓異姓,即行送官追究。

本縣存案呈

現任江蘇鎮江府知府鹿荃抱呈家人關忠,爲呈明祀産,懇乞存案,以備稽考,以垂永久事。切荃係先忠節公六世孫,伏念自始祖卜居江村以來,歷今四百餘年,世守耕讀,雖代有科甲,廁身仕籍,終非富厚者比,故家祠祭産至今缺然。惟先忠節公建有專祠,動支正項,春秋致祭,凡在子姓皆得隨從與祭。今荃沐國恩、叨祖庇,由教職出身,洊歷知府,食俸二十餘載,圖報君親,未酬萬一。惟素甘淡泊,時凛冰淵,所有歲餘廩禄,陸續置得(簿)〔薄〕田五頃二十九畝零,不敢自爲子孫計,情願儘數捐爲祀田,以作忠節祠歲修並拜埽各祖墳之用,以償先人未竟之夙志。謹將田畝、坐落、數目逐一開具册籍,議立章程,專人經司出納。第恐行之日久,不能無弊,故特將二册據實呈明,仰祈老父臺大人鑒察准賜,蓋印過硃,一存房立案,一發交本家,俾兩有稽考,庶可杜弊。將來傳之悠久,則烝嘗有賴,永叨錫類,鴻慈祀典,增光奕禩,不忘戴德。爲此激切上呈,伏乞仁明老父臺大人恩准,電鑒施行。乾隆五十一年二月　　日呈。

地畝段落

一、東關春廠地一段,十二畝二分七釐。每畝價銀十五兩。東至春廠,西至官溝,南至道,北至地節。

一、東關外蔡家墳地二段,共十六畝四分:每畝價銀十二兩。一段五畝七分六釐,東至王姓,南至蔡姓墳,西至陳姓,北至道;一段十畝零六分四釐,東至小道,南至道,西至王姓,北至蔡姓墳。

一、册上新莊村北東西隴地一段,六畝六分六釐。每畝價銀十二兩。南至陳姓,北至張姓,東西二至道。中長二百三十三步,東可七步一尺四寸,中可七步二尺,西可七步二尺五寸。

一、城東南北隴地一段,十三畝八分六釐。每畝價銀十三兩。東至吴姓,西至宋姓,南北二至旗地。北可二十二步零五寸,中可十九步四尺五寸,南可七步三尺,長可一百五十二步;又一段中寬可十四步,中長可三十一步;又一段中寬可三十一步,中長可二十六步三尺。

一、東關春廠後南北隴地一段,四畝五分。每畝價銀十三兩。東至官地,西至胡姓,南至買主,北至道。長可一百五十六步,寬可六步四尺五寸。

一、大北關後地三段,共二十畝零八分:一段十三畝八分,每畝價銀十五兩。西南二至道,東北二至旗地,一段四畝。每畝價銀十五兩。西至賣主,南至翟姓,東至旗地,北至道;一段三畝,每畝價銀十四兩。東北西三至崔姓,南至道。

一、城東地一段,七畝。每畝價銀十三兩。西至何姓,東南北三至旗地。

一、祖村店村東園地一段,七畝七分。每畝價銀十八兩。東至香火地,西至道,南至天齊廟,北至李姓。中長五十六弓三尺,西可八弓二尺,東可三十三弓三尺;中長九弓一尺,内除廟。西可三十四弓三尺,東可七弓一尺。

一、杜家莊南地一段,十一畝六分五釐。每畝價銀十二兩。南至王姓,北至香火地,東西二至道。北可三十七弓,南可四十三弓,中長七弓。

一、彭各莊村西南南北地一段,十畝。每畝地價京錢七千五百文。東至王姓,西至卞姓,南北二至道。北可八步一尺一寸,長可二百九十二步,三可同。

一、彭各莊村北南北地一段,十畝。每畝地價京錢八千四百文。東至孫姓,西至李姓,南北二至道。南可十五步二尺四寸,北可十五步四尺四寸,中可十五步三尺四寸,長可一百五十四步三尺。

一、彭各莊村北東西地一段,六畝五分。每畝地價京錢九千文。東西二至道,南至王姓,北至張姓。寬可九步零一尺,長可一百七十步。

一、彭各莊村南南北地一段,二十三畝四分一釐八毫。每畝地價京錢九千文。東至張姓,西至王姓,南至溝,北至道。南可十三步一尺六寸,北可十二步二尺六寸,中可三十步零一寸,長可四百三十四步。

一、彭各莊村南南北地一段,十一畝。每畝地價京錢十一千五百文。東至王姓,西至卞姓,南北二至道。南可二十五步零三寸,三可同,長可一百零五步二尺。

一、彭各莊村東南北地一段,六畝。每畝地價京錢十千零三百文。東至張姓,西至王姓,南至溝,北至道。南可十五步,北可十六步,中可十五步,長可九十四步。

一、彭各莊村東南北地一段,十一畝。每畝地價京錢九千文。東至張姓,西至卞姓,南北二至道。南可十一步九尺,北可十二步二尺,中可十三步,長可二百零八步。

一、彭各莊村西北東西地一段,五畝。每畝地價京錢七千四百文。東至道,西至張姓,南北二至王姓。東可四步二尺五寸,三可同,長可二百六十七步。

一、彭各莊村北東西地一段,十畝零四分三釐。每畝地價京錢八千八百文。西可二十步,中可二十步,東可二十步,長可一百零七步;又東可四步二尺五寸;又中可四步零三尺;又長可八十步。

一、王各莊村南南北地一段,四十九畝五分二釐。每畝地價京錢八千五百文。東至賣主,西至道,南至道,北至溝。南可七十八弓,北可七十五弓二尺,中可七十三弓三尺五寸,長可一百五十七弓。

一、北章村北南北地一段,三十九畝二分八毫七絲三忽。每畝價銀十兩東至張姓,西至句姓,南至墳,北至旗地。南頭小段四十九步,南可十四步三尺九寸,北可十四步四尺;大段長二百六十一步一尺八寸,中可二十五步,南可二十五步三尺三寸,北可二十八步一尺五寸。西邊小段長一百十五步四尺,中可十五步一尺,二可同。又一小段長十六步三尺,中可二步四尺。

一、侯官營地二頃二十五畝八分一釐,每畝地價京錢四千五百文。計地二十段:

一段六畝,坐落村西南南北地。東至侯姓,西至張姓,南至道,北至百家地頭。北可八弓四尺七寸,三可同,中長一百六十一弓一尺八寸。

二段四畝八分二釐七毫,坐落村南南北地。東至陳姓,西至濠,南至張姓,北至道。北可十二弓三尺五寸,南可十三弓一尺,中可十二弓二尺,中長九十弓零四尺。

三段十五畝,坐落村南南北地。南至張姓,北至道,東至陳姓,西至張姓。北可二十一弓四尺,三可同,中長一百六十五弓三尺。

四段二十畝,坐落村南東西地。南至張姓,北至張姓,東西二至道。西可十八弓,三可同,中長二百六十九弓。

五段三十二畝,坐落村東南東西地。東至胡姓,西至道,南至史姓,北至張姓。西頭刀把地,西可六弓三尺,東可六弓,中長五十二弓;東截,西可二十一弓,東可二十弓零五寸,中可二十弓零一尺五寸,中長一百二十弓;又東截,西可三十一弓,東可三十弓,中可三十一弓三尺五寸,中長一百五十弓;又東截刀把地,西可二十三弓一尺五寸,東可二十二弓,中長二十弓。

六段六畝四分五釐,坐落村南東西地。北至侯姓,南至張姓,東西二至道。中可五弓四尺七寸,三可同,中長二百六十一弓三尺。

七段六畝四分五釐,坐落村東南東西地。南至侯姓,北至百家地頭,西至道,東至百家地頭。西可十六弓,中可十五弓,東可十四弓二尺,中長一百十二弓。

八段十八畝六分五釐,坐落村東南北地。西至李姓,東至盧姓,南至溝,北至道。北可十八弓三尺,中可八弓二尺,南可十七弓一尺,中長二百五十三弓。

九段五畝,坐落村東南東西地。南至侯姓,北至侯姓,東至地節,西至道。南可六弓一尺,三可同,中長一百九十二弓。

十段十二畝八分八釐,坐落村東南北地。西至侯姓,東至侯姓,南北二至道。南可十五弓二尺五寸,三可同,中長九十八弓;又北可十八弓二尺,南可十九弓,中長八十二弓二尺。

十一段六畝,坐落村東南北地。東至陳姓,西至李姓,南北二至道。東可九弓,中可九弓,北可九弓二尺四寸,中長一百六十一弓零二尺。

十二段十畝,坐落村東南北地。東至張姓,西至買主,南北二至道。北可十四弓一尺,中可十四弓一尺,南可十四弓零五寸,中長一百七十三弓。

十三段五畝三分,坐落村東南北地。西至胡姓,東至買主,南至道,北至百家地頭。南可四弓三尺,中可四弓四尺,北可四弓四尺,中長二百七十四弓。

十四段十四畝六分,坐落村東南北地。東至張姓,西至侯姓,南北二至道。南可十九弓二尺,中可十九弓一尺五寸,北可十九弓三尺,中長一百八十弓零一尺五寸。

十五段七畝,坐落村北南北地。東至侯姓,西至龐姓,南至濠,北至侯姓。南頭南可五弓,北可六弓零五寸;北頭南可六弓一尺,中可六弓一尺,北可六弓一尺,中長二百七十九弓。

十六段四畝五分,坐落村北南北地。東至侯姓,西至胡姓,南至道,北至侯姓。北可五弓,中可四弓四尺,南可四弓三尺,中長二百二十五弓。

十七段十二畝,坐落村東北南北地。東西二至侯姓,南北二至道。南可十三弓,三可同,中長二百二十二弓。

十八段十三畝一分三釐,坐落村東北東西地。東西二至道,南至張姓,北至侯姓。西可十五弓三尺,中可十四弓三尺五寸,東可十三弓四尺五寸,中長二百十三弓四尺五寸。

十九段九畝二分,坐落村北南北地。東至侯姓,西至侯姓,南至道,北至侯姓。南可七弓四尺八寸,中可七弓四尺五寸,北可七弓四尺,中長二百七十九弓三尺。

二十段十六畝八分,坐落村北南北地。東至侯姓,南至濠,西至道,北至侯姓。北可十三弓三尺,中可十三弓四尺五寸,南可十四弓三尺;又刀把地北可六弓一尺五寸,南可五弓三尺,中長十八弓,北頭中長二百八十弓。

一、侯官營村南南北地一段,二十一畝。每畝京錢四千三百五十文。南至溝,北至百家地頭,東至侯姓,西至道。南可三十五弓,中可三十二弓,北可二十三弓,中長一百七十弓。

共計地五頃二十九畝七分二釐。

地畝文契

一、契地十二畝二分七釐,坐落東關外春廠,原業張景雲。

一、契地一段五畝七分六釐,一段十畝六分四釐。坐落東關外蔡家墳,原業王俊。

一、契地六畝六分六釐,坐落册上新莊,原業沈清。

一、契地十三畝八分六釐,坐落城東南,原業何臺。

一、契地四畝五分,坐落東關春廠後,原業何起元。

一、契地一段十三畝八分,一段四畝,一段三畝。坐落大北關後,原業翟煜。

一、契地七畝,坐落城東,原業吴景和。

一、契園地七畝七分,坐落祖村店,原業史。

一、契地十一畝六分五釐,坐落杜家莊,原業王。

一、契地十畝,坐落彭各莊,原業孫璜。

一、契地十畝,坐落彭各莊,原業王伊。

一、契地六畝五分,坐落彭各莊,原業陳卓。

一、契地二十三畝四分一釐八毫,坐落彭各莊,原業劉文福。

一、契地十一畝,坐落彭各莊,原業卞林璽。

一、契地六畝,坐落彭各莊,原業王瑞。

一、契地十一畝,坐落彭各莊,原業卞林誠。

一、契地五畝,坐落彭各莊,原業王書九。

一、契地十畝零四分三釐,坐落彭各莊,原業王書九。

一、契地四十九畝五分二釐,坐落王各莊,原業謝宏功。

一、契地三十九畝二分八毫七絲三忽,坐落北章村,原業和愔、憬。

一、契地二十段計二頃二十五畝八分一釐,坐落侯官營,原業鄭。

一、契地二十一畝,坐落侯官營,原業張鉞。

以上共地契二十二張。

祀田現存畝數並收租數目

彭各莊地九十三畝三分,内除三分不索租外,每畝租錢一千,後又共減一百,每年實共收租錢九十二千九百文。

史家莊地五十二畝,每畝租錢一千,每年實共收租錢五十二千。按初譜所載地畝、段落,此項地亦歸侯官營。

侯官營地一頃九十四畝四分七釐,内除四分七釐暨總佃種十二畝不索租外,下餘一頃八十二畝,每畝租錢一千,每年實共收租錢一百八十二千。

祀田租支銷章程

彭各莊租錢九十二千九百,交總值年辦理太公、忠烈兩祠春秋祭祀,内提十五千歸江村值年作清明祭埽祖塋之用。

史家莊租錢五十二千,交壯節祠值年辦理壯節祠春秋祭祀。

侯官營租錢一百八十二千,内除冬至祭家廟提錢十五千、清明祭埽江村祖塋添錢六千,餘款備各祠修理之用,經手者實用實銷,不得稍存弊混。

(清鹿傳霖纂修《[河北定興]定興鹿氏二續譜》 清光緒二十三年刻本)

浙江諸暨趙氏祀田

勤一百七十五公祀田綸九蓬户

立議房分毓星等,切星父進九十九公,生星兄弟五人。四弟毓暶自幼多疾,因不娶親,在日固星兄弟輪流供膳。今已去世有年,自後血食當深爲之計。因與兄弟子姪共相商議承繼,多有未便。且不如立祀,永遠弗替。將四弟所有産業即立爲四弟祀産。星父派下永遠輪流收花供祭值祀。嗣後如有紊論違議,即作不孝論,各相允洽。立議四紙,永遠存炤。其田號、畝分詳載于左:

坐本都

弱字三百六十九號,田九分三釐五毫,嶺脚。

二百九十二號,塘拍二釐五毫,安山灣塘。

五百二十八號,田一畝九分九釐一毫,衣裳山下。

二百四十五號,田一畝五釐,十二羅。

傾字七百六十七號,田七分三釐四毫,楓樹灣。

一千一百二十六號,新田四分,坤頭。

一千一百三十二號,田九分三釐,同。

乾隆五十五年九月　　日,立議毓星、毓晃、毓昉、姪名榮、名櫝。

(趙宗渭,趙槐等纂修《[浙江諸暨]趙氏清門宗譜》 1912年嘉會堂木活字本)

浙江烏程王氏祀産助田

紀　祀　産

接畛連畦,義存贍族,以供烝嘗,以賙煢獨,世守不衍,先疇是服。紀祀産第四。

古者田皆授於官,卿以下必有圭田。大夫士宗廟之祭,有田則祭,無田則薦。祭之出於田也,章章矣。井田既廢,不由官授。先儒謂初立祠堂,計見田每龕取二十之一,以爲祭田。立約聞官,宗子主之,以給祭用。親盡則以爲墓田,亦猶行古之道也。范文正公置義莊以贍族,史册俱艷稱之。第使人懷仁孝,家敦親睦,即太和元氣之周流,比户可封矣。吾族支析丁繁,率多貧寠,祠墓祀或闕焉。余祖考恕齋公于康熙己亥,助田若干畝,至乾隆年間,陸續增廓倍于原數。而市廛賃息,日愈以饒。歲祀而外,族之鰥寡孤獨廢疾者,胥有養也。是則睦族糾宗之誼,始于能創繼,貴善因,可不詳其本末而紀之于譜牒乎。若夫經理之術、會計之方,是在司事之得其人,公爾忘私,恪勤將事,乃可以歷久而無弊焉。

助　田　記

從來敦本愛親之心,人所固有,而敦本愛親之道,人所當知。其道維何,曰生前奉養也,歿後享祀也。奉養在乎致謹,而享祀貴乎弗闕。其所以弗闕之故,而百世如一日者,惟祭田爲善。夫祭之品制,有加無已,而田之多寡有增無減。祭之他産,或有更變,惟田之資蓄,殊有恒規。

故古之右姓大族，子孫衆多永遠弗替者，未有不以祭田爲世守焉。《禮》云："惟士無田，則亦不祭。"正此謂也。予自顧浮薄，有志而力不逮。然敦本愛親之道，時惕于心。所承愛山祠堂一座，祖傳數葉，向有山租祭祀，幸弗衰替。恐日後族繁費廣，祭有不備。願將祖遺小湖東西殆字圩田二十餘畝，以補春秋兩祀之典。每歲所收，除錢糧祭祀外，稍有餘資，或修葺宗祠，或增置田産，或有不得已之公費，暫爲緩急通融。凡有所需，必當公同族議，毋得持一己之私而自專也。嗣後子孫恪守，更能光大前業。幸甚幸甚。

康熙五十八年己亥正月，八世孫世傑謹述。

（王樹榮等纂修《[浙江烏程]王氏族譜》 1936 年鉛印本）

浙江新昌彩煙丁氏祀産

居簡公派下兩房，今立輪流承祀，憑議長房派祖諱敦宇，墓葬洞山五葉蓮花，幼房派祖諱汝霖，同子謂、朋二公，墓葬下坑山伏虎形。前因居簡公未立祭産，惟汝霖公派有祀田，共貳畝壹分，議明父享子祭，即敦宇公亦得從父祀。向來祀墳之日，祭汝霖公，並謂、朋二公墳墓，隨祀居簡公，祭胙照丁給散。值祭，長幼輪流，敦宇、汝霖兩房派下，上申敬宗尊祖之情，不以有無塋産起見。原將汝霖公祀田二畝壹分，於宗譜載入居簡公名下，俾敦宇公派下輪管有憑。嗣後陸續增置祀田叁畝二分，皆居簡公餘山生息收花，兩房派下照舊輪流。恐日久弊生，另萌枝節，邀同親族寫立憑議貳紙，在敦宇公派，須念先人孝友淵源，兄享弟祭。不得自分彼此，值祭掃墓。謹照舊規，毋許怠慢。在汝霖公派，亦須守先人收族之誼，不得強弱相凌。兩房派下，各執永遠爲照。

時嘉慶二十二年九月　　日，立憑議敦宇公派孫德堦，汝霖公派孫雲開、宗禮。見族佳振，中親胡長法、梁志仁、楊世能，代筆楊學樞，以上俱押。

敦宇公派一紙，交上丁德堦藏執。

汝霖公派一紙，交湯家雲開藏執。

合同議據

母梁氏今立合同。髮夫盛府君原有二子：長子子仁，次子子義，原夫不幸身亡，後轉醮丁府君，更出二子：長子宗魁，次子宗科。今又不幸夫君壽終。氏思年逮六旬有餘，年邁力衰，不能掌事。敬請兩姓房族理論，兄弟四人，雖分二姓，共出一胞。和睦各捐塋産，併同壇祭掃，髮夫子子仁、子義，捐田一畝，計三坵，坐名下路頭；後夫子宗魁、宗科，捐田一項，坐土名門口八石，計一坵，共田二畝三石。望母百年之後，放出四股，輪流值祭。合遵母命，係作孝子之論。恐後無憑，立此合同一樣二紙，各執一紙，永遠存照。

嘉慶十年四月　日，立合同母梁氏，長子盛子仁、次子盛子義、三子丁宗魁、幼子丁宗科，母舅梁祖才，叔盛傳緣、盛傳奎，堂兄丁安老、丁招老、丁信老，親壻盛孫蘭，外甥陳金福，代書楊其寧。以上俱押。

議　　據

家長大裘房長宗祥、友直、友信等，今立議據。原國欽公生三子：長洪聞、次洪閏、幼洪閔。幼子洪閔自幼出繼梁姓，後洪閔公不忍忘宗，因命長孫殷能歸宗入譜。不幸殷能又未得嗣息而卒。玆届修譜，議將殷能次姪宗樓仍歸宗，頂入伯父殷能名下爲嗣，甚屬情理所有。上代塋産，亦理宜照股輪值。奈長洪聞公、次洪閏公二房派下，執有乾隆辛卯刊載之舊譜，上代塋産，係長、次兩房自行捐置，與幼房無涉，而殷能上代祭祀，現成領胙，不得管業等語。但當年譜雖有此載，然譜所以傳親誼而不傳乖戾也。今宗樓理合歸宗，而塋産亦相應輪管。仍若如前，塋産無值，祭祀無承，猶與途人無異。爾等當念一本情深，毋得執意以傷骨肉。裘等即從公理，取宗樓捐出錢七千文歸與長、次二房分拍，以消舊譜之因。自立議以後，所有國欽公下塋産，以及上代祭田，三房照股輪流，永不許翻悔，再生枝節。各皆允服。恐後無憑，因立議據，載諸譜牒，以作萬世永遠無易之照。

道光五年八月　日，立議據家長大裘房長宗祥、友直、友信，聽議殷綱、宗信、宗禮、宗閔、宗文、宗期、宗樞、宗齊、宗科、宗樓，代筆維典，以上俱押。

議　　據

月華公派孫漢達等，今立議據。原我月華公産生四子：長房承元、次房承先、三房承兆、幼房承統。維三房絶嗣，長房與小房亦不能甚發。維二房人丁廣衆。大小商議，將三房歷代祭産，盡行歸與二房承管。每年清明祀墳，打出糠糍三十斤，熟肉三斤，後溪外甥一人、大宅裏外甥一人、長房與小房亦各一人，同來墳祭掃。散祭，每人散糍一斤、酒飯一餐。維三房空錢六十八千，二房填出。日後長房與小房要管，還得二房填頭，則可同管。恐後無憑，立此議據，永遠存照。

同治五年歲在丙寅仲冬穀旦，中漢達、春益、助法、友桂。見親楊啓照，代書楊金芝，以上俱押。

學茂公祀田

一、田二石五斗，計一坵，土坐馬府街毛竹户口墳前地方。

又毛竹户口共墳二雙，内學茂公一雙，可貴公一雙，葬造並側，坐南朝北。又墳内壙坐同向。

上三十七都祖明仁公，扦轉墳墓，葬廿九都上丁雙柏。

三十七都寺嶴梘塘

殷相公出繼王榮瑞，奉祀傳宗接代香火。

馬府街白巖山脚

祖墳八塚，坐西南向東北。寺磡梘塘後門土地灣墳一塚，坐北向南，上丁本村性俊公祀下。祀産、塋田，列在道光乙酉譜籍。

僅載一沸甽，一條上至碑口起，下至大路橋止。

一塘一口，土名荷塘，内附塘岸餘地一圈。此塘係在屋側，以防火災，又有養魚生息。今族公議，不許車戽。如有不法，會同子姓懲罰。

岳公祀田

一、田三石，坐麻車湖北墳前承種。

一、收租田三石，坐土浚口塘，六石内承半三石。

一、水路二條，土名二處。

明臣公祀田

一、官田四石，坐土前溪承種。

一、田一石，坐土雙柏墳造田内。

一、地八石，坐土下利坵各分四石東邊。

一、地一畝，内承二石半，坐土大墳西邊路上。

一、地一畝，坐土新屋前大菜園。

洪達公祀田

一、田三石，土名門口。

一、田三石十一羅，内承三石，坐土荷塘上收租。

一、租田七斗，坐土百廿羅。

一、租田三斗，坐土西余門口。

洪印公祀田

一、地二石，坐土屋外。

一、地二石，坐土柿樹脚。

一、三石，坐土屋側。

啓佩公祀田

一、租田八石，土名三板橋頭。

一、官田四石,土名同。

一、官田三石,土名荷塘收租。

一、民田三石,土名紅石山頭收租。

一、民田二石,土名門口收租。

一、民田一石,土名雙臼收租。

一、民田四石,土名上葛。

一、民田一坵,土坑岸。

一、民田六石内承三石,坐雙臼收租。

一、田五石,土名雙臼收租。

一、民地三石,土名大溪湯。

啓貢公祀田

一、田十二籮,土名門口承種。

一、田四石,坐土屋後承種。

一、田二石,坐土浚口塘下。

一、地三石,土名長爿地隔湖。

一、地二石,坐土新屋後門。

一、民田石半收租,坐土東塘岸。

一、民田四石,坐土官塘月。

啓傳公祀田

一、田一坵計三石,土名羅漢潭。

一、地一爿,土名升井頭。

一、地三石計二坵,土名隔湖。

雲林公祀田

一、田三石半,土名上墈。

一、田一畝,土名下墈。

一、田一石半,土名井孔岸。

一、田二石,土名新屋後門。

一、田四石,土名新屋前。

一、地二畝,土名新屋後門。

學慶公祀田

一、租田一畝,坐東山頭貝。

一、地一爿計三石,坐土大墳。

附規程一條

一、凡貢監二生,前清未經宣布者,即係廢照。雖或有載在譜籍,亦一時被蒙之故。況今國制變更,尤覺無謂。然魚目雖可混珠,水落終見石出。以後凡春冬四季,不得頒胙散祭。

(清丁志賢纂修《[浙江新昌]彩煙丁氏宗譜》 1924年新昌永恩堂木活字本)

北京鈕祜禄氏祭田

《王制》云:大夫、士宗廟之祭,有田則祭,無田則薦。祭之係於田也,不綦重與。今祠宇初成,祀事粗備,誠恐不足以垂久遠,特將舊置順義縣等處地共捌頃叁拾捌畝,作爲本祠祭産,而歲修亦分刊於後,呈明本旗,咨部備案,俾後世子孫知所謹守焉。詳列如左,計開:

順義縣地共貳頃伍拾陸畝。每年額租京錢壹伯叁拾千文,作爲年節祭祀用。

姜家莊陽宅地共玖拾壹畝。每年額租京錢玖拾壹千文,作爲春祭用。

南湖須葉家墳共地壹頃貳拾伍畝。每年額租京錢壹伯千文,作爲秋祭用。

三河縣新金莊地七段共壹頃捌拾畝。

南趙各莊地共貳頃零陸畝。每年二共額租京錢壹伯伍拾千文。以上二處作爲歲修用。

墓祭田

墓祭田者,吾祖考、先考、叔考墓祀之産也。祖車公墓遠在關東,歲時祭掃,惟居關東之子孫司其事,京之族人羈於職守,勢不能往。今建立宇,特置祭田,亦聊以盡追遠之誠也。因思先祖考、先考、叔考墓祀亦無常貲,乃將東壩、馬前營等處地共拾壹頃陸拾叁畝半,作爲墓祀常産,並分注陽宅歲修,與祠堂祭田一併呈明部旗,除另於先塋陽宅泐石外,兹併附記於祠之後殿,私所親仍統所尊云。

計開:

東壩、馬前營地共貳頃肆拾畝。每年額租京錢壹伯叁拾柒千伍伯文,作爲年節祭掃用。

花梨、坎溝、渥河地共壹頃肆拾壹畝半。每年額租京錢玖拾貳千貳伯文,作爲春祭用。

拉司營地共叁頃陸拾貳畝。每年額租京錢壹伯叁拾捌千叁佰文,作爲秋祭用。

順義縣三家店地共貳頃捌拾貳畝,北法信村池共壹頃叁拾捌畝。每年兩處共額租京錢貳佰千文,作爲新舊塋陽宅歲修。

六世孫福克精阿謹記。

（清福克精阿纂修《［北京］鈕祜禄氏三房宗祠碑文》 清嘉慶十二年刻本）

浙江東陽王氏麗川大宗祠祭田

麗川大宗祠於春秋兩祭之外，特設宅後潭祖墓寒食節一祭，由來已久。近因常貲窘乏，此祭缺然不舉。二十九世孫亨孚割己膏腴産五畝有奇，助入公常遞年收，稍以爲清明日祭掃備辦品物之資，而祀典賴以不墜，甚盛舉也。兹因家乘重修，謹爲誌其緣由，而登諸譜，俾後子孫世守勿替云。

其助契載明於後：

本家立助契，孫亨孚今因麗川大宗祠，向係遞年清明日祭掃宅後潭祖塋。近因祠内缺費，祭禮無辦。自愿助入祠内穀田共計壹百伍秤，土名横墩下田一坵，伍拾秤，三十七都隔溪城脚田一坵，三十秤，又土名下硬水碓坵田一坵，廿五秤，其田面斷遞年共納入祠内稍價銅錢七千文足串，約至清明前五日交稍完足，以爲備辦祭禮之需。其田任憑祠内糧米照號收籍過户，決不執留。面同族衆議定，每年二月十五、十月十五，祠内排祭桌一張，鼎三百廿九府君、金氏安人，觀三百九十三府君、趙氏安人，大四百七十四府君、徐氏安人，共六位受享。每節規子孫一人散祭。至清明祭，宅後潭另取胙熟肉二斤、羊肉一斤。自助之後，其稍錢決不短欠。其田祠内子孫亦不得廢賣，又不得有爭稍等情。今欲有憑，立下助契，永遠存照行。

衆議二月十五日、十月十五日，每節加散祭一人，並照。

道光十七年二月　　日，立助契孫亨孚，見面姪蘭秀、連成。依口代筆族孫律時，俱押。助契行。

（清王彦梓等纂修《［浙江東陽］河汾王氏宗譜》 清光緒三十四年木活字本）

湖南長沙陳氏祀田

柏亭祖祀田記

《詩》曰："奕奕寢廟，君子作之。"又曰："曾孫之穡，以爲酒食。"故今之建墓廬、立祀田者，其以是歟。我六派祖柏亭公,係我房分支祖也。勑封文林郎,晉封奉政大夫。没於明嘉靖癸卯,卜葬於長邑新康都麻山塘,建立享堂,以供祭典。無如歷年久遠,世事滄桑。詎料享堂頹廢,而祀事無存矣。迄清道光年,惟我應熙、應光、應笙三房,與應煥裔上堃支,合口商議,遵有舉莫廢之禮,共湊銀四拾兩,又值公之墓地樹木深叢,而子孫遼隔,盜害無常,稍易錢文合作公儲,擇各房賢能經管,以作每年祭掃之貲也。所有未捐輸者,毋得覬覦干與,後積有盈餘,蓄管生息。迨咸豐九年,接買南濱鐵江塘水田拾貳畝五分,光緒年又接受永福水田壹畝五分。今尚積有餘貲,建修廬墓,廣置祀田,不期仍豐祀事乎。使非公之德厚功深,奚能馨香久遠,俎豆綿長若是耶。是爲記。十六派孫用炳謹撰。

柏亭公田山契

立契傾心絶賣田山、屋基、水塘、注蔭生放、壕圍、竹木、菜園、瓜臺、溝池、糞堀、井圳、荒坪、隙地等項人陳南濱,同男用思、孫啟芝等,今因移就,父子商議,願將自置陳惟山之業,時荒熟屯田十二畝五分,共計大小十　坵,地名鐵江塘尾左衝屋基,前私塘一口,生放注蔭獨管,中塘一口、泉塘一口,均生放注蔭,反車照額徹底,屋基一所,地坪、禾場、左右菜園二隻、溝池、圳港、糞堀俱全,屋基後西岸圍山一隻,周圍壕坑爲界,屋基對面東岸小圍山一隻,均有松杉竹木成林,圍内荒田一坵,圍外糞堀一隻,圍外松山一塊,齊小圍壕基直上七丈,右抵張姓山界,左轉抵直至黄姓壕坑爲界,山下沙堀一隻,出水古圳一條,隨田邊一帶,至松山旋至鐵江塘尾止,上齊衝尾起,下至松山邊止,一流無間,並無混雜,屋又接陳用鵬契内老屋對門荒山一側,上齊騎崙分水,下齊田邊,左抵鐵江塘基直上爲界,右抵黄姓山界,鋤挖蓄禁獨管。此係用鵬契内摘售之業,糧載善邑六都,册名陳南濱户下,割完正餉銀一分五釐,加津照科。以上所載概行出售。儘問親房人等,俱稱不受,只得再三浼請中證徐道生、陳明高等行言,説合柏亭祖後裔承接,以作亭祖祀産。當日出備九五色布平比兑田價銀一百四十八兩整,包押扦書塘魚雜項,一並在内,其銀係南濱父子親手領訖,未少分釐。價足契明,領不重書。其田坵畝、蔭注車埠,山場壕圍抵界,憑中證扦割明白。凡屬契管之業,已載未載,概歸契管。未賣之先,並無重行典當謀奪逼勒準折等情。此係願買願賣,並無反悔異言。倘有互混不清,及新老業主外生枝節,俱係出筆人理落,不與受業人相干。自賣之後,任聽亭祖子孫更名輸税管理,出筆人永絶續贖。所出所受,彼此甘愿。今欲有憑,立此親書文契一紙,附老契並白契,共六紙,付亭祖後裔永遠收執爲據。

計批:老契内有田二坵,二畝五分,存留不入新契。注蔭中塘、泉塘。此批。

憑中證族徐道生、南海、玉品、明山、尊賢、光宇、永照、春榮、福美、九林、廷照、萬高、永福、太元、清泉、榮癸、明高、述生、德祥、桂齡。

咸豐九年十二月　日立,陳南濱同男用思、孫啟芝立筆。

孟明公墓廬田山記

嘗讀《書》曰:"奉先思孝。"其在《詩》曰:"祀事孔明。"顧名思義,克昌厥後,其在我孟明祖乎。審是後嗣子孫,非有墓廬,不克奉先,不有祀田,何明祀事。我孟明祖,四大房之長六派柏亭公房第十派祖也。亭生泗湘公,湘生寰融公,融生赤巘公,巘生孟明公,公生三子:長奠安、次順侯、三如山。因長、善、潭、寧、湘鄉五縣,俱有祖墓,子孫星居。爰於道光八年,公同商議,奠安公房内捐銀十兩整,如山公房内捐銀十兩整,合共捐銀二十兩整,以作清明祭掃之本。道光十三年春,如山公房架才公又獨捐銀二十兩整,可謂集腋成裘。是冬我祖奠安、如山兩房子孫備價接受善邑六都地名鐵江之西衝坪熟田六畝,莊屋一棟,横雜俱全,田塘以作祀田,山林、屋宇以作墓廬。概屬兩房獨管。該業係族人三房太山兄弟子姪舊居,掃售絶賣,並無剋存。每年秋月收取租穀完納,修整廬墓、塘壕,所剩餘貲,應屬兩房賢能者輪流掌管生息。擇交節届清明,兩房輪流祭掃,值年先期半月掃墓。其雲礽名目捐名,刻列於後。此係奠安、如山公兩房嗣孫私置,額曰"孟明公墓廬",而順侯公後裔並無捐項名目,順侯公房不得以墓廬祀田,爲孟明祖名目藉端滋論。事雖微末,必表而出之,庶幾垂久遠而勿替。續後順侯公房孝子慈孫,另捐祀田入局,另刊勒貞珉,合附可也。此即慎終追遠、祖宗之明德遠矣。欣逢四修譜牒告成,並附梓犁永垂不朽云爾。嗣孫用錩謹撰。

計開奠安公房内捐名列左:

櫃才,捐銀一兩整;栃才,捐銀五錢整;盛楷、盛榜,捐銀二兩五錢整;盛華,捐銀一兩整;桂才,捐銀二兩五錢整;盛林,捐銀一兩五錢整;盛渠,捐銀一兩整;以上合成十兩整。

計開如山公房内捐銀芳名列後:

架才,捐銀一兩六錢六分六釐;盛碧、盛班、盛理、用道、用申,共捐銀一兩六錢六分六釐;盛祥,捐銀一兩六錢六分六釐;盛鵬、盛濃、盛琪、盛珍,共捐銀一兩二錢五分。盛起,捐銀八錢三分;盛代,捐銀四錢二分;盛繹、盛繁、盛和,共捐銀一兩二錢五分;盛普、盛照,捐銀一兩二錢五分;以上合成十兩整。

道光十三年,如山、公房架才,又獨捐銀二十兩整。

孟明公鐵江西衝坪祀田文契

立契傾心出賣田塘、山場、屋宇、地基、溝池、糞坰、禾場、園土、壕圍、竹木、松雜、菓杉、樹木人陳太山、陳申甫,同姪啟周、啟聖等,今因移就無從,愿將父遺之業,坐落地名西衝坪尾荒熟水田六畝,共計大小八坵,水塘一口,生放注蔭獨管,糧載善邑六都鐵字八十四區,册名陳鎮遠,住屋一棟兩廈,横雜俱全,共計八間,内外門片、窗格、樓桁俱全,屋後小圍山一隻,竹木俱全,大圍山一隻,松樹俱全,門首菜園一隻,菓樹俱全,對門大圍山内小圍一隻,松雜俱全,其餘山場四址抵界,比日扦劄明白。前後左右,均以壕圍爲界。寸草寸木,概行掃售,毫不存留。儘問親疏上首,俱稱不受。再三浼請中證張南瑞、戴壽眉等説合叔祖書林、叔玉林、南濱、宏遠、文範、文元、盛鶴等,承接屋作墓廬,田作祀産,當日憑中出備時值九五色價銀八十三兩五錢整,布平比兑,扦田押字,一併在内。其銀係太山兄弟叔姪親手領訖,未少分釐,領不重書。其田並無重行典押謀折等情。自賣之後,聽書林叔姪更名投税,修造自便。倘親房上首異言,俱係出筆人理落,不與受業人相干。二比無異,價足契明。今欲有憑,立此絶賣契一紙,上首老契一紙,全領一紙,合約一紙,共四紙,附書林叔姪永遠爲據。

(清陳盛連等主修《[湖南長沙]陳氏五修族譜》 清宣統二年敦序堂木活字本)

湖南中湘韶山毛氏捐立闔族祭會碑

敬祖莫切於祭,親族尤莫切於祭。蓋族千萬人之身,其初一祖之身也。集千萬人之身,而祭於一祠,以報一人之身,而一祠之烈祖咸得亨焉,一族之孫子,咸得聚焉。是祖於是祭,族於是親,孝敬親愛之道,於是乎備。我族自始祖太華公,前明由江右徙楚南,落旦潭州之韶山,逮盛朝乾隆初年,前人創修族譜,迄乾隆中葉,建祠於兹。自是瓜綿椒衍,碁布星羅。惜未設立公祭以聯族報本,切念不有闔族公祭,以隆敬敬親親之誼。有自幼至老,未及入祠者,有覿面宗人,視若塗人者。興念及此,不勝悽然。同治十年夏,傳議於祠,倡捐設立,衆志翕如。董其事者,家嚴玉成、族叔定山、仙橋、大順、正光、洪發、巨賢、東義、國瑞、禮載、成彰,族兄碧城、會朝、若輝、可亭、奇廣,族姪玉義、攻玉也。其間委曲周旋,再三酌妥,至十一年秋始成,頗費心口有不惜焉。事成規立,永定不移。三年一祭,定期十月初一,公擇樸重殷實老成經管,三年一任,期滿開祭交卸,其各條議,詳録公簿。於戲,從斯馨香萬古,俎豆千秋,上以答祖宗之靈,下以篤孫子之慶。其昌熾正未艾也。兹刊碑豎祠,以垂久遠,敬陳其顛末。

嗣孫祖基、蘭芳謹撰,鴻賓盥書,值年經管正朝、正芳。敬刊後之賢子孫繼起踵事增華,惠其不逮,則拜貺良多矣。謹識。

震公捐錢一百五十千文,瑺公捐錢八十千文,石牂房捐錢十千文,鑑公捐錢一百千文,深公捐錢二十五千文。

同治十三年,歲在甲戌菊有黄華之中浣吉旦立。

族祭公會條款

一、捐立原委倡捐名目,各房公捐,開祭定期十月初一,均已刊碑豎祠,琅琅炳炳,一目瞭然。

一、三年一祭,總以誠敬爲主。不誠則無感格,不敬則多褻越。不徒祭之無益,竊恐祭之而速咎也。凡主祭經管,務宜先期入祠,齊戒沐浴,致誠致敬,有怵惕慢憹之心,如有奉行故事,嬉戲怠慢者,公同罰革。

一、祀典尤以隆重禮貌爲貴。凡值祭期,務宜先期收拾廟宇,灑掃庭除,以昭潔淨,張掛燈彩,陳設祭器,安列吹手炮手,先日預告省牲,祭日謹行正祭侑食,闔門飲福,諸禮以昭誠敬。如有不修禮儀,潦草塞責,公罰。

一、主祭分獻,理宜整齊嚴肅。即凡屬與祭飲福嗣孫,務宜整頓衣冠,入祠致誠致敬,次第拜祖,以昭濟濟蹌蹌之盛,以伸洞洞屬屬之心,使祖宗默鑒之而錫以繁祉。一切私事不許雜入祀期,以亂祭事。坐飲之下,各辨尊卑,把盞之餘,各循體面。行坐戒箕踞,言語禁喧嘩。如有酗酒兇狂,目無尊長,咆哮公堂,毁壞祭器,偭規越矩,倚聲恃勢,擁擠嘈雜,嬉笑詼諧,不服公論者,即行從重責罰。

一、掌蓄公項責在經管。凡擇取經管，不拘房次，務取樸誠殷實、賢能老成，以任其事。不許徇情私舉，拘房派、擇挾意，鬮充三年期滿，一卸一領，憑衆清算交割明白，卸領均毋得抗違。

一、經管務宜秉公持正，經理公産，掌蓄公項，不許徇情礙面，懷私挾見。出入數目，務宜逐書細數，以昭清白。如有抽毁簿頁，塗改字畫，浮開侵蝕，私順人情，荒蕪公産，除追賠外，公同從重責究罰革。

一、公穀公項，出借收放，任經管施行，格外人等不許横中干預。如有強賒壓借，勒買誆賣，藉公拖擱不楚等弊，即屬不孝孫子，公同追取責罰，不得遺累經管一人。

一、經管交卸之際，憑據當堂交點，數目當堂交清，公項當堂交卸，不許東撥西除，將田抵押。下首不許接理上首賬項，如下首自願接理上首遺交賬項，族衆禁之不得，期滿交卸之日，遺交賬項，該經管自應爛賠破補。不得以接理上首遺交賬項推展抵口。如藉以抵賴，公同處罰究追。

一、凡開祭經管，務宜秉公實心，克己辦理。不得藉祭肥私，刻薄祭席。如有出三報五，以少詐多，致酒席不恭，祀典不敬，公同論罰。

一、公項掌積饒多，切戒浪用。或置祀産，或置祭器，或續修宗譜，或開祠入主，或立義學，或爲養濟，或舉育嬰及一切有益子孫善義之事，任經管傳族商知施行。格外人等，不得藉公横中阻撓。

一、祭簿訂立行藏二本，鉗合爲憑。行簿付值年經管，輪流交遞收執。藏簿付上首經管，輪流遺交收執公項，或一年一算，或二年或三年一算，其銀穀實存大數，及各項應存要數，憑衆清算。大結開除實存，請善書批載行、藏二簿，以便核對，以杜塗改增減之弊。其瑣碎小數，另立日記，以便清查，不得登載祭簿。

一、是祭爲祖而設，抑實爲聚族祭祠、篤誼敬宗、入主修譜而設。公項裕如，賢能經管會同清勤正直、好義趨公族老，審時度勢，可以舉行應爲之務，任經管動用公項，爲起手之資，不得吝惜。如有覬覦公資，阻撓公務，蝕嚼錢穀，忍心敗公，無論祖宗默鑒，降之不祥。試摸摸心頭，此項捐金，係各房祖宗祭祀之資，非子孫蓄積私財。派出公項，捐入大公，爲闔族祖宗血祀，倘不肖竊食祖宗血祀之錢，不異人子食父母身體之肉。如此貪不顧義，忍心負恩，其欲得昌熾，吾不信也。吾族厚德流光，固無此輩孫子，吾因起事自分，頗勞心思。過慮及此，後之賢哲繼起，勿嗤迂拙而匡輔焉。則誠幸矣。

（清毛祖基《[湖南湘潭]中湘韶山毛氏二修族譜》
清光緒七年西河堂木活字本，2003 年複印本）

湖南湘潭淦田王氏冬至祭官廉捐契約

冬至祭英房官廉捐契

立捐契嗣孫官廉，偕室易氏，同男時邁、時雍，今憑户族心佳、順賢等，將己手並室人私置謝、劉及王三槐堂三契内，除存乾竹塘邊田一坵外，共田十畝，册名王三，共茶右九屯户内額完正銀八分，加津照派，合捐入槐蔭堂，以爲祀田。其田坐十六七都十甲宗祠門首坪下，憑左邊大路下直至大路止，一連田四坵，又宗祠上首學堂台田一坵，又荷葉塘尾、長塘、下漕田一坵，以上共田六坵，均係荷葉塘、長塘水放車盡底注蔭，並隨田修挖俱全。自捐之後，聽槐蔭堂司事管佃收租，永襄祀費。官廉子孫日後毋得異言。今欲有憑，立捐契一紙，與槐蔭堂司事永遠收執爲據。

光緒三年五月初一日，嗣孫官廉同男時邁、時雍、孫家杞、家樹等，均押立。

憑户族順賢、官銘、心佳、官均、順卉、時清等，均押。

冬至祭琥房祖珍捐契

立捐契嗣孫祖珍，緣珍兄與弟早逝，年老無依，所存王家漕、黄茅江等處，疊葬祖塋在山。慮身後疏於祭掃，央憑户戚王家訓、易克振等，願將道光年間己手及故兄弟接買齊仕學十六都七甲鄧家灣畢銜茅住屋一棟，計七間，溝池、園土、曬坪、基地，並屋後山嶺一所，竹木俱全，又屋上首梽木漕、對江坡尾茶兜山一塊，四抵老溝爲界，又連上蛇坡尾杉樹山一塊，四抵趙人溝爲界，又咸豐元年接買齊觀雲黄土坡右之横土坡茶兜土，並坡上桐[illegible]山二塊，又咸豐十一年接買齊揚波契内，毗連屋後自山界杉樹山一塊，以上數契，原備價錢一十四千八百文，其屋後山界前抵江水，石憑屋下首，江邊石嵴齊士翔界溝，直上山腰，隨横路轉左過坡，至右頭横屋坡邊老溝，又隨溝直上山腰，横截旋左纏符、齊、譚各姓茶兜土壋，繞至黄土坡腰牌路徑挖溝横下，左憑匡人田角至黄土坡心，直下江水爲界，界内竹木、桐[illegible]百雜俱全，以上均照契扦，概捐入宗祠槐蔭堂管理。其屋捐作墓廬，每歲收入山租永爲祭埽之資。自捐之後，聽宗祠經理管佃自便，毋得異言。如有山界不明，珍自行理落，不與宗祠相干。今欲有憑，立捐契一紙，與宗祠經理永遠收執爲據。

光緒二年十月二十六日，嗣孫祖珍押親立。

憑户戚易克振、王家訓、王嵩峰、劉永彰、王敏仁、賀茂才、周有良、代筆王春臺，均押。

（清王時邁等纂修《［湖南湘潭］淦田王氏重修族譜》 清光緒五年槐蔭堂刻本）

浙江蕭山王氏宗祠捐田畧序

既有宗祠以奠先靈,必有祭田以供祭祀。《禮》曰:“有田則祭,無田則薦。”蓋牲殺器皿,衣服不備,則不敢以祭,祭田之不可不有也,豈不急急哉。吾族宗祠初興,而即遭牙角,積貯已無餘矣,祭産於以闕焉。康熙庚辰歲,政之公卒,次年朱孺人捐盈字號田二畝七分,祠之有田自此始。丙戌歲,述之公捐暑字號田一畝二分,越二年用價買得述之公暑字號田八分,以此號田與前所捐田同坵故也。統而計之,有田共四畝七分矣。至雍正　年來孺人捐宿字號田五亩四分五釐,辰字號田三亩三分,共八亩七分五釐,事載捐田碑記中。乾隆三年,方儀公姪成浩卒,其家欲大治其喪,而公以姪生前藥食既費千金,又年少,且無子,虚費無益,乃省約其喪具三十兩,捐于祠,買得推字號田三畝一分零。是年秋,公亦病,將卒,又以其考謙吉公祭産内捐餘字號田七畝三分、來字號田三畝一分零於宗祠。方來孺人之捐田也,方儀公以叔祖之尊,贊襄成之。至其後又再捐於宗祠,故今祠産之存,方儀公之力獨居大半,由是以供祭祀之需,以備修輯之費,亦頗有餘資矣。公不學而厚於祖先,其質美也。顧祠産不厭多,昔范文正公置義田千畝,以濟養羣族之人,至今稱美。近世巨族亦有祠田數百畝,或百餘畝,祀事之外分諸族之貧而孤寡者,雖不足以給其欲,而未嘗不少有所濟。或以資寒士燈火考校之費,亦時有助焉。吾族之好義樂施者繁矣,而上之無仕宦而顯者,得禄賜之入以好行其惠,次之又無田連阡陌,積資累巨萬計,故皆有志而未逮,而事固有不可知者,要存此心以俟時焉可耳。若夫既出之,又入之,始捐數十金以博名高,而乘間竊取,徐收厚實,則是上欺祖宗,下滋口實,不如無捐之爲愈也。

(清王吉人等纂修《浙紹蕭山縣車裏莊王氏家譜》 清光緒十二年三槐堂木活字本)

廣東博羅韓氏祀田

神護鐵場田心、沙埔田柒拾壹畝肆分柒釐貳毫捌絲壹忽,每年租官銀壹拾貳兩柒錢貳分。先年十一月十五日,佃人自送納,十年一批,批銀壹兩伍錢。

欝頭、螺坑、渡頭等處,共叁拾叁畝伍分壹釐陸毫伍忽,每年欝頭租銀壹兩陸錢,螺坑租銀叁兩貳錢,渡頭租銀伍錢。

松子園田拾肆畝肆分柒釐伍毫今失。

松子園叁畝柒分陸釐柒毫墟。

湖面園叁分捌釐伍毫坎裏。

松子園湖叁畝陸分陸毫肆絲抵墟。

湖邊地拾畝壹分叁釐柒毫城下。

小東門塘拾捌畝肆分肆釐捌毫玖絲，自松子園湖以下叁項，九世孫擢，十世孫鳴鳳、鳴金贖還作祀費。每年租銀伍兩。

紅花園田叁畝伍分玖毫今失。

井水堀玖畝貳分叁釐叁毫。

窖嶺叁畝壹分伍釐貳毫。

龍窖崛壹畝貳分貳釐捌毫，自井水堀以下叁項，每年租銀捌錢。

據韓萬春户該實壹頃柒拾貳畝玖分叁釐壹絲陸忽。肆拾肆年攢造，實在共壹頃柒拾陸畝壹分陸釐肆毫，比實數錯多叁畝貳分叁釐叁毫捌絲肆忽。實徵正耗米叁石陸斗陸升肆合伍勺柒撮捌圭陸粟，壹粒壹砂肆塵。

官米伍斗壹升陸合壹抄貳撮。

夏税米玖升肆合伍勺壹抄。

農桑米伍升肆合肆勺叁抄。

吾家祀田壹頃餘耳。據青册所開，無土名而飛詭者，叁畝有奇。有土名而田莫可稽者，松子園拾肆畝有奇，紅花園叁畝有奇，合之則虚税貳拾壹畝有奇。此税何故飛來，此田何緣乾没，纘生也晚，詢之族長老，皆莫能詳。虚賍糧差，壹户如此，他户可知。(敝)〔弊〕端何可算計也。

米倉巷口舖壹間，前至官街，後至城内，闊捌尺，原價貳拾陸兩，每年租銀貳兩。

朗頭岡尾松柏塘麥峒低田，共加貳斗，租貳百叁拾貳石。高士公寔三房，各隨房分輪收。十一世孫日纘贖出，子、午、卯、酉年，岡尾貳拾肆石捌斗，上嶺拾貳石陸斗陸升肆合壹勺，辰、戌、丑、未年上嶺肆拾陸石叁斗玖合肆勺，下(郎)〔朗〕玖石陸斗叁升陸合柒勺松柏塘，肆石陸斗陸升肆合伍勺，麥峒叁石叁斗捌勺，岡尾伍石陸斗陸升玖合玖勺，低田拾石玖斗捌升肆合柒勺。寅、申、巳、亥年，下朗捌石伍斗陸升叁勺，麥峒叁石壹斗陸升玖合捌勺叁抄。松柏塘肆石伍斗叁升玖勺叁抄。岡尾玖石壹斗貳合貳勺壹抄伍撮。低田拾石玖斗肆升陸合貳勺貳抄。通計三年，得加貳斗壹百伍拾肆石肆斗肆升零，價陸拾肆兩零。又每年俱收胡屋田租貳斗叁升，通共上田伍拾壹畝叁分叁毫陸絲肆忽正，耗米壹石玖升柒合捌勺玖抄柒撮捌圭玖粟陸粒。

光緒廿一年彙記各項租額

一、牌蒸老額嘉慶三年戊午止，共縣背官斗田租壹百捌拾捌石肆斗叁升陸合。

另縣前坊鮮魚行，坐南向北店壹間，原額租錢捌千文，今陞至租銀出水壹拾柒兩光緒年間陞至租銀廿五兩正。

另長岡嶺地租，原額浄銀玖兩柒錢捌分，今減實浄銀玖兩陸錢壹分。

另湯村湖壹口，原額租銀貳兩，今竟轉錢壹千捌百文。另水西地租原額銀，今亦轉錢肆千陸百捌拾文。

另百足嶺地租，原額銀今亦轉錢貳千柒百文。

另栢子岡地租錢壹千文。

另老朗頭地租錢貳千文。

另上菜園地租錢壹千玖百玖拾伍文。

另下菜園地租錢壹千壹百貳拾文。

又自嘉慶七年壬戌起至貳拾伍年庚辰止,共斷買縣背官斗田租柒拾貳石零肆升伍合。

另當業烏石岡地租錢壹拾壹千伍百文。

又自道光五年乙酉起,至十九年己亥二月止,共斷買縣背官斗田租捌拾石貳斗陸升伍合。

另當業縣背官斗田租捌石。

另當業縣背田種壹斗伍升。

又道光二十七年丁未,斷買並當業,共縣背官斗田租貳拾壹石捌斗叁升,己酉年二月,族老衆議撥與義塾幫束脩之費。

又自道光二十八年戊甲十二月起,至咸豐元年辛亥二月止,共斷買縣背官斗田租肆拾肆石叁斗柒升。

另當業縣背官斗田租貳拾石零壹斗零肆合。

另當業本坊周家祀對門下手第三間店壹間,租錢伍千陸百文。

總結以上牌蒸斷買,並當業,共官斗田租肆百肆拾叁石零伍升。除撥與義塾貳拾壹石捌斗叁升外,該存官斗額租肆百貳拾壹石貳斗貳升,内有歷年或分禾轉租,或租轉分禾,或陞額或減額,數不能符。今實存官斗額租肆百零玖石貳斗貳升,田種壹斗伍升,轉分禾田貳起,園地湖店租錢共叁拾貳千叁百玖拾伍文。店地租銀共貳拾陸兩陸錢壹分。内作牌蒸投筒,撥官斗額租叁百肆拾肆石柒斗肆升伍合,另轉分禾田二起,原額租拾貳石,另田種壹斗五升,並湯村水西百足嶺、柏子岡、老朗頭上下菜園烏石岡等處,湖地園租錢貳拾陸千柒百玖拾伍文,鮮魚行店租,出水銀壹拾柒兩,長岡嶺地租凈銀玖兩陸錢壹分。又作新蒸投筒撥官斗額租陸拾肆石肆斗柒升伍合,光緒年間撥出貳拾石,爲二房祖擇繼作口食。今實存肆拾壹石柒斗貳升伍合,盡入牌蒸内投筒。

另周家祠對門下手第三間店壹間,租錢伍千陸百文,係理衆數者收管。

(纂者不詳《[廣東博羅]博羅韓氏族譜》 清光緒二十二年刻本)

湖南中湘石氏祀田數

祀田之數乾隆三十年,價買本祠門首田三十畝。十三代孫開雲公房捐田十畝。十六代孫培薰、夢龍兩房捐田三畝。是本莊共田四十三畝。至三十六年,價接湖田、山田六十二畝。價接獅形山田三畝。又茅田菴田六畝,歸黄泥舖時,田二十五畝。共田一百三十九畝。後作時田一百八十一畝。逐年租穀所入,除祭掃完納外,尚有羨餘。賢子孫苟能經營調理,無或染指,則在公者無不可興起也。至各處田業,其山林抵界,水路俱有契據。契存經管手,並立收契字與各房執照,幸無越佔,亦無失額。而山林殊稱蓊蔚,不得任意砍伐。或遇有公事,在當事者酌取,可也。蓋望喬木而知故國,自古已然。風屬家居,莫不以此爲重。矧祖宗神寢所在,而敢淡漠視之耶。凡我子孫各宜敬慎。

（清石世芳等主修，清石家傑纂修《［湖南湘潭］中湘石氏四修族譜》 清光緒二十四年木活字本）

湖南湘潭樊村黄氏祀田

嘉選寵吾公祀田記

天下無無本之物，人之有祖，猶木之有本，水之有源。欲知其本，思其源，義莫重於追遠祀祖之一事。我十代祖寵吾公派開兩房，予姓蕃大，樸耕秀讀，環居金聲灣上下十數里之間，承承繼繼，如瓞之衍，如椒之蕃，非叨宗靈之庇佑不及此。然在天之精爽可憑，而後人之崇報宜急。苟淡漠相視，此心何敢自安。緣自道光年間起，陸續增置膏腴五十五畝，永作祀資，以昭孝享。每届中元令節，附於我五派祖元智公祠，陳蘩薦藻，聊伸報本溯源之至情。兹值家譜續修，一一刊載，以期不朽。斯祀田立祀典隆，而祀事於以千百億而勿替矣。

一、接受錫祖劉鑑衝田種三畝。

一、接受國定公燒衣坪荒塘下田種五升。

一、接買本房應兆父子八都九甲大望田田種五畝。經管錫林、秀之。

一、接買見元父子八都九甲新塘衝田種八畝。

一、接買本房乃文兄弟叔姪八都十甲乾衝腰壠田種八畝。經管命有、先緒。

一、接受本房懷岳父子八都十甲劉、鑑衝田種二畝。

一、契買本房登高父子八都九甲王家灣並石家壩田種八畝。

一、接受本房楚成父予八都九甲王家灣石家壩田種八畝。經管光清、云昇。

一、接受本房金榜兄弟叔姪八都九甲王家灣田種八畝。經管桂林、長家。

光緒二十六年庚予仲冬月，寵吾公派下子孫謹識。

寵吾公祀田七修查註

我祖寵吾公原有祀田五十畝零五分，六修刊載明晰。因民國肇興以來，捐賦繁重，負債纍纍，爰將各處祀田變售三十餘畝，現僅存接買見元父子八都九甲新塘衝，及本房金榜兄弟叔姪八都九甲王家灣兩處之田各八畝，共計一碩六斗整，以爲祭掃之資。務希我後人繼起經營，享祀不忒，明德維馨，則幸甚矣。

中華民國三十年辛巳仲冬月，寵吾公派下子孫謹識。

嘉楨勝楚公祀山記

當明代之季，天下離亂流亡，不保其家者十居八九。我勝楚公獨能團聚骨肉，保全廬舍，亦困苦危難極矣。當其出溝壑於萬死一生之際，自惟骸骨不知何所，豈計後世有能血食我者，且卒獲生長於斯，窀穸於斯，而其手植樹木之澤，猶足爲他年之餘蔭者乎。迺厚澤長綿，椒蕃瓜衍，至今一派子孫駸駸，極數百之盛矣。每抱春蔬秋黍致奠墓門，僾見先靈往來於蒼翠風雨之表。夫甘棠遺愛，剪伐非宜，雜植緐蕪，斧戕逾茂。地不愛寶，以爲我先人光用之不窮，以報我先人德。爰取材於邱隴，歲恪薦以馨香，謀諸子孫，咸曰其善。想先人有知，當亦喜流芬之末艾也。其山一爲公生處，曰石門衕，一爲公葬所，曰吴家衕。其丈若干，其禁若何，俱已扦明，附諸記末。玆謹記其山者，以當士之祭田云。

一、存八都八甲，吴家衕上壠左岸勝楚公墳山一所，後憑崎頂，左憑漢藻公山界，直上直下，抵賓人屋後壕牆，隨壕直下山脚，轉上永年兄弟屋下首壕坑，隨壕坑直上，鋸木圪横過，抵右邊永年屋上首，中拱側壕基，直上腰牌壕坑，横過抵秉彝公老壕基，隨壕直上，崎頂爲界。

一、存八都八甲，石門衕土地廟對岸紙棚屋後山林一大所，後憑崎頂軟頸，前憑棚屋後腰路，隨路横過，抵山脚，繞至長衕圪，憑圪心水圳直上，轉至泰華私山，係右憑腰圪上側拱，分水挖坑，直上崎頂，直下山脚，隨山脚繞至紙棚屋上首，壕基爲界。

一、存八都八甲石門衕天螺曬靨墳前山界外中拱山林一大所，前憑週圍山塝，左憑本拱山脚，繞至小圪軟頸爲界，右憑文衡屋下首壕外，小圪邊，挖坑直上爲界。

以上所存各處山地、竹木，公議廳勝楚公經理售買，以籌資積息。山地竹木，派下子孫無得私行砍伐。倘兩房子孫進葬，公同酌議，無許擅行等處山林兩房均有，因地制宜，捐爲公管。日後永不得藉口異論。

清光緒二十六年庚子秋月穀旦，本公派下兩房子孫謹識。

昇鉉明極公暨先誠公祀田記

吾族自始祖而降，立公以奉祀事者夥矣。或由先世之所存，或出後人之所創，雖豐嗇不一，而要於春露秋霜之際，展厥孝思，未始不賴有此也。顧我十代祖明極公暨十一代祖先誠公肯堂肯構，生前具有貽謀，俾熾俾昌，後嗣方興未艾，獨缺俎豆馨香之典，余甚歉焉。且我房内子孫頗多殷實，即欲捐貲立祀，亦屬無難，而曾未有合衆力而爲之者。余謂從其後而驅之，曷若立其前而引之，乃以自置吴家衕田種六升二合，額租一石二斗，爲兩公祭掃資。房内人果接踵輸捐，則日積月累，數年之後，與族之公豐厚者相埒，未必非余抛磚之所致也。余殷然望之。

十八派孫庶德謹識。兩公派下四房子孫同刊。

中華民國三十年辛巳仲冬月重録。

章鉉二莪公祀田記

噫吁嘻，余之十派祖二莪公宜奉馨香於不替也。公生前明萬曆間，具文武全材，以名諸生掌教耒陽。獻賊至，挈公弟去，公以父母號痛，往賊壘尋之，乃弟先以脱賊，執公脅以相附。公拒之峻，憤駡若顔常山，遂血賊刃。遺孤小魯公時尚穉，幸延一綫。自後歷數傳，餘支俱絶，惟我得榮公、巨沾公兩房子孫綿衍，且蒙先人積累，家囊頗裕，並有厠武庠者。每值霜降露濡之際，念及二莪公生前之遇害，孝友動乎天地，節義炳諸日星，未嘗不怵然感、惻然傷，謂血食之薦不容緩也。用是榮公後道稅、沾公後道俊聚子姪等而謀之。適有八都十甲地名三房灣屋門首田種三畝五升，並園土、塘池等項，原係二莪公遺業，出售已歷數姓，今其主央中招接，余等不禁暢然欣喜，知我公在天之靈，玉成其事，欲以享千秋俎豆也。兩房子孫慷慨捐貲，踴躍從事，購該業作二莪公祭産，務宜公慎掌持，俟有贏餘，酌建祠宇，增置膏腴，庶二莪公歲時歆其禋祀。且自公以下，及諸乏嗣者，皆不患有餒而之嗟。非敢謂仁人孝子之用心也，但其報本返始之道當如此爾。是爲記。

光緒二十六年庚子仲冬月，榮公房道稅、沾公房道俊同識。

繩舉榮吉公祀田記

祭者何，古之人必公卿大夫列爵於朝，得有田禄，乃能盡禮，備物以隆孝享，故《記》曰："有田則祭。"其所謂田，圭田也。秦漢而還，民各占田。凡士庶之家立廟享親，皆得置田以奉祀。我榮吉公生當明季，始遭亂離，而能爲一方保障，繼值蕩平，而能恢一家緒業。數百年來，士食舊德，農服先疇，蓋由公之詒謀遠也。吴家衝爲公生長地，復爲窀穸所在，後之人建祠於此，置田以祀，亦越於今，陸續接買，合得田種一十七畝，於以備犧牲、奉粢盛，不有取之而裕如者哉。吾於是不禁有餘思也。以公之詒謀若是，子姓等未能大自顯揚，竊升斗之禄以爲馨香薦，實滋内愧。然而黍稷非馨，明德惟馨。公之德固有歷久而彌新者，斯田當亦附之而長存云。

咸豐十年歲次庚申季春月，榮吉公派下謹識。

繩憲青山公祠田記

派有遠近，誼無公私。云私祠者，非自外其祖先也，緣曾祖仍叔公心存施濟，擇地繞花橋，置義田、儲義穀，以活族之貧乏者，因即其地建堂宇，奉始遷祖神主，歲時瞻敬，以篤烝嘗、序昭穆，祀典由此興焉。至乾隆甲子，族衆營建新祠於茶庵寺，而仍叔祖之遺事，不復舉矣。歷時既久，屋宇不無頹敗，伯父漢瞻公及我先大人不忘舊德，有志更新。爰是會議本房子姪，將繞花橋田屋變易，接受新莊。先年祖居老屋田山，一以妥仍祖之靈存没不易處，一以佳城在後，廬墓相依，神更有所棲憑。兼三月十八、四月十九爲祖暨祖妣誕辰，四房子孫如期會集，陳牲醴、備餚饌，以飲神福，如祖之存，洵立法良而用意美也。至若田祔祠以永存，祠有田而不朽，擴而充之，是尤厚望我房之克紹箕裘而大有力者。十四派孫昌旨謹識。

謹按：先年將新莊祖居老屋改爲青山公祠，額田三石，後開墾二斗，共田三石二斗，四房子孫輪值經管。歲收田租以供三月十八、四月十九二次冥誕祭掃燕餕之資，洵肖子賢孫之用心也。近年房長復訂議每年十月初十，萃集子姓舉行祀典，由此踵而行之，庶幾克承先志，引而勿替也歟。爰附録以爲程式。

道光三年癸未歲仲冬月，四房子孫謹識。

中仕命召公祠田記

今夫祭典之垂於禮經，彰彰可考矣。然犧牲粢盛，既賴有所資，而具簠簋俎豆，又不能隨地而陳，則奉烝嘗、序昭穆，須圭田之與寢廟，有固然者。我十二代祖命召公先年存林家衝田二斗，光緒間以餘資接買鄧家衝田二斗，兩處共田四斗，爲每歲烝祭之資。公雖不大，亦聊以展孝思也。第寢廟未建，往往假子姓廬舍以將事。幸四房長毓兄弟暨長繪等，將鬮分竹山灣住屋上正堂一間，捐入爲公享祠。蓋以公生於斯，長於斯，没則神必棲於斯乎。若夫繼長增高，舉祀田而拓之，修舊廬而新之，則又祖宗之賢肖，予等有厚望焉。是爲記。本公派下子孫謹識。

七修附註：本公竹山灣正堂屋一間，原係工毓兄弟捐入，爲改建享祠之用。玆因本公另圖建設，仍將原屋退還長毓兄弟之子孫管理。

中華民國三十年辛巳仲冬月穀旦。

玉鉉柘山公祠田記

夫人生有令德，備人世之光榮，没有餘慶，享宫廡之禋祀，而家反無祠以妥其靈，無田以供其祭，可乎。此我十派祖柘山公之享祠宜建，祠田宜置，昭昭然矣。溯公諱玉鉉，字節生，品同金玉，質比圭璋，嘉言懿行，足以挽俗而移風，誠鄉閭善士也。德配袁夫人，汝南賢淑，江夏母儀，外嚴内肅，翕如也。生子有四，咸登仕籍，孫曾崛起，愈衍愈蕃，入詞林者有焉，舉孝廉者有焉，採芹食餼者有焉，炳炳麟麟，項背相望，所謂没而祭於社者，公其宜矣。余等感公之祠宇未建，禋祀未修，深引爲慮。爰謀之房衆，謹將先輩遺貲日積月累，陸續增置田三十餘畝，以爲烝嘗之資。又擇獅子塘之莊屋加以修葺，暫爲公享祠，置主其上，定歲之五月十三日虔修禋祀，蓋以是日爲公誕辰，祖妣亦同月之先十日也。雖然祠建矣，產置矣，敢謂寢成孔安，遂無怍於先人耶。願繼起者一心一德，踵事增華，新其祠宇，廣其田疇，庶無慚祖宗之賢肖焉。派下子孫同識。

中華民國三十年辛巳仲冬月穀旦。

中象勝易公田廬記

邑庠生勝易公，余高祖也，席先業千有餘畝，不數傳至我父騰九公，而家遂落。子孫遷徙不常，先人之主亦無定所，余顧之而惻然念矣。歲丁巳，余接買李姓茅屋一進，水田二畝，坐八都十甲，地名麂子衝，尾屋之前有坪有塘，其後有山有樹，左右有園有壕，有松有竹，且介在松木塘、匡家塘祖塋之間，察其地僻而幽，山深而秀，余竊心喜，曰：此間誠可妥先人主也。由是涓吉入主，其中田雖不多，歲收租堪供黍稷，屋雖不廠，時習禮可奉烝嘗。司事者，誠能矢公矢慎，安知不日引月長，而規模之廓大，更有勝於今日乎。第念余自幼守鰥，察風水、卜榮枯，少年孟浪，不堪回首，既不能光顯前業，而僅集四代之主於一堂，亦聊以告無罪於先人。倘異時更有羨餘，則自我高祖以下之墳，無論有後無後，及時遍爲掃其墓，修其冢，不致零落於荒煙蔓草間。此則先靈之所默慰，而余今日創置之本心也。是爲記。十六派孫貞裔謹識。

中華民國三十年辛巳仲冬月重録。

中理太史公祠碑記

嘗考思其居處嗜好之重於禮經，而竊歎於此不用吾情，烏乎用吾情也。予祖太史公諱中理，字文在，號碧村，康熙癸酉中亞魁，甲戌成進士，入館選，爲本朝南楚詞苑諸公之倡，其嘉言懿行，見於邑志家乘者，不復贅。請養歸田後，築家塾於住宅之南，其上有樓若林，王太史澍以"觀稼"名之。其外有亭，退谷汪太史士鋐"稻香"識之。百餘年來，先君子蟄園公諱之倬，爲公季子，與大伯父孺子公諱之偉，於康熙乙酉、丁酉相繼登賢書。二伯父羽爲公諱之儀、三伯父鳴度公諱之佩，並列膠庠。予伯兄昌禧，乾隆丁卯副車，仲兄昌禔，乙未進士，先後皆與遠近宿儒肄業其中。厥後食指孔繁，先君子鬮分予爲住宅。迨隨任柳城，先君子臨終顧余曰："觀稼樓雖分爾爲住宅，但吾父太史公始念原爲子孫讀書之所，爾將來須捐爲太史公祠，移請神主，量捐祭田，以妥先靈。"余宦遊黔南才二十八載，言猶在耳，未之敢忘。昨歲歸來既賦，自恨命同伯道，後啓無人，敬遵父命，請於邑侯立案，將此屋作爲太史公祠。自太史公以下，暨四房伯叔兄弟神座一體供奉。捐田二十畝，自門首壩邊起，直下大小一十五坵，額正銀二錢糧，在八都十甲黄益俊户完納，向得佃規錢一百一十千文，逐年納租一十八碩。子孫有能承佃者，仍照前規佃耕，納租即以承佃作守祠人。倘有欠租情弊，即照所欠碩斗扣除佃規，另行擇佃。其子孫不務正業，以致無所依歸者，不得藉稱先人祠宇以爲棲身之所。若狥隱團結，與夫聚賭行兇一應不軌等事，一經户首覺察，將承佃人一併逐出。其每年冬初祭奠，及完餉、掃墓、歲修房屋之費，四房户首眼同經管核算，將秋收租穀變價承辦。割私財以充公舉，守遺訓而重祖遺。僾見愾聞，如在其上。繼自今四房子姪孫曾，有餘力踵事而擴充之，俾資膏火，集少長而勤課讀，恢先緒而振家聲，余實有厚望焉。倘余身後有違議者，不徒成案碑文兩有證據，當亦肖子賢孫所惻然大不安者。是爲記。

附　　録

邑侯賈批：該員願將鬮分觀稼樓房屋作爲太史祠，並捐田二十畝，永爲祠産，洵屬克承先志，垂裕後昆。此日既敦敬宗睦族之忱，他年自深春露秋霜之慕矣。所有田畝糧餉規銀租息，均勒石傳諸久遠。准批示立案，可也。屋碑文附。

十四派孫昌嗣勒石，十六派孫槐裔敬書。

中華民國三十年辛巳仲冬月，太史公派下子孫重録。

曰炎若沈公祀田記

聞之曾子動雞豚之思，情深孝敬；皋魚增風木之感，念篤本原。況露濡霜降之下，念遺澤之長存，無不惓惓於此也。我若沈公和平接物，勤儉起家，派衍三房，孫曾蕃大，詒謀誠孔厚矣。余等念祀典之曠，心常惻然不安。是以蓄積公資，營放生息，陸續增置祀田百餘畝，以隆春秋祀事，聊伸追遠之深情。玆當譜牒告成，詳其顛末，壽諸棗棃，以垂久遠。願後之象賢疊起，矢公矢慎，經理得宜，從此擴而充之，則異日之祭産必有倍蓰於今日者矣。是爲記。派下三房子孫同識。

一、接買黄池清八都九甲五眼塘田種八畝,承接經管錦定、國定、國俊。

一、接買黄逢時八都九甲大望田田種三畝,承接經管私受、祝山、篤超。

一、接買黄阿王八都十甲曾子衝田種四畝五升。

一、接買黄扶山八都十甲匡家塘田種四畝。

一、接買黄名揚八都九甲田種三畝。承接經管尚書、治田、世治。

一、接買黄茂廣、鶴林兄弟八都九甲田種四畝六升二合。承接經管應兆、積忠、祝山。

一、接買黄文德八都十甲四種三升。承接經管應兆、積忠。

一、接買王興芳八都十甲乾衝田種三畝。承接經管盛楚、肇西、命有。

一、接買乃文兄弟八都十甲乾衝田種一十一畝。承接經管世協、云福、新維。

一、接買王呈萬八都十甲地名乾衝腰壠田種一十畝。承接經管紹文、進禮、金桂。

一、接買胡宗元八都十甲地名乾衝瓦屋一頭山林一所。承接經管先政、世傳、云申。

一、接買中亮八都十甲地名劉鑑衝田種五畝。承接經管先政,世傳、云申。

一、接買王培芝八都九甲楓樹灣田種二十畝。承接經管紹春、命有、光甲。

一、接買紹春父子八都九甲楓樹灣田種一十九畝。承接經管先政、明福、仁芝。

一、接買王業成兄弟八都九甲地名乾衝田種二畝。承接經管先政、金桂、仁義。

派下三房嗣孫同識。

光緒二十六年庚子仲冬月。

曰炎若沈公新置祀田記

猗歟休哉,産既廢矣,旋以興,惟我十三派祖若沈公尚矣。溯公原有祀産,出自諸先輩蓄積,陸續增置各處田種九十餘畝,烝嘗不忒,祀事孔明,爲子孫者宜如何世守不渝,擴充增大,始靡愧於宗靈耶。乃以民國成立,政令紛紜,苛派繁雜,應付太鉅,負債日深,原有祀田,除科存育英三校學田三十二畝五分永不得典售外,餘變售償債,尚感不敷。余等清夜思維,良殷内疚。祀田縱鬻,祀事難忘,吾儕安可置身度外,不亟謀恢復乎。爰召集三房子孫酌情輸捐,接買水田四畝,歲收租穀,以爲逐年祭祀之資。創始雖微,擴充可大。祇願賢肖繼起,踴躍輸將,復田疇、恢先緒,全在任事者經營之盡善耳,豈有他哉。是爲記。

附録田屋山林於後

一、接買八都九甲鵝山灣路邊田一坵,計六畝。内廷欽公管二畝,詳契據。

一、存管八都十甲乾衝瓦屋右頭一頭,山林園苑一所,詳契據。

一、存管八都九甲五眼塘公屋一進,左右周圍山林一所,詳契據。

中華民國三十年辛巳仲冬月,若沈公派下子孫同識。

曰朋師賢公祀田記

《禮》曰:“士無田不祭。”又曰:“庶人祭于寢。”是祭必有田與祠也,昭昭然矣。我十三派祖師賢公,品同金玉,德比珪璋,風雅宜人,詩書適性,工于書法,自成一家。晚年匾二小亭于仙鵝頸住屋，右曰“觀稼”，曰“課圃”，又建樂天一室，蒔花種竹，飲酒賦詩，以爲朝夕息機養靜之所，天機鼓盪于物我無間之交，亦可知我祖生平之大凡矣。開派三房，長榮萬，次二陶，次桂林，星羅碁布，瓞衍椒蕃，無非先人之遺澤所致。三房子孫陸續增置屋門首及殷家衝尾田二十六畝，以爲祀事之貲，將祖所遺仙鵝頸老屋改爲公祠，以作靈爽式憑之所，庶春露秋霜之際，僾聞愾見，瞻色笑于几筵，非敢謂能報德也。聊展孝思於萬一焉耳。後之人由此而擴充之，恢宏先緒，光大門閭，真不愧我祖之不肖子、我祖之功臣矣。是爲記。

清光緒二十六年庚子仲冬月穀旦。

附接管田契

一、接買羅親賢八都九甲大地名殷家衝尾四斗衝田，種三畝。承接經管潤南、連五、作新。

一、接買黄荆華八都九甲仙鵝頸壠中田，種一十四畝。承接經管觀華、悉芝、開榜。

一、兑買符福斎八都九甲仙鵝頸老屋門首田種九畝。承接經管善元、長安、開榜。

一、三房子孫訂議祖堂屋後園外大楓樹一株，永存以培屋宇，毋許砍伐。

中華民國三十年辛巳仲冬月，派下三房子孫重録。

七修查註：

前記註載我公原存祀田二十六畝，後因價債摘售殷家衝尾四斗衝田種三畝，又摘售祠屋門首田種九畝。除售外，現實存田種一十四畝，歲收租穀，爲逐年繳納學穀暨祭祀、完糧之資，產業既微，開支尚鉅，將奚以存，責在繼起者善自經營耳。

中華民國三十年辛巳仲冬月，師賢公派下子孫同識。

曰枌東門公父子祀田記

由樊邨始遷三門者，我十三派祖東門公也。我族於清初時以讀書起家，掇巍科、登顯仕者不乏人，志乘紀載，班班可考。我東門公負性樸質，守服稼穡，遷移之後，猶復率其子希漢公負耒秉耜，力役於田，開創基業，此我三門小宗之所由興也。然自東門公父子相繼去世，根株雖靈，枝葉未茂，復以遭家多故，產亦中衰。至同治時，已百餘年矣。二公荒塋將就蕪没，非有嗣者清理表著，親屬支裔幾有抱雞黍盤盂涕零於豐草長林，而莫識先人之葬處矣。於戲，先人以艱難構造，昌啟後人，爲子孫者苟不知所報返，其何以自立於天地，而妥先人之靈乎。不肖等召集各房湊銀若干兩，契接田一十畝，以奉二公禋祀，凡屬本支遺冢亦以祀二公之餘資而徧及焉。由是春秋饗薦，孔惠孔時，籩豆靜嘉，牲醴馨潔，事祖以誠，示孫有敬，咸具備焉。熾昌遥遥，懼其失墜，適續家乘，綿我宗親，爰述始終，以告後世。

中華民國三十年辛巳仲冬月，派下子孫重録。

曰榆惟桑公祀貲記

孔子曰：譬如平地，雖覆一簣，進無往也。言爲學之始功，即以警凡事之貴植其基耳。若我十三派祖惟桑公詩書繼世，忠厚傳家，派衍四房，不數傳而二、三兩房頓增不祀之歎。所幸大、滿兩房瓜綿瓞衍，繼起有人。迄光緒間，滿房爲治僅延一綫，汗積資財頗食用。物化後，除用費外,存穀數碩,大房鍾俊、金田等念及桑祖祀事闕如,心常耿耿。憑户首桂林等將所剩之穀營放生息,存爲桑公祀典,及公派下無祀者逐年掛掃之資。兹值家乘續修,爰撮顛末,一一刊載詳明。俊等尤宜經理盡善,矢慎矢公,以圖久遠。日後倘有羨餘,克置祀産以輝先緒,不亦稍慰我祖在天之靈矣乎。是爲記。

中華民國三十年辛巳仲冬月,派下子孫重録。

曰貞壐拜公祀田記

盛德必百世祀非常之重望,歷久之明禋,其心非相期,其理實相因。懿哉拜公,明德遠矣。維公昆季四人,序居仲行,自幼繼二伯爲嗣,已而伯父生子,公讓還原産,徒手言旋。雖以同懷之兄弟,亦弗與之均分先業。惟居貧食力,與鄧太君共勵勤劬,既獲贏餘,乃復舊業,歸故居。又於潭溪山廣闢辛疇,宏開甲第,爲子孫燕貽計,而懿親之惠顧,同里之施予,積久不衰。且性天敦厚,生物不忍傷,晚歲靜息齋居,益昭誠潔,壽躋八十有四,福備考終。有孫九人,合立公資,置吴家衝上壠田種二畝,同勷祀典。近又增置下坳上坪月影塘田種三畝五升,歲以仲春上墓,其自以公下各塋掛掃貲用,皆於是乎出。然後知公之德澤利其身,即有以及其子孫。

光緒二十六年庚子仲冬月,裔孫同識。

昌蕃清遠公夫婦祭資記

竊聞萬物本乎天,人本乎祖,祖之有祭,猶木之培其根,水之裕其源也,而顧視爲緩圖哉。然亦有難焉者,若其先曾無留遺,則牲殺、器皿、衣服莫備,亦空抱此孝享之心,有嘆其莫可如何爾。若我清遠祖則不然。英靈及物,墓側之樹株森列,揀伐數顆,變價出售,得穀十斗,又得積忠、盛楚二公捐穀十斗,遂以此二十斗之穀營放生息,子母相權,至今已數十千矣,則我祖之祭享不誠有所資哉。由是繼長增高,異日置祭田、建寢室,悉於是乎出,則所爲保世滋大者,又曷可量也。願我支賢肖仰體先志,矢慎公,將此一簣之覆,以增九仞之高,然則幸甚。

七修查註:本公現與錦定公合併,計存祀田二畝。

中華民國三十年辛巳仲冬月,派下兩房子孫重識。

文周公祠堂記

祠堂之制由來尚矣,載在禮經者無論也。漢時貴人多建祠於墓所,後世亦仿而行之,誠以先人之形厝於斯,神棲於斯,則寧形於陰,求神於陽,而仁人孝子報本追遠之忱於是乎伸。此我十四代祖文周公之祠所由建也。公有隱德,妣陳玉人以賢淑稱,没後合厝於湘潭八都九甲金聲灣,月形山,而祠宇之建,則前人有志未逮也。兹適若沈公有田二百餘畝,因創辦學校與女職各項,捐累負(責)〔債〕甚鉅,公議將債項由三房子孫分擔,田業亦照攤派債項之多寡分管。我文周公得田　畝　升。予等不忍以所分之公産充諸私橐,又因公歷存正堂屋、倒廳、禾坪、餘地,遂公議將該田變賣爲公建祠於墓下,不足則向私人籌捐。議既定,旋與朝選公裔購地基一所,又扦公田四畝五升,與中和兄弟叔姪兑就屋基、餘地、菜園等業,經費籌矣,地址定矣,遂鳩工庀材,不數月而工竣。棟宇巃嵸,神幄高張。吁,吾祖形厝之神棲之,不亦寢成孔安,罔有怨恫乎。每歲定夏曆四月初十日爲祭期,以文周公四月十一日生辰、妣陳玉人四月初九日生辰,取適中之一日也。自兹以往,甚願肖賢繼起,届時奉祀,修葺祠宇,是所厚望焉。

謹將本祠界址祀田山林列左:

一、祠屋地址,前憑田外人行大路爲界,左憑清遠公屋隨滴水繞至正屋後簷,抵本祠菜園老壕,繞上山脚,轉山後荒塘爲界,右憑田外横路直上菜園壕基,繞至新坳,抵祖山脚爲界。界内右頭後角,有紫峯開墾新田一坵。

一、茶園圪山林一所,界址俱憑清遠、國定兩房祖山老壕爲界。

一、祠門首接買玉皇公田一坵,計種二畝。

一、捐名列左:紫峯捐洋一千二百元(計田一畝),紫雲捐洋二百元。芳聲公兄弟捐洋一百元。

中華民國三十年辛巳仲冬月,文周派下子孫同識。

昌旭旦庵公祠堂記

竊維建祠宇所以妥宗靈,置圭田原爲光祀典。蓋無祠則宗靈之憑依失所,無田則歲時之烝嘗莫修。二者相需,而適以相成也。我房自七派祖卷公開派黄茶衝房,歷十餘派矣。祀田則前人稍置,烝嘗無虞,祠宇洎今未成,孝思奚在。偶一念及,良用戚然。歲辛巳,集房衆議決將鳳形山光鉉祖塋下莊屋作爲祠址,左頭則扦田三畝,與蔣人兑就,完璧既成,興工庀材,越數月而工成。計正屋一楹兩頭,横雜俱備,永爲我十四代祖旦庵公祠。黄茶衝,我房之發祥地也,是祠又我祖之生身所也。今日復祠於斯,美奂美輪,翬飛鳥革,想吾祖在天之靈,尚亦遂寢成孔安之願焉。爰諏吉迎主安座,凡我卷祖以下諸先靈悉置主其上。長幼有序,昭穆以分。每歲訂夏曆孟冬之四日,萃子姓一堂,肅修禋祀,同展孝思。猗歟休矣,惟願英豪疊起,爲国家建偉業,爲社會立奇勳。榮增江夏,光耀門閭。庶不負余之厚望焉可也。是爲記。二十派孫明治拜撰。

中華民國三十年辛巳仲冬月　派下子孫同識。

昌旭旦菴公祭田記

原夫祭田之設,所以敬祖尊親,欲子子孫孫世守勿替,以爲享祀計。若我祖旦庵公者,上體祖宗之情意,下啓後裔之探尋,不獨親其親,而心乎愛敬者,固百年而不敝。溯我族五派祖元永公派衍黄茶衝、磚橋壩、梘頭衝等房。泰鸞公者,元永公之七子,黄茶衝房開派之祖也。其季泰鳳公,則磚、梘兩房開派之祖也。鸞公數傳而至汝錦公,生子二,長光鉉,次輝鉉,輝鉉公子一,曰繩蒸,光鉉公乏嗣,於是撫磚房鼎鉉公之季之繩勑公爲後。勑公之兄曰鶴鳳、鶴泰,皆無嗣,勑以次子中啟歸鶴鳳公,以奉鼎鉉公之祀,此固前人之不忍忘夫宗祧者,情最切也。厥後中啓公之裔承祀磚房,凡磚房祭享之規,我祖旦庵公亦曾爲之捐資,共置祀産焉。洎今中啓公之後已泯,輝鉉公之後亦未能蕃衍。我祖雖不能於二公之後使之繼承無已,其所經營二公之禋祀,俾子孫遵循不忒者,何莫非體先人之曲情盡意而不敢忘也。又况旦庵公私設墳會,上祀泰鸞公諸祖,而於鼎鉉公亦未嘗遺焉。是固不悖其所自出者,後之人若弗克率祖攸行,非特無以慰輝鉉、中啓二公之靈，即以負我祖旦庵公敬祖尊親之至意也。至磚房之歲祭程規，後之子孫應毋忘我祖旦庵公從前踴躍從事，不可少怠，由此踵而行之，其亦準情合禮，可告無罪於先人也歟。十六派孫定裔南裔同識。

中華民國三十年辛巳仲冬月重録。

謹將所有祭田列左：

一、八都七甲黄茶衝萬家塘當頭祖業田一坵，計田五升。

一、接買黄明音八都七甲青石舖香花坪田，種二斗二升半，去價錢三十六于文。承接經管執達、執正。

一、接買黄榮廷八都七甲黄茶衝田，種五升，去價錢九千二百文。

一、接買黄維焕八都七甲黄茶衝田種一斗二升半，去價錢二十千零六百文。承接經管榮榜、譜成。

一、接買黄鳴光八都七甲黄茶衝田，種五斗二升半，去價錢六十六千文。承接經管泰益、佑之。

一、接買黄百春八都七甲黄茶衝田，種五斗二升半，去價錢七十八千文。承接經管尚儒、百爲、孟學。

一、接買黄順之八都七甲黄茶衝田，種五斗，去價錢八十八千文。承接經管明德、孟學、龍騰。

一、接買黄祇德兄弟八都七甲黄茶衝田，種六斗二升半，去價錢一百六十八千文。承接經管春華、心源、敦仁。

一、接買黄清旺兄弟八都七甲黄茶衝田，種一斗五升，去價錢四十四千六百文。承接經管春華、心源、敦仁。

一、接買黄貴德八都七甲黄茶衝田，種一斗五升，去價錢二十千零四百文。承接經管、端之、心源、敦仁。

一、接買黄常澤代黄世發過橋八都七甲黄茶衝田，種一十畝、屋宇一進，去價紋銀折作銅錢二百二十千文。承接經管端之、心源、敦仁。

一、接買黄常澤代黄世發過橋八都七甲黄茶衝田，種五斗五升，去價錢九十千文。承接經管端之、心源、敦仁。

一、接買黄祇德八都七甲黄茶種田，種五升，去價錢九千文。承接經管大才、端之、心源。

一、接買黄貴德八都七甲黄茶衝田，種五升，去價錢一十四千文。承接經管心源、敦仁、清和。

以上共一十四契，共計田四十五畝七升半，共去價錢八百六十五千八百文。

昌旭旦菴公祀田後記

《禮》云："君子不鬻祭器。"三復斯言，油然而興，戚然而愧矣。夫祭器爲一時祀事所需，且不敢鬻，況祀田爲百世烝嘗之費，遽敢鬻乎。爲子孫者，縱不能繼長增高，亦宜世守弗替，始無負於先靈，不慚於後輩。若我祖旦菴公先置祀田六十餘畝，前記言之頗詳。宏先緒、翼貽謀，可謂備矣。無如近世旱澇頻仍，歲比不登，且賦税繁重，應付艱難，或以不肖之徒支扯不償，或以孤老之輩告乞頻施，職以債臺高築，靡法償還，遂將香花坪、黄茶衝二處祀田脱售三十畝有奇，而現存者僅半數耳。前仍照録，非誇聲譽，聊表先賢積累之心也；本記不登，非泯前功，俾徵後人信從之實也。雖然前乎此者，奕世之功人；後乎此者，萬禩之肖子。卜來兹圭田千頃，禋祀常新，責在矢慎爲之耳，庸何説焉，吾且拭目望之矣。二十派孫明治謹撰。

並録祠宇山林園苑界址於後

祠宇後山林園苑一大所，前抵塘塝，右憑下首背山脚壕基，直上崎頂，上憑崎崙壕基，左憑壕基，隨壕繞至上首背山脚江塝爲界。界内寸土、片木，永禁培祠，俾光風景，毋許妄伐變售，致爲祖宗之罪人耳。

中華民國三十年辛巳仲冬月旦菴公派下子孫同識。

昌暘寅東公祀田記

《記》曰："惟士無田，則亦不祭。"是祭之必有田也，由來舊矣。我祖寅東公詩書繼世，勤儉持家，創置膏腴鬮分，外存壩塘田種一畝，以爲祭掃之資。余等曠觀古今來創祀田以隆俎豆，恒情類然。況前人既有所留貽，敢不舉而擴充之乎。爰將該業歲收田租，經營蓄放，頗獲羨餘。接買張家臺田種一畝五升，後又接買老屋門首田種一畝五升，三處共計田四畝。每歲春冬二祭，值生辰忌日，亦必登墓祭奠。非敢謂展孝思而隆孝享，亦聊以體先志而妥先靈也。兹值家乘續修，載諸普末，以垂久遠。倘賢肖繼起，踵事增華，建專祠、光祀典，則又余等之所厚望也。是爲記。

附　　録

一、接買黄春旺八都八甲地名吴家衝竹山灣上老屋門首田，種七升半。承接經管榮輝、發身、光前。

中華民國三十年辛巳歲仲冬月，派下子孫重録。

昌泰碧溪公祠田記

自古祠宇之建，所以妥先靈，而祭田之云，亦即所以綿祀典，此固肖子賢孫之用心，未嘗不惓惓於此也。我父碧溪公恪守先業，派衍六房，孫曾繼起。凡今之服先疇而食舊德者，何莫非當日所貽留哉。余等感懷風木，痛抱蓼莪，縱塋墓已修，尤興不祀之歎。幸得公項餘資，同心蓄積，陸續接受各處田業，逐一刊載，以垂久遠。一、接唐家衝照牆老屋門首田，種三十畝，壂田在内。一、接彭家壠四契，共田二十畝。一、接響塘灣兩契，共田一十三畝。一、接管家壩下扶橋塘六契，共田五十八畝，合計田一伯二十一畝，永爲祭掃之資。然祀田既置，將享有資，而祠宇未修，棲神乏所。余兄弟猶耿耿於懷，故先擬唐家衝大屋，欲作專祀私祠，五修譜載詳悉。兹又接買在扶橋塘屋二進，換作碧公祠，前則戲樓，後則寢室，中飲福所，左右庖廚、齋房無不具備。由是涓吉入主，每歲訂十一月初二，乃我父生辰之期，先夕率子姓入廟告虔，衣冠蹌蹐，俎豆馨香，聊報深恩於萬一。自此田附祠以長存，祠得田而不朽。後之司事者，誠能踵事增華，擴祀田、建義學，俾派下子孫肄業其間，詩書世業，未必不由余等一簣之覆基之耳。

附碧溪公碑記條規

一、祠田議佃外姓，不佃派下子孫。如司事得財，及徇情私佃者，立即叱退而外，並將出佃之司事議革。

一、墳山重地，律應培植，毋許悄伐，盜取薪柴。若被捉獲，無論親疏，一體嚴禁，或罰或解，決不實縱。

一、祠内錢穀出入，固由司〔事〕掌理，然必得公同酌妥，方可舉行。若私地移拿，查出議罰，以杜擅專弊竇。

一、逐秋租穀及時催收，歸入祠倉，不准展欠撥兑。蹈斯弊者，過歸司事。

一、房内子弟宜務正業，莫作非爲。即如賭蕩洋煙等類，父兄當先認真教誡，庶免自貽伊戚，害及終身。

一、讀書子弟，出考縣、府院三試，每試訂給錢一串。入文學者，奬錢八十串；入武庠者，奬錢四十串。若援例入捐，則議無給予。

一、義學之設，必須祠田增置二伯畝，蓄積饒裕，堪充斯舉。

一、房内鰥寡孤獨，及疲癃殘廢，年至六十者，逐年給穀三十六斗，或每日給米一筒。没則出備棺木。

一、房内不肖子弟目無倫紀，觸犯尊長，與所爲不端、所行不軌，扭祠重行箠楚。一次不悛，呈送官廳。

光緒二十六年庚子仲冬月，派下子孫同識。

七修查註：本公祀田經將大部提充學租，復因年來旱澇靡常，經理未善，陸續摘售過半。現僅存扶橋塘田一十五畝，又唐家衝照牆老屋田四畝五分，合計存田一十九畝五分。屋址如故。

中華民國三十年辛巳仲冬月派下子孫謹識。

其量朝選公裔田屋記

《詩》詠采芑，重詒謀也；《詩》詠楚茨，隆祀事也。以故前人田園、廬墓，後世所由視爲重典乎。我十五派祖朝選公，廼文周公季子也，配蕭孺人，派啓六房，曰：洪盛、廷欽、淮清、鍾瑞、篤超、篤善。惟盛、欽、善三房衍祚，先是選公與昆弟成光、成英二公，共分八都九甲地名大望田文周公原分下老屋一棟鬮注，選公三股管一，其左頭菜園，憑壕直出金定公正屋後，滴水爲界，左憑錦定公右頭横屋，滴水直出爲界，連界餘地，錦定裔之華兄弟借基起造，編有字約，日後不得藉造私曬。其右頭菜園上並竹山園，四抵朗然，合三園界内園土、竹木、塘池、溝埂俱全，概歸欽公裔獨管。屋下泉井二隻，係選裔私地，獨濬獨管，上屋子姓不得淩競。先年成光公將已分鬮内屋宇等項一股，洗售與欽子應兆、衢亨私管。光緒二十三年，成英公子孫亦將己分鬮内屋宇等項一股，洗售與欽裔光甲兄弟私管。該屋先爲分業，今係選裔公私管理，實爲完璧，日後永勿外售，以奉祖澤。其有公産，歷置八都九甲本屋神王山田三畝五分，光緒初年接買王本元八都九甲田七畝，又接管八都九甲鵝山灣田六畝，該業朝選公接四畝，十七派輝宇公接二畝，光緒二十四年接買鹿鳴八都九甲田七畝。以上各業，概屬選公祀産，其修挖注蔭等項，均照契扦不贅。夫田廬，祖所以垂裕者也，歷歷刊誌，在公者歸公，在私者歸私，庶幾一目了然，永息爭競，而綿馨香矣。是爲記。

七修查註：記内祀田，除現存神王山田三畝五分外，餘已陸續出售。至屋宇、園土、溝池、泉井等項，概售歸文周公建祠基地矣。

中華民國三十年辛巳仲冬月，派下子孫謹識。

其金錦定公夫婦祀田記

《禮》曰："有田則祭，無田則薦。"田之所存，祭資寓焉矣。乃或以先人之留遺，子孫守之；又或以先人之留遺，子孫棄之。夫至以先人之崖岸廢爲邱墟，此豈仁人孝子所敢出哉。我錦定祖夙夜勤勞，燕詒盡善，派衍五房，置田數十畝。析産之餘，存田一碩一斗。旋而叔祖燮廷公增入田二斗半，子母相權，經理盡善，復置田一碩九斗。統前後而計之，共計田三碩二斗半。迄今瓜綿椒衍，每逢誕辰，子姓咸集，恭薦馨香，蓋其堂非他，即祖舊廬，先年神主在焉。歷數傳來未經分析，存爲公屋，永作享堂。吁，我祖可謂善始而善作矣。我叔祖暨後之經理者可謂善終而善成矣。古有曰："莫爲之前，雖美弗彰；莫爲之後，雖盛弗傳。"是説也，俱不足爲我先君子慮。兹值家乘六修，敘其顛末，付之簡端，以示不忘。後之覽是篇者，無亦有感而起，恢其先業歟。是爲記。十八派孫敏德、敬德、效德同識。

光緒二十六年庚子仲冬月穀旦。

七修查註：本公因近數十年來捐派頻仍，債台高築，除陸續摘售祀田清償外，實存田種二畝，且已併爲清遠公祀貲矣。

中華民國三十年辛巳歲仲冬月，派下子孫重録。

其遠有朋公祀田記

《傳》有之，神不歆非類，民不祀非族。知昔人所以潔粢盛而奉馨香者不可忽，而亦不容濫焉。我族有朋公於予等，爲同宗一本類也，予等於公，雖代遠年湮，族也。而猶曰歆非所歆，祀非所祀乎。公爲我五代祖元永公派下九房之一，赤江衝房人也。生前勤儉，兩娶無出，汙積餘貲，創置八都十甲彭家壠，契接黄臨川田種一十二畝，水塘一口，塘内墾田二畝。生爲膳養，而没爲公赤江衝房一支祀田，付之公祠，各房賢智好義急公，相助爲理，逐年收租，冬烝祭掃，修整墳墓，以妥其靈。是田也，公創之，而公房之先人亦同享之，豈有賴於人哉。第經之營之，俾其繼長增高，則不得不望於我各房之後起者。是爲記。十八派族孫庶德敬撰。

清光緒二十六年庚子歲仲冬月，各房公識。

其遠有朋公兑管祀田記

竊我有朋公，原管彭家壠祀田一十四畝，歷感注蔭修鋤，與人時生轇轕，歲時佃人租穀，亦復難清。與其因而釀訟，不若設計以避其鋒。迨民國辛巳年，我集鳳堂祠以續譜需費，欲將茶庵寺水田一十四畝出售，但礙於與祠宇接壤，實有未便。爰憑七房户族商决，不若相互兑管，則兩全其美矣。遂由集鳳堂經理，吉吾、雨松等書出兑管契，將茶庵寺梘頭衝口水田十四畝，兑與有朋公，永爲祀産，而我有朋公經理，虞臣、舒甲等，亦書出兑契，將原有田十四畝，兑與集鳳堂爲業，任其變售。自相互兑管之後，各自照契管理，永無枝節異言。其兑管之田名、坵塅、注蔭、修鋤等項，均詳兑契管業。恐代遠年湮，繼起者莫識顛末，特爲之説明，庶有所查攷云爾。

中華民國三十年辛巳仲冬月，元永公派下五房公識。

其竤執達公祀田記

我房大小墳會祀田夥矣，而先大父達公缺如，能不急起而圖之乎。其圖之奈何，非置祭田不可。祖生父兄弟四，皆有後。余出自第三房，功以力作爲事，亦曾婚娶，未得蕃衍，汗積錢穀，僅獲温飽，迄今六十有奇，行將歌雉朝飛矣。每念先代之坵壟，培修、祭掃不可無費，因與昆季約私出橐金，置買黄茶衝堂姪心源水田五畝，出價錢八十千文，爲達公夫婦祀田，永充田房公管。予存日歲收租，除掃墓用外，餘暫歸予，以供日用。俟没喪葬畢，或更有餘貲，亦併歸公增置。如本支有同志者，量行捐助，總以敬祖爲重，則祀田不且日闢乎。但願賢能爲之掌持，廓而大之，如黄河之水，其始不過濫觴，其終則浩乎無涯。後之人飲水思源，其不忘達公之祀事者，亦豈失於墦間之祭哉。凡公之裔務宜洗心滌慮，經營盡善，永不得變售。即屬我本房之後，亦不得藉口私捐垂(延)〔涎〕覬覦，致爲祖宗之罪人矣。衆皆曰善。因敘而登諸譜。是爲記。孫道誌、道都、道邦、道如、謹識。

曾孫祇德、彝德、華德、尊德並録。

清咸豐十年庚申歲春月　日穀旦。

其𡽫執正公祀田記

我祖執正公生吾父兄弟六，恩勤鞠育，倍切劬勞，而祀田未置，子孫有隱憾焉。歲壬寅，兄弟叔姪各捐穀一碩，共爲經放，每歲生辰祭掃外，頗有贏餘。因置田畝永爲祀産。厥後所積益多，欲行增置未果。合典項計歲得收穀十餘碩。我輩思祖妣之馨香，宜世守勿替，斂公田之菽粟仍舊經營，日引月長，爲將來立享祠、設義學計。但願任事者無侵蝕，局外者無覬覦，則創始維艱，而守成勿壞。勉爲賢肖子孫，是鄙心所望也。兹值家乘續修，故敘其原委，以示六房之子孫焉。孫道觀謹撰。

一、接買地名小南衝黄開微、光耀二契，共計田種四畝，係清旺、百爲、夢松經管。

一、接買地名黄茶衝田種共計六畝，係端之、榮朝、秉達經管。

光緒二十六年庚子仲冬月，執正公派下子孫謹識。

七修查註：我公自清道光壬寅歲由六房捐穀營放，洎宣統之間，先後接買祀田二十二畝，歲時烝嘗則無慮矣。無如民國成立，歲比不登，加以苛派紛紜，應付匪易。因而債臺高築，掌持維艱，爰於十八年冬，六房商妥，債歸六房分担，田由六房分管，訂立分關，每房品分田三畝，任其變售償債，永無枝節異言。而公之存者，僅水田四畝，歲收租穀七碩二斗，以爲祭祀之資。兹七修蕆事，特申説明，俾繼起者洞知顛末，且徵創始維艱而守成之不易也。吾儕其勉旃。

謹將所存田屋山林列後：

一、存管八都七甲黄茶衝庵子衝口灣涎坵田一坵，計穀一十四肩，又當頭路上條子坵田一坵，計穀二肩，共計田四畝。修鋤水注詳契。

一、存管黄茶沖茶子牌山林一大所，四抵界址詳契。

一、存管黄茶沖草塘背山林一大所，四抵界址及墳禁詳契。

一、存管黄茶衝老屋左頭一頭，永爲公祠宇。其屋間數、園土界址詳契。

一、存管老屋後左頭山林一所，右頭山林一所，四抵界址詳契。

中華民國三十年辛巳歲仲冬月，執正派下子孫識謹。

其兑説亨公祀田記

昔賢謂祭爲終身之養，春雨濡矣，秋霜降矣，若不獲一滴以妥其靈，曷貴乎子若孫哉。我十五派説亨公派衍四房，初無貲以爲祀典，心嘗憂之。幸我説公係寅東公所出，寅公祭有餘資，議分我房，將分資生放，陸續接受黄端四同姪清淑兄弟田二畝、黄章耀田三畝、黄在兹等誼會田六升二合、黄壽林兄弟田一畝五升，契共接四紙，田合計七畝一升，均坐八都八甲地名吴家衝。是業也，永爲説公享祀，庶粢盛有供，牲醴有設，孝敬之心可於履墓時舒之。至若搆祠宇、闢膏腴，是在善於經理者爲之也。兹届六修，刊入家乘，以垂久遠。是爲記。

清光緒二十六年庚子仲冬月，派下四房子孫謹識。

其楚章身公祠田記

吾父之祠何爲而建也，閲族之建私祠者，或紹前人之積累所致，或由後嗣之捐資而成，若吾父之建立則異焉。有義子自幼撫育於家，名曰乃勛，余父母視之甚重，待之以寬，爲人勤儉，謹慎自持，凡里黨中婚媾喜慶，及歲時親朋戚誼往來餽送，効奔走以獲微資，自行蓄積營謀，間亦與人合夥江河貿易，毫不妄爲施用。予父去世，長兄年甫及冠，二、三兄均屬童年，四兄與余幼稚。維時不辭勞瘁，努力躬耕，欲余兄弟克紹箕裘。胡天不佑，諸兄俱未獲壽而終，遺諸孤幼弱。幸余父母得此人分勞任事，而且蓄積頗饒，私置田産，陸續接受本處地名壩塘田種二十餘畝，並屋宇、山林等項，因與余商曰："受尊人内外之恩，欲爲之建立祠宇，可乎？"余欣然曰："此誠美舉也。祖父兩派單傳，生余兄弟分列五房，汝之積資置産，豈容日後瓜分，余兄弟叔姪分析後，略存産業，有所建立，必須尊其先祖，汝則尊吾父母，亦宜爾也。"由是興工庀材，將壩塘之舊宅基地，新其棟宇，以爲我父享祠。今又接受柘山橋上田種一契，合計祀田三十八畝，附祠耕管，俾祀享勿替，俎豆彌光。凡我五房子孫須知義子有如是之用心，當亦無忘此有義之人也。是爲記。男圓裔謹識。

謹按：原記祀田三十八畝，後因祠事負（責）〔債〕，陸續摘售三十二畝，現存八畝，永奉烝嘗。

咸豐九年己未歲孟冬月，章公派下同識。

其洞仁村公祀田記

歲庚子，六修家乘，命余謄紅校讐，以免魯魚亥豕之僞。竊見銘記傳贊，以闡揚潛德，稿幾盈箱，不禁有懷於高祖仁村公焉。性孝友，崇節儉，席先業頗饒，常欲善與人同，凡經祠事、賑貧民，以及除道成梁善舉，靡不推解而樂行之。派衍四房，溯仁公原存八都八甲潭溪山下壠田種一畝五升，名曰斗半坵，額租三石，以爲春祭之資，羨餘則品分成習。越同治十二年，余祖寶卿公因商弟多聞公、姪聿修公等，將餘澤經放。光緒初，接派下阿馬母子田一契，復接榮禄吴家衝田一契，合計田四畝，永爲祀典。由此廣積儲、拓祀事，異日建祠立主，可坐而致也。凡公位下先靈，續絶不一，皆得值時祭掛，分高祖之餘廕，妥一本之幽魂，豈不欣然降格，而恫怨胥泯哉。惟冀祖靈默佑，人文鵲起，科甲蟬聯，俾世守先公禋祀於勿替，則公之幸，亦余等之幸也。因記原委，附諸譜末，以誌不朽焉。十九派孫長蕚敬譔。

光緒二十六年庚子仲冬月，仁村派下子孫同識。

其樹維山公祀田記

從來祀田之置，不第祭掃有資，而且邱墓可保，故祀田不可不設也。我曾祖維山公性聰穎，倜儻不羣，理家政守而兼創，理祠務公而忘私，事無大小，經營盡善，有紛爭立解，人咸重之。奈大衍之年，遂主蓉城。曾祖母鍾孺人慈繼以嚴，諸事井井有條，生平力作，嘗以紡績餘資，置楠竹灣田種一畝，囑爲夫婦没後祭資，是其所慮者深，所謀者遠也。夫捐資置産以祀其先人尚勇爲，況前人已植其基，敢不是繼是述乎。爰遵遺命，踵而行之，逐年掃塋設席，將田租全行付用。厥後克昌接理，籌度更精，節省浮費，惟以掃墳爲重，罷免設席一條。嘗糾集榮發、輔仁等酌議，每逢曾祖生辰，固宜備物詣曾祖考妣墓前拜奠，即曾祖以下，無論有後無後之墳，逐年掛掃，亦不容缺。爰將鐵舖灣茶園闢成田半畝，及積數年，遂有餘貲，買楓樹臺水田一畝七升半，又買通坵水田一畝，此舉之增大實嘉賴之。至同治九年，交克修、星福、連魁經理，接買下坳上坪水田一十四畝，並買楓樹臺水田五畝，共計田二十三畝二升半，永爲祀産。非敢曰能報先德，亦聊以體先志、慰先靈耳。至若廣積貲建專祠，踵其事而擴充之舉，斯禮而加隆焉，則又在於繼起之賢肖者。是爲記。

清光緒二十六年庚子仲冬月穀旦。

七修查註：本公祀田，除陸續摘售外，現僅存田種八斗，作爲本公掛掃之資。

中華民國三十年辛巳歲仲冬月，維山公派下子孫同識。

其翽騰九公祀田記

從來朝廷錫爵，公卿原有祭田；草野敬宗，士庶亦存祀産。故露濡霜降，倍切悽愴，而春禴秋嘗，無忘典禮，此祀田之置所由來也。我曾祖騰九公和平接物，耕讀世家，當席豐履厚之餘，無驕侈奢靡之習。迺物化後，家産漸落，祀事闕如。余等興念及之，抱慚奚似。僅遺八都十甲茹家衝田種畝半，租雖無幾，業非不毛，爰將該田存作祭資。兹值家乘六修也，附祀田一例。倘象賢繼起，從兹繼長以增高，庶燕翼詒謀，自足光前而裕後。是爲記。

光緒二十六年庚子仲冬月，派下子孫同識。

其㬱臨祥公夫婦暨逢端公中外墓廬祀田碑記

蓋聞尊祖敬宗，莫重於祭。故宗廟祀田之設，由來舊矣。我曾祖臨祥公、妣曾慈人、先祖逢端公、妣唐慈人，兩世勤勞，德垂後裔，流傳似續，派衍三房，不有祀享之榮，莫報馨香之德。爰憑磚、梘兩房户族太和、中和、南卿、輔堂、爲治等，將先年余父兄弟契接八都九甲，地名黑石頭，側瓦屋一進，除鬮分兩頭外，存正廳及後廳，爲兩公中外享堂，修建寢樓以安神主。又存本處先年接受羅湘應田一畝，田坐鴨婆壪邊方坵田一坵，又接羅興旺田七畝，田坐羅家大坵下田一坵，連下老鼠尾田一磏，憑人行大路老口子直抵江塴爲界，兩契共計田八畝整，爲兩公中外祀田，逐年租税，祭掃墳塋、暨修整廬墓諸費，於是乎出。日後三房子孫毋許覬覦支扯，願後輩踵事增華，廣祀田、光祀典。是余等之所厚望矣。是爲記。

一、存屋後山林一所，左憑羅家大坵田塍，直上崎崙，挖坑爲界，右憑左山粁當拱直上爲界，上憑崎頂，下憑田塴。

一、存廣慧庵出衝右岸，接受黄開泰田屋山林一契。

三房派下子孫同識，十八派孫業臣敬撰。

七修查註：本公祀田，因修葺祠屋，並輸將捐賦等項，除尅存鴨婆壪田一畝，又兑存祠屋門首田二畝五分，共計存田三畝五分外，餘已盡數脱售變價。惟山林屋宇則仍其舊耳。

中華民國三十年辛巳仲冬月，派下子孫同識。

其塱麟獻公祠田記

歲辛巳，族譜有七修之舉。余因記先父之言曰："我麟獻公祠宇祀田，日後續譜，務宜登載，以垂久遠。"余謹識之，勿敢忘也。竊見吾族帑足丁繁，爲湘南冠。其中祠宇、祀田，記其巔末於譜牒者，不知凡幾。其祠宇多有，遲之數十年數百年而建築於子孫者，祀田則有待賢肖之子孫，或數人或數十人，輸捐而成之者。若我麟獻祖者，其祠爲生於斯、長於斯、没於斯之所，不須後人之建築；其祀田爲生存茶衝圪田四畝，不待後人之捐輸，可謂思之深、慮之遠也已。雖然，能創者貴乎能守，善始者遺乎善終。甚願後世子孫善爲經理，洗心滌慮，繼長增高，於祠宇則整理之，於祠事則肅修之，斯不負祖先創垂之盛意，且亦不愧吾門之佳子弟焉。

謹將祀田祠宇、園土刊列於後：公存吴家衝老住屋前後進正堂屋兩間，倒廳屋一間，改建享祠；又存後進左頭正房一長間，本屋内角一連四間，屋外菜園一隻；又存祠門口田二坵，計穀二肩；又存石門衝茶衝圪田一十四坵，計穀四肩，共田四畝五升。

十九派孫長善謹職，麟獻公派下子孫同刊。

其雋庭經公存田碑記

間嘗觀素封之家，畝闢東南，田連阡陌，一自析産後，其所存田，或爲先人祀産計，或爲己身墓田計，人情大都如是也。而余獨不然。余先業甚薄，後以陸續經營，增置田約二百餘畝，除分給五房子孫外，僅存膳田六十一畝。其將爲先人祀産計乎，則有景寰祠、碧溪公祠在焉。酒醴告潔，粢盛告豐，余固不必爲先人祀産計也。將爲已身墓田計乎，竊思景寰公乃余脈祖，碧溪公乃余家君。二祠皆得與烝嘗，邀掛掃，余又不必爲已身墓田計也。然余既不爲先人祀産計，復不爲已身墓田計，獨不爲子孫衣食計乎。爰憑户戚訂議，將存田畝刊碑砌壁，以垂久遠。每值余生辰，五房子孫將該租各房分給，彼此均匀，其所存穀，擇房内老成經理，逐年核算，毋許侵蝕。其所存田，子孫世守，毋許售賣，庶田可長保，租可長分。是舉也，雖分租無幾，不足以備終歲衣食之貲，亦可以補一時衣食之缺。倘董事者矢慎公，擴而充之，異日所分之租，其數更有倍於今日者，則又余之所厚望也。是爲記。八十八扶橋老叟自記。

光緒辛巳年孟春月穀旦。

七修查註：記内田産除尅存四畝五分，永爲庭經公祀資外，餘經公決，悉數脱售，以所得資捐辦他項公益事業，並已支用淨盡矣。

中華民國三十年辛巳歲仲冬月，五房派下子孫同識。

璵裔廷欽公祀田記

士有田則祭，《禮》言綦切。故物本乎天，人本乎祖。祭也者，所以追養繼志，不忘其所由生也。我廷欽祖當日黽勉同心，有爲有守，詒謀裕後，派衍七房，而椒蕃有象矣。祖之三子輝宇生而穎異，尚節儉敦古，處力於稼圃，乃終有獲，故以汗積餘資置其田疇。晚年除分給諸姪外，尚存所購勒馬山田種三畝，暨先年與朝選公合買峩山灣田種六畝，内宇分二畝，兩處合成，存業五畝，以作生養葬祭之費。今者六修譜竣，宇公棄世有年，衆議將該田永爲欽公、宇公父子祭掃之資，房内人不得覬覦。惟望司事矢公矢慎，將餘資經營生放，繼長增高，再置田廬，光昭令緒，恢先人之世業，復前代之家聲，是所望於後之掌持者之善爲力也。本支子孫同識。

七修查註：記内祀田業已變賣，易置八都九甲鵝山灣路邊田一坵，計種六畝，内三分佔一，與若沈公朋管。

中華民國三十年辛巳仲冬月，本支子孫同識。

重裔秋高公祀田記

公諱重裔，字秋高，曾祖其杲公長嗣也。生父兄弟六，公之産業除分給外，所存之資，僅供膳養。物化後，除用費外，所剩無幾，祀田一事，遂未講矣。厥後二叔輔朝公一生辛勤自勵，艱苦備嘗，謹小慎微，黜華崇實，汗積餘資，置八都八甲漫家衝田種八畝。臨終時，再四叮囑余等曰："汝曹以我所置之産存爲祀産，每值吾父母暨吾生辰，兩房子孫届期會集，升降拜跪之際，酒醴告潔，粢盛告豐，吾生雖抱伯道之悲，没與吾父母合享祀事，亦可瞑目於九泉矣。"兹值家乘六修，余等撮其顛末，一一刊載，以垂久遠，庶不没吾叔當日之盛意云耳。

一、存田八畝，漫家衝老屋禾坪墈下，計田一坵，老横過路上計大小方坵田二坵，桐子圪山脚下計田一連五坵，白油樹圪計田大小五坵，屋上首大塘角上計田一坵，上横過大路下計田一坵。以上共計大小田一十五坵。

一、存漫家衝老屋，憑心脈坐右頭一頭，屋後山林，憑心脈直上崎崙横壕，抵王向葵山界爲界。

一、梨子樹圪山林一塊，上憑崎崙，下憑山脚，左憑壕基，石憑崎崙，倒水挖斷爲界。

一、漫家衝老屋對岸山林一所,上憑崎崙,下憑山脚,左憑壕基,右憑圪心,直上直下爲界。

一、漫家衝老屋上首山林一所,上憑崎崙,下憑山脚,左憑壕基直上,右憑中拱倒水挖斷爲界。

一、細塘圪山林一所,上憑崎崙,下憑山塴,左憑壕基直上,右憑圪心爲界。

以上田屋、山林,均秋高公派下大、四兩房子孫公同管理。其有逐年所用樹竹,各照鬮據取用,不得越界爭論。

七修查註:本公祀田,因時移勢異,難於爲守,已先後摘售七畝,現存八都八甲,地名漫家衝,祠屋門首横過路下田一坵,計種一畝,山林、屋宇等業,則與原刊無異。

中華民國三十年辛巳歲仲冬月,秋高公派下子孫同識。

碧裔榮湘公祀田記

祀典之重於天下也尚矣。昔吾孟夫子謂不孝有三,無後爲大。趙氏曰:不娶無子,絶先祖祀,則不孝孰大於是。余讀書至此,竊不禁掩卷而長歎也。余自幼失娶,中年遯跡山林,意謂梅妻鶴子,堪爲伴侶,乃歲月蹉跎,冉冉以至於今。客歲族譜重新,余往來局中,見夫支派蕃衍,子孫衆多者,不一其人,而祀田之置,則皆有本源之思。用是慨然曰:"姪猶子也,姪亦可主身後。"因撫仲兄之子濡周爲嗣,於是則祧可承矣。祧承而祀事不舉,是猶不孝也。爰即先年所接南衝舖羅頭山株樹灣舖屋門首契内摘存田四畝,永爲祀産。其田租,余生前暫留爲膳養貲,没後值余父母生辰,子姓等歲取其租,辦理祭儀,登壟拜奠,及本支各處先塋亦遍及焉。嗚呼,先容已邈,令範猶存。余自維不孝,未能報劬勞於萬一,行自傷矣。是舉也,亦聊以志余過焉耳。日後子姪輩有能大啟門閭,克成余志,於以另建專祠,宏光祀典,是又爲余贖不孝之罪云爾。男道法謹識。

咸豐十年歲次庚申孟春月穀旦。

珖裔瓏山公祀田記

我祖瓏山公派衍四房,至今枝葉蕃昌矣。耕者豐腴於田畝,讀者序列於膠庠,非託先人之餘蔭,奚克此兹。昔唐白太傅居易曰:禋於天地,所以報本也;祠於聖賢,所以崇德也;享於祖考,所以追孝也。不肖等食祖宗之德,踐履霜露,輒用泫然。非敢云追孝也,謂我先人以忠厚勤勞之行,馨香春野秋田之黍稷,亦天地所以報吾先人,予小子輩但盡其心之所安而已。因於同治(聞)〔間〕召集四房子孫,籌資積息,至光緒間,契接田一十三畝。每年以租易錢,以爲我瓏山公祀費,傳世世也。兹因家牒告成之際,特記其畧於末云。四房子孫謹識。

鍧裔金鑵公祀田記

寢廟之建,始於漢代;圭田之設,興自周朝。厥後歷代雖畧有沿革,而其追遠之忱則一也。我道畹公性根孝敬,遵崇古制,念金鑵公之去世,愀然有雞豚風木之感。是以存八都十甲,地名白竹坪,井圪墓廬一進,屋後山林一所,屋上首細塘圪田種三畝,並曾登載六修譜牒,永禁後人售買,藉以展孝思而垂久遠也。今嗣孫等應體先志,保守而擴充之,何敢擅自變本。奈因該田磽瘠，收穫不豐，爲一時權宜之計，將該業盡行脱售，旋以所得業價，接買榮吉公所管八都十甲瀏鑑衝腰壠膏腴田種四畝，永作烝嘗之資。誠恐後人不明真相，略述原委，以示來兹。是爲記。

中華民國三十年辛巳歲仲冬月，榮吉公派下子孫同識。

南裔榮楚公祀田記

祖諱南裔、字榮楚，號荆軒，楚南其堂名，予之十六派祖也。性樸實，好義舉，惡奢華。夜讀晝耕，卓有獨行逸民風度。德配鄔慈人温良恭儉，夙著賢聲，由節蓄興家，薄置田産。除分給五房外，尚存繞花橋水田四畝、荷月塘市舖屋一棟，爲公夫婦祭享掛掃之資，燕翼詒謀，意亦遠矣。乃以各房貧富不均，因將田屋出鬻，享祀遂付缺如。清夜思維，罪奚由逭。嗣雖儲積掌放，矢圖恢復，而屢興屢廢，卒無成焉。洎民國己未秋，由祖之父執正公品分黄茶沖老屋門首水田三畝。越庚午，又接買房裔峯雲鬮分田種二肩，共計田三畝五分，歲收租穀，永爲祭掃之資。祖以乾隆四十年乙未二月望日生，道光二十年庚子正月初三日没，葬茶庵寺上獅形山，子午立佳城。祖妣與公同歲，八月望後一日生，先公十年五月十八日没，葬繞花橋福田寺門首田中，癸山丁向。每歲之清明日，爲我祖夫女祀期，並掃房内諸祖之墓。逢祖生辰，定登壟拜謁，聊展報本之忱。祇冀祖靈長垂庇佑，螽斯衍慶，奕世延庥。即我後人務宜經營盡善，繼長增高，或爲公建享祠、興義舉，責在後人善自爲之耳，豈有他哉。是爲記。二十派孫明治謹譔。

中華民國三十年辛巳仲冬月，荆軒公派下子孫謹識。

浩裔至剛公祀田記

祭田之設，由來尚矣。有存留遺産而致祭者，有捐積公貲而致祭者，若先祖至剛公則稍異焉。公生吾父伯仲四，長采芹、次友于、三庭學、季一舉，析産時僅存八都八甲地名吴家衝，左岸天賜衝圮，葬公夫婦墳山一所，憑衝山背，纏山脚，進圮内，傍右邊壕基下圳，繞至井背上圮心壕基邊，憑圮心壕基隨壕上墳後山頂，憑人形山頂，右邊崎崙分水，繞下衝口山背週圍爲界。界内荒坪、屋基、園土、餘地、泉井、墾田，並内外出路俱全。咸豐初，采芹公股分概售與一舉公管。自是禁長林木如髮膚，不忍毁傷。光緒間，因山壞樹，易價所得，亦復無幾。予等經放堆積，遂接買唐鳴鳳七甲上下坳上坪月影塘等處田，種七斗七升半整，額糧長左九王禮言户，正銀一錢五分五釐，每年額租一十四碩五斗。又祖墳山下墾田，歲得租八斗合，計一十五碩三斗，永爲先祖考妣祭費。逐歲派下墳塋一體掛掃。但子孫股分前已詳明，俱宜矢公失慎，踵事增華，闢膏腴，光祀典，則又在後起之賢者。兹值家乘六修，刊諸譜末，以垂久遠，以爲之記。派下嗣孫滂德、溶德、長澤、長流同識。

清光緒二十六年庚子仲冬月穀旦。

七修查註：記内祀田因虧累甚鉅，已於先年將該産盡行脱售，現在蕩然無存。惟天賜衝圮山林、屋基、墾田，仍守未變。特以説明，俾繼起者不泯云爾。中華民國三十年辛巳仲冬月，至剛公派下子孫謹識。

涵裔泳知公浙裔時雨公合享祀田記

昔者荆樹爭榮，財不分於田氏；萼樓式好，被曾共於李唐。吾謂生前之翕和如斯其極，死後之合享亦固所宜。如我泳知公暨時雨公者，兄友弟恭，情願親於一氣，壎終篪斷，没已歷乎多年。夙昔未有圭田，鬼將求食；今兹始捐堵物，腋集成裘。緡祗數竿，經營至於光緒初間，業買兩契，先後皆在吴家衝，共計三斗五升，幸無磽地，聊爲兩公合享庶不餒，而尤冀踵事增華。後之人更宏建樹，尋源溯本公之父追薦馨香。適續譜之將成，因揮毫而作記。泳、時兩公派下子孫謹識。

光緒二十六年庚子仲冬月穀旦。

法裔思盛公墓廬記

湘潭、衡山二邑毗連處，號稱山多田少區域，護湘關之西北、天馬山之東南，有一山巋然，曰“仙風嶺”。山脈東趨，兔起鶻落，至吴家村，突聳一峯，林木蔥茂，曰“玲瓏山”。山中多吾先人墳墓，從巔俯瞰，瓦屋櫛比；曰“宏灣”，灣正中有吾曾祖思盛公故居，公與曾祖妣王孺人合冢其墓在是山右麓。民國紀元三年，吾與季父勳臣公以吾族數百年生聚於斯，召子姓會議，就公故居折而新之，爲公墓廬，以便後人春秋祭掃。顧原基窄狹，乃以公管竹山灣側屋，與黄壽宇兄弟所管近公故居之園與宅，各書契互易管理。於是經之營之，凡三越月而落成。門楣煥然，額曰“盛公墓廬”，對宇爲明極公祠、禹拜公祠，與公廬鼎峙。噫嘻，三公禋祀從此千秋矣。謹記緣起刊登諸譜。

浙裔時雨公夫婦祀田記

《傳》有之：禹不先鯀，文、武不先不窋，子之不先父食，由來久矣。我顯祖考時雨公、祖妣賓慈人，剛柔合撰，創守兼優，足以俎豆千秋矣。雖與伯祖泳之公立有合祀田産，而專享未隆其典，用歉於懷。幸我叔吉祥公力持勤儉，立有崖岸，而艱於似續。死之日，諸姪分給外存本邑八都七甲王家灣山下壩等處，接置王開慧力學公田種兩契，共計田一碩零五升，額正銀二錢二分，在黄祥户完納，永爲祀田，宜矣。然使追溯所生，叔豈能徒自饜飫而不讓善於親乎。是以將該業移爲我祖祀田，每歲烝嘗額期八月十三、子月十三兩期祭奠，祖父母享血食，而叔亦得以配享。然則予等奪叔之私而公諸祖者，亦猶是體叔之心焉耳。願後輩矢公矢慎，踵事增華，庶祀田日擴，祀典彌豐，則亦予等之所厚望也。是爲記。孫庶德同弟協德、姪長佳等三房謹識。

光緒二十六年庚子仲冬月穀旦。

漳裔漢源公祀田記

祀之有田，所以守墳墓，奉烝嘗，使先人之靈不致冷落於荒煙蔓草中，以餐風而飲露也。吾父漢源公下世之日，祔葬栗山台祖山。環山有田四畝，備價買之，用以保墓先妣范慈人没，卜吉於竹埠湖馬姓田内，其田五畝，備價買之安厝。其中周圍之田，亦用以保墓。夫墓有田，則歲時之修補有資，以田之所出而爲粢盛之供，則春秋之祭享有藉墓田也，是即祀田焉。兩處合得田九畝，存爲祀田。房内子孫當共爲經理，永守勿替。至壩塘衝，嫡妣王慈人佳城所在，其山林俱宜極意栽培，俾松楸之掩映，長作墓門之焜耀，庶幾哉，我父我母，存順没安，而余等亦聊以報劬勞於萬一云。男道廣、道廱謹識。

清光緒二十六年庚子仲冬月穀旦。

法裔思盛公暨道寬洪舒公祠田記

古者公卿大夫必有田禄，然後立廟以祀其先，庶人則祭於寢，至後世士庶之家，皆得立祠，祠皆置田，規制稍異於古，而其妥先靈、隆報享，一也。先父洪舒公品端性直，能以圓通濟其謀略，遇里閭爭競，必極力排解而後已，以是人多諒其真誠。至貿易遠方，智慮過人，擅端木億中材，故雖席先業無多，而漸臻饒裕，有蒸蒸日上之勢，奈未逾艾服，賫志以没。維時惘兄弟四，長者未冠，幼者方離乳哺，遽丁大變，諸務未諳，兼之外侮頻來。惟吾母彌縫其闕，治内治外，以母道而兼父道，不第男等教繼以婚，而且世業守兼夫創。其先僅薄田十餘畝，厥後增置百餘畝，精心默運，數十年如一日。是則家運之熙隆，皆先人詒謀之遠大也。歲丙子，兄弟析箸，公存墳灣横屋四間、小苑一所，並存餘金生息，陸續接買天賜壩水田五畝，李家壩水田一十三畝七升半，以充祭産。後因亡弟克昌之乏嗣，兄弟議將昌所分墳灣正屋左頭，更作公屋，並將公管横屋小苑，及天賜壩水田五畝，與惘私管，正屋右頭壩塘水田八畝，立契抵兑，自此正屋全歸公管。歲時瞻拜，謦欬猶聞。如是者亦有年焉。惘等終念祖考思盛公祠田闕如，爰擇青石橋之佳勝，另建先父專祠，其墳灣公屋及壩塘公田八畝，惘兄弟酌商，改爲思盛公管田屋。雖不敢云率親至祖，而兩代明禋，一體虔祀，於孫子之心庶幾少安焉。是祠之建也，創始於庚子秋，鳩工庀材，數月落成，顔其堂曰"孝友"，計用金二千餘緡，皆惘所籌措，復於祠後捐山林一所，以培屋宇，祠前捐田二十畝，合本公原接七甲下樊田李家壩田共三十三畝七升半。逐年秋收，所入除完餉外，用供祭祀、歲修之費，餘資積累，以期擴充。祠成，適值家乘六修，謹述顛末。若夫心惘等之心，雍睦一堂，勤修祀典，時其掃除，更從而光大之，此則深有望於後之人也。是爲記。男惘德、沃德、旋德謹識。

光緒二十六年庚子仲冬月穀旦。

七修查註：本公因祠屋傾圮，業於前年脱售田種二碩，作爲修葺之資。現僅存田種二石七斗半。中華民國三十年辛巳仲冬月，洪舒公派下子孫謹識。

冬裔青華公夫婦祀田記

粤稽《禮》隆薦饗，《詩》載妥侑，或助耕供粢盛，或田禄奉祖考，類皆謂田因祀而永固，祀有田而長存也。先考青華公幼失怙，業無遺。稍長苦積，卓爾自持，加先妣陳老孺人殷勤内助，先緒恢宏，以故闢田疇、新堂構，榮膺組綬，啓迪前光。所生感昆仲四，課耕課讀無閒，蹟今蘭芽茁秀，泮水芹香，先考、先妣積之厚而流光也。至管理帑藏，持籌握算，數十年育嬰、渡橋，各公受裨益，不特家族公私爲足顯積累之才。洎先後考終命，諸兄相繼云亡，感不能仰體德意，五中抱歉。每憶締造之艱辛，無以食報於身後非夫也。爰商衆姪，將先考、先妣之膳田議坐祀産。歲時登壟祭掃，用伸如在之誠，即酬劬勞於萬一，恐後嗣覬覦，其公隨之稟縣存案，永禁典售。復將歲餘租穀，立約輪管。倘擴而充之，建祠宇之巍峩，享祀不忒，實感所素願也。兹家乘六續告成矣。凡先哲盛事，仍舊創新，鴻章燿燦不一，感不敏援筆直陳。如曰善繼善述，闡發幽光，是所望於孝子賢孫焉。是爲記。男道感、孫瑟德、藻德、翰德同識。

清光緒二十六年庚子仲冬月穀旦。

�百川公晊裔誠正公兩房合置祭掃田記

嘗思感增風木，原本情深，思及雞豚，孝敬念篤，此人子必存祀先之典，先賢亦深追遠之思也。我兩祖生長湘南，徙居楚北，迄今百餘年矣。自兩祖以上祖塋，盡厝于南，每當春露既濡，不勝怵惕，秋霜既降，倍覺悽愴。千里迢迢，歎山河之遠隔；寸衷耿耿，思掛掃之維艱。興念及此，不禁淚潸然下矣。所以我祖深抱此憾，爰於咸豐庚申年接買八都十甲唐家衝黄啟德田種一十六畝，逐年租碩，託景寰公户首經管，代收公倉。房内親屬不得覬覦，庶先祖在天有靈，夙夜免餒而之嘆，即子孫回祠掃墓，往來無支絀之憂。兹因家乘告成，詳述顛末，刊載以垂不朽云。是爲記。百川公誠正公派下子孫公識。

清光緒二十六年庚子仲冬月穀旦。

七修查註：記内祀田，因年來負債頗深，業摘售四畝，以資清償。現實存田一十二畝，永爲祭掃之資。凡我後人務宜世守勿替，毋得典當變售，則所望幸矣。

民國三十年十一月　日，派下子孫同識。

道舞公祀田記

父諱道舞，字方策，承先祖宗朝公之祧，以延姒續，生余一人，教養兼至。余蒙祖默佑，生子六，均已成立，而父所遺之業，雖未能增置以光前德，而謹守先疇於勿替，或亦興家之先機也。然食口日繁，施爲不易，能爲子孫衣食計，而不爲父母祀事計，此身之負疚不良多乎。兹值家譜告成，余央户族除分結外，存田五畝，以作吾父母誕辰祭祀之資，並十月掛掃之費，垂之譜末，以圖久遠。願後之賢肖矢公矢慎，勿生覬覦之心，積日累月擴而充之，庶異日之祀産大有倍於今日者矣。是爲記。

一、存八都九甲，地名盛家嶺謝家衝，腰壠住屋門首田種五畝，計一坵，逐年額租一十碩。

一、存謝家衝瓦屋，坐右頭一頭，憑心脈一連四間，後雜屋二間。

一、存住屋右後梅子圪老壕内山林一塊，屋下首背山林一塊。以上田屋、山林，派下公同管理，毋許加規爭占。男雍德謹識。

光緒二十六年庚子仲冬月穀旦。

道法遇春公祀田記

竊維無寢不祭，祭必有其所也；亦無田不祭，祭必有所資也。余先祖遇春公暨先父濡周公，以勤儉起家，置膏腴數百畝，存日將田産分給余等，外尅存湘邑八都七甲柘山橋先年接受王文蔚田屋山林一契，計田一十六畝，其屋爲身後祭所，其田爲身後祭資。迨祖、父先後棄世，迄今十有餘年，因用費浩繁，兼以連歲旱乾，田租減入，負債實百餘金，遂將該業摘售五畝而債始償。余等經理公務，允宜矢慎矢公，俟積累盈餘，爲之改建閟宫，則祀實有其所，增置田畝，則祭益有其資，庶無負祖、父創置之苦心，而享祀於焉弗替矣。兹當家乘續修，爰録端末，付諸棃棗，用垂不朽。云派下子孫同識。

清光緒二十六年庚子仲冬月穀旦。

七修查註：本公原存祀田一十六畝，後因負債，摘售四畝五升與老君會，又摘售五畝與玉林，尚存七畝五升。民國十五年修築公路，填佔田五畝，實存祀田二畝五升。其墓廬則民國十三年大水淹倒，僅存屋基坪與屋後山林而已。中華民國三十年辛巳仲冬月穀旦。

道漠大才公夫婦墓田記

《記》曰："惟仁人能享帝，惟孝子能享親。"我先考大才公力穡起家，稍蓄恒産，於人事經紀外，而復遠計於身後窀穸之地，以近墓田十畝，爲異日血食資。予兄弟承其遺謀，歲祀維謹。此我先考教不肖輩以享親也。不肖輩豈有涓埃之力乎，豈可竊其享親之孝乎。惟是前人創始，後人守終，環墓者田，拱塋者樹，一土一木，一酒一漿，慨想先人如臨如保，栽者培之，圮者修之，匪伊異人，責在小子。先考生余兄弟六人，次、三出撫，然於經理祀事，則皆並力善後焉。兹述先業之艱難，以示後來之敬。謹述録於譜，於禮亦宜。其墓之旁先慈人亦祔葬於此。謹記。男証德、詡德、訥德、詣德同識。

道嵒公祀田記

《禮》云："士有田則祭。"有田禄者，先爲祭服，故白華比潔，家吹孝子之笙，黄㮚流芳，慶衍曾孫之稼。則當日苾芬孝祀，不待秋霜春露，始有悽愴怵惕之心也。作也自幼失怙，日待慈闈，家無長物，艱辛自勵，汗積餘貲，置田二百餘畝，除分給三房子孫外，存小南衝田種四十畝，永爲先父母祀産；本衝瓦屋一進，建作私祠。屋後山林一所，禁培祖宅，每逢先父母誕辰，登山掛掃，入祠展拜。孫曾環集，酒醴告潔，粢盛告豐，聊展孝思於萬一。倘象賢繼起，矢慎矢公，擴而充之，將繼長增高，祀有田而勿替，承先啓後，田以祀而常新。祀事之典既隆，即在天之靈可慰矣。兹值家乘六修，壽諸棗梨，以垂久遠。是舉也，雖不得與助田、圭田媲美，而一揆諸有田則祭之義，夫亦未必無小補云。男作德謹識。

七修查註：本公因債務纍纍，業於民國二十二年將該祀田摘售三十二畝五升，餘僅存祀田七畝五升，永爲掛掃之資。至山林、屋宇，亦於是年由本公子孫公析，立有約據。嗣後各管各業，無得援引六修譜藉爲爭執。

民國三十一年孟春月，作德公派下子孫謹識。

道材世楚公墓廬祀田記

昔者六蓼滅，而庭堅之禋勿斬；越椒生，而若敖之鬼將飢。知一代之祀事，必賴孝子賢孫敬承勿替。若乃身爲盧邁；而生前預爲之謀，没後獲享其祭，其惟我房世楚公，斯足尚矣。溯我十二代祖命召公開派六房，公爲二房，次張公裔，初亦子姓蕃衍，至光緒間，惟公尚存，而年則已老。公以自置本邑八都十甲道門衝，並紹林塘田共三畝、茅屋一棟，茶園、竹木、祖墳、山林、周圍壕基，又屋對岸壕外山林一大所，上憑崎崙，下憑田塅，左憑堯舜圪抵袁人山，挖坑爲界，右憑本衝壕基爲界，以上各業存爲墓廬祀産，託之族人相助爲理。今公棄世十年有奇，每歲舉行祀事，第託之族人，不若附之親屬，相持久遠之爲得也。故值家乘六修，詳其本末，俾我房奉守弗墜，以善成世楚公之謀焉。是爲記。

清光緒二十六年庚子仲冬月，命召公派下同識。

道實萬英公祀田記

曾子曰："與其椎牛而祭，不如雞豚逮存。"夫人於父母，生不能致孝養，而徒於没後追思不置，惕然而修烝嘗之典，晚矣。然生不能致孝養，而復於没後淡漠爲懷，弛然而廢烝嘗之典，則其罪抑愈大。我父萬英公、母王慈人，生男兄弟有二，長膺德、次修德，教養昏配而外，力創膏腴，分給二男。兩大人僅存金數百爲養葬資。男等念罔極難酬，方將以菽水承歡，稍供子職於末路，乃樹欲靜而風不息，吾父遽以一疾棄養焉。光緒二十一年，男等接買八都七甲南衝舖田種五斗，册糧一錢，更父名完納，永存爲兩大人每歲烝嘗之所需，待異日恢拓祀田，建立寢廟，然後私心始愜。雖如是，敢自謂能饗親哉，亦聊以贖其不孝之罪云爾。兹值家乘六修，特撮其原以示子孫而垂久遠。是爲記。男膺德、修德謹識。

七修查註：本公原存南衝舖祀田五畝，因管理不便，業經出售。所得業價，旋接買鵬遠關管八都七甲皮家圪口水田五畝，以爲祭掃之資，非敢變更也，實因地制宜耳。特誌之，以示後之子孫云。

中華民國三十年辛巳仲冬月，萬英公派下子孫同識。

道宥學亭公夫婦祀田記

嘗考三代之制，厥有圭田。圭田者，祭田也，然必卿大夫則有之，而庶人不與焉。及至井田既廢，而隴畝阡陌私相授受，斯無論何人，如力能致者，莫不各有祭田，以享其祖考。況我先父學亭公、先母曹孺人剛柔合德，創守兼優，先賴以承，後賴以啟，正宜俎豆千秋者也。吾父母自同治間相繼云亡，距今卅年有奇，黄泉寂寞，問視無人。每一念此，不覺潸然淚下。此時即欲盡其力以致之，猶憾已晚，而謂祭田之設，恒人之所共有者，吾父母獨不有乎。第田必近於廬，廬必近於墓，經營之術始爲合宜。故取祖處吴家衝梁箭嶺下田種四畝五升，屋宇、山林等業，以其近於父墳焉，又取本甲太坡坳田種十畝，屋宇、山林等業，以其近於母墳焉，合兩處共田十四畝五升，永爲吾父母祭祀之貲。至於寢廟之建，則以所存莊屋，或仍其舊而踵事增華，或就其基而改絃易轍，要在男手克成其事而後已。雖如是，男敢自謂無忝於子職哉，亦聊以補其生前未養之缺耳。男庶德謹識。

中華民國三十年辛巳仲冬月，亭公派下子孫重刊。

道爵槐左公祀田記

夫樵牛祭墓，不如雞豚之逮存，子輿氏所爲興思也。我父槐左公暨母周慈人生存之日，余等或友教於外，或負笈從師，晨昏之定省未免無缺，遑問甘旨之奉哉。兹者，事後興思，既深恩之莫報，何堪復餒若敖之鬼耶。爰即王家衝先人遺業存田十畝，爲兩大人歲時祭掃貲。余於是竊有感矣。漢寢唐陵，在昔難延麥飯；商彝周鼎，至今尚乏明禋。余小子詎謂區區之念，可展孝思於不匱哉，夫亦以補雞豚之不逮，春露秋霜，悽愴怵惕之心，庶由是而生焉耳。後之人永守弗替，踵事增華，舉斯業而恢宏之，於以鼎建專祠，奉春秋二祀，此則余之所不敢必，而又余之所深期也。是爲記。男衹裕德、禠禓德謹識。

咸豐九年歲次己未孟春月穀旦。

道廣玉海公墓廬祀田記

今世有不祀者,問何爲而不祀,曰無以供粢盛,無以供犧牲,此其故非不祀之咎也,而無田之咎,田之關係重矣哉。我先祖玉海公諱道廣,賦性誠篤,好行義舉,經公事矢慎矢公,善排解不遺餘力,鄉黨歷多稱述,年以八十壽終,洵哉九五全福。嫡祖妣文慈人、祖妣唐慈人。今派下四房子孫,皆唐妣之所出者也,獨惜文妣所出長房,迄今無嗣。第公爲子孫計者,購良沃廣連阡陌,造室廬美極輪奂。當其時,五房析箸,財産均分,公僅存王家衡老屋園内田種二畝,永爲祀田。夫田固黍稷所由植,尤貴祭廬修葺,以棲其靈爽,山林幽秀,以培其塋墓。既而公俱所存,逐一註後,賴我四房子孫賢肖世守餘澤。歲斂田租而鑿之,粢盛出其中焉;更即其租而易之,犧牲亦出其中焉。宗堂之饗,墦間之祭,有所取資,而先人在天之靈,自足享馨香於勿替矣。是爲記。孫長棫楮、長枝欆同識。

所存田屋、山林等業,開列於左:

一、存王家衡老屋,坐右頭正房一連三間,到廳半間正堂屋,八股内一股,第三層横屋一連三間,溝池、餘地概照鬮管。

一、存園内菜土一大所,竹山一塊,園外山林一塊,鬮載明晰。

一、存先祖玉海公墳禁,坐王家衡窨背上,禁步丈尺,照契批存。

一、存祖妣文慈人墳山一塊,坐老屋對岸右側,界址照老據。

一、存石塘衡山林一塊,細山塘山林一塊,南塘衡壇灣山林一塊,界址概照老據。

清光緒二十六年庚子仲冬月四房子孫謹刊。

道丹三桂公夫婦祀田記

竊譜不修無以講宗法,祀不積何以明祭禮,胡宗廟爲禮法之地也。余族譜牒六續,凡設墳會者莫不繪圖刊記,以申追遠報本之忱。矧予顯考三桂公、顯妣王孺人,半世經營,徒勞撫字,生則心力俱瘁,没令致嘆餒,而午夜圖維,無力積祀,滋愧慚者久矣。乙未年,余胞兄芳馨不禄,後嗣懸旌,所買賓言語享八都十甲白竹坪田種二畝半,每年額租四碩零,爰集弟芳明配商,與其品分充一時之口腹,曷若公存作百代之烝嘗。曰善矣,是以額租除完餉外,每於十月烝祭時,虔備微儀,供考妣與胞兄祀事,親其親、長其長,聊以效生職於生前,敢謂報恩於没後哉。但願後之子孫以餘資勤加積放,俟有羡餘,廣祀田、建祠宇,宗廟禮法秩然不紊,俾余祖馨香勿替,且體余兄弟當年商存之意。詳載譜牒,即余所厚望而深喜者也。是爲記。男芳庭、芳明謹識。

清光緒二十六年庚子仲冬月,派下子孫同識。

懿德本彝公祀田記

今夫爲人後而不顧其先,及生前而不謀其死,皆情之薄而慮之疏者也。若我房本彝公諱懿德者，則有異焉。公爲倚衡公之孫，焕湘公之長子也。中年失偶，子亦夭亡，乃義不復娶，茹苦含辛，至晚年得存湘邑八都八甲吴家衝鐵爐塘下屋宇山林等業田種六畝。公念大高祖禹康公原係命祝公子，入承命禄公，祧兩公，嗣裔雖衆，祀事闕如，心滋戚矣。光緒壬午，公彌留時，集祝公裔克修、元佐、輔堂、禄公裔佩四、可也、榮輝等，憑戚鄰將存業立約付託。一則尊先，備禄、祝兩祖祀事無缺，公亦得以配享；一則奉己正月十六公之誕辰，宜伸慶祝。至於中元令節，世皆遵尚目連之説，焚楮薦食，儼然死者之臨上質旁，公豈可獨少此哉，是又宜隆其典。惟兹三事，量每歲之所入斟酌用之，其經理之人，任禄、祝兩房公擇，三年一更，上交下手，數必清晰。噫，公之情何厚而慮何遠哉。公既没，余等乃葬公於屋後山林，永存墳禁，以住屋號公墓廬，從新黝堊，意調公生於斯，長於斯，没享祀於斯，公遂所願，余等亦謝付託之責乎。然猶未也，余觀世之立公者，其始未嘗不鄭重其事，及至年湮代遠，因久而玩，因玩而廢，可勝數哉。余深懼之，故於六修家乘之會，詳其事之本末，登諸棃棗，以垂久遠。踵事增華，俾付託者之心兩無憾焉。故記之。

禄、祧兩房裔孫克修、榮輝、輔堂、春城、月桂、錫林同刊。

光緒二十六年庚子仲冬月穀旦。

勇德振作公祀田記

昔人云：不孝有三，無後爲大。蓋有後則先祀續，否則斬此螽斯之慶，播爲風詩三多之詞，傳爲善頌，非徒然也。余幼苦孤貧，壯年自食其力，亦嘗懔古訓，娶妻羅氏，冀免伯道之悲。詎一索而不得男，雖慰情有女，終歸他族。今老矣，絃斷無能爲續，因撫堂弟芝蘭之次子穀秋爲嗣，以猶子亦可主身後也。殊該穀秋不務正業，遊蕩遠颺，迄今四年未歸，存没莫卜，煞費幾許心血，終成泡影曇花。余不禁盡然心傷矣。繇是央憑户戚將祖遺並自置之薄産，舉以相托，歲得租息，余生時留供膳養，没後除葬費外，永存爲父母及余夫婦掛掃之貲，毋許典售。是舉也，亦聊贖不孝之愆耳。至撫子穀秋桀驁不馴，應予宣告廢繼，日後歸來，毋得覬覦遺産。除另具付託約據拾紙，分交托人存照外，謹將田畝、山林坐落地點，詳註于後，用垂久遠。

一、存接買周焕新契管潭巴八都十甲，地名松木塘沙淋壩，水田二畝五分。

一、存祖遺關管康家衝墳山一大所，憑窰坪塘頭起，繞至斗中坡大圪，圪心直上崎崙老壕基，轉至陰圪圪心，憑百川公山界，直下田塝，轉至窰坪背爲界。山内蓄禁松、杉、茶子等樹，將届成林，已佃與金榜父子禁長看守。出判之日，看山薪貲四分之一，茶子亦歸伊父子採摘，當年納油二十四斤，拗年納一十四斤。

受託人劉石雲、王培元、羅葵生、彭受宇、長清、觀政、黄開枝、雨松、金榜、星明。

民國二十九年十二月　日，男長源謹識。

附記：民國三十一年二月，由本支青掄公派下如斯公，分給八都十甲康家衝屋門首水田一畝，田名園子斗子坵田一坵，穀四肩，爲父祀産，仍請付託人經營保管，毋許房族覬覦典售，並有如斯公關據。

中華民國三十年辛巳仲冬月，長源又識。

裕德益齋公祀田公屋記

采芑之什，詠詒謀也；采蘋之詩，詠祀典也。顧有裕後之祖以引以翼，而無追遠之孫以孝以享，可乎。我先祖益齋公文壇健將，藝苑雄師，德望著於生前，芒徽留於後世，允宜馨香百代，俎豆千秋者矣。幸歷存九都十甲黄花衝腰隴廟塘横大路上第二坵田一坵，計穀十肩，又少香公本其仁孝之心，捐有屋宇、山林、園土等項，其屋坐黄花衝老屋右頭横堂屋一間，老廚房一間，客心一間，連後過堂屋二間，塘邊菜土數塊，係小廚房與羊欄地基墾成，園内上雜屋坐右頭屋基一間，園内菜土不計塊數，作溝一隻，塘邊老瓜兜二隻，新瓜兜一隻，香火堂槽門曬坪，水塘蓄放均係八股之一，階基餘地隨屋管理。以上所載别有契據，永遠捐與興吾堂管理。自是以後，公有田可以永享祀典，屋歸公可以永遠保全，誠一舉兩得之計也。後起者宜矢公慎之心，毋起覬覦之念，日積月累，繼長增高，於以設享堂、綿祀典，庶不愧吾門之賢肖子孫焉。是爲記。興吾堂派下子孫謹刊。

民國三十年辛巳十月　日。

（黄崐總修《［湖南湘潭］湘潭樊村黄氏七修族譜》 1941 年集風堂木活字本）

江蘇吴縣王氏重捐登産祭規

重捐花隴池祭項啟馨山公熙桂

吾洞庭王氏，族姓雖繁，均自贈大學士伯英公分支。公墓在山後紀革村，六百年來，人咸稱爲花龍池者是也。墓前向有祭廳三楹，上雨旁風，日久將傾。光緒己亥，漢槎從兄等捐款重修，始焕然一新。每歲清明祭掃，羣昭羣穆，少長咸集，所以妥先靈而敦族誼，於是乎在。惟舊有祭項向存載卿、文槎兩姪店中，歲收其息，以供祭用。自遭兵燹，店業蕩然，此款亦歸烏有，年年祭費均係載、文兩姪挪移賠補。現在文槎已故，載卿家況更難，力有不逮，確係實情。此外祭田僅約十畝，水旱無定，所得甚微。且祠中桌椅、墊子殘缺不堪，亟須重爲整備，事事需款。熙桂等因與族中諸裔商議，棄此舊項，重捐新款，集有成數，另存妥處生息，以供祭用。夫事以衆擎易舉，族人非乏賢有力者，水源木本，具有同情，共襄此舉，有厚望焉。光緒二十九年癸卯，春熙桂等啟。

祭　産

一、民田四畝，價銀二十兩，加貼絶銀九兩，康熙五十五年周兆陽、周贊皇、周上載賣下，五十六年加貼，雍正十三年加絶，坐落張巷油車河下。世繩、世琛捐銀二十兩，顯廷等捐銀九兩。石五起租。額租米六石，現佃范二。

一、民田一畝，價銀十一兩，乾隆二十三年奕組捐銀歸絶，坐落東冠字圩，東至葉田，南至俞地，西至錫田，北至張田。額租米一石七斗，現佃沈彩雲。

一、公田三畝五分，價銀四十二兩，乾隆二十三年奕基等捐銀歸絶，坐落東冠字圩木橋頭地方，石八起租。

額租米六石三斗，現佃顧巧。

一、民田四畝，價銀五十兩，乾隆三十一年葉天爵賣絶，坐落十八圖東冠字圩，一石三斗五升起租。客租米五石四斗，現佃唐三元、葉二。

以上王花龍户十一畝五分，計民田八畝、公田三畝五分。條銀一兩三錢三分，有閏加二分二釐。漕米一石九斗八升，貼役錢二錢，新四畝上。義租七錢九分九釐；王祭户一畝，條銀一錢二分二釐，漕米一斗七升二合，貼役錢四分。

附花龍池祭田方單坐落畝數

廿八都八圖移圩八坵十四號，二斗五升。則田一畝八分八釐二毫。

廿八都十八圖磨圩六坵二十七號，三斗四升四合。則田一畝一釐二毫。

七十七號，仝上，則田一畝三分。

七十八號，仝上，則田二畝四分五釐。

百十七號，仝上，則田九分五釐一毫。

百十八號，仝上，則田一畝二分九釐八毫。

百十九號，仝上，則田一畝二釐五毫。

百二十號，仝上，則田一畝一分六釐。

以上王花龍户八單，共田十一畝七釐八毫。

捐款補足祭項虧捐本利記

季　烈

光緒癸卯，族曾祖馨山公倡議重捐東山花龍池墓及文恪公祠墓祭項，族祖憲臣、俊臣兩公首率錢以爲之倡，同族亦多踴躍出貲者。集得之款，存妥實商號，歲取其息，以供祭用。近年以來，該款存上海榮康錢莊，憲臣族祖與諸友人合貲所設者也。該莊忽於乙亥陰曆歲杪虧折停業，憲臣族祖因此得疾，遂以不起。俊臣族祖以爲平常債務雖可折減清償，而祖墓祭埽之項決不容稍受損失，爰催經管該款之毅齋族祖，向該莊清理處將原存之本金一千九百八十四元七角四分，按七成收回，實得鈔幣一千三百八十九元三角二分，計淨虧本金五百九十五元四角二分，二十餘月之息金在外。俊臣族祖乃自捐鈔幣八百元，以抵補此項本利之虧損。除去償還兩年以來山中所墊祭費一百二十五元，淨存鈔幣貳千零六十四元三角二分，仍由毅齋族祖保管，存入中央信託局儲蓄部生息，以供每年東山花龍池墓及文恪公祠墓祭埽之費。俊臣族祖委烈記其事於家乘，以垂久遠。烈維族祖斯舉，足以承先志、示後昆、急兄難、式族人，其高義洵不可及矣。爰不辭而爲之記。丙子十一月杪季烈謹記。

先塋祭埽及祭産經理規約

一、吾族祖塋，自花龍池以來，有有祭産者，計花龍池、梁家山、嘶馬塢、塘灣、尹山、胥莊、天平山、石泉浜、横塘、盛莊、欣薇祭等處。有無祭産者。兹議將各處祭産逐年息入先行清理，自本年爲始。此項息入專歸先塋祭埽修理之需，不得移作他用，如有盈餘，亦須存儲，以備貼補他處先塋之用。經手之子孫，不得將所餘款項據爲己有，每年應立收支清賬，於次年恪祖祠春祭時交出，由同族諸人公推二人，詳細查察，並將帳目貼祠壁。同族諸人以爲帳目有疑義，均可向經手人及查帳人詰問。

二、祭産應歸有力子孫經理，所有每年祭埽等事經常費用應按照老帳開支，如有修理等事特別費用，其開支在百圓以上者，應先將豫算大概通知本支之各房子孫，俟有半數此半數指二十歲以上、品行端方之成丁者而言。以上之贊成，然後興工。

三、各處祭産息入，先儘本處先塋祭埽修理之用。如有盈餘，則移用於本處以上之先塋，如胥莊餘款用於塘灣、蒸山。仍有盈餘，始可移用於本處以下之墳塋，但須先儘無後之墳。如同是無後之墳，則須先儘無近房傍支子孫之墳。

四、塘灣、蒸山、青松庵三處墳塋向無祭産，除祭埽之費向由胥天婁祭産餘款支用，暫仍照舊辦理外，其修理之費應由公晉公、公似公兩支之有力子孫合力捐助，以免坍廢。倘荷族人慨捐蕙款，爲置祭産，尤所厚望。

五、各處先塋，除洞庭山、塘灣、蒸山歲祭一次之外，其餘各墳應各歲祭兩次，祭席一律用五簋一點。相近之墳，宜一日併祭數處，以省時日，而節舟費。

六、現在各處祭産息入，祭埽外雖有盈餘，須以供修理之費，但將來盈餘之款日久積存，必有羨餘，此項餘款儘可添購産業，以作義莊之基礎。

七、吾族有清以來，知名人物爲寶傳公、惕甫公、聽夫公，不幸均屬無後。現在墳塋俱已於修譜時訪得，然祭埽缺如，墳粮不完，恐不久仍歸廢棄。玆由季烈捐洋肆拾圓，托介、飴兩叔存儲生息，以作塔影浜、楞伽山兩處祭埽之費，尚有不足，更冀同族諸公量力捐助，集存蕙款，爲置祭産，使我族賢哲墳墓、永保不廢，不第有光家乘，抑且足勵將來，是烈所厚望焉。

丙辰二月十八日，族人仁元叔，祺標叔，鈺、頌、彬叔，鎬、楨、濟、頌、賢叔，桂叔，保定甲季烈、季尚、季同、季綸、季昶、季綬、季更、季緒、季點、守兑、守則仝訂。

雲津堂家祠祭産

一、民田七畝八分，價銀五十四兩，又貼絶十四兩一錢，雍正十一年絶買王文源，坐落廿八都四圖下堡地方蓮花字圩，五畝六分，石八起租，二畝二分，石五起租。額租十三石三斗八升，現佃。王七二畝二分、張九二畝二分、穆敘一畝二分、顧順二畝二分。

一、民田五畝四分，價銀五十五兩，又貼絶十五兩，乾隆十年契買隆覺僧，十八年貼絶，坐落南望培字圩，石七起租。額租九石一斗八升，現佃陸宏遠。二畝七分、石賽二畝七分。

一、民田八分，價銀八兩八錢，乾隆六年契買盛漢加，兩次加絶，坐落廿八都十一圖蓮花字圩，東至米田，西至本名田，南至官港連地，北至葉田，石八起租。額租一石四斗四升，現佃穆敘。

一、民田八分，價銀五兩，又頂首契銀二兩四錢，乾隆十一年絶買胡福壽，坐落十一圖官田圩内北望地方，石八起租。額租一石八升，現佃沈六。

一、公田四畝三分，價銀廿四兩，又貼絶銀十二兩，雍正十二年絶買翁漢卿，坐落廿八都十一圖北望蓮花字圩，東至本田，西至張田，南至徐田，北至菱蕩。石八起租。額租七石七斗四升，現佃沈長生。

一、公田二畝五分，價銀廿兩，加絶六兩，乾隆七年絶買石仁卿，坐落十八都油車河東冠字圩，東至米田，西至徐田，南至本宅田，北至葉田，石七起租。額租四石八升，現佃李祈。

一、公田一畝五分，價銀十三兩，又加絶一兩六錢，乾隆八年絶買石玉卿，坐落十八圖油車河下東冠字圩，東至石田，西至徐田，南至葉田，北至本宅田。石七起租。額租二石五斗五升，現佃唐三元。

一、公田一畝四分，價銀十一兩五錢，加絶三兩，乾隆八年絶買葉聖景，坐落東冠字圩茅園村地方，東至葉田，西至姚田，南至徐田，北至葉田。石七起租。額租二石三斗八升，現佃徐五。

一、蕩田一畝五分、蘆田七分四釐，價銀十兩，加絶四兩七錢，乾隆八年正月絶買張四，坐落舊牌樓河下，石三起租，額租二石一斗五升，現佃。

一、蕩田二畝一分，價銀十一兩，貼絶五兩，雍正十三年絶買朱開宏，坐落七圖油車河下東冠字圩木橋頭西首，石五起租。額租三石一斗五升，現佃沈子和。

一、蕩田四分、麥地九分，價銀七兩，貼絶三兩，乾隆七年絶買許德孚，坐落東冠字圩油車河下木橋頭北首，石五起租。額租六斗地租一兩，不折。現佃顧巧。

一、蕩田二畝，價銀十兩，貼絶四兩，乾隆八年絶買張八觀。坐落牌樓河下港北，石二起租。額租一石九斗二升，現佃順二。

一、蕩田三畝二分，絶價銀十七兩八錢，乾隆五年絶買朱威蕁，坐落石橋河下港南，東至橘園浜，西至蘆蕩，北至石橋港，石二起租。額租三石八斗四升，現佃王大。二畝、天四一畝二分。

一、通共田地蘆蕩三十五畝一分四釐，除丈虧七分、地九分、蘆蕩七分四釐，共去二畝三分四釐。淨糧田三十二畝八分，通共額租五十三石二斗九升，另蕩租二斗，地租銀一兩。共價銀三百十七兩九錢。

計王祠條銀三兩二錢一分二釐，漕米四石六斗五升四合。四圖辦糧，義租二兩三錢一分六釐，貼役銀四錢七分，義租貼役三錢八分四釐。

槐亭公祭産

一、民四十畝，價銀一百廿五兩，代還頂首一兩五錢，加絶銀廿八兩，乾隆廿二年葉順先賣下，廿五年加絶，坐落石前地方，石七起租，另一畝一石起租。額租十六石三斗，現佃壽大。九畝五分、王四五分。

計王惠仁條銀一兩二錢五釐，漕米一石七斗一升五合，九圖辦糧、貼役四錢。

眉庵公祭産

一、民田一畝一分，價銀七兩，又加絶銀二兩九錢，雍正十一年周德昭賣下，乾隆十五年葉綸武加絶，坐落石橋河下荷花池邊，石五起租。額租一石六斗五升，現佃周順大。

一、蕩田四畝四分，價銀二十二兩，加絶銀四兩八錢，雍正十一年潘念卿、朱浩卿賣下，十二年加絶，坐落石橋河下港南、港北，石五起租。額租六石六斗，現佃天八。一畝七分、天四九分、太四五分、周順大一畝七八。

一、民田三畝二分，價銀廿五兩，加絶銀四兩五錢，雍正十二年陸振麟賣下，乾隆六年加絶。坐落十八圖五甲東冠字圩。石八起租。額租五石七斗六升，現佃朱七。一畝六分、沈運一畝一分、唐四五分。

一、公田一畝三分三釐，價銀十兩六錢四分，加絶銀四兩五錢，雍正十三年周孝威賣下，乾隆十年加絶，坐落張巷下吴家田木橋西首，石七起租。額租二石二斗六升一合，現佃朱七一。

一、民田四畝一分，價銀三十五兩，加絶銀十二兩，乾隆八年葉公錫賣下，十三年加絶，坐落宅前彌勒字圩，石七起租。額租六石九斗七升，現佃李大。

一、民田二畝二分，價二十兩；乾隆九年趙晉臣賣下，坐落宅前彌勒字圩，石七起租。民田四分，價銀六兩，乾隆十一年趙晉臣賣下，坐落宅前彌勒字圩。加絶銀三兩，乾隆十六年加。額租四石四斗二升，現佃孫與全。

一、蕩田十畝零八分，乾隆十一年朱廷宣、朱廷倫賣下。坐落廿九都七圖石橋河下。糧田地三畝，坐落牌樓頭。一石六斗五升起租；六畝九分，石五起租。地五分。三十年分六畝四分内造墳開池用去四畝一分。價銀一百五十兩，内去開用田價銀四十六兩額租廿石零九斗一升，内去額租六石七斗五升五合。現佃順二、三分。王法三分。趙曾四分。湯大八分。太大五分。洪大成一畝一分半。沈長生一畝二分半。張乾一畝六分。天四九分。趙曾八分。張二一畝一分。洪大成地五分。

一、公田二畝，價銀十六兩，徐三壽賣下，石七起租。額租三石四斗，現佃鄭大。

一、公田二畝五分，價銀二十五兩，張祥年賣下。坐落七圖木橋北首驅字圩。額租四石二斗五升。現佃張祥年。

通共四三十畝九分三釐，額租四十九石四斗五升六合，共價銀三百二兩七錢。

計王師條銀二兩七錢三分八釐，漕米三石七斗九升六合；王眉條銀一錢九釐，漕米一斗七升三合。四圖辦糧，義租一兩七分三釐，又六錢二分五釐，四圖貼役六錢二分，義圖貼役二錢三分三釐。

忍庵公祭産

一、糧田十九畝七分五釐，價銀一百四十八兩一錢二分五釐，加絶銀六十六兩七錢八分五釐，税契銀四兩四錢四分四釐，雍正九年朱静山賣下，乾隆十一年静山子西原加絶。坐落七圖後甲，計六畝九分五釐，石八起租；七畝八分，石七起租；五畝，石五起租。額租三十三石三斗三升，現佃沈運、二畝二分半。蔡登、二畝二分。順二、二畝二分。沈才、一畝八分。王敘、一畝七分半。朱金、六分半。湯斗、三畝二分。朱五、二畝六分。朱七、一畝五分。張九。八分。

一、民田一畝七分五釐，價銀十二兩二錢，加絶銀十兩零三錢，雍正十一年程禹功賣下，乾隆六年朱幼申貼絶。坐落七圖牌樓河下。石七起租。額租二石九斗七升五合，現佃朱荷。

一、蕩田一畝四分，價銀九兩，加絶銀五兩，乾隆六年張晉豐、景岩賣下，廿一年加絶。石四起租。額租一石九斗六升，現佃朱全。

一、民田二分，價銀二兩，乾隆五年陸振麟賣下。坐落十八圖東冠字圩。石五起租。額租二斗，現佃唐四。

一、蕩田一畝三分，價銀七兩二錢；乾隆八年張盈詹賣下。坐落七圖牌樓河港内。又一分，價銀五錢，十一年買張達三，葉允來經手。加絶銀四兩二錢，廿一年加絶。蕩田七分，價銀四兩二錢，加絶銀一兩五錢，乾隆十年張楚良賣下，十六年加絶。坐落同前。蕩田七分，價銀三兩八錢，加絶銀一兩二錢，乾隆十一年張晉豐、景岩賣下，十七年加絶。坐落同前。二畝一分，石二起租；七分，石四起租。共額租三石二斗九升。

一、蕩田八分，價銀五兩，加銀二兩，乾隆八年韓明遠賣下，廿一年韓明亮加絶。坐落七圖後周河。石五起租。額租一石二斗，現佃朱七、二畝一分。韓四、福八分。徐六、七分。

一、蕩田三畝五分，乾隆元年馬駿文賣下。坐落七圖張巷牌樓頭河下。又田一畝五分，坐落坐周河下連蘆洲價銀三十兩，加絶銀三兩，乾隆廿三年朱懷山加絶。一畝五分，石二起租；一畝二分，石五起租；二畝，石四起租；三分，三斗不折。共額租六石四斗，又實租三斗，現佃韓二一畝。王法二畝。張興一畝二分。湯斗三分。湯大。三分。丈虧二分。

一、民田二畝，價銀二十兩，加絶銀十二兩乾隆十六年朱裕玉賣下，廿三年加絶。坐落七圖舊牌樓河下南首驅字圩内。石八起租。額租三石六斗，現佃朱荷。

一、公田三畝，價銀廿八兩，乾隆十八年俞鳴臯賣下。坐落十九圖雅字圩。石八起租。額租五石四斗，現佃徐子和。

一、民田一畝，價銀十三兩五分，乾隆十八年朱雙玉、懷玉賣下二畝，坐落東冠字圩一畝、高冠字圩一畝，價銀十八兩，貼絶五兩，中金、謝儀一兩五分，共廿四兩五分。廿三年東冠字圩一畝賣與恩塋，作價銀十一兩。額租一石八斗，現佃洪三。

一、蕩田十一畝四分，價銀七十二兩，加絶銀廿五兩；乾隆廿一年陳炳文賣下，蕩田八畝四分五釐連蘆蕩，廿三年周姓加絶。坐落八圖張巷牌樓河下驅字圩，照原價連加找共銀六十五兩。又蘆蕩開墾三畝，本宅認還工銀七兩。新開墾田七分，本宅貼開工一兩四錢一石起租，額租七斗，現佃朱四一畝六分。天四、五分半。天五、六分半。王法、五分半。道大、六分半。姚才、二畝二分。天五、三分半。道大、三分半。朱四、四畝八分。四六。乍去四分。

一、民田二畝，價銀二十四兩，乾隆二十一年姚惠臣賣下。坐落東冠字圩趙瀆港。石七起租。額租三石四斗，現佃唐四。

一、民田三畝三分，價銀四十二兩，乾隆廿一年葉偉瞻賣下。坐落十一圖船舫圩。石七起租。額租五石一斗，現佃許三。三畝，有港路，去三分。

通共田五十五畝一分，額租六十九石六斗五升，共價銀五百五十七兩九錢零四釐。

計王錫條銀三兩四錢三分六釐，漕米四石七斗二合；王雲津條銀四錢九分三釐，漕米六斗六合。以上四圖辦糧，王九條銀一錢五分七釐、漕米二斗二升四合；九圖辦糧，王奕條銀二錢四分一釐、漕米三斗四升三合；十三圖辦糧，王忍條銀三錢三分、漕米五斗一升七合；王庵條銀二錢四分一釐、漕米三斗四升四合；王津條銀一錢二分一釐、漕米一斗七升二合。以上十八圖辦糧，王錫條銀三分七釐、漕米三升五合；十五圖辦糧，義租七錢二分六釐，四圖貼役一兩四分，十三圖貼役四分，義租貼役一錢二分，十八圖貼役二錢。

碧山公祭田記松巖公伯霈

古者再命以上皆有圭田，以資禄養。《儀禮・少牢饋食禮》曰："受禄於天，宜稼於田。"是也。孟子言：士無田則不祭。蓋古人非禄仕無以有田，則與庶人同薦寢而已。後世無限田之制，田連阡陌者不必仕。而今之士大夫得禄者，家不必有田，則祭固不係乎此。然欲展孝思，普錫類，傳之永久，莫若置祭田。舉田而係之於祭，俾衆子孫共守之，固愈於一子孫獨守之也。我先君碧山公，嘗以田三十四畝抵欠。後以廉俸無多，僅贖其半爲槐亭公祭田。彌留之際，猶諄諄命伯霈等以舊業宜復，其貽謀之意遠矣。歲己卯，伯霈始以三百金將原田贖回，入於碧山公名下永爲祭産，俾我兄弟三人之子孫世守勿替，以承先志。是爲記。

（王季烈等纂修《[江蘇吴縣]莫釐王氏家譜》 1937年鉛印本）

福建福州郭氏祠業祭業丁錢

祭典祠堂祭業　草廬祭業　各墓祭業　丁錢

報本返始，人有同情。析産分田，世還食德。同深霜露之懷，藉展蘋蘩之薦，代有積累，久不遺忘。志祭典有續捐祭産丁錢者，許其隨時刊刻入譜。

天房福州于山太平街十三房支祠祭業

咸豐拾壹年福州于山太平街十三房支祠公議規條，同治柒年重議。

此項買置宗祠房屋及拆修新蓋各費，均係永燦、永成、彌堅、彌廣、彌苞、彌光、彌章、彌肅、永標孫親慶、永基子義昌、孫親承、永彬子洛昌、永樞子鴻昌、彌長子元昌、烈昌共十三房先後捐貲，其爲數銅鐵錢不下數千串，他日所有收租、值祭，只儘十三房輪流掌管，與别房兄弟叔姪無干。

同治元年，十八世孫彌廣買置祠右鄭得泰小屋作爲公業。柒年，彌廣在湖廣總督任内，寄銅錢陸百千文，將同治二年彌苞所買閩縣倉前天安舖土名尼姑庵租商生息之鹽倉一椈，詳契據作爲支祠祭業。租商稟底並租榜詳譜餘。以後辦團拜及春秋祭者，開單交掌管祠業者核實領錢。

年例團拜定於正月十二夜，十三房之外每家亦各出一人，隨帶大燭到祠行禮。祭席三棹，如房分蕃衍，隨時酌增。同治柒年以前未有祭業，均係出分。其應備辦物件，詳載譜餘，另有刻單分給十三房，不許增減。

每年春秋祭定於二、八月之二十二日。祭日備席二棹，十三房各到一人，不邀合族。凡春秋祭，先期一日，值祭者須揩洗神主、龕棹。

每年鄉分二百文，正月初交祠丁送首事收。

按月給祠丁看祠錢叁百文，團拜春祭、秋祭各給祠丁茶水錢貳百文，全年例給祠丁掃屋宇筅竹並揩龕辛工貳百文，拂手、筅手、掃手錢貳百文。

咸豐拾壹年爲始，十三房各按輩數齒序輪值，週而復始。

十一年團拜永燦，春祭永成，秋祭彌堅。

同治元年團拜彌廣，春祭彌苞，秋祭彌光。

二年團拜彌章，春祭彌肅，秋祭鴻昌。

三年團拜元昌，春祭義昌，回本房，現歸親承輪值。秋祭洛昌。

四年團拜親慶。

以上十三人係捐錢創立支祠之人，百年之後，理應入祀。其餘有進主者，皆捐公項銀貳拾兩。

凡秀才以上未出仕者應交喜金。已出仕者，不論官職大小，隨力交出喜金。捐職者多交喜金。

彌廣所置祭業如有贏餘，暫行存貯，並祠堂各契據，交公正或殷實可靠者一人掌收，既防曠租,亦備添置修理。

十三房内族人有續捐祭典者,各歸各款籌議章程,不必攙入彌廣所置祭産之内。

祠屋前因租設學堂,致大費修理,得不償失,以後永遠不准租人居住並開設學堂。十三房子孫不准向衆議租,在祠内開設講館,如祠丁私租學堂、暫租考寓,即將祠丁革退。

祠内房舍並祠右小屋,不許十三房子孫搬入居住;情願認租,亦斷不許住;即後來有出錢重修祠堂祠業之人,其子孫亦不許住。天房自明志科公至康熙間德音公、乾隆間元亮公,六房兄弟皆欲鳩貲建立支祠,卒未成議,今永燦等十三房竭力草創,辛苦艱難,子孫須知恪遵規矩,勿犯公議,勉之(稟)〔懔〕之。

(清郭柏蒼等纂修《[福建福州]福州郭氏支譜》 清光緒三十一年刻本)

甘肅武威段氏祭田記

段永恩

吾家初無祭田,至先伯父太學斗垣公,於邱家莊乾山巽向新塋附近,購地一石二斗、質地七斗,是爲經營祭田之始。比以塋之西南溝渠溢水,乃築地一斗以隄防之。今歲春,質地爲原主贖去三斗,所餘者祇一石六斗耳。每斗歲租四斗,共得租六石四斗。太學公在日,即由天順油舖收納,以供春秋祭祀,及忌辰薦享之費,更以所餘,備補助戚族慶弔婚喪之資,歲以爲常,無稍更易。時太學公欲釐定規約,藉垂久遠,以事冗未果。後之人如能率由舊章,俾祭田永久保持,祭費不至虧挪,斯無負矣。永恩仰承先澤,濫竽仕途,而回首家園,尚無祠宇以妥宗祏。清夜捫心,能無滋愧,他日或薄有積蓄,竊願有以副此志也。

宣統三年辛亥九月,八世孫永恩謹記。

(清段樞纂修,清段永恩重纂《[甘肅]武威段氏族譜》 1914年多壽堂鉛印本)

江蘇無錫華氏祭田興廢考略

祭田興廢考略

裔孫嘉植

明宏治間,聽竹公諸子遵父遺命,捐田五百畝,供祠祭、贍貧族,未久而田廢。嘉靖癸亥,鴻山公諱察，率兄子少泉公諱承業等，復設祭田三十二畝，傳至曾孫，田亦廢。順治壬辰，少泉公孫諱敷藻字斧正，議以里田四十畝增入，合前所存瘠田，總計七十畝有奇。輾轉管理，賢否不齊。至乾隆十二年，通族公議景雲田租三十畝石，城居子孫管理，專任葺祠。延祥田租四十石零，鵝湖子孫管理，以供祭費。各(辨)〔辦〕各餉，族衆公舉殷實謹飭者經管。五年輪換。如有出納不公，被衆糾者，不拘五年，即時更换。有議單刊刻。現在義莊經管祠田，自乾隆十九年，原交如、似、馨、蘭、忠等號田租四十五石六斗二升，又補交清字號續置忠、清、川、蘭等號。又奇五支捐下初字號。大共田租一百石三斗一升八合，麥十九石八斗零。糧單、印册、契券、租簿等件，存貯義莊、書塾，經管祠田慕、女、伯、比、仁、諸、儀、次、懷等號，田租計共四十九石五斗四升。麥九石一斗七升二合。又帶管祠基遐字號平田糧三畝一分四釐三毫。上岸二畝四分一釐三毫，下岸七分三釐。又節愍公墓羌字號山糧四畝二分，糧單、印册、契券、租簿等件，存貯書塾。道光十九年，立公議，義莊帶管祠田租息盈餘，如滿五百千，即應存典生息。俟有腴田。或相當市房，即須動用置買，不準私借於人。議單一存義莊，一存書塾。道光二十六年，典買書院衖大街市房一所，每年收息併入書塾帶管祠田帳内，作修祠之費。義莊、書塾兩處，每年春秋祭祠日，將收付細數，實貼永錫堂，以憑族中稽核。

祭田興廢考略

裔孫文伯

《禮》曰："士有田則祭，無田則薦。"蓋祭之興廢係田之有無也，而田之可久可大者，恃保守之得人耳。我華祠墓皆有祭田，其年遠而無可稽者，固勿論矣。考孝祖祠自元至治間，七世孫厚珍琇重建祖祠，籍良田以供祀事，乃未久而旋廢。迄明宏治甲子，聽竹君守吉割常稔田五百畝，以供祭享修葺之費，餘以贍族，而亦散佚無存。嘉靖癸亥，學士鴻山公，偕姪少泉鴻臚，復立田三十二畝，沿及百載，又幾廢失。至國朝順治間，長卿、守固、斧正公等清理歸祠，益以芝臺、循古兩公捐以里田，得成七十餘畝，然其間不無瘠肥更變，族衆責成西房一分管理。逮乾隆十二年，族人公議田則西房先世獨捐，而租宜通族擇賢輪管。遂將景雲租三十餘石之近城者，交城居子孫管理。延祥租四十石，交鵝湖子孫管理。詎經管延祥租之人，乃非良善，其田幾至廢墜。故於乾隆十九年，公議將延祥租交與義莊主事遜修。司事去惡端木掌管。自是歷年租息，開除公項及義學，提去一千千文。所有贏餘，即行續置腴田。又奇五支東湖先生後裔，捐租十石，共積成八十餘石。道光二十年，先府君因經管歲久，欲將田租交出。公議接管，以昭至公。而族人公論，以義莊掌理八十餘載，有盈無虧，增置田產，毋得輕議交出，致變舊章。是以仍歸義莊掌管，立議爲憑。玆自二十年，迄今咸豐己未，復有羨貲，續置租三十七石。又少平公諱嘉植手置得錫城北門市屋一所，在書院衖口大街，計費一千二百餘千，是皆延祥田之所贏也。至於景雲租三十餘石，以及場名租二十石。通八支履祺公捐泰伯鄉租，而豫原、文友易瘠爲良，故有此租。向附義學經管，今仍其舊。然此租息支值祠中修葺之費，是(有)未有餘存耳。此孝祠祭田之所以久大也。噫，爲子孫者，自宜協力同心，以期世守弗墜焉。

（華堂纂修《[江蘇無錫]華氏通四堠陽晴雲公支宗譜》 1925年木活字本）

湖南湘潭鹿嶺文氏祀産

春祭原起

吾族春祭，創始於前清道光十三年。先輩五十八人醵貲成立，咸同間有公頂及頂出頂入者，至光緒甲午五修譜時，祗存四十七名。然歲時祭祀如常，祭田亦陸續增置，猶不失有田則祭之義。近因人心不一，竟將祭田照股分去十一名，惟存而未分之三十六名，從新取締，改刊碑譜，仍合爲一。逐年二月十五日致祭核算，毋或愆期。所存各田莊三百餘畝，公立合約，永禁再分。至頂出頂入，容或難免，總期名數不少更，能增入爲佳，庶幾俎豆馨香，緜緜勿替。祭内子孫互相勉旃。捐名列後：

璋房富德松壽

珂房鍾德振聲　芳萃巽羣　芳苞經兆　芳苑經春　芳萒纂韓　傳心執中　傳詔連佑

理房俊德在位　導德循式　念德孔懷　芳姿秀鍾

鏡房謨顯周　養德潛修

鎔房馨德元馥　恕德秉忠　景德荆門　景德荆門　景德荆門　坦德作周　奎德星聚潤德菘傳道　芳苹彩彰　芳訓梅羹　芳卉嶽生　芳莘斗才　芳潤花田　傳幹麓松　傳忠獻廷兄弟　傳道　子唯諧　家訓　世緯福庭　世紳禄庭　世績熙庭　世純祉庭

松房盛謙子牧　垣履道

田契計開：

道光十九年，接劉元昇十六都二甲劉家灣株木橋田貳拾肆畝，價錢貳百陸拾千文。册名劉祖，正銀伍錢陸分伍釐。

道光二十八年，接族芳蘭十六都二甲曹家坪田拾肆畝，價錢貳百千文。册名文福田，正銀叁錢陸分肆釐。

咸豐二年，接文阿馬同男冶成兄弟十六都二甲易家坤尾田壹拾叁畝伍分，價錢壹百玖拾捌千文。册名文篤友，正銀叁錢。民國七年，除分去文藎臣、冬山、靜生等田一半，本公祗存一半，計種六畝柒分五。

同治十年，接吴選瑩十六都二、三兩甲黄泥洲田五拾畝，價錢肆百五十五千文：册名二甲蔣懷樂，正銀陸錢叁分；羅仲友，正銀壹分五釐；三甲曾明懷，正銀貳錢；羅仲友，正銀柒錢零五釐。民國七年，除分去文金梁、傳學述生等實田五畝，本公品存紙上田四十三畝七分，五折實田參拾五畝，糧册名均更過。

同治十一年，接買文傳記十六都二甲易家坤井灣護問坡等處田肆拾畝，價錢玖百千文，册名文傳記，正銀五錢。民國七年，除分去文藎臣、冬山、靜生等田一半，本公祗存一半，田貳拾畝。

咸豐六年，接買文傳紹十六都三甲下曹家坪田壹拾壹畝，價錢壹百五十肆千文，册名文傳紹，正銀貳錢七分。

咸豐八年，接買文慕韓曹家坪上京塘田壹拾壹畝，價錢壹百五十捌千文，册名文守成，正銀貳錢捌分。

同治六年，接買文經春十六都三甲曹家坪文星壩田壹拾壹畝，價錢叁百貳拾捌千文，册名文樂仁，正銀貳錢。

同治十三年，接買文呈祥十六都三甲下曹家坪田柒畝伍分，價錢壹百玖十叁千文，册名文福田，正銀貳錢。

同治十三年，接買文芳桂十六都三甲曹家坪田屋一契，計屋陸間，計田五分，價錢五十肆千文。後將契内田五分兑與文呈祥管，文呈祥將菜園兑歸春祭獨管。

光緒元年，接買文賀生十六都三甲曹家坪田壹拾壹畝貳分半，價錢貳百肆拾千文，册名文以成，正銀壹錢捌分。

光緒十七年，接買文阿吴同男世泰等十六都三甲左家壩田伍畝，價錢捌拾捌千文，册名謝光明，正銀壹錢。

光緒十七年，接買文呈祥十六都三甲左家壩田肆畝五分，價錢柒拾玖千文，册名文福田，正銀捌分。

光緒二十一年，將同治八年接買文傳謀十六都二甲易家衝尾田拾肆畝貳分半，兑與傳謀子世丙，丙將世申所接文秀山十六都三甲牛角衝田拾伍畝，歸春祭公管，本公過去，册名文傳記，正銀五錢，世丙過來，册名文秦川，正銀叁錢柒分。

同治十三年，接買文心廣十六都二甲三望坤柳溪灣田陸畝，價錢壹百伍拾千文長左六，册名唐聯四，正銀捌分。

光緒九年，接買文日陞九都七甲瓦窰衝田拾柒畝，價錢叁百叁拾叁千文，又地價錢叁拾千文，册名文正輝，正銀陸錢。

光緒十七年，接買文永臣十六都三甲許家衝田叁拾柒畝，價錢捌百壹拾伍千文，册名文錫德，正銀壹兩零五分。

光緒十九年，接買文傳柏十六都二甲楓仙橋、龍塘灣等處田種拾捌畝五分，價錢叁百柒拾五千文，册名“文縣三”，正銀肆錢玖分陸釐。

光緒三十年，接買吴元善十六都二甲蕭家坰田貳拾壹畝，付價光洋五百叁拾陸圓，册名“吴慶榮”，正銀叁錢。

光緒三十一年，接買吴元善十六都二甲蕭家坳田拾叁畝，付田價銅錢貳百九十五千文，册名“吴慶榮”，正銀貳錢壹分。

光緒三十四年，接買文阿易十六都三甲牛角坤田拾伍畝，價錢柒百零五千文，册名文秦川，正銀叁錢玖分五釐。

宣統元年，接買李阿劉十六都三甲曹家坪田捌畝，付田價銅錢叁百捌拾五千文，過册名二甲李良才，正銀叁錢叁分，三甲李良才，正銀捌分七釐。

民國十三年，接買文菊倉兄弟十六都三甲矮人山田三畝五分，田價穀壹百零肆碩半，册名李九二，正銀四分。

民國九年，買轉文傳銘十六都三甲曹家坪原分田叁畝七分五，價錢壹百九十千文；其姪世裕原分曹家坪田叁畝柒分五，則以公管許家衝田叁畝五分兑就，本公共管，該處田柒畝五分。

民國十五年,接買文麗秋十六都二甲易家衝水田十六畝,八股之三,計田六畝,付價光洋伍百柒拾陸圓,糧册名無。外孔公受六畝,長明祀受四畝,共壹契,存子唯手。

(文傳幹總纂《[湖南湘潭]湘潭鹿嶺文氏六修族譜》 1926年木活字本)

江蘇無錫禮社薛氏祀田

祀田記

祀田之設,所以妥先靈、嚴祭典、體恤宗族,使貧富皆得伸其報本追遠之私也。三代以後,圭田之制既廢,有志復古者,莫不以建置祀田爲首務。歲入有常數,祭品有定制。無失禮、無愆時,雖子孫有貧富不齊,而春秋之享祀不忒,胥於是乎在。吾族宗祠創於前明,迄今二百餘年。祀田未備,丁亥之夏,履堂弟既整飾神龕,因謀於余曰:"是亦不可以緩圖。"遂集衆祠中,倡議捐置,衆咸踴躍樂從。計得常稔田三十七畝有奇,以供歲時祭享,餘則爲塗塈祠宇之費。事既具,將以所捐田數申縣詳憲,並勒石祠壁,以垂永久。以予之長於族也,相率以記請。余維木本水源之説,夫人知之,木之枝不能無枯,水之流,不能無竭,爲子孫者,孰不欲伸其報本追遠之私。顧或缺於財力,以至失禮愆時,遺恫宗祖,同爲子孫能自安乎。今人爭良田、積美産,將以貽子孫也。不知子孫之賢不可必,即賢矣,亦不過謹守先業,不使失墜,身都温飽而漠視其宗祖,其賢於不賢者有幾。又況轉眼浮雲,蕩爲烏有者哉。故知子孫之難恃,貧富之無常,而宗族之爲一本也,必爲之建不拔之基,創大公之法,培其本而枝自茂,濬其源而流自長。此履堂諸人之所見爲大,異於爭田積産,瑣瑣爲子孫計者也。余以衰老之年,得見先人有志未成之事,竊喜族衆之咸知慕義,可以卜世澤之未艾也。於是乎書。十四世裔孫道泰謹撰。

祀田條規

一、祀田之置,所以維持宗廟也。凡我宗人,俱宜以祖宗之心爲心,公同經理,世世相承,須如約者。

一、擇老成殷實者輪年掌管。設總帳兩簿,一存族長處,一存掌管處。年内一切錢貨出入用度算明,俟交帳時兩帳過訖,以便日後查對。

一、兩季額租例歸掌管者收納。除應完税糧外,所存米麥幾何,見錢幾何,核實登簿。倘有佃户拖欠,合同追討。水旱歉收,租照大例。

一、祠内墻垣、棟宇、窗槅、門户等,遇有損壞,稟明族長隨時修理。置買器用,另帳登録,更代時交點。

一、每年所入,除一切用度外,所存錢貨隨時生息。如有盈餘,或增置田畝,或供水龍費用,務宜公同酌議,經管者不得自擅。

一、管掌者侵漁,虧損賠償,議罰。儻有不肖子孫圖吞盜賣,送官究治。

捐田字號、今糧租數:

道泰捐崑字田租二畝,五十一號平三分八釐八毫,土名黄中田,額租四斗,一千一百六十三號平九分,坐落李司岸,額租一石,二千四百二十三號低六分,土名張扇田,額租六斗。

交泰捐崑字田租四畝,七百二十四號平一畝,坐落曹船圩,額租一石,九百十四五號平八分二釐四毫,坐落基後,額租九斗五升,一千四百三十三號平分三釐八毫,坐落陳家岸,額租八斗,一千六百十六號平四分一毫,土名下五畝,額租四斗五升,一千六百三十一號平四分,坐落西岸裏,額租四斗,一千七百零一號平三分七釐,坐落張漕垶,額租四斗。

晉　捐崑字田租五畝四分,七百零八號平一畝二分一釐二毫,坐落南尖頭,額租一石二斗,八百零五六號一畝七分四釐九毫,坐落糧章岸,額租一石八斗,九百九十號低二畝三分九釐二毫,坐落青石岸,額租二石四斗。

雲從捐崑字田租四畝,七百六十二號平四分七釐,坐落黄泥岸北七十,額租五斗,七百七十二號平二畝二分,坐落黄泥岸,額租二石,七百九十八號平一畝二分七釐,坐落黄泥岸,額租一石五斗。

芬　捐崑字田租三畝,七百四十七號平八分五釐一毫,坐落三十畝岸,額租八斗五升,七百五十三號平三分五釐七毫,土名七畝里,額租四斗,一千五百八十五號低六分一釐九毫,土名石家田,額租五斗,一千六百二十號平一畝二分五釐,土名留圞田,額租一石二斗五升。

奉占支捐崑字田租五分,七百七十三號平四分三釐八毫,坐落黄泥岸,額租五斗。

泰　支捐崑字田租一畝三分,七百六十六號平一畝三分八釐八毫,土名强家田,額租一石三斗。

錦雲支捐崑字田租一畝五分,三十三號平五分三釐,坐落劉家岸,額租五斗,三十八號平一畝一釐二毫,坐落劉家岸,額租一石。

升　支捐崑字田租三畝,七百二十二號平二畝,坐落曹船圩,額租二石,七百四十五號平八分五毫,坐落曹船圩,額租一石。

雲倬支捐崑字田租一畝五分,七百六十五號平一畝三分八釐九毫,坐落黄泥岸,額租一石五斗。

翊泰支捐崑字田租四畝,四十號平一畝五分六釐九毫,坐落劉家岸額租一石五斗,七百十二號平八分二釐,坐落曹船圩,額租一石,七百六十四號平二分二釐,坐落黄泥岸,額租二斗五升,七百七十三號平二分二釐,坐落黄泥岸,額租二斗五升,一千九百八十一二三號平七分二釐五毫,坐落黄泥岸,額租一石。

雲鴻支捐崑字田租二畝,七百四十九號平八分一釐五毫,坐落曹船圩土名三十畝岸,額租一石,七百五十五號平八分五釐,坐落曹船圩,土名東七畝,額租一石。

雲燦支捐崑字田租一畝五分,七百五十九六十號平五分四釐,坐落黄泥岸,額租五斗,七百六十二號平五分,坐落黄泥岸,額租五斗,七百七十四號平五分,坐落黄泥岸,額租五斗。

逢泰支捐崑字田租一畝五釐內回贖一千一百六十七號平五分五釐,額租五斗,九百六十五號平一分四釐,坐落基西河田,額租一斗五升,二千一百五十四號平二分六釐,坐落石橋頭高區,額租三斗。

溥　支捐崑字田租三畝,八百零七號平二畝一分六毫,坐落糧章岸,額租二石二斗五升,八百十二號平六分六釐九毫，坐落糧章岸，額租七斗五升。

共捐崑字號田租三十七畝七分五釐。内回贖六分。

（薛國華等纂修《[江蘇無錫]禮社薛氏宗譜》 1927年木活字本）

河南内鄉齊氏奉先堂祭田記

粤稽《家禮》，初立祠堂，斯置祭田。祭田之設，歲歲收租，以供春秋享祀，所有餘資，用以修祠宇、設學校。出入計簿，擇族中公正勤慎者主之。法最良，意至美也，但恐世遠年湮，子孫繁庶貧富不同，良莠不齊，分賣霸種，弊端層生。若不預訂條規，以示遵守，則高曾矩矱傳久而失其真，祖宗煙祀將不免於缺如，此防微杜漸，立法所以不可不嚴也。按我齊氏奉先堂之官地共三處：其一座落山灣八龍廟溝，麥稞九石。其二座落彈琴河塚子東溝，麥稞八石。其三座落彈琴河磴盤岈，麥稞四石。通共合收稞租二十一石，定其名曰奉先堂祭田，永歸祠堂祭祀所用。凡屬奉先堂後裔世世子孫，勿得分析典賣；必須召置外佃，不准自行耕種，恐其仗恃情分，抗稞自肥，破壞成例。歲有餘積，放利生息，而四門之子孫亦不得質地揭貸，免以混霸欠息，滋生流弊。蓋創業垂統，當念締造之維艱；承先啟後，亦思責任之綦重。念昔先人創兹盛舉，而後世子孫承其燕翼，所宜動水木之思，興霜露之感，不惟永保蒸嘗，世守勿替，更宜倍加擴充推廣，地畝增置，課租於萬斯年，繼繼繩繩，至於弈世無疆，庶不負列祖列宗之厚望也夫。於是乎記。

（齊華樟纂修《[河南内鄉]内鄉齊氏族譜》卷首 1932年奉先堂鉛印本）

福建閩縣西清王氏宗祠祭産

吾家蛇山、竹柄、埕田祖墳，六房輪流祭掃，而未有經費。余嘗與六房籌議置産，咸以爲然。姪孫賓聞之特踴躍，曰："此賓夙願也。"時適有以通賢里店業兩所求賃者，賓欣然措一所。其一所集六房隨力公鳩，如數償值。購定之後，於本年三月十三日僉呈閩邑尊陳給示，投税存案，貽之永遠，按年所得租錢，六房以次輪流值年收管，以爲祭掃，周而復始，子孫罔替。時倡始者余及姪孫賓也，衆擎者六房中諸人也，司出納會計者姪家齊也。事成喜而紀之，並條列於左方：

公置一所，共鳩出錢壹百柒拾柒千捌百文。

九世孫聖謀壹拾千文。十世孫家鳳貳千文、家驥伍千文、家亨叁拾千文、家聲壹千文、家彪壹千八百文、家良貳千文、家光貳千文、家雯貳千文、家穎貳拾千文、家杰貳拾千文、家猷貳千文、家欅肆千文、中正貳千文、家揚肆千文，十一世孫覲巡壹拾伍千文、廷溥壹千文、傳孟壹拾伍千文、傳滂貳拾千文、傳騄壹千文。十一世孫賓認捐一所，出錢貳百零伍千貳百伍拾壹文。

道光庚寅年季秋月　日，九世孫族長聖謀命男慶雲敬書。

（王孝綺等纂修《[福建閩縣]西清王氏族譜》 1934 年鉛印本）

湖南平江葉氏捐祀田芳名

帝垣、御賜二公合捐祀田三斗入祠，土名橋頭背，桑樹坵西截，計田一坵，原糧七升五合，收租九小石。

榮賢、善林二公合捐祀田二斗半入祠，土名大屋門首塘裡小皮王坵西截吴家樹坵，計田三坵，榮公一斗半、善公一斗，原糧五升二合五勺，共收租七小石五斗。

冕公捐祀田一斗半入祠，土名橋頭背，大秧坵壢上，計田一坵，原糧三升一合，收租四小石。

錦堂子孫捐祀田一斗半入祠，土名橋頭背，高公饗堂後，計田一坵，種二斗半，捐一斗半入祠，糧三升二合，收租四小石五斗，其田與捐入冕公者同一坵。

錦堂子孫捐祀田一斗入冕公饗堂，土名橋頭背，高公饗堂後，計田一坵，種二斗半，捐一斗入冕公饗堂，糧二升二合，收租三小石，其田與捐入祠宇者同一坵。

（葉瑞鎣、葉培元纂修《[湖南平江]平江葉氏族譜》 1935 年南陽堂鉛印本）

湖南衡陽侯山劉氏祀田登記表

祀主	派名	田歷	畝數	地址	坵數	租額	糧額	莊名	山屋
雲川公	義賢	世守	一石三斗	馬奇嶺	七十坵	二十六石		雲川莊	馬奇嶺墓廬一座，山全座，以分水爲界。
			二斗七升	長舖子井礬上		五石四斗	三斗六升	同上	對白□一大障，老菴坪渣萍堂倒騎龍伏龍山一障，菴一座，苟步塘蛇形嘴下堰山。
			一石	表公祠門首		二十石		同上	

（續　表）

祀主	派名	田歷	畝數	地址	坵數	租額	糧額	莊名	山屋
祥麟公	修慶	祖遺	三斗	長塘廟	二坵	六石	一斗五升	祥麟莊	長塘廟彭穀堂屋首墳山一障。
睿智公	世守	四斗	渣林廟	六坵	八石		□智莊		
光榮公			四斗	長塘廟	四坵	八石	二斗	光榮莊	
宥賢公			二斗二升	長塘廟	七坵	四石四斗	一斗三升	宥賢莊	
輔仁公			一斗三升	神峯廟	六坵	二石七斗	六升	輔仁莊	
誠齋公			七斗五升	神峯廟	大小五坵	十五石	二斗一升	四朋莊	
南屏公			三斗五升	同上		七石	一斗	南屏祀莊	
翔鴻公			二斗八升	長塘廟	大小八坵	五石六斗	一斗二升	祥鴻莊	
石泉公			四斗	神峯廟	一坵	八石	一斗六升	劉守莊	
江亭公		祖遺	五斗	同上	四坵	十石	二斗五升	劉克永莊	
寶田公			二斗四升	同上		四石八斗	六升	劉業莊	
			一斗二升	扶田廟		二石四斗	六升	同上	
德藩公			一斗六升	神峯廟	一坵	三石二斗	六升	劉貴莊	
能臣公			二斗	渣林廟	一坵	四石	一斗	劉祥莊	
蕙秋公			二斗	同上	二坵	四石	一斗	同上	
靜弇公			二斗	同上	二坵	四石	一斗	粟仁記莊	

（續　表）

祀主	派名	田歷	畝數	地址	坵數	租額	糧額	莊名	山屋
芝軒公	修榜		二斗	金鎖廟	一坵	四石	一斗	劉成記莊	
光庭公	□容	祖遺	八升	金鎖廟	一坵	二石	四升	劉若李莊	祖先堂東角一座，上自主堂天池，滴水中心爲界，下抵屋門塘，塘墈中心並屋上首高王坵大路下土一横障，畫分三房裔管業。有老契存余家。余時住衡城南關仙姬巷尾，竟於民國十六年冬至日家被回禄，契亦隨之。特誌不忘云，希峙謹識。
欽甫公	大廉	祖遺	四畝	廉公祠	十坵	八石		允紹莊	
席珍公	邦儒	祖遺	四畝	同前	九坵	八石		同前	
允若公	惟一	祖遺	三畝		十坵	六石			山一片
紹武公	惟揚	祖遺	三畝	麻山灣	三坵	六石		紹武莊	山一片屋一棟
泉峯公	友愛	祖遺	七升	鐵絲堂右	一坵	一石四斗	無	無	無
清軒公	志豐	公買	一斗二升	同上	二坵	二石四斗			
永懷公 正軌公	士恭 家試	公買	九升	鐵絲堂左當	一坵	一石八斗	無	無	無
楚南公	修材		二斗三升	扶田廟	二坵	四石六斗	一斗二升	楚南莊	
聘堂公	希愛		三斗四升	同上	二坵	五石四斗	一斗九升	聘堂莊	
寄春公	希爲		一斗九升	同上	三坵	三石八斗	一斗一升	聘堂莊	
百弼公	惟憲	接買	一斗五升	八都四區金鎖廟渣林廟	五坵	三石		百弼莊	
宗周公	友□	遺業	六升	渣林廟	三坵	一石二斗		宗周莊	瓦窰塘山一障
景孟公	志�	接買	二斗八升	同上	四號	五石六斗		景孟莊	銅鑼坪山一障

（續　表）

祀主	派名	田歷	畝數	地址	坵數	租額	糧額	莊名	山屋	
豁如公	志軒	祖遺	六升	同上	二坵	一石二斗				因坎田無糧
揚五公	士本	祖遺	一斗	金鎖廟渣林廟	九坵	二石			楊梅衝龜形山一塊	同前
文星公	家黄	祖遺	五升	桃樹廟渣林廟	三坵	一石				同前
奉奎公	家原	祖遺	五升	渣林廟	三號	一石				同前
克尚公	士訓	祖遺	一石二斗	同上	二號	二石四斗		克尚莊		
承先公	士仁	祖遺	八升	同上	一坵	一石六斗		承先莊		與景孟公各佔一且
乾元公	士大	剖分	八升	同上	四坵	一石六斗		乾元莊		
文安公	家望		六升	同上	一坵	一石二斗		同上		
有章公	家油		六升	同上	一坵	一石二斗		乾元莊		
正魁公正朝公	修金修聘	接買	二斗五升	七都三區大江廟七家灣	五坵	五石		必先莊		
壽陵公笏堂公	希淮希增	接買	二斗	渣林廟	五坵	四石	四升	正朝莊		
遠懷公	惟恩	公買	二畝	流陂廟松家壠正壠	四號	四石	二斗	玉蘭記		
春山公	友光	公買	二畝五升	流陂廟松家壠正壠	三號	四石九斗	二斗三升	先世贇莊		
世贇公	志襄	公買	二斗	流陂廟松家壠正壠	三坵	四石	一斗	隆福莊	傘旗塘墳山一座	
步騏公	士驥	祖遺	五升	流陂廟松家壠正壠	一坵	一石	四升	步騏莊		
明俊公	家典	祖遺	十畝	流陂廟松家壠正壠	四坵	廿石	五斗	五福堂莊		

（續　表）

祀主	派名	田歷	畝數	地址	坵數	租額	糧額	莊名	山屋	
連芳公	修坤	祖遺	七斗	松家壠石板塘一處		十四石	三斗五升	連芳莊	屋一棟、山土一面	
蘭若公	友桂	祖遺	四畝五	社神廟	六坵	九石	二斗	又日莊	山土	
如聖公	志形	祖遺	一畝五	同上	一坵	三石	七升	又日莊		
星文公	志魁	祖遺	一畝五	同上	一坵	三石	九升	聖文莊		
若歆公	士羡	祖遺	一畝二	同上	二坵	二石四斗	五升	四社莊		
峻峯公	士美	祖遺	一畝二	長塘廟	二坵	二石四斗	三升	四社莊		
錫九公	家甯	祖遺	一畝一	板陂廟	一坵	二石二斗	四升三	崧峯莊		
正直公	家柏	祖遺	一畝一	社神廟	二坵一bt	二石二斗	四升二	聖文莊		
青廷公	彦瑞	遺業	九升	同上	一坵一且	一石八斗	三升	青廷莊		
魯齋公	士霖	祖遺	一畝	扶田壠	一號	二石	無	無	無	
良佐公	家輔	接買	三畝	渣林廟扶田廟	十坵	六石	斗四升	良佐莊	無	
茂青公	修松	祥慶捐	一畝	譚家沖廟牌上	三坵	二石			無	
國卿公		世守	十五畝八	花山觀毛興嶺	三十六坵	三十一石	七斗五	劉國卿裔申合茂		七都花山觀□□衝貓兒形墳山一障，又莊屋一棟。
公綽公		世守	二十畝	留家牌	三十號	四十石	一石三斗八	劉公綽松林莊柏仲莊		八都四區劉家牌莊屋一棟，又屋後週圍山一大障。
苾先公	惟芬	世守	十六畝	邵陽宜秋廟泗水堂	三十九號	三十二石	五錢〇四	益章莊		
成章公	友達	世守	二畝一	山棗塘	十坵	四石二斗	一斗〇五	玉璜莊秉公莊		

（續　表）

祀主	派名	田歷	畝數	地址	坵數	租額	糧額	莊名	山屋	
謙益公	友遜	世守	二畝	山道村金里嶺	八坵	四石	一斗	謙益莊		
紹西公	友堯	世守	十八畝	和悦堂正壠及牌上	二九坵	三十六石	七錢二	劉西公裔		丫家衝茅莊一棟，前後週圍山四障，又長□裏茅莊一棟，週圍山二大障。
美士公		新置	一畝	和悦堂牌上	一坵	二				
鳳岐公	志凰	祖遺	八畝	扶田廟廠篩灣	十三坵	十六石	五錢〇五	劉鳳岐公裔		
文彬公	士質	祖遺	四畝	雷公堂牌上	九坵	八石	二錢五	文彭四房		
	志春	祖遺	一畝二	蔣家壠	一號	二石四斗	四分六			
光彩公		祖遺	一石	朱丫塘正壠	十三號	二十石	五錢〇三			
菊軒公	家松	新置	二畝	扶田廟	七坵	四石	五分一	劉菊軒公		
香泉公	修祥	祖遺	二畝	和悦堂横壠下	順水坵	四石	無			
福泰公	福泰	祖遺	三升	板陂廟	一坵	六斗	一升	鳳公莊	山一、祠宇一	
受先公	受先	公買	一斗	同上	一號	二石	五升	趙廷舉		
進朝公	進朝	祖遺	一斗	同上	二坵	二石	六升	三人朋莊		
榮攀公	榮攀	公買	一斗	同上	二坵	二石	六升	三人朋莊		
得鳳公	得鳳	公買	四斗	同上	一四坵	八石二斗	三斗六升	鳳公莊	山一	
仁利公	仁利	祖遺	二石二斗五升	板陂山棗廟	五六坵	四五石一斗	七斗二升二合	利公莊僧大禪	山二、菴一、莊屋一	
義學公		公買	九斗五升	板陂廟	一八坵	一八石九斗	四斗	鳳利義學莊		
球公	義球	祖遺	九斗八升	板陂廟	三一坵	二〇石一斗	四斗四升	球公莊	山一、菴一	
球公	義球	公捐	二斗	田方里	六坵	三石四斗	七升	僧松微莊	祠宇一	

（續　表）

祀主	派名	田歷	畝數	地址	坵數	租額	糧額	莊名	山屋	
珠公	義珠	遺業	二石二斗	上灣廟	三坵	二四石	一石四斗	珠公莊 允兆莊	山 二、祠宇一	
珣公	義珣	祖遺	一斗四升	板陂廟	四號	二石六斗	二升	文魁莊		
瑲公	義瑲	祖遺	三升	扶田壠	一坵	六斗	一升八合	連元莊		
堯公	大堯	祖遺	八升	蔡山塘	二坵	一石六斗	五升		山三	
舜公	大舜	公買	四升	枚陂廟	一坵	八斗	二升	盡善莊		
爲公	大爲	公買	五升	同上	一號	一石	二升五合	趙廷舉		
貴生公	大兆	祖遺	一石四斗	上灣廟	二〇號	二八石	一石二斗	允兆莊	山 一、菴一	
振生公	大允	祖遺	七斗	上灣廟	一四坵	一四石	四斗一合	申生莊	山一	
欽公	大欽	祖遺	七升五合	板陂廟	一坵	一石三斗五				
大成公	大成	公買	二斗二升	圳田廟	一坵	四石四斗	一斗六升	伯盛莊		
湖公	邦湖	買公	一斗二升	陂板上灣廟	三坵	二石五斗	三升五合	楚一莊		
齊公	邦宣	祖遺	六斗三升	板陂廟	一八坵	一二石六	一斗五升	邦宣莊		
沛公	邦沛	祖遺	六斗	同上	一〇坵	一二石	一斗三升			
德重公	邦池	祖遺	一斗五升	同上	一號	三石	一斗〇九	孔彰莊		
又純公	惟誠	祖遺	三斗四升	板陂廟	七坵	六石五斗	一斗八升			
作翼公	惟啟	祖遺	二斗八升	同上	九坵	五石六斗	二升	文魁莊		
而雅公	惟雅	祖遺	七斗七升	同上	一九坵	一五石五斗二升	一斗八升三合	而雅莊		
遷興公	惟豪	公買	一斗二升	同上	二坵	二石四斗	五升	遷興莊		
文斗公	惟文	祖遺	九升	祖山灣	四號	一石八斗				

（續　表）

祀主	派名	田歷	畝數	地址	坵數	租額	糧額	莊名	山屋	
儀望公	友攝	公買	七斗	圳田廟	一五坵	一四石	三斗五升	劉儀公莊	山　一、莊屋一	
如宗公	友謀	祖遺	五升	板陂廟	一坵	一石				
文質公	友質	祖遺	二斗	同上	六坵	四石	一斗			
紹禹公	志參	祖遺	六升	同上	一坵	一石二斗	二升	遷興莊		
紹芳公	志攀	祖遺	六升	同上	一坵	一石二斗	二升	遷興莊		
美玉公	志仁	祖遺	三斗二升	同上	二坵	六石五斗	八升	美玉莊	山一	
效古公	志效	祖遺	一斗四升	同上	一坵	二石八斗	七升八合			
五雲公	志五	祖遺	二斗	同上	二坵	四石				
三泰公	士全	祖遺	九升	祖山灣	四號	二石八斗	九升	甫聲莊		
慶餘公	士積	祖遺	五升	板陂廟	二坵	一石				
德聲公	士聆	祖遺	四升	同上	一坵	八斗				
長盛公	士楨	祖遺	三斗	圳田廟	一坵	六石				
四國公	士順	祖遺	二升	板陂廟	一號	四斗				
孔彰公	家喜	祖遺	四升	祖山灣	一號	八斗	二升	孔彰莊		
若水公		祖遺	三升	板陂廟	一坵	六斗	二升	若水莊		
春生公	家職	公買	一斗	同上	二坵	二石	四升	春生莊		
廷臣公	志佐	公買	二斗二升	上灣廟	三坵	五石	一七三合	爲貴春莊		
榮長公		祖遺	三斗二升	白馬廟烏山衝	六坵	六石四斗	九升九合	永聚堂莊	山　一、屋二	

（續 表）

祀主	派名	田歷	畝數	地址	坵數	租額	糧額	莊名	山屋	
仁東公	仁東	祖遺							山 一、園一	
大成公			二斗二升	七都三區圳田廟	一坵	四石四斗	一七二			
望公			二斗	同上	一號	四石				

（劉異纂修《[湖南衡陽]侯山劉氏五修族譜》 1937 年鉛印本）

湖南瀏陽西鄉陳氏祀田

祀 田 記

昔孟子云："卿下以必有圭田。"又曰："惟士無田，則亦不祭。"是祭固賴乎有田也。我時習公遷居瀏邑，肇業團山，厥後族衆董事構立公祠，捐置祀田七十餘畝，歲收租谷，馨薦春秋，冬典取攜，既賴有備。我後人當思創業維艱，守成不易，粢盛豐潔，不儉不奢。凡有盈餘，共相培植，庶明禋勿替，俎豆嘗新，而孝思於以不匱矣。是爲記。公欽祀公識。

清嘉慶十六年，接買萬厚地名竹家園後背衝、苦竹坳兩處，水田四斗，糧二斗八升。

清道光五年，接買大義地名竹家園水田一石六斗。

清道光八年，接買萬厚地名竹家園水田五斗。

清道光十四年，接買萬厚地名竹家園水田五升。

清道光二十二年，接買開員、開桂地名竹家園水田五升。

清道光二十三年，接買文友、文卷地名竹家園水田一石三斗，糧二斗八升。

清咸豐十年，接買婁明友兄弟地名竹家園水田一斗。

清同治八年，接買陳阿劉地名竹家園舖屋一棟。

清同治九年，接買運澍兄弟地名鐵爐衝水田七斗。

清同治十三年，接買運鵬地名赤眼塅水田一斗五升。

清同治十三年，接買運熙地名竹家園水田一斗。

清光緒四年，接買陳阿傅地名赤眼塅水田二斗五升糧四升。

清光緒五年，接買陳阿周地名油麻衝山一塊。

清光緒九年，接買運海地名赤眼塅水田五斗，糧一斗二升。

清光緒十六年，接買黎義和地名湴塘衝水田六斗，糧五斗三升。

清光緒十七年,接買永欽地名團山水田二斗五升。

清光緒二十年,接買運騰地名竹家園水田七斗五升,糧四斗二升。

清光緒三十年,接買永連地名鐵爐衝水田四斗,糧二斗四升。

民國八年,接買永基地名赤眼塅橋灣水田二斗。

民國十五年,接買運騰地名竹家園大屋後水田一斗。

以上共計水田八石正,計糧一石九斗一升。凡一切契據,公擇殷實老成收領。

公欽祀引

族自清康熙五十五年丙申,照丁派費,每名捐銀一錢五分,建立祀會,至乾隆十四年己巳,置田七畝,價去百金餘,仍照舊生息。近幸積多金,奈人心不一,衆議分晰。去臘將田變價六十餘兩,並會銀共計四百有奇,照股均分,各得銀二兩四錢五分,每名仍存原捐銀一錢五分;新丁九十八名。各照舊式捐費,新老共計二百六十名,共銀三十九兩整。又以各費不敷,衆議將捐費動支清理,各項實存銀三十一兩二錢,從新生息,以爲他日修譜建祠之用。凡我族人須前念先人,後顧來者,同心協力,毋假公濟私,毋狥私滅公。由是敬宗收族,共敦雍睦,則瓜瓞綿綿,或者其未有艾乎。爰訂捐册,將各房名目詳列於後:

之麒公房璠公後裔捐名:

松公支,共捐十三名;柏公支,共捐二十三名;橋公支,共捐三十名。

之麒公房璵公後裔捐名:

楝公支,共捐七名;梧公支,共捐五名;杞公支,共捐八名;槐公支,共捐三十一名;極公支,共捐四十六名;權公支,共捐二十一名;楷公支,共捐二十一名;柱公支,共捐十五名。

之麟公房後裔捐名:

瓊公支,共捐二十名;瑶公支,共捐二十名。

(陳永球等《[湖南瀏陽]瀏邑西鄉圍山陳氏五修族譜》 敦本堂 1938 年木活字本)

湖南湘陰周氏祀田

青貽公墓廬記

青貽公歿於清同治二年,安厝於來龍山廟對門鳳形山。其後人置來龍山廟下手潘氏宅,革故鼎新,爲上下兩進,顔曰“周氏墓廬”,並置祀田數斗,賃人居守,以免樵采,而妥先靈。歲時伏臘、清明祭掃,藉以休息。後人利賴此廬相依之必要也。兹届族譜八修,爰爲之記云。

民國丁亥七夕,嗣孫公誌。

祀　田　記

祀田所以追養也，欲知食德無窮，當期享祀勿替，此奉先思孝者所爲鄭重於其事耳。顧善因每賴善創，善始尤貴善終。族自乾隆庚戌，迄光緒乙酉，主置祀田者，登之傳記，固已班班可考矣。前道光戊子，公祠合建式廓丕基，不特謹錙銖出入，利用稍寬，且念春露秋霜，祀田漸益，是非由諸先君子仁孝之心所致，而何以若是也乎。兹當譜牒告成，謹將所置田畝，暨所捐田數歷，註載於左，一以表前事之誠，一以彰世守之典。後之人更恢而宏之，則幸甚矣。是爲記。

始祖平湖公祀田

清乾隆三十五年置，嗣孫秉國田二石。在元步塘。

乾隆四十六年置，將匡朝田五斗五升。在毛塘壠。

乾隆四十六年置，將匡朝田二斗五升。在毛塘壠。

乾隆五十四年置，將里仁田五斗。在毛塘壠。

乾隆五十六年置，蔣師韩田一斗八升。在毛塘壠。

道光八年置，嗣孫王氏從會田三斗。在團山嵛。

□□□□置，嗣孫從高田一斗。已作祠基，田契遺失。

清道光八年置，嗣孫陞高田一斗。已作祠基。

道光八年置，嗣孫協和田一斗。已作祠基。

道光八年置，嗣孫三元田一斗。已作祠基。

道光八年置，嗣孫命圭田五升。已作祠基。

道光十六年置，嗣孫正甫田一斗五升。在團山嵛。

道光十六年，嗣孫奇武公捐入田八斗。在大壩嶺。

道光十六年，嗣孫冠三公捐入田四斗。在何家灣，契失候查。

道光二十四年置，嗣孫美昭田七升。在團山嵛。

道光二十八年置，嗣孫升清田二斗六升。在葛麻壩。

道光三十年置，嗣孫天申、豐年田五斗。在團山嵛。

道光三十年，嗣孫文純公捐入所置蓮湖公田三斗。在楊家壠。

道光三十年置，嗣孫蓮湖公田一斗。在楊家壠。

咸豐十一年，嗣孫建國公捐入田二斗。在大屋坪。

咸豐十一年，嗣孫萼樓公捐入田一斗五升。在元步塘。

咸豐十一年，茂修公捐入所置東曜、二太。田三斗。在新塘坪。

同治二年置，嗣孫彰德田二斗五升。在大屋坪。

同治二年置，殷敬忠何家灣椰樹下江邊田一坵，今成沙洲。

同治五年置，嗣孫化雨公田二斗五升。在葛麻壩。

同治六年嗣孫常清公捐入所置曾茂森、周愈衆田二斗九升。在蓮花塘侯宗塘。

同治六年置，嗣孫敏齋田五斗四升五合。在荒塘坡。

此田於民國三十六年憑族贈付田五斗零三合，作爲九世祖錢塘公香火祀田。

同治十三年置,嗣孫名儒田四斗。在大屋坪上灣。

清光緒元年置,程和鳴田一石三斗五升,内嗣孫楠樵公捐入八斗五升,係價錢三百串文。其餘田五斗。係價錢一百六十串文,在茅屋嘴,屋宇、山塲、竹木俱全。

光緒三年置,黄致祥田三斗。在葛蒲塘。

光緒八年置,嗣孫德選田一斗五升。在侯宗塘。

光緒八年置,嗣孫有典田三斗。在柳家衝。

光緒十五年,嗣孫崑山捐入田三斗。在范家衝。

清宣統二年置,嗣孫鴻運,田五斗。在侯宗塘。

宣統二年置,受隆公田二斗二升五合。在侯宗塘。

宣統三年置,嗣孫鑑泉田三斗二升。在南塘。

宣統三年置,嗣孫選青田一斗五升。在大壩嶺。

民國元年置,嗣孫呈祥田一斗五升。在上福臨塘。

民國元年置,嗣孫玉堂田一斗三升。在夏家壠。

民國五年置,嗣孫紹新田二斗。在獲禾衝大塘下皮坡塘。

民國六年置,孫馨棠田七斗。在小姑塘正壠。

民國六年置,嗣孫周張氏田三斗。在大屋坪上埻壩。

民國七年置,嗣孫呈祥田一斗五升。在上茯苓塘。

民國七年置,嗣孫神保田一斗五升。在瓦窰塘東岸。

民國八年置,蔣光敬田二斗二升。在藩公塘。

民國八年置,嗣孫雲程田一斗二升。在大屋後禾塲巷。

民國十四年置,蔣里仁田五斗。在毛塘壠。

民國十五年置,嗣孫伯仁田三斗五升。在大塘衝。

民國十六年置,嗣孫茂生田一斗三升。在大屋坪大塘下東岸。

民國　　年置,嗣孫名明田一斗五升。在南塘正壠腰路下第二坵。

民國　　年置,嗣孫紹龍田三升。在瓦窰塘東岸。

民國　　年置,嗣孫正文田一斗二升五合。在劉三衝。

民國三十五年,兑入嗣孫廷瑲公田六斗四升四合。在大屋坪。

民國三十五年,兑入嗣孫化雨公田一斗六升。在大屋坪。

民國三十五年,兑入嗣孫九洲、保哲、伯林田六斗五升五合九勺四。在官壋正壠。

民國三十六年,兑入嗣孫桐軒田五升。田名菜園坵,在荒塘坡。

民國三十六年,兑出田五升。在荒塘坡,田名五升坵,係敏齋契内。

以上户名"周光裕堂"。

五世派受隆號裕蔭公祀田

清同治三年置,嗣孫克順田一斗五升。在蓮花塘。

光緒八年置,嗣孫桂嶺田二斗五升。在大壩北岸。

光緒八年置,嗣孫德質田四升。在蓮花塘下。

民國初年新開荒田三升。在蓮花塘北邊。

六世派友禮號恭菴公祀田

前清年間置,劉儒添田一斗。在茅塘壠。

咸豐七年置，嗣孫道昌田三斗。在殷家坪。

同治六年置，福基堂田八升五合。在柳家衝。

光緒元年置，嗣孫復生田三斗九升。在柳家衝。

光緒十三年置，劉林止田二斗五升。在大墳山。

光緒二十三年置，嗣孫光宗田三斗二升。在徐家壠。

光緒二十六年置，嗣孫品清田六斗五升。在婆婆塘。

光緒二十九年置，嗣孫在上田二斗五升。在成德衝。

光緒三十二年置，蔣七餘堂田三斗八升。在柳家衝。

民國三年置，嗣孫雲程田二斗五升。在大屋坪。

民國四年置，嗣孫裕堂田四斗三升三合。在娘娘衝。

民國五年二月十二，兑入光裕堂田三斗。在泉水坡。

民國五年二月十二，兑入光裕堂田二斗三升。在茶亭寺。

民國五年二月十二，兑入光裕堂田九斗七升。山塲屋宇照約在平林塘泉水坡。

民國十年置，嗣孫淡初田八升。在南塘李家坡。

七世派廷瑲號璞亭公祀田

清嘉慶六年置，嗣孫輝林田一石八斗三升五合。在栗山塘。

嘉慶十一年置，嗣孫斯耀田三斗五升八合三勺。在許家衝。

道光十年置，嗣孫敬安、奎映田一斗五升。在栗山塘。

道光二十八年置，嗣孫高念田三石六斗九升。山塲、屋宇，照契在栗山塘。

光緒七年置，嗣孫從高田二斗。在栗山塘。

光緒九年置，嗣孫新泰田六斗四升九合。在南塘壠鶯窠塘。

光緒十一年置，嗣孫大裴，田三斗五升。在栗山塘。

光緒十四年置，嗣孫佐庭田二斗五升。在栗山塘。

光緒十九置，嗣孫佑全秉全田二斗。在藍家園。

光緒二十年置，嗣孫大培田六斗八升。在栗山塘。

民國四年置，嗣孫檻泉田二斗五升。在南塘壠。此契内於民國三十六年贈付田一斗五升，作爲廷高公香火祀田，兹後子孫永不售典。

民國二十七年置，嗣孫清和田二斗八升。在白毛塘。

八房紅譜公

光緒七年置，世藩、世炳田二斗八升。在大屋坪。

光緒二十八年置，檻泉田二斗五升。在殷家衝黎字坡。

七世派廷高號景亭公祀田

民國三十六[年]，瑲公贈付田一斗五升。在南塘。

民國三十六年，松公贈付田一斗五升。

民國三十六年，柏公贈付田一斗五升。

三公共贈付田四斗五升作，爲高公香火祀田。兹後子孫永不售典。

七世派廷松號鶴齡公祀田

清道光二十四年置，嗣孫貢林田一斗五升。在上茯苓塘。

咸豐三年置，嗣孫松山田五斗二升二合。在殷家壠塘下。

咸豐四年置,嗣孫見泗田一斗五升。在茂深塘。

咸豐四年置,嗣孫樂熙田一斗五升。在茂深塘。

咸豐四年置,嗣孫克昌田二斗五升。在柳家衝。

同治五年置,羅文廣田一斗七升。在茂深塘。

同治七年,嗣孫從梓號文荆公捐入所置,嗣孫宗蘭田五升。在馮家衝。

光緒十一年置,嗣孫鴻漸田一斗五升。在南塘下。

光緒十六年置,嗣孫道昌田一斗五升。在殷家坪。

光緒十六年置,嗣孫新美田二斗五升。在曾家壠。

光緒二十二年置,(孫嗣)〔嗣孫〕敦先田二斗。在馮家衝。

光緒二十六年置,嗣孫映堂田二斗。在上元步塘。

光緒二十七年,嗣孫大明田一斗五升。在茂深塘。

光緒二十七年置,嗣孫新美田二斗。在草塘衝。

光緒二十七年置,嗣孫敦先田一斗五升。在蔣公塘。

光緒二十九年置,嗣孫春嗇田一斗五升。在茂深塘。

光緒三十二置,蔣榮冕田二斗六升五合。在因可塘。

宣統元年置,嗣孫文榜田二斗九升。在田家橋。

宣統二年置,嗣孫觴笙田二斗五升。在東莊坪。

民國四年置,殷利貞田三斗。在大塘衝。

鶴齡公於民國三十六年贈付田一斗五升,作爲廷高公香火祀田。兹後子孫永不售典。業在松公户内。

茂深堂檢蓋公祀田

清同治二年置,嗣孫撫萬田七斗五升。在大塘衝。

同治十二年置,嗣孫秀梧田三斗二升五合。在柳家衝。

光緒八年置,嗣孫德全田三斗。在殷家坪。

光緒十一年置,嗣孫昆堂田二斗五升。在田家橋。

光緒十六年置,嗣孫舞階田一斗五升。在南塘。

光緒二十二年置,嗣孫新美田一斗七升。在草塘衝。

光緒三十二年置,將七餘堂田二斗七升五合。在柳家衝。

宣統元年置,嗣孫丙南田二斗。在曾家壠。

民國元年置,嗣孫松橋田一斗二升五合。在福臨塘。

民國三年置,嗣孫衛臣田二斗二升五合。在茂深塘。

民國四年置,嗣孫漢臣田八升。在箕形坪。

民國十一年置,嗣孫軒文田一斗。在竹山塘繇塘下團坵。

民國十四年置,嗣孫顯揚田一斗二升五合。在茯苓塘。

民國二十年置,嗣孫顯揚田一斗二升五合。在茯苓塘。

民國　年　置,嗣孫紹休田二斗一升。在柳家衝。

民國　年　置,嗣孫長生田五升。在東莊坪。

民國二十九年置,嗣孫名明田一斗。在南塘。

民國　年　置,復興山經管澍生、周雪清、樹泉等田一斗五升。在茂深塘。

民國　年　置，周燮梅田一斗七升。在新塘衝謝家塘，田名黄泥坵。

民國三十一年置，映生田二升五合。在柳家衝。

民國二十七年置，嗣孫瑞生山地一塊。

九世派汝訓號錢塘公祀田

民國三十六年，由平湖祖贈付荒塘坡田五斗零三合，荒塘坡土地前小堺一個，作爲錢塘公香火祀田，兹後子孫永不售典。

九世派汝香號芬衍公祀田

清光緒十年置嚮水壩屋宇隙地，照契管業。

光緒十七年置，嗣孫俊彩田二斗五升。在嚮水壩。

宣統元年置，嗣孫大佑、名漢田五斗七升。在嚮水壩。

宣統二年置，嗣孫如斯山地三分之一。在嚮水壩老屋西邊。

民國三年置，嗣孫玉泉田一斗二升五合。在嚮水壩。

九世派汝奭號思召公祀田

清光緒七年置，嗣孫從高田一斗五升。在栗山塘。

光緒十五置，嗣孫衡珊田三斗五升。在栗山塘下。

光緒十五年置，嗣孫衡珊田一斗二升。在許家壠。

光緒二十年置，嗣孫興存田二斗五升。在南墉上殷家壠。

宣統元年置，嗣孫檻泉田五升。在南塘下大壠。

宣統二年置，殷水生田一斗五升。在大塘壠鴨公坡。

八、九世派錢汝龍，號南溪；化雨。公祀田。查本公老簿載，本公公屋祀田財物，係由通逵、超元二公公積，永歸二公嗣孫經管，外人不許侵越，通超公嗣孫特誌。

清道光二十八年置，嗣孫紹溪、世瞻公田一斗二升五合。在茅塘南岸。

咸豐八年置，嗣孫雋吾田二斗七升五合。在大屋坪。

同治五年置，嗣孫學陶田二斗。在福臨塘。

同治十二年置，嗣孫孔昭田五斗八升。在福臨塘。

光緒三年置，嗣孫美全田一斗五升。在福臨塘。

光緒十年置，嗣孫克家田五升。在鐵爐衝。

光緒十四置，殷雲池、三友田一斗二升五合。在殷家坪。

光緒十四年置，蔣慎徽田一斗五升。在福臨塘。

光緒十七年置，嗣孫順恬田一斗五升。在下田家磜。

光緒二十年置，蔣嘉惠田一斗二升五合。在沙磐嶺。

光緒二十三年置，嗣孫樹霖田一斗三升。在野雞坡。

光緒二十六年置，嗣孫殷水生田二斗。在長湖塘。

光緒二十六年置，嗣孫在上田七升。在野雞坡。

光緒二十九年置，嗣孫楚賢田二斗五升。在上福臨塘。

光緒三十二年置，嗣孫在上田一斗七升。在李家坡。

宣統元年置，蔣金海田一斗五升。在張家田。

宣統元年置，嗣孫瑞亭、餘溪田一斗五升。在長湖塘。

民國四年置，蔣雲池田一斗二升五合。在砂盤嶺。

九世派汝善號美所公祀田

前清年間置，田五斗。在大塘尾。

光緒年間置，尚忠良田一斗二升五合。在亭林塘下。

光緒年間置，甘南成田一斗。在楊家山。

光緒七年置，嗣孫寶垣田三斗六升。在南塘正壠。

光緒二十一年置，程映龍田二斗三升。在程家壛。

光緒二十一年置，程肇　田一斗。在傅家坪。

光緒三十三年置，甘三喜姪炳炎、炳生田六斗。在楊家坪。年間置，嗣孫厚安田四斗。在東莊坪。

民國四年置，嗣孫受廷田一斗三升。在東莊坪。

民國三十六年，憑族贈付田一斗五升，作爲廷高公香火祀田。玆後子孫永不售典。

十世派稽皋號德輔公祀田

清光緒二十年公立合約，至戊申新開田二斗。在舊坵之内。

民國　　年置，際盛公田四升九合。在大塘尾西岸。

十世派稽遴號賢輔公祀田

清同治四年置，嗣孫良才田五升。在牛角塘丁家山。

同治九年置，嗣孫樂吉田一斗。在嚴家園。

光緒三十一年置，淑鼎公田八升。在牛角塘。

宣統二年置，嗣孫官保田五升。在丁家山。

民國三十一年置，嗣孫穀生田一斗七升。在黄家園。

民國元年置，嗣孫彰燕、彬章桂生田八升、田壋菜土一塊。

民國　　年置，嗣孫大山田三升，田壋菜地一形。在舊廬前中塘尾。

民國　　年置，嗣孫春堂伴二斗坵小塅一契。

民國三十年置，嗣孫子霞伴中塘邊一契。

民國三十年置，嗣孫挹祥、閏祥伴中塘邊一契。

十世派稽叔號傑翁公祀田

清嘉慶十五年置，蔣尚英田六斗。契内茶園壹隻在鐵爐衝長坡塘壠。

道光十三年置，嗣孫青雲田二斗七升五合。在梅塘下北岸。

清道光二十六年置，嗣孫五之田二斗六升。在楊家壠新塘下。

咸豐九年置，殷同寅田二斗五升。在殷家坪上梓塘脚下。

同治元年置，嗣孫長壽田三斗。在火燒坡。

同治六年置，嗣孫從嶺田二斗八升。在黄毛衝柳家衝。

同治八年置，嗣孫荆林田一斗五升。在北衝。

同治十三年置，嗣孫旭梧田六斗。在柳家衝紫荆山黄毛衝。

光緒元年置，嗣孫楚善田二斗五升。在柳家衝黄毛衝屋塌灣新塘東岸。

光緒元年置，嗣孫坤南田三斗。在福臨塘腰壠。

光緒四年置，嗣孫名魁田二斗五升。在晝林衝乾衝壠口。

光緒六年置，嗣孫雨庭田三斗五升。在曾家壠黎家壠。

光緒七年置，嗣孫品珍田二斗。在曾家壠。

光緒九年置，嗣孫舞階田四斗。在柳家衝。

光緒十一年置，嗣孫崧山田二斗二升五合。在南塘下。

光緒十一年置，嗣孫南英田三斗。在殷家坪塝塘下。

光緒十四年置，嗣孫雲高田二斗。在曾家塘南岸。

光緒十四年置，嗣孫東海田三斗。在下福臨塘下劉家壠。

光緒十四年置，嗣孫桂生田一斗五升。在柳家衝後黄毛衝塘下。

光緒十七年置，嗣孫則先田七斗。在馮家衝東塘正壠。

光緒十七年置，嗣孫富龍田一斗五升。在下福臨塘。

光緒二十年置，嗣孫保安田七升五合。在黎家壠屋下手。

光緒二十年置，嗣孫新美田二斗。在草塘衝對門。

光緒二十年置，嗣孫均和田三斗五升九合。屋基、隙地，照契在南塘對門。

光緒二十二年置，嗣孫新美田一斗。在草衝塘衝。

光緒二十二年置，嗣孫鑑棠田一斗。在草塘衝。

光緒二十四年置，嗣孫崧山田八升。勘上餘地、牆基，照契，在南塘下手。

民國二年置，敬信堂田一斗二升五合。在殷家坪。

十一世派士宗號盛益公祀田暨十三世派成。銘才，號有聲；際盛公祀田

前清年間祖遺田三斗。在周家坪。

十一世派士懷號湘裔公祀田

清光緒三十一年置，嗣孫文明田四斗五升。在聶家衝塘尾。

光緒三十一年置，嗣孫順庭田一斗。在傅家灣中塘邊。

光緒三十二年置，嗣孫鏡庭田大小二坵，計田一斗七升。在傅家坪袁家壩邊。

光緒三十四年置，嗣孫元芝田二坵，計田一斗。在大梅塘南岸草塘壠尾。

前清年間，嗣孫崑山捐入田六升。在紫花台孫家坪李人墳塋前。

宣統元年置，嗣孫龍光田四斗。在曾家壠塘下第二坵、黎家衝腰路下第三坵藥子舖屋下岸第二坵。

宣統元年置，嗣孫新美田五斗。在草塘衝屋上西岸二斗田一坵、草塘衝下一斗田一坵石竹塘尾田二斗一坵。

十一世派士慎號昌裔祀田

清道光二十五年置，嗣孫樂篯田三斗三升。在柳家衝並瓦窰塘。

同治十二年置，嗣孫恒秀田一斗五升。在上福臨塘下。

同治十三年置，嗣孫孔昭田一斗五升。在上福臨塘南岸。

光緒三十一年置，嗣孫先正田八升。在下福臨塘下。

宣統三年置，嗣孫呈祥田六升。在上福臨塘茅園下。

十一世派士忻號純裔公祀田

同治四年置，嗣孫裔甫田一斗。在馮家衝。

同治十三年置，嗣孫胡氏田一斗。在馮家衝。

光緒二年置，嗣孫有耀、昌榮田二斗。在瑶塘壠。

十一世派士文號耀宇公祀田

民國元年，新開田一斗。在侯宗塘下手。

十一世派士學號均達公祀田

清康熙年間，遺田一斗八升。在羅家壠及荷塘下。

民國二年置,嗣孫金生田一斗八升。在羅山背。

民國三年置,嗣孫書紳田一斗。在羅家壠中背。

十一世派士先號均任公祀田

前清年間遺田五升。在荒塘坡。

十二世派元槐號第蔭公祀田

前清年間祖遺田二斗。

十二世派元貴號芝亭公祀田

清光緒十六年置,嗣孫丙夏田五升。在南塘正壠。

光緒二十四年置,嗣孫丙夏田一斗。在李家坡大塘下北岸。

宣統二年置,嗣孫式嘉田一斗。在南塘正壠。

十二世派元潤號雨年公祀田

清咸豐七年置田一斗。在馮家衝。

同治六年置,嗣孫上珍田一斗。在馮家衝。

光緒十五年置,張神保田一斗五升。在趙家衝。

光緒三十一年置,萬斯公田一斗。在趙家衝。

十二世派元卿號燦雲公祀田

前清年間祖遺田一斗。在在泉塘衝南屋塲壠。

十二世派元闍號煌佐公祀田

民國三年置,嗣孫雲程田三斗八升。在大屋坪。

十二世派元濂號紹溪公祀田。雨若、載銘兩房存積。

清道光元年置,帝庸田三斗零五合。在上茯苓塘下南邊高岸。

咸豐九年置,孔昭田五升。在上福臨塘下南岸。

十三世派銘成號有聲公祀田

前清年間置,嗣孫豐年田八升。在大屋坪土地祠側。

置嗣孫窰園田一斗五升。

又,公墓前小坵田二坵。

十三世派德成號若仁公祀田

前清年間置,嗣孫名厚田五升。在大屋坪禾塲巷。

十三世派才成號際盛公祀田

清嘉慶年間置,嗣孫從會田九升一合。在大屋坪下灣。

道光年間置,嗣孫從科田一升二合。契内藕塅一個,在爛園山勘下伴托塘墻上。

道光年間置,嗣孫豐美田二升四合。在舖屋前,田名五升坵,契内田墻大塅一個。

光緒年間置,嗣孫世藩、世炳田四升九合。名田八升坵,在土地廟下。

光緒年間置,嗣孫大禮正房一間。伴德輔公祠上棟西邊。

民國七年置,族世麟田六升七合。在井塘邊,田名八升坵。

民國十年置,族文彬夾正房一間。將夾正房改偏廈一間,其屋前抵前簷滴水,後抵奉先房屋前簷滴水伴,西邊抵東生房屋,廈偏外基地抵冬生丹墀邊爲界。

十三世派化成號樸菴公祀田

清乾隆五十一年,祖遺提出所置嗣孫文彩田一斗五升。在雷公塘下銅鼓嘴。

十三世派容成號載德公祀田

清嘉慶三年，嗣孫公議提田六斗。在佘家壠腰塘下。

十三世派洪成號演齋公祀田

前清年間置田三斗。在上福臨塘下高岸，上福臨塘本屋正堂屋壹間，曹門一棟，其屋後山從十二世祖張妣墓，前後左旁直至演齋公墓前後，左旁抵菉麻園牆塝爲界。其他處墳山，則有子茶園、茅栗園、蛇坡，三山相連，抵界分明。又，長茅園、杉樹坡、瓦插坡，三山相連，抵界分明，均係公業。

十三派溥成號瞻原公祀田

溥成之子十四世派開炳號蔚菴公祀田

清同治年間置，嗣孫楚玉田八升。在南塘對門腰路下。

同治年間置，嗣孫衡林田七升。在南塘對門腰路上。

同治年間置，嗣孫仰吾田九升。在南塘下北岸。

光緒八年置，嗣孫殿選田二斗五升。在南塘下山邊。

光緒十年置，嗣孫在中田一斗五升。在成德衝塘下。

光緒年間置，嗣孫芝華田二升。在南塘上邊。

光緒年間置，嗣孫新開田五升。在南塘對門。

十三世派年成號萬斯公祀田

前清年間置嗣孫田七升。在馮家衝。

光緒二十九年置，嗣孫敦先田六斗。在蔣公塘。

宣統三年置，嗣孫則先田六斗。在馮家衝。

十三世派韜成號庭佐公祀田

清光緒年間，嗣孫師顔捐入田二斗五升。在羅山觜。

十三世派則成號學文公祀田

前清年間置田九斗二升。在小姑塘。

十四世派開緒號蒂俊公祀田

清光緒六年置，嗣孫召南田二斗五升。在白楊塘。

光緒二十三年置，嗣孫騰芳田二斗五升。在東莊坪彭家壠口。

十四世派開繩號紹祖公祀田

前清年間置田二斗五升。在沙灣園内一坵，屋場南岸一坵，其屋場並餘地不準分售。

前清年間置，楊緑橋竹姑衝山地一塊。長十三丈，横四丈，(週圍)〔周圍〕窖石爲界。

十四世派開顯號文高公祀田

清宣統三年，祖遺分提田二斗。在野雞坡塘下。

十四世派開崑號碧峯公祀田

清乾隆五十七年置，蔣毓琨田二斗。在毛塘壠。

道光十年置，易心田田二斗。在劉家衝。

光緒十一年置，嗣孫碧雲公田一斗五升。在福臨塘。

十四世派開崙號雲巖公祀田

清宣統三年分受全保公田五升。在沙盤隴淺桑坪腰路上南岸。

民國三年置，嗣孫春霆田一斗五升。在許家壠塘尾西岸，外水圳塝上山，一形寬五尺。

十四世派開棫號輝林公祀田

清宣統三年置,劉克明田一斗五升。在許家壠窖塘下。
十四世派開署號奇武公祀田
清光緒三十二年,贖回全保公田四斗。在鐵爐衝屋前。
民國十三年置,嗣孫晉庭田一斗。在白茅塘南岸,名長斗坵。
民國十四年置,嗣孫怡和田一斗。在白茅塘壠栗樹坵居南一節。
民國二十年置,嗣孫樹林田四升。在鐵衝屋前伴四斗坵。
民國二十八年置,族谷生、陳氏田三升。在白茅塘公祠前。
十五世派裔琴號清遠公祀田
清光緒二十三年,遺田一斗。在曾家壠屋前。
十五世派裔咏號裕陶公祀田
清同治五年遺田二斗五升。在大梅塘正壠。
十五世派裔媨號耀彩公祀田
前清年間分提新開田一斗。在大塘尾西岸。
十五世派裔亢號耀祖公祀田
前清年間,分提新開田一斗。在大塘尾西岸。
十五世派裔煉號室丹公祀田
前清年間,分提新開田一斗。在大塘尾西岸。
十五世派裔茗號春美公祀田
前清年間遺田一斗。在公墳山下。
光緒二十一年置,嗣孫從就田一斗。在唐家壠屋前。
光緒二十六年置,嗣孫古先田二斗。在徐婆塘。
光緒二十六年置,嗣孫庚生田二斗。在何家屋塲。
光緒三十二年置,嗣孫古先田二斗。在荒田衝。
光緒三十二年置,嗣孫潤松、和清田三斗。在塘家壠。
宣統元年置,嗣孫庚生田五斗五升。在荒田衝屋前。
十五世派裔篆號松峯公祀田
前清年間置,官保田一斗五升。在南塘下背。
十五世派裔封號建國公祀田
清同治六年置,蔣貢禹兄弟三乂衝田十石八斗。屋宇、山塲、竹木俱全。
十五世派裔。碁導號景南崑南公祀田
清光緒二十一年置,嗣孫循之兄弟田五斗。在殷家坪菱角塘下。
十五世派裔笙號青貽公祀田
清道光十六年置,王佐才田五斗五升。在荒塘壠。
光緒二十六年置,潘禮陽田三斗三升。在來龍山左遊家塅。
宣統元年置,劉先第田二斗。在來龍山左紅沙灣。
十五世派裔芹號泮選公祀田
前清年間,遺田八斗。在柳家衝。
十五世派裔綵號蕚樓公祀田
十六世派樂果號子固公祀田

前清年間，祖遺田八斗。在荒塘嵛。

十五世派裔絅號錫亭公祀田

前清年間，祖遺田七升。在南塘對門腰壠。

十五世派裔縉號覲扆公祀田

前清年間，祖遺田一斗二升。在鶯窩塘屋前。

十五世派裔慶號餘華公祀田

清光緒三十一年置，陳有桂田六斗五升。在蕭家衝。

民國四年置，盛福林田三斗。在小姑塘。

前清年間遺田一斗。在荒塘坡茅園内。

十五世派裔芷號芳彩公祀田

清嘉慶年間，祖遺提田一石。在大屋坪田六斗，蓮花塘四斗坵。

宣統年間置，田五斗。蓮花塘。於民國二十九年，憑族提出蓮花墉脚下伴靴坵斗半坵，又路下三斗坵，共田二坵，計田四斗五升，作程萬海、池海占三房嗣孫分析。程萬房嗣孫如斯、六生比將分受之蓮花塘下之斗半坵，出售與周敬田爲業。

十六世派樂菁號秀莪公祀田

前清年間祖遺分提新開田一斗。在大塘尾。

十六世派樂榮號春岑公祀田

前清年間，置田四斗。在鴨公塘南岸伴墳山邊，田二坵，在長邑臨鄉鎮六甲，三家衝住宅斜對門，鴨公塘、戴家坡墳山一隻，墓廬一所。田山、屋宇永不出售異姓外房。謹註。

十六世派樂封號均建公祀田

清光緒十八年置，順安田一斗四升五合。在黑禾衝。

光緒三十一年置，富友田八升。在東莊坪壩灣。

十六七世派樂照/從香號光浦/復美公祀田

前清年間置田二坵計田一斗。在南塘墳山前。

十六世派樂霽/震號雨亭/占亭公祀田

前清年間遺田五斗。在草塘衝菜坵一斗五升正，壠中一斗，大梅塘正壠二斗五升。

十六世派樂俊號在位公祀田

前清年間置，田四斗，計二坵。在郝家衝蘇家嘴公墓側。

十六世派樂宇號棟華公祀田

清道光十二年置，李光言田四斗。在蕭家衝。

光緒二十一年置，裔樹田六斗。在瓦窰塘。

光緒二十八年置，姚正德田二斗。在東莊坪。

宣統元年置，曾春普田四斗。在平泥塘。

民國二年置，衛臣田三斗五升。在茂深塘。

十六世派樂具號埋全公祀田

前清光緒年間置，學皋田二斗五升。在長湖神土地廟後。

十六世派樂完號欲泉公祀田，八升三合。在殷家坪上手，求物園前下，毛鐮坵居中一截。

十六世派樂育號東生公祀田

清咸豐三年置，陳啓宇、啓化田廟塅坵大小二坵，計田三斗七升四合。在都巡廟側。

十六世派樂桂號濂源公祀田

清咸豐年九年置，唐成之兄弟仁和圍黑泥頭田三十畝。莊屋俱全。

十六世派樂鏞號振聲公祀田

前清年間，祖遺分提田二斗。在荷葉塘南岸。

十六世派樂笛號雁亭公祀田

前清年間，祖遺分提田五升。在柳家衝。

十六世派樂筥號善吾公祀田

前清年間，祖遺分提田五升。在柳家衝。

十六世派樂篴號鳳書公祀田

前清年間，祖遺田二斗。在柳家衝屋前。

十六世派樂簣號舞階公祀田

前清道光年間，遺田五斗。在柳家衝。

十六世派樂述號子復公祀田

前清光緒十年置，呈祥田三斗。在上福臨塘北岸沙合坵。

十六世派樂峻號仰吾公祀田

清光緒十四年置，丁照田五升。在南塘下。

十六世派樂嶸號高美公祀田

前清年間，祖遺田二升。在南塘下南岸長坵尾，與鶴齡公斗半坵毗連。

十六世派樂崑號楚玉公祀田

清同治三年分提田一斗二升。在鶯窩塘下。

十六世派樂高號福林公祀田

前清年間，遺田四斗。在羅山背，有田碑誌。

十六世派樂傳號保恬公祀田

前清光緒年間置田。在平江□豹子背。

十六世派樂儁號育芝公祀田

前清光緒年間置，彭道湘田五斗五升。在大塘衝彭家屋門首。

十七世派從交號與善公祀田

前清年間，祖遺提分田一斗。在大塘邊南岸。

十七世派從桂號馥階公祀田

清光緒二十四年置，姚正德田一斗。大小二坵，在東莊坪蔣家塘下。

前清年間所置，許炳南之業，提出田一斗三升。在陳祠前。

十七世派從珍號聘之公祀田

民國元年置，蔣潤泉田一斗。在坑塘塅上。

十七世派從翰號西園公祀田

清光緒二十一年置，熊敦敏堂田一斗。在月塘下灣。

十七世派從新號翼雲公祀田

清光緒十四年置，大章田三斗。在彭家壩邊上下泉水坵。

十七世派從涵澄號楚元峙青公祀田

民國二年置，敬信堂田一斗五升。在上茯苓塘屋下邊。

十七世派從沛號休徵公祀田

前清光緒年間，祖遺田二斗。在荒塘坡。

十八世派大桂號勝芳公祀田

前清光緒年間置，族獻昭田一斗五升。在南塘正壠菜坵。

十八世派大畝號葆田公祀田

前清年間置，蔣佑仁田二斗。在荒塘衝對門塘邊。

十八世派大德號宗山公祀田

前清年間所置，田三斗。在和公衝。

（周炳謙主修《[湖南湘陰]周氏族譜》 1947 年光裕堂木活字本）

湖南瀏陽何氏祀田記

祀 田 説 畧

子輿子曰：惟士無田，則亦不祭。祀田之立，顧不重哉。如我耀公以及各支祖所存東南各處之墓田祀産，皆所以爲宗廟祭掃取給之資，日後子孫不得妄生覬覦，私售盜賣，致干國家律法，先公恚怒也。

計載：

耀公祀産：一、本邑南鄉沙溪白竹塘墓前谷田五碩，墓廬一所；一、東鄉碧水村龍頸上穀田五碩；一、高排尾穀田六碩；一、下壠穀田二碩；一、食水井邊穀田一連十七碩半；一、祖屋門首穀田三碩；一、祖屋右邊谷田十碩；一、坳上穀田三碩；一、萬載白水趙公嶺穀四十四碩；此田係張何兩姓合管。一、家積捐西園衝伯公壟穀田六碩；一、祖屋後嶂及門前魚塘、板坑、井衝、油茶、竹木、荒熟土塊等項生息。均爲祀産，永遠管照。

璡公祀産：一、文市高春嶺衝尾一垸二坑，直至石徑上狹頸裏止，不計坵數，共收遲穀租四碩；一、垸口天台山側早穀田一處，不計坵數，杓碓灣路下早穀田，不計坵數，共收租穀十三碩，蔭塘一口，圳背土一塊；一、門首圍内田一坵，圍外田三坵，屋後新田九坵，毛埠上田一坵，共收租穀二十八碩，泉塘四分之一；一、文市祖屋上、中、下三廳，作爲亭堂，右邊横屋六間、下廂房一間、左邊上、下廂房二間，上正房第二間房一間，又屋後土塊、門前魚塘、天台山山塘坡庄屋、白竹塘案山上茶山、猛勇衝祖墓上下左右茶山、荒熟土塊等項生息，以及碧水村南山坡山場、老屋左邊挨聽上正房一間、横屋中間花廳一間。永爲清明祭掃、冬蒸祀産。此記。

玽公祀産：一、東鄉碧水村高排上不計坵數，共穀田一十四碩；一、廟背崗上一連穀田十三碩。永作清明祭掃之業。

其飄公祀産：一、碧水村中段門首穀田三碩；一、陳家園崗上穀田四碩半；一、廟背崗穀田八碩；一、祖屋左右共屋十間半；又餘屋二間；一、祖屋右邊園土二處；一、永豐二十六都高坑穀田三碩;一、饅頭嶺穀田一碩;一、荒田坑穀田三碩;一、水牛坑穀田一碩。永爲祀産。此記。

其能公祀産:一、黄家坊屋宇,上、下廳堂坐勢,左邊上下正房各一間,廂房　間,右邊上正房一間,屋後竹山以及門前田塘二處,計谷田二碩。永爲祀産。此記。

英公祀産:一、碧水村鱺形屋宇作爲享堂,上、下廳堂,左、右廂房,左邊前正房壹間,又,連下渡水廳子一間,及門前魚塘、餘坪、地基,又,坳上柞樹坪熟土壹塊;一、購買慶球鱺形左邊横屋上廳堂一間,又,左側灶房一間,直下正房一間,又,直下渡水及上廳屋後厠所壹間;一、購買集瑞堂鱺形右邊屋宇壹所,餘坪、地基、園土、及屋後熟土;一、祖屋左邊,購買聲來上渡水屋一間;一、享堂門首田一處,共計谷田三十九碩;一、享堂門首路背田一處,共穀田三十一碩;一、享堂門首井邊穀田八碩,又,秧田腦穀田四碩,共十二碩,捐歸族學所管。一、以上共計穀田七十碩,内除五十碩於民國二十一年,經慶隆等呈報政府核准,捐歸育才費所管外,其餘永爲七睦祀産。此記。一、豆田躍公房所管依屋左邊正房壹間,渡水壹間,廚房、臥室各壹間,廁所壹間,以及園土,暫歸英公所轄,其墳墓由公衆掛掃;一、豆田壹子上購買戴姓墳基壹穴,存留未葬。

其暉公祀産:一、契買莫德見陽朔染家寨水井面暉公墓前後左右田共二十九坵一十一畝,税穀壹千觔;一、契買于起湖、于起運、于起鈞等崇明村門口寺前田二契,共二坵八畝,税穀一千一百斤;一、燕子岩祠屋門魚塘田一坵一畝,河背漕田九坵五畝,棕樹窩田六坵二畝,及兩岸田面、山場,計税谷五百斤。永爲祀産。此記。

廷攀公祀産:一、契買何丁嘗陽朔金寶石板橋龔家沖田一十四坵四畝,税穀三百觔;一、燕子岩門口石壁下河邊相連田二坵三畝半,又,老垻塘田八坵六畝半,税穀一千二百觔。永作祀産。此記。

克晉公祀産:一、契買何家鑚陽朔燕子岩水井横路下田二坵二畝,税穀二百斤;一、燕子岩門口牛路上面大田一坵三畝,水口田四坵二畝,税谷五百斤;一、龍灣油榨一所,榨背田三坵七畝,及溝邊三角田一坵一畝半,税穀八百觔;一、燕子岩水尾高梘田一處五畝,計五坵,税穀二百觔。永作祀産。四房共佔。此記。

其忠公祀田及蔭注計載:一、文市高春嶺坑火燒鬼窩石徑里田二處,不計坵數,共收租谷九桶;一、石徑里新開蔭塘一口;一、茶山脚下蔭塘一口四股之一;一、高春嶺正坑進公祀會之田,下源水係與其明公後裔兩股輪放,我忠公一股又與廷偉公後裔平放。永不准出售外姓;一、火燒鬼窩源水,原係馨、顯、儒、偉四房以一十六股輪放,後裔有出售於映斗會八股之一,家義八股之一,家積十股之一,聲傑十六股之一,彭吉生十股之一。今特將各房所售出之股分一一載明。誠恐世遠年湮,管業人有將契據刓補加改股分者,其餘所存之水,無論二、三、四房已售未售,維椿均已盡數賣歸聲教管業。特此載明,以杜後禍。此記。

(何聲教《[湖南瀏陽]何氏族譜》 1947年木活字本廬江堂)

湖南湘潭朱亭何氏祀田

祀田説

古者凡列官於朝，皆有圭田，以祀其先。而士無田者不祭。蓋其時田由君賜，而分固有所限也。今則士庶之家，皆得置祭田以奉祠祀。誠近代仁孝推暨之恩，廣被於無窮也。爲人子孫可不思有以自展其孝敬哉。吾族未建祠之前，即置祠田以備祀事，後復立有公會，置買田畝，而支分派别，各房亦有私會墳田，以給掛掃。是皆前人不匱之思，經理之善，而後嗣所當永爲法守者。雖日積月累，其增益固，未有限量，而有基勿棄。現今所置安得不爲之紀實哉。是爲説。思本堂重刊。

宗祠祀田

一、管十八都五甲範羅山宗祠門首田一坵，祠垛左邊田一連二坵，至右邊方坵田一坵，計田種五畝，係楊省壩水注，又祠後義倉屋塅下田一坵，連下月光坵田一坵，連下江邊田一坵，又峽巷子大路内田一坵，路外下田一坵，共計大小五坵，計田種五畝。係三田衝蕭家壩水注。

一、管十八都三甲九房灣，秀珍門下手竹篙坵田一坵，連上崽田一坵，又連下田二坵，秧田一坵，茶盤坵田一坵，大小共計六坵，又爛泥衝腰壠田，從蕭家公上田起大小一□六坵，計穀三十八肩，係三田衝羅家壩水注。

一、管十八都五甲四房灣，火燒塘老墓廬三廂、瓦屋一進、下手横瓦屋一頭，又茅雜屋一進，右與族五達兄弟菜園圍牆爲界，屋内門閉、窗關俱全，大曬坪一所，上首菜園一隻，園後山領上至崎峰，下至田岸，左以老壕直上崎頂倒水，右以壕基挖斷爲界，曬坪下田一坵，計穀四肩，大溝一隻，吃水井一口，又土王門首田一坵，計穀一肩，又田心壠文家屋後溝邊横塘田一坵，大路内二斗坵田一坵，梳頭坵田一坵，大小共計五坵，共計穀三十二肩，係楊雀壩水注。

一、管十八都五甲塘衝腰壠，從劉人田下起一連三坵，計穀十肩，及劉人莊屋門首塅下斗種坵田一坵，當頭田一坵，一連二坵，共計穀六肩，隨田山嶺繞至黑泥坪一塊塅下田二坵，計穀一肩，係本衝源水塘水注蔭。

一、管十八都五甲周家衝口橋邊壩上水田一坵，連下田一坵，秫粘灘田一坵，錢家屋門首灣坵田一坵，六房嶺大路内田一坵，以上大小五坵，共計穀十六肩，係本衝源水塘水注蔭。

一、管十八都五甲黄泥壩上水坵田一坵，連下田一坵，徐人田下茶盤坵田一坵，以上大小三坵，共計穀三十二肩，至田心壠排山坵田一坵，連下方坵田一坵，又連上徐人牛角坵田一坵，又大路内斗種坵田一坵，以上大小四坵，共計穀二十八肩，係楊雀壩水注蔭。

一、管十八都五甲範羅山大路邊義倉坪塅上，先年接買何傳達屋一塲坪一圍，計高低兩磴，周圍壕基高塝爲界。

一、管契接何開敏父子十八都四甲皮家衝左邊幹木衝口田種二畝，大小一連四坵，係本衝源水注蔭。

一、光緒□□年，接買鄒友伍十八都五甲範羅山小地名花麥洲田名大月光坵田一坵，計穀二十肩，又長二斗坵田一坵，連下靠大路江邊田一坵，計穀十三肩，直至江心爲界，大小共計田三坵，計穀三十三肩，水係對江山田衝口肖家壩壩水第五排，並茶衝源水，作擋搭親，放入古圳注蔭，古圳修培，隨田車水埠頭，一概山坐峽堪出水，左岸範羅山口前山林一塊，左右上均與我族山界相連，下至山脚爲界，樹木柴薪一概並未存留，出備業價銅錢一百一十千文整，外領錢十二千文整。

一、光緒九年，接買何成潤十八都五甲範羅山下花麥洲並夾堪，共計田種五畝，田坐江邊月光坵田一址，連上葫蘆坵田一坵，月光址當頭沙湖田一坵，江底江心爲界，係蕭家壩水牌水車放注蔭，江塝樹木在内，峽巷内田一坵，峽堪大路下崽田一坵，係楊省壩壩水牌水注蔭，大小共計五坵，範羅山側茅屋一進，雜屋俱全，階基大路餘坪，至抵江心爲界，出備業價銅錢五十四千文整。

一、光緒十年，接買何心田父子十八都四甲石陂口小地名幹木衝田穀八肩，計田大小三坵，左右山嶺，隨田直上崎峰，田上與蕭正大田爲界，下與何開筵田爲界，係本衝源水注蔭，出備田價銅錢十八千文整。

一、光緒十三年，接買何起順等十八都五甲範羅山右邊義倉屋坪厚山嶺一面，並菜土數塊，竹樹等業，左右均抵宗祠山界，上以宗祠老壕爲界，塝下溝田一坵，又新陽私分山嶺一面，老壕爲界，出備業價銅錢十千文錢。

一、光緒十九年，接買何祖連十八都五甲四房灣小地名新塘灣，齊人屋門首大路下田一坵，田名斗種坵，計穀八肩，過水圳一條，茶園坪鋤挖，又田心壠壕園外靠宗祠藕塘田當頭田一坵，計穀三肩，係楊雀壩壩水車放注蔭，出備業價銅錢六十六千文整。

一、光緒二十三年，接買何秀唯父子十八都四甲石陂口對岸細何家壩左邊大路上田名三斗坵田一坵，上以蕭人田爲界，下抵大路，左抵蕭人田，右至江心爲界，計田種三畝，水係石陂壩擔水壩二處注蔭鋤挖，照以老額，出備業價銅錢四十四千四百文整。

一、光緒二十四年，接買蕭正大兄弟田山一契，坐十八都四甲，石陂口上對岸皮家衝左邊幹木衝腰節田，種二畝，一連大小六坵，上以財神會田爲界，下以何人田爲界，連下間四坵田一坵，共計田七坵，係本衝源水注蔭，兩邊水圳，山嶺隨田管理，出備業價銅錢二十千零四百文整。

一、光緒三十一年，接買三、四、五甲團正顔月亭等十八都五甲範羅山出水，右邊大路邊倉屋地基坪一所，前後左右均與何姓界限相連，中無間斷，出備價銀五元。

糧餉列後：

三甲何箴蘭	二錢二分五釐
四甲劉仲先	五分
顔三槐	九分
顔伯仲	三分
五甲何宗祠	一兩零八分
莫明華	一錢五分
劉溟遠	六分

茶右十屯蕭猷端　　一錢零七釐

廿三墳會規約

乾隆十二年，十一派香山因始祖妣劉葬觀音山，墳塋寫遠，恐疏掛掃，糾族内起墳會，親持一簿，樂於從事者，隨數登捐，得廿有三人，共成銀十七兩九錢，輪流生放。後因是山與王姓搆訟，除用費外，僅存銀八兩。香山、東會、命康、純一又協同會衆，日積月累，聚少成多，迄今陸續置田買屋，另有簿據存經管手，其會公議擇殷實廉能者掌管。每年清明前一日，值年之人往觀音山掛掃。清明日至祠，經手值年者辦席，即以舉行祀事。會内子孫照廿三名分位，各輪一人與祭，並清算錢穀。掌管共擇四人，三年一换，錢穀出入，或借或糶，及每年完納，俱係掌管四人商議行止。其餘會衆不得互生議論，又不得典借會中錢穀，及邀會一切。惟族中有成名上進者，量給獎賞。至買田或有公事，用費必須集會中公同酌議。掌管四人亦不得擅專也。公立會書二本，一存老經管手，一本輪流交遞，每年清明日各帶入祠中，一(樸)〔律〕登數批明，均無遺漏。所有原捐名字及前後契約俱載於後。

計開：

經綸　命康　香山　純一　東會　煌佑　金聲　子芳

武定　映元　書山　達三　鐘聲　峙文　步堯　次黄

啓賢　次武　謂武　耕宰耕歴共　位南　錫周　康日

一、契嘉慶十五年，用價錢一百五十千文，買王登仕、建樹十八都九甲觀音山右民田五畝，正銀三分二釐。

一、契嘉慶十九年，用價錢十三千文，買王建青民田八升正，銀一分，坐觀音山下並柳樹湖

一、契嘉慶二十一年，用價錢四十八千零八百文，買王逢吉九甲觀音山後田二畝五分正，銀一釐，莊屋一進。

一、契嘉慶二十五年十二月二十六日，用價錢十二千六百文，(賣)〔買〕董金武、董景明九甲觀音山右側田三分，土坡一塊，正銀五釐。

一、契道光四年二月二十五日，用價錢二十六千文，買董綸音十八都九甲觀音山左側田種一畝五分，民正銀一分。

一、契道光二十八年四月二十日，用價錢四千文買王仲甫公位下十八都九甲蘭壩觀音山後白竹壠尾山嶺一塊，界址契載。

一、契道光二十九年八月二十一日，用價錢三千四百文買董建雲十八都九甲蘭壩觀音山左邊打花壠田大小二坵，又上沙泥坐醬田二坵，民正銀五釐。

一、契光緒八年，去價錢十六千二百文，買何開啓父子十八都三甲地名寺衝口老秧田一坵，計穀六轉，並軍田灣屋後壕基外山林一塊，四抵挖斷爲界，民正銀二分五釐。

一、契光緒十七年冬，去價錢十九千四百文，買何阿齊同男拱辰兄弟十八都四甲大屋壠住宅後田名五升田一坵，計穀四肩，民正銀二分五釐。

一、契光緒二十三年，去價錢十八千六百文，買何藻焕十八都四甲地名小衝口楊家大坵大路下田一連二坵，計穀五肩，水係小衝源水注蔭，民正銀三分，又扦小衝屋後大坪圪，鋤挖山嶺自便。

思本堂重刊。

四大房樂成夏至祀田碑記

聞之《禮》曰："士祭其先。"又曰："有田則祭。"是祀典之重乎祀産也，由來尚矣。我宗祠先輩經營勞積，春、秋、冬三季祀事已成，惟夏季祀會待立。爰集族彦倡首勸捐，幸四大房同心壹志，子孫樂於從事者數十人，每名出錢四千，成斯美舉，合置祀田三處，共二十三畝，均有契據。是會之成也，名曰夏至。準以禴禘嘗烝，乃祭備四時矣。日後四房嗣孫按名與祭，毋得以石上無名而爭有分之會。祀事經理，公選廉能。逐年憑衆核算出入，三載一换，剖誓交卸，以杜侵蝕。他日積累擴而充之，增益祀産，更有後望於繼起者。

四大房倡捐：

燕堂　魯城　薈亭　源清　秀山　開霄　柱石　五章　梯青　桂榮　鶴巖　化成　跋文

羅山房：

羅山祀　陶本裔　純　裔　開後裔　承家裔　思政裔　紹祖裔　聖仕裔　振典裔　五達裔　映夏裔　獻朝裔　獻廷裔　昌遠裔　畊曆裔　中立裔　等厚裔　金蓮裔

（何藻奏等修《［湖南湘潭］湘潭朱亭何氏六修族譜》 1947年思本堂木活字本）

四、墳 山 墓 地

浙江海寧朱氏花園墳重修祠宇增置墓田記附頌

始祖千二朝奉，自小桃源遷居三十二都全家莊，而其孫仁輔公，曾治莊屋，植花卉，以爲遊觀之所。故吾鄉遠近皆知有花園朱氏，而墳亦稱爲花園墳云。萬曆甲辰秋七月，予同宗子雲池如墳會譜。雲池謂予曰："墳所從來遠矣，妥靈有屋，贍祭有田，而砆牒靡載，莫詳其自始。吾重慨焉。今幸屋葺而增新矣，田拓而增廣矣，生當其時，没諸宗長之勞不述，是使後之慨今，亦猶今之慨昔也。爾蓋圖之。"予惟祖宗造墳墓、置田房，以貽諸後，能必其常隆靡替哉，亦顧後之人隆替何如耳。兹我族人幸值繁庶，且自秋涯公鵬簉仕以來，科甲連綿，仕宦絡繹，而其他以勤儉起家，貲給饫饒，未易縷數，大都郭本，實尚禮讓，而墳僧元宗，又吾祖十一世孫也。從幼茹素，甘苦好脩，雖志出家，而其惇信慕義，欽祖翼宗，總不越吾家風味。夫族屬衆則財力優而易於舉事，僧得人則志識遠而喜於建功。故嘉靖三十五年，倭夷搆禍，堂屋被焚，帶河公祐獨蓋前堂，而餘則族人協助共事脩葺，卒復其舊。隆慶三年，後堂傾圮。衆議重修，中更跨梁，前後增置門牕户牖，視昔崇博而爽塏焉。時雖物料工直悉由衆助，而夙夜焦勞以董厥役者，南溪公祐澹、菴僧元宗也。萬曆十一年，元宗自捐貲本，起蓋西直三楹，蓋不特補前人所未備，而清幽闃迢，雅宜説法談元，足稱禪房精舍矣。萬曆二十三年，前後堂屋歲久復壞。宗又庀材鳩工，自爲修理，朽易以堅，笆易以板，瓦益以密，周圍壁落門牕等項悉加重整。是雖襲故飭頹，而經營周悉，圖謨堅久，功不減於創造焉。至若祖遺墳田共二十一畝，隆慶元年，許父母丈土均糧，宗子紹芳具呈本縣，分派各支，子粒歸僧，不税不役，以故勤儉如元宗者，頗有餘蓄。陸續用銀四十五兩，買海鹽田二十二畝，萬曆二十六年，其徒吴維珍背師還俗，圖佔前田，元宗力爭之不能。得會族告縣，始得復斷。既因隔屬不便，仍賣原銀買黄道湖沈田一十八畝七分、瓦屋三間，其田一半歸僧贍養，一半歸族公用。世世守之，毋得侵越。從今歷禩幾百矣。而吾祖之墓，猶然松檜森森，堂構奕奕，歲時祀者如蜂如螘，是固後嗣之昌，而實祖德之茂貽之也。使後之爲子若孫者，人知法祖，而爲僧者世若元宗，則兹墳也即百世如一日也，奚其替？雲池喜曰："是足以識前修勗後人也。"遂書諸石以爲記。

萬曆三十二年甲辰長至日，十二世孫與交謹述。

十二世孫紹芳，既與弟交言而記其事矣，復作頌曰：於維鼻祖，自閩來遷。創業兹土，蓋亦有年。歷世三朝，肇基綿綿。媲美靖氏，締造淵源。積基樹本，培植罔愆。周家三十，卜世幾千。陰森喬木，遺號花園。千二以上，緒遠蔓延。歷宋倍百，歷過胡元。拱我皇明，既蕃且研。勤耕桑兮本固，崇詩禮兮簡編。冠科甲兮絲弁，列冠裳兮朝端。遊宫牆兮森列，圜橋門兮比肩。泥沙玉石，珪璧聯翩。春風桃李，用啟後賢。仰萬古兮篤祐，錫遐祉兮光前。紹彝章兮東魯，永餘慶兮先天。猗歟休哉。

（清朱恩綬纂《[浙江海寧]花園朱氏宗譜》 清刻本）

浙江蕭山湘南韓氏祖墳訟卷

追遡萬曆年間會稽饅頭山祖墳訐訟始末

具揭生員韓稼、韓穜等，揭爲滅誌毁塚刼穴抄蔭事。世祖忠獻公，琦之曾孫，樞密肖胄，以資政殿學士來守紹興。與季弟左司膺胄，並家於越。暨運使髦、通奉大夫竦、知祈州驥甫等穴卜葬會稽太平鄉曰鑄嶺。因名其山曰韓家庵。繇宋迄今，孫支幾遍全浙，人文甲第亦添繩繩。此其發祥之自哉。其載之府縣兩誌，傳之通族譜牒，百世不可磨滅。即彼環日鑄四十里而居者，黄童白叟，夫孰不能口道其名，而手指其處。何期萬惡土豪宋越門、宋南陽、宋壽蘭等，富堪敵國，謀實鑽天，見龍穴奇秀，恃居地密邇，乘寒宗散處不齊，嶺隖荒寫，統掘塋域，剖匿碑石，擁葬屍棺，而壘壘名坵，且歸烏有。幸天網不漏，伊叔宋正首發，驚知連名告勳。已蒙史縣主查誌詢庵，摘審俱實。詎豪糞賄貪差，匿犯抗延，以致入覲時迫，業候未結。稼等思百姓孤墳，法不容毁，大臣憲塚，律豈應抄。嗟嗟列祖，功著前代，澤及後昆，何辜遭此巨豪，乃不克憖遺枯骨，碎心酸鼻，仇不共天。極今冤控道府哀懇勘肅，共圖滅此朝食，仰祈縉紳大人、衿袍諸友，垂仁仗義，毋偏聽縱奸。乞鼎言剪惡，俾累朝祖墓，得按誌表培，奠死安生，殁存均感矣。連名謹揭。

萬曆四十三年十二月　日，生員韓稼　志仁
穜　志英
魏　文斗
俊　邦屏
一鳳
一麟

會稽縣彭公審語公諱汝楠，丙辰進士，福建人

審得宋越門，豪民也。家累巨萬，目無三尺。四十二年間，葬其父於韓家菴。此山舊爲韓業樞密公肖胄、左丞公膺胄，及運使公髦之墓在焉。韓之子姓，中葉式微。山又窮僻幽遠，故祭掃多廢，而墓因以荒蕪。越門之祖父攘爲己業矣。其曾祖葬於山頂，而父葬於其下，其所扦之穴，離韓墳僅數尺，穴坐古祭臺，掘得大磚巨石，左側尚有碑存焉。稍窮而上，適在古穴，掘深數尺，以磚石厚砌不可動而止。因蓋古穴而營新墳，載其碑文磚石以歸。韓之子孫，未有知者。其工匠張敏三，往往向人言其事。乃其族人宋正諗，知至其家，讀其碑文，知爲韓墓，遂走告韓氏，相與首縣。韓稼等旋以呈道，因無的據，而越門咆哮强(辨)〔辯〕，横不肯承，延今四載矣。乃刑廳覆審，越門復以日鑄嶺饅頭山爲詞，以縣誌稱韓墓在太平鄉日鑄嶺，今所爭之墳去嶺差遠耳。及稽之舊誌，則只云太平鄉，原未有日鑄嶺字面。蓋太平乃一鄉之統名，此山固其屬也。

加以日鑄嶺，作史者借名勝爲潤色耳。其實墓在太平鄉也。傳信闕疑，還以舊誌爲是。又稱此地係饅頭山，與韓家庵無預。及取弓口册，合越門之山由驗之。則此山原稱韓家庵，與饅頭山初不相涉也。夫山既名韓家矣，無古墳則已，既有古穴，其爲韓之祖墓何疑。然而墳固未有所據也。欲取其碑文証之，則業既經數百載，自是銷滅無遺，勢難再索。因拘工匠張敏三鞠以古墳所在。敏三備吐發掘真情，並認古墳去處。本縣督令往指掘勘，再掘數尺，即有磚，磚之下有巨石，一一如敏三所吐。始知墳固韓墳，而越門之奸畢露矣。越門當以例遣，但其業已久，即其初掘也，原出無意，非有毀之之心。要以既知古墳，便不當掘。且又竊取磚石，則難逃發塚之律矣。此山雖係韓山，然授受無從稽核，似難判還。姑依禁步周圍九十步爲韓業，餘山仍還越門，其新墳逼近韓墳者，令遷過，仍爲韓脩墳立石。越門以發塚未至棺槨，擬罪。宋南陽是其羽翼，並杖之。張敏三自首，免罪。

刑廳周公覆審語公諱家椿，丙辰進士，福建人。

審得生員韓稼等所告被掘祖墳之山名韓家菴，又名太平鄉。據韓稱：山上有祖墳三穴，一爲樞密公肖胄、居左，一爲左丞公膺胄，居右，並列於上，各相離四尺許，左斜下離四尺許，又一穴，爲運使公髦之墓。今告宋越門所掘之塚，即運使公塚也。塚雖韓塚，府縣誌載焉。第時久墳平，幾難認識。兼以子姓衰替，散居離城遼遠，祭掃不及。越門訴詞所謂先朝荒墓，咎在韓氏不封不拜者。其説誠然，而越門又久據此山爲己業，且有祖墳葬於此山之頂，韓氏亦久相安相忘，未嘗與宋爭此土也。近越門父墓所開欲爲葬穴者，乃運使公之祭臺，掘得大磚巨石，稍上數尺，以磚石厚砌，不易動而止。因蓋其原掘之處，而復營新墳，與韓祖並列，而墳稍下之中間離韓三墳，亦各四尺許。今其工匠張敏三尚一一能言之。而姚縣丞踏勘，與本犯縣中請自認法外施仁一詞，歷歷有據。至於碑石並載以歸，爲其族人宋正所見，而首韓者。今據縣查，年久消滅，不可復索，姑免深究。然而越門擅發之罪，固難逃矣。再查縣新誌載，韓墳在太平鄉日鑄嶺，而舊誌只載太平鄉，故職前審越門執日鑄嶺爲墳，而以己墳爲饅頭山，與韓墳無預。今據縣勘審而細鞫之，此地爲太平鄉韓家庵，其日鑄以爲名，而後來脩誌，亦因之以增古之勝概耳。況日鑄嶺亦屬太平鄉總轄，而該嶺又絶無古墓影跡乎。如以越門之葬地爲饅頭山，太平鄉韓家庵山，則饅頭山，原有别山，别號、畝數、廣狹、多寡，各自不同，弓口册可查，又不得影此借彼，而謂韓家墳一山，己墳又一山也，明矣。以此詰越門，越門何説之辭。雖初掘原出無意，而竊石未免有心。彼自謂荒墓無人拜掃，無人照管，不知府縣誌昭昭可考，而韓之子孫又濟濟有人也。第祭掃之裔久寥，荒涼之迹難識，則未易爲宋深罪耳。宋越門等，姑各依縣擬，而以韓墳禁步週圍九十步爲韓業，餘歸宋管。越門新墳斷扦，仍爲韓脩增墳面，以謝地下之魄。

分守道吴公詳允批詞

宋越門即欲巧飾，而誌册兩明。古墳現在工匠張敏三、本族宋正，乃其確證也。法當重治，但韓氏亦自迷失。依擬贖徒宋南陽杖、韓墳留禁九十步，越門新墳着令速扦，仍爲韓脩葬取庫收繳。

（《[浙江蕭山]蕭山湘南韓氏家譜》 清乾隆五十六年木活字本）

湖南湘鄉童氏施約堂判

右山古名大坳崙，詳縣志。舊籍相傳，仕清祖居大坳，葬住宅前西山卯向，後人去之邵陵。清順治十一年，我祖官、祖錦、祖泰諸公，清完有明墮糧，招僧開懇荒田，創建庵院，蓄禁林木。其四抵界址，詳佛堂雍正九年碑記。光緒三十二年，易秩宗等謀葬王山衝墳山，有縣官陶堂判。

立訂盟人童官錦，原因佈施山嶺荒田土臺處，地名"大坳崙"，額糧貳石五斗五升。因高山無水注蔭，以至遂成林谷，無人開挖。先年水洞里開建叢林，通户(謫)〔商〕議，自願施入本林，付與常住耕種，生芽供佛齋僧。童門日後永爲香火福田，再無異言，任從本庵開挖耕管。自遷際開挖一十六年，不料奉上開墾錢糧費繁，當憑李良義、童祖謙訂議，每年本山邊際出備紋銀玖錢正，其十年大差，一概在内，不與本庵相干，佈施常住管業無異。今恐無憑，立此付庵爲據。

幫費從上年四甲童欽甫起納，每年二月四錢，七月三錢，九月二錢，完足爲據。

在場　童欽甫

見證　蕭貢宇

康熙七年二月初二日，訂盟人童官錦同弟祖泰立。

案據易秩宗等稟稱，該生自明及乾嘉年，陸續葬有祖墳三冢，在屯管大坳崙黄砂衝山内。去臘忽遭童恕者等毁碑謀佔等情。旋據童恕者稟稱，該生葬有祖墳，在施與海潮庵僧管大坳崙王山衝業内，去臘忽遭易秩宗等造碑爭佔等情。彼此控訴到縣。兹集庭訊，調閲易秩宗等堂呈族譜註載，所葬紹元、鄧氏、秀坎三棺明晰；復閲童恕者等呈出族譜註載，祖仕清住大坳，葬住宅前，共計十棺，字樣亦屬確鑿；並據釋氏印譜註載，順治年童官錦將大坳崙山地界址施與僧邊際師徒管理。互證參觀，該山爲童姓施業，毫無疑義，併據山鄰劉慶時、黎楚藩等僉供，易姓惟鄧氏一冢，歷豎有碑等供，可見易、童兩姓互有墳塋。嗣後該山林樹木基地，自應仍歸庵僧掌禁，兩造祗准照舊際掛，不得再行進葬，致起爭端。此示。

（童傳諾等主修《[湖南湘鄉]童氏族譜》 1918年清源堂木活字本）

安徽懷寧程氏陰地契

立賣契宣行孺等，今將杉木窪庄屋後陰地一所，上憑古墳，塝上新立封墩，下憑屋後蠟樹，新立封墩，左憑新立封墩，右憑山脚花地爲界，四至明白。憑中出賣與程名下安葬父母。比日得受地價紋銀一十二兩整。其地聽從程人擇吉安葬。倘有本族人等前來飾説，盡是宣人一力承管。此係二意情愿，併無逼準等因。立此永遠存照。屋旁宣人所留餘地，不得蓄長大樹，遮蔽程人陽門。再，程人境内四塚，俱係古墳。又照。

康熙十七年三月初三日，立賣契宣行孺，同弟依孺，俱押。

憑中何麟趾、鄭象賢、黎元啟、方玉明、儲罯生、許輔明、程祠先、何宇蕴，俱押。

立賣地契人陳又相等，今因置業不湊，弟兄叔姪商議，情愿將庄茅屋基址併前隙地後園一所，坐落珠紫嶺頭，前憑桃樹安石爲界，後憑牆壩頭安石爲界，左憑溝上安石爲界，右憑人行大路安石爲界，四至明白，托中立契出賣與三橋坂程兩耀名下興作陰地。三而議定，時值價銀二十兩正。比親領訖。自賣之後，賣主即日毁屋移居，聽買主擇吉立穴安葬，無得飾説。及有親疎酒勸，盡是賣主承管，不干買主之事。此係二意情愿，併無逼勒等情。立此賣契，永遠發福存照。

乾隆二十七年十二月十六日，立賣陰地契陳又相、明崗、同姪開一、占魁、四保，俱押。

中見人江仲友、陳接士、丁永青、陳崇德、陳有相、何元秀、程登一、陳景山、陳松有、陳超羣，俱押。代書親叔文彩，押。

立賣陰地契人吴繼仲伯叔商議，情愿將祖遺分受青山，坐落嚴家沖，土名陷田背上山坡一所，坐西南朝東北，其山憑中三面内踴一塊，於立穴之處，丈量横穿十心九丈，直穿心三十丈，安立界石爲定。當日三面議定，地價京錢六千九百文整。出賣與程方表名下，聽憑扦葬祖棺。比日其銀親領，外不立領。其山聽程人擇吉扦葬。日後吴人餘山不得斬塞，程人罡陽及本族親疎酒勸，賣主一力承管。今欲有憑，立此賣地永遠存照。

乾隆二年六月十二日，立賣陰地契吴繼仲，押。代筆伯吴世長，押。

憑中何宏聲、繁祉、王坤大、丁鳳來、善先、汪廷宗、嚴秀三、偉仁、炳文、程越萬、程耀先、程宏有、魯公、國貞、謝廷直，俱押。

立杜賣陰地契人宣堯表，同弟舜哲等商議，情愿將野雞嶺宣家凸一塊，東至戴人界石爲界，西至陳樹常界石爲界，上至陳樹常界石爲界，下至人行大路爲界，四至明白，内除宣人麻石老墳東邊脚外，横二丈安石爲界，憑中立契出賣與程政和名下安葬爲業。比日得受價銀四兩正，親自收訖，外不立收。自賣之後，聽憑程人扦葬、蓄樹、蔭墳，宣人無得異説。倘有内外親疎人等飾説，盡是賣主一力承管，不干買主之事。此係二意情愿，併無逼勒等情。今欲有憑，立此杜賣陰地契存照。

其有境内堯表、舜哲老墳古塚，俱係本土爲界，只許每年祭掃，無許添葬。上不斬罡，下不塞陽。左右憑從買主扦葬，宣人不得飾説。又照。

乾隆四十年九月二十六日，立杜賣陰地契人宣堯表、舜哲，俱押。

憑中王善述、程萬豐、宣得元、黄士美、王朝萬、程惠彩、王天與、程紹孔，俱押。

立杜賣陰地契人栗山公支下四房愛溥、澤膏、伊懷、漢章等，情因九世祖妣墳山訟累闕費，同衆立議，將栗山公墳旁西邊曹祖妣陰地元字號一棺亨字號一棺，各以三尺闊爲度，憑尊立契出賣與淡菴公支下爲業。比訂地價九九錢九十八千文整。四房同領辦公，自賣之後，地聽買者擇吉安葬，四房均無異説。立此杜賣陰地契，永遠大發存照。

嘉慶十年十一月二十六日，立杜賣陰地契人栗山公支下澤皋、紹孔、希全、曉川、如川、滔略、漢章、伊懷、秉元、愛溥，俱押。

憑尊寅賓、應彩、雲揚、宏烈、如江、太初，俱押。

（程氏合族纂修《[安徽懷寧]程氏重修宗譜》 1932年敦睦堂木活字本）

江蘇吴縣王氏分派洞庭東山及塘灣塋地糧折議單

凡子姓必重祖塋，祖塋最重糧折，分析公平，乃垂永久。向有洞庭東山花隴池光化公、梁家山嘴文恪公、嘶馬隖大理公、塘灣太常公、貞山承天公，而吾父景雍公塋地亦在塘灣。祖塋之東偏共若干畝，其糧折除他房分辦外，本房應共辦若干畝，向將洞庭各塋派在五房分辦，塘灣塋派在六房分辦，塘灣新塋則二房分辦。在當時分析承認，由來已久，弗可深攷。今各房興替不同，恐有偏累，因集各房公議，據姪輩欲將前項糧折分照四房均當，但不佞思祖父分析之時，嫡庶原有差等。今祖塋墳糧，亦宜仰承此意，酌以二房、三房，派認雙分，五房、六房，派認單分。其每房中，自行酌配。誠爲情理允洽。隨有洞庭山地租銀七兩四錢，向係承辦墳糧者收取。今亦推出，與各房均析。利隨糧轉，糧從息辦，分析既定，自此當各無異言也。所分細數開列於後。（下畧）

康熙二十八年四月十七日，玉汝議定。

（葉耀元纂修《[江蘇吴縣]洞庭王氏家譜》 清宣統三年木活字本）

江蘇吴江松陵陸氏祖塋案

四都祖塋古壩案

吴江縣正堂朱，爲奸棍鑿壩等事。據生員陸元等具呈前事，内稱：切四都井俊賴三圩連界接壤，三面具區，向爲緑林漁舟出没之所，故明季築有古壩。二百年來，居民安堵無虞。先祖方伯公墳墓租莊坐落井字圩，亦建自先朝，賴壩環衛，得安泉壤，松楸無恙。上年三月，生員陸元等呈臺請禁。蒙批：該管巡司禁防在案。乃圩甲周孔雲、陳君聘，縱容流棍沈成所，非僧非俗，潛往壩口，煽惑鄉農，行蹤詭秘。於六月二十二日，私開古壩。當有周維見證。現今急水沖流，狂瀾無砥。行人苦於渡涉，盜賊便於宵征。地方有暴客之虞；而墳墓遭侵齧之害等情。據經批行簡村司，確勘去後。今據該司申覆查勘。此壩下通草蕩大河，若使急水沖流，狂瀾無砥，將來成爲巨港，匪船得以出没。是關陸氏之風水者輕，而係地方之干係者重等情，前來。據此，除照詳批，飭取具遵依外，合再出示嚴禁。爲此，示仰該圩甲、地方人等知悉，速將圩壩著令填築堅固，毋許私自擅毁。嗣後亦不許容留面生之人借住孤廟。如敢故違，察出定提該圩甲究治不貸。須至示者。

康熙四十年九月十七日。

老九房西尾圩祖塋墳案

蘇州府總捕府張，爲申嚴阻葬刁風，以肅法紀、以安民俗等事。本月十四日，奉蘇松道劉憲牌開：照得時逢歲臘，民間擇地安葬者甚多。向聞吴下刁風，有等勢豪地棍，藉稱關係風水，動輒阻撓，愚民受其婪詐，稍不遂慾，逞强攔阻，啓釁生非，殊干法紀。本道蒞任以來，屢據呈控。此等惡習，自當力行查禁。除先經嚴切飭行，恐日久懈弛。合再嚴行飭禁，仰聽即便轉行各屬，凡係民間擇地安葬，務合聽從其便，敢有不法勢豪地棍藉端索詐，及擅行攔阻，即行拏解究處，並即通行揭報。仍一面出示曉諭，務使咸知，毋得違犯，等因。奉此，合亟飭行，爲此，仰吴江縣官吏查照來文，即便出示曉諭。凡係民間擇地安葬，務各聽從其便。敢有不法勢豪地棍藉端索詐，擅行攔阻者，即行嚴拿解究。文到先將遵行緣由報廳，以憑轉報，毋違。速速，須牌。

康熙三十六年十二月十六日牌，定限二日。

蘇州府知府石，審看得孫榮、鈕大、金孟，乃治世之横民也。生員陸振宣於今年二月廿七日葬母。廿六日，先載磚灰等物，以爲築墳之用。乃孫榮等需索不遂，即稱風水有礙，鳴鑼集衆，扳其船、縶其人，將在船之磚灰盡行抛棄。横肆若此，尚知有法紀乎。振宣葬母情急，就近愬於同里司巡檢。該巡沈默公據報地方搶奪，於廿七日，駕舟往勘，無非爲排難息爭之意。乃船未抵岸，而榮等將磚亂擊。默公趨避不遑，未幾而船被搠翻，官已落水。若非懷祖、瑞學父子撈救，默公命久付波濤矣。夫巡檢雖卑官也，榮等雖强民也，若以官卑而忽之，恐將來犯上者不止於巡檢而已也。語云："涓涓不息，流成江河；毫末不拔，將尋斧柯。"綱常名教所在，豈可一味姑息，養成此輩奸徒之聲勢哉。今職府虛公推鞫，孫榮等止認抛擲磚灰是真，而問其打溺職官，則反委諸南石圩之民石聖山、朱二兩人。夫墳爲西尾圩之墳。阻葬者係西尾圩之人。與彼南石圩之石聖山、朱二何與。即曰果曾附和，亦孫榮等有以使之也。罪及戎首，難任株連。孫榮、鈕大、金孟、除攔喪阻葬、杖罪不議外，合依毆本部首領官，分别首從徒杖示懲。其不行阻救之圩甲蔣成之，及附和之石聖山、朱二，各予不應重杖，以昭儆戒。抛棄磚灰，仍照縣斷，于孫榮等名下追銀六兩，給主振宣，母棺聽其安葬。如再敢生端，一併嚴拿治罪，庶横民知儆，而惡俗刁風，亦可望少息矣。餘審無干，均請省釋。是否允協，伏候憲裁。

康熙四十二年七月。

吴江縣正堂張，爲雙親痛難合葬等事。奉本府正堂陳信牌開：據本縣生員陸振宣、監生陸本株呈稱前事，内稱宣於四十年二月間葬母於吴江縣西尾字圩，遭棍孫榮等拔船阻葬，毆官逞兇，蔑憲攔喪事，控縣通詳。將榮等首犯六人，分擬徒杖，取地隣遵依，飭葬在案。宣隨於本年十二月中葬母訖。詎料徒孽孫關不遵憲禁，每遇祭掃，號召兇黨械毁靈筵，拳毆祭主，甚至鋤塚斫樹,日暴霜摧。更有南尾唱字圩祀田二十畝,陷落虎窟,被棍張德等霸種,顆粒無還。蒸嘗乏絶,母棺慘抛。九載父没,復經五年。現停旅舍,合葬無期。今蒙勸諭安葬,恐羣梟復蹈前轍,臨葬率衆阻抗。哀籲給示嚴禁,勅縣取各圩,不致阻葬掯租,遵依呈送等情呈府行縣。奉此,合行飭禁。爲此,示仰該地方圩隣,及原呈生鹽人等知悉:嗣後本生合葬雙親,如地棍孫闕等,仍敢恃强阻撓,及毁塚攔祭等情,一有違犯,即行稟報拿究。其墓傍祀田,張德等亦不許頑欠霸踞。著即照數輸租,以供蒸嘗。如再頑抗不法,亦即稟報,以憑一並拏究解處,決不姑恕。須至示者。

康熙四十八年十月初五日。

吴江縣正堂,傳爲棍佃斲墳毁界等事。案據生員陸植等具控麗壽祺强將西尾圩祖先墳基,恃蠻侵削,並毁掘界石情由,當飭圩田朱静安確查覆究。延今日久,玩不實覆。今據生員陸植等復,以賄圩匿偷不覆等事,呈控詞稱:圩甲朱静安,平日資棍拳養,仰棍勢熖,袒徇猖獗,抗諭宕覆,生等下鄉理催,反遭棍唆妻子百般辱駡等情,前來。據此,合亟差押。爲此,仰役立即押同圩甲,速速將生員陸植等具控麗壽祺逞强勒詐,毁界削墳各情,由限二日查明,繪圖據實覆候察奪。敢再庇延,即拘麗壽祺及圩甲朱静安,一並解縣,以憑訊究。去役毋得徇延干咎,速速須牌。

乾隆三十年四月初九日。

(陸迺普纂修《[江蘇吴江]平原松陵陸氏宗譜》 1924 年刻本)

湖南寧鄉湯氏墳山

隆房極相支磨石坳墳山合同

立勸息合同人張甯卿、彭扶萬等,今有湯明卿物故,進葬大峯嶺。在湯稱係祖山,在唐稱係契内之山。以致唐人阻撓,二比爭競。甯卿、扶萬不忍坐視成非。從塲苦勸,僉議墳山上以騎崙倒水,下齊古基爲界。古基之上湯人掌禁,古基之下唐人管理。自息之後,永敦和好。今恐無憑立此合同一樣二紙,各收一紙爲據。

憑彭扶萬、張甯卿、蕭偉生、吴玉明、麗新瑞、伍瑞生、李日次、劉述彰。

康熙四十二年十月廿六日,彭扶萬筆。有鉗合。

又

立休息合同人章公旦,今有地名磨石坳,章人於先年接受楊映宿田山一所,與湯氏祖山相連。雍正八年,章人砍伐湯人墳山樹木,又兼打石燒灰,致湯人具控,章人醮謝。兩立休息。不意於上冬兩造違息不遵,爭競阻論,激章具控,而湯具訴在案。今親友蕭偉生、楊德臣等體憲德意,愛民無訟,從場勸釋。其湯人祖山墳前塘基,右邊直上磨石垇,大路爲界,左邊横行,大路爲界,其有廢塘一口,在湯墳山,界内從未挑築,及下塘邊山脚,湯人掌禁,章人日後不得驚挖塘内取石,下岸打窑燒灰,湯人無阻。其餘山地章人照契管業。當日兩造咸服,自息之後,永敦和好,兩無反悔。如有一家異言,執字向上坐罪無辭。立此休息合同,各收一紙爲據。

憑親友蕭偉生、歐偉仕、湯公遠、湯公素、許廷芳、楊德臣、唐蒂瞻、湯廷昇、章獨森、湯公烈、文考、文佐、如鑑。

憲批准照。蕭筆鉗合。

雍正十年三月初二日,立筆人章公旦同男章九圭。

隆房極相支磨石垇墳山斷案

乾隆七年壬戌四月二十七日,張憲審得,湯宜與原有祖墳山一所,與章九圭之山連界。雍正九年,因章人侵佔湯人界内之山,控爭到縣。經衆處立合同休息。批載湯人祖山墳前塘基,右邊直上磨石垇大路爲界,左邊横行大路爲界,及下塘邊山脚湯人掌禁。四界清白,乃章九圭於乾隆四年出賣田山與唐文顯爲業。照老契混載山場,以騎崙分水爲界,並無四至抵界,以致唐文顯將家僕之墳混葬湯人界内。念唐人實因契載不清,誤於不知。寬免責懲。清界免扦,原差即照斷取。各遵依送查。經承史拔言,係承發房,原差王先、周文。

隆房極相支正恕公私房墓田誌

竊維持躬涉世,惟在乎公,而報本追遠,莫大乎祭。則祭其重矣哉。然非預置墓田,以作久遠之謀,要難享祀而勤春秋之典。用是乾隆乙亥年,宜試、宜韜、宜署、宜戦四房子孫,同心合志,各捐穀貳石,並倡從堂道玉之孫、宜頴之子與宗,亦捐穀貳石,合成拾石爲公,以作五房祭會,每年輪流,交遞經營生息,數十年間,先後七契,共置田拾貳畝,永爲五房先人墓産,祀典其有藉矣。後之孫子雖豐約之不均,或循環之有待,慎勿希圖瓜分,暫濟私囊。倘有此情,是不肖之嗣孫也。任五房人等公同稟上,請以不孝例治。

乾隆五十年乙巳二月上浣之吉,極相支十五派與崐、與文、與伾、十六派世瘴、世鐃、世祥公誌。

必虎房東沖合同

立甘休息合同字人何開府,情三十七年,湯四訖將東沖田山屋宇等項掃售開爲業。原此業訖祖啟銘接受沈質生,而質生之父新恒,原買湯師善之業,今訖田山屋宇售開湯國芳即元芳。墓墳山地處,雖老契無批,訖批開契各方壹丈。迨師善子孫宜與查閲譜語,註載東沖國芳祖基,外房無分認稱屋基,故執契譜以盜賣基山事具控,而四訖以罩佔强砍事訴。開亦以統兇强砍附稟。均准差拘示訊。今蒙甲隣族戚,一干不忍坐視,從場勸釋。衆查閲師善出售沈契,並沈轉售啟銘契,兩契無批,且譜刊載國芳祖基等語,諭宜與不得再稱屋基爭論,在國芳墓墳山地處,衆等登山扦明前後左右,俱以挖坑擢壕爲界。其杉樹嵴墳,前以挖坑,後以古壕,左齊堋邊,右以挖坑爲界。至譜載各墳塋,仍照開契,上下左右各方壹丈。但墓墳山地處,憑衆挖坑擢壕,圍内任湯宜與子孫蓄禁管理。何人永遠不得侵犯。壕外任何執四訖契管業,湯人不得侵爭。二比平情,永敦和好。其有公門各自理落,二造案詞情節,衆等懇上邀息銷案。今恐人心不古,立合同休息壹樣,楊萬選鈐合貳紙,各收一紙爲據。

憑甲鄰族戚楊萬選、李仕文、唐九皋、蕭崙山、周萬作、楊燕侯、唐超羣、何盈川、何閑樫、李添瑞、湯端笏、鎮國、堯文、廷彰、兼三、宏緒、賜漢、謙吉、尹衡、尊久、九如、四果、文堯、公華、仕綢、賜萬、漢才、漢友、權友。

乾隆四十年十二月初一日,何開府筆。

必雄房湛支大竹山地契

立賣陰穴字人劉東表,今於甯邑五都十五區,地名大竹山,内穴塲二棺,賣與湯鳴山兄弟。當憑中王任彩、謝添印、邱一成等,得受九五布平價銀捌兩正,其界址上下左右四方,穿心三丈,擢溝爲界。聽湯人蓄禁管理。丈尺之外,不與湯相干。比日扦割明白,永無異言。銀契兩交,毫無外費。今恐無憑,立賣契一紙,附湯收執爲據。

計批添"人價"二字,契請方代筆,日後孝帛酒席毫無。劉筆。

憑中塲王任彩、謝添印、邱一成。

乾隆四十五年十二月初十,代筆人方晋芝。

雄房湛支道林麒麟山地契

立賣地契人楊文山、楊時菴、羅特士,今將四都麒麟山住宅上手陰地一宅,憑中丁讓三、彭子周,出賣與湯鎮南兄弟。其地以穴庭爲主,前後左右各叁丈爲界,聽其擇期進葬安厝父塋。當日實得地價紋銀叁拾兩正,係楊、羅親手領訖。自賣之後,任湯蓄禁管理,兩無反悔。倘有親疎異言,係楊、羅理落,不與湯人相干。今恐無憑,立此賣契爲據。

憑中在塲丁讓三、彭子周、丁四安、湯蒂兆。

雍正八年十月十九,立筆人楊文山、時菴、羅特士。

又 續 契

立續契人楊文山、楊時菴、羅特士,雍正八年,將住宅上手麒麟山陰地一穴,賣與湯鎮南兄弟葬父。載定前後左右各叁丈,因上下空有餘山,今湯出備續價銀壹拾貳兩正,楊、羅領訖。憑中彭子周、丁讓三等,將餘山出賣與湯人管理,另立界址續契。其山界上以直上至山之盡處,倒水爲界,下齊山脚爲界,横以湯墳羅圍邊起,左貳丈五尺,右貳丈,其白虎邊以横貳丈直上,由石埂對檀樹上山盡處爲界。其青龍邊,亦以横貳丈五尺,直上山盡處爲界。其山界外,任楊管理,界内任湯進葬禁伐,楊、羅永無異言。本日銀契兩交,外不具領。今恐無憑,立此續契,附湯兄弟收執,永遠爲據。

雍正十三年十月十五日,立筆人楊文山、時菴、羅特士書。

麟支伍家山地契

立契賣穴人楊師孔，今將龔家垻邊伍家山内周宅壕堤外騎崙乳頂扦穴穿心三丈，掘坑爲界，憑中湯懷德、楊維賢等，出賣與湯與梅安厝，遷改原葬本山湯公嶺祖骸。比日憑中湯人出備地價銀三兩正，係楊親領不少。其穴界内，任湯蓄禁掛掃。日後不得藉冢進葬。今欲有憑，立地契一紙，附湯爲據。

憑中楊維賢、劉品玉、湯懷德、湯殿揚。

乾隆四十九年甲辰正月初八日，出筆人楊師孔，代筆男楊大觀。

（清湯昌繼纂修《［湖南寧鄉］麻山湯氏六修族譜》 清咸豐九年雙桂堂木活字本）

湖南沅江秦氏墳山文契

立賣墳山地契人黄元吉、儀彬，同男黄美然、庚歌等，今因錢鈔艱難，兄弟父子商議，將祖墳山一處，坐落地名黄藤山，計寬壹丈壹尺，左抵汪人盜葬之地，右抵本主墳地，前有餘地，後有靠山，情愿變賣爲計。憑中説到本都秦汝昌、世裔兄弟向前承買爲塋。當日憑中實得價銀肆兩五錢整。就日一色交足，親手收領，並無準折謀買等情。自賣之後，任從秦人執契管業，扦向安塋。所有南邊墳地，山主自用安厝，秦人無得異説，如若另賣他人，秦人執字理論。今欲有憑，立此文契一紙，付與秦人子孫永遠爲據。秦有慶押。憑中人賀朝選押，周鼎玉押。

康熙四十七年正月二十二日，立契人黄儀彬、元吉，男美然、庚晚哥俱押。

立續賣墳山地契人黄偉然、姪盈貝，今因先年族伯黄元吉將祖遺黄團山南邊一段，賣與在地秦汝昌爲塋，猶存餘地未售。老契註載山主自用安厝，秦人無阻，如若另賣他人，秦人執契理論。無奈年歲荒歉，難以設變。只得叔姪商議，自願請中仍照前契所留東南餘地，東抵本主，西抵蒿塘港尾，南抵湖水，北以騎龍分水爲界，四抵明白，概賣秦汝昌之子天松兄弟。當日憑中，得受價銀叁两零伍分正。就日銀契兩交，親手領訖，並無謀買等情。自賣之後，任從秦人遠近安塋，黄人不得異言。今欲有憑，立此續契一紙，付與秦人子孫，同原老契，永遠收執爲據。

計批：此山北界之内，有汪姓老墳，先年賣穴安葬。墳之前後左右，概賣秦人爲塋，秦人亦不得有碍。此據。

憑中人賀月桂、秦天良。

在塲人黄盈賢押。

乾隆十二年十二月二十日，黄偉然押立筆。

（清秦以夏等《［湖南沅江］秦氏三修族譜》 清光緒十六年水天堂木活字本）

浙江蕭山車裏庄王氏墳墓禁碑議單

謹附禁碑於後：

此係吾族湖泉公墓界，自高塴至湖塴二十三弓，自南至北二十七弓，乾隆五十九年二月奉憲飭禁，毋許盜葬盜厝。如敢抗違，立即鳴官究治。此禁。王氏通族公立。

謹附塴下新立禁碑於後：

光緒柒年，奉正堂龔諭：准給示修堰，永禁池内掘泥。王氏具呈勒碣。

附彭家園禁單

立禁單錫民等，緣大、小兩房，有來字二百四十二號墳山共計捌畝，土名彭家園，卜葬十七、十八、十九三世祖塋，及兩房本支各祖墓穴。山甚廣袤，無如年湮世遠，半被他人侵佔。然先前相傳松梓大木數百餘株，環列參天，庇陰甚密，足見山畝猶不甚少。查自萬曆十六年，歲饑，墓下不肖，將祖蔭盜砍幾空。幸二十五世孫紹冕公捐資，兩旁建築石牆，以固扃鑰，不知爲保樹計則得，而從此餘山愈遭佔管，反竟以牆爲界限矣。山已無幾，何堪於祖墳左右上下，再加續葬。今有三十世孫國祥又將父棺擅葬祖旁。若不議令遷移，合同公禁，將來壘壘，勢同義塚，成何葬官墓地。因將國祥父棺，議令遷移外，永禁續葬。如違禁者，作不孝論告官押遷，毋許與祭。恐後無憑，立此合同禁單兩紙，大小兩房各執一紙，貽示子孫，永遠存照。禁單存維德房。

雍正五年三月　日，立禁單錫民、君度、伯諧、君雅、君俊、萼輝。

附彭家園丁王二姓議單

立議單汪煥曾、黄三聯、陳禹疇、汪宗堯、洪左銘、蔡渭川、陸師夏、王以除、徐讓木、陶翊勳，緣丁、王兩姓祖墓俱葬湫上王山麓。丁山係來字四十四號，王山係來字二百四十二號。山界毗連，丁姓墳手，即與王姓牆基貼界。本年正月，因丁姓修培墳手，王姓致有爭執。煥等與兩姓均屬戚好，誼難坐視。邀同到山，備細籌看。丁姓册載山五分五釐，既屬不敷，王姓碑載自南至北二十七弓，計山捌畝，亦復虧缺。顯係湖唇坍塌，勢難執原額畝分，徒滋口實。且墳手、牆基，俱係塊石砌成，接連一片，亦難確分兩姓的界。煥等公同熟籌，必須分界顯明，方可爭端永杜。惟塊石既整損無常，墳手亦坍築不定。若不確定界址，終恐歷久難憑。今公議自墳尖量起，南自王姓第三穴桂泉公墳尖起，量至北首丁姓第二穴伯逸公墳尖止，共計捌弓缺一寸，以南首四弓三尺一寸爲王山，北首三弓二尺八寸爲丁山。又自墓門中心量起，南自王姓桂泉公墓門中心起，量至北邊丁姓伯逸公墓門中心止，共八弓缺九寸，以三弓五尺二寸爲王山，三弓五尺九寸爲丁山。中間丁、王二姓並立石爲界。由界石而上至樟樹，下王姓界石，比中間界石對直闊出一尺六寸，由界石而下，至湖磡王姓旗石，比中間界石對直闊出九寸，中間界石，内外兩姓只許培護，均不得開掘傷損再墳。後高磡上丁姓契買王友金來字四十四號之山，係兩姓祖墓，來脈均關緊要。今議自王姓桂泉公墳後直上北首起，至湖泉公墳後直上南首止，共斜長十六弓，約山一分二釐，作爲兩姓公地，開入丁、王公户，糧係公完，契歸丁執。兩姓俱不得開掘造葬。餘山壹分八釐仍歸丁姓。公山開入丁俏祭户，丁姓子孫亦不得開掘造葬。其丁姓墳手明堂、王姓旗石，焕等俱已照界修完。嗣後兩姓須念先靈兆域逼近，後嗣疊契連姻，安葬以來，均經數百餘年之久，必須互相保護。凡近墳餘地，無論在王、在丁，均不得開掘損傷，以安窀穸，以綿舊好，以蕃子孫。議出至公，界已明確。所有公禁弓口，已載議内。或違此議，許執單理直。兩相允協，各無異言。立此合同議單，丁、王兩姓各執一紙，永遠存照。議單存維德房。

乾隆六十年九月　日，立議單汪焕曾、黄三聯、陳禹疇、汪宗堯、洪左銘、蔡渭川、陸師夏、王以除、徐讓木。

允讓王鼎來、王采封、王從龍、王配蒼、王維德、王覺斯、王肇周、王德維、王秉彝、王履安、王景和、王雲飛、王赤冶、王在岡、丁睿玉、丁孝先、丁昂若、丁李登、丁朝榮、丁備三。秉筆陶翊勳。

（王吉人等纂修《[浙江蕭山]浙紹蕭山縣車裏莊王氏家譜》清光緒十二年三槐堂木活字本）

湖南新化王氏祖塋

右山名鹹泥田，綱形，坐北朝南，亥山巳向，自大熊山分支劈脈，一路峯巒插天，如飛如舞，奔騰而來。將近到頭，山勢漸低，成平崗龍，乍起乍落，束氣入首，結作將軍大座，巍然聳拔，子孫山環繞拱伏，水聚天心，真福地也。餘氣更去十餘里始盡。宋時三世祖正誠公開葬，舉頂上一亭至第五亭，葬六世祖妣江氏冢，直下始分王左、戴右，左邊餘地憑石間爲界。者瑞玉山氏誌。

附鹹泥田祖塋記者瑞撰

鹹泥田，正誠公墓地也。傳三世爲宣義公，配妣江氏，生二子早逝。因贅戴夫代理家政，亦生二子，自是視爲一家。凡廬墓多與共焉。江氏卒，葬鹹泥田，戴姓子孫因乘機而入，而玆山遂爲二姓公共之山矣。相沿以至明之末，王弱載强，以致原陵幾於失守，而以漸而入者，遂有鵲巢鳩居之勢。雍正初，王姓以明代譜載正誠公葬此，則江氏之前王姓進葬已閱三世矣。乃託人餘蔭，而又欲滅人祖骸，理所難容。情不得已，因控縣控府控司，遷延數載，幸譜據鐵憑，而祖骨始覩青天。十一年，蒙臬司胡憲委本府俞憲、糧府張憲、本縣姚憲、邵陽鄧憲、新甯何憲，會勘勒石爲界。分王左、戴右，不許進葬。至是而二姓始相安無事也。瑞嘗以祭掃登山，而見四山環繞，水聚明堂。想當年卜此，未必非後人之福，而第無如臥榻之側，他人鼾睡。觀今此疆彼界，未嘗不欷歔墮淚於其間。因繪爲圖登之家乘，並爲之記。蓋欲俾後之人知失守之由，未必非爲子孫者之罪。知失而復得之故，未必非爲子孫者之功。功固不可忘，罪亦所宜戒也。

附鹹泥田卷案

邵陽縣新甯縣，會勘得鹹泥田，王氏祖擔之墳山也。自正誠卜居於芭蕉衝，歿即葬於此山。現有族譜可據。王正誠生三子：長曰子遊、次曰子遠，遠生晉禄，禄生宣義，始生二子，又聽棄世。其妻江氏復贅戴遠智，至家亦生二子。是即戴君升等之始祖也。江氏前後兩夫，共生四子。臨終之際，將鹹泥田墳山、芭蕉衝之屋基，王、戴各分一半，而己身歿後，復葬於鹹泥田之中。左分王氏，右屬戴姓。雖未立有合同，而分左分右，有碑無碑，即其界限矣。王氏自正誠開基之後，三代單傳。故江氏得逞，私意將前夫之産業分給後夫之子孫，以起今日之爭端。是江氏實爲禍階也。至戴姓譜載，戴遠智髮妻彭氏葬於鹹泥田。細訊王敬元等堅稱，並無彭氏之冢。及查戴姓族譜，内註遠智葬於屋後。若鹹泥田果係戴姓祖擔之處，而遠智何不並葬此山，而僅葬伊妻，於理亦不可信。況戴姓之譜修於康熙四十九年，訊其他老譜又稱遺失，安知非預行埋伏，以爲今日爭訟之張本。再查戴榮梅墓碑載妻李氏，及查族譜又無伊妻名姓，已屬可疑，而譜内又載萬興陽氏生子榮梅，同葬鹹泥田。夫既同葬，碑應同鐫，何以止刻伊子之名號，而反遺父母之姓氏歟。且細驗同葬鹹泥田五字筆跡歪斜，用木另刻，添註於上，則榮梅之墓碑確係揑造。又查王姓供稱：二月十六日，戴姓扛碑置伊墳上。而戴姓又稱：二月二十六日與三月十三日，兩次匿碑，月日不符。明係戴君升等窺江氏墳左尚多餘地，故先造石碑移置王墳，希圖佔葬無疑也。但君升等祖受王姓之基業，安葬王姓之墳山。今得子孫蕃庶，而曰墳非王墳，山非王山，滅其前恩，奪其祖骸，思欲全行吞佔，人之無良，未有君升等之甚者也。戴君升、戴盛遠，冒認他人墳地，諸照例枷號兩個月，滿日重責三十板，監生戴周請發學嚴加戒飭，以爲設計冒佔之戒。蘇爲若、陳天祥，扶同袒説，諸責三十板。鹹泥田墳山，令王、戴兩姓各分左右掛掃，請照遵臬憲，葬則同葬，禁則同禁之檄。戴榮梅揑碑，著令銷毀。武生王再龍訊係挾仇波及，請與王敬元等均無庸議，是否允協，擬合連人解赴憲轅親訊轉詳。爲此備由，另開書册具申，伏乞照詳施行。須至申者。府憲復核，如勘轉詳，云云。緣奉飭審，事理是否允協，卑府未敢擅便，理合備録縣供，粘連原奉批詳議，擬具文呈詳憲臺，俯賜核奪，批示遵行。爲此備由，另開書册具申，伏乞照詳施行。須至申者。

雍正十一年四月　日具申，賫臬憲批：查王、戴兩姓所爭墳山，原因界址未清，以致互相訐告。今既審明，又不飭令分築界限，繪具山圖賫核，無憑備案，且起日後爭端。仰新化縣候問訟後，傳齊兩造面同釘立界限，繪圖呈賫。其圖謀揑控之戴君升等，姑念農忙，從寬各責三十板，免其枷號。監生戴周發儒學重責三十板，紀劣一次，餘如詳。此繳。

雍正十一年五月初六行府，二十四日到縣，行差拘犯發落。載聖言違斷强葬左邊一棺，王子成再揬隨控姚縣。奉批：正在示期，勘令界限。戴聖言等何得遽行進葬。准併勘奪。

本年十月二十日，姚憲奉臬憲親詣鹹泥田，釘立界碑。

附僉事公墓記

者瑞譔

甚矣家譜之不可不修也。明代老譜載：崇伯公遷煙竹江落業，卒葬水庫花塚爲記。考煙竹江去墓地不下十里許。無如子孫外徙，故址皆墟。僅留古城一支，寥寥數户，亦幾難以自保墓前地。他族逼處其乘間而入者，端亦非一朝一夕之故也。乾隆間，族人控於官，蠻觸相持，遷延數載。呈以明代老譜，得鐵板註脚。而祖骨始見青天，則老譜之力也，亦祖宗之靈也。今觀二世祖墓居中，祔葬者有五，餘皆鄒姓人墳，旁列左右。嗟乎，臥榻之側，他人鼾睡，能無感慨係之也哉。

附乾隆四十一年爲水車二世祖塋具訟；蒙黄憲審斷判語：

審得王禄安等老祖崇伯，於宋代元豐年間，下擔煙竹江，卒葬水車花台上，續葬多塚。後被寇擾，子孫散居各處，無人經理。明洪武間，有仍居水車道房之嗣孫王忠仁，將女嫁鄒遷仁之故祖鄒應洪。忠仁無嗣，應洪將忠仁妻高、黄二氏，葬花台上。應洪世居其地，藉以經管是山，如同己物。乾隆四十年，鄒步如向鄒遷仁圖葬不遂，同室操戈，始聲言伊屋後墳山，原係王姓祖塋，王禄安等聞言清查老譜註載確據約。同族人始上山掛掃。鄒姓阻截，以致彼此控訴在案。玆經集犯庭訊。查兩姓譜據，各有多塚，殆亦王姓恩忠仁無嗣，致失管業，鄒姓得以乘機而入。查閲各圖，雖皆指出不無混雜難憑，斷令水車墳塋，止許鄒、王兩姓，各憑天理掛掃，嗣後均不許進葬。並除現有碑七塚外，仍不許兩姓豎碑滋事。所有祖證地衿羅文彩等，均各責懲。令兩造各具遵結備案。此判。

附：道光八年爲修補二世祖塋與鄒姓起釁興訟，憑中和處合同

立合同人王、鄒二姓，緣王崇伯公子孫忠佩、懷桂、再宜、顯慶等，因修花台墳路起釁，與鄒軼才、霖雨等搆訟在案。中等勸息，其垣内公路一條，係王姓掛掃必由之路，中等從中砌石，修整其路，連霖雨階簷在内，彼此毋得損傷。日後王姓掛掃，由鄒姓大門進，經左邊曬穀坪，横過從萬和屋，右霖雨屋，左上花臺墳塋，鄒姓不得阻塞。恐後無憑，立此爲據。憑中羅青占，李翠階等。

附：光緒年間，爲鄒姓毁損墓碑，兩次搆訟，蒙楊縣憲審斷，硃判印讞。

爲給發印讞事。案據鄒良祠等，以强族違佔，王政勝等以恨聳朦誣各等情控訴一案。緣王政勝等，派分道、誠、忠、信四房，二世祖王崇伯，自宋朝卒葬水車花臺上墳山。續葬多塚，惟奇伯、章伯、秀伯、孟氏、高氏、黄氏，合崇伯七塚有碑，其山鄒姓葬有墳塋多塚，於乾隆四十一年，王與鄒姓因墳爭訟控。經黄前縣勘斷，仍以王姓照管七塚，王、鄒兩姓祇許掛掃，永禁進葬豎碑。道光八年，因修墳路，又與鄒軼才等搆訟。憑團書立合同，由鄒姓磚牆垣大門而進鄒霖雨屋，左鄒萬和屋、右修砌石路、石梯，登山掛掃，鄒姓不得阻塞了寢。迨至光緒十六年春，王政勝等又因伊祖王崇伯墓碑被鄒姓毁損，王字控。經本縣便勘質訊，斷令鄒應徵等近居山下，自不免恒有牧童、樵夫入山侵損。飭該處團紳羅大常等，在於近居垣内，酌備錢文，照舊賠豎崇伯墓碑，祭掃完案，並永禁山下鄒姓、垣内人等挑糞入園，不得捷徑踏傷王姓墳塋。取結立讞在案。時王政勝等見其章伯、寄伯等祖墓六碑，已被風雨摧殘。因隨亦一筆照舊换豎。而鄒良祠等以王政勝等换豎章伯、奇伯墓碑之處，稱礙伊等祖塚。出而爭論，致控到縣。玆集庭訊，查核王姓所呈族譜，判斷合約極其明晰，委無爭礙情事。斷令仍照黄前縣斷案。王姓掛管七塚，内章伯、奇伯祖墳墓碑，亦聽王姓照舊换豎，其鄒良祠、鄒良學等之祖鄒綽然妻羅氏，暨鄒思聞妻羅氏二塚，其譜亦載歿葬該山。並令在於王姓章伯、奇伯祖墳坐山之左，各立一碑，俾得式憑掛掃。但不准其敷立封堆，以符黄前縣斷案。仍令團紳李其玉等協同兩造，在於該山合豎禁碑。嗣後王、鄒兩姓，祇許掛掃，永遠不准進葬豎碑，致滋後釁。案經訊斷，取具兩造各結，附卷完案。相應給發印讞，須至印讞者。刑書袁紹安，招書馬寶賢。

清光緒十七年五月二十九日給。

審看得王政勝等，以恃欺毁佔，鄒應徵等以平白堆害各等事控訴一案。庭訊之下，據王勝日等供稱，自宋朝祖遺地名水車花臺上墳山進葬王公崇伯、奇伯、章伯、秀伯、孟氏、高氏、黄氏七塚，派衍正道、正誠、正忠、正信四房，於乾隆四十一年與鄒姓搆訟。經黄前任勘斷，王、鄒兩姓衹許掛掃，永禁進葬。至道光八年，因修墳路，與鄒應徵之三叔鄒軼才等興訟，憑團了寢，書立合同。由鄒姓磚牆垣大門而進鄒霖雨屋，左鄒萬和屋，右修砌石梯，登山掛掃。譜據確憑，相沿六十餘年無異。本年清明掛掃，四房人等因見二世祖王公崇伯墓碑被毁，王字添鑿鄒字，又被鄒姓挑糞入園種菜，踏傷墳墓，界碑無存，投論控究。並據鄒應徵等供稱：垣後鄒姓墳山，係奉家村大金房所管，伊等並未佔分。其垣内牧童、樵夫入山，有無毁損王、鄒兩姓墓碑，實不知情。興訟前來，業經本縣便道勘明，繪圖附卷。兹經集訊，洞悉各情。核閲王姓所呈乾隆、道光、同治歷年族譜，註載明晰。查王公崇伯祖墓碑，僅毁一“王”字，其碑右姓氏尚屬完全，則非他人因毁圖佔，毫無疑義。惟鄒應徵及其族内人等，近居山下，自不免恒有牧豎樵夫入山侵爛。今其墓碑，雖僅毁一字，殊難辭責。飭令團鄰羅大常、李其玉、羅德用、鄒中度，在於鄒應徵等近居山下垣内，酌備錢文，飭爲王崇伯公照舊豎立一碑，三牲祭謝。其石梯以上，登山路徑，斷令豎碑，永禁踏傷墳塋，挑運糞汙，直行入園，庶彼此免傷和好。案經訊斷，取具兩造，遵甘各結。附卷完案。此判。刑書袁紹安，招書馬寶賢。

清光緒十六年七月十三日給。

復修崇伯公墳山舊路兼修各墓記

水車花臺上，爲我二世祖崇伯、奇伯、章伯、秀伯諸公墳塋地也。原由鄒姓磚牆垣大門而進。鄒霖雨屋左，鄒萬和屋右。登山掛掃，曾於道光八年，修砌石路、石梯，惟年久月深，石梯(無雖)〔雖無〕恙，而路石損失，所存無幾。邇年族人登山展墓，泥汙難堪。且各墳塋多被人蓄踏傷，盡然傷之。玖負崇伯公會經理之責，爰於民國二十六年丁丑六月，雇工鑿石，將原路舖砌石板，直抵石梯，奇、章、秀三公與高、黄、孟三妣之墓，均砌成長方石臺。崇伯公原有之石塚，加砌條石一層，俾與各塚高度相等。約費法幣八十九圓零，經時月餘告竣。庶墳塋可免人蓄踏傷，族人掛掃可免泥汙。略誌於此，望後人世守勿替焉。

時民國二十有六年農曆丁丑孟秋月，二十六世以玖自馨氏識。

（王成焜等主修《[湖南新化]王氏四修通譜》 1947年鉛印本）

湖南沅江王氏墳山申禁合約

乾隆十一年正月二十日，憑中人皮開來、秦方穀、族尊紫垣，會同房長勸率闔族人等，公訂禁約。約載思襄、文華兩房公山壹隻，坐落地名東山栗梧嶺，思襄房公山二隻，坐落地名三姑託晏家汊金鮲嶺三都馬公舖鳳形山，如海公房内私山壹隻，坐落地名余家崙牌形山。瑚公房内私山壹隻，坐落地名洋泉湖虎形山。先年固有禁約，後議開棺各置有契。今仍封禁，尤宜加謹。恐子孫繁衍，賢愚不等，强葬盜葬，兄弟叔姪請憑親友嚴立永禁合約，世世恪遵，毋得强葬盜葬，生死兩害。倘有此事，族尊以不孝犯禁治罪，立即押令起扦，斷不容情，並罰祭銀五兩，上安祖骸，下培子孫。合約各房收執存照。

（王立政、五功泮等《[湖南沅江]王氏五修支譜》 1948 年太原堂木活字本）

安徽潛山程氏墳山禁約

立議禁約合同，安定郡程氏千⿱户什公裔孫等，爲永禁祖山，以奠先靈，以全生命事。竊維祖宗之墳墓，關闔族之安危。稍有損傷，災害並作。爲子孫者正宜盡心保護，倘忍心害理，不顧利害，或盜伐樹木，或竊葬祖山，驚動祖魄，禍及族人。是不知有祖宗，並不知有子孫。試思祖宗厚望於子孫者爲何，有不隱痛於九泉乎。試思己身即他日祖宗，樂有子孫者爲何，而顧留此不肖榜様乎。吾族子姓蕃衍，人心不一。值譜告竣，會族公議：除從前已葬不便置議外，嗣後凡屬墳山界至，墳境内外，永禁不得加葬。其有背議竊葬者，鳴諸族衆。先將竊葬之棺掘起，仍即扭稟縣主，以不孝罪治之。至墳塋蔭樹，擅自盜伐者，照家訓條例懲治。如有狥私受囑，通同隱瞞者，一並送究，譜削其名。其各股私墳，外股更不得覬覦，犯約者亦照公墳處治。自議之後，凡我族人各宜尊祖敬宗，同心戮力，勿負約規，自罹罪戾。庶先靈奠而生命全矣。是爲議。

乾隆四十八年二月，⿱户什二公裔孫同立。

（程晉動等《[安徽潛山]皖潛山程氏續修族譜》 清光緒二十八年皖潛山忠堂木活字本）

湖南湘鄉黄氏墳山休息字約

摘録巖前墳山老訟由

地名巖前，原係祖業，明崇禎十五年葬祖慎吾公於屋後山内。歷管蓄禁續葬。清乾隆廿六年熊姓爭樹啟端。我偉甫公五房子孫具控縣憲張，審踏覆訊，諭令保隣親友和解，以全兩造戚誼，各立休息。所爭黄墳前士衡住宅，後屋基一塊，勸我族出價給熊，永付黄姓管理。黄墳來脈左側，各照壕圍窖界管理。熊墳右側，是黄墳來脈，熊姓不得斬脈進葬。黄墳後壕堋古樹，照前蓄禁，不得砍伐。廿八年二月稟息銷案。張憲又於合同休息上硃批：黄墳後圍上又有未曾擢完壕圍爲界。存士衡手。後合積會上子孫並置是處莊屋、田土，以保祖塋。録後祭産内。

巖前墳山休息

立休息合同領字人熊再周、成周、重遠、世禄、勝三、位三、仕周等，乾隆二十六年八月内，黄士恒、宗嶽、宗隆、又身、作山等，以頂批繪圖事控熊成周等。熊亦以狡誣兔脱事具訴。均准在案。奉憲審踏覆訊，恩全兩造，係屬血表，諭令公釋稟息歸結。今有親友李重九、賀治西、傅以緒、體圓、蔣德心、漢相等，入場理釋。其所爭地名岩前，黄士恒住宅後黄祖墳前老屋場基地一塊，黄出價銀四十兩正，係成等親手領訖。基地永付黄人管理。黄人祖墳後來脈側左，係熊人歷代祖墳叠塚，各照壕圍窖界管理。黄人來脈熊人不得斬脈進葬。黄墳後壕堋古樹，仍照前蓄禁，不得砍伐。事關平允，甘立休息合同，領字一紙，付黄士恒等永遠爲據。

憑在場中親賀治西、蔣漢相、鄭殿颺、傅以緒、李重九、劉明久、朱廷瑞、蔣德心、傅體圓、謝再書。

去墳後圍上壹丈五尺，有未曾擢完壕圍爲界。此一行係官硃批。又合同上有硃批"准照"貳字。

（纂者不詳《[湖南湘鄉]上湘黄氏三修支譜》 清木活字本）

安徽績溪胡氏契約

須友公捐字

立議約合同宗山老人等，情因有須友名下分授干沖私一片，其時因安葬二嫂無地，須友同兄相周、姪閑聖、承勳、依永相商，情愿將己山捐出，安葬母棺。須友以私歸公，誠一團和氣，孝友可風也。但世遠年久，各房子孫恐生異説。今欲有憑，敦請我等訂議，以杜後患。須友雖捐山安葬母棺，而葬費開除須友一人，俱係四房公出。後又議讓准葬須友妻棺。此又係四房之孝友。自議之後，四房子孫不得以出費藉口侵害公山，須友一人亦不得以己山捐出，藉端生事。私山公管公照。倘日後彼此有不肖子孫戕賊其山樹木，即以不孝坐罪。其山界塅上以横路爲界，下以横路爲界，左以分水爲界，右以片水溝與葉宅新立封墩爲界。須友盡行捐出，以全孝友。立此議約，永遠存照。

乾隆三十年十一月十四日立議約合同。

户尊禋六、樹召、宗山、愼從、齊淵、裕昆、畊陽、武臣、成德、泰嵩、韶美、颰五筆,俱押。

允議申禄、棕彦、須友、依永、槐三押。

週藤樹即干沖山契

立賣陰地契弟依永,今將陰地一穴,坐落週藤樹上首,其山界塅上下左右,俱以五丈爲界,四至明白,出賣與九兄鳳來名下扦葬管業。比得地價紋銀五兩整,親領足訖。自領之後,兄弟情願立此地契,永遠存照。

乾隆五年十一月初三日立地契弟自重、依永、自巨,俱押。姑夫林沛長、伯父東曙。

憑中舅父包若懷、四叔父相周,俱押。五叔父須友。

(清胡豫桐《[安徽桐城]胡氏宗譜》 清光緒四年崇德堂木活字本)

江蘇吴縣莫釐王氏永禁盜伐塋樹碑

特授江南蘇松常等處太湖水利督捕、分府管理兩山民事、紀録四次楊,爲給示立碑,永保塋樹事。據内閣中書王世美等稟稱,祖塋一所坐落東山花龍池地方,迄今二百餘年。樹成合抱,先靈賴兹蔭護。向係俞如父祖承管。近因族逆王舜美將大樹盜伐殆盡,世美等正在集同族衆環請法究。詎有疊經犯案之王敬修,因索詐墳丁俞如弗遂,挾嫌乘世美等未控之前,先發架控,致俞如連次懇請告退。世美等因罪有專歸,故將族逆盜伐等事稟明,蒙恩庭訊,將舜美當堂責戒,並將捏控之王敬修庭斥訓誨,且蒙責成俞如仍舊看守。澤溥泉壤,存歿沾恩。伏念世美等半鄉半郭,或宦或貿,安能在墓監守,而族衆繁多,賢愚不一,舜美既不能保其必悛如舜美者,又安得保其必無,墳丁終難阻制,爲此,再叩恩賜,給示勒石墓前,永禁盜伐,庶幾先塋永保,世世啣恩,上呈等情,到府。據此,爲照子孫盜伐祖墳樹木,私賣一株至十株,杖一百,枷號三箇月,如在十枝以上,問擬充發奴僕,盜賣者罪同,盜他人墳園樹木,無論株數,已伐未伐,初犯再犯,分别枷責。三犯充軍,其盜賣墳塋、房屋、碑石、甎瓦、木植者,准竊盜論。私賣之人,減一等治罪。例禁何等森嚴,東山花龍池地方,有先賢王文恪公恩塋,所有樹木石料,宜加謹保護,豈容不肖子孫肆行砍伐。除將王舜美、王敬修分别責處,飭令該墳丁俞如加意看守,各取具遵給附卷外,兹據前情,合行勒石永禁。爲此,示仰該墳丁及墳鄰人等知悉,嗣後如有王氏不肖子孫,以及地棍匪徒,肆行作踐,盜伐一草一木,立即飛報墳主,指名赴府具稟,以便立拏,按律通詳究治。該墳丁狥情容隱,或私自砍伐,察出一並治罪,决不寬貸。各宜凛遵毋違。特示。乾隆三十三年九月初一日示。

(王季烈等纂修《[江蘇莫縣]莫釐王氏家譜》 1937 年鉛印本)

湖南醴陵羅田賀氏雲峯嶺讞案詳文

正堂加五級樊，審得賀添聞具控聶象宗等一案。緣賀添聞祖遺地名雲峯嶺龍形山場，於明嘉靖年間先後葬三世祖夫婦，墳塋上下兩冢，各有墓碑，中立墓誌，文曰“夫上婦下，相去甫及拾步”等語，併刊家譜，祭管兩朝無異。嗣賀添聞因該山隔遠，屢被聶象宗等盜砍侵犯。於五十一年集議，該處蓋造棚廠，停佃守山。詎聶象宗、王尊賢等，倡合八姓編約夥佔，捏稱伊等宋季落業數百年烟火山；又執出乾隆十四年王尊賢之祖錫圭預造接買楊廷先尾契一紙，併捏造賀世安悔約各僞據，先主楊芳聲冒認賀添聞三世祖妣謝氏墳塋，爲伊祖妣熊氏之墳，將墓碑磚石盡行盜搬，拆毁棚廠，妄刷白飛，希圖混佔，致賀添聞鳴衆踏實，控經李前縣准理未結。本縣集訊，衆供前情不諱。查王尊賢所呈契紙，内載原額與王、湯、聶、劉、李姓公管煙火山，契後又批永同煙火公管，且載楊人墳多，不列冢數，不存禁步。其中不無僞造情弊。詰之王尊賢，供認伊祖錫圭原充户書，同楊博成夥造粘尾，預伏佔山地步，並供出毁碑冒墳、編約刷飛各實情，歷歷如繪。其夥佔固無疑義。又查訊賀添聞供，伊祖世安係屬優貢，楊煌聲所呈悔約字跡不符，文理不經。當飭承發房細查。已據經承回覆，並無此案。其捏造更屬顯然。本應按究，從寬將聶象宗、王謨章、湯高士、李步月、王鳴謙、劉奉占、王朝才、王道正，各予重杖，聶佐朝姑念年老免責，王尊賢、王悦賢、楊煌聲，訊係夥佔編約冒墳之犯，著枷號兩個月，滿日責釋，盜毁墓碑，押令賠還。其買契息約一概塗銷，附卷斷令雲峯嶺蛟形山場，即照王尊賢所呈夥造契界，南以馬頸坳滑石大路垇直上高垇爲界，北以雲峯嶺大路直上高垇崎峯爲界，東以連攸縣界一路高垇爲界，西以亂石槽對門直至婆嶺高垇賀人菜窜垇倒水爲界，任賀添聞等照舊管葬。嗣後毋許入姓人等在於界内牧牛盜砍，再生覬覦侵佔。取各遵結備案。此判。

清乾隆五十四年四月初二日判。

湖南長沙府醴陵縣爲劣蠹一門等事。乾隆五十五年二月初三日，奉憲臺批，據卑縣詳稱云云等情，奉批云云等因，奉此。卑縣遵即飭差拘訊。去後旋據李步月、王謨章、湯高士、劉慈占、聶佐朝、彭朝望等，各以竊名翻控事稟稱：雲峯嶺本係賀姓祖山，五十一年誤聽王尊賢、悦賢兄弟執出伊祖王錫圭預造假契，串蟻等夥同爭佔，去蒙法審塗銷假契，山斷賀管，追賠墓碑，蟻等不合夥佔，均受杖責，久已咸服。不料楊煌聲與王尊賢兄弟又赴府憲翻控，詞内竊載蟻等名字。其實蟻等並不知音，即伊祖造契時，蟻等俱不知情，亦並無别項僞造情事，懇乞原情訊釋，免遭牽累等情。復據原差稟稱，王尊賢兄弟久經逃往外方，不知去向，現獲王尊賢之子王其和，並一干犯證到案，聽候覆審等情。據此，卑縣仍提一干查訊，供多未録，各等供。據此，該醴陵縣知縣樊寅捷覆查，看得楊煌聲具控賀聲彰即添聞等一案。緣賀添聞等雲峯嶺祖山一所，上葬祖墳兩塚，碑譜墓誌均有確憑。因該山地面廣闊，昔年王尊賢之祖錫圭存日，與附近之聶、劉、李、湯各姓在山樵牧，乾隆十四年，王錫圭與聶佐朝計議，恐賀姓將來禁山，無處樵牧，因串同已故之楊廷先，夥造假契，預粘司尾，爲異日佔山地步。維時該犯等或係年幼，或係未生，均不知情。惟聶佐朝年老知情，已據供明不諱，王悦賢等執出伊祖預造假契，串同夥佔，先令楊煌聲冒認賀添聞第二塚祖妣謝氏墳墓，爲伊祖妣熊氏之墳，訐訟到案。經卑縣訊明斷結。因楊煌聲等上控憲轅，奉批録案。接奉前因，玆集一干覆訊，衆供如一，再三究詰，矢口不移。查王悦賢等所呈僞契，已經塗銷，究明並無别項僞造情事。李步月、王謨章、劉慈占、湯高士、聶佐朝、彭朝望等，俱以竊名翻控，具稟在卷。又經到案供明，毋庸置議。王遵賢、悦賢差拘未獲，明係畏虧逃匿。現據王尊賢之子王其和供明具結。姑念造契尚不知情，邀免拘質，楊煌聲始則冒認賀姓祖墳，已經審實枷責，仍不自悛悔，復敢藉山内荒堆，揑控多塚，並牽告書役，希圖聳翻，實屬刁詐。本應從重按擬，姑念到案俯首服罪，且事在乾隆五十五年正月初一日，恭逢恩詔，以前應請邀免重科，餘悉前詳。緣奉批飭，除仍取各結存卷外，合將訊明緣由録供，具文詳憲臺俯賜核銷。爲此備由具申，伏乞照詳施行。須至詳者。

清乾隆五十五年五月二十五日詳。奉批：姑如詳銷案。此繳。

（賀彝燃总修《［湖南醴陵］羅田賀氏五修族譜》 1932年儒宗堂木活字本）

浙江諸暨趙氏墳山清界約

勤百八公墳山左手一面與蔡姓清界議約

立清界約蔡永澄、趙清仙等，緣蔡姓祖買坐鄭家廟後土名眠牛形，葬祖已久，迄今無紊。趙姓買山在後，土名地覇塘，因界毘連，尚未清界。所以邀同親友登山踏明。蔡姓之山，外至金姓祠堂田，下横田塍，直沖至岡，裡歸蔡姓，外歸趙姓。兩相允協，嗣後各管己業，無得借端滋事。爲此，書立一樣兩紙，各執一紙存照。

乾隆五十八年九月　日，立清界人前蔡永澄、趙清仙、蔡正國、蔡體仁、金英烈。

合同清界。面見親金維林、金岳英、金占三、金位一、金廷材，代字金廷榮，以上俱有押。

（趙宗渭、趙槐等纂修《［浙江諸暨］趙氏清門宗譜》 1912年木活字本）

湖南益陽廖氏墳山

益陽縣裴憲讞語：

審讞得廖錦苓等告楊席珍等一案。緣廖錦苓等之祖萬凝忠孝源三棺，自明原葬地，名安莊窻彪形山一堰三棺二冢,亥山巳向,楊席珍等鼎清祖原葬是窻。伊老屋上首船形山乾山巽向,各管無異。後因楊席珍接買盧人之業,將原居老屋拆毁,另架住宅,則船形山遂在下首。楊席珍等藉依譜註,葬住屋上首字樣,起意混佔。據廖錦苓説,上年悄匿廖祖墓碑,今春廖人登山掛祭,楊席珍等又統凶阻搶,致廖控案。兹集廷訊查説,廖錦苓等所呈康熙五十四年、乾隆五十八年兩次譜據圖説,並逐閲楊席珍等所呈新舊各譜,舊譜註載伊祖鼎清夫婦合葬伊老屋上首船形山,新譜墓圖註葬太山屋下首一堰四棺,一山十八冢字樣,其楊人鼎清祖在太山屋下首船形山無疑。至廖人彪形山,現居太山屋上首,山向、山名及墳冢數目各殊,均載清晰,界限迥别。再三詰問甲隣謝道綱、謝德政等,僉供伊等均經目擊,廖人歷年掛掃無異,並互結投遞前來。楊百吹、楊席珍等尤敢當堂狡辯,殊屬刁健,均掌責以儆。斷令安莊窻廖人彪形山,仍付廖管,楊姓鼎清祖夫婦原葬伊住宅船形山,不與廖姓彪形山相涉。船形山之墳,任聽楊姓掛管。所搶轎與馬褥等件,供衆確鑿,着押候限,繳。原贓給領;其墓碑、馬匹,訊無指實,無憑究追,從寬宥免。諭令廖人,仍舊刊碑另立,楊姓不得再行掘匿滋事,仍取各結附卷,此判。

嘉慶二十三年九月二十八日給。

(清廖升燦等主修《[湖南益陽]廖氏續修支譜》 清光緒三十一年刻本)

江蘇無錫陶氏三周巷祖塋訟事稟稿、疑冢記

三周巷祖塋訟事稟稿

職員陶雨田、抱屬陶升爲移佔壓棺情,慘叩恩賜勘押讓事。職有羌號祖墳,葬自前明。乾隆年間,被故佃周大法將餘地盜賣鄒姓。當經立據承管修築墳牆,載明四址丈尺。職家歷來保守,近緣鄒姓之地賣與張姓,又轉賣與顧連觀造葬,串通佃裔周慶元,將職家墳牆拆動移進,藉逞佔地。職於三月往墳祭掃駭見,邀同地總張太元等丈踏四址,與承管筆據不符。佃肆吱唔,遣屬陶升粘呈承管筆據叩究。因年已久遠,未邀押拆,飭吊顧連觀契據核奪。顧連觀即震福,輒以僅將靠伊一面墳牆粉白掩飾。奉批飭差查明覆奪。隨即賄差朦稟,致奉註銷。職以墳牆移拆,塚墩被壓,繪圖遣屬叩求勘究,未蒙恩准。竊思墳鄰依傍墳牆,將靠伊一面墳牆粉白,與職家毫無損害,斷不敢率行具控。現職曾祖茂榮公塚墩損毁,棺壓牆下。若係原牆,豈有築牆壓棺之理。況靠職一面墳牆痕跡猶新,與上下墳牆並非一律,拆動顯然。顧姓因葬殤地窄,串佃移牆。祖先塚墩棺骨被壓牆下,情慘心傷。事關祖塋,爲子孫者不得不再冒瀆迫叩,電賜垂察勘明,提究押讓,澤及枯骸,啣德上稟。

三周巷祖塋被佔府控稟

職員陶雨田六十七歲、抱屬陶陞，錫邑在城，爲生死含冤、甭號提卷核究事。竊職子承侃在京候選知縣，有祖塋坐落羌字，上葬世祖塚墩，駁築墳牆，安妥先靈。自明至今，子孫保守勿替。向佃周慶元祖父傳流看管。今春往墳祭掃，駭見右首圍牆(折)〔拆〕毁，移進泥土新鮮。曾祖茂榮公塚墩平塌，棺壓牆下，墓碑滅去。查看係土豪顧連觀，置得張姓貼靠職墳餘地，造築墳塋。因其地狹窄，串通奸佃周慶元，私自拆牆移佔，僅將靠伊一面粉白遮掩越僣。職檢慶元故祖周大法看管載明四址丈尺，邀同該處地保張太元丈踏，上狹下闊，中腰被佔一尺四五寸。理令拆讓交還遣屬。粘據繪圖，控縣吊契。旋據顧連觀即震福狡訴候飭差查。詎重賄蠹差，不查虚實，就伊詞顢頇混覆，將案註銷，情實不甘。職自啣情求縣丈勘。無如内外相通，批飭毋庸多瀆，生死含冤。竊思誰無墳墓，若任奸佃串佔，控縣不丈不勘，賄差弊朦，就可將案註銷了事。此風益長，奸佃愈無忌憚，墓難保留，先祖九泉之下亦難瞑目。爲此，録卷甭號大憲電賜提卷，核飭丈勘，以明拆佔。法究除弊，歿存均感。上呈。

道光二十年五月二十三日府批：據呈請飭縣勘丈。該職員究以何據爲憑，遠年之墳佃筆據未足爲憑，有無契紙及完糧串據明白，另呈察奪。

摘録縣批：既据該差查明，顧連官並無拆動陶承侃家墳牆情事，僅止將墳牆粉白，尚無不合。候飭將案註銷，毋庸提訊。票銷。

和息稟稿

爲理處允洽、取結叩銷釣案事。職員陶雨田控監生顧震福即連觀，串佃周慶元私拆右首中腰墳牆，佔地造葬一案，奉委巡司勘明，陶墳中腰闊處丈見虧地一尺五寸。上年三月初一日，前憲庭訊，堂諭顧震福照勘讓還陶地一尺五寸在案。緣顧震福在陶墳牆外另自築牆一道，奉斷之地，未經讓還。陶雨田控奉飭差押令顧震福照斷還地，再延提究。職等兩造均關親友，不忍坐視。緣訟則終凶，爲此居間理處，顧震福將自築墳牆撤去，讓出一尺二寸。現已改築，陶姓塚墩照舊修竣。其顧姓墳地狹小，不另築牆，即借陶姓墳牆以資遮護，塚墩亦可無碍。彼此相安。陶雨田亦通情，允愿業已築牆立界，永遠執管。兩相允洽，各愿求銷。職等仰體仁憲息訟安民至意，爲敢不揣冒昧取具各結，環叩俯准賜銷釣案，俾各安業，共沐鴻仁。上稟。

按此案聞諸先君子顧氏雄於貲，上下相通，無非偏袒徇私，理不得直。厥後勤甫公有京信至，邑令氣沮，再行委巡檢覆勘杖責墳丁，斷還佔地。事遂寢。今檢搜故篋，得稟稿十餘紙，大半蠹魚侵蝕，殘缺不全。兹録其四，其間亦有蛀傷處，姑度以愚意而增補之，雖散佚猶多，亦足畧見一斑云。光濟謹識。

三周巷世墓疑塚記

吾族三周巷世墓，墩則有九，碑則有四。其地狹小異常。余自幼春秋祭掃，心竊訝之。詢及所葬某公某配諸尊長，皆惝恍。葢有明至今已數百年於兹矣。雖然亦由諸牒未脩，墳圖未詳也。光緒戊申濟猥以菲才，承乏主政。是年冬十月，偕季洪姪詣墓，丈繪布尺，連牆縱四丈二尺，横一丈三尺，左首碑文曰“明故處士”，下没於泥，竭力剔抉，微露“伯珪”二字，摩挲讀之，猶可識。於乎，此我四世祖伯珪公諱良也主穴。碑文曰“陶氏祖墓”，雖未署名，殆爲三世遷澄祖立誠公，暨配宣氏歟。特澄江去錫相隔不下八九十里，何以人甫遷澄，而墳葬龍山。(具)〔其〕可疑者一。然伯珪公既有碑文，似堪徵信，特遷澄時代諒在建文、永樂之間，何以遲之又久，相距二百餘年，至順治、康熙時，十一世祖公玉公諱尚鎔，始行遷錫，其可疑者二。左首昭穴碑文，係四世祖伯珪公。查公無弟兄，右首穆穴，墳墩是誰，然則主穴是三世遷澄祖者，未必果確。其可疑者三。第八墓碑曰“公玉公暨配李氏、吴氏”，第九墓碑曰“茂榮公配孟氏”，固屬彰彰可考，其餘五墩已等於史闕之無稽。特考諸手鈔家乘，猶有五世祖顯達公諱建績配秦氏，六世祖世明公諱遠配王氏，七世祖祥春公諱慶隆配薛氏，八世祖秋湖公諱位配王氏，九世祖大成公配侯氏，大亨公配孫氏，十世祖耀南公諱繩祖配黄氏，俱葬三周巷世墓。約略計之，棺凡二十有三，似難疊床架屋，其可疑者四。瞻望松楸，潸焉出涕。種種疑團，惜不能起九原而一問之。按道光年間，有秀莊公與顧連觀爭訟三周巷侵佔墳牆一案。安知鼎革之交，無顧連其人侵佔墳地歟。又安知無另闢祖塋，以分葬先人，年久失考歟。不然，何地甚狹小，墳墩之繁多也。往者不諫，來者可追。然則修譜牒詳墳圖，尚可忽乎哉，尚可緩乎哉。光緒戊申，光濟謹記。

（清陶𢡟等纂修《[江蘇無錫]陶氏支譜》 清宣統元年無錫錦初堂木活字本）

浙江諸暨黄凝樓氏墳山

瑢十三公墳山記

正二十七都凰儀樓業主樓子錫、啓翰、體乾、顒若、殿安等，爲眉列墳山界址，以便管守，以杜覬覦事。錫等先祖契買得四十一都吕塘隖小娘寵墳山一處，改名如意山，厝葬先靈。歷經兩朝，傳管五世，絲粟不紊。但年遠路窵，山界屢被侵削，或盜砍蔭木，或偷竊柴薪致生訟端。錫等前安祖靈，後念子姓，事關重大。爲此，會同地方山鄰，照依契内堡號，指明山界，以杜後患，庶幾得沐先靈之蔭庇，兼叨陳宅之垂青，可世守勿替矣。

今將山地田號並四至開於左：

坐丁字四百九十九號　地一畝五分　前墳山脚

五百四號　地七分　側墳山脚

六百二十七號　山六畝　如意墳山

二百五十號　田二畝二分　把頭十籮

墳山四至，前至墳山脚地，出口爲界，後至過脈熟地盡爲界，左至界水田爲界，右至界水地外田爲界。

（清樓肇春等纂修《[浙江諸暨]諸暨黄凝樓氏宗譜》 清宣統元年諸暨惇倫堂木活字本）

湖南瀏陽縣知事公署堂諭

原告唐德盛　年三十六歲　瀏陽人　住竹坡衝　業農
　　唐德馨　年四十六歲　同　前
　　唐心田　年十六歲　　同　前
被告陳常福　年四十一歲　同　前　住白田塅　業農
　　陳有盛　年六十二歲　同　前
　　陳春華　年六十五歲　同　前
證人　胡體仁
　　　萬三和

右案經本公署審理終結。遵照部令以堂諭代判詞，如左：

緣陳常福等有祖遺荒山二塊，一係坐落地名竹坡衝尾，一在該山對門老屋坡，與唐德盛等所管竹坡衝田山壤地毗連。陳常福等之祖爲蓄禁森林起見，於前清光緒初年，即將該荒山批佃與唐德盛等之祖唐合祥父子開荒墾種油茶等樹。約定期限三十年，各得一半，期限届滿續訂一十二年，每年由唐姓納租錢二串文。去歲滿期續約，又定六年。彼此相安，均無異議。詎本年舊曆三月正值清明祭掃，陳常福等忽往該山四處定立界碑，並將山下塘塝唐德盛等所墾井田，一概平毁。唐德盛等不依，亦將陳常福等界碑拔去。經中調處，不能解決。雙方訴辯到署。經劉前任准理未結卸事。本知事到任，旋據該兩造互訴前來。隨即一干查訊，備悉前情。查陳常福等呈驗該祖陳次珩父子於前清乾隆八年，接買張貴臣等出筆印契，註載荒山一所，坐落地名竹坡衝尾，上至嵜崙倒水爲界，下至山脚塘塝爲界，東北均至胡幼臣壕基爲界，外有對門老屋坡山塲一塊，周圍挖溝爲界。唐德盛等呈驗前清同治五年接買胡祖奉等出筆，竹坡衝田産印契，計開首行批載大塘尾田一坵，老屋坡左右田二坵，係大塘尾泉井一口，與盧公管公蔭各等語。兩相比較，契據投税均在民國，無甚考究。惟細核唐德盛等之契紙張墨跡，均屬新鮮，不及陳常福等契約之古遠可據，加以批載田井，均在大塘之尾，並無塘塝上字樣。再以與盧公管公蔭而論，此案發生陳常福等平田平井定界，均在本年三月。復又經過六七月乾旱時期，盧姓何以並無一人出爭。一再研求，顯見該塘塝上之坵田、泉井，確係唐德盛等批種，陳常福等契内荒土所開，毫無疑義。準情酌理，應歸陳姓所有。斷令將該塘塝上田一坵、井一口，仍歸陳常福等照契管業。惟據證人胡體仁供稱：唐姓老屋坡左右岸田二坵多靠該井過旱，勸令陳常福等將該井水義讓三分之二與唐德盛等蔭注。該老屋坡左右岸田（以二坵爲限）老屋坡山塲，據該兩造邀集團保耆紳查照，陳常福等契註周圍老溝從新定窖界石，以資遵守。凡在陳姓山界内各墳塋，無論祖墓、古塚，概歸陳姓管理，每墳一塚，仍照陳姓契批，周圍留餘土一丈五尺封禁保墓。至唐姓佃批該山茶樹，既於去歲續約六年，仍准照約履行。事實未明以前平毀田井、提拔界碑，彼此均多誤會。刑事處分寬免置（義）〔議〕。契據着各領歸，應補訟費銀六元七角五分，歸唐德盛等負擔。限速日呈繳。此論。

知事羅良鐸

承審員李正傑

書記員閻樹楨

民國十年十月十三日。

民國十年十月二十二日，給被告陳常福等收執。

（陳澤洋，陳常蘭纂《[湖南瀏陽]瀏西白田陳氏族譜》 1925年潁川堂木活字本）

上海王氏職思堂墓地公約

立公約王職思堂合族子姓。溯我王氏自遷滬始祖倪愛泉公生二子：長雲昇公、次雲美公。始受姓王氏，雲昇公支早絶。今世世相承者，厥爲雲美公後。越時將届三百年，相承亦有十餘世。端賴我祖我宗世澤長存，緜延弗絶，乃有今日，則我王氏歷祖歷宗之墳墓，允當共相保護，謹守天職。兹爲保存先人墳墓計，爰訂公約，共同遵守。世世子孫，各宜恪守成規，永保勿替，是所厚望。此約。

一、四世祖漢南公諱紀，墓在上海縣二十五保一區十二圖，短字圩一百九十七號則田一畝九分二釐五毫，一百九十八號則田二畝一分一釐七毫，地名望海墩，方單户名王起，丈見實地共四畝二分三釐三毫。此墓主穴爲漢南公。

二、四世祖宸章公諱綸，墓在上海縣二十五保一區十二圖，短字圩二號，地名望海墩，方單户名王四六，准田一畝零三釐一毫，計合則田二畝零六釐二毫。丈見實地三分三釐。此墓主穴爲宸章公。

三、五世祖政三公諱得仁，墓在上海縣二十四保二區方十二圖，方字圩三百五十六號，地名望大橋，方單户名王超。則田二畝五分三釐四毫。又張士奎户，則田二畝九分一釐三毫，丈見實地共五畝四分二釐二毫。此墓主穴爲政三公。

四、右列三處墳墓，均爲我職思堂王氏合族共有之墓，即墳旁餘地，亦爲我職思堂王氏合族共有之地。凡我王氏子孫，無論何人，不得分割及移轉抵押。

五、前條所載墳墓之方單，仍歸道房暫時保管，將來如欲移轉管理權，則應由闔族公推殷實可恃者繼續保管。

六、不論王氏尊長卑幼，如違反前條之規定而發生分割及移轉、抵押等情事，其所立契約無效。

七、如有王氏合族以外之人，擅將上列墳墓或墳旁餘地，發見有侵佔或盜賣之行爲者，我王氏合族應一致合力反抗，以達到排除其侵佔盜賣之目的爲止。

八、墳旁餘地所收之地租，自民國十六年爲始，由八房輪流收取，專供修理墳墓及完納忙漕之用。忙漕版串，亦由八房輪流保管。從孝房爲始，每年依房次而遞推至於德房爲止。周而復始，永遠保管。

九、春秋祭埽，仍照向章辦理。今公同議定，自民國十六年爲始，按照八房輪祭輪埽，其有自願另行祭埽者聽。

十、以上各條，凡我族人均應嚴謹遵守。如有違反此約者，以不孝論。

十一、現因分析職思堂王氏合族公共住宅一所，業已公定一族爲八房。又以孝、悌、忠、信、仁、義、道、德八字冠其房次。

十二、本公約成立於上海陸家浜本宅。共繕八紙，除每房各執一紙外，並刊入家乘，以垂萬世而昭遵守。

中華民國十五年五月二十日(丙寅四月初九日)立公約。

職思堂王氏第十世孝房鋐聯[印]

職思堂王氏第九世悌房錫增[印]

職思堂王氏第十世忠房鋐聯[印]

職思堂王氏第十世信房鋐燮[印]

職思堂王氏第十一世仁房賢清[印]

職思堂王氏第十世義房寶崳[印]

職思堂王氏第九世道房澍增[印]

職思堂王氏第十世德房鋐熙印、鋐燾[印]

證明律師狄梁孫[印]

繕約竇仲昌[印]

(錢基博纂修《上海倪王家乘》 1927年中華書局鉛印本)

江蘇太湖西源里王氏端三公墳山義約

立議約端三公支下代僐、代備兩房裔孫等，情緣我兩房世居西溪灣，公共墳山數處。代備公支下多遷冶溪洪堰沖，相距五十餘里，對於各處墳山照料不及。今議除老屋左右龍虎山樹木出息，歸祖堂香燈費外，其後開列八處墳山樹木，我二房公長公蓄，不得私伐私拚。倘有公事需費，我二房公同協議出拚。如違論處，立此議約，載入宗譜，永遠存據。

計開：

一、薛義河鳳形，一、薛義河黃絲坳金盆架，一、羅公沖大小蛇形二處，一、羅公沖黃龍出洞，一、羅公沖龜形，一三湘水月形，一、渚洋坪金星該山右首係代備祖支下私山，一、象獅嶺鳳形及江家嶺蛇形係與端五公公共山。民國三十年辛巳七月二十四日，立議約端三公支下裔丁振新、叔興、佑云、熙詳、和三、俊文、雁書、和連。

立議約王愛吾公支下裔丁等。情緣本公遷居東山嶺數百年於兹，現人丁亦達數百。雖散居各處，而列祖列宗墳墓及香火神堂在此，永爲本公支下根本之地也審矣。但人事複雜，(興)〔馨〕香樵採，有破壞而無建設，對於墳墓及水口各處，童山秀嶺，極目難堪。不有維持之法，曷昭追遠之忱。兹議將大溝水口山及各處祖墓山一律封禁，屬於各公者，仍各管各業。惟大溝水口，永不剃椏砍伐，其餘各處祖墓、山場，各公以五年一拌爲例，拌時須共同酌議。平日不得擅自侵犯，如故犯者議罰。條件另列以示。兹將水口界址各處祖墓山場坐落，開列於后。爰立議約一紙，交經管人收執，並註譜存照。

一、愛吾公燕窩嘴山場一片，其界照貞元堂捐字管業；

一、華卿公大溝口左邊山場一片，其界上憑山頂、下憑竟成田，直下抵二到水口，左憑獾子崖子崗，分水直上，抵山頂，右憑本公接捐山；

一、華卿公大溝口右邊山場一片，其界上憑山頂，下憑河心，右憑來儀公山，左憑水口内子埂，直上抵山尖；

以上三處，屬於永遠封禁，永不剃椏砍伐者。

一、愛吾公老屋後墳山一所，又白虎嘴墳山一所，又馬谷林墳山一所，又企嶺墳山一所，又後頭灣日形墳山一所，又太子庵墳山一所，龍虎山在内；

一、華卿公羅公山墳山一所，又沙壠塘墳山一所，又後頭灣月形一所及各處小塋地，又彦雲公祠右邊山一所，又西溪灣月形墳山一所；

一、在川公老屋後座山一所。

以上十二所及大小塋地山場，屬於五年一拌者。

民國三拾年夏曆七月十八日，立議約王愛吾公裔丁竟成、春聯、福民、理文、俊茂、曙初、熙緜等。

憑族房長拔羣、在儒、遯舫、叔興、節行。

子木筆。

（王延祖纂修《[江蘇太湖]太湖西源里王氏宗譜》 1941年木活字本）

五、祀會宗族組織

湖南湘潭韶山毛氏清明會八十祭會

祠堂公捐清明會碑

昔先王崇報本之義，士大夫則有廟，庶人薦於寢，及唐重墓祭，宋立宗祠，祀典之重，所由來也。吾族本西河派衍於滇，分支於韶，散居他處者，遠而難聚，世處中湘者，近而易萃。丙辰歲修韶山譜，丙子冬，又合族建祠。迄今清明祭掃，羣焉畢集。登堂而如在焉，誠吾族善舉哉。然祠必有祭，祭必有費，出於公則易，出於私則難。未立祠，先或積銀穀，或置田畝，各祭於家，殊非睦族之道。戊辰秋，衆等公議，共捐穀會，願入會者，書名登簿，建倉於祠。春放秋收，權其子息，以爲祭費。定例六人經管，輪流祭掃，已有年矣。值兹蓄積漸饒，宜立永遠之規，世事難憑，當嚴善後之法。是以今夏合議勒石穀數，依簿照刊，循例經營。倘有餘蓄，不得覬覦瓜分，或置硯田，俾孝子賢孫有所鼓勵，庶詩書傳澤，爲族之光。而尊祖敬宗之意，亦永垂不朽云。

計開衆議規例併捐穀名數於後：

一、是會定例，以每年清明日於祠内致祭，輪流主祭者先期辦理内外祭饌，務期豐潔。在會者咸集，排班行禮，共展誠敬。祭畢飲福，尊卑長幼以次坐，輪交下首，盡歡而罷。其各私會於祠内致祭者，或先期或後期，不得紊亂。

一、每年清明前十日，倉收憑户族照行市估發子利穀若干，付輪流主祭者，備辦祭費、紙札等項。務即時現量，不得東算西抵，庶不虧主祭者。

一、經管擇在會者六人，爲倉收。三年一换，必視其家殷寔老成，可貼賠者。一有不稱，不得領職。

一、每年生放定例，加三子利行息。無論外姓、本族，任聽倉收經理，他人不得攙入。庶權有專屬，倉收得竭力營辦。倘有拖欠，倉收貼賠。

一、放借之期，或春或夏，借者先呈帖於倉收，以便約日發穀，庶清白不紊。

一、每年收穀之期，定例八月初二、十六，倉收先期傳催。至日憑衆清算，量交入倉。

一、每年發借對倉車出，收時對倉車入，庶杜into稴之弊。倘濕雜泥灰芽頭，倉收不行細看，狥情濫收，在倉腐朽，倉收貼賠。

一、每年收穀期届，倉收務竭力催齊，不得聽借户延捱轉借，庶免上年墮下年之弊。或一有此，倉收貼賠。

一、倉收經管此穀，極是難事。況近今時世艱難，入會捐穀，亦不得已。或有拖欠，倉收貼賠，何常不有一番重責。故生借之人，或在會者，或未入會者，或外姓，務先立帖付倉收許可，然後約日領穀，不得恃尊凌卑，恃强凌弱，及取討之時，尾大不掉，反加辱詈。一或有此，即報稟户族，唤祠公處。無論尊卑，決不容情。

一、倉收放借，必視借户或有田業，或有的保，方可鬆手。若無田業的保者不得濫借，庶免自己賠累。

一、或有自恃在會捐穀者，於倉收取討之時，庇護欠户，代爲轉借。夾生作梗掣肘者，倉收稟報户族，唤祠公處，決不容情。

一、倉收經管此穀，務必每年生借，方可供一年祭費，若恐若煩惱，或穀米不行，逐加收煞者，加三子利，倉收貼賠。

一、已經捐穀入會，即爲祖宗祭祀之資。或有因自己窘迫，一借到手，反云自借自穀，圖賴不還。户族同會唤祠公處，決不狥情姑貸。

一、倉收交换，憑户族及在會者眼同清算，接領本穀若干，三年内子利若干，每年開除祭費及修倉、守倉、收放日點心、車(失)〔夫〕等費若干，現在存倉本利穀若干，照單如數量交下首。上首立遺交下首具領。帖中押合同，交收方可脱卸。不得指東話西，二三其説。有名無實，庶免下首紊亂之弊。

斐石、書紳、中立、運淇、子成、緒黄、價人、漢星、秉厚、運淋、雲鶴、雲孫、體仁、龍章、楚玉、六吉、有章、若則、亢宗、正音、聲玉、乘殷、咸長、在中、甸候、豈凡、明揚、必榮、叶瑞、衷理、若鰲、宗孔、方肰、庭植、越凡、三命、子平、思朝、運洽、鄭川、仍黄、子質、金如、衛封、運深、作仁、大武、子伊、萬正、揆一、運洵、君達、運簫、景江、九牧、錫美、運潢、元升、運達、岦峗、於朝、師遠、運洪、星翌、大有、宗魯、清冕、克明、運溥、子聚、超萬、運升、自達、克家、運濂、上九、公谷、際迥、漢瑜、岐崖。

乾隆三十八年癸巳仲夏月上浣穀旦，户族次琦、體仁、育萬、金如、闔族同會公立。

右係原碑刊載原名，自乾隆迄今，其間原名或悲伯道，或管不及。類多將祖捐名出頂與房與族承管，得受頂資以自養者。承頂者，執有頂管約據，入會飲福，會衆無得異言。此原名無更改而頂管幾成定例。附識於此，以示後知。謹書。

摘録八十祭會條款餘照祭簿條例

一、我族挹韶靈之秀，慶啓瓜綿；沔湘水之清，喜延椒衍。乾隆初，爾達、彝生諸公，念族大人繁，非譜無以聯族。乾隆中體仁、次琦諸公，念源遠流長，非祠無以敬宗。於是譜修祠建，復念非祭無以篤恩，倡捐清明祭會。迺祠譜甫畢，派捐形難，未獲登高一呼，萬山皆應之樂。入捐者收八十名，逐相傳爲八十會云。

一、公項蓄積日饒，置立公産，歲租日增，公資日裕。先人之亨祀日隆，後人之蒙福日厚。章程日定，規模日新，有至善無弊焉。相沿日久，不無廢弛變更。兼之風不一古，人各一心。前輩之章程，率由者鮮矣。用是傳集會衆，再三酌議，整頓舊規，洗除陋習，以昭一定，以垂久遠，俾世世子孫咸遵循焉。

一、祭器務宜珍重收藏。經管接領之時，務宜當衆清點，批立交單，以便遺交查核。

一、主祭照八十老名，不拘房次。每年派定四名主祭，每年清明祀期，照簿開列。明年主祭四人，名目懸貼高堂，以便知悉。

一、祭費由經管發給。主祭者先期赴經管處領取錢穀，預備祭用，免致臨事掣肘。其祭用各物，時值不一。任經管照時價發給，亦不得故爲短少，主祭人亦不得故爲多取。

一、捐名八十，闔族五大房均各有名。後起遵照先祖捐名赴祀飲福。歷有原名書牌，任各領取原牌赴席，庶免混濫。

一、各房各祖在昔樂捐,原爲久遠存祀立計。然盛衰無定,興廢何常。昔日碑刊捐名,或子孫他徙,或後嗣乏絶,任親支領牌赴飲,承名主祭,親支無人,任近房經理。親近俱無,任經管代爲兼理。凡屬承名代理者,務宜代爲祭挂。捐名無後,墳冢如有徒,貪餘惠閾,充主祭飲福,不爲祭掛荒冢者,公同責罰,將捐名充公。

一、捐名後裔,有因孤貧老病,將祖宗捐名出頂,與人承管,得受頂資,度日了年者。然事實出於不已,豈可援爲定例。若非孤貧老病,不許擅將祖宗捐名出頂,以滅祖祀。至孤貧已故,捐名尚存,不許格外人等冒頂出入。如違,分别處罰。

一、是會當日,前人捐立。名雖八十,而闔族五大房均有捐名,實爲通族祭會。迺相沿日久,不無苦於限捐名而執爲定例。爲經管者理宜出持家之心,而盡掌公之道。公儲日富,即宜會商會衆,舉行續修宗譜、重修祠宇。開祠入主,以爲一族光榮之務。凡屬會衆,務宜贊襄其美,不得藉捐名阻撓公事。

一、公項饒裕,永不許覬覦瓜分,肥私廢公。或行倡族建立義學,創設育嬰養濟,觀風獎賞,得以借此公項爲起手舉行之資。如有不肖從中把持經管,理宜不狥情面,不避嫌疑,秉公理處,以成美舉,庶我會衆,上承祖先之捐,爲一家之貽裕;下推福蔭之遠,爲一族之善緣。班班輩出,尚體信之。

闔會嗣孫同識。

(清毛祖星《[湖南湘潭]中湘韶山毛氏二修族譜》
清光緒七年西河堂木活字本)

湖南湘潭彭氏中元會序

蓋聞陰而不陽,萬物不生。陽而不陰,萬物不成。故男女構精,萬物化生。此生生所以不息也。然亦有不幸爲天所阨,而不免缺陷者。或偶而不産,或産而不育,百年之後仍悲不祀,甚或少壯未娶,老而鰥獨,形單影隻,抑鬱而無與語。洎乎一棺長戢三尺,且無與保鬼,猶求食其不餒,而即謂春冬二祭,可祔入祠,中元則無所依歸。長逝者魂魄私憾無窮期矣,豈不痛哉。余等因此與族酌議,每歲中元經管先日入祠,書無祀宗親牌位,焚香禮接,至期辦酒食楮錢,命子弟知書者數人,在祠致祭,封包焚衣,以慰孤魂。庶幾無依者有依,無嗣者不啻有嗣矣。

時嘉慶十五年庚午歲春月上浣吉日,日升、爲光同譔。

(《[湖南湘潭]中湘彭氏六修族譜》)

湖南瀏陽江佳洲周氏會

瀏東江佳周氏會序

會者費也。歷年祭掃之費，所取資於是也。前清諱言會。故曰某某費、某某祀。然會有公有私，有因柝箸留存以爲會，有按房按名醵錢穀以爲會。會也者，上爲祖宗、下爲子孫，皆孝子仁人之事也。會而有序，所以序其緣起，以免互混；序其本末，以杜爭端，俾後世子孫率由舊章，永相承而勿替焉。

培源會序

培源會者，實仿自清光緒丁丑修譜之歲也，我族自築室於斯，原有族會，雖莫考其所始，而觀其所分，除歷年祭掃之外，亦似尚有(嬴)〔贏〕餘。道光間因小忿竟分而三焉。所謂三者，乃艮文、艮明、艮興三房是也。後三房雖各自致祭，不過塞責而已。有識者莫不深爲浩歎。至光緒丁丑，族議修譜，舉從堂叔理堂先生爲主修。叔語余曰："族會且分譜修，何爲欲修譜，必先起會。族衆莫不樂從。"先是文公生三子，曰維遜、維讓、維謙，明公生三子，曰維新、維珍、維商，興公生二子，曰維清、維吉。所由三大房分爲八房矣。乃按八房各捐錢五串文，又於翁祖母墳山内售樹錢十串，湊成五十串，舉余領之。譜將竣，余語叔曰："區區數十串，何能爲力。"叔曰："我亦籌之久矣。下橋頭荒洲一障，原係三房分管之業。我房已成田數年矣。我房不惜現成之田，彼二房豈惜荒洲，闢而墾之，共可收租十數碩。族亦樂從。繼又於祠堂門首之大塘，將余所領之錢買而成田，亦歲收額租二三碩，而會遂復興。越丁酉，余又於橋頭下之洲已成田者，勸各房合而歸之，修培植樹，可作祠宇之保護，亦可歲收租谷二碩。然會雖成立，而春冬二祭用費仍形支絀。嗣又另起滋培會而分任之。以此敬宗而宗無不敬，以此收族而族無不收。冀後起者踵而承之，竭力維持，自必愈增愈盛，馨香有賴，諒歷祖無不含笑於九京也。

民國八年己未冬，嗣孫漢雲謹序。

滋培會序

滋培會者，乃所以滋長培源祀之謂也。我族自來瀏以來，原有祀會，後因族黨不睦而分之，其顛末悉載於培源會序。而培源會實起自光緒丁丑冬也。會既初成，醵錢無多，産業有限，擔任春冬兩祭。是以灌獻之際，堂下拜跪寥寥十數人，器具則鄙陋弗堪，殽饌則菲薄已極。迨至旋酬合食，拮据支絀，殊屬可哂。好義者莫不浩歎，是以合族商議另起一會，以分培源祀之任。培源會任春祭，滋培祀任冬祭。兩會相輔而行，庶幾少有羨餘，不致興餒而之嘆。議既定，公舉明滄、昭昇、明享等集成其事。共計八十一名，每名捐穀貳斗五升，共計穀貳拾碩零二斗五升，故名曰“滋培會”。此滋培會之所由來也。每值大比之年一舉行，不敷則按捐名派小費以足之，以此滋而培之。諒列祖莫不欣然許焉。惟望後起者，穆然而思起會之緣由，毅然而念集成之辛勤。矢公矢慎，竭力維持，則馨香有賴，享祀不忒。祖宗之幸，亦子孫之幸也夫。

秋嘗會序

木之始生也，不過一萌蘖耳。然及其大也，則薈蔚輪囷，往往出人意料之外，而足壯觀瞻。顧非日積月累，則亦不能至此。凡物皆然，而況於醵錢成會者乎。我族向無秋祭。因清宣統庚戌年修整神堂，余與諸同事於仲秋之夕，星稀月朗，坐談時事，曠懷往哲，不覺秋氣淒涼，露欲爲霜。吾因之有感焉。旋語諸同事曰：“吾等用費不敷，莫若起一秋嘗會，每名捐錢貳串，以壹串爲會，以壹串助修整。殆亦不無小補。”於是毅然行之。共集得六十□名。按名置銅牌以爲信。每逢秋分致祭，現交者當歸祠用，爲會者陸續收取。除明年舉行祀典外，所存雖屬區區，而基礎已立。竭力居積，自不難愈長愈高，愈增愈盛。竊嘆杜子美《古柏行》所謂“霜皮溜雨四十圍，黛色參天二千尺”，蓋可爲預卜矣。

民國八年己未季秋，漢雲錦吾氏誌於育英小學校。

艮文公會序書後

世嘗謂凡事之興廢，莫不有數存焉。余則謂不盡存夫數，尤必在夫人也。人而大義昭然，雖數之當廢而猶興，人而私心自用，雖數之當興而必廢。有如我伯祖艮文公祀會是也。文公生三子，長維遜、次維讓、三維謙，讀原會序，乃知道光間因族會分三大分，各自致祭，乃商立斯會。遜、讓二公各五股。謙公二股，共十二股，爲會以祭。後以培源會興，而斯會之祭遂免。凡合族大公捐兑各費，莫不各自私其所有，咸取給於斯，而會遂歸烏有。嗟乎，急大公而戕小公，君子不取焉。今幸有好義之遜裔明彬、讓裔明湖、明懷等，思貽謀之遠大，傷血食之餒，而因謙公之後不傳，遺存黄絲巘山場一面歸爲會，又於大荆衝李祖母休穴售錢一十六串，横衝文公墳山房内進葬者，每穴收錢三串二百，湊爲會。自後一律禁止。文公之會於是乎復興。兹届續修族譜，湖等問序於余。余爲之書後曰：前車爲後車之鑒，無蹈故轍，無懷私意，同心維持，烝嘗勿替，而祖宗在天之靈，自當默佑於無窮也。

民國八年己未仲冬，漢雲錦吾氏書。

艮明公會序道光己酉年

榮謨命孫昭先

嘗思仁以率親，義以率祖，未有仁而遺其親，未有義而忘其祖者也。我曾祖艮明公、曾祖妣朱孺人，生子三：長維新、次維珍、三維商，翼子貽孫相傳勿替。迄今農服先疇，士食舊德，莫非祖澤之遺。曾祖考原葬達滸市之上大礫遂，名曰牛形，曾祖妣原葬沿溪橋之大荆衝，名曰人形，又曰飛鳳形。道光庚子歲重修曾祖艮明公圍墓。墳山原植松樹，固願世世子孫，勿剪勿伐，永爲表記。近因無耻輩出，難以蓄禁。是以合房商議，將樹出售，以所售之價錢貳拾捌串文，立費生息，以備修墓祭掃之貲。禮緣義起，義本仁生。以此率祖，以此率親。爲之前者，既有美必彰，爲之後者，亦有盛必傳。務宜有始有終，維持斯費，無侵蝕、無耗費，積少成多，指顧來許，恢緒充閭，豎表建坊於兹，有賴先人之幸，亦後人之幸也夫。

艮興公會序光緒三年丁丑

竊聞人之有祖，猶木之有本。祖宗之本既深，子孫之枝葉必茂。既有祖宗，必有子孫，有子孫，必有血食。如我祖艮興公，原與諸昆仲卜居江佳洲，建宇立業，由來久矣。迨至大高祖維清、維吉二公，焜耀前徽，而興公之血食馨香有藉。無如後嗣遷徙靡常，人心不一，祖宗之血食幾不堪問。道光二十六年丙午，因鳩我維清、維吉二公子孫派貲立費，公舉老成人經管。其地名江佳洲掛垢田，種穀四碩，出備時價錢壹拾陸串文，每年收租穀貳碩正，以爲興公血食之貲，將所收之穀，除逐年祭掃外，核算餘存，積少成多。自是享祀不忒，指顧來許。恢緒光前，可操券待也。先人之幸，亦後人之幸也夫。是爲序。

維讓公清明會序同治十二年癸酉

顯　導

從來物本乎天，人本乎祖。故知木本水源，而人之世系明矣。我祖自江右來瀏，落業江佳洲。其根既深，其葉亦沃。至我曾祖維讓公，生我祖有五：長秉鎬、次秉釗、三秉鑑、四秉銹、五秉鐸，其克紹前徽，筆難勝述。第我五房班班輩出，要莫非我祖積累所致。用是會同妥議，集成一費，名曰思源，祀以報我曾祖之厚德。自兹以往，我房兄弟子姪，當深木本水源之思，務宜竭力維持，毋得有初鮮終。幸每年除祭掃用費外，所存餘息，陸續置産，契據確存，永爲世守。庶子爲孝子，孫爲賢孫。今日之子孫，即異日之祖宗，以祖宗之産業，綿祖宗之祀事。遞嬗無窮，他日建支祊、續譜帙，將無不基諸此也。

維珍公會原序嘉慶十九年甲戌

室　輔

從來人本乎祖，未有忘乎祖者也。忘乎祖，則亦安賴有子孫哉。所以報本返始，首重祀典。即修譜建祠，亦孝子仁人分内事。予族向有烝嘗費，先人苦志積成，後墮於不肖子孫之手，致費消歸無有，而祀典、修譜、建祠數大事，皆有志未逮焉。切思我祖考皆有功德於子孫者也。忍坐廢其事，莫展春露秋霜之念乎。爰是鑒前事之失，爲將來久大之計，顯祖維珍生我父、叔三人，長秉翱、次秉珻、三秉瑜，勤儉成家。除分拆外，尚餘公田，鳩集三房議妥，將閣老灣祖墳圍墓田畝半，以作祀田，祖三石三斗，又將下洲田畝半，輸作租貳石三斗，二處租穀集成一會，每年共收租穀伍碩陸斗，歸入會内。其穀輪流經管，長年加貳利，每於冬至日交清。備牲醴以享先靈，設私燕以領神胙，務宜矢公矢慎，將來愈積愈大。不數年而譜牒可修，即立祠宇亦於此會預期有成也。《詩》云：“靡不有初，鮮克有終。”獨不思今日之子孫，即異日之祖宗，以祖宗之田，綿祖宗之祭，則祀無血食之斬，鬼無餒而之傷，事莫善焉，孝莫大焉。繼自今後人賢神明其意，擴而大之不爲過；即不賢，亦當恪守其法，不得希圖侵蝕，一悮再悮，大傷祖考之心。慎之哉，尚其存孝子慈孫之念，無甘爲覆宗絶嗣之事。庶幾善體予意，祖宗之幸，亦子孫之幸也夫。

珍公祠續序同治二年癸亥

顯文命男昭經

嘗觀莫爲之前，雖美弗彰，莫爲之後，雖盛弗傳。溯我曾祖維珍公，暨曾祖妣林孺人，生我祖三昆仲，垂燕翼、擴鴻圖，允爲裕後。祖後曾祖考妣卒，合葬於灘頭上，地名石板橋之閣老灣，圍墓田畝半，存爲血食。又江佳洲上橋下堤外荒洲一障，洲尾下墾田畝半，佃租生息，積成一會，名曰“奉先”。除歷年冬祭用費外，餘息陸續增置田産，迄我三房兄弟子姪，亦皆率由舊章，未敢稍懈。將每年祭費核算，逐一概訂老簿。第念先人日以建祠、修譜爲念。惜皆有志未逮。今我珍公支裔老成凋謝。幸吾與從堂兄顯顥、顯簾尚存。若不速爲倡建支祠，將先人之志願莫遂，其何以對先人而無慚。歲壬戌，督諸姪輩等鳩工庀材，祠幸落成。上體祖宗貽謀之志，下展子孫克篤之心。培源固本，飭紀敦倫。但我珍公所立斯費，惟每年冬至一祭，而掃墓之祀，皆各自舉。因再集商議，幸皆樂從。遂三房各公捐出田穀種六碩正，歸祠佃租，永爲春冬二祭之貲。自兹以往，務宜愈加維持，即今日之支祠能建，他日之譜帙可修。後起者善體予意，即善體祖宗之意，是予之所厚望也夫。

珍公祠再續序

漢雲誌

側聞春露秋霜，君子增悽愴之感；水源木本，生人切報反之思。凡屬孫曾，豈忘祖考。第積資不厚，則薦享維艱。此若敖所以致嘆餒，而詩人所以興歌終窶也。我祖維珍公淑配林孺人，螽斯錫慶，燕翼貽謀，派起三房，孫枝盡瓞綿，椒衍薪傳。累代祖澤則霽月光風。然而孫子既覺雲興，祀事難緩須臾。瘞玉閣老灣圍墳之墓田堪稽，奠居江佳洲分存之公業，其在爲高有藉。祀費斯興，漸增膏腴。簿訂三册，别建專祠，特開一面，即其舊款加以新捐。每逢祭先之日，共效燕毛，即掃墓之期，咸欣聚首。誠所謂善作竟能善成，漫云有初鮮克有終也。詎料禍起不虞，突來侮我之遭，變出非常，竟肇官司之累。訟連兩載，金費數百。雖馨香依然上薦，而會事未免中落。幸合房克紹前徽，能承先志，照舊章以經營，罔敢或懈。擇妥人以總理，漸復其原。舊簿久經書完，新總今始訂立。其中未登載者多，歷年所經，核算者迭憑大衆賬單。當雖彙謄留遺，久難查集。既經散逸，均作故紙。由是祀典攸隆，一堂雍睦。宗功復振，百世榮昌。雖祠患蟻侵，不難卜吉改作，而事在人爲，自必有志竟成。聊陳顛末，並列規條會號。奉先原無忘昔先人創始之意，代多賢士，尤當宏億萬載裕後之謀。是爲序。並附規條十四則

一 議公舉總理一人、襄理三人，三年一换，不得戀辦。或經理最善，至公無私者，則公同酌量留充，不善者不待三年，即行革退。

一 議首士經理錢穀多少，出入必須載明暫記。逐年俟冬祭後，會核互登總録。毋得私行擅註。

一 議會内錢穀董事，不得狥情私發，或房中有以産業書契售賣者，亦必會有贏餘，産價相若，則可行權。

一 議會内錢穀，各房子孫不准借貸。倘有恃强索借者，公同處罰。

一 議發放錢穀,或有濫借不能還償者,即問經理賠補。

一 議冬至祭祖、清明掃墓酒席用費,均宜儉約。惟祀祖之物,則宜從厚。

一 議春祭定期二月十五,冬祭定期冬至前日。赴席人數,原有定額。合房務宜按小房酌派,不得增多減少。仍須衣冠整肅,預早至祠與祭。其執事人員,聽首士酌量先期另請。

一 議收租每年定期七月十一。是日珍公生辰致祭。至晚以便齊集迎接公婆。

一 議會内租穀本年不准變售,亦不得蔓賣。必待來春相時而動。倘遇凶荒、青黄不接,或碾米,或發放,仍可隨時會商酌量而行。

一 議會内所管山場准子孫擇吉安葬。其遷葬之穴,横直不得過二丈。倘異日不葬休穴,亦不得佔踞,並不得預營生基。

一 議經理三年交卸,以冬祭爲限。必須會算清悉。錢穀總簿,以及公慎堂銅牌,一概上交下接,不得措留。

一 議會内碗盞、棹櫈、什物等項,子孫不得擅行搬用,即有喜幸事故,亦必問董事經手,事後即行送還。倘有破壞,當需賠補,無容推限。

一 議會内所捐達滸公慎堂一名,原有銅牌,保森會一名,達滸兩等小學、崇文祠與維讓公合捐一名,逐年酒席,必須值年人赴。

一 議異日祀會充足,除修理祠墓外,其教養恤一切應爲事宜,均可隨行議行。

以上各規條,我三房人等務宜懔遵,無容率易。

維新公會序

民國八年己未,續修族譜,命余詮次,有大高伯祖維新公裔明來、明有、明貴、明克、光前等,以新公會序請曰:"我祖維新公、祖妣蘇孺人,生五子:長秉剛、次秉乾、次秉班、次秉坤、次秉理,原先雖微有祀會,放棄已久。同治初,修理鎮頭馬家洲蘇祖母墳,除用僅存錢四串八百文,各房分領。至光緒庚寅,始行收楚而基礎以立。旋又於先年各房合買祖祠。正房我新公房僅五名,房族勸令我房無名者備錢歸有名之裔。自後該屋租按分至我房者,歸新公會以益之。甲午秋,改葬豬盆山新公墳塋,合房以會資不厚,議每丁派錢壹百以助之。由是日積月累,至己亥冬,始陸續買就許家園吴人田山屋宇。自是春分祭掃,不至拮据。又於壬寅重建族祠,而正房因合售於族,按分屋價仍歸會收。今譜將竣矣,請君序其原委,付諸剞劂,以免後日復生事端。余乃録其言以應之曰:"君等昆仲叔姪,其賢乎哉。前輩若不放棄,如君等之培持,斯會不知若何擴充,繼自今果能同心同德,再加積累,則建支祊、修祀典,可拭目俟也。"漢雲率筆。

維讓公冬至會序

嘗思一陽來復,萬寶告成。正士君子酬先德、修祀典之時也。粤我祖維讓公、祖母劉吉孺人,生五子:長秉鎬、次秉釗、三秉鑑、四秉銹、五秉鐸,翼子貽孫可數典而忘其祖乎。先是僅一掛掃會,每逢清明合房齊集,登山拜謁,而冬祭尚闕如。何以展孝思之誠。前清光緒丙申年,又將竹山祖屋兩正廳,憑族合爲讓公享堂,而冬祭尤不可不亟亟圖爲也。於是合房商議,按名捐穀二斗五升,以爲基礎。幸我合房孫子,莫不踴躍從事,集得四十六名,共捐穀十一碩五斗。今既十數年矣。日積月累,而會遂興。玆立定規章。每遇冬至祭期,按名與祭。公舉殷實老成經理,三年更换,以杜侵漁。於戲,孝子仁人之心,誰不如我。凡我合房人等,務宜矢公矢慎,竭力維持,毋有初而鮮終,毋浪費而塞責。將見愈增愈盛,馨香永賴,享祀不忒矣。

民國八年己未季冬,嗣孫明湖、明懷謹識。

宗梅公會序光緒丁丑年

李炳豐

江佳洲周氏,邑東望族也。代有偉人,難更僕數。今冬周氏諸君子聚族爲譜。倩予作族祠堂記。予不敏,以相知故,不敢辭。談次有輝庭者,以宗梅公清明會請序。按宗梅公乃維吉公之四子,實周氏遷瀏祖良興公孫也。宗梅舉丈夫子七:長榮信、次榮輔、次榮陞、次榮階、次榮基、次榮班、次榮道、丁口蕃衍,非宗梅公之所積者厚乎。輝庭昆仲念祖宗墓墟,恐淪落荒煙蔓草,有莫辨爲誰何者。於同治壬申,鳩集諸父昆弟酌昭字輩,各捐穀若干爲費,並將地名黄絲蠍啞子窩祖遺山場亦歸費管,舉妥人經理,以作每年祭掃貲。於戲,此固孝子慈孫事也。輝庭昆仲其賢乎哉。聊即所聞,綴數言以應。時在培源譜局。

超明公添丁會序

嘗讀詩而至椒聊之章,竊嘆生齒之盛,由來尚矣。我支祖維讓公生五子:超武、超遠、超明、超羣、超文。孫曾繼起,繩繩蟄蟄。清光緒丁丑,創修族譜,功既竣,鑒兹派費維艱,丁稿屢更,思有以善其後者,莫添丁會若也。我房於是毅然爲之。凡每添男丁娶妻者,均捐錢壹伯文,其錢送交經理,並將該丁係某人之子某、諱某、字號某、生庚、該妻某處某人之女,某生庚,報明登册。故丁亦捐錢五十文,殁葬並宜訂明,生女改葬不捐,亦可彙報,庶異日續修譜牒,不惟派費無虞,尤且丁稿不致乖遺。詎人心不齊,行之數年,遂按而分之。當我超明公房分得穀九斗七升時,我父與堂叔昭模、昭性等議,公存而生息之,倣照舊章而行,因曰超明公添丁會。由是日積月累,創置田山,則此日之續修有資,他年之推廣可望。將見鳳毛濟美,麟趾呈祥,可預卜矣。今幸修輯告成,謹敘原委,載諸家乘,以垂不朽云。民國八年己未仲冬,玄孫明懷謹識。

超明公春分會序

聞之張南軒云:祭墓非古也。然《周禮》有塚人之官。凡祭於墓,爲尸寒食,上墓祭掃,見於六朝、唐初李、沈諸詩。抑又考之,王制有田則祭,無田則薦。秦以後,此典廢墜。雖卿士大夫無圭田。我等修祭掃禮,非素有蓄積,斷不能供歲事、計長久也。我高祖超明公之春分會,創自同治間,將祖遺微業,變售生積而成。公生六子:長榮瑞、次榮班、三榮秀、四榮鼎、五榮陞、六榮才,定期每逢春分掛掃,具鋤畚、斬荆棘,缺者補、塞者闢,庶不至霜烈雨侵,渺没暴露也。惟是祭掃原有定例。先是原六本房,今二、四、五房,不傳踵而承之者,惟我大、三、六房,雖二、四、五房傳聞有下會之説。批載合約,一並取銷,永爲明公祀會。我大、三、六房,尤不得歧視也。不愆不忘,年年封馬鬣於佳城;適彼適此,處處奉豚牲而祭拜。如是則血食同歆,孝思稍展矣。邇年來置有産業田山、屋宇數契,尤賴各房子孫同心維持,慎始慎終,日積月累,異日建支祊以妥先靈,莫不於是乎在。是爲序。民國八年己未仲冬,玄孫明湖謹識。

艮明公續訂祀費簿引光緒三十四年戊申

理堂誌

《大學》云:"事有終始,知所先後,則近道矣。"凡有始則必有終,既終者又必有既續焉。我大高祖艮明公昆仲三,自康熙間隨母由江右遷瀏東五都,卜居江佳洲。嗣後支會派衍,各處立業,洵巨族也。聞昔三公分析,曾未留存祀產,祗存有老屋三進。今改建族祠,又以昔之祖宗血食,無從籌措,至我支祖艮明公生子三:長維新、次維珍、三維商,於乾隆間,價買達滸上地名大滄遂山場一處,喝名曰牛形,安葬明公,永爲墓地。後列祖將該山遍種松樹,蓄禁森然。遺裔世守,以爲表記。時道光間,風俗不美,難以蓄禁。合房集議,將圍墳樹留作墓樹,以外一概變售。除復栽樹費用,實存錢二十一串八百五十二文。公舉祖考榮謨公管理,生息成費,永爲明公蒸嘗之需。由是訂費簿三册,三房各執一册,輪流管理。每年出入面算,登簿以成,規額立案成,祀乃有始而有終。今簿頁書滿,應宜續之。余遵照舊章,新訂簿頁三本,仍三房各領一本。務宜珍重輪管。外加訂總簿一本,公選三房老成一人,立爲總理,將一年出進散數,照簿核算,隨注總目,以杜乖錯。至老簿三本,憑房封固,並附契據票約入櫃,概歸總理收領。倘有董理,不肖應隨時公舉報换,將各據上交下接,矢公矢慎,無容希圖侵蝕,以干公處。將見蓄積贏餘,建支祠、行養教,皆光前裕後之事。而無容畏其難焉。但余自祖父三代承舉總理,迄今五十餘年。自愧未能大立祀業,惟始終如一,毫無舛錯,皆可以對先人。尤冀後有能者,加功培持,終必獲報。慎勿坐視壞規,不思前人之艱苦,不圖後世之昌榮,而以苟安自諉也。列祖有在天之靈,鑒觀在上,其可不思乎哉,可不畏乎哉。是爲引。

外立條規六則

一、祭祀每届春、冬兩期,總理預先支會房從與祭飲福。各房歷有額數,毋得擅行增減。其年逾七旬以上,及讀書子弟不在額數,由總理先行柬請。凡祭品誠潔告備,飲食豐儉得宜,各執事均宜整肅衣冠,以昭誠敬。列坐燕飲,宜重尊卑,毋許喧嘩。至清明祭掃墳墓,各房務宜踴躍從事,不得潦草塞責。違者議處。

一、祠宇,祖宗憑依之所。務宜肅静清潔,非祭祀不得擅開。公所、支祠,歷議賃批外人供奉香燈,照料物件,祠内子孫不准居住,以杜爭競。至祠内棹櫈、碗盞、器具,不許私行租借。凡子孫遇有慶吊須用者,必先向總理説明。借送眼同交割,倘有破損,量物議賠。不得狥碍疏忽,違者議處。

一、簿數原訂三本,三房分領。簿頁書滿更新存舊,憑衆封固。三房照領,以備調查。不准私發。兹憑公議,新訂四本合同鉗記。總理一、襄理三,各收一本。逐年錢谷出入,憑衆核算。註盟四簿,以杜侵蝕而絶弊端。至契約定據,上交下接,移交時過目點清繕單存記,以免遺失。領收者務宜斟酌,無任霉污漏濕,蠹朽鼠傷者議處。

一、錢谷出入,悉由總理,以專責成。會同襄理妥爲籌辦,不得彼此齟齬,各執意見。倘錢有贏餘,週年一分八釐行息,由經手破補濫縫。谷有儲存,由總理襄理時價出糶。祀内子孫不得强賒壓賣。如遇歲饑,照碾米每升照市價減錢四文,分售祀内困苦,以沾祖宗餘惠。違者議處。

一、田産任總理襄理會商,遴選妥人,批佃耕作。租穀年清年款,不許托欠。祠内子孫不得私相授受，引批從場，亦不得向祀强批，免滋流弊。如祀有要公移就，由三房妥議施行。不得執見狥私，妄生覬覦。違者議處。

一、祀董公舉總理一人、襄理三人，非殷實老成，不堪勝任。公議三年一换，以均勞逸。每届交卸時，錢穀簿據，逐一交清。毋得戀管握吞，虧負逋欠。如其人公慎自持，留舉悉由公論。若支扯祀款，紊亂祀規，即行更换，如數追繳，不得瞻徇情面，致壞成法。違者議處。

（周照祥、周漢雲等《［湖南瀏陽］瀏陽江隹洲周氏續修族譜》 1919年汝南堂木活字本）

廣東順德大良鄉龍氏同義會

同義會碑記

溯昔蘇文憲捐俸廩以濟宗族，范文正設義田以厚周親，良法美意尚矣。余族自宋代始祖蜀溪公遷居大良，寖昌寖熾，莫不食德服疇，樂遊熙皞之宇。然生齒日繁，恒欲置一公項以濟不足，奈嘗業有限，苦無餘貲；祠宇雖建，而頭門暨兩廡襯樓均未創造。各會項又未滿。除春秋祭祀，及供會外，餘積無多，時形支絀。即欲周恤子姓，而力有所不逮，徒付諸無可如何。余伯兄春巖、仲兄药洲、余暨六姪薌湖，酌議合雲麓公四房，於嘉慶辛酉歲，共送出海子聚捺沙圍田壹號壹坵，該香山起徵升下税叁拾畝以爲贍族。歷十餘載，積有盈餘。值各祖設立義會，均與份焉，以廣積儲。同義會之名，遂自此始。正欲議款，舉行會計，所入仍絀不敷。復歷十餘載，力爲展拓，乃得續置土名枕村田壹號四坵，該香山上税壹畝；又香山下税壹拾九畝六分叁釐四毫五絲壹忽；又土名高沙大扣田壹號貳坵，高沙大平塘田壹號貳坵，貳共該順德中税壹拾九畝；又土名爛木圍田壹號壹坵，該香山中税伍拾壹畝；又大浪綱圍田壹號，與始祖大良會合置，未分坵段，該香山補徵起徵升斥鹵税陸拾陸畝陸分陸釐陸毫陸絲，又土名蓮塘灣圍田壹號壹坵，該香山税五拾畝。統計各田，每年所入租銀陸百有奇。勢不能再圖蓄積，惟有籌議後開條例，按款開支，以明初志。非敢謂追踪古賢，聊佐不足，以示少補云爾。若歲愈久而積益饒，是在董理者之善爲撙節，擴其源勿窮其用，使永永年代，得世守而弗替，則誠有厚望焉。是爲序。道光二十五年乙巳仲秋，二十二世孫廷梓等泐石。

同義會條例

一、議將各田畝現年批佃租銀，核計總數，不論多寡，除納糧外，分爲三股。將壹股支壽金、卷資、京行，將壹股支鰥寡孤獨，將壹股留爲積貯。

一、議壽金、卷資、京行，將三股之壹銀數，復將壹股之三成爲壽金支費，其壹股之七成爲卷資、京行支費。京行支費，送銀壹拾兩，除支京行外，後支送各卷資。

一、議卷資,除縣考、府考不支外,遇院考,將七成之銀按人數多寡,盡分送無存。生員歲科兩試,仍照送壹分,武途照送。

一、議院試年,又遇鄉試、會試,將七成之銀,除應支京行外,其卷資院試每位送壹分,鄉試每位送壹分,會試每位送四分,生監考遺才,每位送壹分。按銀照送無存。武途照送。

一、議遇無院試、會試,衹有鄉試考遺才,每位送卷資壹兩,入科每位送卷資貳兩,除支京行外,餘銀仍歸積儲。遇有會試,仍每位送卷資銀四兩。武途照送。

一、議遇有會試,無鄉試、院試、會試,卷資每位送銀四兩。武途照送。餘銀仍歸積貯。如遇是年三試俱無,其七成銀仍歸積貯。

一、議壽金將壹股之三成,按人數多寡,遞年盡分送無存。六十以上送壹分,七十以上送貳分,八十以上送三分,九十以上送四分,百歲送十分。

一、議鰥寡孤獨膳口銀,將三股之壹,除有産業者不送外,按人數多寡,盡分無存。凡鰥夫老獨,年五十以上、無子女贍養,寡婦無子女贍養,孤兒十歲以下者,按例照送。如鰥夫五十歲以下、孤兒十歲以上俱不送。如鰥獨俱備,既支鰥夫份銀,不得再支老獨份銀。

一、議遞年所有支送各項卷資、京行、壽金、鰥寡孤獨均於是年冬祭日分送。不得預支。

一、議遞　年敦厚堂值事,每位送酬金壹兩。

民國八年新定條例

新議以原定之卷資、京行一股内,七成銀數開支,京行每位貳拾兩,餘銀給學費炭金。在本省會脩業者給壹份,在京師及東洋脩業者給貳份,在歐美脩業者給叁份。京官十月在京供職者給貳份。細目詳敦厚堂條例。

同(議)〔義〕會每年分給鰥寡孤獨膳口銀兩,原爲恤貧而設。近聞有嗜利之徒,每向此等人秋祭領單後,誘令將單按揭銀兩,加取重息,甚或將些少銀兩買取此單,於冬祭日憑單冒領恤費。是令貧者不沾實惠,而嗜利之人轉得飽其私橐。甚非設會本意。嗣後凡與領恤費人等,切勿將單按賣與人。違者永遠停給,如出銀按買,及從中經手之人,係屬同姓,查出定行罰胙不貸,勿謂言之不先也。闔族公啟。

(龍景愷等總纂《廣東順德縣大良鄉龍氏族譜》 1922年敦厚堂刻本)

浙江江陽嵩高朱氏觀光會

重訂觀光會規條

先大父醇齋公,於乾隆四十二年手定觀光會章程。凡祭品私譙,以及陳設坐位,悉拈鬮爲定,聿昭公允。爾時俗尚古樸,諸事概從簡省。閱數傳,祭品猶是也,而私讌加豐矣。每席所費約錢三千餘文,無力者多形竭蹶,正在酌議從省。咸豐八年戊午,突遭兵亂,祠燬於火,會内各帳簿存起焕姪處,亦成煨燼。麒適攝篆上虞,十一月十八日卸事回家,正值冬至令節,猶得奠祭。除地爲壇不能成禮,慘目傷心,齍然零涕。次年春,族議重建寢室暫妥先靈。今年冬寢室粗就,中龕已成。先迎始祖神主而安奠焉。差忻正權姪孫鈔有會簿副本尚存,吉光之片羽,其間有遵、有改,重爲釐訂,非敢變易前人,實因時制宜之道也。

一、舊規冬至前一日,會内司事者備羊一、豬一,及香紙燭錠火炮等件,其錢會内公出,今仍其舊。

一、舊規祭品用五大碗四盤,及酒湯茶飯各拈一鬮,所備何物,及陳設何處,共計八龕,每龕一席,於冬至前一日午後陳設,冬至二更撤饌。私讌則另備席面,席坐六人,前虚其二,以戲文故也。今議祭畢而讌,仍用五大碗,盤則改爲四中碗,於冬至前一日陳設,夜間會内衆雇人人看守。冬至日祭畢,未末撤席,申初擺讌。席坐八人,俟演戲之年,再行妥議。

一、祭品九色,如雞、魚、蛋、蹄、海參、肉圓等品,斷不可少。餘或用豬腰、金鈎、魚肚等件,各從其便。桌幃椅披,現在未辦,俟後另設。

一、舊規祠内共有九龕,除中龕已有祠衆年備祭品外,衹設祭八席。今以祭爲讌。紳衿内人數較多,非十席不敷坐位。中龕議添二席,餘八龕每龕一席,其陳設某處某席某人,仍拈鬮爲定。但人數較多,肴物較薄,司席者再添點心八中碗,或切麵,或粉乾,各從其便。

一、舊規每席會内貼錢一千文。嗣增至一千二百文。今議會内每席賠錢一千六百文,庶司席者無所賠累,以圖久遠。肴品前已言及,點心必用蕎麥粿,或包子,兩八寸盤,當日另備。酒用紹酒,仍不許喝拳、竄席等事。

一、舊規司席先儘新進,及新捐之人,再及老班。新入會者先出錢一千五百文,交與會衆,再備酒席一席,名搭班。酒會内不貼錢,下次輪及再貼。

一、舊規紳衿在會者,以早遲爲先後,不論輩,不序齒也。如同歲入學者,先府後縣,先文後武固已,叔姪同歲又同學者,如姪名次在前,而叔在後,則先姪後叔,餘可類推。報捐者,以年分月數爲先後。同日捐者,則序輩數年齒。此蓋爲後日主祭地步,不得不嚴爲之辨。

一、舊規新進新捐者,必在當年入會,不得觀望遷延,有誤祀事。違者重罰。如有經商、遊學在外者,情尚可原,然必勸其入會,以昭劃一。

一、私讌必在祠内,調烹務將火爐放於東西兩廚房,不得在崇德、報功兩祠。違者罰錢一千五百文。

一、舊規冬至日致祭,先請族長拈香行禮,再紳衿。族長行三獻禮,副族長行分獻禮。今享堂未建,以一獻行三獻禮。餘儀仍照前奉行,以昭嚴肅。

一、前次會内章程,定於先大父手。事閱八十四年之久。此次重訂。麒手後先同揆若合符節,始知凡事皆有定數也。

咸豐十年歲次庚申孟冬月,紳衿長家麒謹誌。

觀光會田業

乾隆五十九年十二月,得朱建才同弟立三業,去價銀二十七兩正,朱世槐户出税乾隆四十六年報墾,墾照一併繳存。土名塘場尾,達檠山脚田一段,丈鱗字　千　百　十　號,税三畝六分一釐四毫，東西南俱至山，北至塝此號田近誤毛回，租二碩，佃郭崇倉。

嘉慶二十年得朱寬輝業，土名横路田一坵丈，翔字八千三百四十三號，税三畝六分六釐九毫，租六碩。佃何家元今伊子。土名楊家壠路，沿田一坵丈，翔字八千三百十七號，税一分三釐八毫，同處田一坵，丈翔字八千三百十八號，税二分一釐四毫。同處田一坵丈翔字八千三百十九號税五分七釐一毫。同處田一坵丈翔字八千三百廿一號税五分二釐八毫。同處田一坵丈翔字八千三百廿二號税一畝三釐七毫。同處田二坵，丈翔字八千三百廿三號，税一分六釐四毫。以上共田六號大小七坵，租二碩原租二碩五斗，佃毛崇高今伊子。

道光二年得朱言科業，土名桐墩壚底横路頂田一坵，丈淡字　千　百　十　號税一畝三分一釐。同處横路底田一坵，丈淡字　千　百　十　號，税六分七釐。同處圳外田一坵，丈淡字　千　百　十　號，税六分二釐八毫，租三碩三斗，佃徐百全。

道光五年得朱天柯天泮業，土名落家山，底田一坵，丈鱗字八千二百七十號，税一畝九分六釐五毫，租二碩九斗，佃周建長。土名佛殿青壠口田二坵，丈鱗字　千　百　十　號，税二畝，另四釐三毫，租三碩一斗，佃周建翁。土名小牢口，田一坵，丈鱗字　千　百　十　號，税一畝零七釐四毫。

租一碩四斗，佃吴維成今伊子。

道光十三年，得朱錫朝業，土名長安坂社屋，下田二坵，丈菜字　千　百　十　號，税一畝另七釐，租一碩五斗四六分，佃柴維堂。

道光十五年，得柴學俊業，土名上坂田一坵，丈菜字一千五百五十二號，税一畝一分三釐七毫，租二碩五斗四六分，佃柴高龍。

道光二十年，得周行首業，土名中路底，田二坵，丈鱗字一千八百九十四號，税一分一釐三毫。同處田二坵，丈鱗字一千八百九十五號，税二分二釐九毫。同處田一坵，丈鱗字一千八百九十六號，税五分三釐五毫。土名皮石坂九秤田一坵，丈鱗字二千七百六十四號，同處田一坵，丈鱗字二千七百六十五號，同處田一坵，丈鱗字二千七百六十六號。三號共税二畝零七釐七毫。以上共田六號，大小八坵，租四碩五斗，佃毛連城。

道光二十五年，得朱震初同弟廷晨業，土名覺海庵底，田一坵，丈咸字一千四百十一號，拍税八分八釐九毫五絲，租二碩，四六分，佃朱祖理。

道光二十九年，得毛堯天業，土名中路坂田一坵，丈鱗字一千九百二十六號，税一畝三分四釐一毫，土名尖頭田二坵，丈鱗字二千七百八十四、五號，税九分八釐七毫，租三碩八斗，佃林玉慶。

道光三十年，得朱擒藻業，土名經堂坂凹底田，大小十二坵，丈鱗字三千五百十號，税四分二釐四毫，三千五百十四號，税二分另七毫。三千五百三十一號，税六分另六毫。三千五百三十三號，税四分一釐八毫。三千五百四十二號，税五分九釐五毫，租二碩四斗，佃吴押狗。

咸豐三年，得朱作初業，土名周家村，店前竹底四秤，田一坵，丈鱗字二千零八十五號，税七分八釐一毫，租一碩二斗，佃徐日永今伊姪尚學。

以上共計實税二十九畝零三釐四毫五絲。

以上共計實租額二十八碩六斗正。

觀光會續置田業

同治十一年，得朱作孝業，土名石橋頭後門，田一坵，丈鱗字五千零九號，税一畝二分七釐五毫，租二碩二斗，佃朱繼先。土名雅儒凹底，十秤田一坵，丈鱗字　千　百　十　號，税二畝正，租三碩六斗四六分，佃朱誕先。土名雅儒樟楠壠，田五坵，丈鱗字　千　百　十　號，税四畝二分七釐三毫，租七碩六斗，佃朱雲程。

以上田三坵，共計實税六畝零五毫。

共計實租額一十三碩四斗正。

光緒十九年歲次癸巳孟夏月，紳衿長兆鰲謹誌。

重訂觀光會給胙小引

吾族自有元至正年間，始祖文七公入贅平陽，卜居嵩里，歷年五百傳，世二十，其間步蟾宫、題雁塔，遊庠入監，代不乏人。國朝乾隆四十二年間，族中尊長建議創立觀光一會，其時紳衿約五十餘人，各捐出制錢一千五百文，共計捐錢八十千之數，經營生息，漸置田産。遞年長至拈鬮辦祭，以祀先祖，俾濟濟蹌蹌，萃集祠中，所以光宗祖、裕後嗣，世世子孫，永誌勿忘也。嗣後新進新捐者，於入會之日，先交出制錢一千五百文付會内收領，終其身得與讌會，獲餕祭餘，生時固有餘榮，而没後竟毫無酬答。其於光前裕後之意，不無少歉。兹集族中公議，僉謂此中宜加體卹。於舊章不妨稍爲損益，議定遞年除完糧及貼辦祭外，所賸錢文，概行分肉。現存者給肉若干，已故者給半。果乃祖乃父從前曾經入會出錢者，准本子孫到祠領給。其在立會以前，未經捐貲者，固不得給與。即在立會以後，而反身未曾入會者，俱無給。其有雖經入會而未交錢文者，不論現存已故，其胙肉並一體無給。已故者單内仍列其名，下註不入會，或不出錢字樣。現存之未入會者不列名，入會而未交錢者，於會簿内註明錢未收字樣，以示區别。蓋此會田産，係各人捐貲所置，且道光初年，因會内田産微簿，不敷用度。現存諸友復各加捐錢一千文，伊既不曾出錢，雖經入會，會内田業終屬無分，自不應狥情混給，以昭公允，而杜爭端。庶幾我同人覩物思先，雖目前未克善承先志，而從此動孝思、樹賢聲，異日青雲得路之由，未必不基於此。則此一舉也，爲物甚微，而於鼓勵後進一道，未始無小補云。

三千文先交會内復設搭班酒二席。若應出之錢不交清楚者，仍不准其入會，即將會簿内除名。斷不狥情，以昭劃一特鑿。

同治三年歲次甲子四月，紳衿長　家麒　華　丙　振榮等同誌。

（朱熱鳴等《[浙江江山]江陽嵩高朱氏宗譜》 1938年木活字本）

湖南醴陵醴南彭氏祀會

文元公香燈會捐目碑序

吾族自祠宇修後，春秋四序，固享祀不忒矣。第寢室香燈尚屬闕如，朝夕之間室閣寂寥，殊非所以達明禋而展孝思也。爰謀族衆，均欣然引爲己責。於是按分酌捐，共醵錢壹伯串，公議置産以傳久遠，俾每年租穀選，擇端人奉持，以爲斯舉。區區微意，匪敢以邀福於祖先也。但以朝暉夕陰明發之心，或藉是以稍慰焉耳。祀既成，特泐石以垂不朽。

合族春秋祀　捐錢二十千文

秋分祀　捐錢二十千文

希堯公祀　捐錢二十千文

秀公分　捐錢十千，内云[illegible]裔捐錢二千文

坤嶽公裔　捐錢十千文

燕峯公裔　捐錢五千文

德生公裔　捐錢五千文

南塘公裔　捐錢二千五百文

添香公裔　捐錢二千五百文

時乘公裔　捐錢一千伍百文

學文公裔　捐錢一千五百文

龍門公裔　捐錢一千文

劉分公　捐錢一千文

清同治元年壬戌歲季冬月穀旦。

清光緒二十三年丁酉歲仲冬月穀旦，闔族嗣孫公梓。

中華民國二十六年歲次丁丑仲冬月穀旦，裔孫重梓。

春分會序

生人之本乎祖，猶生物之始乎春也。我祖文元公，元末由江右來醴，已四百餘年。迄今户簇簇丁鱗鱗，生齒二千餘人，其千枝萬葉，欣欣以向榮者，莫不仰公之庇蔭焉。當此二分春色，剪韭祭公，禮也。我衡、喬、川、秀四公裔，建斯會，以祀公，多歷年所，陸續置産四碩有奇，永存爲春分祀産，届期敦請輝公裔四位與祭飲福，明有親也。先期出主省牲，質明行事，專祀公，明所尊也。夫既明所尊與親矣。而以此施之於家，衆知所尊與所親，推之於族，皆知所尊與所親，儀型之於子子孫孫，莫不知所尊與所親。於是公雖近在數百年，遠在數千年以上，其明精烔烔，

樂得有孝子賢孫,雖不必籩豆以祀,猶將接公於夢寐間也。而況春露既濡,同發此怵惕之心,而執事有恪,有不洋洋如在其上,如在其左右者哉。至是會之興,賢育才族中人皆得佽助,其鼓舞人才之意,即所以維持尊親之道於勿替者也。行見由鄉舉而名標春榜,可捷足而登之。

清咸豐十一年辛酉歲冬月穀旦,春分祀内公立。

清光緒二十三年丁酉歲仲冬月穀旦,裔孫重梓。

中華民國二十六年歲次丁丑仲冬月穀旦,裔孫三梓。

夏至會序

夏之爲言,假也。養之長之,假之仁也。我祖文元公,以仁厚之澤,長養後之子孫。爲子孫者敢不比時具物,虔薦馨香,而有事於夏之日乎。我衡、喬、川、秀四公裔,自昔年捐立夏至會,每名各捐錢一百,共錢九千,共捐名九十,逐年領放生息,陸續置産,每歲届期,先日出主省牲,次早黎明享祀。照股飲福,祀費之外,必有餘貲,經管者必矢公矢慎。將見日積月累可久而可大,不惟冠裳俎豆,盥薦可以日隆,而蓄積既饒,利澤甚溥,其必有黼黻文章,光前烈而大啓南方文明之象者矣。我族其勉乎哉。

清咸豐十一年辛酉歲冬月穀旦,夏至祀内公立

清光緒二十三年丁酉歲仲冬月穀旦,裔孫重梓。

中華民國二十六年歲次丁丑仲冬月,裔孫三梓。

謹將捐名列左(捐名略)。

中華民國二十六年丁丑歲仲冬月穀旦,合祀公梓。

秋分會序

春秋祭,古禮也。三代祖星輝、星耀二公分支,耀公分承春祭,我輝公分歷承秋祭,享祀不忒,由來舊矣。第昔年祖存祀産,及樂捐公費,每歲所入,除供給外,差有贏餘。咸豐初,世情多變,匪類猖狂,兵燹之餘,祀事之未湮,殆如縷耳。幸我輝公分子孫,同申義憤,僅存犬腦下田租穀拾碩。光緒丙子,整修祠宇。公用不敷,將此田變售,衹存南分、功百分裔其琄公樂捐田租捌碩,祀日設主祔享。又合族衆山租,陸續生息,永爲祀産。後燕分時乘公裔新恩捐田租貳碩,純藝公捐田租壹碩,新久公、新慶公共捐田租貳碩,錦華公捐田租叁碩,俊華公捐田租貳碩,添柱公裔中元祀捐田租壹碩,茂才公裔捐田租壹碩,以及會内接置田租貳碩有奇,均以契據爲憑。至與祭飲福,捐租壹碩者額,是日客壹名捐租貳碩者額。先期客壹名,多可類推。兹萍邑木窜琮貴公裔新捐錢拾串額。先期客壹名,因地遠而行艱耳,南燕兩分,當祠内公務居多,用度浩繁,故與祭飲福,南燕歷承額。先期客六名,是日客六名,惟黄泥坑瀏公分、象石站希珊公分、東鄉萍邑希珍公分,各分歷額客二名。至祀事章程、承祭條規,均遵舊例,毋庸復贅。古語云:有其舉之莫敢廢也,則繼序而式廓之。是有望於後人之克念夫先澤者。

清光緒二十三年丁酉歲仲冬月穀旦,輝公裔孫敬梓。

中華民國二十六年歲次丁丑仲冬月穀旦,裔孫重梓。

冬至詒謀會敍

懿夫天心來復聿昭，繼往開來之思，一陽始生，用隆報本返始之念。冬至之宜於祭，誠盛典也。我祖燕峯公生明隆慶間，距今三百餘年，傳一十有二代，生子四：葵公、芬公、芳公、苾公，以所得族内分樹價錢十千，陸續生息，接置田産一碩有奇。爰立冬至祀，聚子若孫，潔誠孝享，名其祀曰貽謀。取貽厥孫謀之義。固望後人之繩其祖武矣。迺歷年既久，變故迭出，始則釁起蕭牆，雀角鼠牙，而産售其半。繼而鞞鼓西來，狼焰南竄，費無所出，而産復售其半，血祀之未斬殆如縷耳。幸我祖佑啓後人，否去而泰來，革故而鼎新。將所剩餘貲，接置石笋窜田山一所、大陂口大坪嶺田業，及祖居圍内下壠賀家住宅對門秀陽長坵，逐年入山租田租公，擇經理掌管後，陸續增置田産，均以契據爲憑。兹不復載。譜牒屆期，輪值辦祭，先請始祖栗主，配以昭穆，庶燕公裔酬舊德者於斯，緜香祀者於斯，介繁祉而膺景福者恒於斯。願與後嗣子孫共誌之。

清光緒二十三年丁酉歲仲冬月穀旦，燕公裔孫重梓。

中華民國二十六年歲次丁丑仲冬月穀旦，裔孫三梓。

祔享祀敍

我始遷祖文元公，由江右來醴，迄今歷廿餘傳矣。雖春秋四序，聿敦祀事，而生辰未建，亨乏專設。揆之報情返始之心，殊爲闕典。歲辛酉，族議刊修譜牒，因共謀樂捐始祖考妣生辰一祀，而以樂捐芳名配享昭穆，誠盛舉也。額每名醵錢伍千，以叁千助修譜牒，貳千存爲祀典。已没者則設主祔享，現在者則與祭飲福。仍於樂捐之子孫，每名例設一人，以永承其祀。所幸合族喁然向風，共得百有十人，刊入老譜。後數年加捐二十六名，每名醵錢三千，共得百三十六人焉。涓吉于子月初一，先期出主省牲。是日潔修歲事，取一陽初復之義也。惟是我族自三代分支，輝公裔祀承秋冬，耀公裔祭專春夏，族類之蕃滋，亦既各率其屬矣。是會也，成集各房於一室，聯族姓於一堂，上以率祖考而盡尊尊之誠，下以篤本支而展親親之義。分者既聯而合，則合者無虞其分。試起我始祖考妣於今日，目稽後嗣之繼繼承承，以合敬而同愛，未有不顧之而心慰者矣。大易言假於廟而利用萃。此物此志也。夫至（辨）〔辦〕祭之章程、額訂祭簿，經理之規款，選擇妥人。兹族譜三修，謹將原捐加捐芳名朗列于左（名略）。

清光二十三年丁酉歲仲冬月穀旦，合祀孫重梓。

中華民國二十六年丁丑歲仲冬月穀旦，合祀孫三梓。

花朝祀序

花發上林，久沐清化，花滿河陽，夙誦清芬。況二分春色，已到花朝。能不對景興懷，而情深報本哉。我祠内春秋四序，享祀不忒，久矣。歲辛酉，譜牒告成，志同道合於子月之朔，建立始祖考文元公祀，而以樂捐列祖配享之，取一陽初復之義也。越乙丑，復有同志於二月之望，建立遠祖考新發公祀，而以樂捐列祖配享之，取萬物發生之理也。猗歟休哉。桃李芬芳薰俎豆，杏楊簇錦蔚兒孫，夫固有焜耀於無疆者，兹將捐名鐫諸譜左（名略）。

清同治五年丙寅歲吉月穀旦，合族公刊。

清光緒二十三年丁酉季冬月穀旦，裔孫重梓。

中華民國二十六年丁酉歲仲冬月，裔孫三梓。

重議該祀捐有百九十二名矣。近因貪金出頂，不肖已甚。故將原捐名目縷載於譜。已經出頂者，僅於原捐名下注明某頂值年飲福。若配享神主，斷不更易。自此譜成之後，會無拆頂，名不更改。雖則失之已往，必須戒于將來。會中人各宜謹遵毋違，公批。

王婆立冬會序並捐目

始祖母王氏，文元公由江右來醴所配也。自明迄今，年歷數百，代傳廿餘。雖春秋奉之以蒸嘗，而生辰未有專祀。程子曰：立冬祭始祖，重生厥初也。緣合族酌商公捐王婆一會，每名出錢壹千，生息置産，共成斯舉。期届立冬而祭，尋墓致奠。蓋因公葬祠後，虎形母葬西鄉潘家衝牛形，兩地睽違。思公正所以思母也。今會既成，用將芳名鐫諸譜牒，尋源報本之心或有慰焉。(下名略)。

中華民國二十六年丁丑歲仲冬月吉日重刊，合族公梓。

斗南公生辰會序

三代祖斗南公，與弟斗北公，兩大分支，世代相承四百餘年，生齒浩繁，更僕莫數，知祖澤之流芳者遠矣。自光緒丙子，整修祠宇之後，南燕二分。商議倡捐斗南公生辰一祀，每年四月初八設祭，同祝祖誕，與祭飲福，各捐名目，以石碑爲誌。生息置産，有契據數簿確憑。今值族修家乘，同人欲爲久遠之計，立會序一篇，以鋟諸譜，庶後起者數典之不忘耳。

清光緒二十三年丁酉歲仲冬月穀旦。斗南公嗣孫敬梓、嗣孫興棣謹識。

中華民國二十六年歲次丁丑仲冬月穀旦，裔孫重梓。

斗北公生辰祀樂捐碑序

公字星耀、諱斗北，鼻祖之季孫，我分之支祖也。生八月八日，上纘兩代先緒，下開四分洪基。不下數千丁，相傳廿餘代，此皆先公之佑啓，實爲後嗣所禮祭焉。夫宗廟享之尊祖也，子孫配之敬宗也。尊祖故敬宗，敬宗尊祖之義也。是故先期將事備祭物也，啓盒宣單，重名分也。出主省牲，瘞毛血也。黎明早祭，交陰陽也。暨乃祖乃父，配其享也。分一昭一穆，序其次也。若夫先行祭帖，昭恭敬也。衣冠飲餕，肅禮儀也。登册領籌，杜紛爭也。經理三年，總管一舉，防浸漁也。會無拆頂，名不更改，敬始而敬終也。條款書右，芳名列左，示後嗣子孫，永世勿替也。故曰尊祖，故敬宗，敬宗尊祖之義也。是爲序。

清光緒十二年丙戌季冬月，倡捐孫益三敬譔。

中華民國二十六年丁丑歲仲冬月穀旦，合祀重梓。(後名略)

大受公昭祭會序

《祭義》云：君子有終身之喪，忌日之謂也。故古禮特重忌日之祭。惟祭墓非古，南軒嘗言之。而《檀弓》載孔氏防崩故事，並有古不修墓之説焉。由是觀之，忌日宜祭，而墓遂不必祭，且不必修歟。然考《周禮》，家人及墓大夫，凡祭於墓爲尸，又墓大夫掌凡邦之地域，爲之圖，令國民族葬帥其屬，而巡墓厲則是祭墓修墓之典雖與，忌日之祭並重可也。誰得謂非古禮而廢之哉。我十三世祖大受公，深仁厚澤，派衍三支，父老不忍忘其本，曾置祀産，迄今已耗盡矣。爰邀分内子孫二十四人，各捐穀壹碩，共二十四碩，擇人掌放，以光祭掃之用。於是十月之朔，原爲我公忌日，遂以歲是日，奉公栗主薦馨，且拜公墓，及分内諸墓。又於大寒節内剪除各邱壟棘，而加之以土。夫然後豆肉豐矣，而犧牲罔缺也；播酒沃矣，而蠅蚋不荒也；封樹安矣，而牛羊勿踐也。一舉而三善備，後之人從而光大之，則百世永膺其福。

清同治十二年癸酉歲季冬月穀旦，邑庠生賀貴符謹譔

附　載

大受公昔年契管地名石笋衝，吽名鴨義坡、茶樹兜，熟土壹塊，其界上止尖峯，下止江巢，坐山左右，均以南公分溝水爲界。其業原出當與潘瑞蘭。今會内備出原錢贖回，與本祀新捐會名，永遠管理。

清光緒二十三年丁酉歲仲冬月穀旦，大受公裔孫敬梓。

中華民國二十六年歲次丁丑仲冬月穀旦，裔孫三梓。

香公宫外生辰會敘

公諱國玶，字添香，公兄弟三：長石嵌公，次綸門公，公居滿。德配李孺人，生子三：長芬遠公，次雪偶公，三曰萬公。夙聞公生平肄業詩書，持身謹厚，孝友無間言。雖具邁衆超羣之才，絶無刁詐刻薄之習。至中年分箸處昆仲間，曾不以産業未匀，而有覬覦牴牾之意。尤與世之重錙銖、輕手足，而釁起蕭牆者迥别。故鄉里俱稱爲善人云。今公支派綿延，子姓日蕃，可謂善積於身，德垂於後矣。然於公宫外生辰，雖逐年各自掛掃，而祀會闕如。予等久欲樂捐，奈雪公子孫邇來貧寒，計無所出。惟存祖遺石筍窜山嶺一所，僅得糊口，不得捐祀，故有志未逮。咸豐初年，不幸雪公嗣絶。予等集場商酌，願將予芬曰兩分，昔年與雪分鬮，分石筍窜山嶺各業，及雪分子孫與我二分，子孫接置石、綸二公裔所管。石筍窜各處遺下之業，合而爲一，將逐年所收山租錢谷，永爲公宫外祀項，其餘資陸續漸置田産，有其舉之莫敢廢也。嗣是，我芬曰兩分子孫，務宜矢公矢慎，掌放生息，不得妄生侵漁。庶先人之血祀復綿，後裔之受福無涯矣。是爲序。

清咸豐十一年辛酉歲孟冬月穀旦，香公裔孫敬梓。

清光緒二十三年丁酉歲仲冬月穀旦，裔孫重梓。

中華民國二十六年歲次丁丑仲冬月穀旦，裔孫三梓。

鵯公裔昭祭會序

昭祭家祠，常禮也。祀鵯公，重支祖也。公以公正之德，播之當時，傳之後世，而庇之子孫。迄今户簇簇、丁鱗鱗，如瓜之緜，如椒之衍，生齒近千有餘人。其葉之茂，抑其根之沃也。當日者，公三傳而至我祖，長朝鼎公，次自顯公，三鼎南公，四學嵩公。四公裔共得允派五十三人。

自乾隆年間，集允派四十七兄弟，樂捐鷫公裔昭會祀。每名各捐錢壹百，以生以息，陸續置産崇祀鷫公，左以十五代祖祔享之，右以十六代祖祔享之。亦唯曰我兄弟等四十有七人，既具既翕，毋忘先公之令德，斯于豆于登，以薦馨香。先公其庶或享之乎。今數傳而後，我祖衆兄弟皆聯袂而登雲路。是會合先公所置産共種叁碩有奇，永爲祀産。先期出鷫公主，左以十五代、十七代祖祔享，右以十六代、十八祖祔享。撫几席之粢盛。仰高曾之土物。其致愛致慤，當何如也。後之人其體我祖愛公之忱，以相維相繼。

清咸豐十一年辛酉歲孟冬月穀旦，鷫公裔孫公立。

清光緒二十三年丁酉歲仲冬月穀旦，裔孫重梓。

中華民國二十六年歲次丁丑仲冬月穀旦，裔孫三梓。

鷫公裔中元冬至兩會合序

我鷫公裔之有中元、冬至兩會，由來久矣。中元一祀，則集四房子孫，祭歷代之考妣，冬至一祀，則以十四代祖公爲主，而以十六代祖正郭公祔享之，郭公，鷫公姪孫也，鷫公昆季三：長鷫公，次三畏公，三三易公。出繼三畏公生歆聞公，歆公生子三：長正福，次正邦，三正郭。郭公配齊氏，無出，惻然于明禋之絶，遂捐田租六斗屋三間，付鷫公裔經管。今幸荷先靈以生以息，陸續又曾置田産、屋宇。時而秋也，則共深悽愴之感；時而冬也，則咸切報本之忱。撫杯棬而對先人鷫公之遺也，抑亦仰郭公之嘉賜焉。經理斯會者，其各怵乃心，以冀香祀之日新云。

清咸豐十一年辛酉歲孟冬月穀旦，鷫公裔孫公刊。

清光緒二十三年丁酉歲仲冬月穀旦，裔孫重梓。

中華民國二十六年歲次丁丑仲冬月穀旦，裔孫三梓。

自顯公祭會合約

立編合同祭會約兄弟用光、慎言、彦光、文清等，緣我曾祖自顯公、曾祖妣陳，生祖父兄弟四：長玉梅，次雲連，三芳聲，四芳名，由是有派，分長、二、三、四房之序焉。乾隆年間，合房同堂兄弟輩三十八名，聚首一堂。念曾祖考妣恩深，末由毫報。每人樂捐穀壹斗，共成穀叁碩捌斗，合志遵循掌放生息，以爲十月廿生辰祭會。嘉慶中，致將祖遺西林窜易家坡莊所，其界上至崎峰，下至揚石塘水圳山脚坐，左與學崧公裔月形山，及楊人山挖溝，直下，右與善攸裔挖溝直下，界内原係荒山，出批給金，退清該莊田山、塘�、桐茶另佃。每年額收租穀拾碩。其有山租，四房品收。又接買潘詔昇田一契，潘培桃田一契，額收租穀四碩，後又接買初桂田租壹碩陸斗，仁先田租壹碩，連發田租壹碩壹斗，共計租穀十七碩七斗。内因咸豐間，二修族譜缺費，變售田租五石，至今實有租祇拾貳石柒斗，陸續掌放生息。復買就建造土屋灣左邊大小公屋六間，以爲祖考妣祭祀之地。又屋後蔬園一隻，迄今數十年，無異，邇因子孫蕃衍，恐後人心不一，是以鳩集四房，酌商編立慎終追遠字號合約四紙，約編業産，永爲祭會。各房選擇秉公董理。各處租穀公項，須由經管作主。預備祭費、完納糧餉，及有餘貲，註簿立數，以杜侵漁。會中之人不許私自支吾，及藉以有事向會滋論。至於每年十月二十日，四房照捐名飲福，毋混入、毋詬誶、毋欺淩，且並不許瓦解裂分。如違，公同理罰。否則執約鳴究。自編約後，凡我後人，務須有典有則，貽厥子孫，庶先緒可以恢宏，後昆亦可以垂裕矣。詎不幸甚。今欲有憑，編立合約四紙，每房各收一紙，永遠爲據。奉叔命舉筆姪清耀押。

清道光十二年十月二十四日，立編合同祭會約兄弟用光、慎言、彦光、文清均押。

會捐自昔約編於今，其先逝及無嗣者，係親支男姪代押。

憑户戚潘鴻恩、劉韶九、潘昌隆、潘桂林、潘家珍均押。

（潘當仁等《［湖南醴陵］醴南潘氏四修族譜》 1937年榮陽堂木活字本）

湖南湘潭韶山毛氏捐立大祠香燈會碑

宗廟，一姓祖宗棲妥之所，子孫拜瞻之地，理宜朝夕香煙縹緲，瑞靄祥雲，夙夜燈彩輝煌，光爭好月。我族自始祖太華公，由豫章來南楚，卜居龍城緋紫橋，徙居古潭州，遂落旦於今之七都七甲鐵陂、韶山等處居焉。此宗廟之所由築也。計歷年已二百餘歲，衍派已十有九系。祖宗之福蔭無疆，後人之祀奉當謹。用是闔族商酌，捐立香燈一會，衆皆樂從，一倡百和。捐名捐項，開列於後，公議永無分拆。擇人經管三年，一卸一領，憑衆清算，登書行、坐二簿，以便核對，以期久遠。從此洗手拈來，香篆平安之字；堅心焚去，燈開福壽之花。原冀香火一龕，頂祝高曾祖考；敢曰燈聯五夜，誇耀富貴吉祥。一瓣心香，半籌燈火。祖先香魂不昧，采芹香擷天香，書香定振寢廟。燈花報喜讀書燈，暗室燈心燈常明。九族增榮，一家獲福，斯何如之善舉也。兹因勒諸貞珉，以垂不朽。俾後之孫子，得以識是舉之所由始云。

震公捐銀十五兩，瑞公捐銀十兩，鑑公捐銀十五兩，深公捐銀十兩，石狎房捐銀五兩，八十會捐銀十五兩，靈官會捐銀十二兩。

同治五年丙寅歲菊有黄華之月，合族嗣孫公立。

是會之設。緣族未立通族祭會，咸思祖宗堂前終年無時食之陳，又無香烟之奉，殊非孫子之道，故有是舉。乃香燈方事，福蔭尤隆，族中昌熾有浡然莫遏矣。同治十一年捐立族祭，翕然從風，一鼓作成，愈有寖興寖大之盛。至光緒五年，公議將香燈公會公項，併入通族祭會，一體經理，以免冗費。衆皆曰善。兹因録碑登譜，附識於此，俾後之孫子有所徵而無所疑焉耳。闔族嗣孫公識。

（清毛祖星《［湖南湘潭］中湘韶山毛氏二修族譜》
清光緒七年西河堂木活字本）

江西萬載唐氏祀會

復興堂會序

會何以名復興？復者，重續也；興者，隆盛也。我祠自乾隆甲寅起光裕會，道光癸未起親睦會，辛卯起禁山會，壬辰起受福會，壬寅起張燈會，同治丁卯起百壽會，癸酉起和睦會，創田置地，至今已極隆盛矣。光緒乙巳，在祠諸君謀爲錦上添花，倡議復起一會。每人抖錢壹千文，以續前人之美，名之曰"復興會"。是美益增美之意，非謂前已衰而欲復興也。乃合族無不踴躍，共得三十九股，收錢三十九千文正。於會衆中，公舉正直有才者管理，立合同簿二本，每年冬至，當祠核算明白，登大總録。須字出一手，以昭畫一。但願後之人矢慎矢公，顧名思義，毋生覬覦，積十累百，積百累千，積千累萬，置田産、搆庄屋，以垂久遠，庶美於前者，復有美於後，不愧復興之名也。是爲序。德馨謹撰。

附録起會人名

四甲志正公支下：

真卿、春山、一山、子燦、暉吉、美來、在中、春元。

四甲順正公支下：

文舫、省三、益卿、綏之、鼎福、咸卿、頤卿、上翔、鵬翔、芳行、蘋洲、拔孫、芰生、鼎豐、文齋、善斌、永達、家斌、樹斌、範樓、世斌、京兆、欽文、源祥、顯文、成魁、永生、洪茂號如松、雲山。

三甲：發桂。

次虞公清明會序

予曾祖考次虞公，葬龍田蠏形，曾祖妣周氏，葬上高縣小江邊大壠虎形。一離縣城五十里，一離城四十里。每值清明，邀人造墓祭掃極艱。其所以然者，皆由公財匱乏，以至於此。當其初，業産四分，止剩高車壇下江下等處之業，歲可收貲錢數千文，又輪收入私，公財因無自起。世遠一世將有忘其先人之墓所者。乾隆四十二年，各處田土山貲，值予兄弟收。予與弟馨圃商欲將此項歸衆，起立清明會，以祭掃曾祖考妣之墓。質諸伯父玉輝公、叔父可珍公，皆拍案笑曰："他人有心，予忖度之，子之謂也。我有是心久矣。"及召予兄弟輩酌議，亦無不從者。自是即將此項歸公，命予佐理。歲值清明祭掃，歸式食神惠。月積歲累，至乾隆五十一年，共計錢四十餘千文。其時伯叔父已歿。余商於衆，買一都泉陂田六十把。乾隆五十六年，又買一都泉陂田六十五把。乾隆五十八年又買泉陂田三十五把，共計早遲田一百六十把，以爲祭掃貲。此蓋子孫之意，抑亦曾祖考妣在天之靈有以致之也。今雖蒙泉一線，異日經營祠宇，未必不於是乎有賴。後之人倘念斯會起立艱難，識予與伯叔父之用心良苦，不無厚望也。

計開各處地名田把于後：

新買西池名下一都泉陂壍下早田四十把二坵，一都壍上張家塘早田二十把一坵。新買鮑姓一都泉坡書屋門首早田二十五把一坵，一都木塘坑遲田四十把三坵，新買本姓思堯一都泉坡西邊崙早田十五把一坵，一都和尚腦遲田二十把一坵。

曾孫錫琴謹序。

續置次虞公田業記

支祖次虞公清明會，先君念祖考妣墳墓窵遠，祭墓維艱而起也。先是祖遺高車各處田土，歲得租錢數千文，輪收入，已自輪收。及先君兄弟禁止收入肥己，將錢立爲是會，一人經理，子母生息。至乾隆五十一年，並六年、八年，置一都等處田壹百五十把，並高車等處田六十把，共二百壹十把。由是租錢加多，積累尤易。厥後祥等經管。自嘉慶三年迄道光六年，陸續買田五百六十把，遂致財用不敷。爰將高車等處零碎田山、屋基諸業，概行出售，以清釐逋欠，不得已也。第有創有賣，其創賣顛末，理宜剖明，庶後之人得悉其原委焉。是爲記。元孫祥雲等記。

附載地名田把：

嘉慶三年，買一都田四十把，一都張家塘魚塘四分之一。五年，買一都四十把。六年，買張家塘四分之一。八年，買一都田十把，張家塘四分之一。十二年，買一都田二十把。十六年，買一都田四十把。二十二年，買一都田壹百三十把。道光六年，買坾仔上田 ·百五十把。

仁房廷謨公清明會序

善創者必得善繼之人，斯能成不朽之業。我曾祖廷謨公之妣易孺人，力作女工，朝夕不遑，有文伯母之風。分爨之時，合家感其勤儉。除出錢九千文正，以賞偉功，乃自得此懋賞，持勤愈篤。至道光甲申，積錢已有百餘金，置昌集坑早田三十把。後又買茶花坑早田二十把，合之前石墈下早田十把，河背竹笠宕裡早田五把半，共陸十五把半。又屋后山一嶂，我廷謨公后裔，思先人勤儉起家，將此業立作清明會，以爲祭掃之資。光緒丙申年，錫富、錫應二公子孫，念此會資息不多，難以增積。二公子孫乃輪流承充，會中衹幫出錢一千文正，其餘承充人墊出，以冀此會日積日盛焉。今二公子孫承充十餘年。會中現積有錢數十餘金，生放起息。至光緒丙午年，用費始概，居衆不必墊出。嗣後管斯會者，務須矢公矢慎，力繼先人之志，以垂久遠。日後會衆隆盛，或建祠宇以妥先靈，或立家塾以育人材，豈不盛歟。是爲序。曾孫世光謹序。

和睦堂會序

倫常之事，首重乎和親；宗廟之中，莫先於睦族。是以《堯典》有睦九族之訓，《周禮》有合六族之語。古聖以孝治天下，務使親親長長，自鄉黨達之州里，莫不和親康樂焉。我族和睦堂起，自同治十二年，三甲房長吉元公在寢堂倡議，每股斟錢壹百文，共成一會，錢約而事美。於是合族踴躍，樂入會者二百餘人。共得錢二十餘千文，取名“和睦”，原欲後人相親相睦，藹然和樂焉。後之人宜何如顧名思義歟。其錢訂利週年一分五釐，於各房中擇一二公道有才者承管。立合同大總簿四本，每年冬至後三日，當衆算明，出入登大録總簿。字出一手。其有餘錢，或首士領借,或擇會内殷實公正可領借者借之。積錢既多,務買田産。買田産,必邀集會中賢能者看踏,不得私行遽買。後之人果能如法而行,將見累積多金,何難與光裕諸會後先比美耶。

光緒九年癸未九月二十日,大勳敬撰。

附録起會人名:

四甲仁房志正公支下:

麟祥、藩圃、廷昌、佑吉、明吉、禮瑞、成孫、崇熙、育甫、稻孫、子善、子燦、錫榮、桐孫、龍門、竹岡、潤卿、鴻賓、鴻盛、寅珍、琨珍、祥林、芹孫、寶孫、連元、春發、植貴、春慶、有元、瑩珍、棣華、錫忠、春鐸、春錦、春舖、長祥、試元、萬元、德珍、春逢、春桂、愛臣、俊臣、加祥、瑞祥、有祥、來祥、吉祥、廷鐸、林臣、和臣、錫怡、友臣、梅臣、細龍、鳳龍、福妹、茂林、孟才、錫鈕、新保、錫桶、廷考、林璜。

四甲順正公支下:

貴成、以忠、環玉、汝貞、楙晉、長庚、接三、鼎元、鼎泰、康侯、植興、易成、本立、福元、發元、金成、興成、益卿、松成、雲程、直庵、平章、祥兆、修文、治堂、道臣、朝模、平孫、惟正、逸亭即逵兆、鼎吉、成壽、成介成壽兄弟、介壽、永達、家斌、永慶、善斌、長壽、壽海、汝會、源祥、汝治、貴孫、華卿、顯文、欽文、上翔、咸卿、才成、煥榮、逵兆、彦成、禮成、汝濤、濤二、濤三、濤四、鼎受、鼎材、秉炎、秉鈞、鼎福、學謙、元善、煌孫、傳慶、忠慶、厚慶、長保、楙桐、植衡、永生、發福、發善、里善、慶善、福貴、壽貴、才貴、清貴、冬貴、連貴、參貴、崇貴、鵬孫、鳳孫、兼善、發連坋仔上、全貴、喜貴、成貴、雙貴、祥貴、富龍、任龍、新龍、正龍、範樓、金龍、緝熙、恩熙、冬春、定魁、文魁、登兆、和齋、長泰、明善、初發、初慶、秋發、啟發、連發、贊臣、元華、子襄、芰生、楙棠、鼎豐、成魁、朝樞、惠臣、子翕、丙南即惠臣、撰臣、任臣、大魁、梅魁、儒謙、少逸。

三甲賢房支下:

吉元、成初、石老、洪啟、復元、春科、秀科、成光、細珠、文英、啟元、洪科、成鳳、侂牙、矮子、細苟、黑牙、洪元、新發、裕義、任牙、裕勳、裕安、灶成、啟成、新科、成珠。

六甲德房支下:潤發、雲廷、禮妹、春苟、盛元、新發、秀牙、錫興、錫貴、連興、黑牙、成福。

附録會管田産:一處冷坋前遲田四十把一坵。

禁山堂會序

會以禁山名何謂,原以護祖墳而防侵害也。我族始祖壽興公,暨歷代祖考妣,其殁葬於禁山者,鱗鱗相次。其山右一障,及山後左側一障,直下未有墳處,林木叢茂,可資利用。乾隆間,有串通挖煤取利,不顧墳墓之徒,均經具控立案,鐫有禁碑。又有就近居民不謀合族,不問山主,私行砍伐。其山幾至童童。仁人孝子,固不忍以祖宗世守之土,與祖魂窀穸之處,任其侵害。爰於道光十一年起,立禁山堂。每股出錢壹百文,共壹百零三名,收錢拾千零叁百文,以爲栽插樹木之貲。日後樂林繁翳,或售賣、或砍取,俱宜通聞本會,不得因往近而私行砍賣。有不遵者,合會共攻擊之。章程既立,利源斯開。咸豐年間,即創置田業一所。同治以後,復續買田土數處,錙銖寸積,其利賴正自無窮。至於開井挖煤,係我合族公憤,譜已(伊)〔依〕舊載案刊碑。諒無仍踏前(轍)〔轍〕者。其經管之説,每年於冬至後會集。現立天、地、人、和四總簿,當祠算明,登載出入數目,以昭畫一,則有爲之前者,復有以爲之後。何慮斯會之不振興也哉。光緒九年癸未九月二十日,嗣孫大勳敬撰。

附録起會人名：

禁山堂志公支下：懋績、堯階、善材、鴻飛、開敏。

順正公支下：鑫門、雲臣、惠臣、道臣、賢臣、京兆、明行、本行、興孫、里平、菱生、長保、文齋、鼎豐、樹斌、家斌、洪甲、安春、步雲、有雲、祥雲、相雲、清雲、鳳春、成貴、春元、發有、發連、珠牙、順貴、發池、發壽派分福元、洪春、福科、新科、力園、奇龍、文琳、華孫、發賢、廷謨、發祥、慶松、學春、仁春、元高、元龍、元興、元盛、元海、元春、元洪、忠慶、汝惠。

六甲：廷松、啟成、細苟、連興、冬苟、發興。

三甲：廷文派與蠢妹、廷材、廷會、廷金、廷魁、晉貽、盛怡派與聚珠、漢音、文英、成璧、文元派與牛牙、吉元、成福、禾發、城儒、接發、雲發、三苟、發牙、陽牙、焕雲即焕牙、伲伲、伲妹、珠財。

附録會管田土業産

一、咸豐二年，得買唐廷鳳一都二圖一甲賣人門前旱田五把一坵，上至劉人田，下至鮑人田，左至唐祠田，右連塘一半在内；又旱塘下遲田五把一坵，上下至劉人田，左至唐祠田，右至唐人土；又院前旱田五把一坵；又連花土一片，上至龍人土，下至唐人田，左至唐人田，右至圖衆土爲界。去契價錢二十千零六百文。

一、同治元年，得買揭鳳科等一都二圖茅山垴連發屋側花土一大片，上下俱至揭姓土，左至連發塣，右至揭姓土。去契價錢二十八千五百文。

一、同治四年，得買辛耕耘、桂興兄弟等一都二圖大窩裡花土一大片，東至李人土，西至行路，南至行路，北至官路爲界。去契價錢四十八千文。

一、同治五年，得買劉克恭荒熟花土一都二圖蕭家山相連二大片，東至辛人土，西至辛人土，南至唐人土，北至辛人土爲界。去契價錢十六千文。

一、同治五年，得買汪道祥荒熟花土一都二圖木魚形相連三大片，東至唐人田，西至辛人田，南北俱至揭人土；又大堝荒熟花土一大片，上至本會土，下至田，左右俱至揭人土爲界。去契價錢貳十四千文。

一、同治六年，得買一都二圖唐細貴旱田四十五把計三坵；又蛇形蕪坵，旱田二十五把一坵，東至辛人田，西南至揭人山，北至辛人會；又蕪坵尾旱田十把一坵，東西南至揭人山，北至唐祠田；又社前旱田十把一坵，上至鮑人田，下至郭人田，左右至劉人田。去契價錢四十千文。

一、同治十一年，得買龍春發荒熟土一都二圖，石垴塘一大片，東至行路，西至揭人土，南至水圳，北至土。去契價錢四十九千文。

一、同治十二年，得買鮑連發一都二圖旱塘下墾田十五把一坵，上至唐人田，下至汪人田，左至龍人田，右至唐人田；又月形脚下遲田十五把一坵，東至汪人田，西至唐人田，南至江脚，北至唐人山爲界。去契價錢三十一千文。

一、同治十三年，得買鮑添吉一都二圖侵背園土田相連二坵，計三十把，上至辛人土，下至龍人田，左至水圳，右至唐人田。去契價錢三十八千文。

一、光緒五年，得買周珠皮一都二圖書屋門首墾田一坵，上至唐祠田，下至唐人田，左至唐人田，右至水圳爲界。其田登旱塘下井水蔭注。去契價錢八十二千文。

張燈堂會序

我族各會之起，皆爲崇祀祖宗起見。先世諸公念大祠産薄而用繁，道光二十二年起，立張燈堂。原其命意，實以助大祠祭祀燈油之貲。每股斟出錢二百文，共得八十四股，收錢十六千捌百文，當即放借生息。至咸豐六年，扣收本利錢七十餘千文。以後典當田産租息頗輕。光緒七年。將當田租息置買塗泉田産一處，去價錢四十九千文。餘仍存錢百餘吊。訂定週年一分五釐行息。務擇殷實公正者領借，則錙銖累積，自可遹觀厥成焉。至其經管之説，俱照光裕會原議，于冬至後當祠登録四大總簿，以示公正。所願後之人矢公矢慎，極力維持，亦繼志述事之一端云。

光緒九年癸未九月二十日，嗣孫大勳敬譔。

附起會人名：

四甲志正公支下：鴻飛、楚珍、瑩珍、春鐸、春錦、凰才、麟祥、稻孫、育甫、暉吉、子燦、美來、鴻賓、尚志、禮成、成孫、懷珍、懷瑜、廷維、廷焕、廷鐸、廷芳、廷喜、思明、積成、錫儒、春才、順和、順直、順洪、直卿。

四甲順正公支下：芳行、明行、本行、時行、舒行、坦行、藝薗、惠臣、京兆、賢臣、化臣、可臣、言臣、贊臣、撰臣、成魁、欽文、興孫、里孫、平孫、菱孫、鼎吉、綬之、楚卿、益卿、友直、咸卿、頤卿、鼎緒、首春、安春、纘春、曲致、守善、福科、洪盛永言、洪涓、洪吉發祥、象賢、錫銓、錫鑑、錫蕁、炳炎、明發、連發、懋材。

六甲：廷嵩、連興

三甲：成壽、錫祚、鴻科、存脩、吉元。

附録會管田産

一處一都二圖塗泉爛江邊遲田三十把一坵；又上廟坐向左側墾田一坵。

一處得買唐大魁等瓦仔坑早遲田七十五把，不計坵數。

一處得買唐鼎魁鱺坑嶺仔上早遲田六坵，並荒熟花土等。

一處得買唐文舫點坑、高堂嶺上等處早遲田二百五十五把，不計坵數。

一處得買唐鼎魁點坑、高堂嶺仔上早田五十把十四坵。

一處得買唐伯玉等大橋後樂坑早田七十把一坵。

一處得買唐成魁等點坑嶺上庄屋地基一塊。

（唐炳光等修《［江西萬載］萬載唐氏族譜》 1913年晉陽堂木活字本）

江西萬載譚溪謝氏清公丁會

清公丁會修册序

我清公丁會，起自前人，距今年已七十矣。屈指之下，未嘗不歎述事繼志，是我後人責也。韶年未弱冠，當壽公祠大祭之會，少長咸集。嘗聞先嚴從容謂曰："是會也，先是道光二年，大父静軒公與松園、德遠二公首倡捐起，每丁輸錢百文，共得九百餘丁，意以爲後日建祠享燕之需，志甚偉也。是時爲貲尚尟。賴同心竭力，維持極善，僅廿餘年間，會遂興盛焉。及大父作古，命我董理，惟恐有負厥志。幸生息日繁，至咸豐八年，於壽公祠左鳩工庀材，新建祠宇，幫費六百金有奇。仍置田産守成，抑亦可對先靈少愧焉。"噫，言猶在耳，亦隔卅一載矣。韶蒙族中不棄，從事者亦有年。迄今新創之業，又增置二千有餘緡。由是衆欣欣有舉祭燕飲意。第昔日之丁名，皆爲今日之祖考。且其間重名不少，區别末由。而子孫衆多，家居數邑，星羅碁布，赴燕畢至，安保其不起爭競之端，非修册爲之詳載，曷克善後乎。今春與同人錦芳、日瑞倡修丁册，於是商諸耆老，妥議定規。將原起捐名詳註房分。自時厥後，與牌位會三年一舉，輪流祭祀，照册按丁給錢，於以備稽查而垂久遠。衆唯唯，僉曰："善"。夫事之保泰持盈，惟在防微杜漸耳。是册之修，俾一支之下，任丁繁會盛，代遠居遷，展卷瞭然。雍睦由此昭，烝嘗由此保。行見俎豆千秋，子子孫孫，綿馨香於弗替，不亦美善兼備歟。兹繕稿既成，將付諸梓。韶遥憶先嚴語，而且喜有以慰先人倡起之志也。爰書數行，以附簡端。

時清光緒十八年，歲在元黓執徐之九月，嗣孫應韶敬譔。

仲清公支祠記

《毛詩》殷武卒章曰："寢成孔安。"《戴記》祭法云：孝子將祭，慮事不可以不豫。繼之曰：宫室既修，牆屋既設。言非宫室、寢廟，不足以安而祭也。我三世祖仲清公向無專祠。道光元年，族叔祖秀縉等，率丁輸錢，起清公會資累，至咸豐八載，得貲産可千餘緡，力尚未足舉祠也。會先大父秉族成族人規造會，食序燕之所。於壽七公老祠左偏，其地則清公田半焉。余建議通力合作，就搆支祠，彼此當事省工倍，族人韙之。其時清公裔有異言。余不爲動。擇良幹董，厥役鳩工庀材，涓吉從事經始。於咸豐八年孟秋月，卒事於咸豐十年季冬月。完屋四進，崇藴穹窿，以中二進爲清公祠，奉祖龕三座，前後爲老祠會燕地，其分合明備，有互券在。費貳千金有奇。我清公幾三之二，舊會貲(揭)〔竭〕，更籌新款以濟。於是宫寢具而祭事豫矣。斯舉也，發慮於余。非持之以斷弗克行，非族人和衷併圖，勢難就緒，非有秀縉諸君仗義尊祖，先事以爲之基，則苦無憑藉。而其間經營措置，又幸賴羣策羣力焉。脱令董厥役者不廉，且諳將不免虚耗，以自困於不繼。而我清公諸裔，或多萎薾闇愔，莫肯衆擎成美，亦烏能若是之恢恢乎，遂志蔵事也哉。然後歎吾族多君子，先人之佑啟深矣。且夫舉事宜量力，好大喜功，以輕啟土木，昔人所戒。曩阻者固亦有説，而余顧卒排衆議定計，蓋當務爲急，尤恃一時人材，足勝此而不詘。竊嘗見古來經國之人，定大業，興大工，必審籌全局，主臣一心，灼知有可任之賢、可使之能，將之以膽決剛毅，則不畏難而事竟集矣。斯舉亦猶是也。不然，余豈敢貿貿與。祠成，謹濡筆誌之。首倡糾清公會貲者，秀縉暨德遠，先後筦理者先大父芳園公、日英、上鎔，今督辦建祠者，玉彬、志崇、日興、日安也。例得備書。咸豐拾年歲次庚申嘉平十六日，大舒暢軒氏記。

今將丁會酌定章程臚列于後：

一、清公支下丁會，起自道光二年，每丁抖錢一百文，共得九百餘丁。迄今七十多載，未置酒筵，未刊丁册。後啟嗣孫尚多不曉。若不將册刊清，誠恐世遠年湮，無從稽考矣。所幸咸豐八年，將此會餘錢陸百餘緡，倡建清公祠。後得開捐進享，接濟經營，聿觀厥成。以後中元燒衣等用，皆此會支銷，以符中元丁會之名。其祠中獎勵、花紅、應酬公項等費，均與牌位會平認。今公同酌議定章，嗣後丁會與牌位會，輪流祭祀。故丁册與牌位册分别同修，庶一祠兩會，章程得以互相參考。

一、原捐丁名，僅書一名幾丁，並未詳載幾丁某名，亦未載某名某房。此次修册，只得均照老底刊刷，其有註明某房者，係執有先年串根收票呈驗，或衆皆清晰確鑿。間多未註某房者，仍俟查實補載。

一、丁册之修，原爲垂久遠、備稽查之計。所有先年捐進丁名，及咸豐八年建祠補進丁者，無論丁數多寡，均照老底捐名，各給一部，收執爲據。以後届值祭期，酌照定章，按丁發錢，憑册給領，以杜混冒。

一、查丁會老底，併後補進丁數，共有千餘丁，即遇祭期，碍難按丁置酒。今酌定六年一次，每丁給錢壹百文，以昭公允。凡各房來祠領錢者，必須攜帶丁册呈核，方准給領。如册不到者，不給。

一、丁會舉祭，與牌位會輪流。六年一次，每逢辰、戌年，值丁會舉行，仍舊十一月十二日致祭先祖。凡有來祠赴讌，領接丁錢者，每人備交分金錢二百文，領票登席。限初十日上午至祠，十三日辰飯發客。毋得逗留，致滋族議。

一、祭祀紳衿來祠，務備鮮色衣冠，以光祀典。其來祠轎錢，均照步路給發。以百二十里爲卒。止給來祠一次。俟日后會貲充盈，再議來回並給。惟衣冠不備者，斷不給發。

一、中元大會，自建清公祠立祀以來，定于七月十四日燒衣。一切金錠、表芯、香燭、公邊等項，均歸丁會備辦。

一、管理丁會首士三人，憑族公舉。殷實廉明者，方堪勝任。限定三年一舉，如果能幹，有裨于會者，公舉復管。所有每年進出，必當祭期後核算清晰，謄明簿據，毋得懸擱含糊，致生疑竇。倘有侵漁浮銷，抑或遺失國課，責成首士賠補，決無寬徇。

一、會内收租糶穀成規，限定七月半收清早租，十一月收清晚租，概要收入祠倉，毋任佃人拖擱。至糶穀定期限四月初十日。無論價值低昂，均由首士按照時價發糶。族人不得以前後價錢高低疑議，首士亦不得以早遲不等，鬻貴揑賤。

一、清祠後製物件，均丁、享二會與大祠平製。故號昌清字樣，兩祠祀祖，人須互相撿拾，不得私行擅借，以致遺失損壞。如有此情，責成賠認。

一、文武童生，查驗院試卷面浮票，給卷資錢一百文。文武生員鄉試給科費錢五百文。文武舉人會試，及優拔貢朝考，給京費錢拾(阡)〔千〕文。

一、科目花紅錢，入泮者二千五百文，補廩者四千文，優拔副貢七千五百文，恩歲貢五千文，舉人十千文，解元加五千文，武榜減半，進士二十千文。會元加五千文，武榜減半。狀元伍拾千文。榜眼、探花三拾七千伍佰文。武榜減半。傳臚翰林二十五千文。中書、主事小京官二十千文。侍衛二十千文。

一、題旌花紅錢，孝子七千五百文，節婦、百歲、五世同堂，六千五百文。節婦彙報總坊者不給。

一、由紳民保舉實職，花紅錢查驗奉到上諭印(扎)〔札〕，文員八、九品二千文、六、七品四千文、四、五品捌(阡)〔千〕文，二、三品拾五千文，一品貳十伍千文，武職減半。虛銜功牌不給。

一、出仕程議錢，文官八品五千文，六、七品七千五百文，四、五品十二千五百文，一、二、三品二十五千文，武職減半。在任陞遷，及捐納者不給。

一、捐納各款職銜、誥封、花紅錢不給。酌俟會貲充盈，再照大祠譜規，按給四分之一。

以上公議各款章程，實爲承先善後之計。我族人務宜恪守成規，永遵弗替。如有恃强負固、悖議敗公者，即是祖宗罪人，合族共相攻擊，決不寬貸。各房嗣孫，其各凜遵毋忽。

今將道光二年起立丁會各户捐名丁數逐一刊後。(略)

(謝庭玉等《[江西萬載]潭溪謝仲清祠丁會册》 1936年寶樹堂木活字本)

湖南祁陽匡氏清明會、冬至會

清明會源流記

清明會起於咸豐五年乙卯歲，房兄良椿嘗廑水源木本之思，深(帳)〔悵〕祖宗墳墓無人掃挂，爰約同志明效、明珠、良玉等，沿門醵資起會。其時穀價甚賤，每會出穀三斗。九年己未，變穀爲錢。每會扣錢六百文正。共一百七十四會錢一百零四千四百文，交人辦理酒席。席畢，領錢外存錢貳拾千，生息雜用。首事良田、承業、定蘭、定國四人分領。至光緒中年，物價騰貴，錢息甚微，無人承領。勳與王國、南金(謫)〔商〕議，將會酒停住伍年，首事所領之錢二十千，一並交出，擇族中殷實户分領起息，每年清明日衹請紳耆首事，及領錢之人登山掃掛，費出太和公上。至光緒二十八年，共得本息錢二百肆十九千四伯文，本年辦會用錢三十五千三伯四十文，下存錢二伯一十四千零六十文。其錢太和公公領，其會公辦。倘有孝子賢孫，兼有家産者，心願領會，首事將錢交出，不得異言，是爲記。

光緒三十四年十一月　日，集勳記。

起會首事明效、明珠、良椿、良眉、仲輅、良杕、良玉。

光緒三十三年冬至日，太和堂首事集勳、得玉等，爲起會首事七人，共立神主配享明公，以示鼓勵。

清明會名列後。(略)

以上共一百七十四名。

冬至會記

冬至會,即古之烝祭也。太和堂開派祖考明公夫婦前無冬至會。惟公祠及各私房有之。光緒三年丁丑,南金、王國續修支譜。譜成,餘錢一十二千二百文,欲爲明公立冬至會,而錢文太少,付朝政、集勳管理生息。至十六年冬至日,當衆算明。除辦祭用度外,餘錢五十三千四百,再經集勳、富德、南金、王國將錢分領。至二十年冬至日,得錢九十四千。是年訂冬至前一日開會,將錢八拾肆千,付辦會之人,下存錢壹十千。又分領起息,其會照依譜數,每譜一册占一會,通計五十七會,朝政、南金、王國、集勳、富德、定棠六人,因起會勤勞,各增一會。合紳耆首事,先夜四棹,次晨四棹,正席拾貳棹,永爲定例。如紳士過多,照數幫錢。二十六年,計下存分領之款,合本息得錢二十八千三百七十六文,交太和公首事管領。近來物價昂貴,首事酌定,自明年始,再加辦會本錢一十六千,共成一百千之數。本錢稍寬,辦會者不至喫虧,庶可垂諸久遠而無弊,是爲記。

光緒三十四年十一月　日,集勳記。

起會首事朝政、富德、南金、王國、定棠、集勳。

冬至會名列後(略),合首事六人共六十五會。

新起冬至會小引

我太和堂開派始祖思明公,歷年數百,烝祭缺如。清光緒三年丁丑,南金、王國續修支譜,餘錢一拾二千二百,以爲明公烝祭會本金。其起會及開會一切顛末,詳見于子猷公冬至會記。前爲各股實領辦後,付太和公公辦。嗣太和公以修祠需費,停辦多年。去冬祠宇落成,咸促開會,而神龕未立,栗主安託。僉謂添會可以集貲,公議每會入洋拾元,以爲建龕之費。共上會壹伯一十壹會,共計洋一千一伯元。入公踴躍從事,出貲不吝,足見尊祖敬宗,具有同情也。今者四修支譜將告竣矣。會名宜登諸譜牒。第新上之會,不宜與老會合而爲一。用將新上會名,附於老會之後,以示區别,是爲引。(下名略)

太和公記略

我太和堂公項,由前明以來,世守勿替。至道光初,管理失宜,田畝罄行出典,山場亦復敗壞。幸而栗、白岩二公極力補救,乃復舊物,誠祖宗之肖子也。嗣後接管者,堂伯匡山公爲主,維玉、光朝等輔之,畧置田畝,並重修三益堂屋宇。繼管者,則有觀德、朝政、富德、繼賢、良茂、良榆、良綰、良球、定鑠等。至光緒十八年,公舉集勳、樹屏管總,餘人仍舊。勳與樹屏力挽前弊,而與舊管諸人矢志更新。於是公項日有起色。所置田畝、山場,較前頗多。添修三益堂後座,以爲倉櫃之所,器皿什物亦復齊備。但恐置田三畝,於是顧氏遺業全爲我族有而擴充之矣。迄今同治癸亥,歷五朝百有餘年,正殿傾斜,兩廊頹敗,山門邱墟,余觸目傷之。同首士惟玉等出公資,將正殿補葺,左廊重修三間。前立山門,繚以周垣。庶不負正泰、茂泰之遺意,且可告無罪於宏遠也。

（匡良欽等主修《[湖南祁陽]匡氏思明公四修支譜》 1941年太和堂木活字本）

廣東番愚衛氏千子會條例

一、此會名千子會以壹千份爲一個。每份先捐會本銀壹員，收滿即行開投。收者每份限以壹員貳毫爲度，要銀少者得。

一、此會以戊申年春季開收，冬季止截。己酉年開投，每年劃分兩次，以赤岡沙上下圍早晚兩季租到後五日爲期。風雨不改。

一、此會備投銀兩，由本祠仗義每年提撥赤岡沙租銀柒拾兩，廣益會租銀叁拾兩，合共提撥銀壹伯兩，以備開投，其會務數目，暫由督修經理與廣益會經理合辦，以全終始。

一、此會初議分房派簽貳仟份，續議派簽伍伯分，後各房踴躍題簽，共成叁仟份。

一、此會撥款開投，連撥二十五年爲滿。俟將此會叁丁份投收清楚，有餘租息，作爲會底。日後積有盈餘，設祭頒胙。到時再議訂立規條。

一、此會會簿附刊《仗義録》後，唯篇數既多，簿費必重，論份派則耗費太甚，論名派又多少不均。玆議由太祖將板刊就，取簿者先到挂號，以便刷印。每本收回紙張工墨費銀柒分弍釐，以昭平允。

一、《仗義録》後附以族譜，所以辨世系而重宗盟也。今千子會簿於每房某公子孫題名處，亦註明前仗義建祠某公裔孫，分列傳數。與前録之族譜遥遥相接，庶支分派别，一展卷而昭穆了然。

一、仗義題名原簿例云：不論世數尊卑，以捐資多寡爲次序。此千子會論房分派，且將此房子孫敘畢，方及别房。其中多寡不齊，斷難概分次第。唯仗義意在激勸，亦不可無所區别。玆擬每房每公子孫題名，亦以會份多者冠首，以符舊例。（後千子會名份録略）

（清衛家槩編《[廣東番禺]瀝滘衛氏仗義建祠備録》 清光緒三十四年刻本）

湖南瀏陽瀏東林氏守規會

守規會緣起

前清中葉間,族人達仕君夫婦葬官渡之添子岡。後世絶,遂失祭掃。民國甲寅年,其冢被左某平毁。董事增榮、達宜聞知,投團理論不耳。適祠中祭期,遂與父老商議,咸抱不平,公認稟官。彼乃請人求和,願備金相就。僉以事雖可惡,但孤墳遠寫,不如遷葬桑梓,且免動用公款,遂允之。當入地價錢柒拾餘緡,除用費捐牌,仍存貳拾餘緡。歸祠積會,一爲安妥孤魂,一爲藉以整頓家規之用。顏曰"守規會"。邇年復入平江杉皮坳。元梅公無後,産業並族中罰款共約值陸伯餘緡矣。

附辦法六則

一、本會取名"守規",願族人顧名思義,以毋犯法律、遵守家規爲宗旨。

一、本會歸族董各員經管,以便辦理一切。

一、遇有不法子弟應行罰金者,罰歸本會注入,罰某某錢若干。

一、遇有横蠻子弟不服理處者,由本會稟官懲治。

一、所入之罰款,祠祭時由族董張掛,以儆效尤。

一、每年春分前後,由總理遣人掛掃達仕夫婦,及元梅公之墓,並核帳一次。

(林魁雅等《[湖南瀏陽]瀏東林氏睦宗續修祠志》 1918年忠秀堂木活字本)

浙江鄞縣董氏高安救火會、保衛團

會有民國十八年新建平房三間,作安置器具之所。地當橋頭門北面河畔。先是民國十年間,吾族人藻、道位、世周、祖恩、昌昭、齊雲六人,聯合他姓畢正槐等,共十二人,開始倡辦。以清光緒朝之永禁會費百元,作開辦基金,由董玉房即昌昭、齊雲二人。捐助泰西新式水龍一架,訂立辦法,命名曰"高安救火會"。嗣於民國十八年復由祖恩原發起人、慶生原發起人,道位子,名親炳及他姓諸君,募集的款,建平房三間。至二十二年,我董氏安在親烋、慶肇親樵、永甯親烈,並他姓共七人,又勸籌經費,添置新式水龍一架。隣近村落消防事宜,雖未能完善,而一旦有警,羣起施救,亦不無小補也。創辦時,有地方長官保護布告一通,附録於後。

鄞縣縣公署告示

本年十二月十五日,據公民董道位、董人藻、董世久、張秉良、張家昌、林海良、畢正槐、徐賡生、徐景林、董祖恩、董昌昭、董齊雲等稟稱:竊公民等世居治下高嘉鄉二都七八兩圖高塘頭地方。鑒於本鄉消防事業,急不容緩,聯絡同志組織高安救火會。業將清光緒年間永禁會費一百餘元充基金,並由董玉房慨助洋龍一架。現已擬訂辦法,從事進行。至出龍經費,議由各户負擔,龍夫則以近村農工人等任之。凡屬居民,莫不贊助。其範圍以五里方圓爲限。鄉路狹小處,龍不能行,則取水道以船載之。措置既告完備,誠恐少數不明事理之人,出而破壞。爲特稟請鈞署准予立案,並請出示保護,以重消防而安居民,實爲公便。到署,據此,除批示准予立案外,合行布告該鄉居民人等一體知悉:須知該公民等組織高安救火會,係爲注重消防起見,事關地方公益,理宜協力贊助,以利進行,慎勿藉端阻撓,妄思破壞,致干未便。懍之,切切。特此布告。

中華民國十二年十二月十九日,知事姜若。

保衛團

此冬防也。年於十月間臨時糾合團丁三名,或五名,以就地農民充之。每當夜間輪班梭巡,拂曉歸寢。暫假廻龍橋南堍土地祠,爲團丁棲止之所。自上年十月起,至翌年正月止,約三四月。每丁津貼月費約六元,臨時由族人勸募云。

(張琴等纂修《[浙江鄞縣]鄞高塘董氏家譜》 1935 年木活字本)

湘潭鹿嶺文氏秋祭會原起並捐名

秋祭會,前清道光間,子孫六十一人捐貲所成立。迨後有加入者,有出頂歸公者,尚存六十四名。陸續增置祀田貳百二十餘畝。迄民國八年,會衆有欲分者,遂將該祀田如數品作八鬮分定。除已實行分去,並出頂歸公者一名半外,尚存三十九名半,分而復合,其有分鬮概行作廢,此後再不得議分,庶幾永保祭田享祀爲勿忒已。所有捐名列左:

盛謙子牧　盛謙子牧　學尚國　名尚照　燨耀南　淮秦川　鍾德振聲　景德荆門　景德荆門　景德荆門　景德荆門　養德潛修　奎德星聚　奎德星聚　立德作基兄弟　偉德英才兄弟　念德孔懷　芳茨慕韓　芳苹彩彰　芳苹彩彰　芳芾赤城　芳鎬豐泉　芳鎬豐泉　芳訓梅羹　芳沅心白　芳莘斗才　芳潤花田　芳漸羽儀　芳錠壽山　芳畯服田　芳性孚若　芳二惟一　傳心執中　傳迪惠吉　傳遜厚庵　傳幹麓松　傳鐸心田　傳道子唯　世馴言雅世端翊共半名

附録契據

道光二十七年,接買文扳蟾、文江、漢當子塘田玖畝,價錢壹百叁十五千文,册名文羣友,扣正銀壹錢捌分。

咸豐二年，接買周大明蔴子坤田貳畝五分、茅莊屋一進，價錢叁十千文，册名文篤義，正銀三分。

同治五年，接買文傳鈿等蔴子坤田捌畝五分，價錢壹伯伍拾陸千文，册名文隱武，正銀壹錢壹分七釐。

光緒二年，接買李盛萼衖子山田貳畝七分，價錢捌拾千文，册名李鼎福，正銀陸分七釐。

光緒貳拾八年，接買文崧嶽裔世賢等蔴子坤尾田貳畝五分，價伍拾兩，册名文隱武，正銀未過。

光緒二十一年，接買文阿姚同男承先葡萄衝壋子塘田拾畝，價銀壹百肆拾兩，册名文棣華，正銀貳錢捌分。

光緒貳拾叁年，接買文邵可葡萄衝老屋門首腰壠田五畝，價銀陸拾兩，册名文輝源，正銀壹錢五分。

光緒二十三年，接買文芳棣葡萄衝老屋上壠田七畝五分，價銀壹百兩，册名文古銘，正銀壹錢五分。

光緒三十年，接買唐述覺葡萄衝壋子塘下出水右側田叁畝、瓦茅莊屋壹棟，價錢壹百千文，册名文在兹，正銀陸分。

光緒二十九年，接買文阿劉同男傳森等十六都一甲王家灣田貳拾畝，二股管一，計田拾畝，派價銀貳百陸拾元，册名文則民，派正銀貳錢陸分。契存一枝堂世鵬手。

光緒三十年，接買文傳森等掃售十六都一甲王家灣田四十畝，二股管一，計田廿畝，價銀叁百兩，册名交則民，正銀五錢叁分四釐五。與麓松子唯合接，契存本公。

宣統二年，接買吉開雲十六都三甲地名甲寅塘紙上田廿八畝，實田二十四畝，價銀六百兩，册名周秀，扣正銀玖錢零六釐，册名吉南谷，扣正銀伍分。

宣統二年，接買文儀三十六都二甲葡萄衝老屋門首菜園埊田五分，價錢四十千文。

民國五年，接買文静生十六都二甲獅子塘、茶子坡、荷葉壩等處田二十二畝五分，四股管三，計田一十六畝八分七五，價洋七百元，册名文輝源，正銀一錢七分四釐，文裕義正銀四分長左十朱裔，正銀一錢七分四釐，俱四股派三。附記：冬至祭，四股管一，派田五畝六分二五。

民國五年，接買文阿姚同男承先十六都二甲庵門首鍋蓬背，統名腊樹洲，田一十七畝，肆股管三，計田十二畝七分五，價洋四百元，册名更文秋祭，正銀六錢，俱係四股派三。附記：冬至祭四股之一，派田四畝貳分五。

民國七年，接買文阿姚同男承先十六都二甲葡萄衝王家衝庵門首所存山嶺一所，價洋一百五十元，秋祭四股管三，冬至祭四股管一。

民國十一年，接買文傳谷、傳烈十六都二甲葡萄衝老屋上手崽田一坵，計種二分五，付價錢二十四千文。

附記：民國十二年冬，買轉芳晉該會股分，品分臘樹洲團内田叁畝，付價洋壹百四十圓。係文鹽二等四房子孫暨文冬山出筆。

民國十三年春，買轉芳信該會股分一半，品分甲寅塘田壹畝五分，付價洋七十圓，係文世楨出筆。

民國十五年，東堂公將原接本祭祀産内國蘭叔姪出售芳蕒名下鬮分，壋子塘、蔴子衝鬮内股分田叁亩，麓松將私分原接金山之政梅生暨冬余兄弟出售甲寅塘鬮内叢德、芳姿、傳久各名下股分田玖畝，比兑管壋子塘、蔴子衝鬮内股分田玖畝，子唯將私分原接春林叔姪出售芳秀名下鬮分，塯子塘、麻子衝鬮内股分田叁畝，又將原接樹庭、春玉出售傳商名下鬮分，塯子塘、麻子衝鬮内股分田叁亩，以上共田壹拾捌畝，並山嶺、屋宇等項，一概兑歸本祭公管。本祭以所管十六都二甲易家衝文炳南出售田業一契，計田壹拾捌畝，並山嶺、屋宇等項，兑歸東堂公暨麓松、子唯管。又塯子塘鬮内梅德裔傳樹等分去股分田叁畝，與本祭夥管。

（《[湖南湘潭]鹿嶺文氏六修族譜》 ）

湖南羅田賀氏祭會

追養繼孝，祭典已隆。於古人興賢育才，文教尤重乎今日。求仁粟以祀，必賞禮耕；備資斧之需，當廣義種。我族奉先念切，享祀固無不全；造士情殷，獎勵亦罔或缺。玆將公祠支祠祭會祭田，及族捐興育會田捐，合邑興賢堂田臚列於後：

一、合族公祠春祭祀，定以仲春中浣丁日。其值祭以六分半轉輪。臨公位下暘公裔、繼紹公裔、復公裔、來公裔、郊公裔五分，各值一年，賢公位下共值一年，禄公分兩輪，僅值一年，每分發帖十套。又房長、通事二帖，禄分發帖五套，又房長一帖、輪賢分禄分之年，每分發帖十二套，房長、通事亦二帖，俱交各房房長，聽其按分發請。是早赴祠飲福，臨公位下石公裔三分輪值。凡屬石公裔，有功名者均與祭飲福，不在請帖數内輪值者，並於六分各分，請嫻禮者一人，先期赴祠引禮，以免苟簡。其祭費歷係每分各充。邇來合族捐立春祭祀，現接田種八斗一升，又月塘一口，每屆幫錢十千文，又内祔儒宗堂祀，亦已生息置産，現接田種七斗四升，每屆幫錢二千文，除幫費外，其餘值年者各充。

一、公祠夏至祭會，接買管塘田一契，計租六碩，二桷新屋坪田一契，計租一石三桶。

會名列後：

金玉裔　受添裔　身修裔　成六裔　砥盛裔

及泉裔　研儔裔　榮科裔　建中裔　良宰裔

邦望裔　瀾珍裔　采仲裔　宰澤裔　錦章裔

孟修裔　登九裔　嘉言裔　保庶裔　鵬翺

一、公祠秋祭會，定以仲秋中浣丁日，合族樂捐，分作九年轉輪。值祭名詳會簿。現置田二十一契，計種四碩二斗，每年除祭費外，餘項生息。

一、冬至祭會，置沙洲灣屋、田塘、園坪等業，其屋坐西共七間，前以田，後以山脚，左以廳心直出坪外田邊，右以蔬園塘弦爲界。田係長塘下七坵，圳外一坵，藍坵一坵，大通坵連三坵，梅水灣二大坵，共十四坵，租廿八石，牲錢五百，永爲祀業。

宗玉、衡玉裔　周玉、翰光裔　昌隆諱上忑

祥麟裔　學足裔　麟藪裔　瑱若裔

廷耀裔　采仲裔　桂玉裔　德全、嘉仁

德隆、柏榮裔　采伯裔　昌言、昌玉裔

瓊玉裔　誠明裔　自如、得禄

勛臣、首賡合　誠明、博雅裔　允安裔

一、公祠清明會，允昌公裔樂捐，接買熊家灣門首田種一斗，又接熊家灣田租二石，新屋坪田租一石四桶，老屋坪祠首圍内田租二石，每年輪流辦祭，餘項生息，會名署簿。

一、公祠中元祭會，接買橋上出口大路邊上一連田二大坵，槐樹塘園内田二坵，梘邊江弦田七坵，隨田江洲一大塊，又增置田租八碩零，祀規載約。

會名列後：

陶文裔　東長裔　廷耀裔　衣遠裔

錦章裔　西長裔　潮屏裔　斯萬裔

高濟　開桂　雲蔚裔　楚三

南才裔　拔林裔文元錦江裔合　一元裔

一、合族於道光己酉秋，捐十月初一昭祭會，爲昶公專祀，原捐三百一十四名，咸豐二年退轉七十餘名，惟存暘公分五人，繼、紹二公分十九人，復公分五十人，來公分七十人，效公分六十六人，禄公分四人，賢公分二十二人，共二百三十六名。所捐會貲，現置五栢壋田租一百四十餘石，又近處田租十餘石，永爲祀業。會名署簿會序列前。

一、孔臨公樂捐生辰會，接買爛柴衝下坊門首田種一石五斗，衝湖衝口田種五斗，杉圍祖堂後田種二斗三升，每年輪流收租辦祭，會名署簿。又將老會餘貲，新置田租十石，爲臨婆祀。

一、雲峯公祀，雲峯嶺杉樹衝内田租六石，土租錢九千三百五十文，並老禁山墓田租十三石二桶，除老禁山守山穀六石，又掃墳酒食谷二桶外，蓄積公貲共置田産，另有契據詳載會簿，永爲祀業。每年雲峯公夫婦生辰，及隆山公夫婦生辰，經理均同辦祭。又捐豆田義渡祀一名。

一、隆山公樂捐生辰祀會，買接窖塎坵跎子坵田種四斗，又接新屋坪田租一石一桶，永作祀業。

一、雙臺公生辰祭會三分，樂捐陸續接買近處田租三十餘碩，爲公祀業。又瑞華捐大陽田租二石，以作伊父福祖夫婦祔享之貲。

一、雙公楊婆樂捐生辰祭會，接買近處田租六石零，永爲祀業。

一、暘谷公支祠，原載田種七石，及建造祠宇，係昔年二十一人捐成之貲，今衹存二石，所有捐會及承頂名字，照依會簿開列于後：

純德　禄山　相山　達山　承組　光組　仙組　卿雲　淡雲　恩雲　隆祥　鯤躍　奮舞　文庠　浪三　遐福　介福　景福　申福　錫福　賜福　内淡雲股分彤雲公裔承頂　恩雲股分淑仁裔承頂半股　祀内承頂半股　純德股分宗虞裔承頂　光組股分祀内承頂　卿雲股分遵朝裔承頂　鯤躍股分祀内承頂　半股家湘裔承頂半股　申福股分祀内承頂　錫福股分祀内承頂半股　定登瑞初承頂半股

一、暘谷公生辰會，係四支兄弟叔姪二十六人捐貲成會，陸續接買田種一石有零，永作祀業。日後有餘，仍置田産，會序列前。

一、介福遺譚家岸上宋家塘田大帘園岸脚下七石，田種二斗，永作公夫婦祀業。

一、繼紹公祭會，原係兩房子孫，自上字派起，照丁捐穀成會。接買灣富猴子衝，又名芳塘田種二石五斗，水塘五口，莊屋一棟，左右前後繞圍山嶺，窄帘田種捌斗，莊屋一棟，山嶺繞圍魚塘近處田租拾餘石，永作祀業。及公事費用，不得瓜分耗散。會款載臺公祠記。

一、紹臺公樂捐生辰祭會，接買近處田租叁石零，永爲祀産。

一、台祠樂捐夏至會，接買近處田租玖石零，永爲祭業。

一、繼公清明會，接買小村田租肆石零，永爲清明掛掃墳塋祭業。

一、台祠乾公清明會，歲收暮衝杉坡山租、道士坪山租並接田租，永爲清明掛掃墳墓祀業。

一、臺公祠冬至祭會，接買灣富猴子衝田租十石，並近處田租二石，會係十九名樂捐，有約。

一、完我公生辰會，鐵爐窜土租東邊山下唸章窜土租，並置各田租，永爲公夫婦祀業。

一、乾公樂捐生辰會。接買近處田租三石，永爲祀業。

一、又輝公夫婦生辰會，存鐵爐衝盆形山租，並近處田租二石零，永爲公夫婦祀業。

一、如華公夫婦生辰會，接買近處田租五石，永爲公夫婦生辰祭業，毋得瓜分。

一、石公崧辰慶會，舊接田種，及冷水亭塘、梨子坡各莊屋宇、田山等業，清光緒九年已另立祀志，後又增置田産，另詳會簿。公擇賢能經理，掌持生息，至所捐邑興賢堂、文昌會，一名文廟丁祭，二名興賢堂秋祭，一名長香祀，一名豆田義渡會，一名以及鄉城各捐簿有銅牌記會，另詳載。

一、石公崧辰慶會，從前已捐入會者，照舊管理。嗣後能發大小科名，及捐納功名，祇請本人拜慶飲福，不得署名入會。至入學校學費，另編約據，毋論會内、會外，凡屬石公裔一體幫助。

一、五代祖妣李大孺人生辰會，舊接買田七契，計種一石四斗八升，後又陸續置産，另有契據，永作祀業。

、復公和平堂支祠夏至會，陸續接買田種，另有契據，三分輪值，每年開祭費錢十二千文，食谷二石。

一、復公生辰會，係三分子孫樂捐，共八十八人捐貲生息，陸續置産，接買田種，另有契據，永爲公生辰祀業。

一、六代祖妣唐大孺人生辰，係三分子孫樂捐，共八十二人，捐貲生息，陸續置産，接買田種。另有契據，永爲祀業。

一、宇春公生辰會，存對江田租三石，永爲祀業。又分内於道光二十九年，續捐宇公祀一會，共計五十六名，所捐會貲，積息接置田租，其田地名、坵塅、種升，及樂捐會名，另有契簿，永爲祀業。及清明、立冬掛掃費貲，兼理八代祖妣譚孺人及安之公夫婦、九代祖妣李孺人及如仙公夫婦、十代祖金璞公七位生辰，子孫恪遵，不致有違。

一、七代祖妣徐、甯二孺人生辰會，係清光緒十一年樂捐，會名署簿，捐貲積息置産，另有契據，永爲祀業。

一、彝伯公生辰會，係同治十一年樂捐，共計二十八名，捐貲積息，接置田産，永爲公夫婦生辰祀業。其田地名、坵塅、種升，所捐會名，另有契據。至公葬杉坡窰下人形墳在頭排，永不准騎頭跨葬，山下莊屋一棟，及挨屋茶園、油[illegible]、水塘、墾田，係八房公管，永爲着守該山墳塋之業。

一、南箕公生辰會，遺存田種，另有契據，永爲公夫婦生辰祀業。

一、愛日公生辰會，遺存田種，另有契據，永爲公夫婦生辰祀業。

一、盆形窜丁家屋場厚隆公墓田，種四斗，已編約據，永作阜公子孫公管，每年辦理阜公夫婦暨隆公夫婦祭會。

一、祖武公江妣裔孫銘善、興嘉、思儀、瓊玉、彩玉、桂玉、鴻章、士烈八人，樂捐怡慶會，接買牛形山下田租二十一石，莊屋一棟，魚塘、蔬土，永爲公夫婦三祀祭業。每年除辦祭及完國課外,每會額品谷一碩,餘項置産。

一、樂公祀田,租叁拾餘石,永遠存爲祀産。每年除各生辰祭費外,其餘按照四房盡數品分。其各生辰祭祀,公定於接買作公堂坐身左邊屋宇收租致祭,又石門衝人子坡龍形正嵴上排葬邁千公兄弟墳五冢,下排葬邁公兄弟配墳五冢,均載齒録,下排左側,因大房繼源居長,約載與源祔葬一冢,後源身故别葬,源應葬之冢祔葬源配劉氏,亦載齒録。至民國三年甲寅歲,公同議決,又於祖墳脚下新開一排,計墳五冢。每房分葬一冢,惟梲房所分坐身左邊一冢,後已出售與大房梓軒,該排所葬各墳,亦載齒録。該處來龍左右,及新開排下,永遠封禁,不許進葬蓄禁,樹木不得砍伐。

一、公存樂公裔,分得瑪蝗壠靴坵背上田種一斗五升,又逐年品分穀四石,又公堂右邊老屋園圍牆内田種八升,磚屋衝杉仙祀管田背上田種五升,杉樹衝泉塘一口,壇下灣泉塘一口,四股得一,股分及杉坡、塘坡、楊家嶺、山嶺坡、土油、茶食茶永爲寶臨公夫婦,暨壽朋公夫婦祭業。

一、德昂公夫婦三位,原存盆形衝田種二斗,作爲祭産,後五分議將該田出售,另將應培、應宜、應佑、應中原捐江家門首大路上長塘田一坵,計種二斗三升,永爲德公夫婦生辰,五房輪流辦祭,應培兄弟祔享。

一、國琛公夫婦存鐵門樓,又公祖堂後出入衖子口横路上上魚塘一口,又存塘脚第二坵田一坵,計種五升,又存崧辰慶會半會,永爲祀業。

一、復公和平堂,貞公分清明祭會,喬若、恒士、抒青、道南、鵬升、世儒、名作、朝亮、朝贊,共置田種一斗五升,每年值祭者收租辦理。

一、復公和平堂立冬祭會,喬若、朝亮、朝贊、希成、恒士、俊才,非二選一,湘瀾、高堅、棣華内,湘瀾股分組德裔承頂半股,共置田種二斗三升,每年值祭者耕作。

一、平夏公生辰祀,九月二十七日,五分致慶,現存田租二十九石,永爲祭業。其祭輪年辦理。

一、平公分七月十四中元會、恢先公裔、寅齋公裔、羅田公裔、世儒公裔共四會,接買田租七石,永爲祀業。每年值祭者收租辦理。

一、平公分十月初一掛地祭會,長、二、三、四、五、六、七分,共值田爲掛掃費。

一、沙儒老屋門首大塘田,上手垻坵田共租六石,永爲麟玉公夫婦祀業。

一、沙儒門首八石,連田及上手園内方坵田園外長坵田,共種五斗,永爲世儒公夫婦祀業。

一、下沙儒門前上手鰲嵴塘田四坵,田壠塘後背三斗坵田一坵,永爲十一代羅田公夫婦、十二代恒吉公夫婦四人生辰祀業。

一、來公生辰祭會,存冷水股分租谷三石二桶,並新舊接買田種八斗三分,子孫輪年辦理。至梨子坡湘邑享塘股分田租,鄱官衝土租三分公收。

一、來婆祀裔孫一百二十五人,樂捐現存田種一石二斗零,每年輪流辦理。餘項生息。又接置大祠二門外左邊公屋股分。

一、祠堂門首珠形脚下田租四石五斗,又麻塘苳田租二石,永存德隆公夫婦生辰祭業。青、畢二分收租,輪年值祭。

一、郁公生辰會,存墓衝田租八桶,及土租錢啓允二分,分收輪年值祭。

一、郁婆祀裔孫八十五人,樂捐現存田租十石,每年輪流辦祭,不得苟簡。

一、允公生辰祀,舊接光裕園内田租二石,祠堂門首圍内田租十桶,又新置田租十一石零,係崑平、昭文、崧山、南才、映臺、羅望、東長七公位下七股派捐,輪年值祭。餘項經管生息。

一、允婆生辰祀裔孫六十二人，樂捐現置田租三十石，内日永捐租四石，祔享。又誠明捐租二石，每年輪流辦理，餘項生息。又接置大祠二門外左邊公屋股分。

一、允婆墓捐祀裔孫派捐、樂捐、祀規編約、捐名、捐數，載簿。現置湘邑茨塘帘櫟鉤坡莊屋一棟，田種五斗，本處田租數碩，接置大祠二門外左邊公屋股分，又接置東山房屋二間。

一、同婆帨慶會裔孫四十人，樂捐舊置妣墳後田種一斗四升，並新置田種八斗，内渭賢捐田租二石五斗，又接置墳後來龍茶園及前後左右各餘土，每年辦祭外，餘項經管生息，又接置大祠二門外左邊公屋股分。

一、瓦石、漕石、板坵田種三斗，永爲儒章公夫婦祀業。

一、老屋坪祠堂後灣坵連田，月塘脚下七石田共種二斗四升，蕭家屋後槲椅灣田種二斗四升，謝家屋後田種七升，岸下門首田種七升，永爲郅隆公夫婦祀業。

一、石壁嶺下門前雙井塘一口，壋頭田一坵，計種一斗，烟火山脚下灣塘田一坵，計種四升，蘭友屋門前木梓塘一口，共計租穀五石五斗，永作家銘公元配顔孺人、續配楊孺人祭産。

一、吴家屋場門首得水大坵田種四斗，東左山下挨大路桑樹坵田一坵，永爲錢三公夫婦祀業。

一、新屋坪上手橋邊大路壋頭瓜壺坵脚下，叫名大長坵田，計種二斗一升，又印信台脚下第三坵田，計種四升，存爲夫山公夫婦祀業。

一、亭子塘新建前後二進店房屋一棟，公存前進一横連屋七間，日後逐年店租，存爲章林公夫婦生辰掛掃之貲。

一、上沙圍岭上挨右邊圳岸上叫名灣坵田一坵，脚下一連大小三坵，計種二斗，永爲月階公夫婦生辰祀産。

一、老屋坪新屋後田種一斗二升，永爲家文公生辰祀産。

一、廷樞公生辰祀會金潮玉三分，昔年派穀五石四斗，裔孫斯萬獨力維持，兼自己樂輸，接置白洲塘屋後田種二斗，貓竹山田種一斗，每年辦祭外，餘項生息。

一、玉屏公夫婦生辰祀會，舊存黄竹衝田種一斗四升正，衝漕田種四升，接置橋背壠田種一斗六升，新屋坪田種三升五合，每年辦祭外，餘項生息。又舊存暮衝叫名下八石連田共種一斗四升，永爲玉屏公裔清明寒衣掛掃之貲，餘項生息。附入玉公生辰會。

一、麻塘嶺上田種一斗一升，永爲錦江公夫婦生辰祀業。

一、後背壠屋場坵、條子坵田種一斗，永爲書華公夫婦祀業。

一、田壠塘田種四升，永爲輝儒公夫婦祀業。

一、麻塘嶺上田種一斗一升，絹坵脚下田種一斗四升，瑞志屋場下手田種一斗，永爲錦章公夫婦祀業。

一、鶴洲仁依塘田種二斗五升五元，捐爲雨降公夫婦祀業。

一、李家灣青山衝龍形葬十二代金騰公夫婦、十三代福佑公夫婦、祔葬香名公存墓田，一石一斗二升，莊屋山嶺。

一、大陽壠長塘一口，岸上鉤腦坵田種三斗，下鍋底塘右邊大腦坵連田二坵，田種四斗，新屋坪祖堂坪脚下，田種四升，李家灣青山帘名遠坡土租錢一千六百文，永爲福佑公夫婦祀業。

一、樟樹下深坵田種二斗四升，嶽佑公身後所遺，永作八代啓蒂公、九代不次公二公夫婦祀業。届期奉嶽佑公神主祔饗。

一、周家山田種六斗二升，熊家灣上手八石種一斗六升，屋後方坵漕裏山川園田種共一斗六升，苗竹山脚下三陂口田種一斗，石圍裡江絃田種一斗，永作冠英公、廷耀公二公夫婦祀業。

一、白洲土楊溪齋田種共六斗，熊家灣上手大路上田種八升，永爲隆川公夫婦祀業。

一、東長公夫婦生辰祀，昔存祀田計種六斗零，後陸續接買田種三斗零，每年輪流辦祭，餘項生息。又接買大祠二門外左邊公屋股分。

一、昌瓏公夫婦祀産，粉壁塘壺蘆坵田種二斗四升，萬發號下手參三長坵一半，田種七升，碩種大坵一截，田種七升，永作祀業。

一、昌玉公夫婦祀田，唐家門首大路下第二坵田一坵，上手田一坵，計種二斗，白羊衝田種一斗六升，永爲祀業。

一、若霖公夫婦祀田，井坵門首鰱魚塘脚下田一坵，直下第四坵田一坵，計種二斗，永作祀業。

一、名儒公夫婦冥壽祭田，唐家門首田種四斗，土陂田種三斗，東窗門首田種三斗八升，石獅口田種一斗七升，溪洋塘田種二斗二升，江背鄱官壠田種二斗二升，鰱魚塘田種六升，共種一石七斗五升，每年收租辦理公夫婦生辰二祭，有餘生息，分内發科者，照約助費。

一、祥麟公夫婦祭田，接買元粧糖田種一斗二升，孫男十人所捐。

一、湘一公夫婦生辰祭田，存熊家灣門前大路下灣田一坵，叫名十七石，計種一斗七升，高頭嶺瓦窰前連田八坵，計種二斗，關爺殿大水塘田種二斗，永爲祭業。

一、名登湘一二公存熊家灣門首魚塘二口，又壇下魚塘二口，又屋後東茅塘田一坵，背上田二小坵，永爲中元衣包及輪值孟蘭會之貲。

一、徽典公裔存高遥塘審窜田種一石一斗，莊屋園土塘埳山嶺等業，照依契存，永爲祖考妣生辰祭會，及清明、立冬掛掃。

一、閬衡公子孫存高遥墉審窜田種五斗，莊屋、園土、山嶺等業，照依契存，永爲閬公夫婦生辰祭業。

一、銓衡公夫婦生辰祀，存高遥塘審窜田種七斗零，莊屋、園土、山嶺等業，照依契存，又湘邑南港嶺田種二石五斗，莊屋一棟，繞圍山嶺，永爲祭業，不得變售瓜分。

一、培元公夫婦生辰祀，存龍龜山烏龜石田種三斗八升，楊梘衝莊屋山嶺，又倬雲裔捐扶椅灣田二坵，計種一斗五升，永爲祭業。

一、南才夫婦生辰祭田，存茶子山田租一石，高頭嶺九石田租二石，又齋江田租一石二斗，永爲祀業。

一、華亭公生辰祭田，存暮窜口二陂圳下榬樹塘田租三石，永爲祀業。

一、華亭公德配謝孺人生辰，與清明、十月初一掃墳，存茶子山租穀二桶，又肉竹窜田租五石，永爲祀業。

一、秉虔公夫婦生辰，與清明十月初一掃墳，存方塘田租五斗，永爲祀業。

一、效公慶辰祀，係清道光甲午年，合房樂捐，共一百二十一人，本年即以捐貲接買楊祠後田三斗五升，會序載明，未另立契，後將租生息，陸續接買東邊山下田石壁窜口田鍋底塘背上田彭家漕田楊柳大坵田，又背上方坵田榪杓坵脚下田，夏衝門首田，及屋後濫泥衝田，岸下門首田，及下壠田，新屋坪麻塘嶺上田，橋邊壠田，漸塘衝口田，及衝内田石觜前圳岸下田，及健子口田共十九契，計種四碩八斗，永爲公生辰祀業。

一、六代祖妣李孺人生辰祭會，係清同治年間合房樂捐，共六十人，以捐貲陸續接買大中坡口大小田二坵，共種二斗，蔣家嶺門首横過水圳連田五坵，共計種二斗六升，，棗子樹下屋後田種一斗一升，東邊山下老屋園田種一斗五升，仲公享堂門首田種八升，高燈樹下田種一斗，琥瑪窜内田種六升，龍鳳屋埸門首井坵，田種一斗二升，永爲祀業。

一、三台公生辰祭會，清道光甲午年樂捐共四十人，將貲生息，接買地名大陽門首棕茂坵脚下長坵田租穀一石，老屋坪後背壠團坵田租四石四桶，高燈樹下牛角坵田租五石四桶，茨塘衝有山租錢，永爲公誕祀業。

一、台公配李孺人存享塘公田分租五石，又接買大陽門首六石，田種一斗三升，接買大陽門首松樹塘水塘一口，三股之一，梘邊大坵脚下長坵田，種八升，永爲祖妣生辰祀業。

一、均臨公夫婦存享塘公田，分租五石，永作生辰祀業。

一、天則公生辰、清明兩祭，接買金管窜墳山下田種二斗，學堂覇上新園内田種三斗八升，壇下灣田種一斗三升，又陸續接買東邊山下各處田五契，共種七斗三升。永爲祀業。

一、則公配劉孺人存琥瑪窜口杉山莊屋、山嶺、土租錢，暫行生放，日後置産，永爲祖妣生辰祀業。

一、指高堂中元會、學堂園井坵背上田二坵，共種一斗，又石壁衝田種五升，永作祀業。

一、雲菴公生辰祭會，四房子孫樂捐，接買田租八石零，餘貲生息置産，永作祀業。

一、雲菴公配顧孺人存田租十二石，餘項生息。又存琥瑪窜口杉坡私園一隻，三股得一，永爲祀業。

一、嗣武公遺業，存松樹塘脚下田租二石白洲塘屋後，田租二石六斗，麻塘岭田租二石四桶，共租七石二斗六升，永爲公務用度。

一、嗣武公生辰祭會，係清光緒己丑年四房子孫樂捐，現接買田租十餘石，餘貲生息置産，永作祀業。

一、嗣公配張孺人生辰祭會，四房子孫樂捐，現買租十餘石，餘貲生息置産，永爲祀業。

一、杉樹窜口壇山堪之才公等墳，前後左右，田種四斗三升，永爲品章公生辰祀業。

一、邦玉公夫婦生辰祭會，存新屋坪大塘下漕裡連田五坵，計種二斗三升，永爲祀業。

一、金玉公夫婦生辰祭會，存琥瑪窜口杉山脚下田種二斗五升，東邊山下鑒坵背上方坵田一坵，計一斗四升，永爲祀業。

一、周玉公夫婦生辰祭會，存曠氏灣上下田六坵，蠟樹坵田一小坵，共計種三斗二升，永爲祀業。

一、宗玉公夫婦存彭家漕田種二斗，又存瓦石漕田種四升，又西陽塘田一坵，三股之一，永爲祀業。

一、衡玉公夫婦生辰祭會，存高等湯家門首壠中簣坵田租四石，又三斗坵下挨晭方坵田，租四石五斗，及崧辰祀、裕慶祀、靖境會分租穀，永爲祀業。

一、翰光公夫婦存新屋坪大灣坵田三斗，永爲祀業。

一、孔章公夫婦，暨元長夫婦，存泗汾五柏塇漕内田種四斗，狗頸壺田種八升，又老屋后濫泥衝正漕田並晒上田一塅，共種二斗二升，永爲祀業。

一、斐章公夫婦存石壁衝尾田種壹斗，漸塘窜口長坵嶺下及長坵嶺田種一斗二升，永爲祀業。

一、源遠公夫婦生辰祭會，存下新屋坪大塘尾馬蝗坵，連田二坵，種一斗二升，大路下新開田二坵，種二斗，冒脚坵連田二坵，種二斗，上新屋坪後柳樹壠下漕貓坵田一坵，種二斗四升，大陽門首大路脚下四石田一坵，種一斗，又上沙子塘直上圳岸茫福大坵田一坵，計種五斗，又牛角灣連田二坵，計種一斗，又直上田一小坵，計種五升，老屋園連田四坵，計種一斗四升，永爲祀業。

一、星應公夫婦存大陽坡新開坵二坵，租穀二石，永爲生辰祀業。

一、紅沙塘祖堂會，存門首老映田及東港壠大路下田泉塘背上，田草塘下江邊田，壋沙塘田，東邊山下德三門首大路上田，黄嶺楿杓園土租穀，又接買周家屋場下首湯人墳前田一大坵，脚下連田二小坵，共田租十九石五斗正，永爲祖堂公費，仍舊生放置産。

一、尚軒公夫婦存泉塘下小湴坵田，租穀一石二桶，永作生辰祀業。

一、曉若公夫婦存門首三沙塘田，漸塘衝口，壋沙塘田，共租三石，及崧辰祀分穀，永爲生辰祀業。

一、尚遇公夫婦存大陽圳路上坵田一坵，種二斗五升，永爲生辰祀業。

一、克敏公夫婦暨桂亭公夫婦生辰祭會，存紅砂塘岸下方玉坵田一坵，大路下連田一小坵，園内魚塘一口，連田一坵，直上油菜田一坵，尾吉塘一口，又住宅左邊新開坵田一大坵，岸上連田二小坵，又高塘内連田三坵，岸上田一小坵，共田十一坵，計種六斗五升，永爲五人祀業。

一、予才公夫婦，及斯羽公夫婦生辰祭會，存聶家洲蠏形田種二斗，琥瑪衝口油店一棟，又田種一斗五升，永爲四人生辰祀業。

一、北恒公存，琥瑪窜口桐子園田種四斗，隨田山嶺，永爲祀業。

一、展成公夫婦存，上屋門首塘四股之一，又田一坵，共租穀四石，永爲生辰祀業。

一、楚光公夫婦存，砂帽坵連田三坵，計種二斗，永爲生辰祀業。

一、沙泉公夫婦存印信臺田租四石，永爲生辰祀業。

一、章南公夫婦生辰祭會，存犁子樹櫟山門首田租一石五斗，編有約據，永爲祀業。

一、卓望公夫婦生辰祭會，存漸塘衝口井坵田一坵，計種一斗三升，永爲祀業。

一、任才公勤儉起家，不配不撫，年踰大耋，無疾而終。故存下岸十八石田一大坵，計種三斗，永爲公生辰祭掃之貲，歸撫孫承管，不得變售瓜分。

一、桂壽公夫婦存，門首小塘一口，對門園一隻，大塘背上田二坵，租穀一石二桶，永爲祀業。

一、南溪公夫婦生辰祀，原係裔孫八人樂捐，分作十六會，後退出七會，祇存鳳岩裔一會、登林裔二會、炳全裔一會、炳良裔一會、開桂一會、開華、開盛合一會、炳清、炳才合一會、怡發一會，接置禄公祠園内田三坵，計租四石二桶，蔣家嶺門首塘岸上田三坵，計租五石四桶，又共接貝上園岸下長坵田一坵，計租三石，内分租一石，共接怡福萬鵝頸坵田一坵，内分租二石，共計租十三石，永爲祀業。每年辦理兩次祭祀，餘項生息。

賢公分祀田

一、德一公存潘家園、長湖山、三啓園祖墳處田，種一斗，永爲祀業。

一、身修公夫婦存鄱官衝、西家灣第一横起至第四横止，共計十二坵，計租四石五斗，又長湖山土租錢，永爲生辰及中元祀業。如家公祖堂後田二坵。

一、翠雲公夫婦存住宅租堂門首田一大坵，竹山塘田一坵，計種三斗九升，又朝邦塘十二股之五、瓦塘十二股之四、下棗子塘十二股之十一，每年收租以爲公用，永爲祀業。

一、有光公夫婦存上湖塘、漕内港坵田，内田種一斗，上長湖塘一口，每年收租，永爲生辰祀業。

一、興育會現置田産，計種十一石有奇。清光緒戊戌，又續捐錢二百餘串，經理掌持生放，永爲族中作育人才之貲。至所捐邑文廟春丁祭二名，長香祀一名，又興賢堂文昌秋祭祀一名。

一、合族義學會，現置田種十六石有奇。日後蓄積崇廣，設定章程，永爲帮助族中子弟學費。

一、合族昔年兑就石虎廟田業一莊，計種一石五斗，額租三十石，又樂捐置東窜户田業一莊，計種二石四斗，額租四十二石，捐邑興賢堂，文昌祀二名，又樂捐買田種一石，捐邑渌江橋會一名，又接買宗祠門首左邊牆外基地一塊，前以水圳、後以祠管廢屋脚，左以開彦碓屋脚、右以祠牆脚爲界。

一、新建渌江礄族會，捐洋五百元，石公祀捐洋五百元，合計捐洋一千元。領有橋譜碑文，每歲十月十日，赴縣會集核算。其人必須由族推定，夫費歸公發給。

（賀彝燃總修《［湖南醴陵］羅田賀氏五修族譜》 民國二十二年（1933）儒宗堂木活字本）

浙江餘姚蘭風沈氏積穀會緣起

古時農民多有積蓄，後世積儲者少，無術禦荒，樂歲無餘，凶年奚賴。我沈氏有見於此，集族内樂助諸家捐穀以立，基本仿古人社倉之制，施放以應急需。自清代光緒二十三年丁酉，興成積穀會一個，以防饑饉。每人助穀以三千斤起。嗣後有願助者，不拘年月，均可入會。每年至十二月開放，議定六萬斤爲限。至次年處暑節收清。倘有餘穀，及每年所收利息，定價發賣。陸續置受田畝，如有急公之人興造義塾告成，即將是田歸入義塾。又將會内歷年餘穀並利息，仍貼入義塾，以作經費，永以爲例。

積穀會名次：敏十時暘房，助穀三千斤；敏十廷貴房，助穀三千斤；敏十餘善房，助穀三千斤；敏二十三奎齡房，助穀三千斤；敏九文瑛房，助穀三千斤。

（沈慶林纂修《［浙江餘姚］續修蘭風沈氏宗譜》 1935年餘姚肅閎堂木活字本）

湖南醴陵醴南潘氏清明會

鼎公清明會序

唐開元間上墓禮經，及五季後野祭焚楮，由是或宴集於曲江亭，或勸酬于芳園内，相沿至今，傳爲盛事。所以撫佳節而掃墓揚幡，設祭祀而獻酬交歡，無非彷古禮而展孝思也。我鼎公派分五房，自嘉慶二十二年，得合世字派兄弟三十六人，飷錢十千，樂捐清明祭會，陸續生息，迄今八十餘年，積租六十餘碩。逐年節前社日，酌議辦祭，纚幡掃墳。是日與祭飲福。自昔至今，會規井然，享祀誠不忒也。邇有不肖藉服出頂，不顧血食，希圖肥身，忘前人樂捐之苦心，開後日品拆之歧路。不已，合房酌定：遇有絶股，無親歸房，無房歸公。若無從説變，誓必出頂，公備青蚨二串祭掃。雖然不失而飲福，自此無名矣。凡我會内同心同德，酌清酒而勿替明禋，誦先芬而毋忘祖澤，則幸甚。

清光緒二十四年戊戌歲（潤）〔閏〕三月穀旦，鼎公裔孫謹梓。

續捐闔邑興賢堂文昌祀記

《禮》云："有其舉之，莫敢廢也。"乃有時廢其已舉，而別成美舉。如我鶒公裔，廢一家之興賢會，轉成合邑之文昌，祀其所廢，不誠盛事哉。蓋自道光間，邑設興賢堂。我賢父兄公私捐金，購汪家礄田業一處，以五斗赴堂，尚剩時種三斗五升，而家之興賢會所由起也。嗣後陸續積産，共有田租十餘碩。凡應試、游泮、捐納者，咸樂得其嘉獎焉。越光緒，自鼎學三裔議捐鶒公木主於堂，堂額以田租叁拾碩爲大捐，故以原捐作底，以積産湊數，更得自公捐種五升，鼎學二公共捐種兩斗，朝公不與歷係未捐故也。比將三裔所捐之田，兑允會契，管汪家橋田業，前後聯絡一處，計種一碩六斗有四升，續爲文昌祀。自此而家之興賢會盡歸堂有矣。厥後堂譜清丈，種丈不符，又將自鼎學公管杉山背松樹變售，得種一斗有奇，以補不足。此皆賢父兄之善爲權變也。因思我鶒公之德，生居土屋灣，而在天之靈得與邑賢諸公享祀於帝側。歲二月初三，携牌入堂與祭。拜帝君轉拜我鶒公，知必欣然笑、輾然喜，我之得與於斯文，不誠賴有賢父兄之嘉謀哉。爲是舉也，誠可以興一家之賢，即可以興一邑之賢，並可以使不賢者聞之莫不興起也，詎不賢與。若夫後日之科名顯達，緬斯美舉，又不知賢聲頌禱，其興仰爲何如也。

清光緒二十三年丁酉歲仲冬月穀旦，自鼎學三裔公譔敬梓。

中華民國二十六年歲次丁丑仲冬月穀旦，裔孫重梓。

清明會序

唐開元中，敕寒食節上墓。《禮經》高菊磵詩，南北山頭多墓田，清明祭掃各紛然，則祭墓之文，由來久矣。今不設祭於墓，而設祭於祠，何哉。今後嗣子孫誦先芬、陳祖德，升降拜跪之餘，肅然而起敬起孝也。爰商同支，每名樂捐錢五百文正，集腋成裘，新立祀典，擇交經管。務宜矢公矢慎，日後生息置産，永隆孝思，豈徒麥飯墳前人思拜掃而已哉。

清光緒二十四年戊戌歲季春月，穀旦，嗣孫興棣謹識，燕分裔孫敬梓。

中華民國二十六年丁丑歲季冬月，穀旦，裔孫重梓。

南塘公老清明祀序

清明節祀也，我南塘公裔歷承斯會。維時冷節初過，新煙乍起。數廿四番之風信，念切報暉；慶百六日之芳辰，情殷拜墓。昔年與燕峯公契管地名石筍窜，桐茶竹木荒熟等土，兩房照約分定,約已訂譜。惟我房佈佃收租,以充祀費,享祀不忒,由來舊矣。每歲所入,除供給外差,漸有贏餘,陸續生息,接買地名含紫窜蛇形下田,種一斗八升,又買水碓窜田,租二碩。擇公正經理掌管,祀事之未湮,殆如縷耳。至辦祭章程,入祠致祭,各房派客夙有舊規。兹因族譜三修,付之剞劂。維望後之人繼啓而式廓之,庶先人之馨香勿替耳。

嗣孫增炳謹識

中華民國二十六年丁丑歲仲冬月穀旦,禄百二公裔重梓。

合族樂捐鄉城祀會暨領收譜誌

一、捐文廟春秋丁祭銅牌一塊期二八月
一、捐文廟長香祀銅牌一塊八月廿八
一、捐城隍廟歲修祀銅牌一塊六月初三
一、捐豆田普濟會銅牌二塊十月十五
一、捐萍鄉禹王宫會銅牌一塊
一、捐雲巖寺佛祖會一名四月初八
一、捐天華臺長香祀一名八月初六
一、捐孟峯寺神會一名八月十四
一、捐興賢堂文昌秋丁銅牌一塊期屆八月
一、收領合邑縣誌一册
一、收領文廟丁祭譜一册
一、收領長香祀譜一册銅牌一塊
一、收領鄗邑通譜四册

(《[湖南醴陵]醴南潘氏四修族譜》)

浙江淳安章氏保正會記

查地保一役,原應無業貧民自行充當,再由官擇誠實者着其充當,既不准紳衿殷户濫充,亦不由官選民舉,例綦嚴,責甚重也。但古昔以之增榮,邇來因此被累,蓋有一利即有一槃伏於其内。世代先後之不同,抑時勢沿革之(廻)〔迴〕殊耳。吾族居住十八都一外半圖,歲充地保一名,向係十一莊輪流挨值。每逢二、八初旬,上頭照名及上下忙下鄉征收,與夫領價買棕、開發承圖各項資費,俱責成當年地保措辦。其丁衆者尚易爲力,而丁寡者動輙掣肘。若不斟酌至當,竊怨苦樂不均。爰集各(殳)〔支〕衿耆,妥議善後章程。每庄出田壹畝伍分,共成一會,名"保正會"。當即立户收税,登載租簿,准當年地保收取租粒,完納條糧,充濟公用。其田永禁變賣。由上交下,歲以爲常。惟願任此責者,小心謹慎,秉矢中正。毋後先攙越,毋彼此推却,毋蹈因循而悮公務,毋挾猜嫌而洩私仇。上爲朝廷辦公,下爲地方造福,同安衽席,共免追呼。現届族葺家乘,衆議勒之碑碣,不如壽之梨棗,尤垂久遠。爰詳叙原委,附録於左,俾世世子孫咸遵照承當云。

(章人智、章來金等《[浙江淳安]遂安洙水章氏宗譜》 1942年積笏堂木活字本)

安徽宿松吴賀通族祭會規條

公議祭會規條列後

一、議祭産本爲祭設,大小考試獲售,原有文會舘給費。嗣後鄉會甲式,祭會給花紅費八足錢五十千文;中副車者,給八足錢二十千文。此外,不得向祭會借貸,致弛祭事。

一、議祭會頭首各房,務擇正直能辦事者,公舉一人入祠,非本房公舉,不准入祠辦事。

一、議頭首每年一换,不可狥情任其久戀。倘有開消扯拽等情,查出照家法責懲外,追比年欠項,定要歸公。

一、議外姓佃種祭會館田者,毋許頂入本姓。違者將外姓之佃,(栗)〔禀〕公究懲,本姓頂撥之人,祠内照家法責懲。

一、議祭田以供祀事,管田以培士風。近日佃人掩欠抗指本姓之佃種公田者尤甚。惡習種種,顆粒不拂,有虧國(稞)〔课〕,有捐公項,殊堪痛恨。嗣後倘有此等刁佃,無論本姓外姓,清明冬至期,着守祠者唤至祠内,先以理論,次稟公法治,萬勿容隱,致多效尤。

一、議春秋二次祭墓、祭祠,禮生不到者,不准給胙。惟赴試者亦應一例給胙。

一、議冬至,老人年七十以上者,必親至祠方准給胙,其八十以上者不至,亦一例給胙。

一、議花園墩祭事,禮生向有車轎之費。今議定每位轎脚八足錢五百文,新生八足錢六百文,車脚减半,以昭平允。

一、議頭首遠處收租,理應佃人接送。毋得多呌車人,致滋耗費。

一、議各房每年祭會,頭首載入清明簿内注明,某房係某某所舉。倘或悮事,舉者照悮事者一例責懲。

一、議祠中不准近地人堆積棺木、柴薪、糞草,以及什物、污穢等件,如違罰,八足錢三千、酒二席。

一、議祠堂内不准附近人打麥、打穀、做工,至傷磚塊,至攔豬、鬬牛,尤屬褻瀆。如違,罰同前。

一、議祠中祭皿什物,不准移借他人,屋房不准借作他用等情。如違,則看守者與借物借屋者,各罰如前。

(賀人鏡等修《[安徽宿松]吴賀宗譜》 1946年木活字本)

湖南湘潭朱亭何思本堂族務委員會組織規程

第一章　總則

第一條　本會定名湘潭朱亭何思本堂族務委員會。

第二條　本會以執行族約、輔導自治、提倡教育爲宗旨。

第三條　本規程依法編定，外經族方大會審核通過，呈請縣政府、地方法院備案核准，公佈施行。

第二章　組織

第四條　本會設族務委員五人至九人，候補委員二人，由族衆大會選舉族内公正廉能人員充當。

第五條　本會置主任委員一人、副主任委員一人，由族務委員推選。主任委員因故於開會時不能出席，或履行職務時，由副主任委員代理。副主任委員因故於開會時不能出席，或履行職務，得託其他族務委員代理。

第六條　本會開會議決案件，或執行事務時，得族務委員過半數之出席始行開會，其議決案及執行事務方爲有效。

第七條　本會成立日，應備文鄉公所將組織情形、族務委員姓名、主任委員、副主任委員姓名、學歷、家庭狀況，分別呈請縣政府、地方法院備案。

第八條　本族四大房得各設分會，定名"湘潭朱亭何思本堂族務委員會第一、二、三、四分會"，其組織如本規程。

第九條　族務委員任期爲三年，得連任連選。

第十條　族務委員及主任委員、副主任委員，均爲無給職。

第十一條　本會得設公丁四名，負通知及傳達等事務，其薪食以服務時按日給發，其不服務日無給。

第十二條　本會委員因故長期離職，須向主任委員書面辭職，由主任委員函請候補委員遞補。

第三章　職責

第十三條　本會得代理本族執行族約。對族内爲職責上一切之處理，對族外有交涉訂約、或興訴搆和職責。但事情重大時，須召開族衆大會決議方行。

第十四條　本會依據族約，對族内男女有左列不良行爲者，得隨時隨地（撿）〔檢〕舉、糾正、儆告，或懲戒取締。

一　侮辱或凶毆直系卑親屬及其配偶，或旁親屬及配偶者。

二　遺棄或虐待直系卑親屬及其配偶，或旁系親屬及配偶者。

三　遺棄子女、童媳，或虐待子女、童媳者。

四　恃尊凌虐卑晚者。

五　頑夫虐凌，或遺棄妻室者。

六　潑婦奸淫，或凌辱夫主者。

七　慣行盜竊，恣意兇横者。

八　放情牌賭酒色，不務正業者。

九　故意砍伐或破壞公有森林、墳墓、山嶺祠地、江岸田園者。

十　湮没或毁壞祀産祭器者。

第十五條　本會依據族約對族内子弟犯左列之重刑重罪者，得會同其家長或親屬將其捆解呈究或自首。

一　犯内亂者。

二　刦財殺人者、殺人放火者。

三　慣行强掠，經政府灑緝捕獲者，或已獲而脱逃者，或曾未破案者。

四　兇毆直系尊卑親屬，致不堪醫治、有生命危險者。

五　窩藏異歹，或私通匪類、謀爲不軌者。

第十六條　本會對本族各祀會經理有監督清理及斟换經理職責。

第十七條　本會對本族公有祀産、祠地、山嶺、墳塋有處理收益，及改建修理權。如有經理時，須會同經理及得同意。

第十八條　本會對本族族校教育行政，負協助、監督、審查職責。

第十九條　本會對本族學齡兒童切實開導入學，否則强迫入學。

第二十條　本會對本族貧苦優秀子弟及有志尚學者，除現有昇學津貼穀外，應格外設法補助，培其學成。

第二一條　本會對本族内有左列情形者，得設法救濟，或督責其親支設法救濟；

一　老而貧廢，不堪行動，毫無靠望者。

二　幼而貧廢，不堪行動，無二親旁系親屬者。

三　遭急難急災，暫不能復業謀生，致全家凍餒者。

第二二條　本會對本族内有左列情形者應設法保障。

一　素行正當，遭仇讐寃抑、不能自白者。

二　貧懦不堪，遭人欺佔，無訴訟力者。

三　（缺）

第二十三條　族務委員在職務上故意違法，或濫用職權者，應即撤换或呈究。

第二十四條　族務委員如因事務涉及本身及同居親屬者，應即迴避。

第廿五條　族務委員如因事被人在調解委員會報告者，應接受調解。

第廿六條　本規程有未盡事宜者，得隨時會議更改。

第廿七條　本規程備案核準後公佈施行。

湘潭朱亭何氏思本堂調解委員會組織規程

第一章　總則

第一條　本會定名爲湘潭朱亭何氏思本堂調解委員會。

第二條　本會以調解本族内糾紛爲宗旨。

第三條　本規程依據鄉鎮調解委員會組織規程，並經族衆大會審核通過，呈請湘潭縣政府、地方法院備案，核准公佈施行。

第二章　組織

第四條　本會設委員五人至九人，由族衆大會選舉族内具有法律常識之公正人員充當之。

第五條　本會置主席一人、書記一人，由調解委員推舉之。主席因故於開會不能出席時，得委託書記及其他調解委員代理之。

第六條　本會成立日，應由本族族務委員會備文鄉公所，將組織情形、調解委員，及主席、書記姓名、學歷、家庭狀况、財産狀况，分别報請縣政府及地方法院備案。

第七條　調解委員任期爲三年，得連選連任。

第八條　調解委員及主席、書記，均爲無給職。

第九條　本族四大房，得設分會，定名"湘潭朱亭何氏思本堂調解委員會第一、二、三、四分會"，其組織如本規程。

第十條　分會組織應依本規程第　條規定，具報本會，轉呈備案。

第三章　職責

第十一條　本會得依法辦理本族内民刑事調解事項。

第十二條　分會得依法辦理各房内民刑事調解事項。

前項調解事項應具報本會轉呈備案。

第十三條　本會及分會辦理民事調解事項，應受左列限制：

一　已經法院受理之民事案件，經調解後，須依法定程序向法院聲請銷案。

二　依民事訴訟法正在法院調解之事項，不得同時另行調解。

第十四條　本會及分會得辦理之刑事調解事項，以左列刑法各條之罪爲限：

一　刑法第二百二十九條，及二百三十條之(防)〔妨〕害風化罪。

二　刑法第二百三十八條、第二百三十九條之妨害婚姻及家庭罪。

三　刑法第二百七十七條第一項、第二百八十一條、第二百八十四條之傷害罪。

四　刑法第二百九十八條第一項、第三百零六條(防)〔妨〕害自由罪。

五　刑法第三百零九條第一項、第三百一十條、第三百一十二條、第三百一十三條之(防)〔妨〕害名譽及信用罪，

六　刑法第三百一十五條至第三百一十八條之(防)〔妨〕害秘密罪。

七　刑法第三百二十四條第二項之竊盜罪。

八　刑法第三百三十八條、准用第三百二十四條第二項規定之侵占罪。

九　刑法第三百四十三條准用第三百二十四條第二項規定之詐欺背信罪。

十　刑法第三百五十二條、第三百五十四條至第三百五十六條之毁棄損害罪。

前項調解成立後，告訴人應向法院撤回其告訴。

第十五條　本會及分會於調解成立後，應本兩造之意旨，書立調解字據以資證明。

第十六條　本會辦理調解事項，應以兩造皆爲本族份(手)〔子〕爲(厚)〔原〕則；分會辦理調解事件應以兩造皆屬本房。

第十七條　當事人聲請調解時，得以書面或言詞陳述姓名、性别、年齡、住址、事由概要，並附送該事項之關系文件，其言詞聲請，調解者應作紀録。

第十八條　接受聲請後，應決定開會日期，通知當事人親自到場。

前項開會調解日期，自接受聲請日起，民事以不得逾十日，刑事不得逾五日。但民事當事人自請延期者，得延長十日。

第十九條　本會及分會須得有調解委員過半數之出席，始得開會。調解委員對於調解事項，涉及本身及其同居家屬時，應即迴避。

第二十條　本會〔時〕調解事項，必要時得邀請族内耆望及鄉調解委員會，或其他調解委員之主席、或委員列席。

第二一條　本會已調解成立之事項，應叙列當事人之姓名、性别、年齡、住址，及事由概要，並調解成立年月日，備文送由鄉公所，轉呈縣府或法院備案。其不能調解事項，須加叙不能調解原因，分報備案。

第二二條　刑事調解事項，須驗傷及查勘者，得由被害人或其法定代理人輔佐人報請勘驗，開單存查。其不願勘驗者聽。

第二三條　辦理調解事項，勘驗費應由當事人核實開支。開會費用由當事人負擔，或由敗事者獨負。餘外不得徵收任何費用及接受報酬。

第二十四條　辦理調解事項，除對於民事當事人，及刑事被害人，得議定賠償外，不得爲財産上或身體上之處罰。

第廿五條　民事調解事項，須得當事人之同意，刑事調解事項，須得被害人之同意，始能進行調解。調解委員會不得强迫調解，及阻止告訴各行爲。

第廿六條　調解委員違反本規程之規定，或有其他違法行爲者，除送請法院依法懲處外，得由族衆大會會議罷免，另行選舉。

第廿七條　本會對於本族内之民刑訴訟，就一造或兩造之聲請，得調查事實，向縣府及法院參加證明。

第二八條　本規程所稱法院，於其他司法機關准用之。

第廿九條　本規程自公布日施行。

第三十條　本規程有未盡事宜者，得隨時會議更改，並呈請備案。

湘潭朱亭何氏思本堂族規

第一章 總則

第一條 本規則以規定族務委員會、調解委員會、校董會辦事責任,及各祀會經理責任。

第二條 本規則對本族子弟有越軌越理,得約束之。

第三條 本規〔則〕經族衆大會通過付審,呈請縣政府、地方法院備案,核准公佈施行。

第四條 本規則有未盡善〔事〕宜者,由族衆大會議决更改,公布施行。

第二章 闗於族務委員會

第五條 族務委員會,爲本族行政機構,得代理本族對外對内,有訂約處理、交换變遷、興訟搆和及召開族衆大會等權。

(前項規定如事件重大時,須召開族衆大會議决施行。)

第六條 族務委員會對公有祠地、屋宇、山林、墓地、江岸、祀産,有修理改革、變遷收益處理責任。

(前項規定如有專任經理時,須會同辦理。)

第七條 族務委員會對公有祀會經理,有監督管制、斟换取締、審核等責任。

第八條 族務委員會對本族子弟有越軌越理者,得會同其家長或親屬,得隨時隨地檢舉糾正,儆戒取締。

前項規定得會同調解委員會辦理之。

第三章 關於調解委員會

第九條 調解委員會對本族内之民刑事件,得接受調解,如係民事或法定調解之刑事,得强制執行。調解不得動(轍)〔輒〕興訴。

第十條 調解委員會對族内訟訴,得就其一方或雙方之請求,爲事實上之調查,參加公證。

第十一條 本族子弟發生民刑事件,如一造聲請調解,他造逕向司法起訴,調解委員會仍得就一造申請,執行調解。

第十二條 調解委員會對侮辱血親、忤逆直系血親,及其他有關滅倫之刑事調解,得會同族務委員會,及其親支或家長,共同儆戒或糾正。

第十三條 調解委員會調解事件,其費用首由當事人雙方負責。調解終結後,由敗事者負責,或平均負擔。

第十四條 本族子弟,如觸犯最重刑事,能累及家族者,例如殺人、放火、刦掠及國事犯等,調解委員會同族委會及其親屬家長,逕行拘捕解究。

第四章　關於校董會

第十五條　校董會除法定組織規定外，對族衆有左列責任：

一　校產之處理及變遷，應公告族人或通過族衆大會。

二　每年度之收支，應造清册付審並得公佈。

三　應奬勵升學，對升學經費應極力保障，公允開支。

第十六條　本族子弟如有貧苦優秀，矢志尚學，請求救助者，校董會應設法格外救助，俾其學成。

第十七條　本族子弟如有鄙玩，徒(摩)〔糜〕其經費者，校董會得考實停發其昇學津貼。

第五章　關於各祀經理

第十八條　本族各祀經理，應選舉廉能殷實、能負擔經濟賠償者充當之。

第十九條　各祀經理，應採用現行經濟人員擔保法。除本屆經理連環擔保外，每經理應取具担保兩人。如有虧空及浮蝕，歸連環担保及單獨担保負責追賠及清償。

第二十條　關於已卸經理虧空者，應由各經理私房項下，或親支設法賠償。

第二一條　各祀經理，應受族委會之指揮、監督、審核、斟易、取締。前四項規定，各房經理準用之。

第六章　關於族衆大會

第二二條　族衆大會爲本族一切最高總機構。

第二三條　族衆大會由族務委員會召集之。

第二十四條　族衆大會對族務委員會、調解委員會、校董會，有罷免權、選舉權、創置權、復決權。

第廿五條　族衆大會定每年開大會一次，定期八月十五日。如有事故時，得召開臨時大會。

第廿六條　本族應組設審計委員會，負本族一切審計責任。其審計委員，由族委會調解會、校懂會推舉委員，混合組織。

（何藻奏等修《[湖南湘潭]湘潭朱亭何氏六修族譜》 1947 年思本堂木活字本）

江蘇江陰郁氏宗祠祠産保管委員會章則

甲　總則

一、本委員會定名爲郁宗祠祠産保管委員會(以下簡稱本會)。

二、本會以保管祠産,光前裕後爲宗旨。

乙　組織

三、本會設委員三十四人,内設理事二十七人,監事七人,由裔孫代表大會合法遴選之委會中,互推主委一人(或由族長兼任)。

四、本會分設總務、事業、祖墓管理委員會,教育委員會,各組人事由理事中互選之。(附組織系統圖。)

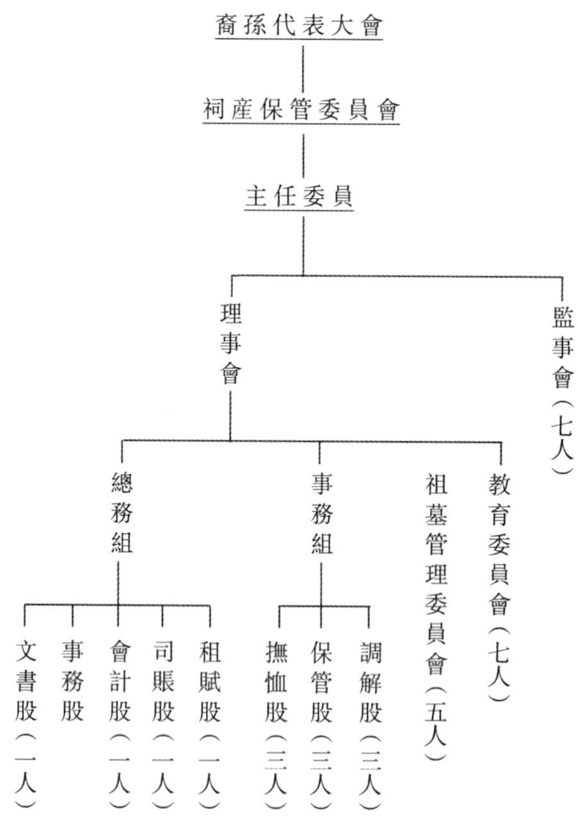

丙　會議

五、本會每年開常會二次，遇必要時，經委員過半數聯署請求，由主委召開臨時會議。

六、本會議決案須經委員過半數以上同意通過，方能付諸執行。

丁　職務

七、本會在閉會時期最高權力機關爲裔孫代表大會。開會時期爲常務會議。

八、主任委員負責督飭各股人事之工作情形，並負召開會議之責。

九、文書負責本會對內外一切文書事宜。

十　會計負責一切經濟出納。

十一　事務負責宗祠一切添置器材，以及實物採辦，統由正副二股長分任之。

十二、司賬負責收租期內一切租籽賬目。司賬須知，另由會計處發給之。

十三、租務股負責每年夏、秋兩季征租完賦。

十四、凡族中鰥寡孤獨、窮困無依者，生前酌予贍養之資，身後酌贈賻儀。由撫恤股斟酌辦理。惟香山支、謝莊支不在此例。

十五、凡所採購實物，及祠中一切祭器什物，概由保管股負責保管之。

十六、調解股負責調解族中一切糾紛事宜。

十七、先祖墓塋，除保管原有，及隨時修整外，其他如栽植松柏、或被有破壞等事，宜統由祖墓管理委員會負責管理。

十八、凡族中應興教育事宜，由教育委員會負責辦理。其實施細則，另由教育委員會負責人釐訂之。

十九、各股職員工作情形，由監事負責監督。如發現舞弊，及辦事不力等情，應隨即向裔孫代表大會揭發之。

二十、凡各股人事，如有事外出，須委託他人辦理者，事先須經主委之同意。

戊　懲戒

廿一、凡本會委員應絶對遵守本會章則。如有違反者，或辦事不力等情，經監事揭發屬實者，按情節輕重，由裔孫代表大會公議罷免，或懲處之。

己　附則

廿二、凡本會委員經推定後，不得無故退出。如欲退出，須經裔孫代表大會通過。

廿三、本章則如有未盡善處，由裔孫代表大會修正之。

廿四、本會章則經裔孫代表大會通過後施行。

（郁殿安主修《[江蘇江陰]澄江郁氏宗譜》 1948年鉛印本）

浙江鄞縣石碶張氏旅滬同宗會

旅滬同宗會簡史第二十三世孫思傳

吾邑人習遠賈,在上海者尤多,往往以所羨澤其鄉。故鄉人有興舉,率於焉是賴。石碶旅滬同宗會之成立三年有餘,主其事者吾老友尊馥君之子思傳。三年以來,會務漸擴。此次譜牒之有成,亦全賴滬會爲之倡。飲水思源,弗可諼也。頃者,譜工垂竣,爲附簡史如左。三十八年己丑,煒記。

本會組織,旨在團結旅滬同宗興辦福利事業,以符古人敬宗睦族之義。先於中華民國三十五年七月十四日,假座上海金陵路鴻運樓,召開籌備會議。出席者計有思傳、思校、思道、思靜、思棠、忠柄、忠敬、忠福、忠壽、忠耀、孝統、孝能、孝道、孝容等十四人。公推思傳爲臨時主席,即席致詞,略謂:八年離亂,今得共聚一堂,至爲慶幸。因思木鄉建設頗遭破壞,有待修復(與)〔興〕發展,子弟教育亟應繼續扶植,宗譜應予續編,宗祠亦須修葺。是以發起本會,以便聯絡宗誼,共謀復興,云云。繼由忠柄報告本會發起經過情形,略謂:吾族人士旅滬甚多,衹以缺乏聯絡,鄉情諸多隔閡。此次發起組織本會後,承諸同宗熱烈贊助,衷心至感欣慰,云云。旋由孝統提議,公推籌備委員九人,並互推籌備正主任一人、副主任二人。當經推定思傳、思校、思道、思靜、忠柄、忠敬、忠壽、孝統、孝能等九人,爲籌備委員,互推思傳爲籌備正主任,思校、忠柄爲副主任,並推孝統擬訂本會章程。一面設立籌備處于鄭家木橋精益里八號,先行舉辦資助在鄉貧寒子弟入學,派由思道回鄉,會同宗房長調查實況,按期補助,所需經費均由本會各委員分擔(詳載本會會議録)。迨至三十六年一月一日,本會籌備就緒,假座上海西藏中路甯波旅滬同鄉會,召開成立大會。到會同宗達六十六人,公推思傳爲臨時主席,先報告籌備經過,繼通過本會章程(附録于後)。隨即照章選舉理監事。選舉結果,思傳、思校、思城、思康、思道、思俟、思椿、思靜、忠柄、忠敬、忠壽、忠康、忠孝、孝能、孝統等十五人,當選爲理事。嗣因忠孝離滬,改推思旦擔任;思隆、思源、學德、思標、思瑜、思棠、忠銑等七人,當選爲監事。復經商得思校同意,免費借用林森中路四二二號上海洋服公司,爲本會臨時會址,並將會議録及章程抄呈在鄉宗房長,報告本會成立經過。嗣于二月二日假座餘慶路一六〇號思傳滬寓,召開第一次理監事聯席會議。全體理監事同時就職,照章互推思傳、思校、思城、忠柄、忠壽爲常務理事,思傳爲理事長,思校、忠柄爲副理事長,思隆爲監事長,並選任忠柄、忠敬爲總務股正副主任,忠壽、孝能爲財務股正副主任,孝統、忠康爲文書股正副主任,思道、忠孝爲調查股正副主任(嗣因忠孝離滬改由忠漢擔任)。當場議決,繼續辦理貧寒子弟補助學費事項。該款由各理監事認足,滙甬應用(詳載本會會議録)。又以吾族宗譜自民國三年重修,迄今歷三十餘載,子孫繁衍,亟待重修,當經提付討論,亦經議決籌備舉辦,並推思道、思任赴鄉,分向各方接洽,敦請宗房長主持,並刊登通告于滬、甬各報,通知各地同宗前來登記。關于修譜經費,約共需食米三百餘石,經全體理監事及熱心會員先後如數認定(詳載本會會議録),而由思傳、思任分别購買食穀及紙張備用。蓋自本會成立以來,幸蒙諸同宗團結一致,共赴事功,除每學期辦理子弟教育及續修宗譜之外,其他各種福利事業,亦在分别籌計之中。一候時局安定,會務前途必當逐步推進焉。

甯波石碶張氏旅滬同宗會章程

一、定名　本會爲甯波石碶張氏旅滬同宗人士所組織,定名曰“甯波石碶張氏旅滬同宗會”。

二、宗旨　本會爲敦睦宗族,團結旅滬同宗,興辦福利事業,其主的如下,擇其緩急,先後進行:

(一) 培植青年,創辦義務教育;

(二) 救濟貧病,設立義務醫院;

(三) 挽救農村經濟,舉辦小本貸金;

(四) 調查散軼支派,纂修譜牒;

(五) 排難解紛,援助困厄;

(六) 交换技術,介紹職業;

(七) 資助貧苦,尤爲鰥寡孤獨之無告者;

(八) 褒勵忠孝貞節,以敦倫紀,懲罰冥頑不道,以正族規;

(九) 籌劃故鄉一切公益事業。

三、會員　凡爲甯波石碶張氏旅滬同宗人士,不限性别、年齡,均得加入本會爲會員。

四、會費　每人年納會費貳仟元,舉辦福利事業經費,由各會員自由捐助。

五、組織　本會組織理事會,設理事十五人,互選常務理事五人,由常務理事互選理事長一人、副理事長二人,組織監事會,設監事七人,互選監事長一人。其理、監事均由會員大會就會員中選任之。會員滿廿歲者,方有選舉及被選舉權。理事任期定爲三年,監事任期定爲一年。連選均得連任之。理事會下設總務股、財務股、文書股、調查股,各股設正、副主任各一人,由理事會選任之,一律爲義務職。

六、會期　會員大會,每年春季召開一次,理事會每月舉行一次,遇有緊要事項,得召開臨時會議。

七、決議　會員大會以出席會員半數以上通過爲決議。理事會須理事半數以上出席,經出席理事半數以上通過爲決議。否決相等時,取決於主席。

八、本章　本章程經會員大會通過施行之,修改時亦同。

(張原煒纂修《[浙江鄞縣]行春張氏宗譜》 1949年鄞縣敦愛堂木活字本)

六、義　　田

安徽許氏增助義田州據

使　司

據休寧縣宫講大著兵部郎官許㬌狀，先伯兵部在朝日，嘉定八年嘗援范文正公義田事例，狀申部省撥田置立義莊，贍塋以賙貧族，以衛先壟。蒙部省從申劄下户部、本州本官，賴以維持至今。惜歷年滋久，族人生齒日（煩）〔繁〕，每歲所收租穀，除輸官賦外，支給不多。㬌（概）〔慨〕念先世惠族之意與范文正公雖同，而視文正義田十未及一。今願以㬌户下田二百餘畝，計租穀二千四百秤，撥入義莊，添助賙濟族人之貧者。若不經使府陳乞施行，恐未能垂遠。玆幸際召使判府吏部侍郎先生鎮撫此邦，加惠元元，仁聲藹著，必蒙推愛民之念，使先世愛族之意傳之悠久。特賜主盟，僅録白省劄，具狀控投，陳乞備給以據，容並省劄刻石義照據，仍乞備申省部，照會事狀，奉判府吏部台判許郎官，榮官之後，推其有餘以濟不足，此誼已古。許㬌辛勤自立，而乃繼郎官之盛心，尤可嘉尚。送給仍申併帖縣照應。除別施行，須至行遣。

右給據付宫講大著兵部郎許㬌收執爲照。

咸淳九年二月（鈐印“徽州之印”）日給

省　劄

奉議郎、秘書省兼著作郎、莊文府教授兼權兵部郎官許文蔚狀。右文蔚業儒時，七口之家有田一畝半，自緣貧甚，因亦憐人之貧。一日因侍考妣，自歎惜外因説本族居此今三百年，僅數十家，皆緣貧困逃移之故。他日或有顯達，自給之外，當隨多逐少，相與存活，庶幾不至似此蕭條。孝妣皆是其説。自後雖極蹭蹬，而此念不忘。後來叨預上舍，方得議親得繫捉錢五百千，收贖舊産，併前亦止有田十餘畝，自給未足。自海陵縣丞方纔收拾俸餘，恐費用易盡，有辜前志，遂將前來學録户所有田産、山園、池塘，一應物業，及屋宇、器用，盡遜與姪安仁，自將俸餘所有，收買得田百餘畝，又以喪葬與夫逐日食用，收拾苗耕供用，猶未暇及周急之事。自嘉定五年蒙恩收置前列，自後累年所收，可以備退食之費，前时之意可以漸償。又以欲歸未能，今年爲見旱蝗，此念遂切。又以年暮，邇年被病，此念尤勤。今欲以俸餘所置之産，先捨些小，以與姪安仁及出嫁姪女與娣妹之子外，將五十畝準備將來供養守祖考妣及考妣守墓之人，餘盡以效義莊之名，擇人爲主，收解税苗外，盡賙族人。無税産者之急，雖有此志而歸計未遂，切恐遲遲。欲以委寄族人，恐無與任事者；欲以申縣道乞施行，胥吏必以爲不切，置之不問。再三思念，計無從出。因念向來范文正公義莊田産約束，若不經取旨，未必悠久至今。近年范尚書又嘗取旨，當可悠久不壞。文蔚人微事耿，不敢效此，若得令部省劄下本州，行下本縣，事當可成，亦可藉以爲久計，而文蔚一生之意遂可不辜。乞劄下徽州，次第行下本縣，且唤上姪安仁等，當官責領上件,逐項分撥,付與田産,當令鄉司推割税苗,隨産入户輸解外,責令佃户標書義産去處,付人耕種。成就日於義莊交秤,其餘義田合有約束事件,容文蔚一面與義户商議,推擇一公當族人爲義者,相共商議,斟酌事件,可爲久計者。立約申本州縣,乞主盟施行。伏候指揮。

右已劄下徽州,從所乞事理施行,並劄下户部照會外,今劄付兵部許郎官照會,准此。

嘉定八年十月　　日。

睦族之實,莫先乎周貧乏;周貧之實,莫先乎置義田。我文蔚公能行之,誠可尚也。謹録其狀,以勵夫繼志者。

(清許大定纂修《[安徽]許氏族譜》 清康熙間木活字本)

江蘇無錫前洲唐氏義田優免帖

直隸常州府武進縣爲增置義田,照例優免,以宏臺規,以垂世守事。蒙欽差巡撫、都御史王批發本縣安上鄉唐泰徵等呈詞前事呈稱:故兄唐少卿於萬曆四丨五年捐田三百畝、捐金八百兩,置造樓房,基地三畝六分,創立義學,訓贍貧族。先蒙道院詳允,行府帖縣,照例免役,迄今三載。乃時當易簀,遺命孫男、監生唐獻可,復捐田百畝,以厚黄門以下親支,併入義祠,懇准行縣,入本圖本甲唐義祠内,輸納税糧,優免雜役,給由帖照等情。蒙此,仰縣查明,併歸義祠户内報等因。蒙此,隨經帖差操官萬漢卿,會同原呈唐泰徵、里排黄文化等查勘,結得故宦太常寺少卿唐鶴徵果遺命孫男、監生唐獻可,復捐田百畝併入義祠,訓贍黄門以下親支,取結在卷。緣上年推收已定,會計已編,未經優免。今據生員唐僘成、唐宇昭等手本,稟爲懇恩一併立户給帖免役,以便永守事,稟稱:唐義祠雖經立户徵收,而由帖未結,徭編如故。今正當會計之時,理合照例優免,乞將前後義田四百餘畝、基地三畝六分,一併收入義祠户内輸納正糧,豁免雜役。一面申繳撫院,一面給帖本家等情。據此,查得故宦太常寺少卿唐鶴徵,前置義田三百畝、樓房壹所、基地三畝六分,先經詳允,續增義田壹百畝,今既勘明,擬合給帖。爲此,合貼前去,給本家在於唐義祠户内,照例優免徭編雜役。施行,須至帖者。

右帖仰唐義祠,准此。

泰昌元年十月初一日,吏王永隆承。

(清唐肇瑾等纂修《[江蘇無錫]前洲西里唐氏六修宗譜》
清光緒四年(1878)敬爱堂木活字本)

江蘇無錫華氏義田記

唐順之

義田者，其古道之遺乎，其起于古道之廢乎，古有之，大宗者，收族者也。義田者，其大宗之遺乎，雖然，有大宗則無義田，故義田者，其起于大宗之廢乎，古者因族而立之宗，族人有餘財則歸之宗，不給也則資之宗。其族人如口鼻手足之相與爲一體，其財賄如津液之經緯榮灌于其間，惟其所虚則注焉，而無有乎臃腫羸乏之處；是以舉族無甚貧甚富之家。而天下之爲族者，莫不有宗，是以天下無甚貧甚富之人。豈非所謂人人親其親而天下平者哉。井田廢也，而始有以貲甲于鄉；宗法廢也，而始有以貲甲于族。甚則有僮奴厭臛肉而族人操瓢者。仁人君子惻然隱之，於是以其力之所及，爲之義田，以贍其族，葢猶有大宗之遺焉。然義田立而大宗之名益隱矣。要之，義田非甚厚有力之人，不可以爲；而宗法則百金之産亦可以相通。義田非仁人與族爲體者，不能以相公；而宗法雖纖嗇鄙薄之嗣，亦不得而相吝。是以義田之爲制也狹而偏，大宗之爲制也均而溥。然仁人君子其智既足以及乎此矣，卒莫有推而及乎彼者，豈古今之勢然耶，抑亦以義田出于力之可以自爲，而宗法非上之人爲之制，則固莫能相聯屬耶，何其宜及焉而莫之及也。

吾友華君從龍，積學好古之士也，晚舉進士，不數年遂請歸。其于人間事，既已屏絶不掛意，而獨不能忘族人之饑飽。君之子復初輩，亦克協心經營其事，乃割田千畝爲義田，而置倉于南郭之壖。推其遠胄，自十一世祖録判君而下之子孫，皆藉之，其不能自業者給口食，其婚娶槥瘞給各有差，畧如范氏故事。其十二世祖而上，其族疎人衆，則惟視其窶甚不能就塾，與過時不能嫁娶槥瘞者，則量助之。其管鑰以付録判君宗子，而推族人之賢者一二人專理其事，不稱則易其人，而君之子孫則將別有處焉，不使分給其中。夫君之爲此舉，其可謂仁人君子之用心矣，又能寓宗子法于其間，豈不尤爲近古者歟。余是以本宗法之與義田相興廢之説，而爲之記，使君之知足以及乎此者，其尚益推之而及乎彼也哉。

（華毓琮等纂修，《［江蘇無錫］華氏家乘》清刊本）

浙江金華傅氏義田

一、傅氏宗譜義田記

倪懋祚

范文正公義田爲千古佳話，予以爲損有餘作快舉，雖行誼卓然，猶屬可爲而爲之，至難之中至易存焉。至若尋常家業，特起爲之難中之難，前此未之嘗覩也。吾邑諸大姓鉅族建立宗祠，聚族二祭以時，要爲浙右稱盛。然義田之舉不少概見，豈非倡率者難其人，尤難其事乎？傅爲郡東望族，志稱富而好禮。予幸與有瓜葛，以襟帶修阻，心之嚮往者生。及長壯，將老矣。予友葉聖昭交遊最久，每爲予言，傅族諸長老多古人行誼，諸文學悉才而仁厚，而尤所欽服者，爲同庠海臣社翁。海臣善讀書，能文章，壯即老成持重，事繼母以孝聞，友愛弟姪，待羣從俱若仝氣，族中嘖嘖。因推主祠事，海臣拱手曰："吾祠自經紛更，百事頽圮，經營當從何始。"既乃從衆商，尤以爲振新祠事，必先剔除夙弊。葢祠弊有二：一曰"公租不足"，一曰"□□□逋"。往日與祭，已周知其故。慨然有志而未逮。從今可藉報父□□□荅宗祖矣。因將祠産分鬮管理，責成祠長賠墊，次及祔祏祀銀，查核清楚，責成房長給公以供牲粢。適海臣有從伯諱潤、字澤之者，以祠長推主祭，倡義捐，□□海臣即捐胙。嗣此主祭者間亦如之。費不擾公，漸得以羨餘買置祠産。又合族家譜，自崇禎辛未迄今四紀，未行續修，二十年前，族伯諱士恩者，嘗捐助二十金爲續修計，未遑就緒。迨癸丑主祭，與海臣倡議捐資續修，又以閩變散失。海臣深抱恚恨，而主祭亦□世，事且格矣。族父兄文學復責以大義，謂此舉其可以已耶，乃仍與主祭長公仝庠諱本鍾字玉書者，仝推理祠事。檢其遺闕，增資補葺，設局程功，歲餘告成。約前後計之，歷幾三載，寒暑不輟，以四十八載之生齒，以千百十輩之行履，皆從寸管所録祠規家範，釐然增定，勸戒寓焉。又以二祭卜吉，收算祠費，囂閧曠時，須徵銀置産，可垂永久，可免紛囂，可復昧爽行事之禮。先是祠規，祠長八人主祭事贊禮，八人監副之。今議增監理一十六人，挨房監收，再更寒暑，用以續拓祠産。而所拓祠産，各主參互訂名於下，録入譜中。凡此事事清釐，海臣才諝亦已具見什一歟。至若義田之舉，則實首捐膏腴，與乃從弟本鍾字玉書者同心，合族亦多慕義。自兹禮高年、旌節孝、獎賢良、賑孤苦，較諸巨族爲獨得其大焉。惟予謬所云，難中之難，非是其誰當之。文正公之報効，世代功名昭著耳目，今海臣令嗣青年發軔，將來亢宗有人，拭目俟之矣。因誌其大端，曰《義田記》，並叙其祠事本末，以無忘景企之實，有如右爾。

康熙歲在己未臘月，龍門眷同學弟倪懋祚頓首撰。

二、大宗祠創置義田記

傅本鍾

鍾自垂髫，家大人以生鍾也晚，愛而手攜以入廟與祭觀禮，迄於成童，叨遊黌序，幸預禮生駿奔之班，仰榱桷而起敬，瞻几筵而興思。凡所爲各奏爾能者，亦既黽勉從事矣。顧其間備物以致誠，廣恩以加勸，猶懷未罄之衷。燕私之頃，大人慨然以告從兄海臣氏曰："祖禰引其端，而留其餘，以俟後人續成之者，默默有在。即如祭田，其所爲介稷黍以穀士女者，當不僅此，吾將與同志廓之，吾姪以爲信否。"從兄唯唯，若合符節。不幸大人溘焉霜露。不孝鍾與弟鎬甇甇哀毁，謝去外事，幾於大祥，通族緩頰，促襄祠政，致嫌規避，襲名承理。於是益念先君言猶在耳，鍾豈忘心。戊午秋，遂同弟鎬率先以己田若干畝歸祠，而從兄亦即以己田欣助，刻時同志若人亦各歸田，若而畝總會田也若干，租也若干，名之曰"創置義(曰)〔田〕"。其調度之精密，出入之詳明，從兄業同衆友合議，而開載於祠政之内。大約此田本先人介稷黍穀士女之意居多。鍾嘗讀宗譜，至季曾祖所撰《祭田記》，享祀而外，其所以嘉惠于節孝、有植于綱常、顯揚有光于先後者，亦云俟后人之擴充。今鍾從諸君子之後，以引其端，乃若漢武侯廟田之以萬計，宋文正公廟田之以千計，則殊有俟於現在與將來之同志者。

十七世孫本鍾謹識。

三、給胙管理條例

（一）給胙之例

義田之胙，一準田價之高下。除舊助田胙分給已久，無容再議，若今新助之田，每價四兩，則給胙壹觔。每年管理者照公定胙數，預備肉若干，於祭日將祠秤分給助田人派下二祭分領。但今田時價稍賤，今雖據價給胙，不敢濫給，日後田價若增，穀價亦貴，則相應再加其胙，蓋不薄於已往者，所以勸將來，庶慕義者之皆源源來嗣矣。其胙分給畢，即開明用胙若干，由祠長監理，公定時價，登記於管理之簿，然後將上手交出銀内支銀分發肉價。

（一）管理之例

義田管理，一照助田之多寡，本祠祭田已多於昔，祠長循規例收租銀，自足備物供祭，分給燕胙，不事求益。其各房創助義田，本爲祠中義舉之用，今將助田議收租穀，另儲之以作祠中公幹。據今現助之田，分派十鬮管理，每助田幾石，則派管理一年。田不足者，二人湊管一年。復恐租多佃衆，一人難以獨理，乃合二鬮以同管，週而復始。其田派均收租料理，其本年糧徭及二祭胙肉應用等項，俱取用於上手交出之銀。此租直待來年二月初二日，會同祠長監理及諸同管之人，於管理之家，即將所收租穀炤祠例折數，每租百斤，折糶穀八十八斤，照時定價，該銀若干，管理之人即將銀交出。其管理之人定議於諸義助人内，祠長監理，從公推舉廉明公直者，以任其事。不許狥私混舉，以致后有違悞。如遇本年，當管之人可先立契押一紙交於祠長收存，然後聽其管理，以防流弊。其來年交出之銀，祠長監理用押封起，轉交於謹厚之人收藏。除分給本年二胙、糧差外，即議置産。如有公舉或易産以行，不許私自借貸，其人亦即立領子押契一紙，於祠長收存，以防侵虧。蓋助田而管出助人，不爲預防其弊，沿之既久，恐有懷不肖之心者，見利忘義，遂至壞公。今於方管者必先立契押，以慎其始；於存銀者亦必立契領，以謹其終。此銀不許祠長借端挪用，不許助人私相借貸，制防既明，監察必核，將見斯例與斯田永壽。凡諸未備，可以具舉矣。

（一）算賬之例

義田之租，一以年歲爲則，如年歲豐熟，其租炤全收之數算賬，即有拖欠，亦本年管理者賠出，庶不致怠玩不討，而有虧欠。若果係頑佃抗租，則會同祠長、監理登門坐討；再若恃頑，則以公資懲告。或遇年時荒歉，則祠發租簿一本，公同監理日輪二人，往各佃等登記在簿，次年即將原簿對核，總算荒租，除去若干，存留若干，折數定價，以免侵欺之弊。清算既明，本管者即將租銀交出，然後取舊年所立契押而退，以便下手管理承接。然有仲春而或有穀壅不行，銀無以交者，即當面衆盤明所折穀數，别貯一處，祠長、監理用押封起，以俟穀糶日交銀。其算賬之日，管理者用常銀設席，先算上手一年所用之賬，並收該交之銀。若本日有銀不即交者，罰其作東外，祠長、監理及諸管理者，必坐索弗狥。如果托餙侵漁，則照押契管産而罰易之必嚴。狥情之同罰，已詳於祠長總理條下，當如其例行之。

（一）酬勞之胙

管理收租司胙勤勞，著効交銀無悞者，二祭給其胙肉各貳斤。

總理祠長本鍾瀛仝梓。

四、康熙六十一年歲次壬寅四月初一日義助新例

（一）各田主所捐之田，從前田雖歸公，租仍自輸，行之既久，而零星掛欠積弊已深。今將所助之田歸於頭首討佃收租。至四月初一日，頭首將鬮内所管田租逐一交出，不許少欠分毫。違者照數倍罰。與其散而無統，不若併於一定，責成差易耳。

（一）穀價：從前價之低昂，以四月初一日爲定，租息豐歉，祠理頭首公同覈奪，行之既久，而以豐作歉之弊滋矣。爲此定議，每租百斤炤大宗祠定例，折餅銀三錢二分，祠等即顆粒無收，頭首照依原額賠足，不得藉口歲歉減課之説，仍踏前弊也。

（一）助田：從前租額之多寡，可以量情增減，行之既久，以肥作磽，有減無增矣。自康熙六十一年至雍正二年，凡所助之田，頭首祠理公同勘核，減之又減。嗣後田肥租輕者，庸或有之，田磽租重者斷斷無有。不得仍緣前例，以致減租減胙，埋没原助主慷慨至意也。

（一）執等辨色，俱因難硬情面，彼此推委。今派定執等坐於管年下首，敲砂辨色於本年頭首。倘或容情，以致平水不足，坐於執等辨色頭首賠補。

（一）春秋分胙，執秤坐于管年下鬮頭首。

（一）佃户恃頑，倘負田租，衆頭首會同祠理告治。資費俱係義助給。

（一）存貯租銀，照依舊例。司藏當公同封貯，既可免侵漁之弊，並可省稽察之煩矣。

（一）公用：凡一應支用義助銀兩，頭首、祠理公同酌議，驗封、報等、上賬，封貯，俱各司其事，不許一兩人擅自開發，以開弊竇。

以上條例，因從前法久弊滋，爲此悉心酌議，詳慎周密，自可垂之久遠。凡兹同事，幸相恪遵，不得以一人己見，至壞公家常法也。承先啓後，幸各勉旃。

雍正七年己酉六月望後十三日。

義助頭首十二名：

伯五派二房一鬮沛三百七十六文學派下

伯十派幼房二鬮佩三

伯五派大房三鬮森一百四十三文學派下

伯十派幼房四鬮其輝

伯十派大房五鬮爾稷

伯五派二房六鬮孟師

伯八派沛六七鬮燕及森三十二派下常

伯十七派八鬮天樞

訓二派九鬮允度

訓二十十鬮叔盛

伯五派二房十一鬮子章二月十五禮房分胙，四月初一、初三詩房辦祭， 八月十五樂房分胙。

伯八派洵瑚十四修新加酬功。

（傅以梯主修，傅金華、傅以枝等纂修《[浙江金華]東山傅氏十九修宗譜》民國十年木活字本）

江蘇京江張氏紹南公賑饑記

劉覲文

今上御極之十六年，江南守臣以大祲告。江湖水溢，千里洪流，而高岸赤壤，三時失雨，寸草不茁，斗米一鐶，男婦僵仆者，日以數百計。天子惻然，下詔蠲本年折色錢糧若干，特遣省垣臣賫帑金散賑，又允計臣議開事例以勸好義。出粟至三千石者，予兩殿中書；千石者，予署丞及兩司幕官；仍令有司旌其門。吾邑則紹南張公首應詔，爲廠于城西之四區。其地距城百里許，近三茅之峰，素稱山瘠，人尤獷野易爲非。公請于令曰："不亟賑，且爲盜，幸有餘粒，當傾庋以安此一方，不煩公慮也。"時值仲冬，陸運米千石以往，費倍於他地，而一切薪水、工役、鍾釜、杓箸之需，又皆手自區畫，朝夕拮据，如經家事。婦女孩穉，别置一廠。先于男子疾病者，爲具醫藥；無衣者，爲製絮棉，凡五閱月。至庚寅之夏，麥登場而後告止，公之倉廩如洗矣。計所出不不三千緡，公默默不以告人。郡邑覈賑數，公遜謝曰："吾儕自爲桑梓謀，敢言功乎？"令廉知其事，歎息曰："君自爲德于冥冥，不必章服相報也。然子路拯溺不受報，夫子曰："自此魯無拯溺者矣。"亟以千石聞撫按，彙題賑饑姓氏，公如例遥授布政司經歷。凡諸知交，爭爲詩以詠歌其盛。余竊惟《周禮》遺人之職，自邦國以及鄉里、門關、郊里、野鄙、縣都，皆歲有委積以待用。後世遺人失職，而歲多薦饑。至虚郡國倉廩以賑贍貧困，猶且不給。漢武時，因下令募豪富，人相假貸。永始中，又令吏民以義收食貧民，視所給多寡爲賜爵差等。于是勸民輸粟之事，沿爲令甲矣。夫不懸爵賞以鼓舞，天下雖有義舉，莫爲之倡。今張公罄家貲以存活千萬人，而有德不市，辭榮如遺，其植善嚮義，豈區區鬻名利者所可同日語乎？覲文自家君獲交于公，而季弟(懋)〔懋〕文又爲公子壻，習見公家世德最詳。公祖父逸江、南橋兩先生，俱以輕財好施聞于閭里。家君述南橋公歲以冬月作糜于門，以待飢者。甲戌十月，有道人以募化至南橋，公入，將具食餉之，出則見題詩壁間而去，遍覓之不可得。里人傳其異，以爲禎祥。今又二十年矣。天道福善久而益昌。公之二子君羽、仲欽，俱以高才生爲吾鄉領袖，三槐志王，五桂表竇，余小子拭目爲公券矣。公名柏，字汝憲，别號紹南。

萬曆庚寅年十二月記。

右儀制劉體寰先生記先祖紹南公賑饑事。時先君銓部公猶未生，後五十年而爲崇正。庚辰辛巳歲饑，米價至四兩一鍾，先伯修羽公首捐三百石爲倡，撫按疏聞，得褒奬如制。迨本朝壬子、己未、庚申，不肖亦董司賑局，三歲所捐，俱不及百石。見義不勇，爲善不誠，愧前人多矣。

康熙二十三年歲次甲子仲春二月朔，不孝孫九徵百拜誌。

（清张永清等纂修(《[江蘇丹徒]京口张氏家乘》　清道光五年丹徒张氏刻本）

浙江會稽章前宅義田

一、義田碑記

我族鎡耕司馬創置義田，以贍族之四窮，其敦本睦族，施至博也。後之繼捐者不乏人，樂善慕義，皆由鎡耕司馬有以倡之。司事者計所入，以定所出，歲有羨餘，增置擴充，爲惠豈不遠且大哉。舊規數則，言約而賅，何敢輕議更張。第抄本年久散失，今昔異宜，不免滋弊。士毅忝居宅長，與董事等參酌釐定事宜十八條，並録捐田碑記，及田畝數目於卷首付梓，以垂永久，且使後之司事者有所率循焉。道光元年陬月記。

鎡耕公創捐義田碑公名應奎，字聚五，爲俑章十七世孫

紹興府會稽縣正堂加五級紀録五交馬爲懇恩立案、永垂義(與)〔舉〕事。據十二都二圖紳士章則先、章大成、章綸、章鎡耕、章殿英、章懷忠、章枝芬、章芬濱等呈稱，居住道墟始祖，六傳至禮字祖，共四房生智字祖，共十五房。智四房裔孫鎡耕，念一本無告之人，遵先人遺命，倡設義田，各房裔孫協力相助。現在田一百二十三畝，擇本房賢能有力之人輪管收花，除完賦税外，每於歲底總計租米，均匀分給鰥寡孤獨之貧無資養者，歷有年矣。查贍族田産，例應刻石，永垂不朽。今將現在田畝字號呈明公，懇准賜立案給示，以便燬契，刊石宗祠。再，嗣後有續出銀兩捐置義田者，照此呈例刻石，等情。據此，除批示外，合行給示勒石。爲此，示仰本呈子姓及地保人等知悉：凡前義户内後開字號田畝，不得出賣外人，亦不得擅買，永遠贍族，以成義舉，各宜遵照毋違。特示。

乾隆十八年十月　日，給遵照勒石。

十七世孫殿英名敬華續捐義田碑記

宗祠之有義田，甚盛舉也。前於乾隆十八年間，族兄鎡耕司馬創捐前義户田一百餘十，呈縣立碑，交董事收租，以膳族之四窮。敬竊慕之，思欲續捐，而因循未果。今三十七年，將自己契買絶産田七畝四分三釐四毫，助入前義户内，亦交董事收租給賑，非敢謂此區區者，即足以廣惠窮人，媲美司馬，亦聊以表心之慕義云爾。

乾隆三十七年十二月　日，孫敬華立。

十六世孫又傳名諺、號樂野續捐義田碑記

族兄又傳公素重宗祠祀典，及周邺族黨之誼，敦本好施，懷願未酬，每一念及，慨然於懷。予少時嘗耳熟焉。兄逝世，嗣子一存承父志，於乾隆六年捐入宗祠玉字號田三畝零，令值祀家，於元旦祭畢，凡與祭子孫分給饅首兩枚，立户永給，以垂久遠。而於賑邺窮乏事，其時力猶未及

舉行。乾隆十二年，族姪鎑耕司馬創捐義田。凡賑邺條款，與董事一切事宜，時與一存商定，一存斟酌損益，補偏救弊，一若胸有成竹。蓋其素所蓄積然也。一存家食指浩繁，常以未得上承先志，怏怏於心。去年秋抱病將逝，涕泣遺命嗣子輩，將玉字號田四畝零附入義田户内，以竟父志。予聞之歎曰："是誠不愧又傳公子矣"。一存家非素封，既捐宗祠田於前，更捐義田於後，非其不忘父志，烏能仰承若斯。夫廣祖宗之惠，饅首雖微，瞻拜者咸分潤焉。施賑濟之仁，升合雖少，受賜者皆被澤焉。今一存已逝，而一存之心，則凡我子姪皆如見矣。予念一存生平行誼敦篤，凡宗黨公舉，裨益族人不少；又復捐田入祠，上妥先靈，下惠窮乏，如此老泉族譜序云：觀於此者，知孝弟之心，可以油然興矣。吾於一存亦云，因勒石爲記，以垂不朽云。

乾隆五十七年十月，族長八十六老人勞生立。

十九世孫庭三名如槐，號蔭堂續捐義田碑記

宗祠義田，創自族姪鎑耕司馬。每年臘月，分給族之貧無告者，族人咸嘉賴焉。族孫庭三、念南先生幼子也，先生有志未逮，庭三承父業，節儉成家。乾隆五十四年六月病劇，囑其子元燨曰："昔祖父嘗慨慕義田，未竟厥志，余心耿耿。汝其以祖父分授水字號田十三畝七分零，捐入義田户内，以畢吾願。"又囑其子元燨，將水字號田三畝零，捐入宗祠祭户，以廣祀産，諄囑至再，言訖而歿。今年冬，庭三子終父喪，具衣冠，持田單，揖告諸房長，述父遺命，請勒石以垂永遠。余念庭三一生服食儉薄，宗黨素聞。今彌留之際，不屑屑於家人生産，而以宗祠大事爲念，可謂知本矣。余嘉庭三之克承父志，又幸庭三之有子也，爰爲之記，以告族人焉。

乾隆五十七年十一月，族長八十六老人榮生立。

二、賑 邺 條 款

(一)貧老無子，年在六十以上者，夫亡守節，貧而無子者，雙瞽殘廢，不能動作、孤獨無依者，俱邺其終身。有子年幼，子得邺半，俟年逾十六成丁後，力能養贍其親。凡其家應邺口數，一併停止。若子外出無踪，不能顧養，察實酌邺。幼無父母者，亦邺半成。丁日停止。

(一)宅長、支長並宗子，每年各送米四斗，以昭敬長重嫡之義，而酬稽覈户口之勞。如本身亦在應邺之例者，仍照衆給賑。

(一)房長統於所尊，其房分内之貧老孤寡殘廢者，自應真知灼悉，增除當惟房長覈實舉報。弊在濫而不在遺，若成徇情避怨，則不應邺者增而不除，每歲租息有常，户口日衆，未免入不敷出，則濫者不免，而遺者必多。各房長俱宜一秉至公，詳加稽察，不可將不應邺者混准列入。如有强横之徒虚開詭名，隱瞞年歲，勒令登簿。希圖混冒者，當鳴之宅長、族衆，在於宗祠，治以家法。設房長扶同滋弊，經董事查出，將冒濫緣由揭告族衆，即改交以次之房長查報，以應送之米酬之。違則遞行改交，並許房族中將所知虚冒户口，據實舉首删除，所除本户之米，全給舉首之人充賞。凡在族衆，各宜自愛，以副惠濟之義。

(一)董事務擇賢能公正、家道殷實者兩人，公同經理，或酌加帮辦，隨時變通。總以承管五年爲期。俟期滿後，由各房長與族衆公舉接替，不得私相授受。所有置用秤斛、升斗、票板、契串、户管案據、佃票，暨歷年簿籍，逐件交代，如有遺失少短，惟接收之董事是問。

(一)每年董事所收租穀，並核折米石各數，於冬至日在宗祠面同房長登記清簿。其賑簿按十二房分立，亦於冬至日交與各房長。將應邺之人列入，註明住處、年歲，如有死亡，並子年成

丁者，即行扣除。於十二月朔，在宗祠將簿彙交董事覆核，定准增除。户口分别房分，照填賑票，以杜混冒虚報之弊。

（一）賑票照簿填明房分、年歲、住處、並老、嫠、幼、疾字樣，分别全、半，定於十二月望日，各房長會同董事，齊集宗祠，分給應邺之人收執。十二月二十日，董事運米至宗祠，騐票給米，不得逾違定期，亦不得先向董事私自支領。散賑後，董事將給過户口全、半各名數、米數，開單實貼宗祠，其簿仍存董事，俟下年春分日，至宗祠公同核計賑過米石，及餘存折錢各總數，登簿備查，免致濫遺弊混。

（一）應邺户口雖經各房長稽查，但有無浮濫，應責成董事覆覈，以期均沾實惠。若惟以房長所報之簿爲憑，不加指摘，混行濫給，一經房族訐發，將本户扣除其未經給票者，董事免議。給票而尚未領米，及米已給發者，分别罰賠，以懲扶同顢頇之咎。

（一）秋收田租，向有連三執照，填明田畝字號、原租及現收租穀數目，一給佃户收執，二存兩董事，各執一紙，所以防欺隱，備比對，立法極爲周至，不容稍有更張，各董事永遠遵行勿廢。如佃户惰荒田土，少欠租穀，董事邀集房族公同告追，仍即起田另召。其循例還租，並無欠缺者，不得任情更易。凡有本族毋許佃種，以免短租爭競，有傷族誼。

（一）應完正賦，照例按上下忙自封投櫃，米則於秋收後納以本色，不得虚開浮價。其上忙應完之一半糧價，先於頭年所收租穀内核折錢文，以備下年春征之用；下忙十月應完一半，以及秋後應完南米，仍於本年新收租穀内核價支納，免致董事墊應。

所收額租，秈穀每兩斛核作米三斗四升六合，晚穀每百斤核作米四斗七升。此統以義田斛秤、斗升計也。嗣因晚穀核米，爲數稍浮，議自嘉慶二十二年爲始，除秈穀仍照原定數核折外，晚穀酌定每百斤核作米四斗五升，不得私買低潮之米易换充數。其放剩餘米，每義田斗一石，作市斗九斗五升，於放米之次日，查照市價核定錢數。除行用外，仍歸董事分存，毋庸起利。

（一）賑米數目，視年歲豐歉，統計所收。除公費並應完正賦外，酌計户口之多寡，以定散米之數目，分别全、半，按名給放，總宜稍爲餘存，庶歉收之年有備無患。果能積羨加多，不虞或匱，聽董事添置田畝，歸入義户，俾租息得以充裕，而賑糧更可增益矣。

（一）董事收租船隻，及袋皮、簟仗、洒穀、槯米各工作，向於正租内開銷錢六千五百文，並小和錢一併抵用。如遇免收小租之年，仍於正租内每畝開銷錢四十文。嗣議明小租全免，其帮油、帮水、帮苗等項，亦不准給。現照免收小租之例報銷，惟田畝增而工費重，未便限以定數，致滋賠累。今經公議，以道光二年爲始，總計收租田畝之數，於正租内，每畝開銷錢八十文，永爲定程，毋得增減。

（一）宗祠放賑時，於享堂恭懸饁耕公神像，俾知董惠之所俟。像前所設案席，董事向不開銷。玆因領米者衆，過午方畢，各房長在祠較久，於嘉慶二十四年爲始，董事特備便飯四桌，連像前案席，一並支銷錢三千文。再饁耕公之孫雲坡，名晟遠，宦於楚，家惟女眷，雖掃墓未至廢失，而凡我族人似亦當共伸瞻仰之忱。自道光二年爲始，每年定於清明前後，董事開銷錢二千文，備辦祭席船隻，邀宅長一位、智四房房長一位，偕往烏石墓所拜掃，久而勿替。

（一）義田贍族，多多益善。吾宗之有力而好義者，續捐固將踵起，但施與由人，難以强致。將來生齒日繁，或至入不敷出。乙卯歲，族孫炎甫與懋昭等，各捐田十畝零，交董事以所入積貯五年，爲增置田畝之用，其法已備載碑記，立於祠壁。至歲入無論豐歉盈絀，總不可歸於賑項之内，散而無存，積貯亦不必拘以五年爲率。如董事給賑，另有羨餘，即可一並增置田畝，照碑記定程，併入義田，是在董事之隨時變通，善爲經理也。

(一)流交秤斛升斗,出納公平,各宜循舊,毋得更易滋弊。如實因年久損壞,必須添置,董事鳴同房族,在於宗祠内,將新舊各件逐一較準,輕重大小相同鐫,以字號方許行用。

(一)義田坐落之處不一,已於各田旁竪立石碑,上鐫僞"章前宅義田"字樣,可以一望而知。將來再有續捐之田,董事照式一律竪碑爲記,以杜刁佃移坵换段之弊。

(一)宗祠元旦致祭,議助整猪一口、整羊一腔,以申追遠敬享之忱。其猪羊田義田董事備辦,准開銷錢十千文,祭後羊給董事酬勞,將猪分胙,按原續捐義田之家,不論捐數多寡,每家給肉陸觔,用以獎義。嗣後如有續捐者,一律照給,不敷之價,亦得隨時酌增。至房族長並宗子,已於忠義祭内飲福,毋庸再行分胙。

(一)祠内二分二至,祀先世之有功於宗祠者,惟創捐義田之饁耕公得以附祀,後之續捐諸賢無與焉。辛巳歲,族孫午亭捐田八畝零,另立前義,附祀户名交義田,董事按年收花。凡遇祠内宜祀之辰,每節先期支發錢三千文,給值年家,於原設祀功祭席之外,再在享堂左右各添設兩席,以祀續捐義田諸賢。其現存者,亦聽附祀其先人。後有續捐義田者,仍得增列其位。歲息尚有盈餘,存爲脩飾祠宇之用。如間有未脩之年,或脩而所用無幾,餘錢存,俟易换董事時,照數交代,毋庸計息。其原續捐義田,歲入給賑之外,另有餘存,不得濫支,以作脩費。

(《[浙江會稽]章前宅宗祠志》
清道光元年至光緒二十三年(1822—1897),會稽章氏刻本)

江蘇包山葛氏創捐置積義田記

葛樹式

式少讀書,至錢公輔《義田記》,竊嘆范文正置田贍族,一時之義,千百世下莫得世繼,其休而大。《易》又曰:"利物足以和義。"義爲四德之一,盡人同具,卒不能盡人而充其量,必求如文正之風以言義,其爲義也甚難。唯即吾固具之德以言義,其爲義也可勉。故申文定行之於胥江,規條亦屬盡善;陳文莊行之於葑溪,出其賜金置産,迄今子孫亦與范氏同。其保世滋大,非即此一念之感於義,而能要諸久遠哉。式幼侍先君子時,先君子常曰:"予力稍再裕,當創捐以爲義田之積。"屬纊猶以是爲囑,式志之不敢忘。乃日月逝矣,音容如昨,嚴訓不遠,罔極難酧。小子式每一念及,不禁涕泗隨之矣。自慚駑鈍,末由擴大箕裘,出巨資置稔産,而遷延忽忽,懼墜遺命。因捐貲二百五十兩,留爲公積,任吾族之賢且能者,轉輪數年,博子母之(羸)〔贏〕餘,即可以此爲義田一簣之始,而並不敢藉爲釣譽之具。夫亦體先君子之慕義,且感於區區寸衷之義,故勉爲是舉。古人有言,請自隗始。凡吾族人其不以式言爲迂遠,而連袂醵金,不特義田可以助貧,即義學亦可勸教,縱不敢媲美於范氏之義莊,或可效法於申、陳二族也夫。樹式識。

(清葛樹式等纂修《[江蘇吴縣]重修包山葛氏世譜》　清乾隆二十二年木活字本)

浙江蕭山曹氏義田

一、捐田碑記

曹孝璋

余族自宋學諭公始居史村,越二十餘世而建祠奉先,春秋匪懈,各統於宗。第歲時伏臘,祀產無多,如《禮》所云,豐不奢,凶不儉,酌定制以備物者,曷恃乎。夫古稱藪以富得民,蓋言邑中有好施與者,能聯屬民心,爲邦國之不可少,故許列於九兩之條,大約不外六行中所云恤也。然《司徒》教民以孝爲先;祭也者,所以追養繼孝也。使祀禮未舉,雖於財積而能散,尚未緩急得宜。予耄矣,賴先人德澤,稍有薄田以供饘粥,因割其腴畝列後,將視古之恩徧貧疎,殊愧焉。而水源木本,未之敢忘。爰置田以助麥黍豚魚之薦,此亦物薄而用可重之義也。譬諸兩手捧土,無益泰山,幸垂之久遠,亦聊慰厥心爾。於是乎書。

計開捐入二十都八圖曹宗祠户字號、田畝:推字一千一百八號田四畝六釐,又,一千四十五號田八分八釐六毫,裳字二百七十二號田四畝五分五釐四毫,又,二百七十一號田二畝四分二釐九毫。

乾隆四十年歲次乙未仲春,二十四世孫孝璋謹誌勒石。

二、續捐田碑記

乙未仲春,族叔祖宗玉公捐田宗祏,以佐蒸嘗。越六年庚子冬,予赴禮闈,族餞於廟,少長咸集。予父舉觶而言曰:"《詩》云'孝子不匱',不匱云者,在一人則善終如始,在衆人則以後承先。凡百君子,莫不代匱,況祀事乎?"族人咸曰:"唯唯。"自是,或醵之錢,或割以産,惟力是視者,越(曰)〔日〕踰年,遂得田四十餘畝,至今而集腋爲裘矣。此非孝悌之心油然而生者,非一朝久之故歟? 是宗玉公嚆矢鳴也,復衆舉之四鋑樹也。爲人父者,以爲父鵠,爲人子者,以爲子鵠,其在斯乎? 我祖宗或亦永錫之類矣,不立之石何以勸,爰承父命,捉筆誌其顛末如此云。

計開捐入二十都八圖曹宗祠户字號、田畝附捐錢:雲從房發字八百七十九號地五分;廷禎房代字七百七十一號田一畝四分七釐五毫;武承房周字二百四十三號田七分一釐一毫;魯生房閏字四千三百廿九號田三畝七分八釐;心水房殷字一百四十二號田二畝;予茂、予芳房羌字一千七百三十八號田一畝七分九釐二毫;汝明房推字三百七十貳號田一畝八分二釐;又,程房發字一百六十七號田一畝五分三釐五毫;士玉房發字九十九號田一畝一分八釐;思皇房正李字號田畝,因收租不便,業已售出,收田價錢一百三十千文入捐錢類;武功房周字二百八十六號田三畝二分八釐二毫;殷字三十三號田二畝三釐五毫;章甫房周字四百八號田一畝三分六釐四毫;公美房殷字一百五十一號田一畝六分七釐一毫,又,錢三十千;宗維房殷字一百四十二號田九分一釐二毫;德聖、德祥房殷字一百五十三號田一畝三分二釐,九毫,又,錢十千;有文房殷字一百三十八號田一畝二分七釐，此田係濟惠獨捐；捐錢公置殷字一百五號田五畝五分八釐八毫；捐錢公置周字四百八號田二畝五分；捐錢公置發字號祠西臨街平屋五間；思皇房捐錢一百三十千文即正李字號田價；殿侯房五千；汝和房二十千；耀榮房十千；五秀房十千；嘉謨房十五千；國禎房十千；師義房二十五千；位高房十千；廷秀房十五千；宇清房十五千；企嵩房十千；燮元房十千；元占房十八千；鍾大房捐錢一十千文；錦茂房捐錢十四千文；翼星房捐錢十四千文；錫臣房捐錢十四千文；翼清房捐錢十四千文；南三房捐錢十四千文；立人房捐錢十四千文；維周房捐錢二十千文；天如房捐錢二十千文；啓暹房捐錢八千文；廷玉房捐錢十四千文；元禎房捐錢廿八千文。

乾隆五十一年歲次丙午仲秋，二十六世孫之升謹誌勒石。

三

余曹氏之徙居蕭山史村也，由前宋以迄於今，相傳二十餘世，瓜綿椒衍，派別支繁，而其間貧乏不能自存者，蓋不少矣。自二十四世孫宗玉捐田十二畝於宗祠，厥後各房雖陸續捐輸，克踵其事，然僅足供四時之禮享，而於贍族之舉仍缺如焉。夫聚族既久，愈積愈疎，往往有族與族相遇而不能猝序其昭穆者，若以吾祖視之，則本支皆一脉所傳，無分近遠也。倘祖宗愛厥馨香，幸免若敖之餒，而子若孫當年豐冬暖，室有啼號，則靈爽之式憑，得無有愀然不安者乎。於是族中有號文佩者，於嘉慶五年間，會集各房公議，暫輟祭餘酒胙之需，冀積息置産以作義田，爲賑恤羣族之計。顧涓泉勺水，何補滄瀛，歲所入者，其不能償所給也明矣。惟宗玉之孫應東、麗翔因慨然軫念曰："曩余大父捐田十二畝於宗祠，以修春秋禋祀，而於義田之設，格於勢力，志未逮焉。兹聞有創其説者，意亦美矣。第欲節酒胙之餘，累年積月而爲之，是猶刮毛龜背，終苦成氈之無日耳。今余量力復捐田十二畝，即爲義田。非敢誇繩武之能，聊以爲始基之地。倘因此而有同志克成其美，擴而充之，不猶較積息緩成之爲愈哉。"嗚呼，是舉也，可謂善於繼述矣。昔管子有言：爲善於國，不若爲善於鄉；爲善於鄉，不若爲善於家。今應東、麗翔樂於爲善，其有(俾)〔裨〕於吾族也不淺。雖較范氏高風，弗獲後先一轍，然未始非文正公之遺意也。是所望於繼起之有人，庶幾可大可久，以垂不朽云爾。是爲記。

嘉慶九年歲次甲子夏五月，裔孫之升撰，會稽陶廷琡書。

計開所捐田畝、細號於左：

五字一千三百七十二號田一畝九分八釐，一千八百八十二號田一畝八分五釐八毫，一千八百八十三號田四畝七分三釐二毫，一千四百二十二號田一畝四分七釐七毫，二千一百二十一號田二畝一分四釐一毫五絲。

各房捐助田地池屋細號、畝分廿都八圖史村莊曹宗祠户：

繼贊房捐周字三百五十六號田二畝六分七釐八毫，元海房僧蓮放捐育字三百七號田一畝一分四釐九毫，鴻麒房捐發字八百八十三號地四分六釐祠西平屋一間，封山房捐發字九百三十五號池四分八釐，錫臣房捐發字八百五十四號地一塊，廣三房繼室捐國字七百十七號田四畝一分，又，一千一百四十五號田六畝四分六釐二毫。

四、曹鄭氏捐單

立捐單曹鄭氏仝大宗孫鈞元，今緣氏夫廣三公遺坐氏自國字七百十七號田四畝一分，又一千一百四十五號田六畝四分六釐二毫,猶恐子孫再有他意,將是田今邀仝房族司事,情愿捐入宗祠,當即撥入本莊曹宗祠户内入册輸糧。氏生前其田花息,仍聽氏自己收花,以度口食糧。南之費召還祠内,俟氏百年之後,聽歸宗祠收花管業,輸糧無阻。每年祠内給付氏子孫錢十五千文,以抵氏子孫永遠輪流辦祭之用。其錢按期給發,期載於後,欲後有憑,立此捐單,以憑宗祠永遠執業存照。其田一坵,在舒家圩,一坵在西周坂,廣三公十一月初六日生,六月十八日死;妣九月三十日生,正月二十日死;繼妣十月十九日生,四月廿七日死。每届忌辰,發錢一千五百文,上墳發錢四千文,掃松發錢二千文。道光十九年八月,立捐單曹鄭氏大宗孫鈞元,族長廷芳、房長載雲、司事杏傳,友梅鍾陽維慶,代筆鈞元。

五

宗祠續置山陰田細號、畝分山陰三十九都一圖莊曹參茂户:

五字一千三百七十九號田一畝三分一釐一毫,又,一千三百八十號田二畝五分五釐七毫。

宗祠公置田地山産細號畝分廿都八圖史村莊曹宗祠户:殷字一百六十九號田五分九釐二毫,裳字五百五十五號田五畝二分一釐四毫,又五百五十六號田一畝一分五釐,推字一百五十一號田四畝四分五釐四毫,湯字八百六十九號田三畝零七釐七毫,又,二百十八號田一畝二釐四毫,又,二百十九號田二分,發字一百八十二號田二畝一分三釐五毫,又,二百二十五號田一畝四分,又,八百五十四號地六分五釐四毫,位字一百七十一號山五分六釐二毫,又,一百七十四號山四畝七分零八毫,又,五十九號山十七畝八分四釐,發字一百六十三號活田九分二釐五毫,又,一百六十四號活田二畝零五釐,又一百六十七號活田二畝一分四釐。

宗祠公置義田池屋細號、畝分廿都八圖史村莊曹宗祠義户:

殷字一百十號田一畝一分五釐二毫,殷字一百四十六號田一畝二分八釐二毫,又一百四十七號田一畝七分六毫,又一百四十八號田三畝六釐二毫,又八十四號田一畝六釐,又一百九十三號田一畝六分一釐六毫,又二百十六號田一畝四分七釐三毫,又,三百十七號田一畝七分三釐三毫,又,二百六號田一畝一分一釐八毫,發字六百四十一號田一畝七釐九毫,又,五百八十六號田一畝六釐八毫,又,一千九十七號田三畝五分三釐九毫,又,三百三號田八分三釐三毫,又,一百十五號田二畝三分五釐八毫,又,二百三十五號田二畝一分九毫,又,五百二十二號田一畝四分一釐五毫,又,二百四十四號田一畝六分四釐,又,二百十三號田一畝一分九釐,周字六百三十九號田一畝八分七釐五毫,坐字七百七十二號田一畝七分二釐,育字二百七十四號田四畝三分三釐六毫,又,三百十二號田二畝一分,殷字一百四十四號池八分。二十都八圖永華户:周字六百九十四號浜二畝。

宗祠續置田地細號、畝分二十都七圖史村莊曹宗祀户:

周字五百五十號田二畝正,殷字二百五號活田一畝七分四釐,又,一百四十五號田七分四釐五毫,又,二百五十四號田五分四釐六毫,臣字六十二號活田三畝八分五釐四毫,又,二百二十八號活田二畝二分八釐一毫,又,一千六百二號田二畝六分四釐,又,一千五百五十七號田三分七釐六毫,發字八百四十三號地四分六釐二毫,殷字四百八十三號地七釐正,周字六十三號田一畝二分八釐七毫,又二百號田一畝四分四釐七毫。曹聚參户:始字二千七百九十四號活田二畝二分九釐八毫。

道光丙午仲春,二十六世孫丙升編輯,道光戊申孟夏,二十八世孫渭熊敬録。

(清曹岣等修《[浙江蕭山]蕭山曹氏宗譜》 清道光二十八年惇敘堂木活字本)

浙江建德西龍吴氏社倉

一、社倉穀小引

吴起芾

《周禮·大司徒》以荒政十有二，聚萬民；又遺人掌鄉關之委，積以待艱厄，廩人周稽民食，食不能人二鬴，則移民就穀。蓋未荒既有以待之，當荒則節慎周救，不遺餘力，故其時有荒歲，無荒民也。至《管子》"輕重"諸篇，以予奪散收，其柄於上，守穀之本巧，子民之意微。李悝興平糶之法，而魏以富强；耿壽昌起常平之倉，而民稱甚便。要之，斟酌最善，百世可師者，莫過於朱子之社倉。乾道四年，江南艱食，朱子請於府，得常平米六百石賑貸，夏受之於倉，冬則加息計米以償。自後隨年斂散，遇歉則蠲其息之半，大饑則盡蠲之，凡十有四年，得息米若干，除以原數償府外，存米三千一百石，造倉三間以儲。自此不復收息，每石只收耗米三升，以故一鄉四五十里間，雖遇凶年，民不乏食。後嘉定末，真西山踵行於長沙，人多賴之。芾等僻處山陬，勢微力薄，莫能規遺法於前賢，但比閭族黨貧窮者，奚啻八九，相周相救，古道照人。善乎范文正公之言，宗族雖有親疎，自祖宗視之，猶一體也。一族之内，蒙前人積德，得食厚居温而不聊生者，聽其困窮輾轉噵有胸無心，獨非共此高曾者哉。爰糾同志，隨其分量，輸穀若干以爲資本。遇困乏不能自存，借貸之以資其俯仰，秋成則加二分息收之。竊願有力之家，共勸斯舉，雖未能如朱子之普濟無方，第畧師其意而行之，令各村聞風而起，上以廣聖世之湛恩，下以拯饑寒之瘠户。邑有凶荒，民無菜色，蓋亦未始無小補云。

時乾隆四十一年歲次丙申長至月上浣，裔孫起芾撰。

捐户開右：淡九房，五十石；淡元房，五石；敦敘堂，十石；滋德堂，十石；亦政堂，三石；陞，一石；黻，五石；秉禮，二石；袞，二石；諴，十石；映辰，五石；映華，二石；眉錫，五石；宗魯，五石。

二、凡　　例

(一)倉穀收放有時。本年臘月、來歲季春二次出借，秋收後歸倉，皆預定其期，俾各村知悉。

(一)社穀之息，每擔加二。歲歉蠲半，歉甚則盡蠲之。

(一)凡借倉穀者，必計其丁口，並所種田畝若干，則或多或寡，庶得其宜。

(一)拖欠不完者，永不許復借。

(一)社倉之設，歲久穀多，概不取息，但每擔取耗三升，此考亭之法，今當變通之。雖歲久亦必取息。除借貸外，餘穀若干，至五六月間盡數，出糶穀價，分貯殷實董事。若歲大旱，顆粒全無，將叠年所貯穀價採買補倉，使仍有穀可借，此亦餘一餘三之法也。

(一)大旱之歲，本亦不能償，又難以一概盡蠲。今斟酌定例，凡借穀一擔已下者，本利概蠲不償;一擔五斗者,止償本五斗;二擔已上者,止償其本之半。庶完者亦易,而借者亦不至多寡相爭矣。

(一)倉内之穀,並糶穀之銀錢出入,雖升斗分文,必須登簿,無虚無隱。董事各宜秉公自重,狥私染指,神其鑒之。

(一)社倉除借貸外,所存餘穀,歲豐則盡糶之。其穀價,每封開明分兩錠件,外寫"延陵社倉",並"某年某月封",並交于殷實董事收藏。然必于歲杪將所交原銀與諸董事面閱封識。此一歲定例,斷不可改,以免日久弊生。

(一)社倉穀價有借貸者,諸董事共相商酌。如果穩當者,借之生息,亦可其息取三分之一,諸董事均分,以酬倉穀銀錢出入之勞,然切勿濫借,以致貽悮,戒之慎之。

祝文附載

維　年　月　日,弟子某等謹以牲醴之儀,致祭於延陵祠土主之神前曰:弟子某等僻處白鳩上浦,地隘民貧,恐遇年歲不登,救荒無辦,爰倣朱子設立社倉,收放起息,各有成規。(几)〔凡〕在董事之人,悉宜自重,不得狥私。神其鑒察。尚饗。董事公識。

三、延陵社倉新刊田畝　户名吴志承

(一)田一畝四分七釐,九吕四百六十九號,張家田;

(一)田六分二釐二毫,四百八十八、四百九十九號,前塢;

(一)田七分四釐六毫,八百。十、一千二百八十三號,裹塢;

(一)田一畝一分三釐,八百十一、一千二百八十七號,同;

(一)田四分二釐,八百十四、一千二百八十三號,同;

(一)田一畝二分一釐,九吕八百十五、一千二百八十四號,同;

(一)田一畝正,九百二十六號,柿樹垢;

(一)田一畝零一釐六毫,九百二十六、一千三百六十五號,同;

(一)田九分三釐四毫,一千二百七十九號,舒塢;

(一)田三分八釐九毫,一千二百八十、一千五百五十三號,同;

(一)田五分零三毫,一千三百廿七號,北莊塢;

(一)田六分一釐五毫,九吕一千三百廿八、一千五百七十三號,同;

(一)田一畝九分六釐六毫,一千三百二十九號,同;

(一)田五分三釐,一千三百七十八號,杉樹樣;

(一)田二分六釐六毫,一千三百七十九、一千六百十四號,同;

(一)田六釐七毫,一千三百八十號,同;

(一)田五分一釐七毫,一千三百八十一、一千六百十五號,同;

(一)田一畝九分七釐六毫,九吕一千三百八十二、一千六百十三號,同;

(一)田七分,一千三百八十三、一千六百十二號,同;

(一)田一畝一分七釐五毫,一千六百九十三、九百〇八號,裹蔣;

(一)田二畝零二釐,一千七百三十八、九百五十一號,辛塘下;

(一)田一畝一分二釐一毫,一千四百六十六、七百五十一號,麻車;

(一)田一畝八分三釐八毫,十吕二百零一、一百六十九號,楮樹垢;

(一)田一畝一分一釐,十吕五百六十六、二百八十七號,麥片塢;
(一)田一畝二分五釐八毫,五百六十七、二百八十八號,同;
(一)田五分一釐一毫,一千一百三十五、七百卅三號,外舍;
(一)田八分七釐三毫,一千二百〇二號,長嶺;
(一)田六分一釐一毫,一千二百零三、七百九十七號,同;
(一)田六分四釐六毫,八歲八百零六、七百號,殿前;
(一)田五分一釐六毫,八歲九百八十八號,擇檥灣;
(一)田四分七釐八毫,一千零十三號,莊頭灣;
(一)田一畝二分二釐,一千零十六、八百九十號,同;
(一)田六分八釐二毫二絲,一千零十七號,同;
(一)田二分三釐八毫,一千零十八號,同;
(一)田九分九釐二毫,一千零十九號,同;
(一)田一畝二分六釐,八歲一千零二十二、八百八十九號,同;
(一)田八分八釐七毫,一千二百三十七、一千六百卅八號,茶元平;
(一)田六分九釐八毫,一千二百四十、一千六百卅七號,同;
(一)田五分一釐二毫,一千二百四十一、一千六百卅四號,同;
(一)田七分,一千二百四十四、一千六百卅五號,趙家墳前;
(一)田六分零二毫,一千二百四十六、一千六百卅三號,西錢;
(一)田一畝八分九釐,一千四百三十一、一千〇四十四號,江嶺下。
以上共田三十八畝二分七釐三毫。
(一)塘一分七釐五毫,九吕一千二百七十八號,舒塢;
(一)塘一分五釐,一千二百七十九號,同;
(一)塘二分五釐六毫,一千三百二十八、一千五百七十三號,北莊塢;
(一)塘二分一釐五毫,一千七百三十四、九百五十八號,辛塢;
(一)塘三釐五毫,八歲一千四百六十三號,屋基坵;
以上共塘八分三釐。
新增田畝:
(一)田一畝零二毫九吕七百八十五、一千二百七十三號,外塢;
(一)田一畝一分三釐,七百九十一號,同;
(一)田二畝,八百二十六號,何山門;
(一)田七分三釐八毫,三百八十四、四百卅四號,伊塢;
(一)田九分零三毫,三百八十一、四百卅一號,同;
(一)田一畝一分七釐五毫,九吕一千六百九十三、九百〇九號,屋基坵;
(一)田一畝七分零七毫,一千二百零七、一千五百廿九號,棃頭坵;
(一)田一分三釐八毫,八歲一千九百六十六號,水澳下;
(一)田一畝六分八釐二毫,一千九百六十八號,巖頭;
(一)田一分六釐二毫,一千九百六十九、一千四百七十八號,同。

(清吴簌熹等纂修《[浙江建德]西龍吴氏宗譜》　清光緒四年三讓堂木活字本)

浙江海寧查氏義莊

一、嘉慶八年義莊立户通詳册

具稟職員查人長稟爲贍族田粮，叩飭該房立户垂久事。竊長有叔祖查瑩、世倓等，捐資在本籍海寧州贍族，置田二千畝有零，已於本州尊前具呈外，因所置之田俱在臺治下辦粮，爲此稟請懇立園花坊查裕公一户，又四坊查端潤一户，永遠註册，存案無更。惟内有未絶産，將來若有回贖等情，另行即時照數買補，併將現買補之某字號田若干畝，及回贖某字號田若干畝，必俟聲明稟臺奉諭開收，方准莊書推粮過户，庶可杜弊。但現今所納之各粮户紛繁散列，請將各户一併歸入查裕公、查端潤兩户内，永遠遵辦。特鈔呈推收粮號清單，伏乞太爺飭各該房推撥劃清註册，感德不朽。上呈。

計粘推收粮號清單一册。

嘉慶八年六月初一日，海鹽縣主張批：捐置義田贍養羣族，此敦本之實心，仗義之豪舉，古道猶存，殊堪嘉尚。候飭該莊書推收歸户，禁止私開，以垂久遠，可也。清册附。

杭州府海寧州爲據情備移事。嘉慶八年五月初八日，據敝州住居園花鎮地方，原任吏科給事中查瑩、原任刑部福建司郎中查世倓，同姪原任刑部湖廣司郎中查有圻，呈爲捐立義産以成先志，懇請詳移立案垂久事。竊瑩等祖居海寧，已歷五百餘年，族衆殷繁，每多貧乏，故父候選知縣懋志切敦睦，裕周宗黨，自乾隆十三年後，即舉行贍族之事。高年耆老，歲饋果儀，喪次艱難，酌資棺斂。抑且置義冢、賑饑貧，力行不倦，歲有增益。特以寄居北省，未及詳定章程。至乾隆四十年見背後，瑩等敬承先志，罔敢廢墜，歷稽贍族良規，惟范氏義莊最爲悠久，因仿其意，陸續置田，托人經理。兹于嘉慶七年九月，惨丁母憂，在部呈明扶柩回籍安葬。總計現在所置田産已及二千餘畝。伏念先人義舉垂六十年，若不及今撥定田畝，核立規條，日後瑩等宦游在外，或日久中弛，則負疚無窮。今公同酌議，願將海鹽田二千一十五畝八分有零，捐爲合族義莊，議定章程，刊石存于祖祠，以垂永久。第思未經呈明官案，恐日後或有不肖子孫因循廢弛，或司事親族漸至侵虧，終非持久之道。爲此，將田畝户名、花數，及所定章程，鈔呈憲電，懇請蓋印立案存據，並請詳明各憲，統准存案。如瑩等後人及司事人等，有敢將義莊户下田畝私行典賣抵换者，從重究懲，並將典賣之人照盜買例治罪，追回原産。更有請者，現在所置田畝，皆在鹽邑，仰懇移明海鹽縣尊，一體准與立案飭房。凡查裕公、端潤户下田地，非呈明不得推收過户。如佃户人等有刁頑抗欠者，嚴追起業，庶一應支款不致乏缺，俾先人義舉仰賴憲德護持，得以永遠勿替，合族人衆均感戴于不朽矣，等情，並開列章程粘單呈州。據此，除據情備文通詳各憲外，擬合備移。爲此，合移貴縣，請煩查照，一體准與立案。計粘單。嘉慶八年五月二十七日移。

嘉興府海鹽縣爲據情備移事，准海寧州移。據原任吏科給事中查瑩、原任刑部福建司郎中查世倓，同姪原任刑部湖廣司郎中查有圻，呈爲捐立義産，以成先志，懇請詳移立案垂久事。竊瑩等祖居海寧，已歷五百餘年，族衆殷繁，每多貧乏。故父候選知縣懋志切敦睦，裕周宗黨，自乾隆十三年後，即舉行贍族之事。高年耆老，歲饋果儀，喪次艱難，酌資棺斂。抑且置義冢、賑饑貧，力行不倦，歲有增益。特以寄居北省，未及詳定章程。至乾隆四十年見背後，瑩等敬承先志，罔敢廢墜，歷稽贍族良規，惟范氏義莊最爲悠久，因仿其意，陸續置田托人經理。兹于嘉慶七年九月慘丁母憂，在部呈明扶柩回籍安葬。總計現在所置田産已及二千餘畝。伏念先人義舉垂六十年，若不及今撥定田畝，核立規條，日後瑩等宦游在外，或日久中弛，則負疚無窮。今公同酌議，願將海鹽田二千一十五畝八分有零，捐爲合族義莊，議定章程，刊石存于祖祠，以垂永久。第思未經呈明官案，恐日後或不肖子孫因循廢弛，或司事親族漸至侵虧，終非持久之道。爲將田畝户名、花數，及所定章程鈔呈憲電，懇請蓋印立案存據，並詳明各憲統准存案。如瑩等後人及司事人，有敢將義莊户下田畝私行典賣抵换者，從重究懲，並將典買之人照盜買例治罪，追回原産。更有請者，現在所置田畝，皆在鹽邑。仰懇移明海鹽縣尊，一體准與立案飭房。凡查裕公、端潤户下田地，非呈明不得推收過户。如佃户人等有刁頑抗欠者，嚴追起業，庶一應支款不致乏缺，俾先人義舉仰賴憲德護持，得以永遠勿替，合族人衆均感戴于不朽矣。等情，並開列章程粘單呈州。據此，除據情通詳各憲外，擬合備移一體准與立案等由過縣，並據職員查人長禀稱，叔祖查瑩、查世倓等捐資在本籍海寧州，贍族置田二千畝有零，已于本州有前具呈外，因所置之田俱在治下辦粮，爲此禀請懇立園花坊查裕公一户，又四坊查端潤一户，永遠註册存案無更。惟内有未絶之産，將來若有回贖等情，另行即時照數買補，併將買補之某字號若干畝，及回贖某字號若干畝，必俟聲明禀臺奉諭開收，方准莊書推收過户，庶可杜弊。但現今所納之各粮户紛繁散列，請將各户一併歸入查裕公、查端潤二户内，永遠遵辦。特鈔呈推收粮號清單，叩飭各該房推撥劃清註册等情，到縣。據此，查捐置義田贍養羣族，此敦本之實心，仗義之豪舉，古道猶存，殊堪嘉尚。合行鈔號付知。爲此，合付園花坊天劍海寧莊四號坊莊書，立即遵照單開户名字號，照數推收，歸入園花坊查裕公、四坊查端潤户下永遠註册，禁止私開，以垂永遠。嗣後若有回贖田粮，務遵付照，方准推收，倘有私單赴莊推粮，即行呈單禀縣，以憑察究該莊書，毋得違混干咎。速速，特付。

計粘單。嘉慶八年六月十三日。

杭州府海寧州爲據情備移事。據敝州住居園花鎮地方原任吏科給事中查瑩、原任刑部福建司郎中查世倓，同姪原任刑部湖廣司郎中查有圻等，捐立義産，呈請詳移立案垂久。當經通詳各憲備文移明在案。兹據鈔呈田畝清册一本，計共契買絶産一千六百二十九畝六分七釐六毫、活産三百八十五畝七分六釐一毫七絲五忽，填註賣户姓名、田畝、坐落處所，叩移存案前來，據此，擬合備移。爲此，合移貴縣，請煩查照來移，准與存案，仍希移覆備查。

計移送查氏義莊田畝清册一本。嘉慶八年六月初十日。

按嘉慶八年設立義莊時，通詳册内，計鹽邑田地二千一十五畝八分有零，内連活産三百八十五畝七分有零。嗣因隨贖隨補，畝數較增。現查置産簿，共計鹽邑田地二千五十九畝八分二釐九毫五絲，内連義莊棧房基地三畝一分五釐六毫五絲，其中未絶之産僅二十九畝七分三釐矣。此後再有贖回，則置絶産以補之，隨時覈實登册。遇脩譜之年，由義莊報明更正，以爲合族所徵信云。道光二十三年癸卯冬十一月謹識。

二、道光二十一年呈海鹽縣公禀

具公禀查克鳳、克勤、奕照、時濟、世源、世澧、世瑛、世佐、世濂、世勳、世濚、冬榮、應榮、有基、榮春、傳蓉、有鋆、有任、人駿、人渶、爲續請立案事。竊克鳳等世居海昌，原任吏科給事中查瑩、原任刑部福建司郎中查世倓，上承父業，因族中生齒日繁，貧窮者衆，協同捐資于老父臺治下，置買田地二千十五畝有零，收租辦糧，設立義莊，以贍遠族。凡鰥寡孤獨，及喪葬婚娶、考試各費，議定規條，於嘉慶八年呈請前縣主張通詳在案。查瑩病故後，查世倓一人經理。除照例支銷外，積餘制錢壹萬千文，提存公典，週年七釐生息，以濟公需。嗣查世倓在籍病故，伊子前任掌貴州道御史查元偁接管，所有前存之壹萬千文，提交查元偁經管之同源公典照舊生息，曾於道光八年間前縣主孫臺下呈明在案。嗣族中公議陸續抽本置産，復擴增鹽邑田地三十七畝有零，新置海寧田地六百二十九畝有零，餘剩若干千。又因疊遇荒年，節次墊用，業將前存之壹萬千埽數提清。應請俯准銷案外，查元偁又恐經費不敷，續捐制錢伍千千文，復置海寧田地一百十六畝。除抽提外，實存制錢三千千文，就近存於嘉會典，按月六釐生息，立有憑摺，交義莊收存，按季支息接濟。應繕具公稟，並義莊規條簿，叩請老父臺大人俯准存案，蓋印給還，以垂久遠，實爲德便。瀝誠上稟。

道光二十一年九月十四日，海鹽縣主何批：據稟，義莊擴增田地，續定規條，及嘉會典存公接濟，均屬善舉可嘉。應准其存案，規條簿附。

三、義莊田地條漕額租總目

鹽邑絶活契田地共二千零五十六畝六分七釐二毫。照原捐多四十二畝八分零五毫二絲五忽。外棧房基及屋基地三畝一分五釐六毫五絲，共鹽邑田地及屋基棧房基地二千零五十九畝八分二釐九毫五絲。查裕公：核完條銀一百五十五兩八錢四分二釐，核完漕米一百四十六石四斗三升三合。查端潤：核完條銀七十七兩零三分一釐，核完漕米七十二石三斗八升六合。

海昌田地七百四十五畝一分三釐三毫。查宧玉章：核完條銀六十二兩零二分八釐，核完漕米三十八石六斗六升六合。查宧義莊：核完條銀二十五兩一錢九分七釐，核完漕米十五石五斗三升三合。

核計實在：鹽邑、海昌收租田地兩共二千八百零七畝零一釐六毫，計鹽邑田照報捐收數多三畝六分九釐，海昌田照契核算收租數多一畝五分二釐。内計鹽邑淨田一千九百六十六畝六分七釐三毫，額租米二千零九十石零九斗四升五合四勺。

又額地租錢三千六百文，屋基租錢九百二十文。又計鹽邑淨地九十三畝六分九釐，額租錢一百零五千六百八十文，又額屋基租錢六百文。又計海昌淨田六百零五畝七分九釐五毫，額租米五百九十五石六斗三升。又計海昌淨地一百四十畝零八分五釐八毫，額租錢一百四十八千四百四十一文。

義莊對門買顧嘉和尚基地壹分，東至虹橋，西南均義莊地，北至官街，計絶價錢叁拾陸千文。光緒四年續置。

四、義莊規條

給諫比部兩公設立義莊原始

先考寄庵公捐裕公一項，爲贍族之用，已歷數十年，但存典生息，終難爲久計，兼一切條款未經詳備。玆結算原存本銀共貳萬壹千零五十四兩七錢七分貳釐，再捐入銀七千六百四十五兩一錢六分八釐，共置海鹽田地貳千零十五畝八分六釐七毫七絲五忽。竊仿先賢范氏遺意，呈官立案，勒石存祠，永爲合族義莊。所有田畝坐落邱段，另爲造册請官印存據。一切應支條款，詳列于後。嘉慶八年五月謹識。

續增義田公貯

按嘉慶八年設立義田，時先大夫比部公引疾家居，歲稽出納，除照例支銷外，積餘制錢壹萬緡，存典生息，以濟公需。嗣是元偁經理，謹率舊章，蓋歷有年所矣。自道光十三年公議置産，陸續抽本擴增海鹽田地叁拾七畝八分五釐五毫二絲五忽，新置海寧田地六百貳拾九畝一分三釐三毫，餘剩若干。又因義莊疊遇荒年，節次墊用，業將前次所存之壹萬緡埽數提清，誠恐經費不敷，終非久計，復於十八年分續捐制錢五千緡，即于此款内抽出，再置海寧田地一百十陸畝，實存制錢三千緡，就近存於嘉會典，按月陸釐生息，立有憑摺。每逢春秋祭掃，添□需用，由族尊發摺支取。典中一切事宜，統歸思貽堂經管。此項後人不得私自廢棄，以期協濟善舉，永奉蒸嘗，應一併載入規條，呈明存案。道光二十一年九月謹識。

酌定規條

義莊之設，條約爲先，而條約必折衷於至當。按自嘉慶八年間創立成規，行之數載，司事者往往於原款外，間有增益。迨覆覈不符，又從删節，忽增忽減，以致嘖有煩言。嗣又憑公酌議，裒多益寡，釐定章程。於原定本條之下，標出新增字樣。比年以來，照前此給發之款，核之定例，尚有不符。或係司事者目擊情形，從權辦理，抑或因條目繁多，難憑核實致紊。舊章若不亟爲整頓，甚非所以示定式也。玆就前此已行之額數，詳加酌定，其不及額者，自不必減，可懸額以待之，總以現在之定額爲憑。要知此舉已八十餘年，迭經妥議，則條例之有無遺漏，額數之有無偏苛，俱可概見。所有原定、新增等字，概行删除，亦詳亦簡，可以一覽而知。即將此次定章載入宗譜，仍交義莊司事備録一通，懸之宗祠，以昭畫一，以垂久遠。道光二十一年九月再識。

一、祠墓費　義莊之設，意在敦本，自應以尊祖爲先。現統宗祠下費寳芝堂，另捐寧邑田肆拾畝，逢秋致祭，業已過户，更名刻入宗譜墓田記，以爲久計。雪坡公爲南支祖，現在寳芝堂，三年一次值祭，無庸另捐祭田。以後兩處祠墓，如有應行修整之處，墓下力能獨捐者，自行辦理。倘力有不能，憑族尊集同公議，提公集費外，義莊果有贏餘，酌量接濟。

一、節孝祠祭費　統宗祠右側，已于乾隆六十年捐建本族節孝祠，供奉聖祖仁皇帝御賜“節孝流徽”匾額。議定每年十月朝支費拾千文辦祭。

一、果敬　族中高年，清明、十月朝，各餽果敬。自六十以上，圓絲銀伍錢，七十者捌錢，八十者壹兩貳錢，九十者倍之，百歲者拾兩。但敬老之禮，由敬祖而推，本人親至統宗祠拜祭後面致，不到者不給。如七十以上實有疾不能步履，查詢本支屬實，准其親子弟代領。

一、少年勵節　三十以内，無論正配側室，寡居守節，貧無以養者，定額四十號，每號月給膳費壹千文。冬、夏二季，各給衣絮錢壹千肆百文。無子者終其身而止，有子者子至三歲，每月加給陸百文，至十六歲十二月止。子至二十歲，如實在貧不能養母，每月給膳費捌百文裁衣絮。

一、中年無子勵節　三十以外、四十以内，無子守節，貧無以養者，定額貳拾肆號，每號月給膳費捌百文，終其身。

一、中年有子勵節　三十以外、四十以内，寡居守節，子未成丁，貧無以養者，定額貳拾號，每號月給膳費伍百文。

一、無子恤嫠　四十以外，嫠婦無子，貧無以養者，定額貳拾號，每號月給膳費伍百文，至六十歲，改歸養老太例。

一、有子恤嫠　四十以外，有子嫠婦，貧無以養者，定額伍拾號，每號月給膳費叁百文。

以上勵節恤嫠各條，原爲孀居貧苦無告者起見，其無子者自宜養贍以終其身，其有子未成丁者，亦宜准其支給。若子已成丁，或遲至二十歲，稍可謀生，必當竭力奉養，以答母氏之劬勞，理應自請停止給費，以便後報者頂補。不特惠可均沾，亦庶幾不負勸孝之心也。

一、恤孤　少孤無父母，貧無以養者，定額二十四號，每號月給膳費捌百文，冬、夏二季，各給衣絮錢七百文，至十六歲十二月止。如幼孤不能自活，公擇其親房伯叔兄姊之可托者，領錢撫養，認異姓爲父母者不給。

一、養老叟　男子年踰六十，孤身無嗣，貧無以養者，定額貳拾貳號，每號月給膳費捌百文，終其身。如有子出繼，本生父母亦當奉養，不得以無子論。其有親兄弟叔姪力能養贍者，理應自盡親親之誼，亦不准支給。

一、養老太　婦人年踰六十，孤身無嗣，貧無以養者，定額貳拾伍號，每號月給膳費伍百文，終其身。雖遇歉年，亦不得短數給發。

以上勵節、恤嫠、恤孤、養老各條，定期一年一次查辦，於清明祭統宗祠時，族人咸集，本支近房三人内，須擇六十以上一位，具公稟告知族尊，偕裕公司事，悉心覆查。以半年爲期，庶得確實。俟十月朝出付支摺，給發半年月費。嗣後上半年月費，清明支付；下半年月費，十月朝支付。不得透支。如有虚冒，將具稟者公議懲罰。每節給發後，開具名單粘貼祠中公閲。如有不實，公舉删除另補。其有身故者，隨時稟報扣除，以歸實在。倘年老孤寡之人，不俟清明祭埽時公報，輒向裕公公所騷擾，縱屬貧苦，亦不准給發。

一、助婚　年過二十五歲，業已定婚，貧不能娶者，亦于清明、十月朝祭埽後，本支近房三人具稟，開列女家姓名及身家清白字樣，告知族尊及裕公司事，查明年歲屬實，助婚費拾千文，距娶期五日内方准支付。如有虚冒，將具稟者公議懲罰。

一、助喪　父母夫殁，貧不能治喪者，本支近房三人具稟，告知族尊及裕公司事，查明助棺殮費伍千文。

以上資助各款，原爲聚族而居，免至貧苦爲累，流離失所。若遷徙在百里外，必力能自給，或别有營運，且距裕公公所迢隔，族衆亦多疎遠，無從查核具結，概不准支給。

一、義塚　中憲公於乾隆廿五年捐許家跳橋地拾畝壹分，爲合族義塚。嗣因隙地漸少，比部公復捐田地拾畝，有貧乏願葬者，具稟告知族尊及裕公司事，查明屬實，距葬期五日内，每棺給費壹千陸百文。如自有葬地，無庸祔入義塚者，俟查明後，亦准照數支領。其兩處義塚條漕銀米，均在裕公項下完納。

一、廢疾　義田所以周急，而周急之中，須擇其尤甚者。先之前列各條已舉大概。此外有與各條均不脗合，而煢煢無依，如癱瘓、雙瞽、瘖瘂諸廢疾，男無父母、兄弟、妻子，女無翁姑、無夫、無子，缺陷不能自食其力，以及年踰五十，赤貧如洗者，均在可矜。但族既衆多，此項人數亦夥，勢難額計。定議捐錢貳拾肆千文，於清明、十月節祭埽後，每次分給拾貳千文，聽族尊及裕公司事酌給，不得紛爭。設祇重聽、龍鍾、眇一目、跛一足，凡疾不至廢，並次貧者，尚可謀生，概不准給。

一、考試　吾族人數雖多，而近歲應試者寥寥，總坐謀生日拙，資斧維艱，允宜量加鼓勵。議定縣試助費壹千文，府試、院試各貳千文，應歲試者助費貳千文，鄉試正科舉者助闈費陸千捌百文。録遺有名者，助闈費陸千文。均須入場方給，不得虚領。其縣試正案三十名内者，加獎壹千文，府試正案倍之。入學者賀儀拾千文，補增生者助費肆千文，補廩生者拾千文，恩歲貢照補廩例。中副榜者賀儀圓絲銀拾貳兩，選撥者照副榜例。北上時程儀拾貳兩，優貢賀儀捌兩，北上時程儀拾貳兩。中舉人者，無論南北榜，俱送賀儀貳拾肆兩。每次公車程儀貳拾肆兩，或留京者旅費亦夥，照公車例減半致送。會試中式者，賀儀伍拾兩，以庶常用者，照送，以部曹、中書、學正、知縣用者，叁拾貳兩，列入一甲者，壹百兩，一甲第一名者倍之。子姓果能互相砥礪，科第聯縣，亦宗族之光榮，或顯達以後，篤念本支，捐資助善，尤屬衆擎易舉也。其有習武者，無論入學、中式，考費、賀儀概不准給。

一、義莊雖捐爲合族贍助之用，至每歲稽查出納、選擇司事租友，一切經理，仍歸寳芝堂支下承辦，餘人無論行輩尊卑，不得攙越干預。如違公議懲治。至日後寳芝堂後人，亦不准將義莊田畝及所存銀錢，擅自變賣妄費。如有犯者，聽合族公舉懲罰。

一、義莊自道光辛卯、壬辰兩年，連遭荒歉，經費不敷，衆所共悉。癸巳清明節不夠開銷，無從措辦。經思貽堂暫爲接濟伍百洋，勉强支持，照常給發。但目前如此掣肘，終難爲繼。現憑公議，按原額數目，除養老太及喪葬、賀程儀外，概行捌折給發。如果日後逐漸贏餘，有備無患，悉聽族尊暨合族公議，再行酌定。惟在身任其職者，以實心行實事，因時制宜，通盤籌算，毋苛毋濫。凡本支舉報者，亦必當公正無私，不避嫌怨，總期有舉莫廢，源遠流長。凡我同宗諒無不存此宏願也。道光二十一年九月思貽堂謹識。

五、公議賜硯堂公費記

昔大參公以名田三頃贍族，東山公復手定仁族十二條，規模畢備，疑必有恢閎其舊制者，然皆湮没久矣。近百年來寄庵中憲慨然獨任其事，捐貲貳萬餘兩。其給諫、比部兩嗣君，善繼先志，易銀爲田，又從而擴充之。至蒶齋侍御，上承兩世之遺緒，日惴惴焉，惟恐或墜，爲之定規畫，謹出納，權子母。利不足，繼以田；田不足，繼以資，必力期于可久可大而後已。此誠惇敘之極則也。賜硯後人爲中憲嫡裔，以先人官逋私累，家業蕩然。今回籍守墓，籌所以養贍者，其公典則近支已瓜分矣，而思貽分承之同源，又無贍本房之條，猶賴侍御讓先疇給膳費，以暫濟匱乏。而於婚喪葬考之需，未計久遠。竊念吾族之仰資義田，得以養生送終者，歲不知凡幾。今獨其後人向隅，飲水思源，殊楚然也。爰集族衆共議之，僉以爲不獨宜給，且宜優，不如是無以安疎族心，並無以爲樂善者勸。旋以此議聞侍御。侍御曰："幸甚，但公貯支絀久矣，若重累之，其何以堪。"於是復視向所存者加河潤焉。而又詳示以定額之制，其人濟美三世，從優給之，依次遞殺，有不願領者聽。自忠字輩下，力能自贍者不給，其符義莊例者，照例給。是侍御意即合族意也，而亦(度)〔庶〕幾無負此睦族敦宗之善舉哉。道光二十一年九月公議。

賜硯堂公費定額開列于後：

人字輩支婚費叁拾千文，葬費陸千文，喪費拾陸千文，考費照義莊例。濟字輩支婚費貳拾伍千文，葬費伍千文，喪費拾貳千文，考費照義莊例。美字輩支婚費貳拾千文，葬費肆千文，喪費捌千文，考費照義莊例。

一心如乃慈訓堂支下，現在隨兄在南，公議暫准支給，惟慈訓墳墓均在北方，將來回守先塋，仍照舊例，遷居百里外者毋庸支給，以符規制。

（清查世絃纂修《[浙江海寧]海寧查氏族譜》　清嘉慶十三年海寧查氏刻本）

江蘇常熟趙氏義莊

一、規　　條

自宗法廢而敦睦之風衰，往往支派未分，有漠然等諸行路者矣。漢荀淑、晉應詹析産贍族，當世稱之，然未有義莊之名也。宋范文正公始行創舉，曁忠宣清獻，弈世載德，方告厥成，至於今七八百年，族無餒人，家無冗士，咸食舊德，蓋未嘗不歎先賢之流澤長也。近時雲間張氏、錫山華氏、吾鄉楊氏踵行者數家，呈請詳題，遵行恪守，計久長而慮深遠，誠尊祖、敬宗、收族之至意也。我趙氏自松雲公由江陰遷常熟，忠厚相傳，已經十世。族番丁衆，待哺日多。《詩》云："其何能淑，載胥及溺。"蓋汲汲乎日有不可恃之埶矣。先君文表公遺滙田四百餘畝，喪葬婚嫁，僅足自完，而義莊必以千畝爲斷，例始合題。撙節卅年，力終不逮。繼因長男元紹苦讀殞生，益無佽助，老懷慘惻，如何可言。然耿耿此心，終未嘗一日去諸懷也。今老矣，日短心長，諒終不及，苟天假數年，有志竟成，固所至願。儻一旦先填溝壑，則此事之責成，當在吾子孫。今將條例章程先行酌定。宗法范氏，權衡於諸家而變通之。命次男元愷、長孫奎璇，謹録一通，櫝而藏諸，以示志在必成。他日苟能繼成吾志，於家祭日一尊告慰九京，其即余今日之志也。夫一切規條，開列于左：

計開：

（一）贍族義田，共壹千貳拾叁畝柒分陸釐壹毫，坐落常、昭兩境，俱係米田。歲收租米玖百零叁石捌斗貳升捌合伍勺，照規贍族。

（一）義莊祠堂一所，坐落大東門外福塘大街，共三進，計屋二十餘間；又樓八間。中堂供遷虞始祖松雲公以下本支神主。凡子姓赴莊者，理宜叩謁，志所始也。

（一）松雲公護墓田貳畝，厚萱公護墓田壹畝貳分伍釐，文表公祭田伍拾貳畝壹分壹釐。又男元愷續置先府君祭田柒拾陸畝肆分伍釐，以備春秋祭掃修葺之用。又丙舍五楹。

（一）北門報慈里爲本支祖始遷之地，現在子姓聚族而居，捐設家塾一所，傍山臨水，前後三楹二厦，每年延師課讀，以便附近族姓子弟肄業。

（一）遷虞始祖松雲公、二世祖月坡公以下先塋，計共五處。前因族中祔葬過多，世次莫辨，已具呈立案，捐置瑟號墓田壹畝，以資族葬，而禁紊祔。今又續置笙號墓田壹畝，一體聽無力族人就葬，挨次立石表識。

（一）吾族自松雲公由江陰始遷常熟，于今十世，本支長房月坡公早世，八世祖仰月公孤露無依，家貧力田，子孫遂世其業，累代孤寒，日形衰薄。爰建義莊，以資贍養。次房從祖贈吏部公一傳至參議公，以進士起家，再傳爲文毅公，忠孝立朝，世澤清芬，迄今弗替。蓋不特顯晦迥殊，即豐嗇亦稍異矣。滙追惟一本之義，原無兩派之分，但族衍支蕃，歲收有制，周給爲難。於是酌隆殺之中，不得不權親疏之等。今定始遷祖松雲公以下，按户給發本支祖月坡公以下，按口給發。其鰥寡孤獨廢疾，無分差等，當一體照規贍給。

(一)始遷祖松雲公以下，按户給發。凡五口以上，每年給白米壹石伍斗、制錢壹千伍百文；凡五口以下，每年給白米壹石、制錢壹千文。分三季立摺支給。其嫁娶、喪葬、赴考等費，照本支減半給發。

(一)本支祖月坡公以下，按口給發男口，日給白米柒合，小口半之；女口日給白米伍合，小口又半之；七歲以下，無論男女，不給。凡閏月小建，總以日計，每月朔日持摺赴莊支領，正月於望日支領。遠者於四季季月朔支領。司正驗摺註明，蓋用“開慶堂趙義莊給訖”圖記。不得預支，不得寄存，以杜非時出入之弊。若遺失經摺，許赴莊註明，另給新摺。不得將摺抵押與人代領，或領米不運回家，查出停給一季之米。其婦女、老幼、疾病、新喪，准託附近族人支領。

(一)族中鰥寡孤獨及有廢疾者，無論男女，每日俱給白米柒合。年届六十以上，除給月米外，每年十月初一日起，至來年二月晦日爲止，每日另給鹽菜錢十四文。如孤孀年未六十、力能紡織者，冬季另給棉花十五斤，以資添補，不另給錢。

(一)族中孤幼無依，月米照成人以上給發。年交九歲，酌量資質，如能讀書者，每年給脩脯銀叁兩；住報慈里者，即送入家塾肄業。倘質地魯鈍，送習行業，每年另給衣帽銀貳兩，俱交給近房該管收領，至二十六歲止，月米仍照規給發。

(一)族中孤幼無依，一切讀書、習藝，俱交近房教養照管。所有應用照例支銷，不得諉託坐視，不得欺隱縱庇。違者查出，將該管家月米全數扣除。如不支米者，司正會同本堂訴知族長，齊集莊祠議罰，以爲不敬祖先、凌虐孤兒者戒。

(一)族中力不能嫁娶者，小定給銀肆兩，娶婦給銀拾兩，獨子年逾四十、無子鰥居者，加給銀伍兩。子死而已有孫者不給。嫁女給銀伍兩。如借名冒支者，查出將應支米扣存，作價還莊。

(一)族中有志進取、無力赴考者，縣試給銀壹兩，府試貳兩，院試貳兩，入泮加給拾兩，歲科試各貳兩，覆試加給貳兩，補廪再給陸兩，省試拾兩，中式加給拾兩，會試叁拾兩，中式加給叁拾兩。其銀均臨期支取。

(一)族中力不能自辦喪葬者，不論男婦，二十以上，喪費給銀肆兩，葬費給銀肆兩；二十以下，喪費給銀貳兩，葬費給銀貳兩；十歲以下，喪葬共給銀貳兩，幼殤不給。如祔葬族墓者，另支石工錢伍百文，刻明遷虞幾世某及某之妻並子女名目，立於塚前，春秋兩季，司事須往焚楮踏看。如有淺露坍塌，隨時封固培脩。如支葬費而仍未葬者，查出將應支月米作價扣除。

(一)族人有田産者不給；有本經營者不給；出外者本人不給；或本可訓蒙、力能耕作，及曾習生意手業、因恃月米可資餬口，反致游惰自安者不給；有不守本分、辱及祖先，自取貧困者，全家不給。朔望日會同尊長檢舉屏黜，實貼莊祠後，或改悔自新，或子孫幹蠱，族人公同具保，司正查明量給。其或稍有微業，及訓蒙、耕作、生理，每歲所入不能養贍全家，懇請酌給者，司正會同本堂查實，量給幾人月米，其餘各項費銀概不給與。至前無力而後稍裕者，應將月米量除；司正失察，照數賠出還莊。本堂子孫貧乏者，同衆一體支給，不得浮濫多取。

(一)族姓收養異姓子女，及將親生子女出繼外姓者不給。已領者，在經領人名下扣除。

(一)族中死生歸出，應行增減人口，均隨時到莊，告知事故、世數、名字，司正增除註册。如有遲告冒領者，查出即向經領人名下扣出還莊。

（一）該給不該給，司正、副會同本堂，照例秉公查實核辦，不得飾辯强爭，致傷族誼。故違者不給、議罰。

（一）每歲義田、祭田所收租米，搧篩潔淨，除完漕外，碓白定以九折爲準，貯廒備給。所該經費並正項開銷，先將二米糠粞等項，及折租錢洋，並作租别物易價軿用外，統計一年需用若干，准於四、五月間，彀數出糶，餘仍貯廒，不許浮多。所有應給米石，照依市斛升斗，應給銀錢，照依市用七折，不許濫用私鑄。惟脩金統用八折稱，以十六兩爲率，以歸劃一。

（一）所入義田租息，統收統用。先完國課，後計開銷。積歲豐收，須備一年之蓄；設遇歲歉，統核本年經費若干，除荒淨租若干，司正、副會同本堂通盤籌畫，先將上年所入儘數放給；然後動撥貯款。如萬一再有不敷，或酌減月米，或搭發雜糧，不准借墊貽累。族衆目擊情形，不得妄事苛求，俟成熟後，照規復舊。日後豐登，積有餘貲，仍歸原款外，始行變價，增置（沃）〔活〕産歸莊。不得擅買活産，及低窪、高區、跨遠田畝，有名無實，波累非淺。違者惟司正、副是問。追還原價，將田退出。凡置田壹伯畝以上，呈請存案勒石。

（一）莊内所蓄銀米，不得立票借出取息，並單契抵押舖典生息。至置買物件，俱用現錢交易，不得立摺支取，不得開帳後算，以杜挪苫營私之弊。數滿百千以上，即兑准足色紋銀，眼同本堂當面註册封貯，以待增置産業。每月朔望，照册檢點一番，以嚴典守。

（一）穀可陳陳相因，米則有紅腐折耗之累。如遇年豐穀賤，莊内贏餘銀兩，不妨盡數買穀封貯倉廒，以備水旱偏灾，礱米搭放。

（一）族中無論支米與不支米者，俱不得租種義田。不得借居義莊，不得借用莊中器皿物件，不得暫時堆貯物料。經管人不禁，罰照所租、所借物價十分之一充公，原物即行歸正。因借而致損失者，即俱於酬金内扣除賠補。莊中房屋什物，須隨時脩葺，工價均不得浮短。

（一）莊祠定期於正月十五日恭祭開莊，重報本且謹始也。凡本支在莊食米者，除婦女、疾病外，均當躬親拜奠。如無故不到，扣除一月之米，以爲不敬祖先者戒。

（一）先塋鹿苑新阡主穴，爲遷虞始祖松雲公，昭穴爲九世祖月坡公，北山落地梅主穴爲九世祖妣龔孺人，吴家坡主穴爲八世祖仰月公，穆穴爲七世祖慕萱公，北長河北岸主穴爲六世祖厚萱公，左昭主穴爲五世祖守誠公，頂山趙王墳主穴爲子發公。是滙高祖左昭主穴爲曾祖安吉公，昭穴爲祖蒼五公，報慈里笙號新阡爲先府君文表公。凡六處，每歲春、秋兩季，司正、副知會本堂，先十日傳知各房，同赴各塋展謁，設祭焚楮。鹿苑祖塋爲路較遠，酌定每房輪去一人，不許推諉。司正買舟預備，春以三月初二日，秋以十月初二日，遇閏先期十日，永不更移。

（一）塾師脩金，六節致送。舉業每年修金肆拾兩，經師每年叁拾兩，食米叁石陸斗。凡我族人來肄業者，務各用心勤讀，勿負老人期望之心。如有名無實，司正查出，即行黜退示罰。若能悔悟，再行送進肄業。塾中另立功課格一本，以稽勤惰。

（一）經管義莊，擇誠實有才者，一正二副。正者定以族人，其副者，不拘同異姓，俱聽莊裔請定。司正總理諸務，司副分任協理，職有攸歸，權難獨擅。倘錢米出入或有虧缺，正、副遞差賠補，至滿貫以上；莊裔會同族長呈縣究追。事關闔族，不得狥瞻私義。一切納課、完條、糶米、糴穀、兑銀、置産，會同本堂公議酌辦，不得擅自舉行。每歲司正酬銀肆拾兩，司副酬銀叁拾貳兩，按月支取。一切開銷，統歸出入總簿，外另立便覽草册一本，隨時隨事登記，使額費易於稽核。至莊房爲辦公之所，典守攸關，司正、副自當值宿，便於稽察。每月朔，將前月出入數送交本堂查核。至新陳交界時，彙造本年總册二套，定於九月十五日，將一套存莊，司正協同族衆莊裔核查，一套送本堂備查。司正酌定三年交卸，先期將經手一切田租賦糧出入帳目、支給人數、原交各册圖戳、現存錢米、器皿、裝脩等項，無論巨細，彙造總册兩套，春秋祭日，一套交接辦者照數點收，一套送本堂收存。其司正收受各賬册，雖年遠不得遺失。如三年期滿，爲衆所敬信，保留再管，不可堅決諉卸。司副則按年定奪，若在莊驅使人役，則隨時酌用，量給辛力。

(一)義田租息量入爲出。現在尚可取給，日後丁口日多，或至不敷，惟冀惇宗裕族者隨時捐助，式廓舊規，尤余所厚望焉。

以上規條，司正循例經理，莊裔隨時常川稽察，族衆不得干預。即司事有不善處，亦惟訴知族長，會同本堂從公理論，勿遽滋事，紊亂成規。至莊裔本有監察之責，若因此從中侵虧，族衆亦得鳴攻，不能量從末減。惟願我子孫能以我之心爲心，則庶幾其無忝於所生也已。

嘉慶十五年季冬朔，遷虞十世孫同匯酌定。

二、續增規條

計開：

(一)查原規内載：分支祖以下，按户給發，分五口上下爲差等，而嫁娶、喪葬、考費各項，照本支減半給發等語。維時户口尚繁，酌歲入以劑經費，至爲詳善。迄今十有餘年，丁口日衰，而生計益窘。愷等目擊情形，再四籌議，謹照減半給發之例，亦按口計數，惟制錢不再另給，永爲定例。

(一)義莊正楹南面，奉設始遷祖松雲公、二世祖月坡公以下本支神位，誦清芬、食舊德，重報本也。至我子孫，及族姓子孫，有能尚義捐良田百畝，或捐現銀至千兩以上者，或莊運時有廢興，有能整頓恢復，義澤賴以不墜者，均得照范莊舊例，咸准祔祀莊祠，共垂不朽。若科第仕宦，自有世恩祠在，毋庸議列。

(一)先府君存日，租户均蒙格外優恤。該司正等悉遵舊例賞給，不得擅行裁減。

(一)族中支米，均有經摺可憑。至喪葬、嫁娶、考試等項，祇有底簿可稽，易啓侵蝕、冒領諸弊。嗣後除新喪守制、房長保明支領外，餘俱親身赴莊具領存查。

(一)先府君創建義莊，蒙恩崇祀忠義孝悌祠外，又蒙特恩，崇祀專祠，春秋一體遣官致祭。謹於義莊内東首，另建門道及正廳三楹，奉安神位，並小園一所，計屋拾餘間，所以紀恩榮、重報功也。一切經費，在祭田内開銷支給。

(一)遷虞始祖以下，至六世祖題主，因遭兵燹，典守難稽。自七世祖子發公以下題主，分庋各房香火堂内，亦殊失敬先之體。今謹於專祠西夾室建龕奉祀。凡先府君後支派，均得祔列，所以妥先靈而裕後昆，禮亦宜之。

(一)遷虞始祖以下先塋，均繪圖刊列。惟念族中無後，各墳無人祭掃，墳丁遂得平塚變賣，甚至發掘焚棄，慘不忍言。該司正、副務要按支細訪，或各親房呈報到莊，會同司正、副，眼同墳丁，到墳踏看，丈量四址，矴明界石，另立看管存莊。莊内立簿，繪圖貼説備查。每歲春季，司事隨同族墓親往焚化楮帛，歸莊辦理。

(一)每歲中元節，莊祠内延請名僧七人做功德一日夜，施食一壇追薦。乏嗣各房，男東女西，依次相向，位用白紙墨書每房無嗣諸亡靈。總位每桌用素饌四簋、總飯一盂、酒三爵、楮錠各一。副主奉於每位前。各行四拜禮。祭畢徹位隨焚。

謹按范莊規矩，肇始文正，至忠宣、清獻而後規模大備。時移世易，沿至參議、中憲諸公，亦復代有加申。愷等不揣檮昧，推廣數條，非敢妄參臆見，亦無非仰體先府君錫類推恩之意云爾。謹訂。

道光三年歲次癸未孟春之吉。次男元愷、長孫奎璇敬謹酌定。

（清趙敎龕等纂修《[江蘇江陰、常熟]暨湯章卿趙氏宗譜》
清光緒九年江陰趙氏、常熟趙氏木活字本）

浙江金華東山傅氏重捐義助序

傅從鑨

吾族義助之田，原爲帮補祠用而設。其始創自我高祖環輿公與從高祖翔于公，首捐膏腴以爲族倡，而一時好義者羣然樂輔，以成此美舉也。先是祠田稀少，而租每担只徵銀三錢二分，其出息僅支兩祭通行之費。他如會文、考費、恤孤、賑荒，與夫給發旌匾、再遷關廟、重造祖廳等事，皆有賴于義助之帮，前功甚偉，譜載于今爲烈。嗣後助祠之産日增，又皆收納縠之田，故祠帑充裕，而義助租銀如舊，又無新助縠田以輔之，奈前後辦祭之懸殊，糧課之加重，至令當事者于四月初一日分發諸正項尚憂不足，遑問其他。鑨與堂弟從步、族叔紹連、紹元、族兄從炯、從仁、族姪啟蛟、啟徹、洵楡等，慮湮祖制，奮志垂興，先議於大宗倡捐一百兩。此于衍慶勸捐廿四千文；又於己之嫡派近親募得大捐五十兩者，共八名；族之小捐四兩者，共廿九名。一言甫出，衆志咸孚，積少成多，裒然成聚，洵祖宗在天之靈默爲護佑，而亦以見吾族俱能尚義好施，丕承先緒，真不愧爲善繼善述之稱。爰次第其原委，而樂爲之序。

嘉慶十九年三月，裔孫總理祠長從鑨謹誌。

同事祠長紹久、紹連、紹元、從炯、從鑨、從闖、從汶，同事監理從仁、從步、從厚、啟蛟、啟徹、洵楡。

重捐義助，新立規條列後：

（一）議捐錢五十兩者，即拴頭首一名，公同生放，買田收租，炤租給胙。

（一）議捐錢四兩者，即許于四月初一日享燕一碗。

（一）議大宗衍慶並各家四兩散捐，仍着舊頭首生放置産後，取酹勞菜一碗；其新捐五十兩，即着新頭首生放置産後，各取酬勞菜一碗。

（一）新拴頭首管事之人，務須公薦，不許世襲。

（一）新助頭首生放銀兩，每年五月十四日會同大宗祠理設酌算賬，俟置産後，新舊仍歸一體合辦。

祠理公議同誌。

（傅以梯等主修、傅以枝等纂修《[浙江金華]東山傅氏十九修宗譜》
1921 年金華傅氏木活字本）

江蘇武進陶氏南蘭義糧議

祖宗卹典，向有義糧一條，以給弱寡幼孤不能自存，及年滿六十老病無依者，所以勉其成立，而憫其孤苦也。其稍能自食，及子壯當養者，原不在此例内。第不一爲限量，則在彼既苦樂不均，必有濫叨之弊，在祠亦應接不暇，恐有難繼之虞，非所以推祖宗之恩，而濟困乏之實也。今族分公議，自道光壬辰以後，凡有孤寡老病具呈請給者，族分及經理核其生産，無論自種收租，統計不及五畝者，始行照例給發。每年夏麥貳斗，冬米貳斗。孤子滿十六歲即係成丁，當自食其力，應停給；孤糧寡婦有子成丁，當膳養其母，並停給義糧。其有在四民之中，更兼殘疾，絶無生産，又無依靠者，應原情倍給。如此，則祖宗之惠既可無濫及之人，而窮乏之裔皆實沾周邺之意矣。凡我族人尚其永遵。此議。

道光十二年歲次壬辰季秋之吉，族分公議。

（陶邦楨等纂修《[江蘇武進]陶氏宗譜》 1916年武進務本堂鉛印本）

江蘇洞庭安仁里嚴氏義莊

日　勒　石

祠莊便覽序

讀范文正《義田記》而睦族之意油然生矣。吾宗自前明芥舟公由名進士出守彰德，族始熾昌。公之孫文石公以文學鴻儒釐訂宗譜，遠族近宗咸知親睦。迄乎本朝乾隆二年，始於大園村買得施姓房屋，改建祠宇。旋因遭毁，又在諸公井地方價買吴姓地重建，即今之嘉德堂也。額其門曰"嚴氏宗祠"。歲時八祀，《禮》曰："尊祖故敬宗，敬宗故收族。"宗廟之義大矣哉。廟貌既新，歲修須款。查乾隆五十九年簿書，僅籌錢五百串生息。賴順宣、荆山、鼎輔、秀南諸公先後掌管，調度有方，歲有餘積，置祭田二十六畝有奇，並市房、園地等産，得垂久遠。續管者爲昭宇，遂至僨事。幸有德文、振鳴、湘舟、寶樹四公，起而整頓之，句稽侵餘，祇剩存恒記舖生息錢六百千文，戛乎有廢墜之虞。迺於道光七年，重定章程，裁汰冗費，墜緒又綿。道光二十二年，子元公接管，迄同治四年，由伊子少偉交替湘泉經理，中間雖經兵燹，而祠宇依然。祖宗之垂裕無疆，後嗣宜如何敬承耶。溯嘉慶紀元，前翰林院編修愛亭公、孝廉方正擷雲公，遷居省垣，以其堂名"吉壽"。置元和縣田六十四畝有奇，價值二千五百緡，作爲贍族義田。族之孤寡貧乏，不能自食者，分大小口以給之。繼有住居寶善堂之振鳴公、惇裕之廷猷公、厚德堂閬文公、元配張太孺人等人，各捐錢千緡，於是生養有資。而喪葬無措，時則有貽德堂允文公之德配張太夫人，以鍼黹餘資，捐錢千緡，助族喪葬，均於道光年間，先後置得本山田，統計壹百三十二畝陸分八釐五毫。咸同間，支應義米，萬分竭蹶。議者以羨補不足，遂將喪葬歷年盈餘，劃用七百餘串，以濟其困。迺歎前設此舉，所補匪淺也。光緒四年，又得遷居木瀆鎮之蘭卿好義，續捐田三十五畝有奇，作錢八百串，並現錢一千二百緡，合成二千串，於六、七、八等年，置田二十畝有奇，用去錢陸百二十八千有零。其經理之者，初由振鳴公身任其職，不辭勞瘁，不支辛俸，條理井然，無禄即世。厥孫雲甫接管，酌支薪水，迨後交卸，公舉晴溪接替。始合宗祠義莊一手經理。歲定辛俸六十千，永不增減。年餘溘逝，衆推仁卿族長爲正管，律生副之，辛俸如前。義塾之設，聞始自荆山公管理宗祠事時，並聞西愚公亦曾管莊務。代遠年湮，不知所詳云。夫宗廟之禮，有其舉之，莫敢廢也。第支派繁衍，賢愚不等，賢者足爲師資，愚者亦垂炯戒。如穀祥者，恃族長迴護，在乾隆時，擅毀祠宇，經官懲創，亦可爲殷鑒矣。迺族長昭宇旋又侵蝕七百餘串，當道擬以盜賣祭田五十畝以上例，發邊遠充軍，憐其老朽，從寬究治，特頒碑文，勒石祠中。有"獺祭魚、豺祭獸，畜類尚知祀其先"等語，煌煌告誡，不較照例治罪而更寒心乎。論者曰：惡已癉，善宜彰，乃將有德於族者，公送其先人木主入祠附祀。今之得右享者，皆其選也。後遂定議捐錢千緡，送一位附祭焉。並念撥用喪葬盈餘時，義粟將減，得此以濟補送其尊人木主一位進祠，而其孫曹感族中之激勸，又首先創捐備荒一款，族之急公者，踴躍從之。集成一百五十串。莊中又撥入五十串，合成二百大數，存店生息。設遇歲歉，有備無患。惜經仁卿族長將此款(目)〔自〕置買蝸居兩所，一在松園弄口，一在曹公潭沿，出租收息。議者謂緩不濟急，擬將每年租資提出，另存别項，不得移用，以冀屢豐可還舊數云爾。無奈近年經費又絀，族長仁卿函勸今任福建福寧府知府子猷太守，捐錢五百串，送其父祖木主兩位入祠，於去年九月舉行。僉謂核與定章不符，日後未便援以爲例，則視各賢裔志向何如耳。或問粤逆竄山，廬舍半遭刧火，爾祠何以獨存。則應之曰："祖宗呵護有靈，即間有頹圮一二處，寇退返里，經前管宗祠子元公之郎君少偉，以乃尊歷年應得辛俸修而葺之。並有敦本者，集資潤澤之。故得焕然一新。"或又問城鄉迢隔，勢難兼顧，其元邑田畝，伊誰管理。則云："始終由吉壽堂子姓收租納課，餘資歸莊也。"今仁卿族長又歸道山，追念厥勳，則有數年前祠宗正屋樑朽，勢將傾圮，集資改换，輪奂重新，功亦偉矣。時值律生接爲正管，由子美等口述祠莊淵源若此，書以記之。抑余更有冀者，規模已具，猶待擴充。異日賢裔能師范氏義田敦宗睦族，闔族幸甚。

光緒十有七年歲次辛卯孟冬穀旦。

捐入義莊殮葬記

明基等少承庭訓，長侍慈幃，奉先人遺緒，雖力不能給，而於孝友睦婣任卹諸舉，不敢不仰體先人之遺意，與慈母所樂成也。吾族自乾隆年間，福喬兄弟創立義莊，迨後喬之子孫復克成先志。斯時先君子以有志未逮，與伯父輩論及而心欽之，更以之獎勉後人，諄諄不已焉。嗣後於道光十九年，族姪徵鈁續捐錢壹千千，而長兄明堂於二十年，亦捐錢壹千千，承先志也。明基等抱愧久之。歲壬寅，値慈母七旬誕辰，洗腆之奉，不足悦親心，而任卹之情，祈無忘嚴訓。遂命出資壹千千，捐入義莊。而族中商酌，有議以爲掩骼埋胔之費。如是則生死均安，誠爲善舉者，而明基則何敢當焉。夫以爲善之不易舉也，在族黨之中，本不足以稱善，且非有創始於前，曷克續成於後。以區區微薄之貲，雖生者既以有養，而敢云死者遂得所乎。則或以爲葬殮之資，出自族中之公舉，而明基等則何敢當焉。惟不敢違先人之志，與慈母之命焉爾。

道光二十二年歲次壬寅仲冬，十四世孫明基謹識。

加助喪葬費通告

我族喪葬向祗七折錢貳拾捌兩。今秋圃賢裔秉承母命，以慶壽筵資移助族中喪葬費洋壹千元，亦照原式，每加七折錢貳拾捌兩，計共五十六兩，合錢叁拾九千貳百文。然目前洋價變遷無定，若洋價愈增，則虧損愈大。故議定以叁拾九千貳百，合洋貳拾貳元，分爲喪費洋拾五元，葬費洋柒元，公議永以爲例。特此通告。

民國十一年歲次壬戌季冬

兼管祠莊原委

宗祠、義莊，向係兩人分管，各司各賬，兩不顧問，亦不邀族核對簽押。自光緒四年，始議一人兼管，歲給辛俸，並派司年輪流核對本年收支。定期次年二月朔日，邀齊到祠，核准簽押。自應以是年爲始，將每届報銷結總，彙録一簿，以便按年滚算。其有可撙節者，宜將底細附録，俾得一目了然，隨時商酌。如收租開銷款内有棧租伙食開支，今届交替，規條已議裁汰。非尤彰明較著者乎。至從前分管各賬，年久未能編録，可不備載。幸將各原簿妥爲收儲毋遺。

光緒十七年歲次辛卯孟冬。

備荒公啓

族之有義莊，所以贍同宗之不足也。而時逢荒歉，則尤在所必周。我族宗祠義莊收支一切，至光緒四年，實有入不敷出。賴蘭卿族賢續捐錢貳千串，始得入出相當。然猶豐歲則然耳，設遇荒歉，仍難支應。本年經管裔孫良延交卸莊務，族中公舉裔孫霽接辦，統盤籌算，莫可撙節。惟有籌備禦荒爲最要著。因思獨力難持，衆擎易舉。先從允文公支捐輪壹百千，以爲提倡。族中不少急公好義者，當必有以繼之。俟集腋成裘，得有總數，從明年爲始，存放生息。他項不得撥用，以冀積少成多。猝遇不登，開支有着，庶不致動用正項，而貧族亦可免無告也。所望量力玉成，多多益善，合族幸甚。

光緒四年　月　日，闔族謹啟。

備荒捐數

允文公支捐錢壹百千文光緒四年份

松墅公支捐錢壹拾千文光緒四年份

受高公支捐錢貳千文光緒四年份

莘鋤公支捐錢貳千文光緒四年份

宗祠義莊撥錢叁拾六千文光緒四年份

石林公支捐錢貳千文光緒五年份

宗祠義莊撥錢五拾千文光緒六年份

查對歷年報銷簿中所得子息,即歸義莊。當年開銷,並未提存。今將歷年利息註明於下:計光緒五年,收利洋拾貳元、錢四百九十文。六年,收利錢拾九千四百五十文。七年,收利七千二百廿三文。八年,收利九千文。九年,收利十八千文。十年,收利九千文。統計洋拾貳元,錢六十二千一百六十三文。惜未存留,與原啟"他項不得撥用,以冀積少成多"等語相岐。至其本錢,查於十年三月,買得禪字圩王姓屋兩間,又傾字圩王姓屋一間,計兩契正價一百六十千,稅契兩張陸千四百念四,契尾兩張,一千叁百念,過户一千六百,中金三千六百,地總保、正簽押一千一百念,代筆一千六百。又修理工料拾四千一百五十,桐油連抹工一千四百念。統計一百九十一千二百三十四文,餘亦在義莊支應帳開除無存。此兩字圩,即俗所謂曹公潭沿松園弄口是也。

(嚴慶現等纂修《[江蘇蘇州]六修江蘇洞庭安仁里嚴氏族譜》 1931年中華書局鉛印本)

江蘇蘇州程氏義莊

一、題准建莊録

禮部謹題。爲題請捐田贍族事,禮科抄出江蘇巡撫疏稱:江蘇吴縣監生、布政司理問職銜程根義,蘇州府學附生、議敘員外郎儘先選用、賞戴藍翎程楨義,遵故父候選道程仁藻遺命,捐田贍族,造具事實册結,具題請旨。奉旨:該部議奏。欽此欽遵。抄出到部。該臣等議得定例:凡士民等捐資贍族,實於地方有裨益者,直省由該督撫具題,造具事實清册送部。捐銀至千兩以上,或田粟准值銀千兩以上者,請旨建坊,給與"樂善好施"字様,由地方官給銀三十兩,聽本家自行建坊等語。今江蘇吴縣監生、布政司理問職銜程根義,蘇州府學附生、議敘員外郎儘先選用、賞戴藍翎程楨義,遵伊故父候選道程仁藻遺命,捐田一千畝有零、莊房一所,共計值價銀一萬八千二兩零,另備建莊銀八千兩,營建莊祠,以贍宗族。臣部核其所捐銀兩,與建坊旌表之例相符,應如該撫所請,准其旌表,由地方官給銀三十兩,聽本家自行建坊,並給與"樂善好施"字様。恭候命下,臣部遵奉施行。

道光二十五年四月三十日題,五月初二日奉旨依議。欽此。

二、題准建立新莊録

禮部謹題。爲題請旌表事，禮科抄出護理江蘇巡撫譚鈞培疏稱：據吴縣詳，二品封職程廷桓禀稱，職故父二品封議敘布政司理問、國學生程瀾，心懷敦本，志切展親，命職置田以贍貧族。謹遵父命，陸續契買坐落長洲縣田六十九畝八分八釐八毫、元和縣田九百六十八畝二分二釐五毫，又契買市房一所，計十六間，歲收租息，一概捐作莊費；又購買房屋三十間，地基十三間，以作建立莊祠。統計田房、莊祠及器具各項銀二萬八百九十八兩，除完賦祭掃等用外，按照條議永爲贍給貧族之資。謹擬規條並事實册結，呈請轉詳等情。查已故封職程瀾，心存任恤，惠及單寒，允符例案，宜被旌揚等因，具題奉旨該部議奏。欽此欽遵。到部。該臣等議得定例：凡士民人等，捐資贍族，直省由該督撫造具事實清册送部。其捐銀至千兩以上者，請旨建坊，給與"樂善好施"字樣等語。又道光二十八年臣部奏准各省樂善好施，原係有力之户，今其自行建坊，毋庸給與坊銀等因在案。今江蘇吴縣二品封職程瀾，遺命捐田贍族，其子程廷桓所捐田房等項，共銀二萬八百九十餘兩。核其銀數，與例相符，應如該撫所請，准其旌表。即給與"樂善好施"字樣。仍照奏定章程，令其自行建坊，毋庸給與坊銀。恭候命下，臣部遵奉施行。臣等未敢擅便，謹題請旨。

光緒六年十月初六日禮部具題，本月初八日奉旨：依議。欽此。

三、成訓義莊規條

(一)義莊祠宇壹所，大堂正楹供奉先考衡齋公神主，朔望子孫敬謹展拜，使不忘莊所自始，重報功也。二堂正楹中龕供奉遷吴始祖，直下先通奉公，直上本支歷世祖考、祖妣神位，重報本也。將來建莊之子孫神主，附供中龕，東西兩龕供奉各房之祖，按行輩分别昭穆附祀。右傍節孝祠供奉欽旌節孝遷吴六世祖與仁公元配尤氏節母主位。所有各房已旌節孝婦女，由各房備位入祠，按行輩附祀。春秋祭祀經費，由莊開支。

(一)捐置義田、房屋，現將官給田房印契粘連成册。先蓋"程成訓義莊田房永禁典賣"字樣戳記，並造都圖字圩清册，一併呈請驗明，蓋印發還，交莊正永遠執守。

(一)田房租息，首先上輸國課，餘作義莊經費、祭祀贍族及一切所需。揆夫事之輕重，以定費之等差。遇有歉收，初則減膏火，如再不敷，次減婚嫁諸費，俟年歲豐稔即行照章給法。歲有羨餘，應隨置産裕後，庶不負先人建莊久遠之意。

(一)收入租米，除揀取乾潔好米完賦，印串歸莊正謹慎執管外，餘米篩扇碓白，存倉備給。其有贏餘，糶出歸賬，即糠粞等亦變價入賬。司莊事者，務宜隨時查察登記，不得任意浮短。

(一)莊正爲一莊之主，建莊支下明達者爲之，莊副再擇誠實公正者爲之，支總公舉精明練達者爲之，協力辦理。凡錢糧、祭掃、修葺工食、春秋祀享，及給發錢米諸項，均立簿籍稽查。年終司事彙造清册，莊正、副核覆查對。族中即有齒爵高尊者，不得把持煩言。此係先人垂緒，各宜竭(立)〔力〕，以繼前修。

(一)莊内再請司事數人，概用外姓，經理莊務，聽莊正、副擇誠實者任之，經辦祠墓祭掃、錢米出入、收租登廒、完納條漕，按月酌議酬辛，統歸年終報銷。現存銀錢，歸莊正、副謹慎執管，以昭鄭重。

(一)莊内田畝、房產，概歸莊正、副依規經理，以專責成。族人無論行輩長幼，及附捐田畝者，概不得干預。即建莊之子孫，非有莊正、副專責，亦不得干預。設見聞所及，有益宗族，准其向莊正、副妥爲商酌，聽候主裁。如莊正、副果有侵蝕不公確據，許族人公同理論，責令償納。倘或捏詐興詞，意存干擾，莊正、副邀集族人，公同詰責，治以家法。

(一)義莊不得典買族人田房。莊用雖極支絀，不得向親族借墊。如用有餘資，添置田產、市房，不得放債，以杜侵蝕。族人無論尊卑遠近，不准通挪借用。

(一)族姓中，除產業優裕、年力富强不給外，間有貧乏年老、不能自養者，無論男女，自五十一歲起，月給米一斗五升，至六十一歲，月給米二斗，七十一歲月給米二斗四升，八十一歲月給米二斗八升，九十一歲月給米三斗，百歲建坊，送禮從厚，以伸敬老之意。

(一)貧乏寡婦，無論年歲，月給米一斗五升，至六十一歲，照年老例前規遞加，至七十一歲再加。其子成立，已婚配有室成業者停給。

(一)貧乏幼孤，十歲以内，月給米八升，十歲以外，月給米一斗，男女均給至二十歲止。女在二十前出嫁，即行停給。

(一)凡成丁男口，自十七歲至五十一歲，理宜勤力營生，本不在應給之例。間或勢處極貧，人素安分，不得不於格外暫行酌給，因倣范氏莊規，於每年十一月望日，開列事由，交本支房長、支總查明，報莊正、副查核，十二月朔給票，二十四日持票給米四斗，家有三口以上者，給米六斗。

(一)支米者身故，隨時報莊繳據，請給殮費。查明銷據，登入身故册，以備報葬時核對。

(一)無力成殮者，給錢六千文，無力安葬者，給錢四千文。十五歲以内減半，十歲以内不給。停厝不給。應給之錢，該親屬憑支總開報支領。其葬費須有葬期，方許支領。如領錢不葬，責成支總追繳原錢;已經銷用者。在應給月米内如數扣除。

(一)無力娶妻者，給錢六千文。妻故無子，續娶再給，有子不給，納妾不給。無力嫁女者，給錢四千文，再醮不給。應給之錢，憑支總開報支領。如領錢不婚嫁，責成支總追繳原錢，已經銷用者，在應給月米内如數扣除。

(一)給米預給領票，定於每月初一日到莊支領，無票不給。届期給米後，加用戳記，仍發還收執。次期依前支給。正月分應給之米，於十二月二十四日預給，是日换給新票收執。如前無故莊據遺失，罰扣一月之米，由支總查明，前號註銷，再行補給。

(一)應給月米，不准預支，不准過期，不准寄存，以杜朦混之弊。如本人因事出外，暫行停給，俟歸日仍由支總核報再給，不准補前。向年無力、後可自養者，不給。

(一)支領錢米，惟婦女幼孩及疾病在苦者，准近房持票代領，餘須親自到莊。不准央人代領，亦不准將票抵押與人。犯者停給。

(一)子弟院試，送考費錢一千文，鄉試考費錢三千文，會試考費錢六千文。其有力不願領者聽，領費不赴試者，追還(願)〔原〕數，倘不全還，後不再給。

(一)本支鄉榜甲榜者，均准供奉右楹，以慰先志，以勵後學。

(一)請給錢米並應報各項，該支裔開列事由，送支總核實戳記，轉報莊正，派司事核定給票，如期支領。請給婚嫁、殮葬費者同。

(一)每年酬莊正米八石，莊副米六石，本支房族長米四石，支總米四石。年終開銷，不得預支，不得寄存。酬讓者照數作捐項註册，備後勒石以彰美行。已捐之項，不得再領，以後辭受，仍聽其便。

(一)族中男丁、女口各將世數、名氏、生死月日赴祠登册外,如在莊支米者,亦即開單交莊註册增除,以杜冒領。

(一)祠内每逢祭祀,預下傳單。除年老有病不到外,丁壯者無故不到,議罰跪焚香叩先;支米者不到,罰停支米一個月,以爲不敬祖先者誡。

(一)族中如出繼外姓及螟蛉異姓者,不准入族,亦不准請給錢米。

(一)族中子弟,如不孝不弟,自身潛匿,遣婦女出頭,擾累本家,玷辱家聲者,或悖情乖理,不循規約者,重則出族,輕則除籍,永遠停給月米。論情輕重議懲,以昭家法。

(一)族中不准租種莊田,不准占居莊房,不准借用什物。自己什物亦不准寄存。即族中或有輩分居長者,亦不得聲言公賬之物,擅便携借,以杜舞弊。

(一)願捐銀洋、田房入莊者,不拘多寡,具見敦睦之誼。但不得以瘠田破屋,及刁佃頑祖之户充捐。先將都圖坵圩額則,及佃户姓名,彙造清册,呈交支總,轉報莊正、副查明後,方准收捐勒石,以昭世守。

(一)贍族規條,自遷吴第五世祖子敷公始。凡子敷公支下子姓,貧乏者照規賙卹;其非子敷公支下者,不得請給,亦不得捐産附入,以昭劃一。

莊正廷桓謹立

光緒十八年分,幼孤女月給米,改爲出嫁停給。

光緒二十四年分,幼孤十歲以内,改給月米一斗,十歲以外,改給月米一斗五升,仍照至二十歲停給。女月給米同,(以)〔已〕出嫁停給。

光緒三十一年分,族中有乏嗣之墓,理應歸兩義莊分任其事。今以老大二房名下荒墓,歸本莊經辦,准其近支報知總,由知總查明是否確實,即將都圖、字圩、弓步、山向、主穴、傍穴某某等,暨看墓人姓名,一併報莊收管,以保守先墓。其辦法已載入凡例中,概不贅述。

莊正增瑞酌改重增

四、資敬義莊規條

(一)吾始祖静軒公遷吴以來,傳四世爲子敷公。今定贍族規條,自子敷公始,其非子敷公支下子姓,不得與祭,不得請給,不得置位入祠,不得捐産附入,以垂定制。

(一)莊正以建莊者之嫡長子孫世世相繼爲之,莊務悉歸經理。另舉本房公正廉明、才識幹練者爲莊副。一切莊務,聽兩人會同辦理。族中雖尊長不得干預。如莊正、副果有侵蝕廢弛實據,許族房長邀合族公議,輕則勸諭,重則更换,以昭公允。

(一)惟正之供不可怠緩。莊中義田、祭田二千四百餘畝,收到租息首先完納國課,以免拖累。

(一)義田、祭田,已立資敬義莊户,彙造清册送官鈐印。嗣後添置田産,即照此例,以杜影射。

(一)支譜於光緒二年重修,嗣後十年一修。公舉總纂一人主裁,告成後,各將舊譜更换新譜,以昭鄭重。

(一)族中設有無後者,莊正、副會同族房長遵照律例議嗣。如係丁單,遵照兩祧之例,以重宗祧。

(一)條漕公款,春秋祭祀,給發錢米各項支用,分立計簿,年終彙造四柱清册,由莊正、副核準存莊，俟族房長公閲。莊中司事概用外姓以避嫌疑。

(一)莊中不得典買族人田産。設有支絀，不得向親族借墊。積有盈餘，即置田産，不得存放生息，以免虧折。

(一)族人不得在莊宴會，不得租種莊田，不得借住莊屋，公事與莊無涉者，不得在莊集議，不得莊中寄存物件，不得借用莊内器皿，以昭誠敬。

(一)義田、祭田，爲數不多。設遇歉收，如果舊管無存，經費不敷，許莊正、副邀集族人公同酌議，先停婚嫁、考費等，不給，則及喪葬，再不給，則及贍米。但多則半年，少則二三月，即當復舊，以示體衂。

(一)莊正如老稚仕宦，準舉親房一人權攝；莊副及各房長如衰老仕宦，準舉一人代理，以專責成。

(一)族中倘有不孝不弟，異姓亂宗，作奸犯科，玷辱家聲者，輕則除籍，重則出族。除籍者祇除其本身之籍，出族者並其妻女子孫，合族擯棄，以垂炯戒。右共十二條。

五、資敬義莊祭祀規條

(一)正祠三龕，供奉中議大夫易安公、中議大夫履堂公、欽旌義行中議大夫春林公神位。

(一)宗祠三龕，供奉欽旌孝子泰華公暨忠義孝弟諸神位。

(一)節孝祠三龕，供奉欽旌節孝尤安人暨貞烈節孝諸神位。

(一)始祖、支祖、房祖諸神位，俱於成訓義莊内供奉。

(一)春秋祭祀，由莊正定期通知合族。是日黎明，子姓咸肅冠服，詣莊致祭。遵照會典品官家祭之禮，其分獻、引贊、鳴贊、讀祝文、司香、司爵、司帛各執事，先期派定。

(一)春祭遷吴始祖墓，暨諸祖墓。每席庶羞四盤、時果餅餌各一盤，其餘應用諸物，並船與山轎，俱莊中備辦。

(一)秋祭西跨塘宗祠一席，内祠五席，悉如春祭例。

(一)春秋祭狀元浜易安公墓，盡照祭遷吴始祖墓例。

右共八條。

六、資敬義莊贍族規條

(一)年老貧乏者，無論男女，自五十一歲始，每月給米一斗五升，六十歲以上二斗，七十歲以上二斗五升，八十歲以上三斗。

(一)寡婦貧乏者，無論嫡庶，每月給米一斗五升，六十歲以上照年例遞加，其守節在三十歲以内者，每月給米二斗，至七十歲以上，照年老例遞加。

(一)幼孤貧乏者，無論男女，十歲以内，每月給米八升，十歲以外，每月給米一斗，男至十七歲停止，女至出嫁日停止。其幼年貧乏者，亦照此例幼年貧乏指其父年老或廢疾。

(一)廢疾貧乏者，十六歲以内，照幼孤例，十七歲至六十歲，每月給米一斗五升，六十歲以上，照年老例遞加。

(一)男丁自十七歲至五十歲，理宜勤儉謀生，不在應給之例。間有人素安分，一時失業貧乏，不得不暫行酌給，至年終給三兩。

（一）無力成殮者，助八兩，十七歲以下四兩，八歲以下不助。

（一）無力安葬者，助八兩，十七歲以下四兩，八歲以下不助。

（一）無力娶婦者助八兩，無子續娶者助八兩，有子續娶者助四兩，無子娶妾者助四兩。

（一）無力嫁女者助四兩。

（一）貧乏之家生産，助二兩，如係遺腹，助四兩。

（一）幼孤無力讀書者，七歲至十歲，每年助束修四兩五錢，十一歲至十六歲，每年助束修六兩，分四月、八月、十二月三次給。其幼年貧乏，亦照此例。

（一）男丁貧乏者，初次習業，給四兩，祇給一次。

（一）凡領瞻米之人後可自養，及子孫可以奉養者，停給。

（一）凡向來不請瞻米者，如遇喪葬、婚嫁等事，一時無力，亦準請給。

（一）凡請給各項錢米，須與莊規相符，由伊房長用副啟開明事由，加印圖記，交莊正核準，方始給發。各房長設或徇情冒濫，及有領錢不辨情弊，一經查出，理應照數賠繳。務期各房長一秉至公，察核確實，無被蒙混致累。

（一）凡請給贍米，於單月望日報莊，俟核準給票，雙月朔日持票到莊支領，兩月一付。請給各項錢文者，殮費即日給付，葬費於葬期三日前給付，婚嫁費於吉期前一日給付。

（一）凡忠義、孝弟、貞烈、節孝，合例請旌者，開具事實，送交莊正核準，代爲呈報。俟部覆到日，本家建坊者落成後，送二十兩，本家製匾者，懸挂日送二兩。

（一）應縣試者，送卷資一兩，覆終二兩。十名前三兩。府試亦照此例。院試一兩，取佾三兩，入泮六兩。歲科試一兩，一等二兩，五名前三兩。鄉試程儀八兩，會試程儀十六兩。均由房長知會莊正致送。其不願取者聽。

（一）凡發米，概行折錢。上年莊中收租折價。凡發錢以制足錢七百文爲一兩。

（一）莊正歲酬米十二石，莊副歲酬米八石，族房長每人歲酬米四石。年終致送，其願捐者聽。

右共二十條。

十世孫仁藻謹定

十三世孫基裕重訂

（一）族中有乏嗣之墓，理應歸兩義莊分任其事。今以老、三、四、五房名下荒墓，歸本莊經辦。准其近支報房長，由房長查明是否確實，即將都圖、字圩、弓步、山向、主穴、旁穴某某等，暨看墓人姓名，一併報莊收管，以保守先墓。其辦法已載入凡例中，概不贅述。

光緒三十一年秋九月，十四世孫昌頤重增。

（清程曨纂修《［江蘇蘇州］程氏支譜》

清光緒三十一年（1905）蘇州程氏木活字本）

廣東順德大良鄉龍氏賑恤規定與章程

一、平　　糶

同治元年壬戌規定

我族向無穀倉，每遇歲饑平糶，必須往外埠買穀，事固繁重，費亦不貲。同治元年，公議在祠後設建穀倉一所，内厫間五座，遞年指定嘗業一兩號，批發穀石，收儲厫内，以備不虞。倘遇穀值每百觔賣至價銀壹両捌玖錢以上，即酌量碾穀平糶。謹將規條開列於後：

平糶不比分胙，分胙則不論貧富，按丁均給；平糶專爲接濟貧丁而設，多平糶一日，則貧丁多一日接濟。我東南兩房子孫自揣家道尚好，無庸買平糶米者，切勿報名，以免挽奪貧丁口食。一俟報名完竣，仍集衆按名稽查。倘經衆人共指，皆謂其衣食充足，不應買平糶米石者，定將此名扣除，不准糴米，並將其名開列標貼祠内。

平糶祗准男丁買米，婦女不與。

寡婦仍准買米。

罰胙未滿期，各孫仍准買米。

男丁大丁每日每丁准買米壹升，小丁十六歲以下，每日每丁准買米五分。

每米一升，按時值酌收錢文。

買米決不用爛錢、鉛錢，有即换過。如恃惡勒用爛錢，不肯轉换，定將米票收回，不准糴米。設或值事徇情收爛錢，亦對值事罰胙。

照數交足錢文，然後交米。即短少一二文，亦不交米，更不賒數記欠。如查出值事徇情任賒，即責成經手值事照數賠出，並將值事罰胙。

本日未經糴米，第二日准其補糴。至預日糴米，只准多糴一日，不得預糴兩日。每日巳刻開糴，申刻而止。

遺失米票，准其報名註銷，另給新票。

僞造米票，查出當祠重責罰胙。

私賣米票與别人，無論同姓異姓，查出當祠重責罰胙。

開糶後，倘穀價漸低，每担低至壹両叁肆錢，即停止不糶。

倉内存穀祇有此數。倘穀貴，日長難以貴糴賤糶，總以存貯之穀盡糶，無餘即止。

光緒二十年甲午倉田緣起

我族向無義倉，每遇荒歉，輒向外間買米，以賑族内單寒。而歉收之年，穀值必昂，諸多窒礙。同治五年，始在敦厚堂後座餘地蓋造倉廒五座，撥出敦厚堂嘗業黑沙圍田壹號，歲發租穀，貯存倉内，以備子姓賑荒之用，洵美事也。後值連歲豐穰，積穀日充，蝕耗日甚，所損實多。光緒十六年，公議將遞年積存之穀貳拾萬觔，全數變售，得銀貳千壹百餘両，改置田業。倘值荒年，即將租項買穀碾磨平糶，似此既免貯穀虚耗之弊，而款項亦可日就充盈，仍不失前人設倉本意。現已置買鹹標沙東側鄭君惠圍田伍拾肆畝有奇，專作義倉公産。其前由敦厚堂撥入之黑沙圍田，早經歸還敦厚堂管業。此後倉田租息所入，專備平糶之需，一有贏餘，陸續再置田業，以冀日益充拓，有備無患。是所望於來者。

光緒二十一年乙未津貼米值章程

我族平糶，向俟穀值壹兩捌錢，始行開辦。現穀值不過壹陸之數，惟米貴已久，且閏逢五月，節令較遲，早稻登場，計期尚遠，時即擬舉辦平糶。適鄉局平糶有期，我族暫且緩辦。兹定四月廿四至廿六日，准族内貧丁願就平糶者，到祠登名註册，逾期不准補報。一俟通鄉停辦日，倘市上穀值仍在壹両陸錢以上，我族即行接辦，先期三日當祠按册給票。惟族倉粒穀無存，糶米又多縻費，現酌定津貼米值事宜，開列於後：

向辦平糶，每升收回米值錢拾陸文。此次章程，如米店賣中上米每升取錢貳拾陸文，除本人自備錢拾陸文外，由嘗項津(帖)〔貼〕錢拾文，俾湊足貳拾陸文，自行買米，以歸簡便。

向辦平糶，衹准男丁買米，婦女不與，惟寡婦仍准買。此次津貼米值，概照辦理。

向章，男丁及寡婦每口每日准買米壹升，男丁十六歲以下，作小丁論，每日准買米五合。此次按照該人應領升合若干，核給錢文。

每届五日，彙給錢一次。上期因事未到領者准補領，斷不准預支。

各丁領票後，倘確因事遺失，准補給，或原票毁缺，准繳銷，另給一票。

各丁倘有私造僞票者，查確，罰胙三年；將原票賣與本姓及别姓人者，查確，本人罰胙一年。

津貼米值錢文，係爲族内貧丁起見。其享有田業及有貲本營生者，概不准登名註册。倘值理訪查未確，或徇情濫給票據者，即覈繳原票註銷，決不瞻徇。各子姓應自揣家道如何，方可到祠報名。各值理亦應詳慎辦理，免招物議，致傷雅道爲要。

注册散票，及每逢給票日，應由敦厚堂思成堂、文明堂現年值理，到祠舉辦，仍通請兩房紳士會同辦理。均午集酉散，不設飯食，以省縻費。

二、棺　金

同治三年甲子規定

我族向設有卷金、壽金，及贍給鰥寡等項銀両，惟棺木金一款，向未議行。每念貧喪之家往往無力棺殮，情實可憫。兹集兩房衿老，議給棺木金章程，定於本年十月初一日舉行。各房衿耆值理，須知此舉係爲周恤貧喪起見，其有例不應領取而强向索討者，務須破除情面，援例阻止，幸勿濫結瞞領，致有填償罰胙等事，實所厚望焉。章程列後：

東、南兩房子孫，有極貧之家死後不能棺殮者，由本房衿耆具結，列明死者名字、年歲、景況，報知敦厚堂值事。每名送給棺木金陸大圓，以資應用。

此項銀両係專爲兩房男丁而設，所有婦女一概不給。

男丁在十六歲以上，方准給予；其十六歲以下，不得濫領。

死者之家確係極貧，力不能棺殮者，方准領取；其家有田畝及貲本生理者，不給。

死者或在外雇工，因病身故，已由外鄉親友幫助棺殮回家者，不得藉端重領。如果確需此項銀両付去，方得棺殮者，仍准聲明領取。

凡有詐稱在家在外身故，冒領此項銀両者，一經查覺，即將該人永遠革胙，死日仍不准重領。

死者之家報知至親衿老，或本房衿老，均可爲其具結領取銀両。倘至親及本房並無衿老，即近支房内衿老，亦可具結代領。

現擬定結式，預行刊刷，交敦厚堂值事存貯。其有例應具結者，由具結之衿老查清死者名字、年歲、景況，然後往取結式，逐一詳列結内，以憑赴領。倘敢違背前列例款，濫結瞞領，一經查覺，即着具結之人如數填償，仍罰本身丁賢壽胙一年，以懲冒濫。

貧丁到領棺木金，敦厚堂值事亦須認真詳查是否合例，方可給領，不得以有結爲憑了事。倘漫無覺察，徇情濫(子)〔予〕，一經發覺，並將現年值事經手給銀之人罰胙一次。

給銀一次支數，内並註明何人出結，其結領永遠存箱勿失，以備異日弊端發覺，責問出結之人。

管理章程

(一)每年冬祭日，當年值理飭守祠邀衿耆，於是日集祠推舉下年值理，於十二月十五日在祠交盤接管。

(一)每年所推值事，公推一位貯箱，五位幫辦。

(一)遞年於交盤先一日，將經手數目標貼，仍開列撒數，以備查核。不得以一柱總數塞責。

(一)田畝每年於冬至前後，在祠公投租佃，由值事先期十日標紅招投。

(一)長批耕佃，禾田不過五年，桑基魚塘不過十年。新築另議，不在例内。

(一)嘗田、嘗業、嘗基、嘗舖，子孫不得批佃、批賃，所以敦睦誼而免拖欠。

(一)嘗租由當年值事清收。如領批之人疲不肯交，舊值事須協同新值事催收，不得置身事外。

(一)遇脩造置産訟事，均由值事邀集紳衿在祠妥議舉行，以昭公慎。

(一)嘗業契券另推一位存貯，三年輪一次，期滿另行公推别位接管。

(一)嘗業契券，另設一簿，詳記號數，於交代時按照簿内號數，點交貯契新值理接管。新值理仍須親手註明“照數點收”字樣，以昭慎重。

(龍景愷等總纂《[廣東順德]廣東順德縣大良鄉龍氏族譜》　敦厚堂1922年刻本)

浙江奕山朱氏仲義祠慈倉誌

蓋聞朝有仁君，野無餓殍；家有遺範，世享貽謀，良以制度得宜，預備詳爾。故《王制》有九年、六年之畜，《周官》有恤災、備患之經。王制漸淪，雜以權術，如魏之平糶，漢之常平，隋之社倉，唐之義倉，究不若我交公之折中盡善，故世爲天下法。後人失保民之意，爲養蠹肥吏之猾。雖有儲畜，半成畫餅。蓋經官則弊叢，儲民則利便。歷觀往事，可決後圖。我祖仲義祠穀與奕俊會穀，歷儲五六月開糶，以保地方，誠美舉也。自咸豐戊午六遭兵燹，以致殷實寥寥，仰糴蜎蜎，不特杼軸其空，今不如昔，抑且泛舟屢梗，人不如前。庚癸頻呼，天漿難挹，哀鴻徹旦，痛惻心脾。當經族衆閩浦運糶，俾免仳離。既往之困苦共嘗，將來之綢繆宜密，則此舉尤爲要務。咸恐不筆於書，高曾矩鑊，年遠易湮。故不得不重申舊章，刊載宗譜，庶可歷代遵循，不致臨渴掘井。願後人仰體我祠慈愛之心，勿挪移遏糴，勿藉荒滋擾，勿豐年視爲故事，勿歉歲居爲奇貨，勿爲境外代糴，勿爲異姓多購，毋畏强，毋屈弱，各宜自愛，庶敷應糶。尤望祠經理恪守謹循，則上可垂宗功於無疆，下可保本支於百世。因不辭孤陋以爲誌。

章程列後：

（一）遞年祠租收成後，本莊扣存燥穀貳百碩，另貯一倉，謹封備糶。

（一）遇倉穀糶完，新收遇歉，不能滿數，經理於秋分通知族衆，設法買補，以足其數。

（一）遇豐年疲市，倉穀存滯，以致支絀。准春秋二分，碾米頒胙。

（一）遞年五月望日糶起，至立秋前六日止，每日經理一人值年，斯文二人董其事，逐日登記公糶名簿，以便核算，不得推諉。祠穀糶完，文會接糶。

（一）派下人丁男女，每日一大升，單丁一大升半。價錢二千以内無減，二千以上減價一百，三千以上減價二百，四千以上減價三百。遞加遞減，各宜體恤。

（一）來往工商境内異姓，米則准糴，價則無減。

（一）糧户實徵一兩五錢，始不准糴，惟奇荒勿論。

（一）經理不准挪移推諉，以示公正。

（一）祠倉倘有奸宄竊取，或乘亂擄掠，鳴衆追捕懲治外，同姓革出宗祠，異姓公逐出境，毋許入居糴公。

（一）派下倘有不肖藉荒滋擾，短價强糴，鳴鼓飭革毋縱，爲異姓代糴販糶查覺，永不准糴祠米。

（一）世事故難執一，補偏救弊，相時制宜，實有望於後人。

同治八年天貺節穀旦，仲義閫祠公誌。

（清朱鳳輯纂《［浙江遂昌］奕山朱氏宗譜》十六卷，首一卷　清同治九年遂昌朱氏刻本）

湖南邵陵姚氏義倉

井田廢而後有公恒産者，曰“義田”；宗法廢而後有世同居者，曰“義門”；任邺賙救廢，而後有同心備急者，曰“義倉”。吾族有元德公祠義穀，以贍祠内窮乏；有甘棠里義倉，以捄闔族荒歉，旁及鄰里鄉黨，蓋義田、義門、義倉兼之，要之義穀、義倉均當倣陶文毅公規畫，酌以餘穀，買田收租，庶可持於有永云。

謹案：義倉權輿於耿壽昌，長孫平、朱紫陽相繼爲常平社倉，皆就民之所餘者，留爲民用，亦古者餘三餘九之意。嗣是各處相仿而行，所捐之田曰“義田”，田租歲收，曰“義穀”，儲穀之廒曰“義倉”。名雖殊，義則一也。劉海峯先生募創義倉，引謂《周官》荒政十二要，未有善於此者焉。吾族先輩甘棠里義倉之設，幾費經營，救災紓困，具見成效。厥後無端敗壞，今歲荒旱洊臻，始嘆前此之法良意美，而有欲圖恢復，以相維繫於久遠者，鏡蘖無似，惟引領以日望其成耳。

一、元德公祠義穀記

姚詒敦

古者卿大夫立宗，宗子必世其禄，皆足以仁其族，而四民各有職業。大功以上無異財，族雖蕃碩，其待宗子之收邺者無多也。後世井田廢，人無常業，貧什八九，此即宗法行，而宗子常貴，其力固有所難支，飢寒之不恤，而徒執法以繩不類，又必不行之勢矣。宋范文正公守鄉郡、創義田，以贍宗族，訖今苗裔食德。其家法，宗子正位於廟，則祖父行頫首聽命，過愆辯訟，皆於家廟治之。故范氏子孫越數百載，無受罰於公庭者，豈非以義田足資廪養，斯教法可得而行乎？余從諸宗老董祠事，擬儲祭田羸餘爲義倉，積久置田，而比歲災祲薦臻，賸存無幾，以告族叔祖伯龍封公。封公慨然輸錢二百四十千，屬祠董暫糴穀貯祠，俾夏貨貧農，秋取什二之息而斂之，察其鰥寡孤獨廢疾而周之，大祲則差等貧户以行。糴、貸、濟三者之振，於後漸衍而增，遂並祭田所餘，購置膏腴，歲稔莊田以垂久遠。吁，一勺之潦，其溉雖僅，然不忍視所親之捐瘠溝壑而不爲之所，其於古宗子收族法未審有當與不。至謂范文正義田遺則，亦不能行於今，則皆自暴棄之言也。封公仁念義質，真能以祖宗之心爲心，無似如敦詒，竊願與宗人相勗於范氏之家法焉。抑方望溪先生云：范文正義田，余嘗以風並世士大夫，間有慕效者，不再世而子孫族人瓜分其義田而摽棄之，然後知范氏宗法久行，非以其義田之多，乃文正忠宣之德行功業，足以覆蔭其子孫，以陰爲之保定，故食其福者七八百年，而未有艾也。然則有志亢宗者，其尤勗哉。

時同治十三年甲戌夏五，詒敦奉宗老命謹記。

二、甘棠里義倉紀事

義倉始於隋長孫平，至朱子行之，崇安開(糴)〔糶〕鄉倉，雖名社而事實與義同。論者謂朱子當年不特救一時餓殍，實所以保富全貧而已亂，誠亘古不易之良法美意也。同治丙寅，邑荒旱，並告予諳族叔祖棠蔭封公謀議穀。封公以謂先贈公再興府君蓄此志久矣，因兵歉洊仍未就，當亟圖焉，用成先贈公之志。遂率弟其禄、遜齋兩叔祖，暨姪竇庭、竹友諸昆季，共捐穀一千石。予復集族殷户捐穀二百石，他姓附捐六十石，均儲我德公祠。於是呈明郡伯邵公、邑侯潘公立案，並請頒示諭里中次户，一體酌輸。會予牽他事不果。越丁卯五月，予倣朱子倉法權息，封公命姪輯庭上舍襄予。予更選里中公正紳耆十數人助放斂，至戊辰秋，獲息穀五百餘石。己巳荒甚，穀石錢二千，乃以半振糶半振貸，仍屬助放斂者。籍户口，凡户糧足接新糶貸，皆不之及。於是貧氏稱便，一鄉若不知爲饑饉焉。秋大熟，趕將糶價買補，貸户亦無或短少升合，穀遂增至二千餘石。庚午九月，予與遜齋叔祖修復古召伯祠，封公以祠址中高四下，屬就其旁建義倉，遂並召伯祠興工。至癸酉六月蕆役。計祠旁左右各倉七間，每間可儲穀三百數十石，四壁甃複磚，上下杉板厚一寸，材堅工緻，都計糜錢壹千壹百緡有奇，皆變售息穀支用。倉成，尚存穀二千二百五十石。今夏五月，封公仍命予照舊放借。予曰：人情習久則玩，自有義穀以來，放借七八年，司事者不能按户催索，借户漸遷延罷緩，甚且逋負致累保人賠償，若不變通辦理，安見兹倉之歷久不敝乎。昔宋黄伯起氏記金谿李氏社倉云："小民假貸，皆起於貧，貸時則易，還時則難，貸時雖以爲恩，還時或以爲怨。倘稍從而變通之，鳩錢買田，豐年聚租，荒年賑散，庶乎有利而無害。"近陶文毅奏定義倉章程，亦謂當以餘穀置田收租。今吾倉穀積二千餘石，務宜售半購田，更遲十年，其租入即可補還原額，則置産借貸，固可並行不悖，萬不可專泥權息一法，以求滋長也。抑黄氏記末云："君能如朱子之濟人，更望君之子孫世世如君。"噫，使封公世世子孫盡如封公之善繼善述，以吾鄉地廣族阜，知必代有人焉，如予今日之左提右挈，汲汲不遑者。然則，甘棠一里不誠可媲美於崇安之開(耀)〔糶〕也哉。夫有治人無治法，凡事皆然，亦古今同慨。予之所以不勝厚期而長慮者有以夫。封公亟韙予言，因爲記，俾後人覽者勖之，而更具爲條約如左云。時同治十三年甲戌秋月朔日，姚敦詒譔。

三、義倉條約六則詳見德祠彙編，兹未贅登

謹案：此項歷係捐户掌管，致生轇轕，迭訟不休，經鎮董石鼎祺、區董石葆渠、賀奠安及二十四廟半廟首張炳煌等妥商善後，於民國二年舊曆十二月十九日，具稟行政廳長李光襄，蒙批："經該紳等疊次開會，議決變賣田産，退還捐貲，取銷捐户，保存餘款，用歸實際，爲斬絶葛藤，以垂久遠之計。辦法具有苦衷，自應照准。"石鼎祺等奉批後，陸續變賣，共得田價錢壹萬貳千七百七十三千七百文，公議捐户每捐穀壹碩，退錢七千文，惟姚鶴潭公裔四房，尚有兩房未領，共退錢八千八百八十六千文。除開支一切外，餘款公存生息。近因連年兵燹，團練虧空甚鉅，復經保董及二十四廟半廟首會議，將此款彌補，比歸團練局領去。世變日棘，遂使數十年之義舉，一旦因此而隳，良可慨已。鏡蕖謹識。

四、續增義田

德公祠義田記

光緒癸未正月，族叔祖遜齋公寢疾，且亟召予坐牀隅，命其冢子敦庭郡丞舉邑北鄉杉木江莊田契授予，曰："先贈公臨終諄囑，厚芘根本，不肖既勉從宗老，後完祠役，籌祭産、義穀、義學粗具。惟念吾宗生齒繁，窮無告者比肩而立，恐相率委瘠溝壑。今以此捐爲祠中義莊，藉溉涓滴。子其詳定規約，俾經久勿壞。"予謹受命，趣祠董經理，歲租實一百五十石有奇，令各房長稽鰥寡孤獨廢疾不能自活者，隨時報祠，歲計口給穀，毋遺毋冒，毋留贏羨，毋滋侵蝕。中值丙戌大祲，賴以胥免殍殣。至是宗人屬予記其事，誌公德不諼。夫古者，宗以族得民。族之貧者，皆衣食於宗子，顧其時，民有恒産，大功以上無異財。度一族之待收恤於大宗者，亦不過惸瘝而無大功之親者已耳。公此舉其深得古宗法之遺歟。抑考國朝長白赫氏義田，實赫若不忘父命；仁

和湯氏義田，實少宰克揚父美。公承先志，不惜輸數千金之産，以贍同宗，不匱錫類。方軌前賢，郡丞尚率乃弟愷夫、旭庭兩文學善繼善述，則所以廣公之義澤者，當更無涯量。敢以爲郡丞昆弟勗，並以勗吾宗。宗法今難遽復，未嘗不可師其意而行之。予年雖衰，將翹首俟之爾。光緒十六年歲在上章攝提格修月，敦詒謹譔。

德公祠義田續記

人之立其身於天地之間，人之爲人，我之爲我，其形骸有間，恩誼抑有間矣。人之立其身於宗族之間，人之爲人、我之爲我，其形骸雖間，恩誼固無間也。苟徒知我之爲我，不知人之爲人，無論尋常熙攘之儔，與我渺不相屬，即期功强近之親，亦如秦越之不相關。其身之所處，雖有廣狹之不同，其心之不能勇於爲義，一也。余叔祖遜齋公，自其少壯時家計粗足，不屑縈懷，及年過六十以後，家室康阜，遂捐杉木江田租爲族義田。葆亭、學博亟志其事，鎸諸石，垂久遠，示來兹。余讀學博之文，竊嘆公之用心仁厚不可幾及，而彌念後此克繼而長者之甚難其人也。越數年，公長子敦廷郡丞捐新菴塘租柒拾玖石，以附益之。又十餘年，公次子愷夫文學捐租伍十石，季子勗廷文學早世，其子崧生兄弟遵遺命，捐租六十石以足成之。族長老以義澤出於一門，又屬余記其事，以誌郡丞昆仲一德之盛，而幸窮而無告者之所依賴無窮。余又嘆學博之記遜齋公義田也，曰："長白赫氏義田，實赫若不忘父命；"曰："仁和湯氏義田，實少宰克揚父美"，謂遜齋公之能承父志也，豈知郡丞昆仲及崧生兄弟，皆能軌擬前人，世行其義，斯其誠吾宗之慶已。嗚呼，善作者不必善成，善始者不必善終，千古有同慨矣。郡丞昆仲克繼述先人之志焉若是，宗人苟則而傚之，賡續遞嬗，世世相承，而猶有流離轉徙，爲道邊殣、爲溝中瘠者，吾亦知其鮮矣。然余尤有説焉。義田歷久而不敝者，惟吴郡范氏爲最著，豈其子孫皆賢哉。蓋文正困阨之時，早有濟養羣族之志，一旦置身通顯，不過取平生之夙抱擴而充之，其精神實足以推及於數百年之久。是以公既没，子孫世脩其業，如公之存也。今之人，或激一時之意氣，或沽一時之名譽，故及身而敗者有之，一再傳而敗者有之，源不遠而望流之長，豈可得哉。吾姚自籍邵迄今，祖澤綿延，爲郡丞昆仲之施與不怠，視親疏爲一體者，代亦有人，吾詎敢以不肖之心待吾宗人。吾目世之倡義舉者，騖名尟實，往往有初而靡終。因不覺其言之過激。嗚呼，後有賢子孫以祖宗之心爲心，覽吾斯文，其尚有戒心乎哉。

中華民國十年夏正十月，兆元謹記。

慎庵公捐田租六十五石，爲德公祠義田。毅軒族叔捐錢三千串，爲永清右區寒衣會，歲給本區四等窮民及廢疾者衣一領，惟德公裔無論居住何處，一律發給，他區不得藉口依例。筱渠明經記其事，文載續增贈言類。

（姚敘典號主修《[湖南邵陽]邵陵姚氏族譜》 1921 年木活字本）

江蘇無錫華氏義莊

一、華氏新義莊記

吴協心

戊辰之歲，余館鵝湖，偶遊橋邊，縱目西眺，巍然煥然，廬舍雲起。問之，則余居停主人華氏昆弟創建之新義莊也。華氏故有義莊，以贍族人之貧乏。羸而失業者，資其衣糧；秀而誦讀者，供其筆札。自國初迄今不改，而族日益蕃。華君芬遠慮其久難徧給，思有以分之而未逮也。遺命屬其子，長君春亭謹記嚴命，率諸弟經營作苦。除一歲家用外，羸餘悉歸公，以儲義莊之費。如是數載，未成而殁，耕樂及墨亭繼焉，以父兄意徧諭子姪，更數載而義莊成。余謂是可書也。昔范氏有義田，劉氏有義學，後代義莊之建，咸師其意。然創之者類皆身受國恩，位充禄厚，不隱君賜，以推於同族者也。否則擁豪貲，而能分其有餘者也；否則無嫡嗣，而能念及一本者也。今耕樂諸君，貴不過五品職銜，富不過千金，後昆林立，家費日繁，乃其所有田産千畝，悉數歸公，而絲毫不留己業。居宅自遭難後，被燬者尚未悉復，而義莊之屋已五十餘楹。其先公後私，又曷可及哉。夫體先人未遂之志，孝也；詒後嗣無窮之福，慈也；施及宗族，仁也；經亂中輟而卒復成，勇也。孝以基之，慈以裕之，仁以居之，勇以行之，四者備而義稱焉。今之在上位者，或好義以博名，札及州縣，急如星火，卒之故事奉行，而人不被其澤者，無他，已欲收其名，而使人爲其實，心不盡，故事不成也。視玆之義莊，前後經畫，瘁心力於數十年者，亦可少媿矣。耕樂子姪從余遊，多英英露爽，蜚聲庠序，他日出而用世，爲國忘家，濟民及物，如子文之紓難，卜式之助邊，廣厦千間，大裘萬丈，必有能稟承其家教者，更於義莊之成卜之也。余故特書梗概，以示來者。至於經費多寡，有文簿在；章程因革，有規條在。又何事余之覼縷也哉。耕樂名存寬，墨亭名存吉，芬遠公諱清蓮之子，而春亭諱存恭之弟也。春亭尚有弟名存信，字孚吉，行次耕樂下，將興義莊，其志甚鋭，而先春亭殁。今其子鴻漸能繼父志，又可嘉已。記成。復爲之銘曰：

蘇頲散廩，蕭瑀分田，當時則美矣，際其後而難常然。彼華氏之義莊。其舊有者已累數百年，其新建者亦必月長日引，歷世而緜延。顧余之文，不足增義莊之色，反或因義莊之勿替而傳。後之人讀余文，喜耕樂兄弟之賢，又恨記義莊者不知何許人，而名綴於篇，則吾勿計焉。

二、華氏新義莊記

黄自元

善夫，吴人之好義也。《宋史》稱范文正公仲淹雖貴，衣食不充，置義莊贍族。而朱子《言行録》詳其於姑蘇近郭，買田數千畝，擇族中長而賢者一人，主出納，人日食米一升，歲衣縑一匹，嫁娶喪葬有贍給，令聲餘慶，洋溢累葉，高義之褒，炳於宸翰。於是其鄉之人，若吴縣陶氏、崑山顧氏、長洲陸氏諸君子，涵泳聖涯，崛焉踵武。而金匱華氏合兩世之力，以成先人未竟之志，前盛後美，甲於列邑，其猶有太伯延陵季子禮讓之餘俗與？不然，何好義者之多，而良法流於無窮也。華氏之先，在宋居汴，明時諱宗韡者。再遷至鵞湖，爲縣人，家故有義莊。自國初迄今不替。宗韡十四世孫諱清蓮，慮族蓄資乏，謀新之未逮，其子春亭、耕樂、孚吉、墨亭承遺命，分作合儲，私入公出，父兄前攜，子弟後躍，月有要，歲有徛，盂晉十朞，迺疆迺構。最田租千二百石，舍若干區，仿文正法，董以族賢能者，而貳其副。自歲賦外，廩其穀，食鰥獨、孤寡、廢疾；糶其餘，助婚葬，學有塾，課有獎，賓興有資，饑饉有備，旌別謹始，賞罰善成，宏綱細目，粲然具備。別割田百畝，厚其本支祖乾若公以下五世，厥後遞殺，視莊之主。某年月日，新義莊成，而耕樂子鴻模屬自元言。自元惟古者卿大夫立宗，宗子以世禄收族，大功以上無異財，至庶人無宗，不能相給。故同姓雖從宗合族屬，而賙救之誼，使借助州閭，所以通宗法之窮也。後世貧富之權不操於上，於是朝廷無使人均財之道，而士大夫及庶人有力者，迺時出所有，以贍黨族之窮，皆率循仁義，不假勉强，視古法制相維繫者，恩有加焉。而論者以宗法敗壞，追慨世禄之不反，古其有異於欲復井田封建之爲者耶？今世教昌明，人習於善，然大半華胄貴顯，易於爲力。以自元所聞，吾楚長沙彭氏建祠贍族，不有其資；巴陵劉氏儲義穀，施族人，家落不問。其所爲與華氏畧等，而聞者或以爲迂。嗚呼，其迂也，乃其所以爲賢與？舊例，直省民能分財相養者，更得上聞請獎，故立義莊之家，皆題奏優敘，競於名者亦或勉焉。近且有無其實而冒其名者矣。若耕樂昆季之爲是舉，不以求旌賞，行事立心，加人一等，尤足尚也。春亭諱存恭，實始營度，無禄即世。孚吉諱存信，歿先春亭，有子鴻漸，能助耕樂、墨亭成之。耕樂名存寬，墨亭名存吉，倡辦團練，得顯職，鴻模以選拔舉於鄉，自元癸酉典試所得士也。光緒二年二月黄自元記。

三、新設義田記

華鴻模

余讀《傳芳集》，至唐荆川所撰《義田記》，而不禁慨然矣。義田創於通八支補菴公。公自嘉靖辛丑通籍後，不數年歸而割田千畝，建莊邺族，立法頗周詳，似可世守弗失矣。乃閲萬曆戊午郡志，則云悉廢之矣，計其時不過七十餘年耳，而蕩焉泯焉若此。此其故，殆有治法而無治人歟。入國朝，三桂支葵圃公首建義莊，至於今二百年，賢裔輩出，久而益昌。厥後永喜支義莊繼起，始有田五百畝，今擴至千畝。其近者我先君輩，承先大父遺命，建三省支義莊，藉同懷之協力，殫畢世之經營，積田千畝，先贍本支，復益以市廛之利，推諸合族。事方就緒，而我从叔蔭齋翁亦承先志而興矣。翁名廷楨，爲芍圃公諱培之之叔子，伯禮田公諱耨學，仲雲洲公諱常椵，三人奉父命，合力操作，節衣縮食，得田若干，事未成而伯仲俱逝。蔭齋翁志益堅，毅然有必成之志，每歲租籽，除納賦外，增置良田，不許子姪私用錙銖。至去冬，手録其田籍三百畝有奇，市廛數楹，及章程一册，來告余曰："子能爲我作久遠之計乎？"余曰："諾。此我家盛舉也，敢不奉命。"遂往來蘇、錫間具揭上達，請大吏奏咨，閲一月而帖下，事遂成。蔭齋翁以田數無多，所收租息，首營莊屋，三年後始辦給發。先給十五世仰静府君以下，俟有餘，再議推廣。竊思芍圃公爲人誠樸端謹，平生無機械事，尤篤宗支，鄉黨推爲長者，與我先大父爲再从昆弟，生同時，抱同志，憫貧宗之無告，欲賙之而力不逮，俱齎志以終焉。於是我先君倡之於前，蔭齋翁踵之於後，一門之内，後先輝映。聞者嘖嘖豔之，謂鵝湖一鎮有三莊，而今且爲四，均出於通四一脈，其他城鄉有兩義塾，不與焉，亦可爲盛極一時矣。然余用是惴惴焉。子輿氏曰："君子創業垂統，爲可繼也。”天下事創之固難，繼之亦非易易。我見世之爲義莊者，或議焉而未成，或成焉而不久。説者曰：此未詳請立案也。即詳焉立焉，而後裔不肖，忽焉易主，而謂官長能禁之乎？即不然，或族中牽掣，礙難變鬻，而百端侵漁，專圖肥己，稍有不遂，小而爭競，大而攘奪，積訟累年，固結不解。而論者輒曰：祖宗遺此，致爲孫子之累，何如不建之爲愈乎？嗚呼，此因噎廢食之説也。竊以爲爲子孫者，當思祖宗創業之艱難，毋壞成憲，毋挾私心，量入以爲出，有餘即擴義舉，絀固不可，贏亦非宜。最要者培植子弟，使之讀書明理，敦孝弟，養廉恥，即不能恢宏先緒，亦可謹守成規。此所謂有治法，尤賴有治人，雖百世勿替，可也。

（清華鴻模纂修《[江蘇無錫]華氏通四三省公支宗譜》
清光緒七至八年存裕堂木活字本）

江蘇蘇州吴氏義田

一、捐田贍族呈稿

河南彰衛懷道吴大澂、員外郎銜分部主事吴大根、翰林院庶吉士吴大衡呈爲敬承先志、捐田贍族、仰求奏咨立案事。竊職等祖父四品贈職候選州同吴經堃，素性慷慨好施，與遇族中孤寡貧乏者，每有以賙恤之。因祖遺田數百畝，欲仿范氏之規，建莊贍族，事未成而身故。職父四品贈職吴立綱，情殷繼述，修輯宗譜，竭力經營，旋以家計不裕，賫志以殁，臨終猶以贍族一事未成爲憾。今職等承祖父遺命，就舊有之田陸續添置，現計長洲縣不等則田柒百陸拾貳畝壹釐陸毫，准值銀壹萬貳千伍百叁拾兩；又族叔祖光禄寺署正吴經雲附捐吴縣不等則田伍百貳畝陸分伍釐，准值銀叁千叁百捌拾貳兩零，二共准值銀壹萬伍千玖百壹拾貳兩。莊屋基址壹所，係祖遺公産，每年田息所入，除完糧祭掃、莊中公用外，餘歸孤寡貧乏者，分别酌贈以貼養贍。職等上承先志，勉力成事，不敢爲祖父邀求獎敘。惟事關闔族資賴，誠恐日久廢弛，除將贍族規條及田畝號數清册，呈由吴縣核明詳咨外，爲此呈求大公祖大人俯賜援案奏咨立案，一面飭司給帖遵守，俾垂久遠，而免廢墜，實世世子孫銜結無盡。除另呈吴縣外，頂德上呈。

光緒伍年陸月　日。

二、義 莊 規 條

員外郎銜分部主事吴大根等，爲敬承先志事。今將捐置義莊贍族規條，開造清册，呈請鑒核。須至册者。

計開：

（一）吾吴氏自明成化乙未進士、蘇州府教授諱敏學，爲遷吴始祖，現在支下子姓繁衍，或務本營生，克承堂構，或年富力强，自能謀食。間有孤寡老廢不能自養者，自當酌籌矜卹，以敦族誼。惟捐置田畝無多，未能如范莊、申莊各給月米之例。姑擬創始規條，先行擇要開辦，一俟經費稍裕，再行擴充。

(一)寡婦貧乏者，月給米叁斗，如有子女，子照幼孤例給發，女減半，月給米壹斗伍升，出嫁日停止。俟子能成立，一並停給。

(一)幼孤獨子而貧乏者，月給米叁斗，以重宗祧之意。如孤子衆多，不分長幼，均月給米貳斗，外加端午、中秋、除夕每節，貼學錢貳千文。十七歲後均停給。

(一)年老無依，五十歲以上，月給米叁斗。

(一)廢疾無人養卹者，在二十歲内，月給米壹斗伍升；二十歲外至五十歲，月給米貳斗；五十以上，月給米叁斗。年老例不再給。

(一)嫁女無力者，由房長報明，貼錢貳拾千文，在吉期前三日支取。如支錢不辦者追繳。非實係赤貧者不給。

(一)娶婦乏貲者，由房長報明，貼錢貳拾千文，再娶者減半，在吉期前三日支取。如支錢不辦者追繳議罰。非實係赤貧者亦不給。

(一)族中尊長病故，不論男女，無力成殮者，給錢貳拾千文，未成丁者減半，幼殤不給。

(一)棺木停厝、不能辦葬者，給錢捌千文，未成丁者減半，幼殤不給。倘支錢不辦者，查出追繳議罰。

(一)側室而寡，月給米壹斗伍升。如守節在二十年外，照常例給米叁斗。

(一)子弟應試者縣、府、院三試，每次贈錢貳千文，入泮肆千文，歲科試壹千文，補廩肆千文，鄉試捌千文，中式拾陸千文，得優拔貢及副貢者各捌千文，會試貳拾肆千文，中式叁拾陸千文。不分有力無力，均由莊支贈，不願領者聽。如領而不赴試者，永遠停給。

(一)族中子弟成丁之後，或讀書上進，或習業謀生，各父兄當因材而教。如十五六歲時，文明未通，難望學成，急須改業，由莊支舖程錢肆千文，交本房父兄領辦。

(一)許字而久未出嫁，或已嫁而無所歸依者，應推一本之誼，畧加體卹，月給錢叁百文。

(一)族中有收養異姓爲後者，即係幼孤，亦不給發，並不准刊入譜系；將自己子女出繼外姓者同。

(一)凡成丁男口，自十七歲至五十歲止，理宜勤力營生，非孤寡老疾可比。雖處極貧，例不給發。

(一)各項發款，每額米壹斗，折價錢貳百文，由主奉各給支錢摺一扣，載明支派及大小男女口數、住址，蓋用戳記，月底憑摺赴莊支取。不准預支，不准代領。如有以摺抵外者，追還原摺，永遠停給。

(一)祖考諱經堃、考諱立綱名下，捐長邑田柒百陸拾貳畝壹釐陸毫，計契價實銀壹萬貳千伍百叁拾兩；族叔祖經雲名下捐置吴邑官田伍百貳畝陸分伍釐，計契價實銀叁千叁百捌拾貳兩貳錢。共田壹千貳百陸拾肆畝陸分陸釐陸毫，業將官給方單粘連成册，註明吴氏義莊，詳造都圖字圩坵號清册，一並呈官，逐紙鈐印，發還執守，以昭慎重。如日後續置續捐田房，即照此例。

(一)莊中設主奉一人，以建莊之子孫賢者爲之。每年支俸錢陸拾千文，其不願支俸者聽，仍開支作爲本人捐款，列入報銷册内。

(一)莊中設主管一人，憑主奉推舉族中之公正能辦事者爲之，以佐主奉之不足。每年酬薪水錢陸拾千文。倘日後與族中不能允洽，及始勤終怠者，隨時會商更换。

（一）莊中目前經費不充，收租給發事宜，由主奉會商主管實力經理，無須另訂常川司事。俟將來頭緒較繁，再行訂請。總以選擇樸實耐勞、辦事幹練者任之。倘不相宜，隨時撤退。如族中有結實可靠者，由主管會同主奉商酌添請，其去就與尋常之朋友同，薪水視事之繁簡酌定。

（一）朔望及春秋祭祀，族長到宗祠瞻拜，每年致送轎金錢拾貳千文，俟建祠後始。

（一）例行給發各事宜，由各房長報莊，聽主奉派司事查覆。如實係貧乏者，即行照給。倘有增添男丁報莊者，送喜錢柒百文。

（一）族叔祖經雲名下，另設奉祀一人，亦以本支子孫中之賢者爲之。每年支俸錢肆拾捌千文，其不願支者聽，仍開支作爲本人捐款，列入報銷册内。以後如有續捐田産至伍百畝者，亦得援以爲例，捐不及數者不論。

（一）族中有仗義捐田者，無論多寡概行照捐勒石。惟不得以中下之産托名捐莊，冀免賠累。其所捐田畝，一體歸主奉經管，捐田之子孫，不得藉此干與莊務。如捐數在百畝外，或捐銀至千兩，均得附祀于莊，以昭敦本之意。

（一）田租所入，先將國課趕緊完納，餘款作爲贍族開支之需。惟年歲豐歉無常，必得耕九餘三，以寓備荒之意。此外更有盈餘，再議置産。

（一）莊中款項設有餘資，不得放債生息，致開侵蝕之端，亦不得以經費不敷，向親友借貸，致滋物議。

（一）義莊向有一定規條，惟聽主奉依規處置，以專責成。族人雖是尊長，不得干預侵擾。設遇見聞所及，欲爲有益宗族之事，准其向主奉會同主管，妥爲商酌，仍聽主奉裁定。主奉如有侵欺等事，確有實據，許族中詣莊理論，責令償納。倘藉端生事，亦許主奉徧告族人，明斥其非。

（一）莊内出入收支細數，由主管月結帳目，送主奉處查閲，年終造具詳細報銷清册，族中公同核對。

（清吴大曆纂修《[江蘇蘇州]臯廡吴氏家乘》　清光緒七年蘇州吴氏刻本）

浙江山陰白洋朱氏義倉

一、朱氏義倉記畧

竊惟我族義倉，昉自道光二十二年，老大房第十七世建功公諱宗勳，捐莫字號江田七畝而創始焉。逮至同治六年間，又偕胞弟紀功公諱宗懋而增益之，而志猶歉然。捐田字號、畝分，詳義田碑記。夫建、紀二公勉創義舉，亦冀族之同志者繼長而增高之。詎東序房捐田三畝零以後，而建、紀二公相繼逝世。嗣後兵燹摧殘，族之殷實者半不如前，故同志者寥寥。但世已遞更，若不清理整頓，不幾負建、紀二公於泉壤乎？由是闔族公議，妥酌條規，勒諸碑石，登諸簿書，特派四董事照章秉公辦理，事無大小會同商榷，租花銀錢隨時收付登簿，毋辜負“義舉”二字。每屆歲終,總合龍門,庶幾理緒而分,比類而合,瞭如指掌。後有繼起者踵行之,則積儲宏而規模遠,誠我族所厚望也夫。

光緒十年歲次甲申十月　日,大隆、行介、懷晉、增公啟。

二、義倉條規

(一)捐助義倉田畝,自同治六年鐫碑後,紀功公在日親理。每年租花,除完正賦、給孤苦外,或整頓祠宇,或爲族人完娶,或爲族人安葬,類皆擇善而行。乃自光緒元年間壽終,留待族人續捐,故勒碑不豎者十年。雖辦事仍遵遺制,而成規有待公議。今則諏吉建碑,設立董事辦理。各宜勉力,毋稍廢弛。

(一)義倉分給義米,爲族之鰥寡孤獨廢疾者,藉備卒歲之資。每大口給米五斗,小口給米二斗。孤子成丁止,孤女出嫁止。管祠與嗣古原及本圖地總,給米五斗;極貧者酌給,同姓不宗者不給。

(一)義塾另有田畝,係十二房魯齋公所捐,每歲請塾師送脩金三十千文。奈光緒初年,其後裔私賣八畝,經建、紀功二公於所捐義田内提起十畝補足,塾師脩金仍照舊例。

(一)義材亦另有田畝,每年約十具爲度,祇能周邺本村,有人來領取者,加給石灰百觔,由董事查明給票。向某處給發,票中註明。其無人保結而冒領者,追還議罰。

(一)宗祠爲本源之地。吾族祠田無多,修葺祠宇向歸義倉。每歲除合義材、請塾師、納正賦,及添配器具外,隨時修理,若遇大修,董事先度義倉餘資之盈虚,及闔族捐資之多寡,酌歸何人經理,詳記收付用帳,以便年終核算。

(一)五龍殿爲吾族保障,向亦歸倉修葺。若遇大修,亦應酌量餘資,然後興工。又如爲科甲建旗、懸匾,及爲苦節請旌,並族中一切公舉,憑四董事酌量施行,以昭公允。

(一)義田正課,上忙定四月内,下忙定十一月内完納。恪守舊章,毋得遺漏延誤。

(一)每年義田收租,定於十二月初一日開斗,四董事率同執事偕往,毋得推諉。即有要事羈身,須委本房公正人代理,收歸租米安置祠内,不得寄頓外村。

(一)每年十二月二十四日分給義米。董事於先三日同執事查明鰥寡孤獨及極貧户口,登門給票。應增則增,應減則減,毋得狗私。有住在外村者,僱舟往查給票。

(一)義田租米賣去銀錢,派作四董事分存。四人中,尊一人經理總帳目。凡遇大事則會商之後,該囑何董經理,詳記簿書。凡瑣事各董事職有攸司,隨時記帳。每年臘月二十四日分給義米後,會揭各帳,歸總理人詳登總簿。除開銷各正項外,盈則分存,虧則分填,以昭畫一。光緒十七年冬重議,以當年臘底各有家事,倉帳定于次年正月底會同核算,較爲仔細。

(一)倉事繁劇,董事不及周察,如本宗逐年有新增領米額户,概須族之公正人作保,先期告明義倉董事,方準一體給票。若在臨時騷擾,面斥莫怪。

(一)義倉酬勞董事,歲送脩金十二千文,以專責成。毋得緘口狥情,借公濟私。遇事各盡心力,上慰先靈,下培後起。倘若積久流弊,以致收付不明,不論長幼,指出實跡弊端,合族董事會議,令其倍罰清償,決不狥情,期相與共勉之。

(一)義倉田産無多,給發諸款有定額者少,無定額者多。倘有後賢捐助,産業增多,應添各條款,可仿宋代姑蘇范氏,及近今安昌徐氏之法行之。是在有志者之踴躍樂輸,亦全賴董事之籌劑盡善爾。

(一)義倉分米悉有定章。比年來人心不古,有其人已故,先期預支者,有子已成丁、女已出嫁而朦取者,且有同姓不宗,及外村雜姓人等臨時强索者,稍不如願,即肆咆哮。查核花名,不減本額。若不重整規模,非特紊亂舊章,行將無所底止。嗣後分米,應給者照前加給。大小口每加一斗。惟出嫁女本不在例,但有住在本村顧養父母,亦貧無依者,照應給者酌給之。其餘概行停止。

三、義田碑記

昔范文正公置義田千畝,以養羣族之人,意甚周、惠甚渥也。後世慕其風而爲施貧活族計者,比比然矣。惟多寡雖不拘,而獨力苦難支,衆擎尤易舉。吾族是典闕如。當兹生齒日繁,難保無凍餒之家,而鰥寡孤獨廢疾者爲尤甚,心切憂之,而力苦未逮。生平常以是爲恨事。今長子宗勳尚知大義,勉成予志,將莫字號江田柒畝捐入宗祠。明知資少難行,無濟於事,而隨時酌給,悉歸公議。惟望同志者漸次加增,共成厥事,庶於吾族有厚幸焉。都圖字號、畝分,及糧户徵額,悉載于後。

(清朱增等纂《〔浙江山陰〕山陰白洋朱氏宗譜》　清光緒二十一年山陰玉泉堂木活字本)

湖南邵陽范氏義田

一、宋文正公義田記

錢公輔

范文正公,蘇人也,平生好施與,擇其親而貧、疏而賢者,咸施之。方貴顯時,置負郭常稔之田千畝,號曰"義田",以養濟羣族之人,日有食,歲有衣,嫁娶凶葬者皆有贍。擇族之長而賢者主其計,而時其出納焉。日食人一升,歲衣人一縑,嫁女者五十千,再嫁者三十千,娶婦者三十千,再娶者十五千,葬者如再嫁之數,葬幼者十千。族之聚者九十口,歲入給稻八百斛。以其所入,給其所聚,沛然有餘而無窮。屏而家居,俟代者與焉,仕而居官者罷莫給。此其大較也。

初,公之未貴顯也,嘗有志於是矣,而力未逮者二十年,既而爲西帥及參大政,於是始有禄賜之入,而終其志。慶曆二年公出爲陝西路安撫紹署招討使,三年入爲參知政事,言公得遂其志。公既殁,後世子孫修其業,承其志,如公之存也。其子純祐、純仁、純禮、純粹,皆賢,祐、仁尤行仁義,言子孫能繼公之志。公雖位充禄厚,而貧終其身。殁之,己身無以爲斂,子無以爲喪,惟以施貧活族之義遺其子而已。

昔晏平仲敝車(嬴)〔羸〕馬,桓子曰:"是隱君之賜也。"晏子曰:"自臣之貴,父之族無不乘車者,母之族無不足於衣食者,妻之族無凍餒者,齊國之士待臣而舉火者三百餘人,如此而爲隱君之賜乎?彰君之賜乎?"於是齊桓以晏子之觴而觴桓子。予嘗愛晏子好仁而桓子服義也。有愛晏子之仁有等級，而言有次第也：先父族，次母族，次妻族，而後及其疎遠之賢。孟子曰："親親而仁民，仁民而愛物，晏子爲近之。"今觀文正公之義田賢於平仲，其規模遠舉又疑過之。嗚呼，世之都三公，位享萬鍾禄，其邸第之雄、車輿之餙、聲色之多、妻孥之富，止乎一己而已，而族之人不其門者豈少也哉，況於施賢乎？其下爲卿、爲大夫、爲士，廩稍之充，奉養之厚止乎一己而已，而族之人操壺瓢爲溝中瘠者，又豈少哉，況於它人乎？是皆公之罪人也。公之忠義滿朝廷，事業滿邊隅，功名滿天下，後世必有史官書之者，予可無録也，獨高其義，因以遺其世云。

常見世之貴顯者，徒自肥而已，視親族不異路人，如公之義，不獨難以望之晚近，即求之千古以上，亦不可多得。作是記者，非特以之高公之義，亦以望後世之相感而效公也。

二、兆春公義田記

吾宗自食采命氏以才哲著於史者，代不乏人，而德業醇偏，則推宋相文正公，懿行亮節，史不勝書，而慈祥裕後，則以捐俸置義田爲第一美舉。故公輔錢公撰記，述公歿之日無以爲斂，唯舉濟貧活族之義遺其子孫。是公所諄諄屬望於後嗣者，唯施濟爲最切也。公歿二百餘年，元季邑(候)〔侯〕貢公自閩遷湖寶邵，迄今又歷年五百餘。雖書馨未艾，而地狹人稠，業儒應試者率多寒畯。宗長兆春翁聞而憫之，於客歲古稀初度、闔族稱觥之辰，自陳夙志，慨置義田十五畆，每歲公租以爲(閤)〔闔〕族試童卷費，雖勳業不及前哲，而憐士愛士，亦可謂克繩祖武者矣。爰鐫貞珉於祠，兼府縣存案，以垂久遠，庶答士子無負玉成盛意，咸知奮厲，且令後之有財而好士者，亦繼前徽勿替云。

清光緒十　年　月　日，晴初培本荔江氏撰。

修棟，字隆吉，號松江，又號梓材、文篆、安邦，培魁公長子也。聞文正公置義田以贍宗族，觀兆春公賞義田以(漿)〔獎〕人才，竊欣慕之。嘗欲紹其芳規，奈力不逮，謹將田地穀碩開列於左。計開：計地名漳古冲，歷久大隴田一坵，穀地貳拾碩；左邊横塘一隻，三分佔二，上有井塘壹隻；庵堂脚下田一節，穀地四碩；又脚下大長田一坵，穀地十石；再脚下叠連巖灣裡大田一坵，穀地十碩；又壙上叠連小田貳坵，穀地叁碩；山牌壹塊，坑墹爲憑，各色樹株在内；又壙上子馬坪横塘一隻。共大小田六坵，共穀地十五畆，共塘三隻，共粮米柒升五合正。每年共納過車燥租十五碩，以備後子孫讀書費。刊碑立祠，規例另定於簿。或損或益，日后公酌而行。後嗣子姓世遵勿替，毋負予之意。特記。隆吉親批。

修鎮存地名小衝，階下隴裏漕田一坵，穀地十四碩，又脚下叠連田叁坵，穀地十四碩，共糧米九升二合正，永存爲子孫讀書之資。録之於譜，後裔無負。修鎮親存。

（范隆吉等纂修《[湖南邵陽]范氏續修族譜》 1916年光裕堂木活字本）

江蘇金山錢氏義莊

一、原　　呈

具稟職婦錢王氏，領嗣出子錢銘江、子銘銓，稟爲仿設義莊以贍宗族，陳明祭産以奉先祠，謹議規條，備呈坵畝，叩請牒縣申詳，用垂久遠事。竊職婦錢王氏故翁敕授承德郎、覃恩誥贈通議大夫、遇缺即選通判諱熙祚，好義急公，不自封殖，於本邑用價絶買得漕田一千三百三十七畝四分八毫七絲，價銀一萬三千六百三十九兩八錢五分，歲收額租一千四百廿五石一斗三升八合，並以本邑坐落廿三六圖黄字圩基地六畝，先建莊屋八間，約計銀七百餘兩，早經手定章程，以一千畝捐作義田，而以其餘供祭祀。旋於道光二十年赴部投供，没於京寓，遺命嗣子故夫兄候選同知培杰、故夫浙江試用同知培蓀合力經營，以成善舉。嗣經寇擾，遺産荒蕪，樽節數年，方將舉辦，不幸相繼去世。故夫兄無子，即以氏長子銘江爲嗣，又以氏夫堂弟、直隸候選通判廉長子、候選通判附貢生銘鐘歸繼本生爲後。詎前年故夫兄原配胡氏亦復身故。氏年暮子幼，特恐不克贊成先志，必至隕越貽謀，爰命嗣出子銘江、子銘銓邀集故夫兄培杰本生嗣子銘鐘、故夫培蓀本生胞姪銘璧，幫同酌議妥洽，繕呈義祭規條一册，田畝號數價銀清册一本，里鄰親族結狀、親供結狀各一紙，族人輪管名字册一本，伏求師臺大人採核加看，牒縣將單契飭房核户，都爲一册，分立"錫慶義莊祭産"户名承糧，並求通詳各憲題咨立案，載入志乘，永禁盜買盜賣，遵奉世守，則義田之垂久、祠祀之有資，皆憲德所陶成，實全家所感戴。所有契據、方單驗明後，請縣於方單加戳蓋印，發還執守，合併聲明上稟。

計呈：義祭規條一册、田畝號數價銀清册一本、里隣親族結狀一紙、親供結狀一紙、族人輪管名字册一本、田契稅尾方單兩套，計一百二十五束。

二、執　　結

具結狀金山縣職婦錢王氏，領子文童錢銘江、錢銘銓，今於與結狀，爲仰承先志，捐田贍族事實，結得職婦錢王氏遵故翁三品封職錢熙祚遺命，捐置義田一千三畝一分一釐、祭田三百三十四畝三分三釐七絲、絶契銀一萬三千六百三十九兩八錢五分正，均係絶産，納稅立爲義莊祭産。造具清册，擬立莊規，呈請詳題立案，俾得子孫永守，中無捏飾，合具結狀是實。

執結

具結金山縣六保廿三六圖里鄰姚永福、戚模親族王維孝、錢銘璧，今於與切結，爲仰承先志、捐田贍族事實，結得圖内職婦錢王氏，領子銘江、銘銓，遵故翁三品封銜錢熙祚遺命，情殷贍族，不忘水木之思，力擴莊規，春紹箕裘之緒。鄉評允洽，旌典宜邀，中無捏飾，合具切結是實。

三、公　　呈

具呈舉貢廩增附生黄厚本、吴履剛、俞驥超、莫鴻銓、戚模、朱同福等，呈爲置田贍族，遺行可風，求請詳題，以資觀感事。竊惟敦宗睦族，士民之至行也，褒善旌賢，國家之盛典也。治下儒童錢銘江銓之故祖誥贈通議大夫、候選通判錢熙祚，累世行仁，立身敦厚，讀書既明夫大義，事親不匱乎孝思；恒推錫類之懷，好爲博施之舉；救災邺鄰，無分畛域；解衣推食，普及庀窮。獨輸買山之錢，澤濡枯骨；尤矢輯書之志，功在藝林。嫏嬛秘笈，都賴表章；蓬蓽寒儒，兼資誘掖。勉子孫以忠孝，曾無間言；樹德義於梓桑，漸成善俗。固已載之志乘，不特採諸鄉評已。熙祚在日，嘗提自置田産捐作義莊，雖志願之甚堅，惜躬行之不逮。遺命其子已故候選同知錢培杰、浙江試用同知錢培蓀合力經營，及時舉辦。旋值粤寇漸張，軍需孔亟。培杰等復體嚴親之訓，急輸報國之忱；既鉅款之叠捐，欲兼籌而靡暇。迨事已奠平，力亦告乏，有懷未遂，賫志以終。今銘江等體祖父仁愛之心，秉母氏義方之教，克成善舉，用贍宗親，析縷分條，成規備載，養生送死，靡善不賅。凡兹培本之方，悉本篤親之意。在銘江繩其祖武，善固攸歸，而熙祚詒厥孫謀，功尤難泯。職等或同鄉里，或托葭孚，見聞均確，何敢稍涉舖張，惠愛猶存，不忍聽其湮没。爲此，據情環籲，併采具錢銘江銓之故祖錢熙祚事實清册，伏乞賜看，轉詳各憲，題請旌表。俾得規模罔替，事皆出於陶甄；綽楔榮頒，民益興於孝弟。謹請批示具詳，不勝公便。上呈。

計呈：事實册一本。

四、事　實　册

江蘇松江府金山縣儒學　　　呈。今將職婦錢王氏領子文童錢銘江、錢銘銓，承志捐置義田祭産，建立義莊，三品封銜錢熙祚事實清册，造呈憲鑒。須至册者。

計開：

（一）已故職員錢熙祚持躬誠樸，里人有設茶肆者，慨然曰："農家力田不易，日化數文錢，受害何可勝道。"出貲售其物，勸令歸農。所居名"錢家圩"，邑中風俗之古，咸推是處。

（一）已故職員錢熙祚秉性端方，里有以興修神祠請者，誡之曰："淫祀無福，爲小民者安分樂業可已，國家自有列祀諸神，爲地方司命，爾曹無爲多事也。"故熙祚在日，里中無巫覡之迹。

（一）已故職員錢熙祚好善不倦，常年約提存田租三百石，設與善局，以周鄰里鄉黨。凡施送醫藥、棺木、衣服、米穀等，皆取給於此。地方有修橋梁、平道路、濬溝渠諸事，必首爲之創，至今子孫遵奉弗替。

（一）已故職員錢熙祚見善勇爲，道光三年本邑水災，出積粟給發里中貧户，民無流亡。道光十三年江浙大水，粟至斗五六百文，給發里中口粮如前，復運粟越境至嘉興一帶，平價糶之。當事欲爲議叙，力辭不就，人高其義。

（一）已故職員錢熙祚内行純篤，奉侍繼母，先意承志，終身如一日，教養子姪，不分畛域，里黨稱頌，從無間言。

（一）已故職員錢熙祚學問優長，手輯《守山閣業書》及《藝海珠塵》等書。有關學問經術者，出貲刊刻，沾溉士林，凡千餘卷，備載錢氏家刻書目，採入邑乘《藝文志》。

(一)已故職員錢熙祚於道光十五年陳中丞鑾奏修海塘,擬開秦、查二山,就近取石。熙祚具陳是山石少墳多,不足採用,且毁棄胔骼爲可憫。因獨捐貼運費,議遂寢。里人德之,事載邑志。

(一)已故職員錢熙祚誼篤斯文,遠近讀書之士,或貧不能贍,必力爲佽助,誘掖獎勸,必敬必誠。於是里黨後生皆知向學。

五、莊　規

江蘇松江府金山縣儒學　　呈爲仰承先志,捐田贍族事。據職婦錢王氏領子文童錢銘江、錢銘銓,遵故翁三品封銜錢熙祚遺命,捐置義田祭産,擬立莊規,造具清册,呈候憲核。須至册者。

計開:

(一)本邑新置義田並地一千三畝一分一釐,現在都爲一册,共立"錫慶義田"户名承糧。

(一)本邑新置祭田三百三十四畝三分三釐七絲,現在都爲一册,共立"錫慶祭田"户名承糧。

(一)高祖舜達公與本生高祖槎亭公,均係始遷祖章羽公玄孫。後舜達公無嗣,即以槎亭公六子忍齋公爲繼。自後凡在舜達公、槎亭公兩支,皆得向義莊支領口糧。此外族姓繁衍,支派各分,貲産式微,不能遍及。

(一)槎亭公在日,早經提捐田一千八百畝爲合族贍給公産,尚待請詳立案。是莊係錫之公追念創業艱難,亟思報本,以垂永久,特援吴中范氏續設支莊之例,以爲本支百世之基。故限以舜達公及槎亭公兩支,以示與總莊有别。

(一)章羽公由奉賢縣始遷金山衛之錢圩村。自後各支,或隸浙省,或隸蘇省,百餘年來,譜系失修,散佚難考。今先於義莊全案内,附刻自章羽公遷居金山衛一支支譜。其餘宗譜,俟採訪詳確,續行刊刻。

(一)逐房計口給米,每日一升,並支白米,用部頒五斗三升斛斗較準應斛。

(一)男女自五歲起,每口日給米五合。自十六歲以上,成丁日給米一升。閏月照給。女於出嫁日停給。

(一)年過六十以上,於本分應支月米外,准許加給。如鰥寡孤獨,兼有廢疾,無人侍養者,亦許加給。惟加給之數,不得多於應給之數。

(一)喪葬:尊長有喪,先支錢十千,至葬再支錢十千。次長支錢八千,至葬再支錢八千。卑幼及已成丁而未婚娶者,喪葬共支錢十二千。未滿七歲者不支。其餘久停不葬者,雖請勿給,或已領不即埋葬,别作花銷,須於承領人應給米數扣除。

(一)婚嫁婚娶者支錢十六千,嫁女者支錢十二千。定於臨期具領,但須明媒正配,族長主婚。若娶再醮之婦、淫奔之女,及嫁與匪人者,不准支給。同族併宜理禁。

(一)族人有獨子單丁,年過四十無子,實在貧寒,不能續娶及置妾者,公同酌給銀兩,聽本人詳慎自行。

(一)族人添丁,限滿月後,即以某人於某月日時生男女,及生母某氏、男女行第、小名,書單呈報察查註册,以備他日及年支糧。若違理逾時補報者,雖年長勿給。

(一)族人遇有病故,及男女未及領米之年夭殤等,隨將月日報明開除。倘有隱瞞,察出照數追扣。

(一)支領口糧,定於月朔持摺到莊批請。倘先期預支,不准給發,或有應給未給,託經手人留倉,他日併支者,即行扣提充公,以杜出入不清之弊。

(一)子弟有志讀書、無力從師者,月給膏火錢五百文;應院試者,月給一千文;入學者,給獎賞錢二十千文;赴鄉試者,給盤費十千文;發科者,獎賞錢三十千文;赴會試者,給盤費二十千文;登第者,獎賞錢五十千文。此宗錢文盤費,限於起程給發,獎賞定於榜後給發,以杜蒙混。

(一)族中有貞節孝悌,例得請旌者,歸入義莊襄辦。

(一)族人力能自給,不請口糧,遇婚喪等事不支貼費者,聽。其有出外營生、去鄉就職者,一概停給。倘賦閒家居,以禮去官,仍准自行請給。

(一)義莊以贍貧乏,量入爲出,明定章程,雖係親房不得越例動支公項。

(一)族人有以異姓之子承祧者,及出繼他姓爲後者,均不准入藉領支口糧。

(一)子弟中不安本分,故犯爲匪,爲宗族鄉黨所不齒,公議擯棄出族。倘其子孫改悔,許由族人報明復(藉)〔籍〕,依舊支領。

(一)祭産以備歲時修理祭掃之用。應修應掃之處,須由承管人報明莊正察看,然後開支。倘日後積有贏餘,再增置墓田三四十畝,爲族之無力葬親者,仿古族葬法,以次葬埋。

(一)義莊辦事,宜先公後私。雖有歉收,不得遲緩輸賦。一切出入帳目,務須逐月件件結清,不得移挪虧空,至誤正項。

(一)義莊田户所當優邺,使之安業,爲子孫久遠之計。如有實在頑佃,理宜由莊正禀官究治。

(一)義莊倉屋於本邑六保廿三六圖横浦場西團黄字圩買絶田六畝,並自造平房兩進,門面三間,次進五間,作爲倉房。倘日後不敷囤積,即於餘地添造。

(一)義莊設莊正一人,總理諸務;莊副二人,咨請而行。統歸三人掌管,依規處置。雖族中尊長,不得干預侵擾。倘掌管人有苟且情弊,當會同宗族從公理斷。

(一)莊正現由銘江承當。日後總以錫之公嫡支殷實可託之人,舉爲莊正,另擇公正族人輪司莊副。三人各須秉公,互相糾察,毋得狥情舞弊,以昭信實。

(一)族人不准租佃義莊,及借居莊屋,以昭公允。

(一)義莊餘租當仿餘一餘三之制,預備三年口糧,以補歲歉緩征之不足。倘三年外有餘,續行增置田畝,及族中有慕義捐助者,約滿半莊之數,即行禀案通詳。

(一)遇有規條所載未盡之事,理宜掌管人與族人公同議定,然後施行。

六、田畝保圖圩號畝分價銀歲收額租清册

江蘇松江府金山縣儒學　　　呈爲仰承先志捐田贍族事。據職婦錢王氏領子文童錢銘江、錢銘銓,遵故翁三品封銜錢熙祚遺命,捐置義莊祭産,各田畝保圖、圩號、畝分、價銀、歲收額租數目,造册呈候憲核。須至册者。

計開:

(一)坐落金邑六保廿五圖,有圩六十三號田二畝三分,額租二石四斗五升正;

(一)坐落金邑六保廿三、六圖元圩九十七號田三畝七分四釐二毫,九十八號田六畝六釐一毫,共田九畝八分三毫,額租一十石六斗九升正;

(一)坐落金邑六保廿三、六圖元圩六十號田三畝五分四釐五毫，六十一號田四畝九分四釐五毫，又田二畝，共田一十畝四分九釐，額租九石正；

(一)坐落金邑六保八圖律圩六十六號田七畝八分九釐二毫，額租八石四斗正；

(一)坐落金邑六保廿五圖虞圩三十五號田二畝四分，額租二石五斗正；

(一)坐落金邑六保十二圖臣圩三十五號田一畝三分四釐六毫，三十七號田二畝五分八釐三十八號田四畝三分九釐二毫，共田八畝三分一釐八毫，額租九石正；

(一)坐落金邑六保十四圖愛圩十一號田一畝九分四釐九毫，黎圩八十三號田三畝五分三釐四毫，八十四號田二畝八分一釐三毫，廿五圖虞圩七十八號田二畝三分四釐，共田一十畝六分三釐六毫，額租一十二石六斗正；

(一)坐落金邑六保廿三六圖光圩六號田五畝，八號田一畝九分四釐八毫，夜圩三十三號田八分三釐三毫，三十七號田一畝四分六釐一毫，共田九畝二分四釐二毫，額租一十石正；

(一)坐落金邑六保七圖位圩四十四號田三畝四分八釐三毫，十一圖體圩九十號田四畝八分四釐六毫，歸圩五十六號田一畝，賓圩七十號田三畝六分一釐三毫，共田一十二畝九分四釐二毫，額租一十三石五斗正；

(一)坐落金邑六保廿二圖遜圩八十四號田六畝四分三釐五毫，一百九號田三畝二分六釐八毫，共田九畝七分三毫，額租一十石六斗正；

(一)坐落金邑六保十圖鹹圩九十九號田四畝六釐一毫，一百號田四畝一分二釐四毫，共田八畝一分八釐五毫，額租一十石正；

(一)坐落金邑六保十六圖伐圩九十四號田九畝一分，又田二畝五分五釐二毫，共田一十一畝六分五釐二毫，額租一十二石六斗正；

(一)坐落金邑六保九圖人圩九十四號田四畝三毫，玉圩一百九號田四畝九分二釐，共田八畝九分二釐三毫，額租一十一石七斗正；

(一)坐落金邑六保廿五圖帝圩九十九號田五畝一分，額租五石八斗八升正；

(一)坐落金邑六保廿五圖虞圩廿七號田六畝五釐七毫，三十九號田三畝二分二釐四毫，共田九畝二分八釐一毫，額租九石七斗五升正；

(一)坐落金邑六保七圖位圩五十八號田三畝八分九釐三毫，額租四石二斗正；

(一)坐落金邑六保廿五圖虞圩三十一號田四畝二分七釐二毫，額租三石五斗正；

(一)坐落金邑六保廿三六圖劍圩一百廿七號田四畝，額租四石七斗正；

(一)坐落金邑六保廿四圖龍圩八號田四畝，六十二號田六畝，廿五圖官圩廿九號田九分三釐，三十五號田五畝七分三釐九毫，共田一十六畝六分六釐九毫，額租一十七石一斗正；

(一)坐落金邑六保廿二圖遜圩一十四號田二畝四分七釐八毫，八十二號田六分二釐四毫，八十三號田三畝二分三釐八毫，一百一十六號田四畝一分六毫，共田一十畝四分四釐六毫，額租一十一石六斗五升正；

(一)坐落金邑六保七圖柰圩一百一號田三畝一分八釐五毫，致圩七十七號田二畝八分五釐，七十八號田一畝七分三釐九毫，共田七畝七分七釐四毫，額租九石六斗五升正；

(一)坐落金邑六保七圖致圩廿四號田七畝額租九石九斗五升正；

(一)坐落金邑六保廿三六圖崗圩一十八號田八分七釐八毫，一十九號田二畝七分五釐七毫，廿五號田一畝八分，又田七分三釐三毫，共田六畝一分六釐八毫，額租七石二斗正；

(一)坐落金邑六保九圖人圩一百一十一號田二畝五分四釐，一百一十二號田一畝四分八釐五毫，共田四畝二釐五毫，額租四石二斗正；

（一）坐落金邑六保十二圖淡圩八十一號田四畝八分七釐五毫，又田三畝五分，廿二圖遜圩一十三號田二畝九分七釐，一十四號田二畝四分七釐八毫，三十號田三畝九分六釐五毫，三十一號田二畝一釐五毫，廿八號田四畝五釐，一百七號田五畝，共田廿八畝八分五釐三毫，額租三十四石三斗正；

（一）坐落金邑六保七圖李圩一號田五畝，一十一號田五畝七分八釐七毫，雲圩四十九號田三畝二分三釐五毫，奈圩一百一十五號田一畝九分五釐，共田一十五畝九分七釐二毫，額租一十七石三斗三升正；

（一）坐落金邑六保廿五圖帝圩五十三號田四分，五十四號田四畝一分二釐，共田四畝五分二釐，額租五石二斗正；

（一）坐落金邑六保十六圖民圩二號田六畝七分二釐四毫，又田二畝三毫，罪圩一百廿七號田三畝八分八釐四毫，一百廿八號田一畝四分五釐六毫，一百三號田二畝四分二釐二毫，一百三十一號田六分，一百四十五號田四畝八分七釐五毫，一百五十八號田五畝八分七釐八毫，共田廿七畝八分四釐二毫，額租三十石四斗正；

（一）坐落金邑六保十圖國圩八號田八畝四分八釐八毫，額租八石五升正；

（一）坐落金邑六保十六圖伐圩五十九號田三畝五分七釐，額租三石六斗正；

（一）坐落金邑六保廿五圖火圩八十一號田二畝一分七釐，八十二號田六畝六分一釐二毫，共田八畝七分八釐二毫，額租九石二斗五升正；

（一）坐落金邑六保十五圖商圩五十號田三畝六釐，五十一號田二畝九分七釐一毫，共田六畝三釐一毫，額租六石六斗正；

（一）坐落金邑六保廿三六圖珠圩五十二號田二畝七分，五十三號田三分五釐四毫，五十四號田一畝一分，共田四畝一分五釐四毫，額租四石四斗正；

（一）坐落金邑六保廿三六圖南稱圩廿八號田三畝二分七釐五毫，額租四石正；

（一）坐落金邑六保廿五圖虞圩四十六號田三畝五分一釐，額租四石正；

（一）坐落金邑六保十二圖淡圩七十一號田一畝四分六釐一毫，七十二號田四畝六分七釐三毫，共田六畝一分三釐四毫，額租六石四斗正；

（一）坐落金邑六保廿二圖遜圩一百七號田七畝二分，一百八號田一畝一分七釐二毫，共田八畝三分七釐二毫，額租八石二斗正；

（一）坐落金邑六保廿四圖羽圩廿五號田一畝九分八釐九毫，又田一畝三分二釐二毫，廿六號田二畝九分三釐二毫，廿七號田五畝六分二釐五毫，廿九號田一畝八分二釐一毫，共田一十三畝六分八釐九毫，額租一十七石正；

（一）坐落金邑六保十五圖發圩七十九號田二畝八分二釐八毫，八十號田二畝四分二釐八毫，八十一號田一畝七分八釐六毫，共田七畝四釐二毫，額租八石三斗正；

（一）坐落金邑六保廿五圖帝圩一百廿九號田三畝九分，額租四石二斗正；

（一）坐落金邑六保十五圖商圩五十二號田三畝八分二釐九毫，額租三石八斗正；

（一）坐落金邑六保廿四圖翔圩六十六號田一畝，七十五號田九分八釐，共田一畝九分八釐，額租二石二斗正；

（一）坐落金邑六保十六圖罪圩四十六號田五畝，吊圩三十一號田二畝八分二釐八毫，三十二號田五畝，廿四圖龍圩四十五號田一畝五釐，五十號田二畝八十六號田三畝七分六毫，潛圩四號田六畝三釐三毫，鳞圩八十九號田五畝一釐九毫，廿五圖官圩一十八號田四畝六分七毫，師圩廿六號田三畝二分九釐，共田三十八畝五分三釐三毫，額租三十八石八斗一升正；

（一）坐落金邑六保廿三六圖北闕圩五十七號田四畝三毫，七十六號田四畝一分九毫，珠圩一十九號田一畝七分七釐八毫，廿號田一畝四分五釐，四十七號田一畝五釐六毫，五十號田三畝三分五釐一毫，五十一號田三畝六分七釐五毫，九十六號田四畝八釐三毫，九十九號田三畝一釐四毫，一百號田二畝八分七釐七毫，一百四十七號田三畝七分四釐九毫，一百四十八號田四畝六釐八毫，劍圩廿六號田三畝四分七釐四毫，共田四十畝六分八釐七毫，額租四十三石六斗五升正；

（一）坐落金邑六保廿五圖虞圩五十八號田四畝五分五釐，六十號田六畝九分七釐二毫，六十一號田一十畝，六十二號田一畝二分三釐八毫，六十三號田三畝一毫，共田廿五畝七分六釐一毫，額租廿九石八斗正；

（一）坐落金邑六保廿五圖火圩廿六號田一十二畝四分，八十三號田九畝一分，鳥圩六號田二畝，一十二號田四畝四分一釐三毫，共田廿七畝九分一釐三毫，額租廿八石四斗三升正；

（一）坐落金邑六保廿三六圖南稱圩一號田二畝五分四釐五毫，二號田二畝八分二釐三毫，三號田二分七釐二毫，四號田八畝三分六釐，五號田八畝三分一釐五毫，崗圩廿一號田三畝五分八釐三毫，廿二號田一畝二分七釐八毫，廿四號田四畝二分五釐，共田三十一畝三分八釐一毫，額租三十二石三斗正；

（一）坐落金邑六保七圖歲圩四號田一畝四分四釐，五號田四畝七分二釐七毫，一十一號田二分二釐三毫，二十號田五畝三分五釐一毫，九圖人圩五十號田四畝七分三毫，共田一十六畝四分四釐四毫，額租一十八石六斗正；

（一）坐落金邑六保七圖柰圩一百一十五號田四畝九分一釐一毫，額租五石四斗三升正；

（一）坐落金邑六保八圖白圩一十五號田三畝九毫，七十九號田三畝九釐四毫，八十號田四畝五分八釐五毫，九十三號田二畝五分二釐五毫，共田一十三畝二分一釐三毫，額租一十四石八斗四升正；

（一）坐落金邑六保廿五圖火圩一十三號田七畝七分四釐二毫，額租八石正；

（一）坐落金邑六保廿五圖虞圩六十七號田一畝五釐六毫，六十八號田五畝二分八釐六毫，六十九號田二畝七分，共田九畝四釐二毫，額租九石正；

（一）坐落金邑六保廿三六圖南稱圩三十七號田四畝五分，額租五石二斗正；

（一）坐落金邑六保七圖致圩廿五號田四畝七釐，三十六號田四畝六分五釐一毫，九十四號田五畝八分二釐六毫，九十五號田六畝二分七釐五毫，共田二十畝八分二釐二毫，額租廿二石九斗正；

（一）坐落金邑六保七圖李圩四十四號田八畝二分八釐五毫，額租九石四斗五升正；

（一）坐落金邑六保七圖李圩五十五號田七分二釐五毫，五十六號田八分四釐八毫，五十七號田二畝七分九毫，五十八號田二畝三分三釐，五十九號田二畝一分七釐七毫，共田八畝七分八釐九毫，額租一十石正；

（一）坐落金邑六保廿三六圖北稱圩五號田二畝八分，六號田二畝九分，夜圩二號田四畝五釐八毫，劍圩三十七號田三畝，果圩二十三號田二畝九分八釐，光圩二號田一畝五分八釐九毫，四號田二畝八分九釐五毫，共田二十畝二分二釐二毫，額租廿三石一斗七升正；

（一）坐落金邑六保廿五圖火圩八十五號田四畝五分二釐四毫，八十六號田五畝二分四釐八毫，師圩三十九號田三畝五分五釐，鳥圩九十四號田四畝一分四釐一毫，陶圩一百八號田二畝三分，共田一十九畝七分六釐三毫，額租二十石一斗正；

（一）坐落金邑六保廿五圖火圩六十一號田一畝四分八釐七毫，六十二號田二畝九分三釐，六十三號田六畝七分八釐，六十四號田一畝六十五號田二畝七分九釐，共田一十四畝九分八釐七毫，額租一十六石五斗正；

（一）坐落金邑六保十二圖臣圩三十號田四畝一分八釐二毫，額租四石五斗正；

（一）坐落金邑六保廿三六圖南稱圩四十號田五畝九分三釐，額租六石二斗正；

（一）坐落金邑六保七圖位圩三十七號田三畝，廿五圖師圩一號田九分一釐七毫，二號田二畝三分二毫，五號田一十一畝三分，共田一十七畝五分一釐九毫，額租一十六石五斗正；

（一）坐落金邑六保十六圖吊圩十一號田二畝七分五釐，又田二畝七分五釐，共田五畝五分，額租六石正；

（一）坐落金邑六保廿四圖翔圩十一號田二畝七分五釐，一百號田五畝，共田七畝七分五釐，額租八石七斗正；

（一）坐落金邑六保廿五圖火圩四十六號田五畝七分三釐四毫，額租七石二斗正；

（一）坐落金邑六保廿五圖火圩四十四號田六畝三分四釐二毫，四十七號田四畝一分三釐三毫，共田一十畝四分七釐五毫，額租一十一石四斗正；

（一）坐落金邑六保廿五圖帝圩三十二號田三畝三釐，三十五號田一畝，三十八號田三畝五分二毫，共田七畝五分三釐三毫，額租八石四斗正；

（一）坐落金邑六保廿五圖火圩五十九號田三畝三釐六毫，六十號田五畝二分，六十七號田三畝三分七釐二毫，八十七號田九分四釐，共田一十二畝五分四釐八毫，額租一十二石七斗正；

（一）坐落金邑六保廿五圖師圩九十八號田二畝九分七釐五毫，額租三石一斗五升正；

（一）坐落金邑六保廿五圖鳥圩七號田二畝二分，八十六號田六畝三分，共田八畝五分，額租九石七斗正；

（一）坐落金邑六保廿三六圖號圩八號田二畝四分九釐五毫，九號田二畝五分八釐九毫，共田五畝八釐四毫，額租五石四斗正；

（一）坐落金邑六保七圖位圩二十四號田三畝九分三釐三毫，二十五號田二畝九分一釐，二十六號田三畝七釐一毫，共田九畝九分一釐四毫，額租一十石正；

（一）坐落金邑六保七圖雲圩二十七號田二畝五分九釐六毫，二十八號田三畝六分七釐八毫，二十九號田二畝六分四釐八毫，歲圩三十一號田一畝五分，八圖吕圩九號田二畝八分三釐一毫，一十號田四畝四分六釐四毫，字圩九號田三畝六分七釐五毫，十一圖賓圩一百五號田三畝五分，共田二十四畝八分九釐二毫，額租二十五石八斗五合正；

（一）坐落金邑六保七圖雲圩二十五號田五畝二分，十一圖駒圩一十三號田五畝一分四釐五毫，廿二圖姜圩五十一號田三畝六分八釐四毫，五十二號田四畝七釐，共田一十八畝九釐九毫，額租一十九石七斗正；

（一）坐落金邑六保廿五圖師圩八十四號田四畝八分三釐，八十九號田二畝六分五釐，九十號田三分五釐七毫，九十八號田二畝六分二釐五毫，九十九號田三分五釐，帝圩二十五號田六分三釐八毫，二十六號田七畝一分四釐，二十七號田七分三釐，共田一十九畝三分二釐，額租二十二石八斗正；

（一）坐落金邑六保七圖位圩九十九號田二畝二分七釐七毫，一百號田一畝七分九釐二毫，共田四畝六釐九毫，額租四石二斗正；

(一)坐落金邑六保七圖位圩七十號田五畝二分八釐四毫，廿四圖羽圩四十五號田四畝八分五釐一毫，翔圩六十八號田三畝三分二釐三毫，廿五圖帝圩七十九號田四畝三釐，八十號田三分五毫，有圩一號田四畝七分，九十二號田六畝一分二釐，共田二十八畝六分一釐三毫，額租三十石七斗九升正；

(一)坐落金邑六保十六圖吊圩八十八號田五畝三分，又田四分三釐七毫，共田五畝七分三釐七毫，額租五石七斗正；

(一)坐落金邑六保十六圖周圩四十二號田六畝一釐七毫，額租七石正；

(一)坐落金邑六保廿三六圖夜圩二十號田四畝七分八釐，額租四石五斗正；

(一)坐落金邑六保十六圖伐圩一十一號田三畝，又田二畝九分二釐七毫，一十二號田九畝五分三釐二毫，一十三號田七畝二釐七毫，一十四號田十畝七分，一十五號田一畝二分七釐九毫，一十六號田八分五釐六毫，一十七號田一畝四分三釐七毫，共田三十六畝七分五釐八毫，額租四十石九升正；

(一)坐落金邑六保廿圖元圩六十六號田五畝，又田九分九釐五毫，地圩一百三號田一畝五釐，一百六號田三畝四分六釐二毫，八十四號田四分五釐，八十八號田一畝二分八釐，二百一十四號田一畝三分六釐六毫，一百三十一號田一畝六分一釐三毫，一百三十二號田一畝，又田四分九釐六毫，一百三十三號田一畝一分八釐一毫，一百二十七號田六畝一釐六毫，一百二十八號田二畝三分二毫，一百三十號田一畝五分九釐八毫，共田二十七畝八分九毫，額租二十三石九斗正；

(一)坐落金邑六保廿三六圖洪圩七號田九畝六分二釐三毫，八號田五畝八分八釐九毫，九號田二畝二釐五毫，十號田四畝二分七釐九毫，共田二十一畝八分一釐六毫，額租二十六石六升正；

(一)坐落金邑六保廿三六圖宇圩二十三號田二畝五分五釐七毫，宙圩三號田二畝五分七釐七毫，共田五畝一分三釐四毫，額租五石八斗正；

(一)坐落金邑六保廿三六圖元圩一百號田四畝三分六釐三毫，一百一號田五畝三分五釐六毫，一百三號田九分三釐四毫，共田一十六畝五分五釐三毫，額租一十一石八斗五升正；

(一)坐落金邑六保廿三六圖宇圩一十五號田三分九釐三毫五絲，又田三分九釐三毫五絲，一十九號田二畝三分五釐二毫，二十號田三畝一毫，二十一號田三畝五分，又田一畝，二十七號田一分，二十九號田四分，三十號田一畝二分六釐七毫，共田十二畝二分七毫，額租十四石四斗正；

(一)坐落金邑六保廿三六圖宇圩一十七號田三畝五分，額租四石正；

(一)坐落金邑六保廿三六圖黃浦場一百二十號莊屋地基六畝；

以上義莊田地共一千三畝一分一釐，絶契價錢合銀九千三百八十五兩八錢五分，歲收額租一千零八十石六斗七升五合正。

(清錢銘江、錢銘銓修《[江蘇金山]金山錢氏支莊全案》　清光緒十六年木活字本)

浙江海鹽豐山徐氏義莊事略

一、義莊贍祭規條

户部右侍郎徐用儀呈爲立莊贍族事，謹將所立義莊贍祭規條造册呈送察核施行。

今開：

（一）義莊之設，奉故父遺命，所以崇祀事而恤宗族也。徐氏自始遷祖美卿公後，至用儀第十八世下，已至二十四世。子姓繁衍，在鄉在城及散居他省者甚衆。今定贍族規條，自同美卿公以下，至第十世，子姓貧乏者，量加賙贈。自同十一世祖以下，酌量加厚，並另增讀書、考費、優獎、婚嫁各條。現當創始，經費未充，先行酌議規條開列於後：

（一）職謹遵先命，買地於城内天坊建設莊祠，計房屋四十六楹，作爲徐氏義莊，以垂久遠。

（一）莊内田産，故父原捐壹百拾貳畝捌分，今職增置壹千肆百陸拾玖畝陸分柒釐伍毫伍絲，共計田地池壹千伍百捌拾貳畝肆分柒釐伍毫伍絲。内海鹽縣境田地壹千貳百玖拾伍畝玖毫、池柒畝，嘉興縣境田地貳百叁拾陸畝玖分伍釐，平湖縣境田地肆拾叁畝伍分壹釐陸毫伍絲。又海鹽縣城内莊祠基拾伍畝捌分、池叁畝伍分。按坊造册，立户完糧，飭莊註册，永爲徐氏義莊公産，並將田畝都圖分晰勒石莊壁，使合族週知。如有續增，隨時添入。

（一）義田畝數、莊祠間數，坐落縣分都圖，均須詳細開明清册，呈請地方官鈐印，發還執守，並請轉詳奏咨立案，照例列入縣志。有續置亦宜隨時報縣存案。

（一）莊内設立家塾，詳議規條。凡同十一世祖以下子姓，境況清貧有志讀書者，赴莊課讀，如來讀不多，酌量推廣。異姓不附。

（一）莊内設莊正一人、莊副一人。莊正以建莊子孫爲之，莊副或參用族中賢明能任事者，不必拘定族分親疏、行輩大小。司事二人概用外姓經理。莊務執役人等多少，隨時酌定。莊正、副如光景不裕，各准每年支米貳拾石，不准掛名虚耗。司事辛俸亦隨時察酌開支。住莊上下人等火食，每人每日支米陸合、錢陸拾文。工人應隨時酌用，不得過多閒空。

（一）義田與尋常私産不同。私産僅供一家之用。缺租尚可設法，若義田缺租，條漕賙給，一切公用從何挪補。嗣後收租例限年清年款，不准拖欠。頑抗者分限根追，呈官後亟與准行。

（一）各房男女生育事故日期，及婚嫁姓字，由各本房隨時開報莊正查明，登載簿籍，以備刊刻家譜，不致舛漏。

守成規條

（一）嗣後子姓有功德於莊，或捐田百畝以外，或捐銀千兩以上者，准入祠祔祀。其餘好善樂助，無拘多少，概行勒石，以示後人。倘或以中下田産託名捐助，冀免賠累者，一概不准濫收。

（一）莊内田畝、房産，概歸莊正、副依規經理，以專責成。族人無論行輩長幼，及附捐田畝者，概不得干預。即建莊之子孫，非有莊正、副專責，亦不得干預。設見聞所及，有益宗族，准其向莊正、副妥爲商酌，聽候主裁。如莊正、副果有侵蝕不公確據，許族人公同理論，責令償納，另舉經管。蓋産既捐莊，即係族中公産，不得藉口捐主，把持侵蝕，大失立莊本意。倘或捏詐興詞，意存干擾，莊正、副邀集族人，明斥其非，以昭家法。設再不自愛，惟有申官懲儆。

（一）義莊不得典買族人田房。莊用雖極支絀，不得向親族借墊。有餘則置産，不得放債，以杜侵蝕，族人無論尊卑遠近，不准通挪。除留餘置産、修理莊祠外，不准他用。

（一）莊内條漕印串，及現存銀錢，均歸莊正、副謹慎執管，以昭鄭重。如有更换，併各帳籍，逐件公點交明接管，不得含糊。

（一）每月朔日，司事以前月出入結算及存款，交莊正、副查核。年終以通年出入總結，及現存之款，交莊正、副查核，蓋以圖記，務在出入公允，有益無絀。果其存積有餘，由莊正、副酌量置産，以充經費。

（一）田租所入，除本年支放及完條漕外，宜寬爲儲積，以備歲歉。萬一連遭歲祲，儲積不繼，暫權事之緩急，酌量停減，一俟豐收，即復舊規。

（一）嗣後修理祖塋、莊祠，由莊正、副公同勘估，核實辦理，不得浮支，致形支絀。

（一）莊内器具什物，概不出借。房屋雖空，族人不得佔住。除祭祀飲福外，不得在莊宴會。一切公私事宜，與莊無涉者，不得在莊集議。

（一）莊正、副，或出仕，或年老，不能常川經理，莊正則於建莊子孫中依序推升，莊副准擇賢者接代。族人不得以齒爵自恃，任意謀奪。所延司事，莊正、副亦宜秉公訂請誠實可恃者，按準規條，不許通融。莊正、副仍須隨時稽察，倘徇私去留，難逃公論。所用工人等，非莊事，不得擅自差遣，以清界限。

尊祖規條

（一）祠屋另建在天坊新橋衖底，式度悉按《會典》，中三間爲堂龕，奉始遷祖美卿公，左右夾室奉黄湖豐山十世以上之主。左楹之左一室，奉忠義孝弟神位，右楹之右，奉貞孝節烈神位。凡族中得邀旌典而行誼志節足光家乘者，均祀焉。堂右三間龕，奉先父贈光禄大夫位，三公左右楹，奉後之有功德於莊者，歲時並祀焉。

（一）族中孝弟貞節，無力呈報，由莊助理，得邀旌典，由莊送建坊費錢二十千文，不建坊者送錢十千文，憲獎給額送錢四千文。一以旌案獎額爲憑。

（一）春祭以清明前四日，秋祭以十月朔前四日，風雨不更。各支子姓届期早集，敬謹展拜，以行輩序位，在祠各宜肅穆，不得喧嘩。

（一）祭前一日，預派子姪四人灑掃滌器，陳設祭品。與祭執事，各鳴贊、引贊、讀祝、司香帛爵等，均宜先爲派定演習，以免臨時失儀。

（一）祭器遵《會典》定例置備，祭畢敬謹收藏。族中不得借用。

（一）始祖祠主祭及分獻者，如輩長、年長而無功名頂戴者，讓次輩中之年長有功名頂戴者爲之。執事亦須有功名頂戴者。合族隨同行禮，須衣冠整齊。贈光禄公祠，由建莊子孫行輩長而有功名頂戴者主祭，贈光禄公爲建莊之倡，别房子姓有願隨祭者聽。届期先祭中祠，後祭右祠。祭畢餕餘，五簋會食即散，不得飲酒留連。

（一）族人或有名儒、名臣、孝子、悌弟行誼可傳者，以次祔祀於左右楹。如係捐莊子孫，分别昭穆，祔於贈光禄公之室。

（一）各支婦女，或有貞烈節孝，足爲壼儀者，以次祔祀。

（一）族丁繁衍，凡讀書已入庠者，無故均宜與祭。其餘除豐山支下兩支、長黄湖支下十支長外,如無功名頂戴者,均不必與祭。倘招令幫理事務,須聽族長命。幼孩不知禮節,尤不准同入。

(一)祠下子孫,有曾經犯案、身爲賤役、大乖倫常,及衣冠不整,無論支長、有功名,均不准與祭。

(一)每月朔望,莊正、莊副各詣祠行香展拜。執事者先行灑掃,至日午將祠門扃閉。

收族規條略分教養婚喪

(一)子弟讀書,爲訓族第一事。莊内設立族塾,敦請名師講習文藝經書,脩膳一切,由莊備支,以期族中子弟蒸蒸日上。此族運所由興也。另有規條,按照舉行。

(一)給考費以鼓後進也。自十一世祖覲周公以下,文童院試給錢二千文,生員歲科試給錢二千文,鄉試給錢五千文,會試給錢二十千文,優拔貢朝考給錢二十千文。各項場前給發,不准預支。赴京臨行給發,領費不入場者,追回。留京會試、北闈鄉試,及入籍别邑、出嗣異姓,並棄文習武者,不給。家有餘資不願領者,聽。

(一)給花紅以示優獎也。覲周公支下文童,入泮給錢四千文,生員補廩給錢五千文,得優、拔、副貢,給錢十千文,中舉人給錢廿千文,中進士給錢五十千文。如家有餘貲不願領者,聽。

(一)助婚嫁以成室家也。覲周公支下有素守本分、自立成人,向無田産生業者,年過二十五歲,貧不能娶,給婚費錢二十千文。無子續娶,再給。有子減半。年滿四十,無子納妾,亦給一半,有子不給。領養媳者給半,成婚時再給半。無力嫁女,給嫁資錢十千文,與人爲養媳不給。凡應給者,查明婚嫁日期,屆時支領。

(一)莊田中撥設墓地,凡覲周公支下無力買地、自願祔葬者,由莊代爲經理,勘定年向大利,擇吉安葬,刊立墓石,序以世次。每年春祭,邀已葬之支裔祭掃一次。所費由莊開支。

(一)男女七十歲以上領贍米者,夏支夏布帳一頂,冬支新棉衣褲一套、棉被一條,三年更换。幼失怙恃、貧無撫養,領米之外,隨年歲大小,各製新棉衣褲一套,二年更换。讀書不成,另習生業,給舖陳一副,只准一次。以上六條,惟自十一世祖同覲周公以下照行,同十世祖以上不在此例。

(一)養高年以哀煢獨也。凡同始遷第一世美卿公以下,有年踰六旬、老而無子,並無生業可靠者,每年給膳米一石二斗。七十歲以上,加給米六斗;八十歲以上,加給米一石二斗。

(一)恤嫠婦以勵守節也。美卿公以下有孀居節婦、貧無産業資養者,每年給膳米一石二斗。有子過二十歲、可以奉養者,停給;無子七十、八十歲以上,照前加給。有子而子不成人者,照給。出嫁之女不幸而寡,守節貧苦,照數給半;守貞之女照嫠婦給。

(一)撫幼嗣以憫孤露也。美卿公以下,有幼年煢疚、貧不能養成者,六歲以内,每年給膳米六斗;六歲以上,每年給米一石二斗。如有母可依,其母既給予膳米,應照規減半。男成丁、女出嫁,即行停給。困守讀書,給至二十歲;在塾者不給;認異姓爲父母及領異姓爲子者,不給。

(一)矜廢疾以憐貧病也。美卿公以下,有廢病失業、貧無恒産資養者,每年給膳米一石二斗;無子給至終身,有子者年二十停止。

(一)賻喪葬以安死亡也。美卿公以下,有貧無以殮,查明屬實,給喪費錢四千文。十六歲以内殤者,給錢二千文;十歲以内殤者,不給。身歿暴露,貧無以葬,如能爲覓地安葬者,至期每棺給錢三千文。棺多同葬者酌減。停厝不給,檢骨殖者不給,殤葬不給,預支不給。

以上五條,自同十一世祖覲周公以下,照數倍給。

(一)應給贍米者,各給領據,按四季發。不准預支,不准併取。除婦女、老病、幼弱,及路途遼遠外，不准倩人代領。如有身故，即將領據到莊注銷，即支喪費，填入身故簿。

(一)處境無常，有前曾支米、後可自給者，繳銷領據。有前未支米、後難自給者，莊正、副察實，注册照支。惟寄籍外府、縣，從未與本族通往還者，照范莊例，不給。

(一)嚴甄別以杜濫支也。自美卿公以下，今已二十餘世，族繁人衆，流品不齊。子孫有不守名節，肆意妄行，曾經犯案，玷辱家聲者，不給。有身爲樂藝、隸優、巫祝，開設煙燈，甘居下流者，不給。有不孝不順、大乖倫常者，不給。有怠惰荒淫、無節自恣、蕩廢家業、得罪祖宗者，不給。有包攬詞訟、交結匪類、形同無賴者，不給。嫠婦不謹不潔，妝飾好游，信歸異教，及不避街市，年輕入廟者，不給。上逆翁姑、無理潑悍者，不給。凡不應給而恃蠻滋擾，稟官究辦。

(一)規條初定，或有未周。蘇省范氏、潘氏各義莊，均隨時增添，以臻詳備。後有讀書明理、老成詳慎之人，不妨與時增損。刻當倡始之時，尤須持以謹嚴，不可稍涉苟且，方能垂諸久遠。惟增損之間，或無大益，不若謹守成規，較爲持重。是所望於後來之主持莊務者。

族塾規條

(一)子弟多在童年，跳盪遊戲，聞之師嚴則道尊。敬告師長，務必從嚴，以肅觀瞻，以策精進。如有不率教誨者，即行屏斥。

(一)莊中設立族塾，敦請名師。作文者課文，讀書者課書。子弟以六人爲率，多則分設兩塾，以廣培植。讀書每年貼修脯錢十千文，自七歲至二十歲止。

(一)塾中仿程氏讀書，分年日課，刊功課簿。作文者注明每課優劣，課經者注明逐日功課，字學亦宜講究，不得破體潦草。莊正於每月朔望拈香後，恭讀《聖訓》一通，合子弟聽畢，即核功課簿，閲其勤惰。上優者給花紅，下劣者嚴飭。

(一)塾中應備經史及有用之書，登記一册存莊，使子弟隨時取閲。惟不得私自攜出，散缺及塗抹損傷。

(一)書文筆墨，供膳舖陳，均由莊備辦。子弟常住莊内，無事不得外出。非緊要事務，不得好多應酬。即家有父母伯叔，每月回家一次，亦不得過一二日，總在寒暑、晨昏，永無作輟，以期成就。或有至十六歲以上，文理不通，難望成學者，出塾另行習業。

(一)塾師須聘請同里品學兼優之士。如族中人品學堪師式者，不論行輩，亦可聘請。修脯均從豐致送。

(一)子弟案頭各置朱子小學一部。塾師隨質地之高下，教以義理之淺深，務期立身敦品，爲佳子弟，以儲將來大成之器，否則亦不失爲馴謹之子。凡内外舉動，宜加意提撥，不但訓以句讀字畫。

(一)莊内經費有餘，舉行會文課期，合族生童赴莊考課，莊正命題，俾窮一日之力，一文一詩，請鄉先達評定甲乙。前列者酌給筆資，以示獎勵。

(一)莊中設立出入簿。凡師放館及子弟歸家，均必告知，即行登記，以備查核。

(一)此舉非尋常義學可比，脩脯宜豐，課程宜密，培植宜厚，督責宜嚴。十人中成就一二人，此一二人爲同族光，即爲宗祖榮。況竭力栽培，未有不出人材者，於吾子姓有厚望焉。

二、徐氏義莊續置田地清册

計開：

海鹽縣境：天坊，地拾柒畝伍分；宿坊，田貳畝；露坊，田地陸畝叁分；水坊，田地肆畝伍分；

岡坊，田地貳拾畝捌分；號坊，田地伍畝叁分；稱坊，田地拾柒畝壹分；小珍坊，地壹畝柒分；李坊，田地拾柒畝柒分玖釐；翌坊，田地拾貳畝柒分壹釐；翔坊，田地叁畝陸分；朝坊，蕩田拾玖畝叁分；身坊，田地貳畝貳分柒釐伍毫；髮坊，田地陸畝壹分；恭坊，田地陸畝叁分；惟坊，田地伍畝捌分；毀坊，田地拾壹畝伍分。以上十七坊，海鹽縣境田地壹百陸拾畝伍分柒釐伍毫。

嘉興縣境：里九下八莊，田地柒畝玖分；移九中四莊，田地貳拾柒畝肆分；移九中六莊，田地陸畝伍分伍釐。以上三莊，嘉興縣境田地肆拾壹畝捌分伍釐。

平湖縣境：朱江坊，田地肆拾貳畝捌分叁釐玖毫伍絲；青蓮坊，田地壹百陸拾貳畝柒分肆釐伍絲；將軍坊，田地拾陸畝壹分玖釐貳毫；騎塘坊，田地叁畝柒分伍釐伍毫；福臻坊，田地拾畝陸分玖釐捌毫；周圩坊，田地拾捌畝柒分陸釐；官田坊，田地拾壹畝肆分貳釐貳毫；楊墅坊，田地柒拾陸畝肆分捌釐捌毫；徐埭坊，田地伍拾肆畝玖釐壹毫；東聖塘坊，田地拾畝玖分陸釐壹毫；外南門坊，田地肆拾玖畝叁釐陸毫；椿樹坊，田地柒畝玖分柒釐玖毫；前眉坊，田地伍畝叁分貳釐伍毫；胡店坊，田地拾畝貳分陸釐；外永凝坊，田地貳拾陸畝壹分捌釐肆毫；號圩坊，田地肆拾肆畝玖分柒釐叁毫；扶行坊，田地伍畝肆分貳釐玖毫；大橋坊，田地貳拾叁畝陸分叁釐肆毫；亭子坊，田地叁拾捌畝捌分玖釐叁毫；獨山坊，田地貳拾柒畝肆分捌毫；大堰坊，田地拾陸畝貳分捌釐肆毫；華村坊，田地貳拾叁畝肆分叁毫；黄姑坊，田地拾貳畝壹分肆釐肆毫；西横街坊，田地玖畝捌分；新倉坊，田地貳拾肆畝叁釐伍毫；清溪坊，田地伍畝壹分捌釐伍毫；趙涇坊，田地拾捌畝陸分捌釐肆毫；司莊坊，田地伍畝伍分肆釐伍毫；乍北坊，田地柒畝壹分壹釐玖毫；大小營坊，田地伍畝柒分玖釐貳毫；四顧坊，田地捌畝柒分陸釐捌毫；北張斗，田地柒畝壹分捌釐壹毫；褚涇坊，田地柒畝捌釐捌毫；清溪、虹霓、司莊、傳子等坊，田地貳拾壹畝肆分捌釐肆毫。以上三十五坊，平湖縣境田地捌百拾玖畝伍分捌釐。

總共續置海鹽、嘉興、平湖縣田地壹千貳拾貳畝伍毫。

三、徐氏義莊新置市房清册

計開：

海鹽縣境：

(一)市樓房兩間坐落晃坊西門外地壠下岸，第一、第二間門面，現租户陶叙山花炮店。

(一)市樓房壹間坐落仝上，第三間門面，現租户邵榮記鐘表店。

(一)市樓房壹間坐落晃坊徐家牌樓西首上岸，第一間門面，現租户朱源昌釘鞋店。

(一)市樓房壹間坐落晃坊大棚橋北堍西首下岸，第四間門面，現租户萬生餛飩店。

(一)市樓房壹間坐落仝上，第五間門面，現租户萬昌肉店。

(一)市樓房壹間坐落宇坊寺西栅門西首下岸，第四間門面，現租户王關明茶店。

平湖縣境：

(一)當房壹所坐落新埭鎮，現租户恒泰典。

嘉善縣境：

(一)當房壹所坐落本城東門内鹽井橋北堍西首，現租户匡濟典。

(一)棧房壹所坐落本城南水門内鹽店埭棧房衖，現租户匡濟棧。

四、豐山近臣公支下第二十一世守成遺産捐附義莊始末記

按二十一世守成，又名繼馨，字蘭修，幼無父母，受人欺凌，田産亦被人霸佔。時賴先叔嚮五公爲之伸理，俾得復還舊業。蘭修婚娶黄氏，先故無子，續娶祝氏，祗生一女。清光緒戊申八月，蘭修故世，有妾張氏，遺腹未生。先以族弟文魁子基理議立爲嗣。次年己酉二月，張氏生子基受，後祝氏又於是年九月病故。張氏年輕，二子俱幼，蘭修遺産因議由義莊幫同管理。厥後文魁藉子承繼，向義莊索回田簿，一手把持，人言嘖嘖，屢起紛爭。緣於上年甲寅三月間，公議將蘭修遺産仍交義莊暫爲保管，俟其嗣子基理、遺腹子基受成丁完姻，如數分給自管，並以基受未成丁前，如有不測，其名下應得遺産，作爲蘭修捐助義莊，分條立議，蓋防他人覬覦起見。今基受不幸夭折。在張氏固撫養不力，文魁平日欺凌，亦難辭咎。所有蘭修遺下田蕩三百五十四畝八分三釐六毫，内除蕩地十四畝六分五釐，無着田地九畝三分二釐，擬俟查明，另行酌撥。其餘田地三百三十畝八分六釐六毫，内分給基理一百六十五畝七分一釐七毫外，基受名下應得之一百六十五畝一分四釐九毫，自當依議執行，收入義莊，永定爲蘭修捐附公産，每年酌提若干，爲蘭修祭掃之費，並爲張氏在日，每年由義莊酌給用度。在蘭修既有嗣子克紹箕裘，復有公家以隆享祀，馨香百世，可無遺憾。而我族中受其助産，贍族之誼，飲水思源，尤當永矢勿忘云爾。

民國四年陰曆乙卯二月，族長丙奎、支長士培同誌。

計開：

海鹽縣境：

元坊，地柒分壹釐；月坊，田伍畝伍分；養坊，田壹畝伍分；日坊，田地柒畝陸分；豈坊，田地陸畝叁分叁釐叁毫；裳坊，田肆畝；章坊，田貳畝；邇坊，地壹畝叁分；壹坊，田地叁畝肆分；體坊，田叁畝；竹坊，地壹畝捌分；及坊，田貳拾叁畝貳分；方坊，田伍畝；海嵌平，田玖畝陸分。

嘉興縣境：

里九上二圩，田拾捌畝伍分；里九中十二圩，田拾玖畝肆分；里九上七圩，田叁畝伍分；里九下四圩，田拾壹畝陸分伍釐；里九下六圩，田陸畝。

平湖縣境：

朱江坊，田地拾柒畝壹分壹釐陸毫；將軍坊，田地陸畝柒分玖釐；青蓮坊，田柒畝貳分伍釐。

總共捐附海鹽、嘉興、平湖縣境田地壹百陸拾伍畝壹分肆釐玖毫。

（徐丙奎等纂修《[浙江海鹽]海鹽豐山徐氏重修家乘》 1915 年海鹽徐氏刻本）

七、赋　　役

永康縣清田賦記

吴 寬

永康令王君爲縣之三年，廉慎有爲，賦平訟息，縣稱大治。君謂吾所爲至此者，其勞亦盡矣。蓋縣爲里百二十有奇，田所出糧賦爲石萬八千有奇，皆立之長，以司其事。自國初至今日，每十歲一造版圖。司其事者更易數輩，飽其欲則已，否則轉相爲弊，蓋以田可隱也，則有詭寄之術，以糧不可除也，則有洒派之分。豪家鉅室有收獲之利，而無征斂之苦，其害悉歸之小民。於是其賦既無所出，往往毀屋廬、鬻男女償之。弱者忍不敢發，稍强而自立者，始訴於官，而訟所由起，皆坐是也。其事不獨永康，而永康爲甚。君既數爲請治之，嘗曰："今爭者雖少息，然彼豪且鉅者，終賄其長，能保其不更起而訟乎。且弱者獨不能訟，又何忍其終無所伸乎。吾將躬往視之，以究其弊，則移於上，以示其事之不敢專，復誓於神，以示其事之不敢慢。"至其里，則召其長，若胥役輩操版籍、緣丘壠，從事悉按圖式，求其主名。有爭辨者，輒驗之，無不帖服。歷半年而事畢，疆界既分，罔敢踰越。凡諸弊事一旦皆去，而賦始平，訟始息。人以君公且平，亦無敢怨者。而小民則相與感之，曰："吾其自是勞吾力，耕吾田，以出吾賦矣，顧何以爲吾侯報哉。"欲生祠君，君不欲乃止。會縣學生應君綱貢於京師，乃托之請文，以述君政績而揚之。予曰："君之賢，吾固知者，是宜其政之美也。然小民感而祝之則已，何事於文哉。文之又恐非君所欲也。"應君曰："民欲之，奚暇爲君計耶。"乃書以遺之。君名秩，字循伯，蘇州崑山人，成化丁未進士，美政甚多。巡撫、御史嘗奏請於朝廷，行將召之矣。弘治壬子秋八月勒石。

（王頌文纂修《[江蘇]崑山瑯琊安陽支王氏世譜》 1936年崑山王氏刻本）

江西宜春湯氏圖籍舉補約

立舉補約人石裡鄉大五圖九遞曾萬劉、陳存允、陳廷貴等，竊惟興滅繼絶，王朝之政；遷盛補衰，民間之常。緣本圖七甲周用成户，户丁文一、文二，順治七、八兩年，俱已故絶，拋遺虚糧差徭，無人承充輸納，累陷九遞，每年朋充差徭，空賠虚糧。九遞人等會同商議，欲舉盛户以補衰户，又無可任之人。忽計本圖二甲現有寄居湯榮劉户，糧多人繁，可以補充此甲差徭。爰衆立約一紙，將周用成户内差徭虚糧，以及周用成管荒田、荒山、屋基、墳地等項，盡與湯姓執約管業無阻。自今立約之後，所有得管周用成户業産，衆遞不得詐佔，而周用成差徭虚糧，湯姓亦無得干累衆遞。恐口無憑，立此舉補約，永遠存照。

二甲周羊仔、三甲陳存允、四甲萬仲友、五甲楊晨、六甲陽周乾、八甲陳廷貴、九甲曾文政、十甲易仲楊,俱花押。

順治十八年十月十八日,立舉補約人一甲曾萬劉,均押。

(湯洪學等主修《[江西宜春]宜春慈化湯氏族譜》 1943年中山堂木活字本)

湖南善化孔氏優免雜差文書

湖南長沙府善化縣正堂加五級紀録五次蕭,爲遵例籲恩等事。乾隆二十八年三月内奉本府正堂兆轉奉署布政司五,牌奉撫部院陳批本署司詳稱:查看得善化縣學録孔毓蕢等呈請優免雜差案卷,前撫憲馮准襲封衍聖公,移咨飭行。凡屬聖裔,俱照闕里例,一體優恤。其牌保甲什、船役、採取、巡守、倉總,一切雜派差徭,概行優免,並另立聖裔糧櫃門牌,立碑勒石,永垂不朽緣由。准此,檄飭查議等因,行據該府縣查明,孔毓蕢等實屬至聖後裔,具文詳覆。奉批,據詳已悉,繳。合就抄看,飭行照文事理于糧册烟民内註明"聖裔"字樣,編立里户糧册,另立糧櫃輸納,除正供外,一切牌保甲什採取,至於船差、巡更、守栅、倉總等役,俱照闕里例,概行優免。凡屬孔氏後裔,不得舉報派累,並出示曉諭。飭令孔毓蕢等自行勒石,永垂不朽,以示崇奉之意,以廣皇仁于無疆矣。

乾隆二十九年十二月初二日,孔氏合族公立縣前。長沙縣同所有呈請案卷,及派買、採賣、辦取馬匹,邀免呈詞,均未彙録。惜我縣吝費,未曾合辦。俟後。

右優免碑記式。

聖裔門牌

又附刊門牌式

湖南長沙府某縣正堂某,爲飭諭事。照得孔氏乃大聖後裔,雖支分派遠,而我朝恩遇加隆,不令與齊民相等。故另編里甲,另立糧櫃,一切雜差等項,概行優免,恩至渥也。凡爾孔氏人等,必須安分守己,無得干預外事。每正供及早完納,以免差催,更不得窩匿匪類,撫養異姓,以及酗酒打降。倘或不遵,一經查出,定行嚴究出户。各宜凛遵。須至門牌者。左編某户丁數。

縣行。

(清孔繼經等主修《[湖南湘鄉]闕里衍派湘鄉孔氏支譜》 清乾隆六十年木活字本)

福建建寧甘氏屯田

屯田緣由

古者寓兵于農,後世乃離而爲二。然農以養兵,無農則食不資兵以衛民,非兵則城不守。故兵民相需,而屯田之法實倣于古。我子福公操軍邵衛,適據建寧縣上黎保里老呈報,有田缺種緣由,申請司院簽撥官兵,遵照古法,雜耕于農;等因。劄行本衛,而當子潛有肥遯之志,願爲屯種,遂領旗丁孫九柱、杜犢兒,辭子福公,挈家屯于上黎保山塘坑,居未數年,突有靖難兵變,乃歸南京省親。比至則高堂闃然,鄉井晏然。復歸山塘,不數月而卒。子福公聞之,哀號不勝,而南京訃音又復接踵而至。遂自邵郡掛冠,欲携當子眷屬北歸,及至山塘坑,而當子之婦又以憂卒。因念其屯業苦心,空懸國税,公私交逼,進退維谷,不得已留住于斯焉。紀其時,蓋永樂二年二月初七日云。

軍業號方

圖傳今之軍業,即昔之官業也。蓋官業出于本縣先世士民輕犯王憲,籍没財産,無人耕種,具申司院,批令所屬官司,宜將官田編定字號,隨其地方分定旗所,撥軍屯種,則田地不至荒蕪,錢糧可使輸納。當子領黎字三十九號官田二十九畝九分,載屯糧六石;杜犢兒領黎字十九號官田二十九畝五分,載屯糧六石;孫九柱領黎字五十三號官田三十四六分,載屯糧六石。以上三户,共計屯糧一十八石。不二年,杜犢兒、孫九柱相繼逃亡,此二户並累當子頂種。迨永樂二年,當子謝世,田地荒蕪,國税空懸,綜理無人。子福公乃歸隱山塘坑,代理屯業。故至今我族另有屯田云。

軍民籍説

按吾族獨有軍民之分者,何也?當子領種官田,軍籍也;子福係當子之兄,雖曰仍弟舊址,以擴新基,而貢賦差繇名役各異,其于軍民圖籍,已判然矣。

屯户名役

屯户甘當子,領種官糧六石;杜犢兒,領種官糧六石;孫九柱,領種官糧六石。後因杜、孫二户相繼逃亡,當子代爲頂種。以上三户,共糧一十八石。

康熙二十二年,奉閩浙督院姚令牌行縣,許令落甲完糧,推收過割。因復新立户名,一户甘通,一户甘原興,一户甘景,其間糧數之多寡,照依分受舊管完納。

民里名役:嘉靖十年編充上黎保一圖二甲里長,户名甘積泰。

户丁榮泰、榮寬、榮鑑、榮德、榮安、榮辛:嘉靖二十年編充上黎保二圖九甲里長,户名甘廣。

户丁茂澄、茂宣、茂遠:嘉靖三十年編充上黎保二圖八甲里長,户名甘廣積。

户丁榮鏞、榮高:嘉靖四十年編充上黎保一圖八甲里長,户名甘萬生。

(甘冒暲等纂修《[福建建寧]甘氏族譜》　清乾隆四十四年建寧甘氏木活字本)

湖南邵陵姚氏田賦

前明洪武十四年編天下賦役黄册。邵陽五十六圖，正德七年並爲四十二里。國初仍明舊，康熙三十六年，大吏以邵陽民役不均，增編洪仁十四都，散處各里仍爲五十六里。我姚際勝朝，凡里甲改編，田糧多寡，譜佚無從考。然明末加派倍歛，本朝定鼎，師衆供繁，未幾吴逆陷據，一歲數征。嗣西山夫興編氓，至以出糧爲幸快。我祖宗顛連萬狀，可想而知。自康熙七年定清丈册，雍正七年地丁並收，涵泳於輕徭薄賦之愷澤者二百餘年。今綜録田賦，蓋一以示前人創守維艱，一以示國家正供宜急，而非徒資後來以餉額增減之考據云。

謹案：夏禹平水(士)〔土〕、定田賦，成周之世什一制，維正之供取於民者寡矣。流及明季，政繁賦重，卒至民窮財盡，國隨以亡。前清鑒明之失，永不加賦。康熙、雍正、乾隆三朝，並有清丈征收從輕。民國以來，軍需糜費，百度創新，支用浩繁，司農仰屋，而籌不得不增加，以濟國用。夫古有毁家以紓難者，矧今田穀之值數倍於昔，固人民當負之責任；亦籌兵籌餉者萬不獲已舉也。吾族自先世籍邵數百餘年，完納之義務輕重增減，備歷之矣。兹綜録三支現當糧數，次諸前譜所列，及德公祠賦役會序後，非僅備稽餉額也，蓋於國家之負擔，不亞於他族，更以示創置維艱。後之人當保守恒産，而不輕出糧户云。

甘棠支：富陽一都二甲陸拾壹户，米肆拾貳碩，九甲二百八十一户，米一百零四碩七斗。仁風都十甲一十三户，米三碩四斗。新寧四都四甲九户，米一碩七斗。屯大二甲一十七户，米七碩八斗。屯大四甲二十八户，米二十二石六斗。屯大五甲七十一户，米五十一石八斗。開泰衛二十户，米一十碩零八斗五升。

砂田支：新寧上一都二甲四十二户，米六石八斗。

留出支：安上都五甲四十四户，米六石二斗。屯大二甲五十一户，米三十六石八斗。

元德公祠賦役會序

我邑編里五十有六，里十甲，甲遞年當差，亦稱十遞。凡甲值年，其保正、糧首預計一甲米科費。甲米多者，派費石不過二三千，少者多至數倍。倘遇差繁，或軍需旁午，則更不勝其苦。蓋按甲輪役，不復通計，一里之糧本非均徭善法。然自明迄今，沿習既久，末由更革，故糧少之甲，往往偏困而有所難堪。我宗編富陽一都二九甲，見二甲米四十餘石，九甲且百石，值年原不病役。宗老以家運隆替靡常，不可不預防其絀也，爰提祠中積羡百緡，爲值年供役。會本另册付祠董，權子母，朂之曰：積多務購田産。如後人保永幹年，即仍舊攤派，無庸取用此項。萬一田賦啚減，則酌取會息若干，免致重派花户焉。是舉也，體仁用義，圖匱於豐，不有以勸急輸，而隱戢其慢賦避役之慝志歟。謹識緣起，以弁會册，用告職是會者，尚其矢勤矢慎，而毋或有錙銖之侵蝕，斯善矣。

同治庚午孟秋望日，元德公十七世孫敦詒序。

續增田賦

甘棠支:富陽一都二甲六十一户,米三十四石四斗零七合五勺。富陽一都三甲二户,米二斗一升六合四勺。富陽一都四甲一户,米五升二合九勺。富陽一都五甲四户米六斗八升四合七勺。富陽一都七甲七户,米貳石一斗七升九合。富陽一都八甲四户,米二石二斗八升六合七勺。富陽一都九甲四百零四户,米二百十一石四斗五升二合。富陽二都五甲六户,米八斗一升零七勺。洪仁十都二甲八户,米一石九斗六升四合二勺。梅塘都十甲十一户,米二石八斗六升六七合。新寧四都三甲一户,米九升六合。新寧四都四甲六户,米四斗二升三合八勺。新寧四都八甲二户,米五斗三升八合八勺。新寧四都十甲一户,米六升七合四勺。仁風一都三甲一户,米一斗四升八合四勺。仁風一都五甲五户,米二石二斗八升三合貳勺。仁風一都九甲三户,米一斗九升六合。仁風一都十甲一户,米一斗六升。屯大二甲一十三户,米一十一石八斗七升三合五勺。屯大四甲四十四户,米四十七碩七斗五升一合三勺。屯大五甲三十八户,米七十一碩四斗六升五合三勺。開太衛十九户,米八碩六斗零三合六勺。

砂田支:新寧尚都二甲四十户,米五碩七斗五升九合五勺。新寧尚都五甲一户,米三斗六升三合八勺。

留田支:安上都五甲八户,米二碩四斗八升六合三勺。安上都十甲四户,米五斗六升。屯大二甲五十二户,米三十一碩一斗三升五合八勺。屯大五甲四十四户,米一十五碩六斗五升八合二勺。

元德公祠賦役會田産清丈録

孟家田塘毛界塘脚下毛界大坵田一坵,苗二斗七升八合。太平塘脚下田一坵,苗一升一合八勺,一脚下長田一坵,苗一升六合五勺。七鬭下灣長田一坵,苗四升九合五勺。本冲下它子坵田一坵,苗五升九合八勺。三脚下長坵田一坵,苗陸升二合三勺。坎下第二長方坵田一坵,苗七升四合三勺。背上啄腦坵田一坵;苗六升二合四勺。四鬭下大灣坵田一坵,苗五升零五勺。八鬭下小灣坵田一坵,苗二升一合四勺。八冲裡屋門口田一坵,苗一升一合一勺;又田一坵,苗貳升三合一勺。彩塘下右邊三角坵田一坵,苗二升六合二勺。背上小田一坵,苗六合。山脚下田一坵,苗九合三勺。六角下它子坵田一坵,苗二升八合三勺。七脚下長田一坵,苗六升七合四勺。三共大小田壹拾七坵,共苗八斗六升八合三勺。四水係毛界塘、牛丫塘、一字塘、彩塘,車戽灌溉。

(姚敘典等主修《[湖南邵陽]邵陵姚氏族譜》 1921 年木活字本)

上蔣方伯論鹽法得失書

竊惟甘省鹽政,自雍正九年革除民幫以後,商力既疲,官民交困。以某所歷數任言之,中衛、鳴沙、八堡，商則挨户輪充，課則按户幫派。奸頑抗欠，官爲賠墊，良善拖累，或至重科，其害半在官，而半在民。平凉無充商之户，前任官令自行辦運，而衢途四達，私鹽充斥，勢不可行，尋亦中止。歲歲官爲賠課，其害專在於官。固原以殷實之家，四五人朋充，三歲一换，歷年課項尚無逋欠，而充商者未免賠累。有力之家百計千方，先期營免，胥吏、鄉保皆得高下其手，甚而不肖之官藉此漁利，搜索不遺，滋擾殆徧。每當點换，一州騷然。其害又專在於民。以三州縣推之，其餘大概可知。非累官則累民，然官累必及於民，民累亦必及於官，又兩弊之道也。

大人有鑒於此，慨然思變法，以甦其困，詳請大憲倣雍正九年以前之法，課歸地畝攤徵，鹽聽民間自運，誠袪弊之良圖，救時之急務也。然而一得之愚，有不敢不以上陳者，誠以大人集思廣益之盛心，但期法之可行，不必出之自我。謹獻芻蕘萬一之採，非敢以一人竟見，撓通省已成之局也。

夫立法必慎於初，庶幾無貽後悔。雍正九年以前，百姓按糧幫課，脚販隨地賣鹽，其法何異於今之所云。使其無弊，即可遵行至今，何以至九年平凉忽而詳請招商，上憲又忽而允從。是當日之弊已有不可勝言者矣。蓋鹽課歸於地丁，足救目前之急，一時權宜，而非經遠之計也。何則，出課之民不必皆販鹽之民，肩挑背負藉以餬口，惟近地諸州縣百姓可耳；其遠而數站，或十餘站，車載騾馱，轉取運利，非有力不能。有力之家精於心計，必不肯多置田産，以避差徭，貴畜牛馬，賤積貴售，小販皆領其貲本，四出營運，有利同分，彼於國課分毫無出，而坐享厚利。乃令力田務本之農民納之，納課非重本輕末之道，其弊一也。利權不可以假人。今官不配鹽，則無人爲之經理，遊手無賴之徒，羣集其中，趨利如(鶩)〔鶩〕，是縱之使爭也。如雲貴之銀冶銅場，口外之金廠，所在成羣，事端滋起。既不可以驅逐，又不易於稽查，積久生奸，必釀事變，其弊二也。甘肅地瘠民貧，而河東尤甚。屯地更地，一田三賦。重者勿論已，民田賦爲較輕，監田尤其輕者，數年以來，幸際豐穰，已不能無逋欠。今驟加以鹽課，又益之鹽規紙價，以及減下平規小錠火錢、官吏飯食諸費，鹽茶地丁銀六千五十七兩二錢八分七釐，爲費五百三十六兩七錢六分四釐八毫，所加幾及十分之一，固原地丁共銀一萬一千八百一十二兩一錢一釐，課費爲銀三千一百九十三兩八釐，則加十分之三，能保其不拖欠乎。以已然之事論之，涇州所屬鹽課，早歸於地丁。某曾爲諸處監交，其交代摺中所開，自四十七年至今，官之代墊者，每年或千金，或數百金不等。是名雖不累，而其實仍不免於賠墊也。歷任之官豈盡愛民如子，必嚴刑苦比，無可奈何，然後甘心代之賠墊。敲撲之下，死者已不知凡幾矣。況豐稔之年尚可勉强催科，一遇水旱，死亡轉徙，正項錢糧可以奏聞蠲免，而鹽課必不能减。斯時將仍取之民乎，民必不堪，將不取之民乎，課從何出，其弊三也。且當日各州縣分引之多寡，並未嘗按照地畝之多寡。通都大邑則多，山僻小邑則寡。非通都大邑之民，食鹽獨多於山僻小邑也。行鹽雖有地界，而四達之衢可以闌入。他界銷鹽多，故配引多也。山僻之邑無可通融，銷鹽少，故配引少。平凉一府銷引三萬三千二百七十張，而固原一處銷引二萬二千四十張，已居三分之一。静寧、平凉、隆德、莊浪鹽茶，華亭六屬僅居三分之二，以固原四通五達，可以通融他處故也。鹽茶原額僅四百四十一張，後協銷隆德二千零九張，合爲二千四百五十張。除去歸併固原四百二十六張，爲引二千二十四張，是招商辦運，隨時尚可量爲變通。今若歸之地丁，則永爲定額，一成而不可變。多寡不一，苦樂不均，其弊四也。

當變法之初，各州縣如釋負重，無不樂從者，行之數年，其弊立見。再思變法，勢必有所難行，何如慎之於始乎。某謹按：唐劉晏之治鹽也，但於出鹽之鄉，置鹽官收鹽户所賣之鹽，轉鬻於商人，任其所之，其餘州縣不復□官，官獲其利，而民不乏鹽。史稱江淮鹽利，始不過四十萬緡，季年乃六百萬緡。由是國用充足，而民不困敝。竊惟意美治良，莫善於此，似宜倣而行之。就定額一税之後，不問其所之，則國與民兩利。查花馬小池每年額設引六萬七千四百四十張，每年額征課銀一萬四千五百三十三兩三錢二分。每引一張，配鹽一石，應課銀二錢一分五釐五毫，加公用紙價、雜費銀四分九釐七毫。統計鹽一石，爲銀二錢六分五釐二毫。今宜專責之鹽捕廳，就池立局，出鹽一石，抽税銀二錢七分。官吏飯食、雜費，皆出其中，已屬有餘，一税之後，不論富商大賈、貧民小販，聽其隨地糶賣，計鹽一斤，抽税銀二釐有餘。今平涼、固原等處，鹽價每斤十餘文，至二十文不等，扣除工本，得利甚多，人自樂爲，脚販日廣，鹽價日賤，無攤派之擾，無追呼之煩，無逋欠之憂，無賠墊之累，上不虧國，下不病民，誠良法也。

而或者謂課有定額，攤於地丁，可以適符額數，就池納税，多寡無常，憂其缺額。不知十六廳、州、縣户口，何慮數百萬，按食鹽之人出課，每歲必不止於萬餘金。從前所以商疲引積者，由於私鹽多而官鹽擁滯。今行此法，則透漏無從，私鹽皆官鹽也。無不食鹽之人，即無不納税之人。合一歲計之，國課必有盈而無絀。況産鹽之區，本不止惠安一堡。以某所知，靖遠、寧夏等處，皆有鹽池。靖遠以有礙官鹽，嚴爲封禁。然私取者終不能絶。寧夏之鹽池即在近城，向以優待邊黎，無引無課，歷來爲官鹽之累。陝□定邊有連、爛二池環縣，慶陽以至西鳳，皆食其鹽。河西産鹽之處亦復不少，皆聽民自取，故甘涼之課額甚少。均爲國家赤子，何以厚薄頓異。祈飭令各廳、州、縣通行查明，除煑土爲鹽，所得有限，聽民自爲外，其餘有鹽池者，皆設局抽税。近惠安堡者，兼領於鹽捕廳。遠者即領於各廳、州、縣。以通省之鹽，供通省之食，即抽通省之税，以完通省之額，未見其有不足也。

抑某更有請者，中衛邊外有大小鹽池，即《唐書》温池縣之鹽池也。今爲阿拉善王所轄，其鹽潔白堅好，内地之民皆喜食之。私□者絡繹不絶。其一路自中衛渡河，涉平涼府界，入隴州鳳翔，以達西安、漢中，其一路由大靖皮家營至臯蘭，轉入鞏昌、秦階，而至漢中，其一路由鎮番、柳家湖達甘涼一帶。大抵甘肅全省食花馬小池鹽者，僅十分之二，食各州縣私池鹽者十分之一，而食阿拉善王之鹽約有十分之七。陝西一省亦居其半。聞阿拉善王但於兩池置官收税，每一驢馱納銀若干，每一駱駝納銀若干，俱有定數。不論蒙古、漢人，聽其轉運。彼正行劉晏之法者，故於民甚便，而私販日多，駱駝牛騾什百成羣，皆持挺格鬬，吏役不敢呵止。或遂得其常例，以此爲利，私鹽盛行，而官引壅積，職此故也。若嚴爲遏絶，則民情所利，固非國法之所能禁，實辦必獄訟繁興，虚文又無濟於事，不若明開其禁，令沿邊各州縣於各隘口鹽所從入之處，俱設局抽税，或驢或駱駝，計其牲畜所馱之多少，爲税之輕重。一歲所入，必十倍於今之課額不止。彼所收者池税，我所收者過税。既無礙於阿拉善王，而私販者許令通行關津渡口，省需索之常例，其費亦畧相當，兩便之道也。所難者，創始之功耳。鹽捕廳得其人，各州縣之有鹽池、有隘口者，皆認真辦理，三年之中，章程既立，内地鹽池之税少，則邊口鹽池之税必多，邊口鹽池之税少，則内地鹽池之税必多。通盤合算，額數亦定。後此當遵奉成法，永遠可行。推之長蘆、天津、兩淮，閩浙，皆可倣此法行之。其陝西延榆、山西大同，向食河套私鹽者，亦於隘口收税。天下皆私鹽，天下皆官鹽也。刑獄稀而盜賊少，冗官省而國用充，萬世之利，莫過於此。

語云：常人可與樂成，難與慮始。建非常之績，非大人其誰與歸。必謂法難輕變，課歸地丁，一時簡而易行，亦當合通省之地畝，匀通省之課額，不宜拘守舊規，使瘠土之民獨受其苦。某不揣狂愚，冒瀆清聽。伏祈垂鑒，某臨禀不勝惶恐待命之至。

（龔葆琛纂修《［福建］福州通賢龔氏支譜》　清光緒九年刻本）

陝西興平張氏田賦

田賦引

有口不能無田，有户則必輸賦。田者口之資，賦者户之衞也，田賦之於户口亦大矣。後世不設田畯之官，民有産，率皆意爲播植，上農夫歲獲倍徙，不力者益以稱貸而不足。嗟乎，朝饗無資，而暮夜恒聞吏胥之鞭逋。民之咎歟，長民者責也。吾族八十户，稱素封者僅小康耳；其中有丁無田者幾十家，有田不能輸賦者又加多焉。至播種失時，培溉非法，更不知凡幾也。歲入僅此，而國家取盈。嗷嗷哀鴻，在天家爲同胞之子，在吾族爲一祖所生，倡率董勸，誰司其責，而聽此青疇黄壤，晨張而暮李，富者徧阡陌，貧者無立錐。往來畎畝，時形變遷，不可以不著也，譜田賦。

田十六頃有奇。

田有王、軍、民三種：王曰更地，以更名故。軍曰屯地，有事則戰，無事則屯。更地有一等、二等之異族中皆一等更地，屯地有本縣、外縣之别。族中皆本縣軍地。民地悉爲三等。亦有四等，族中地皆三等。凡此皆沿明代分封藩王秦王太祖第十一子，名楧。之制，仍其名而去未盡耳。王、軍二田，雜列民田之中，民田約三分之二，二者或不及三分之一，而田之高下、地之肥膮，不以此判也。

每頃百畝，每畝二百四十方步，寬一步、長二百四十步也，或寬二步、長一百二十步，愈寬則愈短。每方步二十五方尺，寬一尺、長二十五尺，或寬五尺、長五尺。每方尺百方寸。無論軍、王、民，皆以此推算，以丈論，則六十方丈爲一畝。即六千方尺也。

族中田之高者，皆係井澆田，名曰“水地”，其餘皆爲(汗)〔旱〕地，水地約三分之一，(汗)〔旱〕地約三分之二，歲收則水地必倍於(汗)〔旱〕地，或三四倍不等，而其致力也，其比例亦與歲收等。

家口盛衰，恒視田之多寡以爲衡，有丁無田，或丁多田少，衰兆也。惟丁少田多，乃易豐裕。要之亦視其人邪正何如耳。兹將族中田賦，表而出之，俾閲者與户口參對，不惟可知一時之盛衰，並可鑒歷世之隆替。表如左：

此專論田賦，似另宜爲表。兹合二者而一表之惡數也。猶前表户而口亦詳焉。

右表依上户口之次爲之。上注十百各號，著田數也。如五過二，即二畝也，起才一八，即一十八畝也。下注各數目字，示賦額也。如起才一二〇，即一兩二錢，占娃六，即六分也。惟田之單位爲畝，而賦之單位則分也。下有釐，雖有數不著也。

田者族之資，賦者國之課也。無資則民失所天，不課則莫養君子。百姓足，君孰與不足。是在牧民者教養於上，而聯族者薰陶於下也。賦之數維何？

賦二色約銀百兩。

賦有正、雜之分，正即民糧，每畝三升四合五勺，銀約六分五釐所謂額徵。雜即王、軍。王地糧有麥，每畝三升一合一勺三抄。有米，每畝三升一合一勺三抄。，銀有丁銀，每畝二釐二毫。有折銀，每畝四釐七毫。有竹銀；每畝六釐九毫。軍地糧有米，軍用，每畝三升一合九勺七抄。有豆，馬用，每畝二升六合一勺六抄。銀有丁銀,有馬銀。近將二者合而爲一,每畝一分一釐一毫。名色雖異,徵納無殊。無論銀糧、米豆、丁折、竹馬,悉折錢以輸之。亦有赴省納糧者,然不多也。輸之時,由里長以彙於商人,由商人以歸諸官長。其弊也,奸商污吏恒巧爲名詞,以增益其數,而民困深矣。弊之滋也,身受者不必盡在吾族。苟或有之,吾族亦莫能免焉。

每正賦一兩,民或倍輸焉不止也。其巧取之名色,曰"餘平",曰"火耗",曰"口袋"。近又益之以賠款,而胥差無名之索取,更無論矣。古只十一,今且逾十二焉。催科比較,自長民者以此課殿最,而天下無完民矣。噫!

本邑之賦,歲三輸焉。春輸額徵,即民糧;雜項銀子,亦係春輸。夏秋輸軍王夏輸麥豆,秋月輸米。其最者惟春輸爲要,以此時青黄不接,民無儲也。又其數較巨,非稱貸則國課闕焉。子輿氏所謂轉溝壑,殆以此歟。即今所謂春征是也。

此外在田有三釐、四釐之加空,每地一畝,加空三釐或四釐不等。在賦有存留起運之米徵。每石存米約二升六合四勺,運米約二升四合六勺。更有地畝税,即煙銀子等,每畝前二錢,近二兩。車馬費。有差,每里出車幾輛,出馬幾匹。

清初取民之制,有所謂"一條鞭"者,其法合諸色而歸於一。不數百年後,又有如許名目。弊果難黜歟,抑良法不易行也。名目愈多,滋弊愈甚。每當追逋之時,在民毁産者、稱貸者、息借商户者、在官鞭撻者、刑笞者、獄拘廳押者,胞與保赤,聖賢之訓,一無用耶。雖曰此責牧民者任之,聯族者亦不能不分其咎也。

無户無田,及有户無田者十餘家。

西銘言疲癃殘疾,皆吾兄弟之顛連而無告者。聖人天下爲家,四海之内,視如兄弟。吾族之無户無田,非伯叔即兄弟也。少壯者轉徙他邦,非傭即丐,其死徙不出者,老幼殘疾耳。教養無方,愧也何如。伯兄於歲終散給麥錢,雖不無少助,然族衆支繁,戔戔之數,可暫而不可久。每覩貧困之狀,輒爲心惻。兹不名不忍著也。

論曰:郡邑志,田賦其大綱也。歷代政書於食貨特詳,誠以此民命攸關,億兆之生齒、國家之食用,均取給焉。此而不講,上無以爲國,下無以爲家,而比閭族黨之政荒矣。雖曰制治之方,政教兼施,田賦乃政之一耳,然興養必先乎立教,而足食不後於民信。聖人爲天下萬世謀,洵有序矣。吾之汲汲於是,亦以培萬善之基云爾。

(清張元勛等纂修《[陝西興平]張氏宗譜》 清宣統三年尊經堂刻本)

浙江四明賦税

《嘉靖志》云:鄞田翔鳳鄉最肥,往時信國量田民故,決湖湌其田。信國謂爲水鄉,特輕其税,畝升八合有奇。所謂決湖湌田者,決東錢湖,湌其傍近之田耳。吾鄉隔於山嶺,蓋未之及。然既同屬翔鳳,其税自不得歧視。錢志亦稱翔鳳鄉民竈田,其科則較輕於他縣。然則吾鄉賦税之輕,所由來久矣。

正稅

民田：每畝徵銀五分八釐一毫，徵米一升一合一勺。

竈田：每畝徵銀三分四釐四毫一絲四忽，徵米五合四勺。

民地：每畝徵銀五分四釐一毫四絲，徵米一升一合一勺。

竈地：每畝徵銀三分六毫，徵米五合四勺。

各都圖田地分定字號。每里一字，用周興嗣《千字文》，見聞蕊泉所脩邑志。十二都，拱平。

附稅

附稅起於近年，厥類不一。據廿四年所徵收，每銀幣一圓帶徵建設特捐五角五分六釐，建設附捐八分三釐。縣稅特捐四角一分七釐，警察附捐三角三釐，教育附捐九分一釐，治蟲經費一分一釐，徵收費九分，而保衛團、教育及自治户捐，按田地每畝徵銀一角。色目繁多，其間間有增減輕重。要之，其總數過正稅一倍又半云。

一圖於光緒十七年時剩餘糧銀二十三圓，分十甲輪流掌管。待其豐盈，以充催糧員及地保辛工。每年十二月十八日會飲催糧員家，清理賬目。蓋催糧員及地保辛工，按畝徵收穀四斤，若以此餘銀抵補，爲利殊厚。七八房留餘堂早將此銀收歸，及中華七年復出費，乃復得與焉。十七年重定條議，凡見銀至三百元，即置田産，不准再出借，以杜流弊。今有田十餘畝，其銀常捐作公家費用，充催糧員及地保辛工之説，尚未見諸行事云。

四圖今有銀七百餘圓，俟其款益巨，亦將充催糧員及地保辛工。

大嵩場所轄之田地，曰塗田，曰新墾。塗地分南北兩團，總糧額數一千二百八十兩零，無米，無附稅。

塗田，每畝徵收銀二分，每兩以二圓二角七分計算。

新墾塗地，每畝徵收銀有差，兹列南團如下：

咸盛塘二分二釐，咸安塘一分九釐，一成塘一分四釐。海晏塘一分四釐，恒盛塘二分。

催收員役金每銀一兩，徵收銀六角五分。

大嵩場田地皆墾字號。

南團分一、二、三三團，咸祥屬之，他村間附焉。一團蔡家墩、横山、鄒溪、葉家山。二團河西、鮑家、横山、龔家、何家、大礁面、洪奥。三團西宅、池頭、王家、墩地。

北團分四、五二團，瞻埼、大嵩屬之，他村間附焉。四團清道地、後宅、王家。七八房、八二房、九二房、大嵩、蝦蟆袋、管江。五團瞻埼、東奥、西奥、舵撞、東坑、周家蘭、張家山、張家面。

田地正附稅之外，其他雜捐，吾鄉以地僻民蠻，往往不及。蓋必有鄉人自爲之導，而後徵收者敢至。雖至寬大從事，不敢苛索，最先者厥惟酒捐，在光緒季年。次則肉捐，然皆枝梧久之而後得。迨戊午年鹽案之後，民情日露畏縮，而稅捐日嚴以繁，於是簿册有印花之稅，鮮魚行、蔬菜行有牙帖之稅。營業也，房屋也，筵席也，白肉也，貰器也，煙酒牌照也，迷信紙劄也，莫不有捐。農民之自釀酒一甕，自宰豕一頭，而捐從之。今又有所得稅之新行，困阸之情，非自受者不能道矣。

（朱驥纂《[浙江]四明朱氏支譜》 1936年四明慎德堂木活字本）

湖南寧鄉范氏軍牌護照

軍牌

湖廣分巡湖南驛鹽道趙，爲嚴飭塘舖以速郵傳事。照得邇來各舖遞困苦已極，本道特爲條議優恤四款。

一、各州縣原設若干舖，每舖舖司若干名，俱著該州縣召募足額，以供走遞。

一、各州縣額設舖兵工食，照藩司留半之數，按季給發，以恤饑寒。

一、舖兵專供馳送公文，不許過往差使兵丁逃人解役，勒會挑擔擡轎，需索酒食。如違，許塘舖地方協拿，赴縣通詳。督撫兩部院及本道，嚴拿重究。至馬上差報，遇夜舖兵只備火把，付馬夫照引，不得勒會舖兵引送。如遞許舖兵呈報夫馬姓名提究以甦苦。

一、舖兵晝夜奔馳，一切丁差及煙民夫役等項雜差，悉予蠲免，專令馳遞公文。有誤必究，以專責成。

以上四款，詳奉綏遠將軍、總督部院蔡、巡撫部院正一品韓、批准嚴飭力行在案。但舖廢馳送，公文違誤，並應通飭除塘站仍遵急行憲晝夜馳送四百里外，至於舖遞公文，應遵《大清律例》，不拘里數、不許等齊後來文書，不分星雨，隨到隨送。晝夜須行三百里。本道另有遞舖長單移發各衙門。爾舖司兵一體遵照。如(遞)〔違〕，定行發究。特示。

康熙十九年，發縣前總舖裱褙張掛，風雨毋損。

護票

特授湖南長沙府寧鄉縣正堂加三級紀録四次杜，爲泣憐走卒等事。乾隆元年十月初十日，奉本府正堂錢批詳南北西三路范和陽、劉存心等，呈免雜差一案。緣由奉批如詳，行繳。奉此，合行牌給。爲此，牌給北路河趾舖舖司范和公。嗣後一切丁差及烟民、夫役等項雜差，悉予蠲免，毋許派及。倘有不法棍徒混行指報，許爾舖司繳牌呈驗，定即差拿重處，以正妄報之罪。該舖司亦不得藉名包攬冒勉，致干察究不貸。爾宜凛遵毋違。西牌。

右牌給河趾舖舖司范和公執照。

乾隆　　　　七日，兵書吏承。

湖南長沙府寧鄉縣正堂加五級軍功加一級紀録五次張，爲給照事。照得額設河趾舖舖司，歷係范鍾和充當，走遞公文，馳送火把，未受差田，僅領工食迄今，接充舖差，均係自田生理，一切民(猺)〔徭〕雜役，久奉豁(勉)〔免〕在案。玆值苗匪不法，差務倍常，因甲役不察，混派長夫，致范紹繩等以附舖輪充事禀。當批：爾既充當舖司，所有一切差(猺)〔徭〕夫役，自應免其重當，以均苦樂。嗣後差等倘敢故違派累，許即隨時禀究，並將此詞准於存案，可也。又據范開泰、范作聖、范南山、范百川、范漢章、范賢仕等，以乞恩給照事，具禀前來。據此，除批候即查案核給外，合行給照。爲此，給照范紹繩等。嗣後雜差民(猺)〔徭〕夫役，悉行蠲免，以均苦樂，倘甲役私行勒索，派累滋擾，許即指名禀究。本縣言出法隨，斷不稍違寬貸，各宜凛遵。須至執照者。

嘉慶元年　　月　　日，兵書吏承。

湖南長沙府寧鄉縣正堂加五級樊，爲給照事。照得額設河蚪鋪鋪司，歷係范鍾和充當，走遞公文，持送火把，未受差田，僅領工食迄今，接充鋪差均係自田生理，一切民徭、雜役久奉豁免在案。兹值苗匪不法，差務倍常，因甲役不察混派，致范繩、守國以派累事具稟前來。據此，除批爾既充當鋪差，月夫免爾雇辦，候飭房查明摘除可也。外合行給照事。爲此，照給范繩、守國等，嗣後雜差、民徭、夫役，悉行蠲免，以均苦樂。倘甲役私行混派擾累，許即指名稟究。本縣言出法隨，決不稍爲寬貸。各宜凛遵。須至照者。

嘉慶二年三月十八日，兵書吏承。

一、家牌

湖南長沙府寧鄉縣正堂加五級黄，爲特給鋪司牌册，以免雜差事。竊照鋪司一役，原爲專司走遞而設，一切民徭、雜役，疊奉各上憲豁免在案。兹據鋪司稟稱，鋪籍子孫繁衍，星居各都，兼寧邑歷無差田，其各鋪司間有佃種各都田畝，原供日食，届期仍赴鋪輪差，由來已久。邇年軍務紛紜，各都保甲動轍派累鋪司發辨〔辦〕夫役，及妄報充當牌保小甲等役，以致各鋪司具稟推卸，稟懇清查等情到縣。據此，當諭各鋪鋪長遂一查明，開造花名細册前來。除另給鋪長州册委牌外，合給門牌。爲此，牌仰河蚪鋪鋪司遵照，懸掛門首。嗣後爾等各辦各差，毋許紛更。如該地保甲敢再妄行派累混報，許即執牌稟究，均無玩違。須牌。

嘉慶十八年十二月　　日給，兵書吏承。

欽加清軍府銜特授湖南長沙府寧鄉縣正堂加五級紀録十次鄭，爲出示曉諭事。案據職員周瑞棠，周郁文、鄧麓雲、盧詠生等稟稱，北驛出城十里河蚪塘縣垣，與聖廟山水過峽處也，通邑士紳滯籍，悉由該地塘圳殘傷之故。昨奉諭飭查明，稟復在卷。今職等遵示，將北岸山下伴范姓公屋左側周姓墾塘壹口，與塘側墾田壹坵，勸令均廢爲坪，歸入聖廟管理，書立歸管字約，另給錢肆拾伍串文，以作價資。又西岸劉姓山中墾圳壹條，壹例填塞。至若范姓墳前田尾墾圳壹條，查范姓契載糧田貳坵，其壹名"藕蕩坵"，該坵原田叁畝，勸令范廢田爲塘，塘歸范管，糧仍范完。但無得栽插污穢。其尾水圳壹條，勸令范填塞成田，勿作别用。窖石爲界，仍照蕩坵尾圳地管理，以符范姓契載貳坵之數。凡所殘傷，一例封禁，竊恐該地人稠地窄，居民墾掘無常，有關例禁，理合請示刊碑曉諭，以杜後患。又查范氏的係宋儒文正公裔，自元末有范諱松者，官湖南辰沅道，遂寄籍落業於兹。厥後舉人范鍾和另置田畝，充領河蚪塘火把鋪差，有康熙、乾隆年底案，給予執照，優免民徭、夫役、雜差。迄咸豐年粤匪之難，底案雖燬，印照確存，(令)〔今〕田廢糧完，以保一邑山水，實屬慷慨好義。爲此，公懇賞賜存案，出示永禁上稟等情到縣。據此，除批示：據稟已悉，准如所請存案，並即出示嚴禁外，合行出示曉諭。爲此，示仰該處居民人等知悉。自示之後，毋許在于河蚪塘山水過峽處，墾塘圳有傷縣脉。敢仍不遵禁令，任意妄爲，許由該處團保人等指名赴縣具稟，以憑拘究，決不寬貸。其各凛遵毋違。特示。

右仰通知。

光緒拾陸年十一月初三日發告示，實貼曉諭。

（清范顯模等纂修《[湖南寧鄉]楚潙范氏族譜》　清高平堂木活字本）

湖南寧鄉澗西周氏屯差始末畧述

始祖辛甫公自前明下屯長沙衛，相傳原有四十八名旗甲。明時軍户爲重，除斯役領差出户外，自存長沙衛右所三百户，周辛甫與同所王貴保、梁民可、陳得源輪應旗甲一名。而長房志高完糧，册名“周廷金”，二房志亮分立，册名“周守光”係駿分、“周宗鍾”係驤分，三房册名，即係本名“周志宏”。歷係一宗發派，一柱承差。康熙六年已當一届，至康熙十年，有同所屯甲陳得源，拉守光幫差，結控到衛。有陳相維等和息，當官准給按糧當差印照。其時差務浩（煩）〔繁〕，又於康熙二十三年，三房公立合約三紙，議本户當年高、亮二房，各出銀三兩五錢，宏房出銀三兩，合計十兩，共覔承役。自裁衛下縣，以後每四年止輪應巡撫衙門差役一名。又經趙大中丞恭毅公釐剔弊政，差務省（煩）〔繁〕，我族止幫費銀三兩。又萬曆九年審報操軍餘丁周庚金。至清興，裁革料理未週，致懸半名在册輪應。巡道聽事吏歷係君陽、賓陽、欽甫、新所、玉伯、士行、淑美、玉美、拱極子孫輪當。順治五年及順治八年，立有合約。又乾隆二年，有軍丁傅邦定等，以懇請勒碑永禁苦軍，得免重徭等情，具稟湖南布政司張諱燦，准許立碑。又詳督撫鐘諱保批飭遵繳，行長沙府太守錢諱汝鮅，下各縣。我寧鄉縣邑宰杜諱珣立碑儀門外，永不許民家攀扯軍户，重當徭役。並刊板鉗印刷給軍户。此係祖遺差役，屢有幫費。特詳録於此，令族人共知焉。

（清周德湛等修、周憲禹等纂《［湖南］寧鄉澗西周氏族譜》
清乾隆十四年長沙周氏松竹軒刻暨木活字本）

八、庵　　产

湖南桂陽鄧氏鳳鳴庵

碑載永福公六房後裔，於萬曆七年建菴，崇禎甲戌年塑神像，康熙甲戌年重裝至觀音閣，係永壽後裔可久建。其山址樹木，乃吾通族公禁，惟介房收存東岸山契，西(底)〔抵〕路，何以從前建造戲臺在路東山脚，契不足信矣。今建新戲台，台邊賣古柏一株，酌抽樹價與介房德寧等收訖了局。日後山脚有樹之處，盡係通族公管，不得復行爭論。

（邓作忠等纂修《[湖南桂陽]鄧氏宗譜》 鄧香堂 1937 年木活字本）

浙江旌德方氏重建延壽院懺疏

宣州旌德縣興仁鄉水北里信士方融，同弟方懷等，地界内古跡祖建延壽院殿宇、佛像，融等各發心，敦請昇州崇教寺僧智光接續焚香修潔，皈依之處，所有院内山地、菜園，俱融捨院充用，永爲檀越。先願我王萬歲，國泰民安，以冀先亡咸生淨土，一切靈祇用垂保祐。時開寶七年甲戌歲二月吉日，地主方融等懺揚訖。

助緣弟子方效、方盛、方盈，而功德弟子方魯、方德潤、方義、教頭方照、方德昇、方舉、修造方德智、方德勝、方通、而弟子方權，將亡父自己柴山竹木地一片，院外周迴東至方祥山界，西至自山，南至方振地，北乾坑，有小坑路，從大合水直至大尖峰爲界，權與兄與等兄弟六人，捨入院内，永爲常住。所有山地税錢，並是權一門世氏送納。今後子孫更不得將税錢令院内送納。所願追薦亡父生天，以保家眷清吉永不朽。時咸平二年己亥歲十二月吉日，地主方效、方盛、方盈、方德昇等懺揚訖，助緣弟子方權，同子姪方德忠昇、方舉、方緒等，捨熟金拾兩捌錢，裝塑院内釋迦佛像，永充供養。院内法眷保守童行道暹、小師道寧、法眷智宗、小師冕院主道隆，南陵開化寺僧令鈞，山内有水田叁畝陸，園一片，東至路，西至院，南至方振，北至監院，併田地金沙沖等處田伍百畝，竹園地二十畝，四至不一，住持僧術修大德智光上院前山地田園，俱方伯弼、方伯源、方伯璉、方伯玉、方伯鋭、方伯成，與侄方襲等捨入院内，永充供養，祈保子孫綿遠者。

立清白字，十七都延壽寺僧人正松、正梓等，原係一都隱龍村方景仁等，有祖墳一所，坐落本寺，後遷葬融、峴二公在彼。今遇丈量，恁從方景仁丈暑字六百二十八號，共占祖墓一所，計山税五釐，其餘東西南北田地、山場，原係伊祖方融公、方懷公施入寺，仍是延壽寺管業，恁從修造墳塋祭拜，日後方姓子孫亦毋許侵損。本寺竹木在寺，只不侵損方姓墳塋。恐後無憑，立此爲照。

大明萬曆七年五月初二日，立字僧人正松、正梓，憑任景堂、任守辮。此字係景仁公裔世采收執。其税在隱龍一都二甲，方滿公祠衆當差。

（清方表等纂修《[浙江]旌德方氏統修宗譜》 清康熙三十七年旌德方氏刻本）

湖南羅氏公益志·寺院

蔡愔西使，摩騰東來，立白馬寺以處之，此我國佛寺之始。嗣後宗風丕振，琳宫梵宇，幾徧寰區。天下名山僧佔多，有由來也。明太祖出身皇覺寺，信仰佛教。馬太后崩，令諸王各於國中作佛事。僧道衍造明廷，此風普及民間，而家佛庵興焉，非僅如唐祖李耳，令天下州郡各建道觀一所已也。衰翁老婦，藉庵院以遨遊，滅罪消災，仰佛光之庇護，人之情也。民國以來，破除迷信，普設小學，提充菴産，其公益確而顯。溯其由來，集資建寺，俾地方之人，生者得精神上之慰藉，死者獲極樂之四方，亦公益之用意也。兹將本族菴院彙而録之，其他各項廟宇附焉。

青牛寺：在下茅田青牛山。外焉玉帝殿，内爲諸佛殿。原富公夫婦建。左爲觀音堂，係政器公建。香火各有界限。合計長租水田十六畝，爲香火資。

附：青牛寺禁條道光三年　　世德

老祖原富公建青牛寺，置田畝以爲香火之需，立禁條以杜僧俗之弊，洵意良法美焉。爲僧者固宜六塵不染，五蘊俱空。不意邇來住持不安清淨，遂至奸僞者屢乘間索詐，故寺中負債良多。我六房誠恐所負債者不或(讓折)〔禳祈〕，將懸罄興嗟，深體老祖創建深心，安僧以供佛事，何肆行無忌，故轍仍蹈。今春縱屬奸徒陡生歹意，總由山寺偭素清規。倘不嚴行禁戒，不負我老祖之精意乎。是以公竪禁碑，厥後寺僧有犯，無許停留，俗家有違，公同處治。爰將禁條列左：

一、始祖所施長住田山等業，不許典當。二、不許衆僧越規犯分，以賭逃者入寺。三、不許棍徒向寺詐索。四、不許停留面生歹人。五、不許閑遊入寺飲食，並俗家來寺認親停留。六、不許買賣人到寺中誆壓。七、不許幼年女人進菴拜佛。以上數條如違，小則公同罰處，大則送上究治。

附：復修青牛寺碑序道光五年　　永湛

青牛寺正殿，粤自老祖原富公妣卿氏所建，後有修造，不次罕覯，其距迄今，榱楝折鴛瓦承落，楣壁壞丹青不彩，起而視之，不幾於朽敗乎。道光四年甲申新正朔，八十五世孫永湛來寺朝佛。佛善衆等與住僧持峯，備酒筵以祈葺，而湛測然興祖澤弛廢之歎，獨任前楹一棟。是年鳩工庀材，擇吉興事，更舊换新。次年二月工竣，並塑玉帝金容，左右侍衛，匾曰"玉帝殿"。落成後，耳孫衆等見外殿修飾，而内殿諸佛金容黯淡，右樓圮敗，後議募化，請湛董事而勷厥成。於是斜傾者啓之，腐朽者新之，神像裝之以金，階陀甃之以石，雖祖妣之澤不泯，而衆善之輸無據。

欲勒碑以垂後，湛曰："前人所置，後人宜守，奚必爲獨任以傳名，實乃共勷厥舉之意云耳。"因泐碑以示於後。

附：遊青牛寺記道光二十年　世瑞金鑑

道光庚子之秋九月九日，羅子與六弟義田、李子存常遊於茅田之青（年）〔牛〕寺。分茱萸而徧插，携菊酒以同斟。少焉移席於中庭以舒遠矚。義田憮然曰："兹之一覽在望者，非茅田乎。茅田之上游，有何家灣、向家屋場等處，其下有杜公衝、遊家井等處，我地闢於宋，類宋以後人。迄於今上下數百年間，而稱羅氏故壤者，已自國初而然矣。豈若而姓者皆不嗣與。抑有之而逃亡與，故絶與，何没没也。使後之視今，猶今之視昔，則今之勞勞者何爲也。即後之視今，不盡如今之視昔，而今之穰穰者，又豈能長在也。"余曰："此不獨茅田爲然也，推之天下之興廢而皆然；亦不獨民間爲然也，推之帝王之嬗代而皆然。夫寺建於何代，而见寺不见建寺之人；神塑於何朝，而見神不見塑神之人。久矣夫，人之不能與木石絜長而度久也。而説者謂人有後，則人不可久而子孫可久。人有稱，則人不可久而聲名可久。此亦於無可如何中，强自慰藉耳。究之百世之享祀，一滴何能到九泉；（干）〔千〕載之流傳，生祝何能起死骨也哉。"於是滿座蕭然。李子酌而飲余曰："今日之遊，將以弔既往、悼將來乎，亦惟是流連景物於現在乎。夫往者長已矣，將來向有待也。現在可樂則樂之已耳，奚愀愀然以悲爲。"予曰："天地之化，往者過，過者過其所來也。來者續，續者續其所去也。大抵凡人任遷流於過去未來，故現在之境無定。佛通過去、未來於現在，故現在之境有定。現在果易定乎哉。其流連之也，非了悟釋典不能也。"時夕陽西墜，涼月在（大）〔天〕，佛燈高照，普放豪光，暮鼓頻撾，警省凡慮。頓覺六根清淨，五蘊皆空。乃（府）〔俯〕首皈依，口稱："伏願金粟如來，度我以慈航，登我於彼岸，乃至無煩惱、無罣礙，拔我身於塵俗之中，而遊我心於悲樂之外。"須臾義田歸，余宿於寺，夢一僧合掌閉目，余列其次。偶一自顧，則儼然衲子冠服也。始悟余之入佛，殆有夙因云。

永鎮寺：在文田石羊寨。明時文質、時翦、時袍父子兄弟建。後應寰補修。

正龍庵：在大田上游之龍洞。相傳原名"福壽庵"。子忠房建。後被回禄，應俊公復修。上爲佛殿，計四榒，左爲横屋，計二榒，下面豎槽門，中有餘坪，四週園圃環護。復由公裔合捐田租三畝零，以供住持生活，並香火之資。嘉慶間復修。

附：復修正龍菴記嘉慶二十五年庚辰　楚　楷

龍洞正龍菴，剏自前輩，後又續修。奈處勢高敞，風雨易侵，曾幾春秋，而佛堂幾墜。余不揣竊欲整理，但百工費廣，一木難支。恭央首事遍募福星，慨解金囊，共成玉汝。庶㕑堂鞏如鰲奠，寶座焕若蜃噓，皆衆力使然也，德莫大焉。功竣立碑，以垂不朽云。

復興菴：在文田磨刀坑。廷重夫婦建。世陸夫婦捐田租五石八斗爲香火資。

會真奄：在文田村道觀下。明萬曆二十年，應養公主建。

附：會真庵記萬曆三十二年甲辰　國　來

嘗謂勛在朝端者勒彝鼎，績光邊陲者著旂常。矧功施神靈，惠及道途，幽明兩沐者，而可毋使令其傳不朽乎。邇來竊見神靈蔭佑，必有棲身之所。維羅公文模頓發善念於生長地，樹立道觀，名曰"鳳興山"，恨在末年未竟，而其子時芳字連塘欲大規恢，未永終天年。賢内助陳氏偕子羲等,復建殿宇,重修整飾,裝塑神像,功倍前烈。道士崔守成、齋人周普金,嫌觀地前之路高峻,往來上下者,尤慮步履艱難,仍仗施財主母,並有一二好施者,輒鳩工砌石堦,闢崎嶇爲坦道,則修路之力行將與天壤俱不敝矣。厥成後,遂命匠刻碑,以誌不忘云。

與隆庵:在文田村東山洞。明萬曆二十年,應養公主建。

附:興隆菴記民國三十二年　　承倬浴沂

二十世祖應養公,於明萬曆二十年,創建寺宇於東山洞,名曰"興隆菴",其碑蹟尚存,半爲風雨侵蝕,未得其詳。夫東山洞在文田之東偏,乃公堂弟應威公得道處也。衆山環繞,鬱乎蒼蒼,羣鳥飛鳴,人跡罕到,其殆宛然仙境歟。我祖性甘恬淡,樂好林泉,故建菴於其上,以爲優遊養性之所。殿宇不甚擴大,正廳僅四榀三間也。而滿堂佛祖,罔不備焉。旁有小樓數椽,頗形雅緻,可與二三同志暢飲談心。繼而起者,亦復代加整飾,並裝祖像一座,與諸佛同龕。每值上、中、下三元,士女之焚香禮佛者,絡繹不絶。自明迄今,蓋數百餘年矣。上下左右,有竹山數大嶂,墾田數畝、大半皆祖之遺産也。西成之候,與我房父老扳躋而上,所以察歲收之豐歉,亦以參諸佛祖,而拜祖遺像。覩此容貌端莊,洋洋如在,不禁肅然起敬,而追遠之念油然以生。進而思之,十九世祖考時芳公,號萬碩君,十九世祖妣陳太君,稱施財主母,衡山之南嶽殿、順水橋之甃石巖、縣城之南門頭及北塔,皆捐有銀數百兩,捐碑具在。其他齊人利物之事,難以枚舉,可想見其樂善好施之心矣。而道觀下菴院,尤不惜貲財,樹立殿宇,裝塑神像,蓋繼父志而竟其功也。我二十世祖應養公者,即其第四儲君也。其處豐亨之境,固不待言。然不以窮奢極麗、肆侈靡於閭閻,而以積德累仁、種福田於梵刹,則其善根之種於先代,遺澤之及於後人者,其來有自矣。爰綴數語,以誌不忘。

洪福菴:在文田村道觀下高橋。清初係時遜公建。嘉慶辛未,又改建一棟。

金鳳菴:位於白沙坪下游之雙淋江犂頭山嘴,乃民穩妻鄒氏所建。原名"真空菴",後捐與原禄公裔公管,改名"金鳳菴"。中爲正殿,右建樓房。寺田坐落犂頭山前後,計租二十餘石。

附:金鳳菴復修記　　教湘澤涵

儒主仁義,佛主慈悲。仁義也,慈悲也,即博愛平等之精義也。世之信仰佛教者,平等爲本乎,博愛爲用乎,抑希福於冥冥乎,吾不敢知也。金鳳菴乃民穩公之妻鄒氏所建。氏一生好善,建菴事佛,雖不敢云平等爲本,博愛爲用,要亦慈悲之表見也。厥後子孫無力修葺,乃捐與原禄公裔公管。

清嘉慶以後,迭次修整。然斯菴據犂頭山嘴,地勢甚高,易爲風雨侵蝕。民國三十年辛巳冬,公推世銀、冠湘、環吾、賢迪、潤帆、壽林、承滁、定湘、世暘、承清等,以合房公貲,重新修繕,並募化善緣,修塑佛像。越二載,至三十二年癸未秋竣功。從此月滿禪堂,映圓光之放頂;鐘鳴佛寺,澈普渡之迷津。慈悲爲懷耶,希福冥冥耶,二者必有所在矣。余素主張心即佛、佛即心者。大仁大義、大慈大悲、二聖原即一理。平等爲本、博愛爲用、吾儕可勿勉乎哉。

天玉寺:位於錫溪村。明嘉靖間原禄公裔所建也。前爲關聖殿,後爲觀音殿。左右有樓房。觀音殿左側有僧房一棟。清乾隆間,濟羣、細倫、義方、在廷等主持復修。清末民初,伯圭、永南、昌慶、必餘、伯瑚、喜玉、伯瑶等再主持整修。寺田坐落本菴對岸木魚山下。計租一十六石整。菴垣内有園土數塊。

附:天玉寺復修記乾隆五十六年辛亥

嘗思藐射姑之説,信者聞之,不無福田利益之思;疑者聞之,遽有大而無當之誚。斯固然也。先人建天玉寺,誌譜明載,亦特地乾坤爾。顧歷久頹朽,幾成瓦礫之場。祖德宗功,豈可竟棄。余等修葺殿宇,復募化佛像。蒙衆樂施,竟逾年而焕然若故焉。疑者見之,或以無染難明,頓化其誹謗之議;信者見之,或以無遮莫及,潛消其邀福之心。樂輸之德,其可忘乎。因勒諸貞珉,併次是以俟夫後之覽者云。

附:天玉寺三修記民國二年　永向伯葵

粤稽漢明帝時,攝摩騰自西域,白馬駝經來,因剏立白馬寺,始有寺名。厥後唐稱香積,摩詰留名。元誌翠峯,黄庚紀勝。菴寺肇興,相沿久矣。我先祖羅公諱原禄,自明初以來,剏建天玉寺。至滿清乾隆末季,後裔等力加補修。迄今歷年愈遠,佛殿僧房,幾經風磨雨蝕,心竊傷之。是以公同會議,各解囊金。故庚戌冬,重建殿宇,改造樓房。並將白沙坪金鳳菴復加修整。督匠鳩工,越兩寒暑而告竣。非徒以壯瀾規模也,亦勉承先志於勿替耳。敢竭鄙忱,恭疏短引。謹將先人特别剏造之原因,並後人迭次補修之至意,勒諸貞珉,以爲與河山並壽云。

仁壽菴:在錫溪水車市南。明時廷重裔建。

望雲菴:在錫溪烟竹江梅家衝。明時廷璋裔建。

滄溪廟:在文田坪上。宋時彦一公建。清道光二十年、同治五年,永超、啓蘭等兩次復修。

横江廟:在文田横江市。同治十年復興廟貌,虔祀關帝,威公附祀其内。

附:横江廟記　世　彦

文田村自明初創建廟宇,祀漢關聖大帝暨里社神,因廟址横江,故曰“横江廟”。嘉靖己酉,巡按御史陳公省撰歌文,檄令三楚郡國,鼎新關廟。族先輩重加修葺,勒歌於碑。碑文采登郡邑志金石。自明季以來,凡大災大疫,我境疊荷神庥得無恙。以故四民奉之甚虔,距今數百年矣。今正三十日夜,有無賴子宿廟之右廂,弗戒於火,勢已炎炎。倘風色稍緊,廟將盡燬,街市延燒,爲禍必烈。而是夜僅焚其右廂,失火之人斃焉。救火者至,急舁神像出,置廟前石坦上。神像金身丈六,當時二三人竟舉重若輕。及火滅,僉議暫安聖像於文昌宫,十餘人舉之猶不勝。藉非神顯靈異,安能若此。嘗聞之父老云:“初建廟時,首事欲塑聖像,帝於夢中語曰:惟荆州府廟像差肖。”爰偕雕工往瞻聖容,如式塑之,儼乎神在其上,令人肅然起敬。可見神之降靈於斯地者不虚,而斯地之沐神庥者爲有自矣。境内倡議重修,屬彦暨族人世典、鵬楊、敦度、芳聯、榮方、紹怡、承績等董其事。諸同志及闔族中解囊樂輸,不數月而工竣,規模較前更闊。聖帝正殿外,祔祀本境血食神。廟成,因述其端委而爲之記。

卿外公廟:在文田官莊杜家衝口。爲原富外舅祀以六月六日。

水口菴:在華溪水口山。坐西朝東,正殿六榻,左右廂樓各一。菴前後田租十六石,内掞藻小學提捐實租二石。菴前後左右有柴山園土數嶂,沙洲在内。

附:水口菴記　特　升

是菴之立,祈佛耶,祈福也。余族水口山,蟠踞繚繞,如大將挺立,擁纛當前。美哉藩垣屏翰,巍乎壯矣。先人歷設會蓄禁,以衛陰陽。邇因會廢,砍伐滋起,幾成牛山濯濯矣、覩者憾焉。余承族命,於固先塋立宗祠之後,日夜殫思,惟立梵刹始可經久。爰於甲午年自輸銀十七兩,立菴於山之巔。而煽於術者言、以在山有礙,乃復商議芳升、克嚴等,以謀另遷。而一爲唱者百爲和。施田舍地,捐樹捐銀,數閱月而菴遽移於山左灣中焉。自是厥後,菴日永而山益榮,葱蘢蓊鬱,捍一方之靈秀,固二氣之精英。而千秋百世,即以佛地爲福田可也,夫豈與區區詔天下洞天福地,修建宫觀,塑造聖像者,所可同年語哉。兹因工竣列名,特序其顛末,以志諸石。

附:水口菴復修記　承　煜

是菴創於乾隆四十二年,今四百六十二甲子矣,近就頽圮,族中諸父老復倡修而光大之。落成,囑煜爲記。自慚譾陋,勉綴數言。菴依水口,殿屹山腰,堂羅萬億佛,根原舍利化身。院住兩三僧,用作供檀行脚。先人沿白馬遺規,貽創兹舍利。後嗣入青鴛精舍、忍萎等銅臺。第寺異金山,金安得自江而出;縱國稱玉舍,玉仍資入海以求。迺佛缽遞傳,圓成歡喜;致龕燈繼照,寺啓慈恩。從此禪参暨指,菩提共證上乘;果然石解點頭,姓字同銘豐碣。

朝陽菴:在隆回二都華溪。明萬曆三十年,萬玉建。

問津菴:在隆回二都馬過橋。明時大冶、大鵬建。有田租十二石。清道咸時,恩、恕兩房補修。正殿一棟,左右拖屋、廚房,進深三丈二尺,横寬四丈。

附:問津菴復修記同治四年　承恪文蔚

蓋聞菴院寺觀,歷代久矣。佛在四域,何由而來。起於漢明帝夜夢金人,長丈餘,飛空而下,訪之羣臣。傅毅曰:“西域有神,其名曰佛,所夢者必是也。”當時西域有僧,以白馬馱經來朝,止於鴻臚寺,遂以僧居,尊崇佛教,始立白馬寺,由是佛教興焉。緣先祖羅大冶、大鵬公募化衆等,豎立一菴,名曰“問津菴”,因年久頽敗,佛不堪座,僧亦不堪居,我大、三兩房不忍頽敗,起費於道光三年,豎造正殿。廿三年復捐起造韋馱殿,又咸豐四年,捐資買瓦添蓋,補修告竣,總刊碑記,永垂不朽云。

胡公殿:在扯旗寨第二峯。必聰房建。有田租山土,以供香火之費。

石佛寺:在上羅洪首望山内。有石佛一,土人掘地得之,眉目粲然,若神工鬼斧鎸成者。羅政端倡建。附近山土甚廣,皆寺所有。

附:石佛寺記　鄒文蘇

蓋聞岡巒之鬱岪蜿蜒者,其氣必有所鍾,於人必有所濟。首望之山,自辰、溆而來,緜(互)〔亘〕數百餘里,而屹立於邑之西南。吐納風雲,倏忽萬狀。靈根神朮,玉液瓊膏,靡不孕育其中。而其最著者,莫如石佛。石佛,土人掘地之所得也,粲然蓮目珠眉,巧若神工鬼斧。冰雪之姿,河嶽之象,其迹與郊之大佛略同。説者以爲觀音大人降生迦衞,而遂凝而爲石也,是或然矣。建寺以來,旃檀寶座氣象煒煌,往來禱祈加響斯應。洎乎正法絶紐,梵宇凌夷;上風旁雨,頽垣徒在。然逢大旱,里人祠以棗糕,索以篿筳,甘霖未嘗不沛然四應也。沙門端意者,居山之東,菴曰“騎龍”。精持梵典,靜養禪心。乙丑冬,經游是寺,目觸心寒,毅然以修復自任。自以齒積盈金，贖田若干，爲薙草開林之用。旋廣募搢紳碩彦，善行同心。飭力鳩工，朝夕不輟。五易寒暑，始告厥成。將泐石，求序於予。余惟邱壑之中，縈青繚白，怪石幽泉之勝，名葩美箭之生，有心者猶低徊不置，況洞天福地，湧現法身，知來則燭照數計，利物則雨雨風風。猶古所稱行不捨之檀，而施洽羣有；唱無緣之慈，而澤周萬物者乎。十方善士既解囊傾助，金容攸託，則真宰常存。其所爲耀惠日、燦慈雲，躋大衆於壽考且寧者，又將於無窮矣。

南水菴：坐落上羅洪南水山。佛殿一棟，計六榻，左右爲樓，外聖帝殿一棟，亦六榻。明武宗正德初年，政端公創建佛殿與山門，清聖祖康熙年間，學思公始建聖帝殿。

附注：政端公捐菴院門首下田八畝零，又捐老菴堂場下田三畝，又捐報木衝下田三畝。後學思公復捐菴院上手井衝下墾田六畝，廷惠公捐紅錫衝下田一畝，子懿公捐買廷憲房原捐略裏下田一畝六分，又捐買應宦房原捐紅錫衝下田一畝，應宇公捐田二畝，民惠捐略裏下田一畝零，民綸捐報木衝下田一畝，民壯捐略裏下田一畝，民虞捐栗木平下田一畝，民彬捐田一畝，又捐略裏下田一畝，又捐買應望房原捐下田一畝六分，民士捐紅錫衝下田一畝，又捐栗木平下田一畝，民麟捐紅錫衝下田一畝，民緯捐略裏下田一畝，共田三十八畝。菴院前後上下周圍竹樹山，上抵尖峯分水爲界，下與左右均隨田轉。清咸豐年間，因望雲山天門寺僧如恒謀反，提出租穀四十八石爲卡租。民國元年，四維學校提租穀四十八石。民國十八年，又提卡租四十八石。現存菴院門下田三畝，又存苧蔴園下田一畝，共存田四畝，永供香燈。

廣華寺：坐落上羅洪都司溪。佛殿一棟，計六榻，右邊樓房一棟，左邊横屋一棟，各爲四榻，前面槽門一棟。清聖祖康熙中年，學彦、學思、學高、學策等創建。

附注：學思捐茶兜衝下田三畝，又捐管子衝下田六分，學高、學策捐廣華寺路下下田三分，民惠捐陷衝下田一畝四分，民壯捐老虎衝下田五分，又捐筆竿衝下田七分。譜上註捐寺背後下田一畝碑上未載，民彬捐漩塘衝下田五分，民士捐易家屋對門新南衝墾田三分，又柴山一嶂，又捐漩塘衝卜田五分，又捐筆竿衝下田三分，民麟捐筆竿衝下田三分，亦若捐寺下下田三分，民緯捐筆竿衝下田一畝，又捐菴院上首園上墾田，民繪捐陷衝下田一畝，民綸、民彬、民士、民虞、民繪合捐新塘衝下田七分，又捐漩塘衝下田六分，又上截柴山一嶂，又捐禾黎樹下下田三分，民澤捐筆竿衝下田三分，民虞、學高、文彬、映彬合捐漩南衝柴山一嶂。民國元年壬子，政端裔同議，提出田六畝變賣，充四維學校開辦之用。民國二十一年壬申，四維學校又提出田五畝。現本寺所存田僅三畝，永奉香燈，子孫不得侵蝕，以留先人紀念。

水月菴：在上羅洪。明時少卿裔建。

觀音閣：在上羅洪水口邊。廷惠、廷憲、廷憩三房建。

韋陀菴：在高坪金鳳村胡家衝。乾隆時智叔裔定侯捐建。

羅真廟：在高坪常福村駝背洞。廟後有杉樹，高可八丈，大五十圍，枝皆下垂。又有古樟大百餘圍，寄生竹木多種。

石盤寺：在四川三台縣賽金山。清道光時，楚盛公錦山建。

附：石盤寺記一 陳福疇

梓南湘江橋，封君羅錦山宅也。其西南三里許，有山自桂林灣邐迆而來，橫截溪口，左鑼山，右鼓山，天然對峙。父老謂余曰："此羅宅捍門山也。"山盡處結平石數十片，縱橫若刀畫斧劈，形似棋盤，俗相傳石盤嘴，因以名焉。盤之上約十餘丈，稍平坦，碎瓦參差，斷碣無存，羣疑爲神廟基址，建造未知何時。乾隆末年，居人王、何二姓，適與山相去密邇，每逢春秋佳日，率衆祈晴禱雨，往往於玆地設壇焚獻，歷有年所。嘉慶初，衆方登眺間覽，忽於荆棘叢莽中，掘起一石像，用筊卜之，乃玉皇大帝像也。王、何喜，對衆言曰："我曹慶年憑空拜禱，苦無神像以肅觀瞻。今玉皇出世，或者鑒我等微忱，大彰靈應，亦未可知。我等盍共出錙銖、建石廟以妥神靈。可乎。"衆唯唯。爰擇吉興工，不兩月而告竣。廟三間，中玉皇，左右牛、馬二王，此嘉慶二年創也。迨道光二十年，錦山二少君有目疾，許刻眼光菩薩像，接至廟左。踰年，錦山臨此而興歎曰："以天帝至尊之神，須廟貌宏大，庶壯聲靈，區區以卑狹石廟藐小形軀奉之，毋乃褻瀆大甚。"命諸少君鳩工庀材，上建玉皇殿三楹，兩旁接偏廈二間，下建空洞三楹，後塑大士像，與玉皇相對面，謂之倒坐觀音。前殿塑文武帝君像，旁兩間塑牛、馬二王及川主眼光像。東西兩廊各長三間，或作會，或議事，衆姓紛集，不患無地以處之矣。功成閱一歲有餘，約費千餘金。是役也，非錦山公有樂善好施之心，未易臻此。嗚呼，前有作者後有述，百世而下，有能補培增修，不使現在之功德埋没於風霜兵火之中，固錦山之所厚望於後人，後人亦諸佛菩薩之所默啓於後人也。遂援筆而爲之記。

附：石盤寺記二 張豎猷

廟宇之設，先王所爲報功德、崇禋祀、束人心也。伊古以來，上自王公國都，下逮村巷編氓，皆得設廟肖像以奉祀事，典綦重焉。今梓南石盤寺，封君錦山羅公業也，舊毁於兵火，片瓦無存。本朝嘉慶間，居人因其故址建立石廟，爲歲時祈禱之所。一日者，封君扶杖嬉游臨此，慨然曰："玉皇至尊也，而以片石小廟奉之，烏乎可？"爰捐多金，鳩工庀材，俾前後宫殿、東西兩廊，備極丹青土木之盛。道旁觀者咸嘖稱封君之德不衰。噫嘻，莫爲之前，雖美弗彰；莫爲之後，雖盛弗傳。昔之紺宇琳宫，忽化而爲蔓草荒煙者，固賴有今人以創之也。今之丹楹刻角，倏轉而爲碎瓦頽垣者，尤賴有後人以培之也。吾故於創修告竣之餘，略敘其盛衰不常之故，俾後之讀者，亦將有感於斯文。

迴龍菴：在下羅洪大牛牯亭。明英宗時文聰公創建。鐘上鑄有公名，迄今尚存。

極樂菴：在半山内十里，距洞下五里，小地名擋罷社。爲永高裔建。有田租十二石。左右山土數嶂，供住持香火費用。

附：極樂菴回憶記 无 鯤

半山内十里有極樂菴，吾十三世祖永高公之遺業也。是菴在叢山之中，上負巉崖，下臨無際。蒼松翠竹，環抱左右，蓋昔賢養真之所。歲久失修，屋宇傾圮。清光緒中葉，先父聯源公介紹比丘尼竹姑居之。竹姑，節婦也，有幹才。先父資之扶危定傾，葺殘補壞。於是菴舍始可居，而佛像亦逐漸光彩。予喜其景物之佳也，特製木聯懸之，題曰："極世間無上妙法，樂此地别有洞天。"民國七年秋仲，予與弟元熙往遊，見其景色清幽，(晝)〔晝〕則古樹揺其巔，夜則溪聲響其足，耳目爲之益静。有時白雲入户，野鳥和鳴。兄弟連牀，間談今古，逸興遄發，高歌入雲，每不覺皓月之臨窗也。雞聲報曉,白日西沉,暮鼓晨鐘,益多雅趣。時予佛興正濃,特寫八大人覺經、寒山(予)〔子〕詩多首,存菴以留紀念。弟歸家後,旋即病故,而予羈教省垣,不覺又二十年矣。國難歸來,心神交病,不得已攜珩、瑚兩兒,重遊極樂菴,謀精神上之慰藉。至則竹姑老大龍鍾,生活憊極。見(子)〔予〕父子荷擔至,油鹽米菜,足供一月之食。楊枝甘露,涸鮒情歡,所謂饑者易爲食也。問當年存菴墨跡,答云:“爲好事者取去。”予即抖擻精神,重整筆硯,擬寫金剛彌陀救苦二經各一部,存菴供佛,表未予進修浄業初階。無何,雲飛祠譜事發動,遣使來迎。不得已,中止吾願,遂於至菴七日之後辭去。旋竹姑以老病死,吾自此羈身譜務,迄今尚未得離。覩萬象之皆非,覺此身之如幻。抗戰已六週年,而結束無期;風雲滿五大洲,而和平無日。血水横流,天日俱晦。我心瘁矣,傷如之何。當平津滬寧緊張時,吾心緒弗寧,時誦昔賢安心歌自遣。其辭曰:“英雄眼淚,誰人知道。向無邊一哭,衆生顛倒。孽海滔滔,惟有菩提垂手,從千年萬劫以來,而今知道。莫錯過此心,自尋煩惱。六字洪名、萬緣都掃。得見彌陀,法名齊曉。從今後把吾心安了。”今特綴此,願與族中之能了佛義者一讀之。時民國三十二年抗戰六週年七七紀念日。

真人殿:在洋溪麻蘿山口。明友宣公創建。捐田以供住持香火之費。現存寺租約十五石。

附:真人殿復修記

聞之神在虚空,原無定宇。循是説也,古之金布寶臺,又何以稱焉。我羅姓真人殿,建於明代。徧視山面,堪輿家以爲前列獅象,後屏鳥覆,脈静龍真,可稱勝地。因建於此,歷有年所。乾隆初,有衲子庭章自攸來,託鉢是菴。見殿宇傾圮,神像弗安,慨然有志,乃自捐銀若干,復募若干,豎立後殿,不日成功,靈之昭昭如此也。於是安其像,定其座,左右中邊,巍然潤制,儼然仙院。祥雲翠霧,何多讓焉。但今昔既殊,前後各異。爰立碑記,以俟後之人繼美(曾)〔增〕美,無忘兹艱是幸。時清乾隆十六年辛未黄鐘月。

麒麟菴:在鼎溪。明洪武年間,時文公建。

誠佛菴:在南烟村小塘德安嶺。民國二十四年乙亥,教煜君醉白室人唐氏獨建。爲修真之所。

石龍菴:在潮水村石龍山。左側正屋二棟,山門一所,名雖曰菴,實則墓廬也。創修何時,無碑可查。兹附復修菴碑記,及禁條於後。

附:石龍菴復修記清嘉慶十八年癸酉　公　撰

環石龍菴皆山也,我先人建菴百餘年,以是爲陰陽兩關,鎮水口,居守者蓄樹木而爲東南保障焉。開葬以來,巡守相繼,代有成勞。登斯山也,則有夏木森羅,蔚然深秀,信可樂也。庚辰冬,佛堂災矣,獲埜叔等毅然起而倡修之,解囊遷造,色相維新。無如守者希圖食報,(敝)〔弊〕竇多端,不數十年殿宇傾頹,門壁器械蕩然無存。兼以習俗澆漓,人心叵測,竹木柴薪,旦旦而伐,已漸成濯濯之象矣。我等目擊心傷,復修有志,商及闔族,蒙衆樂輸,鳩工庀材,不逾兩月而告成。至若承守之人,自今以往,不拘一格,只求品行端方、慇懃謹慤者。規例另建一碑,觀其善敗,聽我去留,豈容复私心於其間哉。嗚呼,菴之敝也久矣,一經整頓,焕然改觀,俾後視今,亦猶今之視昔,子子孫孫其勿替行之。是爲記。

附:禁碑條例。一、墳山周圍大小樹木柴薪,俱該蓄禁成林。常要鳴鑼巡捕,不得因循懶惰。倘或面覩砍柴盜樹之人,不論羅姓外姓,立即投鳴山主,鳴上究治,毋得徇情賄放。二、菴堂後面竹筍,當年務必蓄禁。然用竹亦當樽節有名,若有到此偷砍偷挖者,不論羅姓外姓,即來報鳴山主,重罰不貸。三、菴堂柴火,祇許拾得風折雨倒枯枝朽幹。凡大樹有用者,不得擅自擔搬。四、菴堂不許停留匪類、而生歹人,及過往遊僧。尚有到此穢衊放潑、酗酒無狀者,即來報知山主開發。五、菴堂不許賭博、招引遠近匪黨賊盜,貽害地方。間或羅姓有人藉山主名色,强要到此賭錢者,立即喊鳴上下通垣山主懲治,毋得畏憚隱瞞。六、凡山主往來到菴者,不論長幼尊卑,均當交接以禮,毋得嬉笑弄罵,因假成真。

附:石龍菴復修記二民國十二年癸亥　　年熙晴軒

黎山湖水之迤東數十武,有山多石,蜿蜒如龍,因名玆山曰"石龍",先人之墓在焉。明萬曆間,前輩於是山之左側,創修菴院,前後二棟、塑石佛數十尊其中,以爲地之吉者神所棲,且資之以守護墓木。是佛菴也,亦墓廬也。清嘉慶朝,獲埜祖復補修,迄今已歷三朝,豐碑矻矻,古木蒼蒼,惟菴院有傾圮之患。爰倡族人增修葺之。後棟循舊,前棟更新,自庚申夏至辛酉冬始落成,庶幾神有所棲,而墓有所守,於前輩兩得之美舉,繩繩於勿替云。

牛山古寺:在楚良村與安化交界之石牛山頂。寺田六畝,山地甚廣。

附:牛山古寺原序清嘉慶五年　　公　撰

扶輿磅礴,秀結名山。自來山以仙傳,仙以寺傳,其中雖有天存,未始不關人力。是以禪師顯化,朝拜如雲。每丁聖誕靈辰,遐邇畢集,而雲窩褊小,容膝無從,一值雨大,羣濡泥地。是天懸一境待人爲也。爰商同志,議建前亭。尺度連石屋爲高卑,結構視牆垣爲廣狹。捐貲濟美,鳩匠庀材。經紿於庚午秋,觀成於是歲冬。即納厥簷溜,風雨攸除,禪師攸芋,登臨者皆攸躋攸寧於無窮焉,當亦與古皇天竺、生公可中而並傳。

附:石牛山記　　迭烈鏡珊

石牛山,以山狀牛而名者也。面積極廣,跨新、新兩邑,絶高而頂平。族先輩因就頂平處建寺焉。顏曰"牛山古寺",爲周公禪師建也。禪師者,西蜀人,明季廩生,或傳元末人,睹明社危亡,始飛錫南來,遁跡於此,蓋不得志於時者之所爲也。委化後,爲民求晴雨,禱疾病,往往有靈效,族人因神而寺之。寺之建,始於前清嘉慶五年冬,至光緒二十六年庚子,經族人暘熙等重加修葺,規模較前宏壯。内爲佛堂,禪師神像坐其中,前爲天井,又前爲大門,左右夾有上下層廂房,清潔可愛。每值夕陽西下,爽氣東來,憑欄遠眺,龍駒山石門頭,煙火千家,阡陌交錯,大熊山、古牛山,木樹參差,若隱若現,萬千景象,盡收納於窗几佛民間。瀏覽之餘,令人有遺世獨立之想。出寺門右手不數十武,稍折而北,爲牛口裏,狀若牛口,極狹隘。相傳當日禪師修道於此,日惟餐松餤柏,静坐譚經,形跡宛然存在。烈少慕其靈異,曾一再陟山而嬉焉。其時住持僧迭陞,頗不俗,烈至,必備茶果通殷勤,譚論中更饒禪機,殆亦僧侣中之不可多得者。寺旁山地極廣,無木樹,舊爲牛寨,今則廢棄久矣。然土質肥美,宜種植,每年所出雜糧甚多,有關於吾族生計不淺云。

朝陽菴:在楚良村新安交界處。圭田八畝。

附:朝陽菴原序

莊嚴寶珞,前身共證如來;經讀《法華》,我象猶留卍字。金繩寶筏,自古有然;禪板蒲團,於今爲烈。兹有朝陽菴,地界新安,門開甘露。供來諸法,無非十六丈金身;創自前朝,已應五百年氣運。夫守成不易,校之創業尤艱;而先緒已恢,彌望後來濟美。況邇年全石摧殘,風霜剥蝕。仙天福地,縱依然選佛之場;整屋鐘樓,已非復發祥之始。傾頹寺壁,淒楚仙樓,雖曰法門,幾成苦海。我等素沐恩光,不勝感慨。靈山托庇,孰非香火因緣;法炬啓蒙,詎忍禪堂荆棘。爰商補葺,大化慈悲。擇吉興工,因革還期盡善;采花成蜜,多寡總自隨緣。伏望仁人,共成美舉,公橐私橐,大書特書,布來園裏黄金,從此備成精舍,解開腰間白玉,座几留鎮山門。雖報施之説君子不言,而慷慨之懷神明實祚。門前白鏹,此時種就福田;壁上碧紗,他日留芳姓字。

普惠菴:在楚廟兩村間之黄栗岡。明時修建。寺田八畝。

附:寺碑　　　　公　撰

甲辰之夏,有僧名"合奇"者,欲另修觀音一尊、關帝一座,央集糾首,募化檀那。其功始於仲秋,告成於乙巳。兹值刊碑紀善時,因思是寺之建,肇基於明,禪師由蜀而來,得道於此,人皆異之。山主羅承顔及龔、方、俞、羅各姓,合施右邊梵地,並山土水田,羅大稷施山土一片,迴龍潭、轉頭山、白楊坪三處人等,合施水田二畝,共成此舉,産業倍多於曩時。厥後屢加整飭,兼化各姓仁人,老碑記載詳明,殊難悉數。夫人之好善,誰不如我。覽斯碑者,當不以余言爲贅,而轉以樂施者之令人稱道於不衰也。是爲記。

附:普惠菴記　　　　迭昇毅剛

新化縣治之北百二十釐,有地名黄栗岡焉,地形狹邃,寶藏豐富,遠村落,不聞雞犬聲,間有棚,四壁雅緻清潔,望儼然而即也温。普惠之雍容,怡怡在座。退而四矚,前屏叠嶂,後倚層峯,古木葱鬱,緑竹猗猗。雲霞摩盪,寒光滿衣袂,宛然世外洞天。宜乎幽賞者有之。堂西益之以樓,窗檻爽朗,可處讀書之士。循樓復西出,直不百武,基平而敞,方容几席,寺所不見者得而見之。僧曰:"相傳曩時普惠化身之所,即此處也。"又指寺前之豐碑曰:"彼屹屹者,非燼餘之遺灰所在耶?"余深頷而韙之。吁,異人異地,可與日月長昭矣。第此寺之建,昉自何時何人,而普惠之命名何據。稽考寺中碑誌,刊載朗然。元末明初,普惠禪師周公者,西蜀廩生,精奇門,能遣雷致雨,療人疾苦,卓錫距離六里許乙石牛山,圓寂於此,人皆異而祀之。至崇禎六年,山主羅承顔創修梵宇,施寺左山土、茶園,並水田二畝零,爲住持僧養身之計。自前清康熙間遭回禄後,地方繼起修葺之者,已歷多次。今縱焕然可觀,而創始則屬之承顔也。承顔者,楚良村余族瑀房人也。矧夫周公以參禪悟道而成神,千古隆此寺之香火。承顔以樂善好施而覺世,不宜與此寺並傳千古也哉。余館山溪,經其地,輒入寺濟覽,課餘之暇,緬懷勝蹟,而益景仰慨嘆於其人云。民國二十九年冬月日記於同文學校。

東嶽廟:位於赤竹山宗祠左側,一名"東嶽坪"。計屋一棟。禄峯裔公建。廟後並置菜園土三塊,前左兩方餘坪屬之。

南嶽殿:在楚良村,並置田六坵。

(羅教宣等主修《[湖南]羅氏通譜》 1944 年木活字本)

浙江剡北靈芝鄉王氏菴産

紫明菴碑記

剡東之四明，邑之名山也。其中秀脈接天台之萬年，流衍於四方，發而爲陰陽宅地、寺院菴廟者，不暇編述。是山之下地屬五都，村名“李家洋”，内有王秀，爲人謹厚，持己以忠，待人以恕，菩提念切，抛塵向佛，拜師祝髮，法名“德明”，字號“徹霞”，棄宅改菴，産業悉歸於内，名其菴曰“紫明”，真所謂紅塵之計疎，紫霞之志切也。招有賢徒行廣，乃字宏宣，幸行目、行覺，協力秉成，克守師規，起造殿宇，莊嚴聖像，觀其雅致，人皆仰之。徹霞癸未年間七旬有餘，遺命勒碑載記産業花號，垂後以綿永遠。今宏宣請壇，念兹勿釋，邀匠採石，琢磨成碑。語云：“泥牛吼處千峯秀，木馬嘶時萬壑驚”者，是耶非耶？擬之豈非倫耶？余與親友誼徵言於余，遂不辭固陋而爲之記。

計開田地山塘花號列后：共一四田二十七畝四分二釐八毫，地共四十五畝四釐四毫，山共十三畝三分正，塘二畝六分。以上通共條米丁銀二兩八錢六分正。

時康熙五十五年丙申季冬　日立，行廣、行覺、行目，徒福海、福正，親友魏順忠拜書。

欽加知州銜、署理紹興府嵊縣正堂、加六級紀録十二次方，爲出示諭禁事。據二十一都耆民王文功、源泉、成斌、其名、武生王萬青、生員王應庚、兆英、監生王禹培等呈稱，伊祖王秀公墓葬城東五都李家洋莊，因與本莊路距八十里，在墓傍創建紫明菴一所，並置田地山塘一百餘畝，自宋迄今歷數百年，糧存伊等本都輸納，刊碑勒石，延僧住持管守墳墓。前緣住僧欺菴主寫遠，交結該處地棍，敗蕩菴資，拷毁碑文，圖滅伊等刱菴之蹟。於乾隆年間伊等祖上王必相等控蒙提究，復給示諭，勒石嚴禁，歷久無異。不料世遠年湮，該處地棍仍蹈故轍。乾隆年間重勒碑石，復毁滅蹟，妄肆把持菴産，到菴滋擾。住僧永傳經管不力，菴將荒廢。伏思秀祖創建該菴，置産守墓，請示勒石，冀垂久遠，子孫應當世守，何肯任聽毁滅滋擾，湮没祖德。今伊等仰承先志，延請僧永傳之師祖戒僧本參住持管理菴産，以守祖墓，誠恐該處地棍不知斂跡，復肆把持，到菴滋擾，粘繳碑摹户規，叩請出示勒石永禁等情到縣。據此，除批外，合行出示諭禁。爲此，示仰該處居民及住僧知悉，爾等須知是菴係王姓祖手創建，置産管守墳墓，該處人等不得藉菴主寫遠，妄肆把持菴産，到菴滋擾。自示禁之後，倘有不法棍徒仍蹈前轍，再到該菴把持滋擾，及住僧交結往來，敗蕩菴産，一經菴主指名告發，定提案嚴究，决不姑寬。各宜凛遵毋違。特示。

大清光緒九年十一月初九日給。

紫明菴碑記

特授紹興府嵊縣正堂、加三級紀録五次陳，爲公叩復勒碑記示禁等事。據二十一都民人王必相、王葵一即子熙、王美益、王名昌、王成武、王有才、王錫仕呈稱，身等王秀祖墓葬五都李家洋，因距家寫遠，墳旁創菴一所，名紫明菴，置田三十二畝二分一釐五毫，地五十畝五分九釐六毫，山十二畝五分，塘二畝四釐，又僧恒堅續置田地十畝零，業於菴内立碑，刊載田地、山塘、坂號、畝分，糧存身等二十一都輸納，延僧收花看墳無異。兹緣菴僧欺身等住隔八十餘里，不特與地棍交結往來，敗蕩菴資，且將碑文拷毁，圖滅身等創菴之跡。控蒙提究在案。伏思身祖因墳建菴，置産勒石，以圖永久，今碑文被毁，若不公叩復勒示禁，將來菴産莫保，僧難容膝，則墳墓乏人看守，有負祖先創建之苦衷矣。爲此公叩恩准復勒碑記示禁，保菴培墓等情到縣。除批示外，合行示禁。爲此，示仰該住僧人等知悉，嗣後如有地棍到菴滋擾，許即指名稟究。倘該僧串同地棍交結往來，敗蕩菴産，一經産主告發，定行究逐不貸。各宜凛遵毋違。特示。

乾隆五十年六月　日立。

延慶菴碑文

嘗思人生如寄，身死如歸，緬想古人不我欺也。氏夫曾祖行四十公派分四房，長傳二孫，文岳、文太，二傳汶登、汶元，四絶三傳。氏夫文成亦已乏嗣，本支雖有，莫可承祧，殊堪痛也。於是在村落之西，高山之北，築室三間，爲生前避静念經，造域二穴，作死後藏身區處。奈何合志無幾，氏夫已逝。嗟乎，後裔無續，祭祀莫承。爰是請叔文太議將夫置田地山場，勒石銘碑，永作祭産，或請賢僧主持，或議派孫承值，不致日久而餒，則祀有所延，而墓有所守。此氏之餘慶，而名之曰“延慶”，守墓菴也。是爲序。

計開田地山場列后：道場坂，一百號，一田九分正。烏石坂，三十三號，地二分正。大王坂，十七號，一田一畝一分八釐。大王坂，第四號，地二分正。南墺口坂，三十七號，四田六分五釐。南墺口坂，三十八號，四田七分六釐；四十號，四田四分五釐；

號，四田一畝三分正；十七號，一田二分四釐二毫；十五號，地三分正；廿六七號，地基八分正；十三廿一號，地八分五釐；十一廿九號，山四分正，十九號，山三分正。

族應聘同姪學堯在菴拜經，助田一畝三分五釐，坐東郭坂一百廿九號。

時康熙二十一年十二月　日刊碑記，文成之妻傅氏立。

（王貞兆等纂修《[浙江剡县]剡北靈芝鄉王氏續修宗譜》 1916 年剡县敦本堂木活字本）

湖南寧鄉麻山湯氏普濟寺

光明山普濟寺記

光明山，吾祖八房所共置也。建寺於中，名曰“普濟寺”。溯其脈，自大潙而來，蜿蜒百餘里，直奔羅仙。結嶂攢峯，矯矯如祥鸞，欲振已而騰白闢，舒徐曲轉，遝入此寺，茂林修竹，四面環繞，其風景特殊。第歲久頽圯，致諸佛無所憑藉，幾就傾危。熾乃於丁卯秋倡族衆而重修之。於是棟宇巍峩，佛像奂若。他如一榱一桷，悉犁然歨飭，其於廳堂，更加黝堊。蓋吾湯歷來清明，追遠報本，此即其拜奠處也。寺西有高巒曰“添紫嶺”，嶺下爲黄栗大山，墳塋叠砌，皆屬湯祖。寺以南,金星落脉,雙嶺遥峙。一名“大峯”,極祖之墓在焉;一名“楊梅笑天獅形”,爲吾五世祖母瞿、六世祖全、七世祖必寧合塋處。又有峽石青山,齊赴擁從,關鎖迴護至於北。行數里,一望無垠,波濤浩渺,水光接天者,曰“竹湖塘”,東則翠嶂層臺,逶迤奔拜其間,陰晴殊態,嘉樹參差,宛如畫工色相。且而夜乘檀越之燈,華迷翼軫;晝閃光明之鏡,彩耀雞園。美哉斯邱,雖大溈不是過焉。惜當年田糧罕置,未免僧衲遠募,亦於丁卯秋勸族解囊增置香火産業,迄今鉢食頗饒。或謂地脈之遠固使然,而要非吾湯氏有爲於前,又有爲於後者,曷克臻此。其樂捐名目,與捐資之多寡,前已勒碑本寺,永垂不巧。玆不贅言。

康熙四十年辛巳菊月九日,十三派道朋意生道熾偉生記。

計開:

一、康熙二十六年丁卯八月二十六日,募族七十六人,其間或捐銀一兩或四五錢、一二錢不等,共計收壹拾柒兩三錢。內支壹十貳兩,置買道韞青山沖荒熟田山一所,餘銀開銷酒席一兩,押字三錢,税契推收、勒碑共四兩。所書賣契,照様抄録拾張,編立戊、己、庚、辛、壬、癸、甲、乙、丙、丁字號,分附各房會長收據。外又公立捨帖,給僧映如,將田山概附耕管,永供香火,更立户名“僧普濟”,並頒寧鄉縣正堂王給“嚴禁往來遊僧,不許停留匪類”告示,張掛本寺曉諭,以肅僧規。

一、立契出賣田塘屋基山地人湯道韞,同男宜日、宜晟,情因先年得受族業老荒田地一所,坐落五都地各青山沖水田三十五畝,於康熙二十三年開墾田十畝,已經報縣,册立户名“湯清”,載糧五斗零三勺,管業無異。因隔居遥遠,不便耕管,情願出賣。今有族兄弟道朋、道熾,糾族衆等公議,祖寺光明山香火雖盛,但缺供養錢糧,募收族衆捐資公買,施入光明山普濟寺,作香火田糧,供佛及僧。當日得受價銀壹拾貳兩正,係韞父子親手領訖,並無短少分釐。銀契兩交,其田塘、屋基、山地,照依老契,四抵明白,一概附光明山僧耕管,税立僧户,永作香火佛田。自此出賣之後,韞父子並家族人等永無異言。今恐無憑,立此賣契,(附)〔付〕族衆永遠爲據。

計批:東抵湯基山脚下溝塅爲界,南抵龍窟坪爲界,西抵三畝沖爲界,北抵白竹托鐵家坳騎崙分水爲界,龜山在抵界內。青山塘一口,上架子塘一口,下手尾小塘一口,大小屋基四隻。上首老契四紙(附)〔付〕訖。道韞新開壹穴,前後左右各一丈五尺,任葬無阻。

憑族衆湯正台、文孟、仲逞、定溪、遂誠、復晉、吉祥、朗暉、道盛、宏宣、德讓、闢琀、顯善、朋進、祐祥、添淵、彝闇、拔微、匡玉、勝適、恂奇、熾寧、容韜、慶股、範圍,現從宜曙、裘仡、憇愳、立楷、本智、信翰、炳璉、瑾民、望椿,與典進、瓚珍。

康熙二十六年八月十六,立契人湯道韞,同兄道峻,同男宜曰、宜晟筆。

一、族祖師志,外置本寺山下檀木塘水田叁畝叁分大檀木塘壹邊,小檀木塘壹口,窖塘一口,茶園壹隻,壕牆爲界,屋場一半,志父子執契,交僧施本寺,永作香火佛田。以上二共田塘,康熙三十一年清丈,本團區總丈過,中則熟田三十五畝,計大小壹百零六坵,下則熟塘九畝,計六口半,共熟田塘四十四畝,册載寧鄉五都一區一甲,户名“僧普濟”,熟糧壹石捌斗四升三勺五抄,中則荒田貳畝四分,荒糧一斗貳升。

一、施主生員唐之贊,同男唐欽、唐明,立筆捨附近本寺莊熟田五畝三分三釐,丈立僧户普濟,熟糧二斗五升五合六勺九抄,贊没,欽與明受住持僧映如價一兩,帖存僧手。

一、康熙　年冬,道韞將母鍾氏安厝青山沖覺菴上手茶園托上眠虎形,坤山民向,挽衆以抵契批。新開之穴,後不進葬,共盟信誓,永無異言。

以上所列,皆屬光明山憑據。凡我湯氏嗣孫,世世栽培本寺,慎勿侵伐山場竹木,住持僧亦當誠潔侍奉香燈,晨昏鐘鼓分明,二時課誦勿缺。或有不軌事,任族衆攻逐。應徵銀米,該僧照依易知由單,自赴完納,不得干累山主。各宜珍重無忽。

康熙四十年辛巳九月吉日,十三派道朋、道熾謹書。

(清湯昌繼纂修《[湖南寧鄉]麻山湯氏六修族譜》 清咸豐九年寧鄉雙桂堂木活字本)

湖南新化天玉寺判語

湖廣寶慶府新化縣爲毁巢搶擄事。清康熙五十一年五月初十日,奉湖廣寶慶府正堂加一級宋批:據僧性海告前事詞稱,情蟻天玉寺,先朝古蹟,僧侣長養死葬寺内寮房周圍墳墓,數百年於斯。其正中大殿羅、奉二姓山主公修,鑄之洪鐘,鐫之碣石,歷分東、西二寮。東寮羅姓山主,西寮奉姓山主分修,亦數百年如斯。邇蟻西寮頽塌,去年九月十五,蟻會山主子孫奉奇受等議修,幸伊族羅儀榮有空菴二棟施入蟻寮,鳩工移豎,横直四座,内外五十餘柱,工費甚繁。十月十五日告竣。竊幸拮据搆巢,終身安逸。奈何鳥鼠方驅,虎狼忽至。東寮山主羅美生等因與奉姓仇隙,於十一月初三,羅美生、羅成昭、羅羣林、羅捷玉、羅銀玉、羅玉林、羅秀常、羅次聖、羅又玉、羅四海、羅聖生、羅文心等,率雄百餘器械衝寺陣,將新造房屋(折)〔拆〕毁,柱折榱傾,聲勢遠聞。蟻(彼)〔被〕驚遁,喊投地鄰夏日孟、袁惟潔驗證。羅姓歸去,蟻潛回寺,但見樑柱枋桁俱被搬去,僅存瓦礫斷梗,衣被、袈裟、鐃鈸、炊器、什物一空,慘極欲絶。情鳴新化縣主,丁艱未結,署縣在長沙,無天可告。豪等瞰蟻弱門,不容蟻等師徒歸寺。且四面俱伊羅姓,稱言覩即捉撻。望鄉而嘆,無處可棲,儼若喪家之狗,及今半載。前二十一,具情號天,冀得早賜安逸。蒙勒應候開忙具告,德意油然紙上,蟻雖蠢動,亦具知覺,獨是伊等在鄉,天高法遠,憲一日不准蟻詞,伊一日不緩捕捉,蟻一日不得歸寺,雖僧道雲水家鄉,痛思師恩養育,香火墳墓誰爲奉承,日夜悲慟。是以不避斧鉞,屢瀆憲天,俯念無巢孤鳥,特賜矜憐,化筆一施,甘露早沛,恩同佛手,頂祝公侯等情。奉批,新化縣查報。奉此,值經差役行拘去後,催拘詞内一干犯證到案。當堂逐一隔别研訊。問僧性海:你住的天玉寺,是何代年間,創造山主原是那一家呢?供:這天玉寺是宋末元初建立的,是師祖、師父相傳説是奉家與羅家兩姓是山主,東邊是羅家的,西邊是奉家的,中間正殿直上爲界。先年東邊房子爛了,羅家修整了,去年小的因西邊房子頽朽,是羅儀榮有兩個舊菴子,没有僧住,纔去募化補修的。又問:從前西邊有房子没?供:從前有兩個小小横房子。又問:那小小房子是那年何人起的呢?供:是戊午年奉末臣在小的師祖手中起的,因年久頽朽,纔募化一甲羅必才户下一個羅儀榮舊菴子來補修,十月初三日豎房子,十五過火。因他奉家山主用了力去搬盤豎造,小的作午飯與他們吃。這羅美生因與奉家爲墳山有舊仇,見小的不會請他吃酒飯,於十一月初三日統起人將豎成的菴子盡(折)〔拆〕毁了,只要捉小的去打,小的見他人來多了,就走了。他羅家人將小的被臥、袈裟、鐃鈸、什物,盡强擄去了。又問:據你供説,羅家分在東邊,奉家分在西邊,有甚麽憑據呢?供:正殿後有石磡爲界。問:你西邊既是奉家的,你怎麽不向奉家化修,反化他羅家的菴子去修呢?供:這羅儀榮不是羅美生家裏人。

又問:羅美生與羅儀榮俱是姓羅,現據你告詞上載明了“伊族”二字,怎麽如今你説不是一家呢?供:他同姓不同宗。又問:既分了東西,這石磵怎麽爲得界,畢竟另有憑據,你從實供來。供:現有石碑、鐵鐘爲據,上載奉璟、羅元禄是開山的山主,他兩姓俱有名字的。又問:現查奉家抄的碑文止載他兩家的姓名,是先羅後奉,並没有分東西的字樣,你怎麽混供得分了東西呢?供:是小的祖父流傳,説是在開山時,就分了的。這羅家人説小的没有請他,就將菴子拆毁了,如今瓦也没有一皮了。又問:據你供,他兩家爲舊仇,因你没有請他起釁,怎麽你起造菴子的時節,不來攔阻,偏你起了一月之後,纔來拆毁的呢?供:先因他們説小的不請他吃飯,後來又説樑上的名字,是將菴子拆毁了。又問:那樑上是寫誰家的姓名呢?供:樑上止寫施主羅學松、山主奉璟、化僧性海的名字。又問:既載了奉璟的名字,怎麽不載羅元禄的名字呢?供:他東邊房子載了羅元禄名字,西邊怎麽還寫他。又問:那正殿樑上俱寫了他兩家名字没有呢?供:正殿樑上兩家俱没有寫。乙卯年修山門,他兩家俱有名字在那樑上。當日石碑上既載羅家在前,奉家在後,山門上又是他兩家名字,怎麽如今又單寫奉家的名是山主,這就是你偏護了。供:小的化菴子、修菴子,不是爲私,總是爲三寶門中,如今小的没有菴子住,乞箍全。問羅美生:你因甚麽事起釁,統起人將性海修成的菴子拆毁了呢?供:小的自己募化,自己家中人的菴子來豎的,怎麽説小的拆的。這西峯菴天玉寺,原是小的祖公於宋末元初時建立,是老山主,現有族譜在。他奉家人只是個施主,那石碑鐘上俱是小的祖公名字,還施有二十六畝田在菴子的,載在丈册,糧在小的户下完納。又問:據僧性海供,那菴子是他化一甲羅必才户下羅儀榮的,你是二甲羅元禄家中人,怎麽説是你化的呢?供:那菴子是小的化來起的。又問:據僧性海供,你羅家分在東邊,奉家分在西邊,你怎麽説你化修的呢?供:那山實是小的祖公的,周圍俱是小的們墳山。這奉家人想來爭西邊的奄子,圖小的們的墳山。又問:既是你化來起的,是那月起工呢?供:是九月起工,十月初四拆舊菴子。又問:據僧性海供,他是十月初三日豎房子,怎麽説十月初四日拆房舊子,那房子分明是你拆的了。本犯無供。問奉奇受:那菴子説西邊是你奉家的,有甚麽憑據呢?供:正統丙寅年,小的老祖奉璟修理天玉寺,原與羅家祖公羅元禄就分了東西,他羅家分在東邊,小的奉家分在西邊,逢中直上爲界,現有碑鐘爲憑。又問:據你抄寫的碑文上,並没有分東、西字樣,怎麽説有碑文爲憑呢?供:那碑文上左邊是羅元禄的名字,就是分東邊,右邊是載小的祖公奉璟的名字,就分在西邊。又問:既你分在西邊,怎麽你奉家不去修理,又去化他羅家修呢?供:因小的家裏蕭索修不起,是以性海纔在一甲羅必才户下化羅儀榮的舊菴子來補修。小的奉家原是個山主,就出力去搬盤的。十月初三日豎了房子,性海見小的家中人用了力,請小的們去陪木匠,回去在路上撞遇了羅美生、羅成昭,説你們往那裏來。小的説爲起菴子,和尚請我們陪木匠來。誰知他原爲桃子衝的墳山,與小的告經前任,見和尚没有請他們吃酒飯,我明白要趕了這秃驢去了。小的那時説,你從前起東邊的房子,你們和尚不請我們,他怎麽請你。誰知他於十一月初三日統起他羅家人,將起成的房子盡拆毁了。又問:既你兩家俱是山主,應宜樑上書載你兩家姓名,怎麽單載奉家是山主呢?供:他東邊的房子,他先年起造,没有載小的奉家的名字,是以小的西邊不載他羅家名字,止載施主羅學松、山主奉璟、化僧性海名字。又問:你家施有田在菴子麽?供:小的兩家俱没有施甚麽田,後來性海的師父纔買三畝八分田,現有丈册在性海手中。又問:據羅美生供:他祖公原施有二十六畝田,糧在他家完納的。供:看他施的出坐落何處,糧在那個家中,便見明白。又問:如今拆毁房子,那柱頭現在麽?供:俱砍的砍斷了,碎的弄碎了,瓦也没有一皮好的了。又問:前據你詞上説,田糧在他羅家户内,你怎麽如今又説他没有施田呢?供:僧性海的師父是他羅家人,買那三畝八分田的糧,在他羅家。若説二十六畝,就没有。問羅儀榮:那菴子是你施的麽?供:是小的祖公羅學松因没有兒子,朝(五)〔武〕當山,後來生兩子,纔起兩個小小菴子。因住持不好,赶逐去了,那菴子空着。去年八月裏,這僧性海來化小的那舊菴子,小的家中纔商議,將那舊菴施在天玉寺起造。去年十月初三豎起,十一月初二羅家人將豎成的菴子拆毁了。又問:羅美生是你一家麽?供:他是二甲羅元禄户下人,小的是一甲羅必才户下人。又問:拆毁菴子,是個甚麽來歷呢?供:因羅家與奉家爲墳山搆過訟來,見和尚請了奉家,不請他羅家人吃酒飯,起釁説奉家不該寫作山主,以是拆毁了,小的家中尚且還要捨來修理,怎麽他就出拆毁。又問:你見拆了房子的柱頭還好麽。供:斷的斷了,爛的爛了,瓦也是(歿)〔没〕有幾多好的。問夏日孟:你家離天玉寺多遠呢?供:小的是個近鄰的。又問:這羅家是因甚麽事起釁,就把起的菴子拆了,是何人爲首的呢?供:四十五年,羅家與奉家爲墳山告經前任,去年僧性海見西邊房子頹朽了,化這羅儀榮兩個舊菴子來補修。這和尚也有些不是,十月初三日豎房子,不曾請得他羅家人陪木匠,十一月初三日就將菴子拆毁了的。又問:你既是近鄰,必知道詳悉。如今奉家與性海都説東邊是羅家管,西邊是奉家管,原分有東、西,是真麽?供:小的看那石碑與鐘上,他兩家俱有名字。節年東邊和尚遂到奉家去拜節,當日分了的話小的不知。又説:據羅美生説,菴子的田都是羅家施的,前後左右都是羅家的墳山,是真麽?供:西邊和尚止有三畝八分田,周圍俱是菴子裏的,遂是有墳山,是埋和尚的。羅家的墳山在菴子之前,離有半里路。又問:你見房子拆了,搶和尚甚麽物件呢。供:那房子共五十個屋柱,拆毁之時,柱頭下地,弄的弄斷了,碎的打碎了,瓦也是(歿)〔没〕有幾多好的。若説搶了和尚甚麽東西,小的(歿)〔没〕有見。問羅宗成:這僧性海告的詞並没有你的名字,怎麽你來訴詞呢?供:去年奉家拆菴子,原是小的在前任老爺控准的。小的纔來(訢)〔訴〕詞的。又問:這菴子是羅儀榮施的,據僧性海供,是以經豎起了,你們去拆毁他的,怎麽你説奉家拆的呢?供:小的家中既起了菴子,怎麽又去拆的理。供:是他奉家人拆了,這性海是他舅舅,平白揑情來害小的。小的去年告經前任,蒙前任於十二月審訊斷菴子與小的。羅家叫奉家人來修整,有夏日孟、袁惟潔承認來豎立。至今年二月裏,地方人纔將房豎起。他奉家人又將菴子拆倒了,反唆使和尚以碎屋抄擄告害小的。又問:這性海去年在前任已告了碎巢抄擄,是你拆毁的,你明明是因那時樑上名字起釁,率領人去拆的,怎麽還不招呢?供:原先是小的祖公羅元禄是山主,餘外姓俱是施主,奉家原不該寫他是山主的。又問:你兩家俱是山主,既你寫得你祖公名字,他奉家也該載他名字,怎麽他不得稱山主呢?供:那山原是小的祖公施的,是個山主,怎麽寫奉家名字。況周圍俱是小的墳山,他惡説西邊是他奉家的,好來爭佔小的墳山。又問:那山既是你祖公施的,那碑文怎麽又載有他奉璟的名字呢?供:因奉璟與小的祖公是個郎舅,纔寫他名字在上。小的現有碑文在此乞電。又問:你有碑文,他也抄有碑文在此。供:他將小的原碑扛擡回去,洗過纔刻的。問鄒伯成:當日拆菴子,是那姓拆的呢?供:性海同羅美生、羅成昭,化羅儀榮的舊菴子來起造的,因和尚整酒來他們吃,俱醉了。豎房子時,羅家要寫他祖公羅元禄的名字,載在樑上,奉家也要去載名字,羅家説,你奉家不過是個施主,止助些工,怎麽寫得你奉家是山主。兩下爭執。那日助工的人也多,衆人就勸散了。他們兩家回去了,就没有豎得成。又問:羅家已經將房子拆毁,現據近鄰夏日孟、施主羅儀榮供得甚明,你怎麽還來偏袒説没有豎?供:因他兩家爭寺場的地,没有豎是實。問鄒羅常:你是個鄉耆,這菴子原日那家是山主,是何人拆了,從實供來。供:他兩家均是小的近鄰,那菴子他們既經施了,就是和尚的了。若説山主,羅、奉兩家均是山主。因和尚見菴子頹朽,化了羅儀榮的菴子修了,他們兩家爭執山主,羅家就赴前任來告詞,見(歿)〔没〕有准,羅家人於十一月初三日遂將房子拆了。又問:因怎麽拆了呢?供:他兩家爲爭執基地,羅家説是他羅家的,奉家説是他奉家的,兩家爭執不一,就拆了的。又問:到底誰是個山主呢?供:小的們是末生之子,看那鐘與碑上,兩家俱是有名字。又問:既他們爭地基起造時,怎麽不阻,直待起成一月後,纔去拆毁呢?供:那菴子十月初一日立豎,初三日上樑。羅家就將那樑上寫了他祖公羅元禄的名字,奉家人説這菴子是我們起的,怎麽寫他祖公的名字,將樑上羅元禄的名字刨削去了,寫了他奉家祖公名字。是山主羅家遂去告狀,没有准。是以不服,就拆了。又問:如今拆房子的柱頭還好麽?供:那柱頭現在。又問:既那柱頭還在,着你押羅美生等去查去來。若壞了的,用不得,就要着羅美生等賠,仍行豎造。供:小的遵老爺的法前去查,交還性海去修就是。又覆問羅美生:你祖公就是個山主,既經施了,就是和尚的了,你怎麽將他已豎過了的房子去拆了呢?供:小的並没有拆房子,是他奉家人拆來,叫和尚告小的們。又問:現據鄉耆鄒、羅、常們俱供,是你們拆的,你還來强辯麽。如今本署縣着鄉耆押你前去,將原日豎造的柱頭、木料、瓦,照數追交出來,與性海那拆壞了的,着你賠,仍令奉家助工豎造,樑上書你兩家姓名,以杜後禍。你若再敢多事,定行大法詳究。本犯無供等語,各供吐在案。據此,該卑署職審看得天玉一寺,往昔爲羅姓開創,事遠難稽。迨至正統、天順年間重修,即係羅、奉兩姓同建,姓名次序先羅後奉。現有成化六年碑石可考也。僧性海因寺西之廂房頹朽,於去年募化羅儀榮空菴拆搬補修,工將告成,羅美生等爲伊祖羅元禄爲開創之主,特書祖名於樑,而奉奇受等又謂西廊乃奉祖分管,奉當爲政,不應書羅。此爭彼削,各相雄長。美生等愬縣未准,遂率族人撤其已豎之材木,而爲邱墟,以作福之場,一旦化爲搆禍之藪矣。維時羅、奉二姓,以及僧性海互告於縣,又互告於署府。雖經前令審供,而未斷結。此性海所以赴憲有毁巢搶擄之控。卑署職遵奉批查,拘齊原被各犯證至案,逐一研訊。兩造之下,據僧性海同奉奇受皆供,寺原有東寮、西寮之分,東則屬羅,西則屬奉,現有碑鐘可驗。奇受且指碑内原開羅祖於左,奉祖於右,即爲東、西分管之劵。而羅美生等則堅供,伊祖歷係山主,曾施有糧田存伊户,寺之周圍又俱是伊家墳山,奉姓不過施主,今冒爭西廊,其意在於越佔墳山。舌皆翻瀾,似不可折。然遠而按之成化六年之碑石,近而察之康熙乙卯十四年之山門,皆載羅、奉兩姓,並無羅爲山主、奉爲施主之説,亦無東寮屬羅、西寮屬奉之議。豈悠悠之口,可以惑人之聽,而鑿鑿之字,亦能惑人之視耶。則是寺之自正殿而及東、西之偏房,歷爲羅、奉二姓公管,實確然而無疑者。至於拆毁情節,在性海則堅控羅姓因酒食起釁,爭名拆房,且擄其器物種種,而美生等不惟不認未奪器物,反指僧房爲奉姓所拆,及詰訊各證,雖據近鄰夏日孟供明,搶奪財物原未目覩,而所供美生等原藉爭書山主姓名不平,毁拆之由,實歷歷如繪。無論鄉耆鄒羅常等異口同詞,即美生所稱本族施主羅儀榮者,亦挺然直證,語不少移,而美生猶欲假自化自修必不自拆之説,以冀掩飾其强拆之罪,其誰聽之,而誰信之歟。羅美生搶擄雖虚,拆房是實。合依故毁房屋牆垣律,計合用修造工錢,坐贓杖徒。姑念愚民無知,從寬祝綱,擬以不應重杖折責三十板,以爲豪横之戒。奉奇受冒專西寮山主,擅削羅姓祖名,僧性海朦稱西寮分管,希圖混亂古跡,以致兆禍滋事,及黨助美生之羅宗成,均屬不法,亦各應分别量責示儆。餘人皆羅美生、奉奇受指使附和,應請恩(育)〔宥〕,概免深究。所有拆毁屋料,應押羅美生公同鄉耆照數追交。如有斷壞,照律責令賠修。仍令奉奇受等助工,以勷厥成,事竣於樑上照碑石次序書羅、奉兩家姓名同建字樣。嗣後不拘正殿、東西房,俱公管公修,不許此疆彼界。其寺外之墳土,爲羅爲僧,各自分管本業,奉家不得藉寺過問,永著爲令,以杜後起爭端,可也。緣奉批查事理,卑署職未敢擅便,相應録供詳覆憲臺,俯賜查核。是否允協,伏候鈞批飭示遵行。爲此,備由口具書册具申,伏乞照詳施行。

須至册者。

右具書册。

清康熙五十一年八月二十一日，知縣缺署新化縣事長沙府通判耿覲謨。原本繼承氏孝達收存。

清光緒三十一年乙巳夏穀旦，纂修繩武氏孝準採修。

（奉孝則主修《[湖南新化]奉氏十一修宗譜》 1935 年木活字本）

浙江会稽應氏淨土菴翠薇菴

淨土菴捨産記

我應氏自槽公來居會稽前隖，仁厚開基，世守隱德，傳五世，貴九、貴十兩公大發其祥，田連阡陌，山廣岡陵，其富稱稽山之冠。貴九公之子鳳五妻陳氏守節好佛，擇丁家隖山水有清淨寂潔之氣可建佛院，遂將其基在萬曆間創淨土菴一所，未曾圓功，復聘徐毛氏同建。迨起造成院，延僧持住，又捨吕字三百三十三號山五畝零，以供諸佛香花。自捨後，住主僧徒不得擅賣，捐主子孫不得收歸。以此爲記。

附記應族捐産列後：應繼全，捨弔字四千二百五十四號田二畝四分三釐四毫，坐合溪阪土名二畝。應贇，捐弔字五千二百十五號田一畝三分九釐九毫；又，五千二百二十號田三分二釐一毫。應元，四千四百零六號田一畝二分。應朝全，一千五百八十號地四分五釐。應國棟，一千五百八十一號地三分二釐五毫。應國泰，一千五百八十二號地二分五釐。應國臣，一千五百八十三號地四分。

乾隆十八年九月　日。

淨土菴碑記

蓋聞功莫大于建創之始，德莫厚於博施之人。人博施，能濟衆，會而建創，名垂後世焉。曩者應陳氏夫故矢守，貞節堪誇，自心善意，一念精修，有祖遺丁家隖田地山場，常鱧是處有崇山峻嶺，修竹茂林，羣峰繞翠，萬壑流清。而氏決意於大明萬曆辛巳年就于是地創建一菴，則地土淨然，故名曰“淨土菴”。天朗氣清，時集洞仙之境；雲蒸霞蔚，坐開雲母之屏。心歡意樂，悉捐家産，以爲焚修之基。夫菴成而未周，佛像而未具，即糾合同心義女徐毛氏，亦捐田山首，募十方銀兩，遂得殿宇輝煌，氣象一新，樹立碑記，功德無涯矣。此固歷十餘世而大擴其模也。旋因氏故，延僧持住供奉。第念菴産無幾，菴屋莫敷，利微息薄，時乏修葺之需。迨至大清順治乙未年，有徐南溪公同室毛氏樂善好施，亦有太古之風，苟能繼志述事，復代先人之力，目覩崩頹，不忍曠廢，願助資産，續捐田山，暨僧廣禪師同心合志，遂於是年運木輸金，添造側屋，結構盡善，併全葺事。不辭風塵之苦，恒念物力維艱，同心同德，厥躬盡瘁，亦可謂樂善之偉人也。嗣于康熙十九年，亦樹碑銘以垂後世。此非公之功莫大也，德莫厚也，相延至今，年湮日久，持住怠惰，灰塵累積，故古碑有不清之端，慮後有覬覦之念，言念及此，是以合同捨裔議，照先後古碑合刊明確，合樹一碑，逐一開載顯明，俾後人覽者，一則知菴産根由，一則杜覬覦妄念。然非勒刊瑱珉，無以表諸善人之功蹟，爰爲之序，以垂永固不朽云爾。

今將捨助芳名列后：應鳳五同室陳氏，捨吕字三百三十三號山五畝零。應繼全，捨弔字四千二百五十四號田二畝四分三釐四。應贊五千二百十五號田一畝三分九釐九毫；又，五千二百二十號田三分二釐一毫。應國泰，捨弔字一千五百八十二號地二分五釐。應朝全，一千五百八十號地四分五釐。應國楝，一千五百八十一號地三分二釐五毫。應國臣，一千五百八十三號地四分。應元，四千四百零六號田一畝二分。别姓捐産在碑石分明，不及備載。

咸豐三年八月上浣之吉，建捨後裔公立。

會稽縣二十八都立議單人應沛森、徐克成，今立議單文字。緣有大明萬曆年間應陳氏創建淨土菴一所，因菴成而未週，然後邀同徐毛氏同建數次，至今數百餘年。此菴初時向係延僧持住，朝夕焚香，晨鐘暮鼓，供奉佛像，勝如仙境之狀。自從大殿移至右首田内，建造之後，至今菴内住僧不能久居，殿宇崩壞，佛像損破，已至衰敗。所以光緒年間，將徐克成年邁力衰，不能支持家務，菴内供奉佛像，現在殿宇崩壞，不堪爲此，邀同應、徐二姓，與十方會同公議，將大殿移還原基，重建殿宇，擇日動土興工，平基起造，非數伯銀不可。況捐貲不足，將菴山出租，開掘柴口，面議價洋一百四十五元正，以作重建之貲。以後恐有異言，爲此特立一樣四紙，各執一紙存照。

光緒廿一年八月　日，立議單人應沛森、徐克成、應學浩、徐兆賢、徐茂奎、尚炳、兆豐、尚清，代筆兆輝。

翠薇菴遺産記

祖鳳十一公與堯十六公父子好善，在前明天啓間，於上馮村右首山上，創翠薇菴一所，以供佛像，迄數百年。後其菴崩壞，所舊有田山基地，恐被人侵佔，故載明宗譜，俾後人稽查此略。

計開：菴基正殿三間，又左側屋三間，民字九百八十四號田一畝零五釐七毫，坐下沙田，土名石篰坵；民字三百三十號地三分四釐七，坐上鳳，土名高塘；菴右，民字三百三十一號地七分一釐七毫；菴前，三百三十二號地三分六釐；菴前，三百三十三號地一畝三分；菴基，三百三十四號地四分三釐三毫；菴左，三百三十五號地一畝二分六釐，土名上下長爿。

光緒三年三月　日。

（應沛霖修、應惠釗纂《[浙江]會稽應氏宗譜》 敦倫堂1912年浙江會稽應氏木活字本）

湖南湘潭霞石王氏迴龍菴記

迴瓏菴記

梅林橋環以羣山，延以林麓，其峙於橋之左者，曰迴瓏菴，旁有泉，清映澄澈，日瑞龍井。順治八年，曾祖均楚愛山水佳美，買田山一區，斬茅刈莽，立菴於下，爲息靜處。祖一生信善持齋，自述聯云："戒殺免生孽，除貪息妄心。"蓋實録也。祖没後，先祖俊伯更捐薄田，停佃看守。未幾菴宇日就傾圮，其佛像半湮没於風雨中。乾隆戊午，功鋘祖嗣篤前烈，棟楹樑桷視前稍拓，加修飭焉。越癸酉，裝修佛像，其明年復立諸天，金碧（裝）〔莊〕嚴，靡不畢具。菴後暨左右山，悉我祖塋纍纍在望也。余維盛衰興廢之數，豈僅一寺哉。或前所已爲，後弗克繼之，或力所可爲，志弗克遂之，亦良足慨耳。獨此一畝之宫，環堵之室，傳至百年，徽猶未歇。昔羊叔子登峴山，謂百年之後，魂魄應猶戀此。余小子念祖先積善，诚恐曠墜先志，居守墓田，歲時展埽，承先子志也。謹紀其事，以鑱諸石，俾後之覽者，稍見先人積善之意焉。

乾隆二十一年正月人日，曾孫彰燮謹撰。

重修迴龍菴記

距邑南五十里有（喬）〔橋〕焉，曰梅林橋。橋左里許迴龍菴者，清順治間王公均楚建築，爲暮年息静處也。厥后公子俊伯捐田，停佃看守。乾隆戊午，功鋘祖嗣益篤前烈，修佛像，立諸天，金碧（裝）〔莊〕嚴，靡不畢具。考之圖記，大抵如是也。是菴爲王氏建築承管，已越數百年如兹矣。逮至民國乙卯，菴宇傾圮，公裔孫克昭、克文等，仰承先志，爲均楚公暨列祖建一享堂，歲修祀事。又越十餘年，歲在庚午，復於後進建一佛堂，祀事亦如之。棟宇規模，視前世更加恢拓矣。韓子云："莫爲之前，雖美勿彰；莫爲之後，雖盛弗傳。"是菴也，均楚暨各列祖創之於前，克昭、克文繼之於後，世濟其美，謂非賢肖子孫也哉。堂成之後，適族譜五修，克睿備述顛末，刊之於譜，使後世得以考覽焉。又菴旁有井，舊名瑞龍井，四時不涸，澄澈可鑑，信有本之泉云。

民國二十年冬月，克昭、克文謹識。

（王克睿纂修《[湖南湘潭]中湘霞石王氏宗譜》 1931年湘潭世德堂木活字本）

江蘇長寧洄溪駱氏菴産

無量菴碑田記

此菴開山祖拙菴大師，本山左名士，避難削髮來諸全，初住長寧之新菴，即俗所稱丁郎菴者也。性豪俠慨慷，有英雄氣，而工文善書。既習於佛無所用，顧吟詠積習未忘也。鰲先太岳翁仲玉駱公，少善文，有聲藝苑，晚築别業於冷水村東之小溪園，幽居讀書，故交落落，或感索居，偶至新菴，晤拙菴師，即相得如故交。由是晨夕往來，賦詠贈答，與楓川孔君正賢豸、駱君則宣炎，皆爲公莫逆友。拙菴師既老，戒行精進，仲玉公即捨所居别業爲静室，名之曰無量菴，禮延拙菴師住持，並捐己户内田山等共三十餘畝爲菴産，以供香火費，且爲拙菴師養老之需。師既以飭行善詩，爲仲玉公及孔君正賢、駱君則宣諸先生所重。孔君嘗親題額曰"雪嶺巢深"，且作小記跋額左以貽師，額今尚存菴中。及仲玉公没後數十年，仲玉公第三子天閑公，幼嘗隨父讀書於此，及晚年亦避俗是菴，而拙菴師之徒衡揮等，亦能守遺訓，修輯舊業，未嘗怠廢，與天閑公，皆能承其先志者也。天閑公没後又數十年，其賢孫曾如鰲、内弟象佩諸君，皆能仰體仲玉公及天閑公遺意，不忝先型，而拙菴師本派子孫無復存者。仲玉公位下各房長始公議，别延他菴高行僧來住是菴，而慮將來仲玉公後裔與後僧之住持此菴者，或罔念伊祖捨産立菴，及拙菴師始事之功，隳前業忘首庸也，是不可不爲記以志之，而以屬於鰲。夫仲玉公之剏菴，爲崇佛也；拙菴師之駐錫開山，爲闡揚佛法也。今捨菴與開山之祖雖没，而佛不没也。即菴中之産亦與爲不没也。鰲竊謂後之住持，當與仲玉公子孫共念祖德，永守先訓於勿替也。所有菴産字號、畝分、土名，並詳於下：

二百三十三號	田五分二釐	土名唐家塢口
一百八十號	田四畝九分七釐二毫	海螺嘴
二百七十二號	田四畝六分六釐六毫	後五畝
二百三十九號	田七分三釐	摩刀橋
二百六十二號	田一畝八分七釐五毫	大地路下
二百六十三號	田一畝八分三釐八毫	同
又	田三分三釐五毫	同
二百四十號	田一畝六分三釐	同
	田三畝六分	同
	田一畝一分五釐	同
	田八分	同
	田一分五釐	大地塔路下
	新田三畝二分	新開田
	新田九分六釐六毫	同
	新田一畝一分六釐七毫	同
	新田四分六釐	同
九百三十四號	地五分	溪沿
八百三十二號	地四畝五分	大地塔
八百五十一號	地二畝二分	笆會頭
八百三號	山一畝	沙塢
七百六十三號	山一分五釐	同
七百九十四號	山二分五釐	廟後山
九百九十八號	山五分	小塢

二百七十三號	山三分	後塔院

乾隆二十八年歲次癸未中和月朔旦歲進士例援修職郎候選儒學訓導余鰲撰文。

指月菴碑記

指月菴，舊名“寧月”，康熙間禪師宗原靜修悟道，指月印心，髣髴明淨，因更名焉。夫前者後之師，倘有高僧主此，顧名思義，悟道之機思過半矣。舊有寧月菴碑銘，字劃纖微，已經剥蝕漶漫，不可句讀。里人周榜英藏有原榻碑文出示，係康熙甲申署暨事邑尊魯麟公所撰，其序事寫景詳贍，乃知此菴緣起於順治初里人駱敬泉思峯、明橋南陽諸公，施捨基址，並田五十畝，永爲僧徒梵修之資。駱氏本周姓，爲濂溪先生後裔，以難從母氏姓駱，今則復姓周矣。榜英者思峯公五世孫也。開創僧爲賡雲和尚，胼胝堅修，創建殿堂，兩廡像設焕然嚴淨，魚梵之聲朝夕不絶。傳三世至宗原，則又擴而充之矣。重建大殿，更益宏廠，增以門樓，規模愈整，主持四十餘年，門風肅清，用度節儉，累年積有餘金，增置田十三畝零，並前所捨田共六十三畝零，可謂善於繼述者矣。惜乎其徒不能相繼，嗣後來住此者，坐享其福，類多怠惰奢靡。若端化者，又從而起釁搆訟焉，當即奉官斥逐。夫梵宫勝地，非僧徒無以司晨昏，而講道參禪，非檀護無以爲捍衛。至於田産，實僧人衣食之本。兹恐不肖輩妄生覬覦，因復假貞石刻銘田號、畝分，以垂永久，並祈後來主僧以宗原爲法，以端化爲戒。周氏子孫亦仰體先人施捨之意而保護之，則指月愈久而彌光矣。

計開田號、畝分，指月菴户完糧：

坐戎字

一百七號	田一畝八分一釐九毫	土名荒湖塘沿
一百十二號	田一畝六分四釐	橋頭小坵
一百三十二號	田三畝一分九釐五毫	豬肚坵
一百九十七號	田一畝三分七釐五毫	翦刀坵
又	新田一畝五分	上潦湖

坐羌字

三十四號	田四畝二分二釐三毫	大四畝
一百五十四號	田一畝四分一釐四毫	墳菴前
一百七十九號	田二畝七分五釐九毫	灃六畝
二百一號	田一畝七分六釐七毫	王端
二百十二號	田一分五釐	四畝田頂小坵
二百二十號	田四分八釐九毫	菴横頭塔前
二百三十九號	田一分八釐五毫	燥坵
二百四十二號	田二分七釐五毫	舍塘灣
二百四十三號	田一分七釐七毫	蝴蝶角
二百四十四號	田二分二釐五毫	頂塘下坵
二百四十五號	田八釐四毫	同小坵
二百四十六號	田四分二釐五毫	同大坵
二百四十七號	田三釐一毫	同第四坵
二百四十八號	田四分九釐二毫	塘上大坵

二百四十九號	田一分九釐一毫	塘上小坵
二百五十一號	田三分六毫	塘上中坵
二百五十二號	田九分六釐一毫	塘下坵
二百四十號	田四分六釐七毫	粟樹坵
一千二百六十六號	田四畝六分三釐一毫	塘角
一千二百七十一號	田六畝四分三釐四毫	塘角六畝
一千二百七十三號	田拍三畝三分二釐九毫	判官四畝
一千二十七十五號	田二畝二分七釐	磕斗坵
一千二百八十一號	田四畝二分六釐三毫	埂下坵五亩
一千二百八十二號	田一畝七分	埂下亩六分
一千二百八十六號	田四畝二分六釐七毫	湖心四畝
一千二百九十三號	田二畝七分五釐四毫	湖中三畝
一千二百九十八號	田六畝三分三釐三毫	下八畝
一千三百號	田二畝九分七釐三毫	船柁
二百十九號	地一分	皮刀地
又	地二分	小園
二百二十號	地二分	菴横頭塔前曬穀場
二百二卜一號	地二分	菴基
二百二十二號	地四分七釐五毫	佛前基地
二百九十二號	山一畝四分	菴後山
又	山三畝二分	鱉裙灣
二百九十六號	山二分	齊歸嶺
一千二百七十號	塘一畝	柴家湖上横塘
一千二百七十三號	塘一畝	判官四畝塘

乾隆四十八年十二月　日，菴主族長士洙，董事以智、以楷、永吉、以文、榜雄、榜英、榜豪、世延、硃彩，住持僧宏道同立。

重建指月菴記

族祖尚六公諱喜字子遠，遷居本邑八都駱家隖，即所謂萬家隖是也，於順治中年，有思峯公等卜擇於村之高原，建造菴堂，慨捐田畝，額名“寧月”，又名“指月”，延僧賡雲和尚住持，朝夕梵修靡懈。至五世孫榜英公等重修殿宇，疊造門樓，更爲擴充。爾時住僧宏道恪守成規，前牒悉詳。咸豐辛酉粵匪竄境，菴化烏有。迨狼煙肅清，人已零落。斯時人不足而家不給，安能即建。此菴如是頹廢者三十餘載矣。今有裔孫喻仁等，默思先祖創垂竟成焦土，既有後祠具在，豈惜囊金。於是鳩工庀材，重建大殿三間，裝塑佛像，暨給匾銘，以爲古刹新輝，則神庥永尊，亦既穀我士女，祖德克明，端由謀貽子孫。余也覽其勝地，按厥嘉名，已確肖如月之恒矣，豈非裔等克紹箕裘，而有斯美舉歟。玆因族葺譜牒，爰將舊地復興，前創後因，而約略記之，以垂不朽云。

光緒十八年十月，裔孫周喻仁、愛標、蔣俞，族孫周玉書敬譔。

霞園永福菴記

洄溪之東，有永福菴殿三間，從屋一列，依山帶湖，竹木隱密，阡陌從横，蕭然如山林高人逸士之居，建於乾隆己酉之冬，周君紹初、洪仁、洪潮、紹青等，覩山水之勝，補陰陽之闕，得通三十公祀産之所遺而經營之。設經堂，粧佛像，爲鄉老誦經念佛之所，名曰“永福”。蘇子云：求福而辭禍者，以福可喜，禍可悲也。人之所欲無窮，故以此命名耶？而吾以爲不然。夫君子避禍不祈福，幸際太平之世，烽火不驚，寇盜不聞，餔糟可醉，果蔬可飽，二三耆老得與優游燕衎，講佛談經，雖此菴無雕梁之美，采椽之華，覽湖山，植桑麻，春秋之交，草木際天，秋冬之月，山水一色，風雨晦明之間，俯仰百變，其樂何如乎？紹初諸君皆飭行修文，不求仕進，既刱之菴，種竹蒔花，焚香靜坐，從此超塵離刼，直追正法眼藏，豈可量哉。勷故爲之記以豫期之。

時嘉慶己未夏五月穀旦，藍橋居士姚嘉勷謹撰。

施捨冷水廟茶房並茶田誌

冷水廟爲縣府省要道，永濟長茶，使行旅往來無焦渴之慮，誠勝境也。近遭兵燹，亭廟蕩然無存，而長茶之濟亦廢不復舉，五臣、禹洲、楚林三人見而心惻，遂慨解囊金，建茶房南向二間，並捐茶田五畝零，歸住僧收租，以爲歷年施茶之資。五臣等恐後人勿克遵守，故將茶田刊載宗譜，以垂不朽云。

計開茶田畝分糧存五十一都五顯莊合濟茶會。户輸糧：

坐中字：五百四十八號，田一畝三分三釐二毫，竹篁下；五百四十九號，田一畝二分，同；五百五十三號，田六分八釐，踏步下；五百五十四號，田一畝三分三釐三毫，高地下；五百五十五號，田五分，同；五百五十七號，塘拍一分五釐，丁塘。

（駱穎堂等纂修《暨陽長寧泂溪駱氏宗譜》 1937年紹濂堂木活字本）

湖南衡山烏塘蕭氏炳垣禄堂請耕字

立請畊字人蕭炳垣、禄堂兄弟等，今憑保耕、房弟芳溪，請到十四世祖夢軒公經首九成、富軒、雁雲、毓靈等，公管土字三十三區地名下浦，上側坪裏柑子園下莊沙土一隻，週圍牆頭爲界，又崽咀田一坵，佃寫耕作，三面言定，出備進莊銅錢四千文正，逐年冬十月，額納土税銅錢二千文整，負送入祠，面交經首，以爲楚楚菴僧人侍奉香燈之資。税清，毋拘遠近耕作，如税不清，任經首另佈，不得抛荒失額。恐口無憑，立請耕字一紙，與經首收執爲據。憑保耕、芳溪。

光緒二十二年十二月二十八日，立請耕字人蕭炳垣（押），禄堂筆。

（蕭嘉學纂修《［湖南衡山］衡山烏塘蕭氏十一修族譜》 1936年有序堂木活字本）

湖南中湘韶山毛氏慈悦庵碑

恭奉憲諭立碑永安香火事。情我先祖旦斗九卿，以慈悲爲念。悦易居心，創建佛場一所，因名之曰"慈悦庵"。金容玉像，焕然大觀；洪鐘鉅鼓，深人猛省。所謂暫新日月，特地乾坤者也。至丁巳年，招佃僧聖芳嗣而修之，增廣佛田，愈覺法雷頻響，慈雲遍覆。登此山也，至足樂矣。無如邇來人心不昔，以得意忘言之地，溪聲皆廣長舌；山色清淨之區，鼠牙忽起爭端。幸蒙羅憲審結，斷令招僧恪守清規，照舊所佃耕種，持齊奉佛。三房子孫謹遵天斷，請示立碑。合志將祖遺庵宇田山，憑族扦清鐫石。其庵山左齊青龍溝，右齊園居岬，直上崙頂佃僧長禁。石壕以下，旦斗九房祖墳在山，本屬三房子孫長禁，佃僧不得越伐。至庵田荒熟六畝，大小不計坵塅，下至周湖塘止，水溝外荒山，聽佃僧開墾修挖，不得取租。至庵内什物，另立交單，庵宇務期修飾，踵事增華，庶慧日普照，智月常圓。謹誌。

憑族首育萬、次琦、體仁，族衆子迎、直先、叶瑞、四極、越凡、大有，嗣孫禹澤、咸長、宗室、斯孟、在位、緒黄。

乾隆四十年乙未十月穀旦，闔房同立。

（清毛祖基《[湖南湘潭]中湘韶山毛氏二修族譜》
清光緒七年西河堂活字本，2003年复印本）

湖南中湘韶山毛氏仙女庵碑文

山名仙女，其來久矣。備載省府縣誌，非若他山之無紀載可憑，他庵之無仙跡可據。我鑑祖下屯於兹，奉爲香火。厥後遭明末兵燹仍復，荒荆棘成林。國朝定鼎，我高祖松泉、松灣、鳴南三公，復加開墾田畝，起造庵宇，雕裝佛像，置辦鐘鼓，延僧力作，奉佛香烟，歷傳至今。但因主持不一，或艱於締造，或不堪繼承，遂使古刹名山等於他所也。今幸僧温良恭儉，克勤於家，或者此山之靈，祖宗之幸，將來興旺，金璧交輝，珠宫紺殿，未可知也。我闔房人等眼同扦清田山界址，交僧掌理。故勒碑爲記，永垂不朽云。

庵田自庵左老庵場起，一帶下至大石墮口溪水爲界止。交僧力作，供佛飯僧。

庵山地自鑑公佃屋後老石壕抵上湘界轜頸，直上崙頂，轉至頓石坳包，轉騎崾順下僧松權墳前横截爲界止。交僧人管理，至庵石壕圍内，前後左右山林竹木，該僧人掌禁，護庵取用，不得盡伐。但僧務宜恪守清規，庶免衆伐。

鑑祖公田公山與庵業毗連，起止附勒碑後，其田自公屋門首新塘上下無间。

麻塝一坵，付佃田人管。其山自老石壕起，抵上湘山界輭頸，順下河邊，直上崙頂止，付佃人管。

自公屋門首公山，左齊田邊，順下溝水至河邊，隨上崙頂順下棗子灘上青崠爲界止僧松權墳前起，下至大石墮口止。周圍山地祖塋在内，倩僧看護。倘有偷取，該僧人報究，合需無異。此據。

户首斐漢、金如、書紳、思朝、明揚、雲松。

乾隆五十二年丁未歲三月吉日，鑑房公立。

（清毛祖基《［湖南湘潭］中湘韶山毛氏二修族譜》
清光緒七年西河堂木活字本，2003 年复印本）

浙江彩烟丁氏崇庆庵遺約

崇慶庵住僧達雲，今立合同遺約。原大明正德癸酉年間，丁氏性寧公造墳於本村宅下丁東首藍字號山内。墓板載丁性寧公字樣。現在至嘉靖四十五年間，時信公因叔祖墓葬是山，捐出己資，買得本居宅下丁土名下店，即今所謂左牌坵田等，趙大意藍字百四十一號天田三坵，計税一畝六分五釐八毫，開基建菴，取名“崇慶庵”，裝塑佛像，與姜、陳氏二人終身拜佛念經。一爲尊祖敬宗，又爲赤心向善，復捐田二十餘畝零，招僧持住，永守佛門香火，兼奉性寧公祭祀。庵内桁貼載明。後時信公没後，墓葬荒山頭眠犬形。雲從師父上慧下燈，持住守舊。歷歲清明，菴中備禮與丁姓檀越，合同祭掃性寧公與時信公之墓。餘時亦無他家往來。至康熙年間丈糧，改作在字百七十四號天田一畝六分五釐三毫，土名宅下丁菴基，魚鱗册載明。慘於乾隆五十三年冬，庵遭回禄，屋宇罄光。丁姓檀越興三公派下助銀八兩，好和公派下助銀八兩，又兩派四處墳山，砍斫大樹數十餘株，併捐穀米，勤助土工，與雲戮力同心，菴宇重建，佛像復裝，較勝於前，略可安心。兹雲年逾甲子，生死莫測。意菴遭回禄之時，有田地、山場，來歷源由等契，書箱一隻，不知被火燒壞，又不知被搶火之人搶去。雲没後，恐有不測之憂，雲半生苦志，虔心持守，丁姓祖孫前後丹心興造。若被人擾亂，殊覺不忍，爰是邀同檀越及地保人等，面立合同遺約四紙，興三公派下執一紙，好和公派下執一紙，庵内執一紙，合邑上丁村乃血脈真傳，執一紙，同爲永遠之照。

乾隆六十年三月　　日立遺約住僧達雲。

壇主丁啓裘、丁啓演、丁啓陞、丁殷超、丁殷鶴、丁殷傑、丁殷士、丁宗位、丁宗賢、丁宗禮、丁宗梅、丁宗填、丁宗榜、丁宗全、丁宗坤、丁孝恭、丁陞、丁孝曾。地保盧連陞。見梁祖仁、張進海。代筆梁綱立。以上衆人俱押。

（清丁志賢纂修《［浙江新昌］彩煙丁氏宗譜》　1924 年新昌永思堂木活字本）

江蘇暨陽長宁洄溪駱氏清蓮庵議單

立議單房族同春法、茂禄等，緣世祖憲三十公卜居山下，迄今歷有年所，屋左有清蓮菴一座，粧佛供神，爲子孫晚年靜偹之計。至嘉慶年間，側屋崩頹。是公派下有同志幾人，開捐重建，更創側間大殿，更新復建臺門，週廻墻字。述前人之創志，啓後人之繼美。總宜清淨，不宜穢污。今因憲三十公派下子孫繁盛，賢愚不一，有藉衆地不思培植者，有藉衆地以致開掘者，弊端不可勝言。然庵雖公共，庵前墳墓，係士昌祖靈，不特庵内不應開掘，有墳在前，亦宜體諒，不忍損煞。故士昌請房族置酒立議，嗣後菴内菴前，一概不許開掘。倘有賢裔改造菴堂，必須邀同士昌等後裔度量祖靈無礙之處，方爲善舉。事屬允洽。爰立議單三紙，各房一紙，以垂萬世，永遠存照。

道光十一年十一月　　日，立議單族長周春法。大宗國棟，房長茂禄、士琪、士榮、鶴翎，代筆際華。

信南公與配宣氏合葬清蓮菴前，坐五十都勸字一百五十六號，地一分八釐八毫，土名橋頭園，其四址東至菴簷滴水，南至茂禄公祀地，西至田塴，北至君良公祀山爲界。坐東朝西，及長子周頌，亦葬墓右首。

（駱穎堂等纂修《暨陽長寧洄溪駱氏宗譜》1917年紹濂堂木活字本）

九、田 産 房 産

善化榨衡黄氏田契合約

一、萬曆三十一年登榮公接受坪山田業印契文

立契出賣田山、屋基、園土、水塘人楊仗林，今因兒喪孤身，難以度日，自心情願，夫婦商議將自己分定棲身水田三畝，科載糧一斗八升五合，年節差役難以設計，浼請楊一林、楊邦甫説合，將自己屋後坪山石家塘尾山一塊，併二處田山，周圍壕基爲界，出賣與民人承受。再四請中召到都名黄登榮向前承買。當日三面得受價銀二兩五錢整，一手領回度日，完糧，並無短少準折。承交之後，其田山、屋基、塘土俱付黄人子孫管業。今恐無憑，立契爲據。

二、廷佐公接受木林衡田契

立契傾心掃土絶賣田塘、屋基、屋宇、門壁、山場、竹木、杉松、園土、禾場、溝池、糞蕩、牛欄、雜屋、倉屋、塘壩、圳港等項人張次榮，兄次文、次儒，弟次本、次山，同男茂華、潤深、輔仁，今將昔年接受楊麟，信田屋壹所割出一半，坐落地名木林衡，荒熟民水田壹拾玖畝，糧載四都四區，册名張次榮户下，正餉伍錢，南漕照科，概行出售。儘問親疏，俱稱不受，只得再三浼請中人賀楚相、陳楚明、劉占元、陽作週等説合，本區内業民黄廷佐父子，向前承接爲業。當憑中人出備時值九五色價銀肆百壹拾兩整，係張人父子、兄弟親手領訖，未少分釐，並包押字扦田，出莊包頭，一切陋規，概在價内，毫無外費。其有屋宇、基地，併餘地，平香火堂中心爲界，其西頭一頭係黄獨管，其有深塘生蓄車放，獨管注蔭照額，探塘車放照額。屋後圍山一只，左齊深塘，塘頭直上爲界，下齊張人田邊爲界，上至騎崙壕坑爲界，右齊屋側廟山壕坑爲界。獨管對門圍山一只，上底廖、張墳塋丈尺，禁步爲界，下齊中穴，直下至田邊，上齊乳頂，右邊底周圍壕堤爲界，係黄獨管。槽門外禾場，係黄獨管。其田畝坵塍，另書田數。其山場、田地，自賣之後，任黄陰葬陽修，守售聽便，更名輸税，永無續贖異言。今恐無憑，立絶賣契一紙，並老契共二紙，付黄父子公孫永遠收執爲據。

計批田數大小二十二坵。

乾隆四十五年正月二十四日，張次榮，兄次文、次儒、弟次本、次山立。代筆男茂華、潤深、輔仁。

三、山濬房明傑裔合約

立合約字人黄寅生、建華、長發、少秋、炳生、寅生、茂材、枚生等，情因我祖明德、明傑兩公，明德昔年無嗣，明傑七子均有後裔，明德公理應繼續。玆道政願將次子恒覺出撫明德公爲曾孫，當憑親族公議，所有公存公山，及餘蓄等項，概作八股管理。明德公裔一股，明傑七房各一股，日後毋得議論。恐口難憑，立此合約爲據。

（黄善信等修《[湖南善化]善邑榨衡黄氏支譜》 1946年善化忠孝堂木活字本）

巍山趙氏禁約議約

潼塘下手井頭沿樟樹禁約

立禁約家長光甫、益甫、瑞甫、徽瑞、和甫、貞甫、商甫、章甫、靜甫、魯甫、英瑞等，今因住場下手不足，祖遺合圍樟木成林，蔭庇風水，生靈關係。緣遇上冬奇寒，細枝枯乾，其巨椏復能抽發，不意門内止圖枯枝小利，不顧風沙大節，以致擅用刀鋸損傷巨椏。合衆呈鳴縣主，蒙批：祠長剖處承剖，立約設法示禁。嗣後不許損傷，有礙生靈。如恃頑不遵約者，另再呈鳴究治。爲此立禁存照。

康熙三十年四月　日，祠長公立。

桑梓趙莊楊樹塘約

十九都趙環、清常，緣有廿二都五保百三十一號土名楊樹塘，計七畝三分，王邊拍畝五分，今面中查明，照舊歸還趙邊，其水王邊永注一百六十一號，又二百五號、二百六號，共三坵，餘者不得侵擾。其井水留爲本家養魚備課。其畝分係大造收歸原户。恐後無憑，立此存照。

康熙十二年七月　日立約。

康熙二十年，王候選付回五分，收入環、常户。

環常里家塢莊基便契

立便契環清公常墓孫均一等，今便得魯庵公常田大小貳坵，共租肆秤，土名坐落廿二都里家塢，庵基造莊一所，即將清水塘下田一坵拾貳秤，計租肆秤，一直出便於魯庵公常爲業。其田自便之後，兩各照契管，其糧米兩各炤舊交納。今恐無憑，立下便契，永遠存照。

道光元年八月　日立，便契人大東房廷撰押、三房廷佩押、本川押、二房均一押、邦選押、四房建勳，押。執筆咏蓮，押。

巍山住宅禁約

立約明南等，(緑)〔緣〕我始祖環清府君之遷巍山也，初卜居懷德鄉之葛府，復往大里後結堂茶場街，架樓卜宅園，作小室百礎上，斯之任宅，始得巍山宅而居焉。經營相度，若此其難。我子孫聚族而居，於今三百餘年，室廬日益廣，近地之貿易者皆聚市於此。爰有他姓賃居舍以爲廛肆者，雖屬旅客偶羈，並無久居之意，但恐爲利所誘，或以之出售他姓，則忘先人作宅之艱，事有不可不預防者。況地方培植氣脉，脩舉頽廢，一切不時動支，俱係族中糾辦，無非爲保世長久之計。我東陽風氣淳古，如安文陳氏、永寧蔡氏傳序最遠，固本邃源，事非一日。他如三峰盧氏、桂坡李氏、長衢郭氏，無不以此爲兢兢者。爲此，合族立禁。犯者作違棄祖訓論。此約公議。明南、明虞、玫、忠諫、忠泰、忠愫、忠渼、忠仔、忠恕、珪、忠沁、忠瑞、忠與、忠鑑、忠詵、衎、忠詢、忠匯、忠調、瑞、忠藺、忠爝、忠治、忠科、忠瀹、忠沛、忠補、忠渙、忠望、忠訥、聲、忠振、忠涜、忠藻、正斌、正安、正朗、正謙、正華、正先、正宗、正恒、正豫、正登、正旭、正巽、正鼎、正棨、正解、正錸、正廉、正俊、正偉、正蒙、正秉、正張、正翊、正格、正霖、正晨、正晉、正需、正信、正宷、正詔、正棐、正緒、暄、正鏞、正芝、正颾、正桌、雲駿、雲潢、雲潤、雲錦、雲焕、雲綉、雲駰、雲霄、雲詒、雲從。

康熙三十年歲在辛亥正月上元吉旦立。

鍾濬堂爲異姓議約

巍山環清公派下四良常立約遵循祖訓以免陵替事。緣族上祖素有定議,一應屋業係屬界水以内者,永不許出售外姓,誠所以保族於久遠也。以故凡有典賣外姓者,悉坐本房本派取贖,歷來有約,毋庸贅議。其有店屋及内屋租賃他姓居住者,亦宜賃與開設浮店,一應婦女不得併居,致生産污穢,損傷元氣,甚爲違祖。爲此,合集四房良常公議:凡有屋業典賣,如系界水内者,悉坐本房備價贖回;外有租於外姓開張者,惟浮店聽憑生理,一應攜帶婦女併居者,悉坐本房令其遷徙,無許復留致穢。如有不遵約議者,公同逐出宗譜,不得與祭。立此合同議約四紙,各執一紙,遵約施行,

大房約存承烈,二房約存齊國,三房約存雲標,四房約存雲窔。聽約大常雲標、承烈、仍模、齊國、大房雲松、雲霑、仍蘭、仍林、雲良、雲法、仍峰、齊俊、二房雲玉、齊錞、齊鏵、隨鶴、齊崑、夢陽、睿模、聯珠、三房雲標、雲彩、雲洪、雲漢、仍垺、仍選、仍耀、仍傑、四房樸、廷槐、雲窔、仍紀、鶴清、仍理、鳴岐、仍駿、雲發、仍龍、齊選、睿淵、雲棋。

乾隆五十六年二月　日公議立約,執筆夢印。

又約

立議約鍾濬堂闔族老成,與四房良長常,爲分别族類以固根本事。緣我族自始祖清環清公創業以來,迄今四百餘年。前明陳野鶴先生相度基址,有巽上雙峰,須防異姓之語。延今族内積久漸衰,雖則氣化使然,亦由規模改换。凡異姓嫁娶生育等項,先人家法綦嚴。一姓則易於遵循,雜處則難於約束。所以累代脩譜,遞有規條。康熙三十年立有禁條,乾隆五十六年立有議約,毋使異〔姓〕雜居,屢次申戒。今因重修宗譜,仍復會族合議:凡典賃異姓屋業,盡行取贖,令各姓有家眷者,另自遷居。自四月起議至今,已經移盡在異姓,可謂體情,在本姓亦稱協力。但人情難料,體情者或有戀舊之情,協力者恐無守成之力。當日權遷不逾時而潛復如故,以致前光遏佚,祖訓空存,遞趨遞降,莫知究極。爲此,會集闔族老成,與各房良常詣祠合議;凡界内屋業,毋許典賣異姓,並不許賃於異姓有家眷者居住,如有圖利忘義,頑梗不遵祖訓者,會族到祠,照舊約黜譜。倘有族内中見代筆,罰同業主。今欲有憑,立下議約一紙,登戴宗譜。約底交四維常存執,務須世世恪遵,以分族類,以固根本,永遠存照。

或有不遵祖訓,致啓釁端,其費公議四良常四維常敦睦常攜用並炤。

聽約大房仍章、齊哲、睿珠、仍濟、齊煌、齊炳、睿琪、仍璜、齊璐、齊玨、鴻道、仍和、齊標、睿夏,二房仍宜、齊聯、睿渭、睿哲、仍樹、　辰、雄飛,睿明、夢揚、睿江、尚清、鴻基、齊發、睿壎、升、汝清、聯珠、睿沄、睿濟、鴻謳,三房雲梯、仍耀、齊華、睿濬、仍進、仍英、齊珪、睿訓、仍侃、齊哲、以精、鴻道、仍絅、新田、齊賢、仍淇、林、仍齊,四房躍雷、齊嶽、齊琳、睿犖、廷槐、齊鼎、燮、睿哲、鳳律、融、齊諒、士瀛、傑、羽儀、齊珩、睿淮、文河、馮、齊泰、睿棣、廷采、齊陞、齊澣、睿淇、仍炳、齊光、齊嵐、睿綸、仍琅、齊燦、榮春、睿梅、齊銑、齊惠、睿統、鴻楷、睿起、鴻材。

道光伍年十一月　日立,執筆鴻元。

蓬廳約

立約芝山公墓孫明成、忠庠、忠瀹、正歷等，爲永固公所，以光祀典事。緣順四百八十八日，觀府君原有廳堂一所，坐落太史第内，土名蓬廳，墓孫忠思等協同(尚義)〔商議〕，將廳三間全捐入公常，永爲奉祀之所，並將後堂樓中央一間，捐爲本房庶母之祠，樓上兼列乏祀之主，其門樓下中間，並右邊衕衕一條，爲公路出入，誠屬盛舉。凡我子孫各宜同心協力，世守毋失，永光祀典。如有不肖族衆無端窺伺、妄生覬覦者，合衆協攻。嗣後遇有脩理並一應公用，議定如芝山公常出銀一百兩。其有母主入祠者，每主下各照本家糧産公派，拼銀一百兩，以爲光前裕後之計，兼爲防微杜漸之謀。爲此立約四紙，各房分執。如有不遵約者，即作逆祖論，以家法公治不貸。立此永爲存照。

再議：元旦、元宵仍聽忠思等懸挂順字行神像及派下，以存報本之意。並照。

墓孫明成等八十人(押)。

康熙五十二年四月　日立約。第二房約正壎執。

後因歷年已久，牆(字)〔宇〕坍壞，於乾隆戊寅冬，管常孫正歷、正熼、雲昇、仍楨等，會同房長公議：芝山公出費錢三十千八百文，付墓孫仍構領包修葺，不踰歲而告成。亦見繼述之善。仍楨附記。

禁様溪堤告示

署東陽縣正堂、加五級紀録五次王，爲禁様溪堤等事。據生監趙睿琴、趙睿鶴等呈稱，十九都巍山莊沿溪兩岸築有沙塍，向栽雜木以固隄防，後有不法之徒逐漸開掘竊砍，縱放牛羊，溪岸崩頽。今再議舉董事趙齊國、趙齊鍠等，新築沙塍栽有雜木，恐有匪徒復蹈前轍，呈叨示禁，以固溪岸等情。據此，除批示外，合行出示嚴禁。爲此，示仰該地居民及保正人等知悉，嗣後不許將蓄養堤塘雜木砍掘，縱放牛羊，踐蹈損毁。倘有不遵，照仍蹈前轍，許董事人等指名稟縣，以憑提究。各宜凜遵毋違。特示。

乾隆四十七年五月初六日給。

禁巍山屏開掘案據

署東陽縣正堂、加五級紀録五次程，爲山脉開損，迭遭禍害事。據貢生趙廷槐、趙升、生員趙鳳津、趙夢印、趙雄飛、鳴岡、監生趙齊松、趙睿琴呈稱，巍屏一山係生等合族來龍，兼係朝山，相距不遠，先年植養蔭庇，合族叨安。近有無知之徒妄行開種，非但暴雨之時，沙汙田地，且傷生族龍脉，族中連遭回禄，叩請示禁等情前來。據此，除批示外，合行示禁。爲此，示仰該處居民人等知悉，所有該處巍屏山毋許再行開掘。如有不法棍徒仍蹈前轍，在該山挖掘滋擾，一經察出，或被告發，定提(巖)〔嚴〕究，決不寬貸。各宜凜遵，毋違特示。

嘉靖拾捌年十月十六日給。實貼巍山莊。

（巍山修志理事會《［浙江東陽］東陽趙氏家譜》 2002年電腦排印本）

益陽薛氏産業約據

湖北鸚鵡洲薛姓墩基産業約據

立永賣洲土人劉志大合室商議，今將祖遺地名漢陽鸚鵡洲楊泗廟上首洲土壹廂，請中賣與湖南益陽鲊埠上益薛姓作爲墩基，承受爲業。當日三面言定，作時值業價紋銀壹拾叁兩正。就日有劉親手領足，不少分釐，外無全領字約，一切雜費俱在正價之内。自賣之後，任薛姓立宅，並拖棚棟木，百爲管理。此係自心情願，並無謀準詛壓等情。今恐無憑，立此文契一紙，付薛永遠爲據。

計批：四抵以江水分上下左右，上抵王姓土，下抵桃埠，左抵大路，右抵江心。批止。

憑中劉朝儀、蕭大焕、薛佩卿、王清泉、詹雲昌，在場劉若農、劉達安、劉伯銀。

康熙四十六年冬月二十四日，劉志文筆立。

立頂契字人詹善菴，今將地名鸚鵡洲一里公所上首薛姓墩後墩基壹塊，憑中出頂與薛姓公墩爲業。當日三面言定，作時值價銅錢伍拾捌串捌百文正，有詹親手領訖，不少個文。自頂之後，任薛修造另佃，立宅拖棚，毋得異言。今恐無憑，立此頂契一紙，付薛永遠爲據。

計批：錢契兩交外，無收字。又批：前抵受業墩基，後抵街心，左抵蕭姓墩，右有路爲界。批止。

憑中人蕭越之、曹鼎泰、黄廷佐、莫修亮、詹月秋、詹少青、張獻瑞、張玉書，在場鳳翥、漢雲、子谷、壽春、命山、藻春。

光緒二十七年十月十五日，詹善菴立，寶堂依口代筆。

立永賣房屋契約人駐漢俄國租界美孚洋行，緣段潤生前在本行爲貴州同仁，經理虧欠多金，逃匿無踪。經由漢陽縣署決定，將段潤生先年在湖北鸚鵡洲上益幫街面薛姓墩基地皮上構造之住屋壹棟，概付本行收管，作爲抵償虧欠之一部份之資，並蒙查封在案。本行因該屋基址原係由段租賃薛姓公地，只得請中證將此房屋前至街路，後抵薛姓公屋，左抵巷路，右抵蕭新泰磚牆，其中寸木寸磚，片瓦片石，釘鐵雜料，毫無抽留，一併賣與薛姓墩基爲業。當日三面言定，作時值屋價洋例紋銀貳百兩整。當日銀契兩交，親手收訖。此係稟請官廳准予拍賣，以後如因本行出賣此屋而發生轇轕者，則歸本行擔任，不與薛姓相干。自賣之後，該屋基仍歸薛姓照老契管業。其房屋修造自住或另佃，概聽薛姓自便，決無異言。所賣是實，恐口無憑，立此付薛姓永遠管業，存照爲據。

再批：此屋業經賣與薛姓，所有應盡納税之義務，應歸薛姓負担，與美孚行無涉。併照。

中證人朱向榮、王海峯、龍玉卿。

中華民國八年歲次己未四月吉日，立永賣房屋契約人漢口美孚洋行大班藍甯，代筆朱向榮。

又：荒五里薛姓公垣一所，以對江分前後，前抵河灘，後抵大路，左抵詹、張二姓公垣，右抵周姓公垣，進身一十七丈五尺，横一十丈。批止。

（薛守恭等總纂《[湖南益陽]薛氏六修族譜》 1933 年木活字本）

湘鄉月城趙氏契據

林家灣田契

立契出賣田塘、屋基、山地、園土人胡廷玉，今因公私逼迫，無從出備，夫妻合口商議，願將私置地名“林家灣”，内折小地名“老虎衝”水田叁畝貳分、水塘貳張、山地糧載四都，册名“胡朝錫”出售，儘問親房人等，俱稱不便，浼請中親趙松生、胡元章召到本都趙永俊子孫四房承受爲業。當日三面議定，時值價銀肆拾伍兩正，就日銀契兩交，並未短少分釐，亦無逼勒準折等情。自賣之後，任趙更名稅契析户，胡人不得異言。甘心立此絶契一紙，付趙永俊子孫四房收執，永遠爲據。

其山地在小塘側，騎崙倒水直上，下至禾塘坪屋後壕基週園爲界，水塘注蔭生放，獨管荒熟水田十六坵。

憑中見趙斗北、李公遠、胡元章、趙松生、李帝用、蕭德音，均押。

四房承受人趙良臣、良棟、良彬、良週、良仁、良景、良知、良裘、良第、良魁、良松、良斗、世傑、世璨、世佳、世富、世漢、世杞。

雍正六年正月二十九日，立筆人胡廷玉、胞弟明玉、昇輝、昇喬，均押。

麻衝灣田契

立契出賣田塘糞蕩人趙鎮湘，同男冠南等，今因公私逼迫，無從出備，是以夫妻父子合口商議，願將祖遺父分地名“麻衝灣”荒熟水田柒畝行言割售。儘問兄弟及親房上首人等，俱稱不便，書立召約，浼請中親胡經魁鉗訂族祖永俊公經管，趙晉玉、德輝、述作、隆元承受，四房公上爲業。三面眼同扦點清白，議處時值價銀貳百叁拾兩正，就日銀契兩交。是鎮湘父子憑中親手領足，並未短少分釐，亦無謀(磊)〔勒〕準折等情。其田水路坵界列後，糧載四都九甲册名“趙廷瑞”户内。鎮自拆割正餉貳錢肆分伍釐，漕陸升叁合，南折叁分玖釐。從二十年起，任俊房更名折稅完納管理。倘有重行及畫押等情，均係出筆理落，概不與受業相干。此屬心甘情願，永無異言。今欲有憑，立此契書一道，付俊公房永遠發達爲據。

計開：水路坵界，屋門首上塘，對岸條子坵，棟青樹坵一坵，及下坑坵一連兩(垢)〔坵〕，係茶園塘、上塘貳張，車戽注蔭王道灣，埃山長坵，上塘水車戽注(陰)〔蔭〕，下麻衝塘正壠三升，係新屋灣門首塘水車戽注蔭，谷芽坵壹坵，當上四升壹坵，麻衝灣屋門首下塘水車戽注蔭水田，大小共玖坵，屋門首大糞蕩壹張，與湘各得壹半，内糧向項傍添八個。趙萬來併批。

憑中見胡經魁、趙宗武、黄河、清夷、興隆、清雲，均押。

嘉慶十九年九月十五日，立筆人趙鎮湘，同男冠南，代筆人萬來，同弟國典、鎮彩，均押。

眠羊鞘田契

立契出賣田塘、屋宇、山地、園土、樹木、竹林等項人趙仁書、名揚，同姪龍元、神元、孫炳文、炳正、炳如、炳武等，今將地名祖遺“眠羊鞘”茅屋一宅，水塘一張、砍田一坵，園土、竹木等項，壕内山地壹塊，浼請房衆興隆、清濱、以文、東漢等作中，訂向永俊公派下經管，德彰、以彰、青世、國秀、鳳岐等承受爲業。比日眼同扦點，並未隱漏尅留。議處時值價錢貳拾肆千文正，是仁書兄弟叔姪親手領訖，並未短少分文。倘重行典當，概係出筆理落。今欲有憑，立此賣契壹紙，付俊公派下輪流經管，永遠收執爲據。

立字起至遺字止，龍元筆。其餘神元筆。

計開：屋後選外墳壹冢，遠外墳壹冢，屋上首添瀧夫婦李氏墳壹冢，屋後蛇腦載書墳壹冢，屋下鞘必顯墳壹冢，玉書墳壹冢，垣内墳塋陸冢，均係每冢平塋頂各方壹丈五尺，丈内丈外不許進葬砍伐，任俊公派下經管栽培掌禁。神元筆批。

憑中見趙位尊、興隆、文學、述作、文漢、清濱、以文、東漢，均押。

道光十一年八月二十五日立，仁書、名揚、龍元、神元、炳文、炳正、炳如、炳武，均押。

袁家衝田契

立契出賣窨基、田塘、山地、樹木等項人顏德宗，同男正心、其志、時習等，今將地名“袁家衝”屋上首泉塘下一連直至井坵上止，其荒熟水田拾坵貳畝、泉塘壹張生放，付趙獨管。其注蔭高瓴水，顏、趙公共車放高瓴水盡，高瓴下水任趙深鑿獨放獨車，顏人止有高瓴水分。山地上齊顏榮宗墳，後騎崙古壕爲界，旋左騎崙，直至文榮輝父墳側，騎崙直下，直至泉井塴鞘，界外墳匡及下井邊爲界，旋右騎崙，直至顏佑章墳，後山騎崙，直下倒左側，至德宗井坵上田邊爲界，下以週圍山脚爲界，並泉塘、中鞘、窖窨、陰基壹鞘。以上四抵，批載毫無混雜不清。行言出售，儘問親房上首人等不受，浼請中親文明岱、趙昱達、楚三、顏照書、禹珍等，訂向趙孔昭兄弟厝父爲業。比日憑中議處，時值價銀玖拾陸兩正。就日銀契兩交，並未短少分釐，亦無謀賣等情。糧載四都三區，册名“顏德宗户”内，分餉柒分。從五十九年起，任趙人晰户完納。自賣之後，任趙陰葬陽造，並未尅留寸土寸木。倘親房上首人等異言，係出筆人理落，不與受主相干。至若山地界址，憑中眼同扦點，挖坑窖灰爲界。今恐無憑，立此賣契一紙，付趙兄弟收執爲據。

其有山内墳塋、泉塘、中鞘識大父墳壹冢，照依德宗管業。契内原批離匡各方貳丈玖尺，文榮輝父墳壹冢，止許挂掃，匡外概付趙人管理。其餘界内並無别冢在山。並批。

憑中龔允昇、趙昱達、楚三、聚元、其國、文明岱、顏上聞、照書、禹珍、冠世、識大。

乾隆五十八年七月十八日，德宗筆。同男其志、正心、年豐、時習、世錫、賢達立。

株木塘屋契

立賣契字人趙松嶽、登高、桂林，同男姪等，緣嘉慶年松祖斐文公於今四都觀前區東岸上節株木塘，修建南嶽行宫，並塑聖帝、聖公、聖母，轄神注生諸佛，後松父益三三房分析，是處舖屋基地，三房公管未分。至道光十八年，松父貿易需屋，血叔見三與堂兄德馨，將是處舖屋基地等項品付松父管理，兩房合書議約爲據。玆因松父已故多載，松兄弟三家共管是處，招佃居住，收稅窵隔星散，不便共管，兄弟叔姪合口商議，請憑文敬堂房姪得雲等，甘將是處舖屋、門壁、窻櫺、前後基地等項,售付曾祖爾躬公上孔昭、能衆、斐文老三房後裔,將墳山、袁家衝公田所積餘貲承受管理,永爲老三房公屋。議定時值價錢伍拾陸千文正,是現任經管鵬南將公上餘貲,三面眼同扦點交兑。自售之後,舖屋、餘坪、基地,永付老三房後裔共管。其有聖殿佛像,及廟門、香爐,照舊模樣,永供香燈,不得改易間斷,殿有缺漏,係屬一脈公爲照舊蓋葺。其有見叔兩房先年所立字據未繳,照樣抄付公上便查,松等不得異言。今欲有憑,立此賣契,付公上經管輪流收執爲據。

憑中見文敬堂、趙得雲,同場受業見三、相賢、榮先、芝光、安宅。

同治二年九月十一日,立契人趙松嶽、登高,桂林秉筆。

杏樹舖節孝坊田地契後捐歸斗北公管理

立賣契字人趙鵬南,今將四都地名泉塘背上,坐落下首杏樹舖,契内水田壹連貳坵,出賣與房姪承華建立祖母節坊。地基仍華姪修造管理。請憑中趙正選、瓊林、明照、壽春,議處價銀捌拾兩正。其田眼同扦點,窖石爲界。比日銀契兩交,外不具領。是鵬領足,並未短少。自賣之後,永無異言。今欲有憑,立此契壹紙,付承華永遠爲據。

憑中譚竹亭、趙明照、壽春、正選、瓊林。

道光二十一年十一月十六日,鵬南筆。

(趙先鍾等纂修《[湖南]湘鄉月城趙氏五修族譜》 湘鄉愛敬堂 1916 年木活字本)

寧鄉陳氏房屋基地契

寧鄉縣城南建坊房屋基地契貳紙

立契出賣屋宇、基地、園土人鄒再彝,又尹倣惠、宗時、宗貴兄弟等,今有父置寧邑南城屋宇、基地、園土,前抵街道,後抵陶宅横路,左右以本宅甎牆爲界,後左抵塥,右以小塘邊牆垣爲界。因係兄弟公業,難以分管,是以兄弟合意概行出賣與人,俱稱不便,只得再四浼請中人任淑吉、陳四迪,説合四都里民陳廷衡父子向前承受爲業。當日三面議定時價紋銀壹百貳拾兩整。比日銀契兩交,係再彝兄弟親手領訖,並無短少分釐。其屋宇基地門四片、樓板共叁間、圍牆等項,比即憑中街鄰攓清掃售,並無存留。自賣之後,任聽陳人父子修創建立居住,族親無得異言。倘有不明,俱係出筆人理落,不與受主相干。今恐無憑,立此賣契,並老契共貳紙,付陳父子永遠爲據。

計批:照依老契,左邊周人借牆脚壹條,係後棟發周人借字,(附)〔付〕陳收據。

乾隆九年二月十二日,立筆人鄒宗時、宗貴、再彝,又,尹倣惠,憑族宗一、拔常、京品,憑中人鍾祚胤、任淑吉、陳四迪、黄永惠,在場人任雨蛟、吴大任、任振遠、吴衡占、廖廷器、楊漢生、楊哲文。

立契出賣基地、樓房、瓦屋、甎牆、園土人童聲遠，今因公私逼迫，難以設辦，兄弟叔姪商議，情願將父遺分授屋基、前後瓦屋四進、園土、牆垣、樓房，一概出售。儘問親族人等，俱稱不受，浼請中人廖元萬、鄒廷一、鄒炤遠，召到鄒朗若承受爲業。當日得時價紋銀捌拾肆兩伍錢整。比日親手領訖，並無短少分釐。其屋前抵官街、後抵陶横路，左右以本宅甎牆爲界，後左抵塝，右以塘邊直上爲界。就日擠交明白，並無親房互混，亦無重賣謀準等情。此係甘心情願，寸土寸木片瓦無存，其屋通前致後，概附鄒人管理。自賣之後，任鄒拆毁起造，不得外生枝節，永無異言。立此賣契一紙，附鄒收執爲據。

價足契明，外未具領。

雍正十二年十月十七日，立筆人童聲遠，憑中人鄒廷一、廖元萬、鄒炤遠，在場人童邇熾、杭起週、饒子聖、王溢四。

基地左邊牆脚周嚴有借帖砌牆壹紙，轉(附)〔付〕鄒人收執爲據，此批。

（陳策定主修《[湖南寧鄉]寧鄉陳氏蔭塘支譜》 聚奎堂 1914 年木活字本）

潛山徐氏契議

立賣田山屋契人葉世斌，同男範一、箓竹、居正、如亨，今因置業無湊，父子商議，情願將續置夏家凹田種三担八斗，實載民畝九畝八分一釐，在大二圖八甲葉映茂串内當差，憑中出賣與徐名下管業當差。比得田價銀一伯四十七兩整。親領足訖，其有隨田山場、屋宇、園圃、糞宕、隙地、水塘、魚利、田種、坵塅、雜項，俱載水單明白，聽憑徐人召佃耕種，送納官糧。及有親疏酒勸，盡是賣主一力承管，不干買者之事。自賣之後，永不加贖。此係二人情愿，併無逼準等情。今欲有憑，立此賣契，永遠存照。

乾隆八年九月十五日，立賣田屋山契葉世斌同男範一、菉竹、居正、如亨，俱押。

中人盧非池、陳思誠、葉振山、李佐三、葉惟玉、張漢英、張東白、葉如田、黄益思、江有柏、潘廷玉、朱楚柱、葉燦美、葉周訓、葉羣宗、葉茂榮，俱押。

計開水單：

一、夏家凹田，種三担八斗，範一、菉竹田種二担八斗，俱照吴人契書二紙管業。又居正等塘稍田三坵，計種二斗，塘下東塝一連三坵，計種八斗。以上共合三担八斗之數。

一、水塘一口，水利魚鮮照田公管，河水隨田蔭救。

一、屋宇憑龍口西頭一半，門窗户扇俱全。所有隙地盡在無遺。外東頭廂房一間。

一、稻場一個，照田公管。

一、菜園二個，照田公管。

一、牛墩上山場一塊，俱照封墩爲界。内有樊氏墳一塚，本土爲界。

一、糞宕，西邊大小二個，獨管；門首大糞宕，照田派管。

一、實載民畝九畝八分一釐。

一、價銀一伯八十七兩整，通家勸儀，併出屋香火禮在内。

乾隆八年九月十五日立水單，葉世斌同男範一、菉竹、居正、如亨，俱押。中人潘廷玉、朱楚柱、葉燦美，俱押。

（清徐維垣等修《[安徽潛山]徐氏族譜》　清光緒二十二年敦睦堂木活字本）

懷宁程氏田契

立杜賣田契人鄭碧玉，今因置業不湊，情願將祖遺杉木窪腦田種二斗五升，實載民畝八分正，在受五圖十甲，册名鄭金玉，由内當差，登使杉木窪塘車蔭傳灌水利併取塘泥，其田塝上碧玉山，聽程人挑壩支水攩砂，又隨田山廠一片，上憑山脊分水安石爲界，下憑山脚田塝爲界，左憑流水溝安石爲界，右憑程人本山界石，直下稻塲安石爲界，在山樹木，盡斷無遺。憑中踊明，立契出賣與程啟伯名下耕種爲業。當日三面議作時值價銀三十四兩正。親自收訖，外不立領。自賣之後，田聽程人上莊管業耕種，送納次年差糧。後遇大造，聽程收户便輸。其山聽程人蓄長樹木蔭墳，賣主永不言加，永不言贖。及有親疎酒勸，賣主承管。此係二意情願，並無凖折等情。恐後無憑，立此賣契，永遠存照。

乾隆二十九年九月十九日，立賣田契鄭碧玉，押。

憑中人毓田、迎武、曹位両、曹元美、何琢玉、鄭澤裕、李得勝、俱鳳早、里仁、劉介勳、鄭來裕，押。

立足價加添人鄭碧玉，情因父先年將屋旁稻塲塝下田種五斗，憑中立契出賣與程啟伯名下爲業。比得田價銀四十三兩正。契載贖筆。今託中向説足價加添銀三十三兩，親自收訖。外不立領。自加之後，田聽程人永遠管業。鄭人永不言加，永不言贖。及有親疎酒勸，不干買主之事。賣主承管，恐後無憑，立此足價加添。永遠存照。

乾隆二十九年九月十三日立，足價加添，鄭碧玉，押。

憑中人鄭宏久、李得盛、何鳳早、曹未兩、鄭來玉、何卓玉、鄭理仁，俱押。

（程氏合族纂修《[安徽怀宁]程氏重修宗譜》　1932年怀宁敦睦堂木活字本）

安慶大緣葉氏田契廠契

立杜賣田契趙廣明、廣忠、廣元等，今因置業不湊，兄弟商議，願將父置朱李橋田種一十四担四斗五升，每年額早租稻一百三十担零五升，實戳民畝五十八畝二分，載在一圖五甲册名“趙忠户”内當差登使，本莊各塘融閘、溝路、水利、魚泥，所有隨田瓦草，莊屋一所門窗户扇俱全，及板倉一口，餘基、隙地、稻場、菜園、糞窖，在莊周圍樹木一切，各項寸土尺木，盡行不留，憑中出杜賣與葉　名下上莊收租爲業。當日二面議訂，時值田價曹平方紋三百八十兩整，勸儀代筆在外，一並新收領訖。自賣之後，聽買者俱照新老赤契水程管業，完納本年差糧。以前年分不幹買者之事。其田倘有重複典當，及户内親疏人等生端飾説，盡是賣者一力承管，與買者無干。一賣一杜，永不加添，永不加贖取。此係自己情願，並無逼勒等情。恐後無憑，立此杜賣田契，永遠大發存照。

道光二十九年八月日，立杜賣田契趙廣明、廣忠、廣元押。

憑中葉積厚、趙讓泉、程國發、趙華風、葉積仁、潘肇璜、劉玉伯、趙少泉、程春林、雷春谷、趙華政、余華清、方啓發、趙霽亭筆俱押。

計開水程：

一、東牆口田一坵，載種一斗五升。一、小傍田大小七坵，載五斗。一、菜園田一坵，載種二斗五升，橐盆田二坵，載種五斗。一、暗溝田一連二坵，載種二斗。一、稻場邊四田坵，載種六斗。一、秧田一連二坵，載種四斗。一、門首田二坵，載種二斗。一、閘口田大小六坵，計種四斗。一、門首右田並西牆脚共二坵，計種三斗五升。一、地田一坵，計種五升。一、嗽叭田並稻場田共五坵，計種七斗五升。一、老秧田二坵，計種二斗五升。一、上衝田五坵，計種一石一斗。一、上三斗田大小三坵，計種三斗。一、牌刀田並長秧田共十一坵，計種一石。一、下三斗田大小二坵，計種三斗。一、上四斗田一坵、一下四斗田一坵，計種八斗。一、葫蘆田大小二坵，計種五斗。一、長田一坵，計種二斗。一、柳塘大小田四坵，計種七斗。一、柳塘邊田大小五坵，計種一石一戽。一、井頭田大小六坵，載種一石二斗。一、朱李橋頭田一坵，載種五斗。一、圍堨口田大小二坵，載種四斗五升。一、隔河廟門口田一坵，載種一戽。一、隔稍田二坵，載種四斗。一、沖下田大小七坵，載種九斗。一、門首大塘一口，獨管。一、路邊大塘一口，獨管，登阮家閘水灌塘。一、中塘一口，登阮家閘水灌塘。一、小塘口，獨管，登阮家閘水灌塘。一、堨一口獨管。一、藕堨一口，獨管。一、長堨一口，獨管。一、圍堨内田大小四坵，計種四斗。一、瓦草莊屋一所，門窗户扇俱全，稻場、菜園、糞窖、罕廠、餘基、隙地，俱系獨管。一、板倉一口。一、田頭地角倘有遺漏，日後查出，盡付買者。

道光二十九年八月　日，立水程趙廣明、廣忠、廣元，押。

立杜賣田契陳守先，同侄大中、斯雅成公同商議，願將公共丁家嘴莊田種一十七担九斗整，每年額早租稻一百七十四担零九升，實載懷邑民畝七十二畝三分六釐，所有隨田瓦草莊屋、門窗户扇俱全，以及稻場、石磙、菜園、糞窖、罕廠、隙地、樹木、塘堨、水利、魚泥，田名坵墩，一切等項，俱照老契，水程明白，内將先人公買楊姓一半田，種八石九斗五升，額早租稻八十七担零四升半，實載懷邑民畝三十六畝一分八釐，在渌水鄉蘇家保，册名“陳斯”貳串，共十八畝零九釐，斯鰲貳串，共十八畝零九釐，完納差糧，隨田一切，各項照田派管，憑中盡行出杜，賣與葉開瑞名下爲業。當日得受時值田價足曹紋銀二百五十四兩整，親手收訖，外不立領。自賣之後，聽買者上莊收租、管業，完納本年差糧，以前年分不幹買事。倘有親疏人等飾説，以及重複典當，盡是賣者一力承管。此係兩願，並無逼勒情事。一賣一杜，永不加添，永不贈取。今欲有憑，立此杜賣田契永遠爲據。

光緒十一年四月十三日,立杜賣田契陳守先筆,侄大中、斯雅成,押。

憑中葉淑陶、馬淵泉、程琰班、謝德元、葉瑜卿、馬麓樵、馬和卿、斯雅德、陳德壽、陳兆元、劉少山、馬松坡、雷立羣、葉魯齊、葉子謙,俱押。

計開水程:

一、瓦草莊屋,門窗户扇俱全。一、門首秧田一坵,種六斗。一、大頭田一坵,種六斗五升。一、大秧田一坵,六斗五升。一、邊傍田一坵,一斗。一、長秧田一坵,三斗。一、鴛籮田一坵,三斗。一、小鴛籮田一坵,八斗五升。一、竹篙田一坵,三斗,一連牽田一坵,六斗五升。一、安兒田一坵,二斗。一、碓嘴田一坵,六斗五升。一、梭子田一坵,七斗。一、化家田壹坵三斗五升。一、灣塘田一坵一斗五升。一、老秧田一坵壹斗五升。一、山塘下一連四坵九斗五升一葫蘆田一坵,三斗。一、荒田一坵,五升。一、荒園田一坵,五升。一、蘇家塘田一坵,五斗。一、蘇家塘背田一坵,五升。一、圓地田一連二坵,二斗。一、鬼塘田一連二坵,三斗。一、高搶田一坵,三斗五升。一、學堂田一斗五升。一、牌刀田一坵,六斗。一、圓田二斗二升半。一、裩襠田二斗七升半。一、方秧田一坵,六斗。一、高搶田一坵,三斗。一、半截田一坵,三斗。一、巾兒田即丁釘田一坵,二斗。一、契獨管登用大小羊塘、水利、魚泥。一、大塘水利公用。一、大小鴛籮塘二口,水利、魚泥公用。一、灣塘,水利公用。一、蘇家塘,水利公用。一、王家塘,水利公用。一、鬼塘,水利公用。以上所有魚泥公用,大融水利灌蔭。一、分家田壹坵,種八斗。一、興兒田壹坵,壹斗。一、六月黄壹坵,六斗。一、洪家秧田壹坵,三斗五升。一、園田一連三坵,種二斗。一尖田一連二坵,三斗。一、稻場田一斗五升。一、杏樹園田壹坵,壹斗五升。一、邊板田一坵一斗。一、尖田五升。一、大園田二斗八升。一、老秧田三斗二升。一、小齋人田壹斗。一、横田五斗二升半。一、痍田五斗五升。一、地田一坵,三斗七升半。一、半邊田三斗。一、齋人塘田一坵二斗。一、門首小塘,水利公用。一、山塘,水利公用。一、下王家塘,水利公用。一、菜園三個糞窖、二口罕廠、隙地等項,系一半。一、莊上倘有遺漏,日後查出,仍歸買者管業。

光緒十一年四月十三日,憑契中斯雅德筆。

立杜賣民田契馬玉山、馬曉雲,同侄竹溪、鑄卿,情因置業不便,公同商義,願將祖遺公共坐落渌水鄉九口保齋粑樹民田,種十二担五斗,每年實額早租稻一百二十二担九斗八升,小租在内,實載懷邑民畝四十五畝九分,在册名“馬玉山”、“馬福堂”、“馬壽考堂”、“馬慶雲”、“馬康樂堂”、“馬慶榮”、“馬曉園”等串内當差,其有隨田瓦莊、屋、塘堨、水利、魚泥、糞窖、菜園、稻場、罕廠、隙地、樹木,田名坵數,一切等項,另立水程明白,寸土尺木盡行不留。憑中出杜,賣與葉冠卿名下爲業。當日得受時值田價曹足紋三百五十二兩整。比親收訖,外不立領。自賣之後,聽買者上莊收租、管業,完納本年差糧。以前年分差糧不清,以及親疏人等飾説,盡是賣者一力承管,不幹買者之事。此係兩願,並無逼準,一杜一賣,永不加添,永不贖取。今欲有憑,立此杜賣民田契永遠存照。

光緒十一年四月二十日,立杜賣民田契馬玉山筆、馬曉雲同侄竹溪、鑄卿,押。

憑中王少莊、馬監秋、馬雲軒、葉淑陶、雷立羣、馬爐青、阮興道、阮魯齋、馬謐之、馬和卿、葉瑜卿、葉積林、馬淵泉、馬麗樵、葉子謙、葉兆福,俱押。

計開水程:

一、田種十二担五斗,坐落渌水鄉九口保齋粑樹,每年實額早租稻一百二十二担九斗八升,實載民畝四十五畝九分整。一、瓦草莊屋一所,棋盤四正,門窗户扇俱全,系三股之二。一、大塘一口,照田列後蔭水。一、菖蒲塘壹口,照田列後蔭水。一、西山塘一口,照田列後蔭水,系獨管。一、山塘一口,照田列後蔭水。一、朱家塘一口,各半魚利公分。一、上沖田一坵,三斗五升。一、葫蘆田二坵三斗。一、過水子衝田一坵,一斗五升。一、姚家塘二塝田一坵。四斗五升。一、姚家塘下塝田一坵,二斗。一、買二斗塝田一坵。一大一斗,塝田一坵。一、塝田三斗一坵。一、油菜塝田一坵,四斗。一、山脚小塝田一坵壹斗。以上俱登大塘水利。一、又田壹坵,壹斗五升。一、又田一坵,七升五合。一、又田一坵,七升五合。以上俱登菖蒲塘水利。一、上皮條塝田一坵,一斗,登大塘水利。一、大塘下二塝田壹坵,二斗五升,登大塘水利。一、大塘下二塝田壹坵,二斗。一、當田下田一坵,五升。一、上新園塝田一坵,三斗。一、小四方田一坵,五升。一、西山塘頭田一坵,一斗。一、山塘下塝田四坵,共二斗。以上俱登大塘西山塘水利。一、大塘頭田二坵,共三斗。一、烏桕樹田一坵,一斗五升。一、小二坵,壹斗一坵。一、下衝田一坵,七升。一、下沖田一坵,五升。一、大塘土地田一坵,四斗。一、過水田一坵,二斗五升。一、姚家塘田二坵,共三斗。一、三斗下一坵,二斗,又一坵,二斗。一、對面磬口塘下田一坵,一斗五升。

以上西山塘獨管。門前大塘、菖蒲塘,照田蔭水。一、上四方塘一坵,五斗,登大塘水利。一、大四方田一坵,一斗五升。登山塘與運扶照田蔭水。一、上四方頭田三坵,共一斗五升,登大塘水利。檀樹下田,壹坵,壹斗,登菖蒲塘水利。一、菱角田二坵,共一斗五升,登山塘與運扶照田蔭水。一、沖田一坵,六斗,登大塘水利。一、下田一坵,三斗五升,登大塘水利。一、菱角田一坵,一斗五升。一、尖秧田一坵,一斗。一、大田一坵一斗。一、又田一坵,二斗。一、小土地田一坵,一斗五升。一、皮條田一坵,一斗。以上俱登大塘水利。一、檀樹下田一坵,二斗。登菖蒲塘水利。一、山塘下田一坵,五升,登東邊山塘水利,與曹龍先照田蔭水。一、山塘下田一坵,五升,登山塘水利與曹運,扶照田蔭水。一、下新團田一坵,五升。一、塘下尖田一坵,五升。又尖田一坵五升。一、塘墈下田一坵,一斗五升。一、秧田一坵一斗。又一坵一斗。一、三斗田一坵。一、二斗田一坵。一、一坵一斗五升。一、衝田一坵,三斗五升。一、灣田一坵,六斗。以上俱登大塘水利。一、稻場、捍廠、糞窖、菜圍、熟地、隙地、樹木、石磙、魚泥等項,俱係照田分派。一、東至趙田爲界,南至查田爲界,西至曹地爲界,北至古埂爲界。

光緒十一年四月二十日,立水程馬玉山,押,馬鑒秋筆。

立杜賣民田契鄭紹裘,情因正用不湊,願將己手置買十里舗梅樹墈田種四石八斗,額租四十八担,實載民畝十七畝整,在懷邑淥水鄉十里保,册名“鄭紹裘篤慶堂”串内完納,所有隨田水利、大塘一口、葫蘆塘一口、吴家塥一口、莊屋一所、稻場、石磙、糞窖、宕車墩、溝路、菜園、隙地、山廠、樹木一切等項,俱按吴姓老契,田種十三担五斗五升之數派管。另載水程明白。憑中出杜,賣與葉開瑞堂名下爲業。當得受時值田價足紋銀一百二十兩整。比親收訖,外不立領。自賣之後,聽買者上莊管業,辦納明丙戌年差糧。倘本年差糧不清,重複典押,以及親疎人等飾説,盡是賣者一力承當,不干買者之事。一杜一賣,永不加添,永不贖取。此係二意情願,並無逼勒等情。今欲有憑,立此杜賣民田契,永遠大發存照。

光緒十一年十一月十八日,立杜賣民田契鄭紹裘,押。

憑中龍潤卿、馬麓樵、徐士達、楊天來、趙邦芝、楊啓雲、張琢賢、馬和卿、葉子謙、馬雲軒、楊啓有、查先進、葉魯齋、孫積發、楊廣發,張曉華筆,俱押。

計開水程:

一、莊屋壹所。一、糞窖二口。一、菜園一個。一、大塘一口。一、葫蘆塘一口。一、吴家堨一口。一、餘基、隙地、山廠、樹木,一切俱全。以上俱按十三擔五斗五升田種派管。一、河堨田一坵,種三斗。一、團щ頭田一坵,種七斗五升。一、團田一坵,種一斗五升。一、又田一坵,種五斗。一、灣田一坵,種一斗。一、葫蘆田皮緬田五升,田三坵,共種一斗五升。一、四方田一坵,種一斗七升半。一、皂靴田一坵,種二斗五升。一、排刀田一坵,種一斗四升半。一、小五升田一坵,種五升。一、東塝田一連五坵,種三斗二升半。一、忙三斗田一坵,種三斗。一、斗五升田一坵,種一斗五升。一、東塝直一斗田一坵,種一斗正。一、坑一戽田一坵,種二斗五升。一、西塝一連二坵,種二斗。一、塘後埂田一坵,種四斗。系張應才出頂於衣〔?〕。光緒五年卸莊。此後聽葉姓招佃耕種。一、戽半截田一坵,種一斗二升半。一、灣三斗半截田一坵,種三斗正。以上計田二十七坵,計種四石八斗,計額租稻四十八石正,實載民畝十七畝正。

光緒十一年十一月十八日,立水程鄭紹裘,押。

立杜賣民田契余傳基,情因脱小就大,奉母命願將父手所置十里保梅樹塝田種一業,除以前裁賣與董姓田種外,實存收田種五石一斗八升五合,每年額早租稻五十三担二斗五升七合整,實存民畝十八畝八分一釐,在渌水鄉十里保,册名"余峻""余英"串内當差,所有在莊田名坵段莊屋、稻場、石磙、菜園、餘基、隙地、山廠、樹木、車墩、溝路,並應登胡家大塘葫蘆塘、吴家大堨水利魚泥,照田派管,另立水程明白,所有隨田一切,各項盡行不留,憑中出杜,賣與葉冠卿名卜收租管業。當日得受時值田價足曹紋銀一百六十一兩整。比親手收訖,外不立領。自杜賣之後,聽買者上莊收租、管業、過户、當差,完納十一年差糧。以前差糧未清,不干買事。倘有親疎内外人等飾説,以及重復典押,盡歸賣者一力承管。一杜一賣,永不加添,永不贖取。此係二意情願,並無逼勒等情。今欲有憑,立此杜賣田契,永遠大發存照。

光緒十一年三月十六日,立杜賣田契余傳基,押、筆。

憑中人邵學啓、葉淑陶、余思泮、余峻庭、余啓文、余啓志、葉子謙、楊天來、余傳珍、嵇宗碩、江琴堂、王國楨、余吴氏、余啓元、葉子珍、馬和清、余啓有、戴以學、高夫如、馬麓樵、魯保田、余行江、余傳兆、朱同春、余峻度、余家啓、馬松波、余發華、葉瑜卿、余啓學、余啓明、余啓成、葉兆福、葉魯齋,俱押。

計開水程:

一、登胡家大塘水利田名種數:胡家大塘下第層田一坵,種三斗。第四層田一〔坵〕,種二斗。第六層田一坵,西頭半截,種一斗二升半。東塝田一坵,種五升。五升下田一坵,種七升半。第十三層田一坵,種二斗。第十四層田一坵,種五升。第十六層田一坵,西頭半截,種四升。一、登吴家堨水利田名種數。堨上上料田一坵,種二斗。堨下横五斗田一坵,種五斗。横五斗下田一坵,一戽一戽,下田一坵,種一斗五升。一斗五升下田一坵,南頭半截種三斗七升半。三斗七升半下北頭小田一坵,種一斗。又小田一坵,種五升。又小五升下長田一坵,種二斗。一、登葫蘆塘並大堨水利田名種數。長田下田一坵,種三斗。灣田一坵,種一斗五升。灣三斗田一坵,東頭半截種二斗七升半。一、登葫蘆塘水利田名種數。塘下梒子口田一坵,種二斗。貨落田一坵,種二升。小鵓鳩田一坵,東頭半截,種二升半。灣三斗下田一坵,種二斗。梒子口下第三層田一坵,東頭一半,種一斗。第四層田一坵,種一斗。第五層田一坵,種一斗。人打秋田一坵,種一斗五升。人打秋傍田一坵,種五升,團田一坵,種一斗。團田下蛇尾田一坵,種一斗。蛇尾下四方田一坵,種一斗。四方下田一坵,種一斗。鵝頭田一坵,種一斗。鵝頭傍田一坵，種五升。鵝尾邊田一坵，種一斗。以上總共田種五担一斗八升半，共額租稻五十三石二斗五升七合，共畝十八畝八分一釐。一、胡家大塘一口。一、葫蘆塘一口。一、吴家大塥一口。俱照田管派，車放灌蔭，水利、魚泥，亦照田派管。一、葫蘆塘下大路傍三斗田，後埂窖一口，獨管、一、屋基上至古埂，下至稻埸後墈，左右俱憑垣牆管業。一、草莊屋一所。又瓦屋一所。俱照田派管。一、稻埸一個、糞窖二口、門首菜園一個，又菜園一個，燒山一片，上至山脊人行路，下至埂壩，東至孟人牆壩，西至楊人界爲界，内有義墳三塚，壙外右憑楊人界石爲界，左、上、下三界，壙外各五尺爲界。一、周圍樹木、餘基、隙地，俱以照田派管。

立杜賣田契人錢水保兄弟等，情因用度不湊，願將祖遺並續買麻湖中保錢家坑余家林脚下路壠坵田一坵，種一斗，水利登取堰水，及横塘餘水泥利，又青龍嘴大團田一坵，種一斗二升，又小團田一坵，種六升，水利登取堰水泥利，又横塘下二壠田一坵，種七升五合，水利登取横塘，灌蔭車放，由田照舊，共田四坵，共種三斗五升五合，額租稻三擔五斗五升，實載民畝一畝零六釐五毫，其畝在本保錢源册内推當，憑中出杜，賣與葉名下召佃耕種管業。比得時值田價紋銀四兩整，親手收訖，不另立領。田上差糧，買者自己亥年完納，從前不幹。倘有重複典押，以及内外親疏人等生端飾説，盡是賣者承管，不干買者之事。一杜一賣，永不加添，永不贖取。此係二意情願，並無逼勒等情。恐口無憑，立此杜賣田契，永遠爲據。

光緒二十四年十月十五日，立杜賣契人錢水保，亦青代押。

憑中産桂發、程雪如、程焕文、程桂恒、程坦然、潘際昌、潘榮章、潘庭榮、潘指南、潘濟明、錢飛宏、錢量宏、錢學宏、錢暎宏、錢升環、錢藻香，錢亦青書，俱押。

立杜買田契人汪文章，今因正事不湊，願將祖遺並續買麻湖中保汪家坑口北頭下掘頭田一坵，種一斗二升，斗南二塝直田一坵，種八升，雁咀田一坵，種四升半，共田三坵，共種二斗五升，額租稻二擔五斗整，登使堰水泥利，車放灌蔭，實載民畝七分五釐，其畝在本保汪文册内推當。憑中出杜，賣與葉名下召佃耕種管業。比得時值田價紋銀三兩整，親手收訖，不另立領。田上差糧，買者自己亥年完納，從前不幹。倘有重複典押，以及内外親疏人等生端飾説，盡是賣者承管，不干買者之事。一杜一賣，永不加添，永不贖取。此係二意情願，並無逼勒等情。恐口無憑，立此杜賣田契永遠爲據。

光緒二十四年十月十六日，立杜賣契人汪文章，押，命男論祥筆。

憑中産桂發、程焕文、潘芝南、汪佛妹、汪惟燠、程雪如、潘庭榮、潘榮章、汪廣發、汪從惟、程坦元、潘濟明、汪紹樂、汪長元、程桂恒、潘際昌、汪學祥、汪炳文，俱押。

立杜賣田契人潘指南，今因用度不湊，願將祖遺並續買麻湖中保蔡家塘東頭田一坵，種一斗五升，又蔡家塘下灌蔭口田一坵，種一斗五升，共計種三斗整，水利、泥利照田派管，水利登取蔡家塘，又小角塘二塘，車放灌蔭，額租稻三擔整，實載民畝九分，其畝在本保潘嵩册内推當。憑中出杜，賣與葉名下召佃耕種管業。比得時值田價紋銀四兩整，親手收訖，不另立領。田上差糧，買者自己亥年完納，從前不幹。倘有重複典押，以及内外親疎人等生端飾説，盡是賣者承管，不干買者之事。一杜一賣，永不加添，永不聽取。此係二意情願，並無逼勒等情。恐口無憑，立此杜賣田契永遠爲據。

光緒二十四年十月十六日，立杜賣田契人潘指南押，命男玉嵩筆。

憑中程雪如、潘庭榮、潘集友、程坦然、潘濟明、潘玉峰、程桂恒、潘榮章、潘際昌、潘玉財，俱押。

立杜賣湖契江允清、江效文，同侄國風、注海等，今將祖遺分授蕭家壩湖池十五股内一股，缺二分半，上至謝家塌爲界，下至本湖埂爲界，在塅所十甲，册名"王大華"串内當差，每年魚稞三分九釐，情願將魚水藕利一切等項，盡行立契出杜，賣與陳名下爲業。當日得受時值湖價銀二兩整，比親收訖。自賣之後，聽憑買主照股取魚管業，辦納次年魚稞。並無重複典當。倘有親疎人等飾説，盡是賣主一律承管。賣杜永不加添，永不贖取。立此杜賣湖契，永遠存照。

乾隆三十一年十二月二十日，立杜賣湖契江允清六十股一股、效文一百二十股一股、注海一百二十股一股、國風、凱風共一百二十股一股、瀛海一百二十股一股，同男玉相、德海、瀛周、永裹筆，俱押。

憑中徐實光、張應倉、沈卓雲、曹彦堅、李作仁、曹殿臣、江條元、江研安、江越周、江允高，俱押。

立杜賣湖契人江殿周、江天周，今將祖遺分授蕭家壩湖池三十股内一股，上至謝家塌爲界，下至本湖埂爲界，在塅所十甲當差，册名"王大華"，稞銀每年二分七釐，憑中出杜賣與陳名下爲業。當日三面議定，是時值價銀作九六錢二千文整，比親收訖。自賣之後，聽買主照股取魚管業，辦納次年魚稞。並無重複典當，倘有親疏人等飾説，盡是賣主一律承管。一賣一杜，永不加添，永不贖取。今欲有憑，立此杜賣湖契永遠存照。

乾隆三十四年十一月二十日，立杜賣湖契江殿周、天周、次周、崇周、其周、立丹、林周，俱押。

憑中李作仁、徐朝萬、江允高、江條元、江越周、張應花、江亞五、江研安、沈卓雲筆，俱押。

立杜賣湖契江阿陳，今將祖遺分授蕭家壩湖池一百二十股内一股，上至謝家塌爲界，下至本湖埂爲界，在塅所十甲當差，册名"王大華"，稞銀每年六釐七毫五(系)〔絲〕憑中出杜賣與陳名下爲業。當日三面議定，時值價銀作九六錢五百文整，比親領訖。自賣之後，聽買主照股取魚管業，辦納次年魚稞。並無重複典當。倘有親疎人等飾説，盡是賣主一律承管。一賣一杜，永不加添，永不贖取。今欲有憑，立此杜賣湖契永遠存照。

乾隆三十九年十二月初九日，立杜賣湖契江阿陳，押。

憑中張應倉、江允高、操巨紅、江研安、李作仁、江開周、江條元、江越周、汪臣宗、陳佩武、江亞五、楊廣建筆，俱押。

彭家園彭姓杜賣山地契

立杜賣山地契彭燦華，今因用度不湊，將彭家園坐東朝西，面向葉家塅墳園餘地一片，左憑虞姓牛巷界石爲界，右憑江姓界石爲界，上抵牛巷埂壩爲界，下至徐人田墈上爲界，左、右、上至下，直長十五丈一尺，上横闊二丈一尺，中横闊三丈一尺五寸，下横闊二丈七尺，又上同楊姓連界，上横闊二丈八尺，下横闊三丈，又楊姓墳塋北首山地一片，老老墳共有七塚，並周園餘地，彭人有墳無進，祇許標祭，倘彭人不標祭之日，葉姓念其外祖代爲標祭。比日憑中踄定，四至明白，並不留寸土尺木，盡行出賣與葉早春名下爲業。當日得受山價九六錢六千文整，比親手收訖。自賣之後，聽葉姓栽培樹木籽粒。倘有親疎人等飾説；盡是賣者一力承管，不干買者之事。永不加添，永不贖取，永無異説。立此杜賣山契永遠存據。

道光六年四月初五日，立杜賣山地契彭燦華親筆。

憑中葉有朋、任健安、何發春、梁林高、徐忠積、葉錦華，俱押。

按蕙股早春公原買彭燦華之彭家園山地，此業於光緒十六年，早春公裔兆福、兆義、兆貴、兆玉等，憑戚族出賣於薔股淑陶名下爲業。今淑陶已於光緒十七年安葬先人矣。兹當五修譜牒之時，存此契而不删者，以見該山買賣之源流。所有出賣於淑陶契據，另載薔股契據内。善鎔謹紀。

徐焕章杜賣與兆康田契

立杜賣田契徐焕章，今棄小就大，將祖遺坐落葉家山田種十擔内，擇田一坵，種一斗，坐落葉祖塋旁，每年額早租一石，實載民畝二分五釐，在徐敬之串内當差，所有田應登斗塘，並葉家堨水利、魚泥、車墩、溝路，照田派用。憑中出杜，賣與葉兆康名下爲業。當日得受時值田價銀二兩六錢整。比親手收訖，外不立領。自賣之後，聽葉人上莊收租、管業，辦納差糧。其田差糧，葉人自丁卯年起過串當差。以前年分差糧，以及重復典押，親疎人等飾説，盡是徐人一力承管，不干葉人之事。一杜一賣，永不加添，永不贖取。此係二意情願，並無逼勒等情。今欲有憑，立此杜賣田契爲據。

同治五年十一月初二日，立杜賣田契徐焕章，押。

憑中胡長慶、葉兆玉、葉兆全、葉積春、梁禮月、梁傳新、梁傳禄、葉兆福，俱押。

兆玉等杜賣與兆康屋基契

立杜賣屋基契堂弟兆玉、兆桂、兆福等，情因年歲荒歉，公同商議，將祖遺四房與兆康公共老屋基一塊，南至梁姓大秧田爲界，北至徐姓四斗田塝爲界，東至徐姓田埂爲界，西至祖墳邊餘基，與兆全各半，四至明白，又隨屋基側水窖一口，又新屋門首燒山棉地一塊，又彭家園棉地北頭一半，俱已獨管，憑戚族將四股之三出杜，賣與瑞起公後裔兆康名下爲業。當日得受時值賣價四股之三九六大錢十八千文整，外勸儀九六大錢一千五百文，比日並親手收訖，外不立領。自賣之後，聽兆康架造屋宇管業。倘有重複典押，及内外人等爭索酒致勸，另生事端飾説，盡是出賣人一力承管，不干兆康之事。此係四房各自情願，並無逼勒等情。一杜一賣，永不加添，永不贖取。立此杜賣屋基並地契，永遠大發存照。

同治三年正月十四日，立杜賣屋基並地契葉兆桂、兆玉、兆福，俱押。

憑中胡長慶、梁禮月、何以文、徐士文、葉朝友、葉兆喜、葉兆全、葉兆臺筆，俱押。

江姓杜賣田契

立杜賣田契江松茂，今將祖遺分授己名下原買王姓，坐落葉家嘴田種一擔一斗二升半，每年額早租稻九石五斗六升二合半，實載懷邑民畝三畝七分五釐，册名“江茂串”内完納，所有隨田莊屋、基在、塘堨、水利、車墩、溝路等項，另立水程明白，盡行憑中出杜，賣與葉蕙公公堂名下爲業。當日得受時值價紋銀十二兩整，比親收訖，外不立領。自杜賣之後，聽買者上莊收租、管業，辦納差糧。其差糧自庚寅年起，倘已前差糧不清，及户内親疎人等飾説，並重複典押，盡是賣者一力承管，不干買者之事。此係二意情願，並無逼勒等情。一杜一賣，永不加添，永不贖取。欲後有憑，立此杜賣田契，永遠大發存照。

光緒十六年三月二十一日，立杜賣田契江松茂，押。

計開水程：

一、牆壩邊田一坵，二斗五升，登門首大窨水利。一、門首田一坵，二斗。一、長三斗内北頭一斗二升半，登門首大窨水利。一、長五斗田一坵，五斗五升，塘頭田五升在内。

以上大小四坵，共計種一擔一斗二升半，每年共額早租稻九擔五斗六升二合半。

一、王家塘一口。一、屋基一塊。一、葉家塅水利、魚泥，照例登用。一、小塥一口，周圍埂壩爲界，藕利、水利、魚鮮、溝路，通上至下，照田派管。

憑中潘貴敏、方永志、楊槐謨、徐承富、黄立財、何家齋、何以文、葉魯齋、葉根培、江志道、江德章、江志漢、江志發、江志貴、江志宏、江渭川筆，俱押。

楊姓杜賣田契

立杜賣田契人楊文運，情因去小就大，願將祖遺分授己名下田租，坐落古塘保首甲，堵塘上田種四坵，共種九斗七升半，内截出何姓門首田一坵，計種二斗，每年額租稻一石七斗整，實載懷邑民畝七分整，在古塘保首甲，册名“楊用恒”串内當差，其田登使堵塘、水利、魚泥，並葉家塅水利、魚泥，又小塥一口，水利、魚泥，又門首大窨一口，並王家塘水利、魚泥、車墩、溝路，通上至下，照田派管，憑中出杜、賣與葉蕙公堂名下爲業。當日得受時值價大龍洋十三元整，比親收訖，外不立領。自杜賣之後，聽葉蕙公上莊收租、管業，辦納庚申年差糧。倘有以前差糧不清，及重複典押，並户内親疎人等飾説，盡是楊人一力承擋，不干葉蕙公之事。一杜一賣，永不加添，永不贖取。今欲有憑，立此杜賣田契永遠存照。

原筆批：老赤契並上首契各一紙，因餘業未盡，不便繳出。日後田上有事，取出公照。

民國九年二月十九日，立此杜賣田契有楊文運，押

憑中楊賢林、汪承懷、汪承年、黄大昌、葉壽漁，汪承伯筆，俱押。

楊姓杜賣田契

立杜賣田契楊賢和、賢波，仝侄積義相商，願將祖遺公共民田壹業，坐落九郎保七甲下杜，土名“鬪戰磚”王莊田，種三擔二斗五升八合七勺零，每年額租稻二十五石七斗一升八合零，又連莊一業田，種一擔零九升一合三勺，額租稻八石五斗六升二合，共田種四石三斗五升，共額租稻三十四石二斗八升零，二莊實載懷邑九郎保民畝十三畝五分七釐四毛，册名“楊賢才”炤等串内當差，草莊屋壹所，門窗户扇俱全，本田内牛車一乘俱全，其田登使鬪磚下小窨宕一口，歸該莊獨管，大窨宕一口一半，又登使大塅、新塅，並余家嶺水利，又小塅水利、魚泥一半，又小塅水利、魚泥三股之二，又隨田水塘二口、小塘一口，又水塘二口，照田派管，車墩、溝路，通上至下，灌蔭無阻，以及二莊塘堰塥塅水利、魚泥，另立水程，細載明白。所有隨田餘基，隙地、稻場、菜園、大小樹木，盡行不留。憑中出杜、賣與葉蕙公堂名下爲業。當日得受時值杜賣價大龍洋三百元整，比即親手收訖，外不立領。自杜賣之後，田聽葉公堂上莊收租、管業、過户，辦納差糧。其差糧自丙寅年起，倘以前年分差糧不清，以及重複典押，内外親疎人等飾説，盡歸楊姓一力承擋，不干葉公堂之事。此係兩願，並無逼勒等情。一杜一賣，永不加添，永不贖取。恐後無憑，立此杜賣田契，永遠大發存照。

又批：原買王姓老赤契一紙，撿交葉姓收執。惟原買赤契一紙，因余家保磚連業，未便繳出。有事之日，取出公照。原筆。

民國十五年二月十八日，立杜賣田契楊賢波親筆押，賢和仝侄積義，押。

憑中，楊積信、江伯宗、曾廣和、楊後甲、楊積智，楊後志、王正章、李少卿、葉子清、楊後榮、

胡啓貴、葉楚晉、葉壽漁、徐治南、楊後廣、五必太、楊積存，俱押。

計開水程：

坐落九郎保七甲下社，土名“闘戰磜”王莊田，種三擔二斗五升八合七勺零，又連莊田種一擔九升一合三勺，二共計實額租稻三十四石二斗八升有零，懷邑民畝十三畝五分七釐四毛，草莊屋壹所，門窗户扇俱全，牛車一乘俱全，登使闘戰磜下小窨宕一口，歸該莊獨管，大窨宕一口一半，又登使大塅、新塅，並佘嶺水利，又小塅水利、魚泥一半，又小塅水利、魚泥三股之二，又隨田水塘二口，小塘一口，又水塘二口，照田派管，以及餘基、隙地、稻場、菜園、糞窖、大小樹木，以及田名坵數，逐細開列于後：一、莊屋門首早秧脚田壹坵，計種一斗。一、早秧脚上田壹坵，計種壹斗。一、早秧脚田下團田壹坵，計種壹斗。一、團田下壹連二坵，計種二斗。一、團田下半塘田一坵，計種一斗。一、半塘田上田一坵，計種一斗。一、半塘田下田一坵，計種五升。一、五升田頭埂田一坵，計種五升。一、五升毗連田一坵，計種一斗二升半。一、壹斗二升半毗連田一坵，計種一斗二升半。一、壹斗二升半田上田一坵，種三斗。一、三斗上田一坵，計種二斗。一、二斗上田一坵，計種一斗。一、壹斗田頭埂田一坵，計種五升。一、五升毗連田壹坵，計種壹斗。一、壹斗上田一坵，計種四斗。一、牛車口田壹坵，計種壹斗五升。一、壹斗五升上田一坵，計種三斗。一、三斗頭埂田一坵，計種二斗，系在莊屋後。一、二斗毗連田壹坵，計種一斗。一、壹斗上田一坵，計種一斗。一、壹斗田毗連田一坵，計種一斗。一、莊屋後二斗田下田壹坵，計種四斗五升。一、四斗五升下田一坵，計種五斗。一、五斗下田一坵，計種二斗。一、又五斗下田一坵，計種二斗。一、二斗下田一坵，計種三斗。一、三斗下田一坵，計種二斗。一、四斗田下田一坵，計種一斗五升。一、壹斗五升北頭田壹坵，計種三斗。一、三斗下田壹坵，計種二斗。一、二斗南頭田壹坵，計種一斗五升。一、壹斗五升下田一坵，計種五升。一、五升北頭田壹坵，計種壹斗五升。一、壹斗五升下田壹坵，計種壹斗五升。一、壹斗五升南頭田壹坵，計種一斗五升。一、壹斗五升下田一坵，計種壹斗五升。一、壹斗五升下田一坵，計種五升。一、五升北頭田壹坵，計種壹斗。一、五升南頭田壹坵，計種五升。一、五升下田壹坵，計種三斗。一、三斗溝南田一坵，計種壹斗。一、一斗下田一坵，計種二斗五升。一、二斗五升南頭田壹坵，計種二斗五升。一、二斗五升上田一坵，計種二斗。一、二斗西頭田一坵，計種一斗五升。一、壹斗五升南頭田壹坵，計種壹斗五升。一、葫蘆磜西田一坵，計種五斗五升。一、藕塘北邊田一坵，計種一斗。

民(事)〔國〕十五年二月十八日，立水程楊賢波筆。

憑中楊後貴、曽廣和、楊後榮、胡啓貴，俱押。

汪姓杜賣田契

立杜賣田契汪先榮、先允互商，願將祖遺公共民田壹業，坐落九朗保七甲下社，土名闘戰磜田，種四石八斗壹升，每所額租稻三十三石六斗七升，實載懷邑九郎保民畝九畝八分七釐，册名“汪志溼”串内當差，又古塘保民畝壹畝七分五釐，册名“汪裕串”内當差，草莊屋一所，本田内牛車六股之一，水塘叁口，照舊公用，大小水塅二口，照舊水利應用，小塅溝路獨管，車墩、溝路，通上至下，灌蔭無阻，以及塘堰、塌塅、水利、魚泥，另立水程細載明白。所有隨田餘基、隙地、稻場、菜園、糞窖、周圍大小樹木、田頭地角，盡行不留。憑中出杜，賣與葉蕙公堂名下爲業。當日得受時值杜賣田價大龍洋三百元整，比即親收訖，外不立領。自杜賣之後，田聽葉公堂上莊收租、管業、過户，辦納差糧。其差糧自己巳年起，倘以前差糧不清，及重複典押，内外親疎人等飾説，盡歸汪姓一力承擋，不干葉公堂之事。此係兩願，並無逼勒等情。一杜一賣，永不加添，永不贖取。恐口無憑,立此杜賣田契永遠存照。

又批:第四行内改“塘”字一個;又五行内改“及”字一個。此據。

民國十八年夏曆二月二十八日,立杜賣田契汪先榮,押、汪先允,親筆押。

憑中,汪承發、汪承章、汪守忠、汪承廣、汪承純、汪尚元、汪先禄、汪承美、汪承啓、汪承根、汪承宜、汪承智、汪承勝、汪承采、汪先良、汪承旺、汪先行、汪先甫、汪先揆、汪先知、汪先齊、汪士林、汪士見、汪先德、汪先才、汪志立、黄應良、方傳書、黄大昌、趙鴻翥、楊良玉、李紹青、朱榮廷、朱榮青、葉楚晉、葉善倫、葉善培、葉子青、葉岵蓀、葉善霖、葉家煦、畢照旺、畢照炳、任自亮、(餘)〔余〕光第、曾廣和、楊祥仁、余孔堂、余受堂、余光莫,俱押。

計開水程:

坐落九郎保七甲下社,土名鬬戰磜西首田,種四石八斗壹升,實額租稻三十三石六斗七升,懷邑民畝十壹畝六分二釐,九郎、古塘兩保册名“汪志溼”、“汪裕”串内當差,莊屋基一處,牛車墩六股之一,其田登使長塅、菖莆塅、大塅、新塅、鼇塅,過行余家嶺,水利、魚泥照田派管。又登使菜園邊大窖一口,及尖塘一口,均獨管。又五升下小窖一口,照田派管,以及西邊小塅一口,水利、魚泥,照田派管。又登使屋後小塘,及藕塘並草塘、水利、魚泥,照田派管。所有隨田餘基、隙地、稻場、菜園、糞窖、大小樹木,以及田名坵數開列于後:

一、屋基上田一坵,四斗,内除北頭吴葉一斗外,計種三斗。一、四斗下田坵,計種一斗。一、窖邊北頭田一坵,計種二斗。一、壹斗下田一坵,計種三斗。一、大田南邊田一坵,計種二斗二升。一、尖塘邊田一坵,計種一斗。一、五升下田一坵,計種一斗五升。一、五斗五升下田一坵,計種三斗。一、五斗北邊團田一坵,計種二斗。一、壹斗下西邊田一坵,計種五斗。一、五斗下田一坵,計種一斗。一、三斗北邊田一坵,計種一石。一、大田西邊田一坵,計種四斗。一、一四頭下田一坵,計種五升,大田北首田一坵,計種五斗五升。一、三斗下田一坵,計種三斗。一、團田北邊田一坵,計種三升。

民國十八年夏曆二月二十八日,立水程汪先榮,押,汪先允,親筆押。

憑中方傳書、汪先禄、葉善倫、葉善培、汪尚元、汪守忠,俱押。

昝姓杜賣柴廠契

立杜賣廠契昝大公堂執事人華階、惟然、玉蘭、殿揚等,情因建祠公費不敷,願將黄家大廠三户、柴刀五張,每年額課三分五釐,在懷邑秋字十三號,册名“黄嗣”串内完納,許姓年分在内,憑中出杜,賣與葉蕙公公堂墓下爲業。當日得受時值廠價銀三十兩整。比公同收訖,並通家勸儀在内,外不立領。自賣之後,聽葉管業。凡河頭鍋、頭蓬基,聽葉自扦自便。其課自辛卯年起,以前年分不干葉事。一賣一杜,永不加添,永不贖取。今欲有憑,立此杜賣廠契永遠存照。

道光十年十二月初四日,立杜賣廠契昝華階、玉蘭、惟然、殿揚、嗣鸞、聲普,俱押。儀庭筆。

憑中徐必孝、徐必名、徐必德、何大發、江德超、楊天來,俱押。

楊姓推田契

立推約,楊啓順同母商議,今將祖遺葉東田種壹連四坵,計種三斗,每年額租稻一石八斗,登黄絲湖閘溝、車墩、溝路、水利、又棉地餘基、隙地、菜園、糞窖,一切等項,盡行不遺,憑中出推與葉東名下爲業。比得東九五大錢十六千文,親手收訖。自推之後,聽東自行執業。所有草莊屋二間,自願折讓,不得遲延,亦不得藉口生端。此係各自情願,並無逼勒等情。今恐無憑,立此推約一紙，付葉東收執，永遠存照。

同治九年十月二十日立，推約、楊啓順，押。

憑中曹祖裕、楊松[illegible]、汪惟友、江寶發、葉積文、葉積發、江葭湄、汪惟孝、江寶太、江存孝、江士明、江士進、江惟鳳、江守然、楊啓德，江文華筆，俱押。

江姓杜頂約

立杜頂約江邦治，今將用度不湊，願將自己續置田種一坵，落駝龍衝，計種三斗，每年額自東租稻一石八斗，田登使黄絲湖閘溝、水利、魚泥、車墩、溝路，通上至下，照田派管，憑中出杜，頂與葉蕙公公堂名下爲業。當日得受時值頂價本洋蚨十六元整，親手收訖，外不立領。自杜頂之後，田聽葉公堂召佃與種，永無異説。此係二意情願，並無逼勒。今欲有憑，立此杜頂約永遠存照。原筆又批：頭行内添“頂”字一個。

光緒十七年十一月十七日，立杜頂約江邦治，押。

憑中斯榮發、胡德應、江慶柯、葉積森、何以文、胡道傳、江邦太、葉積順、黄立財、江志漢、江志宏、曾月軒、黄立貴、江慶榮、江松發，曾太文筆。

江姓杜賣田契

立杜賣田契江邦治，情因棄小就大，願將自己貫置自東田種一坵，坐落駝龍衝，計種三斗，每年額租稻一石八斗，其田登使黄絲湖閘溝、車墩、溝路、水利、魚泥，通上至下，照舊應用，其田差糧八分，在古塘保“陳賢乾”串内過户當差，憑中出杜，賣與葉惠公公堂名下爲業。當日言定時值田價紋銀四兩五錢，勸儀代筆俱己在内，親手一並收訖，外不立領。自杜賣之後，田聽葉姓上莊收租、管業、辦納差糧。其差糧自光緒壬辰年起。以前差糧不清，及重複撥押、内外親疎人等飾説，盡是江人一力承管，不干葉事。一杜一賣，永不加贖。此係二意情願，並無逼勒等情。今欲有憑，立此杜賣田契永遠存照。

光緒十七年十一月十七日，立杜賣田契江邦治，押。

憑中，斯榮發、曾月軒、江邦太、葉積森、葉善炳，何以文、黄立財、江志漢、葉積順、葉善德、胡道應、黄立貴、江慶榮、葉積和、曾繼財、江松發、江志鴻、葉善修，江慶科筆，俱押。

族裔杜賣田契

立杜賣田契裔孫善清、善富等，情因棄小就大，願將祖遺分授自頂自買田種，坐落蕭家壩小駝塘下田一坵，計種二斗五升，又八會溝南首田一坵，計種五升，又大路下南首長湖田一坵，計種七升半，共種三斗七升半，共額租稻三石整，實載民畝七(公)〔分〕整，在“葉鎮清”册内過串當差。其田登使蕭家水利、魚泥，並登小駝塘水利、魚泥、車墩，灌蔭上下無阻，憑中出杜，賣與蕙公公堂名下爲業。比日言定時值賣價紋銀三兩整，親手一並收訖，外不立領。自杜賣之後，田聽公堂收租、管業，辦納差糧。以前差糧不清，及重複撥押、内外親疎人等飾説，盡是善清一力承擋，不干公堂之事。此係各願，並無逼勒。一杜一賣，永不加贖。今欲有憑，立此杜賣田契永遠爲據。

又批：田上老契尚存有業，不便繳出。原筆。

光緒十八年十月十二日，立杜賣田契家善清、善富百歲。

憑中，何以文、曾繼庚、江伯貞、葉積順、方慶柯、江慶榮、葉純修、葉善治、黄立財、汪正隆、葉根培、葉淑陶、虞際昌、江志漢、葉魯齋、葉硯溪筆，俱押。

曾姓杜賣柴廠契

立杜賣柴廠契曾傳鈇，情因用度不湊，將祖遺分授南塘湖柴廠一片，又柴地十六塊内，將三股之一，在懷邑民蘆秋字第七號，每年完納課銀五分八釐三毫三絲，册名"曾玉"串内當差，坐落戎家墩，東至王姓謝家鐮爲界，西至曾人楊人地埂爲界，南至舒家大廠峰墩爲界，北至王人江、人河頭峰墩爲界。四至明白，憑中出杜，賣與葉蕙公公堂名下爲業。當日得受時值柴廠地價銀三兩五錢，比付親手收訖。自賣之後，廠業聽葉人砍取柴薪，辦納課銀。自本年起以後，葉人完納。以前年分課銀不清，及重複典押，並户内親疎人等飾説，盡是曾人一力承管，不干葉人之事。此係二意情願，並無逼勒等情。一杜一賣，永不加添，永不贖取。欲後有憑，立此杜賣柴廠契，永遠大發爲據。

同治十二年十月二十五日，立杜賣柴廠契曾傳鈇，押。

憑中曹祖玉、江士明、汪玉才、葉積文、曾傳鑲、章忠善、江正善、葉積林、葉致祥、曾廣孝、何以文、汪德醋、葉兆臺、曾傳銅、曾繼才、鄭長發、汪惟孝、葉積森、曾傅錫，曾繼庚筆，俱押。

江姓杜賣柴廠契

立杜賣柴廠契江邦治，今因用度不湊，願將曾姓送賠姑娘燒火之業，坐落南塘湖上河頭，名爲大尖角，南至方姓峰墩爲界，北全曾姓地邊五尺，東至張姓河頭峰墩，西至大廠峰墩爲界，四至明白，實載民蘆二分整，在"曾蘭川"册内過户當差，憑中出杜，賣與葉蕙公公堂名下爲業。當日言明時值賣價紋銀三兩整，比付親手收訖。自杜賣之後，柴刀五張五股之二，聽葉砍割柴薪，完納課銀。其課銀自光緒庚寅年起。以前課銀不清，及重複撥押、内外親疏人等飾説，盡是江人一力承擔，不干葉事。一杜一賣，永不加添，永不贖取。彼此各願，並無逼勒等情。今欲有憑，立此杜賣柴廠契永遠爲據。

光緒十五年十二月初二日，立杜賣柴廠契江邦治，押。

憑中何以文、葉根培、黄立才、葉元甫、江志漢、曾廣孝、江裕福，曾文泰筆，俱押。

曾姓杜賣柴廠契

立杜賣柴廠地契曾傳鑲，今將祖遺分授南塘湖容角墩柴地一片，南至舒家大廠，北至葉姓已業，東至王姓與葉姓柴廠，西至容家溝爲界，實載懷邑民蘆八分七釐五毫，在大下蝦洲秋字十二號"曾江海"串内過户當差，憑中出杜，賣與葉蕙公公堂名下爲業。當日得受時值價紋銀三兩二錢整，比付親手收訖，勸儀在内。自杜賣之後，業聽葉人砍取柴薪，辦納課銀。其課銀自光緒辛巳年葉人完納。以前年分課銀不清，及重複典押、内外親疎人等飾説，盡是曾人一力承管，不干葉人之事。此係二意情願，並無逼勒等情。一杜一賣，永不加添，永不贖取。今欲有憑，立此杜賣柴地契永遠存照。

又批：老契被兵燹遺失，日後查出無用。原筆。又照光緒六年十二月初六日，立杜賣柴地契曾傳鑲，押。

憑中何以文，葉兆福、曾繼先、李長友、葉積森、曾廣孝、汪升茂、葉善進、曾廣友、汪承義、曾繼耕，曾繼才筆，俱押。

裔孫善進等推柴廠契

立推柴廠地契，情因蕙祖後裔善進、善祥、善春、家聲等，原買曾姓大尖角柴刀一張半，四至俱照老契管業，蘆課銀照刀攤認，憑中出推與蕙祖公堂名下爲業。當日言明時值廠價大錢十二千文整，親手一並收訖，外無異言。自推之後，聽公堂永遠管業，後裔等不得生端餙説。倘以前重複撥押、内外親疎人等餙説，盡是推者一力承擔，不干公堂之事。此係各願，並無逼勒。欲後有憑，立此推約永遠爲據。

光緒十九年十一月冬至日，立推柴廠地契後裔善進、善祥、善春、家聲，俱押。

憑中何以文、葉善炳、葉積宏、葉根培、葉積安、葉兆玉、葉積英、葉兆元、葉善修，俱押。葉致祥筆。

曾姓杜賣柴廠契

立杜賣柴廠契曾繼才、繼煜、繼來，同姪廣孝、廣宏等，情因棄小就大，願將大下洲大尖角柴刀五張，内將柴刀一張半，東至章姓柴廠，西至大柴廠，南至楊家大廠，北至熟地，四至明白，實載民蘆課銀一分二釐五毫，在“曾蘭川”串内過户當差，憑中出杜，賣與葉蕙公公堂名下爲業。比日言定時值賣價本洋蚨十四元整，親手收訖，外不立領。自杜賣之後，廠聽葉人管業，上廠開懇，辦納課銀。倘有以前年分課銀不清，及重複典押、内外親疎人等餙説，盡是曾人一力承擔，不干葉人之事。此係二意情願，並無逼勒。今欲有憑，立此杜賣柴廠契永遠存照。

光緒二十五年二月初四日，立杜賣砦廠契曾繼才、曾繼煜、曾繼來、姪曾廣孝、曾廣宏，俱押。

憑中江翰臣、葉積春、沈大寅、葉積宏、葉根培、曾繼親、葉積安，俱押。曾文泰筆。

（葉傳潤主編《[安徽安慶]大緣葉氏族譜》 2001年開端堂鉛印本）

練川袁氏屋契

立賣屋契趙如川、如恒，今將練鎮三甲屋宇一所，六進八廂，樓閣、脚屋、菜園、樹木、牆垣、隙地、基址，前憑街心，後至河脚，左右封火土牆，併牆脚，俱係獨管，並無遺留寸尺，基畝二畝二分，憑中勘明，立契出賣與袁氏四大股公堂名下在上居住管業。比日議定價銀二伯六十兩整，親領足訖。倘有親疏人等爭索酒勸，盡是賣主一力承管。欲後有憑，立此永遠存照。

乾隆四年十一月初九日，立賣屋契趙如川、如恒，俱押。憑中趙綏腹、王造周、陳冬盛、胡端木、張儒懷、湯升揚、吴任遠、趙如岡、曹舳遠、謝子盛、吴云士、陳周卜、江濟峯、汪典懷、操宏萬、周康侯，俱押。

（袁薰纂修《[安徽桐城]練川袁氏宗譜》 1916年仁風堂木活字本）

沅江秦氏田契

立親吐永賣田文契人秦明達，今因年歲不一，只得兄弟商議，情愿將自己接受糧田六坵，計種五斗，載糧三升五合，坐落地名宋家冲，憑中賣與族内文瑄公支下爲業。當日得受時值價錢二十一千文整。彼(即)〔此〕錢契兩交，並無準折等情。自賣之後，任從買主收糧、過户、應差、管業。今欲有憑，立此文契爲據。

計開：田名晚屋後方坵，土地二小坵，車台下灣田長田梭子坵。

憑中人秦友德、紹宗。在場人已仁押，正大押。

乾隆四十一年三月初三日，玉孚立筆押。

（秦锺运等纂修《[湖南沅江]秦氏四修族譜》 1939 年天水堂木活字本）

潛山詹氏廠契

立杜賣蘆廠契詹元亮等，今因置業不湊，兄弟商議情願將杜買阮姓清凉洲内軏頭灣柴廠一户五股之三，其界東至天井湖，南至脚潭河，西至陳橋壩，北至新壩頭，又大放花柴廠一户獨管，東至九叚湖溝，南至陳橋下壩，西至馬廠脚，北至三角乂出水溝爲界，四至明白，每年在响水潤字一號詹振洋名下完納蘆課正銀一兩九錢六分，憑中立契出賣與闔族公堂名下爲業。當日三面議作廠價九九錢三百千文整。比親領訖。自賣之後，即聽公堂管業取利。如有買賣不清，盡是賣者一力承管，不干買者之事。立此杜賣，永遠存照。

乾隆四十八年十一月初二日，立杜賣廠契元亮、漢廣、溢廣。命書榮庭。親程獻民、汪天秩、程力韓、朱雲路、朱泗表、何金門、汪雲路。尊徐光、滙千、位師、企仁、顯揚、效庭、朝宗。

立杜賣廠契阮又班等，今將清凉洲内牌刀湖淺草第二舫，東至詹人草廠，南與頭舫並三舫毗連，西至魚湖，北至窑溝爲界，在响水潤字一號阮愷六册内納正銀八分六釐六毫，托中將五股之四股出賣與詹德禮公堂爲業。比議價大錢十四千七百文，當親領訖。自賣之後，永不加添，永不贖取。今欲有憑，立此永遠存照。

乾隆五十一年四月初一日，立杜賣廠契阮觀瀾、鳴先、月樵、起鳴、又班、盛瀾、臺生、貫中、雅南、觀友、有法、宰臣、蘭柱、家校、有祥、里仁。中朱金體、汪雲路、楊在坤、何思訓、阮文博、何金門、朱選一、殿華、立本。

立杜賣草廠契人汪著書、何殿英、徐東曉、張翠明等，情因先年夥買阮人河南草廠，坐落九段土名“大塌”，上憑五堰港老溝出水，下憑鞔頭灣曲轉封墩爲界，南憑宣人廠爲界，北憑詹廠脊埂爲界，四至明白，載課正銀一錢五分整，在响水潤字一號汪、何、徐、張册内當差，合夥股繁，不便分管，同夥商議，憑中立契出杜賣與詹培源堂名下爲業。三面議作廠價紋銀　　整，合夥股内人等親手領訖。自杜賣之後，聽從買者管業，永無異説。及有親疏酒勸代筆等項，賣者一力承管，不干買者之事。立此杜賣，永遠存照。

道光十五年十月初八日，立杜賣廠契人汪著書、何殿英、張志奇、徐東曉、張萃明、張宏道、徐兆豐、何仲連、汪爵卿、汪普照、象賢、永發、照興、根堂、永萃、象周、國安。憑中汪警世、何駕鸞、詹運昌、汪豐澤、汪待賓、詹金來、汪執賓、汪善行。

立杜賣柴廠契人阮懷慶、伯民等五房商議，將陳橋壩上柴廠一片，上憑尖角廠，下憑陳橋壩，南憑斗口，北憑港水，四至明白，載蘆課正銀一錢整，在响潤字一號阮都安册内完納，憑中立契出杜，賣與詹德禮公堂名下爲業。三面議作廠價紋銀十三兩整，五房人等親手收訖。其有親疏酒勸、重複典當，賣主一力承管。自杜賣之後，聽詹憑中安石拂壩，永遠管業。立此杜賣柴廠契，永遠存照。

道光十五年十一月二十八日，立杜賣契人阮懷慶、伯民、大中、福兆、宇春。憑中、何朝爵、何園茂、江松年、徐爾和、阮克正代書。

立杜賣草廠契人阮懷慶、伯民等，今因用度不凑，五房商議，將祖遺大放花内草廠一片，其界西至五堰港老溝箱口，直至斗口，南憑詹廠，北至五堰港壩至馬廠界，東憑詹廠大放花内廠業，盡斷無遺，在响潤一號阮鋒册内納蘆課正銀一錢整，憑中出杜賣與詹德禮公堂名下爲業。三面議作廠價紋銀十五兩整，五房人等親手領訖。其有重複典當、親疏酒勸，賣者一力承管。自賣之後，聽詹永遠管業。立此杜賣存照。

道光十五年十一月二十八日，立杜賣契人阮懷慶、伯民、大中、福兆、宇春。憑中何朝爵、何園茂、江松年、徐爾和、阮克正代書。

立議批中親阮克正、汪警世等情，因詹姓等祖手置買九段湖内柴草廠，四至由五堰港老箱口，直至斗口，又憑直風港至九段簸口及陳橋壩，詹契朗如，朱盛和原併本族等湖池股分被沙淤塞，魚課難度，托我等將大放花直風港、斗口、陳橋壩等處水面原併本族股分，轉併與詹。詹執不允，我等勸詹已有旱業，朱不便管水面，勸詹領完朱姓九叚石所魚課正銀二錢整，併勸詹出六九錢三千文整，付朱收受，以爲湖價之資。嗣後聽詹水旱取便管業，朱人永無異説。今欲有憑，立此議批一紙。朱人允議，付詹收執，永遠存照。允議朱盛和。

道光三十年五月二十八日，立議批中親阮克正、何園茂、汪鳳池、曹咸臨、丁玉國、朱甸南、朱昌昭、朱泰福、詹敦緒、詹名揚、汪警世書。

（《[安徽潛山]詹氏宗譜》　清光緒三十三年颺山培源堂木活字本）

上屯許氏契約

立契絶賣田塘、屋基、山嶺、園土、溝池、糞蕩等項人許阿王，同男庭光、有章、大明、名遠，今因移業就業，無從設辦；母子商議，願將下五都五七兩甲座落地名“永皮”汑邊五十五區鬮分祖遺，及夫自置民熟時田柒畝九分，打鼓嶺起，至花園壕圍止，下至大路下壹坵止，共計大小壹拾陸坵，係石子塘、郭家塘水，注蔭車放，徹泥無阻，打鼓嶺壹隻獨管，汑邊屋基壹隻，園土、壕圍俱全，正餉銀貳錢玖分，南漕照派，五甲册名“許廷光”，正餉銀貳錢，七甲册名“許立機”，正餉銀扣完九分，並汑糧在内，概行出售。儘問親疏人等，均稱不受，再三浼中，族衆以忠，太含、東斗、若麟、在朝、萬會，及房長在官、神五、恢五、在廷、聖謨、均和、明盛等行言説合本族許通。顯承接爲業。當日面議，時值九五色布平兑田價銀壹百捌拾兩正。眼同中證一干係廷光兄弟母子親手領訖未少分釐包頭畫字及上首業主一併在内，田畝、坵塅、山嶺抵界，就日扦點明白，毫無互混不清。其田未賣之先，並無重行典當、逼勒準折謀奪情，既賣之後，任聽本族更名輪税，耕佃兩便，永無續贖異言。今欲有憑，立此契一紙，老契一紙，付本族許通顯永遠收執爲據。

一批打鼓嶺山内瑞林祖墳塋壹冢，前、左、右叁面俱抵老壕圍爲界，後羅圍外伍丈擢坑爲界。餘批存契，玆未録入。

乾隆五十六年十一月初一日，許阿王同男庭、光有立筆。

章大明名遠。

（清許世英等纂修《[湖南湘潭]七屯許氏五修族譜》 1927 年親倫堂木活字本）

巴陵晏氏案據

大山案據

爲世守牧場呈明免混事。緣職等晏、駱、張，族雖三門，隔居不遠。駱居大山之東，晏、張居大山之西。三姓門前俱無草坪、胡塅，全靠屋後大山牧放耕牛。明、清兩朝世世合牧無異。三姓合牧山界，東抵山脚，西抵山嶺，北抵寒坡坳，南抵廣福山，四抵清楚。近因章、童二姓，因山搆訟。職等合牧之山，東西兩界不與二姓相毗，祇寒坡坳北界與章姓山界毗連，廣福山南界與童姓山界毗連。風聞二姓搆訟，屢請憲勘。職等自念牧雖三姓，丁微財弱，愚魯居多。若不預將山界及合牧情形據實呈明憲前，恐憲駕一臨，職等愚懦，一時辯論不清，致仁憲有忙裡之誤，職等有失界之虞。牛絶牧地，賦將安出。至章、童二姓訟爭山場，職等雖屬附近，原委究難深知,亦不敢虚言袒護。第職等牧場所關甚重,因此聯名呈禱大老爺台前,賞電作主,存案附卷,以便憲駕親勘,登山瞭如指掌,毋倿界限混淆。户户沾恩,世世頂祝。上呈。批附候質阮。

光緒二十年甲午吉月。四關公刊。

案據

童鎬爲捏誣扛訟,主使毀苗事。緣一都章姓越佔職族後山,被六都痞棍章玉早挺身捏控,旋於五月二十八日清晨,又被早惡主使毀苗,業已前後訴明請驗各在案。第國以民爲本,民以食爲天。惡等藐法毀苗,國課攸關。欺凌職等,實係上欺朝庭。現查主使之早惡,寓居城内,事發必至,陽爲不知,陰謀詭計,早以料及。若不嚴行拘究,指日之禍匪淺,王法不凡虚設乎。復查痞棍玉早四次捏詞,溷指張邦遠在東面黄家坡牧牛,實屬任意攪賴。惟查張邦遠與上冲張飛山誼屬同宗,向在小坳僻辟之處,於東、西二面各荒半嶺互相牧牛。嶺下仍各栽種,非若章姓蓄禁西面山場,强佔職族東面牧牛也。又指晏季七等在韓牛洞炭坡韓坡坳牧牛。查該坡地居冲外,並非職屋後山耶。與職族無涉,豈效章姓,既以西面爲後山,又越佔職族東面爲後山耶。又指潘聲揚現賣與方姓,遷居冲口。查方姓現買與邦遠之業冲口,並無聲揚後裔。懇祈飭早交案,以證謬妄。爲此繪山圖公呈憲鑒,賞准傳集一干三面質斷,以正風化,而杜後患。不勝銘感。上呈。具狀人童懷盡、胡如楚、童品山。

光緒二十年甲午吉月吉日,四關公刊。

斷案

正堂劉爲給判永守,以杜禍端事。查訊得陳書典因歸宗陳姓,晏義賢等不依,彼此相爭。晏義賢等將砍樹之陳彩章、陳次明、陳遠來捉去,並將牛四頭、半豬二隻,重四拾斤,一並牽趕,以致前經控訴本縣,諭飭團紳查明。晏姓自知悔悟,將陳彩章等三人趕交到案。雖查無傷,究屬不應,飭令晏義賢等出錢二串四百文,以作賠禮之資。其錢與猪牛限至二十六日如數繳還。當堂發揮,交保正張維翰與地鄰等過付清楚,毋得違悮,據實稟覆。所有正屋下堂、房屋南邊一連三間,斷歸晏義賢居住,北邊房屋斷歸陳書典居住。祖遺各半,兩造不得爭論。門頭公路仍舊通行。至陳書典等菜園基地一塊,既在晏義賢等南邊屋側,斷歸晏義賢等管業。所爭祖遺墳山,衹准陳書典認伊祖墳祭掛,不准進葬,並不得藉墳佔山。晏義賢等不得藉山瞞墳,圍巢樹木,蓄禁砍伐歸晏。陳書典准於歸宗,應即註銷字樣。凡遇書典房譜,逐蓋圖記,以免更修。譜費公田五斗四升,以及公積錢穀什物等項,歸晏執管。其柴墳山七嶂,地各鏡子山、壽龍山、牛形山,坪江山、塘坡山、鳳形山、圍巢虎形下山,均屬祖遺,概歸晏姓管業。旋據鄉保張維翰與地鄰等欄輿稟覆,並稱前次吵鬧,毀碎神主牌位,公同處修賠補祭禮錢二十串文。揮據現存。據稟情實,飭令晏姓向出揮之姜首緒討取寢事,毋得任性拖延,致干並究。案經斷結,兩造均不得翻控(兹)〔滋〕事。嗣後各安本分,取具咸服,手摹切結附卷。此諭。

光緒拾年九月念八日給斷。

(晏中權等纂修《[四川巴陵]晏氏族譜》 1924年巴陵太原堂木活字本)

江永毛氏櫟頭源經訟部文

湖南永州府正堂薩,爲申解事。奉守憲高札開,本年十一月二十九日,准臬司咨開,奉撫憲嵩札開,道光三年十二月二十八日准刑部咨開,湖廣司案呈前事等因,相應抄單行文該撫查明可也,等因。咨行司奉旨,合就移令轉飭遵照,將流犯李進禄驗明年貌、箕斗,迅速造册,詳請咨牌起解。餘照部覆遵行。計粘單一紙、卷一封等因,到道。准此,除移還道卷歸檔外,合就轉行。爲此,仰府官(史)〔吏〕即便遵照,飭縣將犯李進禄驗明年貌、箕斗,迅速造册詳司,請給咨牌起解具報。餘照部覆遵行毋違。計抄粘單一紙等因,奉此,合就轉行。爲此,仰縣官吏即便遵照,將流犯李進禄驗明年貌、箕斗,迅速造册詳府轉詳,請咨起解具報。餘照部覆遵行毋違。此札。計粘單一紙。據護理湖南巡撫印務、布政使景咨稱:永明縣鄧明禄冒名赴京,呈控毛炳等佔管猺田一案。緣李進禄即鄧明禄,係江華縣薙髮猺人。永明縣向有古調、清溪、扶靈、勾藍四猺名目。扶靈猺人鄧公勝,與翟慶賓之祖人翟千乙,及陳、蔣、黄五姓猺人,原有公管地,名"櫟頭源",籽粒猺田一十八石三斗五合,應完餉銀九兩八錢一分二釐。載總户名鄧公勝,並無管業契據。相傳前案景德年間,先由鄧姓領照開墾,嗣鄧姓丁稀,轉交猺人翟、陳、黄、蔣各姓,分地墾種,各照所耕地畝管業,仍歸鄧公勝總户名完糧。鄧姓本户墾田無多,乾隆年間,翟、陳、鄧、蔣、黄等姓各因貧乏,將猺田輾轉賣民人毛姓管業。毛炳之祖毛超衡,陸續買得猺田二十六畝,内有鄧姓出售之田,僅止一二田,户名毛惠菴。毛博之之祖毛仲馨,又名毛明德,買得猺田九畝,户名毛仲馨。其餘各姓所買猺田,均各另立户名,過户完糧。所有鄧姓等猺田一十捌石三斗五合,買盡無存。其鄧公勝户名,業已開除。鄧公勝後裔鄧金榮,係乾隆四十捌年由永明遷往江華居住,五十捌年病故。其孫鄧青林、鄧青孝,與李進禄隣居熟識,曾向李進禄言及祖人鄧公勝向在永明,有與猺人翟、陳等姓公管櫟頭源賣與民人毛姓之事。先於乾隆十一年,有毛際捐、毛任道等,與猺人翟兆益等,在縣爭控櫟頭源山場。經縣勘訊,均無管山確據,斷令櫟頭源上叚東邊象形等山,歸猺人管業,其西邊大朝嶺並嶺傍小岌,歸毛姓管業。以上山冲水溝爲界。下叚東、西兩岸之中,本有毛姓民田,斷令東岸至蛇形嶺脚,西岸至淚竹山等處,俱歸毛姓管業。各結印圖爲據,將分管山場,均於圖内註明,斷結在案。嘉慶二十三年,該縣扶猺人趙有富、鄧明禮、鄧明徐、鄧明德、李成官、俸金全等,因見毛炳等所管大朝嶺山内樹木叢密,尖托毛炳族人毛宏道轉向批伐,邀人帮砍。因未得毛宏道復信,尚未進山砍得。毛炳等聞知,恐被串同盜砍,先赴桃川司具禀查禁。其時李進禄因有祖墳原葬櫟頭源象形内,自江華前來祭掃,會遇趙有富,言及前事,李進禄聲稱:櫟頭源猺田,原係猺人鄧公勝等出賣毛炳等,均係民人,不應接買猺業。如能尋出鄧公勝完糧串據,可將田山告官斷究。趙有富等各圖分管,因李進禄粗知文字,又能詳悉猺田原委,公尖李進禄出名呈控,議明斷回,田山分給耕管。李進禄應允,趙有富隨托翟慶賓撿得康熙、雍正年間及乾隆二十三年完糧印串,均係公勝户名,將串交給。李進禄因與繼父趙文廷等家存有南宋時景定元年頒給猺人耕田山花布印照,隨往取回,作爲猺人管田之據,改名鄧明禄,冒爲鄧公勝後裔,捏稱櫟頭源係伊祖遺田山,現有印照印串爲據,被毛炳欺佔等情，赴縣爭控。趙有富等旋即赴山破伐大小樹木十餘株，尚未搬回。時李進禄在縣候審，並未在場。經毛炳等查知，就近奉請白象汛把總前往彈壓。趙有富等旋各退散。毛炳等奉縣差蒙查訊，未經究出李進禄冒名具控情由。因查櫟頭源猺田徵册，原有鄧公勝户名，近年糧串，並無呈驗，毛炳等皆有買田契據爲憑，斷令毛炳等照契管業。其山場仍照乾隆十一年印圖分管。趙有富所砍樹木尚未搬回，給毛炳等領回，並將趙有富等責懲結案。李進禄復赴衡永道暨欽差七行轅翻控，另縣查訊。該縣吊毛炳等所呈印圖、契據，核與周令原斷相(符)〔符〕，仍照原案，分别斷管詳給。道光元年，李進禄因屢控未能斷田分管，並因白象汛把總前赴猺山彈壓，伊未目覩，疑係毛炳等假冒武官來山嚇撵，起意赴京呈告。其時趙有富業已病故，隨向鄧明禮等湊得盤費銀二十兩，李進禄查照原控情節，添控毛炳等賄囑屯書錢之俸滅伊户各覇佔田山，添揑毛炳等假冒武官至山擄逐，縣審枉斷等情。又因與弓兵李紅口角有嫌，一併開例，指爲夥抄包佔，自作呈詞，仍載鄧明禄原名鄧明徐等，均不知揑情，由李進禄獨自進京，赴都察院衙門呈揑，咨解回南。委員呈行提人卷來省，另委該前府王守查訊。奉提契據查核，及要證俸金全等來省質訊，照例清咨展限。復自毛炳等供稱，櫟頭源下段，自東西兩岸梅子隘等處山下，向有伊族祀田，原係民田，歷完民糧，並非猺業等語。因櫟頭源既爲猺地，何以兩岸又有民田，恐有射影混爭情弊。飭縣查勘。嗣據勘明，該處地名梅子隘，山下及東西兩岸之中，實非民田。檢查糧册，係毛綱、毛超衡等户名完納民糧，合圖申覆，並提到俸金全及各契紙，另發核訊。今據審明，解司提犯親訊。據供前不諱詰，無訟棍主唆情事，推(鞠)〔鞫〕不移，案無遁飾。此案，永明縣猺人鄧公勝等舊管櫟頭源猺田，久經盡數出售，毛炳等輾轉接買，均有契據，並非强佔。李進禄係江華縣猺人，與櫟頭源猺田本屬無分，輒圖告官斷還，分田耕管，改名鄧明禄，冒認鄧公勝後裔，挺身出控。因未斷給，復起意赴京呈控，殊屬刁唆。所控屯書錢之俸受賄，滅伊户名，並未指明贜數；又控毛炳冒官擄逐，亦未指實被搶贜物，均屬無憑反坐。惟稱毛炳强佔山田，如果屬實，毛炳罪應滿流。今審屬全虚，自應照例反坐。李進禄即鄧明禄，實薙髪猺人，應照民例辦理，合依誣告人流罪，加所誣罪，三等罪止杖一百，流三千里，至配折責案置。趙有富等，均不識字，于李進禄誣控情節，並不知情，訊非串誣，惟圖退完猺田分管。議令李進禄出名爭控，旋赴毛姓山内砍伐樹株，迨李進禄欲行京控，湊給盤費，殊屬不合。除趙有富業已在家病故外，鄧明禮等均應照重律杖八十。現未到案，另縣拘齊，照例(折)〔斥〕責發落。俸金全先在本省商同爭控，又聽從伐樹，業經該縣責懲。嗣李進禄赴京具控，俸金全先已外出，並不知情，應免置議。毛炳等訊無强佔猺田、假官擄逐情事，應與被誣之書差錢之俸等，均無庸議。李進禄所得銀兩，已爲盤費花用，應免追繳。其呈出花布印照等件，仍行給還。再查毛炳等原買猺田，李進禄先在本省告爭，歷經該縣審斷，仍照毛炳照契管業，斷本無屈。抑第係猺人田業，未便意聽民人承買，自應即令原賣猺户備價回贖，以杜訟端。唯據毛炳等供：伊原買猺田係輾轉接受之業，應令永明縣勘明田山地界，除猺賣猺田，毋庸取贖外，其餘民人毛炳等，及各姓所買猺田，概行查明各契，仍照原價贖回管業。如賣主人亡户絶，或貧難無力，亦聽其戚族里黨備價贖取。此外，如有民賣猺田，及毛姓另有承買，均准俸金全清釐給贖，仍查明買管。久遠之户，如經費資取墾，分别酌價上本，以昭平允。如有隔屬猺人影射族戚，混行爭贖，查出嚴究。現據毛姓繳出田契，並永明縣費呈各契，並發永州府督縣查(辨)〔辦〕。其櫟頭源山場民猺均無管業確據，應請仍照乾隆十一年原案，上段東邊之象形、蛇形龍左上天龍，及象形下之虎形、蛇形下之蛇脚嶺等處，仍歸原管。

（吴紹漢纂修《[湖南江永]錦堂毛氏族譜》 1917 年西河堂木活字本）

江陰李枚濱賃典祖堂房屋據

祖堂房屋三進，坐落南内二保昃字三十六號，文墓六分五釐，第一進門屋三間，第二進廳屋三間，靠東旁屋兩間，第三進後屋三間，祖堂後毘連枚濱新屋，枚濱賃典祖堂旁屋兩間、後屋三間，議出典價貳佰千文，枚濱將原買雨亭香谷華東六保師字號租田拾捌畝陸分伍釐，計額拾柒石貳升伍合，原價貳佰零柒千文，歸入祖堂收租，以作典價。各皆允協，當將田數細號，經文開列於後：

計開：由單七紙坐落華東六保師字四百十九號，丈田二畝九分一釐，又四百四十四號，丈田一畝四分四釐，又四百七十一號，丈田三畝五分五釐，又五百五十二號，丈田一畝五分九釐，又五百五十三號，丈田一分七釐，又五百九十一號，五畝一釐七毫，又九百八十七號，一畝七分四釐。

咸豐五年乙卯八月　日，立議據枚濱，見議耀章、渭英、嘯霞、禹貽、崑瑞、蘭士、述卿。

（李繼欽等纂修《[江蘇]江陰李氏支譜》 1912年江陰李氏油印本）

湘潭霞石王氏約據

價接張人霞石埠屋基契

立契出賣屋宇、基地等項人張合六兄弟叔姪等，今因移就，商議願將先接受易賢才八都三甲，地名霞石埠，上街老岸瓦舖屋一棟，一進四縫，並後新造雜屋，暨屋柱、磚、垛、桁條、樓栿、樓板、椽瓦、内外門壁、窗户、鼓皮、舖櫃，前後磉墩、条石俱全，概行出賣，憑中馮近悦等，召到本都甲内王世德堂向前承接爲業。當日三面言定，得受屋價銅錢壹百叁拾貳仟文正，係張人親手領訖，包藏畫字一併在内，毫無外費，價足契明，領不重書。其屋宇基地，比日憑中扦明，前抵街心，後抵山脚，左抵王人公地，右抵譚人屋基，左右俱以磚垛直出街心爲界，毫無互混，屋上屋下，已載未載，隨屋概售，寸土寸木毫不存留。未賣之先，並無重行典當，又無謀奪準折等情。既賣之後，任王人自貿另佃，守售自便。出受甘願，永無續贖異言。今欲有憑，立此絶契，並上首老契，與王人永遠爲據。

批明：頭一行"聞謨筆"，第二行"將"字起至名字止，聞旺筆。餘係聞賢筆。

憑中馮近悦、周元吉、曹光奎、張聞旺、張聞謨，均押。

咸豐十一年四月十三日，張廷才、運洪、東曉、克楨，同姪如海、海琴同立，均押。

岐山公接買吴氏屋契

立永契出賣舖屋人王阿吴，今將翁遺夫分八都三甲霞石埠中街老岸舖屋一棟，三進四縫，門壁俱全，屋後圍牆、槽門，其屋基前抵街心，後抵牆脚，左抵磚垜外滴水，右抵岐山公屋脚，與夫堂姪修誠各管一半，今因子故，無從出(辨)〔辦〕，欲將夫分一半出售，央憑户戚王良弼、陳鏡田等行言，召到岐山公上承接。比日三面議定屋價銅錢六十五千文整外，夫私造猪樓屋、舖房、樓板、内外舖櫃，另議銅錢四十千文整，係吴氏同孫克順親領，共錢一百零五千文整。所出所受，彼此甘願。今欲有憑，立屋契一紙，與岐公位下總理收執爲據。

馮陳鏡田、王晚成、良弼、良惠、潤之、登甲、漢昇、良景、良錫、良湛、良質、廷芳、良純、維耀、可烈、修誠、可梅、修和，均押。

同治八年五月初三日，命壻曹慶長押代筆立。

岐山公接買可榮屋契

立信契永賣舖屋、基地、餘坪、隙地人王可榮，同男克仁等商議，願將所管八都三甲地名霞石埠上節街老岸，與岐山公裔共管，磚垜舖瓦屋一棟，三進三縫，前街後坪，上樓下屋，豬牢包邊，門頁雨櫃俱全，予佔一半，憑户戚瑞廷等行言出售。儘問親房，俱稱不受，召到岐山公經理斌生等，向前承接爲業。憑中議定屋價銅錢一百三十串整，係予父子親手領訖，未少個文，領不重書，扞不另立。未賣之先，並無典當，既賣之後，任公上施爲百便，並無反悔異言。今欲有憑，立契一紙爲據。

憑中證錢野言、賴中和。

宣統三年六月　日，本筆立。

醴邑西二區許生發摘售契

立永契摘賣田地、塘壩、注蔭、鏟挖等項人許生發，緣先胍叔許榮魁價接胡習立叔姪鬮分田業一契，其田坐落醴邑西二區二十一都建佐甲，地名胡家壠，江公壩下台上田業。契内摘售壩子坵下背尖方坵崽子田一坵，計種三升六合。其水注蔭江公垻七日七晚，第五日輪流交接，照依老額注蔭。又大皮垻、小皮垻，反水澈底車戽，又漏底蕩反蔭車放澈底，均係無阻。其田修挖，係野貓塘坡，照分無阻。其田民糧仍歸摘存人許生發完納，不與受主相干。比憑中證胡曰昇、王克光等行言，召到王德榮兄弟，向前承接爲業。三面議定時價光洋三十八元整，包莊畫字，清理老業，一並在内。係予親手領訖，未少分釐，領不重書，扞不另立。其田如有互混不明，出筆人理落，不與受主相干。未賣之先，並無謀奪等情。既賣之後，仍聽受主安塋、耕種，施爲自便。所賣所買，二心甘願，永無績贖異言。恐口不憑，立此永契摘售一紙，與受主收執爲據。

從場許漢才、連生、中庸、厚高。憑中證

民國　年　月　日立。

正倫公接受家達歸管字

立歸管字人王家達，同妻曹氏，今因移舊，夫妻商議，願將祖遺鬮、管八都三甲皂角背坐西頭，自正房屋，憑正屋左邊垜壁起，至横屋及雜屋一頭，間數不計，凡屋桁樓、窗牖、門閬、包邊、門頁、上屋下基、餘坪、隙地、禾坪、出入便路，又門首園内菜土，及屋後竹山、樹木俱全，除存田塘注蔭外，欲行洗筆出售。央憑户族王京甫、克志、家宣等説合，歸與本支祖正倫公經理，王敬廷、克桂、克梅名下承管。比日得受契價光洋一伯五十五元整,係予夫妻親手領訖,未少分釐,並畫字理佃在内,毫無外費。以上所扦,概歸公上所管。既歸管之後,任聽受主守售自便,永無續贖反悔,枝節異言。恐口難憑,立此與公上永遠收爲據。

憑户族家厚、家宣、克志、京甫、家楷。

立全領字人王家達,同妻曹氏,今憑歸管内户族一干,領到本支祖正倫公經理等名下契價光洋一伯五十五元整,係予夫妻親手領訖,未少分釐。其中不致冒領是實。今欲有憑,立此與公上附契爲據。

民國十九年十一月初六日,家達,押,同妻曹氏立。

五序公接受可昭屋宇園土契

立信契永賣屋宇、園土、圍牆、槽門、禾坪、溝池、塘圳、出路、山嶺等項人王可昭,今憑户族南軒、曉樓等,願將祖遺坐落八都三甲,地名余家衝皂角嶺正瓦屋,東頭正房一間,堂屋半間,園土、禾坪、溝池、塘圳、山嶺等項,俱照股分出,賣與本支五序公管理。當憑户族齒定,得受時九九七銅錢十四千文整。出受甘願,所受是實。領不重書。扦不另立。自賣之後,永無續贖異言。今欲有憑,立此信契一紙,與掌公經理永遠收執爲據。

憑户族王可基、可人、南軒、曉樓、可求、可果、克順。

光緒十四年七月初八日,堂姪克蒸代筆立。

(王克睿修纂《[湖南湘潭]中湘霞石王氏家譜》 1931年湘潭世德堂活字本)

中湘李氏休息具結狀字

當今聖王御宇,原欲民克恭克讓,不至相鬭相爭,即吾族子孫亦當内睦宗族,外和鄉黨,豈不懿歟。然有萬不得已者,故鼠牙雀角,載詠篇章。或爲先人廬墓,或爲宗祖墳塋,外此田山、屋宇及一切些小不關緊要之事,有可讓者,則必讓之。慎勿聽訟師之言,以致鷸蚌相持也。

雲鵬灣劉人休息字

甘立休息字人劉得益、正明、曉亭、逢吉,緣同治四年劉常亨將十三都七甲地名雲鵬灣田六十畝,售李鳴鳳堂公管,舊冬劉重信將該毗連關管田八畝復售李元美公接買。契明價足,中證書押無異。但益等生非,雖由旁人唆聳,不盡無因,致李以拂索疊掘控,劉以謀買悖賣(訢)〔訴〕李,復以控搪汚匿稟,均准在案。玆值呈單請訊,有陳繪山等均關戚誼,從場勸釋,不忍終訟。所查二造詞情,念在田鄰,不必計較。二比甘休,均皆冰釋。其有公門憑衆了妥。於中委無壓息鉗和情弊。自休之後,永敦和好。今恐無憑,立此休息一紙,付與李人收執爲據。

光緒二年五月十九日,本筆立。

公息

廩生陳繪山、武員羅曉初、監生劉雁門、從九郭雲鎮，爲公懇息銷事。緣本年三月初九日，有李青蓮等以拂索疊掘具控，劉得益等旋以謀賣悖買（訢）〔訴〕，均准在案。業經呈單請訊，生等均關戚誼，不忍終訟，從場勸釋。查閱兩造控（訢）〔訴〕及續稟，詞情屬實。劉德益等生非，勸李不必計較。除取兩造甘結外，諭劉另立休息字，付李收執爲據。二比咸服，不必翻異，亦無鉗勒。生等有從場勸釋之責，理合粘結，並劉人休息字，公懇老公祖賞准息銷完案，深爲德便。上稟。

同稟羅乃生、陳藝林、李青雲、李如中、郭新發、李學優。

劉人結狀

具結狀小的劉德益等，今當與結狀事實，結得民與李青蓮控（訢）〔訴〕一案，正在呈單請訊之際，兹有戚誼陳繪山、郭雲鎮等從中勸釋，致兩造控（訢）〔訴〕及續稟各情，令民另立甘休字，與李人收執爲據。今懇息銷、民等理合出具結狀，附卷所結是實。須至結者。

光緒二年五月　日，事案落兵房。

劉人遵釋字

立遵釋字人劉曉亭、正明等，緣前年房弟中信將十三都七甲雲鵬灣分家田業，出售與李巇鳳堂管。予等因索中錢未遂，妄將田塍掘毁，致李憑理論。予叔雲瑞斥責予等不應妄爲，自知理非，允遵叔道，不敢妄爲。而中人錢李慷慨提出爲紳長豐者掇去，不與李人相干。今陳繪山、郭有言等諭令長豐退包。予求李免究，家中人不得再生異議。爰立此字，付與李收執爲據。憑郭幹卿、李青雲等。

光緒二年二月二十日立。

鵝鴨塘封禁字

立合約封禁字人羅藻馨，緣先年將契管十三都七甲地名鵝鴨塘窑蕩，出佃與龍簡亭等採石燒灰。因該蕩有碍李人墳山，致生訟端。今憑王翌林、羅吉堂、陳詠芳等，與李大菴公裔溶泉、星池等商議，將殘蕩封禁，以杜後累。其有窑屋，係羅獨造，日後拆毁，基地各照契管，彼此毋異。今欲有憑，立此合約一紙，與李人合約鉗合較收爲據。憑劉步蟾、王翌林、羅吉堂等。

光緒十一年十二月二十日，本筆立。

公息

爲公懇息銷事。緣李星池等以恃强採掘事控，龍簡亭等以拂索誣墮（訢）〔訴〕，及李續稟，均准在案。兹值傳訊職等從場勸釋。查龍在於鵝鴨塘夥貿，因蕩有礙李人墳禁，致啓訟端，勸龍等停採。羅、李將蕩封禁，彼此允洽。至龍等現採坯石，賃其燒灰變賣，廠屋聽龍毁拆，李無異言。控（訢）〔訴〕各情，一概冰釋。兩造甘休，並無鉗壓受賄。各結粘懇賞准息銷，深爲德便均沾，上稟。

沈憲批、劉步蟾批：既據勸令龍簡亭等停採拆廠，並由羅藻馨、李星池將蕩封禁，准予息銷。各結存。

龍簡亭具結狀字

具結狀龍簡亭、彭洪福等，今當台前，與結狀事，實結得民與李星池等控訴一案。今有劉步蟾、羅茂安等從場勸釋，民等所頂鵝鴨塘窑蕩，係李與羅藻馨照分公管。因蕩有礙李等墳禁，衆勸民等停採，李等將蕩永遠封禁，以杜訟端。民等現採坯石，仍民燒完變賣，窑廠、窑屋聽民毁拆，李等無異。控訴各情一概冰釋。兩造甘休，出具結狀，懇恩息銷。所結是實。須至結者。附卷。

（李錫訓纂修《[湖南湘潭]中湘李氏六修族譜》 1930年曦鳳堂木活字本）

潤州開沙賈氏地契

鎮江城南樹藝地皮契據

立杜斷賣高空地文契人孫國楨，今將祖遺受分坐落虢踞坊運河邊空高地壹坵，計地拾畝六分，計東至生生公司爲界，西至溝邊爲界，南至河泥脚爲界，北至路邊爲界，四至查清，地内磚石等一概在内，今因正用，自願央中説合，立契杜斷，賣與賈名下永遠執業。當日憑中照時公估，實杜賣得二七寶柒拾貳兩整，即日歸國楨收受，銀契兩交明白，毫無蒂欠。其地未杜賣之先，並無重複交易、公私債準逼勒等情，亦無親族外人有分，又無片紙隻字遺漏在外。倘有絲毫牽涉，概歸出筆人一面承當，自行理質，與受主絲毫無涉。既杜賣之後，聽憑受户起造、栽種樹木等情，毫無阻攩。當交糧單版串，當立推單，聽其推收過户入册完糧執業。鎮城俗例，給席畫字、增找拔根一切陋規，俱在正價内，一併收足。契明價實，恪遵定例。契載杜絶字樣，永不回贖，永不增找，永斷葛籐。此係自願，永無異言。今欲有憑，立此杜斷賣空高地文契，永遠存照。

宣統元年二月　日，立杜斷賣高空地文契人孫國楨，憑原中卞忠裕，憑隣中王森源、憑隣中孫之文，中人李步堂、李步榮、張吉春、孫國祥、李步寬、馬潤田。

民國三年三月，復驗新契尾徒字第三千六百九十一號，契尾布字八十五號。

民國十七年五月十九日，新驗契紙財字第九十六萬九千四百五十九號。

立杜絶賣平田並連龍埂文契人崔項氏，憑子婿王森源，今將夫遺受分坐落南城外虢踞坊平田壹坵，計實地壹畝貳分，東至本姓爲界，南至龍埂心爲界，西至本姓爲界，北至本姓爲界，今將四至查明。今因正用，自願請中説合，立契杜絶，賣與賈名下永遠執業耕種。當日憑中照時估價實賣得二七寶壹拾兩整，即日歸崔項氏收受。銀契兩交明白，毫無蒂欠。其田未賣之先，並無重複交易、公私債準，並無逼勒等情，亦無親族外人有分，又無片紙隻字遺漏在外，倘有等情，均歸出筆人一面承當理質，與受業主絲毫無涉。當立推單，聽憑推收過户入册完糧。所賣之田，聽憑受業主翻改取用，一概無阻。所有鎮城俗例，拆席畫字、增找拔根一切不盡陋規，俱在正價内收足。契明價實，恪遵定例。契載杜絶字樣，永不回贖，永不增找，永斷葛籐。此係自願，永無異言。今欲有憑，立此杜絶賣平田並連龍埂文契，永遠存照。

又批：所有上首李姓契據，一並未交。

宣統元年　月　日，立杜絶賣平田並連龍埂契人崔項氏，憑子婿王森源，憑中人馬潤田、張國楨。大吉祥。

民國三年三月復驗新契尾：徒字第三千七百十號，契尾布字七百九十三號。

民國十七年五月十九日，新驗契紙財字第九十七萬二千三百八十二號。

立杜斷賣南山坎並連高墩平田文契人徐有才，今將父遺受分山坎高墩平田，坐落南門外虎踞坊，計差陸畝八分，東、西至生生公司爲界，南至小路爲界，北至生生爲界，四至查明，今因正用，請中説合，自願立杜斷賣與買名下永遠執業。當日憑中估值時價，實賣得二七寶銀貳十兩整，即日歸有才收受，銀契兩交明白，毫無蒂欠。其地未賣之先，並無重複交易、公私債準、逼勒等情，亦無親族外人有分，又無片紙隻字遺漏在外。倘有等情，均歸出筆人理質，與受户絲毫無涉。自賣之後，聽其栽種各色砌造便用無阻當。立推單過户入册完糧。所有鎮〔城〕俗例，拆席畫字、增找拔根一切不盡陋規，均在正價内一併收足。契明價實，恪遵定例，契載杜絶字樣，永不增找，永不回贖，永斷葛籐。此係自願，永無異言。今欲有憑，立此杜斷賣南山坎並連高墩平田文契，存照。

計批：所有當門印契，因兵燹後遺失，所存祗有上首零星老契五紙，憑中交出。此批。

宣統元年五月　日，立杜斷賣山坎高墩平田契人徐有才，原中人吕義淦，又，張杰春，憑中人卞忠裕、胡德□、王九□、馬潤田。

民國三年三月，復驗新契尾徒字第三千六百九十四號，契尾三百二十一號。

民國十七年五月十九日，新驗契紙財字第九十六萬九千四百六十一號。

立杜斷賣平地山坎並連竹子，竹園，基地文契人徐有才，今將祖遺受分坐落南城外虎踞坊平地山坎，並連竹子、竹園、基地壹坵，計差地玖畝捌分，東至王姓山坎下塘口爲界，南至小路塘口爲界，西至生生公司爲界，北至生生公司爲界，四至查明。今因正用，自願請中説合，立契杜斷賣與賈治安堂名下永遠執業，砌造耕種。當日照時估價，實賣得二七寶四十三兩整，即日歸身收受。銀契兩交明白，毫無蒂欠。其地未賣之先，並無重複交易，公私債準，並無逼勒等情，亦無親族外人有分，又無片紙隻字遺漏在外。倘有等情，均歸出筆人一面承當理質，與受業主無涉。當立推單，聽憑推收過户入册完糧。所賣竹子、竹園、地基，以及地内根筍等，聽憑受業主翻改取用，無得阻擋。所有鎮城俗例，拆席畫字、增找拔根、一切不盡陋規，俱在正價内收足。契明價實，恪遵定例。契載杜絶字樣，永不增找，永不回贖，永斷葛籐。此係自願永無異言，今欲有憑立此杜斷賣平地山坎並連竹子、竹園基地文契，永遠存照。

計批徐姓受王姓當門正契遺失，今將王姓標産上首契一紙並交出。又照。

宣統元年　月　日，立杜斷賣平地山坎並連竹子、竹園、基地文契人徐有財，隣中人周德全、吕義淦、王森源、喬美賢、張杰春、卞忠裕、梁楚臣，憑中馬潤田。

民國三年三月，復驗新契尾：徒字第三千六百八十九號，契尾三百二十三號。

民國十七年五月十九日，新驗契紙財字第九十六萬九千四百六十號。

立杜斷賣低田水塘文契人薛宏錦，今將祖遺受分低田水塘民田壹坵，坐落南城外虎踞坊薛字圩號，計田塘實差貳畝六分五釐，東至買主田爲界，西至薛姓田爲界，南至買主田爲界，北至買主田爲界，四至開明。今因正用，情願央中説合，立杜斷賣與賈名下永遠耕種執業。當日憑中言明，估值時價實賣得二七寶銀拾兩整，即日歸身收受應用。銀契兩交明白，毫無懸欠。未杜賣之先，並無親族外人有分爭論，亦非重複盜賣、公私債準，並無逼勒等情，倘有此情，皆係出筆人理質，與業主絲毫無涉。自杜賣之後，隨時入册過户完納。此係自願，永不增找，世無回贖，永無異言。今欲有憑，立此杜斷賣低田水塘文契，永遠存照。

宣統元年菊月　日，立杜斷賣低田水塘文契人薛宏錦，憑中人吕義淦、張杰春。

契尾布字七百九十二號。民國三年三月，復驗新契尾徒字第三千七百零八號。

民國十七年五月十九日，新驗契紙財字第九十七萬二千三百八十五號。

立杜絶賣平地文契人孫國祥，今將祖遺受分坐落南城外跳踞坊空平地壹坵，計平田壹畝壹分，東至本姓爲界，西至溝心爲界，北至鶴林寺爲界，南至龍埂心爲界，今將四至查明。今因正用，央中説合，自願立契杜賣與賈名下永遠執業耕種。當日憑中照時估價，實賣得二七寶五兩整，即日歸身收受。銀契兩交明白，毫無蒂欠。其地未賣之先，並無重複交易、公私債準、逼勒等情，亦無親族外人有分，又無片紙隻字遺漏在外。倘有此情，均歸出筆人一面承當理質，與受業主絲毫無涉。既賣之後，聽憑業主起造更新，概無阻擋。當交錢糧版串當立推單，聽憑推收過户，入册完糧。所有鎮城俗例，拆席畫字、增找拔根一切不盡陋規，俱在正價之内，一併收足。契明價實，恪遵定例。契載杜絶字樣，永不增找，永不回贖，永斷葛籐，永無異言。今欲有憑，立此杜絶平地文契，永遠存照。

宣統元年　月　日，立杜絶賣平地文契人孫國祥、胞兄人孫國禎，憑中人馬潤田、童耀龍。

民國三年三月，復驗新契尾徒字第三千六百九十九號，契尾布字七百八十六號。

民國十七年五月十九日，新驗契紙財字第九十七萬二千三百八十六號。

立杜絶賣平田並連水塘文契人徐有才，今將祖遺受分坐落南城外跳踞坊平田水塘計壹畝五分，東至本姓，南至本姓、吴姓爲界，西至吴姓爲界，北至本姓爲界，今將四至查明。今因正用，央中説合，自願立契杜絶賣與賈名下永遠執業耕種。當日憑中照時估得實價，實賣得二七寶四兩整，即日歸有才收受。銀契兩交明白，毫無蒂欠，其田未賣之先，並無重複交易、公私債準、逼勒等情，倘有此情，均歸出筆人一面承當理質，與受業主絲毫無涉。既賣之後，聽憑業主起造更新，無得阻擋。亦無親族外人有分，又無片紙隻字遺漏在外。倘有此情，均歸出筆人理質，與受主無涉。當交糧單版串，當立推單，聽憑推收過户入册完糧。所有鎮城俗例，拆席畫字、增找拔根一切不盡陋規，俱在正價之内，一併收足。契明價實，恪遵定例。契載杜絶字樣，永不增找，永不回贖，永斷葛籐，永無異言。今欲有憑，立此杜絶賣平田水塘文契，永遠存照。

宣統元年　月　日，立杜絶賣平田並連水塘契人徐有才，憑中人陳萬高，隣田中人王恩貴，憑中人馬潤田、童耀龍。

民國三年三月，復驗新契尾徒字第三千六百九十八號，契尾布字七百八十五號。

民國十七年五月十九日，新驗契紙財字第九十七萬二千三百九十號。

立杜斷賣平田文契人王起明，同弟起章，同姪玉寶，今將祖遺受分坐落鎮江南城外跳踞坊平田壹坵，計東至王姓爲界，西至孫姓爲界，南至龍梗邊北至路爲界，計平田三畝四分，查清以及出路無阻，當日憑中言明，當即立斷杜絶契，賣與賈治安堂名下永遠執業。當日憑中照時估值,實杜賣得正二七寶銀三十八兩整。即日歸起明、起章,同姪玉寶一併收受。即日銀契兩交明白,毫無蒂欠,其地未杜賣之先,並無重複交易、公私債準、逼勒等情,亦無親族外人有分,又無片紙隻字絲毫牽涉。倘有等情,概歸出筆人承當自理,與買主絲毫無涉。既杜賣之後,聽憑受户栽種樹木等用,均無阻擋。當交糧單版串,另立推單,一併交執。所有鎮城俗例,給席畫字、增找拔根一切不盡陋規,俱在正價内一併收足。契明價實,恪遵定例。契載杜斷字様,永不回贖,永不增找,永斷葛籐。此係自願,永無異言。今欲有憑,立此杜斷賣平田文契,永遠存照。

宣統元年閏二月　日,立杜斷賣平田文契人王起明,同弟起章、同姪玉寶,憑隣原中王森源、李步榮、卞思裕,憑隣孫國楨,中人馬潤田,代筆人蔣少卿,中人童躍龍。大吉。

民國三年三月,復驗新契尾徒字第三千六百九十號,契尾三百二十四號。

民國十七年五月十九日,新驗契紙財字第九十六萬九千四百六十三號。

立杜斷賣平田並南坎文契人王談氏,同子恩貴、扣子今將祖遺受分坐落南門外虢踞坊計平田,並連南坎計共三坵,另三塊,計田三畝六分,計東至吴姓爲界,西至王姓爲界,南至大路爲界,北至王姓爲界,計實差地,另立推單。今因正用,自願請中説合,立契杜斷賣與賈名下永遠執業。當日憑中照時公估實,杜賣得二七寶銀拾壹兩正,即日歸氏同子收受。銀契兩交明白,毫無蒂欠。其田未杜之先,並無重複交易、公私債準、逼勒等情,亦無親族外人有分,又無片紙隻字遺漏在外。倘有牽涉,概歸出筆人自行理質,與受主無涉。既杜賣之後,聽憑受户栽種,以及水塘有分,均無阻擋。當交糧單版串,一併交執,當立推單,聽憑推收過户入册完糧。所有鎮城俗例,給席畫字、增找拔根一切不盡陋規,俱在正價内收足。契明價實,恪遵定例。契載杜斷字様,永不回贖,永不增找,永斷葛籐。此係自願,永無異言。今欲有憑,立此杜斷賣平田並南坎地文契,永遠存照。

宣統元年　月　日,立杜斷賣平田文契人王談氏,同子恩貴、同子扣子,憑原中人徐有才、張吉春,中人王森源、薛開壽、周德泉、喬美賢、卞忠裕、馬潤田,李步榮、胡長松、李步堂、童躍龍。

民國三年三月,復驗新契尾徒字第三千六百九十二號,契尾布字三百十六號。

民國十七年五月十九日,新驗契紙財字第九十七萬二千三百七十九號。

立杜絶賣平田文契人孫國楨,今將承分坐落南城外虢踞坊平田壹坵,計壹畝四分,東至王姓田爲界,南至龍埂心爲界,西至李姓田埂心爲界,今將四至查明。今因正用,自願央中説合,立契絶賣與賈名下永遠執業耕種。當日憑中照時估價,實賣得二七寶七兩正,即日歸國楨收受。銀契兩交明白,毫無蒂欠。其田未賣之先,並無重複交易、公私債準、逼勒等情,亦無親族外人有分,又無片紙隻字遺漏在外。倘有絲毫牽涉,概歸出筆人一面承當理質,與受業主絲毫無涉。既賣之後,聽憑買主起造更新,均無阻擋。當交糧單版串,當立推單,聽憑推收過户入册完糧。所有鎮城俗例,給席畫字、增找拔根一切不盡陋規,俱在正價之内,一併收足。契明價實,恪遵定例。契載杜絶字様,永不回贖,永不增找,永斷葛籐,永無異言。今欲有憑,立此杜絶賣平田文契,永遠存照。

宣統元年　月　日,立杜絶賣平田文契人孫國楨,同母孫許氏、同弟孫六子,憑隣人王森源、馬潤田、童耀龍。

契尾與後一張合。民國三年三月,復驗新契尾,與後一張合。

民國十七年五月十九日，新驗契紙與後一張合，財字第九十七萬二千三百八十七號。

立杜絶賣平田文契人孫國楨，今將祖遺承分坐落南城外虢踞坊平田壹坵，計壹畝二分，東至王姓爲界，西至本姓爲界，南至小路爲界，北至本姓爲界，四至查明。今因正用，自願央中説合，立杜絶契，賣與賈名下永遠執業。當日憑中照時估價，實杜絶賣得二七寶陸兩正。即日歸國楨收受，銀契兩交明白，毫無蒂欠。其田未賣之先，並無重複交易、公私債準、逼勒等情，亦無親族外人有分，又無片紙隻字遺漏在外。倘有絲毫牽涉，概歸出筆人一面承當理質，與受主絲毫無涉。既杜賣之後，聽憑業主耕種，均無阻擋。當交糧單版串，另立推單交執，聽憑推收過户入册完糧。所有鎮城俗例，拆席畫字、增找拔根一切不盡陋規，俱在正價之内，一併收足。契明價實，恪遵定例。契載杜絶字樣，永不回贖，永不增找，永斷葛籐，此係自願，永無異言。今欲有憑，立此杜絶賣契，永遠存照。

宣統元年　月　日，立杜絶賣平田文契人孫國楨，同母孫許氏、同弟六子，憑隣人王森源，憑中人馬潤田、童耀龍。大吉祥。

民國三年三月，復驗新契尾，與前一張合，徒字第三千六百九十六號，契尾與前一張合，布字柒百捌拾玖號。

民國十七年五月十九日，新驗契紙與前一張合，財字第九十七萬二千三百八十七號。

立杜絶賣平田文契人孫許氏，今將祖遺受分坐落南城外虢踞坊，計平田壹坵，計壹畝二分，東至孫姓本名田爲界，南至水溝心爲界，西至本姓塘邊爲界，北至小路心爲界。今將四至查明。今因正用，自願央中説合，立契賣與賈名下永遠執業耕種。當日憑中照時估值，實賣得二七寶銀陸兩正，即日歸氏收受。銀契兩交明白，毫無蒂欠。其地田未賣之先，並無重複交易、公私債準、逼勒等情，亦無親族外人有分，又無片紙隻字遺漏在外。倘有絲毫牽涉，概歸出筆人一面承當理質，與受主絲毫無涉。既賣之後，聽憑買主起造更新，均無阻擋。當交糧單版串，當立推單，一併交出執業，聽憑推收過户入册完糧。所有鎮城俗例，給席畫字、增找拔根一切不盡陋規，俱在正價之内，一併收足。契明價實，恪遵定例。契載杜絶字樣，永不回贖，永不增找，永斷葛籐。此係自願，永無異言。今欲有憑，立此杜絶賣平田文契，永遠存照。

宣統元年　月　日，立杜絶賣平田文契人孫許氏，同子國楨、同子六子，憑隣人王森源，憑中人馬潤田、童耀龍。

民國三年三月，復驗新契尾，與後一張合，契尾與後一張合。

民國十七年五月十九日，新驗契紙與後一張合，財字第九十六萬九千四百六十四號。

立杜絶賣平田文契人孫許氏，今將祖遺受分坐落南城外虢踞坊平田壹坵，計叁畝六分，東至李姓爲界，南至龍埂心爲界，西至崔姓鶴林寺爲界，北至小路心爲界，今將四至查明。今因正用，自願央中説合，立契杜絶賣與賈名下永遠執業耕種。當日憑中照時估價，實賣得二七寶拾八兩整。即日歸氏收受，銀契兩交明白，毫無蒂欠。其田未賣之先，並無重複交易、公私債準、逼勒等情，亦無親族外人有分，又無片紙隻字遺漏在外。倘有絲毫牽涉，概歸出筆人一面承當理質，與受業主絲毫無涉。既賣之後，聽憑買主起造更新，均無阻擋，當交糧單，當立推單，一併交執，聽憑推收過户入册完糧。所有鎮城俗例，給席畫字、增找拔根一切不盡陋規，俱在正價之内，一併收足。契明價實，恪遵定例。契載杜絶字樣，永不回贖，永不增找，永斷葛籐。此係自願,永無異言。今欲有憑,立此杜絶賣平田文契,永遠存照。

宣統元年　月　日,立杜絶賣平田文契人孫許氏,同子國楨、同子六子,憑隣人王森源,憑中人馬潤田、童耀龍。大吉祥。

民國三年三月,復驗新契尾,與前一張合,徒字第三千柒百十壹號,契尾與前一張合,布字七百九拾號。

民國十七年五月十九日,新驗契紙與前一張合,財字第九十六萬九千四百六十四號。

立杜絶賣平田文契人孫許氏,今將祖遺受分坐落西城外虓踞坊平田壹坵,計一畝壹分正,東至小路爲界,西至本姓爲界,南至本姓爲界,北至小路爲界,四至查明。今因正用,自願央中説合,立杜絶契,賣與賈名下永遠執業。當日憑中照時估價,實杜絶賣得二七寶五兩整,即日歸氏收受,銀契兩交明白,毫無蒂欠。其田未賣之先,並無重複交易、公私債準、逼勒等情,亦無親族外人有分,又無片紙隻字遺漏在外。倘有絲毫牽涉,概歸出筆人一面承當理質,與受主絲毫無涉。既賣之後,聽憑業主耕種,均無阻擋。當交糧單版串,另立推單交執,聽憑推收過户入册完糧。所有鎮城俗例,拆席畫字、增找拔根一切不盡陋規,俱在正價之内,一併收足。契明價實,恪遵定例。契載杜絶字樣,永不回贖,永不增找,永斷葛籐。此係自願,永無異言。今欲有憑,立此杜絶賣契,永遠存照。

宣統元年　月　日,立杜絶賣平田文契人孫許氏、同子國楨、同子六子,憑隣人王森源,憑中人馬潤田、童耀龍。大吉祥。

民國三年三月,復驗新契尾與後一張合:契尾與後一張合。

民國十八年五月十九日,新驗契與後一張合,財字第九十七萬二千三百八十三號。

立杜絶賣平田文契人孫許氏,今將祖遺受分坐落西城外虓踞坊平田壹坵,計一畝八分正,東至本姓田爲界,西至王姓爲界,南至龍埂心爲界,北至小路心爲界,四至查明。今因正用,自願央中説合,立杜絶契,賣與賈名下永遠執業。當日憑中照時估價,實杜絶賣得二七寶九兩整。即日歸氏收受,銀契兩交明白,毫無蒂欠。其地未賣之先並無重複交易、公私債準、逼勒等情,亦無親族外人有分,又無片紙隻字遺漏在外。倘有絲毫牽涉,概歸出筆人一面承當理質,與受主絲毫無涉。既賣之後,聽憑業主耕種,均無阻攩。當交糧單版串,另立推單交執,聽憑推收過户入册完糧。所有鎮城俗例,拆席畫字、增找拔根一切不盡陋規,俱在正價之内,一併收足。契明價實,恪遵定例。契載杜絶字樣,永不回贖,永不增找,永斷葛籐。此係自願,永無異言。今欲有憑,立此杜絶賣契,永遠存照。

宣統元年　月　日,立杜絶賣平田文契人孫許氏、同子國楨、同子六子,憑隣人王森源,憑中人馬潤田、童耀龍。大吉祥。

民國三年三月,復驗新契尾與前一張合,徒字第三千柒百零九號,契尾與前一張合,布字七百九拾壹號。

民國十七年五月十九日,新驗契紙與前一張合,財字第九十七萬二千三百八十三號。

立杜斷賣西坎並連平田文契人趙林氏,今將祖遺受分坐落南門外虓踞坊運河邊,計地西坎平田叁畝六分,計東至孫姓爲界,西至溝心爲界,南至王姓爲界,北至孫姓爲界,四至查明。今因正用,自願請中説合,立契杜斷,賣與賈名下永遠執業。當日憑中照時估值,實杜賣得二七寶拾壹兩整。即日氏收受銀契，兩交明白，毫無蒂欠。其地未賣之先，並無重複交易、公私債準、逼勒等情，亦無親族外人有分，又無片紙隻字遺漏在外。倘有等情，概歸出筆人承當理質，與受主無涉。既杜賣之後，聽憑栽種樹木等用，均無阻攩。當交糧單版串，一併交執，聽憑推收過户入册完糧。所有鎮城俗例，給席畫字、增找拔根一切不盡陋規，俱在正價内，一併收足。契明價實，恪遵定例。契載杜絶字樣，永不回贖，永不增找，永斷葛籐。此係自願，永無異言。今欲有憑，立此杜斷賣西坎並連平田文契，永遠存照。

宣統元年閏二月　日，立杜斷西坎並連平田契人趙林氏，中人王森源、孫國楨、卞忠裕、孫之文、李步堂、徐世科、馬潤田、童耀龍。大吉祥。

民國三年三月，復驗新契尾徒字第三千柒百零二號，契尾布字三百拾七號。

民國十七年五月十九日，新驗契紙財字第九十七萬二千三百八十號。

立杜斷賣平田文契人唐陳氏，今將祖遺受分坐落南門外虎踞坊平田壹坵，計田二畝二分，東至王姓爲界，西至賈姓爲界，南至王姓爲界，北至薛姓爲界，計四至查清。今因正用，自願請中説合，立契杜斷賣與賈名下永遠執業，栽種等用。當日憑中照時公估值，實杜賣得二七寶銀六兩，即日歸氏收受。銀契兩交明白，毫無蒂欠。其地未賣之先，並無重複交易、公私債準、逼勒等情，亦無親族外人有分，又無片紙隻字遺漏在外。倘有等情，概歸出筆人理質，與受主無涉。當立推單，聽憑推收過户入册完糧。所有鎮城俗例，給席畫字、增找拔根一切不盡陋規，俱在正價内收足。契明價實，恪遵定例。契載杜絶字樣，永不增找，永不回贖，永斷葛籐。此係自願，永無異言，今欲有憑，立此杜斷賣平田文契，永遠存照。

宣統元年三月　日，立杜斷賣平田文契人唐陳氏，親中人王裕寶，原中人李步榮、王森源，憑中人喬美賢、卞忠裕、張杰春、崔項氏、馬潤田、童耀龍。

民國三年三月，復驗新契尾徒字第三千柒百零一號，契尾布字三百貳拾號。

民國十七年五月十九日，新驗契紙財字第九十七萬二千三百八十一號。

立杜斷賣高空地文契人王扣子，今因正用，情願央中説合，將自己祖遺受分高空地壹畝，坵坐落虤踞坊，計地四分正，四至查明，東至崔姓爲界，西至孫姓爲界，南至王姓爲界，北至孫姓爲界，四至開明，情願立杜斷賣與賈名下永遠執業。當日憑中估價，實賣得二七寶銀貳兩正。銀契兩交明白，即日歸身收受，毫無蒂欠。未賣之先，並無親族外人爭論，亦非重複盜賣、公私債準、逼勒等情，倘有此情，皆係出筆人一面承當理質，與買主絲毫無涉。自賣之後，聽其栽種樹木、砌造等用，無得阻攩。聽憑買主推收過户，入册完糧。恪遵定例，給席畫字、增找拔根一切不盡陋規，一併正價内收足，永無異言。今欲有憑，立此杜絶賣高地，永遠存照。

宣統元年閏二月　日，立杜斷賣高空地文契人王扣子，原隣中人崔老太、孫國楨、王森源、孫之文、卞忠裕、憑中人喬美賢、薛開壽、李步榮、童耀龍、馬潤田，代筆張杰春。大吉。

民國三年三月，復驗新契尾徒字第三千柒百號，契尾布字三百拾九號。

民國十七年五月十九日，新驗契紙財字第九十七萬二千三百八十四號。

立杜斷賣高空地南坎文契人王森源，今將祖遺受分坐落虤踞坊運河邊，東至生生界，西至本地界，南至小路界，北至本地界。計高地捌分正，四至查明，地内磚石等一概在内，今因正用，自願央中説合，立契杜斷，賣與賈治安堂名下永遠執業。當日憑中照時估值，實杜賣得二七寶六兩正，即日歸森源收受銀契兩交明白，毫無蒂欠。其地未杜賣之先，並無重複交易、公私債準、逼勒等情，亦無親族外人有分，又無片紙隻字遺漏在外。倘有絲毫牽涉，概歸出筆人一面承當理質，與買主絲毫無涉。既賣之後，聽憑受主起造、栽種樹木等用，均無阻攩。當交糧單版串，當立推單，聽憑推收過户入册完糧。所有鎮城俗例，給席畫字、增找拔根一切不盡陋規，俱在正價内收足。契明價實，恪遵定例。契載杜絶字樣，不得回贖，永不增找，永斷葛籐。此係自願，永無異言。今欲有憑，立此杜斷賣高空地南坎文契，永遠存照。

宣統元年貳月　日，立斷賣高空地南坎文契人王森源，憑原中人卞忠裕，隣中人孫之文，中人李步堂、李步榮、張吉春、孫國祥，隣中人孫國禎，憑中人馬潤田、童耀龍。大吉祥。

契尾布字三百二拾二號。民國三年三月，復驗新契尾徒字第三千六百九拾三號。

民國十七年五月十九日，新驗契紙財字第九十七萬二千三百八十八號。

立杜絶賣水塘平田高坎文契人王森源，今將祖遺受分坐落甫城外虢踞坊水塘五分、平田二分三釐、高坎四分五釐，共壹畝壹分八釐正，計四至東至墾牧公司爲界，西至吴姓爲界，南至薛姓爲界，北至本姓爲界，四至查明，實差另立推單。今因正用，自願請中説合，立契杜絶，賣與賈名下永遠執業。當日憑中估值時價，實賣得二七寶叁兩五錢正，即日歸森源收受。銀契兩交明白，毫無蒂欠。其塘田坎未賣之先，並無親族外人有分，又無重複、逼勒等情，並無片紙隻字遺漏在外。倘有等情，概歸出筆人自行理質，與受主絲毫無涉。既杜賣之後，聽憑栽種、灌溉等用，均無阻攩。當交糧單版串，一併交執，另立推單，聽憑過户入册完糧。所有鎮城俗例，給席畫字、增找拔根一切不盡陋規，俱在正價内收足。契明價實，恪遵定例。契載杜絶字樣，永不回贖，永不增找，永斷葛籐。此係自願，毫無異言。今欲有憑，立此杜絶賣水塘平田高坎文契，永遠存照。

宣統元年月　日，立杜絶賣水塘、平田、高坎文契人王森源，憑中人陳宗禮、馬潤田、童耀龍。

民國三年三月，復驗新契尾與後一張合，契尾與後一張合。

民國十七年五月十九日，新驗契紙與後一張合，財字第九十七萬二千三百八十九號。

立杜斷賣平田文契人王森源，今將祖遺受分坐落南城外虢踞坊平田一塊，計二畝三分，計四至東至吴姓田爲界，西至薛姓田爲界，南至墾牧公司爲界，北至本姓田爲界，四至查清，實差另立推單。今因正用，自願請中説合，立契杜斷，賣與賈名下永遠執業。當日憑中估值時價，實賣得二七寶捌兩五錢正。即日歸森源收受。銀契兩交明白，毫無蒂欠。其田未杜賣之先，亦無親戚族外人有分，又無重複、逼勒等情，並無片紙隻字遺漏在外。倘有等情，歸出筆人自行理質，與受主絲毫無涉。既杜賣之後，聽憑栽種、灌溉等用，均無阻攩。當交糧單版串，一併交執，另立推單，聽憑過户入册完糧。所有鎮城俗例，拆席畫字、增找拔根一切不盡陋規，俱在正價内收足。契明價實，恪遵定例。契載杜絶字樣，永不回贖，永不增找，永斷葛籐。此係自願，毫無異言。今欲有憑，立此杜斷賣平田文契，永遠存照。

宣統元年　月　日，立杜斷賣平田文人王森源，憑中人陳宗禮、馬潤田、童耀龍。

民國三年三月，復驗新契尾與前一張合，徒字第三千六百九拾五號。契尾與前一張合，布字柒百八拾七號。

民國十七年五月十九日，新驗契紙與前一張合，財字第九十七萬二千三百八十九號。

立杜斷賣平田文契人王森源，今將祖遺受分坐落南城外踆踞坊平田兩塊，計四畝四分，計四至東至徐王、姓田爲界，西至王本、姓田爲界，南至龍埂心吴姓田爲界，北至本姓田爲界，四至查清，實差另立推單，今因正用，自願請中説合，立契斷賣與賈名下永遠執業。當日憑中估值時價，實賣得二七寶拾捌兩正。即日歸森源收受。銀契兩交明白，毫無蒂欠。其地未杜賣之先，並無親族外人有分，又無重複交易、逼勒等情，並無片紙隻字遺漏在外。倘有等情，概歸出筆人自行理質，與受主絲毫無涉。既杜賣之後，聽憑栽種、灌溉等用，均無阻攩。當交糧單版串，一併交執，另立推單，聽憑過户入册完糧。所有鎮城俗例，給席畫字、增找拔根一切不盡陋規，俱在正價内收足。契明價實，恪遵定例。契載杜斷字樣，永不回贖，永不增找，永斷葛籐。此係自願，毫無異言。今欲有憑，立此杜斷賣平田文契，永遠存照。

宣統元年　月　日，立杜斷賣平田契人王森源，憑中人陳宗禮、馬潤田、童耀龍。

民國三年三月，復驗新契尾與後一張合。契尾與後一張合。

民國十七年五月十九日，新驗契紙與後一張合，財字第九十六萬九千四百六十二號。

立杜斷賣平田文契人王森源，今將祖遺受分坐落南城外踆踞坊平田兩塊，計壹畝九分，計四至東至本姓爲界，西至本姓爲界，南至龍埂心本姓田爲界，北至小路本姓田爲界，四至查清，實差另立推單。今因正用，自願請中説合，立契杜斷，賣與賈名下永遠執業。當日憑中估值時價，實賣得二七寶拾兩整。即日歸森源收受。銀契兩交明白，毫無蒂欠。其田未杜賣之先，並無親族外人有分，又無重複交易、逼勒等情，並無片紙隻字遺漏在外。倘有等情，概歸出筆人自行理質，與受主絲毫無涉。既杜賣之後，聽憑栽種、灌溉等用，均無阻攩。當交糧單版串，一併交執，另立推單，聽憑過户入册完糧。所有鎮城俗例，給席畫字、增找拔根一切不盡陋規，俱在正價内收足。契明價實，恪遵定例。契載杜絶，字樣永不回贖，永不增找，永斷葛籐。此係自願，毫無異言。今欲有憑，立此杜斷賣平田文契，永遠存照。

宣統元年　月　日，立杜斷賣平田文契人王森源，憑中人陳宗禮、馬潤田、童耀龍。

民國三年三月，復驗新契尾與前一張合：徒字第三千六百九拾七號。契尾與前一張合，布字柒百八拾八號。

民國十七年五月十九日，新驗契紙與前一張合，財字第九十六萬九千四百六十二號。

立杜絶賣山田文契人崔門金氏，同子國富，今因正用，絛糧無出，情願央中説合，將祖遺受分山田壹畝二分正，坐落虎巨坊，東至塘邊爲界，南至鶴林寺地爲界，西至港心爲界，北至賈姓爲界，今將四至查明，立契絶賣到賈名下永遠執業耕種。當日憑中言明，絶賣得英洋二十二元正，其洋即日歸身受收，完官應用。即是洋契兩交明白，並無絲毫懸欠。其田未賣之先，並無重複、盜賣、公私債凖、逼勒等情，並無親族外人有分，又無片紙隻字遺漏在外。倘有此情，均歸出筆人一面承當理質，與受業主絲毫無涉。既賣之後，聽憑業主起造更新，概無阻攩。當交糧單版串，當立推單，聽憑推收過户入册，當差無阻。其山田當日憑中言明，世不增找，永不回贖，永無異説，此係兩願。今欲有憑，立契絶賣山田文契，永遠存照。

宣統二年菊月日，立絶賣山田文契人崔門金氏，同子國富，憑中人王森源。大吉。

中華民國元年十一月，完税契尾徒字第四百二十二號。民國三年三月，復驗新契尾徒字第叁千柒百零六號。

民國十七年五月十九日，新驗契紙財字第九十七萬二千三百七十八號。

立遺失重補高田文契人張哲春，即杰椿，情因於宣統元年價賣與買姓執業。當即買姓持契赴房投税，蕃憲契尾布字三百十八號，坐落虎踞坊，土名琵琶田，計壹畝七分，東至買姓爲界，北至買姓爲界，西至溝心爲界，南至崔姓小路爲界。迨後孫之文控徐有才、吕義淦，馬潤田等，牽涉張哲春即杰椿田界不清。蒙縣憲飭差吊契驗核，訊問案結。後理宜備具領結，將所呈契據領回安業。不料查檢缺少張哲春即杰椿賣契壹紙，囑託承發房王文伯細爲檢查，果係無此契校，未卜遺失何處，理合申明。張哲春即杰椿，重補契校，哲即杰，親自畫押，杜絶高田文契，賣與買名下永遠執業耕種。憑中估價，實杜賣得二七寶銀拾兩正。即日銀契兩交明白，毫無蒂欠。其田未賣之先，並無重複、盜賣、逼勒等情，並無親族外人爭論有分，倘有片紙隻字遺漏在外，概作廢紙無用。另立推單，聽憑受主自行推收過户入册完糧。所有鎮城俗例，給席畫字一切陋規，一併收足。契明價實，恪遵定例。契載杜絶字樣，永不回贖，永無增找，永斷葛籐。此係自願，永無異言。今欲有憑，立此遺失重補高田文契，永遠存照。

宣統三年閏六月日，立重補杜絶高田契人張哲春即杰椿，中人周德全、吕義淦、馬潤田、張國禎。大吉。

民國三年三月，復驗新契尾徒字第三千六百八十八號，契尾布字壹千壹百捌拾一號。

民國十七年五月十九日，新驗契紙財字第九十七萬二千三百七十六號。

立杜絶賣南山坎北山坎並連低田文契人王成德，今將祖遺受分坐落南城外虤踞坊南北山坎，並連低田，計五畝，東至受業人爲界，南至大路心爲界，西至受業人爲界，北至生生公司地爲界。今將四至查明，今因正用，情願央中説合，自願立契杜絶，賣與買名下永遠執業耕種。當日憑中言明照時估值，實賣得二七寶銀五拾兩整，即日歸身受應用。銀契兩交明白，毫無蒂欠。其田未賣之先，並無重複交易、公私債準、逼勒等情，並無親族外人有分，又無片紙隻字遺漏在外。倘有等情，均歸出筆人一面承當理質，與受業主絲毫無涉。自杜賣之後，聽憑業主起造更新，概無阻攩。隨時入册過户完納。所有鎮城俗例，給席畫字、增找拔根一切不盡陋規，俱在正價内一併收足。契明價實，恪遵定例。契載杜絶字樣，永不增找，永不回贖，永斷葛籐。此係自願，永無異言。今欲有憑，立此杜絶賣南北山坎，並連低田文契，永遠存照。

宣統三年　月　日，立杜絶賣文契人王成德，憑中人王恩貴、薛開壽、王恩富、謝保安。

中華民國元年十一月，完税契尾徒字第四百拾九號。民國三年三月，復驗新契尾徒字第叁千柒百零三號。

民國十七年五月十九日，新驗契紙財字第九十六萬九千四百六十六號。

立杜絶賣高田，並連東南坎文契人吴南松，今將祖遺承分坐落南城外虤踞坊計田一坵，計高田二畝，坎子陸分，共貳畝陸分，東至薛姓低田爲界，南至吴姓墳山爲界，西至受業人爲界，北至受業人爲界，四至查明。今因正用，自願央中説合，立契杜絶，賣與買名下永遠執業。當日憑中照時估價，實杜絶賣得二七寶三拾兩整，即日歸南松收受。銀契兩交明白，毫無蒂欠。其田未賣之先，並無重複交易、公私債準、逼勒等情，亦無親族外人有分，又無片紙隻字遺漏在外。倘有絲毫牽涉，概歸出筆人一面承當理質，與受主絲毫無涉。既杜賣之後，聽憑業主耕種，均無阻攩。當交糧單版串，另立推單交執，聽憑推收過户入册完糧。所有鎮城俗例，拆席畫字、增找拔根一切不盡陋規，俱在正價内一併收足。契明價實，恪遵定例。契載杜絶字樣，永不回贖，永不增找，永斷葛籐。此係自願，永無異言。今欲有憑，立此杜絶賣高田，並連東南坎文契，永遠存照。

宣統三年　月　日，立杜絶賣高田東南坎文契人吴南松，原中人夏必有、毛伯華、薛開壽、王恩富，憑中人謝寶安。大吉。

中華民國元年十一月完税。契尾徒字第四百拾八號。民國三年三月，復驗新契尾徒字第三千柒百零四號。

民國十七年五月十九日，新驗契紙財字第九十六萬九千四百六十五號。

立互换田地文契人鶴林寺住持福登，情因賈雲記在鎮城南門外虎踞坊興辦林業，購置民田，毘連有熟田一畝八分，向係寺産，無出售之理。經中説合，籌得變通辦法，取價值相當之地，立契互换，以期種樹、種田，兩有裨益。今由賈雲記在鶴林寺左近購有山地六畝八分，點交清訖。核計購價與寺産所值不相上下，自應照約辦理。即日立契，將寺産壹畝八分，交與賈名下永遠執業。其山田六畝八分，歸寺僧執業。各認執業之地完納錢糧，互换之後，倘兩造地段前途有糾葛不清之處，仍歸上首業主承當理質，與現今執業人無涉。此係兩相情願，永無返悔。立此换契存照。

計開四至，東至賈宅塘邊爲界，南至賈姓爲界，西至溝邊爲界，北至賈姓爲界。

宣統三年六月　日，立互换田地文契人鶴林寺住持福登，憑中人笪飛卿、馬潤田、孫之文、陳殿卿。

民國三年三月，復驗新契尾徒字第四千零三十四號。

民國十七年五月十九日，新驗契紙財字第九十七萬二千三百七十七號。

立永杜賣荒白山文契人淩敬如，情因身年幼，父母雙故，一時正用，自願請中説合，將自己祖遺受分民山一坵，坐落礶旗山枝西首，土名三扁擔，計山陸畝，又山脚荒田八分，東、西至蔣姓山田爲界，南、北至戴、蔣姓山爲界。以上四至開明，自願立永杜賣契，到　　名下。當日憑中言明，估值時價，實賣得二七寶貳拾壹兩正。即日銀契兩交明白，歸身收受應用。其荒白山未賣之先，並無親族有分，外人不得爭論，亦非重複、盜賣、公私債準、逼勒等情，倘有此情。均係身一面承當理質，與買主絲毫無涉。既賣之後，聽憑買主執業，照號過户，註册當差，斫伐柴薪。嗣後設有山穴歸買主出賣，與身無涉，身無得阻止。此係自願，永無異言，永無回贖，永無增找。恐後無憑，立此杜賣荒白山文契，子孫永遠執業存照。

宣統三年　月　日，立永杜賣荒白山文契人淩敬如，憑親姑母人李淩氏，憑親姐丈人王玉保，原中人王開華，隣中人蔣正興，憑中人孫之文、中人段治臣、中人劉錦泉、中人張鑑堂。大吉。

此契因與鶴林寺互换地皮，故將此契交鶴林寺收執。

立杜賣空白山地文契人孫之文，今將祖遺受分坐落南門外虎踞坊運河邊河泥山空白山地壹坵，計地拾壹畝八分，所有丈尺四址，開列於後。情因正用，自願央中説合，立契杜賣與賈名下永遠執業。當日憑中估值時價，實賣得二七寶銀一百兩正，即日歸身收受。銀契兩交明白，毫無蒂欠。其地未杜賣之先，並無親族外人有分，又無重複、祇典、逼勒等情，並無片紙隻字遺漏在外。倘有此情，概歸出筆人自行理質，與受業主絲毫無涉。即杜賣之後，聽憑栽種、灌溉、砌造等用，均無阻撓。當交糧單版串，一併交執，另立推單，聽憑推收過户，入册完糧。所有鎮城俗例，給席畫字、增找拔根一切不盡陋規，俱在正價内收足。契明價實，恪遵定例。契載杜賣字樣，永不回贖，永不增找，永斷葛籐。此係自願，毫無異言。今欲有憑，立此杜賣空白山地文契，永遠存照。

計開四址：東至生生公司爲界，南至受主爲界，西至　　爲界，北至河邊爲界。

宣統三年　月　日，立杜賣空白山地文契人孫之文，原中人馬潤田、童躍龍，憑中人吴黻廷、孫國楨、張國楨、道侶乾、蔣隆貴、嚴恒順。大吉。

中華民國元年十一月完税，契尾徒字第四百十六號。民國三年三月，復驗新契尾徒字第三千七百零五號。

民國十七年五月十九日，新驗契紙第九十六萬九千四百五十八號。

立杜絶賣高田文契人孫之文，今將自己承分祖遺坐落鎮江丹徒縣南門城外虎踞坊，土名琵琶田，壹坵壹畝六分，西至溝心爲界，東、南、北受業界，又壹坵土名長田四分，東、西、南、北受業界，四至註明，寬窄在内，計田兩坵，共貳畝正。情因正用，央中説合，情願立契杜絶，賣與賈治、安堂名下子孫永遠執業耕種。當日憑中言明時值估價，計杜賣得紋銀貳拾捌兩。即日銀契兩交，並無分毫懸欠。其田錢糧，隨田更名過户入册。自賣之後，倘有親族内外人爭論，及重複、典抵、不清之事，均歸出筆人一面承當，與受業無涉，此係兩願，非中逼勒成交，亦非利債準折。價足糧清，永斷葛籐，永無增找回贖，毫無異言。恐後無憑，立此杜絶賣高田文契，子孫興隆永遠存照。

中華民國八年三月　日，立杜絶賣高田文契人孫之文、孫華廷、中人孫廣富、孫步卿。

民國八年五月，推收證徒字第四千五百三十八號。江蘇財政廳印發賣契官紙，完税銀元貳元五角二分，徒字第六千零七十號。

民國十七年五月十九日，新驗契紙財字第九十六萬九千四百六十九號。

立杜絶賣河段田地文契人孫之文，今將祖遺受分河段田地壹坵，計拾四畝正，坐落虎踞坊，東至笪姓懇牧公司桑笆爲界，南至塘心爲界，西至賈名下本公司爲界，北至生生公司爲界。所有水路一概照舊通行無阻。以上四至開明，情願立契杜絶，賣與賈祥生名下永遠耕種執業。當日憑中言明，估值時價，實淨賣得銀元一百貳拾元正。銀契兩交，即日歸身收受應用。自賣之後，聽憑買户挑扛、築埂、陰陽一切選用，並另立推單，過户完糧。此田未賣之先，並無親族弟兄外人有分，亦無重複交易、公私債準、抵典盜賣、逼勒等情。如有此情，出筆人一面承當，與買主絲毫無涉。在田並無上首契紙，以後檢出片紙隻字，以作廢紙無用。所有鎮城俗例，畫字給席一切不盡陋規，均在正價内收足。凡載明契紙杜絶字樣，永不增找，無有回贖，世爲恒産，永斷葛籐。今欲有憑，立此杜絶賣河段田地文契，永遠存照。

中華民國八年四月　日，立杜絶賣河段田地契人孫之文，原中人夏祝秋、吕義淦、夏指薪，憑中人陸林、徐松林、馬步松、徐永泰，鄰中人夏其貴、薛兆順，代筆中人李善之。大吉祥。

（賈其桓纂修《[江蘇鎮江]潤洲開沙賈氏重修族譜》 1929年治安堂木活字本）

沅江楊氏元公遺筆録麓北公誌

一世祖關山公,故地名關山,以誌不忘。自洪武朝落業,版籍十一都第二甲朋當里役里長起於洪武十二年,一名或云與車圳張氏朋。田地廣多,啓禎時額糧一十八石,往復報絶,順治時猶有楊道德、楊奇、楊廷樞、楊喜、楊茂倫五柱,康熙初惟有楊茂倫一柱而已。吁,傷哉。族丁衆盛,數代來衣冠且相續不絶也。至崇禎十七年,兵疫交加,人丁消索,差繁糧重,日貧以乏,以致産業荒蕪,賠累多載。國初順治八年,縣主張慮闔邑糧多人寡,均圖開釋,從民之便,聽其將糧詳遞。故田塘雖蕪,而幸傳流管守,不多失也。予痛思先人創業之難,每戰兢於後人守成之不易。雖事屬艱鉅,亦涕泣任之。故筆此以示不忘,並列數條於後:

一、小灌塘歷係我族祖業,他姓雖隨田灌溉,必吾族先車三日,然後鳴鑼許他姓發擸,納我租稞,絶無放水之例。後因明末旱多,糧亦懸遞,成規漸紊。至康熙三十年奉文程丈查,他姓憑據皆屬烏有。五十四年,我乃報以足額。

一、劉港坪、楊壟車坮卜,及淨港廟、蕭家灣,俱有混墾吾業者,吾皆理論歸還。惟皮家托荒田,他姓謬爲鷸蚌,吾出乃收爲我業。四十九年賣與羅人。

一、樊山樊塘,並上下田畝,俱我祖業,康熙三十年後,予不忍祖業抛荒,報墾修塘。雖有外侵,予亦屢控乃息。

一、安樂托,明萬曆十五年,因江陵隄築,水勢漸湧,我族與石、藍三姓分寒、來二字田畝,共貳千五百畝,請縣主案諱其善擇十月十五日起工,每十畝修堤九弓二分,通托共堤二千三百弓,蔭礴十个,隄長十名,我族三名,楊宗僎、楊高、楊明一共管本族堤四百五十弓。除帶散户之堤,堤位係南頭湖至柘頭湖口止。我托内修堤之畝,地名鰟鮍山肚頭湖、南頭湖、樑塘,下齊劉家南岸,即今盧家之南。後因田地廣,多又不屬,便未經報畝復墾,然必記此,以示後人知先人之所貽云。

一、曾家托自明末荒蕪,雜姓甚多。我舊雖有畝,而假召墾之例以詐佔者衆。吾挺身理論,彼乃裂契。但報畝之呈雜,吾亦不樂有此矣。

一、郎荆堤摇頭山之旁,原係祖置,至康熙時,猶留熟糧三斗二升,兼崇禎四年置彭人墳山一所,後因蕭索,三十三年吾兄名先具移糧就墾,呈縣主朱諱永輝批准,抵甲移糧,以便完納,並取里甲結存,以致荒田被人盜墾。其未墾者,四十三年賣與黄彦威,並屋基、園土一所。主賣非予先人,或不予責也。惟留摇頭山叔祖孟胡公夫婦墓在内,及祖塚數處,吁先人於兵興旁午,户口零丁,尚幾經苦守,後之人徒利厥身,忍於一擲,可乎。若非祖澤靈長,俾予中流砥柱,已燕入他家矣。故畧舉數條,以示守成之不易易也。

時民國十九年歲次庚午孟冬月重刊。

(楊克儉等主修《[湖南沅江]楊抵族譜》 1930年弘農堂木活字本)

陝西禮泉曹氏遺産紀

本縣南正街路南莊基一所，頭進三椽樓房，三進東西厦房六間，三進三椽庭房三間，四進厦房三間。其莊基四止，東止吴姓，西止景姓，南至郭姓，北止街道中心。

南街路北莊基一所，前進三椽大房，其莊基四止，東止李姓，西止劉姓，北止孫姓，南止街道中心。

東門外遺産地十畝老墳在内。

後場地四畝座落縣城内東關。

鄉下遺産地十八畝在南扶村。

（曹乃斌纂修《[陝西禮泉]曹氏家譜》 1947年石印本）

康邑幸氏秀航支系各公房衆産分類統計表（1911至1999）

分類 田土數 公房	醮祭		義倉		膳學		其他		小計		總計	備注
	田	土	田	土	田	土	田	土	田	土		
恭祖	54.25	27.5			10				64.25	27.5	91.75	
松山衆			12						12	/	12	
信房							0.5		0.5	/	0.5	
公卿	105.43	15	68.61		10.5				184.54	15	199.54	
德宣	14.85	/	/		13.9				28.75	/	28.75	
文可	5.5	5.5	/		47				52.5	5.5	58	
商山	0.75	/	/		29.6				30.35	/	30.35	
小計	126.53	20.5	68.61		101				296.14	20.5	316.64	
公相	107.7	177.8	10.7		12		0.95		131.35	177.8	309.15	
習周	15.9	15.3	/		6				21.9	15.3	37.2	
小計	123.6	193.1	10.7		18		0.95		153.25	193.1	346.35	
共計	304.38	241.1	91.31		129		1.45		526.14	241.1	767.24	

説明：一、本表根據壬戌年古譜記載製訂而成。古譜“田”以担爲單位，“土”以升爲單位。本表按習慣“田”四担折爲一畝，“土”二升折爲一畝。有的只有收利穀担數，按利收穀一担，折田一畝。有的没有田畝面積，只有納糧數。按納糧四升穀，折田一畝，例如納糧一斗八升，折田 4.5 畝。

二、古譜記載有空地荒坪大小一百餘塊，因無面積記載，本表未統計。

三、1942 年前後，按當時政策，部分衆産收爲國有，部分幸姓集體出售。

（幸垂存主編《[康邑幸氏四修族譜]》 1999 年雁門堂鉛印本）

十、部 門 經 濟

寧鄉唐氏耕田九法

唐學珊

一、淨種穀

淨種之法，于先年禾熟時，連稈割回，每把緊束，懸擱密處。次年將下種，先期取出，每把摘去太長及太短者，置之盆中，以水沃之，待其紅白可辨，乃去其紅者，取其白者。如此則萬秈一齊，顆顆皆白。

二、治秧田

俗云會作作一坵，治秧田之謂也。先年芸田時，須扯盡禾中及田邊稗草。蓋秧田中留一粒稗穀，即秧中有一[illegible]稗秧，秧中有一梡稗秧、即田中有數十梡稗禾也。故欲除萬坵之稗，不如除一坵之稗；除萬坵之稗，而其種猶存，除一坵之稗，而其種乃絶。至于耕治之法，“肥”與“平”兩字盡之。奚欲肥？肥則秧之精氣足，後來結成穀子，皆充滿而無空虚之患，如小兒胎元足，而後由少而壯而老，皆强健少病。奚欲平？平則晝暴夜露，彼此如一，不至高者枯槁，低者沉溺。今秧同一坵，而死活不一者，不平故也。

三、講犁耙

耕作之法，犁耙居半、不講可乎？犁欲深，不深則禾根入泥淺，而糞土之助亦淺。且根浮泥上，遇旱即槁，其弊不小。犁欲密，不密則田中之泥未免有硬地間之，何得禾根四布，漸開而漸得糞土之益乎？此用犁之法也。而用耙之法何如？鐵耙不能即使之平，而必欲其土塊之碎，大耙不能强使之碎，而必欲其四處之平，鐵耙以碎之，然後禾根舒暢，絶無阻滯；大耙以平之，然後水之淺深如一。不至此苦日曬，彼憂水淹，而苗之勃然而興，可想見矣。

四、務琢練

何謂琢練？乃犁耙與田塍周密之謂也。二項周密、則點滴不漏，放水一坵，便可經旬歷月，雖旱無憂。

五、勤换種

所云“换種”者，非謂此種今年不善，明年棄而不用，别求好種也。蓋地土之性，於一年一栽之物，恒喜乎其新者焉，觀之栽茄栽烟可見。故老於農者，擇遲早好種兩三様，今年插於此者，明年必插於彼；今年插於彼者，明年改插于此。年年彼此交易，即年年彼此皆豐收也。謂種有美惡，豈篤論哉？

六、審時候

天有生長收藏之時，而農家因之，此必不可易者也。而今之人，其耕耘收穫，不太早，即過遲，是猶春未來而即欲物之生，春已至而不欲物之生也，可乎否耶？我聞稻穀之性，必禀三時之氣而成：清明，春氣和煦時也，故播種宜；立夏，夏氣方至時也，故栽插宜；立秋，秋氣至而物成時也，故收穫宜。失此三時，而欲苗而秀、秀而實，且滿篝而滿車焉，不亦難哉。

七、酌拋種

拋種之法，以稀爲上。所以俗稀者何？蓋秧不擁擠，則其莖必粗，纔插便是禾樣，雖有風雨，不能摇蕩。不然，茸細柔弱，插入田中，必多死少活。密種之害，不可不知。

八、慎栽插

農家栽插，人多視爲兒戲，而不知此正緊要事也。於此不慎，則終歲之力皆徒勞矣。慎之何如？一宜淺，淺則禾根着泥，不至屈曲向上。禾之有生而有死者，淺深不同故也。一宜少，其數以四五莖爲定，如此則一莖生數莖，四五莖生數十莖，各有地位，各得糞助，故莖莖粗大，結穀多而且實。若一槐十餘莖，將本莖且不勝其叢集，况再發生乎？禾之有稈無穀，此之咎也。一宜稀，稀則禾根布散，得糞土之資助者多，所以槐茂秈秈長，無禾密秈短之患。

九、亟秋收

耕作之家，特患無收耳。有收而不亟亟收之，此何心歟？夫秋非夏時比也。非有凄風，即有苦雨，此時收之不亟，而或風以落之，雨以淹之，則終歲力而求諸原者，一旦慢而棄諸地也，其可惜爲何如耶？故三時皆須人工，而於秋尤不可吝。人以四五日收者，我不妨一二日收之。俗云“生扮全收”，即此之謂也，切之不可吝惜工錢飲食，致誤大事。

（清唐學珊纂修[湖南寧鄉]《唐氏族譜》 清乾隆四十五年寧益兩縣采芝堂刻本）

浙江四明漁業

吾鄉外海漁業，大别之，其類五：曰大捕船、大對船、溜網船、刺去聲釣船、阿平聲網船，而内河捕法亦不一。海漁須出護洋費、船牌費，内河船牌目近方舉辦，故以漁業附賦税門焉。

大捕船倆大嵩港幫。咸豐初始發者，朱學福、施某二人。其後漸增。中華肇造初，多至百十五隻，二十四年四十七隻，今二十五年四十隻。以捕黄魚爲主旨。立夏前後出洋，至岱山，歷四水半月一水，五月廿三日回洋。二月之間，長住岱山，故於同治初，設協和公所，以理糾紛，至今岱山魚價，由協和、棲鳳、義和、義安四公所議定。想見當時之盛焉。其立夏前，及回洋一月，張網于近海洋面，至陳錢山花腦爲最遠。而出售多在鹽場街。每船五人，資本六百鉼，載重二萬斤，至三萬斤。得手之家，其魚價有近二千鉼者，今不聞矣。

大對船，始發者爲忻某，蔡新榮不過十年。盛時七八對，今丙子僅二對，以捕帶魚、小黄魚爲主旨。其出洋分十一月、正月兩期，立夏前回洋。每對十四人，資本約千六百鉼，載重三萬斤。立夏前回洋,即分作大捕矣。

溜網船,始發者爲朱寶瑞,亦不過十年,他人無繼者。以捕鰳魚爲主旨。清明出洋,大暑回洋。船四人,載重萬斤左右。

刺釣船,每船五人,多時近二十隻,今減半。捕魚於海塗邊。以鯔魚、鯊魚、鰻爲大宗。

阿網船,每船五人,捕於塗邊。以石首魚、梅魚、鰕、蟹爲大宗。諸所捕魚最鮮矣。

大捕船,出洋二月,别有所謂本洋者。捕魚於三角黄牛礁沿港洋面,一日兩次。售鮮於鹽場街,其實亦大捕也。

此外復有高揭網,亦沿海塗設網,以舢板收鮮。所獲僅小鰕及雜小魚,紫蛄、黄鰕偶得。

捕魚之法,大捕船下碇海底,迎潮張網,上施浮子。以竹六枚。潮平收網,取鮮而後張之。大對船二,各帶網之下綱,所施長索之一端,網如仰笠,網口周圍極大,約十分之七爲上綱。繫風子浮於水面,十分之三爲下綱,繫墜石沉於水中。兩船分向前行約數里,同時收索。起下綱至兩船相遇,然後再收上綱,魚乃收入網中。溜網、繫網船首,隨潮而溜刺釣,每船用長繩一爲總綱,短繩較細者千餘支,繫于總綱上,每支距離三尺許,其端施鉤。又於枝節間施浮子,俾隨潮漲落。一魚著鉤牽動,他鉤亦隨而附集,魚不得脱逃焉。阿網船,一人繫網,端立塗間,船亦繫網之一端,相向前去。網盡,旋轉船,與塗間人遇,乃收網而得魚。

船網者,其網周圍設鉛條,駕小舟立而摺網置於手,伸抛水中,旋收之,而時置糝以致魚。或不駕舟,或捕於大嵩港口。

攀罾者,其罾形方,交竹竿以懸網之四角,復施長幹,可以一人荷而行。或捕處有梁,俗呼“罾棚”。棚側有草舍,其取罾内之魚,則另用斗大之網,名曰“罾挈”。

盪網者,其網似傘而大,形三角,長竿爲幹。漁者立岸上,投網水中,握幹而盪之。或身入水内,後退而盪之,則用短竿。

游絲者,其網皆細絲密織。駕扁舟徐駛,列網水中如陣。魚觸網而絪,愈動而絪愈緊。

刺入聲魚者,用長竿,一端懸短線,施鉤餌,一端四利齒,有鐖可鉤可刺。然僅施於烏鱧魚,古之所謂稓魚也。

彈弓者,細篾爲圈套,以蘆管施以餌魚。吞餌篾,即撑於口不能脱。其駕以木桶,僅坐一人。桶與網可擔而行。風浪平時,亦有劃入象山港者。

捕蟹者,以細竿繫長線,線懸鐵鈎,中爲柄,周施倒齒六枚。候潮退時,向蟹擲之而遽收之,擲收至捷。惟施於紅箝蟹,俗呼曰“歪蟹”。

鈎蟹者,竹竿之端施雙齒鈎,入蟹穴鈎出之。其蟹惟螃蠏,俗訛“抱元”,蓋雙聲之轉。

拖蟹者,駕扁舟抛網,沿海塗拖之。所得惟蝤蛑,及毛蟹。蝤蛑殼青,俗呼青蟹,或以鋤掘其穴而得之。其拖沙蟹,則但於海塗上徒步拖之,不須駕舟。秋時用鐙照蟹。諺曰:“西風颯颯響,毛蟹脚底癢。”俗以爲出海放子云。

淘鰕者,以竹絲織具,略如三角而少圓,中施竹柄,名曰“鰕騰”。握柄向河岸淘之,棲岸之鰕皆入焉,惟於天氣暖時。

挈鰕者,以練布爲小囊,施一竿,網中心置短管,實香餌,排列沿岸。竿多少不等,鰕入食餌,挈之而得。

擉鼈者,以長竿施雙鐵齒,向河池岸側擉之。苟遇鼈,擉者必知。既得,裹以帶,纏於腰。諺曰:“三爪大魚四爪鼈,五爪巖蛇六爪鳖。”四物相似,皆五爪,但二爪輭、三爪硬者爲大魚,爲脚魚,爲鼈。四爪、五爪硬者,有毒,不可食。六爪不經見。巖蛇俗“評蛇”、“趺鼈”。諺謂鼈四爪,不足憑。

捕彈塗者,俗呼"踏彈塗"。插竹管於海塗,與泥平。潮退,彈塗羣出,捕者乘橇驟追之,則駭而入竹管,不能出。

捕鱔者,以細鐵絲尺餘,其端屈,爲鈎餌以蚯蚓入鱔穴。鱔見而吞,遂引以出。俗呼"引黄鱔"。有一種蛇鱔,夜鐙照之,則翹其首,戒食。

(朱驤纂《[浙江寧波]四明朱氏支譜》 1936年四明慎德堂木活字本)

安化陶氏資江漁業

小淹資江潭水漁劃業檔案述記

資江石門潭上下,向係我陶、劉、黄三姓之潭水,例納魚稅焉。水面各有疆界,由石門潭起,前至活草灘上之牛夯托,後至沙渭灘下之紗帽岩,宋元以來,世守無異。駕划捕魚,三姓合享其利。迨明末清初,他族垂涎,屢生爭執。至前清我文毅公發迹,捐免魚稅,並永禁石門潭上下以鸕鷀拖網取魚。洎清道咸間,突有雷姓出而爭奪,搆訟數年。由我子聯公裔前輩訴官得直。蒙縣官親臨履勘查,得水月菴係陶、劉、黄三姓修建,並塑有楊泗將軍神像,足爲證明,雷姓毫無捐款名目,於是判歸陶子聯、劉世英、黄五合子孫管理,雷姓毋得混爭。又批示雷姓衹准駕划船一隻,不得藉此放筒捕魚,具結寢息,迄今猶仍行遵守。至民國十九年秋冬間,有益陽鄒姓漁船縱放鸕鷀,在我禁内捕魚。比經理論,伊等聲稱,自宋朝租寫潭水,以茶稅釐金局碼頭爲界。不識茶釐創自前清,光緒初年設始釐局,何論宋元。伊等語塞,求情正規。蓋向來舊例,春夏江漲水濁,准在平溪口内至黑洞子口止,喂養鸕鷀,每年額納魚拾陸觔,以爲租息。伊等無知,故有此事。又划船横河來往,及五里潭内上下,他姓不准行之,惟楊姓准駕客划一隻,照雷姓例,不准放筒捕魚。以上所載,或有縣卷,或有私約。因我先人保留有稿,時閱知之。至民十五年,被資江大水,稿案飄失,故本屆修譜無從詳載。然所(見)〔有〕規(列)〔例〕共同恪守,至今無違。因述所記,登諸族譜,願我房衆知其顛末,而永守勿替云耳。

賢渭東佛甫識。

三大房小淹魚穀陸程行帖錄舊譜原文,增按語。

小淹埠頭向係陶、劉二姓共帖管理,原名"石子卿"。同治間,兩姓分領行帖,更名"陶公卿"。光緒十九年换新帖,又更名"陶應希"。所有苞芷園、丁家灣、陳家灣、營盤内泥灣、思磨溪,直抵善溪,均係陶、劉二姓共帖公管。敷溪劉姓私管,河曲溪陶姓私管。牙行任三大房子孫開設,每年量收牌費。本市魚屠、棹棕、架魚、花攤、酒麯、土棧、坐船,概係陶、劉二姓公管公收。

計每年税銀若干,規費若干,所收本埠外埠各費,均歸冬至、龍會首事經理,以爲宗祠祭祀之貲。又,蔴溪口係劉姓開行,陶姓百貨出入,劉姓永遠不得取用。

按,牙行爲經紀營業,陸程行爲牙行之一種,我族何時領帖開行,今已無考。其初共帖名"石子卿"者,相傳非得自石姓。緣是時兩姓共有一大方形石鑿成之斗,用以校正量器,故以"石"冠其首。"子"者劉氏祖子明之字,"卿"者舜卿公之字也。後領新帖,乃各依其姓迄今,裨益三大房裔生計者甚鉅。然世局變遷,與昔有異:(一)牙帖,前爲三十年一换,後改爲五年,現改一年一换,帖費向由譜會助銀叁拾兩餘,由行户自任,今則公私俱困矣。(二)所載土棧、坐船、棕架等名目,今已無從收取。(三)所管之外埠,現無族人開行者,失業堪虞,皆非有以維持不可也。牌費等充祭祀、領帖之用,歸冬至、龍會經理者,冬至爲祠祀之日,龍會則每年五月二十日,俗稱分龍之期,本埠、外埠各行户以是日集會繳款,今會久停,宜恢復之。至麻溪口陶姓出入之貨,劉姓不得取行用,今仍如故。又,小淹有丁江漢行牌,早歸本族接收,不可不知也。

叔惠、東佛識。

(陶思曾總修《[湖南安化]資江陶氏七續族譜》 1939 年木活字本)

浙江四明鹽業

鄞邑産鹽,大嵩、清泉二場,而清泉地段大半在鎮海,大嵩則全在鄞。宋置監,元置司。令一員,從七品;司丞一員,從八品;管勾一員,從九品。明洪武三年,設場鹽課司一員,正統二年裁。昌國之岱山、蘆花二場,歸並於大嵩。清因之,設大使以董場事,設甬東巡司以緝私煮私販。康熙十八年,裁象山玉泉場,歸並大嵩。三十九年,岱山、玉泉復分設場,大嵩仍爲本場。道光二年,以同知移駐石浦,鹽大使兼理民訟。光緒季廢止。中華十五年,設秤放局,僦屋大嵩城内。十六年移交秤放局及税收,與場署接管。二十年一月,場署歸並於清泉場,改爲場務所。九月,場務所歸並於秤放局,遂偁清泉場大嵩秤放局。其緝私販者,初曰緝私隊,今偁税警隊。宋時浙鹽一場十竈,每竈煎鹽晝夜六盤,一盤三百觔,遇雨停止,則大嵩場十竈也,額鹽二千六百八十袋每袋三百觔,五石六斗四合。元延祐中,五千九百八十八引每引四百觔,一百七十四觔一兩九錢二分。因飢荒見辦二千八百九十五引,三百七十八觔一兩五錢一分。至正中,九千二百九十一引。明洪武初,爲十一團,竈丁一千六百二十八丁,總催八十七名,額鹽三千一百一十四引,二十三觔八兩七錢。其後竈户八十三户,竈丁八百十八丁。清康熙間,爲一、二、三、四、五、六六團二十九舍。雍正間四團舍如初,竈丁六百四十八丁。乾隆間五團,北團以售私犂毁一舍,遂存二十八舍。中葉後,復爲四團二十九竈,曰大嵩港。南團十竈,曰黄口港。南團五竈,曰蔡家港,北團五竈,曰大嵩港。北團九竈,其初一舍一竈,一竈四盤,久而一舍分爲三五舍不常。又於漲灘自行建墩報陞。每舍鹽大使徵鹽六七觔,謂之羹鹽。既承執是舍,雖不煎亦須納課。舍彌多,徵彌豐。鹽大使利其然,故任其規制之亂,而不之究,雖其報陞,未必果投於運使,轉詳於户部。末年乃有四十八舍。今爲三區:曰南團,凡生盛塘、生計塘、生安塘、擡閣會塘、一百念畝塘、三隻眼塘、永豐塘、狗橘樹塘、同興塘、靈興會塘、朱家詩塘、陳家小塘、胡家塘、泥鰍塘、蔡家小塘十五所。曰蔡墩舍，凡郏家小塘、大塘、塍塘、蔡觀舍太和塘四所。曰北團，凡小新塘、東塘、外東塘、中塘、書院塘、東護塘、萬春塘、鴻碶舍、有恒塘、外梅樹港、裏梅樹港、發德舍、新書院塘、匯水塘、永成塘外十五所。其間惟蔡觀舍太和塘、永成塘，尚泥鹽，餘皆灰煎矣。中華十九年，廢煎爲曬，總曬板三千塊，嗣增至六千五百八十八塊，鹽户復私自添置，增至八千五百三十八塊，以至幾萬塊。鹽户二百八十六户，大抵兼業農。每板得鹽，春約二三觔，夏、秋約四五觔，冬約數兩至一觔。年終約四萬餘擔。每擔百餘斤，肩販六百餘人，極晚近一時之盛。雖農工有捨本業而趨曬者，鹽地租價驟漲數倍，未幾而私販限嚴，税捐加苛，肩票朞短，遂即于衰。廿五年，運使因兩浙産鹽太多，令場務所限少産額，場務所呈准，保留鹽板四千五百塊，其餘運所封存，而鹽擬置倉歸堆，實資秤放，刻正進行。

清初大嵩場民竈接連，地界東至大海界，西至韓嶺界，南至象山玉泉場海界，北至育王嶺界。中葉後場販行銷都圖，則老界鄉之三都一、二、七三圖，陽堂鄉全都圖，翔鳳鄉自十二都一圖至十五圖，共三十七圖。距城近者，莫如陽堂鄉五都一圖、盛墊橋等處。今鄉人傳，故時行銷至石戲臺附近。此老界鄉甬東隅地段，蓋越界耳。然咸豐二年六月，以横涇人張潮清、石山衕人俞能貴之亂，知縣段光清徧詣東鄉，勘定地界，以七十六圖歸清泉場，三十六圖歸大嵩場，則行銷可至石戲臺，或非虚也。中華以降，地促以狹。今東至瞻埼孤嶺界，北至育王嶺界，西至韓嶺界，南至大海界，蓋與清初民竈接連地同矣。先時每舍月課二百四十文，廢煎爲曬，後每板月徵銀八分。肩販之税，起於民國六年，每擔銀二角。八年增至五角。十四年增至六角二。十一年增至八角。二十二年增至一圓。二十三年一圓外，又增鹽場整理費一角。而銷行之票，初則五日，繼則三日，税收日重，銷行地段日促，票朞日短。故鹽價日昂，推銷日滯，肩販日少，業鹽者與食鹽者，交相深痛。蓋光緒初，鹽價每斤十文，中華二十四年夏，每觔二分二，十五年春多雨，每觔六分，與重税區幾等矣。

煮鹽之制，築地爲場，通渠引潮。場間築墩煎泥，曰泥墩；煎灰曰灰舍，而賓墩即舍也。有溜與竈。溜以泥築，四周墳起，中爲大孔，底闢小穴，竹管引之出溜，有鍋以承，鍋陷於場，惟口上與土齊。煎灰者則掘地爲池，不須鍋也，而竈亦以泥築。每竈四鑊，鑊以篾編，俑爲蔑盤。道光以後，改爲鐵鑊，煎廢曬興，又廢鐵鑊而資木板矣。煎泥者，每歲值三伏酷晴，視塗泥密起鹽花，乃駕牛馱耙，人立於上爬之，經爬之泥，鬆匀而細，則鏟集成堆，擔積於場内，名曰泥叢俗呼爲蓬。覆以草苫，用禦雨雪。一歲之需於是乎足。後苟欲煎，則取泥散曝於場，竟日而乾，運入溜内，沃以渠潮，俾鹽質與水融化，下滲溜底，入竹管而注於鍋，是名爲鹵。溜内之泥至其性已淡，棄不復用。灰鹽則取柴木之灰，若炭於瓦窰。清晨沃渠潮於場，散炭其上，潮氣上蒸，陽光下曝，亦約一日而乾，則色潤性鹹。運入於溜，復沃以渠潮，其取鹵及煑之法，一如泥鹽。惟溜内之炭，復中曬沃，與泥異耳。當煎鹵未全成鹽，先取其結晶，名曰撈生，製之如磚，名曰鹽磚，而曬則無是矣。曬者，曬鹵於板，俟乾而成，不須煎熬，故俑曬鹽。要之，味之清美，灰不如泥，而色之潔白，工簡費省，泥不如灰。故初則泥灰相訟，繼則捨泥取灰，而泥幾乎絶跡矣。

張潮清事摘畧鄞東近海，例食場鹽。鹽賈江氏侵其界，開鹽肆，囤鹽以售。縱巡丁邏察，有私賣者罪之，民困於苛索。道光二十五年二月，石山衕俞能貴等，首焚五鄉碶鹽肆，諸村皆應之。横涇人張潮清舊受巡丁之虐，奔走甚力，屢控大府，數年不得直。咸豐元年十一月，蘇州馮翊知縣事，擒潮清下之獄。鄉民數萬人，豎旗入縣，燒江氏宗祠及其居宅。翊即破械出潮清，鄉民擁之以歸。二年二月，署巡道羅鏞及馮翊以南鄉人議減糧耗事，奔省告變。三月，按察使孫毓溎、鹽運使慶連，督兵至寧波下南鄉，擒村民四人，下東鄉，擒村民十二人，指爲逆黨，將殺之。新署鄞縣段光清力爭乃止，並力持撫議，毓溎等不聽。丙子，張潮清等據石山衕，官軍進攻。是日五鼓，冒霧出城，以流人在鄞者爲軍鋒，行至盛墊橋，霧益重，咫尺不見人。驟聞鄉民喊殺聲，前徒倒戈，自相攻擊，遂大潰。湖州副將張蕙、南塘通判袁廷舉、候補知縣蔡琪、秀水縣丞李祺等，皆死之。仁和知縣德成前署鄞縣，爲百姓所惡，至是從軍匿於麥隴中，衆曳出叢擊之，裂背而死。鄉民擁提標參將薛元成及兵役二十七人，置之石山衙東亭廟。毓湛等聞敗，大恐。段光清即日詣戰所，(歛)〔殮〕諸死者，凡一百十九人。次日單騎赴石山衙，釋前獲村民十六人易元成等以歸。省中始主撫，以其事諉光清。光清設局城隍廟，邀諸紳士議減糧耗，率諸生翁培元等徧詣東鄉，勘定界址，以七十六圖歸清泉場，三十八圖歸大嵩場，配引銷鹽，毋許侵越，鄉民大定。遂購内應擒張潮清於横涇，進剿石山衙，獲其黨俞武，相併誅之。俞能貴逃至奉化拆開嶺，爲汛兵所執，解省伏法。鄞縣遂平。

戊午年鹽場鹽案紀略鹽場瀕海曰墩，地多業漁。戊午三月九日未明，大嵩場鹽事長派警緝私泊港漁船二十艘，備索靡遺，得二百餘斤，欲以上聞。初，每船帶鹽三百斤，無過詰者，至是漁民銜恨入髓，忿不能制，擊以耒耜，斃警七，餘多傷者。既又聞出自朱某，因移恨焉。漁民知禍蔓，率其類寓咸祥廟，欲以脅衆，衆無應者。午後毁朱某家，更深復入，又恨紳衿不與謀，欲恫以威，聲勢洶洶。村民爲之輟耰罷市。明日縣知事陳，偕李管帶率兵數十蒞大嵩，漁民揚旗鳴鑼逆擊。至中涂，聞排鎗聲瑟瑟來，始退遁。一人斃，一人被獲。又明日，常統領兵復至。十二日，臨墩地，毁漁民廬殆盡，累及無辜。十三日抵咸祥廟，帶漁業董事朱馥園歸署。漁民流離失所者，三四年卒賠償朱某資，並撫卹鹽警，事始平。囊齋筆記。

（朱驤纂《[浙江寧波]四明朱氏支譜》 1936年四明慎德堂木活字本）

貴陽于氏滇南辦礦記

于德懋

大清光緒十二年丙戌秋，德楙在日本國隨節，奉特旨："巡撫銜督辦雲南礦務大臣唐炯奏請調員差遣一摺，著出使日本大臣徐承祖，傳諭隨員同知銜候選知縣于德楙，延聘東洋礦師，伴送入雲，勷辦礦務。欽此。"奉命之下，當赴日本別子銅山、生野銀山、山畸煤山各礦區調查。聘定礦師山田飲一、滕野聿造二人爲大清國雲南辦銅礦師，定約三年。鄭吾俊、張星垣爲繙譯，鑄銅工匠二人，一爲太和田，一爲安太郎。隨帶化煉機器全部，炸藥二百箱，並開礦鋼條鐵器等件，同赴滇省。礦師每人每月薪水洋銀二百五十元，工匠每人每月薪水洋銀六十元，繙譯每人每月薪水洋銀八十元。德楙則仍由東洋使署給薪，每月紋銀五十兩，雲南並未開支也。於十月十一日，馳抵漢口，因炸藥係由外洋辦來，尚未到滬。等候十日，其物運到，而江漢關税務司某英人不許其運船泊近碼頭，須離五里，乃用小船撥運至漢，方能到大碼頭。其撥船附近，家眷坐船。是夜碼頭失火，離船近甚。時楙又往票號結帳，幸得劉夫人在船指揮，將炸藥及坐船移至漢陽，如不移避，炸藥一然，則漢口全鎮皆爲虀粉矣，豈不險哉。楙聞警趕來，時沿街擁擠難行，從河下踐污而歸。東尋西找，方將坐船覓獲，則遍身水濕泥污不堪矣。二十五日，因駐漢日本領事中林君見招，隨帶兒子本堯、女兒寶珊同往赴筵，從日俗也。寶珊倭語極熟，並諳倭調，該領事人等實深欽佩。蓋其性明敏而極聰慧也。二十七日，内人率兒女附同楷兄所開同濟堂號友黄子卿父子，由常德而回貴陽，楙則率礦師工匠，於二十六日涉川江而去滇省。腊月十九日，行至雲南昭通府。二十五日，唐欽使亦由省馳至。正值大雪，厚積至五六尺。於二十八日便隨欽使率礦師等馳赴永善。四站路作三日趕到。除夕抵該縣，借廣城隍廟内。屋穿壁漏，冷不堪言。正月初二日，即到獅子山查礦。雖連日雨雪，亦必督率礦師衝風冒雪，登山詳勘。曾記行至開殘老洞地方，陡險無路，礦師等不敢行。楙則用二人將腰帶横扯而上，以爲先導。沿山沙土，脚踏之處深有數尺，雪水透脛，寒冷難禁。在獅子山查勘十餘日，勘定礦穴兩處，交與劉軍門世上卿開辦,仍率礦師回昭通,而往東川府。行八日始到。按東川屬歷古所産銅礦之山,曰"湯丹廠",曰"落雪廠",曰"大水溝廠",曰"茂緑廠"。時值湯丹饑荒。據知府冷虚之云:該廠業已封禁,難民匪類夥聚數千之衆,已出刧案多起,殺死之人不少。此時萬不能往。而户部催銅甚窘。上諭限期半年,辦銅百萬,遲誤則唐公有大處分焉。迫促之極,即與冷公商量,札會澤縣寇君,將倉穀碾米,照價購買,隨帶數百石,率子本堯,並親兵八人,先到湯丹,安撫人民,掩埋死尸。初到住準提菴内,即將廠中有名之吴大剛、馬東山等十餘人招至,開誠布公,賜與酒食,放賑三日,民心大安。從此開礦、煉銅、運炭,各有執業。隨督礦師勘定白錫蠟一山,礦脈甚佳。十三年正月二十八日,唐欽差親臨開辦,旋即返省。楙遂留荒山,居茅竹所蓋之屋,其苦難堪。櫛雨沐風,煞費經營。先創造草房五間。七月二十一日,内人率子女到來,稍資臂助。繼乃推廣落雪廠、大水溝廠、茂緑廠。計只半年,共辦出紫板碑銅百餘萬斤解部,唐公深以爲能。他廠共有十餘處,計辦銅不及五十萬斤,固相形見絀,而楙遂從此遭忌矣。嗣因往查滇、蜀交界,省識四川會理州所管之鐵廠,銅礦極旺,煤炭便宜,即稟派趙聘三協戎前往總辦。每年又可得銅七八十萬斤,其價較廉。猶憶曾有一日,因催煉銅斤,由白錫蠟到大水溝廠,計程一百二十里,沿途無有人家。路遇大雨,且已上至山頂,地名"小皇殿子",其高有二十里,大風吹來,將手中所持之傘衣括去,只餘傘柄,遂冒雨而行,約有六十里之遥,衣履盡濕。初甚寒冷,繼因在馬上用力,迨雨水浸透衫褲,反不覺冷矣。蓋其山多險阻,懸崖絶壁,人跡罕到。此心刻刻悚懼,竟失其冷煖之知覺。夫雨之降也,人居室中,因聞簷流之聲,故覺其巨細,若在曠野,一望無際,雖降滂沱,惟期速達所止,久則連雨都忘。及見沿山路上,水流如瀉桶,馬碍難行,又方知爲大雨也。走至山頭飢甚,無處購食物。命隨丁繞道去對山一茅屋中,購得苞穀麵數斤、乾胡豆一碗,借火煮來充飢。到廠將脚靴脱下,水已注滿,幸不至於生病者,真是託天庇佑矣。復有一日,往大水溝之金箔箐查礦,洞深數百丈,礦師亦不敢入。余用布包頭,换草履,紮束先行下硐,走至礦底。蓄水深處,約有二三尺,陳積有年,其寒澈骨,致中脚濕腫疼之病,非常貼温煖膏藥,即不時發疼,到今猶未瘳也。又一日,在白錫蠟,一人乘馬上山,偵察富民硐礦丁之勤惰。行至洞門,寂無人聲。少緩有礦丁自硐旁招手示意,蓋言已下炸藥點炮矣。余即避開,半時未響,有一礦丁名王小六仔,前往窺探,砰然一震,將該丁之身炸分數塊,五臟皆露,慘不堪言。彼真余之替死鬼也,當給撫卹銀五十兩。又一日,開辦白錫蠟裕民硐之時,楙正在硐口督工,時值大雨。硐旁有極大石頭一長方,半在土内,半懸空際,借作避雨之處。忽聞硐丁頻呼,石根摇動,急速走避。剛行未遠,石即墮落,幸未被傷,而茶壺烟具均皆壓碎。若稍遲延,又爲粉身碎骨之人矣,可不險哉。有一日,赴東川府轉運局催款。其路程計一百八十里,用一騾一馬换乘,擬一日趕到。詎行至丹陽山脚之小江口,河水浩大,淹至馬背,人身半在水中,幾被冲去。幸親兵極力牽馬扶人,始獲平安而渡。蓋雲南東川地方,比較他省高至一萬數千尺,伏天多雨。常有霧氣,六月尚著棉衣。其地只産苞穀、山芋、蕃菽等糧,且三年兩不收,以故人民極少而甚苦,衣被多無,以草捲爲被蓋。炊用乾細竹,蓋房亦多用之。一遇天雨,滿屋皆漏。余初到彼,與次子本堯假庽於白錫蠟廠段管事家内,以其室較他家稍覺寬大。然遇下雨之時,須坐床上擎傘,或用油布遮蓋褥被,否則便無乾縷。本堯頗有孝心,雨時其雨傘油布均用護蓋余之牀榻,已則聽其淋漓。惜乎天不假年,實余之不德,傷哉。戊子冬,因辦銅愈多,而愈遭刻忌。唐公雖信余無他,終恐積怨難銷,故特辭差。計到滇三載,共辦京銅四百七十餘萬斤,算帳三月,幸無舛錯。由礦務大臣給予並無經手未完事件咨文,赴部交代,仍回東洋銷差,復進京引見。十八年壬辰夏,至川稟到,即委任合江縣知縣。餘在前譜，不敘焉。是爲記。

（于德楙輯《[貴陽貴州]于氏家譜》 1915年石印）

記名號陳大同與大同鐵工廠

陳錫明

晚清時期，列强侵華，神(洲)〔州〕蕭條，生靈塗炭，百姓企盼弋振太平，世界大同。宣統三年，吾陳氏十八世君平祖離血地往長涇賃屋，開設米店，定店號爲"陳大同米行"。因其誠信爲本，經商有道，越明年，兼營木材行，又定行號爲"陳大同木行"。糧船與木排穿行於蘇、錫、滬運河上。故一九一五年始，陳大同便名聞遐邇。

君平祖親自掌舵撑篙，露宿風餐，歷盡創業之艱辛。因其精通文筆，熟知商情，家業日趨興旺，兒女均讀中學、上大學，成工程型技術型人才。長子詠仁、四子利仁、幼子秉仁，先後畢業於國立東南大學、中央大學、大同大學，擇而專攻土木工程、機械、電機三門富國强民之專業。由此名號"陳大同"聲威遠揚。

創陳大同者，君平祖；開拓陳大同者，乃詠仁公。公初從著名學者茅以升專家爲師。因工業救國之願相投，兩人既爲師生，又成摯友。"九・一八"事變之後，詠仁公即回上海，最早當伯樂兄弟洋行華人銷售經理，爾後結織奥地利商人司丟雷，大展宏圖。以後自創新華工程公司，生産鑽床、銑床，出口東南亞，上海、香港均有陳氏實業。此一概屬陳大同所派生。爲再振陳大同威名，詠仁公出資擴建長涇老宅，占地十畝半。一九三七年日軍侵華，長涇淪陷。陳大同老宅被日軍占領，陳大同米行歇業。君平公攜合家遷至上海，其舊址爲現在之長涇衛生院。

秉仁公皆同堂侄祝平創建大同鐵工廠股份有限公司。一九四零年上海機械工業驟起，各類體制相互竞爭。陳氏大同因技術力量雄厚，經營管理有方，産品質量名列前茅而發展迅猛。可樹大招風，遭家鄉忠救軍屢次敲詐。一九四五年國民黨接收入滬，對大同虎視眈眈，企圖劃爲敵産侵而吞之。一枝民族工商業之奇葩，由此受折而停閉。一九四六年六月，叔侄倆竭盡思慮，於上海長寧路二四九號老廠舊址重建大同鐵工廠，從此大同再顯活力。新中國成立前夕，開始創造新機床，成爲滬地三家著名鐵工廠之冠。新中國成立後，共産黨優先發展重工業之政策，爲陳大同鐵工廠之發展舖就金光大道，上下同心，産品質量達國際標準。陳大同造福梓里，族人紛紛進陳大同謀生存、求發展，大同恩德澤被鄉里。如今陳大同精神於異國他鄉發揚光大。陳氏家族讀書成風，人文薈萃，英才輩出，久盛不衰。這與陳大同之創業精神相貫通，其信而有征，故稽撰其説是也。

（陳國緒等《[江蘇江陰]陳氏宗譜》 2003年影印本）

常州周氏開河記

一、開興隆永安二河記

謝　員

山橋，瘠壤也，其地高阜，其土黑白，墳其水道，迂遠淺隘，其四隅地廣人稀。幸而風雨時，若本力俱省，其菽旆旆，其黍與與，其家可以少温飽；不幸天小旱，其收輒減半，二釜不得充一。或歲大旱，其地赤即十數里，其人傭力於他方。噫嘻，誠瘠壤也。丁卯歲秋大旱，越明年，春水不生，河底出水際。周子守正顧之而慨然嘆興，何地非樂土，而此獨困於水道之不通，其天作之孽歟，抑人事之不修也。爰集同人倡議，歲飢民貧，視之不忍，賑之何款。念吾地興隆河，自閔黄至廬莊永安河，自殷薛至河口，綿延數十里，同溝若干村，計地分方，方若干丈，役若干人，開若干深，計傭授值，日若干米，計人授事，押若干方，協力同心，疏通水道，遠之可以備旱潦，近之可以救災黎，一舉而兩善備。敢自今請貧者效力，富者助資，以勸盛舉，諸公寧有意乎。僉曰“諾”。乃定規模，具呈當道，得所如請。涓吉於三月初三日起工，同人日夕巡河上，時加慰勞。勤者獎之，惰者勸之，强梗者理諭而情遣之，以鼓其氣，以程其功，人心帖服。不踰月，功虧一簣，費且不支。諸同人環聚而噪。周子旋視而嘻，曰：“公等不吾助，吾當破産爲之，無慮也。”迨四月六日，河事竣而家亦罄矣，而麥且黄矣。余聞之，悚然曰：“《傳》不云乎，禹之明德遠矣。藐兹一線，雖不足以仰望其萬一，而以公之材，行公之志，使得上佐明天子，隨材擢用，以大展其經綸，或效力河渠，或拊循百姓，不難與先世名公鉅卿相度機宜，便宜行事者，並垂國史。天顧豐其材，順其遇，僅與二三知已小試其道於一鄉之間，可不惜哉。然而起視四境，變瘠壤爲樂土，此亦爲政于家者之明效大驗也。敢不書之，以俟觀風者採焉。”

時洪武二十一年戊辰仲夏之吉，賜進士出身奉直大夫吏部文選司年家眷弟謝員頓首拜撰。

二、開嚴溝河記

周可爵(仰川)

嘗讀孟氏書，至“天時不如地利，地利不如人和”，未嘗不廢書而嘆曰：“固國如是，力田亦然。”蓋耕田而食，地利居其半，人事居其半，而後以天時參之。竊見風雨時，人力省，大有書，天時尚矣。一或雨水不均，水口事半而功倍。内地力田爲上農，地利誠有之，人事亦綦重焉。維彼心力參差，我虞爾詐，痛人事之不和，以自貽伊戚者，夫豈少哉。我鄉素稱沃壤，水旱無虞，一自東壩築成，孟河淤斷，京口潮來，僅開一線，苦旱者數矣。去年秋，旱魃爲災，暵乾及濕，天時歟？地利歟？人事歟？地有嚴溝浜，直接運河，且連西滆，大資灌溉也。然而其道迂，其水落，其口狹隘而淺塞。不力加踈鑿，又安望水之逆流而上耶？爰集同人酌議。或曰：“水旱常相仍也，天實爲之，毋或張皇，以爲民困。”或曰：“歲饑民貧，而興大役，誰肯破慳以勷厥事。蓋戛戛乎其難之。”或曰：“易易耳，度地分方，計工任事，不匝旬可告成功。”嗚呼噫噫，是皆然矣，而未盡然也。吾浜眠車四十有幾，歷地七里有奇。地近者工省，地遠者工多。概云度地計工，不授之食，誰則甘之。計惟每垛十人，自浜口開，廻過其垛，則減；從浜頭開，出遇其垛，則增。先行車戽，露高頭，平水面；次打樣樁，度分寸，定淺深；繼復車乾，分段落，計方數。過深則提空，太淺則加工，横濶則豎短，横狹則豎長。底以樁出爲度，岸以邪陂爲宜，泥以登岸爲上。此其大較也。若夫開河大勢，與車戽相因，而實則不同。開河派人論垛，還須算田。人有盈虚，田無增減，垛隨田轉，人以田分。若必執議爲憑，則有田無垛，開浚可推，有垛無田，開浚誰任。爲此註明數隨垛算，田自田自力，租田租工，分派得宜，不可不講也。至於艱食之家，何地蔑有。爲勸垛中殷實，日給飯米一升，亦固其宜；否則，吾當勉力以承之，散米百肩是任。間有强硬之徒，從中阻撓公務，長跪以請，庶幾諒予。所望百夫長、十夫長，日夕巡河上，早晚集同人，鳴鑼爲號，遲至非宜，缺少有罰。勿畏罪，勿憚勞，勿矜材而使氣，勿此競而彼爭，勿有頭而無尾。人有同心，云胡不濟。規模既定，祀神起工，未及旬餘，河工告竣。其年春水不生，糞其出者，舟行無礙。越明年，秋來被旱。利其澤者，遠近均沾。因不禁喟然曰：“賴人事之和，興地利之便，以乘天時，固國力田，胥此道也。”是用書之，以垂後人，願毋忘前事之師，尚其勉旃。

（周體治主修《［江蘇常州］周氏宗譜》 1943年常州周氏愛蓮堂木活字本）

河工告成疏時任工部從右侍郎徐公貫治水吴中，代作。

萃

臣節該欽奉敕諭云云，欽此，欽遵。已經會同都御史何鑑興功脩濬。除具題外，臣竊惟東南地方財賦所出，低田水患，自古有之。當永樂初年，太宗文皇帝命户部尚書夏原吉濬治有成，豐穰累驗。及今九十餘年，仍致湮塞，爲患滋甚，疏導之舉，誠所難停。仰惟皇上軫念災傷，將興永利，特命臣等前來脩濬。蓋將拯墊溺之民於几席之上，化魚鼈之域爲稻粱之區，甚盛典也。臣等敢不罄竭駑鈍，勉副聖意。然臣竊觀三吴之水，有上流、下流之不同，必須均行濬治，則脉絡流通，可收全效。用是夙夜不遑寧處，相度地勢以施工役。蓋蘇、松居東，爲受水之地，湖、常在西，爲水出之源。而湖則上乘於蘇、松，常乃逕通於大江。上流雖一，微有不同。然臣聞治水先從其下，即欲次第興功，循按古法。臣又竊慮農功在近，役不踰時。於是分派工程，一時同作，民免久勞之苦，功冀速成之美。臣即督同委官人等，往來提調，將蘇州府等處吴江、長橋、水口、茭蘆之地一帶開通，導引太湖之水，散入澱山、陽城、昆承三湖，卻開吴淞江，洩澱山湖入海，開白茅港，洩昆承湖入江，開斜堰等塘，洩陽城湖入海。此臣所謂治其下流者是也。開湖之溇涇，洩西湖、天目、安吉諸山之水，自西南入於太湖，開常州之百瀆，洩溧陽、鎮江、練湖之水，自西北亦入於太湖。此臣所謂治其上流者是也。然下流之功，十居其八，四郡水道，惟蘇最多。臣自興工以來，仰賴皇上聖德，感格天地，遂獲一向晴明，雨雪不作，時氣和煖，民可施工。凡在黎庶，莫不共相欣慶，以爲曠典。本年二月十五日工完，臣即將所役人夫登時散遣還家復業。

其諸所開水道，並係的實用功，即非虚應故事。見今諸處疏通，不復壅塞，河脉貫串，蓄洩無乖。臣自謂從是之後，可使水患消弭，豐年有望。然此皆聖明睿謨授成所致，豈臣庸愚獨能成就。臣今一面仍督所司官吏人等，將低田圩岸設法增築，用圖永久，以防積潦，庶使兩策並行，全功可冀。弘治八年。

（清祝光綬等纂修《[浙江海寧]海昌祝氏宗譜》　清光緒七年海寧清淑堂刻本）

沅江胡氏湖業

治支艮公東西房分關

我鼻祖艮公，原係江西吉安府盧陵縣七十五都長塘之籍，因明皇定鼎，抽分三楚，落業藥山。值兵役四起之候，人烟星散之秋，在洪武二年己酉，轉落業天心湖木皮坑、周鴨兩港。至永樂四年丙戌，復落業沅江，卜宅廟嵴，新起房屋，遂于是而家焉。管湖爲業，捕取魚利，有上、中、下港，楊精大湖，共課銀陸錢二分，完納龍陽縣户頭胡文博。又有高橋龍窟木榨潭天井湖，共課銀一錢四分六釐五毫，完納沅江户頭胡文博。是自以來，皆能丕振家聲。後因嘉靖五年丙戌大旱，第七派文博公元配羅氏，救王山村水田，掘車溝一丈二尺有餘，不料挖斷地脈，山神不安，凶煞甚重，人丁難以安居。合家叔伯兄弟商議，將莊所品搭均分。嘉靖八年己丑十月二十四日，各分莊所，一居瓦屋，一居田坪，俱憑戚鄰。墳山、屋基、田土、山場，二股拈鬮受分，均無爭論。自分之後，各管各業，永無異言。

計開屋場墳山，各項鬮分：

東房文化，分居周家冲屋場；文來，分居栗山冲屋場；文載，分居大冲上首屋場；文學、文魁、文獻兄弟三人，分居楊梅屋場。以上屋場俱係東房。

西房文博，分居大村下首屋場；文怵，分居板子村張郭下屋場，置買高家田坪屋場。又將社峩羊老屋場，品搭西房。以上屋場俱係西房。

東房墳山：寺村下、但家嘴、周墳山、牛欄下、張福備。東房共五處墳山。

西房墳山：兔子哨、横頭灣、棉花舍、烏龜山。又置買陳槐墳山一所，地名“柴家山”，品搭西房。西房共五處墳山。

計開湖業：

中下港：西房賣與赤山張處（缺二字）。後江湖品搭東房墳山湖池（約缺十二字）。通家公管（約缺二十四字）。

湖業俱係未分。

以上數項俱載老譜，悉録以備參考，不可以殘缺忽之。立有分關二紙，各執一紙承照。文字收、思坡收。

時在嘉靖八年歲次己丑十月二十四日穀旦，東、西兩房公立。

治支同治二年蒲月公訂長河木榨潭水册規條十四則

一、議祠堂春秋二祭，迎神至祠，另修祭典，行六叩首禮，以答神庥，以昭謹恪也。

一、議接神之日，壇中什物器皿，案主一一交清，不得藏匿遺漏。至於損壞，立問賠補。違者議罰。

一、議接案之家，搬運欄杆等物，如有損壞，即刻修整賠補，違者議罰。

一、議香爐、燭台、旗、鑼鼓、傘等物，案主經理，不許典押。族中遇有紅白喜事，皆可借用。但有損壞，案主立追補還。違者重罰。

一、議首士三年一遷，務要公正之人，方可當此重任。

一、議壇内積有餘錢，每年蒲節，首士發收。

一、議澧洲網、麻絲網、鸕鷀鈀釣四業，永禁不准入湖。如有私寫者，罰錢捌串，斷不狥情。長河只未禁鈀釣。

一、議扈子絲網等業，不許與外人合夥，免致混亂規條。違者重罰。

一、議扈埠水有淺深，課分五則：上上則課錢壹串貳百，上則課錢八百，中則課錢六百，下則課錢四百，下下則課錢三百。每年輪流，湖主照簿收錢，不得短少。倘有違者，投鳴首士，加倍重罰，斷不狥情。

一、議族内有業麻絲網者，每船每湖課錢肆百。七月底交楚，違者加倍重罰。

一、議扈埠原無定地，定主不免更變，另訂草簿四本，載明扈課。一本隨神流傳，餘本各灣首士分收。每年蒲節帶簿赴席，以便塗改。

一、議新遷扈埠，照則取課。扈主宜先報明首士，登課定簿。違者即屬匿課，加倍議罰。

一、議本姓諸業水課，限定十二月初旬交楚。如有遲延，投鳴首士，加倍議罰。

一、議隨神流傳水册。案主每年蒲節卸，如有隱匿不交者，罰錢三串。公同訂册，草簿則俟接神日交卸。有不交者，罰錢壹串。公同訂簿至於霉爛損壞，案主報明首士，公同訂册訂簿以補之。

收册名號

楊伍將軍公册一部，案主輪流收。甲己合子午卯酉一號，田坪朝華收。甲己合辰戌丑未一號，八字牆國泰、瓦屋隹幸收。甲己合寅申巳亥一號，瓦屋隹鳳收。乙庚合子午卯酉一號，田坪爲計收。乙庚合辰戌丑未一號，八字墻尚鑒收。乙庚合寅申巳亥一號，瓦屋祠堂收。丙辛合子午卯酉一號，心田村佳聲收。丙辛合辰戌丑未一號，八字墻爲城收。丙辛合寅申巳亥一號，瓦屋名登收。丁壬合子午卯酉一號，田坪貝玉收。丁壬合辰戌丑未一號，八字牆出售，田坪隹洤、爲望收。丁壬合寅申巳亥一號，瓦屋祠堂收。戊癸合子午卯酉一號，田坪爲穎收。戊癸合辰戌丑未一號，八字墻隹盛收。戊癸合寅申巳亥一號，瓦屋賢國收。

水户課頭

立户胡文博，黄花場渡窟團樹後港課銀壹錢四分六釐五毫，每年輪流，案主完納沅邑工科，收票爲據。

治支長河木榨潭，六十花甲輪流歲次：

甲子，田坪世御、世祥管木榨潭，瓦屋宗祠管長河。乙丑，八字牆□□管木榨潭，田坪以拔、以望管長河。丙寅，瓦屋上、中、下元奇玉、象玉、方玉管木榨潭，瓦屋尚錦、八字牆國泰管長河。丁卯，田坪以才、成管木榨潭，瓦屋上元声玉、中元焕玉、下元方玉管長河。戊辰，八字牆範裕、富國管木榨潭，心田冲公管長河。己巳，瓦屋二房管木榨潭，八字牆出售友朋，管長河。庚午，田坪友朋管木榨潭，瓦屋二房管長河。辛未，八字牆其聖管木榨潭，田坪世御、世祥管長河。壬申，瓦屋宗祠管木榨潭，八字牆關文、關山管長河。癸酉，田坪以拔、望管木榨潭，瓦屋上元奇玉、中元象玉、下元方玉管長河。甲戌，八字牆國泰、瓦屋尚錦管木榨潭，田坪以才、以成管長河。乙亥，瓦屋宗祠管木榨潭，八字牆範國、裕國、富國管長河。丙子，心田冲公管木榨潭，瓦屋宗祠管長河。丁丑，八字牆出售友朋管木榨潭，田坪友朋管長河。戊寅，瓦屋上元方玉、中元焕玉、下元聲玉管木榨潭，八字牆其聖管長河。己卯，田坪世御、世祥管木榨潭，瓦屋宗祠管長河。庚辰，八字牆關墳、關山管木榨潭，田坪以拔、以望管長河。辛巳，瓦屋上元奇玉、中元象玉、下元方玉管木榨潭，八字牆國泰、瓦屋尚錦管長河。壬午，田坪以才、以成管木榨潭，瓦屋上元方玉、中元焕玉、下元聲玉管長河。癸未，八字牆裕國、範國、富國管木榨潭，心田冲公管長河。甲申，瓦屋二房管木榨潭，八字牆出售友朋管長河。乙酉，田坪友朋管木榨潭，瓦屋二房管長河。丙戌，八字牆其聖管木榨潭，田坪世御、世祥管長河。丁亥，瓦屋宗祠管木榨潭，八字牆□□管長河。戊子，田坪以拔、以望管木榨潭，瓦屋上元奇玉、中元象玉、下元方玉管長河。己丑，八字牆國泰、瓦屋尚錦管木榨潭，田坪以才、以成管長河。庚寅，瓦屋宗祠管木榨潭，八字牆範國、裕國、富國管長河。辛卯，心田冲公管木榨潭，瓦屋宗祠管長河。壬辰，八字牆出售友朋管木榨潭，田坪友朋管長河。癸巳，瓦屋上元方玉、中元焕玉、下元聲玉管木榨潭，八字牆其聖管長河。甲午，田坪世御、世祥管木榨潭，瓦屋宗祠管長河。乙未，八字牆管木榨潭，田坪以拔、以望管長河。丙申，瓦屋上元奇玉、中元象玉、下元方玉管木榨潭，八字牆國泰、瓦屋尚錦管長河。丁酉，田坪以才、以成管木榨潭，瓦屋上元方玉、中元焕玉、下元聲玉管長河。戊戌，八字牆裕國、範國、富國管木榨潭，心田冲公管長河。己亥，瓦屋二房管木榨潭，八字牆出售友朋管長河。庚子，田坪友朋管木榨潭，瓦屋二房管長河。辛丑，八字牆其聖管木榨潭，田坪世御、世祥管長河。壬寅，瓦屋宗祠管木榨潭，八字牆關文、關山管長河。癸卯，田坪以拔、以望管木榨潭，瓦屋上元奇玉、中元象玉、下元方玉管長河。甲辰，八字牆國泰、瓦屋尚錦管木榨潭，田坪以才、以成管長河。乙巳，瓦屋宗祠管木榨潭，八字牆範國、裕國、富國管長河。丙午，心田冲公管木榨潭，瓦屋宗祠管長河。丁未，八字牆出售友朋，管木榨潭，田坪，友朋管長河。戊申，瓦屋上元方玉、中元焕玉、下元聲玉管木榨潭，八字牆其聖管長河。己酉，田坪世御、世祥管木榨潭，瓦屋宗祠管長河。庚戌，八字牆關文、關山管木榨潭，田坪以拔、以望管長河。辛亥，瓦屋上元奇玉、中元象玉、下元方玉管木榨潭，八字牆國泰、瓦屋尚錦管長河。壬子，田坪以才、以成管木榨潭，瓦屋上元方玉、中元焕玉、下元聲玉管長河。癸丑，八字牆範國、裕國、富國管木榨潭，心田冲公管長河。甲寅，瓦屋二房管木榨潭，八字牆出售友朋管長河。乙卯，田坪友朋管木榨潭，瓦屋二房管長河。丙辰，八字牆其聖管木榨潭，田坪世御、世祥管長河。丁巳，瓦屋宗祠管木榨潭，八字牆□管長河。戊午，田坪以拔、以望管木榨潭，瓦屋上元奇玉、中元象玉、下元方玉管長河。己未，八字牆國泰、瓦屋尚錦管木榨潭，田坪以才、以成管長河。庚申，瓦屋宗祠管木榨潭，八字牆範國、裕國、富國管長河。辛酉，心田冲公管木榨潭，瓦屋宗祠管長河。壬戌，八字牆出售友朋管木榨潭，田坪友朋管長河。癸亥，瓦屋上元方玉、中元焕玉、下元聲玉管木榨潭，八字牆其聖管長河。

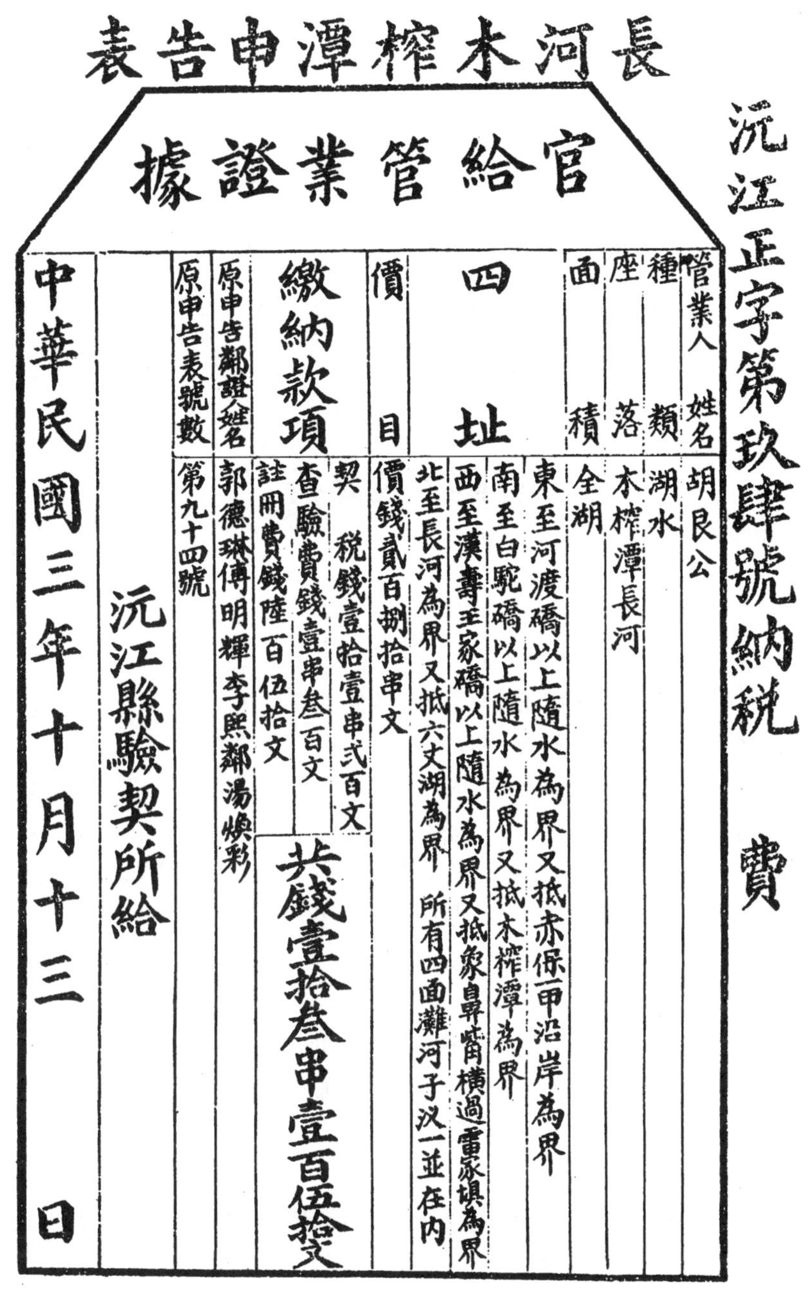

長河木榨潭申告表

沅江正字第玖肆號納税　費

官給管業證據

管業人姓名	胡良公
種類	湖水
座落	木榨潭長河
面積	全湖
四址	東至河渡橋以上隨水為界又抵赤保一甲沿岸為界 南至白駝橋以上隨水為界又抵木榨潭為界 西至漢壽王家橋以上隨水為界又抵象鼻嘴横過雷家墳為界 北至長河為界又抵六丈湖為界　所有四面灘河子汊一並在内
價目	價錢貳百捌拾串文
繳納款項	契税錢壹拾壹串弍百文 查驗費錢壹串叁百文 註冊費錢陸百伍拾文 共錢壹拾叁串壹百伍拾文
原申告鄰證人姓名	郭德琳傅明輝李熙鄰湯煥彩
原申告表號數	第九十四號

沅江縣驗契所給

中華民國三年十月十三日

治支後江湖合約股分表

立永訂合約字人：八字牆克忠公股分胡折梅、良梅、青雲、芷香等，心田村公共股分胡泉松、明春、至仁、明輝、家鵬等，楊梅山胡明迪私人股分，因先人落業後江湖，子孫分(折)〔析〕，股分零星，有一年而輪管兩個月者，有一年而輪管四個月者，有一年而輪管六個月、八個月者，四分五裂，佃寫各歧，湖價反形低落。我等公同商議，化零爲整，編爲十二地支，六年一週。在心田村，於一週股分猶不足年，備價明迪名下買足一年。兹將輪管地支列圖於左，自此次訂約後，凡從前祖遺後江湖水册,概作無效。此據。

八字牆:逢丑、逢未,係各管一年。逢辰、逢戌,係各管五個月。

心田村:逢子、逢午,任各管一年。

瓦屋灣:逢己、逢亥,係各管一年。

明迪:逢卯、逢酉、逢寅、逢申,係管一年。逢辰、逢戌,係各管七個月。

憑族人:縉階、鏡秋。信堯代筆。

中華民國二十九年五月二十六日立。

(胡静安等《[湖南沅江]沅江胡氏族譜》 1941 年安定堂木活字本)

桂陽鄧氏修橋

修建來鳳橋碑記即鳳橋異迹八景中之一也。

吾族卜居,自大宋時形勝頗麗,江水多瀠洄,故屬地僅三里,而石橋之建已四所矣。惟兹來鳳,因循一木,杭之彌久,弗克振舉,若將有所待焉者也。吾家君謂從姪　　曰:“汝父仁而未盡,汝克家而未有所承,盍往圖諸橋,或者亦君子求福不回之道乎?”　聞命興起,遂諏日倩工,木石並舉。廼基廼梁,不旬日而告完矣。橋之上復建一亭,廣用七尺,長用丈六有奇,編其名曰“來鳳”,翬飛鳥革,幻然天成。偉哉,岐山一大觀也。方是時,少長畢集,樂觀厥成。　且叩予以紀其事。予憮然嘆曰:“惟義足以風物,惟智足以應事,惟作善足以來百福。風之以橋,應之以敏,理之常也,合義智之道也。況是橋之興,利涉者衆,彼蒼眷顧,安得而不善人是福哉。是故黄髮兒齒以壽其躬,瓜瓞螽斯,以昌厥後,子盡孝,臣盡忠,以完其節。蓋天地間無餘福,而作善之外無餘享矣。汝其諒之哉。”主盟鄉老子芳,勸緣如填。

大明嘉靖十年歲次辛卯季冬之吉,郡庠生鳳岐子鄧介廉夫氏撰。

鎮溪橋

原係肅公倡建,又嘉靖四年重修鎮溪橋。碑載山主修本橋七旬有四,沐恩詔鄉老鄧子芳、婆唐氏重建。碑皆存廟,側字多磨滅矣。

南柱橋

橋在青樹下,立存石碑。隔岸原有大夫廟,舊通族興會祭祀,會簿載係金晶光禄大夫之神。今廟已廢,神像移入大廟内。

石巷口

此住宅第三層水口,即鰲山返顧之景也,見前合約及禁山牌。道光九年,因應填子孫有墳山月形,曾賣一半與鄧方耀子孫,將相連石巷口涼亭山盡包契内,故混砍古柏。後經處和,以涼亭南邊大石爲界，西至大路，東至江，北至田坳。仍歸通族公管，酌賠樹價，立合約數紙，以後次鄧春緯代筆一約爲準。

（鄧作忠等纂修《[湖南桂陽]鄧氏宗譜》 1937年鄧香堂木活字本）

巍山趙氏議約

臺盤塘議約

巍山應、趙二姓，爲同做風水，築塘畜水事應荷塘趙環清墓孫會議用價四十四兩，買谷溪田七十秤，土名“臺盤坵”，又用價三兩，買富四田七秤，土名“坑邊”，共價四十七兩。其銀應、趙均出，而築塘工費，俱系均派。止蓄水衛庇二宅，不許二姓車水注田，及盜網魚孳。犯者會衆坐罰銀五兩，决不輕縱。誠恐年久人衆議廢，立此合同議約二紙，各執永遠存照。

應荷塘墓孫：福一百八十四、壽二十五、壽九十一、壽一百九十、壽二百五、壽二百十七、壽二百四十三。

趙環清墓孫：和五三、和二十九、和九七、順十八、順八六、順三九、順四十、惕、莪、順七六、伯、輔、順六十一、守、白。

萬曆四十六年三月　日立。

又約

臺盤塘乃趙、應二姓開築瀦滀，以爲風水，一助畜養魚孳，以辦糧差。原有議約，干犯本塘，罰銀五兩，設酒以請二姓。今有不才子弟偷盜水，注網打雜魚，陰壞規矩，情甚可恨。除已往不究，二姓家長再立示曉諭，如仍然不改，决要會二姓照約罰銀。如恃頑不出，告縣懲治不恕。趙五三、順三九、應廿五、應六十一。

萬曆四十八年五月　日立。

又約

趙、應二姓立約，爲畜水以培風水事。照得應宅後面有塘一口，原爲風水，應、趙兩姓用價四十四兩買得趙谷溪己分田七十秤，又用銀三兩買得應家己分田七秤。趙、應二家均出工本開掘，作塘蓄水。在前萬曆四十六，曾有合同議約存照。趙、應就二姓俱不得車水注田，只將此塘蓄水，永爲風水，並蓄養魚孳以備糧税。如有車水注田，並盜網魚孳者，罰銀五兩。如恃頑者，告官懲治。自戊子年後，陂石俱以毁壞，不能蓄水，與風水無關矣。故於今年今月，二姓家長會聚，相議再立約二紙，與前約略爲加减。趙、應各執一紙永遠存〔照〕。塘内東角有塘五分，原系應紹屏己塘，自此並議捐出，常住湊方蓄水，以爲風水。其塘租銀十分拍，一歸於應紹屏，亦不得車水注田，以起弊端。

康熙十三年六月　日立，應荷塘下希華、懷親、思薦、思如、思尹、思忠、懷繼、懷獻、思加、叔價。趙環清公下淳和、淳濟、淳昂、淳祉、淳陶、淳聲、納卿、石卿、儀卿、淳甲、和卿、深元、進卿、虞卿、宗卿、旦甫。約存四房宗卿家。

又稍契

趙、應二姓寫稍契稍與應思功、應思一，每年納銀二兩糧紋，約於冬至面交。即日趙四房共付銀一兩，付與應宅内，將一兩以作法疊陂之費，將六錢作東道錢。

巍山來龍塘與卜宅議約

趙公常卜乾常爲立約存照事。二十都青塘岡有塘一口，土名“後塘”，五保七百七十九號系巍山陽基來龍過脉要處，合族命脉攸關，向爲趙族填業。今經清丈兹塘，止卜邊有田八十秤，浮水原通灌溉一注，他姓毫無干涉。餘水存塘，向不車乾，並不開掘挑泥，以傷龍脈恐俊年久他姓侵擾兩家面議立約存照爲永遠之計特約

合同兩家，各執一紙。卜明憲、卜乾常、趙淳聲、趙淳和、趙淳喬、趙淳陶，趙淳甲、趙淳昂、趙淳商，趙清卿、趙納卿、趙儀卿、趙升甫、趙宗卿、趙暗卿、趙静卿、趙世甫、趙仁甫。

康熙七年八月　日立，約存譽處。

（巍山修志理事會《[浙江東陽]東陽赵氏宗譜》 2002年电脑排印本）

遂安王氏修築馬儀堰榜文併堨規

嚴州府遂安縣據北隅住民王子陽狀告：三都古有馬儀新墅共堨一所，蔭注田叁千餘畝，每遇修築堨堰，照依元定堨規，以十分爲率，馬儀修築四分，新墅修築六分，水利如之。馬儀堨元係故父王祥提督主堰，蒙官司講議堨規，出給文榜堨簿，務要遵守。爲緣本堨别無堨莊田租修理，倘遇損壞管堨，甲首於有田之家驗田約量，率歛貲買木植木篠，於農隙之時，用工修理，不致廢弛。切因。上項堨堰被洪水衝損石倉，用工浩大，缺少木植卒歛，難以修理，及有一等頑猾業户，鼓衆不伏，叫唤上工修築，及於甽内釘立木樁，掘泥漲塞甽道，張捕魚貨，走泄水利。若不告乞給榜，曉諭業户人等併力修築，誠恐缺水蔭注，有失秋望。今將輪差堨甲姓名開具，告乞施行。得此，使縣合行出榜，曉諭堨甲人等，即行唤集種田人户，併力用工修築堨堰，開通甽道，務要堅固，積水灌溉田禾，毋致怠慢廢弛，有失秋望。仍照依元規，驗田約量，率歛工食，收買木植木篠，趁時修理完備，伺候本縣農事正官親臨照視。如有一等頑猾業户鼓衆不伏，叫唤上工修築之人，及於甽内釘立木樁，漲塞甽道，張捕捕魚貨，不畏公法之人，仰堨長指名申縣，痛治施行。

一、馬儀新墅堨並無堨莊田土，今後驗業户人等田畝多寡，約量率歛工食眼同支用。如有餘樁留下年，若不敷斟酌，再行率歛。其有田之家，毋得鼓衆不從敗規，阻碍修築。

一、灌溉田畝，須要照依分定次數，使水從上至下，務要均平，毋得恃勢强行攙越，故放田内停積水利，遷延阻當，不容下次使水，以致田禾枯槁，有失秋望。違者議罰治罪。

一、馬儀堨早晚田柒百餘畝，新墅堨早晚田叁仟餘畝，須要聽從管堨人等定奪。甲首分作甲數，叫唤人夫趁時修築堨堰，開道甽道，庶得易辦。如有鼓衆不伏，前來上工之人，議罪治罪。

一、遇天旱之時，自來開放水利。上至大墅業堨，下至魚鷹潭，諸人毋得阻當。

一、水港高低，俱要均平。不許非時開掘。

一、田主自種自田，須要聽從叫唤人夫，趁時隨衆上工修築，甽道得均平，免致靠損，毋得坐視，强使見成水利。

一、農隙冬晴之時，預先修築堨堰。損壞去處開掘泥土漲，甽道務要堅完流通。至次年，倘有雨水卒急，終難衝損。若於農興之際，旋行理合修理，徒費工力，有誤灌溉。如有頑拒惰農之人，仰業堨甲首人等，叮嚀解諭，毋致失時。

一、有田上户及公門勾當勢惡之家，毋得恃勢，于天旱之時，强于甽内下車，妨奪水利，灌溉外業田畝。

一、當時插種灌溉之時，諸人毋得拆毁堨堰，通放簰筏船隻，阻衆水利。

一、管堨人等將率到修堨之費，非理妄用，貪財賣放，水利定奪。

一、馬儀堨下，沙洲灘上，聚樣黄荆柴篠，護作堨堰。毋許地方盗砍，依律治罪。甲首叫唤人夫不公，並于收成之際，挑擔酒腐等物，掗散種田人户，詐取穀粟，許令堨内人告究。

一、馬儀堨四至：東至長壽寺前，直至永濟菴側衕口，横甽爲界，横甽上係馬儀堰水，下係新墅堨水；西至水口爲界；南至富秀山前大田塖湖坑爲界；北至新墅堰甽爲界。

右榜諭衆通知。

（清余鼎瓚等纂修《[浙江淳安]遂安富秀王氏宗譜》
清康熙三十九年遂安王氏木活字本）

黄梅李氏紹管七里湖緣由

李郁三户分閘七里湖，原與稻場湖、黄鴨湖、高湖、胡家湖、木履湖毘連，皆因江水漲入成湖，均屬廣濟縣黄泥湖子池，共辦本湖稞銀一百一十八兩一錢四分六釐五毫。自嘉靖年間安慶府與九江府共築江堤于上障水，以此各湖遂不通江湖，漸淤塞。又被正業張才默栽業甲名色。萬曆二年，激我祖仲堂與王轍、周勉二公，共垛業名“王應三”，王者王文通，應者周應祥，三者李郁三。以勢斃殺命節告撫院司府招斷，張才等分辦乾鮘魚鈔銀五十兩零五錢三分三釐三毫，王應三等分辦麻鐵銀六十七兩六錢一分三釐二毫。至萬曆三年，本府熊同知在縣署印，於沿江築堤絶水，各湖遂成草坦。汪受一等户漸次開墾成田，耕種收租，激我祖以恩造重科，節告請勘丈量。萬曆十一年二月十六日，布政委員查勘，只丈過淤田七百九十九畝五分三釐，新米四十二石九斗五升。我祖復以前情稟黄州府同知李。萬曆十三年十月十一日，府委縣丞于一龍，同公正陳繼立、汪榮、李照，老人向煌、徐桴、龍海、邢表等，丈得汪受一等户開闢上、中、下三則淤田，共二千五百五十二畝一分四釐，該承納銀肆十九兩六錢四分四釐二毫。餘銀一十七兩玖錢三分，仍令王應三等各業於淤湖另行辦納。我祖等見派糧甚緊，恐既納湖稞，又作民糧，一業重科，只得奔臺乞憐。批縣照業均攤，前稞入在條編内徵解，超除業籍，免遭重科等情。又經復委老人邢表，督同原丈公正陳繼立等，勘議回稱，本湖淤田已經遵例丈訖，俱屬民管，現有魚鱗册籍可據。只有淺塞湖塘、港堰二十五處，遍生茭草，不產魚鮮，鬧派民糧二十一石一斗一升七，合照例條編每担折銀八錢五分，共銀一十七兩九錢六分五釐，歸載各户照數辦納。申詳到府。萬曆十三年十一月三十日，蒙陞任來爺三聘復勘，再四研審，諭以湖水既變爲田地，原則湖稞當復爲民糧。汪受一等五十九户，理合承丈收載親供册總，原鬧保賽等堰二十五處滃水，米二十一石一斗一升七合，令汪受一、胡文貴等文去木履等湖水，米三石零四升後米一拾八石六斗七升七合攤派。傍湖車水滃田，受利居民黄哲符等户辦納。居民無不稱便，各具執結無異。後黄哲符、周伯璉等，不完前銀，所派米數俱未收户，致王應三業名仍舊在案。縣主復拘代比，情屈不甘，只得再行奔告，要遵奉批示，將米歸派各户。前項麻鐵銀一十七兩九錢六分五釐，與條編一體帶徵情事便妥。萬曆三十四年四月初二日，蒙縣丞淳于講申明正堂陳其詩吊取原卷，分役差人行拘黄哲符等，陸續前來面審，俱各稱便，甘遞收狀，認回原米，照户鬧派各在户辦納遵照。王應三業籍，准與豁除，免其重累，俱緘口樂從，輸服無詞。申詳到司。萬曆三十四年四月初九日，司批：照詳定奪，給册准行。

册載長卿大造黄辛六下十排李郁三，今收子池七里湖、烏見江、王馬塘、馬家穴、羅家港、小洋港、聶家壖、南港口，共載口水米一石七斗三升，外澆崩鉀米六斗，共米二石三斗三升，收入本户納糧。所收是實。

外各户收認某處湖塘港堰米數，文案載在簡册，不必抄録。七里湖今納本朝湖稞額銀四兩九錢三分，閏月加增在外。係各房户長收取沿岸水稞完清。

康熙壬寅年，録。咸豐丁巳年，裔孫純璨敬録。

（李紹蓮等纂修《[湖北黄梅]李氏宗譜》 1933年棣華堂木活字本）

巴陵許氏補録馬坂長河案畧

清雍正二年七月初一日，許建書控藩司朱詞爲獻業保賦，望光允獻，以免冤累事。竊巴邑古冢所，例係水陸錢糧。水有河岸漁課，陸有額土陸課。蟻祖置古冢所河岸，辦納漁課銀二十三兩三錢，連閏三十兩，歷三百餘年，世守無異。陸課三十二兩，乃楊林扁山古冢三所，五里五十六課户祖承額土七十餘處，額糧六十四石五斗，名曰陸課，與水課河岸無涉，册載昭然。康熙四十一年，陡遭陸課户周興鎬平空覇占，控經院司批行府縣審詳，前憲董轉詳前撫院趙批斷：佃水納課，應聽業户受授。案據突于康熙六十一年，遭周興鎬等以違案復占誑控，交通湘陰縣調册挖補，朦蔽上憲，以札辦板湖墩一兩一錢陸課，假借五十六課户三十二兩名色，冒頂己名，欺隱額土七十餘處，罩佔蟻等三百餘年祖業，河岸各半，網砍冤斷，立碑陷蟻。漁課連閏三十兩虚懸無着，激蟻忿不顧身，碎碑自首。臬憲批示：先將蟻等責懲，仍於開訟日確查此案原委，審詳核奪。憲批煌煌，敢不凜遵，以圖寃伸有路。孰知神奸百出，情虧畏審，抹煞臬憲原批，不令新縣審訊，賄囑經承繕稿摹詳，公然强吞罩占。業去賦留，陷蟻寃賠一半。一身一世，尚且不可，況使子子孫孫累世寃賠，則可乎。且上年控經督憲批示，如果違例侵佔，貽誤漁課，有司自應通詳請究。此種聖心不忍,貽累窮民,若得有聞於憲天,豈忍獨累於民者乎。無如湘陰縣揹留册案,周興鎬舞文弄墨,有司不能審詳,以致壅于上聞,寃沉海底,民命倒懸。憲天楚南福星,何寃不白,何屈不伸,賦税權(衝)〔衡〕統轄,政所自出,豈忍民罹羅網。只得造具水陸課册,徹底呈獻,冒死哭奔欽命大老爺台前,恩施一線,賞調湘陰册案查核,並提楊林扁山等所多糧課户,質訊水陸原委,辦課地岸,批檄府廉將古冢所錢糧,照魚苗所例,按册官徵。官管連詳院司各憲,廢蟻業甲名目,另立官管之碑,庶國課不致虚懸,窮黎免遭寃累。一字有虚,願甘梟磔。啣結上告。

計開:抄粘水陸課册一本、湘陰縣揹留册案詳牌印册十八件。

批:准候調案册閱奪。

清雍正五年五月十九日,四里士民尹進一、黄皇士、尹子辛、周介眉請息詞

爲懇恩賞息頂詳銷案。事情因許建書、張國儒與周興鎬等互爭古冢所河岸魚利柴草,彼此搆訟七載,拖累無休,蟻等四里士民仰體各憲無訟德意,不忍終訟,從公勸釋。但查古冢所額載官銀六十四兩内,華容盧杜泗八兩七錢額有湖池外,周興鎬衆課户等三十二兩,無遇閏加徵,許建書、張國儒等二十三兩三錢,有遇閏加徵。其古冢所魚利柴草,務使兩得其平,俾上不誤賦,下不累民。今所内沿河大江水汛,應屬許建書等招召舉網,以辦二十三兩水課,至陸地柴草,近田車水湖池,仍聽周興鎬與衆課户砍取,以辦三十二兩陸課,庶事屬兩平,彼此咸服,並無物議,各出具願息甘結投案。伏乞府念農忙歲饑,施恩賞息,頂詳上憲銷案,免致拖累,不惟兩造頂祝,即四里士民均感憲德無既矣。

長沙縣熊批:准息會詳。

清雍正五年五月二十三日,許建書、周興鎬等請長沙縣熊印合同詞,爲既蒙據息轉詳,於先再懇賞印合同於後,永定章程,以實天恩事。蟻等互爭古冢所魚利柴草一案,因巴邑父母左袒斷獄,以致搆訟七載,拖累無休。今幸院憲批司發府送天合審,有蟻親友尹進一等不忍終訟,奔轅請息,已蒙轉詳在案。祇緣衆課户呈送杜後合同二紙,未賞驗訖鈐印,是以冒昧再奏。竊仁天雖曰長邑父母,實係南楚神君。片言折獄,上有桁楊雨潤之歌;矜疑平反,下有肺石風清之頌。因憲賢員奉委承審,其斬藤杜禍之權,是其職掌,此等杜後合同,又何能舍憲承問衙門而他問也。况和息非憲詳無據,合同無憲印難憑。但既蒙天恩,據息轉詳銷案,猶希賞印合同,以爲日後章程。兹合同現存憲書房内未給,只得哀號太老爺金筆生春,賞批"驗訖"二字,並賜鈐印合同,俾蟻等訟端得杜,漁樵兩安,子孫頂祝。

批:候房送合同驗訖印發。

清雍正五年十月巴陵縣牌示

湖廣岳州府巴陵縣加三級李爲牌示事。本年十月十五日,奉署府黄牌奉署布政司楊、按察司李牌内開:九月初九日,奉撫都院王批署司等呈詳會。看得巴陵縣古冢所水陸課地,檢閲舊案,自我朝廷定鼎以來,順治初年起,至康熙四十年,許、張、周共相安于水陸分管,各自承業納糧,已五十八載無異。緣康熙四十一年,周興鎬因買魚起釁,與周帝治等奪許匡先船網,勒寫戒約。許匡先隨以知法滅法等情具控。當經前府縣審明,斷令周興鎬賠網賠船,追去勒寫戒約塗銷。詳經前司批結在案。康熙四十二年,周興鎬又使同類榮興祖等,以包攬苛贓等事,赴司控告許方中等,思洩其忿,亦經府縣審明,將水陸錢糧分别承管,取具遵依甘結。而興祖等又以改全書變古制等詞,具控前撫都院趙批司轉行府縣。據查歷年實徵印册,原係許公孫名目,古冢所長河係許、張兩姓祖業,榮興祖佃水納課額定船數舉網詳司。又經董前司轉詳,亦批結在案。

迨康熙六十一年，周興鎬貫同許成邑等，復爭車水之大小梅湖，赴司控告。前任張臬司委湘陰縣羅令查勘。詎羅令不查舊案原分水陸，議以各半網砍詳覆。前任張臬司、前撫都院王批：永勒石以爲定案。本署司覆查周興鎬等原情，所爭者祇車水之大小梅湖，而羅令所議竟舉長江湖一半而與之，不惟許伯章之失出于意外，即周興鎬之得亦出望外。判斷不公若此，無怪乎許建書碎碑翻案也。今據長、善二縣請照里民尹進一等息詞，仍遵前議，水陸分管，以從其便。但此所除近田湖剎，無論水之消長，應聽田家車水灌禾，原與漁樵兩不相妨，毋方議外，嗣後悉以本所境内長江湖漁舟可到之處，任聽許建書等網魚，周興鎬等不得以原爲陸地而阻，其漁本所境内湖岸畔樵刀可到之處，應聽周興鎬與衆課户砍柴，許建書等不得以原爲水汛而阻。其樵漁樵各得其利再不肆其爭，而各指稱之地均無所藉口矣。等情申覆，並據長沙府詳請勒石永爲法守。其羅令所立碑摹應請毁銷。周興鎬、許建書等均如縣議，邀恩寬釋等情前來。本署司等細加覆核，府縣所議似屬妥協，相應據情賚到册卷，一併詳候憲臺核奪，批示遵行，等因奉批。如詳勒石永遵，取碑摹送查，餘照議行。此繳羅令。碑摹存銷卷誌紅簿發還等因，行司到府。比即將古冢所照依審詳，分别水陸，其水汛漁利，任聽許建書等網取完課，陸地柴草，聽周興鎬與衆課户樵砍完課，各管各業，不許混爭，等因行縣，奉此。合行勒石永禁。爲此示仰古冢所水課業甲許公孫、張自祖等，陸課周興鎬等，嗣後遵照藩、臬二司詳院批勅，分别水陸，其水汛漁利，任聽許建書等網魚完課，陸地柴草，聽其周興鎬等樵砍完課。各管各業，勒石永禁，留傳萬古，永定章程。須至牌者。

（許鍾英等纂修《[四川巴陵]許氏宗譜》 1920 年巴陵高陽堂木活字本）

暨陽張家堰閘記並宣村堰議單

堰閘記

張家堰載在縣志。舊係俞、宣、徐三姓人築捺以灌注田禾，第遇來水過多，堰即盡圮，值農忙時，更謀復築，人工倍極艱辛。今歲夏，邀諸姓族長置酒妥議，將堰旁東邊造一石閘，蓄洩隨時，庶可一勞久逸。遂於秋成後，置松樁、石條、灰沙等件，暨一切石匠、磚匠、土工，共費錢三百千零。俞、宣兩姓共出費一百六十千文，徐姓灌注田畝有限，僅出費十千文，待後開坑放水，照股派費。除付過尚缺錢一百三十千零，賴鄰地諸姓，凡田可灌注者，踴躍幫費。九月起工，十月告竣。嗣後遇旱有備，應無苗槁之患。兹當落成，爰誌其巔末，以垂久遠云。

今將諸姓幫錢列後：

闞湖楊姓幫錢廿六千文，俞家水埠惠姓幫錢廿四千文，洋湖祝姓幫錢廿三千五百文，千秋橋趙姓幫錢十三千文，下市頭周姓幫錢七千七百文，下市頭酈姓幫錢七千七百文，江下王科十公帮錢五千文，隔水廖姓幫錢二千文，王村幫錢三千文。

董事俞長法、俞南德、宣其邦、宣秀傳、徐聿照、徐國海、楊萬昌、楊其煦、祝邦友、祝春元、惠春芳、趙德本、酈福宏、周維賢。

秉筆俞真谷。

同治十二年十月　日立堰鬧記。藏邦友家内。

宣村堰議單

立議單親友樓光國等。緣今祝、俞兩姓爭水訐訟，光等勸和具息。因宣村堰向係宣、俞、徐三姓，由江捺入坂内堰坑，坑分二條，正坑水注俞姓田畝，攙坑水注祝姓田畝。以祝姓不與捺堰，理應出費車水。光等公議：因祝姓田畝多在攙坑，應注，着令祝姓現今一並出費二千文，交與俞姓，攙坑之水，任憑祝姓永遠灌注，不再出費。凡近攙坑應注者，仍照舊時，其攙坑與正坑分界之處，俞姓不得截捺，各無專越。兩相允洽，妥立議單五紙，除一紙存案外，俞、祝兩姓各執二紙，永遠爲照。

嘉慶十六年十一月　日，立議單人前。

親友同議樓毓濤、馬敏中、王宇清、楊垂洙

合同議單：允議祝學禮、俞國櫄、漢佐、白榮、元梧、學良、宇良、宇殿、公孝、萃英、惟寧、尚絅、公文、松亭。

秉筆王鹿苹同押。

（清祝淵泉纂修《暨陽洋湖祝氏宗譜》　清光緒三十二年敦睦堂木活字本）

湘潭樊村黄氏温泉堰約據

温泉堰清界兑抵水注合約

立合約侯魏山、南五，同姪其命等；黄紫印、錦川等。今有衡邑侯姓地名“左家山”田山，與湘邑黄姓地名“温泉堰”祖墳山相連。上衡下湘，原係兩縣大界。因茅坪寬闊，界限未清，先年互控各憲，經兩縣會勘審詳，堰水黄人獨管獨注，刊碑有案。今戚友劉卓先、袁佑仲、羅象賢、侯順宗、劉卓朋等，見侯人荒坪寬濶，黄人温泉堰水大，公議侯讓荒坪，與黄公同扦挖。界限聽黄開墾，黄讓堰水與侯，車注止用二車，侯人不得三車。下堰其壩頭，黄、侯公作魚，仍黄取。一經抵兑，則天地自然之利，彼此均受其益。自後界限井然，各管各業，永敦和好。公立合同二紙，各執一紙爲據。

乾隆三十二年八月十六日，侯魏山、南五、新命、其命同立。

代筆姪廷相，均押。

憑戚友羅象賢、劉卓朋、劉卓先、袁佑仲、侯順宗均押。

中華民國三十年辛巳仲冬月重録。

温泉堰水關調處字

立水關調處字人紳團地鄰賓西浦、符襄臣、羅秋浦、賓雲衢、王品丞等。原地名“温泉堰”，係湘邑八都七甲，與衡邑海字六區交界處也。前清乾隆三十二年，侯、黄兩姓書立合約，註載先年因界未清，互控各縣。經兩縣會勘有案。嗣是央憑地隣鳩兩姓酌議，侯讓茅坪，公同扦界，任聽黄墾田；黄讓泉水，任侯車注，議定衹准二車，下堰不得增用三車。迄今無異。情因光緒二十八年，外姓恃强掘壩取魚，黄人控縣審判，並刊碑請示，載有"獨管獨注"字樣。侯人恐因失額憑，余等理論。是以鳩集兩姓合議，其水注照額，侯人仍用車二架，下堰黄人不得藉示阻論。其壩頭修整，兩姓公作，侯人亦無得推諉。彼此遵允無異。今欲有憑，立此水關調處字二紙，侯、黄各書一紙，鈅合較收爲據。

（黄崐总修《[湖南湘潭]湘潭樊村黄氏七修族譜》 1941年集凤堂木活字本）

奕山朱氏修濬大塘立規善後碑記

我里之有大塘也，創自祖宗，關乎祠社，衛我室廬，固宜子子孫孫百世保之，而不忍任其廢壞者也。塘之始鑿，世遠無徵，所可稽者，明嘉靖癸巳分籍豐碑，國朝康熙己未分執舊約耳。謹按碑志，大塘共三十六丈，而分籍細數，通計五十三丈有奇。詳核之，三十六丈原額也，五十三丈有奇，疏濬之所擴充也。塘之大不已名稱其實哉。又按碑末塘坵，照舊約，懷仁堂修理分魚之際，分七大分，中一分之魚以酬。是當時修理此塘立有成規矣，惜其後規格不行。萬曆己亥以後，每開鏰金一百一十兩，不足則續添十兩，議作十二分分管，閱幾廢興，奉此爲則，歷一百四十年。康熙己未，更立新規，量力自認出工扦築，分分畜魚，作十三大分，分執一約，越今一百載矣。其間修理，屢經工力，都從簡易。規小利者昧于大義，侵佔弊生，塘境日促，塘底積穢成塗，蘴蔀蓊鬱，及今不修，更越數年，將同涸轍。爰會族衆設法興修，按田畝以捐貲，舉司事以監督，清淤泥，平塘坵，砌堤岸，侵佔之處暫予寬假，議令屋壞歸還，毋再修造。丈計沿塘實數，東一十四丈七尺，南四十三丈一尺，西一十四丈，北四十五丈。池中微分深淺，大約浚如其初。是舉工費浩繁，有力之家于隨田捐費外，更助多金，應並書於碑陰，以彰好義。所竊慮者，衆心不一，人事難齊。塘之興廢，每視乎族姓之盛衰，派修捐助，均非善後良法。今斟定積塘租以修塘坵。爾後租值歲取白金六兩，歸入仲義祠收存，並聽首事動移公項銀兩，僱工守塘，薙草買魚畜養，賣日清租歸款，有餘不足，首事承之，祠中不與焉。此雖變通舊章，而隱合乎懷仁堂修理遺意，無煩派費捐貲，而大塘可以永保。豈非善後之良規歟？爰勒石以垂永久云。

首事朱象吉，董事朱魁、朱錫華、朱煒、朱壎

乾隆四十三年十月穀旦，仲義祠衆公同立石。

大塘承先善後碑

吾里疏鑿大塘蓄蔭多年，鳩工修濬，曾立文約。兹因年遠未修，弊端叵測，但盛衰不一，照約出貲，势有難能。爰集族姓派捐重濬，會逢續修家乘，其事已刊譜牒。特慮世遠年湮，弊竇復開，苟無法以善後，將何恃以承先。因立禁條，昭示來許。倘有侵牟弛禁，懲責必嚴。凡我族

姓,父兄既爲之先,子弟直率於後,則已成之規模不杜壯觀於目前,他日之繁昌早覘流芳於奕禩矣。是舉也,上承先人疏鑿之艱,下杜後人填塞之弊,所關於斯塘之興廢者,豈淺鮮哉。謹將禁條刊勒於石,不獨垂久遠之模,亦桑梓必恭之意也。所謂承先善後者,其在斯歟。

一、東塍十四丈七尺,西塍十四丈,南堤四十三丈一尺,南堤東首寬四丈,西首寬三丈五尺。北塍四十五丈。凡四圍隣近之地,不得貪謀侵佔,及便换等情。

一、北塍大路内外店基,及水井、屋基,均係塘址,理應折去,暫予寬假納租,屋壞歸還,毋許再造。

一、四圍塘址塍堤,嗣後不許再行創造店屋,並不許塘内架棚,損壞塘塍。

一、南提〔堤〕樹木不許斫伐,其空地亦毋許編籬種蔬。

一、塘水係地方衆流所歸,凡居住□□近塘,不得將穢物擁塞。

一、吾地少溪流,築堤鑿池,所以衛室廬,亦以資灌溉。無論養魚與否,斷不許開塘放水。

一、塘亭原係義塾,自宜潔淨,以便講學,不得將大小物件堆存,及居住家眷、閒雜人宿寓。

乾隆四十三年戊戌十月穀旦,奕山朱氏公同立石。

首事朱象吉,董事朱魁、朱錫華、朱煒、朱壎

丁酉修竣大塘,疏塞平坵,築堤砌岸,工費浩繁,共用銀五百七十八兩。除照糧派捐助外,餘俱出自仲義祠懷仁堂公租。資助清款,應將各捐數開載于後:

仲義祠:捌拾伍兩,懷仁堂:陸拾柒兩。

以後俱開房名。玖:伍拾兩零伍錢,琪:叁拾兩,琚:貳拾柒兩,珣:貳拾陸兩,玉書(字):貳拾伍兩,瑶:貳拾肆兩,玗:貳拾兩零陸錢,煒(名)叁兩,磬:貳兩,據:壹兩陸錢,梳,壹兩肆錢,有年(字)玖錢,敬仲(字):玖錢,坎:陸錢,棧:陸錢,輪:陸錢,琳:伍錢,存:伍錢,恂:伍錢,風:伍錢,愉:伍錢,悦:伍錢,懌:伍錢,縵:伍錢,友:肆錢伍分,墨:肆錢,豊:肆錢,篆:貳錢伍分,舉:壹錢。以上仲義派。五盛:貳兩,錦章:貳兩,文運:壹兩,文保:壹兩,文青:壹兩,文奇:伍錢。以上景楼派。上達:壹兩,仁德:壹兩,克明:壹錢。以上長文派。

大清乾隆四十三年歲次戊戌十月穀旦立。

(清朱鳳輯纂《奕山朱氏宗譜》 清同治九年遂昌朱氏刻本)

寧鄉歐陽氏冲天湖産

冲湖序志

序曰:冲湖管有道祖所遺子孫世守渔農根基,歷年六百,歷世三十,秀靈之氣,映徹須眉。無滋他族,致啓問題。編冲湖序志第十一。

冲天湖序

《假樂》之詩曰:"不愆不忘,率由舊章。"於以知先人遺業,後人當遵循于勿替。冲天湖,遷

常始祖立道公遺業也。明末兵燹之後,賦重民散,湖稞曠廢者,越年已久。本朝順治十五年,俯察輿情,降諭豁蠲,着地方守令募民承稞,聽其自便。各湖清註四界,出具的名,彙册詳報,咨部核議。始祖身肩鉅任,詣龍邑工科具認。册載東至流二港,北至梘堤,西至神仙觀外石公橋口,南至土橋湖洪林口下。立武陵廠十名,五總朋立丁大志糧户,逐歲公輸,每秋備欄棧住蓬,晒網取魚充賦。今之圓通廟東首,仍其舊埠也。傳四百餘年,爲子孫開其利藪,猶恐世遠年湮,互起爭競,編網四十部,每十部一届四年輪管,計長久而杜後患,誠法良意美矣。迄今子孫遷居星散,家受買賣無常,魚課催徵,不但各湖觀望,而家人亦彼此推委。乾隆五十八年雋稟請龍陽邑侯鮑,立歐陽大志户名,歲納課二錢五分。後日臨届管湖者,照册親輸,始得責專典守。後因鄉鄰覬覦,五十九年訐訟。蒙武主楊調取龍册,照界斷結發讞。文獻足徵,皆我祖思患預防之流澤孔長也。雋時與房叔驥、房兄諄、族姪權同親訟苦,本見聞而志之譜,俾後之子若孫備悉原委,百世而遥,如數家珍,則《詩》之所云"不愆不忘,率由舊章"者,此物此志也。謹志,時嘉慶四年歲次己未十二月吉旦,十二世孫雋敬撰。

冲天湖誌

義陵郡東北八十里冲天湖,辰陽縣水稞册註額以今名。湖,鄉中名勝池也。其地屈曲如環,週迴二十餘里,勢若龍蛇捉不住,東灣西汊不可具狀。東界則抵劉二港,吞吐湖光,銀濤雪浪,儼乎大海之水立而向我。折而界西,由石公橋口徑至神仙觀山脚陽,山在飄渺間,時時若有神女出没其上,而石公橋外鷹巖嘴諸水,則瀠紆停蓄,繞抱而山水輝映。由西而南,界抵土橋湖,接洪林口下,漸水演迤而來,風回波細,飛帆去舶,舒徐上下,逆流而上,發源於且蘭牂牁,合沅、漸、辰、漵,千支萬派,皆繞湖下,水勢奔騰,難殺回波。溯浪各極其奇。孟襄陽詩"水迴青嶂合,雲度緑溪陰",鍾靈毓秀,亦南楚勝地也。由南而北,界以梘堤。上有淨土菴,巍峩壯麗,如水心岩之爲彝。望山如關,下山之爲脚跡,岩如穿石漁,僊如桃花源。如平山送水而下,秀峯紋水相競其美。左達洞庭之險,右控五溪之要。通雲貴之門户,爲荆襄之唇齒。以是知形勝之不可不言也。縉紳先生之舟過是湖者,覩天湖之勝,豪情勝概,不可遏抑。每一吐其奇於高瞻遠眺之餘,况夫際此長天一色,朝暉夕陰,氣象萬千。其流連而慨慕,指點以快意者,又當何如也。予歐陽氏鼻祖立道公,於明洪武三十一年奉例由江右徙楚,迎鑾降筆,得"武陵自有冲天志"之句。迨舟泊武陵,冲天湖邊拾古器一,卜與兆協公曰:"吾子孫粒食在此矣。"遂家於冲天湖之南北岸。房兄謙築書舍於湖上,與族兄淑濬輩相唱和,詩、古辭賦、文章、爾雅,皆和其聲,以鳴國家之盛,則斯湖爲祖宗貽謀之爲,子孫世守之土,人呼爲冲天湖歐陽家者此也。因不揣固陋而爲之誌。時嘉慶三年歲次戊午季秋月上浣穀旦,十二世孫誠敬撰。

冲天湖歷年定案緣起

憶吾初祖携提弱孺,遠涉江湖,破碎凋殘,流離轉徙,來此蛟龍之窟,魚鼈之鄉,上廑王命,下迫身家,盤根錯節,占此一湖,以生以息,以釣以遊,以長我子孫。烏虖,豈易言哉。莽莽一湖,固無津涯也,無畔岸也。逮吾三世祖伯江公,以祖業所遺,不有官案,何以留奕葉而永河山,不有稞糧,何以報國家而固根柢。爰是不憚艱阻,奔走公庭,立案定册,憑祖遺界限,東至流二港,北至夾梘堤,南至紅林口,西至神仙觀山麓,歲納蘆糧於今漢壽縣。綿歷六百載以訖今兹。子孫食於斯,息於斯,以供國家,以饍身口,固所謂與人無患、與世無爭者也。殊政教失御,法度不修,虞詐相形,瑕釁遂啓。自前清嘉慶年來,歲有爭訟,代有侵矣。嘻,吾族此湖固有定案也,有定界也，保之守之之不遑，安敢有逸出範圍，覬覦他人尺寸者。顧豪族之兼並，劣紳之貪鄙，嗾其鷹犬，縱其爪牙，假名籍號，闌入我税湖卡，奪我魚利。吾族吾子孫雖巽懦無能，檮昧寡識，其又奚敢緘默不一上控官府耶。過去靡論矣，自近世清宣統來，迄民國二十餘年間，訟案鱗集，駭目警心。始則一二姓與本族爭，繼則三四姓與本族爭，終且聯合十餘姓與本族爭。各假名義，各肆要求，以妄控於各憲。所幸世道雖衰，人心不死，强權雖烈，真理不亡。彼輩縱訐陷層層，而官府判斷，一惟以成案爲憑，志乘爲據，對於豪劣，不憚剥其面而斥其心，對於愚頑，不恤褄其心而苦其口。推類盡致，反覆周詳，刊定鐵案，銘金石而昭日月。凡吾族吾子孫軋血液、繳腦筋、廢金錢、竭物力，困心横慮，舍命不渝，上對祖宗，下貽孫子，内厘身世，外報國家，耿耿之忱，殷殷曷已。兹當本族四次續譜告成，謹將積年來官府判案櫽揭譜端，以傳示吾子孫。其尚懔懔於兹，而竭盡能力，以保存此遷祖以來所留遺之天湖於不替哉。中華民國三十二年癸未歲仲春月，七四老人宜吾氏錫蕃謹撰。

刊載冲天湖判書意旨

冲天湖係我歐陽姓祖業，自明迄今，歷管數百年無異。四至界限，世誠公所撰冲天誌言之詳矣。面積廣袤，曲折二十餘里，有武陵縣志可資參攷。惟濱湖各强族垂涎魚利，發生訟端者，無代無之。而我先人以祖宗世守之業，不肯輕易與人，加以每年收益，可以活全族數百家，任何强有力者出而相爭，不得不下全幅精神與之抵抗。因有充分理由與確鑿證據，所以歷前清嘉、道、咸、同、光、宣各朝之訟爭，尚能保金甌之無缺，亦云幸矣。迨民國初，杜莊丁姓圖佔未遂，遂勾結地方豪劣，結夥混爭，捏造各種名稱，呈訴各級法院，纏延歷二十餘年之久。而我當事人不避艱險，不辭勞瘁，匍匐公庭，唇焦舌敝。結果經各級法院將一切捏造名稱澈底推翻，再無辯論餘地。而訟以息，而根以斬，而我後世子孫亦可憑此官判，以爲管有該湖之鐵證云。十七世孫元成謹識。

中華民國三十二年癸未歲嘉平月穀旦。

湖南常德地方審判廳民事判决書四年第二百九十四號

原告人歐陽柱即元成、歐陽光晋、歐陽元璋、歐陽元音、歐陽光遠、歐陽倬雲、歐陽履祥，被告人丁敬天、丁子容、丁聘三、丁大臨，輔佐人管恒敬，律師、證人均未到。右列當事人因湖業糾葛事件，經本廳審理判决如下：

冲天湖以及湖内各河港，均屬歐陽姓管有。嗣從黄泥灘等處如淤成陸，應歸丁姓所有，不得混爭，致滋訟累。訟費歸兩造平均負担。

事實：緣歐陽姓總管冲天湖一區，曲折約二十餘里。湖内有河港多處，其中區與丁姓黄泥灘毗連，歷年租與丁姓取魚，有佃字爲據。而丁姓以世居該湖之濱也，每執伊族沉田之説，出而與之相爭。訟經屢年，官斷數次。去歲丁姓族人又因此搆釁。歐陽姓恐其圖佔湖業，遂爲預防之計，呈訴到廳。丁姓旋亦辯訴前來。經本廳派員到地履勘，繪圖詳報。查訊有左之各點以證明之理由：一、丁姓指稱河鷹汊等處，係伊族糧田沉塌之處。不知歐陽姓族譜内載，該汊亦葬有祖墳多塚。究竟所沉塌者是彼是此，已不可得而知。二、據稱，河鷹汊以南，至泥洲止，係冲天湖界。何以縣志又載土橋湖北接冲天湖。是此一帶河港，當然在該湖之内，毫無可疑。三、黄泥灘在該湖之濱，水陸各别，丁姓不得藉灘佔水，犹之歐陽姓亦不得藉水佔灘。何得妄指沉田，欲爭取湖水所有權，於何爲據。據以上論結，雖歐陽大志户名紅册未經漢壽縣送到，亦不得遽指冲天湖以及湖内各河港非歐陽姓所管理也。且查閲志書、佃券，並黄錦堂参加狀内記叙明確，尤非丁姓所得藉口妄爭。惟嗣後黄泥灘濱如淤成陸，自應屬丁姓所有，勿得執多年已廢之田土，圖佔向來有名之湖河，致貽訟累。特爲判决如右。

常德地方審判廳民庭推事張承[illegible]，書記官林伯愉。此係正本與原本無異。中華民國四年八月十六日。

湖南常德地方審判廳民事判决六年民字第一零七號判决

原告丁伯禄、丁國湯、丁福生等，被告歐陽光遠、歐陽倬雲、歐陽柱、歐陽自厚、歐陽履祥、歐陽元音等。右列當事人因經界糾葛，業經本廳審理判决如左：

主文：本案原告請求駁回，訟費歸原告負担。

事實：緣縣屬北關外之冲天湖，係歐陽姓管業。自前清光緒以來，與丁姓爲湖水、洲土、漁業、蘆草等爭訟，迭經判决在案。民國五年陰歷十月十九日，丁伯禄往該湖杜莊門首一帶取魚，爲歐陽光遠等查覺，隨將其魚網扣留。丁伯禄自知理虧，遂向歐陽姓承佃魚業，當書立佃約。内載："佃到歐陽姓冲天湖南截，自河鷹汊起，抵土橋湖杜莊門首一帶魚利。言定水稞錢一十四仟文，取魚之期自本年冬月十九日起，來年二月止，過期即爲廢紙。"等字樣，並書立領網字據一紙，均交歐陽姓收執。迨本年三月間，丁伯禄等忽稱冲天湖之西南所管撇籃湖，有同治年間合約，及歷年糧券爲憑，現被歐陽姓將該湖佔去。去年之佃字、領字，均係歐陽姓勒逼所寫，遂以恃强勒佔等情，具訴歐陽光遠等到廳。本廳集訊明確，應予判决。

理由：本案應行解决之點，試分别説明於下：一、冲天湖之西南有無撇籃湖之名稱。查民國五年十月十日，經本廳履勘冲天湖之西南，並無所謂撇籃湖之名目，亦無另有一湖之所在。又查武陵縣志，内載冲天湖縣東北七十里，西納石公橋永字樣。如果有撇籃湖存在，自應載撇籃湖西納石公橋水。此屬當然之解釋。二、撇籃湖四至界限，據丁姓供稱："西南邊與冲天湖，是水連水，北抵丁鳳嘴，南抵土磄湖，東抵泥港口"等語。查該丁姓呈驗之合約，並未載明四至界限。况該合約係丁姓片面所立，亦不能執此以爲憑據。又呈驗之糧券，究竟是否完納撇籃湖之魚稞糧，券内未經註明，無從查攷。三、丁伯禄所立之佃約、領字，係去年十月十九日，如爲歐陽姓逼勒所書，應即時申叙異議，何以事經數月之久，而始主張。可見勒逼一層，全屬虚僞。據以上論結，原告丁伯禄所請求，實不能認有理由，應予駁回。訟費照章歸原告負担。特爲判决如主文。

民國六年四月十四日，湖南常德地方審判廳民事庭推事童栴勳印，書記官傅運恒印。右判决正本證明與原本無異。民國六年四月十七日。

常德地方審判廳民事判决六年控字第七零號判决

控訴人丁伯禄餘詳卷，被控訴人歐陽柱餘詳卷。右控訴人爲爭湖涉訟案，不服本廳民國六年四月十四日第一審之判决，聲明控訴。經本廳另組合議庭審理，判决如下：

主文：本案控訴駁回，控訴審訟費歸控訴人負担。

事實認定：事實與原判事實項下所摘示者無異。兹引用之理由，查此案應爲解决之爭點，在於被控訴人所有冲天湖之西南有無撇籃湖是也。本廳查閲武陵縣志，所載土橋湖，係北接冲天湖，而冲天湖又係西納石公橋水。據此，是冲天湖南與土橋湖相接，西抵石公磄，並無所謂撇籃湖也明甚。且查本廳於民國三年八月一日及民國五年十月十日兩次履勘時所繪冲天湖圖，該湖之西南亦未載有其他之湖名。該控訴人主張撇籃湖，係南抵土礄湖，核與武陵縣志所記載，實屬不符。至於控訴人所提出合約，雖載有撇籃湖之名稱，然既未將湖之所在及四界註明，而其所提出三合公之魚課執照，又難以認定是否即係完納撇籃湖之魚稞，均不足藉以證明冲天湖之西南確有所謂撇籃湖者。該控訴人又安得妄稱撇籃湖係在冲天湖之西南，而與被控訴人相爭。况查被控訴人提出控訴人丁伯禄所立佃字，曾載有"佃到歐陽姓冲天湖南截，自河鷹汊起抵土橋湖杜莊門首"等字樣，尤足證明冲天湖之西南邊實無有撇籃湖。該控訴人雖稱該佃字係被控訴人所逼寫，但本廳查閱該佃字民國五年冬月十九日所立，而同級檢察廳於是年十二月二十一日傳訊，因訊明該控訴人業已投佃繳錢，始將刑事案件予以註銷。如果該佃字確係被控訴人所逼寫，該控訴人何以不即時向本廳提起訴訟，請求將該佃字判爲無效。乃事閲數月，竟主張該佃字係出於被控訴人所逼寫，已難憑信。况本廳訊據陳榮山、鍾茂堂、張萬順等均供稱，當控訴人丁伯禄寫佃字時，曾經到場，並非出於被控訴人之逼勒。該控訴人又安得謂該佃字係屬被控訴人逼寫乎。原判駁回控訴人之請求，並無不合，控訴人不得謂爲有理由。依以上論斷，本案控訴認爲無理由，應即駁回。控訴審訟費照章應歸控訴人負担。特爲判決如主文。民國六年六月十六日，常德地方審判廳民事合議庭代理審判長推事許錫璋印，推事黄國柱印，推事秦超海印，書記官康作梅印。右判決正本證明與原本無異。中華民國六年六月二十一日。

湖南高等審判廳民事判決六年上字第二三四號判決

上告人丁伯禄餘詳卷，被上告人歐陽光遠餘詳卷。

右開上告人對於中華民國六年六月十六日常德地方審判廳就上告人等與被上告人等，因爭湖涉訟一案所爲第二審之判決不服，聲明上告。經本廳審理判決如下：

主文：本案上告駁回，審訟費用歸上告人負担。

理由：上告狀稱，"民等祖遺撇籃湖被歐陽光遠等强佔一案，常德地方單獨庭不履勘、不究證，背法枉判，民等不服上訴，該廳合議庭仍不履勘、不究證，其背法枉判，與單獨庭等公然將民等數百年祖業，判歸歐陽姓管理，蓋欲使民處數百生灵，終填溝壑，以死而不恤，畧有知識者誰肯從此甘心耶。依民事訴訟法規，自判决之日起，廿日以内，皆屬上訴期間，得以申請上訴，而四級三審民案，雖經該廳兩次裁判，尚有高等廳爲不服者應訴之地。是以及此期限，請求檢送卷宗，俾民等依法上訴，其得取銷原判，以保全祖業與否，是又在乎高等廳也"等語。答辯畧謂：丁姓佃字九紙，其所佃地點，歷年皆杜莊門首一帶。今所揑之撇籃湖，亦杜莊門首一帶。果有湖，則丁姓當不佃民族冲天湖。答辯一、前日審理，其合同已鑒明，確係僞造，糧券已鑒明，確係冒頂。乃丁等不自知其無有辯論之餘地，反上告而實行强佔之决心。希冀民族或有讓步之一日。答辯二、縣志所載土橋湖北接冲天湖，又石公橋之水東注冲天湖，中間果有撇籃湖，則接者不能接，注者不能注矣。答辯三、武陵縣志乃伊族丁鰲九所採，在當日斷無有採民族之冲天湖，而不採伊族之撇籃湖。答辯四、年年搆訟，判案如林。苟有是湖，則往日爭湖狀詞，何以無"撇籃"二字。答辯五、業憑據管，案憑據斷。若有湖則早年訟爭，丁姓何以無合同、無糧券，以當庭呈驗。答辯六、初級口供，光緒年間糧券，被水冲及，民族呈出三合公十五年糧券，共計一十五紙，則冒頂他人絶户無疑。答辯七、云云。本案訟爭，據上告人主張，上告人住居門首是撇籃湖，在冲天湖之西南，形勢斜長，北抵丁鳳嘴，南抵土橋湖，與冲天湖經界分明，歷管無異。據被上告人主張冲天湖之全部漁業，概歸歐陽姓所管，有丁姓杜莊門首，伊族並無勺水，亦無籃撇湖之名目各等情。本廳按各當事人就利己之事實上主張，應負舉證之責任。在原告於起訴原因應爲證明，在被告則於抗辯事實應爲證明。故原告於起訴原因，本無確實證明方法，而相對人於反對主張，則有確實反證，足以證明其反對主張事實之真正者，當然駁斥原告之請求。此證據法上一定不易之規則也。本案上告人提出之證據，即同治十年、光緒三十四年之合約，及三合公之漁課執照數紙。查該合約雖載有"撇籃湖"之名稱，然未將該湖之所在及四界註明。究竟該湖是否在冲天湖西南，在杜莊門首，仍屬不能證明。且該合約係上告人丁姓片面所立，其效力亦甚薄弱。至三合公魚課執照，是否即係完納撇籃湖之魚稞，未經註明，亦難認定。是上告人於起訴原因已不能證明。原審復查閱武陵縣志所載，土橋湖係北按冲天湖，又係納西石公橋水，是冲天湖南與土磜湖相接，西抵石公磜，並無所謂撇籃湖。即該廳前次履勘所繪冲天湖圖，該湖之西南亦未載有其他之湖名。是就原審職權調查之結果，上告人起訴原因又屬不能證明。反之被上告人提出上告人所立佃字，載有"佃到歐陽姓冲天湖，南截自河鷹汊起，抵土橋湖杜莊門首"等字樣，足以證明冲天湖之西南邊實無撇籃湖存在。上告人雖謂該佃字係被上告人所逼寫，但該佃字係民國五年冬月十九日所立，而原審查得同級檢察廳於是年十二月二十一日傳訊，因訊明上告人業已投佃繳錢，始將刑事案件予以註銷。如果該佃字係被上告人所逼寫，上告人何至默然而息。且查閱原審訴訟記録，證人陳榮山、鍾茂堂、張萬順等均供稱，當上告人丁伯禄寫佃字時，會經到場，並非出於被上告人之逼勒。上告人所謂逼勒之説顯非實在，則被上告人提出之佃字，原審認爲可信，尚無不當。是被上告人之主張，已就其提出之證據及職權調查之結果，不能不認爲真實。第一審駁回上告人之請求，核與上述證據法則，並非違背，原審維持第一審之判决，尤無不合。至上告人所舉證人陳榮初，雖在一審曾供丁姓所爭在杜莊門口原有一勺水，與土橋湖相連之語，但本案上告在一、二審所提出之證據，無一可以證明其主張爲真實。而上告人提出之證據，及武陵縣志，均與被上告人主張相符。徒以陳榮初一人之證言，亦難推翻被上告之證據及武陵縣志。一、二兩審捨棄是項證言，不予採用，實無不當。惟於判决内未加釋明，不免疏漏，但於判决主文無關。故本案上告意旨仍不能認爲有理由。依右論結，本案上告應認爲無理由，駁回。本審訴訟費用，照大理院民事訟費則例第十五條第一項規定，歸上告人負担。至本案上告係空言攻擊，原判並無法律上正當理由，終應駁回之件，核與大理院上告審書面審理事例相符，故本廳依照民國四年四月二十日司法部第五零七號通飭用書面審理，特爲判决如右。中華民國六年七月二十七日，湖南高等審判廳民庭審判長推事金文謌印，推事王黼裳印，推事羅瑨階印，書記官褚德衣印。右判决正本證明與原本無異。中華民國六年八月八日。

湖南常德地方審判廳民事判決八年民字第一七零號判決

原告人陳琅函、陳人琪、陳人琯、陳人瑄、王以榮、覃焕章、宋選臣、丁維寅、陳哲喜、唐泰滋、丁潤生等，被告人歐陽元成、歐陽履之、歐陽光遠、歐陽德懋、歐陽章之、歐陽作人等。因經界涉訟案，經本廳審理判决如下：

主文：陳琅函、陳人琯、陳人琪、陳人瑄、陳松垣、王以榮、覃焕章、宋選臣、丁爲寅、陳哲喜、唐泰滋、丁潤生等之請求駁回，訴訟費歸陳琅函、陳人琯、陳人琪、陳人瑄等負担二分之一，陳松垣、王以榮、覃焕章、宋選臣、丁維寅、陳哲喜、唐泰滋、丁潤生等負担二分之一。

事實：緣歐陽元成等有祖遺冲天湖一處，東抵流二港，西至神仙觀山脚，南抵洪林口，北抵梘堤，並以歐陽支譜爲證。民國七年十二月二十一日，陳琅函、陳人琯、陳人琪、陳人瑄等，以所有郭家湖被歐陽元成等飛佔强取，因即具訴到廳。業經本廳研訊並履勘。在訴訟進行中，陳松垣、王以榮、覃焕章、宋選臣、丁維寅、陳哲喜、唐泰滋、丁潤生等，突於本年四月十四日狀稱：歐陽元成等吞佔荷花池、大興障、錢莊葉子、新莊葉子田、吴家葉子、杜家葉子、唐家障、柳家壋、八房葉子、棕子壋、朱家葉子、土橋税湖等處，懇請併案訊辦前來。案經迭次審理應予判决。

理由：

本案係爭之點兩造情詞各異。兹分别論斷如左：一、關於郭家湖與冲天湖之部分，據原告人陳琅函等呈驗陳氏宗譜，載有“郭家湖東至費賢塘，西至通仙觀，南至蓮蓬港，北至鞠家湖”等語。據被上告人歐陽元成等提出歐陽支譜，載有冲天湖東界則抵流二港，西徑至神仙觀山脚，南界抵洪林口，北界以梘堤。本廳查閲武陵縣志，所有柳葉湖、唐家湖、牛溪湖、鷹湖、土橋湖、冲天湖、白芷湖、雞湖、連山湖等，無一不備，而於郭家湖並未道及。則陳氏宗譜之證據力不若歐陽支譜之證據力，彰彰明甚。假使郭家湖爲郭家湖坪及偏堰沉廢之地，何以陳氏宗譜並未載郭家湖坪字樣，亦並未叙郭家湖坪沉廢之源流。况武陵縣志載有石公橋水有二源，北源出鳳凰山東南，逕至瓦屋壋楊家礄，南源出呰子山，東逕包茅灘神仙觀，俱至陳家礄而合，稍東有杉木橋水，北至楊家山，行十餘里來注之，又東南至石公橋，注冲天湖，源流約四十餘里等語。是爲石公橋與冲天湖銜接之明證，並無别湖介於其間。該原告人陳琅函等，衹就縣志所載西納石公橋水，並府志所載石公渡港府北六十里，通崇河等語，極力推測，以爲納字之義，係相距之謂，非相連之謂，又以爲石公礄既爲港流，則港之南北自有糧田，未免空疏無據。即就所繳紅册論之，原告人陳琅函曾稱紅册之本湖山，指冲天湖毗連之西角山而言，並非神仙觀之山脚之謂。姑無論本湖山係神仙觀山，抑係西角山，讓一步言之，縱冲天湖之西界爲西角山，而原告人陳琅函等所爭之郭家湖，亦爲冲天湖所包括，並無存在之餘地。二、關於土橋湖與冲天湖之部分，本廳第一次言詞辯論，陳松垣稱：“我爲土礄湖，我没契據，歐陽佔去南邊好多，他認定土橋湖是他的”等語。查訴訟通例，當事人對於係爭物有利害關係者，始有告爭之權限。本年五月二十一日，據陳人伉、陳人富、陳賓山、陳興仁、陳人國等狀稱，民等祖遺土橋税湖，北接冲天湖，並稱，查得同姓不同宗之陳松垣，碍伊親陳鋭情面，冒充土橋湖湖主等語，並呈繳族譜爲證，其所載土橋湖四圍界限，東南至□姓六房嘴老岸脚，東至北王山脚，西至下渡口，南至本岸熊家壋，與陳松垣所供不同。則土橋湖不爲陳松垣所有，而爲陳人伉等所有，毫無疑義。該原告陳松垣何得無權告爭，以爲侵佔冲天湖之基礎。三、關於大興障與冲天湖之部分。據王以榮稱，“我爭的大興障，田五十九石九斗，有修聖廟捐條，並稱大興障的糧串没有的，有契據，是嘉慶年間的”等語。本廳查閲所繳契據，除唐家障一文契外，概係大同障文契，既無大興障文契，無論所舉佃字及捐户收執是否屬實，而大興障等字樣已完全失其根據。果如所云，則石公橋外盡屬大興障區域，其於武陵縣志所載，“又東南至石公橋，注冲天湖”一語，又將作何解釋。四、關於錢莊葉子與冲天湖之部分。本年五月十九日，據丁潤生稱，“民是爲的錢莊葉子，北靠郭家湖未有憑據”等語。本年六月二十七日，據丁潤生稱：“爲錢莊葉子是我們的，有契據一撻。”先後矛盾姑無論，即就所提契據數十紙論，土名“黄土坎”者有之，土名“鐵匠坵”者有之，乳名“朱家坵”、“過水坵”者有之土名“習冲兒”、土名“窩坵”者，亦有之。本廳徧閲文契數十紙，並無“錢莊葉子”字样，於證據法上碍難採用。五、關於柳家壋、新莊葉子、唐家障與冲天湖之部分。據覃焕章稱，“今天來是爲柳家壋義渡十三家的，以佃字爲憑，未有旁的憑據”等語。丁爲寅稱，“今天來是爲的新莊葉子，因乙未年過亂，將憑據燒了”等語。據唐泰滋稱，“民是爲的唐家障界限明白，未有憑據”等語。按丁爲寅所稱“乙未年過亂，將憑據燒了”等語，覃焕章所稱“以佃字爲憑，未有旁的憑據”等語，不過支吾其詞，殊難認爲真正事實。再就唐泰滋所爭唐家障，論之本年六月二十七日，據唐泰滋稱，爲唐家障與王以榮各一半没契據等語，查本年第一次及第二次筆録，王以榮並未道及唐家障一語。假令唐家障係唐泰滋與王以榮共有，何以王以榮捨棄告爭權，而不極力主張唐家障之利益。顯係捏造，殊難憑信。依上論結，本廳認陳琅函等與陳松垣等之請求爲不真實，應即均行駁回，並責令負担訴訟費用。特爲判决如主文。民國八年六月二十八日，常德地方審判廳民庭推事張坪、書記官信子孚。中華民國八年七月八日。

湖南高等法院判决書

控告人歐陽元成、歐陽光遠、歐陽倬雲，被控告人陳秋生、陳春如、王以曾等。右兩造因確認湖業所有權涉訟一案。控告人不服常德地方法院民國十九年十一月十五日所爲再審判决，提起控告。本院判决如下：

主文：原判决及原確定判决，關於郭家湖與冲天湖暨土橋湖與冲天湖之兩部分廢棄。自大圓嘴起，西量一里，立碑爲東西界。本此東西界，向南量至水之中心爲南北界。確認爲郭家湖範圍，應歸被控告人陳秋生管業。自北王山起，西至檀樹嘴止爲界，確認界南爲土橋湖，應歸被控告人陳春如管業。界北爲冲天湖，歸控告人管業。其餘部分，再審之訴駁回。

原審及本審訴訟費用，由控告人負担十分四，被控告人陳秋生、陳春如，各負担十分一。其餘由被控告人王以曾等負担。

此判爲鼠所傷，僅存主文一截，姑録之以備参攷。

最高法院民事判决二十一年上字第二三一一號

上訴人東秋生（郭家湖代表）、王樹槐（大興障代表）、丁維寅（新莊葉子代表）、丁潤生（錢莊葉子代表）、覃焕章（柳家壋代表）、唐泰滋（唐家障代表）。被上訴人歐陽元成、歐陽光遠、歐陽倬雲。

上當事人間確認湖業所有權再審事件。上訴人等對於中華民國二十年十二月三十日湖南高等法院第二審判决提起上訴，本院判决如下：

主文：上訴駁回。第三審訴訟費用，由上訴人等負担。

理由：按當事人於審判上所爲之自承應有相當之拘束，法院自可依據以爲裁判，毋庸另予調查證據。本件查閲原審筆録，據代表郭家湖之上訴人陳秋生稱，郭家湖界限以老關坡爲標準，上以水一里路爲止，下以大圓嘴爲止，由大園壒向西量一里路，對河以水之中心爲界，歸我管業，我們做得。又代表土橋湖之上訴人陳春如稱，我的紅册，東至鷹岩嘴，我願讓步，從北王山拉至檀樹蘗爲界，南屬土橋湖，北屬冲天湖云云。見二十年十二月二十九日筆録。是關於郭家湖與冲天湖間之界限，及土橋湖與冲天湖間之界限，已經各該代表於審判上有明白之自承，並未涉及石公渡港。被上訴人等就此亦無異議。原審依據以爲裁判，並未另予調查。案稿簿所載孫承苞關於石公渡港之供詞，依上説明，不能認爲不合。玆猶以判及石公渡港爲詞，聲明上訴，殊非有理。再審之訴乃不服原確定判决之當事人具有法律上准許再審之要件，請求救濟之方法。再審原告人當然應具備合法再審條件，始能受利益之裁判。再審被告人既非對於原確定判决聲請再審，自亦無須具備再審條件之可言。上訴人等提起本件再審之訴所引用之證據，除文家坪契據一紙、壽綸公日記一本、案稿簿一本，足認新證據外，其餘各件均經原確定判决審核闡明，認爲無可採取，自不得謂爲新證據。原審以查得文家坪契據，及壽綸公日記、案稿簿，僅足爲郭家湖及土橋湖兩處有利之憑證，與其餘所爭之大興障、柳家壋、新莊葉子、錢莊葉子、唐家障無涉。除應就關於郭家湖土橋湖部分之確定，判決依法廢棄改判外，其餘各部分之確定，判決並無再審原因存在。即不能使之動摇，亦非不當，何得以被上訴人等亦無新證據藉詞爭執。又當事人不得於第三審主張新事實或提出新證據。玆於第三審粘附領狀，主張其足爲大興障證明所有顯非合法，上訴論旨均無可採。

據上論結，本件上訴爲無理由，依民事訴訟法第四百四十八條、第四百十五條、第八十一條，判决如主文。中華民國二十一年十月六日，最高法院民事第四庭審判長推事劉含章、推事郭秀如、推事吴汝讓、推事曹祖蕃、推事王建祖。

本件證明與原本無異。書記官王揚。中華民國二十一年十一月二十八日。

湖南高等法院民事裁定二十二年度抗字第九三號

抗告人覃焕章（柳家壋代表）、丁爲銀（新莊葉子代表）、王晋普（大興障代表）、陳鉄如（土橋湖代表）、唐泰滋（唐家莊代表）。

上抗告人爲與歐陽元成等因確認湖業所有權再審事件，對於中華民國二十二年十一月二十七日常德地方法院裁定提起抗告。本院裁定如下：

主文：抗告駁回。抗告訴訟費用由抗告人負担。

理由：查舊法例關於再審之訴固未限定於一定期間内提起，但自修正民訴律施行到湘之後，該律所定判决確定後逾五年者，不得提起再審之訴之條文，即應適用。参照最高法院十七年七月四日解字第一一六號解釋，及現行民訴法施行法第三條。又，再審事由發生在後，或知悉在後者，自發生時或知悉時起，三十日内提起之。此在現行民訴法第四百六十四條更有明文規定。本案第一審判決，係民國八年六月二十八日，在修正民訴律未施行到湘以前，固不受期間之限制。参照前大理院六年抗字第一零六號判例。但至民國十七年湖南隸屬國民政府後修正民訴律既已施行到湘，其中關於五年再審之期間，依法即應從斯時起算。届至民國二十一年扣滿五年，該項判决即不容更有再審之提起。上訴人覃焕章等對於柳家壋丁爲銀等、對於新莊葉子唐泰滋、對於唐家莊，此次聲請再審，既在五年期間進行，滿足之後，去年五月十二日。無論是否提有新證據，及其新證據是否可受有利之裁判，依上説明，根本不能認爲合法。至王樹槐等對於大興障聲請再審，其所根據，即：一、同治五年領狀，二、光緒十二、十四兩年糧券。據稱發現於去年正月，見原法院去年十一月二十五日筆録。至去年五月起訴時已顯逾三十日之不變期間，與法文不合，無容置論外，其領狀一項，雖係提出於最高法院前次再審終審判決以前，但經最高等院於判决内説明不得於第三審提出新證據，訒爲於法不合，予以駁回在卷。該項判决並於本年一月廿三日即已送達於抗告人收受。乃該抗告人王樹槐等，至本年五月間，始向原法院爲再審之聲請，於法亦顯有未合。況經原審查明，該項領狀應由收受機關或團體收存，何至入於抗告人之手。其狀内僅載高低田畝，並無地點界址。現抗告人所主張之大興障字樣，即由高低二字改竄而成，其無形式上證據力，更屬無疑。至若陳鉄如等對於土橋湖之部分，既經原審訊，據供稱，並無新證據，仍以前交案經確定判决審核棄捨之紅册爲憑，依法即不能爲再審根據。無論對於何項判决聲明再審，於法均屬不合，尤無重加駁詰必要。原法院依照民訴法第四百六十六條，認爲顯無理由，即以裁定駁回，尚非無據。抗告論旨要難認爲有理。據上論結，本件抗告爲無理由。依民訴法第四百五十九條第一項、第九十六條第八十一條裁定如主文。

中華民國二十三年三月三十日，湖南高等法院民事第一庭審判長推事彭世偉、推事凌嘉謨、推事汪珏。

本件證明與原本無異。書記官李蕚。(本件計一千零六十字)中華民國二十三年四月十日。

常德初級審判廳和解證明書

舖保柴鈺新,和解。

原告人歐陽自斗年未詳常德人業農、歐陽元成、歐陽作人、歐陽自達。被告人魯錫封、魯美廷、魯呈麟、魯應憲。

上列當事人因經界涉訟案,呈遞和解狀到廳。經本廳審查,證明如下:

一、和解内容:甲、魯姓與歐陽姓互爭地點,即魯姓所指爲魯家壋、歐陽姓所指爲冲天湖北汊。由歐陽姓搵補魯姓洋叁百叁拾元。惟兩姓所爭地點,以後歸歐陽姓管業取魚,魯姓不得過問。乙、魯姓與歐陽姓所爭地點之北岸,有魯姓菴嘴及廢田,歐陽姓不得籍搵金錢,强爲管有。但魯姓亦不得以魯姓菴嘴及廢田名義,撈取魚利。

二、和解之效力:本證明書自送達之日起,即發生效力。以前訴訟關係完全消滅。

三、和解關係人:余晴蕭、李子新、余世球、余奇生、陳漢卿、余敬生。

四、和解年月日:中華民國十四年二月二十四日。

常德初級審判廳民庭推事聶渥、代書記官彭鑫悦。

上件證明與原本無異。代書記官。中華民國十四年四月十一日。

刊載鷹湖祖業契約緣起,十七世孫錫蕃撰輯。十世祖玗春公於前清康熙年間,由本縣趙塘村祖居遷居永南大儒坪。其地濱臨鷹湖北岸,凡沿湖而居之各族各姓,於玆湖方面各佔地段,以田、以漁、以耕、以植,所佔之地通謂之刀山。予祖居此較遲,所有之草山、湖蕩、泥塌等,皆屬契值管業,約在十處以上,其四至界限紀載詳明。誠恐世局滄桑,風雲變幻,不事預防,一霎浮沉,茫無把握,其將若何。玆舉歷代契約畧載諸譜,俾吾子姓有所遵循。

一、歐陽處,於清康熙四十九年,值陽玉書閔家壋草山,東至龔朱山,南至劉山,西至曹田,北至田塝爲界。價銀陸錢。有契。

二、歐陽泰臨,於乾隆三十九年,契值陽書來世訓公三把刀草山,土名"趙家壋"即趙家老河。價銀三兩正。有契。

三、歐陽成猷,於嘉慶五年,契值陽德官二十一把刀山内一把。價錢一千三百。有契。

四、歐陽德友,於嘉慶五年,契值陽成錦二十把刀山内二把。價錢三千五百。有契。

五、歐陽益齋,於嘉慶八年,契值陽成玉二十一把刀山内一把,連趙家即趙家老河,一並在内。價錢一千五百文。有契。

六、歐陽德友,於嘉慶二十五年,契值陽成錦二十一把刀山内二把。價錢三千五百文。有契。

七、歐陽德瞻、德友、德舉、繼翼、繼翾。因乾隆二十七年契值族房閔家壋鑽頭嘴草山一所,四至界水東至朱家山,南至劉山,西至陽山,北至熟田爲界。又東抵本山,北抵塝脚爲界,車埠西抵曹田,南抵劉陳山夾溝爲界。道光五年臘月,憑鄉鄰定界。有約。

八、歐陽德友、德舉,於道光四年,契值家德隆趙家壋即趙家老河草山刀一把。價錢二千六百。有契。

九、歐陽元洪,於咸豐二年,契值鞠安春盈草山地十八把刀山,於三十六把中係一把。價錢三十二百文。有契。

十、歐陽元洪,於咸豐三年,契值羅學元、黄可壽、聶其福,率洪等草山地八把刀山,三十六把中係一把,價一千三百文。有契。

兩山界限,東以界限中嶺爲界,南以談姓草山臼子爲界,西以三茶河爲界,北以魏劉山爲界。

中華民國三十二年癸未歲十月吉日刊。

(歐陽元臣主修《[湖南寧鄉]歐陽氏四修族譜》 1943年六一堂木活字本)

湘潭楊氏遺作江湖碑與詳讞

祖遺作江湖碑

吾族自明永樂三年落屯本邑十二都一甲,遺作江湖一座,額糧七斗有零。明末荒蕪,至聖朝康熙三十一、八兩年,奉上清丈,丈過熟湖壹佰伍拾畝,荒湖陸拾畝,將開派祖楊浩英册名報案陞科,實徵正餉銀捌錢有零,並南漕二米。因此糧餉恐累一人,於康熙四十一年,合族公議蓄魚置罾,每年議立六人挨次輪流,照罾收費,供税敷差,書立合約,相沿已久。迨後族人住居星散,未便蓄魚,兼因衆姓墾增田畝,缺水求佃。每座車租銀叁錢,逐年又係六人輪流收租完餉。乾隆二十七年祠成,每歲公擇四人經管祠務。族議將屯湖歸祠,永定畫一之規。凡一切車埠及逐年車費,聽當年經管四人收集,歸公完餉,不得累及原議置罾人之子孫,而各房亦不得仍執合約,爭收車租。至於各姓田畝易主,佃埠亦有常規。倘再有在湖内强取强網,及掘湖、墾田等情,一經發覺,合族公處鳴究。自此公議之後,勒石竪祠以誌不朽云。

時乾隆二十七年孟冬月穀旦,合族公立。

長沙府正堂潘核詳奉允讞語

特調湖南長沙府正堂隨帶軍功加二級紀録八次潘,爲囑書舞弊冤無伸路事。乾隆五十一年三月十六日,奉前道憲李批,前府詳湘潭縣民楊彩彰控譚惟善等一案,奉批:據譚惟善等所呈印契,載作江湖注蔭,但楊彩彰等管業之湖丈册内雖未註明作江湖,而載有易俗河對岸字樣,其對岸是否即係作江湖,未據查明,含糊完案,究未足以折服楊姓之心,訟端尚未能杜。仰再轉飭確勘,易俗河對岸是何地名,調驗丈册、新老各契據,繪具確圖,並送以憑察核飭遵,毋遲。繳。等因,奉此。當經前府莫守轉行去後,嗣據該前縣趙訊擬詳,賫契册到府。並據譚惟善等隨詳具稟,當經卑府查核,所議情節未協,駁飭研訊,另詳,並將各契册飭發去後。兹據署湘潭縣知縣單令詳稱:卑職遵照差傳兩造人證覆訊,並查奉發丈册内註康熙三十八年承丈易俗河對岸,有湖共計荒熟二百一十一畝,科湖正餉銀八錢二分三釐,册名"楊浩英",又驗租水字約八紙。查賴克歆之父賴廷美、譚象賢之父譚惟善、劉仕玉之父劉惟一,於乾隆二十三、三十六、八、九、四十三等年,先後各立租水佃約。内載佃楊彩彰等祖楊浩英名下丈管作江湖水車蔭,每車埠一座，議納租銀叁錢、壹錢、壹錢五分不等，如期送交楊彩彰等收領挈完湖餉。再，譚惟善於乾隆三十六年所立租水一約，内有緘合註載合同爲據，字樣確鑿。又驗譚象賢、劉仕玉、賴克歆等呈繳先後承買田畝新老白印各契共一十七紙。契内除有蔭水塘壩外，或於契内註載，或於契外加批，俱係作江湖車埠，及牛車埠、楊家湖車注，字樣無異。惟查劉仕玉之父劉惟一於乾隆二十四年承買楊斯來田畝新契一紙，内載其田俱係屬作江湖水車蔭，放注無阻，細驗"屬"字實有剜補痕跡。又驗賴克歆之父賴廷美於乾隆二十二年承買楊蒂言、楊斌若等田畝新契一紙，内載門首塘水照舊車蔭無阻外，係作"作江湖水注蔭"字樣，上"作"字驗係"佃"字用墨筆改爲"作"字，復行塗去。又本契旁添批小字一行，註稱"重寫作字一個"。核對楊斌若所立本契内筆跡，迥不相符，及驗其附呈老契二紙，一係楊蒂言父、叔楊超英、楊尚賓於乾隆七年接買楊則周田契，外批"作江湖水照額車蔭"；一係楊蒂言父、叔楊超英等於乾隆五年接買楊九榮、楊次簡田契，外批"契内田畝係作江湖水車蔭無阻"。驗此兩契外批字樣，不惟墨跡新鮮，尤有摩擦形跡，顯係新添之批。就即逐加研訊，議詳前署府李守丁艱卸事，未及轉詳，卑府回任，接准移交，覆核無異。核看得湘潭縣民楊彩彰控譚惟善等爭佔湖水一案。緣楊彩彰等祖遺下屯作江湖一座，坐落縣屬十二都一甲，坐易俗河對岸，康熙三十八年承丈，共計荒、熟湖二百一十一畝，科正餉銀八錢二分三釐，册名"楊浩英"。乾隆年間，環湖各姓田畝均向楊彩彰等佃車湖水，每車埠壹座，議納租銀叁錢，每年給楊彩彰以作挈完湖餉之費。現在三十餘户佃車納租無異。譚惟善、賴克歆、劉惟一曾於乾隆二十三、五、三十六、八、九、四十三、四等年，亦先後佃車湖水，疊立佃約，概呈在卷。乾隆二十三、四、三十四、七、四十一、二、五十等年，譚惟善、賴克歆、劉惟一，各自接買楊蒂言、楊斯來田畝，其老業主楊則周、楊九榮等，俱係楊彩彰户族，均知作江湖係屬祖業。新、老契内止載佃作江湖水車蔭，惟接買李廷奉、黄善長、黄國萬等田業，商串契内混載作江湖水車蔭字樣，以爲圖佔張本。乾隆四十七年，賴克歆等在作江湖邊添埠車水，楊彩彰出阻毁車，彼此控縣。賴克歆等慮新、老契載不符，難以呈驗，故將乾隆二十二年接買楊蒂言新契内所載"佃"字，改爲"作"字，又恐兩"作"字相連，語句不順，在契外添批重寫"作"字一個，希圖掩飾；又將楊蒂言付出老業主楊則周老契外，添批"作江湖水照額車蔭"，並楊九榮等出筆老契外添批"契内田畝係作江湖水車蔭"等字樣。劉惟一亦將伊接買楊斯來等新契内所載"佃"字剜改"屬"字。譚惟善於伊接買楊裔桓黄善長田土時，即商串各在契内註定"作江湖水車蔭"字樣，揑寫成契前。故令白璟審訊，未調丈册核對，新、老各印契或内載，或外批，均有"作江湖水車蔭"字樣，不察串揑剜改情弊，斷令譚惟善等各照契車蔭，楊彩彰等繳銀二十兩，賠車立讞在卷。楊彩彰等不甘，赴府具控。經前陞府王守批飭該縣調契查訊，又經該前陞縣方令調契覆訊，以譚惟善等新、老各契業經前白令驗訊定斷，照案具詳，致楊彩彰等上控憲轅奉批飭提丈册契卷，秉公核斷。經前府莫守行提契册查據縣詳核，復奉前憲駁飭另審。嗣據該前縣趙令已訊明易俗河對岸即係作江湖，此外並無别湖。都耆鄰右何賦清、朱作樫等僉供無異，趙令仍斷歸楊彩彰管業，每年每車一埠，給納租銀貳錢，等因，詳府。譚惟善等因與白、方二令斷案懸殊，隨詳翻控。當經卑府駁飭研訊，另詳去後，玆據該縣差集兩造人證查驗丈册及各契約，逐一研訊。譚惟善、劉惟一老病，不能到案，伊子譚象賢、劉仕玉，並賴克歆始猶狡辯，及將新、老各契暨批約弊竇歷歷指出，均不能置辯。是作江湖既據耆鄰供稱，實在易俗河對岸，核之丈册正餉銀數，又與現在楊彩彰等完糧串照相符，附近並無别有湖地，即賴克歆等亦不能另行指出。其易俗河對岸即爲作江湖，毫無疑議。且租水實有三十餘户，即賴克歆等供亦無異。似應仍照趙令原議，斷歸楊彩彰等管業。查譚惟善、劉惟一、賴克歆各於契批舞弊，以致白、方二令均被朦混，殊屬刁詐。譚惟善、劉惟一、賴克歆請各照不應重律，杖八十，譚惟善、劉惟一均以老病，應請將伊子譚象賢、劉仕玉提同賴克歆，折責發落。楊彩彰等所毁水車，仍照白令原議着賠。再，譚惟善等先後所立佃約，内載水租三、四錢不等，除未經搆訟以前不議，嗣後請如趙令所議，每車埠一座給租銀貳錢，以歸畫一。每年租銀仍聽楊彩彰等取收，以挈完餉之資。譚象賢等毋許騙租强車滋事。既據該縣飭取各遵結附卷所有遵駁飭縣覆訊緣由，是否允協，合將核據縣詳具文詳請憲臺俯賜察核飭遵。

乾隆五十八年十月初五日奉道憲西批：仰即如詳飭遵。繳。

郭憲訊結讞語

咸豐十年五月十二日，楊叔華控劉十八冒佃故决，十月十六日奉郭憲訊結讞語。

審看得楊叔華等與劉十八即聞白及郭文榜等控訴一案。緣十二都一甲作江湖，歷係楊叔華等之祖承，丈册名"楊浩英"，歸伊族祠輸納管理。環湖之田均於該湖佃水注蔭。經楊叔華之祖於湖上置車埠三十餘座，湖下築堤，置車埠四座，湖頭砌石爲直塹板收水，雇人看守。舊規限三月初一日收關直板，其湖下各堤壩必先期修整，由守直人開直灌注，别人不得擅開，歷久無異。突今四月，劉十八三次决堤乾魚，冒稱唐碧軒佃統兇擅開塹板，經守直之楊四理阻莫制，致楊叔華等以冒佃故决事，具控到縣。旋據劉聞白、郭文榜等，以一棍作祟，訟痞詐索等事，投訴前來。兹集庭訊調，核郭文榜等各契均載有作江湖注蔭字樣。據團總李春亭等僉供，作江湖原係楊叔華等祖業，佃水注田者，湖上有李金田等田叁千餘畝，湖下有郭文榜等田貳百餘畝。各契均載有"作江湖注蔭"字樣，楊叔華等並未載注。原以舊有成規，水由守直人經管，劉十八並未耕田，素不安分，不應連决堤壩乾魚，擅開湖直塹板致肇訟端等語。查劉聞白供，係唐碧軒佃人，唐碧軒既不赴案呈契，冒佃顯然。且該湖係楊姓族祠公管，而楊叔華、楊雲亭等又係祠經理祠事，理應出控。劉聞白等輒敢誣棍誣詐，本應按究，姑寬掌責，交甲總包爾發保歸，日後不得再行滋事。斷令郭文榜、廖日新、譚國安等，湖下均有田畝，嗣後仍照舊規，由守直人開放，毋許私自擅開。至所收租錢，既老案、縣志均載係幫楊姓輸税，亦照舊清納，毋得短少。取具各結備案。此判。承發科黄中理承。

（清楊亮庭纂修《[湖南湘潭]中湘蟬塘楊氏六修族譜》 清光緒二十七年遺直堂木活字本）

湖南羅氏公益志

交　通

衣食住行爲人生四要素，而行尤要。交通者，人生之脈絡也。交通之屬於陸者爲道路，屬於水者爲橋梁、爲義渡。孟子曰："十一月徒杠成，十二月輿梁成。"民未病涉也。此古代注重交通之明證也。今日交通尤爲重要。故國家特立一部以主持之。大規模之交通當然歸國家負責，至交通方面之支路，則不能不賴地方人民之自行辦理。誠能於人所常由之路，窄者使之寬，曲者使之直，凹凸者使之平，則行旅之往來受賜匪淺。就吾族言，如友宣公之開闢麻蘿山至小田路三十里，光汲公之修復關土橋至打鳥坳路二十餘里，其最著也。且吾人澗谷分居，不無阻塞，山溪暴發易致泱漭。有時苦雨兼旬，陽侯肆虐，水田浴鷺，磴道霾沙。苟非叠石爲梁，或編木作筏，何自亂流以濟，其困苦可勝言耶？所幸地多君子，即婦女咸知利濟，如羅楊氏之建保親橋，以及羅曾氏之捐租三十六石爲里中修路費，是又婦女之可風者也。吾族人士熱心以上公益事業者，正不乏人，詎可略乎哉。

鎮撫橋：在上文田，原富公子孫建。

横江廟石橋：在文田市，政舉裔建。

永興石橋：在大田，應俊公子孫建，同治五年復修。

附：永興橋復修記光緒十六年庚寅　　承鎰沐霖

竊維橋者，王政之首務，地方之善舉也。我地自應俊公喬遷斯土，創建板橋，命名"永興"，意欲使子孫勿替也。利濟百餘年，來往稱便。因世遠年湮，補修匪易。先輩改建石鞏，以垂久遠，逾三十年，爲蛟水所圮。權架板橋，十餘年間屢經更换。戊子夏，得同志十餘人倡石鞏之議，以承先志。而事屬善舉，人即樂從。其殆所謂人之欲善，誰不如我者耶。因隨緣樂輸，一倡捐即得三百餘緡。於是擇日興工，仍石鞏之舊基，復建石鞏，未半載而工竣，仍名其橋曰"永興"，示不忘先人德意也。嗚呼，風水之説理信有之。我地自先輩修建石鞏以來，樸耕秀讀，蒸蒸日盛。後圮於水，風氣漸歸偷薄。今得好善諸同志復石鞏舊制，培補龍氣，將地靈人傑，是所望於後之有志竟成者。

保親橋：在橋坪。凡三拱，嘉慶時節孝羅楊氏建。

祈年橋：在文田，原爲楓溪石橋，建自前明，歲久傾圮。道光廿五年，羅致宜倡衆修砌。同治五年，大水衝毁。羅承閥兄弟爲父祈壽，修建木橋，改今名，旋復石橋。

水口山石橋：在下文田，原富裔倡建。

觀音閣石橋：在下文田原富裔倡建。

莫公石橋：在和納溪下流，子贊裔世定主修。

和納溪石橋：在文田村，子贊裔倡建。

永豐橋：跨小滕溪，羅楚材倡修，同治五年羅世澤、萬象等復修。

附：永豐橋記　　羅萬資

我地東通雲溪，道經泥溪坳鐵山坑，峻嶺綿延，行旅艱焉。乾隆初前輩作謀先生倡闢其路，志未遂而捐館。甲辰歲春，嗣君漢侯及令弟佐侯思成先志，集族衆申前議，僉謂佐侯見義勇爲，才足濟志，相與解囊，推爲首事。佐侯相地度宜，鑿其險隘，去其荆棘，由橋坪達雲溪，計闢新路三十里許。而高橋下游，適當小藤水之衝，原建石橋以基未固而圮，佐侯更其式，折其墩，易以巨石，改建木橋，廣二丈有奇，袤二十丈，旁設坐橙，上覆瓦亭，俾免風雨侵蝕。工竣屬序於予。予因顔其橋曰"永豐"，蓋喜其可大，而更冀其可久也。嗚呼，吾鄉往日之雲溪市，道險而峻，稍不戒則瀕於危，人苦之者累累。一旦佐侯昆仲克副其先志，俾斯橋與路去險而就夷，化谿而爲坦，其遵王道之平，永免褰裳之涉，誠盛事也。或以風水之説，謂開導水口，間有礙於鄉，其毋乃惑歟?

坪上石橋,又名石拱橋。清同治時毁於水,光緒丙子原禄公裔復建,主修吉祥、効忠、特猷、玖興等。

附:坪上石橋記　　楊熙顥

文田村之南,白水洞有溪焉。順流而下,至坪上汲浪軒前,適當孔道,殆古人所謂要津者。前輩爲造石橋,以利行人,因名其地爲“石橋江”,其來久矣。橋之左右,羅姓氏族所居也。自同治丙寅因洪水傾頹,左右居民或架木以渡,非所便也。昔孟子論王者之政、以爲“十一月徒杠成,十二月輿梁成”,特不過架木爲之。是故有成有虧,時舉時廢,非必爲悠然不拔之計也。且必有王者,而後有是政。觀於孟子之言,知春秋戰國時,有不盡然矣。兹於光緒丙子年建議重修,一復石橋之舊。然石不借鑿於他山,費不假捐於他族,而其基址愈固,其規制愈宏。可以補化工之闕,可以濟地利之窮,可以極人力之巧。語云:“不一勞者不久逸,不暫費者不永寧。”良有以也。自兹以往,生於斯,長於斯,聚國族於斯,酬酢往來甚便也。晨夕過從,甚歡也;化險爲夷,甚安無傾也。豈若徒杠輿梁之以歲月計者可比哉。屈百丈長虹於咫尺之地,樹千秋勝蹟於指顧之間,不有以誌之不可也。爰略紀顛末而爲之記,以並壽河山云。

烟竹江橋:跨錫溪水,原有橋,會頗裕。民國二十八年毁於水,次年教民楚琮等復修。

附:重修烟竹江橋記　　楊小新

煙竹橋重修落成,首士教民楚琮等,欲誌顛末以勒諸石,請余爲文。余曰:藉西山之木石,欲疊滄溟,成北道之津亭,好停車馬,誠盛事也。因爲記曰:瀑發山崩,共訝蛟龍徙穴;風騰浪擊,同驚魚鱉無梁。皆因沴氣暗生,怒逢河伯,以致濤頭亂打,響震山靈。蓋天自降災,原欲人民之儆惕;津非有妬,實關家國之妖祥。故聖人生而海波自息,孝子出而泉水能甘。視沙石皆成文章,照洲渚不逃形狀。名祥有自,號德何妨。至於大波小波,作靡涯之淪濫;一滴二滴,成無際之江河。或乘其流,可以戴笠垂竿;或順其勢,可以揚鬐鼓鬣。雖玩之者有戒,而欽之者宜多。惟丁丑年四月二十七夜,大雨如傾,長河直瀉。月當千畢,竟遭滂霈之占;風候纏箕,自奮捲拍之力。自芒花坪急湍而下,瀠洄百餘里之遥。其間山澗谿澗,都變寒渠;稻田桑田,盡成澤國。千里波浪,何曾光歎如珠;萬頃泥渣,豈僅聲殷似鼎。又安可望其鴈齒重排,而虹腰不斷也哉。此地係新邵通衢,爲四達八達之莊;竈煙相接,是萬人千人之路,負戴尤多。原有橋焉,隆棟尚新、丹堊未毁。襯春山而息影,兩岸緑楊;横秋水以爲痕,一村紅樹。乃亦挽瀾無力,遂若飄蓬;息版何時,空思納履。青騾跨到,頓迴前路泥蹄;朱雀飛來,難覓舊時月印。首士等歎前躅之流芳,謀爲繼武;喜遺踪之尚在,猶有重礌。所幸者,斯橋有會,强可度支;衆志成城,雅能舉措。漫云獨木難成,藉同志扶將之力;且賴羣材畢萃,仗大家邪許之聲。於先人擲杖之時,不煩鼉架;在河鼓償錢以後,奚用鵲填。從此馬來得得,冰厚蹄圓;人去遲遲,霜繁跡在。丹楓白板,大非疇昔之風光;碧草紅蘭,問是誰人之圖畫。然余之所冀於將來者,傳紀辛壬,神功永鎮;家鄰丁卯,詩興都豪。司馬橋頭,過客之徘徊奚似;韓凌石下,遊人之拂拭何如。

龜壽橋:在錫溪村烏龜洞。羅思恒與彭建魁譚教安等倡建。民國二十年毁於水,三十二年教民等興工修復。

附:龜壽橋記清嘉慶時　　鄒良弼

祖龍欲渡海觀日，神人鞭石成橋。其術幻，其事亦幻，幻、惡可訓也。然石橋之建，自此昉矣。今龜壽橋之穹窿峻起，不假神助，實藉人功。謂非大有造於玆土乎。蓋以其地當新邵之衝，大水奔流迅激，褰裳則滅頂滋懼，方舟則石骨嶙峋，支木又撑柱維艱。謀之其臧，僉曰："非石橋不爲功。"爰經始於丙子，度地立基，規以眡圓，矩以眡匡，跨流三甕，徑十餘丈，高五丈有奇，廣二丈有奇。督役勤勞、始終不懈者，時則有若彭氏建魁、譚氏教安、羅氏思恒焉。慨輸重貲、力任築隄者，時則有若羅氏度和焉。經理度支矢慎矢公者，時則有若鄒氏北海與福光焉。閲三寒暑，己卯告成。砥柱狂瀾，彎環月壁，視假神工以成者，其虚實造作爲何如耶。謹誌之以垂不朽。

履仁橋：在仙人石。羅大倫、大德、大江、玉泉等倡修。

清水橋：在清江坪。羅化陽、啓識與袁東海等倡建。

久安橋：在錫溪天玉寺前，原爲石橋，毁於水民國三十二年。永竹等倡修。

龍王潭橋：時恩公裔與外姓合建。

雙淋江橋：清嘉慶以來架木爲之，不耐久，且斯地適當白沙坪，水與玄溪水會合之處，每遇山洪暴發，更易爲巨浪衝毁。不有一勞，誠難永逸。民國二十一年壬申，書窗不惜巨貲鳩工砌石，堅其基址，宏其規制，斯橋乃歷久不拔也。

永濟橋：在文田、金壁兩村間。羅世彦與孫春圃倡修。咸豐間，世彦等復修。

仁壽橋：在洋溪小陂頭。道光八年戊子，羅譚氏、羅月盛、冠羣、正芳、竹林、能讓、棲梧與楊瑚等合建，庠生羅集錦撰記。民國二十三年圮，今改木橋。

羅家橋：在前西成團横陽山柘木嶺下。此地爲羅氏南遷之發源處也。

木馬河石橋：在文田村東北。民國初年必才裔倡修。

羅家橋：在前大同團山溪，跨麻溪水。爲天富公裔建。

潮水橋：在潮水村，舊通新邵孔道。里中以傾圮爲尚敬公言者，公捐金成之。道左古碑有云：江右某某者，即公名也。

碧潭橋：在潮水村深碧潭，當新邵大道。由尚敬公裔亨基等於清嘉慶間合力捐修。

羅家橋：在安化一都沿溪山口。民國二十四年乙亥，海公裔公建。

附：羅家橋記　　迭　烈

羅家橋，舊名緣奇橋，義不知所考。是橋也，環東、南、北三面，皆安屬，惟西南由沿溪山斜穿一角屬新。族先輩因就山麓之水，與海南溪會合處，修建石橋。其所謂緣奇者，意即沿溪之訛歟。沿溪流域，從沿溪山至黄花江，所居多吾族，故關注獨深。歲壬子，溪水暴發，橋由是圮。安屬洞市江南等處屢丐復修，僉謂繼承先志，責有所歸，豈讓他人庖代，貽不克負荷羞。延至乙亥春，族人國祥君倡捐白金，從之者如響。迭熾、迭毓、迭灼，及各房當事諸君，出而理其事。經始於乙亥冬，落成於丙子秋。甫一載而竟功，謂非董事諸君之精神表現不至此。橋如新月形，均石砌，望之若鰲背穩架，雁齒鱗層。而兩岸高山夾峙，一水中分，蜿蜒而曲折，形家謂爲吾族之屏障者也。余常經其地，輒徘徊橋上，瀏覽之頃，頓滌煩襟，令人有濠渤間想，風景誠絶佳也。從此江水砥平，安瀾永慶，謳歌載道，題柱有人。可以表吾族之功勳，即以輝先人之遺緒。橋之取義，蓋深遠也。爰執筆記之。

步仙橋：在楚良赤竹山。清雍正元年癸卯建，乾隆四年己未復修。

附:步仙橋記

嘗謂生物莫如天地,而缺陷之處,天地不克施其功。仁民無若聖王,而經濟之窮,聖王亦苦於無術。士君子生居兩大,尤當贊化育所不及,爲之補其缺陷,代其經營,以成不朽事業。斯其功不止在一隅,而其利直同乎萬世。我地之赤竹山一途,介在新安,爲四方往來孔道,但風迴路轉,一水中分,上下行人,未免褰裳而太息,此亦天地缺陷處也。於雍正元年,張門羅太夫人獨發鏹資,造成盛舉。歌功頌德者不知凡幾。暨乎洪波氾濫,墩圮橋傾,行旅之窘步者,匪朝伊夕矣。地方仁人君子目擊心傷,因之集腋成裘,鰲背穩架,雁齒鱗層,所謂臥影波流、未雲何龍者,其斯橋之謂乎。是舉也,續太夫人之駿烈,俾從前功蹟、不致歸虛。而水窮山盡之鄉,天地不克施其功者,因而補之。聖王苦於無術者,因而贊之。由兹以往,尚有嘆江水之泱泱,嗟北流之活活者乎,無有也。道里康莊,長虹在望。此固非一隅之功,而四方之功,非一時之利,而萬世之利者也。因顔之曰“步仙橋”,以誌不朽云。

花橋:在楚良石門頭前。洪盛等於清嘉慶十五年庚午倡首復修。

附:花橋記　　洪　盛

是橋之建,余生也晚,不知創自何年,稽諸父老,蓋自康熙十六年創也。迄乾隆癸酉秋,突遭回禄,其後駕榷以渡者數十餘年。今歲庚午,並榷斯絶。余與諸父老遊,言及復修,僉曰美舉。惟時酌議未允,越二日,諸君呼余曰:橋之成決矣。後日刊碑,請爲之序。蓋因橋之未成,橋之始成、橋之終成而記之。方橋之未成也、隔岸相呼,恨天涯於咫尺;褰裳莫濟,悲歧路於窮途。嗟輿梁之未成,實王政之有缺。觀橋之始成也,具羣材、卜彼岸。伐檀伐木,鱗鱗增雁齒之光;工石工金,奕奕就鼉梁之美。盆化衆生之金,囊解多人之手。庶幾征人無病涉,過客得通津。逮橋之終成也,清風徐來,水波不興。聽秋水之潺潺,斬蛟者而今安在;覽圓紋之叠叠,進履者振古如斯。惠播千秋,功垂萬禩。余不揣固陋,因援筆而記之。

南濟橋:在四川三台縣城南。原爲義渡,承誥遵父世儀遺志,捐萬餘金,改建石橋,以垂久遠。

文田路會:羅允泰妻曾氏、子世澤兄弟,捐水口山台上田,共租三十六石,作爲里中修路費用。

附:捐修路會義田序　　鄧　瑶

曩安化陶文毅公勸捐義穀疏,有云:“省祝壽之費以助兹舉,則天必益其壽。”旨哉斯言。世俗富家巨室值生日,聽子孫廣召戚友,製錦稱祝。輿馬填咽,笙樂翕張,累日弗輟,所費動至數百千緡。夫以此無益之費,移爲義舉,詎非昔賢所云“積陰德於子孫”,而文毅公所謂“天必益其壽”者乎。然難以此責諸世之士大夫,況婦人女子之流歟。今聞吾邑曾安人之行,不禁嘉歎不容已也。安人歸同邑羅君平階。羅君性誠樸,延師誨子,終身弗懈。安人佐之惟謹。夫没,教諸子益嚴。居恒多懿行,而出私財修治道塗一事,尤爲遠近所樂稱。始諸子析産,别以租四十石奉母爲膳田。安人歲謹藏蓄,已令諸子察鄰近三十里間塗之攲恶不利行人者,發藏粟召工葺理。月稽歲覈,賞勤絀惰,次第舉修,塗平如砥,迄於今蓋十稔矣。今年秋,值安人九秩生辰。諸子議稱觴爲壽,則諭之曰:“兒曹計舉觴之費約幾何,以此侈示戚黨,曷若助我義舉,不益大慰老人心乎?”噫,有是一念之善,即足感天地、動鬼神,且可以愧世之偉然負七尺頑軀而爲富不仁者矣。安人不欲諸子舉觴,諸子弗敢違,顧愛日情篤,必欲曲致其悃款仁孝之心。乃於治塗工蕆,集戚友捧觴上壽。母賢子孝,各行其意之所安。君子於是服安人母子爲能篤於恩義,而益卜羅氏之將日盛矣。夫人生七十,古已稱稀。今安人行年九十,樂善弗倦,子姓繁衍,孫又生男,天殆畀以高年厚福,用酬盛德。且使邑之士女有所觀感,羣曉然於爲善之無不報也。安人族弟香海明經,嘗爲余言。余以安人兹舉,有古賢母風,與文毅語合,亟書之以爲世勸。

荆竹坪路:先是由文田出雲溪,必經鐵山坑山路。楚材以崎嶇難行,倡闢荆竹坪雙江口徑路以達雲溪,約二十里,行者便之。

滄溪廟路:古路年久傾毁。清光緒十八年壬辰,樓下族人醵金修之。行者便焉。

附:滄溪廟修路碑記 楚潤經湛

廟西五六灣,有途焉。左田右溪,坦可行者,廣約一英尺弱。負行肩摩,徒行屨午。每陰雨泥滑,輿馬相逆,惴惴欲墜,觀者汗焉。余老矣,脯食後喜市談,夜盡,偕二三夙歡手燈返,過此悚且愧。光緒十八年壬辰冬、有以修築議者,幸義資之遄集也,呼匠氏廓之。斫聲震里,不數月而砥平。籌款者顧而樂之,去來者夾而馳之,里叟楚潤碑以志之。時光緒二十年某月日也,年七十有一。

紙錢隘路:爲新漵通衢,從繖客梓起,至雙淋江,計十二里。同治時,楚吉字玖興者,於清咸豐時獨任建築,修石路。民二十六年,其孫世暘又加整修。

關王橋路:清乾隆五十五年庚戌大水毁關王橋至打鳥坳,通行路二十餘里。羅洪光汲捐金數百,督工修治,歷三月而路平。

高平大坻路:古路歲久傾圮,不便行者。里人南陔、笛村兄弟,倡議修築。計三百餘丈。

附:大坻修路記 楚文竹村

道光壬寅新正廿八,堂叔南陔公與弟笛村,囑余爲修路記。或曰:“修路亦記乎?”余曰:“記修路,以愧夫不修路者。”或曰:“不修路者,不能修也,其亦愧之乎?”余曰:“是非謂不能修者,謂能修而不樂修者。如其樂修,則量其力之所能修,而慨然修之。或一人修之,或與衆人修之,或一二丈修之,或百十丈修之。天下豈有不修之路哉。更何待余之記也。”或應聲曰:“誠若是,是不可不記。”余記上自石過龍,下訖羅心水口,共路三百餘丈,記石工七百餘日,費錢百餘千文,修路人名列後。記之者,居遊莊主人楚文也。

小田路:明英宗時,洋溪友宣公開闢麻蘿山,上通小田,山路三十里。

孟公嶺路:明嘉靖時,洋溪永高、秀繼父子鑿開孟公嶺官路。自是由新化縣城至羅洪,上走雲貴之行旅,乃大便利。

小陂頭路:友清祖於明憲宗成化時,由冷水巷遷居小陂頭,即於垣前開鑿雙井,並修築道路。上自雙井邊起,下至利村交界之石塘山止,約計二百餘丈。至清同治元年,以路多傾圮,由文斗、成章、聯芳、國瑞等醵金復修。

附:重修小陂頭井路碑記 集錦俊良

余先人卜宅斯地,耕而食,即鑿而飲,利賴至今。無如歷年既久,小補敝漏,殊爲無濟。本年修砌垣路,將井重修,以昭世守。履慶平平,不藉司空之力;汲兹井井,長同種壽之泉。不可不勒諸石也。同治元年壬戌夷則月,郡庠生浣溪集錦謹誌並書。

芷溪茶園金灘三渡：爲永寧通縣城要道。清乾嘉間，羅啓聰、楚材父子主修，並捐田爲渡夫永久費用。

附：三渡義田紀略　　世　彦

文田村距城八十餘里，道經芷溪、石溪、金灘三渡，往來需舟濟。芷溪向無義(度)〔渡〕，行人每望洋致歎。乾隆初先曾大父琇軒府君，倡集族中父老，起立芷溪渡會，各解己囊，置地名"鄧家培"莊房一所，"常家培"楓溪橋邊三處，共田六畝零，以給是渡。金灘渡亦即於是田租内取給。石溪渡原是官衢，道里紆遠。族先輩酌於茶葉灘别置一渡，較由石溪便而且捷。置茶葉灘田二畝零、曾家屋場田二畝零，節年收租，永爲是處舟子費。先大父捐貲，倡首修砌碼頭以利行人。約議本處卿姓永修渡船。自是三渡均獲利濟焉。

麻溪渡：在資水潮水。羅秀鳳、萬國、萬化、萬綺，與李、郭、王、鄧姓十二人，於康熙甲子，各出金買三尖村寺門前，及回獅塘二處，上田三畝五分，租九石，供渡夫食用，又山溪羅西兄弟奉繼母劉氏命，修渡船一隻，置横板橋上，中田二畝零，供渡夫食用。

漩塘灣渡：在資水。羅維聘與潘、吴、陳、徐、余等姓合修。每年給渡夫穀十石。

唐家溪渡：在資水通潘溪之金雞坪。羅朝厚與吴、段、傅、卿、潘、徐等姓合修。每年給渡夫穀八石。

冷水江渡：在資水。羅教宣捐田六畝一分，置渡船一艘。

巖門渡：在資水屬赤石村。渡有二：一羅福江倡修，一羅姓公修。

白沙灣渡：在赤石村。羅聘階捐田二畝，給渡夫食用。

茅坪渡：在永順縣。道光時啓明裔置。

水　利

《禹貢》一書，爲我國言水利者之祖。《史記・河渠書》、《漢書・溝洫志》接踵而詳述之，嗣後史家皆祖述焉。蓋民以食爲天，而食以水爲本，所關於民生甚鉅，故前史特詳。至若譜係一姓家史，農田水利皆與他姓共之，似無紀載之必要。不知水利之屬於一國一方者，在史志固所當詳，而水利之屬於一人一家者，在譜牒中亦不宜忽略。江河溪澗，謂之公水，當與大衆共之；塘堰車壩，謂之私水，雖其受用，當依地方習慣及民法上之規定。但其水既爲先人所利用，要不可自我而忘之。先畲之有功後人者，猶當尸而視之，況吾祖若宗乎哉。

白水洞壩：在文田坪上，進水馬口，計七十座。右手灌田至祖山止，約田二百餘畝石下一壩左手灌田至雷廟止，約田百餘畝，福、禄、喜三房公建。

和納溪壩：在文田和納溪接流，開圳長一里許，灌田達百畝。子贊公裔建。

洞頭壩：在大田永興橋北岸。第一壩由左邊進水，灌田數十畝，第二壩由右邊開圳逆流，長可半里許，灌田十餘畝。均應俊公裔建。

西衝口壩：在中文田，流灌南衝廟、孟公亭等處田畝魚塘。

横江市壩：在文田横江石橋下，左右分注，灌田數十畝。子旺公裔建。二里之間，碾坊六七，日夜不休。里人得利匪淺焉。

坪頭垠壩：在中文田，流灌觀音閣、黄龍灣等處，腴田數十畝。應甲公裔建。

楓溪壩：在文田水口山。流灌水口山田畝，西衝口以下四壩，水皆逆流。

羊角山壩:在文田村岐山山腰,圳長二里餘,灌田數十畝。楚材公開闢之。

廣濟壩:壩口在洋溪孟公嶺下,蜿蜒十餘里。所灌田畝,俗傳順流三千,逆流八百,可見其水量之大矣。明萬曆間,鄒廷望、彭世亮、鄒惠吾等主修。圳經小陂頭,我族清、繼兩房先輩慨捐地基若干方,並因勢利導,贊助之力不少。

宣公壩:在洋溪麻蘿山口。利用麻蘿水鑿開馬頸坳數十丈,用力不少。灌田約數百畝。明代友宣公創建。

洞上圳:在白水洞上,兩山相對,中低平,埋竹桿運水,先由甲處激水,灌至乙處,再由乙處激水,灌至丙處。約溉田十數畝。

西灣壩:在坪上白水洞石橋下,流灌至鳳蘭坪,約田百餘畝。福、禄、喜三房公建。

葛藤坪壩:在葛藤坪姚江下左手,流灌約百餘畝。福、禄兩房建。

馬蹄山壩:在錫溪村仙人石下流,左岸灌田數十畝。民國三年後,列人等訂有合同。

附:立合同字人惟遠公會、崇瑞兄弟、蓮芬、璽公會、潤富、碾坊承會,今有仙人石,小地名馬蹄山,水壩一座,因五月内被洪水打壞,摒集各佔田户與碾坊商議整修壩錢多少,承會出錢一半,各田户出錢一半。其壩水日間碾米,分水灌田,夜則只許灌田,不得碾米。如有大旱,日夜只許灌田,不得碾米爭論。其田租石開列於後,恐後不測,仍前依照合約,齊錢修壩,不得異言。今欲有憑,立此合約二紙,各執一紙爲據。憑證盧時吉、黄金玉、羅世炳,進修筆。民國三年甲寅閏五月初十日同立。計惟公會佔租二十二石、崇瑞十四石、蓮芬八石、璽公會三石、潤富三石五斗。

落馬洞大壩:在文田村上横溪,下流横亘,中流左右分水圳,長各二里許,共灌田數百畝。必才公裔建。

青山口壩:在虎巷。利用雙坪氹水灌田數百畝。鄒、羅二姓合建。

潮水洞:在潮水黎山之下。水量可灌田百餘畝。在昔洪潮爲患,我族尚敬房先輩嘗用巨石,砌洞門以範潮,留口以洩水,並立石廟於其上以壓之。至今有利無患。

茶　亭

六經無"荼"字,荼即茶也。顧亭林《音學五書》及《日知録》卷七荼字條言之最詳。自《爾雅》釋木,檟苦荼,郭璞註云:茶荈之屬,而茶字始見於經。《三國・吴志・韋曜傳》,孫皓嗜酒,羣臣赴飲者必令醉,憫曜年老,密賜茶荈當酒,而茶字始見於史。《淮南子》載神農嘗百草,得茶以解毒,而茶字始見於子。王褒《僮約》,陽羨買茶,而茶字始見於集。唐人陸羽作《茶經》三篇,言茶之原之法之具大備,後世祀爲茶神。其時政府設茶司馬以徵税,是茶已通行天下,咸用爲滌煩解渴之資。孟子曰:冬日則飲湯,夏日則飲水,今則冬夏無不飲茶矣。族人好公益,凡峯回路轉之區,林密箐深之處,或數里,或十數里、二十里,必築亭灼茗,以供行旅之往來,輿蹄之駐足。每當火繖高張之時,或汗滴而成珠,得一甌焉以潤枯腸,如醐醍之灌頂。當寒氣凝結之日,或雪深而没踝,得一甌焉以生陽氣,如冰谷之回春。其有功社會,豈淺鮮哉。且也,亭在古昔,爲三老嗇夫會議之場。有人長之,其傑出者,漢高以之創帝業。固不僅如後世之亭,專以煮茗爲慈善事業之一端已也。

大輿亭:在文田郕大横沙禾樹坳。清仁宗嘉慶時,楚材等集貲二十三股,合建文田村育嬰公所,附此。

附:大與亭記一　　啓 文

亭以大與名,謂工作之大,非與人莫能焉,且樂取於人以爲也。兹地雖不峻,而上下亦艱,欲構亭者久之。但非規模宏廣,贍給茶水,無以爲久遠計。戊子夏里人議創修,僉曰:"是役也,洵得宜焉。"因解囊捐貲,共襄厥舉,爲步負憩息所。孟子曰,與人爲善。善非取云,竊慮其大而幸相與有成也。

附:大與亭記二道光丁酉　　公 撰

世人多陟古刹,飯僧齋佛,希福冥杳,而明明中反昧之。人生辛苦,行路維艱,祁寒暑雨,無以爲息肩解渴地,其何以堪。兹地禾樹坳,雖非通衢,而來往亦夥。每見熙攘,無從憩息,心竊傷之。己丑春,募集民京、萬和、吉祥、慕周等二十一人,各出錢十八仟,構亭於斯,置買田山,以利行人,以垂久遠。匪市惠也,第較諸求福於神者爲彰著焉。若謂有關風水,堪輿之説或然,然非建亭者之本意。至大與亭之所以名,已見於碑,兹不贅。

伸惠亭:在文田村新屋塲。原係文伸建。清德宗光緒戊戌毁於火。政輝裔復修。

普惠亭:在文田村橋坪。民國二十九年毁於火。

荆竹亭:在文田村荆竹坪。原名德湛,後改今名。清仁宗嘉慶時永湛建。

永豐亭:在文田村永豐橋側。清仁宗嘉慶時,楚材與衆合建。

雙江亭:原名德溥,在文田村雙江口。清仁宗嘉慶二十四年,永溥踵成。民國二十六年毁於水,三十年永溥裔復修。

附:德溥亭跋　　鄧文炳芝山

羅生瑞,俊才也,偕其弟瑶執贄於余,文藝華贍,而器局深沈,知其沐賢父兄之教者深矣。一日,以其尊人熙甫翁所建德溥亭請序於余。余知生家世,爲善於鄉,橋梁道路諸義舉咸創修焉。迄今登仕版,邀封誥者累累。始信天之報施爲不爽。余歷官京外,硯田久荒,未能闡揚世澤。昔歐陽永叔云:文不足傳,以其事傳之。熙甫翁承先志而廣福田,勞者得息,渴者得飲,頌聲固已洋溢,更得生昆仲學成名遂,益光前烈,餘澤正未有艾。余雖無所禆益於生,不能不有期望於生也。生其以余言爲左券。

景行亭:在文田村大界上,當奉家山至雲溪通衢。

老鼠石亭:以地爲名,在文田村老鼠石,當奉家山至雲溪通衢。世圻子承鑑兄弟建。

桃壽亭:在文田村上横溪上游之五峯山,當奉家山土坪等處,通永七都要道。清宣宗道光時,永康遵母陳命建,並捐田爲茶水香火資。

風雨亭:在文田村與鵝塘村交界之營盤界北。清宣宗道光時永發建。

燈心塘亭:在文田村石羊寨後。

和納亭:原名遺惠,在文田村和納溪,當土坪至文田通衢。世策兄弟建。

白雲亭:在文田村白沙坪曲子嶺,當新溆通衢。原禄裔建。民國二十六年募捐復修。

雙淋江亭:位於文田村,爲玄溪水與白沙坪水會流之處。清嘉慶時光霖建,並於亭邊置田四畝零,爲茶水香火貲。

春秋亭:在烟竹湖。世堂建,後付與文蘇裔。外爲茶亭,内爲祭室。屋宇四槅,左抵承堦搭間基址,右連披廈,前連魚塘,後連園土並田,抵民遠公壽會田。又水圳下水田一處,共計苗三畝零,爲茶水貲。

附:春秋亭記 世堂羽鳳

先父永楠公,於烟竹湖構舖爲家。光緒戊寅冬,父逝。母袁孺人齋素數載,淑善嚴謹,敬祖奉神,朝夕不懈。一生善施,緘默未表,乃有改舖爲亭之志。奈有志未成,竟於光緒庚寅棄養。堂也痛劬勞之未報,思遺志之宜成,乃遷居白石塘,改舖而亭之。亭成,適清明佳節,父老咸集。僉謂:"自民遠公遷斯地,已歷七世,尚無享堂以肅祀事,齋明盛服之謂何。"吾因而建議曰:"是亭也,雖父母之遺志,亦祖德之流光。願將斯亭與基地及茶水田,均付與文蘇、民遠、光綈、啓禮四祖會。内爲祭室,外爲茶亭,庶行人則春風秋雨無虞,祖先則春祀秋嘗有托,一舉兩善,可乎?"諸父老皆曰:"諾。"於是内爲寢室,以妥先靈;外建神龕,以安聖像。祖也,神也,祭室也,茶亭也,二而一,一而二也。名曰"春秋亭"者,蓋亦享祀祖先,敬恭神明,春秋匪懈之義也。

紙錢隘亭:以地得名,又名紙人界。清乾隆時應燭房玖欽、玖興等建。有茶水田租十石。

仁壽亭:在文田村尖石。民國初,教文、行美、廣書等倡修。有茶水田租六石。乾隆時原禄裔建同治時復修。

附:望興亭記 公 撰

傘客梓,固邵溆通衢,亦新邑要路,我族居邊地也,上下十餘里,無息肩解渴之處,行旅苦之。乾隆癸丑春,宗先輩商諸族内,盡力經營,建亭於兹。其經費不募及異姓,捐及外房。不期年而亭宇告成。非主持者之熱心公益,曷克有此。夫望梅止渴,遠路停車,矧斯亭之茶水清潔,息肩有所,其加惠行旅也,爲何如哉。

望雲亭:在文田邨牛牯田。原以地命名,因與望雲山相對峙,故更今名。清嘉慶時,原禄裔建。年給茶水租十二石正。後於咸豐、宣統兩經補修。

附:望雲亭三修記

文田村之西,有牛牯田焉,係派祖泉禄公創遺。崎嶇峻絶,適當通衢,熙攘者、每嘆無息肩解渴地。宗先達構亭於兹,並置茶水田租,以垂久遠,誠善舉也。名曰"牛牯亭"者,蓋以地顔其亭也。奈歷年既久,棟折牆傾,父老輩往還目擊,焉忍恝然置之。爰商諸房間,集貲修整。鳩工庀材,不數月而工竣。因與新邵名山之望雲山望衡對宇,故更名曰"望雲亭"。亭成,囑余敘。余乃將復建斯亭之顛末,及前後命名之原因,誌諸貞珉,以垂不朽云。

明宇亭:原名牧牛場亭。以地得名。原禄裔建。同治時毁於水,應炬裔復修,以應炬字名。

繼述亭:在文田村王家坳。原名桐樹坪亭。清聖祖康熙時,光聰遵母鄒命建。道光時復修。

附:繼述亭記 永 超

亭名繼述,誌其善也。房高伯祖諱其璣,字季衡,號七政老大人,居家孝友,處事謙和,公之爲善、天性然矣。惜廿九辭塵,鄒太君十八勵節,撫孤曾伯祖純公大人,效孟母擇鄰之義,卜居地名桐樹坪,矢柏舟,師荻畫,義方垂訓,俾其子獨成基業焉。派衍伯祖用公、松公、詔公三大人,敦詩書,樂田園,皆體孺人之善言善行而敬行之。孺人壽登八旬開七,精神矍鑠,嘗囑伯祖輩云:"世所稱餘慶之家,置水田不如存福田,利人利物之事,汝曹好自爲之。"昔段明經起玲公贊云:"十八瑶池節,巾幗女中傑。"又云:"冰心齊皓月,萬古振綱常。"其旌善之意,固有名符其實者。遞傳房伯叔昆季十人,皆以善爲字,其有取於善繼善述之義歟。屢從春祀秋嘗之際,不忘往訓,謂我三房子孫於造橋修路,靡不捐貲成美,而建亭煮茗,尚有志未逮。揆諸孺人之遺訓,未免闕然。癸卯夏,房兄弟叔姪等擇地鳩工,董修是舉,爲余歷述建亭巔末。始嘆有爲之前,斯其美彰,能爲之後、斯其盛傳。且相與欣羨曰:請君子廣良田,建大廈,遊泮水,列圜橋,沐先人之澤於己者匪淺,而能使往來行人息肩解渴,廣先人之惠於人者尤深。若云是亭爲一方風水所關,堪輿之説或然,而於善繼善述之意,殊未窺其萬一。囑余爲序,自揣固陋,無闡揚,因就首士自序,而以"繼述"名其亭云。是亭在桐樹坪,道光二十三年孟秋月吉旦,光聰房同建。

畬刀界亭:在奉家村,當新溆通衢。原禄裔捐茶水田租三石正。

澤潤亭:在錫溪村白石江上游當新溆通衢爲風車巷險要處清穆宗同治元年教育建。

附:澤潤亭記　　崇毅錫瓚

長途跋涉,歌行路難,自古已然。故王尊畏途,以阪經九折息肩無所,不勝感慨系之。我祖妣李安人,爲同鄉扶竹挹陽公女,年十九生先父醴泉公。甫兩閱月,先王父承澤公即棄世。安人撫孤守志,始終不渝。嘗聞人言,由本鄉通溆之六十里許,有清泉一,四時不竭,冷冽如冰,晶瑩可鑑,世名其地曰涼水井。安人以節凜冰霜,差同此水,思欲一覩爲快。爰約遭遇相似之堂嫂袁孺人偕往,道經風車巷,見峭壁巉巖,高聳雲際,瀑布飛湍,陰翳蔽日,居人稀少,野獸叫嗥,行人至此不寒而慄。且峻磴危峩,蠶叢險阻,安人身蒞其境,心怦然動。歸囑先父醴泉公曰:"風車巷道路崎嶇,行旅乏倦息渴飲處,亟爲我亭之。"先父謹受命,即鳩工庀材,治基建築。亭成於清同治元年壬戌,顔曰"澤潤"者,蓋以先王父諱而紀念之也。附撥壩石江田租十二石,資住亭者生活,而茶水與供神香燈,胥於是乎賴。並囑子孫不得提作别用,以永先人遺澤。亭共四榀,高一丈六尺,中設坐板,以資憩息。前面及兩端,均築石牆環護,以避風雨。若遇修葺,則由欽德堂公産項下負担。兹值彙編通譜,聊述顛末,以志不朽。安人第七孫崇毅謹記。

吉清亭:在錫溪村飼牛坳。當新溆通衢。吉陽建。

華濟亭:原名德華亭,在錫溪村龍王潭。清仁宗嘉慶時永泰建。

附:華濟亭記　　崇夏錫蕃

華濟亭,在龍王潭之熊家田蕩,位風車巷下十餘里,爲新溆通衢,義取濟人,而以我高祖華英府君之名冠之,故顔曰"華濟"。無碑記,不知建於何年。府君諱永泰,有傳列新化縣志人物志善行類。傳載建茶亭於熊家田蕩。又新化縣志輿地志,誤華濟爲德華,稱羅華英子孫建,一書而前後互歧,採訪與校勘者之過也。竊思府君生子四,我曾祖獻陽府君居長,次化陽府君,次燦陽府君,次瑞陽府君。析産時,化、燦、瑞三房,由此地遷於十餘里外之崇陽隴。居近斯亭者,獨我獻陽府君之裔。彼衆此寡,焉能合羣意以建亭於斯。又凡建亭者,爲謀行人之息肩解渴,故多在人烟稀少之地。我高祖逝世後,我伯祖大裕府君、季叔祖母李安人,先後於亭背立宅,兩宅門外,更無合四房建亭之理。準此推之,則斯亭當在四房析産以前,而爲我高祖所親建。輿地志所記,不如人物志之得其真,毫無疑義。亭成,捐學潭嶺田四畝,爲施茶水之用。相傳斯亭原有前後二棟,嗣經回禄,我祖父輩重新之,今之規模是也。嗚呼,我高祖以貧困起家,節衣縮食,備嘗艱苦,晚而好義,志在濟人,誠非世之擁貲自奉者可比。縣志爲之立傳,列於善行,是當時所行之善,不止於此,並可想見府君行誼爲邑人所景仰。今歷數傳,子孫衆多,服疇不替,皆先人之厚德有以貽之也。予履斯亭,愴然有感,懼後人之不明緣起,故追記之。

長壽亭:在錫溪村長畬坪。清德宗光緒戊申,大德、瑞芳等建。

合壽亭:在錫溪村老莊。係其蘊、其心兩公壽會出資建。

黄荆嶺亭:在錫溪村老莊上游三里許之黄雞嶺,以地名。羅和慶、淑章等倡建。

八十亭:在錫溪羅家坊。民國十九年崇毅兄弟紀念其母易氏建。

水星亭:在文田村内草坳。光緒三年丁丑,廷宗公裔特猷、任高、効忠、漢陽、昌明、權度、章大忠、林超時、懷禮、効德、廣洪等主修。正屋五榀,廊外修砌磚牆,亭後與亭右有園土數塊。亭後右首有柴山一片。年給茶水租八石正。

附:水星亭記

我地内草坳,雖屬僻壤,亦爲通衢。房叔祖其組字宗文者,曾搆亭於斯焉。因回禄迭遭,無力修建。後裔任高、恕清等再三籌劃,與房間父老商曰:是亭也,欲修不能,欲廢不忍,願捐與先祖廷宗公會内復修。基址、田畝、山園,亦概爲是亭茶水費。諸父老欣然應諾。即推舉主修,督匠鳩工,遷其地勢,加以牆垣,不數月而工竣。因取水制火之義,故顔其名曰"水星亭"。庶先人之德意未泯,而後嗣之繼述有人,豈特爲往來行人便耶。

衆樂亭:在文田村樓下杉木市。乾隆時應誥裔建。民國三十一年毁於火。

既濟亭:在文田村大横沙小水上游。

節壽亭:在文田村樓下。民國初年世楫爲母陳氏建。

附:節壽亭記

永紹儀陸

自秦始皇築懷清之臺,表揚巴婦,開二千年來旌節之慣例。其實周家禮制,無此明文。《衛時·凱風》,母七子而不安其室,孟子以爲過小,抑何持論之婉歟。歐風東漸,禮教如決江河。究之從一而終,乃天理人情之正軌,然必以少數人之特操,激揚羣衆,則戕賊人以爲仁義,若是者秦之罪也。天下事,任天者誠,人爲則僞。余於國會席間建議取消榮典。耿耿此心,其誰諒之。嫂氏羅母陳太孺人,父梓廷,多隱德。幼嫻内則,年十六,歸我先兄永迪公定藩,以勖夫勵學爲己任。清光緒壬辰,先兄入庠,癸巳捐館,孺人年方二十六,痛不欲生。旋以親老子幼,忍死視事,家世賴以不墜。年逾六旬,子世楫、孫承振將爲請旌。孺人愀然曰:"未亡人不獲從夫,以其餘年奉翁姑,撫育汝輩,乃應盡之天職,而欲旌而榮之,是猶有名之心也,殆不然歟?"楫知意決,遂更端進請謂:"慈善事業,如育嬰、積穀、學捐,母恒爲之不厭,今擬擇交通之地,建亭瀹茗以利行人何如?"孺人色然而喜,撫其曾孫教温曰:"吾紡績蓄資尚羨,汝輩薄有祖遺,長宜自立,戔戔者爲我傾囊而亭之。"楫受命,率振鳩工庀材,巍然構起,名曰"節壽",惜未落成,而孺人逝世,享壽六十有七。嗚呼,中國以名教治天下久矣,然而蓼蟲食苦,空谷之蘭,不以無人而不芳,稽諸歷史,凡忠孝任俠節烈諸傑之百折難回,固非死生毁譽問題所能左右也。莊生有云:"内直者天之徒。"孺人粥粥無所能,能以節義相終始,而皦然不欺其志,倘所謂得全於天者,非耶。書以質諸知言者。

正陽亭:在文田村葛藤坪祖山。

奉先亭:在文田村道觀下。清宣宗道光時學生、學璽兩房建。民國二十七年兩裔重建於祠後。

黄泥氹亭:在文田村三角塘内之黄泥氹。亭以地稱。

慈竹亭:在文田村獅子嶺。民國二十八年,斗南兄弟建。

福蔭亭：在文田村樓下張公嶺，通奉家村要道。民國三十二年，原福裔建，永哲主修。

附：福蔭亭記 永哲克全

亭名福蔭，誌祖德也。我祖原福公襲十世祖東甫公，始遷故地曰滄溪。滄溪之上約里許，向有古樓，故又名其地爲樓下。歷今十餘世，各房子孫其分遷於各鎮鄉各省縣者姑不計，惟世守舊德，聚族而居者，實甚繁多。經先輩建祠其間，原以隆祀典、序親睦也。房間父老每欲光先人之德，展仁孝之思，因祠之西北角，有地名曰"張公嶺"者，爲新溆要道。山勢險峻，道路崎嶇，行旅往來，每歌蜀道。癸未春，永哲以建亭於斯提議，闔房父老全體贊成。建築費即由吾房會産酌提，與各房殷實捐助。義貲遄集，經始於初夏，告竣於孟冬。工作之偉，成功之速，覺吾祖宗有默爲呵護者。夫房間會産，皆吾祖宗之血食，房間殷實，亦吾祖宗之子孫，故功德布施，莫非吾祖宗之精誠表現。名爲"福蔭"，誰曰非宜。

抱肚界亭：在文田抱肚界，亭以地稱。清光緒時恭義、賢俊、文厚、周南等建。

附：抱肚界茶亭記光緒十三年丁亥 承逑周南

大界上之燈心塘，爲往來通衢，林密山深，人烟斷絶，行者苦之。舊有亭，僅存基址，父老輩議修復者屢矣，咸以煮茗無貲不果。族叔德用慨然以近地莊屋、田山捐爲茶租，諸君子亦復各解囊金，共襄厥舉。鳩工庀材，閲兩月而工竣。從此王陽畏途，易爲履道坦坦，視履考祥，其旋元吉，可爲熙攘者占之。

繼順亭：在文田村杏子坳。清文宗咸豐七年，楚健裔建。有田五畝，舖屋一棟，柴山山土在内。

附：繼順亭記咸豐七年丁巳季秋月 啓蘭

亭以繼順名，謂繼祖志而順慈命也。余族羅公靜川者，性慷爽詼諧，喜施濟，雨笠資行旅，棺材助貧喪，舍於路旁，嘗置爐火設衢尊，使過者斟酌飲之，相與嬉笑而去，蓋數十年不倦。意欲建亭施茶，以垂久遠，有志未逮。長媳劉孺人敬事翁姑，善相夫子，年方六六，夫主紹回公捐館。孀居後，申義方之訓，获畫維殷，矢勤儉之風，貲財頗裕，慨然念乃翁之事未竟成也，爰解囊金，命其子藻富、藻望、藻豐、藻芳繼成其事。藻等相與奉命踴躍，度地鳩工，亭裝漢壽亭侯聖像。經始甲寅春，踰年工告竣。置田畝，供茶水，使息肩者得□，解渴者飲和。攘攘熙熙，猶想見道旁嬉笑時之德意者。惟劉孺人貰纘承之，亦惟藻等有以繼祖志、順慈命而成之也。今孺人壽上耄期，子望名登天府，睹斯亭者，咸以爲德蔭之昭垂云爾。

長壽亭：在錫溪村烟竹江長坪。清光緒時承蔚建。

環蔭亭：在錫溪村崇陽隴深山巷。

喜揚亭：在錫溪村仙人石橋側。

清江亭：在錫溪村清江坪。體明等倡建。

喜揚亭：在錫溪村仙人石橋側。

清江亭：在錫溪村清江坪。體明等倡建。

繼濟亭：在錫溪村扶竹。清道光戊申紋蔚建。

附：繼濟亭記 楊 珏

昔馬伏波有云：凡殖財産，貴能賑施。吾謂賑施之道，貴以實力濟實心，然後惠可溥、澤可長。而能此者，於明溪婣翁僅見焉。翁，篤行人也。舍弟琬叨聯婚媾，兼延西席，因獲悉家世。竊誌尊封翁顯哉公，幼通經史，長營貨殖，家業寖昌，濟人利物，事多與金釧拾還類。姻伯母鄭老孺人，竹笥練裳，勤與儉並，而治家綦嚴，教惜分陰，綽有陶母風範。故長、次儲君紋耀、紋燦、季紋錦，後先游黌序，攻舉子業，遊嶽麓者三載，循食硯田。翁行三，官名紋蔚，字梅芳，明溪其別號也。因家事繁冗，遂甘棄讀，代大婣翁部署瑣務，辛苦備嘗，恢宏前業，繼緒之力居多。後就上舍，除授布政司理問，倘所謂揚名顯親非耶。婣母游老安人，恪遵壺範，一切義舉慫恿力行。翁思迪前光，莫如勸學，倣燕山竇氏意，獨建義塾，名輩額其堂曰"崇德"。譽髦多所玉成，羣從科第蟬聯。而二舅星階，官名承煜，鹿鳴崛赴，後秀勤學者，不可勝量。天之報施善人如何。然翁爲善最樂之心，終弗少懈。憶嘉慶十年，奉先人遺囑，昆弟合建紹先亭於溆邑大江口。新康袁侍講畏吾先生爲題匾額，並作記以彰之。翁又慫扶竹爲新邵通衢，復建亭止渴，里中藉藉稱喜，曰：是舉也，以繼先志則孝，以濟行人則仁。孝且仁，吾奚以顏？謹顏曰"繼濟"云。

解愠亭：坐落邵陽華溪禾栗坳。四橺三間，亭前魚塘一口。又西衝水田一處，約租八石，以爲茶水香烟之資。

附：解愠亭記清光緒三十四年　　丹　書

吾地華溪之南禾栗坳者，地僻山限，行旅苦無憩息所。家叔雨亭公，原有宿願建亭於此，後因宦遊歸，抱病不果。越己亥歲，房兄桓圭追續公願，初建亭於坳西隅。狂悖之輩誘惑風水，毀亭構訟，幾喪美譽。桓樂善不倦，復募公子翰臣田業爲亭址，並解己囊，募殷實衆會，朝夕不辭勞瘁，重建斯亭，費金二百有奇。且募田租，修裝漢壽亭侯，永奉香火。亭右傭人煮茗以濟行人，亭左賃店以資補葺。《傳》云：犯而不校，勞而不怨，吾於是有取焉。因顏曰"解愠亭"。爰述崖略以壽諸石云。

新濟亭：在隆回二都清溪牛角衝。承鼎裔建。

附：新濟亭記　　碩　賢

是亭也，何以新濟名乎？用先祖考新甲公名額之也。先祖年最長，棄養最早。先祖妣彭孺人俯畜伯考福門公、先考梧棲公，内訓殷勤，克全母道，上事通奉大夫、曾祖考臨溪公，及鄭夫人，主中饋，持家政，盡婦道，能得翁姑歡。當道光乙未歲，仲祖瓊林公、叔祖金門公同遊泮水，族戚燕賀踵至，款洽流連，孺人不辭烹飪之勞。凡里黨有完債售業者來舍，辦酒席甚豐。孺人常語家人曰："貧乏之人所需酒席，倘不豐盛，何能醉飽。"是時家門鼎盛，創修新宅兩垣。孺人督率仲、叔二祖妣，及伯妣、先妣，供給匠役瓜蔬無少缺。同治初年，孺人語伯考曰："吾年七旬餘，與其施惠家庭，不若施恩行旅，汝擇人烟稀少之通衢，盍建亭煮茗而解渴，稍慰予心。"伯考承命，乃於清溪牛角衝，因舊舖莊，改修神龕，裝飾關聖金容。晝施茶水，夜施火草，行者便之。不料光緒乙酉，祝融肆毒，遂成灰燼。越六載壬辰，懷兄巨卿、堂兄相卿等，磋商復建。鳩工庀材，數月落成。仍以原租八石給住亭人，依舊施濟，不下六十條稔矣。孺人終於光緒乙亥，享壽八旬有三。今子姓蕃衍，已歷五代。由孺人積德甚厚，故食德孔長。願我後人世守勿替，毋忘先德，於是追述建置始末而爲之記。

利貞亭：在隆回二都小洋溪。

利賓亭：在隆回二都水橋市。

同善亭：在隆回二都馬過橋陳家嶺。同治時，族人民俊糾集新、邵兩邑建。

附：同善亭記　　承澍雨亭

邵、新交界處，有陳家嶺，行可一里許，延袤不甚涉峻，而山徑幽僻，林木蓊鬱。道光間，常有蹠徒潛伏深林，伺客過，白晝出而寇掠。初本鄉諸君謀建亭於斯，卒不就。頃邵、新殷實倡衆而募修之，僉曰“善”。咸豐十年，經始落成，丐余爲序。客有謂余顏爲新邵亭者，余應之曰：斯亭之設，匪徒蔭行人暍而解其渴也，抑以止寇掠也。諸君子互相慫恿，善與人同，非有畛域之見者存也。且丈夫行事，磊磊落落，苟乘有爲之勢，將以此樂善之心公諸天下，何區於新、邵，則以爲同善也可。

德心亭：在上羅洪。清嘉慶時啓紋建，並捐田三畝，爲茶水香烟資。

羅家亭：在上羅洪。

城下亭：在上羅洪。啓紋妻鄒氏建，置上田二畝爲茶水資。

述善亭：在高坪金鳳村栗山坳。清道光時，人英遵母彭命建。

繩武亭：楚材長孫世彦建。

附：繩武亭跋　　世棣化醇

村東易家山，險途也。乙巳冬，里人鑿石架橋，可通油坪溪，逕達洋溪康衢焉。然計途三十里而遥，無憩息解渴所，行人苦之。余從弟晴皋體先人佐侯府君遺意，建亭於橋畔，屬余題額。余思佐侯府君性端直，有幹略，功與德並稱不朽，如修宗祠、築祖塋、置祭産、增渡田、建文昌宫、起淩雲塔、倡闢崎途、創修義塾，凡有裨於乡里者，靡不獨任其勞。而茶亭一舉，尤公所樂施不倦者。憶公修永豐橋時，曾於橋端置亭施茶，後因禾樹坳當衝要，偕父老修建大與亭。又以廖家壩係通衢，捐貲獨建棠憩亭。晚年因廖家壩一帶建亭者踵相接，而易家山需義漿孔亟，意欲移建而未逮。今晴皋體遺意而成先志，可謂能繩其祖武矣。落成因以“繩武”顏其亭。

罄宜亭：近占、宜占建。

清敘亭：在文田村上横溪。時翦、時袍兩裔建。清光緒時毁於火。

新建亭：在溆浦縣東九十里之栗陽江，當新溆通衢，風車巷西六里許。主修羅欽明、羅永德。建於清光緒初年，原有碑序，因殘缺從略。

紹先亭：在溆浦縣西大江口。清嘉慶癸酉，華溪國謨命其子民仁兄弟建。

附：紹先亭記　　袁名曜

溆浦大江口，有亭翼然臨巖谷間，寶慶邵陽羅生聯芳兄弟所建也。生兄弟俱從余嶽麓講院，請曰：“先大夫諱國漠、字顯哉，常以歲入贏餘貲爲濟人利物事。按大江口係溆沅交滙之地，西接口畝，東達吴楚，行旅輻輳絡繹，故數里許無憩息所。因以先大夫所遺羨餘，乃購其地建一亭，置田數畝，歲雇人備爐竈、煮茗荈以飲渴者，請先生名其亭。”余曰：“生其賢乎哉。生考既爲善於鄉，保世滋大，生兄弟以茂才俱負大志，由此績學力行，以措之世務，俾萬物待命者，咸有以休息而潤澤之，以蒙其蔭而養其和，則所以恢先人緒者大也。生益勉乎哉！”乃名之曰“紹先亭”以紀實。若其山川雄壯，與風物秀麗，余固未嘗至其地，不强贅一詞，且非羅生意也。顧長途頗頷時，勞者忽得息，渴者忽得飲，有風泠泠然披襟當之，人心樂而山川景物舉可樂也。他日余病獲愈，再以馳驅許國，儻得覽其勝，尚能爲生賦之。

附：紹先亭判詞清光緒十五年己丑三月二十八日卷存溆署承發科

欽加同知銜、特授辰州府漵浦縣正堂文，審得扶國恩等具控羅教均一案。緣縣屬大江口馬頸坳地方，前經羅教均等已故祖顯哉捐置基地一塊，建修紹先茶亭一座，以利行人。所有該亭之前後左右餘地園土，原議歸住亭人分別俵佃、耕管、收租，以作看亭施茶之費，歷久無異。兹因有李華泗原佃該亭左餘地一塊，建修舖舍一棟，嗣以田賣與張鳳朝名下爲業，被扶國恩等藉以該地園坎上有土堆一個，冒爲伊等扶姓祖墳，爭佔斯地，向張鳳朝冒索地租不遂。張鳳朝即自將該店拆毁寢事。旋經羅教均等聞信趕來，相與理論不清，致控前來。庭質之下，得悉前情。酌斷該亭左園坎上土堆一個，作爲古冢，准扶國恩等祭掃，但永不許立碑修砌。至所有彼此競爭之亭左餘地一塊，及所有該亭之前後與右邊各餘地，應仍歸該亭管業。凡舒紹長等賃納之地租錢文，即概歸該住亭人收用。扶國恩等所呈賃字與契據，均不足憑，概立塗銷附卷，以杜爭端。嗣後兩造均不得藉端滋事。案經訊明，著取具各遵結附卷立案。此判。

繼善亭：在洋溪孟公嶺上。爲明嘉靖年間永高父子創建，距縣城四十里。歷年久遠，民國十四年乙丑曾補修一次，於亭中柱匾額以紀其事。民國三十二年，由元喜、來儀等大行改造，焕然一新。每年茶水穀十二石。

附：繼善亭記　　元　鯤

永高祖嘗穢還金，首見三楚文獻録，以後省府縣志紀之。而其開闢孟公嶺官道，其行事尤可稱云。昔在明初，行人上羅洪走川黔者，由孟公嶺下平地，渡橋而南，至石門溪，復渡橋而西。有時山水暴發，橋絶路湮，行旅苦之。祖曰："是非另闢通衢不可。"於是披其荆棘，斬其巉巖，陂陀而上，蜿蜒而下，路直且蕩，行旅稱便。祖子繼公曰："冬寒夏暑，無以濟行旅，是非亭不可。"鳩工庀材，百堵將作。一部分地主陶姓曰："何許子之不憚煩也。"公父子漫應之。已而亭宇粗成，矗立嶺頭，氣象千萬。陶姓以公父子侵奪其所有權也，席請鄰里評論，曰："亭基，吾地也，彼胡爲者。"公曰："亭公物也，即以奉讓何如，請歲烹茗以濟往來行旅，義水仁漿，皆若德也。"陶姓無以應，亭遂爲我祖所有，而以"繼志"名。邇來五百年矣，往來行旅茗飲於此者，皆樂而道之。今頹矣，嗣孫元喜、來儀、月甫、元國、嗣莊、長緝等，不忍祖德之墜，特出先人餘積，改造而新之。中爲神殿，兩旁各建舖面，務使屋宇整齊，茶水清潔，俾熙攘於此者心悦以和。始事於民國三十年辛巳之秋，竣功於壬午之夏，共計用去實穀約二百石。兹特紀述其原委於此，使後之人有所考焉。

亭子坳茶亭：在洋溪麻蘿亭子坳。友宣裔萬莞獨建。有舖屋一棟。園土二大嶂，作茶水費用。

古緑雪亭：在前親睦團石筍村五里排。清嘉慶時，唐姓建，光緒時賣與羅定彩妻唐氏管業。夷白捐田一畝六分，作烹茶之費。

甘泉亭：在潮水寒婆坳。清嘉慶時尚敬裔建。置茶土一嶂，舖屋地基四處。

附：甘泉亭記　　福源湘帆

兩頭俱低，中間獨峻，往來行人，大抵垂涎茗飲。余族人久欲以貽祖尚敬公祭會銀建亭烹茶，因費不齊中止。今歲士重伯有志斯舉，奮然獨任，除慷慨解囊外，並捐祭會，兼募族間，而斯亭以成。行見一甌日籌，兩腋風生。登斯亭者，不虞載渴，則伯之踴躍是舉，其功德豈淺鮮哉。

清風亭：在潮水白石嶺。温井出其旁，黎山聳其上。羅允合建。置田三畝五分，畬土茶園各一區。

恭壽亭：在前大同團當正村。羅定理建。置田六畝二分，供茶水之用。

仁壽亭：在前大同團西坪村。羅定理奉母遺命建。置田租十四石。

益壽亭：在前大同團時竹村。羅定理繼妻劉氏建。置田租十石五斗。

得意亭：在楚良廟前兩村間之莪栗界。如春倡建。計正屋一棟、涼亭一所，並置田六畝。

附：得意亭記 洪 遐

楚廟兩村間，巋然高起者，莪栗界也。雖非官道，亦屬通衢。上下四五里，林木茂密，闃無人亭爲憩息所。旁植欋木，藉爲樾蔭，今則木已古矣，而亭無存焉。每當風雨暴至，過客輒裲褷無所避，甚或昏夜失火，進退維艱，不獨酷暑薰蒸，欲求一甌之贈而不可得。族兄如春君久愴於懷，爲集同志議建茶亭於其上，商諸先伯舜卿公共倡斯舉。於是鳩工庀材，擇適中平衍處拓地爲基，前豎涼亭，後構房舍，覆以鴛瓦，環以雉牆，旁設坐橙，中置茶爐，並捐買田土，爲侍茶費。慘淡經營，有條有理。是役也，經始於□亥，落成於己卯，襄事者雖矢勤矢慎，而星霜奔走，終始主持，則如春君之力爲尤多。工甫竣，余與族紳左泉適過之，周覽亭前，江山秀聚，香茗沁脾，涼風入户，樂意相關，有禽對語，木欣欣而向榮，花娟娟而欲吐。覽畢，進而請以"得意"名其亭。諸君曰"唯唯"。屬下走紀之。惟諸君子好善樂施，他日必有揚名走馬，從春風中得意而來者，可以左泉氏命亭之意操其券。余遂得意而疾書。

愛吾亭：在楚良老山衝。德芳等倡建於民國四年乙卯歲，並置田二畝山土六塊。

附：愛吾亭記 迭 熾

老山衝界上者，雖非新、安兩邑之通衢，實係新、安之徑路也。兩面上下曲折，幾等羊腸，一路迴旋險阻，有如虎臂，加以高並牛山，尖同鷂嘴。市井桑麻遠隔，雞鳴犬吠不聞。晝則無息肩之處，夜則無主火之家。每當夕陽欲下，莫禁羊子悲來；明月將升，難免王陽畏至。欲向竹裏以煎茶，卻無樵青可喚；欲向花間而醉酒，空教李白長呼。洵哉，是亭之設，時不容緩，勢不容已者也。曩者就有、美煥兩君雖久懷其意，兼之百貨騰貴，人工價增，一木難支，有志未果。民國乙卯，德芳、嘉謀諸君復集議修，所賴仁人君子慨當以慷，將伯助子，庶集腋，以成裘，遂擇期而啓宇。從此過客往來，絡繹不絶，雖前程尚遠，盍小住爲佳。何至行路嗟難，奚待望梅止渴。敢竭鄙誠，紓疏短引，千金一諾，是所望於羣公。

中峯亭：在安化鷂子尖界。民國十年辛酉，琛房大稷公裔創建，並置田地山土，以資住亭人烹茗之費。

壯行亭：在新、安交界之柳栗衝石門頭。建章獨建，並置田四畝。

附：壯行亭記

新安交界之柳栗衝，地僻人稀，猿啼虎嘯，重雲四合，陰風慘冽。行人至此，不寒而慄。建章獨解私囊，建亭於此，顏曰"壯行"，蓋意在壯行人之膽氣，並徒爲憩息也。是爲記。

横衝界茶亭：在杉山横衝界下楚良。探房文瑞獨建，並置田土。

延壽亭：在寧鄉造鐘廟揹子。亭屋八間。民國十四年乙丑，治温獨建。每年給燒茶穀一石，並有池塘、山土，供亭守生活之用。

附：延壽亭記 治温熙宇

孔子云:“仁者壽。”《中庸》又云:“大德者必得其壽。”夫所謂仁者德者,非必沾沾然解衣濟困,推食拯貧,即此一事可以濟人者,無不可以謂之仁、謂之德,即無不可以延壽也。余秉性薄弱,時與藥爐相對。民國五年丙辰病劇,家人欲謀可以益壽者。子曰:“無他,惟有建茶亭以濟行人,或亦萬分之一之仁德也。”而病果愈。自後屢謀地址未就,同人等僉以廟揹子爲便,謂此處雖非通衢,亦安化與我寧鄉往來之一要路也,勸子建亭於此。子曰“唯”。歲乙丑,遂就原有茅舍擴充範圍,不日告成。是亭也,内有靜室,可以暢談,外有過亭,可便憩息。而余病因此益愈矣。無以名之,名之曰“延壽亭”。然此亭之建,耗費頗鉅。余今創其始,尤必有以善其後,甚望後之來者體余至仁好德之心,有以加修而補葺之,庶斯亭可以不朽云。

(羅教宣等主修《[湖南]羅氏通譜》 1944 年木活字本)

龍游東祝塘堰記

昔魏史起鑿漳河,倪寬奏開六渠。洪武間勅令天下修治塘堰,凡所以資灌溉而防旱魃,以粒我農民者,莫不講求於水利矣。余族自大宋開基,元、明擴業,村南之田高低爲坂,所重在堰。祖堰二條,上唤“高湖堰”,接黄壇楊木之水,灌注湯塘龍廻數頃之田;下名“東祝堰”,接高湖西祝之水,灌注上畈、下畈數頃之田。每年四月間,着令堰長修築填塞,輪班守護,以備旱潦,世世然也。村北之田,平原曠野,坦闊爲壠,所利在塘。塘口多多,不能悉載。惟通族衆塘兩口,一落壠東,名“唤班塘”,灌注陶家門前數百之田,一落壠西,名“唤竹塘”,灌注山下遠近數百之田。塘米各拍歸納,餘剩祝保倫祀户存完。堰譜刻載縣誌昭彰。春夏塘長修築塘塍,旱時掘缺放水救稻。自宋至今,本晏如也。至乾隆廿八年,鄰家周姓因余族竹塘落彼門口,希圖混佔,借捕魚一事,鬩爭控縣,委衙主楊哲鳳親臨勘踏,訊實折斷。以塘口圩漲灘田,飭令殿僧立約還租,塘水、塘魚,不許周家捕決,取具遵依詳堂批結。兹因族譜告成,聊撰數言爲記。與周姓結訟,縣經承蘇耀輝。

乾隆丁亥年太平同姪孫一奇謹誌

壠西竹塘一口,並塘口圩漲灘田一石三斗在内,緣於同治七年戊辰十二月,裔孫紳守醇、統壽、松維、純喜、維鳳、鳴紳、嗣龍、緒紹、文縉;連田等斷對山下周,换歸旱田二石正,撥入祝保倫户内,以防日后與周姓雀角之嫌。

一、田七斗,土名“梅興殿”,梅興塘應注;

一、田三斗,土名同,梅興塘應注;

一、田七斗計三坵,土名“密蓮塘”,密蓮塘應注;

一、田三斗,土名“瓦灶塘”,瓦灶塘應注。

同治十二年歲次癸酉十二月。紳如俞謹記。

(祝獻三等續修《[浙江龍游]華封祝氏宗譜》 1914 年三樂堂木活字本)

東陽永靈殿茶亭記

布捨之道劇廣，而求其大有功於人，且爲費省而濟可衆者，則莫若茶湯一事。蓋關山跋涉，時當炎夏，溽日者薰蒸，冒熱中惡，僵仆道途，一啜凉茶，陡覺憊體霍然。是一盂水足活一人也。候際嚴冬，披霜帶雪，寒氣侵人，肌膚蜎縮，煖茶一飲，不殊醍醐灌頂，是一盂湯足活一人也。功不誠偉哉。王欽芳、欽恩、欽琮、欽穎、衍緯、衍武、學江、學川等，心竊憫彼征夫，渴不得夫勺水，用發施茶之願，傾己橐以倡之，兼奔勸夫四方嗜義之人，集其青蚨，鼎剏樓屋三楹於永靈廟太祖殿之北。偏旁又設一涸所，延人住持。更聯一會，每捨田若干，積所息以爲終歲普濟計，（碑）〔俾〕南商北客，七（捥）〔椀〕亦吃，祇悉厄水，即三軍或遇，奚事望梅。不幾化烈火爲清凉，變露地爲廣廈乎。是役也，經始於同治癸酉年，蕆事於戊寅之秋，裘葛凡幾更矣。其捐助芳名，與夫田産號畝另細載明，以備後來查攷。爰記之。

時光緒四年，歲在戊寅菊月下浣之吉，邑庠生荆山周夢元撰。

永靈殿茶亭會附載各會友助産坵壟慈溪王端軒公助田。澗溪王川常助會一脚。五保五十三號，從田二畝一分八釐七毫，拍助田六秤；民塘拍二分四釐；茶亭會受買田八秤；土名“茶亭門口”租田十四秤，折租田十三秤。慈溪王澤梁常助會二脚。五保百零一號，從田一畝一分八釐一毫一，土名“赤坭山”，租田十秤，民塘拍八毫，頭塘。王忠袍公，助會一脚。五保百九十六號，從田六分五釐六毫，土名“赤坭山”，坑東路沿租田五秤。王希佑公，助田七秤，今作田六秤會一脚。五保百九十三四號，從田六分五釐九毫八絲，土名“赤坭山”，共三號，租田七秤。同，二百號，從田二分三釐三毫，土名同，租田六秤，民塘拍二釐，頭塘。王行三常德文公，助會一脚。八保九十九號，從田七分四釐，土名“慈高口”，下田六秤，民塘拍五釐，慈高塘。王茂滄公，助會一脚。五保六十五號，從田六分三釐八毫，土名“小墳”東邊，租田五秤，民塘拍二釐，山脚塘。王信三常與希琰公同六十七都陳村胡公，會合助會二脚。六保七百五十七、六十號，從田六分二釐七毫，土名“羊頭山衕”，田三秤。四保七百三十三六號，從田一畝一分三釐，土名“山鈎塔”東邊，二坵田八秤。民塘拍七釐，土名“角孔塘”、“石頭塘”。西樓王茂夏公，助田五秤，會一脚。湖田陳十富，助田五秤，會一脚。駱店駱承道，助田十秤，會一脚。六保千四百八十九號，從田二畝四分三釐二毫，土名“瓦窑塘”，下田廿秤，民塘拍一分正。西□王德棠同六十五都郭新屋、郭瑞麟公，合助會二脚。五保二百零三號，從田一畝五分正，土名“赤坭山”坑西，租田十秤，民塘拍六釐八毫，頭塘。澗溪王行二公，助田六秤，會一脚。五保五百零三四號，從田七分六釐二毫，土名“三角塘”下，民塘拍一分正，土名“三角塘”。峴畈王永清常同華忠友，合助會二脚。四保千二百十一號，從田九分五釐五毫，土名“迴龍殿塘”，下田十秤，民塘五釐，殿前塘。青山頭徐士通，助會一脚。四保八百十二號，從田七分三釐一毫，土名“石頭塘”東邊，二坵田五秤，民塘拍二釐四毫，陳家塘。梅山華星進，助會一脚。五保七、九號，從田五分三釐一毫，土名“横塘店”，田二坵，租五秤，民塘拍五釐，山脚塘。六十七都禮户周彝堂，助會一脚。五保七二三號，官田一分五釐，從田四分五釐八毫，又錢一千五百文，作田價半秤，土名“右塘”下，租田四秤半。

六十七都桑園盧朱財，助會一脚。四保八百三十號，從田六分一釐五毫，土名“陳家塘”下，租田五秤，民塘拍三釐，井頭塘。右共租田一百廿三秤一千五十兩。

（清王學泉等纂修《［浙江］東陽上濆王氏宗譜》　清光緒七年東陽王氏木活字本）

麗水通濟堰圖記

吴允傳

通濟在栝郡城西六十里，障松陽、遂昌兩溪之水引入大川，疏爲四十八派，自寶定抵白橋，凡三十餘里，溉田二千餘頃，水蓄爲湖，以備旱歲賴以稔，無復凶年，利之廣博不可窮極。按舊記以爲蕭梁時詹、南二司馬所作，至宋元祐間，知州關景暉命縣尉姚希重修，因爲之記。堰每爲泉坑水所衝壞，歲一再治，民甚勞之。至乾道間，知州范成大再葺重修，堰規刻石馬後。開禧元年，郡人參政何澹公始加甃石堤，以爲久遠計，且免每歲之勞。歷宋迄元逮今，未嘗大壞，皆何公之力也。昔有碑刻石於堰之上，年遠剥落，其事畧節載在麗水縣梁公政績碑，及堰碑陰，其詳見於家乘。今其十世孫源朋等，恐久無稽，繪堰圖具其事，謁余記之。謹按：公諱澹，字自然，少山其别號也。清源郡王執中公之四世孫、玉雪公偁之子也。登乾道進士第，顯於紹熙、慶元間，歷事三朝，預聞國政，今稱開禧間，則公祈免奉祠時也。訪求洪州石匠斵石壩，截松陽港水，甃石成堤，布巉立概，開浚有方，防於民田者，捐己資以酧其價，至今民賴其利。公之濟人利物類如此，宜其子孫愈久而愈盛也。公之政事，載諸史册。兹因其諸孫源等之請，姑述其概，以爲之記。若夫公之文章，余曩備員修書於文淵閣，得覩少山奏議、少山雜著二集，修入《永樂大典》，垂諸不朽。兹以見併而書之。

（清何仍秀主修《［浙江麗水］清源何氏玉雪宗譜》　清光緒五年麗水何氏木活字本）

重浚永惠渠記

林之明年六月少雨，農民以旱告，爲之禱於神，一再得雨。雨矣，農可勿憂，而飲者尚走三五十里。及貧而老弱者，或飲於溝壑泥塗中，蓋環處皆山，而前所引用之泉溝淤流斷也。予惄然傷之，爲考縣志所載，循行山澗中，尋其源流，或用民夫，或用工傭，浚而修之。凡爲泉二十有一，爲溝七，爲渠五，以次疏通。獨西南之永惠渠再歲弗治。曰久廢勿稽也，曰泉源細不能下流也。予心疑之，源細不能下流，《志》何以言十五里至郭家屯池也；時久勿稽，得其遺蹟可沿而修也。有諸生某，且以雍正八年請引鉷山渠水卷爲證。予終疑之。夏月無事，策馬西行。由鉷山之麓，踪跡所謂永惠渠，遠山五六里尚有溝道可尋，近山數十武而外，則土石盤錯，溝不可辨。居旁土人指岩穴間流以告，曰："此乃永惠渠之源也。"予駐馬視之，爲流甚細而緩，而仰視五松臺，尚隔里許。意此上必有異，乃下馬步行，崎嶇險峭，以兩人挾之。登未半里，則見其流肆出，鏗訇有聲。窮力以上，則見其流迅奔，勢更洶湧。乃進諸人而告之曰："此乃渠之源也。"羣應之曰："然。"又告之曰："源大而行不遠者，流散土鬆，滲漏之故也。"羣應之曰："然。"又告之曰："源處砌石爲岸，以束其流，岸内以粘土舖之，當不漏。"羣應之曰："然。"又告之曰："予捐俸購灰與石，資爾力謀之，可乎？"羣應之曰："可。"予視其色甚欣然也。因出白銀十金，付其鄉之長。越五日，使人視之，曰："石岸成矣。"再五日，使人視之，曰："泉流達矣。"又數日，其鄉之長率其屬來，謂砌岸有餘金，請以造小濟石橋以引水，且請文爲記以垂後。予視其衆又欣然也。夫猶是民耳，十金之費甚微。前者未之指告，則相安於怠廢，而不知以爲利，一爲示之，則踴躍赴功，而欣欣然有喜色。乃知愚氓之賴於有司以爲身家之謀，非淺鮮也。故未可徒責小民之愚，而輕誚諸生之陋也。因記之。

（龔葆琛纂修《[福建]福州通賢龔氏支譜》 清光緒九年刻本）

湘潭王家灣蕭馮張水關合約

立水關合約人王世德堂經理蘭浦、煦亭，蕭合裔公經理致中、寶臣，馮八房公經理嘉會、价人，王正倫公經理可求、瑞祥，張八五堂起鳳、如海等，緣我等所管八都三甲下蟠石田業，下節壠内有大壩一座，丁家港壩一座，乃王、蕭、馮三姓共管，又丁家港壩右張人有田八坵，車戽注蔭，原有舊額。兹我等因思該壩歷係土築，每當小港潮添，大河漲發，水衝波撼，易至崩頽，難於填塞。爰是公同商議，就依地勢，於丁家港併作一壩，用三砂修築，俾其浸漏彌縫，堤基穩固，坉塞較易，收水較多，可作一小湖觀。庶幾無慮旱乾，樂歲定齊歌，四姓均沾潤澤恩波，豈僅及一家。其壩水，蕭、馮、王三姓注蔭，兩岸上下之田，同乾同濕。張人車戽祗蔭壩右田八坵，自修此築石壩，公立水關合約之後，同心同德，四姓猶如一家，彼此均（尊）〔遵〕合約管理，永無翻悔異言。今欲有憑，立此合約，五紙一樣鉗合，各收一紙爲據。

憑楊澤生、張西岩、張英才、王南軒。

立合約人馮八房公經理嘉會、价人，蕭合裔公經理致中、潤生、鳳翥、寶臣，王世德堂經理蘭浦、煦廷，王正倫公經理可求、瑞祥，張八五堂起鳳、敬五、如海、白垣、望昇，均押。光緒十五年九月十五日，依口代筆人張南溪筆書。

（王克睿纂修《[湖南湘潭]中湘霞石王氏家譜》 1931 年湘潭世德堂活字本）

益陽湯氏游魚形訟事顛末

甕托塘周圍五六里，中有二埂，分上塘、中塘、下塘。上塘、中塘，屬十八里東北角，下塘屬十七里西南角，縣誌圖載明晰。下塘有土凸長約七十餘弓，形似魚，俗呼游魚搶泡；中塘亦有小坪，名“中坪”。我族十三派祖能淮、妣江氏，葬十七里下甕托塘游魚頭上。墳旁二古塚，歷無人管。光緒十八年春，陳本魯等在甕托塘祭掛，與張、趙、孫三姓口角，於本年二月二十二日，陳以統毆統燬號懇驗勘，控張名科等，詞稱：伊祖陳必達夫婦，葬十八里甕托中塘，張等統凶阻毆等語在案。張名科、張連芳、趙丙燦、趙修昔、孫樂齋、孫維新等，亦於三月十三日，以統凶强佔，懇訊究杜。訴詞稱：甕托下塘，屬十七里塘，糧三石八斗，按畝均攤，係分業民，契券纍纍。陳本魯等於二月十九日統族彪數十，手執槍棍，蜂擁而來，指稱伊族有祖塚在此，遍插紙錢理論，幾遭扭打等語在案。往視陳所祭掛之處，即我祖能淮合葬之處，宏昭、文郁、兆祥、昭曙等，於三月十八日隨以冒佔謀告，懇恩斷杜，控陳本喜、本魯等。四月初三日陳少藩、陳恩棟等，亦以賄證妄控，自冒誣冒，訴詞均在案。縣憲左庭訊三次未結。後陳控府，我族亦控撫，搆訟兩年。經縣憲吕委憲馮，於光緒十九年九月初九日訊結斷，令十七里甕托下塘游魚形頭上墳塚，歸我族管掛，陳人不得以譜有十八里甕托中塘祖墳，越里冒爭，塚旁古塚亦不許陳姓冒認。永杜衅端，取結完案。稟詞冗多，未便全録，僅將彼此結狀、縣憲詳文、經承原差名目，悉載於下：

案落經承甘浴泉；原差：王遠、王瓊、臧文、劉佐、曾彩、鍾鳴。

具結狀。陳本魯、芸亭信堂典祺朝椿等，今當大老爺台前，實結得湯昭曙上控民等一案。緣湯昭曙等祖墳葬十七里下甕托塘，民等亦有祖墳，葬十八里中甕托塘。去年民等往掛，與張姓口角，並湯昭曙等稱，民等冒認，爭論具控。經前憲迭訊未結，以致民等控府，湯昭曙亦控撫憲，批飭訊詳。今蒙訊明斷，令甕托塘前大塚付湯姓掛祭，以杜後衅。上控邀恩詳銷，民等咸服。所結是實。光緒十九年九月初九日具。

具結狀。陳典祺今當大老爺台前，實結得職從九沅邑捐有從九職銜，不應來益幫同搆訟。職自願遵斷具結，邀免深究。至湯、陳兩姓墳山案件，如再翻異，惟職是問。所結是實。光緒十九年九月初九日具。

具結狀。張名科、孫淮新等，今當大老爺台前，實結得陳芝亭等控民等一案。緣陳姓於去年往掛下甕托塘之墳，與民等口角滋鬧。迨湯、陳二姓爭墳訐控，今蒙訊明，湯姓照舊掛祭，民等再不得口角滋擾。山地民等照舊管理。民等咸服，所結是實。光緒十九年九月初九日具。

具結狀。湯昭曙等，今當公祖台前，實結得監等上控陳本魯一案。緣監等祖墳葬十七里甕托下塘，陳本魯等亦有祖墳，葬十八里甕托中塘。去年陳本魯等往掛，與張姓口角，並監等稱，陳本魯等冒認爭論。案經前憲迭訊未結，以致陳本魯等控府，監亦控撫憲，批飭訊詳。今蒙訊明，斷令下甕托塘游魚搶泡形前大塚，歸監等掛祭，以杜後衅。上控邀恩詳銷，監已咸服。所結是實。光緒十九年九月初九日具。

節録縣尊吕光緒十九年十月十七日詳覆知府趙、臬台王、撫院吴詳文。緣湯文郁等十三派祖湯能淮，於前明萬曆四年葬十七里甕托下塘地方，淮妻江氏亦於萬曆十六年合葬是山，歷年祭掃。墳後有古墳二塚，不知姓氏，無人祭掃。陳本喜等祖墳，係在十八里甕托中塘，因見十七里甕托下塘山地寬濶，希圖藉佔，於光緒十八年春間，忽往湯姓祖墳祭掛。經湯姓瞥見，向阻爭論互毆，彼此結訟。茲經訊明，查甕托塘地基寬濶，中有二埂，以分上、中、下三塘。上塘、中塘，屬十八里，下塘屬十七里。陳祖既稱葬十八里中塘，即與十七里下塘無涉，其爲妄爭圖佔無疑。斷令十七里甕托下塘墳塚，仍歸湯姓祭管，陳本喜等不得再行妄爭。其墳後古塚，雖無姓氏可考，亦不准陳祭掛，以杜後衅。除取具各甘結附券外，是否允協，合將訊斷原由，具文詳請憲台俯賜察核，批示銷案。

與陳姓搆訟捐費人名：

鑑屏公捐錢二十四串，然俊公捐錢十串，魯珍公十串，然成公十串，少涵公十串，暢亭公十串，正信公七串，愛山公八串二百，安定公十串，禮瑾公九串，大吉公十串，序西公七串，義敦公六串三百，禮煌公五串，然詩公四串六百，懋譜五串，然誥公五串，然緯公五串，正夫公五串，鴻舉公五串，汝章公四串八百，士莪公四串，繩祖公五串，義恢公四串，義連公五串，禮祺公五串，懋林五串，又文允鴻共五串，允麟五串，習曾五串，名題五串，懋侑、懋修、懋倬共五串，昭源五串，懋仕五串，昭春三串，義衡四串五百，禮佩公三串，然温二串，亦張、文海共二串。

節録民國八年湯、陳兩姓合約：

立合約字人湯忠舜、陳鵬翥，情因我兩姓互爭甕托塘祖墳一案，搆訟經年，迄未了結。茲經地紳張玉堂、王楚葆等入場和解，勸令我兩姓各照各姓譜載方向，豎立碑石，以天地定向論。湯姓祖墳在界石内，自南至北叁弓肆分，陳姓祖墳在界石内，自北至南貳弓陸分。以後兩姓界石，各另窖立，墳塋各另修培。春秋祭掛，湯姓定期三月初一日，陳姓定期三月十五日。我湯、陳兩姓，當經逐一首肯，自願永遠遵守，以斬訟端。恐口無憑，特立和好二字，合約兩紙，公同請憑警察分所蓋用鉗記，以昭信守。各執一紙，合鉗爲據。

尹享禾女　　王楚葆筆鉗

民國八年陰曆四月初一日陳旭旦筆。

（湯迪□主修《［湖南益陽］益陽湯氏五修族譜》 1936年石印本）

護理浙江巡撫翁曾桂奏摺

奏爲紹興府屬上虞縣境土塘擇要改建石塘工程告竣，請將捐資出力各員紳，懇恩分別獎勵恭摺，仰祈聖鑒事。竊照紹興府屬上虞縣境濱江負海，地居新嵊下游，與會稽縣屬之曹娥鎮對峙，中界曹江，素稱澤國。其西北沿海，向建石塘；西南沿江，向築土塘。民捐民辦，歷有年所，袤延百數十里之村莊田廬，全恃土、石二塘資爲保障。光緒二十五年夏間，蛟水爲害，南岸一帶土塘決口七處，沿塘村莊先當其衝，毗連之會稽、餘姚二縣，皆爲波及。其時塘董搶險堵禦，官紳籌辦義振，百計維持，力圖補救，而綢繆未雨，終鮮善策。嗣據紳董員外郎職銜潘炳南等建議，請將南岸受潮頂衝險要之後，郭、丁、趙等壩，吕、賀東西花弓等處，改築石塘，並於江潮頂衝處所，各建石盤頭一座，以資捍衛，估計需銀七萬餘兩，合作洋十萬餘元。經官紳分别籌捐，並因工程重大，必須官督民辦，方能集事，飭委候補知府、現補寧波府知府喻兆蕃駐工督辦，收支款項均由紳董承管經始。於光緒二十六年二月告成。於二十七年五月，據報統共建築石塘一千一百四十一丈，又添造護塘坦水九百六十丈，共用工料洋一十萬四千六百五十九元零，由司飭委候補知府尹良赴工，逐段勘驗，均係如法做造，工堅料實，款不虚糜。所有該塘善後事宜，並歸虞西四十八村水利紳董經管，仍歸民辦，以便隨時修補，俾專責成。並聲明捐資出力員紳，應照例請奬，以昭激勸。由署布政使崔永安核明具詳，請奏前來。臣查紹興府屬上虞縣境，沿江塘堤爲數邑田廬保障。前年水災之後，塘出險工。紳董員外郎職銜潘炳南等創議改建石塘、石盤頭，計工長一千一百四十一丈，坦水九百六十丈。大工告成之後，發水數次，賴以抵禦，居民感頌同聲。在事各員紳，時閱兩年之久，或慨捐鉅款，好義急公，或購料鳩工，不辭勞瘁，洵屬功在地方，自應擇尤酌奬，以示鼓勵。查定例，士民捐修橋梁、道路等項，實於地方有裨益者，銀至千兩以上，請旨建坊。此次上虞縣石塘工程，邑紳二品封職、花翎道銜陳渭捐洋一萬元，内閣中書、舉人王濟清等捐洋，核計均值銀一千兩以上。應照例請旨建坊，給予"樂善好施"字樣。陳渭捐輸最鉅，擬懇天恩，於建坊之外，傳旨嘉奬。紳董員外郎職銜潘炳南，創議改建石塘，勸集捐款，與督辦塘工，准補寧波府知府喻兆蕃考求做法，任勞任怨，始終其事，均爲此案異常出力之人，可否飭部一並從優議敘。出自逾格鴻施，所有紹興府屬上虞縣擇要改建石塘工程告竣，捐資出力各員紳請奬緣由，理合恭摺具陳。伏乞皇太后、皇上聖鑒訓示。謹奏。

光緒二十九年七月初八日，奉硃批：著照所請。該部知道。欽此。

（清陳渭等主修、清陳文琪等纂修《上虞西横山陳氏宗譜》
清宣統三年上虞仁趾堂木活字本）

上虞姚氏諭族修築湖隄甲午

姚日暄

竊聞之，六府之謀在穀，四民之業重農。穀從田出，田由農種。種由水蔭，水必湖滀。惟滀之多，斯蔭之廣。此水利之所以甚重，而湖隄之不容以不固焉者也。吾都中水利全在查湖，查湖水利全憑夾塘。是塘不築，則西亢東傾，水勢直瀉下湖畔岸，並流入江而莫可底止。是兩湖之要害，全賴横塘，此横塘之築甚爲切要而不容已也。乃生長湖畔者衆而怠，厥工者多貧窘。不支者推託於餬口之無資，而艱於築；力田寡少者委藉於數畝之有限，而懶於築承種；多田者概視爲公共之塘工，而緩於築墾；種湖田者困苦於受水之害，而不願築。此湖塘之所以終於不築也。塘不築而水利不固，田畝奚資，地方曷賴。時而雨暘時若亦得有秋一遇旱熯，民不堪命矣。此固非天降之災，而實我地方人自作之孽，人實爲之，其又何尤哉。今夫人有纖微之利，些小之貲，猶且殫精畢力，夙夜不遑，謀爲之而不知其瘁。誠念夫關切一身一家之計，而不容自已也。

矧兹横塘農田水利係非淺鮮，爲地方各家所利賴，上供國賦，下活民命，中貲日用，而反羣視爲若有若無，而莫知所區處，是誠何心哉。昧輕重之衡，失大小之節，暗多寡之智，患在僅顧目前之便安，而喪失其終年之至計也。兹當天時和煦，節臨驚蟄，底尚龜拆，及今不築，而湖水弗滀，轉瞬春耕，農田其何恃以無恐。爲此寫立築隄諭單，以與得利人夫約，準於月内某日會集，各具取土器具，先於患缺處起工堅築，隨即於細小坍塌處填補完工。庶平時有滀臨濟靡憂，毋任怠延，自貽伊慼也。謹諭。

（清姚善生纂修《[浙江上虞]古虞姚氏宗譜》 清光緒三十三年上虞姚氏木活字本）

萬載王氏水蔭訟案

貴昌公爭訟緣由

虎陂山塅衆姓皆有田畝在焉。吾貴昌公亦孰有之。其田歷來累登虎陂圳水蔭注。清宣統元年夏月，因天旱無雨，田園頗無水蔭。八都三圖高城塅亦然。彼紳等乃於是水阻絶吾貴昌公之田畝，不許汪蔭。於是乎吾老叔祖盛多等經縣控告，縣君不依曲直，亦如彼紳等之言。無奈壽數不定，人事莫測，翌年新月，吾叔祖抛事辭塵，未能結局。後其子子鑫等乃接跡控告府君。府君詳縣勘踏後，乃斷依舊流蔭注，彼此俱依，並無異説。遵給堂斷各存其一。兹值吾祠四續修譜，族衆恐其遺失難攜，屬余作文以記之。余念事屬於公，不敢諉。故謹以是言以及遵給堂斷，重刻於譜。日後倘有爭端之時，亦可依是憑爲證矣。

民國己未八年蜡月上浣日，二十世嗣孫中學畢業秉中録。

代理萬載縣知事金諭諭

欽加運同銜賞戴花翎代理萬載縣事補用直隸州即補州正堂金，爲抄發堂讞事。照得生員王子鑫等，上控監生王承會等阻絶祠田水蔭等情一案，當經本縣親臨勘明，傳集人證復訊斷結。兩造具結遵斷，並據王子鑫等懇請抄發堂□以資遵守。除詳請府憲銷案外，合行抄録堂□諭飭遵照。爲此諭仰該生員等一體遵照堂□辦理，毋違。切切。特諭。

計抄發堂讞壹紙。

右諭仰監生王家振、監生王楊斌、生員王子鑫、職員王如升、畢業王冠軍等，准此。

清宣統元年六月二十日。

兹將堂斷遵給羅列於後：

正堂金諭：此案前經集訊，八都三圖出谷租抖水費修圳應，以府陂爲正蔭。所有王子鑫之父王盛多等田畝，雖在九都二圖，距府陂較近，高低各别，應以朱家坑水爲正蔭，其餘田畝照舊蔭注，不得混爭。兩造各具遵結在案。乃王盛多身故，王子鑫一再上控。復飭農務局紳驗明詳銷。詎王子鑫等仍不甘服，奉批履勘，等因。兹經本縣親詣虎陂上下，眼同兩造逐段勘明。自府坡起，圳水迤邐下流，依流水勢，爲面向左爲河，傍河起塍，皆砂石修結，塍右爲圳，圳右即王子鑫等並衆姓田畝，共約四百餘把。上通朱家坑，下達小石橋行路。量得田高於圳約四尺餘，自陂口量至二十五弓，塍上有缺口一道，寬一尺五寸。訊據兩造指稱，即朱家坑水不足用，車圳水蔭田處，自此下行，至有土墻處，圳水轉流斜行，圳右畧高，即通朱家坑田之下堤。圳左爲塍，塍右又爲衆姓並王子鑫衆田畝。此處塍高，圳左田皆低，圳水亦低。自一號起至十六號止，土客各姓均有田畝，圳水下行，逼近山崖，别無水源，亦無支流。塍上亦無放水形跡，塍下田中間有小洞浸水入田，確是舊跡。王子鑫指爲圳水正蔭，王承會等指爲私挖。計王姓田中，共有小水洞五處，衆姓及橋會書院等田，亦間有之。詳察地勢，右邊近圳，傍山畧高，左邊下臨河岸畧低，河在陂下，水易涸竭，亦不能車河水倒蔭。而山崖峻立，又無水下注。雖田畝無多，而百餘年並無爭競，禾苗亦未聞枯槁。是水洞浸灌，由來已久，可相信無疑。圳水經過洞口，藉此分潤，亦無礙八都三圖。惟不能毁圳蔭田，及用桶提車注，致八都三圖之水被其截蔭前斷，圳水無分。仍准照舊蔭注，並無不合，即辛紳所勘田高於圳，係指上截山田，亦非偏私王子鑫，等因。下截有此水管灌蔭下田，含糊爭蔭，倘能朦准，即可以圳水車蔭上田，是其不辭訟累之原因。業經勘明覆訊，並無異説。着仍遵原斷：近陂山田蔭朱家坑水，不敷用時，仍車河水接濟。至下截近山圳左之田，有水管者不准王承會等堵塞，無水管者不准王子鑫等另開。照依原蔭，各具遵結。地保赴府具稟不實，且羅列多人，均係竊名，情殊可惡。着即責懲王子鑫聽唆逞刁，污衊官紳，本應詳究，姑念一介武夫，茫無知識，從寬免論。勘單繪圖存卷結，並附上控詳銷。此諭。

清宣統元年六月二十日給。

（王行謙等編輯《［江西萬載］萬載下院王氏族譜》 1947 年三槐堂木活字本）

南陽葉氏陂水民事訴訟判決告示

賞戴花翎署惠州府事即補府正堂加十級記録十次徐爲出示砌石永遠遵守事案。據歸善縣屬大山下鄉耆民耀齡等，壙肚鄉民黄祥等與大帽圍周潤秀等互相爭陂水等情一案，迭經該縣顔令稟請提府，當經批准，旋據該縣批解前來。現經本府提訊當堂判開。查園潭仔陂水，葉、黄等姓有二百餘石穀種之田，周姓有二十餘石穀種之田，均藉此水灌溉。前因天時亢旱，分水不均，互相爭訟，縣斷不肯遵守。現經本府提訊，斷令葉、黄等姓於天旱時得水八成，周姓得水二成。其分水之法，在於園潭仔上下兩口，横砌石壆各一條，高現存水量相平，兩邊着岸處各豎石柱，高出横壆二尺，横壆與石柱湊合中間，俱鑿縫道，再以二尺高、二寸厚之木板插在石縫，作爲閘門。每遇天旱，水平横壆之時，各照斷定得水成數，計日輪流。葉、黄等姓，得水八成者，應於五日内，放水四日，周姓得水二成者，應於五日内，放水一日。灌溉農田。輪應葉、黄等姓放水日期間，則周姓須將水口用閘板閘住。各按啓閉日期時刻，周而復始，不准稍有參差，以昭公允。倘逢園潭仔水勢充足，高過横壆，則兩造一律將閘板撤去照常通流，毋得任意改變。致干查究至。兩造築閘門工料之費，諭令各自備辦，彼此具遵。完案供録結附等因在卷。除由府札委督飭兩造砌壆外，合行告示砌石。爲此示仰附近各鄉紳民人等，一體遵照。本府判斷，永遠遵守，毋任滋生事端爲要，切切。特示。右諭通知。宣統二年十二月十二日。

（葉挺英主修《［廣東惠陽］南陽葉氏大成宗譜》 2001 年鉛印本）

湯溪盛洪互爭水利法律文書

湯溪縣公署判決洪加田、盛於斯等互爭水利一案。

原告人：	洪加田	湯溪縣人	住洪村	業農
	洪濟盧			
	洪汝春			
	洪世雙			
	洪志書			
	蔣振坤		住平水殿	
	毛起高			
	盛樟坤		住拜年山	
	李恭世		住潘村	
	章大海		住大田舖	
	滕土高		住石子路	
被告人：	盛於斯即茂山		住柿樹壠	業讀
	盛秉璋			業農
	盛振祥			
	盛金登			
	唐桂喜			
參加人：	鄭三耐		住瑯琊徐	業讀
	徐錦文			業農
	徐鳳梧			
	滕福森		住楊塘下	
	胡樟炳		住封塘下	業農
	胡銀田			

右當事人互爭水利一案，經本公署審理，判決如下：

主文

盛下莊騰字第四號大濠塘，暨騰字第二十六號上、中、下三濠，及騰字一伯念柒號馬池塘即担主塘，係柿樹壠盛、唐兩姓蓄水之所有權，洪、蔣等各姓不得掘洩。如有餘水下注，自担主塘出水口起，准由下游田畝接收灌溉。此判。

事實

緣盛卜莊正騰字第四號金塘貳畝四分壹釐六毫一絲貳忽，土名“大濠塘”，正騰字第念陸號金塘壹畝壹分四釐七毫伍絲，土名“上、中、下濠”，正騰字一伯念七號馬池塘即担主塘，均係騰樹壠盛、唐兩姓分拍完糧。塘内積水亦由盛、唐兩姓接灌田畝。前清嘉慶十三年四月間，洪村洪文連、洪文閣等，將濠塘掘放，經唐光林、盛起餘等來縣請究。嗣經親友理處，具呈和解。呈内有塘係盛姓完糧，塘蓄之水洪姓不得掘洩亂開，餘水入瀆上流下接，任憑照舊灌注。盛、唐兩姓不得阻捺。兩各輸服。又盛起餘切結内有“身等已塘蓄水，洪姓不得掘洩亂開，直至担主塘下聽憑洪姓上流下接，身等不得異言”各等語。經縣批准有案。百餘年來，兩造悉照嘉慶和解呈内辦理，並無爭議。民國三年三月六日，即陰歷二月初十日，洪姓因畊種秧田，前往濠口掘水，盛姓聞知，趕來阻止。兩造遂起衝突，互控來署。並據徐錦文、胡章炳等以開掘塘瀆貽害田畝等情，參加起訴前來。經本公署於四月十三日傳集兩造，並案内人證，開庭審理。兩造言詞各執，事關水利。若非履勘明確，不足以昭折服。諭令候勘在案。同月二十日，經知事帶同書記員前往履勘。勘得南鄉洪村地方離城十五里，村之西柿樹壠之南，有濠瀆一條，長約三里許，中有大濠，及上、中、下三濠，並担主塘。大濠上並無來源，傍有積水，比較瀆口畧低數尺，參酌情勢，恐無餘水兼顧下游田畝，似無係爭之必要。惟遇大雨傾注，餘水入瀆，應仍照舊章辦理，繪圖説明在卷。七月八日，復經傳集覆訊。據兩造及證人陳述，並履勘情形，及檢閲各種物證，認定事實如上。

立證方法：被告人盛于斯等呈驗嘉慶十三年舊案一本，唐鳳章、盛元增、盛順産、盛成貴、盛禄德户管册五本，並盛下莊魚鱗册，均爲案内要證。

理由：本案爭點，分爲左列三項：

甲、關於濠塘所有權之爭議。原告稱洪村平水殿等六姓注水，瀆名曰“濠瀆”，柿樹壠注水瀆名曰“黄坭塘瀆”。柿樹壠瀆居上游，民等瀆居下游。被告稱：大濠上、中、下三濠，及担主塘統名“濠瀆”，均係民等所有，等語。知事履勘情形，所謂“濠瀆”者，係指大濠上、中、下三濠，及担主塘而言。除各濠塘以外，並無濠瀆之存在，更無濠瀆與黄坭瀆之區别。查核盛下莊魚鱗册，及被告所呈各户册，則大濠上、中、下三濠担主塘，確係盛、唐兩姓分拍完糧。糧既爲被告所完納，濠塘當然爲被告所有權，毫無疑義。

乙、關於接水地點之爭議。據原告稱：向來在濠口接水，從前濠口約寬五尺，近年逐漸閉塞，只留一尺之數。被告稱担主塘以上均係盛、唐兩姓所有，向來不准接水，若有餘水流入担主塘下，准由洪姓承接。查大濠上、中、下三濠，及担主塘既爲被告之所有權，塘内蓄水當然有任意處分之權利。嘉慶舊案“餘水入瀆，上流下接”等語，全係恩惠之規定。洪加田等何得違反舊有之案件，而爲格外之要求。至于接放地點，舊案中明定直至担主塘下，聽憑洪村上流下接，其担主塘以上不准接收，已可想見。自應仍照舊案，以杜紛爭。

丙、關于灌注區域之爭議。查湯溪水道之有來源者，名曰堰瀆，其經過區域之田畝，均有灌注之權利。其蓄積天然水而並無來源者，則爲濠瀆，僅濠塘所有人有灌注權，其他田畝僅能于餘賸部分，得享利益。此案原告堅請大濠上有來源，下游田畝均得灌注，經知事實地履勘，四處尋覔，並無來源發現，而塘内積水稀少，一遇雨水缺乏，則盛、唐兩姓田畝尚屬不敷灌注，更何有餘水接濟下游田畝。該原告所主張不能成立。總之，該處濠塘，實非洪、蔣各村之所有，而餘水接放，純屬盛、唐兩姓之美意。在該原告，理宜共諒此意，毋興無謂之爭執；在該被告，亦當照舊開放，毋爲封閉之行爲。庶幾餘水灌注六村，共沾其利益，上流下接，兩造同歸于和好。本公署有厚望焉。爰爲判決如主文。

縣知事楊旭初(印)、承審員鄭式康(印)、書記員田禮耕(印)。

中華民國三年七月八日判決。

浙江高等審判廳民事判决控字第三百四十號判决副本。

原控訴人洪濟盧　湯谿縣人　住洪村　業農
　　　洪嘉田　同　上　同　上
　　　洪志書　同　上　同　上
　　　滕土高　同　上　住石子路　業農
被控訴人盛秉璋　同　上　住柿樹壠　耕讀
　　　盛茂山　同　上　同　上
　　　盛振祥　同　上　同　上
　　　鄭三耐　同　上　同　上

上控訴人對於中華民國三年七月八日湯溪縣知事就控訴人與被控訴人互爭水利一案所爲判决,提起控訴。經本廳審理,判决如下:

主文

本件控訴駁回。控訴費用,着控訴人負擔。

事實

呈訴事實具詳原判,兹不贅述。

理由:

本案據控訴人主張擔主塘,即上、中、下濠,因其形如挑担,名曰"上、中、下担主濠",或稱"濠",或稱"塘",或稱"濠塘"不一,非於上中下担主濠之外,别有担主塘,其馬池塘,乃山名,而非塘名。該處另有雙眼鏡,其形横,而担主塘之形直。原審誤會,判爲被控訴人所有權,使控訴人五百餘石之田畝,不能灌溉,實不甘服等語。被控訴人主張担主塘係由被控訴完糧,當然爲被控訴人所有權,户管魚鱗册可以核對。原審亦經履勘,字號不同,何能混爭。雙眼鏡實無此等名目,馬池塘並非山名,担主塘近於馬池山,故土名"馬池塘",請求維持原判等語。本廳查原審訴訟筆録,有履勘圖説,附卷水流地勢已甚明晰。控訴人所稱該處有雙眼鏡,及馬池塘爲山名,而非塘名等語,既屬毫無根據,而被控訴人所完糧之担主塘,係騰字一百二十七號,上、中、下三濠係騰字二十六號,相差甚遠,何等牽混。該塘既有被控訴人完糧,控訴人自不能憑空與之爭執。但有餘水,亦當照舊開放,使下流各村得沾水利。原判並無不合。本件控訴毫無理由,應予駁回。特爲判决如主文。

本案遵照司法部呈准清理積案辦法,以獨任審判行之,並誌。

中華民國三年十二月五日,浙江高等審判廳民二庭審判長推事蕭敏(印),書記官吴大濼(印)。

此件副本證明與原本無異。書記官吴大濼。

大理院民事判决四年上字第一一五六號

判决

上告人洪濟盧湯溪縣人,住洪村。

被上告人盛秉璋湯溪縣人,住樹柿壠耕讀。
　　　盛茂山　同上

右上告人對於中華民國三年十二月五日浙江高等審判廳就上告人與被上告人等因水利涉訟一案所爲第二審判決，聲明上告。經本院審理，判决如下：

主文

本案上告駁回。上告審訟費歸上告人負擔。

理由

查本案係爭濠瀆，原分三部：一、爲糧册上正騰字第四號之金塘，土名"大濠塘"。二、爲正騰字第二十六號之金塘，土名"上、中、下濠"。三、爲正騰字第一百二十七號之担主濠，土名"馬池塘"。參看原第一審履勘情形備考。經原審及第一審查核，縣存魚鱗册，及被上告人等呈驗之户管册，查明該三處濠塘糧，由被上告人等分拍完納屬實。因將該三處濠塘判爲柿樹壠盛、唐兩姓蓄水處所，上告人等不得掘洩。兹上告人對於原判關於大濠塘及上、中、下三濠之判斷，已無不服，自可毋庸置議。而所爭執者，即册載第一百二十七號，究係山畝、山糧，抑係塘畝、塘糧。是已本院查核全案紀録，附粘原第一審縣知事履勘圖説。内載經本知事查核，盛下莊魚鱗册正騰字第一百二十七號馬池塘内，分山、塘兩種，塘糧均係盛、鄭二姓完納爲多。又查附卷盛順産之户管册載明，正騰字百念七號担主濠金塘拍一分正。光緒三十三年分，又鄭厚及鄭睦之户管册，亦均載明正騰字百念七號担主濠金塘拍壹釐正，光緒十九年分，其塘糧數額均有確切證憑。是上告人所稱魚鱗册内正騰字第一百二十七號，及歸户册内正騰字第一百二十七號，均係山畝、山糧，並無塘畝、塘糧，業經當庭看楚云云，顯非可信。至謂鄭三耐塘糧户管，至第二審始行提出，明是賄通升補一節，姑無論此項空言主張之事實，按之現行訴訟規例，顯非可信，即以該户管册言，查該册既係前清光緒十九年分之舊册，且册面鈐有前清湯溪縣印，業經原審依法審究，認爲原發户管册無誤。上告人非有何種證憑，自不得以空言揑誣，指爲賄通僞造。總之，本案係爭之濠塘，既依糧册、户管，及前清嘉慶年間和息舊案，證明爲柿樹壠村盛、唐兩姓所有之濠塘，則上告人雖可利用濠塘溢出之餘水溉田，然决不得憑空主張爲共用公塘，肆行挖掘，致(防)〔妨〕被上告人等蓄水之權。原判不准上告人等掘洩蓄水，惟如有餘水下注，仍准上告人等利用灌溉，所判實稱允當。是上告人空言不服之各論點，均不能認爲有理由。

據以上論結，本案上告認爲無理由，應予駁回。上告審訟費，依現行訟費，則例應判歸敗訴之上告人負担。至本案係空言不服原判，毫無法律上正當理由，終應駁回之件，按本院現行事例，得以書面審理行之。故用書面審理，特爲判决如下。

中華民國四年七月二十七日，大理院民事第二庭長推事余棨昌(印)、推事胡詒穀(印)、推事李祖虞(印)、推事孫鞏圻(印)、推事李懷亮(印)。大理院書記官鄭耿光(印)。

本件爲洪濟盧與盛秉璋等因水利涉訟不服，上告一案判决正本。特此證明。

中華民國四年十月五日，大理院書記官鄭耿光。

(《湯溪青盛氏宗譜》 1918年湯溪盛氏木活字本)

餘姚孝義勞氏丁塗丈分記事

夢 鯉

海塗自康熙年間添築利濟四塘，塘以北日復漸漲，所謂子母沙也。每姓各照老丁派管，本丁坐落梁上倉西一三竈，東連褚、嚴，西連傅、丁。我族因三公同子雲聯公統租四姓丁塗，連滷配煎，歷有年所，地界混一。雲聯公後四房分頂海務，傅姓窺利訟租起佃，竟將勞、丁中腰溜場，多佔二十餘張。時則嚴、褚、勞三姓丁塗仍混，内則祠租照舊，衆故不覺。唯叔仁育病終始言曰："勞、傅必有大訟也。"不數年，山陰丁大顯，於勞、傅、丁界，私立子沙。傅永茂者出與爭阻，毆毁結訟。傅姓囑捕衙勘詳，竟指勞、丁爲傅地。大顯情極奔告宗長訓行、房長文俊、在公、貽本、貽才、貽潮公等，集衆公議。祖宗血土尺寸，不得與人。前係私佔，今且經官成案，後翻何及。遂以訟事下委不才。愚不堪任，適應夢兆，不敢辭。因勉隨叔兄禹甸、漸于從事，並維風、青路、德懋等，時同商酌，隨呈請縣親勘。奈堂憑衙詳，先入爲主，私爲查丈，種種不符。蓋丁塗南北約七里，東西約四里，渺茫窵遠，無界可憑。塘上曲直不一，與上則地畝丈數錯出，塘下引繩循丈，溜墩一阻，即又參差。且塗勢斜拖，東北傅姓據以爲主，形似理勝，老於海者莫知要領。夫事必徹底，訟必立主，盈缺不明，勝負莫定。無主無底，何以爲訟。因用羅盤格定上下界河，均係子午，横塘應卯酉而卻係寅申，故形若斜拖而數難準合，誰知之而誰定之哉。指與傅姓明講，奈傅姓專聽捉刀人語，案可操勝，故糾結延宕至八、九年。傅姓費至一、二千貫，而我族費始百數，尚可支持。後則上控府道縣場，會勘傷案，添砌火耗煩多。傅姓固祠産盡毁，而我族亦不堪言矣。幸禹甸、德懋慮公用之不敷，慨焉謀商助公。德懋首出錢五十千文，在公公聞之而喜，即邀胞弟四人，同助五十千：在公公十千文，殷盤公十千文，錫侯公十五千文，夢魁公十千文，貽輝公五千文。於是文彪公房助錢十千文，兆昌公助錢五十千文，聲如公助錢七十千文，余亦糾集錢會，後同作助。旦木五千文，鳳巢十千文，占鰲十千文，柱峯十千文，維峯五千文，攀柱五千文，禹和二千五百文，國榮十千文，余十千文，共錢二百九十七千五百文，得以接濟訟事。正如外寇方深，内餉告竭，此時左支則右絀矣。而糧軍一旅，紅旆悠揚，忽從天降，曷不好整以暇哉。地界東限柏下倉，西連金、陳，而下塗早被西丁比連斜侵。故東界子午，西則癸丁且丑未矣。兹欲清界各管，而佔已久遠，楊、袁、吴、邵，而西丁且不一，訟歸何底。近惟陳姓東佔亦多，乃定以金、丁爲界，辦六甲統丈公分之計。金、陳不能異，始得要領而就緒焉。再爲細丈，離塘下十丈，西自金、丁小水溝起，準定羅盤卯酉，引繩而東，遇一溜墩於子午，直下二、三丈不等，仍依卯酉引繩而東，至柏下倉大溮而止。上下分作四節，如經有緯，連前丈八次而大定。計開：金、丁三十一，丁五十二弓，陳大甲廿七，丁小甲廿三，丁共六十二弓，又小甲十三，丁、勞十一，丁、傅二丁共十三弓，傅、丁五十一，丁九十三弓，大路門勞、傅、褚、嚴公地十四弓，勞九，丁十五弓，勞廿八，丁廿三，丁十三，丁四十六，丁共一百八十四弓；褚、丁六十六弓，嚴、丁一百零四弓。首節統丈六百零三弓，與上地合置以爲實。以下三節，從此折算。其圩後次節統丈五百廿三弓，該作八七折，金得四十五弓，陳得五十四弓，小甲十一弓，傅得八十一弓，大路門十二弓九，丁十三弓，勞得一百六十弓，褚得五十七弓，嚴得九十弓。其横溮後第三節統丈五百六十三弓，該作九三折,金得四十八弓,陳得五十七弓,小甲十二弓,傅得八十六弓,大路門十三弓九,丁十四弓,勞得一百七十一弓,褚得六十一弓,嚴得九十六弓。其最下第四節統丈四百八十七弓,該作八一折,金得四十二弓,陳得五十弓,小甲十弓,傅得七十五弓。大路門十一弓九,丁十二弓,勞得一百四十九弓,褚得五十三弓,嚴得八十四弓。丈清算準,畫圖呈縣,官大稱善,倩曹榮春等向傅開導。傅姓悔悟,置酒從和,大訟乃息。惟訟累至此,祠租難議。適因海塗奉憲陞科,將溜租盡歸公祠收息。毛瞻雲等酌處開荒溜本費一百六十千文。安祖睦族,幸何如也。是役也,傅姓人寡而財多,代爲謀者,狡思逞我族人衆而財少,如築室者幾道謀。維衆情積怒,凡種地者朝夕必經傅居,逕情早可滋事。若非再三約束,平允曲處,則藉端洩憤,投凶走險者,事如沸訟,禍安底乎。乃外定統丈之謀,内獲助公之利,置身不敗,和衷共濟。凡公項應酬,概從簡省;親友擾累,報只後圖。至於結算費用,商榷呈詞,每至漏殘五夜,夏則蚊刺交集,冬則爐火無温,饑腸轆轆,情若難堪。而或出旨蓄,或索慳囊,沽一薄醉而散,並未開銷公家一文。惟謹約如此,費猶如此,訟凶當戒,豈不然歟。是固祖宗在天之靈爽,實式憑之;而宗長諸董事之誠,抑亦對祖而無媿者矣。夫前車之轍,後車之鑒也。數十年來,我姚爭塗涉訟,以致凶敗者,大都終於爭執耳。豈知當爭難執之處,本宜退求出路。若得統丈公分,其法至善可從,故詳誌之,且俾後人知六甲上下、四節丈分之實數,並用盤針引繩循丈之舊法。後如節段界址,稍有不清,稽查即得,無庸爭執。至於宗祠有事,族人出力者衆,不及詳述。要皆照人耳目,爲所當爲,固不待余之覼縷也。

壬申之秋,忽見一人狂呼曰:"鹹潮來矣。"急登樓望之,果見大水滔滔,人物擁擠雜下。因歎雍正二年海溢,曾祖夔一公、祖妣吴孺人,繫尸收骨,有大功德,今誰任乎。恍惚間,如身在囹圄,拘繫甚苦。又與從兄漸于快談堪輿,醒驚妖夢,時深惕慮。適族房有丁塗訟累之委,皆與夢符。故慎之又慎,或即祖宗先示之警懼歟。附記。

(勞爾駿纂修《[浙江]餘姚孝義勞氏宗譜》 1914年餘姚申錫堂木活字本)

復馬慕蘧書

慕蘧足下:前奉惠書,囑查鹽境淤塞河道,以備呈請京師水利局撥款疏濬,以工代賑,仁言利溥,曷勝感佩。

僕查岡門鎮向南至大岡鎮四十五里,名"岡溝河",淤塞已久,匪特田疇失灌溉之利,即商旅舟楫亦多梗阻不通。當劉令楚薌在任時,提議開濬未果。今年自春徂夏,秧未栽插而水已斷流,哀鴻遍野,不堪縷述。僕會該紳士父老,出示我公大(扎)〔札〕,無不額手感頌。當即查案繪圖,算方計里,列表呈覽。

嗚呼,以岡溝一隅之地,因河道淤墊,而民憔悴若此,況他處未濬之河甚多,諒未有不疾苦者。夫水荒不過一時,惟旱荒之害最重。高田猶有麥可收,低田祇得一熟,一經滷水封河,田必乾涸,堅硬如石,人牛皆不能耕。泡漚二三年,不能回復原狀。現今導淮入海,患不在水而專在旱。倘或雨澤愆期，滷潮即乘之反漲，欲萬全無害，非於海口建閘不可。查内地通海之口有四：一曰鬪龍港，係興、鹽分界之處，原有閘在大團，尚可修用。一曰靠魚灣，河淺且狹，易於填閉，亦可無需注意。惟重要者，則鹽之新洋港、阜之廟灣場，潮汐漲落，瞬息數百里，其滷水由新洋口來者，吾鹽有石礎閘可禦，不過南北洋岸居民受苦耳。惟廟灣之滷水，直達射陽湖以上，西至山陽邊境，南至興化腹地，瀰漫數百里，毫無阻止，必得大雨傾注始退。此其爲患，比之洪水殆尤甚焉。我公生長鄉黨，應無不知。今欲興利除害，必於興洋、廟灣兩口趕緊造閘，預備巨款，且須得熱心公益之人，方可集事。若築室道謀，終無裨益。

我公關懷桑梓，往年助賑五千金，口碑載道，今春在京籌商開墾灶地，以濟貧民，現復請款濬河，以工代賑，無一不胞與爲懷，將來建閘，仍非我公設法擔借外債不可。約計兩閘必需二三十萬元，估工能少更好，日後籌還方法，由鹽、阜兩縣冬漕帶征，每石漕米附加一元，鹽城大糧雜税，每歲可得兩三萬元，阜邑田畝糧數，雖未查明，諒亦不比鹽城減少。統計兩縣每年帶征五、六萬元，以此抵償洋息，並陸續抽還原本，不及十年，本利即可還清。民享樂利而負擔甚輕，官任償還而信用，較其法似莫善於此。請公陳請政府，以國家之名義借之，或請巡按使以本省名義借之。款有定着，而功可速成，諒無有不邀批准者。即不然，我公現借洋債辦礦，亦可於礦款内附借二三十萬元。聲請巡案使立案，飭縣每年照征隨錢漕彙解滙寄，亦萬不至有虧短之虞。

昔曹甸郝氏墊款開涇河閘千百頃，荒地盡成膏腴，至今子孫食報而鄉里口碑猶稱道不衰。蓋非常之功，必待非常之人爲之，天之降此鞠凶，安知非爲我公建功立名之地乎。此閘若成，當與范堤並垂不朽。僕愧勞勞一生，無寸善及於鄉里，自顧晚景無多，幸有此無量功德之舉，能得我公主持担任，竊願附驥，不辭勞怨。敬呈管見，翹企玉音，毋任延佇。謹啓。

(孫海南等纂修《[江蘇鹽城]孫氏宗譜》 1923年鹽城樂安堂木活字本)

姑熟吴公書年先生倡修古攔埂記

胡 珩

嘗考郡志，前明萬曆三十六年，江潮氾濫，水由蕪邑濮家店下，注於當邑之橫塘埠爲災。維時士庶於永儀埠褚家村東首，築攔水埂一道，以保田疇，即今之古攔埂是也。自明以來，久慶安瀾。久失修固，至乾隆三十二年，江漲復發，決破蕪邑濮家店，橫塘已成巨浸，而永儀、永和、新儀、永積，及濱江一帶圩埠，悉屬下游，廬墓田園幾幾莫保。幸古攔埂遺址猶存，可作中流砥柱。我吴公書年先生倡議堵埂，力障狂瀾。於是命冢君楚源率領千餘夫，頹者起之，卑者高之，以資捍禦。公念衆夫遠涉從事，飲食莫能自辦，因出白粲數十担，每日蒸飯十數甑，以充衆夫之饑。自是衆夫益踴躍助理，不數日竣功。厥後水勢平定，凡十數埠得免水患，罔不沾公倡修之實，惠銘於心，而歌頌之難已也。是歲余適館公家，親見公日夜焦思，曁楚源克體公愛恤鄉鄰之至意，竭力督工，以慰親心。公可謂仁之至，而楚源可謂孝之盡也。是爲序。

(吴健邦等纂修《[安徽當塗]姑熟吴氏宗譜》 1926年當塗吴氏木活字本)

益陽板橋周氏修建石碼頭始末記

繼　侯、繼　庶

石碼頭建於益治西城外之二堡，距城約四里許。碼頭係分南、北兩岸，創自前清嘉道年間，爲我周氏私人所建設之義渡碼頭也。與石碼頭相距最近之渡口，上游則有韓家碼頭，其對河爲娘娘廟，位於小鯿魚山之上首；下游則有白馬廟碼頭，其對河爲龍山港，位於大鯿魚山之下首。我石碼頭對河一岸，則正位於大、小鯿魚山兩山之間。兹將其建置始末分述於後：按石碼頭對河一岸爲南岸，其路爲通寶慶、寧鄉之要道，行旅往來恒不絶。當石碼頭未建之前，羣從龍山港碼頭經過，嗣後濱湖一帶修築堤垸，資水阻塞，其流不暢，龍山港地勢較低，每當春夏水漲，港内二里許皆成澤國，行旅苦之。侯高祖樹堂公心焉憫之。因相度大、小鯿魚山兩山之峽，地勢最高，可免水患。查悉此山係羅姓公業，遂商之羅人，價購山地一所。其位置係偏於小鯿魚山方面。契成，公即獨力出資，闢爲碼頭。當時碼頭形式，係就憑河高阜處砌石爲坪，坪後横砌磚牆一座，牆門額上外題"蘊玉懷珠"，内題"江山在望"各四字。門以内有渡亭，爲行人休息所。再由坪右曲轉，向下游砌石級數十磴，達於河濱，右倚山而左臨河。故碼頭左面砌以石欄，以防危險。迨咸、同以後，河身日窄，水勢日高，左面山基被水衝射，屢潰屢修，幾無寧歲，漸至潰成深洞，不可復修。至民國初年，而碼頭當衝處僅存其半。適侯與堂弟繼誠、充三和公經理，遂商之族人。擬繼先人之志，而永奠其基。僉曰"善"。因復商羅姓，仍就兩山之峽，另購山地一所。此處位置則偏於大鯿魚山方面，離舊碼頭渡亭處約數十步。羅姓主事者亦熱心公益，慨然允諾。迨扦界立契後，即興工修築。復有羅姓族人出而阻撓，激成訴訟。蒙縣署勘明，飭令仲人調解，勸侯等加購山地，丈尺增價了案。侯等以事屬公益，不願久延，以苦行旅，勉允其請。由是外和内結，垂爲定讞。旋即開闢基地，毁舊砌新。先將山土鑿成一斜線，巷道中砌石級數十磴，直下河濱。河邊砌以石臺，由石臺向上游曲轉，更砌石級十餘磴抵河水，並於碼頭右首山上餘坪内，架屋一棟，以爲看守碼頭住宅。惟磚牆石匾、渡亭，因一時經費困難，尚未移來，須俟之異日耳。此則石碼頭南岸購地創修及購地改修之大略情形也。當南岸碼頭創建之際，所有北岸房屋基地，由河水直抵街心，爲庶太高祖守溪公之私業。公與樹堂公爲親伯姪，時年已七十有餘，好善之心至老不倦，因見南岸碼頭已成，忭然心喜，遂不惜巨資，鳩工庀材，將原有全部舖屋拆卸，更而新之，臨街舖屋改建，於基地兩旁中闢甬道，直達河濱，以通行人。隨於河濱修石級數十磴，直抵河水。河岸上横砌以牆，員其門，自題"如斯夫"三字爲之額。迨光緒末年，屋燬於火，旋即興工修復。惟修復之後，形式則稍異於前。臨街舖屋偏位下游，甬道則偏位上游。其牆門與題額則仍照舊式，但非正對碼頭中心矣。迨民國四年，適庶經理五房公産，因碼頭上面餘坪甚寬，商之族人，增修河岸舖屋樓房一座。不意街鄰誤會，發生阻力，訴經益陽縣署，履勘訊明判結。復經長沙地方廳二審、高等廳三審終結，訟累數年之久。至民國八年，而河岸房屋始得以告厥成功。此則石碼頭北岸創修碼頭，及改建甬道之大略情形也。是兩役也，兩公子孫出力者多，侯與庶無功也。自此以後兩岸石碼頭，我兩公房下私修私管，他人不得覬覦，已成鐵案，一勞永逸。奠此丕基，當亦先靈默相有以致之耳。所有契約、判案，及其他有關係文件，詞長不能悉録。願我兩公子孫世世守之,庶幾葛藤永斬,而先人之善舉得以永垂於不朽矣。爰記其始末,以昭示來兹,慎毋忽焉。是爲記。

(周繼浚等主修《[湖南益陽]益陽板橋周氏六修族譜》 1931年鉛印本)

四明交通

吾鄉負山敵海,昔之赴郡者,踰嶺涉水而後達,亦會風氣閉樸,故鄉民多老死而未越家鄉。其後出者稍衆,然倆未便。今寧横路汽車通行,轉瞬而可往返。且郵電便捷數十年,後將不知往昔之(維)〔難〕。用志交通,以諗來者。

鄞邑宋有驛舖,元有急遞舖,皆不及吾鄉,清有之仍名爲"舖"。雖爲遞送公文而設,要亦見交通之道焉。故冠於首,其不涉吾鄉者不録。

府前急遞總舖府治西南譙樓左,置設舖司兵投遞公文,城東舖靈橋門外,福明舖縣東十里,盛店舖縣東二十里,匯牽舖縣東三十里,大涵舖縣東四十里,三溪舖縣東五十里,畫龍舖縣東六十里,鄧家舖縣東七十里,大嵩舖縣東八十里,廟墩舖縣東九十里,火扒舖縣東一百里,東至湖頭渡,達象山,孤嶺舖縣東八十里瞻崎,北至鎮海縣穿山舖。

按府前舖,設舖兵五名,城東四名,大嵩三名,福明、盛店、匯牽、大涵、三溪、畫龍、鄧家、廟墩、火扒、孤嶺各二名。清季廢。

陸道

吾鄉之赴郡城,陸道四。今以繁盛村鎮起行而言,自瞻埼鎮海之合壋、慈壋,亦取道。度瞻埼嶺至少白,陸道三十里。自少白趁航船至大涵山橋外,沿中塘河至江東三眼橋,水道四十里。合水陸道七十里,晨起夕達。自咸祥象山東鄉亦取道度狹石嶺,至東吴,陸道四十里。自東吴趁航船至大涵山橋外,沿中塘河至江東三眼橋,水道四十里。合水陸道八十里,晨起夕達。自咸祥度大嵩嶺至下水,陸道三十里,自下水航船,渡東錢湖,過模枝堰,沿前塘河至江東新河頭水道,四十八里。合水陸道七十八里,晨起夕達。自塘頭街度泗水嶺按實不成嶺,至韓嶺市,陸道二十里。自韓嶺市趁航船過模枝堰,沿前塘河至江東新河頭,水道與下水同。咸祥一帶出下水,韓嶺陸道稍便於東吴。然以東錢湖風浪,故不往。十年來仍有汽船,自少白、東吴至江東大河橋,二小時餘可達。自模枝堰至江東新河頭,一小時半可達。自韓嶺市至模枝堰,一小時可達。惟下水至模枝堰無之。初間用渡船,當未有汽船時,瞻埼、咸祥行旅,欲赴上海,趁輪船赴慈谿,趁火車當日不及。是後遂有餘暇矣。

寧横汽車行駛於中華二十三年冬。其車由寧穿公司兼辦。車站十有六,曰:寧波總站江東大道頭、福明站縣東十里、盛墊站縣東十五里、邱隘站縣東二十里、迴龍站縣東二十五里、莫枝站縣東三十里、前徐站縣東三十五里、冠英站縣東四十里、寨基站縣東四十五里、韓嶺站縣東五十里、蔣潭站縣東六十里、管江站縣東六十五里、鄒溪站縣東七十里、犢山站縣東八十里、咸祥站縣東八十五里、横山站縣東九十里。公乘汽車，一小時半可達；自雇小包車，四十五分鐘可達。每日往來十班，嗣減去二三班。每輛乘客二十四人。如過半數，則加車。然徒具虛文。象山乘客上下午直放二班，奉化之松嶴、鎮海之合嶴，亦多有來趁鄒溪犢山站車者。

寧橫汽車未通時，瞻埼一帶至少白、咸祥一帶，至東吴、塘頭街一帶，至韓嶺市，皆有竹兜子或籃輿可乘。每值雨雪新霽，咸祥一帶乘輿者多至二三十人，擔夫多至百餘人。瞻埼亦略同。中華二十年，韓嶺行駛黄包車，直至金雞橋上周嶴等處。少白至瞻埼有驢馱運貨物，皆稱便利。自寧橫汽車行駛，輿擔及黄包車無人過問，皆停止。瞻埼一帶亦頗受損失。

往來鄰縣、鄰邨，山徑崎嶇，惟嶺是踰。兹舉其著者：菩提嶺，上周嶴至奉化裘村，十五里。黄泥嶺，上周嶴至奉化松嶴，十里。松嶴、大嶺、施家橋至奉化松嶴，二十里。火扒嶺、蘆浦至奉化湖頭渡，五里。孤嶺、瞻埼至鎮海合嶴，五里。瞻埼、大嶺、瞻埼至鳳下溪，十里。狹石嶺一名玉泉嶺、茅洋至畫龍，十五里。大嵩嶺、大嵩至洋山嶴，十五里。東陶嶺、東陶墺至上水，十里。四水嶺、大橋至翰嶺，五里。亭溪嶺、城夾墺至横溪，十里。雙石嶺、山坑至横溪，二十里。姜家嶺管江至童家墺，十里。桐檀嶺、鄒溪至蘆浦，十五里。

水道

瞻埼、大嵩、咸祥一帶，雖皆瀕海，然赴郡必由陸道。清宣統二年，咸祥人朱笈堂等，始利用海道，行駛"江利"輪船，朝由寧波江北岸起碇，夜深抵蝦蟆袋，夜由蝦蟆袋起碇，次日午后抵江北岸。行人以夜開夜到，頗感不便，數月而停。中華十九年，咸祥人復有先後行駛"開平"、"華孚"兩輪船，往來寧波江北岸、鎮海之郭衢、梅山、象山之西澤及蝦蟆袋等處，當日可達。又以輪小浪大而輟。惟大捕船裝載貨物，由寧波直抵大嵩港，今尚行駛。而自咸祥至金雞橋，近年有内河小船，駁裝自寧波進韓嶺之貨物，並搭行客，亦以寧橫汽車行駛停止。

横山與象山西澤，隔港相對，尚有帆船一艘，每日晨自西澤開來横山，復由横山開回西澤。中華十五年，象山烏嶼山商人改駛"得興"汽船，兼灣烏嶼山而泊焉。自寧橫汽車通接象西汽車，自象山東，門至西澤。有永安汽船自西澤開至横山，每日來回二次；同益汽船自寧海薛墺開過合山柴溪下沈，及象山西周、西澤、烏嶼山至横山，來回一次，十八里之港波，指顧而達。即象山港之上游，亦俄傾間耳。

郵信

吾鄉向無信局。數年前曾有專遞，旅上海者書函、貨物，號爲信客，實個人私辦，與信局不同，今已廢止。其瞻埼、大嵩、咸祥、塘頭街等處，商舖欲寄信於寧波，付就地擔夫，交少白、東吴、韓嶺等棧房，由商舖躉貨而設，俗呼過塘行。由棧房交夜航船遞至寧波。所寄之舖，寧波商舖則交夜航船轉棧房，擔夫寄來。非商舖則不能。清季設郵政局，少白、東吴、韓嶺，分設信櫃，公私書函始可投寄。瞻埼一帶，由少白轉；咸祥、大嵩一帶，由東吴轉；塘頭街一帶，由韓嶺轉。中華四年，瞻埼、大嵩、咸祥、塘頭街，附設信櫃於商舖，而塘頭街仍由韓嶺代寄。東吴、咸祥間，别設郵差一名，由東吴過大嵩抵咸祥一宿，翌晨往瞻埼、天童街、少白，仍回東吴。凡二日往返一次。十九年，咸祥改設代辦所。二十四年，郵政由寧橫汽車直寄鄒溪。塘頭街信袋。咸祥一日收發一次。瞻埼别立郵差，每日往返咸祥，而大嵩無有願設信櫃者。

電話

中華十四年八月，奉直開衅，五省聯軍總司令孫傳芳派軍駐防大嵩、咸祥一帶，要口裝置臨時軍用電話。自寧台鎮守使署進東吴狹石嶺，直抵横山。明年春撤去。吾鄉電話之見，始於此時。二十三年冬，寧横汽車諸站自設電話。二十四年春，咸祥公安局又自設電桿，與寧台防守司令部直通電話。二十五年秋，撤公安局電話機，裝於横山，以横山方設置礮臺也。咸祥與上路鄒溪、塘頭街以上統稱。謀設置鄉村電話，上路以水災舊存餘款，咸祥以舊時恤孤會田産，爲設置費，而田産無有購者，致未實現。韓嶺則於二十年告成云。

（朱驤纂《[浙江寧波]四明朱氏支譜》 1936年四明慎德堂木活字本）

藍山鍾氏水利

農爲國本，田爲農本，水爲田本，故農田、水利並稱。周置農官，禹力溝洫，由來尚矣。吾族宅居高陽，墾闢田土，素患乾燥。先人創建鐵爐壩，疏濬霧村漯，以及近村諸塘壩井泉，致力甚艱，享利亦甚溥。後人其世守而整理之，以宏先世之遺澤乎。

甲、鐵爐壩

壩之來源及經過

明洪武間，先人以村之後岡左右上下一二里，共田三百餘畝，素乏澤潤，爰相地勢高下，自小江洞後冲，築壩引水，度木梘至箭嶺脚，過磚拱橋。嶺邊鑿石爲溝，經保干頭、牛屎巷、磨石灣，穿田越嶺，逢石力鑿，遇岸深鏟，遠歷六七里，直達本境大山脚，次及木園頭、石坪、麻坪等處，均得灌溉。昔之視爲焦枯者，一變而爲沃壤矣。後人以修塞需費，分潤有時，續立壩會，訂定規程，互相維繫。農村經濟，利賴無窮。兹將本壩圖規産業録後。

（子）壩圖（略）

（丑）壩規

一、水次春夏秋冬，皆尾次爲首，分爲五次。頭次水蔴坪，二次水石坪，三次水過梘，四次水木園頭，五次水大山脚圍福。

一、水次以一日一夜爲一次，晝以日出，夜以日落爲率。非水次而濫挖者，公罰。

一、塞壩修溝，概係雇人承包。冬壩由壩産項下出禾谷六百斤，春壩由壩産項下出禾谷一千四百斤。如遇壩溝衝壞，需工過若干程度時，得由執事按田分派銀錢津貼之。

一、本壩管理三年一届，由父老公舉之。

附禁碑文一

天下事，有創必須有守。鐵爐壩創自先人，載在邑志，灌田三百餘畝，水路六七里，議定章程，由尾及首，編爲五次，論功分水，法嚴功鉅，歷久無弊。乾隆五十四年，因鍾正星於沙園坪溝下開墾成田，欄喉分潤。衆田户恐後効尤，理阻不耳。具控馮憲，蒙勘訊斷，照舊規，壩外之田不許開田分潤，案存吏科。特立禁碑。

禁碑文二因嘉慶元年王才全於壩溝下竊水被獲，稟經史憲訊責，復立是碑。

近來人心不古，不由水次灌溉，恃强竊挖，彼此爭競，害苗滋事。是以衆田户會議，立碑嚴禁，率由先人之舊章，革除今日之弊竇。一次之水，由一次灌溉，不許欄竊分潤。如有抗違，闔衆鳴官稟究。所有先年議定規程，刊載於碑，用資遵守。

附：馮憲斷讞

審勘得鍾正星與鍾琴音等互控阻墾截灌一案。緣鍾琴音等有糧田三百數十畝，坐落排田洞，需水灌溉。先人在七八里河邊壘石築壩，名曰"鐵爐壩"，將水數分之一，截流一壩。復就地勢高下，控溝搭梘，逶迤引水注田。每年視分水多寡，派出公費修葺壩溝。其分水灌溉，定有章程，歷來並無爭執。鍾正星於乾隆五年間，承買孟姓荒坪一塊，在鍾琴音等糧田下首，距壩較近，溝水久由伊坪經過。伊見兄鍾正覺先年曾在荒坪開墾，衆見其業已墾成，狥情讓水，未經控爭。鍾正星遂效尤開墾，希圖大田之利。鍾琴音出阻，鍾正星不自悔及，反與鍾琴音等訐控到縣。集訊之下，鍾正星自知情虧，不敢爭辯。因查伊所墾之地内已(控)〔挖〕溝灌水，種植禾苗。若僅以差押堵毁，誠恐陽奉陰違，終難永杜爭端。隨復帶同兩造，就詣該處踏勘壩溝，及熟田荒坪情形，俱與朱凌雲等繪圖無異。鍾正星墾田處前後左右盡屬一派荒坪，且荒坪並無磽確，開墾成田甚易。如稍姑息，以鍾正星已經墾種，不忍令其毁棄，小民趨利若騖，勢必接踵開闢，截流灌溉。壩水已有定則，一經下截荒坪攔溉，上截糧田必至坐歉旱暵。利己損人，莫此爲甚。况在昔開溝，今兹按年修葺，工費浩繁，斷不容毫無分水之人恃强墾截。押令鍾正星將伊所種禾苗耙毁，其挖口放水處堵塞。只許作爲旱地，不得截水作田。如敢抗違，許鍾琴音控究。鍾正星初呈，即經本縣明晰批示，乃不候審，輒行挖溝引水，栽種秧苗，殊屬不合，本應責杖示懲，姑念一經到案，即俯首求恩，尚知悔罪，從寬免究。其衆姓荒坪，如有力開墾，原所不禁。但不得墾成大田，佔水蔭灌，蹈鍾正星故轍。鍾正覺所墾田畝，成熟已久，且經壩衆情願分水，在前年修壩溝渠，已幫出公費，免其並毁。嗣後亦不許得隴望蜀，再行開墾，致起衅端。取結立案。此判。

(寅)壩産

一、壩産來源

先人創立壩會，計有老壩、新壩、五豐壩三處。歷年按會派穀，作塞壩修溝之費。後各會均凑有餘貲，各劃捐一部歸公，另舉董理。各會始不負修塞之責。迄本年乙亥，因壩産不敷開支，公議每畝攤派小洋捌毫，分兩年繳收，專爲添置田租之款。

一、壩産田表

地名	田畝數	坵數	禾租穀數	附記
牌樓壩	一畝	三坵	三百斤	
老婁壩	一畝	一坵	三百五十斤	
赤板洞	二畝	一坵	五百五十斤	因水淹減五十斤
沙園坪		二坵	四百五十斤	
沙園坪		六坵	六十斤	
沙干背	一畝	一坵	三百二十斤	
牌樓壩	七分	一坵	三百斤	
陳家壩	一畝	一坵	三百五十斤	
				道光十一年得買雷姓荒坪荒田一處

一、鐵爐壩田産現勢表

業户别	畝數	成分比較	佃户别		備考
			鍾姓	異姓	
鍾姓公有	五十五畝二分	百分之二〇點四	二二户	六户	
鍾姓私有	一百八十四畝三分	百分之六八點一	五二户	一四户	
異姓私有	二十一畝五分	百分之八	一户	七户	
公團所有	九畝三分	百分之三點五	三户	一户	
總計	二百七十畝零三分	一百分	十八户	二八户	

乙、霧村漯

漯水源出石榴峯皇英故祠左澗祠前。舊有非泉，傳爲二妃濯沐處。今流伏井涸，水流經半麓，有右澗水自東來注，湍急流清，雜以松風竹韻，洋洋盈耳，恍若上古遺音。行半里許，折西北流，左納小冲水，又半里，左手冲繞中心岐麓來，會水勢漸盛。復折北流，沿鳳冠山東麓，出冲口，先人於此築壩，曰“頭壩”，引水至桐木岡、沙干背。自冲口北趨小半里，又築壩，名“二壩”，引水至桐坪、葫蘆嶺一帶，以次續開觀音壩、清明壩，今廢。三畝壩、狗肉壩、石板橋壩，沿岸分引灌溉，皆數十百畝，至抵石塭頭背。舊有石拱橋，係良鍈專砌，今廢。沿大塭頭後岡，多資分潤，堪補鐵爐壩及陳、李兩家各壩諸水之不足。洵本村之最好源泉也。至各壩均有簡單壩規，不具録。

附水道略圖（略）

丙、井塘

本村宅於山麓，因乏流泉，故井、塘二者，尤爲重要。列舉於次，以見汲引之艱，亦表思源之意。

一、井頭園井爲下村古井，光緒初重修。長、闊、深各五尺，容水量約七十擔。惟秋季供不給求。

一、大坪井二口，民國三年建，周砌磚石，上嵌石板，外塗紅毛泥，頗稱堅固。長、廣、深各六尺，容量皆百擔水，由葫蘆嶺原井處，於地下結合磚石瓦筒，逐漸引來。去工料費數百餘金。

一、上村土神廟井，民國五年開砌。長、廣各四尺，深五尺，容量可六十擔水。自樑山脚舊井伏流而至，亦清流也。

一、井頭園塘，舊有塘址，係正彦公開鑿。民國　年修復，周成圓形。深五尺，廣約四分畝之一。上納井泉，下通出口。水盛時恒流不息，浣洗稱便。

一、大坪塘，原係古塘址，闊二畝。前代惑於風水之説，填覆過半。民國初元，族人以火警頻仍，苦於消防，就未填舊址開復，成半月形。深六尺許。來源有井泉壩水，可四時不涸。近畜魚，頗有收益。

（鍾伯毅主修《［湖南藍山］藍山鍾氏八修族譜》 1936 年鉛印本）

湘鄉鄧氏渡源流

糾修鄧氏渡船碑

自吾祖學宬公卜居此地，獨建一渡，歲養舟子，致此地緣渡得名，歷數百載，遠近皆知爲鄧氏渡。地以事傳，由來已久。國初修邑乘，秉筆者顯標舊名。無如宗支繁衍，外徙者各建私祠，安居者偶遭中落，乃將一姓之渡，與地方合修爲公渡。於是誌載一則易爲鄧思，再則易爲鄧獅，求如學宬公之祖妣在湘陰所修鄧婁橋，永仍舊名者，而不可得。乾隆年茳房有僟公、宏業公，合族構鄧氏亭於河岸，示不忘古，亦隱寓餼羊必存之意。歲乙未，族維嶅主修新祠，糾置祀田，成功刊碑，仍欲另建私渡，以徵實蹟，無何賫志以歿。今春荩膺族舉，懷古興思，冀圖厥攸終。爰商族房父老，仍學宬公爲主，復興此舉。族衆踴躍從事，鳩工庀材，船以得成，行人便焉。清道光二十四年甲辰，户首光荩命炳麟淳趾氏撰。

附各房渡船捐款總目列下：

熟房後裔共捐錢三千文，茳房後裔共捐錢四十三千四百文，海房後裔共捐錢七千三百文，義房後裔共捐錢五千文，烏房後裔共捐錢六千八百文，瑄房後裔共捐錢六千文，賢房後裔共捐錢三十一千九百文，石房後裔共捐錢二千文，又明發捐錢六百文。以上大共收捐款錢一百零六千文。

附各房常年渡捐穀數目列下：

熟房瀏耀公上逐年捐給渡夫穀八斗，茳房公上逐年捐給渡夫穀二碩四斗，瑄房公上逐年捐給渡夫穀三碩二斗，賢房公上逐年捐給渡夫穀二碩，茳房宏業男士萼、蓮峯、冠南後裔逐年捐給渡夫穀一碩六斗。以上共捐穀一十碩，逐年秋收，交量宗祠經管收存。每月發渡夫食穀八斗，各房不得藉天年大患減納。其逐年修整油船費資，由經管於宗祠公田租穀項下支付，並鄧氏亭税錢亦歸渡公。

重修鄧氏渡船碑

鄧氏渡者，以吾姓居此而得名也。渡歷有鄧氏一船，乾隆年間鄧氏始與衆姓合建之。顧兩岸闤闠往來，絡繹相屬，一舟爲隘。今上元年，族衆合謀，此地名“鄧氏渡”，載在邑乘，而吾姓逐年捐有渡穀，合獨建一船，以仍先志。吾祖學宬公公上主修，糾族捐助，因新造一船，將造船用費所餘，併宏業後裔常捐之渡穀，及宗祠公上所捐，置買祠側田三畝，田租年若干，常捐渡穀年若干，又渡次亭子屋税年若干，而渡子工食及逐年修整之貲，於是乎給。先是，道光甲辰，族光荩糾族重建一船，閱今船壞。故族爲此舉，以承舊志，庶無墮吾姓之名也夫。清咸豐三年癸丑歲仲冬月，合族公撰。

附各房重修渡船捐款總目列下：

熟房後裔共捐錢六千七百文，茳房後裔共捐錢一十八千五百文，海房後裔共捐錢二千一百文，烏房後裔共捐錢一千五百文，瑄房後裔共捐錢八千文，賢房後裔共捐錢一十五千二百文，忠義公捐錢一千文。

芒房宏業男士莩、蓮峯、冠南後裔，捐錢一十六千文，原係逐年捐給渡夫穀一碩六斗，今因族糾買渡田，折作捐款，其常年渡穀移由祠公照數支給。

以上大共收捐錢六十九千文。

鄧氏渡記一

龍城西三十里滑石之有鄧氏渡也，自我遷湘祖學宬公始。公昔去彼汨羅來遷，思老以移此地，覽夫河水汪洋，行人病涉，(帳)〔悵〕然者久之。爰作渡，募舟子，利濟後人，繼厥志歲艤以待，且時給薪水於刺船者，由明迄清，逾數百載，人樂與傳頌其功。遂緣鄧氏渡而以名其地。夫地以事傳，何方蔑有。尤念學宬公之大母羅在湘陰，嘗於三閭大夫祠側修一橋。今其處名"鄧婁橋"，而鄧氏渡不適與鄧婁橋後先濟美，彼此垂芳歟？特是實至者名歸。鄧氏有渡，彼欲善如我者，亦思與踵事而因之，即半委爲公渡，則其名雖存而其實已去矣。我興哲公遺捐基地，乾隆間，房有佩、宏業，因合族構鄧氏亭於河干，意固在循名責實，冀鄧氏之獨建其渡也。幸族咸懷復古，至道光末歲，新刳剡之。既而摧壞。咸豐年，重叶既濟象兩次，悉因學宬公公上主修，各房捐貲，以襄其成，祠刊以碑於此渡也。於其始，自學宬公基之，中就曠弛，憑藉舊德，卒得徵實。他日重輯邑乘，紀録古蹟，鄧氏渡爲堪永傳云。於是乎記。清同治元年壬戌，翔雲清臣氏謹撰。

鄧氏渡記二

鄧氏渡之有渡也，自我遷湘祖學宬公始，因以名其地。歲養舟子，利濟行人。清乾隆年間，有佩、宏業糾族搆鄧氏亭於河干，以爲行旅憩息之所。既而船壞，道光甲辰重新之。咸豐癸丑又重新之。其他常年油整，相沿至今無異也。惟碼頭頻遭河洪冲毁，蕩然無存。民十五年，茹真糾捐重修，瀕河砌石爲臺，由臺層級而上，凡三十二級，中間以條石，左右亦如之。上下往來無阻，行人稱便，不與湘陰之鄧婁橋、瀏陽之鄧家橋、寧鄉之鄧氏義渡，後先濟美，永爲名勝歟。中華民國三十三年二月日，鄧氏渡族謹記。

船埠始末記

我族在明成化年間，因同姓土著民原充船役，避徙他鄉，致邑解漕米，無人辦船。邑宰壓我先人代之，與陳、潘二姓合成三埠。嗣遂援爲定例焉。清初邑中漕務船運湘潭交卸，我三姓除運漕外，並無雜派差使。厥後弊生，勒值月差，横征苛擾，民不聊生。康熙六年，瑄房茂楨、蔚楨以醫死肉骨事稟院，奉示嚴禁，飭縣曉諭。嗣於康熙三十年，縣憲李爲籲解倒懸事，詳奉府司道院，永禁濫差，刊碑立縣。康熙三十三年，房先輩名福者，又以百年弊根不除，三姓殘喘莫生，籲賜剔革，永超苦海事，接稟府院，得以禁示泐石。乾隆二十一年，芒房廷植因大村斗鹽溪口、小窞測水江口、河家等埠，自稱官埠，不服大埠管理。叠稟上憲，致各小埠均歸大埠協辦公事。同荷憲准，禁革月差濫派，將永奉爲成規也。迨乾隆五十年，差書乘縣修署，瞞匿禁碑，月差較前尤苦。嘉慶十三、十四、十五年間，賢房茂山、瑄房紫佩訟累連年，奉憲復刊禁碑。道光九年，光裕、士民、鼎元、平璽、平衡、維皓、維笏、維項、維良復呈奉憲示，我姓七房七埠人等，充當船籍，遵辦漕糧差務，毋得混充雜役。至光緒末葉改制，船役雜派遂於無形中廢弛矣。是役也，自明迄清四百餘年間，邑中船運漕糧有役，月差雜派有役，相沿成例，而惟我鄧、陳、潘三姓是任。專制時代之不平待遇，抑至此極。我先人苦差役之頻繁，擾累之滋甚，(葉)〔棄〕業逃走者有之，破家避徙者有之，縣署碑泐尚在，舊譜紀載頗詳，言之痛心，聞之墮淚。其倖而不逃不徙者，訴縣、訴府、訴司、訴道、訴院，奔走呼籲，波折横生。公資之累賠既多，私人之捐輸亦鉅。尤以清嘉慶間瑄房遇笏之墊貸特多，爲不可及，訟控幾無寧歲，而役派自若。我先人之心力交瘁矣。爰記其始末，以示不忘云耳。中華民國三十三年二月　日，鄧氏渡族謹記。

（鄧氏合族纂修《［湖南］湘鄉鄧氏渡鄧氏茌房第七修族譜》 1944年南陽堂木活字本）

邵陽覃氏梁比壩鄉約説明

甲申季冬，本族三續譜牒垂成。梁比壩首事王倫泰、周榮廷、陳顯柳、趙開懷等，至譜局請曰：倫泰等先人與貴族先輩旦落梁比壩。查是壩於宋咸淳時，經先民梁比創修，故顔其名曰“梁比”。當時檀江流域僅此一壩，故是壩上開一口放水，名曰“火燒壩”，灌溉唐姓門口及穀洲橋南岸東南角上一帶田畝，約穀地數百畝，下開一口，放水灌溉本壩田畝，約穀地數千畝。嗣因本垻之上居民，仿建中、上兩壩，本壩之下居民仿建苦築、長源兩壩，致本壩河身短促，蓄水甚少，一遇天旱，田皆龜坼。當經各方協定，天旱時上、中兩壩任梁比垻平水挖深三尺、寬五尺，自日出放至日入，方准填塞；苦築、長源兩壩所堵之水，亦任梁比垻沿江田畝車灌，不得阻攔。自協定後，年經數百，苦築、長源兩壩遵守無異。惟中、上兩壩，自明嘉靖、萬曆以來，迭因挖水發生慘案，(歐)〔毆〕斃周志隆、覃朝飛等多命。經控皇狀，聖旨判如舊例。遞至民國念七年，又因挖水肇釁。經鄉紳顔松岑等調解，訂立鄉約，改變舊例，刊碑息爭。誠恐碑文如曩時被對方盜毁，當經斷定將鄉約刊於全鄉公立式南學校校産碑文之後，以昭永遠。現值大局鼎沸，式南被焚，誠恐校碑難於永垂，特請將鄉約刊於貴譜牒内，以免發生無謂訟爭等語。查梁比壩居民田畝，本族約占三分之二，而强刊録關於壩水之鄉約於譜，應屬分内之事，特照原文刊佈於後，以昭世守。

梁比壩與上壩杜爭水利鄉約碑文

立鄉約杜爭善後字憑，人名列後情因。梁比壩與上壩爲水利發生糾紛。在梁比垻，根據舊例，向上垻挖水，在上壩人等不無反對。我等誠恐該二壩以案情重大，起爭端而釀大釁，再蹈曩時覆轍，爰合力解決。斷令梁比壩如遇天旱，每年向上壩挖水一次，其挖放時數，確定六點鐘爲限。但洪口海底寬窄深淺照舊，雙方不得損傷變更。其樁不亦不得抛棄。案經確定。在梁比壩，對於挖水時數，不得藉詞超過，上壩亦不得藉詞縮短。挖水時必須由梁比垻先晚至永樂亭，鳴角通知上垻垻首。臨挖時，雙方於天明後到達，對定鐘點，不得違誤。自經解决之後，雙方咸服，誓無翻悔。除經團紳書立杜爭鄉約二紙，雙方各執一紙，永遠存照外，並照約文刊碑於式南校，互相遵守。當經公議，出洋拾貳元作買碑石坐地之費。

遵約人：上壩羅貴廷、明江、友卿、袁金陔、漢珍、謝合陔、端章、段範卿、李英甫、福齡、合澤、芹甫、黄寶堂、曾棟臣、劉景棋。

梁比壩覃虞陔、藝禾、名喜、榮生、叔琳、文蔚、奎甫、友星、勳柄、周榮廷、陳顯柳、王倫泰、趙開懷、唐陽伯。

立約鄉紳：顔松岑、黄許卿、李次伯、李玉珊、顔章台、覃如臯、劉鑑澄、謝章甫、謝聘儒、李德菴、王漢臣、李建廷、黄德風並書。

民國三十三年歲次甲申仲冬月穀旦刊。

（覃希稷主修《[湖南邵陽]覃氏三續族譜》 1945年南海郡木活字本）

書盆岸圩築隄修閘事宜

孟晉蕃錫侯

盆岸在昔一澤國也，有明中葉築岸成圩狀，類仰盂，故名。跨越陽、江兩邑，東界陳墅，西接新溝，南劃龍游，北隣舜麓，周圍一十二里，爲田三十七頃有奇，邨落大小以數十計。稻畦之外，半植蒲，設南北閘以時啓閉，旱蓄澇洩。春夏之交，蒲禾蓬勃，秋冬收穫，或積或倉，稱樂土焉。道光癸未夏大水，叔秀巖公率圩民晝夜邏巡，以蒲囊土填其坳，塞其洞，内外更輔以木樁，命有力者夯焉，使樁深抵岸趾，加以繩索對岸縶，使無動摇。圩民遂免昏墊，皆公擘畫之善者也。越庚子，水復災，時公老矣，命子椿榮率圩民如前法，備極勞瘁。然氾濫特甚，水終潰圍，田廬盡没，圩民蕩析離居。論者謂有數存乎其間，非人力所能挽。其然邪，其不然邪？辛丑水防護益力，圍得不決。然漏溢滲泄，岸惴惴焉，唯崩是懼。隄内外水高下，不以寸計。公由是斂車數十具，簽夫外戽圩中，蒲稻差幸無害。自壬寅迄戊申，數年稱豐稔，而公先于癸卯歲卒矣。圩民狃于有秋歲不加築。己酉夏，農方插蒔，大雨徑丈，洪水滔天。圩低于水，水高于隄。邨閭低者水及檐，高者及其半扉，一望浩淼，波濤聲與哭聲相雜，轉溝壑散四方，當時圩民爲之一空。水退後，圩隄坍塌，而饑饉之餘，役民修築，勢難枵腹。應欲偷安目前，而庚與辛水潦洊至，殷鑒不遠。因謀于當道，皆不應。會横溝祝君熾昌與董賑紳某有舊，命其子韋卿偕椿榮弟赴商。是時府通判台公新涖(住)〔任〕，有治績。因愬苦于公。公代白其事于府，由府檄縣，飭江邑局董籌借，公捐銀兩資修築。因圩跨兩邑，又飭兩邑長會集妥議，迅速撥給，遂得借銀如干數，按畝均派，借給各圩，刻日興修築工。秋成後，償母讓子，事既集，府尊某公，又委員下鄉巡行各圩，督飭夫役，毋少偷惰。越兩月而工告成。公又以銀牌數百，親賚勞者，以示獎勵。蓋圩民頌公惠，至今猶籍籍也。岸塍既固，而南北兩閘爲通圩關鍵。度地形勢，北仰南傾，故南閘爲尤要。歲久磚石傾圮，罅隙滲漏，遘大水勢必崩。是爲山九仞，功虧一簣也。因于秋成，按收借款畢，復請于當事者，盡以當償款撥爲修閘資。遂鳩工庀材，撤其舊而新是謀。于石之堅者存，泐者易。按畝集夫，工鉅費省，刻期告竣。蓋幾費經營而閘始完。固是役也，余方承縣委董賑濟事，兼董是役。余弟椿榮多幹才，雲縉亦諳練隄閘事。事之非余不可，必需余行者，余則一行，其餘特總其大畧而已。至一切勞苦奔走、瑣屑委曲等務，皆椿榮、雲縉兩弟之力居多。歲壬子續修家乘，並書其事于譜。倘使盆岸重經水潦，再修隄閘，援引舊章，請于當道，急公奉上，捍患禦災，著保障之勤勞，考隄防之得失，是所望于後起之賢，以踵前人之武。庶幾圩圍永固，家室奠安，同享蒲禾之利，則樂土之名可以悠久而弗失也夫。

（金殿益纂修《[江蘇江陰]孟岸金氏宗譜》 1946年江陰鳳妖堂木活字本）

邵陽石氏公益志

公益志敘　　逸園謹編

稽古聖賢立德成名，澤流罔極者，一則曰博施濟衆，堯舜猶病。再則曰四海困窮，天禄永終。夫亦以其政之未洽歟，抑以其道之難行歟？雖古昔盛時，猶恐有匹夫匹婦不被其澤之歎者，良因廣土衆民，國政所施，其能遍山川僻壤之窮，被人類普及之澤哉。要惟人民自治，盡力於社會公益事業，庶能補邦治之缺，濟惠政之窮焉。我族諸先輩樂爲地方各種公益事業者夥矣。其濟人之困也，關於日用行息之間者，見夫道路崎嶇，爲之修築，以利其行；中途艱苦，爲之亭宇，以息其困，煮茗以解其渴；澗溪之間阻也，爲之橋梁，以免其涉；大河前横，爲之慈航，以度其衆。於古司文教者，爲之建閣崇拜，以提倡其文明。尤其於蚩蚩之氓，爲建菴院、塑佛像，以神道設教，俾同歸於善，而無間其憫人之窮也。見於飲食周急，養生送死之務，其有謀生無術，多出生而被滔溺者，立會育嬰以廣其生。歲歉與貧而飢也，積谷給米，以免其餒。歲暮而寒也，施衣絮以温其身。其疾病也，施方藥以濟其夭死。其死而無歸也，施棺木以斂其遺體。誠如是也，莫不皆以性分所固，有職分所當爲。凡此各種布施，度此各種苦厄，其爲公益於人也大矣。豈非本聖賢博施濟衆之忱，賑濟困窮之意哉。今國體共和，憲政實施，社會公益諸關要政，人生社會，猶應服務於社會公共事業，實人類應盡之天職。況有團體以利推行，有非我先人於專制時期純以個人公德，苦心孤詣之所爲也。夫既爲社會之人類，又係祖先之子孫，可不當有貢獻社會所需要，繼述祖先之志事哉。謹將序傳所載諸先輩於公益事實可考者，著之於篇，以俟來者之採擇。其有傳述，空文無憑徵信者，皆畧而不詳焉，懼誣也。編公益志。

一、道路

牛角山路：在田心坪，石氏始祖妣王太夫人牛角山墳山下路一段，原路窄狹，天雨尤泥滑難行，爲必文、熾臧諸君捐貲所建修。

西坪路：附近爽溪之西坪，路數十里，其能砥平者，皆錫山公所建修也。

墨溪應壠公裔修路記　　盛須字翔卿謹記

處世界交通人文進化之際，舉凡國内通都巨邑、窮鄉僻壤，凡可通行之處，靡不開鑿而修築之，誠以行路爲人生一大需要也。我族應瓏公系下，於清光緒時建築祠宇迄今數十載，而正門要道未築，歲時祭享，羣感不便，且碍觀瞻。族人耻之。己卯秋，發起修築，一唱百和，羣起贊襄，慷慨輸捐，爲時僅月餘，以泥濘石罅之仄徑，竟成爲康莊之坦途矣。復以祠宇之天樓，曩未敷板，又從而修理之。蓋斯兩事之完成，固族人之熱心踴躍，我祖我宗于冥冥中當有以默鑒之。工竣，族人議刊石以紀其事，並以公私捐名誌其上。命須記之。時年庚辰吉月吉日。

爐峯坳路：是處路一段，爲芳溪公所倡修。

長山冲路：原路崎嶇，周孺人出重金，修至數十里。

界江坳路：此處路十五里，爲時三載，費千餘金，爲麗生公所倡修，借債填款樂而爲之。

五里牌路：在白竹山五里牌，希賢公捐銀三百餘兩倡修之。

水車嶺路：譚太母於民國十三年所倡修，乃醒僧之母也。是嶺通界江冲涓水之要徑，長亘數里，地竣且險，形如水車之葉，故以名嶺。肩挑負戴者，遇風雨霜雪，偶不慎一蹶即墜於坑，行人視爲畏途。太母有膳田存界江冲，收租必躬親，目擊心憫，乃糾嶺西族乾軒、嶺東楊黄氏，捐貲修築。峻者剷之，險者夷之，石級層舖，頂不接踵，人稱便焉。

山西坳路：山西亭左之路，自清塘起，計三里。哲生公獨修之。

黑木村路：上起曾家冲，下迄暹公祠，計長三里。歷由暹公祠出費負責補修，由暹公祠至向家渡，路計長五里，原係土路，民國十年暹公嗣裔倡議負責，改修石路，暹公祠總其成，附近各巨室亦捐貲協助，成功最速。民國乙酉石鄉長作礎，奉令改築鄉路，將石(折)〔拆〕毁，改爲土路，寬約五尺，填石舖砂，行人便焉。

洪龍路：由洪橋達龍山路一段，經尚友公整修，道里之坡者竟成坦途。

二、茶亭

石屋亭：在寧鄉石屋嶺，爲正道公所倡修。

香楓亭：在寧鄉，爲葆元君所倡修。

中立亭：在寧鄉，爲葆元君所倡修。其他如望梅亭等處，我族捐建亦多，寧鄉縣志昭載朗然。

三西亭：在邵陽三溪西坪分界之所，外亭一棟。希賢公於清道光二十三年所獨建，並捐田畝。山土有碑序録。後亭内神龕正堂一棟、左右廂房各一間、右邊樓子一棟、左邊舖屋一棟，與朱、湯各姓所捐建，集會八名掀蓋整修，歷由八名負責管領云。玆將碑記録下：

三西坳，上通寶郡，下達湘安，亦往來要途也。地(竣)〔峻〕而僻，憩息無所，解渴無從，行旅苦之，炎暑尤甚。先曾建有亭宇，爲設茗計，傾圮多年，僅得傳聞矣。首士等憫行路之艱難，倡此義舉，欲復故迹，捐修廟宇，立像敬神，而外建一亭，以息肩慰渴，獨責成於余。余曰：此義舉也，余嘗有志而未逮。今諸君子踴躍樂勸，因捐長冲正隴里潭山腦秧田大小二坵，又梅子坵田一坵，約苗三畝，又杉樹托樹木柴山土擔一嶂，接連土二塊，以供茶費，又輸己貲鳩工庀材，造亭一棟。不踰月而告成，是舉也，董其事勷厥成者，則有朱君又復載清賜凡開書湯君德重、方丈曉雲云。道光癸卯，八十老人太學生石希賢譔。

道光癸卯冬余曾祖希賢公將地名“杉樹托”，樹木柴山一嶂，接連土二塊，捐是亭爲茶費。近來住持懇請移近，以便管理。爰於壬申冬，將前捐之山土出售，毛姓旋買近亭坳上左邊樹山二廂，大小土十一塊，四圍埋石爲界，永遠以供茶貲焉。是舉也，山雖不同，而樂捐則一。特因前捐明載碑記，未便洗去，故另泐貞珉，於以見移近之崖畧云耳。同治十三年，曾孫邑庠生作柱識。

清香亭：在高梓樹下長塘邊，玉階公與淵亭公等所捐修，有冠南、芳溪各公裔並張孺人捐田租　石，爲茶水之貲。

兩宜亭：在西坪爐峯坳，係淑川、琢堂二公與衆姓首士所捐修。

仁壽亭：在西坪南嶽廟，係潭溪、帝音、友堂三公之先祖所建修。

神護亭：在界江坳，係潭溪、華燦公裔所建修。

樂善亭：在潭溪，爲德饋、啓祥二公捐貲倡修。

界江亭：在界江坳，係潭溪、耀生公所捐修。

南岐亭：在南岐嶺，潭溪先輩　　公所捐修。

合心亭：由黑木村進城，有合心亭、白馬坳亭、大坡嶺一覽亭，三處由黑木村、暹公祠、明源公祠、武亮公祠、正柏公祠每年秋收，各祠施各亭谷一斗以爲茶貲，永爲定例。

福壽亭：在秋塘分水坳亭内，正屋一棟，有禾堂地基，係黑木村我族先輩同衆姓所倡修。除公建築置産外，景致公另捐田一坵、谷地四石，永爲茶貲。

神光亭：在石硐冲倒倒嶺亭宇一所，四扇三間，亭後正屋一棟，均係選之公倡首，與黄君耀先於清光緒元年捐貲建築，置買田二坵，以爲住持人供給茶水之貲。兹録碑記於下：

蓋聞倒倒嶺初僅一小徑，舉足促狹，攀援而上，行不離地如緣物，逡巡而下，稍蹉跌即累累而墜。王陽所畏，諒不過是。吾先君子青江公與堂伯學芳、學薛二公捐貲開鑿，修砌石級，險阻變爲坦途。然暑雨祈寒，無休息所，口渴思飲，求之不得，昏暮舉火，必遠叩人門户。余欲繼志建立茶亭，力不能支，且欲北上土著。黄生耀先，好德士也，與商之，欣然樂從，助余捐募，且自出重貲，請匠工備辦磚瓦，專董焉，不少懈。又以其餘置田二畝，爲住守茶火之費。既竣，刊碑勒石。余序其顛末，且以明余之繼志，實重有賴於黄生之力也。甲子科舉人石選之撰。

徂徠亭：在長塘廟之爽山口，爲在璿公所獨建。年久將傾，復於民國二十九年，經族衆親屬商議，舉行整修。除零星捐貲興工外，成公捐田一斗四升五合，聯公捐田一斗一升，汝公捐田一斗，榮、成、華裔捐土一塊，楓樹二顆，爲住持施茶之貲。

受祜亭：在黄旗頭，係岣嶁公所倡修，後因匪患，經公衆折毁。

附北塔：新化邑紳議於城北建塔橋，齋公與其事，其捐建之力居多。

三、橋梁

青龍橋：在邵陽縣治東郭外，俗名"東郭橋"，長二十丈，横跨邵水。創於宋理〔宗〕時，歷有廢興。舊有五墩，架梁其上，爲亭榭三十楹。清豐咸間兵毁。我石氏族衆獨捐修一磩，民國反正時，經縣議會提議報册可考。墩高約五丈，寬約三丈。此我族公益之最大者，惟架木梁迭焚於火。民國甲子，洪水爲災，洴濤巨浪，高出橋梁，梁亭同歿於水。經合邑推人由行人公德筒及特税附捐，並殷實集貲，將五墩增高四尺許。梁用洋泥，包以鐵筋，模制成條，用石舖面，堅牢可久。傍用洋泥作欄，不需亭榭。主工程者，推量可經數百載不墮云。

郁溪橋：在田心坪，原係木橋，燬於火。耀卿公倡修。石橋一座，工程浩大，興工六月始成之。

石橋：象坤公獨修石橋一座。

長壽橋：在官裡村之東，君愛公獨修一座。

梱樹橋：在官裡，君愛公獨修一磩。

比志橋：在寧鄉縣，其地以橋名。大秀公獨修。有碑記録下：

寧鄉石氏比志橋碑記　　江西贛南道道尹陳方贊敬撰

遜清同治縣誌載比志磚緣起云：相傳兩仙人比志，約一夜間，一導河，一成橋。橋成驚異，因錫此名。此説不知其有所本。然至沿溪而耕者，尚以金雞石鼓名其居。山竊深而水清洌，隱隱有仙氣。當日仙人比志，安所見無其事乎。誌又云：橋圮，石鴻才補修，由此以觀，創始者即屬仙人。踵事者端賴石鴻才公也。民國丁丑秋，鴻才公裔孫曙濤、勁復、晴渠、桂藩、申生、莩軒、保成、錫朋、占梅等，倡議改修比志橋爲甕橋。各房踴躍從事，輸資庀材，不兩月而橋告成。計長二丈二尺，寬一丈，共費洋五百餘元。從此行人永不病涉利濟之惠，遠矣大矣。石氏敦族而居,户口之衆,人文之盛,蒸蒸日上,對於地方慈善事業,能繼先人之志提倡鼓勵,以期於成者,不止于修橋,而修橋殆其一端,不可以不書。本年九修縣誌,亦已采録,可垂久遠。所有捐款芳名特列於後,俾有查考云。民國十二年歲次癸亥吉月吉日,三房敬立。

楓樹山橋:在寧鄉,百占公公屋門首,係葆元君倡首爲比志橋,石氏專修,其他襄助者猶多。

八十橋:在石橋邊椆樹山,耀廷公爲母壽,獨修一座。

江右石橋:從周公所倡修。

小橋:彩廷公於西洋江四境之内,横港狹溪,皆架小橋,捐不勝數。

屋橋:在泌水,係明珍公裔所修建也。

椅梓橋:在厚里石橋三板,係帝音公裔鎮楚公獨建。自潭溪陡江冲、年灣冲,下至坑頭山、趙家冲,計石拱橋兩座,石板橋十餘座,皆華燦公裔獨建或捐修。

時榮橋:在新化縣,邦椅公裔居此,爲發祥之所。其地即以橋名。考是橋建礅,自明嘉靖間慶真公捐貲獨創後,水湧橋壞,慶子興左、興右兩公施己財整修。旋經水墮。左公子東塘集衆姓首士復修。歷觀是橋碑記,惟我族石氏先輩之功居多焉。兹録橋序及橋亭序於下:

嘗聞先王之教,雨畢而除道,水涸而成梁,所以通行旅、惠商販,爲王政之是務,蕩平之一端也。邑東大陽九都有橋曰"時榮",始自前明嘉靖五年。其時經營創建者,余族祖慶真也。迨至萬曆年間,建修三圈,復豎橋亭。高棟迎風,修甍蔽日,爲行人利涉者二百年於兹矣。今乾隆十五年,突爲水頹,前人之嘉蹟片石無存。余兄多拔、多獻、宗堯、宗湯者,思爲美舉,毅然肩任,會同劉姓時美、時宋、紹先,及本村首事,募化通都善士,集腋成裘,鳩工庀材,歷三載而橋成。囑序於余,曰:昔單子過陳,驚心川澤;諸葛治蜀,喜飭橋梁。况乎桑梓之地,祖宗功德所存,豈可任其湮廢乎。不爲整理,如先人之功德何,往來之行旅何。余雖囊澀,不能以涓滴益江河片壤、培邱阜,猶能撰詞爲諸叔、諸兄頌。今者,以數姓而共擎有足之鼎,竟一舉而功成,誠紹祖蹟、利通津,惠普濟於四民,詠功德於百代者也。是爲序。清乾隆十七年庚午,縣庠生石多聲撰。

橋亭序

是橋建礅,自明嘉靖石慶真捐貲獨創,至萬曆間,同劉姓易礅成拱。清乾隆庚午秋,洪水氾溢,片石無存。惟時石、劉諸公各姓首事,共襄斯舉,復成大觀。自是亭憩欄憑渴療煩滌,迄今九十餘年矣。突甲辰秋,洪濤浪湧,衝破東圈,上折三亭,旁潰兩岸。觀者寒心,行者窘步。惟念先人嘉蹟,豈容坐視銷淪。因會首事竭力補修,尤幸遐邇仁人捐金相助,建三礅、補兩岸、增石磴、易牆礅,兼之卜基址以營宫,煮茗香而餞飲,高車駟馬,何憂過渡迷津,换骨輕身,奚待望梅止渴。庶樂善君子與橋亭永垂不朽云。道光甲申秋,首事同刊。

福禄橋〔即石家橋〕:在新化縣境,清乾隆間,連圭公及蘇友朋等倡建石礅,並興亭榭,迄道光甲子,橋傾,經圭公裔自陞公與朋公裔傳翼公補修。同治十年水漲橋傾,經美成公與衆姓倡修。惟橋上亭榭二十餘間,其中第二、三、四、五、六各亭,爲我族多價、美虞、毓圭、毓璞、興翰、萬年、宗銀諸公所獨修,第十三、十四、十五、十六、十七各亭,爲我族宗鴻、昌禄、昌烈、以寧、連圭、我待諸公所獨修。

餘厚橋:在東冲牛車橋之下,尚玉公於清嘉慶己未夏辭六十燕會,捐貲獨修此橋一座。兹録碑記於下:

玉翁先生,醇厚人也。性剛而柔,行圓而方,讀書力學,深得古人遺範。而其居心訓後,一惟以厚道爲本,人咸慕之敬之。己未夏六月,公年週花甲,族戚欲製錦稱觴。公毅然固辭曰:與其浪費而慶難辰,曷若餘金而厚利濟乎。適公友道:境外福林下里許,有石礅板橋,上通界江,下至寶郡，右通西坪，左達隴山湘鄉，實爲往來者之要津，今春遭水傾圮，病涉者不乏人。公聆其言，心焉憫之，遂命長嗣卜日鳩工庀材，獨力修理，不數月而功竣。其存心利濟，真厚道之有餘也。豐忝葭莩，悉其行事本末，睹斯橋之落成，不禁欣然額之曰：餘厚橋，蓋以餘其嵩祝之貲，而厚不朽之舉，自應積之厚者，慶有餘耳。嘉慶四年己未歲，内姪周在豐頓首謨。

仁壽橋：在官裡雙江橋之右，汝璧公辭六十燕會，捐貲獨建是橋一座。兹將碑記録下：

沂洪江而南，有雙江焉。其一巨浸，石公汝璧既捐重貲，謀諸紳士，共成石磶三鞏以濟矣。其一勢稍殺，然每當春夏山水暴漲，厲揭俱窮，諸紳士雖心焉憫之，而疲於前工，且愕眙不知所措也。適石公汝翁六秩届期，諸族人將爲之稱觴。石公慨然曰：此橋不成，無由達雙江橋，前工亦徒耳。吾其以燕會之具，竣是役乎？遂卜日鳩工，凡木石甃椇之需，皆獨任之，費約百有餘金。閲歲月而工訖。族之稀叟紳士莫不嘆悦，以爲有此美舉，不可不勒之貞珉，以垂久遠也。乃具道其顛末，請紀於余，並懇錫之以名。余始而詫焉，今夫貧者以一錢爲命，富者亦以一錢□命，而緇流梵衲，持一鉢一簿於前曰：某募修某工、某募成某舉，如此福海無邊，功德不可思議，遂解囊傾貲，惟恐不及。豈誠能破慳破吝，取其所以爲命者而輕擲之哉。因果之説艷於中，冀所償者之未有既也。今石公之於斯舉也，亦何所爲而爲之哉。無所爲而爲，功且不居，何有於名，紀之徒贅。諸紳士曰：雖然不可無以慰族黨心也。且石公賑窮乏、恤困厄，惟日不給，至於豐亨萬福林等，修之葺之者，不一而足，而俱未有紀。此一舉也，功尤峻焉，不垂之久遠，何以勸善。遂紀之，並顔之曰："仁壽橋。"蓋石公以仁存心者也，餘慶祝之費，以建不朽之功，壽之道，亦壽之象也。顔此用稱其實，且以慰懿好之同云。乾隆十年乙丑歲季秋月，賜進士出身教弟謝才吴望氏敬譔。

增興橋：在陳家坊上游，即舊椆樹橋也。　年其橋忽折，汝璧公重捐倡修，故都人士更名爲"增興橋"。兹將是橋碑記録下：

甘棠愛蓮，載諸經傳，寶郡復存其誌，徒扛輿梁，著於令、達于官，豈通衢而缺其文。邵之東有汝璧石公者，其爲人也，孝友性成，慷慨好施，樂善不倦，賑貧恤苦之事，不勝枚舉，而於橋梁猶極致意。所修有萬福、豐亨、雙江等橋，皆各捐重貲以勷厥事。迨後又獨成一橋，曰仁壽。蓋值汝翁六旬令誕，丁巳科賜進士、衡府安仁履山謝先生因以爲額也。歲在丙寅，境内有椆樹橋者，未知其遺蹟何如。詢其樹已不可復覩，而是橋亦一日忽折。都人士願修者久之。汝翁毅然重捐倡修，都人士咸以爲糾工有資，遂踴躍從事。起自庚午春，迄辛未冬，兩度春秋，而橋始成。噫，是役也，汝翁雖席豐履厚，家有餘貲，在慳吝性成者，每思餘囊以肥子孫，誰肯以有用之金錢，擲行路之悠悠也。矧寸石抔土親加檢酌，尤慈祥愷惻之所積而發焉者乎。余承簡命，訓導寶郡，聞斯舉而樂爲記。因顔之曰"增興"，蓋取以莫不興以莫不增之義也。後之人得是説也，而通之謂爲橋之增興也宜，謂爲汝翁之重增叠興也宜，謂爲諸公之同心協力，以莫不增興也宜，抑謂爲富力之日增月興，綿遠於無既也亦無不宜。則斯橋之修，豈同椆樹之消長爲廢興哉。是爲記。

乾隆十六年，歲在辛未季冬月，寶慶府儒學加一級段穆生頓首拜撰。

萬福橋：在橋石灘，中驥公捐田一斗二升，以爲永遠整修之費。

雙江橋：在田裡，爲汝公所倡修，中經洪水倒塌，光緒間復由我族及陳紹德堂、劉循理堂等姓修復之，共成石橋三鞏。

四板橋：在田里村之東南，雙江橋之上游也。爲田里村成、聯、汝三公會産所修建，其他外姓樂捐無幾。兹將碑記録下：

昔子産聽鄭國之口濟人於溱洧，是古時修建橋梁，固在上者之責，非在野者之所有事也。近代以來，類皆出自鄉邨好行其德者之所爲，如回水灣之四板橋，僻處一隅，雖不當大路，實爲近二十里必經之孔道。丙寅春夏之交，馮夷爲災，傾倒五磡，行者苦之，俱興望洋之嘆。《書》曰：十一月徒杠成，十二月輿梁成。石姓衆等即事感時發起，由三公出資倡修，利濟之德禹稷不是過也。第工程浩大，所需費貲，不呼將伯，盍克有濟。伏冀環境樂善諸君慷慨捐輸，襄此美舉。將見橋工告成，口碑載道，同此橋萬歲永垂不朽云。是爲序。

民國七年孟夏月穀旦，成公嗣裔重刊。

四、文廟（畧）

五、義渡

德興渡：在邵水上游，舊有渡口而無舟子。德明公捐租建屋，招舟子於渡口，故衆人以公名其渡，以明修渡所由來。兹將碑記録下：

邵水之渡夥矣，無有以人名其渡者，有之始於德興渡。德興渡者，石公德明所興也。夫地當孔道，非一人一家之責，而石公以身任之，結數椽屋，置數畝田養舟子，普渡行人，其利濟蓋莫大焉。顧吾聞之，好善之人，其後必大，則他日之桂馥蘭馨，即謂此舉之所致也可。庠生姻晚張大邦撰。

向家渡：爲黑木村出城必經之渡，每年秋收，由石暹公祠、明源公祠、武亮公祠、正柏公祠各出谷一斗，爲該渡舟子之費。船如損朽，捐貲新修，永爲常例。

劉家渡：墨溪玉麟公居安化江南市多年，於劉家村河捐田租，置舟設義渡，境内稱爲仁人君子。民國二十五年返里，鄉人歡送，不忍其去云。

六、碼頭

江南市碼頭：玉麟公於民國年間久居安化江南市，既主修寶慶公舘，並修寶慶碼頭一座，以敦鄉誼而固幫體。

楊家灘碼頭：湘鄉楊家灘新街口碼頭一座，久經舟磨水盪，傾圮不堪。汝璧公裔六房，於清道光間捐貲復修之。兹將碑記碼頭圖録下：

邵邑石公汝璧嗣裔重修碼頭碑序

碑立禹王宫。從來謝公則有埭也，醉翁則有亭也，嚴子則有灘也，以及橋係張侯、梁名吕母，固地以人重，人以蹟傳。吾家有此碼頭，豈敢曰後之視今，或亦如今之視昔耶，夫亦以祖業留貽爲子孫者，萬不可遏佚前光焉耳。念我祖汝璧公自康熙、雍正年間陸續買受此處店屋地基，並及新街口穿眼邊街道，下至碼頭江心。店屋間經補葺，惟碼頭歷今百有餘年，歲遭苦雨嚴霜，石多就泐，任人舟磨水盪，土亦時傾。客豈王尊，過此警同九折；人非楚使，上來幾欲三休。步步崎嶇，層層折裂。是以我六房嗣孫協同商酌，出費捐資，甚便於人；可毁原殊，李晦俱過。歸已整修，直效王周。特居邵湘，工難鳩合，藉街鄰周克明、石載仁、王仁魁、蕭理陶、劉福省、余君實、蕭中執、謝向日、石魁玉，以及住市諸公，經心費力，相與成功。清爽塏之故基，及路垈之哲匠。自七月起，工越兩月而告成。從此蜀賈吴商，無難信足而下；水師船户，自堪捆載而來。兹者刊石書丹，不過竊比摩崖之記；原知功微事小，敢云永垂不朽之碑。

男國敵、孫用楫等，男國棨、孫用浚等，男國琳、孫用淳等，男國玉、孫用潤等，男國璜、孫用渤等，男國瑗、孫用沼等。覆修曾孫獻琛、獻銓。

道光元年辛巳歲秋月，嗣孫獻鈹金友氏沐手敬書。民國三十七年戊子季夏月，六房嗣裔重刊。

（石恩溥等纂修《[湖南邵陽]石氏族譜》 1949年六順堂木活字本）

十一、财 産 分 割

平江李氏萬成公付業與女相英約據

余父謙榮,生予兄弟二人。兄萬彰,余萬成。兄生五子,予亦生五子,又二女,長名相英,次名善英。奈善英無禄,未及嫁而亡,所存惟相英克副余婚配之願。在子男五人均爲教讀,完娶幾費心勞;女相英年方弱齡,尚未及笄。古人云:"男婚女嫁。"方完子(評)〔平〕之願,予嘗殷殷在懷也。先時子居平江縣北步嶺狀元坊,凡田業園産,在鄉者居多。維時與余同居縣城者,南頭街舖有歐陽友善,其子諱肅,號玉山,伊家與吾原有夙誼。余將女相英緣締百年佳偶,待及笄,因時於歸,祗期琴瑟永諧,案舉齊眉。幸天默眷,得生二子,名彦松、彦華。不意玉山艱於數,年經三十六而早逝。予此時爲吾女抱恨者久之。慟吾女孤單,位乎内者不能位乎外,可憐二子雙雙失怙,一切家計誰爲調理,此固吾女所酸心,予亦刻不安心者也。後予歸族南江,相厥攸居於黄裴之麓。第此日目覩予女母子年青子幼,豈甘遽離,因引至南江,將小莊富家灣暫爲居住,迄三載。地聯咫尺,而吾父女之情仍篤,彼兄弟之誼亦時嘗相親。然予思父母愛子之心無所不至,甥母子雖有富家灣房屋一所,以爲藏身之地,而無田産不足以安其身。因念余既邀宗祖眷佑,家頗殷饒,得余世業者,豈僅吾子吾孫,女即外向,亦可以被其餘也,爰將程下段水田一百三十餘石、魚塘四十餘口,付與外甥彦松、彦華付約炳據。當立約時,吾子吾孫一同眼見。予且二甥憑天而誓之曰:"世世生生,無忘李氏之本。倘春秋祭祀,頓忘所自,色系之説勢必有之。"此係余念骨肉至性所付之業,在歐氏子孫,固不得混爭,即吾家後代亦不必藉口爲無價田地,致生希冀。予年已髦,約立已呈憲閱諗訖,復囑續載譜系,以誌區區之意云。

明宣德戊申年秋月穀旦,李萬成筆。清宣統元年己酉孟夏月,裔孫續刊。

(清李贊堯等纂修《[湖南平江]李氏族譜》 清宣統元年平江隴西堂木活字本)

高塘李氏分約

九房分約

立分書人李紹惟、紹武、紹郁、紹憲、紹良、紹芳、紹魁、紹冠、義兄李紹鼎,係十二都民,故祖諱瓚生,父諱志榮,娶母張氏,生紹惟。母故,續取傅氏,生紹武,傅氏亦故。又娶任氏,生紹郁、紹憲。庶母王氏,生紹良,戴氏生紹魁,郭氏生紹芳、紹冠。先祖止分父祖田七畝,額載糧三斗五升,祖屋半間。後父勤儉,陸續置買土名横塘衝、流水塘、丁家衝、黄陂衝、苦竹塘、南頭衝、新田山、油榨衝、柳家陂窑門衝、灣子衝、上山塘、下山塘、祖屋、門首等處,税田一共四百五十畝,共該税糧三十石，先後奉例，俱收入户。起立房屋五處，内有丁家衝、黄陂衝二處，屋宇牆垣俱未裝修。紹惟、紹武二人搬去，自行措備，費銀一百二十兩，修砌磚牆，完全居住。有祖基老屋基，父經營創立，前後瓦房、茶堂、天井、偏厦二棟、樓屋一棟，各計四縫三間，週圍包廊，天井、茶堂，修砌磚牆俱全。父費用銀二百兩。至嘉靖十八年十月初三日，不幸父故，臨終囑説："家資産業，我勤儉苦創，你兄弟九人有先後生的，倘後分家，義男紹鼎、幼男紹芳、紹冠，每人俱與半分。"嘉靖十九年二月内，紹惟兄弟情願公分各管。思父命固所當遵，而兄弟雖有長幼，財産不論尊卑，請凴親友史經、陳麓，房兄李凝祖、紹琦等，合衆面講，將數内田産、屋宇、財穀、什物，俱作九分均分。衆見無私，開具數目，寫立分書，一樣九張，各收一張。自分之後，兄弟俱要同心友愛，後先濟美，庶不負祖父勤創之心。今立分書，子孫永遠執照。

計開屋地、田糧、財穀、什物數目於後：一、祖地屋基，父起立瓦房，新屋前後二棟，各四縫三間，暗樓板一間，茶堂、天井、包廊，樓房一棟，四縫三間，天井、茶堂、偏厦、堂屋、臥房，俱係新舊磨磚甃砌，包砌磚牆週圍，右邊砌有閒牆，門首左右土牆十三丈，並門樓，共費銀二百兩，今分與紹郁、紹憲二人住管。紹憲分得水田五十畝，該正糧　，注蔭水塘一口，田在土名上山塘，下尚家門前祖屋門首，下山塘、尾桃衝、高塘、中塘、苦竹塘等處祖屋，門首月塘半口，又分苦竹塘小茅屋一間，又分厨房小屋，另一間係憲獨管。學堂屋後園圃，與郁共管。郁分得水田五十畝。該正糧　，注蔭水塘二口，田在土名流水塘，李志能衝、桃衝、蕭家門前下山塘，下大壠楓子樹下黄龍垻港邊、陳思昇門首上Ｋ坪土地前路下苦竹塘等處，又分得祖屋門首月塘半口，與憲共管。計一口學堂小屋一間、園土一塊，又分得父在先年圍禁山場，土名無樹大嶺、山楓樹坳，有樹老鼠塘、山石塘、衝横塘，屋對門山從路爲界，横塘住屋後新路柑子園牆爲界，郁、憲二人管禁。一、丁家衝，父在起立中樣瓦房二棟，各四縫三間，天井、茶堂、偏厦，裝蓋未完，止費銀四十兩，紹惟搬去居住，陸續修裝，燒磚包砌牆圍磨磚甃砌，堂屋、茶堂、圍牆、堦基，借用銀六十兩。今將大衆父積穀撥量三百石，與惟補還正德十五年至今借用銀修理之數。紹惟分得水田五十畝，注蔭横塘，並屋後衝，自用工挑塘一口，共二口，該田税糧　，田在土名丁家衝，彭子塘下港邊，横塘下大壠，石觜山下，下Ｋ坪，陳思昇門首、傅家門首港邊，並油榨衝等處，又分小屋一間、小池一口，長禁山場。嘉靖初年惟自雇工圍築，置買劉家山寺，山係惟自管，茶園、土地，俱惟開挖栽種，不與衆共。一、黄陂衝，父在起立中樣雜料瓦屋二棟，四縫三間，包廊、茶堂、天井，裝蓋未完。父止費銀四十兩。嘉靖二年紹武搬去居住，陸續修理，作磚燒瓦，築砌牆圍，前後借用銀六十兩。今將父在積穀撥量三百石與紹武，補還前借項數。武分得水田五十畝，該正糧　，注蔭水塘二口，田在土名黄陂衝，栗塘尾、黄龍垻、檀山塘，陳思昇門首等處，小屋一間，長禁山場，係武自雇工圍牆，長禁竹木，分在武名下。一、灣子衝，父在起立瓦屋一正一横，各四縫三間，包廊二間，門樓土牆完全，紹芳、紹冠住管，分得二分水田，共一百畝。該正糧　，注蔭水塘六口，田在土名灣子衝、油榨衝、栍樹灣、寺灣、五家衝，柳家陂、栗塘尾、湖Ｋ口、大陂頭、南頭衝等處，茶園、地土二分，山場父用工圍牆長禁，分二分，芳、冠二人管，及灣子衝茶園，紹郁分半分。一、新田山，父在起立瓦房一棟一邊，茶堂、包廊，土牆週圍，又分横塘衝，父在起立横屋一棟，其新田山園圃、地土，紹鼎、紹良二人共管。劉舉定住屋茅房一所，紹良分得水田五十畝，該正糧　，注蔭水塘一口，田在土名茅園衝、費家垻、胡家門首、柳家陂、石屋港邊栗塘尾湖Ｋ口、窑門衝、黄龍垻、大壠上下Ｋ坪土地等處，住屋門首月塘，與鼎共管。鼎分得水田五十畝，該正糧　，注蔭茅園、衝水塘一口，田在土名茅園衝、費家垻、石屋港邊栗塘尾湖Ｋ口、胡家門首、高家門首、黄龍垻、大壠下Ｋ坪土地前等處山場，在灣子衝，高家後路牆邊一塊，鼎管。一、横塘衝，父在正德二年起立瓦房一棟，中樣四縫三間，一邊茶堂、偏厦，計三間，牆圍、門樓完全，紹魁住管，分得水田五十畝，該正糧　，注蔭水塘大小五口。田在土名横塘衝、黄龍垻、大壠港邊等處，茶園、土地，與憲共管。山場屋後，從東邊人行路斷至柑子園牆爲界，西邊從父在圍牆爲界。一、父在積穀新舊三千碩，數内存留六百石，營葬父歸山。除六百石撥補紹惟、紹武原先借銀修理房屋、圍牆之數，又分六十石與義兄紹鼎、庶母郭氏，分二十石小妹秀貞、妙秀各十石，妙聰七石，出嫁妹黎憲妻七娘十石。其餘俱作八股均分。

嘉靖十九年二月十二日，憑房叔李志鑾、志元，房兄因祖、凝祖、鳳祖，房弟紹琦、紹虎，親友史經、陳麓。

周氏給三子分約

立分書人李阿周氏，同男李舜、李愛、李孚，係本縣二十二都故民李紹郁妻、男。夫存，先娶樂氏，生男李舜，同夫創立業産。樂氏身故，續阿生李愛、李孚。兄弟三人。嘉靖二十八年，不幸夫故，棄阿撫男守制，到今服滿三年之外，切思糧差重繁，人口浩大，阿係婦流，難以管顧。母子商議，情浼請親房叔伯李紹儒、紹武、紹憲、侄李先、李簡、李策，並親友周瑀、周琣、黄德恕等到場，却將故夫存日起立住屋前後二棟，茶堂、偏厦、左邊横屋一棟、右邊横屋一棟、前後二門、週圍磚牆，並饒家莊屋一棟，夫存分受祖田並己身創買土名朱砂園、主湖塘、羊角塘等處軍田五百五十八畝一分七釐，注蔭塘垻，田已過割未推收，一共軍民正糧四十石零九斗九合二勺外，又該子粒軍糧三石九斗一升帮納軍糧，折銀　五釐整，莊屋、茅房八所，圍禁山場，栽植杉樹，大小倉廒、耕牛□□豬椆、雞栖、銅錫器皿、轎鼓臺櫈椅桌、農具什物等項，氏從公議處，不論長幼，以作三分均分。其田擇取竹簽桲木簽、杉荊簽爲記，衆證眼同臨田沿坵踏看，肥瘦寬窄，高低相應，拈鬮爲定，並信銀輕重，照田均作三分，各管，不許推調，各毋異悔。如違者，執氏據斷究，仍依前定。自此分爨之後，務宜母子相親，兄弟友愛，克勤克儉，操持成家保守，正謂上不負先人創業之心，下則□□□□□之□。今恐久後難憑，立此分書三紙，各執永遠爲照。

計開：一夫存起立住屋前後二棟，各計四縫三間、茶堂二間、前後偏厦八間、左邊樓房一棟六縫五間、茶堂二間，李舜長男分受後棟左邊大房一間、偏厦二間、左邊樓房上首房間二間、茶堂一間、右邊横屋下首房間二間，李愛分受右邊大房一間、偏厦二間、茶堂一間、前棟右邊大房一間、偏厦二間、正屋茶堂一間，左邊樓房中房一間、横屋下首茶堂一間，李孚分受前棟左邊大房一間、偏厦二間、右邊横屋上首房間二間、茶堂一間、左邊樓房上首房間一間、茶堂一間。及□邊樓房房間四間，兄弟三人各分一間。遺有上首一間，三分難以分管，衆議讓與李舜名下。週圍磚牆、前後大門，各計耳房二間，李舜□□□各計一間，李愛、李孚兄弟二人分受前後二門右邊耳房，各計一間。其饒家莊瓦屋一棟，計四縫三間，兄弟三人各管一間。李舜名下拈鬮分得竹簽水田一百零四畝四分，坐落土名主湖塘，門首珠砂園上垻、中垻、下垻，秋出横塘下柏樹塘，□□□饒家山、徐家坪、鴨婆嶺祖屋門首等處，又拈鬮分受土名流水塘田二十畝、水塘二口、莊屋茅屋一所，分苦竹塘田六畝三分三釐、蘇塘水田一十四畝三分三釐、烏下垻衝田二十畝六分、羊角塘田一十四畝三分三釐、茅崗衝田三畝、石池塘邊田五分、爛屋衝田三畝、中垻右邊直口雙頭坵田一畝，共水田一百八十七畝四分九釐。該正糧　。又分得屋後右邊山，以騎崙分水爲界，至烏龜塘中嵴止，分羅家衝墳山，以舊額古路騎崙分水爲界，又分屋後父墳山右邊，栽植杉樹一塊，□□□。李愛名下拈鬮分得桲木簽水田一百零四畝四分，坐落土名主湖塘，門首珠砂園上、垻、中垻、下垻，秋田横塘，下柏樹塘、□□山廟、高塘、下山塘、湖呑塘、饒家山、徐家坪、鴨婆嶺祖屋門首等處。又鬮拈得土名饒家衝田二十畝，水塘三口，分苦竹塘田六畝三分三釐，蘇塘水田一十四畝三分三釐、烏下垻衝田二十畝零六分、羊角塘田一十四畝三分三釐、柏樹塘易家衝中塘下水田三畝三分五釐、新塘衝田二畝，大計一百八十五畝三分四釐。該正糧　。又分得屋後左邊山，以騎崙分水，至烏龜塘中背止。又陳家山，以大灣衝騎崙分水，李潭屋後爲界。又柏樹塘山。又分屋後父墳山，栽植杉樹，中間一塊□□□。李孚名下拈鬮分得杉荆簝水田一百零四畝四分，坐落土名主湖塘、門首朱砂園上垻、中垻、下垻，秋田横塘下柏樹塘、山廟、高塘、下山塘、湖吞塘、饒家山、徐家坪、鴨婆嶺祖屋門首等處。又鬮拈得土名郭公塘衝水田二十畝、水塘四口、茅房一所，分苦竹塘田六畝三分三釐、蘇塘田一十四畝三分三釐、烏下塘衝田二十畝零六分、羊角塘田一十四畝三分三釐、柏樹塘、易家衝、中塘下三畝三分五釐、新塘衝田二畝，共水田一百八十五畝三分四釐。該正糧　。又分得屋後左邊山至陳家衝，以李潭屋後起，至横塘尾背上止。又分柏樹塘至王景秀屋後止。又分屋後父墳山，栽植杉樹，左邊一塊，外陳家衝水田三十畝，與大姐丢貞管，收租裝嫁。該正糧二石四斗六升整。一、夫置神前铁磬一大口、棹一張，係三分照顧。一、夫恩養男婦大小二十八人，李舜分受男婦大小十人，李愛、李孚分受大小男婦一十八人。一、家養大小水牛六頭，兄弟三人各分二頭。所有倉廒、牛欄、器皿、農具、什物等項，憑衆另單分明訖。

皇明嘉靖三十一年，歲在壬子十一月十八日，立分書人李阿周，同男李舜、李愛、李孚。憑親伯叔李紹儒、紹武、紹憲，親侄李先簡、策符。見證親友周瑀、周琣、黄德恕。見證叔李紹鼎、秀祖、紹芳、寧祖、紹暉、紹魁、紹琦、紹良、紹冠，左右田隣楊襲、王景秀。代筆人傅友文。

磷給三子分約

吾自八歲後過房撫養，謹按，歷修譜牒，公無過房明文。細玩下文，復從生母陳，仍舊合同兄弟四人。似當時有過房復歸情節，兹已别無攷證。謹存原文，未敢更易。不幸遭逢世亂，不忠不孝，其罪深矣。後到已丑年間，復從生母陳仍舊合同兄弟四人，自耕三載，於庚寅年九月，娶爾母文，又至甲午，分居各立，得受父遺荒熟田四十畝，以爲家業根本。初分十餘年，内無侍女，外少耕丁。爾母有炊茶掃地之困，予有負薪挑水之勞。其苦惟天可表。直到五十六七上，稍可受人置業。二十餘年，得田二千餘畝，人屋等事，亦非止千金。八旬以前，每與爾母議及，將田地分給三男。兹爾母已故，特請憑族戚，作三股均分。爾等仍宜齊心好順，當念承父母之物，不可輕視易費。吾受别人田屋，用盡多心。在人都是甘心自愿，在我亦非儻來之物。又養人一切從寬，凡事出於天良，自有天然地悦。自分之後，俱聽父言，一概各宜自重，謹守存知。

計開田畝於後：梁官衝田一百一十畝，胡秀還田三十二畝，早禾塘田四十八畝，外墾二畝。劉德仲田十畝，謝天日田四十四畝，蓮花塘田一百畝，姜昆侯田三十七畝五分，大皮垻田五十畝，下屋田五十五畝，王彩生田十五畝，王美吉田十畝，王學貞田五畝，术湖塘田一百四十畝，十三房兆鰲分管田六百五十八畝。此關係兆鰲裔孫，所存其田畝，惟載兆鰲一分。

又批囑云：余一生好静，不喜紛華。待我身後，不論時日，只在三晨一七内安葬，與爾母文同塋，不許題主開堂，受賻宴客，致多殺生命。道場雖世俗所尚，亦是一端虚事。凡我遺言，出乎本心，祇要齊心聽受，就是孝子順孫。如有一房返念者，自有祖宗照鑒。批囑盡言，只求善終，聽候天命。

憑姪百振、仰文、雲階，憑戚文月青、郭在虞、姜君茂。

康熙四十六年十二月十五日，父楚德親筆。

世駿給四子分約

立分關父蓮峯，霍山氏。憶予兄弟六人，承先大人分晰後，各興家建業，一堂和氣，出入相友，守望相助，真可謂式好無尤者也。予不德，不能如兄弟之家業，寥寥千有餘畝之田，僕婢牛馬僅可應用。雖曰苟合苟完，何莫非祖功宗德之所致也。今予老矣，年近七旬，惟冀我後人接踵而啓，將予所締造，一一鬮分四房，聊爲恒産根本。其中間有不一者，俱已品清，立鬮爲據。惟願兒輩體祖先忠厚傳家之心以爲心。一在兄弟和好，和好則内亂不生，自無外侮之禍。一在持家勤儉，勤儉則積蓄有餘，必無掣肘之虞。一在處世公平，公平則親族咸服，庶不至有刻薄之名、毒惡之稱矣。斯三者，予之所厚望於兒孫者也。至若讀書成名，在兒孫各自憤力，非筆楮所能及者也。所更囑者，孤孫邦持，後更名邦和。母子相依，苦衷難白，惟願兒輩加意扶持，倘得卓立成人，伊父感佩於九泉，即爾母亦瞑目於地下矣。爾男勖哉，無負我望，無虚我囑，則幸矣。老夫雖死，死且不朽，又何必拘拘留此不死之身，以作天地間無用之物耶。特鬮分晰於後，各執一爲據。

一、長男湛，管下四都住宅門首東衝塘望仙橋自耕田四十畝，紅皮塘、荷葉垻各佃田租九十四石，實竹塘及十一都三望衝各佃田租一百八十七石。一、二男洪，管下四都住宅門首仙女山駕馬塘自耕田四十畝、曾家塘等處各佃田租九十四石、實竹塘及昭山各佃田租一百八十三石。一、三男渤，管下四都門首仙女山駕馬塘自耕田四十畝本塘，各佃租九十四石、十一都雞子灘上五都、白延下五都朱家托、下四都老屋衝，各佃田租一百九十石。一、四房孫邦持，管下四都住宅門首東衝塘望仙橋自耕田四十畝、本境紅皮塘、荷葉垻，各佃田租九十四石。六都官衝田租一百四十石、下四都龍蛇橋田租四十七石、下五都尚家托田租三十二石，内有田九畝，係邦持孫自置。以上四房，田地俱照鬮分管。至饒稼灣住宅、人丁、牛馬等件，早已分定，不必復贅。另有二處：一在上四都昭港，田二十五畝，付長女張門；一在上五都板橋，田二十七畝，付晚女劉門。其二女嫁奩從媵，當已備齊，亦不贅。

憑兄子厚、弟直臣蘇門、千日、仰文、姪京川、元章、乃植、姪孫維三。

時在雍正元年正月二十六日。

（清李之綜等《[湖南湘潭]湘潭高塘李氏八修家譜》　清光緒二十八年木活字本）

平川潘氏龍谿公摽撥序

嘗謂創業以貽後者，固前人垂裕之圖，而繩武以光前者，尤後人繼體之善。故九世同居，非不欲效乎公藝析而居之，使各有定業，又所以息爭端於微渺，而使爲可繼者也。余潘氏之來舊矣。漢唐之世，遠不可稽，至趙宋有諱美者，實余始祖，開國勳績，昭布簡册。嗣此有文學著名者，武功威遠者，代不乏人。及南渡扈從，遂擇平川而奠居焉。有諱榮與崇者，雅好詩章，彬彬鄉望也。厥後復以醫道相傳，活人無算，古稱良醫，與良相並，凡以惠澤之及人，均也。世德相延，比及爾祖最間公，生予未逮一載而喪，母撫諸伯父最樂公艱苦萬狀。爾母張氏生四子，日奭、日爽、日夾、日賚，各婚配訖，一女適浙江崇德縣舉人趙巖。竊思祖田止遺二畝，余夫妻勤苦續置店房八間、田一百三十畝，中除十畝與女壻外，餘析爲四分，計其屋之左右，量其田之高下，均平處沠，並無貳心。爾輩受分之後，當思田宅之所在，乃爾父精神心力之所運，勤勞艱難之所積，保而有之，擴而充之，務敦孝友、睦宗族、善卿黨、和妻子、勤耕讀、平貿易，則余之願足矣。至於供膳之禮、奉養之節，其各盡之，毋至爲他人所笑。

嘉靖三十八年十二月甲寅吉日立摽撥父龍溪，同弟北村、壻趙南山、契弟馬玭書

（潘學夔、潘學焞等纂修《[甘肅臨洮]平川潘氏家乘》 清乾隆二十四年刻本）

資陽高氏合同

立會議合同人高廷蘭、廷魁、廷恩、高承德等。始祖高伏慶，原籍揚州泰州人氏，垛撥本衛後所，户有武岡高伏子、廣西高志斌班軍二名。始祖存日，將田地分作四房，四分軍伍糧差，俱照四房輪流應當不缺節。因差役累敗，人丁消乏，田地俱各賣散。及至更替之時，軍裝盤纏難以凑辦。今衆等慮後子孫賢愚，不體祖宗流派，通家會同商議，將二班軍伍遵照始祖定規，其更替使用上班盤纏，編派年分數目，照前接替出辦，以後再不許異言講論。如有恃强推調，不行依期接替，奸吝盤纏者，户長公剖不服，執此送官，甘受罪責。合門子孫永爲遵守，毋得變亂。恐後人心不古，立此合同二紙爲照。

計開：議定二班軍伍，每房十年，武岡拾壹年。廣西輪流更换，依期接替。

武岡班軍每房十年輪流，以下班回衛操點。候祭旗之後，令人替軍使用，每房出銀三錢，上班盤纏壹兩，俱是九成銀色。

廣西班軍每房三轉拾壹年輪流，以下班回衛，在官操點月分，下首每月帮飯米二斗，不操月分免幫。候祭旗之後，令人替軍使用，每房出銀三錢，上班盤纏一兩，俱是九成銀色。二軍在衛操點，月糧俱是老軍關文。祭旗之後，月糧就是接替新軍關文。其錢糧並各項雜差，俱照四房當管，再不許爭論變亂。廷蘭、魁、恩、承德均押。嘉靖四十三年四月二十一日會議合同人。

跋合同後

始祖伏子公者，一名伏慶，林不知也，林之先人不知也，即今居善邑之族人亦不知也。今春，林拜公墓，兼邀族人議修譜牒，族長發春浦等尋先人遺筆，從敗簏中得前明嘉靖時合同一紙，内載始祖高伏慶，原籍揚州泰州人氏，垛撥本衛後所，户有武岡高伏子、廣西高志斌班軍二名云云。爾時善邑父老以爲伏子公有兄弟，余曰："伏子公有兄弟不可知，若指伏慶爲伏子公兄弟，則必不然。"族有究其説者，余曰："武岡當軍之户名，名伏子，實伏子即伏慶，非别有伏慶也。若别有伏慶，何伏子公子孫不稱伏慶爲伯祖、爲叔祖，而稱始祖乎？且合同明明成於當軍之子孫，既别有伏慶，不得當伏子武岡之軍，既當武岡之軍，不得祖伏慶而舍伏子，此可見我祖之原名名伏慶，武岡之軍名名伏子。"林非强作解人，紙上實如是也。況今伏子公之墓，迄今數百年，

善邑子孫祖之，益邑子孫祖之，不聞别有所謂伏慶公之墓，别有所謂伏慶公子孫祖伏慶公，而不祖伏子公者，此尤事之顯然可見者。然則伏子公即伏慶，固無可疑，而所載廣西班軍高志斌，竊不能無疑焉。何則，林之二派祖公曰志鑑，意志鑑即志斌，其子孫或有訛傳，或前後易名歟？抑伏子公有子志鑑，復有子志斌，或不僅斌、鑑兩公，兩公之外，又有兩公而爲合同中四房之名目歟？且建立合同者，曰廷蘭、曰廷魁、曰廷恩、我四派祖曰廷鎮公者，其名不列。意者，鎮公爲廷蘭、廷魁、廷恩三公之弟，有兄而弟不必出名歟？若承德者，非廷派而次三公後，其亦我五派之伯叔祖不以名行而以字行者歟？凡此皆不可知。第念建立合同時，我五派應祖公年纔十六，鎮公爲應祖公父，生卒雖然不傳，以應祖公推之，大約公年四十餘耳。不識斯時公已卒而不入約歟？抑有父兄子弟在而不必與約歟？要之，皆伏子公子孫無疑矣。爲伏子公四房中之子孫，亦無疑矣。今善邑族人祇知祖伏子公一人，公以下忘其數派。我先人雖有載筆，而抱殘守闕之餘，僅能記一脈相承之祖，外此未曾多載。林讀我支源流，證諸合同名字，益嘆我族之支分派别，自二、三、四派而已然耳。由大宗而分小宗，不自應祖、應宗兩公始也。兹將合同刊列於譜，以俟後來之考核，兼以誌先人之職業云。十二派嗣孫詩林謹撰。

（高光宇主修《[湖南益陽]資陽高氏支譜》 1935年渤海堂木活字本）

長沙李氏遺囑分關

鍾生公遺囑分關

立遺囑分關人父喬嶽，今於爾兄弟析箸之際，溯其源流，其各敬聽。我族自碧梧公徙居湖南瀏陽，旋遷善化南門城外，廣置産業，於嶽麓望城坡，且多厝祖墓於斯土，建其祠於碧湘街。遞傳數世，無有更易。余高曾祖考俱補弟子員，一時科甲蟬聯，人文雀起，洵善化一邑之望族焉。乃未幾爾祖即世，余尚弱齡，加以兵燹，因以饑饉。明鼎革時，祖業棄盡，家族流離，母子寡孤，憑誰倚賴。乃隨舅氏張公映垣、映辰、映星來遷寧邑一都八區之油梓壖。幸舅氏代爲調劑，養育愛憐。及長，就贅周門，萬苦千辛，成家立志，方置田數畝，架屋數椽，得生爾兄弟四人，以承李氏之宗祧者，是蓋祖宗積德之所致也。余今年近古稀，爾等亦皆成立。語云："樹大枝分。"請憑至戚孫潤餘，將家貲田産品搭，均匀四股，拈鬮受分，各管各業，外饍田三斗，及中年僕夫一口，分與四男，以作日後遺愛。余以長男子皆成立，可以力田；次男行醫，亦有職業；三男業儒，可以傭書；惟四男年幼，教則學淺，耕則力微。今爾三人亦當憐弟株守，一口同音，將僕夫及膳田讓與四弟，以扶其力之不及，彼此毋得異言。且爾兄弟亦宜合志同心，氣求聲應，處手足以友恭，教子孫以孝弟，藉此薄基，殷勤用力，以大其家聲，以光其祖澤，毋得聽婦言，乖骨肉，致受鄰里之欺，可也。余望爾兄弟翕和，特立遺囑分關四紙，其各執一紙，毋違父命管業。此據。

兩邊餘地，照分公管，批此爲據。憑孫潤餘。

康熙四十年二月初十日，父喬嶽筆立。

四房搆訟休息

立合同休息人有桃、似梅，同姪卜年、南邦兄弟等，情因祖遺油梓壩屯田，四分均分，分關確據，繼而有桃兄弟與姪卜年、南邦共價同置横塘冲民田。雍正二年，卜年兄弟將民、屯兩項田産出售就業，品價以給兩叔。當經戚鄰孫潤餘、曹旦明分晰均匀。但以陸續家務，積忿成仇，釁隙漸生，叔姪因而興訟。今劉天秩、譚又咸、曹旦明、龍爾仁，俱屬至戚，入場排解，勸令各釋舊憾，罷訟息爭。所有卜年兄弟出售他姓之業無庸擬議，即兩叔所存祖産，照分管耕。若祖遺山地江家坡及松樹園兩處，四分公管蓄禁。外有鞍子山一半，及王新所屋塲、山地，不便分晰，四分公管，毋得侵越睥睨，叔姪亦安分守業，永敦和好。至於嶽麓山望城坡祖山一座，昔卜年曾與王人搆訟，疊控在案，著有成勞，異日有力進葬，共圖斯舉，彼此毋得阻攔。自此和息之後，上全祖宗家教，下遺子孫式穀，恩明誼美，合志同心。如有反悔翻案，藉端生事，不顧慟及先人，羞遺鄉里者，許原息人秉公執字鳴上，甘咎無辭。俱係自心情願，並無壓勒等情。今欲有憑，立此合同休息二紙，各收一紙爲據。

憑戚鄰譚又咸、曹旦明、劉天秩、龍爾仁。

雍正五年三月十二日立。

（李昭萬等主修《[湖南長沙]李氏家譜》 清光緒五年隴西堂木活字本）

常熟南張靜谷公還田價紀畧

張仁美

余年甫八齡，出嗣長房。迨後次第得弟四人：曰仁濟、曰德，同母弟也；曰仁洽、曰寄，庶母弟也。乾隆己未冬，余本生父病甚篤，囑本生母曰："異日分析家産，定嫡全庶半之局。長子仁美，雖出嗣，然恩不可廢，以二伯畝授之。"逾年，余本生母彙集三黨，立分券，各付執業，一一如所囑。未幾而余本生母亦辭世。時洽、寄俱幼，一切家事無鉅細，皆濟、德卵翼之。如是者二十餘年。

癸未春，洽、寄惑於匪人挾嫡庶均財之律，生同室操戈之釁，而家難以萌。昔本生父之囑吾母也，余實親承遺命，不難據實以爭。濟、德亦謂事屬成命，非兄私弟財，亟欲鳴官以聽斷。然濟、德理直而勢孤，洽、寄理曲而援衆。訟於庭，無論其負也，即幸而勝，先以祖業之遺，飽胥役之壑，非所以保家業而全骨肉也。排解之責，舍我其誰？於是相持者兩月，曲爲調劑而彌縫焉。有從旁議者曰："宜減兩嫡之田，補授兩庶。"余曰："不可。父命者，根本之所在也。如以田均，則根本動矣。計惟以授田之原價，以多補少而均之，庶父命不至全違，而兩庶亦有以遂其欲。"僉曰："善。"奈何兩嫡困於力，雖傾囊尚少七百金，而計無所出。嗚呼，此余還田價之志所由决也。

嘗見兄弟爭財之興訟者，大約歸於財盡而止，彼此各逞其私，競爲夤緣角勝之術。於是訟師得以獻其謀，奸胥得以神其説，親族得以居其奇，奔走門户之人無非獵賨漁金之輩，訟甫興而耗多財者有矣。又或各恃其爭，非犯賍犯罪之比，可一斷而定其獄。今日一詞，明日又一詞，控縣未結,從而控府,控司不勝,又從而控督撫。揮金如土,雖變産弗惜。及至訟未畢而囊橐已空。問其所爭,彼此未享,而潛消於縣府上下之手。凡此皆覆轍可鑒也。余忍聽其爲此哉。因將二伯畝原價分作四股,均還四弟。兩庶得之,已盈其數,兩嫡得之,適蘇其困。從此爭解怨釋,洵可保家業而全骨肉矣。以父授之物,還同父之弟,我何吝焉。然而兩嫡又固辭矣,謂今日之爭,爭嫡庶也,非爭兄也,兄爲捐貲排難,使勿成訟,令兩庶受其半,爲弟補不足也,猶之弟受也,弟等再受其半,不轉以爲利乎?固不受。

余乃籌其必受之方,而示以不得不受之勢。謂之曰:“吾弟素讀書,知禮義,堅辭不受,良是也。當今聖天子宏敷錫類,例有捐請封典一條,我兩大人辛苦成家,當以此爲報。兩弟爲兩庶所困,力苦未贍,其即以此爲榮親計乎?謂弟受我金,無不可也;謂弟受我金而轉以奉親,更無不可也。”於是乎强而後受。或曰:“還價曷不還田?”余曰:“兩庶之爭,正爲田也。兩嫡既有償價之議,而我遽還田,不滋其覬覦乎?是欲滅火而反爲負薪也。且還價所以紓急難,而存田所以重慈恩。不然千餘金之重貨已出諸囊,非有强我而爲之者,寧於田也而吝諸。書此附於昔年分券之後,使子孫知其畧云。

乾隆歲次癸未清和月四日,仁美記。

(《[江蘇常熟]南張世譜》 清乾隆間刻本)

衡山周氏宗國兄弟分關

立分關周宗國、相南、紹彩、燦廷兄弟叔姪,今有父遺孔字二十五區地名新屋場屋宇基地一所、瓦屋二進,憑族戚周彩衡、如言、安士、曹佩可,四鬮均分,作名東、南、西、北。前進左角爲東,右角爲南,後進左角爲北,右角爲西。南角燦廷兄弟管理,東角相南父子管理,北角宗國父子管理,西角紹彩父子管理。前進左右各寬壹弓半,長五弓,歸前進東南二鬮管理。禾塘對前進三間,所存禾塘並餘地,四房朋管。後進屋後下坪左右各寬一弓半,長五弓,歸西、北二鬮管理。下坪對後進三間,所存下坪共三丈二尺五寸寬、二丈七尺五寸長,内摘一丈四尺五寸寬、二丈七尺五寸長,補北鬮屋基所少之地。其中存一丈八尺寬、二丈七尺五寸長,四房均分,補明後,東、南、西、北四鬮,横屋地基各一丈九尺三寸寬,又下坪後共存寬一弓、長十二弓,並下首所分横屋地基,外寬一弓、長二十二弓,四房以爲出路。桃子園北至老壕牆爲界,西至楓樹爲界,下首園内外壕前後荒地,以各分土當頭限石爲界。其樹株,四房另立合約禁長爲據。園内菜土,仁、義、禮、智,四鬮分定。自分之後,鐵統江山,萬里長城,永無藉口異言。是以祖宗攸遠,後裔榮昌。今恐無憑,立此分關,四房各執一紙爲據。内塗消一字批。

乾隆四十一年七月初八日,立分關周相南、燦廷、宗國、亮有、紹彩、載展、焕有,同押。憑證弟周如言、彩衡、安士、姪盛成。曹佩可筆。

沅江秦以唐遺囑

代以唐先生遺屬

族以唐先生者，負氣節、重大義。人有所畏而不爲者，先生必爲之；人有所吝而自私者，先生不私焉。現年六十有餘，兄弟四，先生居季，兄皆無嗣，先生謂兄皆吾兄也，不爲之後，而不可偏，爲之後，而不能以己之衹一子一孫，曾孫纔有二也。雖其後之生發未可量，而兩世之能承先人後者，獨己有一子一孫，此偏爲之後之所以不能也。兹當續輯家乘，以上之有三兄也，惟以庖居長，而爲之後之在所必先也。長幼之倫如是也。以其子騎之，以其孫騎之，必至於曾孫而後可分承之也。此二與三之所以不能偏爲之後也。然曾孫皆孫之子也，後有生者，亦孫之子也。家貲産業，剙自公，非若各有祖遺，可以兩房分之也，必視其孫曾之數，或一二三，或四五六，均承而均分之也。後若分晰，必公同酌留以爲祭掃，所以發仁孝之思，爲歡團之舉也。我等故爲之説以記之。譜局同識。

（清秦以夏等《[湖南沅江]秦氏三修族譜》 清光緒十六年水天堂木活字本）

萬載王氏榮公遺言

所買産業，六男一姪，七股均分。不厚于子，亦不薄于姪，又豈厚于姪而薄于子乎？祖墳在廣東，三五年務要歸一次，木本水源，不可相忘。有子孫書要讀，日後或有貧苦不能讀者，衆出穀三五石。汝等量度要大，分家之時分得均平固好，設使分得不均，多得三兩、十兩，未曾好了，他人少得三兩、十兩，何嘗就虧了自己。切莫爭多爭少，致傷和氣。棋舖田壹百把，分作長房之田。我一生得長子，力未曾同子做功名。日後有銀錢，汝等要同長兄捐納。長兄當家處世有力量，做事穩當，汝輩還愛敬重二男，着力得了勞苦，命運乖張，二妻已過，所買私田不必存衆。三男教爾讀書，望爾成名，今既三十四、五，尚未成名。讀書若不樂心，或學醫藥，或做生意。且生一子已喪，遲則一兩年，有生也罷，無生再娶，可也。不孝有三，無後爲大。四男、五男，汝二人莫懶惰，要喫些苦，不經一番寒徹骨，怎得梅花撲鼻香。六男汝讀書要勤苦勵志，勿謂今日不讀有來日，一日須求一日功。今日有我在時還好，我過後不知若何。用光，汝二歲無父，我待爾如子，教爾讀書，爲爾娶妻娶妾，從來未曾大聲罵爾半句，莫説不曾罵爾，就我所生子女，當教則教，我也從不大聲怒罵。至今爾年四十五歲，尚未分開。看爾老實，不然，我分開，爾去發財，爾莫聽信他人，想多分我的産業。我平了心，姪如子，子如姪，有何説得。若是有説，我與汝父在先既分爨，汝母寡子幼，我豈復與同爨。即令同爨，豈待今日未分。皆因我看爾不薄，分開誠恐爾亦難事。看爾生兩個子還好，後日長成，有些用處。似爾不才，先年有私財數十兩，被人騙去。汝只是自己不會發財。若是會發財，至今百兩也不止。召衆媳至前：爾等生下男女，各人教各人個内裡，莫傷和氣相罵。推穀舂米，要愛惜米穀，不可喪費。若喪費我米谷，滿地踐踏，我死不瞑目。汝輩兄弟子嫂和順，再羣聚數年，多買些田來分亦不遲。我七十三歲歸原鄉者爲何，着苦豈不知途路跋涉之難，誠以先人不可忘，後人未發達，歸去修整祖墳，祈先人默佑望汝等成名也。我今七十八歲，大數將終，没亦何恨。但未見吾子成名，有不甘心。我病難過日，不得天光不得夜，此係險症，何爲食幾十包藥，翻來復去，總是本病，看來藥都是白食了，全不見功，將若之何，總是命也。無他説得，爾等既盡子道，多謝爾服事。吾病多不能好，莫説爾不舍得，我亦不舍得，想留來看子看孫。我無他囑咐，爾兄弟切莫去賭錢。爾賭人不贏。我若不立志做人，自幼失怙，無人教訓，不知變作若何，能有今日地位，我一生受了苦，喫過虧。今汝等皆成人長大，各各要堅志做人，不必我説矣。此乃吾父之遺言，不肖淚筆誌之。至于生平之實事亦敬書其大畧，以示後嗣。吾祖早逝，生我父兄弟三人。父居第二，聰明過人，好看詩書，至老不倦。十餘歲遂舍桑梓而就食宜春，澗下種山爲業，生意頗順，積有餘銀數十兩。三叔出外經商，時命不猶有虧財本，吾父量大，任叔所爲，伯與叔未免鬩牆。叔因與伯角口，竟不知去向。厥後父與伯相處數年，遂已分爨。伯處棋舖耕田，父在澗下種山。無何，分爨未久，伯遂去世。吾父念嫂寡姪幼，仍復合爨，教姪于詩書，爲姪娶婦。姪三十二三時未生有嗣，又爲姪娶妾。吾父三十三歲方生長男，雖與姪同庚，三十餘歲亦未生有子。吾父念侄一綫之嗣，爲侄娶妾在前五年，爲男娶妾在後五年，愛姪即所以敬兄也。此念誰不欽服乎？嗚呼，吾父形單影隻，煢煢孑立。或請人耕山，或往江湖貿易，艱苦備嘗，至于成家。始也買南窑奇舖之田，繼也買彭家方之田。伯母帶用光兄在此處，後買禮山之田，遂徙居，共處此地，又買白塔之田，共買田七千餘把，此屋更新在乾隆三十九年，歲次甲午，四月興工伐木，六月二十九日卯時起牆脚，十月十五日午時上梁，入香火。至乙未年冬，方成厥功。藉非吾父竭志經營，燕翼貽謀，安能有是。嗚呼，棟宇告竣，吾父爲造化小兒所苦，遂乘彼白雲而遠逝。生平未得安樂，少壯尤多艱辛，傷何如哉。吾父生于康熙三十八年，歲次己卯，九月二十三日丑時，終于乾隆四十一年，歲次丙申，正月二十七日子時。是時一家男婦大小三十餘人，盡皆環立，享年七十八歲。病有時身痛，痛過如常，後則變作，嘔吐咳嗽，或十日八日，嘔痰一次，或食飯即嘔，且謂我無他病，只是食不得，眠不得，無可奈何。除非我前世作了惡，我今世未作惡。慘哉此言。原爲問心無愧，奈醫士不明，五六人竟無識此症者，用藥皆不中病也。可憐吾父沾病，常在牀褥有三四個月。吾父坐臥不安，不肖扶起扶落，難於服事。吾父體恤周至，嘗言："我只是不奈病何，要我子服事，我若人好，不要爾等服事。今爾等既盡子道，只是我命。"嗚呼哀哉。不肖思念吾父之言慘傷之極，惟涕泗交流，返躬自愧，奉養有虧。私心竊計以爲宫室既成，正期吾父享兹高年，不肖雖未能竭力而事，敢不盡承歡之心，聊伸補報于斯時。誰知不肖無福，莫留吾父行踪，愈自悲已。吾父之爲人也，尊師重友，睦族和鄰，厚重謙讓，勤儉莊敬，排紛解難，敬老慈幼，恤鰥寡，憫孤獨，常以賢知待人。雖五尺童子之前，小心翼翼，亦以正道處己，即屋漏旦明之地，寸衷凜凜。自壯至老，歸原鄉數次，思厥先人整墳豎碑，爲久遠之計，不憚往來之勞，不惜貲財之費。愛不肖也以恩，教不肖也以義，恩深義至，迥非他人之爲父子者比。且生平取與不苟，寧不利於己，不肯有損於人。凡屬親朋有求不吝，又極信善，從不殺牲禽而恣口腹。昔年看及陰隲文，遂戒牛肉不食。每月朔望,虔誠食素。對祖考也必躬必親,孝敬爲懷;愛孫子也如珠如玉,保抱甚殷。三男三十二歲方生一子,吾父懷抱常多。此子年將四歲,身沾疳積傷眼,吾父手絞網線而足搖,此孫無時安閑,雖諸孫皆一體,而此孫尤加重愛。吾父常抱,不要他人。病時常愛公捧,至九月此子已死。是時父亦沾恙。三男省父,父在房中食飯,遂投箸而洒淚,嘆命一聲而哽咽。四男之婦卓氏,生一子二女,罹病二年,年方二十八歲,至七月而没。吾父念媳死孫殤,傷嘆不已。此一孫一媳皆死于乙未年。嗚呼,天何令吾父有限之精神,爲孫爲媳,時廑憂思,其痛恨又當何如也。滿女適劉,歸寧出淚,恐女家貧,常爲體念;姪女適曾,被僞騙盜割田禾二次,吾父視猶己事運籌決策,歎惜再三,令姪壻、外甥要熟思審處,莫致常被人騙。命男要去竭力維持。此皆恩意周流。吾父何事不關情乎。嗟哉,吾父種種善行,鄉鄰皆爲稱頌,語語至性,不肖實當佩服。吾父父道克全,無愧完人于宇宙。不肖子職深忝徒具微軀於乾坤,痛腸哉生未享福,傷心乎志有未逮。不肖淚書其言,並述其事,使後之子孫目覩此言,如親見吾父之生前。當知創業之難,而思守成之不易。須常念有基勿壞,增光祖德,則我父雖在九原之下,亦必曰"予有後,勿棄基矣"。

時乾隆四十一年歲次丙申,不肖男用元淚書。

(王冕周纂修《[江西萬載]王氏族譜》 1947年太原堂木活字本)

蘇州張氏析産文書

張久堂預囑

立預囑張久堂,余自髫年來蘇,習學夏布,兼及帽子生理,歷十餘年,稍積辛俸,借本自行開店,又閱二十餘年,辛勤儉樸,始得薄有貲本,方冀店業日新,不料遽嬰重疾,慮將不起,所生四子俱幼,長子映台,甫届成丁,諸事未經歷練,是以邀集親友,面爲囑託,務祈推念平生契好,不吝提携教誨,在店者尤期同心協力,較常時益加奮勉,俾得勿替基業,無負余一生苦志,則生死俱感激不朽。所有一應事宜,開列於後,此囑。

一、家中諸事,悉遵余舊日規條,總以節儉爲主,毋得多用下人。門户火燭,尤宜十分謹慎。

一、映台年紀稍長,在家在店,總要認真學好,不可有孩子氣。爲人須涇渭分明,剛柔相濟,錢財得難失易,萬勿輕視。爾母多病,務宜體心孝順,撫諸弟妹,始終以和愛爲要。倘有不是處,勸導之,督責之,總在自己持正,不患其不聽從也。居常衣食用度,一從儉樸,門面不可放大。若家中演劇,及出外遊戲,如頭棚船之類,兼之結交燕友,好勝好訟,俱係敗家之道,我生平最爲痛惡,犯此者以不孝論。

一、現住租房終非久計,宜緩爲留心擇一所安妥住屋,價約三千上下,近店尤妙。

一、大女嫁期不遠,付以三百兩,存兄處生息,以爲房中之用。餘辦妝奩,約以二百兩爲率。以下兩女,大略照此。大、四兩兒,業已定親,將來三兒、八兒,亦須擇盈實樸素之家,切勿過於攀高。婚嫁務宜從儉,浮費尤當節省。

一、余本宗甚少，且又遠隔，内親中惟林鴻發最近，向在店中辦事，自後一應内外，更望盡心照應，帮輔映台。如果出力勤勞，將來婚娶成家，除辛俸外，自當從厚傾助。

一、余在蘇契好，如施景翁、秦聖翁、林立翁、陳天兄輩，俱係誠實幹練。凡有婚嫁一切大事，務須請問施行，庶無差誤。再，陶佐翁、吴錦翁兩親家，極承關切，兒輩正藉教誨，扶持諸事，祈勿吝指示爲感。

一、余店業在蘇，兒女聯姻亦在蘇，日後自爲久居之地。惟余百年後，仍須歸葬鎮江祖塋，以志瞻依，將來春秋祭掃，庶不敢忘本云。

一、余兄霈霖出外十餘年，並無音耗，嫂已逝矣，無有子嗣。將來以余第□子爲之後，此乃大義所關，毫無□産。日後産業，一體分析。所有會票，宜酌量漸次收回，或存家中，或另置産，總以穩妥爲主。

一、店中事務一概照舊辦理，只宜稍爲收斂。談斗南辦事最久，誠謹可託，辛俸特加七十千，胡懌堂、林善生、林鴻發，俱五十千，邱兆周本應四十千，因念甥舅之誼，要其用心照應，故格外再加十千，施佩紳三十六千，因渠來去不常，故獨按月計算。一應銀錢出入，俱歸映台經管，辛俸按月支取，不得預撮。每年定期於夏間邀同施、秦諸公盤查清賬。凡在店者，總要同心和氣，秉公辦理，不得互相爭執推諉。如果勤謹出力，公議加俸。倘有怠隋營私、不遵規約者，告諸親長，自有公論。輕則議罰，重則黜退，勉之慎之。

一、進發服用有年，余亦待之不薄，自後更宜赤心盡力報効，給錢五十千，任其自行生息、婚配，仍聽服役。

乾隆五十九年九月　日立預囑張久堂。

受囑男承鼎、承璜、承階、承輿。見囑陶佐史、吴錦文、邱鶴林、林焕昭、林鴻發、林善生、邱兆周、談斗南、胡懌堂、施佩紳、施景玉、秦聖將、林立仁、陳天來。

一、店中最忌賭錢，必須禁絶。如賭一次，每人罰扣辛俸壹兩。再，在店中不許自置小貨；有，衆攻其非。

附録四老房分撥産業簿

分撥帳簿、本則無須登譜。惟我家祖輩四老房分析，實因事勢之宜，情理之當，非情義疏乖，各自雄飛者比。如簿中云，氣叶情和，從無乖蒂，均分平撥，無煩親友言論等語。又如素宗理義，敦睦相傳等語。可見祖宗仁厚存心，凡一言一行，皆足以昭示後世、訓勉子孫者也，豈僅於兄弟之間，見其情之深誼之篤哉。兹特謹録簡中，且可以著家業之淵源焉。孫炳翔謹識。

分析緒端

九世同居，固敦睦之風可羡；同鐣而食，誠公均之義堪追。然勢有宜融，事當善便，今者我弟兄四房，同家共業，氣叶情和，各守馴章，從無乖蒂。第因現居住宅，房屋無多，下輩完婚在即，用人日衆，不免嘈雜瑣煩，且丁口衆寡不等，將來用度，自必省費有殊，若不界以規陳，反覺諸多窒礙。是以議定居分業共，洵爲妥善之章，此事理之宜，亦時日之當，非情義乖疏，而各自雄飛者比。所有産業諸物，悉皆四分均分平撥，毫無欺隱，各項事宜，公同酌議，秉公平允，開載於後，亦無煩親友言論也。立有同本連枝字號帳簿一樣四本，挨次各執一本，留爲後記可耳。

現居住宅與店業相連，而店業向係佩記經理，德記帮辦。帳目等務，若佩記另居，恐於店業有荒，現居住宅議歸佩德名下。

租房合本，酌時作價，大小肥瘠，配搭均匀，分鬮拈得。

店本四分均存。

典架本長坐核實當串四萬五千兩，四分均存。

台油白蠟等貨，照時值作算。

現銀照分找派。

器具什物及零星等件，除店用並各房已分者，餘皆分别門類，酌值均派。若些少零星，亦無庸計較。

會票帳上除存公及承認廢帳外，餘可歸者歸之，不及歸者作現銀數。

泰山堂股業，照置本作現銀數。

大珠擬價作數。

現來各會難以派撥，以重會作該，輕會作本，一概俱劃入店。神主喜神及老帳陳票等物，應歸長房者歸長房，應存公者存公。

存公現錢提一千千文。

長孫出於佩房，其長孫一項，雖有大例，亦無板數，當推往度今，適中而擬。酌提銀四千兩正。

所有各記應承認廢帳。惟德記名下無有，而德向未當事，且出事最遲。今係公分平撥，若映、佩、瑞扣除廢帳，則德記現數反多，於公字欠周。所有三記應認廢帳，只領其帳，而不作數。

店業規陳

成本長坐核實足錢四萬千文，四分均存。官利周年壹分起息，遇閏不計。

各記官利零星支付，及每年盈餘，皆盤帳結算。

房租每年一百六十千文，伙食每年五百四十千文，閏月不計，另添客菜、客點及門頭雜費，俱照舊章出店帳。如有不應開鎖店帳者，不得混牽。

生息存項，除焕記周一分、萬記按一分，及店夥有些少存者，亦按一分，餘者要存，皆按八釐。不合者付還；如短用聽店便者，按一分算。合用時，四記有者，須必應付。

零總暫記上圈出各帳，本不算數，另行摘開。如有歸下，仍然入帳。其有各記應承認者，作現銀歸還。

店務一應責成佩記經管，德記帮同辦理，其辛俸本店向無重脩，不便定數，酌於每年淨得盈餘内抽支，並店友亦提一分酌派，是則可觀其勇。思疇雖已肄業，尚是無能，俟稍能值事，酌支辛俸中等之數。

每年盤帳，除官利、房租、伙食一應支銷外，淨得盈餘，作十分開：四記四分，佩俸二分，德俸一分，店友約派一分，餘二分存帳，以備不足之年。

應酬禮分及會務諸事，如店夥及莊坊生意中往來者，俱歸店帳；若有送下之物，如年餻及稍成蕢者，俱四分均派，不得隱瞞。若些少小物，亦難過繁，充之伙食可耳。

私辦小伙，最妨公事，本行小伙，各不准做。佩記店中主事者，尤爲不准。

店内銀洋出入，俱責成佩記經手，倘有差錯短少，惟經手查核，與帳不涉。核對帳目，映、瑞值任，藉以分勞，亦免錯失。

存公現錢存店，周年一分生息。帳簿等物，輪年當管。

每年上鎮祭掃，輪年當值，應用錢文，公帳支銷。

先人正冥誕大周期儀款,公議酌辦。應用錢文,公帳開銷。歲常家祀,各自承辦。

老親公友人情禮分,一應等俱支銷公帳。隔房親朋應酬,各自酌行。

同川典務,雖有執事,其蘇地辦事及往來查閲,一應等務,尚須主值,皆映、瑞承管,於每年賣包釐内,映得一分,瑞得二分,稍作辛俸。其每年淨得利息,各記照分,年歸年款。

店務中如或另建新業,及添人、辭夥等大事,公同酌議而行。此外常務,俱佩經管,其辛俸雖議盈餘内提支,倘過豐不敷,再當臨年活變酌改,伙食亦然。

存公各帳如有歸下,按年核算,四分均派。

遇喜慶正事,及日常間務,當互相照應。暇時更宜常爲聚首,論事談懷。恐彼此有行爲疎失、情性乖謬之處,則各秉方誠,互相諫論,勝比他人。是有裨於身家之益者,各不可罔聞莫顧,而失古訓之義者也。

道光三年八月二十六日盤查總數

一、存會票合元壹萬四千五百七十四兩正。

一、存房屋大小四十二所,計元四萬四千二百零五兩正,連住宅除押租壹千八百二十三兩。

一、存台油四百四十四塊,每塊,作□□。計元壹千八百六十四兩八錢。

一、存祈占二十簍,計本元□□□□時值約作七折,實元壹千。

一、存川占十九簍,計本元□□□□四百三十二兩一錢六分。

一、存賣出台油二百四十四塊,約計實元九百五拾兩。

一、存泰山堂股本,計元貳千四百兩。

一、存源裕典本計串,計錢四萬五千兩。

一、存店本足錢四萬千文。

一、存店該洋貳千元。

一、存現銀四千四百七十兩零零九分。

一、存現洋五百九十二元。

一、存摘出婁會元壹百叁拾兩。

一、存珠大兩小兩粒,作元五百兩。

共元陸萬捌千七百零叁兩零五分。

共足錢七萬六千千文。共洋貳千五百九十二元。

總共計合足錢拾五萬壹千零捌拾千零貳百七十三文,内除提出存公足錢壹千千文。

又,長孫項足錢貳千千文,房屋兩所計元貳千兩。

德記

吴邑義慈菴内房屋壹所,計元貳百九十兩。

又,裏灣頭壹所,計元捌百兩。

又,北水街壹所,計元壹千九百兩。

又,尚義橋壹所,計元叁百六十兩。

又,南城下石馬衕口壹所,計元六百二十五兩。

又,中街路三茅觀巷口壹所,計元叁百六十兩。

又,線香橋壹所,計元壹千捌百兩。

元邑毛家橋東壹所,計元九百兩。

又,徐匠衖内壹所,計元四百五十兩。

共房屋九所,計合元七千四百八十五兩。除押租,合元二百五十六兩。住宅壹所同佩,合計元叁千貳百兩。除酒店押租二十兩。

店成本足錢壹萬千文。

源裕典本足錢九千千文。

公盛坐本元叁千兩。又利壹百九十一兩一錢。

又,存項合元貳千壹百二十兩。又利五十四兩五錢四分。

大珠壹對,作元叁百六十兩。

婁會元壹百叁拾兩。

現紋貳百四十二兩四錢。共元□□□□。

總共合足錢叁萬陸千五百二十一千七百零三文。

於道光八年十月,佩房長子思疇承立映房爲嗣。此係正理,應當循規合禮,並無異議。我家素宗理義,敦睦相傳,毋庸另立嗣單,煩勞親友。日後子姪諸輩不得妄有繁言,致乖先範。特此公同議註。

另映記撥還佩記錢貳千千文,以作思疇撫養成房之費。

映記

吴邑貴衖内房屋壹所,計元貳千六百兩。

又,小石暉橋衖内壹所,計元四百兩。

又,長船灣壹所,計元壹百六十兩。

又,後板廠壹所,計元貳千壹百兩。

又,廖家巷口壹所,計元捌百兩。

又,都亭橋壹所,計元壹千兩。

元邑湖田裏小橋壹所,計元貳百五十兩。

又,毛家橋西首壹所,計元七百二十兩。

又,薔薇衖内壹所,計元貳百八十兩。

長邑猛將衖口壹所,計元壹千五百五十兩。

共房屋拾所,計合元九千八百六十兩。除押租,合元五百三十三兩四錢五分。

店成本足錢壹萬千文。

源裕典本足錢九千千文。

泰山堂業半股,計元壹千貳百兩。

台油□□□塊,計元壹千四百四十四兩八錢。

馮步雲會票,計元壹千兩。又利六十三兩二錢四分。

沐逢春又元叁百八十兩。

婁萬兄又元五十兩。

程德周又元壹百五十兩。

張快亭又元九十五兩。

程梅岡又作元貳百兩。

公盛附本元壹千兩。又利六十三兩七錢。

又存項合元壹千零六十兩。又利二十七兩二錢七分。

現洋叁百元。

現紋壹百九十八兩七錢二分，共元□□□□□

總共合足錢叁萬陸千五百二十一千七百零九文。

佩記

元邑楊安橋房屋　壹所，計元九百兩。

又，三擺渡　壹所，計元捌百兩。

長邑葉家衖内　壹所，計元壹千兩。

吴邑棗市上　壹所，計元六十兩。

又，蘆柴墳　壹所，計元貳百八十兩。

又，天庫前　壹所，計元捌百五十兩。

又，蒼橋衖　壹所，計元五百九十兩。

又，梗節衖　壹所，計元壹千兩。

又，西街上　壹所，計元壹千壹百五十兩。

共房屋九所，計合元七千壹百七十兩。除押租，合元叁百三十六兩五錢。住宅壹所同德，合計元叁千貳百兩。除酒店押租二十兩。

店成本足錢壹萬千文。

源裕典本足錢九千千文。

台油一百塊，計元四百貳拾兩。

買出台油　塊，計元九百五十兩。

仁豐號會票，計元九百七十兩。又利七兩七錢六分。

汪啓泰又　元四百九十兩。又利二十一兩五錢六分。

公盛附本元壹千兩。又利六十三兩七錢。

又存項合元壹千零六十兩。又利二十七兩二錢七分。

瑞記

長邑方基上房屋壹所，計元壹千兩。

又，石屑衖口　壹所，計元貳百七十兩。

又，年華衖底　壹所，計元五百兩。

又，小郗衖内　壹所，計元壹千叁百兩。

元邑湖田楊安衖壹所，計元壹千壹百兩。

吴邑南城下　壹所，計元九百兩。

又，梵門橋　壹所，計元五百五十兩。

又，南水衖口　壹所，計元壹千叁百五十兩。

又，廖家巷内　壹所，計元叁百兩。

共房屋九所計合元柒千貳百七十兩。除押租，合元叁百八十八兩七錢。水潭頭住宅壹所，計元叁千六百兩。又小壹所，計元貳百十兩。

店成本足錢壹萬千文。

源裕典本足錢九千千文。

泰山堂業半股，計元壹千貳百兩。

祁川蠟卅九簍，計元壹千四百三十貳兩壹錢六分。

公盛附本元壹千兩。又利六十三兩七錢。共元□□□□串，現洋壹千元。

現紋壹千壹百九十兩零七錢九分。

總共合足錢叁萬陸千五百二十一千七百零六文。

小珠壹對，作元壹百四十兩。

現洋七百元。

現紋七百十一兩貳錢八分。共元□□□

總共合足錢叁萬陸千五百二十一千七百零二文。

提長孫項足錢貳千千文。

又，吴邑天官坊巷口房屋壹所，南濠姚家街内房屋壹所。計元貳千兩。

此項長孫錢貳千千文、房屋貳所，於道光八年十月仍歸撥映記名下，交與思疇收訖。

孟仲叔三房分析議墨

立合同分晰議墨，母氏胡同大媳吴氏、三兒翔憑見議族荃若、親石、梅孫等，爲因余年日漸衰老，大兒鏻不幸於上年去世，次兒翱未婚早故，三兒翔年幼，尚未完姻，所有先夫遺下房屋九所，並沐泰山堂店，以及德大藥行兩業，並現銀柒百陸拾兩零，理應三股分晰，以昭平允。外提公帳長孫及余生養死葬三項，並三兒喜用。自分之後，各自分爨，仍永遠和睦勤儉，世守遺産，毋負先人創業艱難之意。此係邀集親族公同酌議，各無異言。所議規条逐一載明在後，欲後有憑，立此合同分晰議墨三紙，各執一紙，永遠大發存照。

計開：

一、沐泰山堂肆股，計存本九四兑銀貳千兩，德大五股，計存本九四兑銀叁千兩。股單分開，另换新單，各自分執，盈虧各自承認。

一、房屋玖所，計估值銀肆千貳伯肆拾兩，均匀配搭，契據各歸。

一、長房名下，歸泰山堂店業壹股，計九四兑銀五百兩，德大劃本股半，計九四兑銀玖百兩，又房屋壹所，在渡僧橋堍，與長孫名下合執，作銀壹千叁百兩。長房名下歸三成，作銀叁百五拾兩，外又現銀貳伯五拾五兩正。

一、次房名下，歸泰山堂店業壹股，計九四兑銀五百兩，德大劃本股半，計九四兑銀九百兩，又房屋兩所，一在萬年橋南首，一在戈家街，作銀陸百兩正。

一、三房名下，歸泰山堂店業壹股，計九四兑銀五百兩，德大劃本股半，計九四兑銀玖百兩，又房屋壹所，在毛家橋左近，作銀叁伯五拾兩。外又現銀貳百五拾五兩正。

一、長孫名下，歸泰山堂店業半股，計九四兑銀貳伯五拾兩。又房屋即渡僧橋堍，與長房合執之産，長孫名下歸七成，作銀玖百伍拾兩，交大媳收管。俟三房生子承嗣後傳授。

一、公帳歸德大半股，計九四兑銀叁伯兩，又房屋兩所，一在中街路内三茅觀巷東口，一在通和坊乘馬避巷口，共作銀五百兩，三共合銀捌百兩，另立帳簿並契據等。現由長、三兩房輪執，俟次房名下嗣有子息完姻後，三房輪執。所收房租餘利，除新、老兩墳錢糧祭掃修理墳塋外，如有餘存輪交，以備日後置産。再有沐泰山鄭秋記半股，内劃出餘利三分，亦歸公帳。又註。

一、余生養死葬，應提銀壹千兩，歸泰山堂店業半股，計九四兑銀貳伯五拾兩，又房屋壹所，在山塘新橋頭，作銀柒伯五拾兩，所收租息官利，以贍日用。其本以資身後之費，倘有盈絀，三房公派。

一、次房應得産業若干，所有股單、契據，當日即憑親族畫押公封，由氏收管。迨嗣子成立之後交出。所收餘利、房租，暫由長、三兩房分歸。俟三兒生有次子，應即歸還，以備用度。

一、所有先姑遺下衣服等件，因長、次兩房現皆無用，均歸三房，以免另行添置。

一、三兒成婚喜用，應需銀壹千兩，除現銀貳百陸拾兩外，我張廣橋與宫巷内房屋兩所，作銀柒百肆拾兩正。

一、所有家用什物另行分晰。現因次房無用，准由長、三兩房均分。

一、次兒翱雖未成婚，係先夫元配石氏適子，迨三兒生有次子，理應遵例承嗣，不容推諉。

一、每逢掃墓，由輪值公帳之人邀集同往。倘家内祭祀，各自承辦，不得在公帳内支銷。

一、現在親友會務，由長、三兩房分摠，得會均分。嗣後私親各自承認。

一、各租户押租錢洋，隨房各認。

一、住房分合，各隨其便。其押租錢壹百千文，並自添裝摺等物，退租後兩分均分。

一、未經呈報地基，前手契據分派匀稱，由長、三兩房拈鬮執管，興廢各聽諸運。

以上規條各係允協。

光緒貳年歲在丙子杏月　日，立合同分晰産業議墨母氏胡、同大媳吴氏、三兒翔，見議族長荃若、懷萱、崧如，親石梅孫、胡易山、陳吉甫、石仲蘭、石君秀、胡春山、戴端甫、楊仁夫、彭小汀未到、彭稼生未到、吴泉甫。

友張蓉亭

餘玉

孟仲叔三房分析公帳續議

立合同分析公帳續議。母氏胡、同長媳吴氏、三兒翔憑見議親族等，因有先夫遺下産業，曾於光緒二年邀同衆親族公同分析，内有提出公帳一項，計中街路三茅觀巷東口房屋壹所，又通和坊乘馬避巷口房屋壹所，又德大店業半股，沐泰山内鄭秋記名下半股，内牌號三分，將此四款出息，以抵公帳、祭掃、修理墳墓、辦糧等用，因次房無人，當時議由長、三兩房輪當。兹因兩房分居，諸多未便，是以再邀親族將公帳之産業仍照三股分析，契據(合)〔各〕歸。嗣後祭掃各自承辦，所有長房之墳墓，歸長房承辦，次房之墳墓，歸次房承辦。所有老墳修理、完糧，以及冥誕、周忌一切公帳用款，歸長、次、三三房分認，不得推諉。此係邀集親族公同酌議，各無異言。所議規條載明於後。

一、沐泰山堂有鐵記名下牌號壹股壹分七釐八毫六，前因分析時未有出息，是以未分。今店中於本年正月補還，歷年餘利每股三成出息，此款並入分析。

一、前議公帳結至本年端陽節止。除用應存銀陸拾叁兩九錢七分，歸長、次、三三房均分。

一、長房歸德大店業半股、沐泰山堂鐵記牌號四分，三成折實壹分貳釐，鄭秋記牌號壹分五釐，三成折實四釐半，現銀念壹兩三錢二分。

一、次房歸乘馬避巷房屋壹所，沐泰山堂鐵記牌號三分七釐八毫，六折實壹分壹釐三毫五八鄭秋記牌號貳分，三成折實六釐，現銀念壹兩叁錢貳分。

一、三房歸三茅觀巷口房屋壹所、沐泰山堂鐵記牌號四分，三成折實壹分貳釐，鄭秋記牌號壹分五釐，三成折實四釐半，現銀念壹兩叁錢貳分。

一、次房現因無人承管，所有各契據仍照前議，憑親族公同封固，歸母氏收管，待嗣子成立之後交出。現今所收出息餘利，暫交長、三兩房分。歸所有房屋修理，在房租上扣除。俟三兒生有次子，承嗣次房後，一併歸還，以備用度。

一、契據除各歸之外，所有零星紙墨簿據，隨時憑親族公同封固，由母氏執管。

一、所有老墳契券，俱歸在長房收執。

一、長房所歸德大係屬現業，是以情愿貼出九四銀壹百兩。此銀以貼次房乘馬避巷口房屋上柒拾兩，貼三房三茅觀巷口房屋上叁拾兩。

一、次房所有現銀，長、三兩房分代收存，立有收條。俟湊有成數，當爲置産，即行交出，各無異言。

一、所存廢基拾五所，長房歸楊安橋堍、南城下石馬弄北口、丁家巷内、溝上義慈巷口、南濠大街信心巷口、泗洲寺巷内、三太尉橋北堍、乘馬避巷押産，共計八所；三房歸南濠姚家弄口、北城下二擺渡、北濠後街菊花亭、吴趨坊、蔣家橋木梳巷口、吴趨坊聚河橋押産、旱橋北堍，計七所。契券前已各歸。次房因無人照料，是以未分，今併載明。

一、租户押租錢洋，隨房各認。

以上續議，共相允洽，欲後有憑，立此合同分析公帳續議，壹式叁紙，各執壹紙爲照。

再批：咸豐九年二月，匡秋亭將泰山堂戴織雲户壹股議單壹紙，向鐵記押足兑銀壹千壹百兩，當立借票壹紙，票上江姓出名。今因匡姓無力歸償，今將借票並議單存於三房收執。日後匡姓歸款之日，將銀仍歸長、次、三三房均分。此註。

光緒五年五月　日，立合同分析公帳續議母氏胡、同大媳吴氏、三兒翔見議族懷萱未到、崧如，親陳吉甫未到、胡易山、石仲蘭、石君秀、戴端甫、彭稼生未到、吴泉甫、徐榴卿未到、友張蓉亭、餘玉。

（張炳翔纂修《［江蘇蘇州］張氏家譜》 1931年石印本）

暨陽同山壽氏分單

立分單母俞氏。竊余生爾兄弟帝拔、帝援、帝增、帝授四人。爾父逝世，爾祖父門庭多故，户少遺業，帝拔又多痌疾，尋亦無禄早世。余惟勤紡績以佐饔飧，雖盛暑隆冬，未嘗釋手。遞後邀天之倖，帝增娶妻張氏，早已分居；帝援貿易東陽，微有生息；帝授終歲勤動，亦頗足衣食。現今户内田若干畝，實帝援貿易之力也。今余年七十有餘，孀居四十載，辛苦備嘗，精力日衰。爾等各已婚配，將田地、房屋、器皿，除帝增外，理應二股均分。帝援視弟帝授氣質惟厚，素無畫策，倘就不給，殊傷友愛，願將廿三都九堡優字三百九號田一畝八釐三毫，土名“官田”，又本都佃田壹亩零，土名“前山堰口”，又佃田一坵，計田三斗，坐吴隝堰口，格外坐與帝授管業。本都八堡之字四百五十三號，計田壹畝五分，土名二石六，分與帝援。本都九堡盛字四百四十七號計田一畝四分五釐，土名二石，分與帝授。本都六堡如字八百四十四號計田八分六釐三毫，余坐作祀田。帝增雖早分居，不得没分。樓屋一間、樓上二間，爾兄弟三人均分。帝援自置樓屋壹間，舊屋讓與帝增、帝授，此亦帝援友誼。東陽店中什物積貲，坐與帝援，以酬帝援平日之經營，帝授毋得希圖。嗣後凡我子孫各安耕讀，繼繼承承，永矢勿替。爾兄弟善終，在乎慎始。故囑從姪立菴縷書顛末，分單二紙，永遠存照。乾隆六十年九月　日立。

又，六十年十二月買得寺山灣族叔瑞柏處風水二壙，坐本都二堡似字二百十三號，土名"柿樹垢"穴居，賣主厝父，每穴之貼右時，帝援、帝增，一在東陽，一往杭城，契係帝授出名，用價廿五千文，實帝援、帝增、帝授照股均出。並照。

再，民地三處，一坐裡灣，一坐新塘木灣，一坐高地塔，其出息每年議租六百錢文於余。如余没，即將此地議價，以作喪費可也。幼子帝授日就不給，將廿三都土名官田一畝八釐三毫，售於次子帝援，得價十二千文。帝援以孝悌居心，將是田歸余生作另星支用。余没後，爾兄弟三人，或輪流收花，或作祀田，不許別售。

房姪帝臣押、帝貴押、帝偉押、齊春押。爾兄弟帝援押、帝增押、帝授押。姪孫卜禮押。秉筆立菴押。

（《[暨陽同山壽氏宗譜]》 清光緒元年暨陽壽氏木活字本）

棠灣輯要

原引云：憶昔先大人諄諄告諭，下四都七甲棠灣地方，迺八派祖敬玉公原買，各契内田契載下四都七十二區之下南塘，易名夏蘭塘處，敬玉公先後買置，該業併已分關産所由，皆歷歷可攷，宜恪聆之毋忽。緣康熙三十三年甲戌十二月初六日，國玉公兄弟接買周懷人下南塘等處一印契田捌拾畝零陸分肆釐，至康熙四十五年丙戌，將周懷人售契内田，祇作捌拾畝，品分長國玉公、二俊玉公、三敬玉公、四星玉公、五訓玉公，各關分田産壹拾陸畝。迨敬玉公私買長房國玉公之子紋綉、槑廷、警四五印契田，共壹拾玖畝陸分，國玉公本關分田拾陸畝，多作三畝六分。敬玉公私買四房星玉公同男淮迎、海平三印契田，共陸畝，餘田拾畝，淮迎撐作拾壹畝，售俊玉公之子如南，添錫管。敬玉公又私買五房訓玉公之子佑銜、肇音等兩印契田，共壹拾陸畝。以上共拾印契田肆拾壹畝陸分，併敬玉公己分關田壹拾陸畝，合計伍拾柒畝陸分。此皆國玉公兄弟原買周懷人契業，敬玉公另買劉友竹下南塘一印契田壹拾貳畝，又謝以朝、薛家湖等處一印契田拾陸畝伍分，此均不在周懷人售契内。惟敬玉公買長、四、五三大房併劉、謝共壹拾貳契田，及己分關田，共捌拾陸畝壹分。廷文、仕達、文清三公析産日，祇作捌拾壹畝壹分。内除補去桑園塘分下大壩塘内田五垢捌畝，又另存公田六垢壹畝壹分此已於道光年捐入族祠。外，廷文、仕達、文清三公各關分下南塘額田貳拾肆畝，以老額田陸分撐作時田壹畝。所以廷文、仕達、文清各分時田肆拾畝，三共壹百貳拾畝。此棠灣祖業之原委也。道光八年，廷文、仕達、文清三支後嗣，合接廷文關内所遺碧章下南塘田伍畝，價銀壹百兩，此田於道光年捐入祠族。該田在壹百貳拾畝之内。雍正九年十一月二十五日，星玉公之子淮迎、海平，將父遺關田壹拾畝契浮載壹畝。售俊玉公之子如南、添錫管内。如南湊價私置田四坵叁畝柒分，如南、添錫衹買陸畝叁分，並俊玉公所遺鬮田壹拾陸畝，共貳拾貳畝叁分，撐作田貳拾陸畝，於乾隆三十年二月初六日，如南、萬才各分壹拾叁畝。至乾隆三十一年二月初一日，如南公同男獻章、兆青、映山，將父遺併自置田壹拾叁畝，售萬才父子管。乾隆四十二年三月，萬才同男元和等將自置並已分鬮分田貳拾陸畝，撐作肆拾畝，售敬玉公之孫在雲兄弟管，價銀陸百伍拾兩。此亦係周懷人售契内田也。周契内衹如南公支存淮迎、海平售契内額田四坵叁畝柒分，現派作時田陸畝。惟下南塘等處田壹百貳拾畝，廷文、仕達、文清三公原各鬮分肆拾畝，廷文公之孫在雲公兄弟原私買萬才田肆拾畝，如南田三畝七分不在内。併九州公叔侄原私買税林即瑞林等撒子塘等處田捌拾畝，合共貳百肆拾畝，現今公私已作時田貳百柒拾畝，如南支田在内。該業内存者售者不一，捐兑入族祠者亦不少，均各照印契約分別管理。

今查敬玉公昔管下南塘等處業内尾契、印契、白契，共壹拾肆紙，原存廷文裔紹庭手收。後於光緒三十四年戊申冬至後，紹庭次子黼堂遵遺命交出老契約，憑族衆如數點交清白，堂總理收管。

康熙三十三年甲戌，周懷人將下擱塘即下南塘等處。田捌拾畝零陸分肆釐，售國玉兄弟管，價銀柒拾柒兩捌錢，有印契壹紙。

康熙五十三年甲午，星玉將下南塘田壹畝售敬玉管，價銀貳兩伍錢，有印契壹紙。

康熙六十一年壬寅，紋綉將下南塘田柒畝售敬玉管，價銀貳拾伍兩，有印契壹紙。

雍正四年丙午，佑銜、肇音等將下南塘田伍畝售敬玉管，價銀貳拾玖兩，有印契壹紙。

雍正四年，劉友竹將下南塘、大壩塘、黎湖塘田拾貳畝售敬玉管，價銀捌拾肆兩，有印契壹紙。

雍正五年丁未，謝以朝同男樹瑗，將上五都五甲薛家湖田伍畝，併下四都七甲下谷塘、靈官塘田壹拾壹畝伍分售敬玉管，價銀玖拾肆兩，有尾契壹紙。

雍正五年，星玉同男淮迎、海平，將下南塘田壹畝售敬玉管，價銀伍兩捌錢，有印契壹紙。

雍正五年，星玉同男淮迎、海平，將下南塘田貳畝售敬玉管，價銀陸兩肆錢，有白契壹紙。後將此田並入印契内。

雍正六年戊申，紋綉同男世洪等，將下南塘田柒畝叁分，又一畝叁分之一售敬玉管，價銀貳拾捌兩，有印契壹紙。

雍正七年己酉，佑銜、肇音等將下南塘田壹拾壹畝售敬玉管，價銀陸拾兩，有印契壹紙。

雍正七年淮迎、海平將下南塘田肆畝售敬玉管，價銀貳拾肆兩，有印契壹紙。

雍正八年庚戌，警四將下南塘田肆畝叁分售敬玉管，價銀貳拾陸兩，有印契壹紙。

雍正九年辛亥，警四將下南塘田貳畝售敬玉管，價銀壹拾兩，有印契壹紙。

雍正九年，繇廷將下南塘田陸畝售敬玉管，價銀叁拾捌兩，有印契壹紙。

道光八年戊子八月二十二日，廷文裔碧章同男德盛、際盛，將下南塘田五畝售敬玉公房公管，價銀壹百兩，有尾契壹紙。至壬寅、庚申等年，敬玉公房裔等捐該下南塘等處田山各項，捐入族祠，其契先付祠司事收。

右縷晰敬玉公先年置産根源，並詳道光年來公置公捐各業事實，俾皆了然於懷，庶不敢忘敬玉公創業維艱，抑不敢昧敬玉公流傳至今百七十餘年之厚澤，幸未典售於異姓耳。玆謹述之，願共勉之懍之。同治四年乙丑孟春月吉日，十二派嗣孫燦份誌。

雍正九年辛亥，淮迎、海平將下南塘業售如南、添錫管。如南摘存契内田肆坵叁畝柒分，現派作時田陸畝，有印契。如南公裔經管遞收。嗣孫燦寓誌。

（《[湖南湘潭]中湘棠灣楊氏六修譜》 1926年清白堂木活字本）

懷寧程氏議約

立議約中尊程寅賓、王魯重等，情因重席之祖子榮公兄弟四房，長、二房分受向家嘴，三、四房分受燕窩老屋，歷今數十載，各管無異。因四房將分受之業，轉併與長房。今長房之子孫口稱屋外餘山，俱係公管，又無契可核，難以憑信。但念殿初之父宜南物故多年，無處安葬，勸秀南在稻場東南勘讓地一棺，與殿初安葬。父棺口土爲界，日後不得以墳佔境。恐後無憑，立此議約存照。

遵依秀南、殿初、澤江，俱押。

乾隆六十年十二月十八日，立議約中尊王魯重、謝特選、程云開、程玉林、寅賓、玉有、元吉、登相、明達、萬山、賓廷、遐人、明萬、維新、起南、光耀、重元、太運，俱押。

（程氏合族纂修《[安徽懷寧]程氏重修宗譜》 1932年懷寧敦睦堂木活字本）

懷寧何氏一性公裔永田囑議繼約

立議嗣書，有倫、俊菴、榮祥、慎祥等，情因永田翁所生五子，長成美、次玉美、三得美、四榮美、五文美，俱已成立，分居各爨無異。三子早逝，尚有一綫。不幸五子被虜莫卜，不忍視其冷落，請憑我等爰以二房五子立信、四房三子立紳承祧爲嗣。議將文美所分受己名下家業，除門首秧田南頭一坵種一斗，歸永田公永爲祀田，載民畝二分整，再念成美居長，不以序立爲詞，愿以父命爲尊，除官房瓦屋一間、塘後田一坵種三斗，載民亩一畝正，付成美管業，以全天倫之重，外此二除，所有山廠樹木一切，各項付立信、立紳管業。以上所除田種與承祧者田種，並屋宇各項，俟田翁百年之後，照田派錢，每斗出足錢一千五百文正，付佃者三房子立賢收數，始行上莊管業。此係孝友義舉，和好萬全。立此議嗣書爲據。

批所除房内閣板木隨屋管業，其南邊閣下除衕二尺五寸以通出入。原筆。

允議永田，押，遵依成美、榮美、立賢、玉美，俱押，承祧子立信、立紳，俱押，族巨度、來儀、有倫、冬嶺、俊庵、祥盛、榮祥、一山、廣發、振美，俱押，戚操上達、鵝湖筆。

同治十年十一月二十六日立。

（《[安徽懷寧]何氏宗譜》 1946年懷寧梅清堂木活字本）

東陽赵氏巍芝壽三安妻吕氏繼約戊寅新載

立繼約趙門吕氏，今因夫君安六百十六淵源兄弟三人，均各無傳，願將堂伯淵泉幼子昭榮入繼爲嗣。自繼之后，就如嫡子無異。前出助太巍公以外所有田地、山場、屋業、家内器皿、佛會等項，並上代的股承值，俟鴻、淵二代居百年以後，恁憑繼子管業。以後唯願繼子克勤克儉，子孫綿延，永垂不朽，並無兄弟子姪翻悔異言等情。今恐無憑，立下繼約，永遠興旺，承照。

有樓下廳三間，取年節、元宵、春秋二祭，公用拜散鴻偉並淵二代。

繼約二紙各執一紙。親吕廷出、吕思達，族倉壽、海老、鴻樟、鴻園。繼約人淵泉、吕氏。依口代筆鴻滋，俱押，約行。

光緒四年三月　　日立。

（巍山修志理事會《［浙江東陽］東陽赵氏宗譜》 2002 年电脑排印本）

暨陽研塘金汝周繼囑

立繼囑金汝周，竊緣余幼失怙恃，無人料理，賴堂兄汝茂公撫育成人，得以婚配。其時汝茂公膝下乏人，將夢焕公次子志耀承繼爲嗣。汝茂公逝世，志耀年甫十齡，賴余撫恤，得有今日。所以疴癢相關，甘苦同嘗，性情鍾愛，不忍分離。兹因年邁力衰，一索難得，並且修葺家乘，理應繼祧。雖堂兄魁公之子志善昭穆相當，然其年長於余，難免卑踰尊之誚。俗語常云："弱冠生子，父子莫辨。"衡情酌理，究屬不合。爲此置酒請親族公議，將侄志耀雙方兼祧，俾垂親愛而延血食。自承祧以後，所有房屋産業，及一切神會公祀，統歸志耀執管輪值，他人不得爭論。恐後無憑，爰立繼囑叁紙，刊載宗譜，永矢弗諼云爾。

民國五年十二月　　日，立繼囑人前。

立繼囑，親袁蓮臣、俞餘永，族金吉生、金錫如、金怡順、金文有、金兆基、金成啓、金元根、金維功、金兆泰、金錦水、金泉彩、金洪相。秉筆張敬儉。各押全。

袁蓮臣執壹紙、金泉彩執壹紙、金志耀執壹紙。

（金吉生等修《［暨陽研塘金氏宗譜］》 敬愛堂 1916 年木活字本）

雲陽程氏析産記

一、爲諸子析産記

余移居上海有餘里之明年正月望日，端坐佛堂，忽憶秦夫人在三姓病革時，余手攜三兒世奎，奎呼余爲母，夫人强笑曰："君好爲之，此後父母之任，君一身兼之矣。"及劉夫人歸余，加意撫育，幸各成立。僅世奎未婚，秦夫人當可瞑目。然四、六、七子，四、五兩女，婚嫁、入學一事未辦，而劉夫人之辛勤居積，所以尚有薄産者，實唯夫人是賴。初夫人至時，余尚負欠，後雖順適，然不善治生産，夫人力持不可，久乃稍予收存。余有所入，仍隨手揮去。癸丑寓滬，夫人始商從事田宅，今則食其賜矣。又念余行年五十又八，晚景無多，難待小兒女成立，決商夫人，將財産别爲已定、未定兩項。已定者，酌爲分配，以長三子、次三子各居其半，而夫人原籍儀徵，即以儀徵數千餘金之産業界之，此非酬其勞勩，因有餘里住房造價不敷，夫人私蓄爲余用罄，今擬均分，不能重爲提出酌撥此産，聊以表意，夫人當能諒余也。然此皆余及夫人身後之事。此時仍如常度日，一切收入支出，及財産契據，均由余及夫人經管，餘子不得擅用。余之私衷，不過欲夫人率兒子、媳婦、孫男、孫女，歌哭於斯，兒孫輩亦當敬事夫人，不忍離散。有事者出外，歸來者安居，此雖馬牛計晝，亦世法所許者。夫人及兒輩如何設想，如何進行，則非余所能知，亦非余所願聞也。嗚呼，業報循環，相續不已。自余杜門不出，頗似逋負者所爲，然政網雖脱，兒女債終不可逃，則惟就現産酌給，如破産者減成還債而已。識種熾然，按捺不住，遂起禮佛。白之夫人，夫人諾，乃詮次其意，並條列各産如下：

已定産業項下應查契註明各價若干。

一、四川雲陽受分田産先父在日，每年善舉約費二百金，現仍照辦。擬將紗帽墹、青石坪兩處附近，提出川斗租穀五十碩，交宗祠及親串中年舉二人，公同辦理。餘憑親族按六子匀分。

一、上海有餘里房産，歸長三子。

一、上海遷善里房産，歸次三子。

一、上海德興里房産作三、四、六、七子，四、五兩女，依次入學婚嫁等費。又四、五兩女奩費各約銀三千兩，但事前不能預算，亦不預爲提出。如諸子和睦，長久合居，俟婚嫁畢時，仍由夫人酌派。

一、揚州甘泉山田産此山即蜀岡，余既卜葬於此，應作祭祀永遠公産，不許出售。由諸子輪流值年經管，所入租穀款項，充作修理祭祀等費。如有餘款，充作各項義舉。

一、北京南苑田産，歸長三子。現經李福蘐售出，得價七千餘元。

一、揚州花園莊田産，歸次三子。

一、儀徵曹莊田産歸劉夫人將來或作義舉，或諸子各承家法，各順母意，由夫人分撥，悉聽自便。諸子不得干涉。

未定産業項下各有憑據應查註明。

一、奉天洮南荒地。

一、黑龍江訥河嫩江荒地。

一、段少滄欠款銀五千兩。

一、謝鳳岡欠款銀五千兩。

一、川路股票。

一、彰德恒益紗廠股票。

上列未定産，暫不分派，將來得有餘利，或另售出，均歸六子匀分。按未定産業項下，皆余意所辦，夫人初不贊成。今皆失敗，又有餘里工程，余以佛堂故，欲高建洋樓，款絀得應季中接濟始竣。今覺人少房多，頗難支持，亦余之失計也。

上述各事已竟，復起妄念。若諸子各能自立，如優婆塞戒經所云，先學世事，既學通達，如法得財云云，是區區者，不過爲諸子發軔借徑，反是則兄弟鬩牆，互相爭競，亦所恒有。至善極惡，原無定向。若循循守禮，效余之拙，雖不盡善，亦不爲惡。長者友愛，幼者敬恭，上列之兩處荒地，兩家欠款，兩份股票，幼者不能經理，自須長者善爲接洽。獲有成效，幼者得霑餘潤，稍補余失敗之咎，則太和翔洽，豈非吾家幸事。又如四川田産，現由二叔經管，除善舉五十碩租必須得出照辦外，餘或稟承劉夫人及二叔，竟作諸子公産，衹分花利，不析田畝。但使諸子念余對佛發露，方始著筆，心氣必平，平則毛裏至愛，無事不可酌商。余之嘵嘵不已，正爲多事。抑更有勖者，賢而多財損其智，愚而多財益其禍。幼者無知，長者當熟聞此語。余宦遊數十年，所遺僅此。雖無福於諸子，然禍或可稍免。諸子尚非十分愚鈍，他日次第成立，前程或未可量。蓋既盼能自謀生活，又切戒諸子勿妄貪富貴也。勉之。丁巳閏月佛涅槃日，素園老人手書。

上記各節，備述原委，不過爲諸子略爲分配。初擬秘而不宣，不料後因事促成，宛如佛事助緣一般。遂將上所開列未經剖晰者，一一分判清楚，以爲憑證，遂條列於下：

四川提留作公田産：紗帽壋，自耕作租穀肆碩，宅後租穀十五碩，稞錢四串文正。灣樓子，租穀二碩五斗，稞錢一串文正。青石坪，佃户程大全租穀二碩八斗，程大順祖穀十三碩，稞錢十四串文，程世學稞錢七串文正。二墱巖宗祠右邊新購冉姓業，租穀　　碩，稞錢　　文。洪河谿梨園，租穀七碩，稞錢二十串文。已上租穀五十碩零，稞錢約若干釧。

揚州提留作公田産：甘泉山長生窩，計種五碩，計價洋七百圓。刮鍋塘，計種十七碩五斗，置價洋三千一百圓。上海商業儲蓄銀行股本，銀英洋一千圓。以上共洋四千八百圓。

留給劉夫人儀徵西鄉曹莊等圩田一圩，置銀六千四百二十兩。用途前已敘明。

留給次三子、次二女婚嫁學資，上海德興里房産，置價一萬九千兩。外中用添置電燈及翻蓋廚房等，約銀千兩，兩共二萬兩正。

長三子承分：上海有餘里房産，置價銀五萬五千一百七十兩整。奉天洮南荒地。謝鳳岡借銀五千兩。四川鐵路股票。四川田産。

次三子承分：上海遷善里房産，置價銀四萬七千零二十兩正。揚州花園莊田産，置價銀洋五千六百二十元。作銀四千兩正。甘泉山，里莊田産，置價銀洋五千三百八十元。作銀三千八百兩。

黑龍江荒地。河南恒益紗廠股票五千兩正。段少滄借款銀五千兩正。四川鐵路股票張。四川田産。

上列各産，其最要者厥有三端，且有此册所未及者，如四川里坪所購蒲元雙之産，與二叔尚未分劈，應用余與二叔名義，作殷、李、程三姓公祠。其紗帽壋附近租穀五十碩，則因宗祠墳墓，且爲落業程家壋之起點，故即劃作公産。揚州甘泉山之長生窩、刮鍋塘田産，及上海商業儲蓄銀行股本銀英洋一千圓，亦作公産者，以現寓上海，且又卜葬於甘泉山，則以後不能無費也。至卡德路房産，前擬作三、四、六、七兒，及四、五兩女婚嫁學費，事竣仍由夫人酌派。今三兒業已完婚，學費現仍照給，將來即完全歸作四、六、七兒，四、五兩女費用，不必再分。

又，各産均分晰注明，唯四川田産未注者，應俟大兒回來，母子弟兄從細商酌，再爲勻配。蓋兩股尚有未勻，且留諸子討論餘地也。佛成道日，素園又書。

二、世模等承受書

丁巳季冬，模偕三弟歷自京師，奉堂上慈諭，清理家政，並以親繕手册出示，捧讀之餘，曷勝痛責。蓋堂上之意，以近年來潛心佛課，對於世事早斷葛藤，獨家事尚未處置，時縈方寸，頗碍前修。因欲將家産與模等弟兄六人均分，擬定辦法，永共遵守。兹值模等齊集膝下，趁此時機，明白宣佈，模等奉命之餘，備極惶恐。蓋從命固蹈世俗析産之習，不從尤無以副老人屏除雜念之意。權度輕重，祇能勉順親心。因與諸弟共同商酌，復求劉星台、新盤兩舅父、薛斗仙、劉桂生兩姻伯指教及應季中老伯、葉伯皋二叔到場，除分派已定者外，將川中産業詳細開列，呈請堂上裁奪指派，用資小子入世之借徑，而爲子孫永守之基業。願我弟兄六人刻苦勵志，各奪前程，守司馬之家風，綿伊川之世澤，行見家道昌隆，如日之昇，方興未艾，必有以副老人培植之至意焉。語云："創業難，守成亦不易。"模願與諸弟及來者共勉之。再前列各項辦法祇因老人意欲屏除妄念而然，模等既經從命，實深疚心，蓋老人宦遊數十年，鞅掌國事，不治私産，俸給所入，除公用外，幸得母親撙節儲蓄，始有今日。故模等得受堂上之庇蔭者，皆出自母親之賜也。此後模等弟兄，除供差、就學他適外，餘仍在家侍奉父母親，照舊度日。所有各項産業，統由堂上經管支配，決無異言。今大人既將家事佈置妥協，一心念佛，自不欲再以瑣事縈心。模夫婦當率同弟弟、弟婦、兒女、子侄等，隨侍母親，支持門户，勤儉持家。脣齒雖是異形，輔車本爲一體。種種辦法，祇能視爲名義上之處置，家庭中當另有精神上之團聚。如此庶幾有以副母親歷來撫育維持之苦心，模等亦可希冀藉此圖報深恩於萬一也。男世模、世安、世奎、世撫、世寧、世雄，押。

三、宋小濂跋

右雲陽程雪公爲其六子析産書，部署周謹，條理清晰，爲他日兄弟弭爭隙，爲後來子孫計久長，此世法中爲父母者應有事也。而必殷殷以書商之小濂者，誠以小濂受知十餘年，氣誼相投，患難與共，視之不啻骨肉。今俱老矣，欲以一言證妙果耳。公近年棲心覺境，固知非癡戀情緣不能解脱者，然猶斤斤焉爲妻子計畫，正以微塵不浄斷，不能無少罣礙，一有罣礙，便難解脱。如以不了了之，遺下煩惱與人，豈我佛慈悲普渡之意。以是之故，即不能不一了百了，庶人我無間，同游極樂世界。此公之妙諦，願公家人皆默參之。題竟，爲説偈曰："有我即有人，無人亦無我。携手彼岸登，是爲大解脱。"戊午三月立夏前一日，宋小濂跋。

（程世模等纂修《[四川]雲陽程氏家乘》 1919 年雲陽程氏鉛印本）

上海倪王職思堂房産公約

立公約王職思堂合族子姓。溯我王氏，自明代始祖倪愛泉公遷滬以後，愛泉公生二子，長雲昇公，次雲美公，始改姓爲王，迄今已越十世，而雲昇公支早絶，今我王氏闔族統爲雲美公後。先代本聚族而居，雲美公築屋曰"職思堂"，在上海縣二十五保一區十二圖短字圩二百八十號，爲我族人共同居住之所。其方單咸豐五年方單户名爲"王四六"，則田六分三釐五毫，丈見實地一畝零九釐六毫，地名"陸家浜"，累代相承，謹守勿替。近年子姓繁衍，房屋狹隘，因議分析，經界秩然。爰即召集闔族長幼公同商議，除墳産墓田另訂公約，分房各執外，謹將我王氏職思堂闔族住宅一所，訂定規章，共同遵守。闔族一致，各無異言。所有公議妥洽之規條，開列於後：

計開：

一、謹案世系表，雲美公爲第二世，肇構職思堂，傳至杏垞、杏江兩公，爲第八世。杏垞公生子而成立者五人，杏江公生子而成立者三人。兩公相傳，實有八子。今即據此而分爲八房。爲便於論列計，謹以孝、悌、忠、信、仁、義、道、德八字，定其房次。

二、八房中，今依世系表所定，以品孫公諱嗣增爲孝房，陛九名錫增爲悌房，登九公諱亮增爲忠房，聿亭公諱修增爲信房，小江公諱灝增爲仁房，澹孫公諱棨增爲義房，跂垞名澍增爲道房，舒卿公諱烝增爲德房。

三、杏垞公生子有五：長澹孫公，次品孫公，三跂垞，四陛九，五登九公。而杏江公則生子三：長小江公，次聿亭公，三舒卿公，合而爲八，適合八房。

四、綜上所列八房，以後概可簡稱孝房，悌房等，餘類推。

五、上述陸家浜住宅一所，既爲上列八房所共有，今分析方法，亦經議定，即以此八房爲分析之標準。

六、按照丈見實地，既有一畝零九釐六毫，則按八房分派，每房應分授實地一分三釐七毫，合計則適如上數。

七、職思堂之堂名，本爲我王氏闔族所共有。今公同議定此職思堂三字，永遠爲我王氏闔族共有之堂名。上開住宅一所，本爲職思堂王氏共有之公産。

八、職思堂公共住宅一所，既議定爲孝、悌、忠、信、仁、義、道、德八房所分派，故此次所立之公約，分繕八紙，使八房各執一紙。

九、自經此次分析後，不論何房，得以其應得之部分有隨時移轉及抵押之權，他房不得干涉。(担)〔但〕不論移轉或抵押，應先儘王氏同族享受，如不先儘同族而遽售於異姓者，則契約無效。

十、前條所謂同族，即指本公約之八房而言。若移轉或抵押，如異姓所許之價格，超過於同族所允之價格時，則儘可移轉於異姓。

十一、職思堂公共住宅之方單，仍歸道房暫時保管。俟本縣清丈完竣，發給新方單時，按照上開八房，每房應得之數，先期知照分立新方單八紙，各執各業。其户名應用王職思堂孝房、悌房等字樣，餘可類推。

十二、忙漕在清丈未曾完竣、新單未曾給發以前，仍由道房暫時代完。該納代價若干，仍由八房公攤。其版串自本年爲始，歸孝房執管。其後則每年輪流執管，由悌房相遞而至德房爲止。

十三、關於住宅之建築及修理等事項之費用，隨時由八房公議，取決於多數。費則仍由八房公攤。

十四、本公約成立於上海陸家浜本宅，共繕八紙，除每房各執一紙外，並刊入家乘，以垂萬世而昭遵守。

中華民國十五丙寅年五四月二十初九日立公約。職思堂王氏第十世孝房鉉聯（印）、職思堂王氏第九世悌房錫增（印）、職思堂王氏第十世忠房鉉聯（印）、職思堂王氏第十世信房鉉夔（印）、職思堂王氏第十一世仁房賢清（印）、職思堂王氏第十世義房寶崘（印）、職思堂王氏第九世道房澍增（印）、職思堂王氏第十世德房鉉熙（印）、鉉燾（印）。證明：律師狄梁孫（印）。繕約竇仲昌（印）。

（錢基博纂修《上海倪王家乘》 1927 年上海中華書局鉛印本）

孔傳林分授據

立分授據，父傳林今年六十有四矣。生於前清同治四年乙丑歲，今屆民國十七年戊辰，倏忽寒暑，不知老之已至。予娶汝母盧氏，生二男、四女。長男繼勳，娶媳鄭氏；次男繼炳，娶媳趙氏；長女適劉氏，次女適余氏，三女適裘氏，四女適葉氏。今子女均已婚嫁，生平之願畢矣。溯予年逾六旬，精神恍惚，日漸衰頽。歷數十餘年商業經營，賤軀尚能持延。惟念汝兄弟二人，年皆長成。諺云："樹大分枝"，理宜各立門户。邀集宗親爲汝兄弟分炊，支配授産。自分之後，須念予平生儉約，立業維艱，務當修身節用，不惑於聲色，謹事慎言，不習於浮躁，齊家之道，基於此矣。兹立合同分授據一式二本，編立爲"松"、"柏"兩房。惟汝兄弟同心協力，均叨神明默佑，祖宗蔭德，克勤克儉，各增門弟之輝，相敬相愛，互奏塤篪之雅，以光前裕後。各宜遵章，切弗違背，致干罪戾。是則予所厚望矣。汝其勉旃，乃祷。

計開分款

一、歷代祭祀，逐年由兩房輪流承值。

一、本廟會兩會，分授兩房，各執壹份。惟東嶽會，分授兩房輪流承值。

一、寶興貰器舖，以及店内生財裝修，並過街樓及竈間壹全間併見天，分授松、柏兩房，各得半數。

一、後河房祖堂傍側屋兩全間，分授兩房，各得壹全間。

一、傢私器皿什物等，分授兩房，各得半數，搭匀照分。

一、寶興營業，現下仍由予管理。如有盈餘，不得分派，以歸需用。

民國拾柒年戊辰仲春日。

立合同分授據父孔傳林忠心押。

聽撥長男松房繼勳仁心押，次男柏房繼炳仁懷押。

見分族姪繼華仁本押、親舅盧傳宏□□押。

代書葉有聲筆。

（孔德成等纂修《孔子世家譜》 1937 年石印本）

十二、人　　口

湖南長沙焦氏見丁數

古者重民數，自生齒以上書於版，歲登下其死生，三年則大比，獻而藏之天府，天下之大，林林總總之衆，與時消息，可一覽得也。族之有譜，主於奠世系、辨昭穆，故有登無下，然見數固具。我族隸籍長沙五百餘年，沐國家休養之澤、祖宗積累之功，繼繼承承，族將大矣。廼前明嘉靖之譜已佚，咸豐庚申又略而未備，丁之損益末由稽攷，今屆續修，綜見丁數而備録之，後之覽者將有取焉。抑更有説者，生齒日蕃，勢不能有富而無貧，有智而無愚，族之賢者當捐義田以養，義塾以教，否則祠有祀田，苟經理得人，十數年後即可取給於是，此則我族所馨香禱祝者矣。

大房文漢房男五十三，女二十六。

大房文選房男三十，女一十四。

大房憲章房男一十八，女十。

大房佑昌房男八，女四。

二房錫慶公房男一，女一。

三房和汝房男二十三，女一十二。

三房新汝房男八十四，女五十六。

三房慎汝房男一。

三房君益房男八十一，女三十八。

三房君瑞房無。

通共見丁四百六十九。

（清焦立炳纂修《［湖南長沙］長沙焦氏支譜》　清光緒二十七年廣平堂木活字本）

陝西華縣大漲劉氏户口畧

丙午春暇，讀族乘，見夫祖碑所載，表中所輯，吾族户口大遜於前，不勝今昔之感。謹按：明嘉隆間一千餘家，清雍正時五百餘家，咸豐辛酉三百五十二家，同治甲子二百二十四家，今則一百八十八家。嗚呼，兵刼使然耶，渭患使然耶？兵刼之害，由崇禎末及同治初，陣亡盡節者多，若咸豐間與今日户口之少，抑又何説？蓋皆渭水使然也。考察田碑云：族中祭田，前明出没，不知凡幾，隆慶間，復入河内，至康熙二十五年出，嘉慶二十五年又没，咸豐時出，同治初又没，光緒甲申出，乙未又没，以此觀之，則濱渭膏腴，出没已不可勝計，無惑乎吾族多饑寒，而孤苦零丁者比比也。夫有夫婦然後有子孫，子孫多然後宗族盛，吾族以渭患故，家多曠夫，宗支不昌，理有固然。試爲由今思昔，此後又何堪設想，因述户口興衰之原，俾後人怵目驚心，或者爭相振作，以爲室家衣食計。不然，吾知其害更有甚於渭水者矣，又何望枝葉蕃衍哉？吁，足畏已。咸豐辛酉歲。

南劉大後裔共八户：

長門和治、和春、各興、福銀、登魁分二户、 全會。

二門和林、和法。

中劉二後裔共五十一户：

長門元鼎乏嗣、漢祥、漢法乏嗣、自安、桐、自明、天順、天道。

二門月純乏嗣、月德乏嗣、世離乏嗣、世巽乏嗣、世莱乏嗣、世和乏嗣、永德乏嗣、永法、永福、大順、大和乏嗣、玉鴻乏嗣、世平乏嗣、永銀乏嗣、世魁、世壽、世守、世臣乏嗣、永成、世文、世武乏嗣、清法、世金、世榮、世寶、清音乏嗣、世祥乏嗣、世凝、世印、良鐸乏嗣、秉端、秉正、良進、良璧乏嗣、世海、振有、良朝乏嗣。

三門良謀乏嗣、良馨、良英乏嗣、良愷、良萬、清。

肅臣後裔共七十一户：

長門勤福、勤功分二户、世凝乏嗣、勤有乏嗣、三成乏嗣、仕俊、仕萬乏嗣、仕順、勤德乏嗣、勤昇乏嗣、獻德、勤金乏嗣、獻春乏嗣、獻安乏嗣、獻寶、羊鼈乏嗣、獻斌、獻梅乏嗣、獻和、勤修、獻祥分二户、獻元乏嗣、丑娃乏嗣。

二門代興、學貴乏嗣、學賢、學義、學成分二户、學禮乏嗣、春武、學榮乏嗣、學華乏嗣、春興。

三門德興、德懋、邦楝乏嗣、邦成、汝霖、德昇乏嗣、永和、德彩乏嗣、德禮、德順、德智、世金乏嗣、興材、興讓、應都分二户、興時、曾氏乏嗣、興德、可吉、世茂、世榮乏嗣、世耀、世鐸乏嗣、世倉、世福、世禄、世元、世武乏嗣、全義、世芝、世清、全玞、清江乏嗣、全璞乏嗣、清和、振茂分二户、世國乏嗣、可復乏嗣。

漢卿後裔共一百一十户：

長門來成、來朝分四户、浩瀚分二户、埙分二户、永林分二户、如桂、金鐘、長生、金魁、珍榮、重元乏嗣、大智乏嗣、如璧、進德分二户、清彦乏嗣、清發、建乏嗣、興、俊寶乏嗣、俊成、俊發乏嗣、大道、昇、泰乏嗣、清乏嗣、希古、發元、建德乏嗣、建財、建福、建寶乏嗣、建常。

二門景元、天德、景賢乏嗣、天赦、天春、天乙乏嗣、天貴乏嗣、天恩、月昭、善交、善林乏嗣、善隆、毓昌乏嗣、毓魁、毓清、善慶、善述、善友、善廷乏嗣、毓泰乏嗣、月新乏嗣、善良乏嗣、善士乏嗣、善金乏嗣、善義乏嗣、善興乏嗣、毓禄乏嗣、毓爵乏嗣。

三門德賢、象賢乏嗣、大賢、啓賢、世彦乏嗣、世滿、世桐。

四門獻財乏嗣、英桂乏嗣、耀桂、世桂乏嗣、福桂、春桂、登桂乏嗣、攀桂、德全乏嗣、德禮、懷順乏嗣、懷德、德興乏嗣、德元、啓福、啓昌、啓盛、德書、德成、立志、信志乏嗣、必有乏嗣、必盛、必耕乏嗣、必選乏嗣、必清、成魁乏嗣、成英乏嗣、成祥、成禮乏嗣、成法、成美、成忠。

五門楊氏乏嗣、月西、月恒、月溶、月賢、月全、萬齡乏嗣、萬守乏嗣、萬清乏嗣、萬興乏嗣、如玉。

東劉十七後裔共三十四户：

長門生元、守清、守隆乏嗣、守仁、全福、全德、守法乏嗣、守成乏嗣、英錤乏嗣、興銀乏嗣、興成、興義、生華分三户。

二門孔璋乏嗣、進財分二户、進成乏嗣、步孝、步忠、步春、步德、步榮乏嗣、步耀、陳氏乏嗣、詹氏乏嗣、進發。

三門興順、興福、興魁。

四門芝盛、振清、芝保乏嗣、芝財乏嗣、芝重、得義、振魁乏嗣、天興乏嗣、松堯。

中侯後裔共七十二户：

長門伯有、懷玉乏嗣、廣林、天財、景麟、天樞乏嗣。

二門茂盛、茂齡、增杰分二户、天祥乏嗣、維藩乏嗣、維城、耀基、天益乏嗣、昌禄、興家乏嗣、興智、張氏、振河、振、振海乏嗣、振遠、杰乏嗣、興孝乏嗣、建業乏嗣、建都乏嗣、建純、堪、坤、建猷乏嗣、建棟、宗典、進科乏嗣、進城乏嗣、進法乏嗣、自清、進倉、進德、進廷、進登、進福乏嗣、進禄乏嗣、進壽乏嗣、進全、永泰乏嗣、永昶、永成、自發、自德、自福。

三門周氏、得位乏嗣、清魁、朝宗、重陽乏嗣、清寶乏嗣、清宴乏嗣、朝棟、玉棟乏嗣、玉林、順心、發財乏嗣。

四門伯明乏嗣、永泰、萬德、焕文、新有、新盛、文炳、世財。

劉十六後裔一户：

一門創德。

劉十一後裔共五户：

一門天盛乏嗣、進孝乏嗣、進忠乏嗣、天成乏嗣、金平乏嗣。

以上八房共三百五十二户。

同治(中)〔甲〕子歲

南劉大後裔共九户十六丁：

長門和有、彦浚乏嗣、和興、和成、登魁、登元、全會。

二門彦碩、和法分二户。

中劉二後裔共二十九户四十二丁：

長門漢祥、自安、元鐸、天昌、天順、天德。

二門玉佩、玉鵬、全義、永智、永信、永桂乏嗣、永成、永坤乏嗣、世春乏嗣、永益乏嗣、永昌、永義、永仁、德珍乏嗣、德義乏嗣、德平乏嗣、世海乏嗣、振有乏嗣、世榮乏嗣。

三門良馨乏嗣、振功、自全乏嗣、自麟乏嗣。

肅臣後裔共四十七户六十八丁：

長門勤福、映學、映文、振江乏嗣、仕順乏嗣、席珍、獻實乏嗣、獻斌分三户、獻和、映榮、治國、獻純。

二門代興、代喜、代林、代義、代有、春武、春興。

三門玥、德懋分二户、汝岡、汝霖、永和、德禮、德順分二户、永蘭、興材、應昕、應都、應奎、應翼、興德、世茂、可吉、世耀、世倉乏嗣、世福乏嗣、世禄、世元、全義、世芝、全勝、全玞、清和乏嗣、振茂、振蘭。

漢卿後裔共七十二户一百一十五丁：

長門墝、域、墉分二户、堦、塤、錫鑣二分户、塏分二户、堧、塘、永林、永蘭、如桂、金鐘乏嗣、長生乏嗣、金魁乏嗣、珍榮分三户、如璧、錫江、錫海、錫恩、興乏嗣、建魁、維熾、昇乏嗣、希古、發元、大謨、大雅、建常乏嗣。

二門景元、景法乏嗣、影和、長清、天恩乏嗣、月昭、善交、維忱、毓魁分三户、毓清、月昤、月成、善友。

三門如瑛、啓賢、大賢乏嗣、世滿、世桐。

四門耀桂乏嗣、福桂、春桂乏嗣、信志乏嗣、必清乏嗣、懷刑、德元乏嗣、必澄、啓昌乏嗣、啓盛分二户、德書分二户、德成分二户、明禮乏嗣、必盛分三户、成祥乏嗣、思誠乏嗣、成法、成美。

五門月酉、月恒乏嗣、月溶、月賢乏嗣、月全乏嗣、萬興乏嗣、如玉。

東劉十七後裔共二十六户四十三丁：

長門興邦、守清乏嗣、守仁分二户、全福乏嗣、全德、興成、興義乏嗣、興忠、興貴、興順。

二門進財分二户、進魁、進益、進福、步春、步德、步耀乏嗣、孔烈。

三門興順乏嗣、興福、興魁乏嗣。

四門芝盛分二户、振清、芝壽、芝發、李氏乏嗣。

中侯後裔共四十户七十二丁：

長門景祥、廣林乏嗣、天財乏嗣、景麟乏嗣。

二門茂盛乏嗣、振常乏嗣、興魁、興財、建謀、道成、張氏乏嗣、振河、建邦、清林、道盛、道凝、坤、建楝、宗典乏嗣、自清乏嗣、進倉分三户、進德乏嗣、進廷、進登乏嗣、進全乏嗣、鴻恩、鴻熙、自發、自德、自福乏嗣。

三門周氏乏嗣、清魁、朝宗乏嗣、朝楨分四户、玉林分五户、順心乏嗣。

四門新有、新盛、文炳、世財乏嗣、更娃、焕文、萬德。

劉十六後裔一户一丁：

一門金昌。

以上七房共二百二十四户三百五十七丁。

光緒三十二年春

南劉大後裔共九户十四丁：

長門彦江、彦溶乏嗣、彦海、文豐、文德、登雲。

二門孔泰、積慶、全豫。

中劉二後裔共十六户四十二丁：

長門恒禧分三户、天玉、恒泰、天昌、恒遠、天德。

二門玉佩、恒俊、仰唐、永智、永信、建唐分二户、續唐、樹唐、永仁。三門自浩。

肅臣後裔共四十五户一百零九丁：

長門全瑄分二户、映學、映文、映杜、勤謀、全珏、映藜、映樞、勤富、勤元、勤虎。

二門代魁、代喜、代林、春盛、代有、全瑥、春興。

三門汝陵、汝廉、汝庚、汝岡、全書、存金、汝篤、汝策、永法、汝箕、興材分三户、全珠、應都、全瑨、應翼、世霈、閔氏乏嗣、世芳、全銀、全楝、李氏、全義、世芝、全勝、振藩、振茂、之翰。

漢卿後裔共六十二户一百三十九丁：

長門錫銀、夢態、墉、堈、錫鎮、錫錂、維烈、維烋、錫鏡、錫鏸、壊、錫錤分二户、永林、永蘭、維耿、錫酆、錫邵、錫鄭、如璧、錫江、錫海、錫恩、大瑞乏嗣、文敬、大謨、大雅分二户、振溥、維炳。

二門維慎乏嗣、維恂、維恪、維慎、月浚乏嗣、善通、月盛、月會、月昇、月朎分二户、維忠、月朗。

三門如瑛、如瑾、如琛、集賢。

四門福桂、必劭、必澄、思謙、必禮、必寬、必宥、思詁、思訓、思諫、思誥、思諤、思讓、思詮。

五門維璄、維璁、沈氏乏嗣、如玉。

東劉十七後裔共二十一户四十五丁：

長門興基、孔㫃、全璧、英銑、英銘、英鋭、英鋺、光榮。

二門孔晙、孔昶、孔旼、進鎏、進愷、進瑜、孔烈。

三門金讓。

四門振家、振邦、金鑄、振鎧、振鐸。

中侯後裔共三十五户九十一丁：

長門天澤。

二門興魁、興財、道義、道成、自真、建邦分二户、自靜、道盛、道凝、道化、建棟、進文、繼寵、繼寬、自芳分二户、自明、鴻恩、鴻熙、文廣分二户。

三門玉泰、宗炳、宗澧、宗蘭、宗鼎、光炤、光楣、光晉、治業、治盛。

四門順有、孔雅、文炳、孔遜、宗敏、宗奇。

劉十六後裔一户四丁：

一門金昌。

以上七房共一百八十九户四百四十四丁。

按光緒丙午歲較同治甲子歲本族煙户則減三十五户，較咸豐朝則減一百六十三户。

按光緒丙午歲較同治甲子歲本族人丁則增八十七丁。

宣統三年仲秋

南劉大後裔共八户十七丁十七口：

長門之頤二十二世，人二，丁二口。文德二十一世，人二，丁三口。登雲二十世，人一，丁三口。孔貞十九世，人一，丁一口。彦海十八世，人四，丁二口。

二門孔泰十九世，人三，丁一口。積慶十八世，人二，丁四口。孔殷十九世，人二，丁一口。

中劉二後裔共十九户五十九丁三十口：

長門文昭二十一世，人一，丁一口。文國二十一世，人一，丁一口。樂氏二十世，人一口。恒泰二十世，人五，丁二口。恒遠二十世，人三，丁三口。恒達二十世，人一，丁□□。天德十九世，人一，丁一口。天玉十九世，人四，丁二口。天昌十九世，人四，丁□□。

二門恒价二十世，人八，丁四口。正唐十九世，人三，丁一口。集唐十九世，人八，丁二口。永信十八世，人四，丁二口。景唐十九世，人三，丁二口。玉佩十九世，人四，丁一口。恒俊二十世，人三，丁二口。仰唐十九世，人五，丁三口。永益十八世，人一，丁一口。

三門自浩十八世，人二，丁一口。

肅臣後裔共四十九户一百三十二丁一百零五口

長門全瑄二十世，人四，丁二口。全理二十世，人四，丁一口。全陞二十世，人二，丁一口。映文十九世，人一，丁一口。勤富十八世，人四，丁三口。映楷十九世，人二，丁三口。勤有十八世，人三，丁一口。全珅二十世，人一，丁□□。映樞十九世，人五，丁一口。映杜十九世，人一，丁一口。全珀二十世，人一，丁□□。勤謀十八世，人三，丁四口。

二門全瑋二十世，人二，丁一口。全瑁二十世，人二，丁一口。春豔十九世，人三，丁二口。春秀十九世，人一，丁三口。代喜十八世，人三，丁二口。春盛十九世，人四，丁二口。代有十八世，人一，丁一口。春隆十九世，人一，丁二口。春浩十九世、人二、丁一口。全瑥二十世，人二，丁三口。

三門文茂二十一世、人三，丁二口。之翰二十二世，人一，丁一口。文藩二十一世，人四，丁一口。世芳十九世，人三，丁四口。全望二十世，人二，丁二口。全琛二十世，人三，丁三口。全祥二十世，人四，丁三口。應翼十九世，人五，丁四口。全珠二十世，人一，丁一口。得功二十世，人四，丁三口。得義二十世，人六，丁五口。得城二十世，人四,丁三口。世霈十九世,人四,丁一口。文海二十一世,人二,丁二口。全理二十世,人四,丁一口。李氏十九世,人一口。全珆二十世,人二,丁三口。世芝十九世,人四,丁四口。全書二十世,人二,丁二口。汝陵十九世,人二,丁二口。汝岡十九世,人二,丁四口。汝庚十九世,人二,丁二口。存金十九世,人七,丁五口。汝篤十九世,人二,丁二口。汝策十九世,人一,丁三口。永發十八世,人三,丁三口。汝箕十九世,人二,丁二口。

漢卿後裔共六十一户一百五十九丁一百三十九口

長門文宗二十一世,人一,丁一口。維烋二十世,人四,丁三口。錫鋑十九世,人一,丁五口。錫銀十九世,人六,丁二口。錫鍈十九世,人一,丁一口。維態二十世,人一,丁一口。錫鈊十九世,人七,丁三口。錫鐸十九世,人二,丁二口。錫鋭十九世,人一,丁二口。錫鏡十九世,人二,丁五口。錫鏸十九世,人一,丁二口。錫銘十九世,人二,丁二口。堈十八世,人五,丁二口。錫鎮十九世,人一,丁一口。永林十八世,人六,丁三口。永蘭十八世,人六,丁三口。維耿二十世,人一,丁一口。錫酆十九世,人四,丁一口。錫邵十九世,人二,丁三口。錫鄭十九世,人一,丁二口。錫鎰十九世,人一,丁一口。錫鄰十九世,人一,丁一口。錫江十九世,人三。丁一口。維焯二十世,人一。丁三口。文敬二十一世,人二,丁一口。大謨十九世,人二,丁一口。大雅十九世,人四,丁二口。維炬二十世,人一,丁一口。維炳二十世,人二,丁一口。振滄十九世,人二,丁二口。

二門維恂二十世,人二,丁三口。維恪二十世,人一,丁□□。月昭十九世,人四,丁六口。維忱二十世,人三,丁一口。維憲二十世,人二,丁二口。維惘二十世,人一,丁三口。月昇十九世,人四,丁三口。維愓二十世,人四,丁三口。月朗十九世,人三,丁一口。月肸十九世,人二,丁一口。月朦十九世,人一,丁一口。維忠二十世,人四,丁二口。

三門師曾十九世,人六,丁七口。如琛十八世,人四,丁三口。集賢十七世,人三,丁二口。

四門思誥十九世,人三,丁二口。必劭十八世,人一,丁三口。必澄十八世,人一,丁一口。思謙十九世,人一,丁一口。必禮十八世,人三,丁□□。思詁十九世,人一,丁三口。思訓十九世,人二,丁一口。陳氏十八世,人二口。必寬十八世,人四,丁二口。必宥十八世,人二,丁三口。德崇十七世,人二,丁一口。思評十九世,人三,丁□□。思詮十九世,人三,丁□□。

五門文獻二十一世,人一、丁三口。維璁二十世,人四,丁六口。如玉十八世,人十,丁十三口。

東劉十七後裔共二十一户五十三丁四十六口:

長門光榮二十世,人四,丁五口。孔疥十九世,人一,丁二口。全璧十八世,人一,丁一口。英傑十八世,人二,丁四口。英銘十八世,人六,丁四口。毛氏十八世,人二口。英銑十八世,人一,丁一口。英鋭十八世,人三,丁二口。

二門孔晙十九世,人二,丁二口。孔昶十九世,人二,丁四口。孔旼十九世,人四,丁三口。進愷十八世,人四,丁□□。進榮十八世,人二,丁二口。進寧十八世,人二,丁一口。進瑜十八世,人四,丁四口。

三門金讓十八世,人四,丁二口。

四門金鑄十八世,人一,丁□□。金鈁十八世,人四,丁一口。振邦十七世,人二,丁二口。振鎧十七世,人四,丁五口。振鐸十七世,人一,丁□□。

中侯後裔共三十四户九十丁七十二口:

長門天澤十八世,人一,丁□□。

二門文廣二十一世,人二,丁一口。文炳二十一世,人一,丁□□。自立十九世,人四,丁三口。文徵二十一世,人三,丁五口。繼寬二十世,人一,丁二口。同氏十九世,人一口。繼宗二十世,人四,丁一口。自賢十九世,人一,丁一口。自真十九世,人二,丁一口。繼安二十世,人一,丁一口。繼宣二十世,人三,丁一口。自靜十九世,人一,丁一口。自明十九世,人三,丁四口。興魁十七世,人二,丁二口。興財十七世,人二,丁三口。道盛十八世,人二,丁一口。孔蔚十九世,人七,丁六口。道化十八世,人一,丁□□。道榮十八世,人三,丁一口。孔安十九世,人一,丁一口。建棟十七世,人一,丁一口。鴻恩十九世,人三,丁二口。

三門光晉二十世，人二，丁二口。治業十九世，人四，丁三口。治盛十九世，人五，丁五口。玉泰十八世，人九，丁九口。宗炳十八世，人二，丁一口。宗鼎十八世，人二、丁二口。

四門孔華十九世，人六，丁四口。孔雅十九世，人三，丁二口。光棟二十世，人二，丁一口。宗奇十八世，人五，丁三口。宗敏十八世，人一，丁一口。

劉十六後裔一户四丁四口：

一門金昌十七世，人四，丁四口。

以上七房共一百九十三户，五百一十四丁，四百一十二口。十丁一户，九丁一户，八丁二户，七丁三户，六丁七户，五丁七户，四丁三十三户，三丁二十九户，二丁五十四户，一丁五十四户，乏丁三户。

按宣統辛亥秋較光緒丙午歲本族烟户則增四户，人丁則增七十丁。

（劉如玉等纂修《［陝西華縣］新輯大漲劉氏族譜》　民國鉛印本）

湖南長沙龔氏丁口統計表

清嘉慶八年癸亥秋：

鼎臣公房現存男丁四，

鼎文公房現存男丁一十八，

伯翥公房現存男丁八十六，

鼎新公房現存男丁四，

鼎南公房現存男丁七，

右共一百一十九丁。

咸豐十年庚申冬：

鼎文公房現存男丁二十二，

伯翥公房現存男丁一百八十二，

鼎新公房現存男丁二，

鼎南公房現存男丁二十九，

右共二百三十五丁。

民國三年二月：

鼎文公房現存男丁二十六，

伯翥公房現存男丁三百三十四，

鼎南公房現存男丁四十七，

右共四百零七丁。

昔成周盛時，歲獻民數於天子，天子受其版籍，度地以居民，後世雖有户口之報，吏胥拘於成格，限以原名原數具詳咨部，非其實矣。吾宗清嘉慶癸亥之譜，於時衹一百一十九丁，咸豐庚申續譜乃至二百三十五丁，今至四百餘丁，數益增矣。生齒日繁，而支房之中絶者竟不可勝數，往往兄弟數人至數十人，或無嗣而殞，或有嗣數傳而先後並殞，盈虚消長之理有可知有不可知。嗚乎，天歟？其人歟？

（龔靖修《[湖南長沙]長沙龔氏家譜》 1913 年武德堂木活字本）

上海嘉定練西黄氏人口統計表

表一　累世出生統計

世次／性别	一世	二世	三世	四世	五世	六世	七世	八世	九世	十世	十一世	十二世
男	一	三	七	七	九	一六	一二	二二	三九	五三		
女						二	一〇	一三	二二	三四		
統計	一	三	七	七	九	一八	二二	三五	六一	八七		

表二　累世年齒統計

世　次	男		婦		附　　記
	人數	年平均	人數	年平均	
一世	一	八九	一	五一	婦年無考一人
二世	三	七一	二	七二	婦年無考一人
三世	四	六五	二	七七	男年無考三人 婦年無考三人
四世	六	五六	四	六七	男年無考一人 婦年無考一人
五世	九	五七	一一	四九	婦年無考一人
六世	一四	四七	一〇	五一	男年無考二人 婦年無考一人
七世	八	六一	一一	五五	男年無考二人殤二人 婦年無考二人
八世	一七	四二	一四	六三	男年無考二人殤三人 婦年無考四人
九世					
十世					
十一世					
十二世					

本表中凡中殤以及年無考者不計

表三　累世男子生齒統計

世次／類別	一世	二世	三世	四世	五世	六世	七世	八世	九世	十世	十一世	十二世
出生	一	三	七	七	九	一六	一二	二二	三九			
成人	一	三	五	七	九	一五	八	一八	三二			
成室	一	三	四	五	八	九	八	一七	二八			
失蹤			一			一						
無考			一			一	二	一				
幼殤							二	三	七			

本表以年十六爲成人

表四　累世族長統計

世　次	名	爲族長時年歲	爲族長年數
三　世	金　鼐	六六	一四
	金　鼒	七〇	六
四　世	日　升	五六	一五
	元　履	六一	六

（黄守恒纂修《[上海嘉定]練西黄氏宗譜》　1915年誠明堂鉛印本）

湖南益陽又三里熊氏生存丁口統計表

房	支	丁口									男女分計	男女合計
		派次	開	文	運	亨	科	第	家	傳		
璩公	大聘公	男						一			一	二
		女			一						一	
誥公	大元公	男		一		五	五	六			一七	三〇
		女			一	三	六	三			一三	
	大志公	男			九	三八	一七				六四	九八
		女			五	一六	一三				三四	
新公	大週公	男	一	一							二	五
		女	二		一						三	
	大秀公	男			四	六					一〇	一六
		女			四	二					六	

（續　表）

房	支	丁口									男女分計	男女合計
		派次	開	文	運	亨	科	第	家	傳		
	大奎公	男			一七	一一五	一七一	五六	一二		三七一	六八一
		女			二一	九〇	一三一	五二	一四	二	三一〇	
	大本公	男		二七	一〇四	一〇三	一一				二四五	四三三
		女	二	三〇	八四	六五	七				一八八	
	大孝公	男			二	二					四	六
		女		一		一					二	
	大智公	男		六	四五	五八	二六	四			一三九	二三八
		女	一	六	二九	三九	二二	二			九九	
	大龍公	男	一		一	一					三	五
		女			一	一					二	
	大盛公長	男	一	一六	一四七	二七八	二六一	四八	三		七五四	一二八一
		女		二六	一一九	一三一	二〇三	四八			五二七	
	大盛公次	男	三	一六	六一	九六	三五	四			二一五	三八九
		女	三	二二	四六	六三	三八	二			一七四	
	大盛公三	男		一一	七五	一七六	一一五	二九	四		四一〇	七一三
		女	一	一四	六八	一一三	八一	二二	四		三〇三	
	大盛公四	男		三	一四	三八	四六	七			一〇八	一九〇
		女		三	一三	二七	三六	三			八二	
	大盛公五	男		一四	三六	三一	四				八五	一三七
		女		一三	二五	一三	一				五二	
	大盛公六	男			四	三	一				八	一六
		女			二	三	三				八	
	大盛公七	男		二〇	六二	一〇九	八五	一六			二九二	四八四
		女	三	一四	四八	六九	四九	九			一九二	
	大盛公八	男		二	七	八					一七	三〇
		女		二	一〇	一					一三	
耕公	大宣公長	男		三	九	五	五	一			二三	四〇
		女	一	五	二	六	三				一七	
	大宣公次	男			一						一	一
		女										
	大宣公三	男			一	三	二				六	一一
		女			二	一		二			五	

（續　表）

房	支	丁口									男女分計	男女合計
		派次	開	文	運	亨	科	第	家	傳		
珍公	大鼎公	男										一
		女		一							一	
統	計	男	六	一二〇	五九九	一〇七五	七八四	一七二	一九		二七七五	四八〇七
		女	一三	一三七	四八二	六四四	五九三	一四三	一八	二	二〇三二	
説明	此表據已印世系核登，在補遺者未列，惟女格内有婦與在室女渾合，其中未便分列，而統計女數二千零三十二，婦一千三百二十四，在室女七百零七。查單可按表内所列數目，不用十百千萬等字，如一一即十一，如四八〇七即四千八百零七，餘可類推。此次較壬辰譜户口編丁男多三百六十一，閲者可知吾族之繁盛焉。											

（熊文僖等修《［湖南益陽］益陽又三里熊氏族譜》 1914 年木活字本）

福建龍巖陳錫慶堂户籍紀

户口　　籍貫

《周禮・太宰》："以九兩繫邦國之民，一曰牧，以地得民。又曰宗，以族得民。"蓋樂業必首以安居，教訓必先於生聚，所以奠室家而利後嗣也。本族自始祖武翊公秉鉞鎮，巖啓土，貽謀實，肇居於武安、平在二坊，嗣而子姓蕃衍，遷徙西山、陳陂、鐵石洋等鄉，凡所爲鳩族計者不一而足。而合族編立四户仍隸以在坊里者，不忘其朔也。《斯干》之詩曰："似續妣祖，築室百堵。"爲孫子者，其亦念前人之燕翼而振鴻圖乎？紀户籍。

一户陳世旺，原名乾興，康熙年間改今名。仁房，翠峯公之派，中盛公派同在坊二圖二甲。

一户陳禧昌，仁房，忠菴公之派，在坊二圖九甲。

一户陳世昌，義房，韶廷公之派，在坊六圖十甲。

一户陳盛英，原名萬盛，康熙年間改今名。仁房，西巖公之派，在坊八圖七甲。

右合族四户，現計老稚壹千七百三十五丁，女口壹千五百五十六口。

按舊譜世旺户官丁三十三丁，女口三十口，舊管實在官民米五十石一斗二升二合四勺。禧昌户官丁二十九丁，女口三十五口，舊管實在官民米九石九斗八升二合。世昌户官丁六十三丁，女口四十口，舊管實在官民米四十九石三斗四合五勺。萬盛户官丁九丁，女口十口，舊管實在官民米並莊户五十四石五斗一升四合四勺。自康熙年間奉恩旨永不加賦，將丁銀勺入地内完納，嗣後在官民米石數隨田多寡爲增減，似未可限以舊數，玆仍照舊注者，亦以見吾族全盛自昔已然矣。

遜節軒公派世居武安坊下廖瀨。

浯山公派世居武安坊上廖瀨，今鑑塘公派仍居此。

雲莊公派世居平在坊東興橋頭郎官巷内，長三兩房遷居神前。博趣公派世居平在坊東興橋頭郎官巷三角坪内。

中盛公派世居平在坊社學巷内。

豫菴公派世居平在坊下巷口。

敬齋公派世居平在坊東興橋頭郎官巷三角坪内。

西巖公派世居平在坊長巷内。

西山公派世居西山社馬厝嶺脚。

敦樸公派世居陳陂社陳陂中洋。

鈍夫公派世居陳陂社陳陂上洋葛塘頭盤水涯。

懷村公派遷居鐵石洋社隔口。

雲巖公派遷居鐵石洋社大塘。

暘廷公派世居鐵石洋社洋頭。

亹齋公派世居鐵石洋社外洋，今廳宇猶存。

瑞章公派世居西山社蔡厝坢正。

毓崧公派遷居山前社神前。

開先公派遷居山前社神前。

樂山公派世居鳫石社均山鄉。

宴鄉公派遷居平林社蔣武。

樸軒公派遷居赤水巖。

懷竹公派遷居江山社張白土。

敦五公派遷居山前社下老。

衛閣公派遷居鳫石社新爐鄉西乾山。

占齡公派遷居鐵石洋社洋頭。

右户籍將仁、義兩派隸本州者臚列。若三世祖叔五四郎智公傳至五世百四郎公，移居東肖社龍聚坊，渠自有户。三世祖叔五七郎隆公傳至九世必興公，移居南靖縣竹園，渠自有籍。他如志務公子輝應兄弟移居德化縣，廷謹公子昊生子應全移居江西瑞金縣菊陂田心地方，襟侯公子殿卿移居江西贛縣，壁榮公移居寧洋縣北門，蒼谷公派移居寧洋縣九鵬鄉，誠吾公派遷居安溪縣盂頭，原白公房譽芳公、俊英公派徙居湖北潛江縣朱家塲，懷竹公派徙居延平府鍾山堂，俱在彼立户隸籍，雖屬仁、義支派亦不詳載，亦以見親疏遠邇之别也。

（陳耀東纂修《[福建龍巖]龍巖陳錫慶堂族譜》 1915 年木活字本）

湖南祁陽鐵塘羅氏人數表

古者於民歲登記其生死之數於版，版即今户籍，三年大比，司寇獻其數於王，王拜受之，民爲邦本也。後世有黄册，清初立編審法，皆以稽民數也。今於全譜之人，竪論支派，横列世次，而又存亡區别。總而計之，由一人而千萬億數，瞭如指掌，涣也萃也衰也盛也，此中可以觀德焉，能勿興式版之心而動敦睦之情乎？旨哉斯表，椒聊蕃衍，將於此卜之。

南遷始祖一身。

二世一人。

三世三人。忠惠，恩惠歸江西，恩裔居祁陽黄岡及衡陽南鄉排山，忠與次子宗之遷今之鐵塘。

四世一人。

五世二人。

景字班四人。

永字班五人。

至字班九人。

用字班十六人。

振字班景翁公房十六人，景衡公房十三人，景華公房二人，共三十一人。

氵字班景翁公房四十三人，景衡公房四十人，景華公房六人，共六十三人。

茂字班景翁公房一百一十四人，景衡公房二十八人，景華公房二十二人，共一百六十四人。

榮子班景翁公房二百二十四人，景衡公房二十六人，景華公房三十九人，共二百八十九人。

時字班景翁公房三百一十一人，景衡公房十二人，景華公房五十人，共三百七十三人。

仁字班景翁公房二百八十一人，景衡公房六人，景華公房六十六人，共三百五十三人。

義字班景翁公房二百八十五人，景衡公房十人，景華公房五十人，共三百四十五人。

禮字班景翁公房三百五十三人，矣房往川四人，景衡公房二十二人，景華公房一百零一人，共四百八十人。

智字班景翁公房五百四十六人，居川十一人，景衡公房三十二人，景華公房二百零六人，共七百九十五人。

信字班景翁公房七百六十七人，居川二十六人，矣房徙川一人，景衡公房六十九人，景華公房二百二十九人，共一千零九十二人。

積字班景翁公房一千一百九十一人，居川三十三人，景衡公房八十八人，景華公房二百五十二人，共一千五百六十四人。

厚字班景翁公房一千三百八十四人，居川五十六人，矣房徙川一人，景衡公房一百一十八人，景華公房二百零四人，共一千七百六十三人。

培字班景翁公房一千六百六十人，居川一百零五人，景衡公房五十一人，景華公房二百零九人，共二千零二十五人。

基字班景翁公房一千九百零五人，居川二百零九人，景衡公房一百七十九人，景華公房一百七十七人，現共二千四百七十人。

遠字班景翁公房二千一百二十一人，居川二百四十九人，景衡公房一百七十九人，景華公房一百二十四人，現共二千六百七十三人。

承字班景翁公房二千二百零六人，居川二百五十六人，景衡公房六十人，景華公房四十五人，現共二千五百六十七人。

先字班景翁公房八百六十二人，居川一百零九人，景衡公房二人，景華公房五人，現共九百七十八人。

慶字班景翁公房現見二百四十九人，居川八人。

澤字班景翁公房現見七十九人。

長字班景翁公房現見十四人。

鐸公房存丁三百七十八人。

鈴公房存丁四十一人。

錮公房存丁五十三人。

演公房存丁一百八十一人。

瀾公房存丁一人。

槐公房存丁一人。

大韶公房存丁一百九十二人。

喻義公房存丁五百四十八人。

懷義公房存丁八百零六人。

徙義公房存丁七百七十一人。

從義公房存丁二百七十人。

大輝公房存丁一百八十一人。

榮褒公房存丁五十三人。

茂杉公房存丁六十五人。

用輝公房存丁六十七人。

至矣公房存丁三百七十一人外，四川存丁五百四十四人。

克抑公房存丁二百五十三人。

永緣公房存丁二百三十九人。

闔族共計一萬八千四百一十七人，共存丁五千零十五人。

右表於隸川籍之各派丁數據民國六年二月所寄之稿也，本年冬至前一日，子英公裔承璿字在璣，子益公裔承禄字甫臣來祠共襄譜事，時值南北戰爭，關於伊等派系有待校勘，有須添註者，因郵便停滯，事難就緒，譌謬誠所難免，閱者諒之。

（羅基滋等纂修《[湖南祁陽]鐵塘羅氏八修族譜》 1918年崇彝堂木活字本）

湖南三峰曹氏丁口、分居、職業統計表

丁口統計表

房	丁　數	口　數	丁口統計數
章	四百五十四	二百二十	六百七十四
高	四百二十	三百八十	八百
萬	二百五十五	一百八十五	四百四十
金	八百八十九	六百六十六	一千五百五十五
禎	二千零六十六	一千三百三十五	三千四百零一
祥	二千五百三十六	一千五百六十八	四千一百零四
禮	十五	九	二十四

（續　表）

房	丁　數	口　數	丁口統計數
志	三千七百一十	二千二百二十八	五千九百三十八
達	一千三百六十四	九百零三	二千二百六十七
斌	一千七百六十七	一千零七十九	二千八百四十六
才	三	二	五
鼎	四百五十	三百十六	七百六十六
慶	一千三百二十一	一千二百零六	二千五百二十七
邦	二百七十五	百三十七	四百十二
興	六百零八	三百六十九	九百七十七
堯	三千六百八十	三千四百五十	七千一百三十
華	五百九十四	三百四十九	九百四十三
端	五百八十三	二百八十二	八百六十五
靖	二千七百五十六	二千五百三十六	五千二百九十二

右表統計丁二萬三千七百四十六，口一萬七千二百二十，丁口共四萬零九百六十六。

職業統計表

房	官吏	軍警	辦理地方公益事務	校外修業	校内修業	農	商	工	鑛	醫
章						三百	五十五	二十八		四
高		六		九	五	二百八十	二十	二十		
萬			七	三			二十	八		一
金	四	十八	十九	五十八	四十四	三百九十七	四十九	八十五		三
禎		十三	六十四	八十九	百二十五	一千二百十九	三百十九	二百七十		七
祥		二十二	五十三	四十七	三百零七	一千七百八十六	九十二	一	一	十五
禮		二			二	三	三	五		
志			三	八十一	六十九	一千二百八十三	百七十	二百零三	十二	三十
達		十	十二	八	六十	一千一百	九十	八十		五
斌	三	七	四十三		十	一千三百二十一	百八十五	百四十五	二	三
才						三				
鼎	十		十二	五十一	四十五	百七十六	六十一	二十一	三	一
慶	五	八	十三	十二	五	一千零九十	八十五	五十五		三
邦			三		二	二百	五十八			

（續　表）

房	官吏	軍警	辦理地方公益事務	校外修業	校内修業	農	商	工	鑛	醫
興		五	四	十	十	三百	百	六十一	一	一
堯	五	三十	二十五百		二十	二千	二百	百	四	二十
華	二	三	五	三十	十三	二百	二百	四十	一	二
端	一	十一	九	十三	十七	四百二十九	十四	三十九	三	七
靖	四	十二	三十六	二十八	十二	一千四百	百六十	百二十		十二

右表統計官吏三十四，軍警百四十七，辦理地方公益事務三百零三，校外修業九百三十九，校内修業七百四十六，農一萬三千四百八十七，商一千八百八十一，工一千二百八十一，鑛二十七，醫百一十四。

分居表

房	支	裔	縣	居	距縣治道里
章	珊		湘潭	十六都小花石。	八十里
	鳳		湘潭	九都、十都柱塘舖、竹衝、白泉、花門樓、板橋、陳家壠水衝	
	鵬		湘潭	仝上。	
	鸚		湘潭	仝上，四支丁口共六百七十四。	
高	家儒		長沙	省城福臨舖、梅林橋、蛛絲園、長樂街，丁口五百四十。	□□里
	家俊		長沙	梅藪橋，丁口十二。	一百里
	家傑		長沙	古華山下，丁口二百四十八	一百里
萬	友拔		平江	西鄉十五都曹家洞、黄麻村、皂吉坡、小伏嶺、麥坡，丁口百零三。	九十里
	友高		湘陰	茶木壠、鐵鑼坪，丁口三十二。	六十里
	友寶	勝綿	湘陰	仝上，丁口七十三。	六十里
		勝朝	湘陰	仝上，丁口四十八。	六十里
	友科		湘陰	仝上，丁口八十一。	六十里
	友中		湘陰	穆屯、麻塘、馬廳，丁口百零三。	八十里
金			湘陰	翁家洲，丁口五百零四。	六十里
	均廣	金秀	湘陰	三陽圍，丁口二十。河泊潭，丁口六。黄谷市，丁口六。南渡、楚塘，丁口二十四。	數十里
				大荆驛、榨樹嶺。丁口六。	百二十里
	均熙	文蔭	湘陰	白馬鄉，丁口十四。	十五里
				魚絲塘，丁口二十一。	五十五里
			江蘇江甯	浦河口，丁口八。	
		文璜	湘陰	歸義、中鄉、夾城，丁口五百四十一。	五十里
				小江，丁口百十三。	六十五里

				田家塅，丁口八，常山塅，丁口五，歸義驛，丁口三，牆基塘，丁口五，賀家坪，丁口二十一，箭塘坪，丁口五十，顯慶鄉車塘壩，丁口三十二，排二峯，丁口二十八，婁家壩，丁口二十九，蔡家壩，丁口十五，石頭塘，丁口六，茅塘，丁口七，大屋塅，丁口十一，倪家坪，丁口十一，狄家坪丁口六。	數十里
	均豐	文政	湘陰	喻家塅丁口三十一，牛口塅，丁口六，西塘村，丁口五，晏家坪丁口八，藕塘村丁口五。	數十里
禎	肇斌		益陽	十八里、東塘灣、長坡嶺、土橋村，丁口四百二十八。	二十里
		世相	沅江	七都北湖塞，丁口七。	五十里
				皮保、穆家堰、廖保、熙和堰，丁口十八	五十五里
			甯鄉	三都大塘村，丁口六十四。	六里
		世德	南縣	德安堰，丁口八。	六十里
		世爵	益陽	廂外里、夏子、東堰、青草港、羊角潭，丁口一百七十四。	三十五里
			華容	安濟堰、葵家坮，丁口九。	五十里
			南縣	永泰堰，丁口十六。	十里
				大有堰、銅牌湖，丁口三。	六十里
			湖北石首	大興堰、高家廠，丁口二十七。	四十里
		世禄	華容	禹甸堰，丁口九。	三十里
			南縣	三仙湖、國字總，丁口十六。	六十里
				成福堰，丁口二十四。	十里
	肇允		益陽	十八里栗樹山、羊牯嶺、漆家橋、土橋村、石頭舖、千把、坧里、三堂，丁口二千二百八十五。	二十里
		應朝	益陽	十五里臥龍橋，丁口二十八。	七里
				十九里宋家壠，丁口七。	四十五里
			沅江	草尾、官堰、七案，丁口二十三。	九十里
				東興堰、侯家灣，丁口一百二十七，焦潭灣丁口十八。	六十里
			安鄉	三白湖，丁口三。	四十里
			南縣	東美堰，丁口三。	五十里
				育才堰、鍾家嘴，丁口四十四。	十里
				三仙湖、年字總，丁口二十六。	四十里
			湖北石首	衛國堰，丁口十一。	七十里
		應夔	湖北公安	膏梁、溪湖、達河，丁口五。	八十里
		應瑞	安徽南陵	六都工山坊、張家村，丁口九。	二十里
		應參	南縣	三仙湖、國字總，丁口九。	四十里
祥	行喜	昌祚	益陽	楊五嶺丁口十三，獨木橋，丁口三十一。	十五里

				二堡,丁口十六。	
			華容	罎子口,丁口十三。	五十里
			南縣	育才堰,丁口三十,烏嘴托洲,丁口三十一。	十里
		昌玉	益陽	十六里山梧村,丁口二十七。	二十五里
		昌啟	益陽	十八里蟠龍巷,丁口十五。	十五里
			沅江	七都北湖塞,丁口二十二,保安堰,丁口四。	五十里
			南縣	育才堰,丁口十一。	十里
	行道		益陽	十八里蟠龍巷,丁口七。	十五里
				七里紫羅橋,丁口十三。	十里
	行鳳	萬乾	沅江	龍保、永豐堰、長泊湖,丁口九。	四十里
		萬坤	益陽	廂外里、清水潭。	十里
				大永堰、曹家河。	十六里
				周家隄、南道塘、新茶坊。	十八里
				十九里杉樹坪,丁口共三百。	三十里
		萬巽	沅江	大潭洲,丁口八百四十五。	二十五里
		萬坎	益陽	十八里上嶺坪、大永堰,丁口三百七十二。	十五里
			沅江	市保,丁口二十一,長洲堰,丁口四。	四十里
			寧鄉	六都十區,丁口五。	
			江蘇儀徵	十二圩,丁口十五。	
		萬泰	益陽	十八里百家塅、大永堰,丁口九十一。	十六里
				十五里斐家壩,丁口十七。	十里
			沅江	龍保、長泊湖、謬保、華興堰,丁口一百十五。	三十里
			漢壽	楊閣老竹山嘴,丁口十。	七十里
	行岳	萬槐	益陽	千家洲、楊湖壩、成紀灣、彭家河,丁口二百五十二,三堡,丁口五。	十二里
		萬模	益陽	千家洲、張家園、楊七廟,丁口二百零七。	十八里
				十八里白石塘,丁口九。	十四里
				十五里毛家塘、曹井村,丁口三十九二。	十餘里
				十八里白馬村、金家村、祝家村、侯五坪,丁口一百九十。	十餘里
			沅江	東興堰、毛角口、薛家堰、觀音閣、三巷口,丁口四十二。	七十餘里
			南縣	九都,丁口十一。	
				官福堰,丁口九,中湖口,丁口十八,注滋口,丁口三十二,冷飯洲、五美堰,丁口七十一。	四十餘里
				集賢堰、中魚口,丁口四十六,陳子湖,丁口五。	三十里

			華容	陳濟堰抄東，丁口二十。	四十里
			安鄉	鎮安堰，丁口十二。	四十里
			湖北石首	大興堰、楊林寺，丁口二十六。	五十里
			江蘇高淳	東壩鎮，丁口二。	三十里
		萬楷	益陽	二十里甘家壩、罎子坡、四方山，丁口一百五十四。	七十里
				十三里七坵四，丁口十四。	七十里
			漢壽	三區龍潭、總越、鹿障，丁口六十八。	六十里
		萬檄	益陽	十八里祝家村、蟠龍巷、坪卡子，丁口四百三十二，	十五里
				廂外里、千家洲，丁口十三。	十六里
			沅江	夏資口、墨池塘，丁口六十。	四十里
			南縣	明山頭、沙港市，丁口三十五。	六十里
				老虤洲，丁口四十。	二十里
			安鄉	麻河口、曾家堰、均樂堰，丁口二十六。	四十八里
			湖北公安	大興堰，丁口七。	七十里
			江蘇高淳	東壩鎮，丁口十八。	二十里
			安徽南陵	二十四都一圖木楊村，丁口七十一。	二十五里
	榮玉		益陽	十八里獨木橋，丁口六。	二十五里
	肇聰	芝瑚	益陽	十八里青草港、曹家嘴，丁口七十八。	三十二里
		芝璉	益陽	十七里油麻堰，丁口四十三。	三十里
			華容	彭世堰，丁口四。	三十里
禮			益陽	十八里栗樹山，丁口二十四。	十八里
志	必榮		益陽	團隄窖，丁口一千四百零五。	三十里
		聰	湘潭	城内，丁口	
			漢壽	丁口	
			湖北恩施	東鄉紅土溪、七甲、後壩，丁口五十六。	
		奇	澧縣	丁口	
			慈利	二十五都河家埳，丁口	
			石門	十一都邱家坪，丁口	
	必華	良生	益陽	十里槊木棚、八里湯家村、六里舒塘，丁口十四。	百餘里
		良求	寧鄉	三都孔家村，丁口百零七。	四十里
		良富	益陽	三里桃子園、舒家坳，丁口四十四，三里板溪、玉溪、牌樓灣、大塘村、朱家村、大栗港，一里武潭瑯琊村，六里荷塘，丁口一千五百十一。	百二十里
				三里伍家灣、百畝村、靜樂菴、花橋村、大塘村、朱家村、長江村、龍子山，丁口六百六十。	

				九里土門、曹家稜、白水洞，三里張家洞、龍牙坪，丁口三百八十五。	百里
	必富		益陽	東門外，丁口三十二。	
	必昌		益陽	團隍窰，丁口一千七百二十四。	三十里
		廷澄	安化	丁口	
達	朋	學彰	益陽	羊牯嶺，丁口五百九十二，漆家橋，丁口百四十，趙塘基，丁口百四十五，禮三塘丁口三十六。	二十里
			江蘇溧水	北門外王家莊，丁口八。	
		學宗	益陽	獨木橋，丁口九十八。	三十里
			南縣	同春堰、永保堰，丁口百十九，	七十里
				雙福堰，丁口五十九。	三十里
	楚	學廣	益陽	蘭溪，丁口四。	二十里
	紋	學舉	益陽	鑼鼓邨，丁口十二，古塘基，丁口十七，獨木橋，丁口十五，土橋邨，丁口十三。	數十里
	尚	學袞	益陽	槐花隄，丁口四百三十。	三十里
				尹家壩，丁口三百。	二十二里
			四川雲陽	丁口	
			南縣	老灘洲，丁口六十。	十五里
			安鄉	響水窖，丁口六十二。	五十里
		學嚴	益陽	槐花隄，丁口十八。	三十里
	庚	學庸	漢壽	日星障、鴨子港、袁家灣，丁口五。	四十里
	時	學相	益陽	沿河堰，丁口四十四，羊牯嶺，丁口五十八。	二十五里
		學梅	益陽	西門外丁口十二。	三里
				香爐山，丁口二十。	四十五里
斌	柯		益陽	千家洲，丁口二十四。	二十里
	椿		益陽	長坡嶺，丁口十二。	十八里
	相		益陽	千家洲，丁口三百四十三。	二十里
				七里橋，丁口二百三十七，禮三塘，丁口三百五十五，諶家坪，丁口四十，銀封橋，丁口二十，	十餘里
				彭湖，丁口三十八。	二十餘里
			沅江	熙和堰，丁口百五十。	六十里
			湖北宣恩	高羅里，丁口十五。	
	桂		益陽	黄花山，丁口三百八十六，馬鞍塘丁口五十五，牛下坡丁口三十，楓樹村，丁品四十。	十餘里
				馬良湖，丁口三十，沿河堰，丁口五十。	數里
				夏家洲，丁口五十，千家洲，丁口三十。	二十里
			沅江	南門橋，丁口三十。	四十五里

	槐		益陽	千家洲，丁口四百三十九，曲尺湖，丁口百六十二，	二十餘里
				東關外，丁口七十。	二里
			沅江	夏子口，丁口八十。	五十里
			華容	護山堰，丁口四二十。	二十五里
			南縣	天成堰，丁口百二十。	二十五里
才			沅江	板凳形，丁口五。	六十里
鼎	文義	士琢	湘潭	十一都茅塘壩，丁口八十七。	四十里
				下五都熊羆塘，丁口六。	二十里
		士琦	湘潭	十都吟江，丁口七。	四十五里
		英俊	四川温江	丁口	
		英書	湖北漢口	丁口	
	文禮	士瑾	湘潭	北六都排塘，丁口四。	三十里
				南六都和佳衝、硃砂橋，丁口十一。	二十里
				三十都黄龍巷、海會菴，丁口二十一。	五里
				下五都曹家坪、牛角塘、横沙坪，丁口八十一。	十五里
			湘陰	南道善六合院，丁口十七。	百里
		士瓚	湘潭	下五都曹家坪，丁口十六。	十五里
		子述	瀏陽	丁口	
		士珪	湖北口口	丁口	
		英培	湖北口口	丁口	
	文智	士瑛	湘潭	城内，丁口七十九。總上，丁口十九。	
				下五都曹家坪、五里堆，丁口八。	十五里
				下五都蝦公壩，丁口三。	十五里
				二都東源莊，丁口八，十二都藥塘，丁口十六，下四都尺水夾、三都竹埠港，丁口三十九。	十五里
		士瑋	湘潭	六都梅林巷，丁口十一。	三十里
		士琇	湘潭	下五都松樹山，丁口十六。	十五里
		士玿	湘潭	錦灣丁口六。	十五里
		士玟	湘潭	上四都黄土塝，丁七口。	十里
				下五都竹皮塘、馬蹄巷、曹家坪，丁口八十五，總上，丁口十四。	十五里
		之秀	湘鄉	城内，丁口五。	
		盛健	湖北宜昌	丁口	
		英倕	四川口口	丁口	
		英畏	岳陽	丁口	
	文信	士璜	湘潭	下五都五里墩、蔣家坪、曹家灣、總上、錦灣。	

		士玟	湘潭	仝上。	
		士瑚	湘潭	仝上丁口共二百。	
		英桊	寧鄉	丁口	
		盛桃	四川口口	丁口	
慶	文壽		寧鄉	北城外土地橋,丁口二十八。	
	文泰		寧鄉	二都企石港、賀家村,丁口四十五。	十二里
			南縣	烏嘴、大堰,丁口二十七。	十五里
	文和		寧鄉	一都檀樹灣、老壩村、鶴鳴塘,丁口一百二十三,二都曹家村、大株樹,丁口七十五。	三十里
			長沙	省城内外,丁口五十八。	
			江西建昌	北權街、栗山,丁口六十五。	
	文康		寧鄉	一都雙江口西村、朱良橋,丁口三十七,二都曹家村,丁口二十五。	三十里
			長沙	新康鎮、楚塘、靖江、東南埂、曹家老屋、鑰匙腦、新康、五里牌,丁口中四百三十六。	六十五里
				陽雀塘、封刀嶺、砂坪、韓家塘,丁口三百八十,	四十里
				梅溪灘、西湖、桃源,丁口一百二十四。	四十里
			湘陰	樟樹港、張公園、南陽圍、臨沘,口三,合圍灣、斗堰、下機湖、白馬寺、關公潭、黄花寨,丁口四百八十六。	
			瀏陽	西鄉丁口二十八。	六十里
			南縣	集賢堰、三仙湖、烏嘴大堰、長洲子,丁口百五十二。	
			安鄉	北城外梅家洲,丁口六十八。	
			湖北公安	吴達河、將軍渡、大興堰,丁口一百二十。	
			安徽南陵	慶家山,丁口二百五十。	二十里
邦	福魁		瀏陽	北鄉煙霧洲、曹家坪、上大屋,丁口一百零二,磚家灣、寺村,丁口十五,里三芫,丁口八。	
	福章		瀏陽	北鄉馬跪橋、董姓對門山,丁口十一,彭溪渡、洋廣祠側,丁口六,桃花村、嶺上、神家村,丁口七,曹家坪、上大屋,丁口二,下大屋、蘆樹棠,丁口六十,曹家嶺祠側、金盆形楊家灘,丁口五十四,大畲嶺、祠後嶺、上屋、曹家灣下分大屋、新屋、貓公井、瞿家嶺、謝家塅、神村,丁口百零三。	
		傳秀	江西□□	丁口	
	福泰		瀏陽	北鄉曹家坪、下大屋、後園、内屋,丁口三十三。	
		家芹等	江西口口	丁口十一。	
興	又文		瀏陽	西鄉山棗嶺、曹家老屋,丁口六十九,北鄉三十都,丁口三十。	

	又顯	志謙	長沙	河西六都良棧,丁口六十二,潘家山,丁口五十八,曹家橋、小塘村,丁口十四,曹家灣,丁口十,石壩、茶子山、雙江口,丁口百三十四,齊天廟,丁口六。	七十里
				省城,丁口十三。	
			益陽	武潭大栗港,丁口九,灘頭堰、常家湖,丁口八十一。	
			湘陰	茶壺潭,丁口七。	
			甯鄉	城内丁口北、牌樓灣,丁口二十七。	
			桃源	丁口五。	
			漢壽	江東莫家村,丁口三,夾隄灣佘家村,丁口五。	
			湖北公安	西大園,丁口四,吴逵河,丁口十五。	
			安徽南陵	西鄉蒲塘,丁口十五。	
			四川酉陽	街後、涼水溪、龍潭、耿家店,丁口九十。	
		志武	長沙	栗山灣西村,丁口四十一。	
	又財	子信	長沙	河西毛湖田,丁口十三,官埠口,丁口二十一,化林塘,丁口二十九,雲盡、横村子,丁口九,官出灣,丁口十一,靳江河,丁口五,曲江,丁口十九,河西七都軍營大屋,丁口五,高山嘴、才豐村,丁口五、易家村丁口十二,瀏陽門外南元宫,丁口四,嶽麓老虎坳,丁口三。	數十里
				省城丁口五十九。	
			岳陽	城陵磯丁口八。	
		子仁	長沙	七里廟丁口四十五,羅溪港丁口二,東屯渡丁口。	七里
		子中	湘潭	龍蛇橋、黃土塅丁口二十二。	
堯	國寀		長沙	丁口十五。	
	國宗		長沙	省城	
				梟犂市、曹家坪、高溪、黄花市、春華山、荷包壠、高福田、龍家灘、黄獅渡、安沙,丁口七千零六十五。	數十里
			陝西口口	丁口	
			四川口口	丁口	
	國憲		長沙	東培,丁口五十。	
華	文綱		長沙	團頭河,丁口九。	
	文紀		長沙	曹家坪、七里村,丁口四十六。	六十里
			臨澧	丁口	
			南縣	丁口	
			常德	丁口	

	文紳		長沙	平塘、培塘、梟犂市、霍家坪、曹家坪、茶園、黄茅洞，丁口八百八十八。	數十里
			芷江	江西橋，丁口	
			漢壽	護國障、曹家台，丁口	
端	忠順		長沙	五美鄉大碑田、龍喜鄉東培，丁口二百零二。	七十里
	連陳		瀏陽	西鄉紗帽港，丁口二百三十。	十五里
	秀陳		瀏陽	東鄉桐梓岡，丁口五。	百四十里
	貴陳		平江	東鄉木瓜、大橋、羅家壠，丁口四百二十八	九十里
靖	崇教		長沙	明道鎮大西村，萬壽鄉、曹家坪、古港、妙坡，丁口一千二百三十五。	五十里
		正鳳	平江	長壽街，丁口四百二十。	
	崇政		長沙	新康鎮靖港、曹文港、包溪灣、格塘、後托塘、曹家嶺、曹家節、屋喬口、花山嶺，丁口一千七百零六。	七十里
			益陽	左夾山、曹家壠、陳家村，丁口四百七十九。	五十里
				桃花江，丁口	六十里
			湘陰	縣城水門内正街，丁口三十四。	
				樟樹港、楊泗廟、曹家村、慧泉寺、洋沙湖、飛山村、蘆林潭、白馬寺、茶湖潭，丁口二百七十八。	四十里
			沅江	青天坪、周家山、楊泗廟、曹家灣，丁口五十二。	六里
			岳陽	注滋口，丁口四十八。	五十里
			華容	黄蓬堰，丁口三十四。	五里
			安鄉	曹家廠、多福堰、天福堰、成福堰、大興堰、復安堰，丁口六百八十四。	二十里
			南縣	逢吉堰、吉興堰，丁口百四十四。	二十里
			湖北公安	大定堰、八里港，丁口四十二。	五十里
			江西永修	西鄉，丁口三十二。	四十里
			江蘇溧陽	西鄉奉安區，丁口三十五。	
			安徽建平	北鄉丁口，三十七。	
			安徽南陵	西鄉五都四圖三甲，丁口三十二。	
		之璋	江南口口	丁口	

右表除居阯不明，其丁口無從調查外，統計居湖南者益陽一萬六千零零一，長沙一萬三千五百九十四，湘陰二千七百零六，沅江一千六百三十二，湘潭一千四百四十，南縣一千一百六十九，平江九百五十一，安鄉八百五十五，瀏陽七百六十三，寧鄉五百四十三，華容百二十九，漢壽九十一，岳陽五十六，桃源五湘鄉五，居外省者安徽四百十四，湖北三百二十八，江西百零八，四川九十，江蘇八十六。

職業統計表

房	官吏	軍警	辦理地方公益事務	校外修業	校内修業	農	商	工	鑛	醫
章						三百	五十五	二十八		四
高		六		九	五	二百八十	二十	二十		
萬			七	三			二十	八		
金	四	十八	十九	五十八	四十四	三百九十七	四十九	八十五		三
禎		十三	六十四	八十九	百二十五	一千二百十九	三百十九	二百七十		七
祥		二十二	五十三	四十七	三百零七	一千七百八十六	九十二	一	一	十五
禮		二			二	三	三	五		
志			三	八十一	六十九	一千二百八十三	百七十	二百零十二三		三十
達		十	十二	八	六十	一千一百	九十	八十		五
斌	三	七	四十三		十	一千三百二十一	百八十五	百四十五	二	三
才						三				
鼎	十		十二	五十一	四十五	百七十六	六十一	二十一	三	一
慶	五	八	十三	十二	五	一千零九十	八十五	五十五		三
邦			三		二	二百	五十八			
興		五	四	十	十	三百	百	六十一	一	一
堯	五	三十	二十	五百	二十	二千	二百	百	四	二十
華	二	三	五	三十	十三	二百	二百	四十	一	二
端	一	十一	九	十三	十七	四百二十九	十四	三十九	三	七
靖	四	十二	三十六	二十八	十二	一千四百	百六十	百二十		十二

上表統計：官吏三十四，軍警百四十七，辦理地方公益事務三百零三，校外修業九百三十九，校内修業七百四十六，農一萬三千四百八十七，商一千八百八十一，工一千二百八十一，鑛二十七，醫百一十四。

職業統計表終　　　　益巽謹校

財產統計表

房	不動產	動產	五千元以上	一萬元以上	三萬元以上列名
章	六千元	一萬元			
高	三萬元	一萬元	二人		
萬	五萬五千元	二千八百元	三人	二人	
金	八萬五千二百元	三萬一千四百元	七人		
禎	五十萬零四千元	二十二萬六千元	二十八人	七人	二人：光華、光皓。
祥	三十六萬九千元	十四萬二千元	十二人	五人	一人：玉堂。
禮		五百元			

志	百零九萬七千三百元	二十五萬七千五百元	三十五人	十一人	二人：墀英、梅邨。
達	二十五萬二千元	十萬零六千元	十四人	六人	三人：英泮、起科、維益。
斌	二十九萬零五百元	十六萬四千元	十七人	八人	一人：起釗。
才					
鼎	三萬五千元	八萬元	四人	五人	
慶	二十三萬元	一十四萬元	五人	三人	一人
邦	五千元				
興	四萬元	一萬三千元	二人		
堯	六十萬元	三十萬元	五十人	三十人	四人：廣建、耀材、廣延、典球。
華	四萬元	五萬元	二人		一人：益才。
端	三萬七千三百元	四千元	四人		
靖	二十六萬元	一十六萬元	十二人	八人	二人：翬才、廣化。

上表統計：不動産三百九十三萬六千三百元，動産百六十九萬七千二百元；五千元以上，百九十九人，萬元以上，八十三人。三萬元以上，十六人。

（曹祖熙等輯《[湖南長沙]湖南三峰曹氏通譜》 1919年長沙曹氏鉛印本）

湖南益陽郭氏溶公支丁口數

珍　公　房

克先宏勳公下丁四百八十八，口二百五十六。
兩公宏載公下丁四，口三。
平庵宏名公下丁六十四，口二十六。
玉巖宏京公下丁四，口三。
偉生宏師公下丁十，口六。
時生宏元公下丁一百五十三，口八十二。
五章宏會公下丁五十七，口二十九。
亘生宏試公下丁三十二，口一十七。
敬楚宏遠公下丁八，口三。
榮楚宏勝公下丁八，口二。

勝卿宏選公下丁三十，口一十七。
以上共丁八百五十八，口四百四十四。

琛　公　房

攻玉宏達公下丁二十九，口一十三。
以上共丁二十九，口一十三。

琦　公　房

仁野宏憲公下丁三百零三，口一百八十三。
仲甫宏舜公下丁一十七，口十。
克崇宏惠公下丁六，口三。
開天宏旻公下丁三十六，口二十二。
以上共丁三百六十二，口二百六十八。

瓏　公　房

明侯宏言公下丁一十六，口六。
秋巖宏教公下丁三十二，口一十七。
連塘宏明公下丁一十，口六。
顔橋宏朗公下丁三，口二。
一占宏震公下丁六百五十六，口三百三十五。
竹界宏度公下丁一十九，口五。
荆界宏才公下丁一百九十九，口七十八。
亮生宏寀公下丁六，口二。
克承宏烈公下丁一百九十三，口七十三。
涵陽宏國公下丁三十四，口一十四。
建陽宏圖公下丁二十四，口一十二。
朝陽宏圉公下丁一百一十一，口五十二。
渾陽宏圓公下丁一百五十一，口八十三。
樹塘宏道公下丁四十九，口三十。
文士宏遠公下丁三十七，口二十。
祇齋宏進公下丁一十四，口五。
瀛洲宏登公下丁一百一十三，口五十。
逸齋宏岐公下丁一十八，口七。
魯瞻宏岱公下丁一百三十，口八十四。
玉峯宏崑公下丁二十六，口一十二。
仙峰宏峻公下丁二，口一。

蕙岸宏景公下丁一。
輅崖宏采公下丁四,口一。
以上共丁一千八百四十八,口八百九十六。

琥　公　房

純一宏仁公下丁三十五,口二十三。
杏園宏儀公下丁一百五十一,口八十三。
榮卿宏詰公下丁一百二十八,口六十一。
偉所宏俊公下丁六十,口三十一。
懷野宏傑公下丁二。
以上共丁三百七十六,口一百九十八。
都計五房丁三千四百七十三,口一千八百一十九。

(敦鳳鏡等纂修《[湖南益陽]益陽郭氏溶公支譜》 1921 年木活字本)

湖南衡山趙氏男丁統計表

文斌祖房六修各代男丁統計表

代別	統計			附記		
	紅丁	歿丁	總計			
十二代		五	五	五修以前譜牒散亡不全,各代男丁無從稽考,故六修男丁僅有統計而缺比較。		
十三代		一七	一七			
十四代		二七	二七			
十五代		三一	三一			
十六代		三九	三九			
逢		二八	二八			
嗣		三八	三八			
履	二四	二八	五二			
盛	五三	四〇	九三			
吉	三八	二四	六二			
而	五六	六	六二			
安	二六		二六			
合計	一九七	二八三	四八〇			

文政祖房六修各代男丁統計表

代別	統計			附記		
	紅丁	歿丁	總計			
十二代		二	二	五修以前譜牒散亡不全，各代男丁無從稽考，故六修男丁僅有統計而缺比較。		
十三代		四	四			
十四代		八	八			
十五代		一六	一六			
十六代		二〇	二〇			
逢		四四	四四			
嗣		五七	五七			
履	二六	四〇	六六			
盛	四三	一五	五八			
安	一三	一	一四			
合計	八二	二〇七	二八九			

文運祖房六修各代男丁統計表

代別	統計			附記		
	紅丁	歿丁	總計			
十二代		五	五	五修以前譜牒散亡不全，各代男丁無從稽考，故六修男丁僅有統計而缺比較。		
十三代		六	六			
十四代		六	六			
十五代		八	八			
十六代		一二	一二			
逢		二七	二七			
嗣	五	四五	五〇			
履	三七	三二	六九			
盛	九四	七	一〇一			
安	二二		二二			
合計	一五八	一四八	三〇六			

文友祖支分芳山祖房六修各代男丁統計表

代別	統計			附記
	紅丁	歿丁	總計	
十二代		一	一	五修以前譜牒散亡不全，各代男丁無從稽考，故六修男丁僅有統計而缺比較。
十三代		二	二	
十四代		七	七	
十五代		二〇	二〇	
十六代		三四	三四	
逢		五三	五三	
嗣		二〇	二〇	
履	八	二四七	二五五	
盛	一九六	三一五	五一一	
安	四七二	一四二	六一四	
而	四〇二	三四	四三六	
吉	一〇〇		一〇〇	
恒	四		四	
合計	一一八二	九六五	二一四七	

文友祖支分觀光祖房六修各代男丁統計表

代別	統計			附記
	紅丁	歿丁	總計	
十二代		一	一	五修以前譜牒散亡不全，各代男丁無從稽考，故六修男丁僅有統計而缺比較。
十三代		二	二	
十四代		一二	一二	
十五代		二三	二三	
十六代		二九	二九	
逢		二四	二四	
嗣		三四	三四	
履	二	四二	四四	
盛	二二	八八	一一〇	
安	八三	四三	一二六	
而	六七	四	七一	
吉	一二		一二	
合計	一八六	三〇二	四八八	

文友祖支分舒菴祖房六修各代男丁統計表

代別	統計			附記		
	紅丁	歿丁	總計			
十二代		一	一	五修以前譜牒散亡不全,各代男丁無從稽考,故六修男丁僅有統計而缺比較。		
十三代		四	四			
十四代		五	五			
十五代		七	七			
十六代		二〇	二〇			
逢		四一	四一			
嗣		五八	五八			
履	一八	一〇一	一一九			
盛	一一〇	六二	一七二			
安	一二三	一五	一三八			
而	四二		四二			
合計	二九三	三一四	六〇七			

文友祖支分自菴祖房六修各代男丁統計表

代別	統計			附記		
	紅丁	歿丁	總計			
十二代		一	一	五修以前譜牒散亡不全,各代男丁無從稽考,故六修男丁僅有統計而缺比較。		
十三代		二	二			
十四代		六	六			
十五代		八	八			
十六代		八	八			
逢		一二	一二			
嗣		二五	二五			
履	八	四四	五二			
盛	四七	一七	六四			
安	五一	二	五三			
而	六		六			
合計	一一二	一一五	二三七			

文友祖支分樸菴祖房六修各代男丁統計表

代別	統計			附記
	紅丁	歿丁	總計	
十二代		一	一	五修以前譜牒散亡不全，各代男丁無從稽考，故六修男丁僅有統計而缺比較。
十三代		二	二	
十四代		三	三	
十五代		一二	一二	
十六代		三二	三二	
逢		五八	五八	
嗣	四	九六	一〇〇	
履	五五	一八五	二四〇	
盛	一五六	一六八	三二四	
安	二四二	六一	三〇三	
而	一七三	六	一七九	
吉	一七		一七	
合計	六四七	六二四	三七一	

文友祖支分子健祖房六修各代男丁統計表

代別	統計			附記
	紅丁	歿丁	總計	
十二代		一	一	五修以前譜牒散亡不全，各代男丁無從稽考，故六修男丁僅有統計而缺比較。
十三代		三	三	
十四代		一〇	一〇	
十五代		一五	一五	
十六代		一〇	一〇	
逢		三二	三二	
嗣		三四	三四	
履	一九	五八	七七	
盛	八二	一六	九八	
安	一〇六	二	一〇八	
而	八		八	
合計	二一五	一八一	三九六	

文斌祖房七修各代男丁統計比較表

代別	統計			紅丁比較		
	紅丁	歿丁	總計	六修紅丁數	增	減
十二代		五	五			
十三代		一七	一七			
十四代		二七	二七			
十五代		三一	三一			
十六代		三九	三九			
逢		三四	三四			
嗣		三九	三九			
履	一	五八	五九	二四		二三
盛	三〇	五九	八九	五三		二三
安	二二	五七	七九	三八		一六
而	三四	三五	六九	五六		二二
吉	三八	七	四五	二六	一二	
恒	一八		一八		一八	
合計	一四三	四〇八	五五一	一九七	三〇	八四

文政祖房七修各代男丁統計比較表

代別	統計			紅丁比較		
	紅丁	歿丁	總計	六修紅丁數	增	減
十二代		二	二			
十三代		四	四			
十四代		八	八			
十五代		一六	一六			
十六代		二〇	二〇			
逢		四五	四五			
嗣		六一	六一			
履	二	七四	七六	二六		二四
盛	二四	四〇	六四	四三		一九
安	二二	五七	七九	一三	九	
而	一三		一三		一三	
合計	六一	三二七	三八八	八二	二二	四三

文運祖房七修各代男丁統計比較表

代別	統計			紅丁比較		
	紅丁	歿丁	總計	六修紅丁數	增	減
十二代		五	五			
十三代		六	六			
十四代		六	六			
十五代		八	八			
十六代		一二	一二			
逢		二四	二四			
嗣		五〇	五〇	五		五
履	六	六四	七〇	三七		三一
盛	三七	四三	八〇	九四		五七
安	七八	八	八六	二二	五六	
而	二〇		二〇		二〇	
合計	一四一	二二六	三六七	一五八	七六	九三

文友祖支分芳山祖房七修各代男丁統計比較表

代別	統計			紅丁比較		
	紅丁	歿丁	總計	六修紅丁數	增	減
十二代		一	一			
十三代		二	二			
十四代		七	七			
十五代		二〇	二〇			
十六代		三四	三四			
逢		五三	五三			
嗣		一二九	一二九			
履		二六六	二六六	八		八
盛	二八	四七一	四九九	一九八		一七〇
安	二六九	四八一	七五〇	四七二		二〇三
而	六〇二	二一四	八一六	四〇二	二〇〇	
吉	四四五	二五	四七〇	一〇〇	三四五	
恒	一二四	二	一二六	四	一二〇	
聚	六		六		六	
合計	一四七四	一七〇五	三一七九	一一八四	六七一	三八一

文友祖支分觀光祖房七修各代男丁統計比較表

代別	統計			紅丁比較		
	紅丁	歿丁	總計	六修紅丁數	增	減
十二代		一	一			
十三代		二	二			
十四代		一二	一二			
十五代		二三	二三			
十六代		二九	二九			
逢		二四	二四			
嗣		三七	三七			
履		五一	五一	二		二
盛		一〇一	一〇二	二二		二一
安		九八	一三四	八三		四七
而	三三	九九	一三二	六七		三四
吉	七三	四	七七	一二	六一	
恒	一七		一七		一七	
合計	一六〇	四八一	六四一	一八六	七八	一〇四

文友祖支分舒菴祖房七修各代男丁統計比較表

代別	統計			紅丁比較		
	紅丁	歿丁	總計	六修紅丁數	增	減
十二代		一	一			
十三代		四	四			
十四代		五	五			
十五代		七	七			
十六代		二〇	二〇			
逢		四五	四五			
嗣		七一	七一			
履		一二四	一二四	一八		一八
盛	二九	一三四	一六三	一一〇		八一
安	一〇〇	七九	一七九	一二三		二三
而	一二七	一一	一三八	四二	八五	
吉	三八	一	三九		三八	
恒	一		一		一	
合計	二九五	五〇二	七九七	二九三	一二四	一二二

文友祖支分自菴祖房七修各代男丁統計比較表

代別	統計			紅丁比較		
	紅丁	歿丁	總計	六修紅丁數	增	減
十二代		一	一			
十三代		二	二			
十四代		六	六			
十五代		八	八			
十六代		八	八			
逢		一二	一二			
嗣		三四	三四			
履		五六	五六	八		八
盛	一一	五五	六六	四七		三六
安	五一	二二	七三	五一		
而	四七		四七	六	四一	
吉	一二		一二		一二	
合計	一二一	二〇四	三二五	一一二	五三	四四

文友祖支分樸菴祖房七修各代男丁統計比較表

代別	統計			紅丁比較		
	紅丁	歿丁	總計	六修紅丁數	增	減
十二代		一	一			
十三代		二	二			
十四代		三	三			
十五代		一二	一二			
十六代		三二	三二			
逢		六三	六三			
嗣		一〇九	一〇九	四		四
履	一二	二二八	二四〇	五五		四三
盛	五五	二八六	三四一	一五六		一〇一
安	一七一	一九六	三六七	二四二		七一
而	二七八	七八	三五六	一七三	一〇五	
吉	一五二	五	一五七	一七	一三五	
恒	一二		一二		一二	
合計	六八〇	一〇一五	一六九五	六四七	二五二	二一九

文友祖支分子健祖房七修各代男丁統計比較表

代別	統計			紅丁比較		
	紅丁	殁丁	總計	六修紅丁數	增	減
十二代		一	一			
十三代		三	三			
十四代		一〇	一〇			
十五代		一五	一五			
十六代		一〇	一〇			
逢		三〇	三〇			
嗣		四八	四八			
履	二	七七	七九	一九		一七
盛	三五	六九	一〇四	九三		五八
安	一一八	二七	一四五	一〇六	一二	
而	一二四	七	一三一	八	一一六	
吉	一八		一八		一八	
合計	二九七	二九七	五九四	二二六	一四六	七五

文斌祖房七修各代男丁統計比較表

代別	統計			比較		
	紅丁	殁丁	總計	七修紅丁數	增	減
十二代		一〇	一〇			
十三代		一七	一七			
十四代		三〇	三〇			
十五代		四〇	四〇			
十六代		四八	四八			
逢		三四	三四			
嗣		三九	三九			
履		五九	五九	一		一
盛	三	八六	八九	三〇		二七
安	一三	六八	八一	二二		九
而	一七	六三	八〇	三四		一七
吉	二八	二九	五七	三八		一〇
恒	四二	二	四四	一八	二四	
合計	一〇三	五二五	六二八	一四三	二四	六四

文政祖房八修各代男丁統計比較表

代別	統計			比較		
	紅丁	歿丁	總計	七修紅丁數	增	減
十二代		二	二			
十三代		四	四			
十四代		八	八			
十五代		十八	十八			
十六代		二二	二二			
逢		四五	四五			
嗣		六一	六一			
履	一	七五	七六	二		一
盛	三	六四	六七	二四		二一
安	三一	二六	五七	四三		一二
而	七四	六	八〇	一三	六一	
吉	一二		一二		一二	
合計	一二一	三三一	四五二	八二	七三	三四

文運祖房八修各代男丁統計比較表

代別	統計			比較		
	紅丁	歿丁	總計	七修紅丁數	增	減
十二代		五	五			
十三代		八	八			
十四代		六	六			
十五代		八	八			
十六代		一二	一二			
逢		二七	二七			
嗣		五〇	五〇			
履		七〇	七〇	六		六
盛	七	九二	九九	三七		三〇
安	五三	四六	九九	七八		二五
而	一〇六	一〇	一一六	二〇	八六	
吉	二四		二四		二四	
合計	一九〇	三三四	五二四	一四一	一一〇	六一
						六四

文友祖支分芳山祖房八修各代男丁統計比較表

代別	統計			比較		
	紅丁	歿丁	總計	七修紅丁數	增	減
十二代		一	一			
十三代		二	二			
十四代		七	七			
十五代		二五	二五			
十六代		三四	三四			
逢		五三	五三			
嗣		一二九	一二九			
履		二六六	二六六			
盛		五〇〇	五〇〇	二八		二八
安	四五	七〇三	七四八	二六九		二二四
而	三二二	五六七	八八九	六〇二		二八〇
吉	六三〇	二二三	八五三	四四五	一八五	
恒	四七五	五四	五二九	一二四	三五一	
聚	一二四	一	一二五	六	一一八	
雍	六		六		六	
合計	一六〇二	二五六五	四一六七	一四七四	六六〇	五三二

文友祖支分觀光房八修各代男丁統計比較表

代別	統計			比較		
	紅丁	歿丁	總計	七修紅丁數	增	減
十二代		一	一			
十三代		二	二			
十四代		一二	一二			
十五代		二六	二六			
十六代		二九	二九			
逢		二四	二四			
嗣		三七	三七			
履		五一	五一			
盛		一〇二	一〇二	一		一
安	七	一二七	一三四	三六		二九
而	五六	一〇三	一五九	九九		四三
吉	八九	三七	一二六	七三	一六	
恒	六二	一〇	七二	一七	四五	
聚	二四		二四		二四	
合計	二三八	五六一	七九九	二二六	八五	七三

文友祖支分舒菴祖房八修各代男丁統計比較表

代別	統計			比較		
	紅丁	歿丁	總計	七修紅丁數	增	減
十二代		一	一			
十三代		四	四			
十四代		五	五			
十五代		一八	一八			
十六代		二〇	二〇			
逢		四一	四一			
嗣		七一	七一			
履		一二四	一二四			
盛	一	一六二	一六三	二九		二八
安	三六	一四七	一八三	一〇〇		六四
而	九七	七八	一七五	一二七		三〇
吉	一二六	一四	一四〇	三八	八八	
恒	四〇	一	四一	一	三九	
合計	三〇〇	六八六	九八六	二九五	一二七	一二二

文友祖支分自菴祖房八修各代男丁統計比較表

代別	統計			比較		
	紅丁	歿丁	總計	七修紅丁數	增	減
十二代		一	一			
十三代		二	二			
十四代		六	六			
十五代		一三	一三			
十六代		八	八			
逢		一二	一二			
嗣		三四	三四			
履		五六	五六			
盛		六六	六六	一一		一一
安	一一	六二	七三	五一		四〇
而	四二	二〇	六二	四七		七
吉	四九	四	五三	三八	一一	
恒	一四		一四		一四	
合計	一一六	二八四	四〇〇	一四七	二五	五六

文友祖支分樸菴祖房八修各代男丁統計比較表

代別	統計			比較		
	紅丁	歿丁	總計	七修紅丁數	增	減
十二代		一	一			
十三代		二	二			
十四代		三	三			
十五代		一二	一二			
十六代		三二	三二			
逢		六三	六三			
嗣		一一一	一一一			
履		二四三	二四三	一二		一二
盛	八	三三五	三四三	五五		四七
安	六〇	三二〇	三八〇	一七一		一一一
而	一九七	二四〇	四三七	二七八		八一
吉	二七一	七四	三四五	一五二	一一九	
恒	一二七	六	一三三	一二	一一五	
聚	三二		三二		三二	
合計	六九五	一四四二	二一三七	六八〇	二六六	二五一

文友祖支分子健祖房八修各代男丁統計比較表

代別	統計			比較		
	紅丁	歿丁	總計	七修紅丁數	增	減
十二代		一	一			
十三代		三	三			
十四代		一〇	一〇			
十五代		一五	一五			
十六代		一〇	一〇			
逢		三〇	三〇			
嗣		四八	四八			
履		七九	七九	二		二
盛		一〇四	一〇四	三五		三五
安	三六	一一一	一四七	一一八		八二
而	一四三	四九	一九二	一二四	一九	
吉	一五〇	一四	一六四	一八	一三二	
恒	三九		三九		三九	
聚	一		一		一	
合計	三六九	四七四	八四三	二九七	一九一	一一九

文斌祖房九修各代男丁統計表

派別	統計		
	紅丁	殁丁	總計
盛		八九	八九
安		八一	八一
而	六	七六	八二
吉	二一	五二	七三
恒	四三	二五	六八
聚	五〇	七	五七
雍	二六	二	二八
和	一		一
合計	一四七	三三二	四七八

文政祖房九修各代男丁統計表

派別	統計		
	紅丁	殁丁	總計
盛		七八	七八
安	一	六二	六三
而	二七	六九	九六
吉	六〇	一〇	七〇
恒	一一	一	一二
合計	九九	二二〇	三一九

文運祖房九修各代男丁統計表

派別	統計		
	紅丁	殁丁	總計
盛		九九	九九
安	六	九三	九九
而	七二	六六	一三八
吉	一四九	一六	一六五
恒	五二	二	五四
合計	二七九	二七六	五五五

文友祖支分芳山祖房九修各代男丁統計表

派別	統計		
	紅丁	殁丁	總計
盛		五〇〇	五〇〇
安		七四八	七四八
而	四九	八四七	八九六
吉	三二七	六五七	九八四
恒	七二一	三四一	一〇六二
聚	六九一	九一	七八二
雍	二七三	一三	二八六
和	三三		三三
福	五		五
合計	二〇九九	三一九七	五二九六

文友祖支分觀光祖房九修各代男丁統計表

派別	統計		
	紅丁	殁丁	總計
盛		一〇二	一〇二
安		一三四	一三四
而	一五	一四七	一六二
吉	五七	一一三	一七〇
恒	八四	四九	一三三
聚	九二	一二	一〇四
雍	三六	一	三七
和	五	一	六
合計	二八九	五五九	八四八

文友祖支分舒菴祖房九修各代男丁統計表

派別	統計		
	紅丁	殁丁	總計
盛		一六三	一六三
安	二	一八一	一八三
而	二一	一六〇	一八一
吉	九四	九四	一八八
恒	一七九	二三	二〇二
聚	一〇六	二	一〇八
雍	三		三
合計	四〇五	六二三	一〇二八

文友祖支分自菴祖房九修各代男丁統計表

派別	統計		
	紅丁	殁丁	總計
盛		六六	六六
安		七三	七三
而	七	五七	六四
吉	四五	二七	七二
恒	九〇	一一	一〇一
聚	二六		二六
雍	三		三
合計	一七一	二三四	四〇五

文友祖支分僕菴祖房九修各代男丁統計表

派別	統計		
	紅丁	殁丁	總計
盛	一	三四二	三四三
安	六	三七八	三八四
而	五四	四〇一	四五五
吉	一八一	二六一	四四二
恒	三三一	七七	四〇八
聚	一八七	二三	二一〇
雍	四六		四六
和	三		三
合計	八〇九	一四八二	二二九一

文友祖支分子健祖房九修各代男丁統計表

派别	統計		
	紅丁	殁丁	總計
盛		一一四	一一四
安	五	一五一	一五六
而	四七	一五八	二〇五
吉	一七六	九六	二七二
恒	二三五	二七	二六二
聚	一〇一	二	一〇三
雍	七		七
合計	五七一	五四八	一一一九

文友祖支分特達祖房九修各代男丁統計表

派别	統計		
	紅丁	殁丁	總計
盛		七	七
安		一五	一五
而		二四	二四
吉		三二	三二
恒		三四	三四
聚	一一	一九	三〇
雍	三〇	六	三六
和	二一		二一
福	二		二
合計	六四	一三七	二〇一

（趙恒堯等纂修《[湖南衡山]衡山趙氏九修族譜》 1929年一字祠鉛印本）

浙江寧波盛墊橋馬氏源流户口表

(一)溯奠族源流序

敘宗族長幼之名曰族譜,所謂維本支而聯族屬者此也。顧世人推本世系皆假借前代,托附名家,以自表異,孰知人各有祖,烏可假借附托爲也。我本支世亘業儒,歷躋顯通,緬思我始祖始於良公,延於援公、融公,迨至琜公、珍公、珏公、隱公,遭宋南遷,隨聖駕至浙江臨安,因不得志於時,遂隱跡於明州,卜三板橋居焉,是明州之有馬氏從此起矣。但余宗自宋遷南渡以來,迄今四百餘載,世遠年湮,子孫繁衍,支離派殊,古分十支之中,可考而正其源者不過一二,于此欲聯同姓一族,詳誌其遥遠淵源,不幾難哉。今姑就明州所分一支盛墊橋,近溯源本,推求奠基,而爲一派之始祖焉。兹族譜止以子昌公書諸譜首,以鳴其盛。自子昌公以來,十七世相承,既庶且富,其間而不思序之譜牒,以列其昭穆,爲之行次,以聯其族屬,亦忝生前人之後矣。然余雖集思修譜,亦第可尊其所知,闕其所不知,詳其所可徵,不强其所難考,而聊述其淵源,以俟後之高明者較正之。

(二)户 口 表

譜以紀宗族之盛衰也,人口統計尤爲今之政治家所注意,兹特立户口表列之如左。

世別	户主	男數	女數	備攷
十五世有字行	有煐	八	五	
	榮貴妻		一	
十六世裕字行	裕樟	八	七	
	裕日	五	一	
	裕校	二	二	
	裕金	二	三	
	慶生	三	三	
	裕釗	三	二	
	裕録	一	一	
	裕銀	四	一	
	裕錫	一	一	
	裕懋	一	三	

（續　表）

世别	户主	男數	女數	備攷
	東林妻		一	
	全表妻		一	
	連官妻		一	
	道全妻		一	
	裕檀	四	四	
	朝青	五	五	
	裕鎬	四	二	
	裕錕	四	一	
	裕□	四	七	
	裕卿	一	一	
	裕鎕	二	二	
	財貴	二	五	
	裕灼	二		
	夏房			現寓甯波湖西。
	少根妻		一	
	財鳳妻		一	
	裕本	一	一	
	裕昌	一		
十七世承字行	承餘	三	四	
	承楣	二	四	
	承槐	二	三	
	承揚	四	二	
	賡法	一	三	
	承鶴	一	五	
	仁鶴	一	一	
	謁表	二	三	
	新富	四	一	
	新順	三	三	
	承室	一	二	
	永興	一	三	
	鋆軒	二	三	
	挺生	五	二	
	寅生	一	一	
	承寶	三	一	

（續　表）

世別	户主	男數	女數	備攷
	承嘉	一	五	
	東生	三	一	
	承葵	三	三	
	承揚	二	一	
	承富	一	一	
	承耀	一		
	承宣	四	一	現寓上海。
	承寵	一	一	現寓上海。
	金鈕子	一	一	現寓上海。
	承銓	三	二	
	品生	四	二	
	順玉	三	二	
	順棠	一	一	
	承訓	一	二	
	承棟妻		一	
	慶林妻		一	
	長安	一	一	
	承華妻		一	
	謁桂	一		
	承綏	一	二	
	承禮	三	三	
	承德	八	七	現寓上海。
	承袷	二	二	
	元生	一	一	
	承熙	七	七	
	承康	二	四	現寓漢口。
	承渭妻		一	
十八世芳字行	品連	四	五	
	品來	二	三	
	和生	七	六	
	芳定	三	一	
	汝霖	二	一	現寓上海。
	耕霖	六	四	現寓甯波。
	綿齡	一	二	

（續　表）

世别	户主	男數	女數	備攷
	錦林	三	四	
	金元	三	三	現寓上海。
	來桂	二	二	
	芳森	四	六	
	連生妻		一	
	來生妻		一	
	賡棠	二	二	
	金章妻		一	
	芳灼	十四	五	
	根胃	二	二	
	寶榮	二	一	
	葆華	一	一	
	楊春	三	一	現寓上海。
	芳□長胃子	一	二	
	寶餘		一	
	芳綏妻		二	
	嘉善	一	二	
	謁二	一	三	
	桂芬	二	二	
	根來	二	二	
	賡林妻		一	
	根有	三	一	
	根貴	三	二	
	根在	五		
	賡裕	三	四	
	芳□德慶子	一	一	
	富全	一		
	謁根	五	一	
	文元	二		
	祥仁妻		一	
	忠意	二		
	富康	二	三	
	堃海	二	二	
	賡寶妻		一	

（續　表）

世别	户主	男數	女數	備攷
	富寶	二	三	
十九世積字行	積度	四	二	
	蘭林	四	二	
	積侈	二	二	
	積康	二	二	現寓寧波。
	積庠	四	三	現寓上海。
	少根	二	二	
	連新	二	二	
	鴻勳	三	二	
	配京	二	一	
	茂年	三	一	
	永年	二	二	
	榮圭妻		四	
	慶甫妻		一	
	鴻堃	五	五	
	炳圭	二		
	錫圭	一		
	錫萬	二	二	
	壽林	三	二	
	如在	一	一	
	根有	三	一	
	根帨	三	一	
	慶財	三	三	
	謁慶	三	三	
	謁狗年	二	二	
	慶汝	一		
	小慶	三		
	積模	三	三	
	積範	二	三	
二十世遠字行	遠　字元仁	一	一	
	户計	男計	女計	

（石紹祺纂修《[浙江寧波]鄞東盛橋馬氏宗譜》 1929年存德堂木活字本）

益陽板橋人口

丁口統計表序

覘國者，每以户口之多寡，判其强弱。歐洲諸國自大戰後，多汲汲於奬勵生齒，著爲法令，其所關蓋亦大矣。國之所重，家亦宜然。統而計之，何可缺也。兹表所列，計嵩房男四百二十一人，女二百四十一人；岳房男五十五人，女二十七人；泰房男二千零七十五人，女一千一百四十一人；衡房男七百六十四人，女四百五十九人。共男三千三百一十五人，女一千八百六十八人，統計男女五千一百八十三人。

丁口統計表

房别	支别	性别	其派	祚派	繼起	起派	紹派	賢派	良派	鴻派	合計
嵩房	建	男					六	一四	二五	一三	五八
		女					三	一四	一八	一	三六
	執	男				一〇	九三	一四四	七一	五	三二三
		女				一八	七二	八二	一三		一八五
	晚	男						一三	一六	一一	四〇
		女					一	八	八	三	二〇
嶽房	應	男			二	三	九	一〇	二〇	一一	五五
		女			一	四	三	一二	五	二	二七
泰房	致	男		一一	一六	一〇	二				三九
		女	一	九	一二	一	一				二四
	敏	男		六	六	二七	三六	三三			一〇八
		女		四	九	一八	一七	八			五六
	效	男		四三	三〇七	七〇三	五二九	一〇九	四		一六九五
		女	三	七一	三〇二	三九〇	一五三	一〇			九二九
	時	男		一	一三	六二	八八	六七	二		二三三
		女	一	三	一八	四三	五二	一五			一三二
衡房	仁	男		二	二七	一二四	一三〇	五八	一		三四二
		女		四	三九	九三	五三	一〇			一九九
	義	男		一三	五七	七五	二五				一八〇
		女		二〇	四三	三七	四				一〇四
	懋	男	一	一八	五二	九七	七二	二			二四二
		女	三	二〇	五九	六〇	一四				一五六
統計		男	一	一〇四	四八二	一一一一	九九〇	四五〇	一三九	四〇	三三一五
		女	八	一三一	四八三	六六四	三七三	一五九	四四	六	一八四八

（周繼浚等主修《[湖南益陽]益陽板橋周氏六修族譜》 1931年鉛印本）

潤州開沙許氏人口統計表

(一)七修宗譜人丁統計表

大　房	男丁	女丁	喜丁	未冠
廿三世		一人		
廿四世	九人	廿六人		
廿五世	四十七人	五十三人		十三人
廿六世	八十三人	六十三人	十三人	廿九人
廿七世	六十九人	廿一人	十二人	四十四人
廿八世	廿三人	二人	四人	廿三人
廿九世			二人	
合計	二百三十一人	一百六十六人	三十一人	一百九人
二房	男丁	女丁	喜丁	未冠
廿三世				
廿四世		三人		
廿五世	四人	四人		
廿六世	六人	二人		五人
廿七世			一人	
廿八世				
廿九世				
合　計	十人	九人	一人	五人
三　房				
廿三世	二人	二人		
廿四世	十三人	十三人		二人
廿五世	廿九人	廿七人		十三人
廿六世	四十五人	廿九人	三人	十九人
廿七世	廿八人	十人	八人	十七人
廿八世	三人		四人	三人
廿九世				
合　計	一百二十人	八十一人	十五人	五十四人
總　計	三百六十一人	二百五十六人	四十七人	一百六十八人

說明　未冠者年在二十以内，本表人數以辛未十二月底爲止。

(二)七修宗譜年壽及鰥孀統計表

大　房	壽男	壽女	鰥居	孀居
廿三世		一人		一人
廿四世	三人	九人	一人	十五人
廿五世	五人	七人	五人	十七人
廿六世	六人	五人	二人	十二人
廿七世			二人	
合　計	十四人	廿二人	十人	四十五人
二　房				
廿三世				
廿四世		三人		三人
廿五世				
廿六世				
廿七世				
合　計		三人		三人
三　房				
廿三世	二人	一人	一人	一人
廿四世	三人	五人	一人	三人
廿五世	一人	二人	一人	十一人
廿六世	一人	一人	一人	六人
廿七世				
合　計	七人	九人	四人	廿一人
總　計	廿一人	三十四人	十四人	六十九人
説明	壽者以六十稱。			

(三)七修宗譜學業統計表

大　房	大學	專科	師範	中學
廿四世		二人		
廿五世	二人		一人	一人
廿六世		一人		一人
廿七世		二人		四人
合　計	二人	五人	一人	六人
二　房				
廿四世				
廿五世				
廿六世				

廿七世				
合　計				
三　房				
廿四世				二人
廿五世				
廿六世		一人		
廿七世			一人	
合　計		一人	一人	二人
總　計	二人	六人	二人	八人

(四)七修宗譜職業統計表

大　房	政界	學界	商界	醫業	工業	農業
廿三世						
廿四世	二人		五人			
廿五世	二人	二人	廿七人			
廿六世	三人		三十六人		一人	一人
廿七世	四人		廿三人		二人	
合　計	十一人	二人	九十一人		三人	一人
二　房						
廿三世						
廿四世						
廿五世			一人		二人	一人
廿六世			一人			
廿七世						
合　計			二人		二人	一人
三　房						
廿三世			一人			
廿四世			六人			一人
廿五世			十二人			二人
世六世	一人	二人	十五人	二人	二人	三人
廿七世		一人	九人	一人	二人	
合　計	一人	三人	四十三人	三人	四人	六人
總　計	十二人	五人	一百三十六人	三人	九人	八人

説明　　年表内之儒業,本表併列入學界。

(五)民國二十年七修宗譜人丁損失表

善琳	原住佛感洲廿二圩大沙墩	福海公支

善懋	體鈺	原住再興洲六圩	福慶公支
善明	體忠	原住再興洲六圩	福慶公支
善仲	體琛	原住再興洲六圩	福慶公支

以上調查失考,無傳。

善國		原住洪新舖新莊	福海公支
體仁		原住如臯城内海月寺對河	福海公支
其鑣		原住蘇州葑門内鳳凰街水仙衖口	福海公支
其斌		原住上海	福海公支
體仁	其明其深	原住南京城北老菜市	福慶公支
體義	其松	原住南京城北老菜市	福慶公支
體貞		原住鎮江	福慶公支
體錦	其蘭	原住鎮江	福慶公支
體復		以船爲業	福慶公支

以上調查無着及無處調查。

體順		原住沙頭	福海公支
其淦		原住諫壁劉家灣	福海公支
其高		原住頭橋	福海公支

以上出外未歸。

(六)七修宗譜近十年生卒比較表

	大房	二房	三房	合計
	生數卒數	生數卒數	生數卒數	生數卒數
壬戌	二人二人		三人	五人二人
癸亥	六人一人	二人	二人二人	十人三人
甲子	五人二人		二人	七人二人
乙丑	十人三人		五人二人	十五人五人
丙寅	四人一人	一人	一人二人	六人三人
丁卯	七人三人		二人	九人三人
戊辰	七人六人		四人六人	十一人十二人
己巳	六人五人		三人二人	九人七人
庚午	一人五人		九人二人	十人七人
辛未	六人二人	一人	一人三人	八人五人
總計	五十四人三十人	四人	三十二人十九人	九十人四十九人

說明　壬戌至辛未即民國十一年至二十年,因我族所來之年表概係陰曆,故是表以干支代之。

(許其鬱等修《[江蘇鎮江]潤州開沙許氏七修宗譜》 1932年木活字本)

湖南益陽薛氏户口里居表

順可裔震房户口表附里居

系　别	支　别	户　别	丁　别	口　别	里　居
文龍系	昌榮支	三	一二	一〇	沅江十一紥
	昌華支	二	五	四	
	昌穀支	一	一	一	
	昌貴支	一	五	三	
	昌熺支	二	一〇	六	
	昌熾支	一	二	一	
	昌名支	一	七	三	
	昌利支	四	三二	一二	
	昌元支	一	四	二	
	昌吉支	三	一一	七	
	昌橋支	一	三	二	
	昌槛支	一	三	一	
	昌廷支	一	二	一	
文克系	昌禮支	一	二	一	益陽十五里窰堤灣
	昌明支	一	三	一	
	昌東支	一	四	一	
	昌陞支	二	一一	六	
	昌爵支	一	四	一	
	昌友支	一	三	二	
	昌麟支	一	九	六	
	昌鳳支	七	二四	一六	
	昌鶴支	七	二九	二二	
	昌蛟支	四	三六	二四	
	昌文支	一	二	二	
	昌斌支	三	一八	九	
	昌耀支	三	一七	一七	
	昌鵬支	一	六	一	

	昌鴨支	一	七	四	
	昌鶚支	一	二	四	
	昌鴻支	五	一七	一七	
	昌鵠支	一	三	六	
文讓系	昌連支	一	一		益陽十五里窰堤灣
	昌承支	一	二		
	昌霖支	一	一	一	
	昌曜支	一	三	一	
	昌遴支	一	一	一	
	昌貞支	一	二	一	
	昌瑛支	一	六	三	
	昌瑞支	一	二		
	昌璠支	一	二	一	
	昌璿支	一	四	二	
	昌焯支	一	一一	三	
	昌爛支	一	二		
	昌燦支	一	一		
	昌熉支	一	二	二	
	昌浩支	一	一五	八	
	昌清支	一	九	二	
	昌濤支	四	一九	九	
	昌濟支	一	一		
	昌源支	一	七	五	
文亮系	昌交支	一	五	六	益陽十五里窰堤灣
	昌綉支	一	一〇	四	
	昌芸支	一	六	三	
文道系	昌成支	一	一	一	益陽二十里屏牆灣
	昌撰支	二	七	四	
	昌鳳支	二	七	三	
	昌朝支	一	四	二	
	昌邦支	一	二		
	昌廷支	一	二	一	
	昌元支	四	二七	一八	
	昌用支	二	一三	八	
	昌鵬支	一	六	三	
	昌佑支	一	一	一	

	昌國支	一	三	二	
	昌治支	一	一	一	
文達系	昌謨支	一	二	二	益陽二十里屏牆灣
	昌林支	一	三	一	
	昌柏支	二	五	三	
	昌東支	一	一	一	
	昌遴支	二	一一	七	
	昌英支	一	一		
	昌玉支	一	三		
文昺系	昌華支	一	一	一	益陽二十里屏牆灣
文昱系	昌喜支	一	一	一	益陽二十里屏牆灣
	昌厚支	一	二	一	
文景系	昌樂支	一	四	二	益陽二十里屏牆灣
	昌學支	一	五	三	
	昌麟支	一	四	四	
	昌麒支	二	一一	七	
	昌萱支	一	一	一	
	昌茂支	一	八	三	
	昌蘭支	一	二		
	昌莘支	一	一	一	
	昌泉支	一	一	一	
	昌朋支	一	二		
	昌期支	一	二		
文公系	昌應支	一	三	一	益陽五里大水田
	昌家支	一	一		
	昌宦支	一	三	三	
	昌富支	一	一	二	
	昌朋支	一	一		
	昌應支	一	二	二	
	昌敏支	一	一〇	三	
	昌舉支	一	三	三	
文祥系	昌佐支	一	一		益陽五里大水田
	昌嶽支	一	一	一	
	昌崑支	一	二	一	
	昌岐支	三	一六	一〇	
文彬系	昌洞支	二	七	五	益陽五里大水田

文庭系	昌輔支	一	一		益陽五里大水田
	昌連支	一	一		
	昌吉支	一	四	一	
	昌兆支	一	八	四	
	昌譜支	三	一一	三	
	昌海支	一	四	一	
	昌泮支	一	四	二	
	昌淮支	一	三	一	
	昌河支	一	一		
	昌池支	一	四	一	
	昌清支	一	一		
	昌江支	一	四		
	昌喜支	一	二	三	
	昌藻支	一	一		
	昌子支	一	四	一	
	昌陽支	一	三	一	
	昌陔支	一	三	三	
	昌陞支	一	一		益陽一里八家村
	昌寶支	一	二	一	
	昌衡支	一	二		
文舉系	昌舉支	一	四	一	
文熾系	昌凝支	一	三	二	益陽一里沙渭村
文煌系	昌德支	一	二		益陽一里沙渭村
	昌慶支	二	四	三	
	昌家支	一	二	一	
	昌庠支	二	一三	一〇	
文祚系	昌旺支	一	三	二	益陽一里沙渭村
文學系	倬昌支	一	二	一	益陽一里沙渭村
	昌詠支	三	一〇	四	
	昌詣支	一	一		
	昌譔支	一	一		
	昌諟支	一	一		益陽一里沙渭村
	昌闓支	一	二	一	
	昌煦支	一	一	二	
	昌藻支	一	三	三	
	昌臨支	一	二	一	

文祺系	昌桂支	一	二	一	益陽二里沙灣裳
文福系	昌榮支	五	二二	八	益陽二里沙灣裳
	昌杏支	一	四	二	
	昌源支	一	一	一	
	昌蘭支	五	一〇	五	
	昌騰支	一	一	一	益陽一里琅玡村
	昌芳支	三	一二	六	
	昌譜支	四	一〇	三	
	昌怡支	一	九	三	
	昌世支	一	六	三	
	昌詒支	一	六	六	
	昌北支	一	七	三	
	昌容支	三	五	一	
	昌肇支	三	八	四	
	昌芹支	二	三	三	
	昌炳支	二	九	二	
	昌清支	一	四	一	
文禄系	昌原支	一	一		益陽一里琅玡村
文亮系	昌鵬支	一	一二	三	益陽二十里屏牆灣
	昌學支	二	六	三	
	昌儒支	一	三	一	
	昌曙支	二	一一	六	
	昌發支	一	一		
	昌忠支	一	一	一	
	昌東支	一	五	二	
	昌陽支	一	三	二	
	昌田支	一	三	一	
	昌訓支	一	三	三	
	昌莪支	二	六	一	
	昌盛支	五	二〇	七	
	昌應支	三	九	四	
文煌系	昌宏支	二	一三	四	益陽二十里屏牆灣
	昌翰支	三	一一	九	
	昌輔支	二	九	八	
	昌言支	二	一一	六	
	昌林支	一	一	一	

	昌元支	一	二		
	昌吉支	二	一四	九	
	昌熾支	三	一五	九	
	昌榮支	一	三	一	
	昌華支	一	六	一	
文義系	昌冬支	一	二	一	益陽二十里屏牆灣
	昌壽支	二	九	五	
	昌進支	一	三	一	
文勝系	昌鳳支	四	一八	一四	益陽十七里薛家垸
文書系	昌聯支	三	二三	二一	益陽十七里薛家垸
	昌暉支	一	五	四	
	昌泰支	一	一	四	
	昌東支	一	三	一	
	昌才支	一	五	四	
	昌清支	一	四	二	
	昌龍支	一	一	二	
	昌期支	一	三	一	
	昌敩支	一	一	一	
	昌平支	一	一	一	
	昌廉支	一	六	三	
	昌輔支	一	八	三	
	昌彬支	五	四二	三五	
	昌瑜支	九	三一	二三	
	昌燦支	二	六	六	
	昌定支	一	二	五	
	昌泰支	二	七	三	
	昌邁支	二	五	三	
	昌武支	二	六	四	
	昌傑支	一	一		
	昌華支	一	三	一	
	昌韜支	一	二		
	昌宇支	一	二	一	益陽十七里薛家垸
	昌職支	一	三	四	
	昌德支	一	一		
	昌慎支	四	一二	一〇	
	昌見支	二	八	四	

	昌美支	一	二	一	
	昌勇支	一	一		
	昌繕支	二	一二	二	
	昌智支	二	五		
	昌欽支	二	九	三	
	昌癸支	一	一		
文策系	昌江支	一	四	二	益陽十七里薛家垸
	昌海支	一	一	一	
	昌洪支	一	三	一	
	昌淇支	一	三	二	
	昌祚支	一	三	二	
	昌祺支	七	一五	一一	
	昌祜支	二	七	四	
	昌華支	一	一	一	
	昌誥支	一	二	一	
	昌與支	一	二		
文選系	昌益支	一	三	三	益陽一里沙渭村
文光系	昌明支	一	三	一	益陽一里沙渭村
文燦系	昌智支	一	二	一	益陽一里沙渭村
	昌盛支	一	一	一	
	昌俶支	二	七	三	
	昌順支	一	一		
	昌龍支	一	一	一	
	昌鳳支	一	八	二	
	昌誥支	一	一	一	

順可裔真房户口表附里居

系　别	支　别	户　别	丁　别	口　别	里　居
文照系	昌雲支	一	一		益陽一里沙渭村
	昌熾支	一	一		
文衡系	昌壽支	一	一		益陽一里沙渭村
	昌康支	一	四	二	益陽一里沙渭村
	昌華支	一	七	二	
	昌玟支	二	五	二	
	昌萱支	一	三	一	
	昌華支	二	一一	三	

	昌蘭支	一	六	二	
文郁系	昌富支	一	二		益陽一里沙渭村
	昌隆支	二	一〇	六	
	昌瑞支	二	八	二	
	昌期支	一	一		
	昌禄支	一	九	七	
	昌印支	一	一	一	
	昌麟支	二二	六二	三八	
	昌載支	一	三		
文彬系	昌期支	二	六	四	益陽五里合水橋
	昌朝支	一七	五一	四三	
	昌朗支	四	一四	一一	
	昌望支	六	二五	一七	
	緒昌支	一	七	二	
	昌炯支	一	二	一	
文宣系	昌述支	一	一		益陽一里沙渭村
	昌貴支	一	四	一	
	昌奕支	一	一		
	昌仁支	一	六	二	益陽五里清涼村
	昌義支	八	三八	一八	
	昌禮支	二八	一〇九	四六	
	昌智支	二	八	二	
	昌德支	四	二六	一六	
	昌道支	八	五〇	二〇	
	昌孝支	一	三	一	
	昌忠支	一	一		
	昌麟支	二	一〇	二	益陽五里並排村
	昌鳳支	二	九	三	
	昌華支	二	九	五	
	昌瀛支	一	七	二	
	昌清支	一	三	二	
	昌湘支	二	一三	三	
	昌濱支	二	七	二	
	昌盛支	一	二	三	益陽一里沙渭村
	昌益支	一	六	三	
	昌應支	一	一		

	昌達支	一	一		
	昌篚支	一	五	二	
	昌恒支	二二	八三	三八	
	昌發支	二	五	三	
	昌立支	六	二四	一五	
	昌鏞支	四	一六	八	
	昌瑞支	三	一一	七	
	昌傑支	一	四	二	
	昌興支	二	六	二	
	昌受支	一	二	三	
	昌文支	一	三	二	
	昌睢支	一	六	四	
	昌瑞支	一	二	一	
	昌敬支	四	一八	九	
	昌信支	一	一	一	
	昌聘支	二	七	四	
	昌裔支	六	二三	七	
	昌會支	一	六	二	
	昌乾支	一	三	二	
	昌坤支	二	八	三	
	昌賁支	一	四	一	
	昌浥支	一	四	一	
	昌倬支	一	八	三	
	昌言支	三	一一	三	益陽一里東流村
	昌三支	一	一		
	昌朗支	五	四九	二一	
	昌瑚支	六	三四	一四	
	昌朔支	八	三七	一四	益陽一里沙渭村
	昌朋支	一	一	一	
	昌梯支	一	一		
	昌構支	一	一		益陽一里芳田村
	昌銘支	二	三	一	益陽一里芳田村
	昌翔支	一	一二	四	
	昌紋支	一〇	七八	二六	
	昌榮支	三	二五	一一	
	昌裔支	二	九	二	

文定系	昌德支	一	四	四	益陽一里朱婆村
	位昌支	一〇	一九	一四	益陽一里琅玡村
	明昌支	二	六	四	
	俸昌支	六	三五	二六	
	儀昌支	一	六	二	
	儆昌支	二	五	四	
	信昌支	九	一九	一三	
	億昌支	八	三六	二二	
	昌大支	一九	九六	五九	益陽一里沙渭村
	昌吉支	一五	三九	四五	
	昌盛支	三	七	四	
	昌植支	一	三	三	
	昌煜支	一一	五〇	三八	
	昌世支	二	三	三	
	昌朝支	一	一	二	益陽五里清涼村
	昌廷支	六	二五	一五	
	昌期支	一三	五一	四一	
	昌藩支	二	一一	五	
	順昌支	一	一		益陽一里石橋
	齡昌支	一	一〇	五	
	澍昌支	二	七	四	
	綬昌支	一	二	二	
	其昌支	一	二	一	
	嗣昌支	二	九	四	益陽一里琅玡村
	克昌支	二	六	二	
	嘉昌支	一	一一	二	
	俊昌支	一	一		
	昌盛支	二	七	四	益陽一里沙渭村
	昌焯支	二	一一	四	
	昌鳳支	一	四	三	
	世昌支	二	六	七	
	乃昌支	三	一一	三	
	昌兆支	一	一		
	壽昌支	一	五	二	
	德昌支	一	一	二	
	遐昌支	二	四	二	

	昌麟支	一	一		
	昌裕支		一		
	昌至支	一	三	二	
	吉昌支	一	二	二	
	昌杞支	一	三	二	益陽一里朱婆村
	昌棣支		一		
	昌梅支	一	二		
	昌壹支	七	二二	一四	益陽一里沙渭村
	昌壺支	三	一一	一一	
	昌鳴支	二	七	八	益陽五里清涼村
	昌周支	七	二四	二二	
	昌範支	七	二八	一五	
	昌籌支	四	一四	四	
	昌徵支	一	一	二	
	昌樹支	一	四		
	昌庚支	一	一		
	昌鑑支	一	七	二	
文思系	昌信支	二	一一	五	益陽一里石橋
	昌星支	一	二	一	
	昌遇支	一	一		
	昌進支	一	二		
	昌池支	一	三		
文忠系	昌洪支	二	一六	八	益陽一里石橋
	昌漢支	二	一〇	七	
	昌溶支	一	二	一	
	昌清支	一	六	一	
	昌濬支	一	一		
	昌泮支	一	三		
	昌沆支	一	三	一	
	昌海支	一	一		
	昌洋支	一	六	二	
	昌鎮支	一	二	一	
	昌壽支	三	一一	六	
	昌耀支	二	八	四	
	昌會支	二	九	五	
	昌煥支	三	一六	六	

	昌炘支	一	五	一	
	昌隆支	二	九	三	
	昌後支	一	四	二	
	昌茂支	一	五	四	
	昌炳支	三	二〇	六	
	昌晉支	一	七	四	
	昌貫支	一	二	二	
	昌旭支	一	五	一	
	昌實支	一	三	二	
	昌華支	一	一		
文繪系	昌宸支	一	九	五	益陽五里大觀溪
	昌泮支	二	五	五	
	昌溥支	二	九	三	
	昌浩支	一	七	四	
	昌含支	一	七	二	
	昌哲支	一	九	三	
	昌德支	一	一	一	
文松系	昌正支	一	一	一	益陽五里大觀溪
	昌言支	一	五	一	
	昌立支	一	六	四	
	昌泉支	二	四	一	
	昌江支	三	一八	六	
	昌河支	一	六	二	
	昌梧支	二	一四	三	
	昌松支	一	六	二	
	昌桂支	一	六	三	
	昌瑾支	一	七	三	
	昌璠支	一	三	一	
文啓系	昌子支	一	九	五	益陽一里沙渭村
	昌邦支	一	七	五	
	昌郡支	一	三	一	
文魁系	昌智支	一	二		益陽五里大觀溪
	昌槐支	一	二	一	
	昌明支	一	四	一	
文耀系	昌澍支	一	一	一	益陽五里大觀溪
文晃系	昌澍支	一	四	一	益陽五里大觀溪

	昌澄支	一	三	一	
文邛系	昌訓支	一	二	二	益陽五里大觀溪
	昌誦支	二	八	三	
文開系	昌義支	八	五四	一六	益陽一里芳田村
	昌賢支	三	一五	五	
	昌玟支	一	一		
	昌貴支	一	二	一	
	昌渭支	一	二		
文長系	昌世支	一	五	一	益陽一里沙渭村
	大昌支	一	四	一	
	二昌支	一	五	二	
	桂昌支	一	五	一	
	昌趾支	二	七	二	
	昌冬支	一	二		
文昌系	昌麟支	五	一六	五	益陽一里黄荆村
文敬系	昌誥支	一	二		益陽一里沙渭村
	昌海支	一	六	二	
	昌照支	二	四	二	
	昌志支	一	三	二	
文魁系	昌黎支	一	三		益陽三里黄泥田
	昌言支	一	五	三	
	昌位支	一	四	二	
文明系	昌鐸支	一	一	一	益陽三里黄泥田
	昌佑支	一	四	一	
	昌俊支	一	一	一	
	昌松支	一	三	二	
	昌拔支	一	一		
文彩系	昌昭支	一	二		益陽五里羅家坪
	昌晟支	一	五	二	
	昌暹支	四	一九	九	
	昌明支	一	三	二	
	昌德支	二	九	三	
	昌桂支	二	九	三	
	昌利支	一	二	一	
	昌泰支	一	四	二	
文江系	昌安支	一	三	一	益陽五里甯鄉村

文江系	昌相支	一	三	一	益陽五里羅家坪
	昌桂支	一	三	一	
	昌位支	三	一四	五	
	昌裕支	五	三五	一六	
	昌榮支	三	二四	七	
	昌富支	八	四一	二四	
	昌圭支	二	一〇	三	
	昌和支	二	一〇	三	
	昌後支	一二	五一	二五	
	昌衢支	二	二一	一一	
	昌衡支	一五	七四	三三	
	其昌支	一	二	一	
	昌仲支	二	一三	五	
	昌漢支	一	三	一	
	昌柱支	一	三	一	
	昌年支	一	一	一	
	昌亭支	一	一	一	
	昌介支	三	八	六	
	昌開支	三	一九	九	
	昌聞支	一	二	二	
	昌閥支	六	三三	一三	
	昌閱支	四	二〇	一〇	
	昌闇支	一	八	三	
	昌閬支	一	四	二	
	昌闔支	一	二	一	
	昌慶支	一	二		
	昌緒支	一	一		
	昌侖支	一	三	一	
文啓系	昌桐支	二	七	四	益陽五里基固廟
	昌校支	四	一五	六	
	昌椿支	一	三		
	昌華支	一	三	二	益陽五里安化村
	昌富支	四	九	八	
	昌克支	一	一	一	
	昌諄支	一	一	一	益陽五里石流灣
	昌槐支	一一	四一	三五	

	昌樑支	二	四	二	益陽五里基固廟
	昌朝支	一	四	一	
	昌廷支	一	二		
	昌賢支	二	六	五	
	昌世支	五	二〇	八	益陽五里巖門坎
	昌儒支	一	一		
	昌鳳支	二	六	四	
	昌大支	八	二九	一二	
	昌鳴支	四	一三	一〇	
	昌棠支	一	一	一	益陽五里基固廟
	昌德支	六	二二	六	
	昌文支	一三	五八	二六	
	昌柱支	四	一五	七	
	昌蘭支	五	二九	一五	
	昌意支	一	八	五	
	昌栗支	一六	五七	三一	
	昌盛支	一	四	五	
	昌魁支	三	五	三	
文命系	昌怡支	一	一		益陽五里巖門坎
	昌茂支	一	二		
	昌應支	五	一一	一〇	
文教系	昌郢支	一	六	一	益陽一里沙渭村
	昌敦支	一	二		
	穀昌支	三	一〇	三	
文錦系	昌之支	二	一〇	六	益陽一里沙渭村
文豹系	昌樂支	三	一三	五	益陽一里沙渭村
	昌泰支	二	七	二	
	昌興支	一	七	四	
	昌元支	一	一	一	
	昌貴支	一	五		
	昌孝支	一	二	二	
	昌呂支	二	五	七	
	昌旬支	三	一一	作	
	昌銓支	二	五	四	
	昌倬支	三	一七	一〇	
	昌敦支	二	七	五	

	均昌支	八	三一	二九	益陽一里黄茅村
	昌倫支	一	二		益陽一里沙湄村
	昌益支	五	一四	一一	
	昌澄支	二	八	一〇	
	昌潤支	一	二	一	
	昌濟支	一	五	一	
	昌泗支	一	二	一	
	昌漢支	一	二	四	
	昌銑支	一	二		
	昌第支	一	二		
	昌蓮支	一	三	二	
	昌原支	四	一〇	八	益陽二里尹家灣
	翼昌支	一	二	三	
	其昌支	一	一	一	
	輿昌支	一	二		
	典昌支	一	三	一	
文鼎系	昌黎支	一	二	一	益陽一里沙湄村
文才系	昌照支	一	七	五	益陽二里馬跡塘

仁可裔户口表附里居

系　别	支　别	户　别	丁　别	口　别	里　居
文元系	克昌支	一	二	二	益陽二十里彭家村
	吉昌支	一	五	三	
	正昌支	一	四	二	
	賢昌支	二	一〇	五	
	益昌支	一	三	一	
	應昌支	一	一	一	
	壽昌支	一	一		
	勝昌支	一	二	一	
	爾昌支	一	二	二	
	澍昌支	一	五	三	

旻可裔户口表附里居

系　别	支　别	户　别	丁　别	口　别	里　居
文堯系	昌和支	一	八	四	漢壽仙人橋

文順系	昌進支	一	二	一	漢壽仙人橋
	昌緒支	一	一		
	昌榮支	四	二三	一一	
	昌盈支	一	二	一	
	昌達支	一	七	四	
	昌瑞支	一	二	一	
文政系	昌潤支	一	一〇	八	漢壽仙人橋
文鵬系	昌遠支	一	一	一	漢壽仙人橋
	昌禮支	一	五	二	
文美系	昌學支	一	三		漢壽仙人橋
文振系	昌全支	一	六	六	漢壽仙人橋
	昌齡支	一	四	四	
	昌第支	一	二	一	
	昌甲支	一	八	八	
文智系	昌漢支	二	九	四	漢壽仙人橋
文梁系	昌和支	六	二七	二五	漢壽佘家園
	昌後支	五	一四	一〇	
	昌有支	六	三一	二八	
	昌禎文	三	二〇	一三	
文宗系	昌雲支	一	一		漢壽佘家園
	昌雨支	一	四		
	昌行支	一	一		
文柏系	昌柱支	三	六	四	漢壽佘家園
文爲系	昌東支	三	八	九	漢壽佘家園
	昌期支	一	三	一	
	昌國支	一	六	四	
文遷系	昌達支	一	四	三	漢壽佘家園
	昌懷支	二	七	三	
	昌錦支	一	一		
文卿系	昌厚支	一	三	三	漢壽佘家園
	昌明支	一	八	五	

（薛守恭等總纂《[湖南益陽]薛氏六修族譜》 1933 年木活字本）

湖南平江朱霞陳氏丁口統計表

	一世	二世	三世	四世	五世	六世	七世	八世	九世	十世	十一世	統計
男 婦 女	玉恒 配一	耀俎 配二	世五 二	大五 二	永一 一	昌三						共二四
男 婦 女		耀科 一	世二 二 二	大二 三 三	永七 一							共二四
男 婦 女					永志二	昌六 十一	隆一四 二四存 二四	業廿二 二存一 四七	紹一三 七五存 二七四	家三二 四存三 二三	聲二一 一存二 一一	共存一 二六九 一
男 婦 女					永恩三	昌二 二一	隆七十 四存三 一	業一六 一七五 存二十	紹二五 一三一 四存二 三一二 五	家八二 五存八 二二	聲〇〇 一存一	共存一 三七六 八
男 婦 女					永念三	昌七四	隆七五 四存一 一	業六二 一存二 一				共存四 〇五
男 婦 女					永德二	昌一一	隆三五 二存一 二	業七三 一存五 六一	紹六一 十存六 一六			共存五 二二八
男 婦 女					永祥一	昌一三 一	隆四八 二存一	業一二 一六四 存六八	紹二三 一八二 三存二 三一六 五	家十一 一五存 十一一 二		共存一 四八三 二
男 婦 女					永福二	昌五七	隆一三 一八七 存四五	業三六 三九二 五存二 五二三 一	紹四四 三二三 五存四 三卅一 七	家三一 一三存 三一一 三		共存二 一九八 九三
男 婦 女				大松一	永五二	昌五三 三	隆二一					共二四 〇

男婦女				大桐一	永三一	昌二二						共一〇〇
男婦女				大杞一	永三二二	昌一一二	隆二二	業一一存一一	紹二一存二一			共存二二五
男婦女				大柏一	永三三一	昌四三一	隆三二二存一	業二一三存二一	紹〇一存一			共存三一五
男婦女				一大材	永六六一	昌一三一五六存二三	隆一四五四存二三	業六三五存六三				共存八二六八
男婦女	一一	二三	七四二	三十三	三十四二十九五	五十五十十六存二三	六九六五三一存二三一七	百〇六百〇二五五存七二六〇二	百十三七十二八十八存百〇八六十七三十八	家四二六三七存四二六卅	聲二一二存二一二	四三八三四三二三九
統計	二人	五人	十三人	二十五人	六十八人	百十六人	百六十五人	二百六十三人	二百七十三人	八十五人	五人	一〇二〇人
現存統計						五人	四十人	百三十四人	二百一十三人	七十八人	五人	四七五人

（陳日新纂修《[湖南平江]朱霞陳氏二修族譜》 1934年集義堂鉛印本）

湖南瀏陽官橋黃氏生丁統計比較表

							修別 / 丁別 / 房別	三修		統計	四修		統計
								男	女		男	女	
友琦道詳	惟鑾	左塘	楚溪	參宇	左執	天章	仕林	二二	一四	六十一	二六	一四	七十二
							盛用	二	一		一	一	
							世槐						
							南山	一二	一〇		一九	一一	

						育才	士良			一十四			一十八
							世青	一四			一一	七	
					希聲	伯蛟	友竹	三四	一四	三百二十四	二九	一七	三百八十一
							孔直	一〇	三		一一	五	
							正時	一二七	五二		一四五	七八	
							尚謙	五九	二五		六〇	三六	
						仲龍	大壯	三	一	三百三十五	一		四百零九
							大觀	一四二	七〇		一八九	七七	
							大節	一七	八		六	三	
							大鼎	三二	九		二二	六	
							大有	三四	一八		六九	三六	
友琦道詳	惟鑾	左塘	楚溪	參宇	希聲	季鰲	世任	六	三	二百三十三	七	二	二百三十二
							世聰	七	三		九	五	
							世瞻	二	一				
							世俊	四	二		一	一	
							世魁	五八	二〇		六九	三八	
							世輔	四一	一六		一九	八	
							世隆	四	三		四	二	
							世儒	四〇	一七		四一	二〇	
							世琛	五	一		四	二	
					鼎玉	添益	庭茂						
						若漢	公則						

				在中	超嚮	茹漣	北辰	八	四	十二	二	一	三
				蓄中	輝吉	天煥	東安						
						國殷	樹彩			二十六			三十一
							樹仁	一八	八		二二	九	
						國達	馥遠	三	一	四	三	二	五
						國聖	世德	一七	八	一百七十九	三五	一六	三百四十七
							庭幹	七四	三三		一一四	六七	
							在權	二九	一八		七九	三六	
		中塘	楚美	魁宇	奇珍	榮爵	太安			三十七			十
							邵安	二七	七		七	二	
							定安						
							靜安	三			一		
							楚安						
友琦道詳	惟鑾	中塘	楚美	魁宇	景瑞	宦爵	金聲	三三	一三	一百二十一	二七	九	一百二十四
							秀聲	二一	一一		一六	一一	
							俊聲	三一	一二		四一	二〇	
							傑聲						
					世珍	天爵	太邦						
						仕爵	國安			一			
							太國	一					
		右塘	楚湘	武昭	鼎亨	次彝	尚嚴						
						伯兆	正常	一〇	五	十五	六	三	九
							善遠						
						受盛	鴻詠						

							鴻貞						
					鼎文	添德	梓相	四		四	七	二	九
							梓貴						
							總統計	九百五十四	四百一十一	一千三百六十五	一千一百零三	五百四十七	一千六百五十
							比較	甲戌四修較甲午三修增男丁一百四十九增女丁一百三十六					

（黄良幹修《[湖南瀏陽]官橋黄氏四修族譜》 1934 年江夏堂木活字本）

湖南長沙龍氏各房各派人口統計

長房各派現有男女人數統計表

支別 \ 性別 \ 派別		民	自	安	孝	友	傳	合　計
官憲公支	男			一	二五	三六	一九	八一
	女			一	一九	一九	二	四一
官賢公支	男		二	一五	五五	六七	一六	一五五
	女		一	二一	四二	二九		九四
官蜜公支	男			四	二二	六八	二四	一一九
	女			五	一九	三三	一	五八
官廷公支	男		三	一七	一八	一		三九
	女		六	一二	六			二四
順照公支	男			一三	二九	七		四九
	女		一	一〇	一四	三		二八
順璜公支	男			一〇	一〇	三		二三
	女		三	八	五	一		一七
順坤公支	男			三	四	五		一二
	女		一	一	三			五

		民	自	安	孝	友	傳	合計
心正公支	男			二	一	一		五
	女		一	三	一	三		五
國貴公支	男		一	一	一			三
	女		一	一				二
統　計	男		七	六六	一六六	一八八	五九	四八六
	女		一四	六二	一一〇	八五	三	二七四

二房各派現有男女人數統計表

支別＼性別＼派別		民	自	安	孝	友	傳	合　計
順湖公支	男			三	七			一〇
	女			三	二			五
順潮公支	男			二				二
	女							
順彬公支	男		一二	六五	一二一	三九		二三七
	女	一	一七	六二	五一			一三一
順洲公支	男				一四	二〇	一〇	四四
	女			六	一二	一五		三三
順溪公支	男		一六	四一	三五	二一		一一三
	女		一七	二五	一五	九		六六
順源公支	男		八	九四	二一八	九六	四	四二〇
	女		一三	八七	一〇三	八		二一一
順洪公支	男			一	六	三		一〇
	女			二	三			五
順池公支	男		一	六	一			八
	女		一	四	一			六
順樂公支	男	一	三	二				六
	女	二	三					五
統　計	男	一	四〇	二一四	四〇二	一七九	一四	八五〇
	女	三	五一	一八九	一八七	三二		四六二

三房各派現有男女人數統計表

支別＼性別＼派別		清	民	自	安	孝	友	合計
國汶公支	男	三	九	四〇	四六	一七	一	一一六
	女	二	一一	二四	一七	三		五七
國海公支	男		七	二五	一九	三		五四
	女		五	一五	五			二五
統計	男	三	一六	六五	六五	一〇	一	一七〇
	女	二	一六	三九	二二	三		八二

四房各派現有男女人數統計表

支別＼性別＼派別		清	民	自	安	孝	友	合計
朝鄰國學支	男	六	一五	二四	二三	四		七二
	女	二	八	一八	六			三四
朝鄰國昇支	男			四	一〇			一四
	女		一	四				五
朝錠心湖愉支	男			五	九			一四
	女			六	二			八
朝錠心堯支	男		一六	一一九	二一一	五一	五	四〇二
	女		二一	九九	七三	一一		二〇四
朝錠心道貴支	男	三	五	九	一			一八
	女	二	六	四				一二
朝都國洪支	男		三	一三	八	八		三二
	女	一	四	七	四	四		二〇
統計	男	九	三九	一七四	二六二	六三	五	五五二
	女	五	四〇	一三八	八五	一五		二八三

全族各房各派現有男女人數統計表

支別＼派別	清	民	自	安	孝	友	傳	合計
選策公房			二一	一二八	二七六	二七三	六二	七六〇
選旺公房		四	九一	四〇三	五八九	二一一	一四	一三一二
選榮公房	五	三二	一〇四	八七	二三	一		二五二
選倫公房	一四	七九	三一二	三四七	七八	五		八三五
統計	一九	一一五	五二八	九六五	九六六	四九〇	七六	三一五九

全族各房各派現有嬰兒及學齡兒童統計表

支別＼派別	民	自	安	孝	友	傳	家	合計
選策公房				二四	六二	四九		一三五
選旺公房			六	一四四	一三二	一四		二九六
選榮公房		九	二四	一六	一			五〇
選倫公房		一六	一二三	四六	五			一九〇
統計		二五	一五三	二三〇	二〇〇	六三		六七一

（龍佩璋主修《[湖南長沙]龍族譜》 1935年武陵堂木活字本）

湖南湘鄉曹氏男丁統計表

鎮房共叁百捌拾壹人
　內承楠公房壹百叁拾陸人
　　承杞公房陸拾柒人
　　承桂公房壹百柒拾捌人
鑑房共壹百壹拾柒人
　內瀾鼎公房貳拾叁人
　　瀾景公房壹拾陸人
　　瀾旹公房柒拾捌人
欽房共壹拾伍人
鏡房共貳千貳百叁拾柒人
　內楚嶽公房貳百壹拾柒人
　　湘嶽公房壹千貳百叁拾柒人
　　　計善長公後伍百零伍人
　　　星長公後柒拾肆人
　　　鐸長公後伍百陸拾捌人
　　　芳長公後玖拾人
　　廣岳公房玖人
　　匡嶽公房陸人
　　岱嶽公房叁百肆拾柒人
　　凝也公房壹拾貳人
　　虞郊公房壹百零肆人
　　殷也公房貳百貳拾人

虞書公房捌拾伍人
永安公房共柒百伍拾肆人
内子橋公房貳百陸拾叁人
雙池公房肆百玖拾壹人
統計男丁叁千伍百零肆人

（曹海澄等纂修《[湖南湘鄉]湘鄉曹氏四修族譜》 1935 年本源堂木活字本）

湖南平江葉氏人口統計表

平江葉氏人口統計表説明

一、本表依據本修近代世系圖表，自一世祖中庸公始，所有男婦存亡及已、未適人之女，分别世次一律編入之。

一、中字至其字十派，舊譜僅載生子而不及生女，故開始十派之女闕而不録。

一、現存男婦及未適人之女均截算至民國二十四年乙亥立冬日止，立冬日前如有存亡或適人之變動，未經報告者應歸下次續修辦理。

一、本表自中庸公以下男婦女三類共爲五千二百八十名，現存一千零十九名，其中男占五百二十一名，婦占三百十九名，未適人之女占一百七十九名。

一、表内盈虚消長一目瞭然，愈字派略見式微，大字至應字七派日趨隆盛，發字派以下又漸轉衰落，其重要原因爲生計窘迫，冠而不昏，男多于婦，吾族人讀此表應劌目怵心，亟講求生息教養之道。

乙亥立冬節瑞棻筱嵩氏識。

人口統計表

性别 / 數别 / 派别	男		婦		女		三類合計	
	原有	原存	原有	原存	原有	未適人	原有	現存
中字派	一	○	二	○	○	○	三	○
永字派	一	○	二	○	○	○	三	○
勝字派	五	○	二	○	○	○	七	○
興字派	三	○	二	○	○	○	五	○
單字派	四	○	四	○	○	○	八	○
正字派	一四	○	一七	○	○	○	三一	○

（續　表）

派別＼數別＼性別	男		婦		女		三類合計	
	原有	原存	原有	原存	原有	未適人	原有	現存
春字派	三〇	〇	二三	〇	〇	〇	五三	〇
方字派	三五	〇	二五	〇	〇	〇	六〇	〇
維字派	四三	〇	三三	〇	〇	〇	七六	〇
其字派	六一	〇	四二	〇	〇	〇	一〇三	〇
愈字派	六二	〇	三四	〇	一	〇	九七	〇
大字派	八三	〇	五九	〇	一三	〇	一五五	〇
光字派	一一八	〇	九一	〇	三二	〇	二四一	〇
先字派	二〇九	〇	一二八	〇	五四	〇	三九一	〇
世字派	二五〇	〇	一二八	〇	七七	〇	四五五	〇
文字派	二三七	三	一三六	七	一二五	〇	四九八	一〇
明字派	三〇四	四六	二〇九	三九	一五七	三	六七〇	八八
應字派	二九七	七九	二二三	四三	二〇七	二八	七二七	一五〇
發字派	二六七	九五	一七四	六三	一七六	二一	六一七	一七九
祥字派	一九九	九九	一三四	六一	一四一	二五	四七四	一八五
良字派	一五四	一二〇	九一	七二	一五〇	四七	三九五	二三九
材字派	八九	六八	三六	三二	六一	四三	一八六	一四三
綿字派	一一	一一	二	二	一〇	一〇	二三	二三
國字派	〇	〇	〇	〇	二	二	二	二
統計	二四七七	五二一	一五九七	三一九	一二〇六	一七九	五二八〇	一〇一九

（葉瑞盞主修《[湖南平江]平江葉氏族譜》 1935年南陽堂木活字本）

湖南益陽湯氏人口壽考職業統計表

益陽湯氏丁口統計表

房別	世別	丁數	口數	總計	備考
念本公下	一世	一	一	二	
	二世	一	一	二	
	三世	二	一	三	

	四世	二	一	三	
	五世	二	一	三	
	六世	一	一	二	
	七世	一	一	二	
	八世	二	三	五	
	九世	三	二	五	以下分桀、茂兩房
桀房	十世	二	二	四	
	十一世	一	一	二	
	十二世	二	一	三	
	十三世	二	一	三	
	十四世	二	二	四	
	十五世	五	五	一十	
茂房	十世	二	一	三	
	十一世	二	一	三	
	十二世	四	一	五	
	十三世	二	一	三	
	十四世	二	一	三	
	十五世	五	五	一十	
共計	一世至十五世	四十六	三十四	八十	
桀房峯祖下	十六世	五	四	九	
澤祖下		四	四	八	
社祖下		一	一	二	
泮祖下		二	二	四	
崑祖下		一	一	二	
茂房端祖下		二	二	四	
貌祖下		一	一	二	
共計	中派	十六	十五	三十一	
桀房峯祖下	十七世	十二	十	二十二	
澤祖下		九	八	十七	
社祖下		一	一	二	
泮祖下		五	六	十一	
崑祖下		一	一	二	
茂房端祖下		三	三	六	
貌祖下		一	一	二	
共計	正派	三十二	三十	六十二	

榮房峯祖下	十八世	十九	二十一	四十	
澤祖下		十	八	十八	
泮祖下		四	四	八	
崑祖下		四	三	七	
茂房端祖下		四	四	八	
貌祖下		二	二	四	
共計	德派	四十三	四十二	八十五	
榮房峯祖下	十九世	四十四	三十七	八十一	
澤祖下		十六	十一	二十七	
泮祖下		四	四	八	
崑祖下		三	四	七	
茂房端祖下		九	十	十九	
貌祖下		六	五	十一	
共計	安派	八十二	七十一	一百五十三	
榮房峯祖下	二十世	八十三	六十九	一百五十二	
澤祖下		十八	十四	三十二	
泮祖下		五	七	十二	
崑祖下		十	九	十九	
茂房端祖下		二十三	二十五	四十八	
貌祖下		七	三	十	
共計	然派	壹百四十六	壹百二十七	弍百七十三	
榮房峯祖下	廿一世	一百六十	一百一十八	二百七十八	
澤祖下		三十	三十一	六十一	
泮祖下		十一	十二	二十三	
崑祖下		二十五	十二	三十七	
茂房端祖下		三十七	三十	六十七	
貌祖下		四	二	六	
共計	禮派	弍百六十七	二百零五	四百七十二	
榮房峰祖下	廿二世	二百二十一	二百一十	四百三十一	
澤祖下		四十九	三十三	八十二	
泮祖下		二十三	二十	四十三	
崑祖下		十九	十三	三十二	
茂房端祖下		六十九	四十八	一百一十七	
貌祖下		二	一	三	
共計	義派	叄百八十三	叄百二十五	柒佰零八	
榮房峰祖下	廿三世	三百三十四	二百八十一	六百一十五	

澤祖下		五十一	三十三	八十四	
泮祖下		四十二	三十二	七十四	
崑祖下		十六	十一	二十七	
茂房端祖下		八十八	六十八	一百五十六	
貌祖下		二		二	
共計	懋派	伍佰叁拾叁	肆佰弍拾伍	玖佰伍拾捌	
滎房峰祖下	廿四世	四百零四,現七	二百九十六,現十七	七百,現二十四	
澤祖下		五十三,現一	三十一	八十四,現一	
泮祖下		四十五	三十九,現四	八十四,現四	
崑祖下		十三,現三	十,現一	現四	
茂房端祖下		一百零五,現二	六十六,現一	一百七十一,現三	
共計	昭派	陸佰弍拾,現十三	肆佰肆拾弍,現弍拾叁	壹千零六十二,現三六	
滎房峰祖下	廿五世	五百,現一百三十九	四百一十九,現一三七	九百一十九,現二七六	
澤祖下		四十,現八	三十九,現一三	七十九,現二一	
泮祖下		六十,現二一	五十五,現一八	一百一十五,現二九	
崑祖下		十三,現九	十,現九	二十三,現一八	
茂房端祖下		九十二,現十	八十三,現八	一百七十五,現一八	
共計	允派	柒佰零五,現一八七	陸佰零六,現一八五	一千三百一十一,現三七二	
滎房峰祖下	廿六世	五百零六,現三七九	四百六十,現三一〇	九百六十六,現六八九	
澤祖下		五十四,現四一	三十八,現三〇	九十二,現七一	
泮祖下		六十六,現四六	四十七,現二五	一百一十三,現七一	
崑祖下		二十七,現二四	十七,現十三	四十四,現三七	
茂房端祖下		一百零一,現六一	一百零二,現五七	二百零三,現一一八	
共計	迪派	七百五十四,現五五一	六百六十四,現三九五	一千四百一十八,現九四六	

榮房峰祖下	廿七世	四百四十五，現四〇一	二百三十四，現一九二	六百七十九，現五九三	
澤祖下		四十九，現四十七	十八，現十八	六十七，現六五	
泮祖下		四十八，現四十五	二十六，現二四	七十四，現六九	
崑祖下		十，現十	一，現一	十一，現十一	
茂房端祖下		九十四，現七十三	六十三，現四三	一百五十七，現一一六	
共計	烈派	六百四十六，現五七六	三百四十二，現二七八	九百八十八，現八五四	
榮房峰祖下	廿八世	二百零五，現一九〇	一百零一，現八一	三百零六，現二七一	此世崑房尚未衍及
澤祖下		一，現一		一，現一	
泮祖下		六，現四		六，現四	
茂房端祖下		三十九，現三十八	十一，現十一	五十，現四九	
共計	光派	二百五十一，現二三三	一百一十一，現九二	三百六十二，現三二五	
榮房峰祖下	廿九世	四十四，現四十二	三，現三	四十七，現四十五	此世澤、泮、崑三房尚未衍及
茂房端祖下		一，現一		一，現一	
共計	欽派	四十五，現四十三	三，現三	四十八，現四六	五修譜派衍至此
榮房峯祖下	十六世至二十九世	二千九百八十二，現一一五三	二千二百六十二，現七四〇	五千二百四十四，現一八九三	
澤祖下	十六世至二十八世	三百八十四，現九八	二百六十七，現六一	六百五十一，現一五九	
泮祖下	十六世至二十八世	三百二十一，現一一六	二百五十四，現六二	五百七十五，現一七八	
崑祖下	十六世至二十七世	一百四十二，現四七	九十二，現二四	二百三十四，現七一	
茂房端祖下	十六世至二十九世	六百六十七，現一八五	五百一十四，現一二〇	一千一百八十一，現三〇五	
貌祖下	十六世至二十三世	二十五	十五	四十	
合計	自一世至二十九世	四千五百六十七，現一五九九	三千四百三十八，現一〇〇七	八千零零五，現二六〇六	合前十五世丁口數

益陽湯氏壽考統計表

世 别	六十至七十人數	七十一至八十	八十一至九十	九十一至百歲	備考
九 世		一	一		九世以上壽考無稽,故未入表
十三世		一	一		十、十一、十二、三世,均無壽者
十四世	一				
十五世	二	五	一		
十六世	六	二	一	一	
十七世	八	七	四		
十八世	十六	五	八		
十九世	二十九	十四	六	一	
二十世	三十五	三十四	十五	一	
廿一世	八十四	五十一	二十六		
廿二世	一百二十三	六十一	十七	二	
廿三世	一百一十八	七十一	三十	一	
廿四世	八十七,現八	八十一,現十三	二十一,現一	二	
廿五世	一百九十一,現九十	八十三,現三十六	十八,現二		
廿六世	八十,現四十七	二十二,現十三	八		
廿七世	十五,現十二				
合 計	七百九十五,現一五七	三百三十八,現六二	一百五十二,現三	八	現壽自生年計,至丁丑年而差異之

益陽湯氏職業統計表

房 别	世 别	政	学	军	警	農	工	商	醫
念本公下	一世至十世		七			三		二	
榮房	十一世至十五世		四			六			
榮房峯祖下	十六世至廿三世		一百五十三		三	六百三十六	五	八	五
	廿四世	十一	四十六			三百四十,現六	十現一	九	二
	廿五世	一	二十九,現二	一	現四	三百八十五,現一一八	十四,現二	廿六,現八	二

	廿六世	現六	二十六，現二十三	現二	現二	三百五十八，現三〇一	現十五	三一，現三〇	二，現一
	廿七世		十九，現一六	現三	現二	二百九十八，現二八六	現十二	現十七	現一
	廿八世		現四			九十，現八十五	現八	現四	
	廿九世		現二			現八	現一		
榮房澤祖下	十六世至廿三世		二十三			一百五十三	二		
	廿四世					四十八	一		
	廿五世		現一			二十四，現七			
	廿六世		現一			三十三，現二十八	現二	現三	
	廿七世					現三	現四		
榮房社祖下	十六七世		二						
榮房泮祖下	十六世至廿三世	一	二十三			七十九			
	廿四世		一			三十七		三	
	廿五世		三，現一			四十六，現十八	現一	九，現三	
	廿六世		三，現二		現一	三十二，現二十八	十，現八	十一，現七	現一
	廿七世		現三			十六，現十五	現三	現二	
	廿八世					現二			
榮房崑祖下	十六世至廿三世		三			五十八		八	
	廿四世		三			十，現三			
	廿五世		現一			十一，現八			
	廿六世		現一			十二，現九			
茂房	十一世至廿三世	三	七十三			一百七十三	四		
	廿四世	六	三十五	二		五十五	現二	六	

	廿五世	六	二十九，現一	一		三十四，現八		十七，現一	
	廿六世	現三	二十三，現十五			五十七，現三十	現一	現六	
	廿七世		現七			三十七，現三十六		現三	
	廿八世		現五			現九			
合計	一世至廿九世	三八，現六	五百三十，現八五	九，現五	十二，現九	三千零五三，現一〇〇八	九五，現六〇	一六五，現八三	一四，現三

幼稺職業未定，暫不入表，故統計數與丁口表不符。

（湯允懽等修《[湖南益陽]益陽湯氏五修族譜》 1936年石印本）

衡陽侯山劉氏人口年齡統計表民國二十六年丁丑秋製

房別	性別＼年齡	一至十歲	十至二十歲	二十至三十歲	三十至四十歲	四十至五十歲	五十至六十歲	六十至七十歲	七十至八十歲	合計
大學房	男	四	〇	一	四	〇	〇	一	〇	一〇
	女	〇	一	二	一	〇	〇	〇	〇	四
大庸房	男	九	七	五	一	三	三	二	一	三一
	女	〇	一	四	四	二	一	〇	〇	一二
大康房	男	七五	八二	六九	四〇	四七	二八	二〇	九	三七〇
	女	一	二〇	四四	四四	三八	三二	一二	八	二〇九
大廉房	男	八〇	六七	六二	四〇	三五	二五	一三	五	三二七
	女	二	二四	五〇	四四	二六	二一	一四	五	一八六
大序房	男	六四	五八	六四	四五	三〇	二八	一二	三	三〇四
	女	一	三二	四五	三六	二二	二六	九	八	一七九
大庶房	男	二三	二四	二三	一七	一六	一一	八	一	一二三
	女	〇	一二	一五	一六	一一	九	五	三	七一
大廣房	男	二	三	一	三	三	三	〇	〇	一五
	女	〇	一	〇	三	二	二	〇	〇	八

大度房	男	三	三	五	六	〇	〇	一	〇	一八
	女	〇	四	二	三	〇	三	三	〇	一五
大庋房	男	二	〇	〇	二	一	〇	一	〇	六
	女	〇	〇	二	一	〇	〇	一	一	五
大廩房	男	〇	〇	〇	〇	一	〇	〇	〇	一
	女	〇	〇	〇	〇	一	〇	〇	〇	一
大慶房	男	九	八	一五	九	二	三	二	二	五〇
	女	〇	六	一四	四	三	三	五	〇	三五
大廟房	男	九	六	七	七	三	四	〇	〇	三六
	女	〇	三	三	五	一	一	二	一	一六
大寵房	男	四	四	四	六	四	三	一	〇	二六
	女	〇	二	四	二	五	三	三	一	二〇
大寬房	男	八一	八四	七七	六五	二六	三二	一八	一	三八四
	女	二	二六	七三	三四	二九	三〇	二三	三	二二〇
大宙房	男	九	五	九	五	五	五	三	五	四六
	女	〇	四	三	六	五	三	二	〇	二三
大來房	男	一七	一五	一六	二〇	一二	四	四	〇	八八
	女	一	八	一一	一三	八	八	四	一	五四
大憲房	男	六	五	四	一	一	一	二	一	二一
	女	〇	二	三	三	〇	三	〇	一	一二
大華房	男	二〇	一一	一一	一五	五	六	一	一	七〇
	女	一	九	一〇	一〇	三	四	四	〇	四一
大朝房	男	八	三	九	三	三	二	三	二	三三
	女	〇	〇	二	五	二	一	三	〇	一三
大明房	男	一	〇	一	二	〇	〇	一	一	六
	女	〇	〇	〇	二	〇	〇	〇	〇	二
大胡房	男	四	〇	二	二	〇	一	〇	〇	九
	女	〇	一	二	〇	一	一	〇	〇	五
大腴房	男	〇	〇	〇	二	一	〇	〇	〇	三
	女	〇	〇	〇	〇	〇	〇	一	〇	一
大金房	男	五	六	六	二	四	四	一	〇	二八
	女	〇	一	四	四	〇	五	一	三	一八
大堯房	男	一四	一七	六	四	六	四	四	〇	五四
	女	〇	〇	三	五	八	四	四	一	二五

大舜房	男	一七	一〇	一六	五	一三	九	一	一	七二
	女	〇	六	九	五	五	一	一	三	三〇
大爵房	男	一二	一二	八	一三	六	五	四	〇	六〇
	女	〇	五	九	三	七	七	二	一	三四
大爲房	男	一八	一九	一二	一二	三	五	二	〇	七一
	女	〇	五	一〇	八	三	五	〇	一	三二
大成房	男	三七	一九	二〇	一三	一二	一〇	六	五	一二二
	女	〇	六	一七	一六	一三	九	二	六	六九
大兆房	男	二九	一七	一六	一九	一二	七	三	二	一〇五
	女	一	六	二四	一五	一四	六	六	五	七七
大欽房	男	九	五	一五	二	二	二	二	〇	三七
	女	〇	三	一〇	一	七	一	二	〇	二四
大銘房	男	一	〇	二	一	一	二	〇	〇	七
	女	〇	〇	一	〇	〇	〇	一	〇	二
大增房	男	一二	一四	一二	一四	五	四	二	〇	六三
	女	〇	六	一四	六	四	七	四	〇	四一
大福房	男	二五	一九	三八	二四	一七	一五	九	三	一五〇
	女	〇	一五	一三	九	一一	一〇	五	六	六九
大禄房	男	五	八	六	五	五	〇	二	一	三二
	女	〇	四	七	四	二	〇	二	〇	一九
大太房	男	〇	〇	一	一	〇	〇	〇	〇	二
	女	〇	一	〇	〇	〇	〇	〇	〇	一
大桂房	男	〇	〇	〇	〇	一	〇	〇	〇	一
	女	〇	〇	〇	〇	一	〇	〇	〇	一
大湘房	男	〇	〇	一	〇	〇	〇	〇	〇	一
	女	〇	〇	一	〇	〇	〇	〇	〇	一
大凰房	男	三	三	二	〇	二	一	〇	〇	一一
	女	〇	一	〇	〇	三	〇	〇	一	五
大禮房	男	二八	二五	一三	一〇	二〇	八	五	二	一〇八
	女	〇	一〇	八	一三	一〇	三	五	一	五〇
大祉房	男	九	六	六	四	三	五	二	〇	三五
	女	〇	三	四	二	五	一	二	〇	一七
大亮房	男	〇	〇	〇	一	〇	〇	二	〇	三
	女	〇	〇	一	〇	〇	二	〇	〇	三

大舜房	男	二	二	一	三	〇	一	〇	〇	九
	女	〇	二	三	〇	一	〇	一	一	八
大恩房	男	一	〇	一	一	〇	一	〇	〇	四
	女	〇	〇	一	〇	〇	一	〇	〇	二
大清房	男	二〇	一二	一七	一五	四	五	二	〇	七五
	女	〇	七	一二	一三	六	七	五	三	五二
大實房	男	一	〇	一	〇	〇	〇	〇	〇	二
	女	〇	〇	一	〇	〇	一	〇	〇	二
大盛房	男	〇	〇	〇	一	〇	〇	〇	一	二
	女	〇	〇	〇	〇	〇	〇	一	〇	一
大智房	男	二二	一二	一五	一七	七	五	四	二	八四
	女	〇	四	一三	一二	二	六	二	〇	三九
大珠房	男	三	六	九	七	二	一	三	二	三三
	女	〇	五	三	二	六	〇	八	二	二六
大寬房	男	三一	三〇	一六	二二	一二	一〇	六	〇	一二七
	女	一	七	一三	二〇	八	四	五	一	五九
大發房	男	三五	二二	一三	一五	二二	一四	六	三	一三七
	女	〇	八	一三	一九	二〇	五	四	二	七一
大旺房	男	〇	〇	一	〇	一	〇	〇	〇	二
	女	〇	〇	〇	〇	〇	〇	〇	〇	〇
大德房	男	九	〇	〇	二	三	一	〇	一	一六
	女	〇	〇	一	四	一	〇	一	〇	七
大茂房	男	〇	二	五	〇	二	四	〇	〇	一二
	女	〇	二	二	〇	二	一	〇	〇	七
大巍房	男	四	三	二	二	二	二	一	〇	一六
	女	〇	二	一	二	一	二	〇	一	九
大爲房	男	一〇	九	六	五	一	二	一	〇	三四
	女	〇	四	四	二	四	一	〇	〇	一五
總　計	男	七九二	五八八	六六八	五一五	三六六	二八六	一六一	五五	三四三一
	女	一〇	二六〇	四九五	四〇一	三〇三	二四〇	一三三	七〇	一九一一
備　註	闔族本嫁女計五百六十二人,未列表内。									

（劉異纂修《[湖南衡陽]侯山劉氏五修族譜》 1937 年鉛印本）

湖南安化闕氏人丁表

一　尚勝公房

甲　謨訓支

子　志槐分支男/女一百七/二十八/七人。

丑　志全分支男/女一百三十四/九十八人。

乙　典訓支

子　志道分支男/女八/七人。

丙　虞訓支

子　文明分支男/女三/二百八/七十三/六人。

丑　文武分支男/女八/七十七/八人。

丁　庭訓支

子　維元分支男/女一十六/四人。

丑　維亨分支男/女一百另五六十八人。

寅　維圓分支男/女二/一十四人。

卯　維滿分支男/女三/二十八/二人。

二　尚賢公房

甲　鼎梓支

子　朝林分支男/女一十九/六人。

丑　朝權分支男/女二/一百二/七十五/九人。

乙　鼎松支

子　朝杞分支男/女一十三/十人。

丑　朝柄分支男/女三/二十二/三人。

丙　鼎楷支

子　朝枚分支男/女四/三人。

統　計　　男　一千二百六十六人。
　　　　　女　九百三十五

（闞祖香主修《[湖南安化]闞氏七修族譜》 1938年恩榮堂木活字本）

湖南醴陵屈塘門村謝氏丁口比較表 二十七年戊寅六月調製

房分别	七修時丁口數	合　計	八修時丁口數	合　計	比較			
					增	百分數	減	百分數
城　分	丁四三九 口二三一	六七〇	丁五四七 口四二六	九七三	三〇三	四五·二二		
鄉分長房	丁七六二 口三七三	一一三五	丁八四五 口六九四	一五三九	四〇四	三五·五九		
鄉分二房	丁六二四 口三八七	一〇一一	丁六八〇 口五八六	一二六六	二五五	二五·二二		
鄉分三房	丁　二六 口　一二	三八	丁　一八 口　一七	三五			三	七·九
鄉分五房	丁二〇二 口一二五	三二七	丁二一六 口一六一	三七七	五〇	一五·二八		
灣富分	丁　五八 口　四〇	九八	丁　五三 口　五一	一〇四	六	六·一二		
桐田分	丁　九 口　七	一六	丁　二 口　一	三			一三	八一·二
統　計	丁二一二〇 口一一七五	三二九五	丁二三六一 口一九三六	四二九七	一〇一八	三〇·九八		

説明：
一、七修係光緒甲申，距今戊寅八修五十四年。
一、男爲丁，女爲口，女以在室者爲限。
一、鄉分四房，早已無傳，故此表不存其名。

（謝樹衡主修《[湖南醴陵]醴陵屈塘門村謝氏八修族譜》 1938年寶樹堂鉛印本）

醴陵十三都張氏全族人口統計一覽

玟房　男丁　四百五十四人
　　　婦口　三百四十一人
　　　閨女　九十六人
　　　學童　一百八十三人
　　　　合計共一千零七十四人
華房　男丁　一百六十三人
　　　婦口　一百一十四人
　　　閨女　三十三人
　　　學童　六十五人
　　　　合計共三百七十五人
茂房　男丁　二百一十六人
　　　婦口　一百五十四人
　　　閨女　五十八人
　　　學童　一百零五人
　　　　合計共五百三十三人
珷房　男丁　四十八人
　　　婦口　四十四人
　　　閨女　一十九人
　　　學童　三十三人
　　　　合計共一百四十四人
常房　男丁　一千八百八十八人
　　　婦口　一千三百九十八人
　　　閨女　五百五十八人
　　　學童　八百人
　　　　合計共四千六百四十四人
侃房　男丁　五百零九人
　　　婦口　三百九十四人
　　　閨女　一百四十四人
　　　學童　二百五十二人
　　　　合計共一千二百九十九人
[illegible]房　男丁　六十三人
　　　婦口　四十八人

閨女　一十三人
學童　二十一人
合計共一百四十五人
濟房　男丁　四百零五人
婦口　三百二十五人
閨女　九十三人
學童　一百九十八人
合計共一千零二十一人

總計玟、華、茂、珷、常、侃、韡、濟八房，共有人口九千二百三十五人。

説明：上列人口統計數目，係就民國二十七年調查所得，較之四十年前四修族譜時，未見增加，實與人口增加率之原則不合。興念人口增減，關係民族盛衰之訓，亟應窮究其源，而挽救之，斯爲幸矣。又上列統計數目，男婦閨女一併計入者，爲提倡男女之平等，而將學齡兒童另行計算，未列入男丁欄内者，亦爲重視小學教育，圖謀普及也，皆有深意存焉。

（張先懷等纂修《[湖南醴陵]醴陵十三都張氏五修族譜》 1938年醴陵敬睦堂木活字本）

湖南瀏陽堯化張氏人口統計表

（一）總祠各房各派丁口統計表僅計男丁

派別＼人數＼房別	長房	二房	三房	四房	五房	各派分計
秀	一	一	一	一	一	六
正	一	一	一	四	三	十
興	一	一	三	二	二	九
萬	一	二	一	一	三	八
大	三	四	三	六	三	一九
名	六	五	三	二二	四	四〇
國	一八	一八	九	二五	九	七九
運	二六	四六	三〇	四九	四	一五五
逢	四一	七九	七四	六二	一	二五七
清	九〇	一一五	七五	五〇	二	三三二

盛	九六	一一七	九七	七六	一	三八七
文	一一〇	一三五	一一八	九三	一	四五七
星	一一三	八五	一一一	五七		三六六
慶	九四	四六	八五	二五		二五〇
華	三五	一	一七	七		六〇
光	二					二
各房分計	六三八	六五六	六二八	四八〇	三四	二四三七
附注:本表起自秀派以上八代共計十二口					合族統計	二四四九

(二)總祠各房現有丁口統計表男女並計

性別 / 人數 / 房別	男丁	女丁	各房分計
長房	一六〇	一二五	二八五
二房	一四六	一〇八	二五四
三房	一九三	一二二	三一五
四房	一二三	一〇四	二二七
男女分計	六二二	四五九	
合族統計	一〇八一		

(三)各區域現存丁口統計表

性別 / 人數 / 地名	男	女	男女共計
堯化里	八一	五七	一三八
岸帶坡	三九	四七	八六
塘灣里	五三	二八	八一
梽木衝	一二	一六	二八
號桐坑	七	四	一一
大水壩	三	一	四
麻園里	八	六	一四
缽盂坡	二八	一九	四七
落家衝	三	二	五
黄崗衝	四六	二八	七四
迎仙衝	一八	一五	三三

湯家衝	三四	三〇	六四
淨溪橋	一八	一二	三〇
坪山里	二三	一四	三七
金剛市	一九	一〇	二九
楓林市	五	八	一三
文家衝	一四	七	二一
深田衝	九三	六九	一六二
易家衝	二	二	四
蕭家衝	一	一	二
大橋腦	九	六	一五
燈芯園	三	五	八
石　霜	九	七	一六
樟曹衝	三	三	六
青草市	二	二	四
瀏陽縣城	一三	一七	三〇
萍　鄉	一三	一四	二七
北　鄉	四	三	七
攸　縣	四一	二七	六八
湖　北	三	五	八
其　他	九		
統　計	一〇八一口		

（張文鋠主修《[湖南瀏陽]瀏陽堯化張氏族譜》 1941 年協和堂木活字本）

湖南益陽清修夏氏歷代丁口統計表

在子派前十二代丁口無多，且不便分房，故本表從子派起，而附子派前十二代丁口統計表於後。

房分 / 丁口 / 派別		芳	昌	貴	秀	梁	信	圓	聰	興	寶珠	合計		備註
子（玉）	丁	五	一	一	一	一	一	一	二	二	三	一八	四〇	
	口	五	二	一	二	二	一	一	二	三	三	二二		
强（宗）	丁	八	一	一	四	六	四	六	二	六	六	四四	九七	
	口	一二	一	一	五	七	五	七	二	七	六	五三		

友	丁		二二	三	五	一一	一二	一四	二〇	二	一七	七	一一三	二三八	
（文）	口		二四	三	四	一二	一二	一九	二四	二	一八	七	一二五		
必	丁		三三	七	一二	三八	三〇	四二	四五	四	二九	九	二四九	四八〇	
（顯）	口		二一	七	九	四〇	二六	四一	四二	四	二二	九	二三一		
從	丁		三一	一四	一〇	六九	三八	六五	七二	五	二四	一〇	三三八	五七八	
（仁）	口		二七	一五	二	五五	二九	三五	四三	五	一八	一一	二四〇		
文	丁		四	一四	四	七三	三三	四七	六四	八	四一	一六	三一〇	五四二	
（之）	口		二	六	三	四五	二二	三七	五五	六	三七	一五	二三二		
正	丁		三	八	四	四六	二二	四二	五六	一四	五〇	三〇	二七五	四七四	
（方）	口		三	三	四	二七	一六	三五	三九	六	三八	二八	一九九		
孝	丁		一〇	五	六	三三	二六	四九	四八	七	五五	四四	二八三	五三六	
（立）	口		一〇	六	五	三〇	二四	四五	三九	七	五二	三五	二五三		
義	丁		一九	一三	一〇	五六	三一	七二	八〇	一四	九二	八三	四六九	八二二	
（達）	口		一八	一三	一〇	四五	三六	六〇	四三	一〇	六四	五九	三五三		
尚	丁		六〇	二九	二六	九五	七二	一三三	一五一	二四	一六三	一三一	八八四	一四八三	
（聖）	口		一九	二〇	一七	八三	七五	九五	一二一	二一	九六	五三	五九九		
賢	丁		二三	四二	三三	一七六	一五九	二〇四	二四〇	三三	一九五	一〇九	一二一四	二〇一五	
	口		一〇	三六	一九	一一六	一〇八	一二三	一八八	一九	一三〇	六二	八〇一		
良	丁		一七	三八	四〇	二一八	二三一	二〇四	三九八	三二	二三六	一〇五	一五一九	二五二三	
	口		八	三八	二二	一二三	一七四	一四七	二六九	一五	一五七	五二	一〇〇四		
允	丁	存	〇	〇	〇	〇	一四	一二	二	〇	三	八	三九	二〇四六	
		殁	一〇	五一	二一	二一四	二六二	二八二	四五七	三二	三〇〇	八六	二〇〇七		
	口	存	〇	〇	〇	〇	一〇	七	四	〇	四	六	三一	一〇七四	
		殁	六	三一	一一	一二五	一二五	一八四	三一八	二〇	一八三	四〇	一〇四三		
錫	丁	存	〇	一	三	三	三五	四〇	九四	一	二一	二八	二二〇	一七五九	
		殁	三	四二	一六	一六五	二八八	二六二	四一二	四一	二七六	三四	一五三九		
	口	存	〇	一	三	三	三〇	三一	七二	二	三七	一三	一九二	一二九五	
		殁	三	二七	一〇	九八	二〇二	一五六	三四〇	三四	二〇六	二七	一一〇三		
昭	丁	存	五	七	七	三三	一八二	九三	三一四	一六	一六三	四〇	八六〇	一七九〇	
		殁	〇	二〇	五	九二	一五九	一七〇	二五三	四八	一六一	二二	九三〇		
	口	存	三	五	九	二七	一二〇	六二	二四五	一四	一三八	一四	六三七	一四四九	
		殁	〇	二六	四	七二	一二六	一三四	二五七	三六	一四五	一二	八一二		
先	丁	存	六	一三	五	八五	二八九	一八三	四二五	三六	三三五	二八	一四〇五	一八六一	
		殁	〇	一三	一	四三	五一	七九	一五八	三四	七三	四	四五六		
	口	存	三	一五	一	五五	二一六	一一〇	一八四	三四	二一六	九	八四三	一二七〇	
		殁	〇	一三	〇	五六	三一	七六	一三三	一九	九六	三	四二七		

訓	丁	存	一	一九	〇	一三三	二九四	一五一	一九一	三八	二五七	一二	一〇九六	一三二二	
		殁	〇	〇	〇	一五	二三	二三	一三四	八	二二	一	二二六		
	口	存	〇	六	〇	九三	一四三	八八	七七	二六	九八	二	五三三	七四四	
		殁	〇	一	〇	一二	一七	一八	一三〇	六	二七	〇	二一一		
鍾	丁	存				一〇〇	一一〇	八一	一七〇	一五	一〇二	二	五七四	六八〇	
		殁				一	三	五	九五	二	〇	〇	一〇六		
	口	存				二九	三〇	二四	一〇九	七	一一	〇	二〇八	三二八	
		殁				一	〇	二	一一六	〇	一	〇	一二〇		
英	丁	存				一一	一六	二〇	二三六	三	五	〇	一九一	二二七	
		殁				〇	〇	〇	三六	〇	〇	〇	三六		
	口	存				一	四	三	一五〇	一	〇	〇	一五九	二〇四	
		殁				〇	〇	〇	四五	〇	〇	〇	四五		
毓	丁	存							一八六				一八六	一九〇	
		殁							四				四		
	口	存							三九				三九	四三	
		殁							四				四		
瑞	丁	存							一七				一七	一七	
		殁							〇				〇		
	口	存							二				二	二	
		殁							〇				〇		
統計	丁	存	一二	四〇	一五	三六五	九四〇	五七四	一六三五	一〇九	八八六	一一八	四六九四	一五四一三	
		殁	二〇三	三〇一	一九五	一九五〇	一四八三	一七〇四	二七三〇	三一二	一七四二	六九九	一〇七一九		
	口	存	六	二七	一三	二〇八	五五三	三二三	八八二	八四	五〇四	四四	二六四四	一〇五二三	
		殁	一七八	二三八	一二二	九四六	一〇三二	一二一三	二二一四	二一四	一三〇〇	四二二	七八七九		

説明

一、寶珠公之玉、宗、文、顯、仁、之、方、立、達、聖等派，即本支之子、强、友、必、從、文、正、孝、義、尚等派，故附載於旁，並加括弧以資識别。

二、各房各派有率妻子他徙無往址者，及有居址而因交通梗塞未編修者，無從統計。

三、本表横看知某房某派之丁若干、口若干，豎看知本支某派之丁若干、口若干，合計若干。

四、允派以前無存没欄，以均殁無存故也，允派起始分存殁。

五、各欄數目均係查照各房派序，間有錯誤，皆因兼祧故也。

六、丁口之他往者，其存没欄率以年代别之，咸豐以前者列殁欄，餘均列存欄。

七、口之改嫁、出嫁及領歸者，均列殁欄。

八、存没欄無數目者均以〇代之，自允派至端派止。

九、各欄數目字均填本國數字，如“十二”寫“一二”，“一百二十”寫“一二〇”。

附：子派前十二代丁口統計表

世丁一口一，成丁二口二，林丁四口三，楚丁三口三，善丁五口四，嗣丁五口五，宗丁三口二，祖丁三口四，蔭丁三口二，太丁二口二，安丁六口四，思丁六口七，合計丁四一口三九。

説明

一、林海公支先未合派，故彼支之時、啓、典、傳、元、友、伏、寶、孔等派，即本支楚、善、嗣、宗、祖、蔭、太、安、思等派。

二、按譜三派祖林樂失考，林德遷一里武潭，林海遷寧鄉，本支爲禮公裔。五派祖善政、善教均失考，善言遷石橋，本支爲善治公裔。嗣後紛紛遷徙，不及備載。編者附識。

清修夏氏七修族譜丁口分類統計表

房別	類別 某公系下	性別	成人								学级							幼兒	統計
			農	工	商	學	兵	公務	其他	無職業	大學	高中	初中	高小	初小	私塾	未入學		
芳	子芳公系下	男	3	1	3										2			3	12
		女		6														1	7
昌	子昌公系下	男	10	2	10			1					1	1	5			10	40
		女		18											2			7	27
貴	子貴公系下	男	5	3	3										2			2	15
		女		7						2								9	13
秀	子秀公系下	男	99	55	58		13	9		16			8	9	41	2	7	48	365
		女		98						19				5	21		34	31	208
梁	仲暄公系下	男	3	4	12											2			28
		女		6						1						1		1	9
	仲春公系下	男	3	26	2		2	2	2		1		8	6			4	4	60
		女		15	1			3		13			3	2			3	23	63
	仲篪公系下	男	95	358	36	12	12	14	6	6		5	10	15	47	20	70	91	797
		女		159	1	2				295			3	10	14		27	71	592
信	仲时公系下	男	148	30	20	22	26	15			1	3	4	6	30			96	491
		女		105	8			1			1			4	23		64	52	258
	仲景公系下	男	20	16	6	5	3	4					2	2	8			46	112
		女		15	2									1	4		5	17	44
圓	仲玉公系下	男	220	55	15	16	26	12	10	18		3	3	11	32	10	15	62	508
		女		166						88			1	4	28	8	22	46	363
	仲珍公系下	男	426	88	38	18	42	21	30	28	5	6	15	34	59	8	25	22	955
		女		285						145		1	6	17	92	20	20	156	742
	仲璞公系下	男	80	24	10	2	6	4	3	12		1	4	8	18	8	5	15	200
		女		64						21			1		12	5	7	25	135

聰	子聰公系下	男	32	8	5		4	4					4	6	14	8	6	18	109
		女		80						4					10		5	11	110
興	仲瑜公系下	男	56	20	5		6	6					1	2	4			10	110
		女		40						10					4		3	20	770
	仲棠公系下	男	382	124	42		34	30			1	5	16	26	40		15	130	844
		女		525						10			2	8	17	12	31	85	690
寶	寶珠公系下	男	36	16	9		2	5					10	18	10		12	12	118
		女		44										7				6	57
總計		男	292	830	274	75	176	45	45	16	8	23	86	110	312	70	159	573	4769
		女		1631	12				19	587	1	1	16	58	225	46	211	765	4088

説明

右表所列女口數目均與歷代丁口統計數目超過者，以本表增加未列傳之女口故也。男丁間有不符，以本表均係前年由各房分纂編列，歷時既久，不無變更故也。

清修夏氏七修族譜歷屆丁口比較表

類別／屆別	男丁	女口	比較		備注
第一屆	一五九九	一〇一九	丁口增		清康熙五十四年乙未譜，自行五公于宋建隆二年辛未來益，歷年凡七百五十四。
第二屆	二二三一	一三五七	丁口增	六三二 三三八	清乾隆十五年庚午續修族譜，距乙未凡三十五年。
第三屆	四〇二二	三〇〇〇	丁口增	二四二一四 一九八一	嘉慶元年丙辰譜，距上屆歷年凡四十四。
第四屆	五八八七	四二三五	丁口增	一八六四 一二五二	道光二十年庚子譜，距上屆歷年凡四十四。
第五屆	七一一八	六一九〇	丁口增	一二三一 一九三八	光緒三年丁丑譜，距上屆歷年凡三十七。
第六屆	一〇五七四	九〇八七	丁口增	三四五六 二八九七	宣統元年己酉譜，距上屆歷年凡三十二。
第七屆	一五四六四	一〇五八三	丁口增	四八九〇 一四九六	民國三十一年壬午譜，距上屆歷年凡三十三。

説明

本表數目與歷代丁口統計數目稍有不符，因子派前歷代考妣另列總表故也。

（夏昌藩等主修《[湖南益陽]清修夏氏七修族譜》 1942年清廉堂木活字本）

湖南資陽高氏丁口表

房別	大支別	小支別	派別	男丁數	女口數	合計
智華	信昇	立鳳	祖	1	1	
			先	5	5	
			文	30	25	丁 192
			章	79	52	
			宏	77	28	口 111
		立選	祖		2	
			先	15	23	
			文	88	82	
			章	136	76	
			宏	83	32	丁 543
			盛	20	9	
			世	3		口 422
		文達	文	2		丁 2
	信輔		明	4	2	
			耀	4	2	
			祖	5	2	丁 50
			先	1	1	
			文	1		口 7
良秀	友信	大謙讓	明		1	
			耀	3	1	
			祖	6	6	
			先	7	5	丁 22
			文	5	3	
			章	1		口 60
		立尚	耀	3	4	
		安圭	祖	38	29	
			先	61	29	丁 331

		文	29	4	
		章	2		
	安承	耀	7	5	丁 12
		祖	10	6	
		先	4		口 10
	學廣	明	1		
		耀	1	1	丁 13
		祖	6	5	
		先	5	1	口 7
	安禎	耀	9	11	
		祖	36	25	丁 59
		先	39	13	
		文	11		口 94
	安禄	明	6	4	
	安上	耀	64	44	
	兩房	祖	114	65	丁 952
		先	72	7	
		文	3		口 120
	安書	明	1	3	
		耀	16	13	
		祖	52	25	丁 100
		先	31	3	
		文	1		口 44
	賢有	光	1		
		明	6	3	
		耀	16	9	
		祖	17	15	丁 36
		先	111	8	
		文	2		口 35
友化	大本	祖	2		丁 11
	賢聘	先	6	2	
		文	3		口 2
	憲位	耀	2		
		祖	2	1	

	先	7	5	
	文	13	8	丁 14
	章	10	5	
	宏	7		口 91
仞千	祖	1		
	先	1	1	
	文	11	7	丁 52
	章	10	2	
	宏	2		口 10
來儀	祖	4	7	
	先	35	22	丁 600
	文	48	17	
	章	19		
朝陽	祖	2		口 64
	先	33	24	丁 521
	文	63	28	
	章	27	1	口 35
垂雲	先	9	5	
	文	19	4	丁 13
	章	3		口 9
廣容	祖	2	11	
	先	44	45	
	文	114	59	丁 832
	章	67	16	
	宏	11		口 131
憲壽	耀	1		
	祖	4	3	
	先	28	25	
	文	39	22	丁 311
	章	38	10	
	宏	3		口 16
允若	祖	4	5	
	先	17	12	
	文	23	13	

		章	17	8	丁 77
		宏	15	3	
		盛	1		口 14
大順	邦相	祖		1	
		先	6	8	
		文	11	10	丁 22
		章	4	1	
		宏	1		口 12
	國香承	先	6	8	
		文	23	13	丁 16
		章	24	11	
		宏	7	2	口 43
	光䜣	祖		1	
		先	18	14	
		文	73	64	丁 832
		章	106	44	
		宏	41	4	口 721
	光梓	文	5	7	
		章	15	13	丁 14
		宏	19	1	
		盛	1		口 12
	邦理	耀		1	
		祖	3	2	丁 51
		先	11	4	
		文	1		口 7
	安策	耀		1	
		祖	11	16	
		先	50	39	丁 121
		文	56	12	
		章	4	3	口 17
	立昇	明	1		
		耀	12	11	
		祖	72	60	
		先	133	72	丁 792

			文	76	13	
			章	3		口 651
		立景	祖	17	18	
			先	35	21	丁 39
			文	36	10	
			章	5		口 94
		大觀	祖	9	5	丁 32
			先	15	10	
			文	8		口 50
	崇暘	賢泂	耀	22	19	
			祖	58	41	
			先	42	12	丁 131
			文	8	1	
			章	1		口 37
良項	友倫	大宗	耀	3	1	丁 50
			祖	6	4	
			先	6	4	口 9
		邦直	耀	1	2	
			祖	2	2	丁 10
			先	5	1	
			文	2	1	
		重珍	耀		1	口 6
			祖	12	10	
			先	38	23	丁 311
			文	51	18	
			章	12	1	口 35
		楚珍	耀		1	
			祖	14	9	
			先	45	122	
			文	43	17	丁 911
			章	14	3	
			宏	3	1	口 36
		器珍	祖	12	22	丁 100
		光甲	先	57	37	

		文	31	3	口 26
	器珍	祖	7	10	
	光羽	先	29	15	丁 55
		文	18	5	
		章	1		口 13
	器珍	祖	2	15	
	光地	先	31	24	丁 97
		文	42	13	
		章	4		口 25
	英邦	祖	1	1	丁 2
		先	1		口 1
	次梅	耀	3	3	
		祖	40	38	
		先	87	51	丁 691
		文	62	12	
		章	4	1	口 400
	隍谷	祖	1	1	丁 2
		文	1		口 1
	子躍	明		1	
		祖	7	10	
		先	28	25	
		文	69	47	丁 361
		章	53	10	
		宏	6		口 49
	其天	耀		1	
		祖	16	10	
		先	44	37	
		文	70	34	丁 112
		章	63	26	
		宏	18		口 800
友仲		明	10	8	
		耀	37	23	丁 58
		祖	35	8	
		先	3		口 93

	崇寶		耀	2	2	丁 6
			祖	4		口 2
良雄	崇亨	安旭	耀	1	1	
			祖	13	8	
			先	41	40	
			文	53	17	丁 331
			章	22	3	
			宏	3	1	口 17
		安晨	祖	5	3	
			先	26	16	丁 17
			文	28	14	
			章	11	2	口 53
		安昊	祖	2	2	
			先	5	4	
			文	8	3	丁 32
			章	6	2	
			宏	2		口 10
	崇星	學埛	明		1	
			耀	29	18	
			祖	70	45	
			先	85	49	丁 352
			文	67	17	
			章	2		口 300
信芳	良俊閏		明	3	4	
			耀	26	18	
			祖	67	39	丁 651
			先	58	14	
			文	2		口 57
信祥	崇浩	友孔	明		1	
			耀	10	10	
			祖	35	27	丁 200
			先	50	20	
			文	7		口 85

		友轅	祖	1	2	
			先	8	10	丁 53
			文	19	9	
			章	7	1	口 22
		友宇	祖		1	
			先	2	3	
			文	6	2	丁 40
			章	5	1	
			宏	1		口 7
		友川	祖	3	2	
			先	14	16	
			文	34	15	
			章	28	21	丁 711
			宏	31	19	
			盛	7		口 47
信元	良成	立松	耀	3	2	
			祖	18	13	
			先	71	38	
			文	102	60	丁 162
			章	57	15	
			宏	10	2	口 300
		立柏	祖	12	10	
			先	43	25	丁 69
			文	38	13	
			章	3		口 84
	良金	崇忠	祖	6	3	
			先	20	14	
			文	40	19	丁 69
			章	29	2	
			宏	1		口 83
		崇漢	先	6	5	丁 92
			文	18	12	
			章	5		口 70
		崇興	祖	15	11	丁 64

			先	22	11	
			文	9		口 22
		崇朝	祖		1	
			先	5	4	丁 11
			文	5	2	
			章 1			口 7
智斌			先	2		丁 3
			文	1		口 1
禮質	良瓊	崇烈受	祖	1	3	
			先	16	11	
			文	21	12	丁 15
			章	10	5	
			宏	3	1	口 23
禮資	智才	信奇	明	4	二	丁 31
			耀	7	4	
			祖	2		口 6
仁孝	良興	安琇	先	1	1	
			文	13	13	丁 45
			章	29	12	
			宏	11	4	口 13

全族生丁口總計表殤丁及遠籍者未列

光派　共丁一
明派　共丁三二　共口二七
耀派　共丁二八三　共口二一十
祖派　共丁八八七　共口六六十
先派　共丁一六二六　共口九四一
文派　共丁一六六十　共口七六二
章派　共丁九三七　共口三四六
宏派　共丁三五五　共口九七
盛派　共丁二九　共口一十
世派　共丁三
統共丁五八一三　統共口三零五三
合計八八六六

歷代人丁消長表係生没丁女口不列

仁派　二　義派　二
禮派　五　智派　九

信派	一四	良派	三一
崇派	四五	友派	七六
大派	一零七	賢派	一三二
立派	一七三	學派	二二三
安派	三八五	邦派	八零九
國派	一一五四	光派	一七二一
明派	二一三二	耀派	二六三五
祖派	三零五四	先派	二九九九
文派	二一九九	章派	一一零四
宏派	三八二	盛派	三十
世派	三		

統計歷代生没丁一九四二五。

（高信敏主修《[湖南益陽]資陽高氏六修族譜》 1936 年渤海堂木活字本）

湖南長沙龍氏各支人口統計表

橋口支人口統計表

派別	性　別	初修丁口	初修待字	初修總計	性　別	現存丁口	現存待字	現存總計	加減比較
乾	男				男				
	女				女				
坤	男				男				
	女				女				
英	男				男				
	女	一		一	女				
賢	男	三〇		五九	男	二		三	減
	女	二九			女	一			五六
蔚	男	六三	九	一二五	男	四〇	三	六七	減
	女	五三			女	二四			五八
起	男	一二五	二六	二〇六	男	一〇二	一六	一八六	減
	女	五五			女	六八			二〇

文	男	五五	二八	八八	男	一四二	二六	二三五	加
	女	五			女	六七			一四七
星	男				男	六九	三〇	一一二	
	女				女	一三			
運	男				男				
	女				女				
功	男				男				
	女				女				
		初修統計	四七九			現存統計	六〇三		加　一二四

備改

象形支人口統計表

派別	性　別	初修丁口	初修待字	初修總計	性　別	現存丁口	現存待字	現存總計	加減比較
乾	男				男				
	女				女				
坤	男	二		一一	男				
	女	九			女				
英	男	三七		八九	男	九		一六	減
	女	五二			女	七			七三
賢	男	一二二	九	一九九	男	六五	二	一二二	減
	女	六八			女	五五			七七
蔚	男	一〇四	一九	一七八	男	一二八	一九	二三三	加
	女	五五			女	八六			五五
起	男	一九	四	二七	男	九八	五七	一九二	加
	女	四			女	三七			一六五
文	男	四	五	九	男	二九	一四	五〇	加
	女				女	七			四一
星	男				男	八	三	一一	
	女				女				
運	男				男				
	女				女				
功	男				男				
	女				女				
		初修統計	五一三			現存統計	六二四		加　一一一

備改

江邊支人口統計表

派別	性　別	初修丁口	初修待字	初修總計	性　別	現存丁口	現存待字	現存總計	加減比較
乾	男				男				
	女				女				
坤	男				男				
	女				女				
英	男	四		九	男				
	女	五			女				
賢	男	四一	二	六四	男	一二		二二	減 四二
	女	二一			女	一〇			
蔚	男	六七	三	九七	男	四一	五	七六	減 二一
	女	二七			女	三〇			
起	男	八一	五	一一八	男	七二	八	一二六	加 八
	女	三二			女	四六			
文	男	三三	一五	五二	男	六六	一八	一一八	加 六六
	女	四			女	三四			
星	男	二		二	男	四八	一四	七六	加 七四
	女				女	一四			
運	男				男	四	五	一一	
	女				女	二			
功	男				男				
	女				女				
		初修統計	三四二			現存統計	四二九		加　八七

備改

牆背支人口統計表

派別	性　別	初修丁口	初修待字	初修總計	性　別	現存丁口	現存待字	現存總計	加減比較
乾	男				男				
	女				女				
坤	男				男				
	女				女				

英	男				男				
	女				女				
賢	男	一		一	男				
	女				女				
蔚	男	二		二	男	一		一	減
	女				女				一
起	男				男				
	女				女				
文	男				男				
	女				女				
星	男				男				
	女				女				
運	男				男				
	女				女				
功	男				男				
	女				女				
		初修統計		三		現存統計		一	減　二

備改

石橋支人口統計表

派别	性　别	初修丁口	初修待字	初修總計	性　别	現存丁口	現存待字	現存總計	加減比較
乾	男			一	男				
	女	一			女				
坤	男	八		一七	男				
	女	九			女				
英	男	六四		一一八	男	二五		四三	減
	女	五四			女	一五			七五
賢	男	一二〇	一	一七五	男	八一	七	一五四	減
	女	五四			女	六六			二一
蔚	男	一三五	五	一九五	男	一六〇	四五	二八六	加
	女	五五			女	八一			九一
起	男	九八	一〇	一三四	男	一二八	四二	二三九	加
	女	二六			女	六九			一〇五

文	男	二二	七	三一	男	一〇八	二九	一六六	加
	女	二			女	二九			一三五
星	男				男	一二	八	二四	
	女				女	四			
運	男				男				
	女				女				
功	男				男				
	女				女				
		初修統計	六七一			現存統計	九一二		加 二四一

備改

上壠支人口統計表

派別	性別	初修丁口	初修待字	初修總計	性別	現存丁口	現存待字	現存總計	加減比較
乾	男				男				
	女				女				
坤	男	四		五	男				
	女	一			女				
英	男	一四		二三	男	五		九	減
	女	九			女	四			一四
賢	男	五三	二	八三	男	二六		四六	減
	女	二八			女	二〇			三七
蔚	男	四六	一六	七二	男	六六	七	一一八	加
	女	一〇			女	四五			四六
起	男	七	五	一二	男	五九	二四	九六	加
	女				女	一三			八四
文	男				男	九	六	一五	
	女				女				
星	男				男				
	女				女				
運	男				男				
	女				女				
功	男				男				
	女				女				
		初修統計	一九五			現存統計	二八四		加 八九

備改

大橋支人口統計表

派別	性　別	初修丁口	初修待字	初修總計	性　別	現存丁口	現存待字	現存總計	加減比較
泰	男	一		三	男				
	女	二			女				
馥	男	一〇		二二	男	三		七	減一五
	女	一二			女	四			
録	男	四三		八九	男	一〇		二六	減六三
	女	四六			女	一六			
綬	男	一五四	一六	二七七	男	六九	三	一三四	減一四三
	女	一〇七			女	六二			
世	男	一七九	三二	三一八	男	一四九	九	二八四	減三四
	女	一〇七			女	一二六			
澤	男	七七	一二	一〇二	男	二〇四	四四	三五七	加二五五
	女	一三			女	一〇九			
焕	男	三		三	男	八九	五九	一六三	加一六〇
	女				女	一五			
星	男				男	二	三	三	
	女				女				
運	男				男				
	女				女				
功	男				男				
	女				女				
		初修統計	八一四			現存統計	九七四		加一六〇

備改

松園支人口統計表

派別	性　別	初修丁口	初修待字	初修總計	性　別	現存丁口	現存待字	現存總計	加減比較
乾	男				男				
	女				女				
坤	男	二		四	男				
	女	二			女				

英	男	三九		八一	男	一〇		一八	減
	女	四二			女	八			六三
賢	男	一九四	六	三〇九	男	八二	七	一五二	減
	女	一〇九			女	六三			一五七
蔚	男	一一三	二六	一九五	男	一八四	二八	三二八	加
	女	五六			女	一一六			一三三
起	男	四二	七	五二	男	一六二	六九	三〇六	加
	女	三			女	七五			五四
文	男	三		三	男	六三	三九	一〇九	加
	女				女	七			一〇六
星	男				男	四	二	六	
	女				女				
運	男				男				
	女				女				
功	男				男				
	女				女				
		初修統計	六四四			現存統計	九一九		加二七五

（龍賢賁主修《[湖南長沙]龍氏二修族譜》 1942年武陵堂木活字本）

四川蓉城葉氏榮公系各房各輩男丁存亡人數統計表

房別 \ 人數 \ 派別		萬	向	正	宗	祖	大	式	乃	尚	合計	存亡總數
長	存					六	七三	一九九	一二〇	一五	四一三	八八七
	亡	一	四	一五	五一	一四四	一七二	七八	九		四七四	
二	存					三	二七	九八	一〇八	六	二四二	五一九
	亡	一	三	一三	四九	八五	九〇	三五	一		二七七	
三	存					四	三〇	八〇	七四	三	一九一	四一八
	亡	一	二	一四	三二	七八	七〇	二七	三		二二七	

四	存											二一
	亡	一	一	三	六	七	三				二一	
六	存					八	六三	一三九	五二	二	二六五	五三六
	亡	一	四	一六	四六	一一一	七三	二一			二七二	
七	存					二	二	二〇	二二	三	四九	一五二
	亡	一	一	五	一三	三九	三三	一〇	一		一〇三	
么	存					一三	九四	九〇	二八	一	二二六	五二六
	亡	一	六	二三	五四	一一八	七八	一九	一		三〇〇	
合計	存					三六	二八九	六二六	四〇四	三〇	一三八五	三〇五九
	亡	七	二一	八九	二五一	五八二	五一九	一九〇	一五		一六七四	
備考	本表自萬字輩起至尚字輩，統計各房男丁存亡人數叁千零伍拾玖人，內中計已故者一千六百七十四人，現存者一千三百八十五人，合併註明。											

（葉祖學等纂修《[四川成都]蓉城葉氏宗族全譜》 1943年石印本）

湖南醴南思劉氏丁口表

敍言

我田心劉氏自鼻祖珠公八傳至始遷祖定公，一脈相承，已傳有二十八代矣。其散居本邑南鄉及湘攸各地者不一，族譜雖曾七修，然丁口數目未加統計，縱澈底遍閱，試問丁口狀況仍是茫然。兹有見及此，特檢此歷代丁口統計表，俾閱斯譜對於我姓丁口多少一覽了然，從此瓜綿椒衍，奕葉崢嶸，其培植之心當不禁油然而興焉。

生歿丁口統計表

代次	性別	丁口數目	壽六十以上數	名器人事	生歿闕數	歿葬闕數
一代	男 女	一 一	一 一	誥封金紫光禄大夫一 誥封一品夫人一		
二代		三 五	三 二	貤封光禄寺卿一，中議大夫一，貢生一， 貤封一品夫人二。	二	
三代		八 一二	四 四		四	二

四代		二 二	一		一	
五代		一 一	一 一		一	一
六代		三 一	一		一	
七代		一 一	一 一			
八代		一 一	一	庠生一		
九代		三 三	二	由人才出身、官南昌倉大史一	一	
十代		六 六	二 一		二 二	
十一代		八 九	四 四	庠生二	三	一
十二代		九 八	五 二		二 三	二
十三代		一二 九	三 五		四 一	
十四代		一九 二十	六 五		七 九	
十五代		四六 三五	一六 一五		一五 一十	一
十六代		四四 三四	一一 四		二五 一八	一
十七代		三八 三一	一三 七		一三 一三	二
十八代		四三 三五	一四 一二		八 四	一
十九代		七四 六三	一九 一二	增廣生二	七 四	二 一一
二十代		一三三 八九	五二 三一	登仕郎一	一七 一八	二十 九

二一代		一五七 九八	五十 三七	大學生一，登仕郎二。	一一三 一六	一三 五
二二代		一七九 一一	七九 四二	誥封正一品一，庠生二，大學生五，例授從九品一，誥封一品夫人一。	五 一一	二四 二六
二三代		一九八 一三二	六五 四二	欽賜頭品頂戴記名提督一，花翎千總一，修職郎二，儒林郎一，登仕郎一，大學生六，從九品四，翰林院待詔一，刺授孺人一。	七 一五	二二 二一
二四代		二一九 一三六	七四 三二	貢生一，大學生二，府禮生一，國學生一，登仕郎二，從九品四。	十 四	二三 一五
二五代		二 一一七	五九 二二	師範畢業一，民國議員一。	七	九 二
二六代		一五二 一　二	六 三	陸軍少校一	二 二	四 二
二七代		九五 三八			一	二
二八代		二五 一				

各房分支掛牌表我八代始遷祖生子三，故列爲三大分，各分分房分支不一，特刊表於下。

分別	某公位下	房別	支別	某公裔	備　　註
嗣宗公	定武公	穆翠柏公			住攸邑獻都雙江鄉上半山
	定文公	穆蒼松公			至長字派止
		穆申棖公	如苞民字	爾棼星平	住田心寺衝牌梓山
				爾業星益	住田心寺衝牌梓山
				爾紹奠南	至大字派止
				爾萼青梅	至昌字派止
				爾勁青松	至維字派止
				儞樑青材	住田心
				爾裕昌後	住楊家源株木衝
				爾蘭秋元	住楊家源株木衝
				爾禧應禄	住田心
				爾懋應侯	住田心
				爾球應宗	住田心
				爾邦幹才	至昌字派止
			如篪冲宇	爾宮應爵	住田心

				爾舉賢元	至昌字派止
				爾錢青文	住團村
				爾冰青俊	至大字派止
				爾屏周文	至昌字派止
			如竹秀吾	爾漱廷俊	至大字派止
				爾亮青韻	住洋石衝梧林衝
		穆青梧公	如岡賢宇	爾驤聲選	至宗字派止
				爾朝聲朝	住杉仙鄉中壩磬子衝
	定乾公				至如字派止
			風純良先		至熾字派止
				熾藜建潮	住田心
				熾杖建國	住船灣
	定坤公	穆幹貞公	風美啓先	熾珊建洲	住船灣
				熾宙建邑	住新疆省
				熾巖建臺	至長字派止
	定暘公	穆軒祖公			至爾字派止
華宗公	定櫟公	穆典謚公			至清字派止
	定華公	穆語傳公			至清字派止
	定江公	穆儀謙公			至熾字派止
	定棟公	穆正論公			住土王山攸邑
勝宗公	定章公	穆深送公	清香良允	爾坡訪蘇	住高羊古石家上
				爾由謙山	至宗字派止
				爾飛訪龍	至昌家派止
	定惠公	穆忠達公	清姿秀卿	爾靄皇裔	住青塘弦
				爾篤忠裔	至宗字派止
				爾朝盛陽	至宗字派止
				爾尼昌平	住青塘弦
	定恩公	穆恕遵公			至清字派止
		穆睿遜公	清淨良碧	爾花楚山	至大字派止
				爾鐘世超	住田心
				爾進文安	至翰字派止
				爾質文超	至維字派止
				爾弨善政	住王家山下
				爾衷善交	至昌字派止

				爾楹啓超	住田心
	定茂公	穆義遷公	清問洲所	爾嵐仲仁	至昌字派止
				爾葱接林	住棗樹下雅含潭邑石磴衝
				爾紓文貴	至昌字派止
				爾繩文才	住棗樹下
				爾言展才	住棗樹下
				爾幹棟才	住棗樹下

（劉維潘等修《[湖南醴陵]醴南田心劉氏八修宗譜》 1943年敦倫堂木活字本）

湖南羅氏生丁統計表

《周禮·秋官·司民》：掌登萬民之數，自生齒以上皆書於版，辨其國中都鄙郊野，異其男女，歲登下其死生。三年大比，司寇獻之於王，王拜受之，登於天府。孔子見負版者必式，甚矣民數之重也。句踐報吴，獎勵生殖，女十七不嫁，男二十不娶，罪其父母。德法圖强，獎勵蕃育，子女多者，國家養之。又頒鰥夫律，以警民之不嫁娶者。蓋以民之衆寡，關係國之盛衰，民衆則國强，民寡則國弱，此必然之理也。國族如此，家族亦然，我族丁口之盛，不下各大姓。此次編修通譜，一松祖裔最繁，丁口殆將數萬。海公雲飛尚敬公裔次之，最少者亦數百人。邑前輩謝玉芝先生曰："嘗思夫一族之中，其派衍支歧，門分户别，或前盛而後衰，或前衰而後盛，或衰矣而復盛，或盛矣而仍衰，人以爲關係地氣之衰旺不齊，家運之隆替不等。吾以爲皆非也，由於産業之有盈虧耳。余嘗見夫艱難締造之家，量薪而爨，淅米而炊，器用無華，衣食粗足，自以爲子孫世守，可保無虞。乃未幾而丁口浩繁，孫曾羅列，昔之食一口、衣一人者，今則衣食數十人口矣。重以驕惰之氣，習與性成，坐食山崩，敗徵立見。田園蕩析，棟宇傾頽，此人浮於産之證也。又嘗見夫勤儉持身之子，積寸累尺，手胼足胝，室鮮閒人，庭無發物，方自恐後將不繼，來日大難。乃其子若孫，非習耕鑿，即習貿遷，耗一産即增一生産之方，蠹一財即覓一求財之術，即令瓞繁椒衍，長育不窮。而甲第雲連，貨財山積，食足衣豐，無憂凍餒，此人與産普增之證也。"至哉斯言。然吾更有一説，大抵忠厚興家者，其興也必久，而子孫必繁衍無窮。刻薄興家者，其興也必不長，而其子孫必逐漸零落不振。地不加闢，人口日增，生存競爭，優勝劣敗，是固天演公例，然無不以良心爲之準。吾願吾族之人，積極方面，士農工商，各專一業，養成生活技能。消極方面，戒浪遊，杜奢侈，屏絶一切無聊嗜好，而又能開源節流，量入爲出，則家道日昌，而生齒日繁矣。

一永寧生丁統計表一民國二十八年編　本表自啟字班起，至孝字班止，治字班以下列入第二表。

支別	派別	班別									合計
		啟	楚	永	世	承	教	崇	忠	孝	
彥一原富	子林				一二	四四	二四	四八	九七	九〇	三一五
	子緣			三	一四	四五	四一	二			一〇五
	子忠			三	一〇	二六	二八				六七
原富子旺	廷珊				二九	一五四	二二六	二一七	一一三	一二	七五一
	廷璉					一	二六	六二	三八	一	一二八
	廷琇					九	四〇	四〇	三		九二
	廷⿰王甫			三	三一	五一	五二	一一			一四八
	廷璽				五	二三	五六	一〇一	一八五	一一四	四八四
	廷璋		一	七	二五	九五	一〇五	二九			二六三
	廷珪			二	一三	三五	二〇四	三一八	一六八	一五	七五五
	廷相				四	一八	八				三〇
	廷桂				一	七	一一	五			二四
	廷柯		一	五	四九	五九	一六	二			一三二
	政器			一	一四	五七	六四	一七	五		一五八
	時節				一						一
	應甲			一	三〇	一八七	五三八	四六六	三一三	八〇	一六一五
原富子旺	應俊				九	一四五	三四五	三一三	一〇三	九	九二四
	應泰				一	三三	五三	三			九〇
	廷瑚	三	六	五	二三	二〇	一二	一四	四		八七
原富子贊	廷英			一〇	一〇九	二三八	一五三	七七	五		五九二
	廷蘭			二	一一	二〇	一五	三			五一
	廷重			一七	一九七	四八〇	四六六	二〇二	二八		一三九〇
原富子海	政顯				七	一九	一一五	四			四五
	政春		一	一〇	三一	三六	一				七九
	政省			一	五九	一五四	一九三	一八五	八四	一四	六九〇
	政盛		八	五六	一四七	七四	四				二八九
彥一原福	廷瑄			二	六二	二五四	四五七	三七六	五六	七	一二一四
	廷珂		二	一四四	四四三	四四八	一三〇	三			一一七〇
	子清		七	七一	一三一	七一	三六	三			三一九
彥一原禄	子環		七	七四	二三五	四六四	五〇六	一四三	三		一四三二
	子⿰王甫							一	一三	七二	八八
	子琛					二	一	二六	一一九	二〇二	三五〇

	子瑄			四	一八	六三	一〇八	六六	一		二六〇
	子剛	一	二				五	一〇	二三	一二五	一六六
	子全	六	五五	一七一	二〇九	一一〇	六六	四			六二一
	子政		一	一〇	六	四					二一
彦一義叔	學碧				三	三三	七六	四三	四		一五九
	學鑑					七	三一	二三	七		六八
彦一禮叔	必聰				七	四四	一九七	四八一	六〇二	二八八	一六一九
	必智				六	八四	一八七	一六五	九五	三八	五七五
彦一智叔	文源				二九	二二八	三二三	八一	二八	二八	七一七
	文相			二							二
	文松					二	七	一一	二		二二
	文卓					一五	七				二二
彦一少卿	廷惠					四	一〇				一四
	廷憲					四	六				一〇
	廷憩			一〇	一二二	三一七	二五八	四二	二		七五一
彦二	子椿			四	六	二七	三二	二七	八		九四
彦二子吉	政資		一	六	六四	一四二	一一七	二一			三五一
	政本				一九	六四	七六	一三			一七二
	政冲		九	七	四	一					二一
	政第				一〇	二七	一四				五一
彦三	廷鑑					二	九	三一	八〇	三二	一五四
	廷賢						一一	一八	五		三四
	廷緣					四	一六	四〇	九二	一四四	二九六
	政煌					三	一二	三二	二五	二一	九三
本表統計		九	一〇〇	六三三	二二三	四四七九	五三六六	三七五三	二三〇五	一二九二	二〇一六九

永寧生丁統計表二本表與前表孝字班銜接

支別	派別	班		別			合計	連前表合計
		治	尚	寬	平	運		
彦一原富	子林	三五	三				三八	三五三
原富子旺	廷璽	五					五	四八九
	應甲	三					三	一六一八
彦一原禄	子琑	一〇八	五〇	一四	六		一七八	二六四
	子琛	九三	一				九四	四四四

	子剛	三二四	四四〇	二八八	八〇	五	一一三七	一三〇三
彥一禮叔	必聰	五九					五九	一六七八
	必智	四					四	五七九
彥一智叔	文源	二					二	七一九
彥三	廷緣	四二	一				四三	三一九
	政煌	三					三	九六
本表統計		六七八	四九五	三〇二	八六	五	一五六六	連前表統計 二一七三五

二洋溪四翁仲榮房生丁統計表民國三十年編

支別	派別	班				別					合計
		科	甲	聯	元	教	崇	忠	孝	治	
文富友祥	萬軫				三	二〇	五五	八八	二		一六八
	萬寬						一	五	一		七
文聰友信	萬隆				一四	二九	一一				五四
文秀友銓	萬愈				五	三一	四六	九	二		九三
	萬忠			一	一六	六七	六三	四			一五一
	萬思				二	一					三
	萬愚			一七	七六	一〇三	八四	五六	三七	四	三七七
文秀友銓	萬意			二	一八	一五	四				三九
	萬志			一	四	二					七
	萬憲				二	一一	五				一八
文秀友興	萬春						二五	七〇	三九	二	一三六
	萬勝				三	一四	二三	九	六	四	五九
文秀友清	萬圭				一一	三四	四二	二一	六		一一四
	萬瑾				二	一三	一一	一			二七
	萬琩				三	一五	二一	三			四二
	萬玲					三	一三	二			二八
文智友文	萬昇		五	一九	一一						三五
	萬善			一	七	二二	五	二			三七
文智友祖	萬橋			三	二二	六〇	三九	六			一三〇
文智友鑑	秀瑞璁			一	五	一					七
文俊友銘	秀玎		二	一四	三五	四一	一四	一			一〇七
	秀迪			六	二〇	二九	一七				七二
	秀彪					六	九				一五

	天寶				二四	一七〇	四二一	二一四	一〇		八三九
	天璿		一	六	八	一七	一				三三
文俊友懷	萬成					一	一				二
文俊友宣	萬斌			一〇	五八	七五	八				一五一
	萬來				一	三					四
	萬襄				一	六	六	九			二二
	萬堯					二〇	八三	八四	一二		一五五
	萬壽			三	二二	三五	二三	二			八五
	萬繡	三	一六	三〇	三七	四五	一四				一四五
	萬連		一	一二	四						一七
文俊友真	萬卷					六	四九	六八	二九		一五三
文諒友敬	萬爵				二						二
統　計		三	二四	一二〇	四五九	九一四	一〇五五	六四八	一四四	一〇	三三七七

八翁仲聰即仲一房生丁統計表民國三十年編

支別	派別	班				別					合計
		科	甲	聯	元	教	崇	忠	孝	治	
子偲文如	萬輔				三五	一六〇	一五二	四八	一		三九六
子偲文綱	萬宣				二〇	六四	六六	三八	九		一九七
統　計					五五	二二四	二一八	八六	一〇		五九三

八翁仲二即仲諒房生丁統計表民國二八年編

支別	派別	班			別				合計
		科	甲	治	尚	寬	平	連	
子榮政祥	九貞		二	九	六〇	六三	四〇		一八四
	九福			一三	二九	一三	五		六〇
	九翔			一	一一	二一	三		三六
子榮政雷	九仁	一一	二二	一四	七	七			六一
子榮政圭	九才			一					一
子華益稅	添維	二	一三	三八	二三	一四			九〇
子華益魁	添佑			五	一九	三九	一九	六	八八
子華益琦	添福		一	三	八				一二
	添新			五	三二	五六	六六	一四	一七三
子華益秀	添燾		三	二四	一〇〇	一二六	三四	八	二九五
子華益仁	添瑀	二	七	二一	三六	一			六七

	添順			一二	六八	一九一	一八八	二七	四八六
子連益珺	添聰		一一	三七	三七	三			八八
統計		一五	四八	一六七	四三〇	五六八	三五八	五五	一六四一

高清茂德兩房生丁統計表民國三十年編

房別	派別	班			別				合計
		元	教	崇	忠	孝	治	尚	
高清	欽蕘		二	二三	五	四一	一一	一	一一九
	欽蕣	一二	四一	五五	九				一一七
茂德	其傑	一	一二	一九	三				四五
統計		一三	五五	九七	六三	四一	一一	一	二八一

三潮水生丁統計表民國三十年編

支別	派別	班			別				合計
		亨	運	會	年	來	賢	嗣	
以翔時達	良聖					二			二
	良圭				三	二			五
	萬價			六	四八	四九	五七	一六	一七六
	大任			八	七四	一六五	九二	九	三四八
	大偉		一	三三	六六	八			一〇八
	大儒		一	二六	一〇六	七九	一六	一	二二九
	大儀		八	四九	七七	三六	八		一七八
	萬化		一	二二	六九	一一六			一一八
	良惠			一	四				五
	國器	七	二六	六五	六六	一			一六五
時明	國元		一九	五〇	三五				一〇四
以耀時忠	國順	二	一八	四五	一三	三			八一
	國治	一七	三二	六					五五
統計		二六	一〇六	三一一	五六一	三七一	一七三	二六	一五七四

四楚良生丁統計表民國三十二年編

支別	派別	班					別					合計
		振	洪	都	迭	盛	建	功	業	慎	守	
興俊	年鐘					一	九	三				一三
緒珝	萬浩		一	一一	五一	七二	二二	一				一五八
	萬湘		一	四	一九	二三	九					五六

世達	萬昌			一	四	一四	一四					三三
	萬齊			一二	六三	四九	七	二				一三三
	萬清			七	一二	九						二八
緒琛	欽昂				一五	三四	一〇	六	一	五		七一
	大魁					一八	四八	二八				九四
	繼珮					二	一三	一七	一			三三
	繼璞					一八	三七	二六				八一
	振龍						一九	七一	五〇	八		一四八
	振旅					六	一六	三〇	一〇			六二
	振文					一九	五四	一八	四			九五
	大貢						一	三	二			六
	大進				三	八	一一	三				二五
	欽神		一	五	一四	二三	二八					七一
	年禄				一	六	一八	三				一一八
	萬祥		二	二三	三一	九	三					六八
	萬瑞			一	八	一三	九					三一
緒瑄	萬壐			二	一三	九						二四
	萬珠	二	四	九	一一							二六
	萬潤				七	一〇	八	一				二六
	萬璗		九	六三	三三	一〇〇	五九	七				三六一
萬璗	秀衫			一〇	六五	六一	八					一四四
萬璗	秀彰		三一	三一	一二三	一八						二九三
	文旦		一二	二七	九						四八	
	萬朝			五	七							一二
	萬斌				八	六六	五八	一七				一四九
世鴻	大仁昌				一〇	四四	四五	一二				一二一
緒瑀	大震			五	九	三五	一三	二				七四
	大膚			二	一七	四二	三七	一〇	七			一一五
	大霖			五	一七	三七	一四					七三
	大虞			一	六	六	一四					二七
	一羨		二	一一	二三	一三	一				五〇	
	年演		三	一一	二二	一一	二					四九
	年堯				六	五三	八三	二六				一六八
	年舜					四	三六	六七	五三	四一	三	二〇四

	斯振			四	五八	一〇五	四三	三				二一三
緒瓚	萬才			三七	一六八	一七六	五一	三				四三五
	萬良			三		二四	四八	五三	二二			一五〇
	萬春			二	七〇	二五四	六二	二				二九〇
興代	緒清		八	四九	九四	五一	九					二一一
	緒淵		一四	九〇	一二	四八						二六八
興佑	世謙			一一	四	五九	四三	一四	四			一七五
統　計		二	四五	四二二	一二六九	二五一三	九八八	四六九	一七五	五〇	三	四九三六

五小龍山生丁統計表民國三十三年編

房　別	班		別		合計
	家	至	仁	開	
履道邦鳳忠滄榮合	四	一〇	一四	二	三〇
榮位	六	一二	一八		三六
正教		七	一六	二	二五
正治	五	九	一		一五
正后	一	一二	一五	四	三二
統　計	一六	五〇	六四	八	一三八

右表所列生丁

一　永寧　二一七三五

二　洋溪　四翁仲榮房　三三七七

八翁仲聰房　五九三

八翁仲二房　一六四一

高清茂德兩房　二八一

三　朝水　一五七四

四　楚良　四九三六

五　小龍山　一三八

總計　三四二七五人

（羅教宣等主修《[湖南]羅氏通譜》 1944 年木活字本）

湖南湘潭中湘白龍潭趙氏丁口統計表

歷修生没丁口比較表中華民国三十二年冬月製

丁數 房別 / 修別		前三代	瑋房	珹房	瑛房	琥房	璉房	瓊房	合計
三修	生		一六	一二八二	一六一		八二		一五四一
	没	一二	七六	八一八	一四〇	一四	一〇〇	二	一一六一
四修	生		一六	一三五八	一五二		四〇		一五六六
	没		一〇	七五五	一〇七		六六		九三七
五修	生		一一	一三二七	六三		一六		一四一七
	没		一五	一三六六	一五九		三八		一五七八
六修	生		一七	一五七一	三三		一三		一六三四
	没		三一	九九六	五一		一二		一〇九〇
七修	生		七	一九〇六	二五	五一	一五		二〇〇四
	没		五	八六七	一九	一七五	三		一〇六九

歷代生没丁口統計表中華民國三十二冬月製

代別	前五代	第六代惟字派	第七代國字派	第八代繼字派	第九代嘉字派	第十代趙字派	十一代之字派	十二代光字派	十三代宗字派	十四代祖字派	十五代德字派	十六代澤字派	十七代彰字派	十八代紹字派	十九代述字派	二十代承字派	二一代先字派	二二代正字派	二三代文字派
生丁											4	47	222	550	605	392	150	32	2
没丁	64	56	91	132	178	207	318	426	633	639	900	846	690	433	174	46	2		
總計		生丁	2004名							没丁	5835名								

（趙紹裘修《[湖南湘潭]中湘白龍潭趙氏七修族譜》 1944年連璧堂木活字本）

湖南湘陰新開市黄氏人口統計表

本族歷代人口(紅丁)生息表明洪武元年起民國三十五年止

朝	代	年别	生	殁	朝	代	年别	生	殁	朝	代	年别	生	殁	朝	代	年别	生	殁
明	洪武	元			明	洪武	二四			明	永樂	一二	一		明	正統	二		
		二					二五					一三					三		
		三	一				二六					一四	一				四		
		四	一				二七					一五					五	一	
		五					二八					一六	一				六		
		六					二九					一七					七	一	
		七					三〇					一八					八		
		八	一				三一					一九					九	一	
		九				建文	元					二〇	一				一〇	一	
							二					二一					一一	二	
		一一					三					二二	一				一二	一	一
		一二					四				洪熙	元					一三	一	
		一三				永樂	元				宣德	元					一四		
		一四					二	一				二				景泰	元		
		一五					三					三					二		
		一六					四					四					三		一
		一七					五					五					四		一
		一八					六					六					五	一	
		一九					七					七					六		
		二〇					八					八					七		
		二一				九	一					九				天順	元		
		二二					一〇					一〇					二		
		二三					一一				正統	元					三		一

明	天順	四			明	成化	二一			明	正德	五			明	嘉靖	一四		
		五					二二					六					一五	一	二
		六					二三					七					一六	二	
		七				洪治	元					八					一七		
		八					二					九					一八		一
	成化	元					三	一				一〇					一九	一	
		二		一			四					一一	一				二〇	一	
		三	一				五					一二	一				二一		一
		四					六					一三	一				二二		
		五					七					一四	一				二三		
		六	一				八					一五					二四		
		七	一				九					一六					二五	一	
		八					一〇	一			嘉靖	元	一	一			二六		
		九					一一	一	一			二					二七		
		一〇	一	一			一二					三		一			二八		
		一一		一			一三					四		一			二九		
		一二					一四	一				五					三〇		
		一三		一			一五		一			六					三一		
		一四	一				一六	一				七					三二		
		一五					一七	一				八					三三	一	
		一六	二				一八	一	一			九		一			三四		
		一七				正德	元					一〇		一			三五	二	一
		一八	一	一			二					一一					三六		
		一九					三		四			一二					三七		一
		二〇	一	一			四		一			一三	一				三八	一	一
明	嘉靖	三九			明	萬曆	一五	一		明	萬曆	四〇	二		明	崇禎	一〇	三	
		四〇					一六	一				四一	一				一一	二	二
		四一	二				一七	一				四二					一二	三	一
		四二					一八	一				四三	一	三			一三	一	
		四三	二				一九	一				四四					一四	二	一
		四四					二〇	一				四五	一	一			一五	二	

		四五	一				二一					四六	一	一			一六	一	一
	隆慶	元	一				二二	一	一			四七			清	順治	元	一	
		二					二三	一			泰昌	元	二				二	四	三
		三					二四	一			天啟	元	三	一			三	一	一
		四	二				二五	一				二	二	一			四	一	
	萬曆	元					二六					三	一				五	一	
		二					二七					四	二	一			六	四	一
		三	一				二八					五	五				七	二	二
		四	一				二九	一				六	五	一			八	七	一
		五					三〇	二				七	二	一			九	七	一
		六	一				三一	二	一		崇禎	元	五				一〇	二	一
		七	一	一			三二	一				二	二	一			一一	二	
		八	一				三三	二				三	一	二			一二		一
		九	二	二			二四	四				四	一	一			一三	六	
		一〇	一				三五		二			五	三				一四	六	一
		一一					三六	一				六	三				一五	五	
		一二	一	一			三七	一				七	四	二			一六	四	
		一三		一			三八	一				八	三	一			一七	四	一
		一四	一				三九	一				九	三				一八	六	二
清	康熙	元	七	一	清	康熙	二六	八	二	清	康熙	五一	一五	三	清	乾隆	元	一六	五
		二	二	三			二七	七	二			五二	一七	四			二	一四	一一
		三	三	二			二八	一二	二			五三	一三	三			三	一六	七
		四	四	一			二九	六	二			五四	一七	二			四	二一	八
		五	三	一			三〇	一四	二			五五	一〇	三			五	二五	二
		六	八				三一	五	二			五六	九	二			六	二五	六
		七	二	一			三三	六	一			五七	一四	二			七	二三	四
		八	三	三			三三	一〇	四			五八	一〇	六			八	一六	八
		九	五				三四	五	一			五九	二一	二			九	二二	九
		一〇	三	二			三五	九	四			六〇	一六	六			一〇	二九	七
		一一	三	一			三六	九	三			六一	一一	三			一一	一九	四
		一二	一				三七	九	一		雍正	元	九	八			一二	三〇	九

		一三	一	二			三八	七	三			二	一五	二			一三	三二	五
		一四	一一				三九	四	一			三	一九	三			一四	二二	五
		一五	二	三			四〇	八	三			四	一一	一			一五	二八	三
		一六	六				四一	一四	四			五	四	四			一六	一三	一二
		一七	六	一			四二	六	二			六	九	四			一七	一五	四
		一八	六				四三	三	一			七	一八	七			一八	二一	五
		一九	七	二			四四	六	六			八	一二	五			一九	三五	一
		二〇	七	四			四五	九	二			九	一九	七			二〇	四一	二
		二一	九	三			四六	一一	四			一〇	二三	七			二一	四二	一〇
		二二	五	四			四七	一〇	三			一一	一〇	三			二二	一九	六
		二三	六	一			四八	一四	五			一二	一一	五			二三	二九	三
		二四	一〇	二			四九	一一				一三	一二	七			二四	四一	八
		二五	一三	一			五〇	一一	一								二五	二〇	七
清	乾隆	二六	四五	一二	清	乾隆	五一	五五	一五	清	嘉慶	一六	四五	三〇	清	道光	一六	三〇	二六
		二七	三九	九			五二	三六	五			一七	四八	二六			一七	五一	二二
		二八	三〇	一一			五三	五四	一八			一八	五八	二五			一八	六六	二六
		二九	四一	六			五四	六〇	一二			一九	四五	二七			一九	三八	二五
		三〇	三七	一三			五五	五四	一八			二〇	五二	四〇			二〇	四九	二六
		三一	三六	五			五六	四四	一六			二一	八二	三六			二一	五一	二九
		三二	二三	七			五七	六三	一二			二二	五三	二七			二二	五五	三八
		三三	五一	八			五八	五一	一二			二三	五三	三一			二三	六四	三四
		三四	三三	八			五九	四七	一六			二四	五二	二八			二四	四九	四〇
		三五	三三	一〇			六〇	六〇	二〇			二五	三二	二四			二五	五九	三二
		三六	五一	一一		嘉慶	元	六三	二七		道光	元	五四	二九			二六	六三	四二
		三七	三四	八			二	三九	二二			二	五六	二二			二七	五六	二四
		三八	四四	一六			三	三七	二一			三	五八	二七			二八	五二	四三
		三九	五四	一五			四	五〇	二二			四	七四	二七			二九	四八	九八
		四〇	四三	一四			五	六〇	二二			五	四七	三三			三〇	四六	七二
		四一	四一	八			六	五二	一六			六	四七	四五		咸豐	元	七一	三八
		四二	五〇	一〇			二〇	五三	二五			七	八五	三四			二	六三	二五
		四三	五一	一八			八	四六	三一			八	五六	三〇			三	五〇	三三

		四四	一九	二一			九	五〇	二四			九	四五	三八			四	五五	二二
		四五	四一	一七			一〇	五〇	二一			一〇	五八	三一			五	七一	二七
		四六	四九	二〇			一一	五四	一四			一一	三六	四三			六	七〇	二九
		四七	五六	一三			一二	四六	二九			一二	三六	一三四			七	五五	二六
		四八	五二	一二			一三	四一	三八			一三	三九	四七			八	五八	二九
		四九	五九	一五			一四	五八	二五			一四	五三	三〇			九	四九	一七
		五〇	五六	二〇			一五	五八	二九			一五	五四	五二			一〇	八〇	四〇
清	咸豐	一一	五〇	五〇	清	光緒	一二	八五	三七	清	宣統	三	九六	二五	中華民國		二五	七五	四三
	同治	元	七七	二八			一三	七二	四〇	中華民國		元	八〇	四〇			二六	五九	四四
		二	六三	四二			一四	九三	二八			二	七九	三〇			二七	七〇	五九
		三	六四	四六			一五	六二	三四			三	八五	四〇			二八	五六	六六
		四	八〇	三四			一六	八九	四一			四	六九	二三			二九	四四	五七
		五	六九	三〇			一七	七九	四八			五	七九	四二			三〇	四七	七五
		六	六四	三三			一八	八五	五二			六	九九	四六			三一	五〇	六二
		七	七〇	四六			一九	七三	三九			七	七五	五七			三二	四五	六六
		八	六九	三八			二〇	八三	五七			八	七八	三六			三三	六五	九七
		九	八六	四二			二一	九五	五五			九	七〇	四三			三四	五八	七二
		一〇	五三	三二			二二	六八	四七			一〇	七三	四三			三五	六四	五一
		一一	五八	四六			二三	七六	四一			一一	七七	四三					
		一二	七三	五〇			二四	一〇五	三九			一二	六一	三七					
		一三	五九	四〇			二五	六四	五七			一三	七〇	四六					
	光緒	元	五二	三二			二六	八六	四三			一四	六五	三八					
		二	八七	三六			二七	六四	四二			一五	七三	五〇					
		三	八六	四〇			二八	七八	五二			一六	七四	五〇					
		四	五七	二六			二九	八六	六三			一七	八九	五一					
		五	七二	三四			三〇	七二	五九			一八	六五	三八					
		七	八〇	四〇			三二	一〇八	四七			二〇	五二	四八					
		八	七三	二三			三三	七二	五三			二一	七一	四九					
		九	五三	三八			三四	八六	四六			二二	七三	六三					
		一〇	八〇	三八		宣統	元	九〇	二九			二三	六九	四八					
		一一	七九	三三			二	六九	二八			二四	六一	五三					

合計	生	殁	現存丁數
	一二八四二	六八一八	六〇二四
平均	每年產生	每年死亡	合計年數
	二二·三	一一·八	五七五
百分數	生存	死亡	
	46.9%	53.1%	

（黄瑞生纂《[湖南湘陰]湘陰新開市黄氏譜》 1947 年江夏堂木活字本）

湖南資陽徐氏各房人口分佈、職業教育概況表

彥隆、暹、達公以下各房人口分佈狀況表中華民國三十六年十二月三十日造　二十派孫德翰敬製

房別			地名／人數	湖南省																					湖北省				合計
				益陽縣															華容	南縣	安鄉	沅江	岳陽	湘陰	公安	石首	江陵	京口	
				泉交鄉											永樂鄉牌頭垸	侍郎鄉													
				王田塅	瓜藤坡	黄茅嶺	直塘	泉市	湯家冲	八甲冲	大河塅	鴨公塘	四屋冲	曹埠垸		廟灣	黑魚塘	侍郎橋											
彥隆房	廷椿房	良賢房	欽穆房	37						19	8		5				10	2	56	87		68				5		2	299
彥隆房	廷椿房	良賢房	欽鬱房	558			2		10			4							143	82	20	7	4			9	7		846
彥隆房	廷椿房	良賢房	欽爵房													14			17								13		44
彥隆房	廷椿房	良禮房			49	2		4									8			4	12		12	13		24	19		147
彥隆房	廷楊房			80															10			9							99
彥暹房															1				1										2
彥達房														92					6	42	9	4	5		4	9			171
總計				675	49	2	2	4	10	19	8	4	5	92	1	14	18	2	233	215	41	88	21	13	4	47	39	2	1608
附註																													

彥隆、暹、達公以下各房户口總數及職業教育概況表中華民國三十七年一月十五日造　二十派孫德修敬製

房別				户數	丁口數			職業狀況							教育狀況		備考
					丁數	口數	合計	農	工	商	教	軍	政	醫	受中等教育者	受高等教育者	
彥隆房	廷椿房	良賢房	欽穆房	48	155	144	299	60	3	12	4	2	4		7	1	
彥隆房	廷椿房	良賢房	欽鬱房	158	427	419	846	136		11	25	3	9	2	32	4	
彥隆房	廷椿房	良賢房	欽爵房	13	20	24	44	14			1						
彥隆房	廷椿房	良禮房		30	76	71	147	44		2							
彥隆房	廷楊房			22	51	48	99	22		2			3	2	2		
彥暹房				2	2		2	2									
彥達房				42	92	79	171	51	1	2	1				1		
總　計				315	823	785	1608	329	4	29	31	5	16	4	42	5	

附註
一、男爲丁，女爲口，均係現有人數，未嫁之女、已婚之媳均併入口數。
二、職業係指十八歲以上之男子而言。
三、教育狀況欄數字以在生者爲根據。

（徐民賓等修《［湖南益陽］資陽徐氏六修族譜》 1947 年木活字本）

長沙黎氏人口統計表

統計表引言

人口統計，由來久矣。《周禮》載獻民數於王。《論語》記孔子式負版者，版即記全國民數之籍。戰國之時，梁惠王嘗以本國民數與隣國民數相比較，蘇秦、張儀常舉各國之兵數，談國家之形勢。至於泰西各國，如紀元前三〇五〇年埃及之建築金字塔也，即統計全國之人口與財富，

以爲徵收建築費之基礎。殆後精密之人口統計，已見於羅馬之行政，凡市民皆登計其生死於一定之寺院。此皆歐洲上古統計人口之最早而尤著者也。

吾族譜牒已歷五修，男女生卒類皆詳載，而人口統計獨付缺如。吾人今欲判全族人口之消長，各房丁數之比例，不亦難乎？兹舉本届譜牒現有人口，分房列派詳示以表，俾後之人有心於統計者，有所借鏡焉。席榮。

現有人口統計表中華民國三十六年古十一月初三日製，女丁僅指媳婦已嫁及未嫁之女除外

表一

達公房	派序 人數 男女	明	世	東	漢	貽	謀	總　計
昴生	男			一	一			二
	女		一	一				二
茂生	男	三	六	一二				二一
	女	三	五	一				九
煥生	男		一	二	三			六
	女			二				二
植生	男	二	一三	三一	一六			六二
	女	三	九	一八	二			三二
斌生	男	一	二	六	二			一一
	女	二	三	二				七
永生	男		五	五	六			一六
	女	一	二	五	一			九
好生	男		三	一二	七	五		二七
	女		五	五	三			一三
魁生	男			四	二			六
	女		一	二				三
健生	男		一					一
	女		一					一
俊生	男	四	一一	四				一九
	女	二	五	一				八
麗生	男		二	二				四
	女		三					三

（續　表）

達公房	人數 派序 男女	明	世	東	漢	貽	謀	總　計
後生	男		一	一				二
	女		一					一
坦生	男	一	四	一一	一			一七
	女	一	四	三				八
合計	男	一一	四九	九一	三八	五		一九四
	女	一二	四〇	四〇	六			九八

表二

朝公房	人數 派序 男女	明	世	東	漢	貽	謀	總　計
瑾生	男		二	二	二			六
	女		二	一				三
銘生	男		一					一
	女		一					一
靈生	男		三	二				五
	女		一	一				二
儀生	男		三	二				五
	男		二					二
合計	男		九	六	二			一七
	女		五	二				七

表三

良公房	人數 派序 男女	明	世	東	漢	貽	謀	總　計
儒生	男		一	四	九	一一	一	二六
	女	一	一	五	七	三		一七
特生	男		二	七	三	一		三
	女	一	四	三	一			九
翠生	男		六	三六	三五	五		八二
	女		九	二七	一三			四九
仲生	男		四	二三	三一	一三		七一
	女		六	一五	八			二九

（續　表）

達公房	人數/派序/男女	明	世	東	漢	貽	謀	總　計
瑶生	男	三	八	一〇				二一
	女	二	四	三				九
合計	男	三	二一	八〇	七八	三〇	一	二一三
	女	四	二四	五三	二九	三		一一三

表四

炆公房	人數/派序/男女	明	世	東	漢	貽	謀	總　計
述生	男			一	二			三
	女			二				二
貞生	男		一					一
	女		一					一
敏生	男		一	八	一八			二七
	女		一	一〇	四			一五
元生	男	二	六	五				一三
	女	一	二					三
釗生	男	二	六	四	一			一三
	女		四	一				五
東生	男		一	二				三
	女							
凝生	男	二	一〇	一〇	一			二三
	女	二	六	四				一二
合計	男	六	二五	三〇	二二			八三
	女	三	一四	一七	四			三八

表五

文錦公	人數/派序/男女	明	世	東	漢	貽	謀	總　計
總計	男	二〇	一〇四	二〇七	一四〇	三五	一	五〇七
	女	一九	八三	一一二	三九	三		二五六

（黎世謙等《[湖南長沙]長沙黎氏六修族譜》 1947 年尚綱堂木活字本）

湖南益陽張氏慶雲公裔各房丁口里居表

房別			光派裔			文派房			住址	備考
			丁數	口數	共計	丁數	口數	共計		
文式房	傳昌裔	光琨公	七	四	一一				益陽五馬坊	
		光珣公	七	八	一五				占溪杉木村	
		光珩公	二六	一三	三九				同上	
		光理公	一一三	七二	一八五	一五三	九七	二五〇	同上	以上世榮公裔
文通房	傳望裔	光星公	四	一一	六				太乙村	
		光德公	三	二	五				同上	
		光信公	一		一				同上	
		光修公	二	四	六	十	八	十八	同上	
文謨房	傳選裔	光忠公	二五	一三	三八				毛羊坪	
		光恕公	二	一	三				毛羊坪	
	間	先早公	二	一	三				同上	
		光意公	四九	一六	六五				同上	
		光恩公	一五	七	二二				同上	
		光思公	五	一	六				同上	
		光耀公	二	三	五				同上	
		光朋公	一		一				同上	
	傳遵裔	光梅公	九	五	一四				蛸上灣	
		光桂公	二	二	四				栗山河	
		光松公	一	一	二				毛羊坪	
		光華公	四	三	七				同上	
	傳久裔	光源公	五	三	八	三二	五六	七八	同上	
文徵房	傳仲裔	光播公	六	一	七				衆山河	
		光石公	四	二	六				同上	
		光有公	一	一	二				同上	
		光明公	八	五	一三				同上	
		光時公	七	四	一一				同上	

		光昌公	三	三	六				同上	
		光照公	三	二	五				同上	
		光曜公	五	三	八				同上	
		光柏公	六	四	一〇				同上	
	傳羨裔	光域公	四	一	五				同上	
	傳謀裔	光依公	二六	一二	三八				栗山河郭公村	
		光位公	八	三	一一				羅公村	
		光化公	六	三	九				白羊村	
		光復公	三	三	六				栗山河	
		光乾公	一六	八	二四				同上	
		光賁公	五	三	七				同上	
	傳浪裔	光選公	一	一	二				太乙村	
		光龍公	一一	五	一六				顧家村	
	傳山裔	光凝公	一	一	一				栗山河	
		光迎公	二	一	三				同上	
		光遠公	三	三	六				同上	
	傳遠裔	光環公	三	三	六				同上	
		光璘公	一	二	三				同上	
		光琳公	一	二	三				同上	
		光騶公	五一	二五	七六				同上	
		光鶴公	七	三	一〇				同上	
		光駒公	二	一	三				同上	
		光嵩公	一六	七	二三				同上	
		光嵐公	四	一	五				同上	
		光翎公	二	一	三				同上	
	傳錫裔	光實公	一		一				太乙村	
		光富公	二	三	五				同上	
		光安公	五	一	六				同上	
		光定公	八	一	九				同上	
		光場公	一四	六	二〇				同上	
		光墀公	二	二	四				同上	
		光垣公	一		一				同上	
		光墉公	二	一	三				同上	
		光垓公	六	五	一一				栗山河	

		光堉公	三	二	五				寄山河	
		光坎公	一六	六	二二				栗山河楠樹灣	
		光榜公	二一	一一	三二				栗山河	
		光培公	二	二	四				同上	
		光壑公	一	一	二				同上	
		光坊公	三		三				同上	
	傳理裔	光勝公	一六	五	二一				石洞村	
	傳踐裔	光貴公	六	四	一〇				栗山河	
		光元公	一	一	二				同上	
		光福公	四〇	二〇	六〇				同上	
		光禄公	四五	三〇	七五				同上	
		光華公	一二	八	二〇				同上	
		光萱公	一二	八	二〇				同上	
		光萼公	一三	五	一八				同上	
		光萌公	九	五	一四				栗山河松木橋	
		光用公	六	三	九				栗山河	
		光檣公	二	三	五				同上	
	傳智裔	光祉公	五	四	九				同上	
	傳則裔	光繩公	一		一				同上	
		光棉公	一		一				張家村	
		光資公	一		一				同上	
	傳輔裔	光社公	一二	八	二〇				栗山河	
		光梓公	一		一				同上	
		光格公	一		一				江家村	
		光樹公	三	三	六				同上	
		光茂公	一		一				同上	
		光楝公	二	一	三				栗山河	
		光校公	三	四	七				同上	
	傳賓裔	光壹公	四	一	五				同上	
	傳實裔	光煦公	一二	六	一八				彭家墩	
		光冬公	五	二	七				同上	
		光定公	二	二	四				栗山河	
		光宜公	七	五	一二				同上	
		光家公	九	五	一四				同上	

	傳貫裔	光聞公	三	二	五				同上	
		光闓公	一二	七	一九				同上	
		光閬公	一		一				同上	
		光閼公	一		一				同上	
		光闌公	一	一	二				同上	
		光香公	一六	四	二〇				同上	
		光闉公	二	二	四				同上	
		光閑公	三	二	五				同上	
		光閥公	一		一				同上	
		光闔公	二	二	四				同上	
		光閱公	四	一	五				同上	
		光柏公	七	五	一二				同上	
		光榮公	一		一				同上	
		光桂公	三	二	五				同上	
		光閟公	三	三	六				同上	
		光闞公	五	二	七				同上	
		光闡公	九	三	一二	六〇八	三二四	九三二	同上	
文德房	傳施裔	光林公	一	一	二				張家村	
	傳才裔	光忠公	四	二	一				同上	
		光進公	一五	三	一八	二〇	六	二六	同上	
文燦房	傳忠裔	光闞公	七	三	一〇				太乙村	
		光闇公	二二	六	二八				同上	
	傳康裔	光焕公	三	二	五				毛羊坪	
		光煉公	三	一	四				同上	
		光培公	六	四	一〇				同上	
		光陳公	五	二	七				同上	
		光鑑公	一〇	五	一五				同上	
		光鍾公	七	三	一〇				同上	
		光銀公	一六	七	二三				同上	
		光銘公	八	五	一三				同上	
		光鎮公	一	二	三				同上	
	傳寧裔	光發公	二	一	三	九〇	四一	一三一	同上	
文朗房	傳昌裔	光祥公	二	一	三	二	一	三	張家村	
文炳房	傳恕裔	光崇公	六	二	八				太乙村	

		光服公	一四	七	二一				張家村	
	傳圯裔	光梓公	一		一				同上	
		光煌公	一		一				太乙村	
		光灼公	六	三	九				張家村	
		光熾公	一		一				同上	
		光燦公	二	一	三				同上	
		光澗公	九	四	一三				太乙村	
		光漢公	六	五	一一				同上	
	傳緒裔	光室公	四	三	七				三堂街	
		光宿公	一		一	五一	二五	七六	太乙村	
文陽房	傳熹裔	光璞公	一		一				張家村	
		光瑚公	一		一				同上	
		光暄公	二	一	三				同上	
		光珌公	五	二	七				同上	
	傳照裔	光孚公	一		一				張家村	
		光頤公	一	二	三				同上	
		光莘公	二	一	三				同上	
		光益公	五	二	七				同上	
		光大公	三	一	四				同上	
		光蒙公	二	一	四				同上	
	傳勳裔	光鐸公	一		一				同上	
		光錫公	九	五	一四				同上	
		光鈞公	六	三	九				同上	
		光鎧公	八	四	一二				同上	
		光鋭公	九	三	一二				同上	
		光鎮公	二	一	三				張家村	
		光銓公	九	五	一四				同上	
		光銜公	七	四	一一				同上	
		光鑑公	一	二	三				同上	
		光錦公	一	一	二				同上	
	傳燕裔	光澤公	一七	九	二六				同上	
	間	先伶	七	二	九				同上	
	傳奮裔	光閑公	一八	六	二四				馬跡洞	
		光闊公	四	三	七				同上	

		光聞公	二	五	一六				同上	
	傳述裔	光傑公	二	一	三				張家村	
		光佐公	一		一				同上	
		光柱公	五六	三六	九二				馬跡洞	
		光德公	一		一				張家村	
		光崐公	八	三	一一				同上	
		光駒公	一七	八	二五				同上	
		光驛公	四	二	六				同上	
		光驥公	一〇	六	一六				同上	
		光錦公	四一	一八	五九				同上	
		光鋼公	一	一	二				馬跡洞	
		光金公	一〇	一	一一				同上	
		光鏞公	四	二	六				張家村	
		光銘公	五	二	七				珠價垻	
		光鐄公	一〇	六	一六				同上	
		光瀾公	四	二	六				張家村	
		光永公	五	二	七				同上	
		光暢公	七	三	一〇				同上	
		光鴻公	八	四	一二				同上	
		光江公	五	一	六				同上	
		光沅公	九	三	一二				同上	
	傳進裔	光儼公	八	二	一〇				同上	
		光銓公	五	二	七				林家村	
	傳策裔	光烱公	一八	八	一六				蓋頭村	
	傳策裔	光告公	二	二	四				張家村	
	傳誥裔	光仲公	三	一	四				同上	
		光偉公	五	二	七				同上	
	傳銘裔	光駒	一		一				張家村	
	傳純裔	光賢公	二八	八	三六				史家灣	
		光賓公	三九	二〇	五九				同上	
		光植公	七	二	九				張家村	
		光貨公	六	二	八				馬跡洞	
		光寶公	四	一	五				史家灣	
		光貨公	二	一	三				張家村	

		光淇公	三	一	四				太乙村	
		光嵩公	二	一	三				石洞村	
		光嶸公	二	三	五				同上	
		光槐公	四	三	七				同上	
		光枝公	三	一	四				同上	
	傳纘裔	光桂公	一〇	四	一四				珠價垻	
		光卿公	一		一				同上	
		光旺公	一七	七	二四				同上	
		光時公	一四	九	二三				張家村	
		光明公	一〇	四	一四				同上	
		光曙公	一三	六	一九				同上	
	傳紳裔	光蘭公	七	一	八				油菜洞	
	傳組裔	光鐘公	一		一				張家村	
	傳玟裔	光源公	二		一				同上	
		光潤公	二	一	三				太乙村	
		光澍公	二	一	三				同上	
	傳珌裔	光極公	五	二	七				張家村	
		光崧公	一二	五	一七				張家村	
		光榮公	三	三	六				同上	
		光鵬公	二	二	四				同上	
	傳琅裔	光拔公	四	三	七				曹家坪	
		光桂公	一三	九	二二				鐵爐村	
		光棫公	三六	一九	五五				張家村	
		光校公	三一	一四	四五				同上	
		光柞公	二三	八	三一				鐵爐村	
		光構公	一	一	二				張家村	
		光桉公	一四	七	二一				同上	
		光榜公	二〇	八	二八				同上	
		光桓公	三	一	四				陳貴村	
		光植公	一一	六	一七				張家村	
		光樑公	四	三	七				孔家村	
		光杏公	四	五	一九				董家排	
		光柄公	一二	五	一七				鐵爐村	
		光椿公	一四	三	一七				同上	

		光槐公	二七	一三	四〇				董家排茶田村	
		光權公	六	三	九				松木槁	
		光杜公	一六	七	二二				蕭家排	
		光湘公	三	三	六				張家村	
		光沄公	二	三	五				同上	
		光澍公	五	二	七				太乙村	
		光英公	六	三	九				張家村	
		光荄公	三	三	六				張家村	
		光澡公	四	一	五				同上	
		光蕑公	二	一	三				同上	
		光芳公	四	三	七				同上	
		光葵公	四	四	八				同上	
		光芯公	一		一				同上	
	傳璣裔	光哲公	四	一	五	八七一	四〇九	一二八〇	同上	
文龍房	傳榮裔	光揚公	一		一				板僑村	
	傳賢裔	光雲公	八一	四四	一二五				董家村	
		光赭公	五	二	七				王二村	
		光燦公	四	二	六				同上	
		光漢公	五	二	七				漢壽許家坳	
		光洪公	四五	三	六六				王二村許家坳	
		光發公	六五	三六	一〇一				黄老村　漢壽	
		光福公	五	一	六				原十里桃源鄉	
	傳忠裔	光疆公	四七	二三	七〇				石洞村楠樹村	
		光域公	二	二	四				張家村	
		光墉公	四七	二〇	六七				同上	
		光垠公	一〇	五	一五				石洞村	
		光城公	二四	一四	三八				張家村	
		光坦公	八二	三五	一一七				張家村李廣村	
		光垣公	五二	三二	八四				張家村向家坪	
		光坤公	四三	二一	六四				張家村關山内	
		光圻公	八	六	一四				同上	
		光塏公	三〇	一四	四四				張家村關山内	
		光增公	六	一	七				張家村附近	
		光墀公	三	二	五				張家村關山内	

		光甸公	三	一	四				向家坪	
		光采公	三	二	五				板橋村	
	傳孝裔	光楷公	三三	一七	五〇				蓋頭村	
		光棟公	一〇	五	一五				張家村	
		光澍公	二九	一六	四五				同上	
		光桃公	九	五	一四				板橋村	
		光樞公	四	四	八				蓋頭村	
		光檄公	五	二	七				同上	
		光棚公	一		一				同上	
		光柏公	七	四	一一				同上	
		光霖公	七	二	九				蓋頭村	
		光麓公	三	一	四				同上	
		光棠公	四	三	七				同上	
		光極公	二		二				同上	
		光東公	八	六	一四				同上	
		光柄公	二	一	三				同上	
		光楊公	二	一	三				同上	
		光柱公	三		二				蛇形廟	
		光校公	五	一	六				同上	
		光桑公	一	一	二				蓋頭村	
		光傑公	五	二	七				同上	
		光棐公	一		一				湯家村	
		光榮公	五	三	八				蓋頭村	
		光械公	二	一	三				同上	
		光構公	一	二	三				同上	
		光榜公	七	五	一二				張家村士門内	
		光棫公	四	三	七				蓋頭村	
	傳儀裔	光芳公	三	二	五				九家湖	
		光和公	八	四	一二				石洞村	
		光厚公	一		一				同上	
		光賢公	一〇	三	一三				盧家村王家村	
		光援公	七三	三四	一〇七				九家湖	
		光舉公	六六	三四	一〇〇				同上	
		光健公	一九	七	二六				同上	

		光敏公	二九	一二	四一				九家湖	
		光富公	二	二	四				龍家村	
		光昇公	三六	二〇	五六				響水洞	
	傳史裔	光成公	二	一	三				關川内	
	傳文裔	光萱公	一		一				同上	
		光藝公	一		一				蓋頭村	
		光菼公	一		一				同上	
	傳信裔	光甯公	一〇	一〇					同上	
		光和公	二	二	四				關山内	
		光德公	二二	九	三一				蓋頭村	
		光澡公	一		一				關山内	
		光明公	三	一	四				同上	
	傳才裔	光富公	一		一				張家村	
		光綿公	五	三	八				同上	
		光春公	一		一				同上	
	傳星裔	光和公	一		一				同上	
	傳臚裔	光都公	二	一	三				石洞村	
	傳心裔	光琴公	九	三	十二				蓋頭村	
		光鴻公	二	一	三				同上	
	傳教裔	光襄公	一	一	二				同上	
		光 衫	二		二				關山内	
		光 祝	一		一				同上	
		光 袍	三	一	四				同上	
		光 初	一		一				同上	
		光 社	三	一	四				同上	
		光 袂	二	二	四				同上	
	傳賢裔	光 香	一一	六	一七				蓋頭村	
		光 裘	一		一				同上	
		光 森	二	一	三				龍牙坪	
		光 學	三	一	四				蓋頭村	
		光 千	二	一	三				同上	
		光 鵬	二	一	三				同上	
		光植公	一		一				同上	
		光楨公	三	一	四				同上	

	傳道裔	光和公	一	一	二				龍牙坪	
		光緒公	七	四	一一				龍家村	
		光春公	二	三	五				蓋頭村	
		光杏公	一	一	二				龍牙坪	
		光　校	三	三	六				同上	
		光　棋	五	二	七				同上	
		光　秀	七	三	一〇				龍家村	
		光　樞	一		一	二〇七	五四三	一六五〇	同上	
文藝房	傳盛裔	光辛公	一		一				毛羊坪	
	傳緣裔	光賜公	三	一	四				同上	
		光德公	五	三	八				同上	
	傳鏡裔	光全公	五	二	七				馬跡塘築金壩	
		光裕公	二	一	三				同上	
		光近公	一		一				同上	
		光君公	二	二	四				同上	
		光發公	三	一	四				同上	
		光　駒	三	一	四				張家村	
	傳載裔	光道公	一		一				鄭家村	
		光揚公	二	一	三				同上	
	傳弓裔	光淳公	二	二	四				同上	
	傳謙裔	光開公	二二	六	二八				楊林村	
		光登公	五	一	六				瑪瑙山	
		光乾公	二	一	三				同上	
		光坤公	一	一	二				同上	
	傳治裔	光東公	一	一	二				鄭家村	
		光葵公	二	二	四				鄭家村	
		光薰公	九	三	一二				同上	
		光蔚公	一	一	二				同上	
		光芸公	二	一	三				同上	
		光庠公	一二	八	二〇				同上	
		光筆公	八	二	一〇	九五	四一	一三六	沙觜上	
文在房	傳良裔	光昌公	一一	八	一九				張家村	
		光高公	五	二	七				譚家園	
		光昂公	一		一				同上	

		光最公	一	一	二				同上	
		光嵩公	一	二	三				同上	
	傳忍裔	光詰公	五	五	一〇				漢壽輭橋	
		光讓公	一二	八	二〇				閣輝村	
		光謙公	四	一	五				漢壽門板州	
		光端公	一	一	二				閣輝村	
	傳鑑裔	光梅公	一		一				丁家村	
		光揚公	四	二	六				同上	
		光繃公	一〇	四	一四				八家村	
		光緒公	一七	六	二三				顏家山盧家村	
		光綸公	六	三	九				孔家村	
		光湘公	三	二	五				勤耙田	
		光續公	二	一	三	八四	四六	一三〇	顏家山	
文標房	傳卦裔	光渭公	三	二	五				譚家園	
		光漣公	二	一	三				同上	
		光湘公	四	一	五				同上	
		光源公	一七	九	二六				同上	
		光寶公	十六	七	一三				譚家園鐵山溪	
		光貫公	一二	六	一八				同上	
		光賢公	二	一	三				同上	
	傳經裔	光大公	九	四	一三				譚家園張家灣	
	傳席裔	光瓏公	十六	五	二一				同上	
		光酢公	二	一	三				同上	
		光松公	四	二	六				同上	
		光本公	二	一	三				同上	
	傳黄裔	光琳公	二		二				同上	
	傳容裔	光照公	三	一	四				馬跡洞	
		光臨公	二	一	三				同上	
		光川公	二	一	三				板橋村	
		光澍公	一	一	二				馬跡洞	
		光泮公	一		一				同上	
		光　淇	三	二	五				同上	
		光　秦	二	一	三				同上	
		光　泰	三	一	四				同上	

		光　奏	三	二	五				同上	
		光奉公	一		一	一三	五〇	六二	曹家村	
文敬房	傳輅裔	光城公	一		一				黄泥坳	
		光洋公	一		一				曹家村	
		光桂公	三	一	四				同上	
		光鋭公	五	三	八				黄泥坳	
		光炳公	四	五	九				張家村	
		光發公	三	二	五				曹家村蕭家垻	
	傳載裔	光佐公	一		一				陳貴村	
		光佑公	二		二				曹家村	
	傳球裔	光　祝	三	一	四				張家村	
		光　樂	二	一	三				同上	
		光國公	四	一	五				陳貴村	
		光圃公	五	二	七				同上	
		光圓公	一	二	三				同上	
		光囿公	二	二	四				同上	
		光　固	六	一	七				同上	
		光　圖	二	一	三				同上	
	傳玉裔	光青公	五	三	八	五〇	二五	七五	張家村	
文波房	傳箴裔	光貫公	一		一				張家村	
		光賓公	一	一	二				同上	
		光賡公	二		二				同上	
		光賚公	三	八	二九	二五	九	三四	同上	
文恒房	傳錢裔	光富公	八	六	一四	八	六	一四	孔家村	
文昌房	傳讓裔	光裕公	七	四	一一				丁家村	
		光忠公	五	一	六				同上	
		光恩公	三	一	四				同上	
		光惠公	二	一	三				同上	
		光茂公	二	四	六				同上	
		光清公	二	二	四				同上	
	傳誠裔	光復公	一	一	二				同上	
		光雲公	二	一	三	二四	一五	三九	張家村	
文斗房	傳業裔	光伯公	一	一	二				同上	
	傳令裔	光黄公	一四	五	一九				同上	

		光廣公	四二	二一	六三				楊林村	
		光言公	三	二	五				張家村	
		光栯公	四	二	六				同上	
		光鑑公	一	一	二				七里村油榨坳	
		光銘公	一		一				同上	
		光信公	五	三	八				張家村	
		光逮公	八	四	一二				老屋村	
		光連公	六	二	八				馬鞭溪	
	傳澤裔	光祈公	五	三	八				郭公村	
		光樹公	三	四	七				顧家村	
		光惠公	二	一	三				張家村	
	傳登裔	光福公	八	四	一二				石卦觜	
		光祥公	一七	七	二四				八房灣孔家村	
		光誥公	四	一	五				燕窩形	
		光詠公	二	一	三				同上	
		光詳公	二	一	三				同上	
		光誦公	二		二				同上	
		光訓公	一	二	三				同上	
		光誘公	二	二	四				同上	
		光評公	一六	九	二五				同上	
		光論公	二	三	五				同上	
		光晲公	四	二	六				羅家村	
		光照公	八	三	一一				馬鞭溪	
		光阮公	二		二				同上	
		光賢公	一〇	四	一四				馬跡洞	
		光元公	一一	四	一五				同上	
		光蕚公	一		一				第華高	
		光琳公	六	四	一〇				同上	
		光正公	三	八	二九				馬鞭溪	
	傳虎裔	光鴻公	一	一	二				老靈山	
		光龍公	一三	七	二〇				同上	
		光鳳公	三	二	五				老靈山	
		光義公	九	三	二				同上	
		光梅公	七	二	九				同上	

		光里公	六	四	一〇				同上	
		光先公	四一	一八	五九				同上	
		光雲公	一三	七	二〇				同上	
		光昌公	六	二	八				同上	
		光固公	三	一	四				同上	
		光田公	一六	五	二一				茅菴村	
		光卓公	三	一	四				老靈山	
		光畦公	一〇	三	一三				同上	
		光燦公	一八	八	二八				同上	
		光椿公	二	一	三				李家村	
		光庸公	四	三	七				神堂村	
		光庠公	一〇	四	一四				同上	
		光菊公	三	一	四				同上	
		光麟公	三	三	六				同上	
		光珮公	一	二	三				同上	
		光琨公	一		一				神堂村	
		鼎鈞公	一三	六	一九				八房灣	
		光行公	一九	八	二七				同上	
		光樻公	四	四	八				同上	
	傳舉裔	光蘭公	六	六	一二				石洞村	
		光苾公	六	三	九				同上	
	傳彬裔	光達公	一四	九	二三				寶塔背	
		光述公	二	二	四				八房灣	
	傳億裔	光炳公	七	四	一一				八房灣	
		光熾公	二	一	三				同上	
		光薰公	三	一	四				同上	
		光焜公	五	二	七				同上	
		光壽公	一		一				龍子山	
		光南公	一		一				同上	
		光湘公	四	二	六				同上	
		光江公	一	一	二				同上	
		光熀公	一		一	四六二	二三一	六九三	八房灣	
文光房	傳學裔	光癸公	一三	四	一七				石洞村	
		光杏公	三	三	六				同上	

		光桂公	一〇	二	一二				同上	
		光植公	八	三	一一	三四	一二	四六	同上	
文星房	傳珂裔	光亮公	二	二	四	二	二	四	同上	
文成房	傳勳裔	光榮公	四	三	七	四	三	七	黃溪橋	
文虎房	傳馴裔	光喜公	一		一				同上	
		光和公	八	四	一二				同上	
	傳遜裔	光耀公	一	一	二				同上	
		光湘公	三七	二一	五八				同上	
		光江公	一二	八	二〇				同上	
		光漢公	五	四	九				同上	
		光進公	一〇	六	一六				同上	
		光作公	一	一	二				同上	
		光仁公	八	五	一三				同上	
		光義公	四	三	七				黃溪橋	
	傳致裔	光忠公	一	一	二				龍家坪	
		光連公	一二	五	一七				同上	
		光桂公	一		一				同上	
		光富公	九	六	一五				同上	
	傳正裔	光純公	二二	九	三一				同上	
		光明公	三八	二〇	五八				同上	
		光揚公	二〇	一四	三四				同上	
		光言公	二六	一四	四〇				同上	
		光財公	五	四	九				同上	
		光樂公	一	一	二				同上	
	傳造裔	光桂公	一〇	四	一四				黃溪橋	
	傳連裔	光和公	六	四	一〇				同上	
		光仁公	二六	一三	三九				同上	
		光安公	二	一	三				同上	
	傳迥裔	光佳公	四	三	七				同上	
	傳遥裔	光純公	三	三	六				同上	
		光賢公	五	二	七				同上	
		光暢公	九	四	一三				同上	
		光恭公	六	五	一一	二九三	一六七	四六〇	同上	
文星房	傳炎裔	光秀公	一	一	二				鲊埠遊家灣	

		光香公	九	六	一五				同上	
		光應公	二	一	三				同上	
		光廣公	一〇	八	一八				同上	
		光位公	四	三	七				鮓埠游家灣	
		光松公	三	一	四				同上	
		光　欄	一		一				同上	
		光發公	一	一	二				同上	
		光佑公	五	二	七				同上	
		光春公	一		一				同上	
		光泰公	二	一	三				同上	
		光潤公	六	二	八				同上	
		光澗公	七	三	一〇				同上	
		光瀾公	八	二	一〇				同上	
		光瀾公	七	一	八				同上	
		光榮公	九	四	一三				同上	
		光華公	五	一	六				同上	
		光富公	三	二	五				同上	
		光賢公	二			八六	三九	一二五	同上	
文河房	傳達裔	光餘公	一六	一〇	二六				杉木寺	
		光詳公	一六	一〇	二六				同上	
		光楨公	二		二				同上	
	傳遐裔	光雄公	六	二	八				同上	
		光會公	三	四	七				同上	
		光麒公	五	四	九	四八	三〇	七八	同上	以上世華公裔
文聖房	傳錦裔	光表公	一〇	六	一六				共栗坪	
		光清公	五八	三一	八九				陳陂游家村	
		光遠公	七	四	一一				黄栗坪	
		光魁公	五	六	一一				長堰坪	
		光賢公	三	二	五				同上	
		光厚公	八	六	一四				夾提灣	
		光柏公	六	二	八				同上	
		光松公	一	二	三				同上	
		光超公	二	一	三				同上	
		光法公	二〇	一四	三四				同上	

		光珍公	一		一	一二二	七三	一九五	同上	
文經房	傳鐘裔	光祧公	二		二				同上	
		光雅公	一		一	三		三	漢壽香爐洲	
文海房	傳新裔	光權公	五	四	九	五	四	九	仙人橋	
文泗房	傳慶裔	光讓公	九	三	一二	九	三	一二	同上	
文淵房	傳琬裔	光鐸公	二	一	三				竹溪塘三房灣	
		光鏡公	二六	一三	三九				同上	
	傳琮裔	光成公	二六	一四	四〇				仙人橋	
		光樹公	一五	五	二〇				同上	
		光鵬公	四	一	五				竹溪塘二房灣	
		光鶴公	一七	一一	二八				同上	
		光鵠公	二		二				同上	
		光賢公	一	一	二				同上	
		光英公	一	一	二				同上	
		光玉公	八	二	一〇				同上	
		光萃公	一	一	一一				同上	
		光璞公	三	一	四				同上	
		光度公	二	二	四				同上	
		光和公	一		一				同上	
	傳琇裔	光雲公	一	一	二				同上	
	傳瓏裔	光昌公	一		一	一一〇	五五	一六五	同上	
文教房	傳鈴裔	光瑞公	一四	九	二三				陽羅叚丁家村	
	傳鈉裔	光全公	一		一				同上	
		光寬公	七	四	一一				陳陂機匠村	
	傳陵裔	光鳳公	五	四	九				夾堤灣	
	傳舉裔	光東公	二	一	三				碼頭鄉	
		光舒公	二		二				金城堡	
		光田公	六	二	八				同上	
		光科公		二	二				同上	
	傳範裔	光鵬公	六	三	九				碼頭積公村	
		光嶽公	一	一	二				同上	
		光望公	一五	一〇	二五	五九	三六	九五	同上	
文漢房	傳璞裔	光純公	一一	三	一四				梅溪帥家灣	
		光龍公	三	二	五				同上	

		光寬公	一七	八	二五				仙人橋	
		光元公	一一	六	一七				同上	
		光都公	三	九	三〇				同上	
		光案公	九	三	一二				同上	
		光宦公	三	二	五				龍津鄉左塘灣	
		光家公	一五	七	二二				同上	
		光寧公	三	二	五				同上	
		光俊公	四	三	■				同上	
		光祥公	八	二	一〇				羅家垻	
		光耀公	四	二	六				同上	
		光應公	六	三	九				同上	
		光兆公	五	一	六				同上	
		光甸公	二〇	八	二八				同上	
		光聘公	一四	六	一〇				同上	
	傳瓆裔	光彦公	三	三	六				同上	
		光柏公	三	一	四				梅溪左塘灣	
		光善公	二	一	三				同上	
		光江公	三		三				同上	
		光僑公	八	四	一二				鹿角坳	
		光廣公	二	一	三				左塘灣	
		光懷公	五	四	九				同上	
		光揆公	一	一					鹿角坳	
		光含公	三	一	四	一八四	八三	二六七	同上	
文溥房	傳璣裔	光湘公	八	三	一一	八	三	一一	龍津鄉芭蕉灣	
文深房	傳恒裔	光敦公	一		一				靈崖鄉張家灣	
		光眷公	一		一				同上	
	傳新裔	光望公	二	一	三				同上	
		光春公	六	三	九				同上	
		光東公	二四	一二	三六				同上	
	傳譜裔	光佳公	三	一	四	三七	七	五四	芭蕉巖水井灣	
文淪房	傳熙裔	光鳳公	一		一				同上	
	傳播裔	光富公	一	一	一	一	二	三	同上	
文全房	傳彬裔	光浩公	二		二	二		二	良疆界西洋岡	
文賢房	傳播裔	光麟公	三	一	四				益陽游家村	

	傳珍裔	光橋公	三	二	五	六	三	九	同上	
文惠房	傳珆裔	光文公	五	四	九	五	四	九	安化易家灣	以上世富公裔
文廣房	傳軒裔	光遐公	七	五	一二	七	五	一二	杉木村	以上世貴公裔

慶雲公裔計男丁四千九百十一名,女口二千四百六十八名,共計丁口七千三百七十九名。光派共六百四十一人。

附註:

一、各房丁口數如有出入,請按譜核對。

一、各房丁口補遺數,另表增訂之。

(張祖玠等修《[湖南益陽]張氏慶雲公房支譜》 1949年木活字本)

湖南新化游氏人丁統計表

地方自治,户口爲重;國家大政,統計爲先。蓋户口必有統計,然後知民數之多寡,國家之盛衰所繫,施政之方針所關也。故《周禮·秋官》掌民數,今於户籍設專官主之。我族修譜,對於人丁向無統計,舉以相問,多不能答。夫修譜以明世系、稽丁口爲唯一職司;詳世系而忽丁口,皆知其不可也。今窮稽舊譜,彙爲歷屆存丁統計表、各房歷世人丁表。一以紀歷届存丁註籍之實況,一以明逐世消長之情形。今就各房比照觀之,四修至六修,鮮有出入,顯呈靜止狀態,甚至減少一半或四之三者。時經百年,無所增益,寧非怪事!中山先生謂英美各國民族逐年增加,中國民族不惟不加,反而減少,受列强人口壓迫,實爲民族前途一大危機。嗚呼!吾一言及此,不禁悚然而懼,駭然而驚。夫吾族衰微,固由於所居環境不佳,地氣薄弱。然人浮於產,生養困難,識能缺乏,謀生計拙。婚娶因之失時,生育因之停滯,癥結所在,顯而易明。復有以傳家之忠厚刻薄卜其盛衰者,稽之往事,亦信而有徵。故吾願族人積極方面,農工商學,各專一業,勤其操作,精其技能;消極方面,戒浪遊,杜奢侈,屏絶一切無聊嗜好,培養心田,增植生產,則家道日昌,生齒日繁矣。

歷届修譜存丁統計比較表

時期 人數 / 房分	始修明嘉靖時	二修康熙壬寅	三修嘉慶甲子	四修咸豐辛酉	五修宣統己酉	六修民卅八年	備　　攷
潮文房	譜佚失攷	三三	六七	二五	三四	三四	
興學房		八	三三	五一	二七	一八	
興源房		三	二二	一一	五	五	
敏正房				一一五	一二一	一三〇	
勝生房				一四九	一二三	一七一	

彥良房				四六	四八	五〇	
蔚起房					六九三	一〇八五	
志禮房		三六	一六三	一八〇	二〇一	一九二	
志星房		三二	四二	一九	一八	一一	
志源房		一五	三五	三〇	一五	一六	
榮先房					六三一	六二五	
龍先房					五一	一三三	
潮勝房		二九	四二	四五	四五	五九	
潮祖房		五四	一一六	一三一	一四六	一七四	
潮富房		三二五	七七九	一〇八八	一〇二七	一〇八〇	
潮禮房		五二	七〇	四八	二〇	一一	
潮龍房		九三	一八二	二二四	二七〇	二八九	
潮鳳房		二六	四六	三八	三五	四六	
潮海房		三三	一五一	二二三	二七八	二九一	
志信房		七〇	一三七	一二八	一二七	一三四	
善房合計		八〇九	一八八五	二五五一	三九一五	四六五四	
朝欣房		四九	六六	四五	三〇	四三	
朝安房		一三〇	二六六	三〇〇	一四八	八七	
朝肅房		一八	三三	二七	一八	二六	
朝轅房		八三	一九七	一七六	一六六	一九一	
朝軫房		二〇	五八	六二	六四	六四	
朝化房		六	二四	一六	二	一	
美房合計		三〇六	六四四	六二六	四二八	四一二	
總　計		一一一五	二四二九	三一七七	四三四三	五〇六六	

各房歷世人丁表一

世次　人數　房別	第二世	第三世	第四世	第五世	第六世	第七世	第八世	第九世	第十世	十一世	十二世
善　房	1	3	4	4	7	6	8	9	11	10	18
美　房	1	1	3	3	5	2	3	2	2	4	2

其二　本表自二十三世至三十三世各格，中設虛線，劃而爲二，虛線之右爲該房該世總丁，左爲存丁。

房別 人數 世次	善房																				美房			合計
	潮文房	興學房	興源房	敏正房	勝生房	彥良房	蔚起房	志禮房	志星房	志源房	榮先房	龍先房	潮勝房	潮租房	湖富房	潮禮房	潮龍房	潮鳳房	潮海房	志信房	政清房	政瑄房	政通房	
十三世	1	1	1	1	1	1	1	1	1	1	1	1	1	1	1	1	1	1	1	1	1	1	1	23
十四世	2	1	1	1	3	2	3	1	1	1	1	2	3	1	4	4	2	1	1	2	5	2	2	46
十五世	5	1	1	1	4	6	6	1	5	1	4	3	2	5	6	13	7	6	4	5	4	5	2	97
十六世	7	2	1	1	10	3	14	5	3	1	12	4	4	9	13	7	8	8	7	9	6	4	2	140
十七世	4	1	2	4	12	5	25	7	6	2	23	7	6	7	19	8	18	7	4	17	10	7	3	204
十八世	2	2	2	1	13	4	29	10	9	5	18	5	5	2	38	10	22	6	6	20	23	12	6	264
十九世	6	5	2	1	15	5	32	9	13	6	32	8	8	5	38	26	43	7	10	17	22	22	4	336
二十世	7	6	5	5	26	6	50	12	24	4	43	12	9	4	55	29	74	9	22	19	35	30	11	499
廿一世	20	13	8	13	49	8	45	19	19	5	89	21	18	10	124	43	91	15	38	26	64	65	23	826
廿二世	28	36	7	17	67	10	97	40	16	10	153	42	37	28	308	45	110	25	88	65	118	82	42	1472
廿三世	35	27	7	16	114	17	221	79	14	13	232	50	21	58	400	29	145	25	107	96	205	85	50	2046
																	4							4
廿四世	18	36	5	32	97	28	234	96	9	14	251	36	18	51	493	16	140	16	125	67	236	116	37	2171
																1	27		3					31
廿五世	20	16	3	51	110	32	356	104	14	11	307	38	20	58	481	10	125	25	159	94	172	170	43	2419
	5	6							3				10			5	98	5	44	15				191
廿六世	26	12	3	48	108	34	449	136	10	12	384	41	40	81	557	8	138	30	182	106	182	132	44	2762
	9	7	1		6			29	2		51		26		24	5	137	24	109	49	5	2	9	495
廿七世	32	3	4	47	100	14	493	149	1	5	455	71	23	103	697		32	19	133	58	161	132	55	2767
	9	3	4		24			89	1	2	160	10	22	16	167		26	18	129	33	44	17	38	813
廿八世	11	2		62	114	22	565	79	4	10	349	78	3	116	616		2		10	28	141	147	18	2377
	10	2			68		55	64	4	8	254	54	3	78	476				10	28	66	74	18	1276
廿九世	5			82	98	16	595	26	2	6	135	73		68	398		1			8	47	102	1	1663
	2			26	60	1	222	22	2	6	114	69		62	368					8	36	73	1	1072
三十世				83	12	21	566	4		1	41	3		20	64						1	29		844
				67	12	9	334	4		1	32	3		19	54						1	25		561

（續　表）

房別／人數／世次	善房																				美房			合計
	潮文房	興學房	興源房	敏正房	勝生房	彥良房	蔚起房	志禮房	志星房	志源房	榮先房	龍先房	潮勝房	潮租房	湖富房	潮禮房	潮龍房	潮鳳房	潮海房	志信房	政清房	政瑄房	政通房	
卅一世				34		29	373				8				13							4		
				32		16	298				8				13							4		
卅二世				7		23	166																	
				7		21	156																	
卅三世						4	26																	
						4	26																	

（游裔蒸編纂《[湖南新化]游氏六修族譜》 1949年鉛印本）

湖南邵東劉氏人口統計表

巍受愈遠尅利五房人口統計表

房　別	派　別	男　數	婦　數	合　計	總　計
巍公房	瑛公興公興高公	四三七	二五九	六九六人	四一三六
受公房	琦公瓊公琁公源洪	七七七	四零二	一一七九	
愈公房	慶賦斌派	四八三	二六六	七四九人	
遠公房	仁壽公	四八九	二二五	七一四人	
尅利公	白溪允源公子敷公	五一四	二八四	七九八人	

巍公房人口統計表

派　別	男　數	婦　數	合　計	總　計	備　考
劉瑛公	四零三	二三六	六三五	六九五人	
劉興公	二十三	一十六	四十三		
興高公	一十一	七	一十八		

受公房人口統計表

派　別	柱　別	男　數	婦　數	合　計	總　計
琦公房	廷美廷香裔	一一一八	六六	一九四人	一千一百七十九人
玲公	廷滿公	八一	四三	一二四人	
源洪公	廷武公	一九七	一零六	三零三人	
富　公	廷仁廷柳公	一五六	七九	三二五人	
瓊　公	廷誥公	一三三	六九	二零二人	
珍　公	廷貢公	八二	三九	一二一人	

愈公房人口統計表

派　別	柱　別	男　數	婦　數	合　計	總　計
慶公派	賦公	一零八	六四	一七二人	七百四十九人
	國倫公	七五	三七	一一二人	
	國彝公	六五	四一	一零六人	
	勉公裔	二零五	一零一	三零六人	
善公派	大槐裔	二十	一六	三六人	
鑑公派	福錬裔	一一	六	一七人	

遠公房人口統計表

派　別	柱　別	男　數	婦　數	合　計	總　計
壽公房	必敬裔	一三七	六零	一九七人	七百一十四人
	必榮必貴公	一七一	七零	二四一人	
仁　公	禮緣禮聰公	五一	二七	七八人	
	志清禮海公	九七	四七	一四四人	
	財珙公	三四	二十	五四人	

尅利公房人口統計表

派　別	柱　別	男　數	婦　數	合　計	總　計
白溪公	念益公	九七	六一	一五八人	七百九十八人
禮公派	賜金錦銘錫	一八六	九八	二八四人	
允源公	贊公	一七九	九一	二七零人	
崇蘭公	子敏裔	五二	三四	八六人	

以上五房合共人口四千一百三十六人。

（劉裕松主修《[湖南邵東]劉氏三修族譜》 1949 年藜照堂木活字本）

四川長寧袁姓各分房概況簡表

分房名	集中分布地	入川年代	入川始祖	總清明會地	現户數	現人口	備　注
袁家壩	牟坪、下長、南溪	康熙七年	岐又公	袁家灣袁家壩	164	772	尚有多房未統計
新房子	開佛龍門	明崇禎十七年	可華公	三教寺	120	410	
安寧	安寧周圍	明末清初	大才公	南岸老房子	23	89	
太平	太平、花灘	康熙四九年	袁晟公	石人凼	141	660	
霸王田	老翁霸王田	康熙四四年	朝龍公	歸神坡	196	915	定義公房未統計
大井官興	大井壩袁家灣	康熙四四年	朝虎公	大窩頭	97	397	
雙河	雙河黑■子	康熙五〇年	朝秀公	博望山	197	734	
龍頭後河	江安井口、龍頭	康熙一〇年	維崧公	江安袁家祠	7	24	
咤口石	老翁平原村	康熙五八年	仁連公	咤口石	36	200	
馬兒灘	馬兒灘、沱灣頭 老翁鹽井2組	康熙一〇年	尚義公	大金上沱灣頭	35	160	兩房合在馬兒灘
堰口上	太平、堰口上、銅鑼、安寧橋	康熙五一年	登世公	草米坎	89	418	
桃坪	桃坪、石神廟、相嶺、洋岩、長腰河	康熙末年	信簡公	石碑凼	120	630	
新屋嘴	老翁	順治五年	文正公章益公	新屋嘴	118	651	叔侄上川兩房
銅罐田	開佛、古河、大灣	順治初年	大有公	獵神岩	197	917	
佛來山	開佛兩合村	康熙一四年	維先公	清水塘	16	66	
梅溪	梅硐青山	明末	袁祥公	苟艾壩	246	691	
合計					1802	7734	

（袁開勇等總編《[四川]長寧袁氏族譜》 1999年鉛印本）

康邑幸氏秀航支系概況統計表(1911 至 1999)

項目／人數／房系		本屆入譜人數	現有人數					文化程度					職務						職稱		全國省勞模
			男	女			男女合計	小學	初中	高中(中專)	大專	大學本科以上	行政		部隊				中級	高級	
				客女	婚入	小計							科局級	縣處級	營級	團級	軍師級				
公信		80	27	6	19	25	52	29	7		2										
公勤		245	121	30	61	91	212	94	42	8	1	1									
公卿	蒙詰	518	274	147	63	210	484	139	74	30	9	5	3	1					6	2	
	應主	1812	779	398	430	828	1607	325	451	171	39	39	17	5	1	3	3		20	16	
	應立	808	432	137	209	346	778	180	214	60	8	2	7	1					1		4
	小計	3138	1485	682	702	1384	2869	644	739	261	56	46	27	7	4	3	3		27	18	4
公相	堯	295	161	39	84	123	284	125	66	19	3	4	4								
	舜	604	313	107	136	243	556	109	108	37	9	2	1			1			3	2	
	都	1231	599	201	294	495	1094	392	295	114	26	34	9	2	1		1		13	12	
	周	1098	550	174	290	464	1014	316	230	101	27	14	7	1					13	6	1
	小計	3228	1623	521	804	1325	2948	942	699	271	65	54	21	3	1	1			29	20	1
公道		41	17	4	10	14	31	3	10	3	3										
合計		6732	3273	1243	1596	2839	6112	1712	1497	543	127	101	48	10	2	4	4		26	38	5

說　明

一、客女欄:統計數字不夠準確,有的房系很多客女未入譜。

二、文化程度欄與職務欄、職稱欄、勞模欄有重合,例如:△△文化程度是大專,職稱是工程師,文化程度欄、職稱欄都統計上了。

三、三屆入譜人數減去現有人數即已去世人數。

康邑幸氏秀航支系分輩男丁統計表(公元一九九九年統計)

輩分＼人丁數＼房系	公信房合計	公勤房合計	公卿房					公相房						公道房合計	總計
			蒙誥	蒙誠			合計	習堯	習舜	習都	習周	楚甫賢	合計		
					應主	應立									
公	1	1		1			1						1	1	6
習	3	4		4			4	1	1	1	1	3	7	4	22
蒙	5	5		5			5	4	1	4	5	10	24	18	57
春	11	9	5	3			8	10	3	10	20	28	71	36	136
天	14	13	9	9			18	20	10	11	36	30	107	36	188
高	19	14	21	13			34	30	32	6	59	12	139	19	225
應	5	2	19	4			23	17	30	11	18	7	83	14	127
瑞	5	5	11	2	1	3	17	4	12	24	36	16	92	3	122
淑	6	4	19	5	7	14	45	6	24	45	108	8	191	8	234
景	13	7	40	7	13	64	124	10	31	38	174	4	257	10	411
鵬	28	6	86	8	24	190	308	19	30	69	156	6	280	11	638
來	14	14	116	6	71	137	330	17	73	87	129		306	8	672
程	21	8	91	2	99	120	312	16	101	107	129		353	18	712
賢	27	16	53	1	118	94	266	31	118	140	166		455	17	783
良	23	26	65		130	128	323	38	109	180	182		509	15	895
垂	16	39	70		170	155	395	37	91	239	231		598	11	1059
世	12	46	104		278	182	564	64	83	253	169		569	10	1201
澤	11	22	93		314	77	484	57	99	79	37		272	6	795
仁	5	4	46		151	8	205	10	109	10	10		139	3	356
禮			3		26		29	1	41				42		71
振									3				3		3
家									3				3		3
合計	239	245	851	70	1402	1172	3495	392	1004	1315	1666	124	4501	249	872

附記	輩分			九	郎	克	建	欽	朝	志	才	壽	
	人丁數	登嶷	秀艇	5	25	41	9	4					
			秀艇	7	22	27	7	1	1	1	2	1	3

(幸垂存主編《康邑幸氏四修族譜》 1999 雁門堂鉛印本)

盤谷高氏居民職業表

近代文明之國多士而士業精，吾國多農而農業病，何則？彼國農工商兵皆讀書，各有專門之技，吾國薄視農工商兵，而重士卒也。所學非所用，而百業俱廢，不獨農爲然，而農爲尤多。此必非一族之故矣。今貴六公房總計居民共一千一百餘人，而歷紀二百餘年。舊譜所載業士者，止一百七十人，業工者止二十人，業商者止二十八人，業兵者止十二人，而其間識字者不過十之二三，其他都爲農，即不完全爲農，或農而兼工，或農而兼商，識字者大抵十之一二。就近三十年間計之，工商兵之增數最少，農之增數最多，士之增數比工商兵爲夥。而現存之數，工三人，商七人，兵七人，士則二十人。其他除婦女及未成丁者外，農則約五百四十人，然皆以不識字而爲農病。茲綜表居民，觀操業之優劣，而一族人羣之進退可以覘矣。

職業	舊登數	新增數	現存數
士業舊譜載有科名封爵者皆附入	約一百七十人	十四人	十九人
農業	約二千三百十三人	約二百九十一人	約五百四十人（除婦女及未成丁者）
工業舊譜載有技術者皆附入	約二十人	三人	三人
商業	約二十八人	七人	七人
兵業舊譜載有充水陸警兵者皆附入	約十二人	七人	七人

（高誼纂修《[浙江樂清]盤谷高氏貴六公房譜》 1935 年朱墨套印本）

下浦陸氏民帖

洪武三年十一月二十六日，户部欽奉旨：説與户部官知道，如今天下太平了也。止是户口不明白哩。教中書省置下天下户口的勘合文簿户帖。爾户部家出榜去教那有司官，將他所管的應有百姓，都教入官，附名字寫著他家人口多少，寫得真，著與那百姓一個户帖上，用半印勘合，都取勘來了。我這大軍如今不出征了，都教去各州縣裡，下著遶地里去點户比勘合。比著的便是好百姓，比不着的便拏來做軍。比到其間，有司官吏隱瞞了的，將那有司官吏處斬。百姓每自躲避了的，依律要了罪過，拏來做軍。欽此。除欽遵外，今給半印勘合户帖，付本户收執者。

一、陸茂一，常州府武進縣新塘鄉十五都三保附籍民户。

男女五口：成丁一口，本身年五十歲；不成丁男一口，年五歲即稅帖盛二公；妻邵氏，年四十四歲；女，年十三歲；女，年三歲。

官民田地一十畝一分五釐六毫。

愛字六百四十二號。

右帖付陸茂一收執。

洪武四年　月　日。

稅帖全文模糊不(禄)〔錄〕。

新塘鄉陸盛二，用鈔五百貫，買　本，吕華一民田二畝三分。

永樂八年七月十七日。

（清陸鼎翰纂修《[江蘇常州]下浦陸氏本支譜》　清光緒十八年善慶堂木活字本）

十三、地 方 經 濟

浙江蒼南鄭氏居民生活

建國初期，蒼南境内鄭氏居民消費水平甚低，穿衣以土布爲主，卡其布爲上等衣料。縫紉機、手表、自行車屬高級消費品，在較富裕的農民家庭中也極爲罕見。隨著居民收入的逐漸增加，鄭氏居民的衣、食、住、行、用等起了重大變化。

衣

舊時山區農民穿的是自織土布衣裳，“新三年，舊三年，縫縫補補又三年”。貧苦農民則衣不蔽體，難避風寒。民國後期，少數經濟稍好人家始穿機織面，也稱“廠布”。

50年代，鄭姓居民普遍穿機織布衣服，土布逐漸被淘汰。男穿中山裝，女穿列寧衣，甚爲多見。“文革”期間，草緑色軍裝、勞動布服裝風行一時。改革開放以來，西裝、牛仔褲、茄克衫等新式時裝盛行。特别是青年人，講究服裝高檔，款式新穎，衣着入時，美觀大方。女青年普遍使用高級美容化妝品，佩帶黄金首飾金戒指、金項鏈、金手鐲等。據1992年5月澠山鄉前蔡村鄭姓居民調查，每百户擁有黄金首飾76.7件、手表229.2只、自行車105.6輛。

食

建國前，境内鄭姓居民以大米、蕃薯絲爲主食。水稻雖是農民所種，但多數農民吃的是蕃薯絲。小數富裕人家和商人以大米爲主，一般農户則蕃薯絲爲主。貧窮農民時常斷炊，糠菜度日。

建國後，居民(炊)〔飲〕食水平逐步改善。1957年，境内鄭氏居民人均口糧400餘斤；非農業户口居民由國家供應商品糧。三年暫時困難時期，曾一度以瓜菜代糧。1978年以後，鄭姓居民與全縣居民同樣，飲食水平也大有〔改〕善，菜肴數量增加，品種增多。多數人經常食用魚、(内)〔肉〕或禽蛋，不僅吃飽，而且講究吃好。

住

舊時蒼南境内鄭姓居民住宅多數爲茅草房和木構平房。建國後，陸續拆建舊房，新建房屋。1950—1960年代，以平房和低矮二層瓦屋爲主。70年代以磚木結構爲主。1978年以後，隨著農村經濟的發展，農民生活水平的提高，農民私人建房越來越多。據靈溪鎮大門村23户、90人鄭姓居民調查，合計新建住宅30間，建築面積6450平方米，人均住宅71.66平方米，居住條件大爲改善。

用

清至民國時期，農家多用菜油燈照明，火繩引火，蒲扇乘涼，火籠取暖，草灰洗衣。

建國初期，農民才普遍使用煤油、火柴、肥皂。改革開放後，農村商品經濟發展很快，收入增加，電視機、洗衣機、電冰箱等進入平常百姓家。鄭姓居民家庭的家用電器日益增多。據1992年5月對務東倉村調查統計，每百户擁有電視機57.17臺(其中彩電26.88臺)、電冰箱16.6臺、洗衣機18.88臺、電風扇105臺、收録機37.1臺、黄金首飾76.7件。並有部分農民家裝上了電話，購置了録像機、空調機和摩托車，新婚青年農家以組合櫥、沙發椅和席夢思等高檔家具取代了過去的衣櫥、木凳和木牀。括山鄉將軍村55户鄭氏居民，每百户有電視機100臺、洗衣機80臺、電冰箱40臺、空調機8臺、手機15部、電話10臺、小轎車3輛。

行

舊時境内没有車輛，山區來往只靠步行，江南和江西部分鄉村通行河船，極少數士紳和富裕人家雇人擡轎。建國後，特别是1978年以來，居民出外一般乘坐公共汽車、面包車、四輪卡車和拖拉機等各種車輛，内河航行小汽輪。境内自行車、三輪車十分普遍。長途旅行乘坐火車，也有搭乘飛機的。

(蒼南縣鄭氏文化編纂領導小組編
《[浙江蒼南]蒼南縣鄭氏文化誌》 1997年鉛印本)

江西遂川雲田鎮經濟狀況

江背古代的經濟狀況因無資料記載，無從查考追述。但據先輩的言傳，有二點是可以肯定的，一是經濟結構比較單一，以農爲主，以工(泥、木)爲輔，故談不上怎麽樣的富裕；二是雖然比較貧困，但都養活了一代又一代衆多的先輩，造就了衆多的先賢。從譜載記録可以看出，102世即義字輩的以前的先輩，一般均在民國以前出生的，即自平仕公拓基，75世至102世，計有28代人渡過了艱難的歲月，考滿歸天。先輩們靠的是勤勞儉樸，艱苦奮斗、善於拼搏的精神，直到建國前夕，占99%的家庭一日三餐，仍然是“兩乾一稀”，早餐均以青菜、蘿蔔或南瓜、芋頭、蕃薯之類的雜食品與少量的糙米煮成稀粥充饑，甚至連少數的幾家富户(4户)，早餐也難得有頓乾飯吃，概括地説，除4户比較富裕一點，十多户基本能維持生産、生活以外，其餘的均比較貧困，常年過著饑寒交迫的生活，衣著被褥方面也是“一床棉絮蓋三代”，“一件長衫穿半世”，比較體面一點的一件長衫，一年難得有幾回上身，只有走親友，喝喜酒赴宴時才得穿上一二天，回來後又馬上漿洗乾淨收藏起來了。

建國後,由於各方面的原因,經濟狀況在相當一段長的時期内變化不大,經濟結構仍是比較單一,以有限的土地收獲有限的糧食,一户人家一年到頭難得有一兩頭生豬出欄,前後比較而言,生活水平卻逐步有所提高,自六十年代開始,就少有人去喝稀粥了,一天三餐白米飯,生活標準和質量雖然還是比較低,但卻不愁穿,不愁吃了。1978 年中共中央三中全會以後,農村實行經濟體制改革,國家實行開放政策,廣大人民羣衆的積極性空前提高,我族兄弟子侄也不示弱,努力開拓,積極進取,接受新的科技成果進行科學種田,並在産業結構方面逐步有所調整,加大種養投入,一家飼養四五頭生豬已是普遍的事了。或参加城鄉貿易,或參與勞務輸出,廣開財源門路,增加收入,經濟較爲活躍。一般家庭均有手表、自行車、電視機、電飯煲,也有的購置了摩托車、三輪車、小四輪農用車、大東風,五花八門,各顯神通。一般家庭均達到温飽型,部份家庭已向小康型過渡。1998 年人均純收入達到 1956 元,一般家庭除吃用外,都略有積蓄,佔 98%以上的户均改建了新房,100%的男女學齡兒童都可得到上學讀書的機會。這是三中全會以後的一大變化。

(彭傅煜主編《江西省遂川縣雲田鎮江背彭氏族譜》 1999 年鉛印本)

浙江四明物産

煮海爲鹽,吾鄉本業也。故所産莫鹽若。至於今,桑田日盛,民大都力農。謹取楊氏族譜以五穀列首篇,而菜與瓜從之,其次則魚,略有陳述,其次則有特情者殿焉。

稻有三期,曰:早、中、晚。早黄、高脚黄、紅六十日、團頭白、即矮團。矮尖、紅早稻、黄大蓮、早稉,早稻也。鰕公、光尖、白湖秈、矮蘆棚、稷穜、即巖撞。處暑紅、有紅、白二種。陽湖,近時始種。並謂之淮白,桂花糯、即八月糯。金蛋糯、虎皮糯、即泥裏變。雪糯、別名“雞爪糯”。黄瘟歇糯、潮田糯、羊鬚糯,中心稻也。籼秔、白秥,當是古之紅蓮,今外省米有曰小紅桃者近似。烏秥、霜落青無秥、光籼、柳秈尖、旱稻、不用水。黄稑、俗呼“寶米”,有紅秥、白秥。象山黄稑秥紅粒白、早野稻、曬弗煞、亦呼“野稻”。勒馬看、包六袋、即鑾稻。戠八石、光細糯、黄巖糯、黄鼠狼糯、紂雞煞糯、紅鼈甲糯、野豬胖糯,晚稻也。種之劣者曰“等西風”,農見而拔去之。或云米子爲秧所致。寶米者,其黏性在秔糯之間,早晚雙挑,中心單挑,惟糯不常,晚糯亦可單挑,惟光細必雙挑。雙單挑者,一田種兩稻,割時雙單届也,百斤爲一袋。

粟、秔粟。稻粟、糯粟。蘆穄、有黄、白、鐵、長、矮五種。大麥、小麥、米麥、紫麥、蕎麥、六穀。居五穀之外,故名。有早稻、晚稻、淮白之别。淮白别呼“紅毛”。

倭豆、即胡豆之轉音,宜呼“大豆”。蠶豆、豇豆、緑豆、赤豆、黄豆、油豆、沿笆豆、一名“布日豆”,又名“扁豆”,别種爲“羊角豆”。帶豆。

脂麻、黑、白二種。苧麻、因故根一歲三刈。、緑麻、宜曰苴麻。桐麻。葉似花,桐樹多毛,爛之當緑麻用,可製麻袋,亦呼青桐樹。

艿、近年蔬食家始種。萵苣、近年偶有種者。脱苦菜、近年始種。白菜、菘也。黄芽菜、一名“黄矮”,别種曰“餘姚白”。油菜、蕓薹也，别名“參菜”。參讀如生，參其旁也。參種晚禾曰“參晚青”。此菜春日採食，其蕻乾之爲萬年青。養老取子榨油。薙菜、耐剥，别名“春剥老”。芥菜、種極多，有黄冬、大葉諸名。莧菜、赤、白二種，養老切三寸許，煑醃作股，别種曰“打莧”，嫩食。雪裏蕻、大頭菜、蘿蔔、早長遲圓，以球秀山石禿頭最佳。莙蓬、一名“女菜”。菠稜、蒿菜。

芋、香襉、烏脚雞、賊弗偷、黄莖。番藷、紅、白二種，吾鄉向種紅者，謂之小種，後乃有白者，謂之大種，紅遂絶跡。近年又有大與白種同而皮紅者，亦呼紅種，生食之味美，白種其長亦較速。茄、薤、俗呼翹頭。韭、葱、别有一種夏葱，根無頭，老則生爪。蒜、有大、小二種，小廣。落花生、苜蓿。黄花、紫花二種，俗偁草子。

南瓜、亦偁“飯瓜”。東瓜、亦書“冬瓜”，以色言，東方青。絲瓜、即天蘿。早瓠、亦稱“夜開花”。西瓜梢瓜、一名菜瓜。黄金瓜、味最甘。香瓜、蜜筒瓜、瓠瓢瓜、馬鈴瓜、其甘脆，勝黄金諸瓜，近二三年始種。北瓜、色紅，不可食，供玩觀。梨頭瓜、近年始有。醬瓜。入醬，近年始種。

石首魚。首有二礫，堅白如石，故名。鱗鰭皆黄，又名“黄魚”，一名“鯼”，以四月小滿捕得者，號頭水黄魚，味最佳。八月者名“桂花黄魚”。乾之，曰“白鮝”。鰾可爲膠，曰“魚肚”。小者黄色較淡，曰“小鮮”，即春魚，冬春間最美。又呼“黄草雞”者，其别種也。

梅魚。首大，朱口錦鱗，長可三四寸，酷似石首。冬月味最美，俗呼“梅鯛”，又名“黄沁魚”。其小不過寸許者，名“梅子”，夏、秋最多，曝爲蕘。吾鄉幾無家不有。其大小同梅魚，而色不黄、首不大，無石，似鮸魚之小者，名奘奘魚。

魟魚。俗呼“廣魚”，亦呼“谺魚”。魟音烘，烘、廣、谺，一聲之轉。胎生，形圓似扇，皮滑，口在腹下，尾長於身，如狸鼠尾，末有刺，甚毒。色黄者，曰“黄魟”，其肉蒸食之，嫩白味尤鮮美。吾鄉人多爲鮝，其脂可熬油，農人以代菜油。除稻間害蟲。其蒼黑背有堅刺、形略長者，曰“刺魟”。形畧扁如燕者，曰“燕魟”。

鰳魚。狀似鰣魚而小。夏至前頭水捕得者，肉厚，味最美。吾鄉率醃之，或入糟。幾無家不備，鰳聲俗轉爲雷。

黄鯽。長數寸，色淡黄，多細刺。夏、秋間最多。《定海縣志》謂即鰳魚之小者，實非。又有大眼睛者，色白腹大，頗似鰳魚之小者。然亦非長爲鰳魚。

青鯽。色蒼，長者四五寸，鱗細腹大，有肫多膏油。食時不去鱗，然不多有。

鮆魚。一作鱭魚，産夏、秋間，有鰾，多子，狹薄而長，形似小刀，又名“刀魚”。其雄者瘦長，呼“長毛鮆”，雌者較短，多子而肥，呼“玉鮆”，或“火烘”。爲腊，或日曝爲蕘。三、四月間産大嵩港者，食鹹淡水，色如晶尾赬，名“嵩港魮魚”，尤珍貴。

鯊魚。胎生，皮上有沙無鱗。鼻突出，口在頷下，眼後有二噴水孔。胸腹兩鰭，濶大如翅。尾下片較短，其鰭曰“魚翅”，爲入饌之珍品。其肉有奇腥，食時先以沸水泡去其沙，名曰“退沙”。及入釜，必投以酢。春初�食，和以蕓薹蕻。吾鄉俗語：“摘肉打凍，沙魚白熻蕻。”其有書生鯊者，鼻張左右翼，形似古書生帽。有鋸鯊者，其鼻伸長如鋸齒。白蒲鯊者，色白。班鯊者，色灰黑。有白點牛皮鯊者，大而皮韌如牛革。刺鯊者，色灰黑。其他種類尚多。

鯧鯸。亦呼“鯧魚”，身橢圓，肉厚，鱗細，骨鬆，口尖，尾似叉形。四時皆有。四月間最肥而鮮，或醃或腊。其小而色白，體圓口不尖，名“白鯿”，不醃不腊。除三四月外不多見。其較白鯿小者，色蒼黯，皮韌鱗堅，鰭刺，名“刺鯿”，形色同刺。鯿橢而鰭無刺，呼“海草雞”。有形、色同白鯿，大不過二三寸，輕如楓葉，遂呼“楓樹葉”。《鄞縣志》“楓葉魚”下，引《海物異名記》，有“海樹霜葉，風漂浪翻，腐若螢化，厥質爲魚”四語，餘無辯及，似未明此魚得名之理。其與楓樹葉大小同，而形色絶似鯧鯸者，另爲一種。

鮸魚。似鱸而肉粗，有三鰓、四鰓二種。漁者平時所捕魚，以鮸爲最大，其尤巨者，偁“蠻鰽”。蠻音如毛。鮸之腦味尤佳。四明諺云：“寧可棄我三畝稻，不可棄我鮸魚腦。”吾鄉至今仍取其首作羹，稱“鮸魚腦羹”。鮸亦作鱀，俗作米。

比目魚。形扁平而濶如半片，然頭小口尖，長不過五六寸。肉粗，皮色紫黑，一目或在左片，或在右片，二魚相比而側游，故稱“比目魚”，即古所謂“鰈”也。俗呼“側手箬鰨”。其雙目而平游，色黄，肉細而嫩，長可二尺餘者，曰“黄鰨”。較小者曰“江鰨”，味最美。又呼“鞋底魚”，又呼“版魚”。其色或灰、或紅者，曰“沙鰨”，又呼“箬鰨”，有花紋者曰“花鰨”，皆古所謂“王餘”也。其小僅二三寸。吾鄉食時，捲爲圓圈，名曰“捲金龍”。

鮭魚。即鯢魚，一名“河豚”，土音呼鮭爲“拘”。腹下白，有細刺而糙，或無刺，背上青黑，有黄文，無鱗，眼能開能閉，觸物輒嗔，腹脹如鞠，浮於水上。腹無膽，頭無鰓，故肝及子有毒。吾鄉人於清明時去肝與子，以清水煑食，肥美絶倫。然中其毒者亦時有聞。過清明則味減，率爲鮝。

蝚魚。俗呼“蝦蝚”,骨柔無鱗。秋末最佳,乾爲鯗,或呼“龍頭鯗”,取其形似也。

馬鮫魚。蒼黑,頭尖,骨輕無鱗。清明味最美。馬鮫過後,較馬鮫色稍白、身短而腰肥者,名“鯿挑魚”。又有青鱣者,亦較馬鮫而小,然與馬鮫不同類,非吾鄉所産。

鯔魚。似河中烏魚,色緇黑,身圓口小,内細,性慧不入網罟。漁人以長網困之,潮退陷塗中始得。清明時味最美。吾鄉清明,鯔魚、白鰕,並爲珍品,而鯔魚子尤貴。

箭魚。即江湖中鰣魚,類鰳魚而大,腹下細骨如箭。味甘在皮鱗之交,然不常有。

全謝山《説鰣》篇:“鰣魚之名,不登《爾雅》。按《釋魚》曰:鮥,當魱。郭氏曰:海魚,似鯿而大,肥美多鯁。江東呼其長三尺者,爲‘當鯁’,是其爲鰣審矣。以是知晉時尚未有鰣魚之名也。《廣韵》始有鰣名矣。粤之陽江多鰽,《集韵》曰‘鰽,即鮥也’。然則鰣魚在古曰‘鮥’,在後曰‘鰽’,而當鯁,其别名也。”

帶魚。脩若帶,無鱗,身白而薄,冬月味佳。

鱸魚。有四鰓、二鰓,出大嵩港,食鹹淡水最美。

鮓魚。狀如凝血,無頭目,無腹臟,以鰕爲目,鰕動鮓沉,故曰“水母目”。鰕一名“水母”,亦名“鰕鮓”。赤者爲頭子,俗呼“海蜇”,白者名“白皮子”,皆以礬漬之。

明楊鐵厓《鮓魚》:“海風吹沙潮欲來,青鰕亂跳凝紫苔。初疑長劍斫出老蛟血,又疑霹靂擊破妖龍胎。蟹湯微泣瑪瑙脆,蜀錦亂把并刀裁。紅冰嚼碎齒不冷,丹霞入腹鳴饑雷。坐令海水化作葡萄醅,我當大釂一飲三百杯。”

烏鰂。亦作烏賊,又名“墨魚”,形如囊,能吐黑汁如墨,有觸帶十,其二獨長,作鮝,俗名“螟蜅”。鮝背有骨,鬆脆入藥,名“海螵蛸”。其腹臟曰“渾子”。别有形類烏鰂,大如拇指,無墨臟,惟軟甲一片,名“紫蛣”,烹之紫色。夏、秋間,常與黄鰕等同捕得。

望潮。其體似紫蛣,八足,長六七寸。足上突出肉粒如海松,有竅,善黏物。漁者謂其能食蝤蛑。仲秋味最美。其大者七足,名“章舉”,味大損。又有六足,名“巖啄”。然古時只有“章舉”一名而已。

鰻。海鰻,長數尺,齒銛鱅之,名“風鰻”,味最美。小而背微青者,曰“箭鰻”。在河者曰“河鰻”。

澤魚。有黄眼澤、緑澤之别。緑澤霜後味佳,俗呼“青背”,三棱。

彈塗。身有斑點。潮退,千萬跳躍。其臟與膽並食之。其小者曰“狗郎”,其節白頭大者曰“白節”,味較遜。

鮚。俗呼“瓦螺頭”,胸部堅硬,被剛毛,有脚,腹部柔輭,第一對脚爲鉗狀,右大左小,全體赤色,或蒼黑。長約四寸。其殻如螺殻。其右鉗用以步行及採食。蟄居時,用以掩蔽殻口、腹部。最後爲鈎狀,以鈎附殻。一名“巢螺”。郭璞《江賦》所謂璅鮚腹蟹也。按瓦巢雙聲。

徐柳泉《鮚説》:“吾鄉海物之古者,鰂醬貢於商,海蛤貢於周,鮚醬貢於漢,鰂與蛤皆知之,而鮚則無識之者。《説文》、《廣韻》、《漢書》注,以爲蚌,《玉篇》以爲魚,《類篇》以爲大蛤。郭景純《江賦》曰‘璅蛣腹蟹’。景純注《爾雅》:蠍蛣蝠謂木中蠹蟲,今曰腹蟹。是蛣爲鮚之異文,而非必蛣蝠可知也。李善注引《南越志》曰:璅蛣長寸餘,大者長二三寸,腹中有蟹,子如榆莢,合體共生,俱爲蛣取食。顔師古曰:鮚,長一寸,廣二分,有一小蟹在其腹中。《述異記》曰:淮海之人,呼璅蛣爲蟹奴。吾每讀諸書,怪其狀。夫海物惟錯,雖罟師蜑人不能周知之。然而鮚埼之亭,見《漢志》、《漢律》,三斗之貢,見《説文》,不可以生長海濱,而鄉邦掌故之物,莫之見也。《漢志》所謂鄮有鮚埼亭者,今其地屬奉化縣,而鮚埼村在焉。余屬村人使以生者來,則其身螺也,其首蝦上而蟹下,鬚鉗螯跪,皆絶肖,一似蝦據螺殻中,而捕蟹者沃之以沸湯而出之,首以下畧似蟹肉。又其下,環曲而漸鋭,與螺肉無少别。於是知一物具三形,而其實則螺也。以爲魚者固妄,而以爲蚌蛤者,皆未見而妄意之者也。《易》曰:離爲蠃爲蚌。蚌蛤與螺絶不類。凡螺圓而渾,蚌蛤圓而扁。凡螺之殻上巨而末鋭,層累而旋之,以至於末,故螺之字從累。蚌蛤之殻皆兩扇,以自爲開闔,故蛤之字從合。凡螺之肉恒多堅,蚌蛤之内恒多脆。土人之爲醬也,多螺而少蚌蛤。鰂醬法不傳,若鮚醬,今猶漢矣。李氏謂長寸餘,大者二三寸。顔氏謂長一寸,廣二分。夫螺之圓渾,猶卵也,量之以圜經則可,若長廣無可度者。南越謂蟹爲蛣,取食。《述異》謂爲蟹奴,是蟹之生蠣房中者,出取食,飽而入,蠣亦飽,所謂蠣奴也,尤與鮚殊種。抑淮海之間或固有,所謂蟹奴者,而非鮚也。吾鄉之鮚,吾取諸鮚埼,親驗其生死,有斷不能與諸家之説合者。惟景純爲腹蟹,蟹雖不在腹中,而在蝦之下,似乎腹之,賦家狀物大畧而已,固不必如記注家之確鑿也。然則景純所賦,殆即此物,而又嘗親見之者也。《四明七觀》曰‘寸鮚’。腹蟹亭以埼名。《鮚醬賦》曰:‘母以蚌而成筐,子以蟹而居裹。’又曰:‘行者求食,居者棲身。’吾鄉博雅之儒,前無過王厚齋,後無過全謝山,而兩先生之言如是,是皆博考羣籍,未嘗目驗之也。則宜乎郡縣志之更莫能識此也。作《鮚説》。”

蟶。生海塗中，殼狹長，兩片相合，肉甚肥。長二三寸。有荔枝蟶、女兒蟶、麥稈蟶，又有蟶秧，細如縠皮。往時鎮海合墺種蟶，其秧售自奉化松墺。迨蟶長産秧，則隨潮轉漂至松墺。塗各有宜，松墺專産蟶秧，合奥專産蟶。近年吾鄉横山塗始産蟶秧，而蟶亦間有之。

楊霽園《書蟶》："蚶、蛤、蜊、蟶，皆介族也，而蟶爲弱。然其穴至深，拾之須袒而手吸，然後得塗。叟曰：先生知玉螺乎。蚶蛤雖堅，彼固已鑽之，而取蟶尤奇。伏穴口彌以涎，蟶悶不自耐，則上視，殺而食之，無一脱者。天流先生曰：獅、虎、豹、象皆噬人，然猛獸之殺人，必不如人之自相殺。海瀕之人利海物而取之，然人之取物也，必不如物自相取之巧也。悲夫，悲夫。"

蝤蛑。殼青，兩螯八足，俗呼"青蠏"，夏月最肥。

螃蠏。俗呼"毛蠏"，霜降膏生，爲最肥。

簠。俗呼白蠏，七八月最盛，醃之呼蠏股。其殼磨漿，呼"蠏漿"。吾鄉幾無家不備，他鄉罕見。

蟛蜮。聲轉爲抱元。冬、春間最美。其别種色赤而斑。雄者右螯特巨，雌者較小，名"擁劍"，俗呼"紅鉗蠏"，常醢爲漿。關爺蠏者，殼成人面形，目細而長，如關壯繆。有和尚蠏者，殼滑如僧頭，其他尚有石蠏、沙蠏、老黄蠏、軋草蠏諸種。

鰕。出海中者，白鰕色白，春間最美。黄鰕，色黄，雉雞鰕，色五彩，皆夏、秋間最美。玉飯鰕，小而潔白；紅鰕，色紅。出河中者，曰"河鰕"。

鰕蛄。形類蜈蚣，俗呼"鰕蛄癞蟲"，大者生膏，味美。

鱟。殼如藤斗，堅甚，青褐色，尾如刺刀，鋭甚火槍。一種名"鱟尾巴"，以此得名。十二足在殼下，腰間横文一線，較可屈摺。牝負牡，故得之必雙。其目在背，碎之以爲漿，或糟之。

蠣。産江海巖石間。其殼左顧互相黏結，其肉呼"蠣黄"。

泥螺。一名"土鐵"，産海塗間。産河池水田者，有"田螺"、"螄螺"。

海螄。形較螄螺而長，産海塗間。

海鰍。長二三十丈，不常見。

鱉。一名"甲魚"，又作"脚魚"，有甲，色蒼黑，腹白而腥，脊骨尤甚，食者多棄去，其膽汁能解腥甲之軟肉，名"裙"，味絶美。吾鄉俗諺："天上雁鵞肫，地下鱉羅裙。"指此也。甬上名酒樓必用吾鄉鱉，若台州産，甲色淡黄，腹淡紅，體瘠，味亦損，名"沙鱉"。

鱔。俗呼"黄鱔"，穴居田塍間。

鰌。俗呼"泥鰌"，大者三四寸。鰌亦作鰍。

鯉魚。出河池中，三十六鱗，鰭、尾皆頳，小者曰"鯉花"。

鯽魚。俗轉鯽音爲既，出河池中，蒼黑色，冬月味尤美。

白魚。即白條魚，俗轉白音爲排。長數寸，形如匕首。夏月味美。吾鄉稱冬鯽"夏白"。

骯髒魚。出河中，長數寸，體骯髒，故名。色黄如松花而微黑，骨堅鰭利。刺銛有吐哺者，亦出河中，色黑，肉鬆，鰭軟。有泥魚者出海中，形類吐哺；有塗鰻者，短而腹肥肉脆，能食蝤蛑，常據其穴居之。

麥大肚。亦稱"麥魚"，大如指，多子，惟鹽場咸安、咸盛、横山三契有之。鹽場特産也。有金剛脚，指頭者較麥大，肚稍大，味遜。

蜯。産河池間。

烏魚。出河中，食鹹淡水者味尤美。大者呼烏柱。

鹽。有泥、灰二種。灰鹽晚出，駸駸乎奪泥鹽而幾欲絶之。然滋味終不及也。全謝山之"大嵩鹽"，即吾鄉泥鹽也。

張世南云：向侍親至四明，鹽白而廉。僕輩貪利，以籠貯邸。翁曰："塗中走滷，將若之何，授汝一法，可用煨皁莢一挺，置其中，即無慮矣。"試之果然。

全謝山《大嵩鹽》："吾攷古四鹽，其種各以分。散鹽爲最貴，於以調芳珍。宿沙暨瞿氏，未嘗歸國君。已而征榷嚴，計臣日有聞。鄮鹽始唐代，大嵩尤所尊。洞天萬壑流，尾閭歸海濱。醖膏爲素雪，津液甘且醇。木生誇仙味，不死又何忻。大嵩接大梅，正屬一氣甄。將無水精中，或有靈種存。我生不語怪，一㮣亦猶人。惟有太白茶，切莫以此渾。"

黄牛礁石。産黄牛礁，質鬆脆。今石盡而山僅存。

毬秀山石。産毬秀山，即所謂大嵩石也。色嫩白，中夾紅筋，可鐫印章。"大嵩"一作"大松"。

項鼎鉉《呼桓日記》云："四明大松出鐙光石，每取石以鵞祠之。戚繼光祭以羊，自是石不復出。俗因名'羊求休'。朱竹垞贈許容詩有'羊求休嫩大松老'之句。羊求休，即大嵩所産，朱氏分之爲二，誤矣。"項氏所駁良是。然以羊求則休之説，殊怪誕。明時砮塘未築，玆山孤浮海中，似毬而秀。土人稱海曰"洋"，猶言洋中之秀毬耳。其石多産山之北，屬甎牆人，今漸稀少，不易得矣。

全謝山《大嵩石》："花乳石質奇，于古胡勿稱。所尚多銅章，佳材老山扃。自從王元章，雕鐫過百朋。各各誇土産，良足補圖經。吾鄉用私印，大嵩亦擅名。洞天萬山骨，色相百變成。餘分爲春凍，中有紅猩猩。年來採取竭，石髓嗟頽零。福青與括蒼，瞠乎不可京。地氣有時返，未必無連城。海潮日夕來，吞吐太陰精。石其果有知，爲我光瑩瑩。"

棉。吾鄉向時所種，春二三月下種，至夏生黄花，結實下垂，八月間熟。其皮四裂，中含白絮，須逐日採之，俗謂之"花"。董志據史炤《通鑑》，謂宋時已有之，往時曾種。外洋來者呼"紅毛棉"，以不良而止。中華廿四年，政府用美利堅所輸種子，勸民試種。下子宜疏，莖大，結實仰天，而遲九月始熟，其絮韌。越數日，始一採，呼爲"美棉"。

罌粟。一名"御米花"，一名"阿芙蓉"。莖長六七尺，花有紅、白二種。結實如罌，而子如粟。四五月時，朝曦未出，以剃刀刮取實之汁液，贮入竹管内，熬之成膏，即名"雅片"。光緒間，吾鄉盛種之。今以禁止之嚴，絶跡已久。

煙葉。今丙子年始種，長者五六尺，其葉層層剥之，花淡緋色。

鴨。吾鄉禽獸，亦與他鄉相同。惟鴨與鴨子，率外販於甬上。

番藷藤。蔡家墩産番藷，其藤于清明間多遠銷于衢、岱、山等處。

松。吾鄉樹木，雖與他鄉相類，然實寥寥。其蔚然成林，或鬱然數百年，爲墓上蔭木，惟松爲多。大者爲板，小則爲柴，運輸外地。

柏。柏在吾鄉，大都冢墓蔭木，歷來不敢攀一枝。近則鄉人盗斫殆盡，子孫亦往往自斫之。

楝。此樹吾鄉率在農田車水步上，農人用以蔽日。而近年盗斫殆盡，農家苦之。

樟。樟在吾鄉，亦大都蔭墓，或列祠廟前。中華七、八年日本收買樟冰，自温、台入象山，以至吾鄉，價奇高。於是數百年不伐大木，剷除幾盡。

（朱驤纂《［浙江寧波］四明朱氏支譜》 1936年四明慎德堂木活字本）